ZHUANBIAN FAZHAN FANGSHI DE XIN SHIYU
LUN DONGTAI PINGHENG FAZHAN FANGSHI

转变发展方式的新视域

论动态平衡发展方式

刘成斗　刘一　刘甲

蘭州大學出版社
LANZHOU UNIVERSITY PRESS

作者小传

刘成斗， 1941年生于陕西省汉中市勉县，大专学历，汉语言文学专业，高级职称。在原籍勉县统一分配工作；在部队曾任连队文化教员、团后勤会计等；在农垦系统曾任甘肃省农垦局酒泉分局、甘肃省农垦总公司、甘肃省农垦农工商联合总公司等事业单位和国有企业宣传干事、副科长、科长、副部长、办公室主任、职代会主任等。工作期间，曾在全国、省部级和军内报纸、杂志、广播电台、电视台发表新闻、通讯、报告文学、诗歌、摄影和摄像等作品，除大量短文、消息外，超过1000篇（幅）。参写、合编出版报告文学和摄影画册5部。1999年，被任命为西安秦陇禽业总公司总经理、法人代表。本书就是在这个公司工作的启示下写成的。

全球协同，完成世界和平统一大业——动态平衡发展方式的任务是完成“人类和平统一”

动态平衡发展方式既研究世界现实发展又研究世界未来发展。未来世界发展目标：世界大同；实现路径：实施“本千年完成世界和平统一大业”系统工程，以此托起世界大同之梦。

“世界大同”指日可待——动态平衡发展方式的发展途径：本千年完成世界和平统一大业

实现“世界大同”，民族国家消亡是前提。《大趋势》的作者周海成预言：“国家内涵正在消解，世界大同指日可待”，“国家和国界将在下一个千年到来之前消失”。[1]动态平衡发展方式理论和方法通过对人类社会发展规律的研究认为，要实现“世界大同”，必须实施“本千年完成世界和平统一大业”系统工程，形成“一球一国”才标志着“世界大同”（世界国家）的实现。如今，全球化推动了世界的统一、融合、发展，也使国家和国界成为世界发展的障碍，国家的传统意义、概念范畴和国家的内涵正在发生改变，本千年末将“完成世界和平统一大业”，实现世界大同。

（一）

我国著名社会学家郑杭生教授说：“社会发展最基本的要素是社会生产力，社会发展水平归根结底是由社会生产力的水平决定的。”[2]社会发展水平是由社会生产力水平决定的，而生产力发展与发展方式相联系。动态平衡发展方式理论和方法，通过对人类社会发展的研究，探索现时代的发展方式和未来的发展方式的实现形式。就是说，人类社会发展是有规律可循的，生产力水平低下与原始社会形态相联系，现代生产力水平高与高级社会形态相联系。人类社会在其基本矛盾特别是生产力发展的推动下，不断从低级向高级发展，新的社会制度不断战胜旧的社会制度。从历史看，人类社会历史经历了五个不同发展阶段：原始社会、奴隶社会、封建社会、资本主义社会、社会主义社会（共产主义低级阶段），这是人类历史发展进步的总趋势。在一定社会形态内部，也是由低级向高级发展的，也可以说是发展方式的转变和更新，推动社会经济生活、政治生活和文化生活由低级向高级阶段进化。人类社会进步的道路是统一性和多样性的统一。统一性表现在人类五种社会形态从低级社会形态向高级社会形态依次更替，多样性表现在社会形态更替中可以超越一种或几种社会形态，如我国由半封建半殖民地社会跨越到社会主义社会，我国西藏自治区由奴隶制社会跨越到社会主义社会，这种跨越也表现在发展方式的更新上。人类社会发展中，人的发展与社会发展是密不可分的，人的发展是社会发展的重要标志。我国提出的科学发展观的核心是以人为本，道理就在于此。动态平衡发展方式研究探索从现实到未来人类发展的路径，体现了人和社会发展的平衡，最高目标："世界大同"（世界国家），完全符合人类社会从低级到高级发展的规律，完全符合人的发展从现代社会的以物的依赖关系为基础的人的独立性的阶段向人的全面而自由的发展阶段的总趋势。

（二）

人类向何处去？这是人类的先行者长期思索的问题。追求"世界大同"是人类的共同理想。但是，只有民族国家的完全消失，才标志着"世界大同"的实现。在人类社会发展过程中，建立起来的国家政治实体和国家系统，是一个历史范畴，不是从来就有的，即"无国家——有国家——无国家"。就是说，人类社会的发展过程中，原始社会没有国家，进入阶级社会后才产生了国家，当人类社会发展到"世界国家"（世界大同），即"一球一国"时，民族国家成为一种多余而自行消亡；当进入自由王国时，世界上最后一个国家"世界国家"完成使命也成为一种多余而自行消亡，人类也就正式进入无国家发展的时代。因此，随着人类生产力的发展而产生阶级，随着阶级的产生而产生国家，国家又会随着阶级的消灭而消亡。在现代，生产力的高度发展要求大格局发展时，国家已经成为人类融合发展的障碍。就是说，当生产力发展到一定阶段时，国家必然自行消亡，人类进入无国家发展。历史上，无数仁人志士对理想社会的想法，基本上都是国家消亡、天下大同。中国的孔子、古希腊的柏拉图等先哲们对大同世界进行了种种设想，也都是无国家。马克思提出的共产主义社会，列宁的"国家消亡"学说，谭嗣同的无国论："有天下而无国"的"地球之治"，康有为提出"破除九界""人类大同"的理想，也是无国论。动态平衡发展方式理论和方法通过对国家行为的研究，认为国家这个政治实体组织有其固有的产生、发展和消亡的规律，它是一个发展阶段、一个发展过程。这种人类政治组织形式是社会发展的基础，但当生产力发展到一定阶段、一定程度和一定水平时，国家不但是多余的而且还会成为人类社会发展的障碍，直到最后自行消亡。可见，国家发展规律是"产生——发展——消亡"。当经济发展到当今世界的水平时，国家和国界已经开始对经济合作、贸易流通、文化交流、物资交流、人才流动形成制约，已经开始成为世界一体化发展的桎梏，突破国界和地区疆界的封闭和束缚，实行大格局发展就成为必然的要求。例如，超国家的世界性组织为什么建立越来越多？经济全球化浪潮为什么越来越大？信息全球化的流动为什么越来越快？区域共同体和洲际合作组织为什么越来越多？跨国企业的发展为什么越来越快？实质上，就是要打破国家和国界的限制和制约，追求大格局发展。这种现象说明两个问题:一个是国家已经成为世界各国经济发展和人类发展的障碍;另一个是建立在国家之上的组织和超国家的大格局发展模式不但加速了国家的消亡进程,而且代表了世界发展的大趋势。正如周海成说的"随着人类社会的进步,这些在当时条件下的乌托邦式的理想,必将以一种更新的形式实现。在下一个千年到来之前,地球将真正融合为一个人类共同的家园"。[3]

民族国家的失衡消亡,从产生以来从未停止过。"国家的消亡是有史以来一直在进行的过程。"[4]周海成预言国家和国界将在下一个千年到来之前消失,这是不依人的意志为转移的铁律。正如英国学者所说:"在我伦敦书房里的书架上,有4本名为'民族国家终结'的著作。它们认为,随着全球时代的来临,民族国家已变得多余,民族国家已经成为历史的陈迹。"[5]随着全球化的发展,经济、政治和文化一体化不断加深,"无国界经济"和无国界民主化深入人心、超国家组织和跨国企业活动无国界扩展,国家不再是世界舞台上的主角和个人生活中的主导者。随着全球化的发展,各国相互依赖程度的不断提高,经济区域化、一体化的深入发展,民族国家的传统权力将被倒置,而且应当看到,民族国家的领土国界影响力正在消失,世界各国已经被全球化和信息全球流动连成一体。虽然国家的完全自行衰亡将是漫长的,但现在国家的边界已经大踏步走向了消失之路,民族国家的角色将被新的更大的全球性组织所替代,或者也会在不太长远的时间里,民族国家将被城市国家所取代。正如周海成所说:"国家的边界一直在悄悄消失。"[6]国界消失是一个现象,深层次的问题是全球大融合,民族国家必将或早或晚终结。现在,理论界中有的社会学家开始转变研究范式,以全球体系的视野进行探索,并研究建立了全球社会学。可见,一个"全球大时代"即将来临,"大同社会"的目标,已经遥遥在望。

(三)

"公元前3000年,农耕畜牧取代采集狩猎,社会生产出现一次大的飞跃。剩余产品导致人口增加和私有制的出现,人类的社会组织也由氏族、部落发展到国家这一形式。从最初的城邦和城市国家,历经奴隶国家、民族国家、帝国等国家形式。纵观人类5000年的文明史,随着人类自身及借助交通工具运动的速度增快,国家的平均面积也逐渐增加;国家正处在不断融合和统一的过程中,国家的数量逐渐减少;国家正处在消亡的过程中。"[7]国家从产生起就走了一条"扩大——消亡——新的扩大——新的消亡"的道路,在扩大中有消亡,在消亡中有扩大。随着生产力的发展,科学技术的进步,交通工具的发达,民族国家组织开始扩大,有扩大就有消亡,这是一个问题的两个方面。一部分国家的数量减少,必然导致一部分国家面积的扩大,这就证明了国家正处在不断消亡之中。但是,它会始终保持与生产力发展水平相平衡。"'国家'的数量不断减少。在公元前1000年,地球上约有2180个国家,经过了3000年消失了90%的国家,目前只剩下214个国家(二战后殖民地独立国家数量有所增加)。"[8]纵观人类文明史,借助科学技术的发展，利用交通工具的不断提速，对外侵略和扩张，领土不断膨胀，强国的面积不断增大，弱国不断被吞并，世界上国家数量快速减少。1946年，国家的数量减少到74个。全世界由数千个国家消亡到几十个国家，这就说明了国家消亡的一条规律："扩大"。现代国家的发展也没有背离这个规律，而且正在走区域共同体、洲际大联合的发展道路，看来要直到世界统一为"一球一国"的时候为止。这是符合国家由小到大的发展规律的，是不以人的意志为转移的。特别是当今世界，各个国家扩大融合发展的规模和形式都是前所未有的，集中表现在国家与国家的横向联合。如此扩大下去，就会把国家边界扩大到整个地球的边界，到那时民族国家全部消亡，世界进入"全球时代"。这是国家自身发展和经济发展的强烈要求，是国家发展到一定阶段上的融合形式。这种形式，不是武力征服，而是一场静悄悄的革命，以国家的继续扩大与和平融合的方式实现民族国家自行消亡，完成"世界和平统一大业"。这种"和平融合"方式是经济政治文化发展的必然结果，是人类文明进步的要求，这正是对人类生产力发展水平的适应。

参考文献

[1]周海成.大趋势.北京:中国文联出版社,2006:5.

[2]郑杭生,李强,等.社会运行导论——有中国特色的社会学基本理论的一种探索.北京:中国人民大学出版社,1993:366.

[3]周海成.大趋势.北京:中国文联出版社,2006:1.

[4]周海成.大趋势.北京:中国文联出版社,2006:74.

[5][英]安东尼·吉登斯.全球化时代的民族国家:吉登斯讲演录.郭忠华,编.南京:江苏人民出版社,2012:13.

[6]周海成.大趋势.北京:中国文联出版社,2006:82.

[7]周海成.全球化是解决人类生存和发展问题的根本途径.人民网,2006-10-28.

[8]周海成.全球化是解决人类生存和发展问题的根本途径.人民网,2006-10-28.

"自由王国"显现曙光——动态平衡发展方式的实现形式:从必然王国进入自由王国

人类的历史，就是一部不断地从必然王国向自由王国发展的历史。"同必然王国相对立，自由王国是指人们摆脱了盲目必然性的奴役，成为自己社会关系的从而也成为自然界的自觉主人这样一种社会状态。自由是对必然的认识和支配。从整个社会来看，一旦人们对客观的社会的和自然的必然性有了正确认识并能支配它，使其服务于人类自觉的目的的时候，也就从必然王国进入于自由王国。"[1]动态平衡发展方式理论和方法探索的未来世界发展的路径：实施"本千年完成世界和平统一大业"系统工程。实质上，就是从必然王国向自由王国发展，核心内容是两个方面：一方面是达到人与人社会关系的平衡和谐，不受异己力量支配；另一方面是人类与自然关系的平衡和谐，最大限度地不受自然力量支配。近300年工业革命以来，人类社会的发展速度不断加快，以一日千里的速度从必然王国朝着自由王国的方向迈进，当今世界已经显露出“自由王国”的曙光。

一、“自由王国”与“两个支配”的平衡

马克思指出，人类的劳动或实践“表现为双重关系：一方面是自然关系，另一方面是社会关系”。[2]世界上的知识精英、经济精英、政治精英已经探索、预测和规划了人类美好的蓝图，这些美好的理想大都基本相同，这就是如何解决人类在生产劳动和社会实践过程中的自然关系和社会关系的“两个关系”。但是，解决这“两个关系”的路径则各不相同。“关于世界大势，人们有许多想象。除了马克思的共产主义理论，著名的还有康德—哈贝马斯理论、新帝国理论以及全球治理和全球民主理论，等等。”[3]马克思解决“两个关系”的路径就是人自己支配自己和人支配自然的“两个支配”。除了马克思的共产主义理论有实现的形式和道路外，大多先行者都是有梦而无路。“追求世界大同是人类的共同理想。中国的孔子、古希腊的柏拉图等先哲们对大同世界进行了种种设想。19世纪时，各国的思想家们进一步深化了对大同世界的理解，中国的谭嗣同认为是‘有天下而无国’的‘地球之治’；康有为设计出了大同社会的发展路径，提出‘破除九界’的理想；圣西门、傅立叶、欧文等思想家也对理想的社会进行了研究和描述，并在美国印第安纳州等地进行了建立‘新和谐’公社的实践。随着人类社会的进步，这些在当时条件下的乌托邦式的理想，必将以一种更新的形式实现。在下一个千年到来之前，地球将真正融合为一个人类共同的家园。”[4]这里说的“必将以一种更新的形式实现”说明了一个问题，就是肯定是能实现的，但实现形式不同。人类从必然王国向自由王国的发展是历史发展的必然趋势。李秀林、王于、李淮春主编的《辩证唯物主义和历史唯物主义原理》一书做了解释，必然王国是人们对社会历史的必然性尚未认识和掌握，因而人的活动和行为不得不受这种盲目力量的支配和奴役的状态。自由王国是人们认识和掌握了社会历史的必然性和规律，使自己成为自然界和社会的主人，从自然界和社会领域的盲目力量的支配和奴役下解放出来，最大限度地不受自然力量的支配，从而能自觉地创造自己的历史。社会运动和自然运动不同，自然运动完全是自发的无目的的，而社会运动的主体是自觉的有目的的人。但是，在自然领域和社会领域的人的自由，并非是随意性的，而是要通过实践，驾驭客观必然性，提高人的认识能力和实践能力，减少受主客观条件的制约，从而对客观世界进行改造。物质世界的发展和人类社会的发展都是永恒的，因而对自然和社会的发展必然性的认识和利用，也是无止境的。我们每前进一步，就意味着从某一必然状态下获得了自由。因此我们在现实中，尽可能创造条件，不受主观和客观方面的制约，努力实现主观和客观条件的统一，从而提高我们从必然王国向自由王国跃进的程度。所以，从必然王国向自由王国的飞跃也是一个永无止境的历史过程，我们要不断有所发现、有所前进。

我们所处的现代社会虽然还处在必然王国阶段，但是从工业革命和经济全球化近300年以来，人类从必然王国向自由王国迈进的速度可以用“飞跃”来描述，特别是从20世纪后半叶开始的通信信息飞速发展、人类生产力极大提高，全球社会各领域、各方面实现了前所未有的大突破。经济上的全球化、政治上的民主化、文化上多元化、生态上的平衡化、发展方式的科学化、发展目的的人性化，这些都标志着人类对“两个支配”认识的提高和能力的增强，能够最大限度地支配自然，或者说最大限度地不受自然支配。虽然从现实到未来的“自由王国”是任重道远的，但人类梦想成为自己社会关系的主人和自然界的自觉的主人，认识和支配客观社会的和自然的必然性的共同理想和愿望从未减退，而且“自由王国”的新社会因素和新生事物正在滋长。例如，全球社会各种各样的“自由人自由联合体”已经遍及全世界各个领域和各个方面，有的已经发展为“无国界自由联合体”，他们已经成为从异己力量支配到自由个性发展、从必然王国走向自由王国的实践者和示范者，它标志着“全球大时代”已经来临，自由王国的愿景，已经遥遥在望。

二、“自由王国”与“两个和解”相平衡

“人类同自然的和解以及人类本身的和解”[5]这是恩格斯早在19世纪中叶就提出的“两个和解”，在我们中国，古代思想家刘梦溪也提出了“和而解”的思想。在21世纪的今天，重温这“两个和解”，使我们认识到它的深刻的现实意义和深远的历史意义。动态平衡发展方式理论和方法致力于从必然王国向自由王国迈进，第一步就是实现“两个和解”：在自然领域要实现人类同自然关系的和解；在社会领域要实现人类自身相互关系的和解。从而，解决人与人、人与自然两个重大的对抗关系，在社会领域要消除人类自身关系中的对抗，如战争威胁、军备竞赛等；在自然领域要消除人类与自然关系的对抗，如人类破坏生态平衡等。动态平衡发展方式理论和方法经过研究，探索了破解现实和未来人类发展存在的两难境地，使人类尽快摆脱战争灾难和生态失衡灾难的双重危机，找到了人类渡向“太平世界”和“全球生态社会”的诺亚方舟。从根本上化解“世界不太平”和“地球生态失衡”的两个人类重大生存危机。

(一)从战争到和平——人与人关系平衡

伟人毛泽东向往“太平世界”：“毛泽东则以诗人的浪漫情怀呼唤：‘太平世界，环球同此凉热。’”[6]从二战后至今，人类已经把战火纷飞的世界，变成了“太平世界”。从二战胜利结束、联合国的成立到现在已经整整70年。这70年开创了人类和平的新纪元，是走向和平发展的70年，是走向世界大统一、人类大融合的70年。“天下太平”局面的实现，与联合国的工作和《联合国宪章》的作用分不开。70年的历史昭示我们，要牢记历史，决不能让历史的悲剧重演，全世界必须联合起来，共建全球社会的太平盛世。70年来，虽然有冷战和局部战争，有军备竞赛，要寻求世界持久和平还有很长的路要走。但在半个世纪中世界整体上是太平的，时代主题仍然是和平与发展，特别是完全避免了世界性大规模战争的爆发，消除了悬在人类头顶的"达摩克利斯之剑"，使我们感受到和平的愉悦，真正看到了"太平世界"的景象。

然而可悲的是，我们的世界从开天辟地到近代都是一个不太平的世界。正如历史学家所说，一部人类历史，就是一部战争史。当翻开历史典籍，呈现在我们面前的绝大部分内容是战争。在古代，据瑞典、印度学者统计，从公元前3200年到公元1964年这5164年的时间内，世界上共发生战争14513次，只有329年是和平的。使36.4亿人死亡，损失的财富折合成黄金，可以修一条宽150公里、厚10米、环绕地球一周的金带。据苏联学者统计，从公元前1496年到公元1861年这3357年间，人类有3130年在打仗，只有227年是和平的。在现代，仅两次世界大战给世界带来的灾难就是无法估量的。1914年7月爆发了第一次世界大战，战火烧到欧洲、亚洲、非洲、大西洋、太平洋。历经4年厮杀，死亡两千多万人，给世界带来巨大灾难。1939年9月德意日法西斯国家发动第二次世界大战，先后有60多个国家和地区、20亿以上的人口卷入战争，死伤超过1亿。历时6年的战争给世界造成了巨大的损失。"在四分之一的世纪内发生两次世界大战的经历和以核武器进行第三次世界大战的前景，使建立世界国家的思想具有空前的迫切性。"[7]为了把世界从自我毁灭中解救出来，迫切需要建立世界国家，把各民族国家的主权转移到世界权威上来，这一世界权威将像是各国在它们各自的领土范围内享有主权一样，拥有相应"国家主权"。据此他们产生了领土国家必须消亡的想法，"一些未来学家预言，领土国家将会消亡"。[8]人类战争的历史启示我们，领土国家消亡具有迫切性，"世界国家"的创立具有迫切性。

可喜的是，二战胜利后1945年10月24日联合国正式成立，中国是联合国创始会员国之一，中国代表团成员第一个在《联合国宪章》上签了字，参加签字的51个国为联合国创始会员国，联合国的会员国已经发展到193个（截至2011年7月）。《联合国宪章》规定"维护国际和平及安全"，"发展国际以尊重人民平等权利及自决原则为根据之友好关系"，"促成国际合作"等。联合国以各会员国主权平等的原则为基础，"会员国应以和平的方法解决其国际争端"，"会员国在其国际关系上不得使用或威胁使用武力，或以与联合国宗旨不符之任何其他方法侵犯任何会员国或国家之领土完整或政治独立"。联合国是全世界团结一致反法西斯斗争的产物。联合国是当今全世界上最具代表性、最有影响、规模最大和最重要的政府间国际组织。联合国的地位在国际政治力量消长中不断提高，联合国的作用在国际风云变幻中不断增强。联合国已经成为国际上维护和平、促进发展的权威性国际机构。在维护国际和平与安全，发展各国间的友好关系，促进国际有关经济、社会及文化方面的合作，协调各国行动等方面发挥了积极作用；对推动世界经济、社会、文化的合作和发展做出了不可磨灭的贡献；在反对殖民主义、种族主义，促进非殖民化方面成效显著。联合国的成立就是为了世界人民千秋万代的太平，是功垂千秋的伟业，这是一个伟大的创举！联合国是第一个全人类“命运共同体”大联合组织，是第一个建立在民族国家之上超国家的政治组织，联合国的成立为未来世界和平统一、人类大融合奠定了坚实的基础。

如今，“太平世界”从空想变为现实，和平与发展是当今时代的主题。和平与发展成为带有全球性、战略性的两大问题，维护和平、促进发展成为国际关系的主要内容和时代发展的主要特征，是不可阻挡的历史潮流。从当今世界发展趋势看，天下太平可以长存，世界大战可以避免：一是二战以来，世界人民和平与发展的呼声更加强烈；二是经济全球化趋势给和平与发展带来机遇和有利条件；三是国际局势在总体上不断趋向缓和；四是和平力量的增长超过战争力量的增长；五是经济因素在国际关系中的地位上升。和平发展的时代主题的转换具有重大意义，事关各国人民的福祉，全世界人民都要倍加珍惜和巩固来之不易的“太平世界”。现在，世界总体上是太平的，经济发展是前所未有的，国与国的交往是空前频繁的，和平发展、融合发展成为世界发展的大趋势，成为人类发展的大潮流。在这个大好形势下，我们要精心培植、大力扶持和保护超国家的联合国的成长壮大和“全球大时代”新因素的萌芽。诚然新事物开始是弱小的，但具有强大生命力，新事物取代旧事物是自然历史法则，是符合时代发展潮流的，这是任何力量都不可阻挡的。全世界各国人民都要立足现实，面向未来，树立世界精神，增强全球意识，推动世界朝着“全球社会太平盛世”的方向发展。动态平衡发展方式倡导人人都要为维持和巩固“天下太平”做出应有贡献，共同致力于构建“全球社会太平盛世”，共同构建兼容并蓄的和谐世界，把我们的世界建设成为民主的世界、公正的世界、法治的世界、和谐的世界。

（二）从污染到环保——人与自然关系平衡

40亿年前，地球物质在太阳系环境条件下，不断地抗衡并演化出了生命。万物在地球上共同生存，把远古洪荒的地球改造成为今天的生态平衡的蓝色星球。智能生物的人类成为自然娇子，从古老文明到现代文明，付出了巨大的代价，得出结论：现代文明是一把“双刃剑”，利弊并存。就是说在现实中，人类对宇宙的认识高度就是人类文明的高度，人类的认识达到什么程度，人类文明就达到什么程度。否则，文明程度越高，破坏的程度越大。由于历史的局限，近300年工业化既发展了人类生产力，极大地推动了人类社会的发展，又对地球生态造成严重破坏，威胁人类的生存。正如相关专家所说：“这真是一个失衡的地球。”[9]傅荆原在《人类向何处去》一书中，明确地呼号：“人类向何处去？”[10]郝永平、冯鹏志在《地球告急：挑战人类面临的25种危机》一书中，向人类宣告“地球告急”，并向人们详细论述了“挑战人类面临的25种危机”。[11]他们严肃地提出，我们人类生存的地球，存在着天失衡、地失衡、水失衡、资源失衡和人失衡的严重问题。但是，我们站在“自由王国”的角度来认识和解决上述自然生态失衡问题就不难找到破题的答案。

联合国高度重视全球气候变化对人类社会和自然界的影响，每年召开全球生态保护会议，重视资源、环境、人口和社会等方面的平衡发展。例如，2009年12月7日—19日在哥本哈根召开了全球气候大会，达成了《哥本哈根协议》，维护了《联合国气候变化框架公约》和《京都议定书》确立的"共同但有区别的责任"原则，就发达国家实行强制减排和发展中国家采取自主减缓行动做出了安排，并就全球长期目标、资金和技术支持、透明度等问题达成广泛共识。协议指出，"全球暖化应控制在2摄氏以内"。中国在这次大会上承诺"到2020年在2005年的基础上削减碳密度40%～45%"的减排目标。从现在看，这个目标将提前实现。党的十八大把生态文明建设纳入"五位一体"总体布局，同步规划、同步实施、同步总结和同步提高，正式提出"建设美丽中国"战略部署，把生态文明建设作为各级政府和领导年度政绩考核指标。全世界大多数国家提前实现了承诺的环境保护目标。美国总统奥巴马2015年3月21日向全民公布了环保指标，可见，人与自然的关系从对立变为和谐。现在，世界各国、各界人士已经形成共识，加强生态文明建设，坚持走新型工业化道路，实现人与自然平衡发展、可持续发展，彻底转变旧的生产方式和生活方式，走人类永续生存和发展之路。

"马克思恩格斯针对资本主义的发展以破坏自然环境为代价，提出了未来社会应当实现人与自然和谐相处的思想。"[12]"自由王国"在人与自然关系上追求和解，动态平衡发展方式追求的目标是建设"全球生态社会"。"全球生态社会"就是人类与自然关系从必然王国走向自由王国的关键一步。随着科学技术的飞速发展，人类从被自然支配中解放出来，人类能够最大限度地支配自然，基本上能准确预测和有效防控旱涝、地震、海啸、狂风等自然灾害，把损失降到最低，实现人类与自然万物和谐相处。这种天地人浑然一体、和合共生，才是人类生存方式和谐统一的"全球生态社会"。从当今世界的快速发展看，人的认识一年一个新高度、科技发展一年一个新飞跃、生态保护一年一个新台阶，以此进展速度来判断，可以预言千年之后，人类支配大自然是能够实现的，即使不能完全阻断类似地震、海啸等重大自然灾害的发生，但可以准确预测和超前妥善处置，实现不受损失的目的，特别是从当代生态治理的巨大成效看，人、自然、社会和谐统一的"全球生态社会"指日可待。可见，早年先行者提出的"世界大同"理想受到了历史的局限性，只是追求人类社会自身的大同，没有包括摆脱大自然的制约和支配的内容，是不完美的社会理想。

三、"自由王国"的实现途径："和平发展与融合发展"的平衡

随着全球化和信息化成为历史潮流，全球经济、政治、文化、科技、民族、宗教加速融合，"人类大融合发展、世界大统一发展"，已经成为时代的潮流和世界发展的大趋势，形成了"自由王国"的新社会因素，我们要大力扶持这些新因素的滋生、成长、壮大。

（一）"和平发展与融合发展"是新时期的大趋势

随着无国界的全球化一浪高过一浪的发展，市场融合、经济一体化的发展，加之交通工具的现代化、通信信息的现代化，推动了社会政治全球化、文化大融合、科技大传播，带动了一场更大的革命——人类大融合、世界大统一的浪潮正在汹涌而至，反映了融合与发展是人类永恒的主题，是人类文明本身的诉求。

新的时期，世界经济一体化发展的进程加快，大联合发展方式成为必然要求。一个建立在国家之上的全球化和信息化，推动了无国界的大联合发展。民族国家的组织形式已经不适应大时代发展的形势，已经成为世界经济一体化、生产全球化、贸易国际化发展的障碍，成为人类社会、政治、文化、科技发展进步的桎梏。因此，世界各国不但都在寻求大联合发展的出路，而且在理论上取得重大突破，在实践上取得重大进展。例如，超国界的欧洲共同体、超国界的北美自由贸易区、超国界的东南亚国家联盟、超国界的非洲联盟等已经实现了大联合发展，实践一再证明，这才是人类发展的大方向，他们实际上已经"淡化"了国家和国界在传统上的作用和意义，改变了传统国家的概念和含义，这是人类社会发展史上的大发明和大进步，具有里程碑的意义。现在，区域和洲际正在走向更大的联合之路。例如，欧共体还在扩大，欧洲议会、欧盟宪法、欧元等都标志着"国界"的消失，也预示着民族国家的自行消亡为期不远，世界和平统一为期不远。

（二）"和平发展与融合发展"是人类发展的永恒主题

国家间、民族间、宗教间的融合，是世界复衡的基础。第一，民族融合、宗教融合发展是当今世界潮流。随着全球化的无国界发展，世界各国政府间和民间往来增多，世界各民族在长期的、密切的经济联系、社会往来、文化交流的过程中，逐渐向融合方向发展，这是当今世界的时代主题。民族、宗教不是从来就有的，它是一个历史范畴，因而也就有它产生、发展和消亡的过程。在历史上，民族、宗教的融合自有史以来，一直在进行，全球从千千万万个民族和数量比现在大得多的宗教之间相互融合，到现在全世界有不同民族2000多个，分布在200多个国家和地区，总人口60多亿，其中有48亿人信仰宗教，信仰世界三大宗教的人数分别为基督教徒10亿，伊斯兰教徒8亿，佛教徒2.5亿。国家间、民族间、宗教间正在走向更大的融合发展之路。第二，民族自然同化共同发展。一方面，发展比较缓慢的民族受到发展快的民族的影响，文化上相互认同和经济上相互依赖，形成了民族融合的环境；另一方面，发展比较快的民族支援帮助发展比较缓慢的民族共同发展，发展比较缓慢的民族逐渐地、自然而然地改变自己民族的特点，养成了与先进民族共同的特点。这种现象，也可以称为自然同化。在人类历史上，有的民族自然地放弃自己民族的特点而成为另一民族。例如，中华民族大家庭，就是在历史的长河中，逐渐地、自然地融合为一体，共同发展的。我国经历多次民族大融合，至今为56个民族。历史证明，民族融合、宗教融合发展，是一种社会进步，也是民族、宗教的必然归宿。

（三）"和平发展与融合发展"正在加速

动态平衡发展方式理论和方法从未来学的视野，立足现实，面向未来，研究探索人类发展之路，认为要实现未来"自由王国"的大目标，必须从现在起就要积极推进超国家的经济全球化和信息全球化的深入发展，积极推进超国家的联合国和世界性组织、"区域国家联盟”和洲际合作组织的大联合发展，积极推进跨国公司的全球生产经营战略，大力倡导和培植中国提出的“构建和谐世界”的主张，促进“全球大社会”因素的成长，为最终实现“自由王国”的理想境界铺路搭桥。

人类先天具有“合群”生存、统一融合的共同文化和共同思想基础，具有追求大同社会的共同理想。从20世纪开始产生的新生事物萌芽、新社会因素，是人类走向“世界大同”和“自由王国”的希望之光，新事物取代旧事物是自然历史法则，是符合时代发展潮流的，新社会代替旧社会，这是任何力量都不可阻挡的。因此，我们要立足现实，面向未来，推动全球社会朝着大联合的方向发展，精心培植、扶持和保护现在已经产生的大联合的新社会因素和新生事物，让超国家的新生事物不断成长壮大，不断推进世界大联合发展的进程，为最终实现“世界大同”和“自由王国”奠定基础。同时，积极参与全球协同治理，建立国际政治经济准平衡秩序，为早日实现“世界和平统一大业”创造条件。第一，大力发展社会生产力，实现全球社会生产力高度发展，为向“自由王国”新社会发展提供物质前提和基础；第二，大力发展科学文化教育，提高全民科学文化素质，为向理想的新社会发展提供强大智力支持；第三，大力开展精神文明建设，造就一代又一代道德高尚的新人，为向新社会发展提供精神动力；第四，改革生产关系和上层建筑，在实践中积极探索实现“自由王国”的具体形式和实现途径；第五，增强“本千年完成世界和平统一大业”系统工程的信心，积极培育世界精神和全球意识，树立人类融合发展的理念，为早日实现“自由王国”的理想而奋斗。

参考文献

[1]李秀林，王于，李淮春.辩证唯物主义和历史唯物主义原理.北京：中国人民大学出版社，1982:439.

[2]潘岳.转变人类生存方式.新浪网，2007-11-06.

[3]周海成.大趋势.北京：中国文联出版社，2006:1，

[4]周海成.全球化是解决人类生存和发展问题的根本途径.人民网，2006-10-28.

[5]马克思恩格斯全集：第1卷.北京：人民出版社，1995:603.

[6]周海成.大趋势.北京：中国文联出版社，2006:1，

[7][美]汉斯·摩根索.国家间政治：权力斗争与和平.北京：北京大学出版社，2006:527.

[8][美]小约瑟夫·奈，[加]戴维·韦尔奇.理解全球冲突与合作：理论与历史.张小明，译.上海：上海世纪出版集团，2012:361.

[9]王达品，程礼.大转折的年代——现代文明与可持续发展.兰州：甘肃科学技术出版社，1998:57.

[10]傅荆原.人类向何处去.乌鲁木齐：伊犁人民出版社，2001:7.

[11]郝永平，冯鹏志.地球告急：挑战人类面临的25种危机.北京：当代世界出版社，

1998:10.

[12]江金权.论科学发展观的理论体系.北京:人民出版社,2007:57.

“世界共同体”呼之欲出——动态平衡发展方式的初始目标:创建世界共同体

引证:

> 我们曾指出,走向和平解决那些可能导致战争的国际冲突的第一步,就是创立一个国际共同体,以此作为建立世界国家的基础。
>
> ——汉斯·摩根索《国家间政治:权力斗争与和平》

动态平衡发展方式的未来发展目标任务,是实施“本千年完成世界和平统一大业”系统工程,而创建“世界共同体”(联合国共同体)是完成“世界和平统一大业”的第二大系统工程,其重要意义在于为建立“世界国家”(联合国中央政府)奠定基础。

一、创立“世界共同体”条件具备、时机成熟

美国芝加哥大学教授汉斯·摩根索说:“我们曾指出,走向和平解决那些可能导致战争的国际冲突的第一步,就是创立一个国际共同体,以此作为建立世界国家的基础。”创立“世界共同体”是消除战争的需要,是解决人类面临的“全球性问题”的需要,是完成“世界和平统一大业”建立“世界国家”(世界大同)的需要。如今,创立“世界共同体”条件已经具备、时机已经成熟。主要标志:在当今世界的“母胎”中已经孕育成熟了“世界大同”的新社会因素。

(一)“经济全球化”和互联网冲破国家和国界的壁垒实现人类大融合发展

经济全球化就是“无国界”经济、“全球时代”经济。世界第三次科技革命就是世界统一、人类融合的革命。从近代开始的以经典力学和蒸汽机的发明和运用的第一次科技产业革命、以电的发明和运用的第二次科技革命和以电子计算机和互联网为核心的第三次科技革命,把经济全球化的浪潮一步一步推向高潮,带动了政治经济文化的全球化,成为世界大统一、人类大融合发展的核心动力。全球化的浪潮突破国界、洲界的限制,使生产、商品、市场、资本、技术全球配置,形成世界大市场,实现了生产全球化、贸易全球化和金融全球化,促进了各种生产要素、商品、资本在全球流动,各国经济相互交织、相互依赖、相互渗透,特别是现代交通运输的互联互通缩短了世界时空距离,提高了全球经济活动的速度和规模。全球化打破了民族国家组织对经济政治文化大格局、大融合发展的障碍作用,改变了民族国家的传统概念和内涵,全球化使国家在大趋势下被迫对国家权力做出让度,国家内涵正在消解,国家的权力正在削减,国界正在走向消失,为完成“世界和平统一大业”创造了条件。现在,建立以地球边界为边界的“世界共同体”是众望所归。

(二)超国家的联合国和世界性组织开创了世界统一、人类融合发展的大时代

建立在国家之上的《联合国宪章》是世界发展的指南针和国与国关系的“宪法”，以各会员国主权平等的原则为基础，“会员国应以和平的方法解决其国际争端”，“会员国在其国际关系上不得使用或威胁使用武力，或以与联合国宗旨不符之任何其他方法侵犯任何会员国或国家之领土完整或政治独立”，这是人类第一次对国与国行为的规范、制度约束和法律强制，是一个伟大的创举。但是，超国家的联合国成立还具有更为重要、更为伟大的意义，那就是世界是一个整体，人类是一个整体，自然界是一个整体，都是不可分割的。它是整个人类第一个共同性自组织、第一个建立在国家之上的自组织，把无政府的世界和人类联合起来，从而开创了世界大统一、人类大融合发展的新纪元，为创立“世界共同体”和建立“世界国家”奠定了坚实的基础。

(三)超国家的区域共同体和洲际合作组织是大格局发展的示范者

当今世界，超国家的区域国家联盟、洲际合作组织发展态势强劲，区域性国家与国家大联合已经扩大到全球各个地区，已经发展到在国家之上形成“地区性大统一”的新阶段，这是国家消亡、世界统一的前奏。欧洲共同体、北美自由贸易区、东南亚国家联盟、非洲国家联盟等联合集团，还如20国集团、上海合作组织、金砖国家等组织的大发展，充分说明了世界大统一、人类大融合是人心所向，是大格局发展的需要。目前，欧洲统一大局已定，北美洲统一进程加快，非洲联合光明在前，亚洲的东盟发展态势良好。可见，当今世界的大潮流、大趋势就是要求冲破国家组织的桎梏，要求打破国家和国界的障碍，实现跨国家、跨地区的大格局发展。在这种情况下，已经使国家削弱了原有“权力”，正走向国家功能削减，必将为“世界国家”所替代。特别是欧共体，推出了议会、宪法、欧元，标志着欧洲统一的目标即将实现。欧洲即将统一的成功实践表明，国家趋向消亡、世界趋向大统一是必然趋势。

(四)跨国家的国际企业是世界一体化发展的实践者

在经济全球化强大动力的推动下，企业全球化快速发展，成为当代蔑视国界的国际经济实体跨国公司，是国际直接投资的主导，对世界政治、经济、文化发展影响巨大，特别是对世界经济发展具有决定性的作用。国际企业年销售额达9.5万亿元，年总产量占世界的1/3，国际技术转让占80%，国外直接投资70%，已经成为全球经济发展的引擎。现在全世界100个最大的经济实体中50%是国际企业。例如，雀巢公司的母国是瑞士，拥有10万全球股东，但本国公民的股权占51%。国际企业在全球生产经营中，形成了全球理念和全球人格，创造出一种独立于任何民族文化又包含不同民族文化的多元平衡文化形态。国际企业的最大贡献是融合了“全球社会”文明，为“世界国家”奠定了兼容并蓄的多元文明平衡发展的基础。

二、创立“世界共同体”具有坚实的现实基础和历史基础

当今世界的大联合、大格局发展，为建立国际共同体奠定了坚实的物质和精神基础。第一，大联合发展的心理基础。全世界人民有共同的心愿，这就是和平发展、融合

发展，不同民族的人心理是相容的，全人类的追求是相通的，这种融合是从原始人“合群”“互助”而发展起来的惯性思维，这个惯性心理基础是坚不可摧的。第二，大联合发展的经济基础。经济全球化、信息全球化、区域一体化、企业跨国化、国际组织的超国家化以及市场经济的全球化等，这些都是不以人的意志为转移的大趋势，打破了国家的界限，把各个国家和地区变成相互依赖的“命运共同体”，这就为世界统一、融合提供了强大的经济基础。第三，大联合发展的社会政治基础。政治和社会的全球化，把民主政治、社会民主化和尊重人权传到世界，开辟了全世界政治文明建设之路。成为相互融合的社会政治基础。第四，大联合发展的精神文化基础。不同民族文化相互交流不断扩大，东西方文化相互学习借鉴，不同文明相互渗透融合发展，特别是跨国公司创造了“世界理念”“全球文化”，为世界融合发展、各种文明兼容并蓄提供了精神文化基础。第五，大联合发展的技术支持。世界科技的全球广泛传播，通信信息、互联互通技术的广泛应用，交通运输工具的飞速发展，改变了地球的时空，把大地球变为小小“地球村”，为推动世界一体化发展提供了科学技术支持。

三、创立“世界共同体”的必要性和紧迫性

随着全球化的发展，全球社会管理出现严重缺位，过去历史积累的世界性老问题和正在产生的新问题相互交织，迫切需要加强全球性顶层管理，因此创建“世界共同体”刻不容缓。(1)创建“世界共同体”是国家间扩大往来和统一融合发展的需要。西班牙《国家报》2011年12月30日的文章，题目是《祈祷一个美好未来的合理希望》，加布里埃尔·杰克逊在文章中认为，当今世界需要的是一种灵活多变的融合模式，不过我对这项结果持保留意见。他们的理想和追求与建立“世界共同体”模式的思路是一样的，亟待建立世界性顶层管理机构。(2)创建“世界共同体”是国际组织监管的需要。世界上有许多专家学者呼吁，在全球化的世界里，需要更加完备的国际组织监管国际事务和国际活动，特别是急需加强国际金融、国际竞争、环境保护、疾病防控、反恐反毒，知识产权、人口走私等问题的管理。(3)创建“世界共同体”是消除战争、维护世界和平的需要。当今世界，人类的头顶悬挂着一柄“达摩克利斯之剑”——战争。创立“世界共同体”，就是要和平解决可能导致战争的国际冲突的问题，消除由于极端民族主义、狭隘的国家利益的驱使造成的战争危害、战争威胁、军备军扩、霸权主义，反映了当今世界各族人民渴望和平统一、反对分裂战乱的共同愿望。(4)创建“世界共同体”是解决“全球性问题”的需要。人类生存和发展中存在严重的“全球性问题”，如生态失衡、人口失衡等的解决是没有国家界限的，需要全球协同治理，必须是世界各国携起手来共同解决。单个国家和区域集团是无能为力的。(5)创建“世界共同体”是改变国际事务管理“无政府状态”的需要。在经济全球化环境下，新旧矛盾交织，亟待建立国际政治经济准平衡秩序，改变国际事务中的“无政府状态”。因此，建立“世界共同体”具有现实紧迫性。

目 录

绪论：一部人类社会发展史就是一部发展方式更新史

一、发展方式更新与人类历史进步的平衡性

发展方式更新与人类社会进步、人的全面发展具有一致性、平衡性。这是因为，人与社会是互为因果、对立统一的关系。社会总是人的社会，人总是社会的人，社会领域都是人所参加的，而过着社会生活的人以特定的关系和纽带联结形成人群的历史共同体，如家庭、氏族、部落、民族等，人的发展、社会进步程度与社会形态更替相关，又与一定社会形态内部发展方式更新相关，二者交织重叠。可见，人类社会发展史的研究既不能"只见旧发展方式不见发展方式更新"，更不能把发展方式更新与社会进步以及人的全面发展割裂开来。实质上，一部人类发展史就是一部发展方式更新史。本理论通过对社会发展过程和基本规律的研究探索出以完成"世界和平统一大业"的路径：在中国为实现"全面建成小康社会——实现社会主义现代化国家——大同社会"而奋斗；在世界为实现"创建'世界共同体'——建立'世界国家'——'自由王国'"而奋斗。

（一）发展方式更新与人类历史进步的平衡性是通过新旧社会形态更替表现出来的

"人类社会也同样处在由简单到复杂、由低级到高级的发展变化中，没有任何一种社会形态是永远不变的；社会每天每时都进行着生产运动，而生产的发展又推动着社会关系和人们的思想意识处于变动之中。"[1]每一旧的社会形态为新的社会形态所代替，都在不同程度上解放了生产力，推动社会生产力的发展，使社会的经济、政治、思想文化提高一步，把历史推向新的、高级的发展阶段。人类社会发展是按照它自身固有的规律由低级向高级发展和进步，到目前为止依次经历了5个不同的发展阶段：原始社会、奴隶社会、封建社会、资本主义社会和社会主义社会（共产主义社会的低级阶段），也就是经济社会发展方式的5种重大转变和更新。新旧社会形态的每一次更替，就是人类社会的一次进化和变革，实质上就是一次发展方式的大飞跃、大更新：奴隶社会发展方式代替原

始社会发展方式、封建社会发展方式代替奴隶社会发展方式、资本主义社会发展方式代替封建社会发展方式。我国社会发展具有跨越性,是从半殖民地半封建社会直接进入社会主义社会,发展方式也直接从半殖民地半封建社会的发展方式更新为社会主义的发展方式。社会主义发展方式的特征主要是以生产资料公有制为主体。这就是说,有什么样的社会形态就有什么样的发展方式,也就有什么样的社会进步和人的解放程度。一般地说,社会进步的程度表现在社会形态的更替和发展方式更新的交织重叠上。从而,协同推进社会生产力的发展、社会的进步和人的发展。

(二)发展方式更新与人类社会进步的平衡性是通过一定社会内部发展表现出来的

在历史上,无论是何种基础的社会,在新产生以后,伴随着转变和更新发展方式,在一定时期内,经济社会发展都是上升的、前进的,表现出生气勃勃的进步趋势,包括社会经济生活、政治生活和文化生活的进化和变革,也包括对人的发展的带动。尔后逐渐丧失了原有的进步性,沿着下降的路线运动,有的则成为历史发展的障碍。但是,这时在社会领域某些方面还会有所前进、有所发展,并非一切都陷于萎缩和停滞不前,并且下降趋势本身,也孕育着进步因素、准备着进一步更大发展的条件,表现在发展方式的更新和经济社会新因素、社会进步新因素的滋生成长。同时,一定社会内部的朝代的更替,在一定程度上推动发展方式的更新,促进社会生产力的发展。在国内外的历史上,当一个朝代进入下降运动、国力军力衰弱时,往往为了维护统治,而进行经济、政治改革,除旧布新,谋求发展的动力。实际上这就是典型的发展方式更新,在我国历史上曾出现商鞅变法、张居正改革等多次改革,从而发展了经济,改善了民生,增强了国家的实力。实践证明,在同一社会内部,进行发展方式更新是国家和民族发展的强大动力和源泉,可以最大限度地发挥更新发展方式的引擎作用,推进变革生产关系和上层建筑,改革经济体制、社会体制、政治体制和文化体制,不断推动经济社会的向前发展,从而使发展方式更新成为现代社会变革发展的巨大杠杆。

(三)发展方式更新与人类社会进步的平衡性是通过人的全面发展表现出来的

任何社会规律及其实践都离不开人的有目的的活动。社会生活在本质上是实践的,而实践又是人的存在方式,人们通过实践不断改造和创造社会关系,推动社会发展的同时也推动人的发展。所以,人的发展是社会发展的重要内容,人的发展是社会发展的标志。为了人类社会的存在和发展,就必须有供人们吃、穿、住、用等的物质生活资料的生产活动,必然产生两方面的关系:一方面是人与自然界的关系,因为劳动本身就是利用和改造自然的活动,这种关系的表征就是生产力;另一方面是人与人之间的社会关系,因为劳动本身又是一种社会活动,这种关系就是生产关系。生产力与生产关系之间的平衡和适应状态、经济基础与上层建筑之间的平衡与适应状态这两对社会基本矛盾的矛盾运动，推动着人类社会的发展，也是现代社会变革的巨大杠杆和动力。古代人的发展是人的依赖性关系占统治地位的阶段，而我们所处的现代社会，正处在以物的依赖关系为基础的人的独立性的阶段。可见，人的发展的历史进程表明，人的发展是与社会发展密切相关的，这是因为社会生产力及其创造的社会物质条件的发展是人的发展的现实基础。

在我国古代就产生了"民为邦本"的朴素发展观。春秋战国时期的政治家管仲提出"人本思想"，孟子说"民为贵，社稷次之，君为轻"等。在新世纪，我国更加重视人的发展，提出了科学发展观。党的十八大确立了科学发展观的指导地位，提出要"坚持以人为本，树立全面、协调、可持续的发展观，促进经济社会和人的全面发展"，我国提出的科学发展观，第一要义是发展，核心是以人为本，根本方法是统筹兼顾。这标志着我国开始了新的发展模式。统筹兼顾就是讲全局、讲引导、讲干预、讲调整、讲平衡、讲兼顾、讲协调。毛泽东同志的统筹兼顾思想，为我们统筹经济社会发展提供了科学方法。在国际上，1995年世界发展首脑会议通过的宣言明确指出："社会发展是全世界各国人民的中心需要和愿望，也是各国政府和民间社会各部门的中心责任。"社会发展应"列为当前和跨入第21世纪的优先事项"，"因此，理论和实践都需要并期盼着一种全新的社会发展观作为指导"[2]，从而，纠正了传统的社会发展理论"发展=经济"。1979年联合国教科文组织委托法国学者佩鲁写了《新发展观》一书，明确提出人在发展中的地位；1995年在哥本哈根召开的世界发展首脑会议，理论定位：以人为中心的社会发展观；"社会发展的最终目标是改善和提高全体人民的生活质量"；"社会发展与其发生的文化、生态、经济、政治和精神环境不可分割"。[3]动态平衡发展方式以科学发展观为指导，追求全面平衡发展，在现代发展中坚持以人为中心的理念，在未来社会发展中则追求的是人的全面而自由的发展。

二、继承传统发展方式与创新发展方式的平衡

(一)中国古代发展方式与西方发展方式的平衡融合

从古到今再到未来，人类发展方式更新的路径是："渔猎采集社会的平衡发展方式——游牧农耕社会的平衡发展方式——工业化社会的失衡发展方式——未来社会新型工业化平衡发展方式"。从这个路径不难看出，从"合群"到融合、从失衡到平衡的发展方式是人类社会发展的主流。一是古代东方与西方农业社会发展方式的平衡融合。一万年前后，由于生产力低下，人的发展是人的依赖性关系占统治地位的阶段。原始人类在渔猎采集社会条件下生活，随着时间的推移，人口增长与自然资源的矛盾日益突出，

加之人类突破了青铜器和铁器生产技术，铁质农具催生了小农经济的发展，带来了以儒家文化为代表的东方文明的发展和封建社会组织方式的变革，改变了人类与自然、人类自身的相互关系，推动了社会的发展。在漫长的岁月中，东方发达的农耕社会发展方式向全球辐射，西方相继从渔猎采集文明向农耕发展方式转变。从而，实现了东方与西方第一次发展方式的大融合——全球性农业文明的发展方式。二是现代东方与西方工业社会发展方式在的过程中平衡融合。人类从渔猎采集文明到农耕文明再到工业文明此消彼长，经历了数千上万年。在这个过程中，欧洲农耕文明快速发展，生产技术不断有新突破，生产力不断提高，发展方式领先世界。

（二）发达国家的发达与发展方式更新相平衡

近300年来，欧洲的自然资源短缺和人口的增加，客观上要求提高生产力。于是，在生产技术方面英国出现了蒸汽机，并向欧美传导，西方经济快速发展，文化上掀起了文艺复兴运动，自然资源被大规模开发，政治上建立了自由民主政体。工业社会发展方式从英国辐射到欧洲后，完成了西方从农业社会发展方式向工业社会发展方式的转变。以英国为首的西方工业社会发展方式先行国家，以坚船利炮扩大本国的自然资源与世界市场，从客观上刺激了东方的落后民族和国家向工业化道路迈进，促进了东方由农业社会发展方式向西方工业社会发展方式的转变。从而，实现了西方与东方第二次发展方式的平衡融合——全球性工业社会发展方式。由此可见，世界各国发展方式更新，是人类有史以来一直在进行的过程。

“近300年世界现代化史，就是一部发展方式的更新史。”[4]世界的现代化发展，是以英国工业革命为历史起点的发展方式的转变，距离现在已经两个半世纪之久，实质上就是两个半世纪世界各国特别是发达国家的发展方式不断更新的历史。从现今全球各国的发展看，地球上已经向后工业化时代迈进的国家被称为发达国家。例如，美国、英国、德国和法国等。按照进入后工业化时代的人口和面积计算，发达国家仅仅占全世界1/5的人口和2/5的陆地，并且目前世界发达国家之间的发展水平也是很不平衡的，而且相互之间的差异也很大。大多数地区和大多数人口都属于发展中国家，发展中国家是正在向工业化时代迈进的国家。现代中国，属于发展中国家，中国向往和追求现代化发展方式始终没有停止。中华民族开始寻求探索现代化发展方式，应当以1840年鸦片战争我国落后挨打为起点，到现在已经有一个半世纪之久，但仍然是一个发展中国家，经济社会发展相对后进，其原因是落后在发展方式转变的起跑线上，加之早期的内忧外患和对转变发展方式机会的一次又一次的丢失。

发展方式更新的快慢，与国家现代化发展速度相平衡。第一，发达国家中由于发展方式转变有快有慢而存在经济社会发展的不平衡。英国是由于依靠工业革命转向工业立国，再转变为“海洋强国”，而成为200多年世界经济社会发展的领跑者。美国重视科技兴国、自主创新和知识经济发展的能力的提升，同时紧紧抓住20世纪90年代信息技术革命的契机，不断增强综合国力，从而使美国超越欧洲，长期处于世界经济霸主地位。20世纪70年代德国和日本及时更新发展方式，成为世界第二、三位经济大国。进入新世纪后，美、日、欧三足鼎立，但美国及时向知识经济发展方式转变，目前仍然是世界头号超级大国。日本和韩国虽然也实现了工业化的大发展，但没有将工业经济向知识经济的发展方式转变，导致技术失衡，使经济发展迷失了方向。第二，发展中国家由于发展方式转变有快有慢而造成经济发展的不平衡。20世纪80到90年代，发展中国家没有及时转变发展方式而失去了发展机遇，虽然发达国家有某些倒退，但发展中国家与发达国家的差距仍在扩大，而且南南差距拉大，有的国家甚至贫困化，成为最穷的国家和地区。现在，世界上的国家之间和地区之间的不平衡发展还在加剧，问题都出在发展方式上。从历史发展看，发达国家、发展中国家和最穷国家的不平衡存在，使世界走了一条不平衡的发展道路。目前，全球新一轮转变发展方式谁捷足先登，谁就会抢先占据制高点，我们应当认真研究如何抓住契机，及时更新发展方式。

（三）中国近代的发展方式与时代发展失衡

一个半世纪以来，我国寻求现代化发展方式，实现中华民族伟大复兴从来没有停止。回顾总结中华民族寻找现代化发展方式的历程，不难看出我们是从极其缺乏发展意识和发展方法到积极主动思维、寻找探索发展方式的进步，并且付出了巨大的努力和代价，既有经验又有教训。近代知识分子中的先驱者在鸦片战争落后挨打的教训中觉醒，提出多种新的发展方式，但由于朝政腐败无能而无果。后以“洋务运动”的发展方式寻求民族自强，但由于多种原因而效果不佳。中日甲午战争失败后出现的两次维新变法运动，以变革的发展方式推动发展，但只是起到了传播革新发展方式的思想观念的作用。1911年辛亥革命构建了新的发展方式的蓝图，但因政府内外压力而无果。五四运动以来，中国仁人志士学习西方，寻求适合中国的发展方式，当时可供学习、借鉴和选择的有美国式的发展方式、英国式的发展方式、日本式的发展方式、俄国式的发展方式等，中国人民最终选择了社会主义的俄国模式，从此走上了社会主义的发展方式之路。可见，只有社会主义发展方式才能救中国。

（四）新中国成立后发展方式与历史环境的平衡

“社会制度转型，经济体制转型，发展方式转变。三次变革处于不同历史时期，源于不同历史环境，反映了我们党引领中国发展能力的不断提高、对社会主义现代化建设规律认识的不断深化。如果说第一次‘政治制度’抉择，打下了中国现代化的制度基础，创造了新中国60年国强民富的辉煌成就，第二次‘经济体制’抉择，激活了中国现代化的动力源泉，带来了改革开放30年的飞速发展；那么这次‘发展方式’抉择将确定中国现代化的正确路径，奠定未来中国全面协调可持续的发展格局。”[5]新中国成立后，我国进行了发展方式的大转变，这是关系中国现代化建设命运的一次重大抉择：一是“政治制度和社会制度的转型、建立和完善”:1949年我国在半殖民地半封建社会的基础上建立后,在社会制度上从新民主主义社会向社会主义社会转变;在政治制度上实行人民代表大会、中国共产党领导的多党合作和政治协商制度;在经济制度上经过对资本主义工商业的社会主义改造,建立以社会主义公有制为基础的计划经济体制,开展大规模的社会主义革命和现代化建设,各项事业高速发展。实践证明,只有社会主义发展方式才能建设中国。二是“经济体制机制的转轨和社会政治文化领域改革创新”:1978年11月党的十一届三中全会开始从拨乱反正、解放思想入手,实行全方位改革开放,我国从计划经济体制向社会主义市场经济体制的转变,找到了符合国情的、具有中国特色社会主义的发展之路,并不失时机地将改革开放向社会政治文化领域深入发展。改革开放30多年取得了举世瞩目的发展成就,经济社会高速发展,人民的物质文化生活水平提高,大大增强了我国的综合国力。总结30多年改革开放的经验,只有改革开放的发展方式才能发展中国。

(五)我国新时期的发展方式实现了与世情国情民情的平衡

在新世纪新阶段,一场世界性金融危机和债务危机,暴露了世界性“旧发展方式病”的弊端,已经使不少发达国家和发展速度快的国家放慢了脚步,这就从客观上告诉我们,我国提出加快转变经济发展方式是非常及时和正确的。于是,我们遵循党和国家的战略方针,适应当今世情、国情和不断变化的形势,借鉴吸收相关发展方式研究成果的基础上,从理论和实践的结合出发,寻找和探索适应新时期的发展方式,从而形成了动态平衡发展方式的理论和方法。

“发展方式转变,这是决定中国现代化命运的又一次重大抉择”,“没有一劳永逸的现代化,也就没有一成不变的发展方式”。[6]党的十六届四中全会决定指出:“坚持以人为本、全面协调可持续的科学发展观,更好地推动经济社会发展。”回答了我国发展“为谁发展、发展什么、如何发展”的根本问题。从党的十七大开始,中国进入科学发展的新时代,标志着未来中国将走向全面协调可持续的发展新格局。特别是近两年席卷全球的金融危机和债务危机,又向旧的发展方式提出了挑战,有的发达国家受到“旧发展方式病”的影响,而呈现不平衡发展状态。我国基于对百年寻求发展方式的历史总结和新中国成立后两次发展方式转变的成功经验,防范了失衡发展。党的十七大明确提出了转变经济发展方式的战略任务,这是我国发展方式的又一次转型,这次发展方式的重要抉择,必将是我国经济社会的跨越式发展和现代化建设的里程碑,具有划时代的意义。党的十八大提出了全面建成小康社会的战略目标。我国伟人邓小平借用了儒家的“小康之家”和“小康社会”这一历史概念,他说:“现在达到的小康还是低水平的、不全面的、发展很不平衡的小康。”“小康”是中国古代思想史的一个概念,《礼记·礼运》提出社会两种模式:“天下为公”的“大同”和“天下为家”的“小康”。从此,先哲们追求“小康生活”千年不衰，代表了几千年中华儿女的期盼。这一历史概念，在现代被赋予了新的内涵，成为我国与时俱进的目标，从“解决温饱”到“小康水平”，从“总体小康”到“全面小康”，再到“全面建成小康社会”，为我国设计了这个宏伟的奋斗目标。为了把这一目标变成现实，2015年3月十二届全国人大三次会议《政府工作报告》指出“科学把握我国经济发展的大逻辑”，“保持稳增长与调结构的平衡”。实际上，这又是一次经济发展方式的转型，这次转型重点是实施经济发展新常态化战略，实现我国经济提质、增效、升级和稳速的平衡，要求我们实现双引擎的平衡，即改造传统引擎和打造新引擎的平衡。就是说，要发挥市场对资源配置的决定作用和更好发挥政府的作用，从而以此托起全面建成小康社会和实现社会主义现代化国家的两个宏伟目标。

三、未来发展方式更新与全球化发展趋势的平衡

2015年3月十二届人大三次会议《政府工作报告》提出：“保持稳增长与调结构的平衡。”[7]这是我国发展方式的又一次更新。这次更新与以往任何一次都不同，它是一种稳增长、调结构、惠民生的发展方式，是一种新的宏观决策，是中国经济提质、增效、升级的平衡，是实现经济速度、结构、效益的平衡。这次发展方式的更新，非常及时，是顺应世界全球化发展形势和结合我国实际情况而做出的正确决策，这也是总结我国自近代以来发展方式更新慢的教训，在经济社会发展中紧紧跟上世界前进的步伐，及时更新发展方式，始终保持与时代同步。

（一）发展方式更新与国情地情企情相平衡

在全球化时代，发展方式不能一劳永逸，要在不断更新中跟上时代的发展。第一，思维方式亟待更新。解决资本主义“三大矛盾”靠马克思主义的共产主义学说。“在160年前，当资本主义尚处于发展时期，马克思和恩格斯就分析了资本主义社会存在的资本主义生产资料私有制、资产阶级与无产阶级的阶级对抗和资产阶级对无产阶级的政治压迫与奴役性劳动三大矛盾，提出了组织共产党领导劳动人民夺取政权建设社会主义、共产主义的科学社会主义、共产主义学说。”[8]世界的无产阶级及其政党，以马克思主义作为指导思想的理论基础，在许多国家相继夺取了政权，建立了社会主义国家，从根本上解决了资本主义的三大矛盾。我国在中国共产党领导下，以马克思列宁主义、毛泽东思想为指导，推翻了压在中国人民头上的三座大山，夺取了政权，建立了新中国，进行社会主义改造，开展大规模的社会主义建设，不但解决了资本主义生产资料私有制、阶级对立和阶级压迫的“三大矛盾”，而且开创了我国独立自主发展道路和现代化建设的新阶段。在新的时期，思维方式要与时俱进，在解决社会矛盾方面要树立和谐思维方式，转变过去“阶级斗争”的方式，用正确处理人民内部矛盾的方法化解社会矛盾。在社会

政治稳定方面，要转变静态稳定平衡的方式，运用开放的、动态的方式，在运动过程中解决不稳定问题。如同骑自行车，在行进中保持一定速度才能维持稳定，稳定是为了更好的前进。第二，发展方式亟待更新。“因此，不科学的工业化、不科学的文明生活、不科学的人口生育以及不公平的分配原则共同构成了21世纪存在的四大矛盾。”[9]何以解决21世纪世界面临的“四大矛盾”实现平衡发展，“经典的马克思主义、列宁主义和毛泽东思想的社会主义学说与马克思主义哲学针对的是资本主义三大矛盾的解放条件的学说，但没有解决21世纪四大矛盾的学说”[10]，解决21世纪“四大矛盾”的思维方法还是要靠马克思主义为指导，转变思维方式：“而这些制度、体制、机制建设中所贯穿的思维方法实际上就是‘创造这些矛盾能在其中运动的形式’，即动态平衡的方法。”[11]马克思主义提出的动态平衡的方法就是解决21世纪“四大矛盾”的方法，这就是在经济社会方面要努力实现全面协调可持续的科学发展，走新型工业化道路，发展循环经济，推行绿色生产方式，控制人口不合理增长，实现各领域、各部门和各方面的平衡发展。第三，生活方式亟待更新。世界的“现代文明”和科学技术对人类来说，是一柄“双刃剑”，既有利又有弊，既给人类带来现代化的舒适和享受，又带来“现代文明病”和资源浪费的负面效应，威胁着人的身体健康，原因就是人类不平衡的现代生活方式造成的。因此，我们要尽快在二者之间找到平衡点和结合点，即寻找一条既要现代文明带来的生活舒适和文明进步，又要克服现代文明的负面作用，这就是要转变现代生活方式，倡导低碳生活方式，既节约能源资源、减少污染，又有利于人体健康。

（二）更新发展方式与时代发展保持平衡

进入21世纪，经济全球化和信息化深入发展，科学技术日新月异，世界各地区、各国竞相发展，国家间相互依赖度提高，竞争与合作交织。在这种情况下，任何国家的发展方式都不能一成不变，要随着形势变化而与时俱进，不断找到符合国际发展趋势和国内自身实际的发展方式，才能始终保持发展的生机和活力。一是克服“旧发展方式病”的弊端。在西方发达国家，一场席卷全球的国际金融危机，暴露出传统发展方式是经不起风雨变换的，就连个别发达国家也失衡落马。发展中国家二战后摆脱了殖民统治，西亚和南亚有的国家搞失衡的“疯狂现代化”，单纯追求经济高速增长，导致经济社会畸形发展，造成社会动荡不安。二是转变发展方式要跟上时代潮流。我国为了适应经济全球化发展趋势和抵御国际市场风险的需要，党的十七大明确提出“转变经济发展方式”，并把发展方式转变作为战略任务实施，把转方式、调结构、惠民生、求发展、促稳定结合起来，推动经济社会平衡发展。我国是一个不平衡发展的大国，推进动态平衡发展符合中国国情，也符合世界经济发展趋势。三是要着力解决现实存在的不平衡发展的实际问题。转变发展方式结合经济社会发展实际，有针对性地解决发展中遇到的实际问题。中共中央在制定国民经济和社会发展第十二个五年规划时指出：“必须清醒地看到，我国发展中不平衡、不协调、不可持续的问题相当突出，主要是，经济增长的资源环境约束强化，投资和消费关系失衡，收入分配差距较大，科技创新能力不强，产业结构不合理，农业基础仍然薄弱，城乡区域发展不协调，就业总量压力和结构性矛盾并存，社会矛盾明显增多，加强转变经济发展方式已经刻不容缓。"[12]党和国家提出的这些问题，就是我们各部门、各企业要努力研究解决的问题，实际上这就是更新发展方式的方向，如作为企业在当前发展中就要着力纠正普遍存在的不平衡发展问题，企业要通过更新发展方式，实现企业系统各要素的平衡发展，实现资源投入与环境保护的平衡，实现经济效益与社会效益的平衡发展。

（三）发展方式更新与消除国际上"旧的发展方式病"影响的平衡

更新发展方式，要把破与立、除旧与布新相结合，把重点放在消除国际上"旧的发展方式病"的影响上，因为"旧的发展方式病"制约平衡发展，产生副作用。一是消除国际上"旧的发展方式病"的弊端。例如，我国企业过去在国际旧方式的影响下"重国际市场、轻国内需求，重低成本优势、轻自主创新能力，重物质投入、轻资源环境，重财富增长、轻社会福利水平提高，这就是我们长期形成的传统发展方式。这样的发展方式不够注重结构的优化、效益的增加、过程的可持续和成果的共享，难以实现质与量的统一、快与好的统一、物与人的统一、人与自然的统一"[13]。国际上"旧的发展方式病"严重影响了企业的发展，已经到了非转变不可的地步了。为此，我国及时提出转变发展方式。二是从根本上更新传统发展方式。当前，党和国家总结应对国际金融、债务危机的经验教训，并根据我国经济社会发展面临的新形势和新特点，科学判断，抓住机遇，及时向各级各部门提出加快转变发展方式的时代命题，要求尽快实现我国现阶段经济社会发展路径的重要转折，"经济发展方式转变，就是由粗放型增长到集约型增长，从低级经济结构到高级、优化的经济结构，从单纯的经济增长到全面协调可持续的经济发展的转变"[14]。由于我国从根本上转变了传统发展方式，调整优化经济结构，由不平衡增长转变为集约型增长，实现了发展的质与量的平衡、快与好的平衡、物与人的平衡、人与自然的平衡。

国际上"旧的发展方式病"在国企、民企和混合制企业中都有程度不同的表现，彻底清除需要多管齐下。第一，消除经济领域不平衡发展的负效应。目前，我国经济发展要向经济结构优化和经济速度质量平衡发展的模式转变，重点解决转方式、调结构、惠民生、促稳定的问题，消除经济领域各部门之间、产业之间、城乡之间和区域之间的不平衡制约因子，做好相互转化工作，缓解产能过剩，推动经济各部门动态平衡发展。第二，消除社会领域不平衡发展的负效应。社会平衡发展要将构成社会系统要素的经济、政治、文化、人口、资源、环境和社会事业等作为有机整体平衡推进，扩大内需，增加就业，化解社会矛盾，发挥经济社会发展各要素的相互配合、相互促进的作用，消除不同环节上的不平衡抑制因素，实现协调平衡发展。第三，消除自然生态环境方面的不平衡负效应。"马克思恩格斯针对资本主义的发展以破坏自然环境为代价，提出了未来社会应当实现人与自然和谐相处的思想。"[15]现代诸多"全球性问题"中最重大、最突出的就是破坏自然资源和生态环境污染的问题。这个危害不但阻碍当代全球经济社会的发展，还威胁着人类的子孙后代和人类赖以生存的自然界生物的生存。因此，我国把生态文明建设纳入现代化建设"五位一体"总体布局同步实施。

（四）更新发展方式要重视动态平衡发展

"马克思曾在《资本论》中明确指出：'我们看到，商品的交换过程包含着矛盾的和互相排斥的关系。商品的发展并没有扬弃这些矛盾，而是创造这些矛盾能在其中运动的形式。一般说来，这就是解决实际矛盾的方法。例如，一个物体不断落向另一个物体而又不断离开这一物体，这是一个矛盾，椭圆便是这个矛盾借以实现和解决的运动形式之一。'这里所说的解决矛盾的方法就是动态平衡的方法。"[16]改革开放就是我国根据马克思的动态平衡思维方法和解决矛盾的方法进行的运用。我国从计划经济转变为社会主义市场经济，这就存在社会主义公有制性质与资本主义私有制中存在的唯利是图的矛盾，但市场机制又具有资源合理配置的优势。所以，我们在实行市场经济时就需要运用动态平衡的方法兴利除弊、扬长避短，既发挥优势又克服弊端。同时，大力加强精神文明建设，把市场机制重利轻义的副作用降到最低。

动态平衡发展方式是运用宇宙一切事物都具有自我平衡的求生本性的法则和万事万物走向综合动态平衡本能的法则，并运用人类能动的宏观调控的作用，实现了"无形的力"的自发平衡调节和"有形的力"的人为平衡调控的统一。公式为"不平衡发展——[事物自发平衡]——平衡发展——新的不平衡发展——[人为平衡调控]——高水平平衡发展"的无限循环运动。这就是在事物发展中，从发挥一个作用转变为发挥两个作用，确保事物始终保持平衡发展状态。例如，在商品市场中，既要充分发挥市场的价值与价格关系的自发平衡调节作用，又能充分发挥人为宏观平衡调控的作用。因此，能够始终保持动态平衡运行状态。

"现代化的各发展要素的推进过程是不平衡与平衡的统一，即发展的异步性与同步性的统一。"[17]动态平衡发展是辩证平衡发展，是平衡发展与不平衡发展的平衡和统一，同步性发展与异步性发展的平衡和统一，自趋平衡发展与人为调节平衡发展的平衡和统一。一是经济系统平衡发展与不平衡发展的平衡和统一。从经济宏观上要把经济各部门、各产业、资源和环境等要素统一为一个有机整体平衡推进，通过不断调节实现宏观综合平衡发展，各领域、各部门和各行业平衡发展，城乡、区域平衡发展等。在微观上放开搞活，竞相发展。二是社会系统实现社会领域宏观平衡发展与微观不平衡发展的统一。从社会宏观上要加强调控，确保经济、政治、文化、人口、生态、资源等要素的动态平衡发展。在社会微观上可以不平衡发展。正如徐宝德所说:“我们党的协调发展论是非平衡与相对平衡统一论,承认差别,又要对差别进行必要干预,使其保持在有利全局发展的合理范围之内。”[18]

四、发展方式更新要实现人类社会自身平衡和谐、人与自然平衡和谐

(一)发展方式更新与“适应”的平衡

生命的种类不一样,存在形式也不一样。动物以本能的活动方式而生存,而人的生存发展既依赖于自然资源,又能能动地进行物质资料生产,这就要求人类的生产活动、生活方式必须适应自然而不能与自然相对立,人类必须遵循“适者生存,物竞天择”的自然法则。“适”就是平衡,就是生存;不“适”就是不平衡,就是被淘汰。

“不同的发展方式不仅会导致不同的发展结果,而且会对发展过程产生不同的影响。不科学、不合理的经济发展方式会导致矛盾、引发冲突,产生负面效果;科学、合理的经济发展方式则能化解矛盾、减少代价,提升发展效益;化解过度消耗资源、污染环境所引发的人与自然乃至人与人、人与社会之间的矛盾。粗放的发展方式必然造成能源资源越来越紧张、生态环境越来越恶化,这种现象已为历史经验所证明。”[19]随着人口的增长和人们生活水平的提高,经济社会发展与资源环境的矛盾将会更加突出。如果资源能源供应持续高度紧张、经济发展与能源资源矛盾日益尖锐,如果生态环境继续受到严重破坏、人们的生产生活条件更加恶化,那么,不仅人与自然之间不能和谐相处,人与人的和谐、人与社会的和谐也难以实现。而加快经济发展方式转变,实施可持续发展战略,积极建设生态文明,大力推进资源节约型、环境友好型社会文明建设,加快推进节能减排和污染防治,加快建立资源节约型技术体系和生产体系,推动整个社会走上生产发展、生活富裕、生态良好的文明发展道路,实现人与自然、人与人、人与社会的和谐发展。

(二)发展方式更新与“五个关键因素”的平衡

科学合理的发展方式,必须保持与自然环境因素、生产方式因素、人口因素、生态因素和文化因素“五个因素”的平衡:一是自然环境因素。“人类社会又是自然界中特殊的一部分,是本质上不同于一般自然界的社会有机体,有着自己的特点和规律,这是社会与自然界的差别和对立。”[20]“社会和自然的对立统一关系,集中地表现在社会的发展同地理、人口等因素的相互联系、相互作用上。”[21]自然环境条件的重要性在于可以制约和促进一个国家、一个民族的发展,调节的方法就是人与环境的动态平衡。自然环境条件指人类社会生存和发展的物质和能量等必要条件,例如土壤、河水、植物、动物、矿藏和适度气候等,所处自然条件和地理环境如何,生态系统是否平衡,直接关系到国家的发

展。就是说，自然环境条件与经济社会发展这二者对接的桥梁和纽带就是发展方式，这是因为发展方式可以优化自然条件，也可以恶化自然条件；可以是促进经济社会发展的引擎，也可以是经济社会发展的限制因子。例如，我国是一个资源相对缺乏的国家，有了好的发展方式，可以弥补不足。可见，发展方式的地位和作用是不可低估的。二是生产方式因素。社会赖以存在和发展的基础是生产方式，人类为了生存，就必然要获得一定物质，就要通过劳动获取，进行物质资料的生产和再生产，这是政治、科技和艺术社会活动的物质保证，也是推动社会更替、由低级向高级发展的动力。三是人口因素。一个国家和民族要具有合理的人口，有了一定数量和质量、分布合理的劳动资源，才能进行经济建设、扩大再生产，推动经济社会的发展。因此，要预测和规划好人自身的生产与发展，人口过多或过少都不利于社会发展，适度的人口数量有利于国家和民族的发展。四是生态因素。社会所处自然条件和地理环境如何，生态系统是否平衡，直接关系到一个国家或一个民族的发展。同时，地理环境和自然条件也受到社会的影响，制约着自然条件对社会发展的作用。发展社会生产如果破坏了自然条件，生态系统的能量交换和物质循环就会受到影响，反过来就会制约人和社会的发展。为此，人类在改造自然界中要采取科学的发展方式，遵循自然界的客观规律，维护生态系统的平衡状态，才能最大限度地发挥自然条件在人的发展和社会文明进步中的作用。五是文化因素。导师马克思说："宗教、家庭、国家、法律、道德、科学、艺术等等，都不过是生存的一些特殊方式，并且受生存的普遍规律的支配。"伟人恩格斯也说："人必须首先吃、喝、住、穿，然后才能从事政治、科学、艺术、宗教等。"[22]可见，生存是人类永恒的主题，文化是一个民族的生存经验总结，没有人类文化就没有人类。"大平衡认为，文化就是人的生存总结和趋向。"[23]李继兴认为，为了生存，人们总结了几千年有形和无形的东西，上升为理性认识，形成了人类的生存文化，包括成功经验和失败教训的认识和反映，如衣食住行用品、壁画、建筑、文物、宗教等，其中最核心的是为了谋生。如果人类没有文化，我们就可能没有后来的柴米油盐、锅碗瓢盆、庭院桥梁等，这些都与人类生存总结文化相关，所以没有文化人类难以生存下来。也因为如此，我们才要总结工业革命以来的生存文化的功过，兴利除弊，改变工业文明中的负面影响，纠正高能耗、高浪费生产方式，为形成未来新型工业化的新文化奠定基础，为发展绿色循环生产方式、低碳生活方式鸣锣开道。生存是人类永恒的主题，一个人必须首先保障生存，然后才有可能发展和实现自己的理想。人类只有从必然王国进入自由王国，才能支配自然，实现"天蓝地绿水清，天时地利人和"的"全球生态社会"。

综上所述，本发展方式的产生，是以科学发展观为指导思想，借鉴了国际上有影响的"五种发展理论"而形成的，与国际上流行的传统发展方式相比，具有自身特点：一是本发展方式是宏观中观微观全面平衡发展，而传统发展方式则只研究微观发展；二是本发展方式研究的是经济社会和人的全面平衡发展，而传统发展方式则仅限于经济的发展,而忽视了它与社会和人的协调平衡发展;三是本发展方式强调人与自然的和谐而平衡发展,而传统发展方式并不研究人与自然的关系;四是本发展方式适应经济全球化趋势而强调国内与国外的平衡发展,而传统发展方式的视野仅限于国内经济,并不涉及国外经济;五是本发展方式实现了世界现实发展与世界未来发展相结合,而传统发展方式的视野仅限于现实发展,并不涉及人类未来发展。由此可见,本发展方式既扩展了传统发展方式的外延,又丰富了传统发展方式的内涵,是传统发展方式的创新形式。

参考文献

[1]李秀林,王于,李淮春.辩证唯物主义和历史唯物主义原理.北京:中国人民大学出版社,1982:44

[2]祝黄河.发展:社会与人.北京:中国社会科学出版社,2004:3.

[3]祝黄河.发展:社会与人.北京:中国社会科学出版社,2004:11.

[4]十一届全国人大三次会议《政府工作报告》学习参考编写组.十一届全国人大三次会议《政府工作报告》学习参考.北京:人民日报出版社,2010:56.

[5]十一届全国人大三次会议《政府工作报告》学习参考编写组.十一届全国人大三次会议《政府工作报告》学习参考.北京:人民日报出版社,2010:60.

[6]十一届全国人大三次会议《政府工作报告》学习参考编写组.十一届全国人大三次会议《政府工作报告》学习参考.北京:人民日报出版社,2010:60.

[7]十二届全国人大十三次会议《政府工作报告》辅导读本.北京:人民出版社,中国言实出版社,2015:13.

[8]张冬生,黄兴华.科学发展观的多维视角.北京:中国经济出版社,2009:5.

[9]张冬生,黄兴华.科学发展观的多维视角.北京:中国经济出版社,2009:6.

[10]张冬生,黄兴华.科学发展观的多维视角.北京:中国经济出版社,2009:6.

[11]张冬生,黄兴华.科学发展观的多维视角.北京:中国经济出版社,2009:5.

[12]王荣华,童世骏.多学科视野中的和谐社会.上海:学林出版社,2006:20-21.

[13]中国共产党第十七届中央委员会第五次会议文件汇编.北京:人民出版社,2010:68.

[14]国务院研究室编写组.十二届全国人大一次会议《政府工作报告》辅导读本.北京:人民日报出版社,中国言实出版社,2013:10.

[15]江金权.论科学发展观的理论体系.北京:人民出版社,2007:57.

[16]王荣华,童世骏.多学科视野中的和谐社会.上海:学林出版社,2006:24-25.

[17]张琢,马福云.发展社会学.北京:中国社会科学出版社,2001:383.

[18]徐宝德.科学发展观概论.兰州:甘肃人民出版社,2006:148.

[19]转变经济发展方式　促进和谐社会建设.人民日报,2010-10-14.

[20]李继兴.应用哲学平衡论.哲学中国网,2013-02-21.

[21]李秀林,王于,李淮春.辩证唯物主义和历史唯物主义原理.北京:中国人民大学出版社,1982:245

[22]马克思恩格斯全集:第42卷.北京:人民出版社,1995:121.

[23]李继兴.大平衡.北京:中国大百科全书出版社,2007:4.

1 动态平衡发展方式的理论基础评介

引言：

"人类社会的普同性，使得不同社会之间的借鉴、吸收成为可能。吸收先进认识成果，一直是社会认识进化的重要方法之一。我们要利用已有的经验和财富，更需借鉴当今世界有价值的思想和研究成果，要善于借鉴和学习其他民族社会文化中的长处，从中吸取有价值的东西。"[1]动态平衡发展方式的理论和方法体系的形成，是在吸收、借鉴平衡论和发展理论研究新成果的基础上产生的，是依托于对立统一学说、发展的学说、国家学说、未来学说与和谐论等理论基础而建立起来的。

1.1 发展学说评介

列宁说，唯物辩证法是"最完整深刻而无片面性弊病的关于发展的学说"。发展的学说，是关于事物发展的本质、发展的原因、发展的过程、发展的道路的根本观点，特别要深刻理解矛盾是事物发展的动力。因此，弄清发展的学说，是深刻理解人类社会发展规律所必须具备的理论基础。

1.1.1 矛盾是事物发展的根本动力

"矛盾是事物发展的源泉、动力。发展就是对立面的统一和斗争。事物在各种外部条件影响下，其内部矛盾的双方既相依赖又相排斥，既相同一又相斗争，使双方力量处在此消彼长的不断变化中。一旦矛盾双方的力量对比起了根本的变化，双方地位便发生相互转化，于是新矛盾取代旧矛盾，新事物取代旧事物，这就是事物发展的实在过程。"[2]矛盾的同一性与斗争性相结合推动着事物的发展。同一性与斗争性在事物发展中起着各自不同的作用，是不可替代的，单独的任何一方是不能实现的，只有二者相结合才能实现，即推动事物发展的动力只能是矛盾。第一，矛盾同一性在发展中的作用：一是矛盾双方相互依存、互为条件，为事物发展提供前提条件，从而实现存在和发展。二是矛盾双方渗透、各自吸收对方有利于自身的因素，在相互利用、相互促进中使整个事物得到发展。三是矛盾双方相互贯通，规定事物发展的基本方向。第二，矛盾斗争性在发展中的作用：在事物量变中，矛盾的斗争性推动双方力量对比的变化，为发展调整力量、创造条件；在事物质变中，矛盾的斗争性突破旧事物的"度"，促使旧事物变为新事物，使事物的发展真正实现。认识矛盾是事物发展的源泉、动力的方法论意义，在于任何片面夸大其中一方的作用，或者否定另一方的作用，都是违反辩证法的。在一切事物发展过程中，矛盾的斗争性和同一性是不可替代的。

"各门学科的发展，不断地揭示了各领域、各物质运动中的矛盾。"[3]一是在机械运动中，位移就包含着连续和间断的矛盾，即连续和间断的对立统一。二是在经济学中，现代社会发展的概念多用于经济学，成为经济学的一个基本概念。发展概念在经济学上指的是数量上的增长。经济的增长，包括经济总量的增长、经济发展速度的增长和经济效益的增长。三是在生物学中，从生物学角度，发展是指生物胚胎的演变和发育，是生物的遗传变异和高级进化。一切生命现象都有发生、变化和发展的过程，基本规律是由低级到高级，由简单到复杂，由少到多的高级形式。生物学的发展对社会的发展变化产生重要影响。四是在化学运动中，包括机械运动、物理运动、化合与分解、酸与碱的矛盾等。五是在人类学中，也有一个发展问题。人类学是研究人类的起源、生活和实践活动的学科。人作为历史性存在，必须适应现实，与现实的发展保持一致；人作为超越性存在，必须改变现实、改变自己，追求人理想的目标。因此，人自身的发展，是其他一切发展问题的前提。这就是我们党强调"以人为本"使人全面发展的道理所在。六是在思想领域中，人的知识的增长，知识水平的提高，观念的转变，觉悟的提高，新理论的确立，都可称之为是人的发展。七是在政治领域中，发展是不断进行的，从而适应不断变化的内部和外部环境，例如通过改革达到制度文明和体制完善，这也是发展。

1.1.2 发展的实质是旧事物灭亡、新事物产生

"唯物辩证法所理解的发展是有确定内容的，它把发展理解为新东西的生成过程，理解为旧东西的灭亡、新东西的产生。"[4]在哲学上的发展概念："关于发展的概念，可以从以下三个递进的层次来理解：第一，事物既有静止状态，也有运动状态，发展指的是运动而非静止。第二，事物的运动既有前进性、上升性运动，也有倒退的、下降的运动，发展指的是前进性、上升性运动而非倒退的、下降的运动。第三，事物的前进性、上升性运动既有量变，即同一事物的自我完善，也有质变，即旧事物灭亡，新事物产生，发展指的是质变，即旧事物灭亡，新事物产生，而非量变。"[5]新事物必然战胜旧事物，新陈代谢是宇宙中普遍的、永远不可抗拒的规律。所谓新事物，是指符合历史发展的必然趋势，代

表历史的前进方向、具有远大前途的事物。所谓旧事物,就是丧失了它存在的历史必然性,因而是日趋灭亡的事物。新生事物代表发展的未来,因而旧事物向新事物的发展过程,也就是事物由低级到高级、由简单到复杂的发展过程。“唯物辩证法是关于普遍联系的科学,同时又是‘最完整深刻而无片面性弊病的关于发展的学说’。”[6]唯物辩证法通常用事物的运动、变化、发展等概念一起来表述自己的发展观,它把运动理解为一般变化,把变化理解为某种新东西生成的过程,即理解为发展。所谓发展,就不是同一事物的简单重复,而是新事物不断产生、旧事物不断灭亡。“从哲学上讲,发展是事物运动变化中‘发’与‘展’的统一,‘发’指的是事物变化朝着纵向进行,它反映的是事物变化的高度和厚度。‘展’指的是事物变化朝着横向扩张,它反映的是事物变化的广度和宽度。将‘发’与‘展’这两个方面有机地结合起来,才能真正完整准确地反映哲学的发展内涵。”[7]

1.1.3　发展的进程是量变和质变的相互转化

“任何事物都具有质和量的两种规定性,任何事物的运动都有量变和质变两种状态,任何事物发展的进程都表现为从量变到质变再到新的量变的质量互变过程。”[8]一切事物都有质和量的对立统一,都有质变量变两种状态。任何事物都是质和量的统一体,具有质和量的规定性,质是一事物存在并区别于他事物的内在规定性;量是事物的数量的规定性,但量在一定“度”的变化不会改变事物的性质。事物的发展是“量变——质变——量变”的过程,即“量变到质变的转化规律”。这个规律表明,事物的发展,是由量变到质变,又由质变到量变的循环往复的过程。量变是事物在数量上的变化,质变是事物根本性质的变化,质和量的统一就是度。质量互变的根源,在于事物内部的矛盾斗争。量变表现为事物的平衡、静止、统一;质变表现为对平衡、静止、统一的破坏。

事物的量变与质变是可以相互转化的。一方面量变是质变的准备,质变是量变的结果。没有量变的积累,不可能发生质变。量变达到一定程度,不可避免地引起质变。经过质变,事物由旧质转化为新质。在新质基础上,又开始新的量变,量变和质变,不仅互相转化,而且互相交错。量变过程中有部分质变,即在事物根本性质未变的条件下发生的非根本性的变化或局部范围的质变发生时首先突破一点或几点,接着迅速扩张到全局,从而完成质变。另一方面,质变又可以引起新的量变。质变在巩固和维持量变成果的基础上,使旧质的事物转变为新质的事物,并开始新的量变,即呈现“量变——质变——新的量变——新的质变”,如此循环往复,以至无穷。质量互变规律具有重要的方法论意义,一是认识问题要变化,分析问题要细化;二是认识事物与客观相适应,办事要把握适度;三是重视微小量变,促进事物发展。

1.1.4　发展的道路是前进性和曲折性的统一

事物的发展是“肯定——否定——否定之否定”的螺旋式、波浪式前进的过程,即事物发展的辩证形式——前进性与曲折性的统一。前进性是说事物的运动方向是由简单到复杂、由低级到高级的上升运动。曲折性是说事物运动的道路如同螺旋或波浪那样有曲折、有起伏。了解事物运动的前进性和曲折性相统一的原理,先要了解否定之否定规律,即肯定否定规律。它是自然界、社会和思维发展的普遍规律。它揭示事物的发展,是螺旋式上升、波浪式前进的过程。任何事物的内部都有肯定和否定两方面。肯定,是事物保持存在的方面;否定,则是促使事物发展和转化的方面。这两个方面互相斗争着。否定的方面战胜肯定的方面并取得了支配地位,旧事物就转化为新事物。这就是否定阶段。辩证的否定是事物的自我否定,是旧质向新质的飞跃。新事物对旧事物的否定,是事物内部的否定的因素发展的结果,是对旧事物的质的根本否定,但并不是对旧事物的简单抛弃,而是"扬弃"。原来的否定方面也被否定,事物就发展到否定之否定阶段。它不是全部特征的回复和原来基础上的循环,体现事物由低级向高级发展。从肯定阶段经否定阶段到否定之否定阶段,是事物运动的一个周期,呈现着螺旋式上升、波浪式前进,不断优化,不断进步,向着最高理想的形态发展。例如,植物的发展:"种子——植株——新的种子";生产资料所有制演变:"原始公有制——私有制——未来公有制";劳动的进步:"体力劳动和脑力劳动的统一——二者分裂——未来二者在新的基础上的统一"等;螺旋式发展具有普遍性和特殊性:物理运动的"吸引——排斥——吸引"、天体演化的"形成——破灭——形成"、化学运动中的"化合——分解——化合"、生物运动的"遗传——变异——遗传"等;人类社会生活中的"前进——后退——前进"等。上述事例,都包含着否定之否定的道理。否定之否定规律具有重要方法论意义,它揭示事物发展的总方向、总趋势是前进的、上升的,事物发展的具体道路又是曲折的、迂回的,事物的自我发展的道路是前进性与曲折性的统一。因此,"我们既不能只看到发展中的前进性,看不到发展中的曲折性,从而陷入盲目乐观、急躁冒进,也不能只看到发展中的曲折性,看不到发展中的前进性,从而陷入悲观失望,无所作为"。[9]

参考文献

[1]李勇.社会认识进化论.武汉:武汉大学出版社,2000:275.

[2]李秀林,王于,李淮春.辩证唯物主义和历史唯物主义原理.北京:中国人民大学出版社,1982:129.

[3]陈晏清.马克思主义哲学纲要.北京:中央广播电视大学出版社,天津:天津人民出版社,1983:105-106.

[4]陈晏清.马克思主义哲学纲要.北京:中央广播电视大学出版社,天津:天津人民出版社,1983:67.

[5]中国成人教育协会成人高等学校招生研究会组.政治.沈阳:辽宁大学出版社,2000:35.

[6]李秀林,王于,李淮春.辩证唯物主义和历史唯物主义原理.北京:中国人民大学出版社,1982:91.

[7]刘学义.科学发展观.兰州:兰州大学出版社,2004:20.

[8]中国成人教育协会成人高等学校招生研究会组.政治.沈阳:辽宁大学出版社,2000:36.

[9]中国成人教育协会成人高等学校招生研究会组.政治.沈阳:辽宁大学出版社,2000:39.

1.2 对立统一学说评介

1.2.1 矛盾的同一性和斗争性

矛盾就是对立统一。对立统一规律,是关于事物矛盾运动的规律。“对立和同一,这是事物矛盾所固有的两个相反而又相成的基本属性或特性。矛盾的对立属性又称为斗争性,矛盾的同一属性又称为同一性。”[1](1)矛盾的同一性。列宁和毛泽东用多个术语来表达矛盾的同一性,如同一性、统一性、一致性等。毛泽东在《矛盾论》中用日常用语通俗地说明矛盾同一性的表现形式,如均势、平衡、相持等。可见,矛盾同一性的含义:一方面是矛盾双方的相互依赖和吸引,矛盾着的每一方都必须以对方作为自己存在和发展的前提。如民主与集中、经济与政治、优点和缺点、成绩和错误等,失去其中一方另一方就不复存在。另一方面是矛盾双方的相互渗透和转化。如成功中包含着失败的因素,失败中包含着成功的因素。成功后,产生骄傲情绪,麻痹大意,可以转化为失败。“失败是成功之母”,失败后,吸取教训,端正方向,继续努力,可以获得成功。在实际工作中,我们要全面看问题,做好后进转化为先进、化消极因素为积极因素的工作。(2)矛盾的斗争性。矛盾就是双方是对立的、排斥的不同性质的两个方面,矛盾双方相互排斥、相互反对、相互否定。对抗性和非对抗性矛盾都是如此。如工业与农业的矛盾,既相互依赖,又相互制约。(3)矛盾的同一性和斗争性相互联结。同一性和斗争性的属性相反,但二者是相互联系、不可分离的,失去其中任何一方,都不能成为矛盾。如同“一个巴掌拍不响”那样,同一性不能脱离斗争性而存在,没有斗争性就没有同一性;斗争性不能脱离同一性而存在,没有同一性也就没有斗争性。同一性和斗争性是相互制约的,从而构成双方又斗争又同一的矛盾运动。同一性和斗争性相互联结和制约的方法论意义,就是在认识事物时在对立中把握同一,在同一中把握对立。

“马克思主义绝不否认斗争在解决矛盾中的作用,但是也绝不能否认统一、同一在矛盾运动和解决矛盾问题上的作用。”[2]马克思主义哲学告诉我们,一切事物由矛盾构成，矛盾双方既相互对立，又相互统一，并在一定条件下相互转化。这种既对立又统一的矛盾运动，揭示了事物发展的内在源泉和动力，推动事物的发展变化。我国在民主革命时期，面对国内外的突出矛盾，侧重强调了矛盾的"斗争性"。在国内敌我对抗性矛盾基本消除、国际形势趋于和平发展的情况下，则侧重强调矛盾的"统一性"。因此，我国提出在国内构建和谐社会，在国际倡导构建和谐世界，这是对马克思主义的发展。

1.2.2 对立统一规律是唯物辩证法的实质和核心

矛盾是事物发展的源泉和动力，矛盾也揭示了事物发展的机制。(1)同一性在事物发展中的作用。一是矛盾双方构成一个统一体，互为条件，使对立面在统一体中生存发展。二是矛盾双方相互吸取有利于自身的因素，在相互利用、相互促进中各自都得到发展。三是矛盾双方互相贯通、规定事物发展的方向和趋势。(2)斗争性在事物发展中的作用。一是在事物量变过程中，它推动矛盾双方力量的变化，造成矛盾双方力量的不平衡性，这种不平衡性为矛盾的转化准备条件。三是在事物质变过程中，它起着决定性作用，但不是指一切斗争本身的发展，它只是事物发展的推动力。其方法论意义在于，我们要肯定斗争性的重要作用，又要选择合适的斗争方式，掌握斗争的界限，讲究斗争的艺术。

对立统一规律是唯物辩证法的实质和核心。毛泽东的《矛盾论》抓准了这个核心，并阐释了这个核心，发展了马克思主义。对于任何一个具体事物，对立的统一是有条件的、暂时的、过渡的，因而是相对的，对立的斗争是绝对的。矛盾着的对立面又统一又斗争，由此推动事物的运动和变化。(1)矛盾是发展的源泉和动力。内部矛盾是事物发展的根本原因，外部矛盾是事物发展的第二原因。(2)矛盾存在于一切事物的发展过程中，每一事物的发展中存在着自始至终的矛盾运动。(3)不同的矛盾各有其特殊性，一个矛盾的不同发展阶段各有其特殊性，矛盾的诸方面各有其特殊性。(4)复杂的事物包括许多矛盾，其中必有一个主要矛盾起着主导作用；无论什么矛盾，组成的双方必有一个主要的方面起着主导作用。(5)矛盾的双方互相渗透、互相贯通、互相依存、互相联结、互相转化，这就是矛盾的同一性；同时又互相排斥、互相对立，这就是矛盾的斗争性。有条件的相对的同一性和无条件的绝对的斗争性相结合，构成了一切事物的矛盾运动。(6)矛盾的性质有对抗性的矛盾和非对抗性的矛盾之分，矛盾斗争的形式有对抗和非对抗之别。

1.2.3 事物内部矛盾发展和各种矛盾力量的不平衡性决定矛盾的地位和作用

矛盾是自然、社会及人的思维中客观的和普遍的现象。矛盾的客观性指矛盾是事物自身固有的，不能人为制造、抹杀、扩大和缩小矛盾。矛盾的普遍性指矛盾是世界的普遍状态。矛盾存在于一切事物的发展过程中,存在于每一事物的发展全过程。矛盾的客观性和普遍性是相互联系的,是不可分割的。人们认识事物的“特殊矛盾——普遍矛盾——特殊矛盾”,以至循环往复,即从分析具体事物的特殊矛盾开始到普遍矛盾的认识,从特殊到普遍,又从普遍到特殊的循环往复的过程。“由于同一矛盾体系内部各个矛盾之间发展是不平衡的,导致不同矛盾在事物存在和发展中的地位、作用也不同。其中处于支配地位、对事物的发展过程起决定作用的称为主要矛盾;处于从属地位、对事物发展过程不起决定作用的称为非主要矛盾。”[3]“在事物的发展过程中,各种矛盾力量的发展总是不平衡的,有居于支配地位的主要矛盾,又有居于从属地位的非主要矛盾。有时似乎平衡,但不是绝对平衡。”“认识主要矛盾和非主要矛盾、主要矛盾方面和非主要矛盾方面这种矛盾力量的不平衡性,就是要求坚持唯物辩证法的两点论和重点论的统一。所谓重点论,就是对于一个矛盾体系中的各种矛盾不能平均看待,而应当着力抓住主要的矛盾;对于每一个矛盾的双方也不能平均看待,而应当着力把握它的主要方面。所谓两点论,就是在认识一个复杂的矛盾体系时,既注意它的主要矛盾,又不忽视它的非主要矛盾;在认识每一个矛盾的发展时,既注意它的主要矛盾方面,又不忽视非主要矛盾方面。”[4]

“事物的矛盾法则,即对立统一的法则,是自然界、社会和思维的根本法则,因而也是唯物辩证法的根本法则。”“用不同的方法去解决不同的矛盾,这是马克思列宁主义者必须严格遵守的一个原则。”[5]一是矛盾的特殊性,即矛盾的个性,指不同事物矛盾的各自的特点。这是世界上各种事物之所以千差万别的内在原因。研究矛盾的特殊性,必须对具体事物进行具体分析。不同质的矛盾用不同的方法解决。认识了矛盾的特殊性,就能确定一事物区别于他事物特殊的本质,发现事物运动发展的特殊原因,找出具体解决矛盾的正确方法。二是矛盾的普遍性,即矛盾的共性。有两方面的意义:“其一是说,矛盾存在于一切事物的发展过程中;其二是说,每一事物的发展过程中存在着自始至终的矛盾运动。”[6]认识矛盾的普遍性能使我们认识诸种事物的共同本质,及其运动发展的普遍原因,并把握科学观察事物和解决问题的总的方向。矛盾无处不在,无时不在。具体矛盾都有一个产生、发展和解决的过程。但是,旧的矛盾解决了,新的矛盾产生了,新陈代谢,永无止境,矛盾是始终存在的。

参考文献

[1]李秀林,王于,李淮春.辩证唯物主义和历史唯物主义原理.北京:中国人民大学出版社,1982:124.

[2]王荣华,童世骏.多学科视野中的和谐社会.上海:学林出版社,2006:20-21.

[3]陈晏清.马克思主义哲学纲要.北京:中央广播电视大学出版社,天津:天津人民出版社,1983:111.

[4]陈晏清.马克思主义哲学纲要.北京:中央广播电视大学出版社,天津:天津人民出版社,1983:105-106.

[5]陈晏清.马克思主义哲学纲要.北京:中央广播电视大学出版社,天津:天津人民出版社,1983:112.

[6]陈晏清.马克思主义哲学纲要.北京:中央广播电视大学出版社,天津:天津人民出版社,1983:108.

1.3 国家学说评介

国家这种政治组织形式发展的基本规律与生产力发展相平衡,与社会的阶级结构相平衡,即"人类原始社会公有制的平衡发展——[无国家]——人类私有制社会的不平衡发展——[有国家]——未来世界社会公有制的平衡发展——[无国家]"。国家发展的规律:产生——发展——消亡。国家,是一个历史的范畴。科学理解国家现象,了解国家的起源、本质、作用、发展和消亡的规律性,对于深刻理解人类社会发展规律是不可或缺的。

1.3.1 国家的起源

1.3.1.1 原始社会无国家

原始社会是"天下为公"的社会。在人类漫长的原始社会里,由于社会生产力水平相当低下,没有剩余产品,人们共同劳动,共同享受劳动成果。在漫长的原始社会,没有私有制,没有阶级,没有剥削,没有国家。在原始社会形态中,经济基础是氏族公社制;上层建筑是氏族首领权威、氏族和部落议事会;意识形态是朴素的公有观念和平等观念、原始宗教和道德。在原始氏族社会中,人们协同劳动,共同生活,平等相处,相互照应,不需要军队、法官和警察,不需要官吏,不需要国家,依靠传统习惯来维持和调整氏族内部的社会秩序,依靠氏族首领的威信协调与氏族外部的关系。

1.3.1.2 国家的产生

原始社会是无私有制、无阶级、无国家的社会。随着原始社会末期生产力的发展、产品有了剩余,导致消费人口膨胀,生产发展的不足,经常发生争夺生活资料的斗争,加之原始公社的瓦解,造成私有制的产生,进而发展到掠夺财富和抢占地盘的纷斗。一部分人占有另一部分人的产品,于是产生了私有制。私有制即生产资料私人占有的制度。可见,私有制是产生阶级、国家和剥削的基础。国家是随着阶级的产生而出现的。"阶级是一个历史范畴,有它产生、发展和灭亡的过程。"[1]私有制是生产资料所有制的产物,是产生剥削集团(阶级)和剥削的基础。阶级在出现富人、穷人和俘虏、奴隶的情况下产生。在社会生产体系中的地位和生产资料关系的不同，而分成不同的利益集团（阶级），社会分裂为奴隶与奴隶主和后来的地主与农民之间剥削与被剥削的关系，即奴隶供养奴隶主、农民供养地主。

阶级和国家的产生有两个经济前提和两个途径。两个经济前提：一个经济前提是剩余产品的出现；另一个经济前提是社会劳动分工的发展。两个途径：一个途径是原始公社内部分裂为富人和穷人；另一个途径是相互战争把俘虏变为奴隶。奴隶主阶级要剥削广大奴隶，就必须有强制性机关。国家就在私有制和剥削集团（阶级）产生的基础上应运而生，国家是人类社会发展到一定阶段上的政治组织形式。当氏族和部落机构无法解决新产生的阶级矛盾时，国家便产生了。占人口少数的奴隶主借助强制性机关——国家，建立起一套有组织的特殊暴力机关，迫使广大奴隶供其剥削。国家的产生，成为社会发展的基础。正如《现代汉语词典》解释"国家"的词条说，国家是阶级统治的工具，是统治阶级对被统治阶级实行专政的暴力组织，主要由军队、警察、法院、监狱等组成。国家是阶级矛盾不可调和的产物和表现，它随着剥削集团（阶级）的产生而产生。

1.3.2 国家的实质

"国家是一个阶级统治另一个阶级的工具。"[2]国家的实质，是在经济上占统治地位的阶级进行统治的暴力工具。"在阶级矛盾客观上达到不能调和的地方、时候和程度，便产生国家。"[3]从国家的起源不难看出国家的本质。第一，国家是阶级矛盾不可调和的产物和表现，是作为阶级统治的工具而产生的，因而它是一个阶级镇压另一个阶级的暴力机构。第二，国家是在一定经济基础上产生的政治上层建筑，代表经济上占统治地位的阶级的经济利益，国家也就成为用来维护该阶级经济利益的工具。第三，国家机器用来镇压被统治阶级的反抗，这就说明国家是阶级压迫的工具。由此可见，国家的基本特征：首先，国家是特殊权力的政治组织形式；其次，国家是靠税赋维持权力机关的存在；最后，国民在居住区域行使权利和义务。由此可见，国家是一种政治组织，是从人群共同体中分化出来的政治共同体。从国家的起源和特征表明，国家本质上是一个阶级概念，属于政治范畴。

1.3.3 国家的类型和形式

国家的类型也称国体，指的是国家的阶级内容，也就是社会各阶级在国家中的地位。"不同类型的国家，以致同一类型的国家，由于阶级斗争形势的变化和统治阶级的需要，都具有不同的政权组织或政权构成形式"，"国家的类型和形式的关系也就是国体和政体的关系"。[4]国体就是国家的阶级性质，指各阶级在国家中的地位。国家政权掌握在哪个阶级手中，这个阶级又联合哪个阶级去反对和镇压哪个阶级。国体反映社会经济基础的性质。在特定历史条件下，也有几个阶级联合专政的形式。我国在半殖民地半封建社会时期,是官僚买办资产阶级和封建地主阶段专政。政体就是国家政权的组织形式和管理形式,指统治阶级采取何种形式去组织自己的政权,实现自己的统治。国体决定政体,政体对国体起巩固作用。人类历史上的奴隶社会,奴隶主专政是它的国体,采取帝国政体或共和政体;封建社会的国体是封建主专政,采取君主专制或共和制形式。世界上国体相同的国家也可能采取不同的政体,同样的共和制中则有君主立宪制、民主共和制等,现代国家从国体到政体,与历史上旧国家类型和形式不同,呈现多形式共存局面。

1.3.4 国家的职能

国家的职能即国家的社会作用,是国家本质的具体体现。"一切国家都具有的共同职能是:作为政治上层建筑的国家是为自己的经济基础服务的,对内维护统治阶级的利益,对外防范外敌的入侵。"[5]国家职能从内外分两种,一个是对内职能,另一个是对外职能。国家的两个职能是相互联系的,对内职能是基本的、主要的,对外职能是对内职能的继续。对内职能,就是镇压被统治阶级的反抗,维护其统治地位,保护其经济政治利益等。对外职能有建立国防,协调国际关系,防御侵略,保护本国利益等。对内职能包括政治职能、经济职能和管理职能。原始社会组织形式,是氏族、部落首领管理形式,但随着人类社会发展,被国家这种形式取而代之。国家这种形式的发展路径是:城邦国家、城市国家、奴隶式国家、地主式国家、民族国家、帝国式国家等。在世界上,国家的类型和形式不尽相同,国家的职能是大致相同的。伴随人类社会不断向文明进步发展,国家的职能也发生着变化。一方面,对内职能从维护统治者利益、镇压反抗者的政治职能,发展到经济职能,组织经济建设,巩固经济基础,发展生产,改善民生,进而发展到社会管理职能,化解社会矛盾,维护社会秩序,调节统治者与被统治者的关系,发展科学、教育、文化事业和社会公共服务等。另一方面,对外职能从防范外来颠覆和扩张领土,发展到保护本国人民安居乐业,国家间的经济政治、科技文化的合作交流,开展经济贸易,扩大外交职能,协调国际关系,保证本国经济利益和安全利益。

1.3.5 国家的发展趋势

国家是一个历史范畴,有它产生、发展和消亡的过程。国家"随着各种条件的逐步成熟,而逐渐走向衰弱、衰退以至消亡的自然而然的社会进化过程"[6]。私有制、剥削集团(阶级)、国家都不是从来就有的,也不是"超阶级"的和"永恒的",而是人类社会发展到一定阶段的产物。从以上分析中不难看出,国家随着生产力的发展而产生,也将随着生产力的发展和剥削集团(阶级)的消灭而自行消亡。

国家并不是什么万古长存的东西,从历史和现实看,国家从产生开始就处在消亡的过程之中。阶级的消灭和国家的消亡是历史的必然。"国家是一种历史的暂时现象。它随着阶级的产生而产生,也要随着阶级的消亡而消亡。”[7]当国内职能和对外职能消失时,国家就形同虚设,失去存在的价值和意义,必然自行消亡,这是历史的必然。阶级随着生产力的发展而产生,又随着生产力进一步发展而消灭,国家随着阶级的消灭而消亡,这是不依人的意志为转移的客观必然过程。当国家真正成为全社会的代表之日,也就是国家走向消亡之时。

参考文献

[1]李秀林,王于,李淮春.辩证唯物主义和历史唯物主义原理.北京:中国人民大学出版社,1982:321.

[2]李秀林,王于,李淮春.辩证唯物主义和历史唯物主义原理.北京:中国人民大学出版社,1982:332.

[3]列宁选集:第8卷.北京:人民出版社,1985:175.

[4]李秀林,王于,李淮春.辩证唯物主义和历史唯物主义原理.北京:中国人民大学出版社,1982:333-334.

[5]李秀林,王于,李淮春.辩证唯物主义和历史唯物主义原理.北京:中国人民大学出版社,1982:335.

[6]李秀林,王于,李淮春.辩证唯物主义和历史唯物主义原理.北京:中国人民大学出版社,1982:354.

[7]陈晏清.马克思主义哲学纲要.北京:中央广播电视大学出版社,天津:天津人民出版社,1983:291-292.

1.4　未来学评介

“未来学是研究科学技术和人类社会的发展规律,探索未来几十年社会发展前景的一门新兴科学。”[1]“未来学”,是以研究人类社会未来为研究和实践对象的一门新兴的综合性科学,又称未来预测学。它是由德国社会学教授欧·弗莱希泰姆在1943年首先提出和使用的。他认为,人类应该像研究历史那样去研究未来。未来学横跨自然科学、社会科学和应用科学多个领域,涉及国家的经济政治、文化教育、科学技术等重大决策,研究未来学具有重要的意义。未来学分两种,狭义的是研究现代科技和经济社会发展的综合结果和几十年后未来社会发展的趋势;广义的是预测研究地球和人类未来发展的理论。未来学,被喻为人类未来生存发展途径的“望远镜”。

1.4.1 未来学的兴起和发展

第二次世界大战后，特别是20世纪中叶以后，未来学在欧美等西方国家被高度重视而发展起来，70年代在巴黎建立了研究组织：世界未来学研究会。当今世界，各国对未来发展问题的探索，普遍得到重视，许多国家成立了相关研究组织，在全世界范围内形成未来问题研究的热潮。西方未来学研究经济、社会、科技、军事、全球性问题等领域，涉及粮食和人口、资源和能源、城市和交通运输、空间开发和生态环境等课题。目前，未来学在西方，重点是对世界性的人口与粮食、资源与环境等进行近期、远期的预测和研究。挪威作家埃里克·纽特的未来学说，给未来整个世界带来巨大变化，影响人们工作方式、生活方式的是科技和全球化，为政府决策者提供未来的重大趋势，为企业经营者提供重大机遇，为管理者提供未来管理的新方式，为科研工作者提供未来科学的研究方向等。

1.4.2 未来学的研究目的

它是根据当前世界的情况去预测未来，并做出决策。有了较为正确的现在决策，人类就能够在一定程度上选择和控制未来。因而，未来学不仅研究未来，而且还研究过去和现在，它以过去、现在作为研究的基石，展望未来。可见，科学的预测方法是沟通过去、现在与未来的桥梁。未来学并非不可捉摸，只要了解事物的过去和现在，就可以根据事物发展的一般规律，推测出事物发展的趋势和未来。

1.4.3 未来学的研究价值和特征

未来学所具有的重要意义，体现在许多方面：一是学术价值方面；二是经济价值方面；三是社会价值方面；四是准确地揭示未来；五是提供人类把握自身命运的有效手段；六是适应了人类渴望了解未来的心愿。未来学的特征：全球性、综合性与战略性；国家发展模式，区域发展模式，经济增长模式，全球发展模式等。

1.4.4 未来学的研究范围

未来学研究领域非常广泛，涉及国家的各领域、各行业和各部门。一是预测未来社会系统各要素的发展趋势；二是预测科学技术的发展趋势和策略，技术发明和应用对未来的影响；三是预测经济发展的模式和长远战略。在理论研究方面，重点采取分析比较、归纳整理、综合预测发展结果和理论研究成果；在应用研究方面，探讨和预测发展趋势、前景和对策，服务于计划管理、长远规划、发展战略和政府决策者、企业经营者、管理者的应用。目前，未来学的研究范围之大、内容之广泛、探讨之深入，是前所未有的。在科学技术的各个领域、人类社会的各个领域，都是无不涉及的内容。例如，20世纪90年代的计算机,21世纪的交通运输,未来的建筑材料等。

1.4.5 未来学的研究方法

未来学在西方最初是“作为一种新的哲学未来观”而存在,即未来预测学。它的基本研究方法,是科学的预测技术,也就是说它是根据信息来做各种定性分析预测、定量分析预测,得出准确的判断。例如,他们预测20世纪末期、21世纪初期的几十年,是大突破、大飞跃的年代,已经突破和将要突破的新的科学技术,被应用到经济社会、生产生活各个领域,必将对社会生产力的发展带来新的飞跃,给经济增长、社会进步、科技教育文化的发展产生巨大的影响,带来全方位的大变化。几十年的实践,已经充分证明了这个预测惊人的准确性。未来学研究方法立足顶层的全球性问题,把全球作为一个大系统,建立定量分析的全球模型,进行系统动态分析,为解决全球性问题提供依据。一是研究全球整体发展趋势,为国际发展战略和发展决策服务;二是研究全球未来和平与发展趋势,为建立政治经济新秩序服务;三是研究全球性未来经济、资源、人口等专题问题,为制定相关政策服务。它是应用科学的理论和方法,研究方法有形态分析法、类推法、系统动态分析法、历史类比分析法、概率计算法等预测方法和技术200多种,常用的有20多种,进行广泛的预测和展望。

1.4.6 我国对未来学的研究

我国从20世纪末,相关专家学者也开始研究未来学,研究方法是坚持从我国的国情出发,立足经济社会发展,放眼世界发展大势,紧紧抓住当前和平发展机遇,揭示未来发展趋势,预测未来发展策略,研究迎接未来挑战的对策。中国未来研究会,于1979年1月成立,是以研究中国和世界未来为己任的学术团体。中国未来研究会创办了《未来与发展》会刊,专家和学者对我国经济社会、能源资源、文化教育、生态环境等进行了富有成效的研究和预测。张继泽的《未来学》围绕人类和自然和谐的重大哲理性课题,提出人类发展观要科学地思考和认识未来,克服盲目性和片面性,提高工作和生活的预见性,增强决策的科学性。他的《未来学》,标志着我国未来学研究有新突破。[2]

参考文献

[1]敬永和.现代思想政治工作辞典.上海:上海人民出版社,1991:137.

[2]王建新.未来学研究.青年一代,1983:8.

1.5　和谐论评介

“在自然科学发展的漫长历史中，追求自然界存在的‘和谐性、秩序性和统一性’已成为历史科学家们的一种坚定的科学信仰，已成为科学研究的基础和科学认识的出发点。”[1]所谓和谐？是指人、自然界、社会等事物的关系相互配合、协调和适度，和谐是事物存在和发展的内在因子配合机制和外在适应机制的有机结合的中介。近代哲学思想、经济学说和管理理论中都反映了和谐思想。自然科学更是如此。“从哥白尼的宇宙运行论到开普勒的行星运动三定律，从原子轨道的壳层模型到分子轨道对称恒原理，从机械运动到生物运动的和谐性和协同性，都坚信自然界中要素关系的简单和谐。正如爱因斯坦所说：‘如果不相信我们世界的内在和谐性，那就不会有任何科学’。”[2]

“19世纪中期，法国著名的经济学家弗雷德里克·巴斯夏，于1850年出版了《和谐经济论》，他认为，‘社会世界普遍法则是和谐协调的，这些法则从各个方向趋于完善人类’。”[3]银河系、太阳系、地球等本体是物质形态，而物质的存在、运动和发展，原因是事物或物质的相互关系是和谐的。事物或物质存在本身就表明是和谐的，不和谐的事物或物质是不可能存在的。宇宙的产生、演化就是由和谐到不和谐再到新的和谐的运转，沿着“宇宙存在——宇宙演化——新宇宙产生”的法则，循环往复，永恒运动。宇宙、星云、星系的存在的原因，是“万有引力”的存在。构成的物质系统内部相互关系是和谐的，系统与系统之间相互关系是和谐的，为什么是和谐的，牛顿的“万有引力定律”是对和谐的形成的科学解释。物理学家、天文学家开普勒的《宇宙的和谐》一书，早就表述了宇宙、星云、星系的存在的原因——和谐。一位专家说，天地万物存在“和谐机制”，这就是“质能关系”或“性能关系”。物理学上的“质能关系”只要是守恒、对称的客观实在即视为和谐。月球绕地球转，几十亿年按轨道运行，既不飞来与地球相碰撞，也不远离地球而飞走，原因就是“引力场”和“斥力场”的相互作用。这个事例说明，天地间“和谐机制”的存在，并发挥着巨大作用。

在社会学的学科体系和发展历程中，一直致力于社会的秩序、进步、均衡和协调。著名的法国社会学家涂尔干的社会团结理论、帕森斯的社会均衡理论、达伦道夫的社会冲突理论和贝克的社会风险理论等蕴含着和谐的真谛。

和谐，是中国传统文化的精髓。在我国历史上，和谐思想产生于两千年以前，儒家、道家、墨家都有和谐思想的论述。第一，和谐文化。“笔者以为，中国传统文化的根本精神可用‘和谐’二字加以概括。”“总之一句话，中国的传统文化就是和谐型的文化。”[4]中国文化的根本特质是和谐精神。和谐精神，在儒、道、禅三家文化中起主导作用。和谐文化的本质：儒家讲中和，道家讲天和，禅家讲圆融，归根结底都没有超出古典和谐的范围，正所谓“百家腾跃，终入环内者也”。第二，和谐美学。中国古代哲学家认为，宇宙是一个有秩序、大和谐的整体。《中庸》:“致中和,天地位焉,万物育焉。”宇宙和谐生生不息。《易》:“天地之大德曰生。”荀子:“天地合而万物生,阴阳接而变化起。”第三,和谐哲学。哲学上,认为矛盾、不和谐是普遍的、绝对的,而平衡、和谐则是暂时的、相对的,古人们把相对的和谐视为理想境界为之奋斗,他们把和谐在同一事物内部对立因素之间的和谐,扩展到两个事物之间的和谐、主体与客体之间的和谐。如,身与心、情与理、人与自然、人与社会之间的和谐等。这种和谐哲学,在当代仍然具有现实意义。“在中国古人那里,天人关系、人际关系、身心关系,都离不开‘和谐’二字。”[5]一是政治和谐。“以德治国”与“以仁施政”,“仁政”的核心,就是孟子的“以民为本”。二是经济和谐。儒家提倡“先富后教”和反对“富者田连阡陌,贫者无立锥之地”的不和谐社会现象;孟子的“有恒产者有恒心,无恒产者无恒心”使百姓有经济收入,才能社会和谐。三是文化和谐。从先秦诸子百家开始,到两汉经学、魏晋玄学、隋唐佛学、宋明理学、清代朴学,形成“以儒治国、以道养身、以佛养心”的和谐文化。四是人际和谐。《尚书·尧典》和《左传·桓公六年》有“修其五教”的说法,就是以家为本位的父、母、兄、弟、子五种关系的和谐。中国古代重视人际关系和谐,如从君臣关系、人伦关系等“六亲和谐”,“利群”“善群”个体与群体的和谐,发展到“协和万邦”“和谐天下”的国家民族与国际和谐。儒家非常强调“以天下为己任”“求大同存小异”“忍辱负重”“和而不同”等,个人对社会和集体负有责任,这是儒家的和谐建构。佛教在中国文化的影响下,把人与人之间的和谐作为社会理想的追求。正如杜道明所说:“协调、和谐是中华传统文化的精髓。老庄、佛教、儒墨等均主张人与自然、人与社会、人与人、人的心身都要和谐。”[6]

参考文献

[1]曾健,张一方.社会协同学.北京:科学出版社,2000:217.

[2]席酉民,尚玉钒.和谐管理理论.北京:中国人民大学出版社,2002:IV.

[3]席酉民,尚玉钒.和谐管理理论.北京:中国人民大学出版社,2002:41.

[4]杜道明.通向和谐之路——中国的和谐文化与和谐美学.北京:国防大学出版社,2000:2.

[5]杜道明.通向和谐之路——中国的和谐文化与和谐美学.北京:国防大学出版社,2000:2.

[6]杜道明.通向和谐之路——中国的和谐文化与和谐美学.北京:国防大学出版社,2000:2

2 动态平衡发展方式理论和方法研究

时代在呼唤平衡。

——李继兴《应用哲学平衡论》

引言:

"当今社会,经济全球化、信息多元化、科技高新化之大势,日益引起国家、地区、个人、自然界及相互间'不平衡'现象的多发。旧的平衡格局已经打破,新的平衡格局尚未建立。而科技迅猛发展、环境日趋恶化、物欲过分扩张及人文的日益蜕化,都太多地冲击社会。使人们心绪浮躁难以'平静'。造成人们心理不平衡、'失衡',甚至是严重的'失衡'。这就亟须一种理论加以协调,以助上述问题的解决。"[1]社会科学、自然科学的研究,特别是社会心理的研究,都同平衡相关联,这是因为社会发展和自然界的演化本身都是采取动态平衡的方式。所以,社会科学中的社会发展学、社会协同论和自然科学的耗散结构论、模糊数学、生命科学、生态学、协同学、系统论、信息论、控制论等新兴学科都支持平衡论。例如,比利时物理学家、诺贝尔奖获得者普利高津,创立了"耗散结构论",给平衡论提供了"自组织"概念;德国赫尔曼·哈肯的《协同学》和中国曾健、张一方的《社会协同学》给社会管理提供了"有序与无序"理论;奥地利生物学家L.V.贝塔朗菲创建的"一般系统论"为平衡学说提供了"自趋平衡"理论。上述理论,就是动态平衡发展方式理论和方法研究的依据。

2.1 平衡态与不平衡态的对立统一

引证：

无论何种事物的运动，都采取两种状态，平衡和不平衡，都是事物存在和发展的不可缺少的环节。

——林竹三、林绿冬《中医平衡奥秘》

2.1.1 任何事物发展都呈现平衡与不平衡两种状态

“可以说，世间万物运动，就是‘对立统一’规律运动。但我们从平衡论的角度，也可以认为物质世界的‘对立统一’运动，也就是物质世界的‘平衡与不平衡’运动。”[2]这是因为万事万物无不处在永恒的平衡与不平衡的对立和转化之中，但万变不离其宗，这就是无不呈现平衡与不平衡两种状态的对立与统一。辩证唯物主义认为，任何事物都是由空间和时间两种形式的统一构成的，空间、时间是运动着的物质的存在方式。从时间方面看事物发展变化的状态，是质量互变，量变在先，质变在后，无穷循环；从空间方面来看事物发展变化的状态，是不平衡和平衡两种状态。就是说，在哲学上事物从量变到质变再到量变是从时间角度讲的，但事物都是在一定的时间和空间范围内运动发展的，这个空间状态就是事物的不平衡和平衡的两种状态。例如，宇宙系统在总体上是平衡的，物质分布是平衡的、正能量和负能量是平衡的、膨胀力和反膨胀力是平衡的、温度是平衡的。英国著名物理学家斯蒂芬·霍金教授说：“我们发现星系大体均匀地分布于整个太空，只是有一些局部聚集和空洞。”[3]局部的“聚集和空洞”就是不平衡的。再如，自然界总体生态是平衡的，物质、能量、信息的输出、输入在数量上处于动态平衡状态，但从宏观上看局部是不平衡的。从微观世界看，也是平衡的。如电子、光子、中微子、质子等稳定粒子，就是反引力与引力的平衡体。

2.1.1.1 平衡态与不平衡态的客观实在性

宇宙万物呈现平衡与不平衡两种状态，这是一切物质存在形式的规定性，具有客观实在性。第一，“世间的万事万物无不处在平衡与不平衡两种状态之中”。这是平衡论者的一个共识。宇宙间的一切事物在发展变化中都要呈现平衡与不平衡两种状态，这种现象具有普遍性。平衡态与不平衡态，是一切事物发展变化过程中所必然呈现的状态，是事物存在和发展的两个不可或缺的环节。如果这个事物没有这两种状态的表现，那么这个事物也就不存在了。平衡状态是一事物与他事物相互区别和一事物自身存在的规定性；不平衡状态是一切事物发展的动力，如果没有不平衡，事物就不能发展变化，大千世界就是一片死寂状态。平衡态与不平衡态的循环运转规律是：“平衡态——不平衡态——平衡态”的无限循环运动。通过平衡态与不平衡态的相互转化和地位作用的交替，从而推动一切事物永恒地发展变化。第二，平衡态与不平衡态具有客观实在性。最能说明这个问题的是质子和电子的结合。正如王明志所说：“从静态角度讲，地球和其他天体共居于宇宙系统之中，世界万物在地球上共同生存，人体正常的新陈代谢。一种元素中质子和电子的结合等无不体现了普遍意义上‘平衡’态的客观实在性。”[4]平衡态与不平衡态是一切事物客观存在的现象，从宇宙天体到地球，从无机界到有机界，从生物体到人体，无不呈现这两种状态。例如，星球、星系、星云在宇宙平衡共生，动物、植物、微生物在地球上平衡共生等都体现平衡态的普遍存在。从大自然存在生态系统的平衡态，从社会和谐稳定运行的平衡态，从人的肌体新陈代谢的平衡态等，无不说明平衡态的客观实在性。

2.1.1.2　平衡态与不平衡态的相互转化是事物存在和发展的概括和反映

平衡态（包括不平衡态），是对一切事物的存在和转化发展过程中呈现的状态的概括和反映。为了形象地阐述清楚这两种状态的量度，本书根据杠杆原理制成的衡器“天平”为例，以不同“平衡度和不平衡度”阐明了系统里呈现的平衡态的两种度：稳定性平衡度和不稳定性平衡度；同时也阐明了不平衡态的三种度：不稳定性不平衡度、倾斜性不平衡度和终结性不平衡度。用这两种度概括说明平衡态在时间和空间上的状态。同时，说明事物演进过程中发展变化的阶段。从平衡论的角度说，平衡与不平衡运动就是哲学上讲的物质世界的对立统一运动，也就是事物内部矛盾斗争、对立统一关系的表现形态。在系统中，平衡态与不平衡态在一定条件下是可以相互转化的。平衡状态可以转化为不平衡状态，不平衡状态可以转化为平衡状态。一般而言，不平衡是发展的动力，这是正确的观点。但从根本上说，在发展中平衡与不平衡都是不可缺少的环节，肯定一方面的作用而否定另一方面的作用都是不全面的。我们认为，事物的发展动力是平衡与不平衡共同作用的结果。在实际工作中，我们可以根据系统平衡状态的不同类型和不同发展阶段，以及转化发展的趋势和方向，制定出符合事物发展规律的、有效调节控制的措施，促进不平衡态向平衡态转化，当实现了平衡运行就要尽可能保持和延续平衡态的时间，尽可能避免具有负效应的不平衡态出现。

2.1.1.3　事物运动变化中存在着平衡态（不平衡态）的差异性

马克思主义哲学认为，事物的矛盾运动发展过程中存在不平衡性。不平衡性就是差异性，差异性就是矛盾性。因此，平衡状态是矛盾暂时统一、稳定的状态；不平衡状态是矛盾对立、运动的状态。矛盾对立的普遍性决定了不平衡的普遍性。例如，社会系统矛盾发展的不平衡性，表现在社会有机体发展过程中的社会系统中观之间、微观之间发展的不平衡性。如工业与农业、城市与乡村、区域与区域之间，各领域各部门各行业之间，体力劳动与脑力劳动之间的发展存在不平衡性；团体、企业、单位等社会组织之间发展的不平衡性，社会公共服务之间供给的不平衡性；家庭之间发展的不平衡性；文化艺术生产与物质资料生产之间发展的不平衡性。目前,国际国内许多专家学者都在利用这种不平衡性研究怎样促进经济社会发展,如研究不平衡性相关的区域经济的平衡发展与不平衡发展、产业的平衡发展和不平衡发展等,形成种种似乎相互对立的、矛盾的平衡发展理论和不平衡发展理论,阐述区域经济和产业的平衡发展与不平衡发展的正效应和负效应,寻找预防和克服的措施。

2.1.2 平衡态与不平衡态是对立面的统一

北京大学教授李继兴说:“平衡论认为,平衡、不平衡都是事物发展的总体状态和自然趋向。二者是和谐与对抗的有机统一,构成一对哲学范畴。”[5]平衡与不平衡是对立统一的关系,二者是互相依存、互相补充、相互转化、相反相成的对立面的统一。任何事物的产生和发展,都伴随着对立面的产生和发展,我们人类社会同宇宙万物之间的和谐与对立一样,对立双方是对立与和谐的统一,都有各自的优劣和长短,相互学习借鉴、互利合作、消除争斗、和谐发展,才是生存和发展的根本途径。

2.1.2.1 事物生存发展的平衡态与不平衡态的对立统一

“任何事物在发展过程中,都呈现出不平衡和平衡两种状态。事物在不平衡和平衡两种状态相互转化的对立统一中发展,是事物发展变化的普遍规律。从哲学上说,也可叫作不平衡和平衡互变规律。这个规律,不论在自然界、人类社会和思维领域都是普遍存在的,是不以人的意志为转移的。”[6]第一,平衡态与不平衡态的关系实际上就是哲学上的对立统一关系。对立统一学说,是阐明事物发展的实质内容,揭示事物自己运动的源泉,指明事物发展的内在动力。世界上一切运动的事物、现象和过程,都是对立面构成的统一体,内部都包含着两个相互排斥、相互依存的对立统一两个方面,这两个方面又统一又斗争,由此推动事物的发展。因此,要弄清平衡态和不平衡态的对立统一,必须首先把握哲学的对立统一规律。同样道理,一切事物在发展变化中,无不呈现平衡状态与不平衡状态的相互对立、相互转化、相互渗透、相互交替的状态,事物都是在平衡态和不平衡态的对立统一中发展变化的。第二,“五行学说的相生相克,其内涵就是讲平衡法则”[7]。在中国古代阴阳五行思想中,“相生相克”思想影响比较大。相生,就是双方相互促进、相互依存、利害互补关系;相克,就是双方对立,存在利益冲突关系。例如,互为天敌的毒蛇、青蛙、蜈蚣“和平共处”的故事,就是相生相克的三相对抗平衡。蛇吃青蛙,青蛙吃蜈蚣,蜈蚣吃蛇,但它们三者冬季同居一个洞穴,相互不吃掉自己的美食,而是为了自己不被第三者所吃。可见,矛盾双方相互之间利益和矛盾并存,既利益互补又存在利害冲突,既相生又相克,这就是利用自己的克星的天敌保护自己的一种对抗平衡。第三,世间万物平衡与不平衡的运动,就是对立统一规律的运动。世间万事万物的运动无不处在动态的平衡与不平衡的状态之中。对立面的存在是相反相成、辩证统一的,由于对立面的产生和存在,才能推动事物的发展。所以,我们不要怕对手、不要怕竞争，要向竞争对手学习。有了竞争对手，有利于自己树立忧患意识，增强危机感，提供相互学习、相互借鉴的机会，可以以对手之长弥补自己之短，在竞争中不断完善自己、提高自己、发展自己。如果没有对立面的存在，自己就有可能满足现状、不求进取，最后走向衰退。在企业团队工作中，谁都离不开合作者、竞争者，只有在竞争中锻炼、在竞争中成长、在竞争中提高，在竞争中实现合作共赢、共同发展，这才是获得成功的选择。

2.1.2.2 事物发展中的“平衡度”与“质量度”

“作为事物发展变化的状态，光靠质量互变规律来揭示是不全面的。因为辩证唯物主义认为，空间、时间是运动着的物质的存在方式。也就是说，任何事物都是由空间和时间两种形式的统一构成的，缺一不可。因此，我们应从空间、时间两个角度去揭示事物发展变化的状态。质量互变规律，主要是从时间的方面揭示了事物发展变化的状态。即事物都是先有量变，后有质变，循环往复，以至无穷。当然，不管是量变还是质变都是在空间范围内进行的。那么，事物发展变化的状态，如果从空间方面来看又是怎样的呢？那就是事物存在不平衡和平衡两种状态。”[8]质和量的统一是哲学上的“度”，平衡与不平衡的统一是“平衡度”，在事物转化发展过程中二者实现统一。第一，从时间的角度揭示事物发展变化的质量互变：平衡（量变）和不平衡（质变）。世界上每个事物，都有它质和量的规定。质，是构成自身并与其他事物相区别的内在规定性；量，是事物可以用数量表示其存在和发展的规模、程度、速度，其构成成分在空间的排列组合的规定性。量变，是事物数量和场所的变动；质变，是事物性质的变化。质量（平衡与不平衡）互变，先从量变开始，质变是量变的结果，质变又引起新的量变。第二，从空间的角度揭示事物发展变化——平衡态与不平衡态的互变（质量互变）。这种变化是在一定的空间范围内进行的，即使是世界上事物微小的变化、不显著的变化都反映着一定的平衡度。如平衡过程中所呈现的状态，都是处在一定空间位置上的变化，我们所看到的统一、一致、平衡、静止就是如此。从空间看，平衡与不平衡的互变，系统结构的性质是由要素排列、组合的方式决定的，要素的数量和质量的变化必然引起系统整体性质的变化。任何事物从量变到质变再到新的量变，都与事物结构的变化相联系。只要是开放的系统，在与环境物质、能量、信息交换达到阈值的程度，就会呈现在一定空间的平衡度。例如，水的质的规定是0度到100度之间，如果低于0度就成了冰，高于100度就成了气。就是说，质由量的多少来规定，质又规定量的多少，那么水、冰、气多少，各自所占空间位置大小不同就是平衡态和不平衡态的“平衡度”。例如，我国的人口与我国的土地面积条件相平衡，才是适度的，人口太多了就会表现为不同的“不平衡度”，就会超过国家的承载力；人口太少了就会影响国家经济社会的发展，二者都不利于国家的发展。

2.1.3 系统内的平衡态(包括不平衡态)互变、循环转移和聚散

2.1.3.1 系统内平衡态(包括不平衡态)的互变和运用

凡事物都作为系统而存在,凡系统都有两个平衡态,凡平衡态都可以互变。(1)系统平衡态(包括不平衡态)互变。王颖认为一个系统是一个"活体",有其自组织能力、自进化能力、自平衡能力和与"对立面"对抗的适应能力。每一个系统发展都有秩序阶段——复杂阶段——混沌阶段的过程。这三个阶段,如同一壶水的系统,由于温度由低到高的变化而呈现"三态"之变:当温度为0度时冰转化为水,100度时水转化为气,这两个转化点就是平衡(临界)点,即"固体——液体——气体",完成了一个相变的过程。不难看出,一个系统的发展路径是:"稳定平衡态——不稳定平衡态——稳定平衡态"。固态冰的冰分子能量低、束缚牢固(-273度到0度),是一种稳定平衡态;液态水的水分子能量增大、有了自由度(1度到99度),是一种平衡态;气态的气分子能量高、自由度高,是一种不稳定平衡态。冰和水的状态都为秩序平衡阶段或稳定平衡阶段;气的状态则为复杂平衡阶段或不稳定平衡阶段,或者说是混沌状态的边缘阶段。(2)复杂平衡态的运用。"对于一个系统里的两个平衡态来说,最佳的平衡态并不是那个'秩序平衡'状态,那是一个低级的平衡态;最佳的平衡态是属于'复杂平衡状态',这是一个更高层次的平衡态,如果你要创造奇迹,你要期待着新生事物的发生和生态的进化,你当然应当欢迎并促进系统的平衡态达到混沌的边缘。"[9]王颖认为,处于"秩序平衡"的阶段,系统太呆板,作用者被束缚,什么奇迹都创造不出来;处于"混沌阶段",又太无序太混沌,作用者仍然无法有效控制和有所作为。而唯独只有处于混沌边缘的"复杂平衡"阶段,既有序又活跃,是作用者最有希望、最有作为的阶段,一切生物的生命和我们人类的进化发展,就是从这个处于混沌边缘的"复杂阶段"里产生的。因此,动态平衡发展方式是对复杂平衡的运用,倡导领导者、大胆改革创新者和锐意进取、多做贡献者,运用这种进化发展的方式,永远站在发展的前列和改革的潮头,勇于竞争,敢于创一流。相反,有的人却求稳怕乱、墨守成规,不敢越雷池一步,甚至充当系统进化发展的阻力,这样的领导者缺乏创造力,而只能被时代的潮流所淘汰。(3)人类社会进化遵循"秩序——复杂——混沌"的路径。原始社会是秩序平衡阶段、稳定平衡阶段,人们日出而作,日落而息,人与人无争斗,部落与部落无战争,"鸡犬之声相闻,老死不相往来"。当进入奴隶社会、封建社会、资本主义社会和社会主义社会,也就进入了复杂平衡阶段。社会处在混沌边缘的复杂平衡、不稳定平衡阶段,是最有作为的阶段,从工业革命时代、电气时代、电子时代到信息时代,是日新月异的、急剧变动的、高速旋进的时代,科学技术发展神速,一年一个大变化。这样一日千里的发展进步,只有在混沌边缘的复杂平衡阶段、不稳定平衡阶段才会出现。现在,我们处在大有作为的时代,一定要以改革的精神工作,用创新的成果不断把现代化建设推向高潮。

2.1.3.2　系统内平衡态的循环转移和阻断

系统里平衡态(包括不平衡态)都是可以转移的。任何小系统或子系统里的不平衡态都可能放大到大的系统里去,系统里平衡态可以横向纵向转移到其他并列的系统和不同层次里去。系统呈现出的平衡状态和不平衡状态都不是一成不变的,无论哪种状态,都是暂时的、可变的、能相互转化的。系统具有层次性,系统整体的纵深包含各个层次:母系统、子系统、小系统,每个小系统又由若干要素组成。例如,国家系统,包括经济、政治、社会、文化、生态等诸多个小系统,小系统又具有层次性,其中一个层次产生不平衡态,就有可能在其他层次中转移循环。这是因为,系统中一个要素从旧的状态向新的状态转化,会影响相关的要素的变化,它的变化又会影响另一要素的变化;一个子系统的平衡态与不平衡态的转化,会转移影响相关子系统的变化,相关子系统的变化,又会影响到另一子系统的变化,甚至影响整个系统的变化。这种系统中两种状态的相互转化,既可以促进事物向平衡的方向演化发展,也可以向相反的不平衡的方向变化。同时,平衡态会在系统与系统之间、多系统之间纵向、横向循环转移,影响多系统的变化。掌握这个观点,我们在实际工作中要充分认识小系统、小要素、小地方、小单位的不和谐的不平衡态,处理不好就会转移放大,甚至扩大到全局,我们要及早发现,采取措施阻断不平衡的扩大,把问题解决在萌芽状态,防止千里之堤毁于蚁穴,万丈高楼毁于星星之火。

2.1.3.3　系统内平衡态的分解和会聚

"系统会进行会聚、分解,或重新组合。它是在新形势下进行着适应大环境的协调,这种协调是呈现着螺旋式上升、波浪式前进的,然后不断地优化,不断地进步,向着高层次发展。我们说,这种系统的会聚与演变的动力,其实就是不平衡。不平衡是一切事物发展的动力,也是系统进行演变的动力。"[10]不平衡是系统会聚、分解和演变的动力。会聚是指小系统组合成大系统,同样,这种过程也可以反过来,大的系统可以分解成小系统。系统间的会聚、分解是进化的一个普遍现象。复杂的有机体,在进化过程中,不论是大到社会组织,小到细胞组织,总是在不停地变动之中,会聚与分解意味着各种动态系统的不同动能逐渐协调,并同时伴随着平衡与不平衡之变。例如,当今世界上出现的上海合作组织、20国集团、金砖国家、欧盟、东盟、非盟和超国家的经济共同体,都是国家系统平衡态的会聚和优化组合,是小系统变成大系统。我国三国时期,就是由一个国家分裂为三个国家,苏联的解体,形成多个独联体,这些都是由大系统分化为小系统。这种国家的分与合,从总体而言,都是一种平衡态的进化发展。在历史上,国家不断出现"滚雪球"式的国家扩大与"雪球崩裂"式的国家缩小,但国家发展的规律和总的趋势是小系统变成大系统,直到以地球的边界为边界,最后民族国家终结。

2.1.3.4　系统平衡态的应用价值

系统科学认为,任何系统,都是开放的、运动变化的,一切自然和社会现象及其变化都是由于有关因子处于平衡态或打破原有平衡态引起的。系统的平衡态(包括不平衡态),是以系统整体目标和功能为前提而客观存在的。系统的各层次、各要素相互联系、相互协作、相互作用、相互配合和相互制约而形成的良性运行态势,就是系统整体呈现出的平衡态;反之则为不平衡态。可见,天地间大到宇宙小到一个人,系统无时无刻不在运动变化着,运动变化过程呈现的两种状态是有规律可循、可利用的。因此,正确认识系统平衡与不平衡发展变化状态,是做好工作的前提。这个方法,要求我们把所认识的对象和所做的工作,都看作一个系统,从系统整体和全局出发,观察内部结构状态的变化,及时做好调节工作。例如,进入新世纪以来,我们的党和国家为了实现国民经济持续、稳定、协调发展,先后采取了一系列重大的宏观调控举措,经济上实现了连续多年持续、稳定、协调发展。在新阶段,我国又适时提出了稳增长、调结构的经济常态化的发展方式。可见,认识和把握系统中的“平衡与不平衡”的两种状态,把这个理论和方法应用于经济社会实践中,用平衡理论指导调节实践,从而取得改革和建设的不断发展。

2.1.3.5 平衡发展与不平衡发展统一论的形成依据——平衡态与不平衡态对立面的融合

马克思说:“两个相互矛盾方面的共存、斗争以及融合一个新范畴,就是辩证运动的实质。”[11]也就是说,矛盾的对立面是可以融合的,可以融合为一个新事物,事物的平衡态与不平衡态是可以统一的。第一,平衡发展与不平衡发展统一论的理论根据——平衡态与不平衡态对立面的融合。马克思把对立面的融合作为辩证运动的实质,即融合成一个新事物或者一个新范畴,这是非常正确的。例如,城市和乡村、脑力劳动和体力劳动的矛盾,经过长期发展和差别的缩小,最终会融合为新居民点和完全新型的劳动,使二者的矛盾得到解决。平衡态与不平衡态的对立面也同矛盾双方相互转化一样,都不是一成不变的,而是相互转化的,今天是对立面明天可能成为朋友,今天的竞争对手可能是明天的合作者。第二,平衡发展与不平衡发展统一论的科学根据——自然界“先定和谐”。世界上的自然科学家有一个共识,这就是“宇宙间如果没有和谐也就没有科学”。科学证明无边无际的宇宙的大小星系、星球和地球等无机界同样是平衡态与不平衡态的统一体,世界上有机界的动物、植物和微生物是平衡态与不平衡态的统一体,人类、人类社会是平衡态与不平衡态的统一体。第三,平衡发展与不平衡发展统一论的科学根据——世界的物质统一性。从麦哲伦环球航行推翻了“天圆地方”说,到哥白尼创立“太阳中心”说,再到陨石的发现都证明地球和其他天体同属于统一的物质世界。可见,动态平衡发展方式的平衡发展与不平衡发展统一论,是对宇宙间一切事物都以平衡态与不平衡态的统一而存在的客观实在的反映、概括和应用,因而是有科学根据的。所以,动态平衡发展方式是平衡发展与不平衡发展统一论,如经济工作是自发平衡发展与人为外力干预平衡发展的统一,发展中调节与调节中发展的统一,异质性发展与同质性发展的统一。正如李继兴所说:“平衡与不平衡‘互相对立、融合转化、趋向统一、贯穿始终'……"[12]

参考文献

[1]李继兴.应用哲学平衡论.哲学中国网,2013-02-21.

[2]李继兴.大平衡.北京:中国大百科全书出版社,2007:76.

[3][英]斯蒂芬·霍金.果壳中的宇宙.长沙:湖南科学技术出版社,2002:71-72.

[4]王明志.运输供给与运输需求平衡论.北京:人民交通出版社,1996:39.

[5]李继兴.应用哲学平衡论.哲学中国网,2013-02-21.

[6]匡荣顺.平衡互变规律.理论学刊,1989(4).

[7]匡荣顺.平衡互变规律.理论学刊,1989(4).

[8]匡荣顺.平衡互变规律.理论学刊,1989(4).

[9]王颖.动态平衡论.北京:中国青年出版社,1998:76.

[10]王颖.动态平衡论.北京:中国青年出版社,1998:235.

[11]马克思恩格斯选集:第1卷.北京:人民出版社,1985:111.

[12]李继兴.大平衡.北京:中国大百科全书出版社,2007:76.

2.2 平衡动力机制、制衡机制、平衡稳定机制和平衡补偿机制的统一

"从马克思主义的观点来看,社会的和谐,既包括稳定、协调,又高于稳定、协调,它是社会稳定和协调的理想状态,既体现公平,又促进效益,它是公平和效益的统一;既包含社会发展的动力机制,又包含社会发展的平衡机制,它是社会发展的动力机制和平衡机制的统一;既是一种价值目标,又是一种不断推进的现实的历史过程,是价值目标和社会历史过程的统一。"[1]在实践中,平衡动力机制、制衡机制、平衡稳定机制和平衡补偿机制是有机统一的整体,要发挥它们之间相辅相成、相互补充、相互促进的作用,从而实现作用者的目的。但是,制衡并非均量、均速,而是能够维持有序稳态,就可界定为制衡状态,即使是"二八比"也是制衡状态;不能实现有序稳定态即使是"五五比"也不是制衡状态;如果处于失衡状态只要启动平衡补偿机制而达到有序稳定状态也是制衡状态。再如,我国深化改革扩大开放、推进现代化建设、加强生态文明建设和全面建成小康社会是一个有机整体,它既体现了平衡动力机制和平衡调节机制的统一,又体现了平衡稳定机制和平衡补偿机制的统一。

2.2.1 动态平衡发展方式的动力机制

引证：

自然界中动态平衡的实现是一种自然过程，靠的是自然力，人类社会中动态平衡的实现则是一种社会过程，靠的是社会力，其中领导协调的力量起着至关重要的作用。

——孙占奎、王安平、郭晓华、张淑兰《领导协调论》

2.2.1.1 一切事物都具有自我走向平衡的能力

宇宙，即我们认识的自然界，是无限多样性时空组合的物质存在方式，它的形成和演化是物质通过竞争、分化与和谐从无序到有序的自组织耦联。这就是，“与宇宙起源俱来的‘多因子在相互作用中的自然协同’以及‘各种相辅相成的演化过程的自然协同’是宇宙中物质自组织结构多样性以及其组织化有序化程度不断提高的内在动力和机制”[2]。宇宙的自组织有序化程度的提高过程与系统和谐质的作用相关。如粒子、原子、电子、分子相互作用，吸引与排斥相互作用，就是如此。平衡学说中的动力机制是指事物自趋平衡的动力、一切事物趋向综合动态平衡的动力、事物非平衡的动力、系统的内力、自然界系统的自然力、社会系统的社会力等。

(1)事物都有自我走向平衡的能力

平衡发展与不平衡发展的动力机制，是指在平衡发展与不平衡发展的运行中，存在与生俱来的内生动力。一切事物都有自发走向平衡的本性，如机械能的各种作用力中的水力、风力、电力和生物能的人力、畜力等。平衡态与不平衡态的一个组合，就如同一台动力机(发动机)，内生动力就会发挥出来，其动能就是自我求生存图发展。对于事物来说就会推动事物由小到大、由简单到复杂、由低级到高级的变化和发展；对于工作学习和事业来说就是推动工作开展、学习进步和事业发展的力量。

由于任何事物都是自动组织起来的系统，因此系统有自组织、自适应、自调节、自复制、自繁殖和自趋态的功能。事物由于外力的作用，当运行偏离轨道，系统可以自发调节内力的自组织活动，以自身的力量和作用，实现从无序状态走向有序状态、从不平衡到平衡状态。这种对系统运行状态的自觉调整，使之恢复到平衡运行状态，保持系统的稳定性，就是自我走向平衡的本性。系统具有自动修复平衡的功能，是因为事物内部存在着两种力，一个是向心力，一个是离心力。系统中的这两种力无时无刻地作用于事物，推动事物自身不断向更高层次发展。正如王颖所说：“在如此众多的变量中，我们可以大致归纳成两种力，一种是引导平衡向不平衡变异的力，一种是恢复平衡的力。就像存在着一个向心力和离心力一样，对于某个平衡态而言，也存在着一个让这个系统回复原状的拉力和把这个平衡态推向不平衡态的斥力的存在。这两种力处于等量时，这个平衡态就会暂时维持现状，如果这两种力失去了平衡，那么，这个状态就会向力量大的一方转变。”[3]

“事物趋向自身平衡的本性，即事物与生俱来的、天然的‘求生’本能——自因力。”[4]自然界的物体由于吸引和排斥的对立统一，构成各种各样的运动，吸引和排斥是无机自然界一切运动变化的源泉和动力，是非生物界的基本矛盾。宇宙星球、星系、星云团利用能量膨胀和收缩、吸引力和排斥力、公转运动和自转运动等作用动态制衡运行，地球万物的共同选择同样也是动态制衡方式，这是自然界永恒的法则。例如，太阳系内由于星云物质的吸引和排斥的相互作用，形成九大行星围绕太阳运转的体系。地球上的物体，由于地球引力的吸引和反抗引力的排斥造成物体的上升或下降的运动状态。

自然界的进化，人类社会的发展，无不说明一切事物在发展进化过程中不断地改变自己，适应环境，在自身制衡的同时共同遵循整体制衡法则，并趋向综合动态平衡发展。无机界和有机界都是如此。天体、自然、社会、人，一切事物都有求生愿望和表现自己的本能，否则就违背趋向自身平衡的本性，就会出现生存危机。事物自觉地追求自身平衡这种自发运动，是事物发展变化的根据。自然界与人类社会都在追求着自身的平衡和发展。在自然界里，生物链和食物链现象、细胞的自我恢复、物种的自我调节、生态的自我平衡、水和大气的自净、动物种群的稳态、动植物伤口自动愈合、人体的免疫力、生命体的新陈代谢等；在人类社会里，生产关系适应生产力、上层建筑适应经济基础、五种社会形态的依次更替规律等；在市场经济领域中，供求平衡的自发调节、商品价格与价值的自发平衡调节等，这一切都证明了事物具有保持和趋向自我平衡的本性。西方自由经济理论者还认为，劳动力市场具有自动实现平衡就业的特质。

(2)事物都有自己运动变化的能力

列宁说，辩证法“主要的注意力正是放在认识‘自己’运动的泉源上”。[5]不能自己运动的事物，是无法生存的。对立统一规律，揭示事物“自己”运动，指明事物内部的矛盾性是事物发展的内在动力。矛盾就是对立统一，事物内部互相对立的方面相互之间又斗争又统一的关系，推动事物的发展变化。矛盾的斗争性就是互相排斥、互相限制的关系。限制和反限制的斗争，造成矛盾双方力量的不平衡性，这种不平衡性形成矛盾双方力量的变化，表现为在矛盾中的不同地位和作用，这就导致了平衡与不平衡的转化运动，事物就是在自我运动、自己发展自己的过程中实现由低级向高级发展的。“各种物质运动形式各有自己的特点和规律，例如宏观物体的运动和热分子运动，分子运动和原子运动，原子运动和原子内部的微粒运动，无机物的运动和生物运动，自然物的运动和社会运动等等，都存在着显著的不同。”[6]所有生物有机体，无时无刻都处在不停息的运动中，如果没有新陈代谢运动和自我更新的运动，生物的生命也就不存在了。可见，事物生存发展的源泉和动力就是自我运动。不会自己运动，是不可想象的。事物的自己否定自己，自己发展自己，本能地从不平衡走向平衡，实现自身平衡后又努力维持自身的平衡状态，在同相关事物的斗争中再走向新的平衡，如此循环往复。

“世上的所有运动，虽然它们都有内在、外在的种种原因，但最终都是四种力：‘强力、电磁力、弱力和引力’汇成的一种‘自因力’——自然平衡力作用的结果。”[7]一切事物的自衡功能是由自我求生存图发展的本性决定的，是一切事物的谋生本能所要求的。一是内外力的平衡。大自然、人类社会和人的思维都在追求一个平衡状态，这个巨大的力量，不是外部而是自身内在的生存和发展的本能。这是由内因——自因力引起的“自我运动”。事物“自我运动”发展的动力是事物内部矛盾的特征，表现为内部的两种对立的作用力的斗争和转化，即维护事物保持平衡的拉力和促进事物走向不平衡的推力的相互作用的结果。事物“自己运动”是事物内部“对立面的统一”，两种作用力都是为了促进事物自身的生存和发展。二是内外因素的平衡。事物的生存发展，内因是根本，外因是条件，外因通过内因起作用。因此，事物的发展变化并非完全是外部的作用力和外部的原因所造成的，但外因是不可或缺的因素。如同没有一定温度鸡蛋不会孵出小鸡，有一定温度石头也不会孵出小鸡。这就说明，内外因素必须平衡统一。

2.2.1.2 非平衡是事物发展的动力

(1)非平衡是有序之源

“因此我们说：均等是生物生存的基本条件，不均等是推动生物进化的动力。”[8]不平衡是事物发展的动力，是说不平衡始终围绕平衡动荡，但最终还要回到平衡上来，如同价格围绕价值上下波动，但最终总体上是平衡的，从而推动事物的发展变化。这个观点早已成为平衡论者的共识。可见，“不平衡性是自然界和社会经济领域发展的重要动力”[9]，凡物质必有运动，凡运动必有动力。经济部门的动力包括两个方面：一个是外部竞争力，一个是内部协同力。这两个力都包含着不平衡。过去我国的经济主张封闭式的稳定平衡论，企业实行的是“一大二公”和“大锅饭”的体制，经济发展缺乏活力。在改革开放中从外部引入市场机制动力，从内部增强竞争机制动力，从精神层面加强协同动力，从而取得了改革开放的巨大成就。例如。我们采取非平衡发展方式，追求区域经济不平衡发展，再由先发带动后发最终实现整体平衡发展。这是因为“经济系统是一个非平衡开放系统”，运用耗散结构的“非平衡才是有序之源”的原理，可以推动经济的快速发展。所以，我们做经济工作，就要特别注重提高经济系统的市场自组织能力和人为调节的作用，发挥非平衡动力的作用，打破“铁饭碗”和平均分配方式，从而提高整个经济系统的发展活力。

(2)非平衡是事物发展的动力

“不平衡是自然界和社会经济领域发展的重要动力。”[10]非平衡是事物发展的动力，表现在国际上流行经济不平衡增长理论，主要是以区域为对象，来研究经济增长方式。地域空间特指发展中国家、国内行政区，即省、市、自治区的不平衡经济增长方式。与一个国家的经济增长方式一样，一个地区的经济增长方式也可分为两种：平衡增长的方式和不平衡增长的方式。不平衡增长理论的方法:"资源倾斜配置——不平衡增长——产业结构优化与升级——经济高速增长和效益最大化"。从动态看,是以追求资源配置效率最大化为目标的产业之间的非均衡增长;从静态看,是指主导产业占有足够大的比重。该理论的核心观点是,发展中国家或某一地区不具备全面增长的资本和其他资源,平衡增长是不可能实现的。投资只能有选择地在若干部门或区域进行,其他部门或地区通过利用这些部门或区域的投资带来的外部经济而逐步得到发展。例如,进入20世纪90年代,各省调整产业结构,建立本地区主导产业。有的省区在支柱产业的带动下,经济发展走上了健康高速之路。不平衡增长理论的优点:第一,不平衡增长理论更有实践依据,其战略更有可操作性。第二,不平衡增长理论突出了结构效应。第三,不平衡增长理论中,阐述了"连锁效应"理论和主导产业的作用,这就为发展中国家和地区制定发展战略提供了更具体的理论和操作方法。第四,不平衡增长理论是建立在国家之间和地区之间开放、流动以及市场化的基础之上的,通过开放、分工、交换在更大的区域范围得以实现,有利于发展中国家和地区的经济发展和社会进步。因此,"从广义的或一般的意义上讲,不平衡是经济社会发展的基本形态"。[11]

(3)平衡与不平衡转化的动力

事物的运动变化发展,从时间上表现为质变和量变两种形式的互变,从空间上表现为事物平衡与不平衡两种状态的相互转化。量变是事物量的不显著的变化,是事物发展进程中的连续性和渐进性,在空间上表现为事物的平衡状态。质变是事物的一种质态向另一种质态的突变或飞跃,在空间上表现为不平衡状态。我们了解了平衡与不平衡这两个状态相互转化的关系,我们就要在实践中重视平衡与不平衡的相互转化的作用力,特别是事物在空间上呈现的不平衡状态的萌芽,及时解决事物的不平衡发展,引导事物向新的平衡状态发展。一是平衡与不平衡的斗争是事物发展的根本动力。"矛盾的同一时,可称为平衡;在矛盾着的一方向另一方转化时称为不平衡;当在新的矛盾着的双方达到新的同一时,又可称为建立新的平衡。"[12]一切事物的发展变化,是平衡与不平衡不断斗争、相互作用,也就是在事物的内部矛盾引起平衡与不平衡相互交替转化中演进的。在自然界中的实现,是一种自然过程,靠的是自然力;在人类社会中的实现,是一种社会过程,靠的是社会力。因此,平衡状态与不平衡状态的相互作用、转化、斗争是一切事物的发展的动力。星系、恒星、地球的演化和生命的进化,无不是要素、结构或功能的新旧交替,这个交替是不可逆的,形成了自然界演化的两个方向:一是自然物在演化过程中,从无序到有序方向演化,呈现从低序到高序的变化趋势,即进化。如,星云引力收缩为恒星,无机物合成有机物,微生物演变为鱼、爬行动物、人等。二是自然物在演化过程中,从有序到无序方向演化,呈现从高序到低序的变化趋势,即退化。如,超级恒星爆炸、恐龙灭绝、生命体衰老死亡、土地沙漠化等。自然界中普遍存在的进化和退化,是事物的自我运动、自我否定和自我变化。进化和退化有本质区别,它们之间又具有统一性：一方面进化和退化相互包含；另一方面进化和退化共存共生；再一方面进化和退化相互交替。就是说，矛盾引起运动，运动趋向平衡，平衡才能更好地发展，发展是平衡与不平衡按照量变到质变的相互转化的结果。

2.2.1.3　平衡系统的内力

(1)系统内力和外力的平衡和统一

"研究系统的运动状态，必须确定系统各个时刻的运行状态。系统的运行状态是由系统各个内力和外力共同作用的结果，所以系统内力和外力的一个组合构成系统的一个状态。"[13]不平衡是一切事物发展的动力，也是系统进行会聚与演变的动力。从事物运动变化的源泉和动力看，系统内力和外力的统一就形成一个系统平衡态(不平衡态)。因此，平衡态的调节必须要从内力和外力入手，系统调节就是要实现内力与外力的平衡统一。"世上任何事物都是由各个部分构成的系统，每一部分都代表一定的'势态'，具有一定的力量。各种势态与力量之间既存在统一性又存在矛盾性。这就决定了事物发展必然呈现矛盾——失衡——统一——平衡——矛盾——失衡……的运动过程。"[14]对系统力的平衡调节，促进系统矛盾和失衡现象的转化，使系统中要素与要素之间各方势态与力量实现在统一目标下的平衡性和协调性。系统内力自发调节即自我平衡，也就是系统内部相互制约、相互联系、相互促进的内在要素的作用力。内力分两种，即维持事物平衡的拉力与把事物引向不平衡的推力，这两种力构成系统力，导演着事物平衡与不平衡的转化运动。内力是无形的、看不见的力，只能依靠自发调节，但可以人为引导实现平衡。例如，市场供求关系平衡的自发调节作用就是如此。外力干预调节就是人为平衡调节，即系统外部环境并能影响系统内部发展变化的作用力。外力是看得见的、有形的作用力，如气候对人体的影响力、医师对人疾病的干预力、政府干预宏观经济综合平衡的力等。例如，政府在物资(肉禽蛋、蔬菜)过剩时购进，在价格上扬时投放市场，起到平抑市场价格的作用，从而实现市场供求关系平衡。当前，我国对产能(钢铁、电视机、服装)过剩进行干预，就是利用外力转方式、调结构、稳增长的调控的作用而实现平衡。

(2)人为宏观平衡系统干预的力

虽然宇宙万事万物具有自趋平衡的本性和趋向综合动态平衡的本能，但是大自然的自调力是在一定限度内的。人可以通过施加外部作用力调控事物发展变化状态和发展趋向。这就要求我们人为干预要讲科学、讲适度、尊重自然规律。例如，由于工业化造成地球自然系统气候变暖，有可能造成海水淹没陆地，那么人类也就可以采取低碳生产方式、生活方式和科学的节能减排方式，恢复自然系统的生态平衡，避免或延缓气候变暖。再如，经济系统运行中出现偏离轨道、运行紊乱失衡，国家可以进行宏观调控和综合平衡的干预工作，从而实现经济宏观平衡发展。人体系统受到病毒感染，自身内力无法恢复健康，需要医师通过外力干预治疗，恢复肌体平衡。由此可见，事物存在着运行的自然性、社会性和盲目性，加之在客观条件不同和动态变化的情况下，系统自组织能力出现不足，系统内力呈弱态势，在这种态势下，单纯靠系统内力难以实现系统发展达到预期目标，对系统施加适度的人为外力，引导系统按照预定轨道运行，激活内部潜力，增强弱势一方力量，使系统与环境、要素与要素产生新的平衡协调关系，组成合理的新结构，促进系统向理想平衡状态发展，实现系统功能的最大化。同时，我们要注意掌握系统动态性，研究系统的历史、现状和未来，把握系统的发展方向和趋势，不断改善系统的结构和功能，充分发挥系统的整体效应。

2.2.1.4 自然平衡的力和社会平衡的力

不同物质运动，有不同运动形式，各有各自的动能。自然运动与社会运动、无机物运动与有机物运动都不同。还如热分子运动、分子运动、原子运动、微粒运动等都呈现出各自的运动特点、各自的运动规律。归纳起来，就是自然平衡的力和社会平衡的力。

(1)自然力是宇宙万物产生、演化、发展的作用力

物理学家、天文学家开普勒《宇宙的和谐》一书，论述了宇宙天体运行的原因——平衡和谐机制，即自然平衡的力。天地万物存在"和谐机制"，这就是"质能关系"或"性能关系"。物理学上的"质能关系"，只要是守恒、对称的客观实在即视为和谐，其原因就是"引力场"和"斥力场"的相互作用。平衡论认为，自然平衡力是由强力、电磁力、弱力和引力四种力汇成的，也称为"自因力"，它驱动一切事物维持自我平衡和趋向总体平衡的本性。再如，地球卫星和空间站环绕地球运行。当物体具有每秒7.9公里的速度时，就和地球的地心引力平衡，环绕地球运行，不会落到地球表面，也不会离开地球飞向太空。这个事例说明，天地间"平衡和谐机制"的存在，并发挥着巨大作用，这个"平衡和谐机制"就是自然的力。"自然界的所有力都是中性力，例如电磁力、万有引力，它们或者推动事物运动或者保持事物静止(相对)，不论是运动还是静止，它们的作用都是使事物在某种力量上获得平衡，而不是打破平衡去推动事物'由低级到高级'发展。"[15]所以，我们在发挥自然力的平衡作用的同时，要人为促进平衡状态的不断出现。例如，保持自然生态平衡，抑制资源不合理开发，减少污染排放，从而维持和推动事物运动的力或保持事物相对静止的力之间的平衡。

(2)社会平衡和谐的作用力是不可估量的

社会平衡才能和谐，和谐才能协同，协同才能形成社会的力，它是社会发展的动力机制和平衡机制的统一。"社会的和谐，既包括稳定、协调，又高于稳定、协调，它是社会稳定和协调的理想状态，既体现公平，又促进效益，它是公平和效益的统一；既包含社会发展的动力机制，又包含社会发展的平衡机制，它是社会发展的动力机制和平衡机制的统一；既是一种价值目标，又是一种不断推进的现实的历史过程，是价值目标和社会历史过程的统一。"[16]第一，社会平衡和谐是社会发展的动力。毛泽东的"人民，只有人民，才是创造世界历史的动力"，这段话中的"动力"就是人类社会的发展动力。人与人之间

的协同、国家内部和国家之间的协同,就会形成强大的社会力量。现在,我国提出“以人为本”的发展理念,发展依靠人,发展为了人,充分体现了社会动力原理。第二,社会协同是社会发展的动力。一是人与社会之间的关系是一个协同系统。人是社会的主体,没有人就没有社会。社会是人生存的载体,社会是人类的大家庭。二是人与人之间的关系是一个协同系统。人与人之间的系统协同是社会大系统中相互协同的基础。例如,根据马克思历史唯物主义原理,人民群众是社会历史的创造者和推动者,那么我们进行现代化建设,就必须运用以人为中心的动态平衡方式,依靠和发动广大人民群众,发挥他们在现代化建设中的主力军作用。第三,社会进化的动力。社会发展是由社会基本矛盾平衡与不平衡推动的。社会系统两对基本矛盾出现不平衡状态时,则必然要求建立相适应的新的生产关系和上层建筑,并与生产力发展水平相平衡,从而推动人类社会的发展。

2.2.1.5 宇宙万物都有趋向综合动态平衡的力

宇宙万物发展的恒定的总方向是走向综合的动态平衡,这是一切事物运动变化的动力。趋向综合平衡是自然、社会、人类思维的总目标、总方向、总归宿。自然界的进化,人类社会的发展,无不说明一切事物在发展进化过程中不断改变自己、适应环境、趋向综合动态平衡发展。这个过程是由一切事物自我平衡本性引起的,它们在趋向自身平衡的过程中,必然会与相关事物趋向自身平衡的运动而发生矛盾乃至斗争。由此引起的相互作用,促使事物自身趋于平衡和相关事物共同走向综合动态平衡。趋向综合动态平衡是自然、社会和人思维发展的法则。一位外国学者说,从整体循环变化而言,大自然永远都在寻求平衡,永远都在促成一种总体平衡。物质的集中意味着运动的驱散;相反,运动的吸收意味着物质的扩散。它贯穿于每一种存在物的过程,而且,适合于每一种存在物的所有循环,也适用于它成长历程中的每一个细节,两种过程时时刻刻都在进行着。因此,一切事物自觉朝着综合动态平衡的方向发展,这是一切事物运动变化的规律。例如,太阳系向银河系方向运行,银河系向河外星系运行,河外星系向总星系方向运行。

参考文献

[1]王荣华,童世骏.多学科视野中的和谐社会.上海:学林出版社,2006:175.

[2]曾健,张一方.社会协同学.北京:科学出版社,2000:54-55.

[3]王颖.动态平衡论.北京:中国青年出版社,1998:221.

[4]李继兴.大平衡.北京:中国大百科全书出版社,2007:2.

[5]列宁选集:第2卷.北京:人民出版社,1984:712.

[6]李秀林,王于,李准春.辩证唯物主义和历史唯物主义原理.北京:中国人民大学出版社,1982:94.

[7]李继兴.大平衡.北京:中国大百科全书出版社,2007:17.
[8]宾昊.均等人生.长沙:湖南人民出版社, 2005:155.
[9]祝世讷.中西医学差异与交融.北京:人民卫生出版社,2000:472.
[10]黄继忠.区域内经济不平衡增长论.北京:经济管理出版社,2001:49.
[11]黄继忠.区域内经济不平衡增长论.北京:经济管理出版社,2001:49.
[12]孙占奎,王安平,郭晓华,等.领导协调论.北京:煤炭工业出版社,1990:16.
[13]王明志.运输供给与运输需求平衡论.北京:人民交通出版社,1996:33.
[14]孙占奎,王安平,郭晓华,等.领导协调论.北京:煤炭工业出版社,1990:16.
[15]宾昊.均等人生.长沙:湖南人民出版社,2005:148.
[16]王荣华,童世骏.多学科视野中的和谐社会.上海:学林出版社,2006:175,

2.2.2 动态平衡发展方式的制衡机制

引证:

马克思在《资本论》第二卷分析社会总资本再生产时指出:“各个别资本的循环本来是互相交错在一起的,它们互为前提,互为条件,并且恰好也就是在这种交错中,形成社会总资本的运动。”进而,他阐发了必须保持两大部类之间生产与消费、供给与需求平衡的思想。陈云根据马克思主义这一基本原理,结合我国社会主义建设实际,特别是大跃进的教训,指出“搞经济不讲综合平衡,就寸步难行”,并提出了“四大平衡”理论,认为财政平衡、物资平衡、信贷平衡和外汇平衡是全国总体的平衡,是总供给与总需求的平衡,只有搞好综合平衡才能保证国民经济的正常运行。[1]

——王荣华、童世骏《多学科视野中的和谐社会》

2.2.2.1 自然界、社会的制衡机制

为什么制衡,就是因为电磁力、万有引力等自然界的所有力都是中性力。在宇宙,有吸引和排斥的制衡;在自然界,有自然生态系统的制衡,生物的“新陈代谢”制衡,在社会领域,西方国家政治上有“三权”制衡,我国企业有“分权”制衡等。可见,制衡(平衡)机制具有普遍性。

(1)一切事物都具有“自稳态”和“自适应”的制衡机制

“平衡”一词应用非常广泛,在物理学、生物学、经济学、社会学和政治学等多学科中广泛使用。“平衡”指的是若干独立力量构成的体系内部的稳定,当外力干扰或构成要素改变打破平衡时,这个体系可以恢复或重建平衡,从而始终保持平衡状态。就是说,制衡方式是自然、社会、人的思维所遵循的平衡法则,目的都是为了求生存、图发展。事物

具有“自稳态”制衡机制。一切事物都具有“追求生存”的本能,这是一切事物与生俱来的和繁衍生息发展的需要,从而决定了事物追求自身平衡稳定的本能。当事物在发展中受到外部环境不平衡的影响或震荡,偏离了正常运行平衡轨道,或呈现不安定平衡度时,这个事物就会本能地自觉维持自身的平衡稳定,使自己从不安定平衡状态恢复到安定平衡状态,并始终保持系统稳定性在发展过程中的不断实现。例如,生命体的“稳态”受到外环境的影响便自觉启动应急反应,增强新陈代谢功能、提高对疾病的免疫、加强自修复和自愈能力;植物也有自动修复功能,如植物伤口的自己愈合等。这些功能,都是维持其“稳态”的本能。事物具有“自适应”制衡机制。任何事物都能通过自我调节功能,实现内环境与外环境的适应平衡;事物也可以在自我改造和对环境改造中自适应、自平衡、自复制,目的同样是为了自己的生存发展。例如,“人的躯体内存在着这种平衡。当人体在生长发育的过程中发生变化时,只要体内各器官的变化不干扰身体的稳定,人体的平衡就会得以持续。在各器官发生成比例的质和量的变化时,人体的平衡尤为典型。但是,当人体由于外界侵扰而受伤或失去某一器官、身患癌症或其他病变时,平衡便受到了干扰,这时身体便试图重建平衡以消除干扰。新的平衡程度可能与受干扰前的平衡程度相同,也可能不同”[2]。在经济领域表现为市场供求关系和价值规律的作用,通过这个无形的力量——“看不见的手”的自发调节实现平衡。

“英国斯宾塞先生也说:‘在宇宙中,我们到处都发现趋于均衡的意向。’古图布先生也说:‘宇宙里统领一切的是平衡。’”[3]北京大学教授李继兴说:“宇宙的最高法则是平衡。”他们都肯定了自然界平衡的地位和作用。一是宇宙总体处在平衡状态,运行是有秩序、有规律的。宇宙的客观存在,就标志着整体运行是平衡的、有序的,但宇宙的局部处于不平衡运行状态,各个局部的星球、星系的运行对于整个宇宙来说是不平衡运行的。可见,宇宙是平衡(统一性)与不平衡(多样性)的有机统一整体。二是宇宙的物质分布是平衡的,宇宙由于膨胀失衡而导致大爆炸,大爆炸后的物质如同爆炸的鞭炮四处飞溅,形成星球、星系、星云,并且均匀地分布在整个宇宙太空,也保持了相对平衡。三是宇宙能量是平衡的,现在宇宙依然还在膨胀,但还没有达到失衡的程度,整个宇宙的正能量和负能量是平衡的,就是说宇宙的总能量等于零,所以保持着平衡状态。四是宇宙总体的温度是平衡的。宇宙总体的膨胀力和收缩力是平衡的,总体的引力和斥力是平衡的,相对温度是平衡的。五是微观世界是平衡的,微观粒子与宇宙任何物质一样共同具有追求自身平衡的本能。原子、电子、光子、质子都是一种平衡体。因此,正如李继兴所说“宇宙的最高法则是平衡”,即制衡。

(2)自然系统、社会系统、经济系统的制衡机制

自然系统的制衡。从宏观宇宙到微观世界,从地球生态到人类社会,从人自身到人与自然的关系无一不是动态平衡运动发展变化的。宇宙宏观“生成——爆炸——生成”是平衡循环的,宇宙的正能量与负能量是平衡的;地球生态输入与输出是平衡的,生态

自我调节和大自然万物共生是平衡的，微观世界中的电子、光子、中微子、原子等是平衡的，引力、电磁力、强核力、弱核力的能量散聚和转化是平衡的；太阳系与河外星系，无数的恒星、行星和卫星有序运行100亿光年是平衡的；地球绕太阳转，月球绕地球转是平衡的；地球生物圈的生态是平衡的；人体生理是平衡的；人与自然发生能量和信息（磁场）交换而存在就是平衡的。

自然生态系统中的制衡机制，表现在生物群体的种类、数量、生物量在总体上保持相对稳定状态；系统中能量流动和物质循环过程保持稳定状态；当受到外环境干扰影响的情况下，自身能够自发调节并恢复常态，系统内环境和外环境的这种稳定的协调关系能在相当长时期保持平衡状态。这种平衡状态，在人类不干扰的情况下生物种群之间常常达到一种天然的平衡状态。这种"自然平衡"从捕食者和被捕食者的比例数字可以看出自身保持种群比例的稳定状态。在自然界，各个种类如生物之间、非生物之间、生物与非生物之间互相联系、互相影响、互相制约，构成一个统一的整体。生态平衡就是在一个生态系统中，各因素之间在一定条件和比较长的时间内处于相对稳定的状态。再如大自然生态系统在一定范围内具有恢复平衡的功能，如大气、土壤、水对于一定程度的污染具有自净化、自恢复平衡的功能。又如，地球与太阳系数亿年来是平衡的，地球从太阳获得能量而实现质能是平衡的。地球质能平衡，则是水迁移和大气环流。每年有数百万亿方水参与循环迁移，大气环流是为了地球质能平衡，对地表温度、平衡降水等进行调节。地球还通过生物进行质能转换，消耗地球多余的内能，维持地球与太阳之间质能的平衡，保持地球自旋速率和保持地球轨道稳定平衡。

社会系统的制衡。解决社会系统不平衡的障碍问题，重点是宏观上的平衡。社会宏观指的是全社会的若干重大体系的关系，如经济、政治、社会关系和精神生活等。宏观调节要综合平衡协调，做到宏观控制，整体调节。一是在社会宏观运行制衡方面，人类社会的运动和发展具有自我平衡功能，表现在社会两对基本矛盾的平衡与不平衡的转化，生产关系适应生产力的发展，上层建筑适应经济基础，它们相互之间产生不平衡、不适应，就会自发调节趋向平衡运行。我们所要建设的社会主义和谐社会，也是对社会系统的制衡，因为和谐社会是要推进社会的公平正义、诚信友爱、安定有序、人与自然和谐相处和充满活力的社会建设，这是符合社会从低级到高级发展要求的。二是在社会利益分配制衡方面，要坚持相对公平的社会分配平衡机制、合理的税收平衡机制、社会保障平衡机制、社会福利平衡机制等。三是在政治系统的制衡方面，坚持政治系统构成的政治文明建设各个要素之间关系的平衡，如党的自身先进性与执政地位的平衡、党的政治地位与执政能力的平衡、党的执政能力与参政能力的平衡、政府管理职能与服务的平衡等。著名社会学家郑杭生教授在《社会运行导论》一书中提出社会良性运行理论，受到广泛关注："社会良性运行与协调发展思想的主导观念，是强调社会运动、变化、发展的整体性、联系性。社会的各个构成部分，诸如人口、自然环境、文化、经济、政治、意识形态等等，都不是孤立存在的，而是相互联系的。社会的某一侧面的运行和发展，例如经济的高速增长，需要有其他侧面的配合。否则，就不会实现良性与协调的社会运行，而只能导致一种动荡不安、冲突迭起的社会运行。"[4]就是说，社会良性运行，要做到人口、自然环境、文化、经济、政治、意识形态等要素统筹平衡、相互促进、协同发展。

经济系统的制衡。在我国经济系统的制衡机制，重点要解决好社会主义性质与市场机制二者之间的协调与平衡，克服从资本主义社会产生的市场机制给社会主义社会带来的负面效应，并创造一种新的社会主义市场经济的运行方式，既以市场作为资源配置的基础性手段和决定性作用，充分发挥市场在配置资源方面的积极作用，以调动各方面生产要素的积极效应；又必须通过国家的宏观调控，包括利用经济立法、税收、财政、金融政策等经济杠杆，利用国家的指导性计划和综合性经济手段，乃至利用一定的行政手段，以克服市场机制带来的负面效应，解决市场机制和社会主义性质的矛盾协调问题。一是经济体制与法治体系的平衡。过去，在经济改革初期一度经济立法和法制宣传没有与改革同步，造成了经济体制改革与法制建设不平衡，出现了政府与企业权责不分的问题，经济合同执行难的问题，合同内容、立约不规范的问题等，通过国家的法制建设，真正形成了社会主义法制指导下的市场经济。二是经济发展与发展教育的制衡。发展教育就是民族的未来。据人口普查数据看，我国文盲和半文盲的人还有一亿多，这是我国经济，特别是农村经济发展缓慢的原因之一。日本战后经济发展快，其原因就是发展教育，我们要借鉴日本的经验。特别是要适度加大教育投入，发展我国教育事业。同时，要积极发展成人教育，解决经济发展急需人才问题。三是经济发展与社会保障的制衡。目前，我国在这方面非常重视，城市的低保、医保，农村的低保、医保和各种困难补助等不但改善了人民的生活，调动了积极性，而且促进了经济的发展。四是经济增长与科技发展的制衡。科技是第一生产力，发展经济必须发展科技事业，建设创新型国家，倡导万众创新，实行企业、科研机构和院校的协作和联合，建立科研协作攻关机制，共同促进智力成果的转化，使我国尽快向知识经济转变，为经济发展提供动力。

2.2.2.2 企业领导体制的"分权"制衡

"健全协调运转、有效制衡的公司法人治理结构。"[5]党的十八届三中全会提出了一系列有针对性的改革举措，例如国有资本加大对公益性企业的投入，建立职业经理人制度，更好发挥企业家的作用，健全有效制衡的公司法人治理结构，推动完善现代企业制度，提高经济效益，合理承担社会责任，强调不断深化国有企业股份制改革，优化国有经济布局和结构，增强国有经济的活力，完善国有资产管理体制和制度等。中国企业管理研究会副会长郑海航教授认为，一是国有独资公司治理中存在内外两大类不同的利益主体；二是两大利益主体要保持平衡；三是通过外部治理与内部控制实现内外主体的平衡；四是外部治理实现平衡。坚持"两个天然权利"的平衡，运用好治理权、决策权、监督权和评价权，不能把董事会和董事长对总经理的合理监管看作是不当干预；监事、监事会有对董事会、董事、总经理的人事评价权。企业实行“三权分离”，实行资产管理、生产经营、宏观调控的分离，实行股权多元化和内部分权制衡，健全监事制度，处理好管理机构之间的协同关系和相互制衡关系。企业经营大政方针由资产管理部门派员与企业、职工组成董事会负责；企业日常经营活动由董事会聘任经理和经理班子负责；强化政府经济部门和行业组织的作用。企业“三权分离”的好处是所有权、经营权、财产关系明确，消除产权不清、责任不明的问题。同时消除“条块”分割，利于政企分开，企业真正成为商品的生产者和经营者。国有企业按照《公司法》的要求，建立有效制衡的法人治理结构，改革企业体制，建立股份制，建立现代企业制度，解决责、权、利平衡的问题，充分调动领导者的积极性。企业所有权、决策权、经营权分而治之，对决策、执行行为、经营结果进行督导：股东大会的监督机制；董事会的监督机制；监事会的监督机制，三者形成制衡关系，努力完善国有企业的治理机制。

2.2.2.3　人口发展与经济社会发展之间的制衡

中国的人口数量，居世界首位。1949年新中国成立时，我国大陆人口4.5亿，2014年底上升到13.6亿。人口膨胀的巨大压力，引发了诸多社会问题。例如，住房紧张、交通拥挤、入托上学难、看病住院难等，加之中国人均耕地面积少、自然资源严重短缺、科学技术水平不高、经济发展后劲不强，在这种条件下，实现我国经济社会快速发展，就需要适度人口数量相配合。一要实现人口的数量与所处的自然环境条件之间关系的平衡。人口过快增长就会成为经济、政治、社会、文化平衡发展的障碍，不但给经济社会持续发展带来巨大困难，而且影响人民生活水平的提高。这其中一个最重要的因素是人口的数量与所处的自然环境条件之间关系的不平衡，中国以全球7%的耕地供养全球22%的人口，中国播种面积是美国的70%但养活人口是美国的4倍多。因此，“适度人口”问题，是我国新世纪面临的最为迫切的问题。消除我国人口过剩的压力，甩掉我国发展的沉重包袱，是增强我国国力、提高人民生活水平的根本途径。如果人口与自然资源继续失衡，就会形成国家发展的危机。二要实现人口过剩与人口不足之间关系的平衡。一个国家要持续健康发展，人口问题是一个首要问题。一方面，有一个比较适当的人口规模；另一方面，有一个合理的人口密度。人口规模和人口密度的测定，简单地说就是人口过剩与人口不足之间关系的平衡。人口不是越多越好，也不是越少越好，因为人不是单纯的消费者，还是生产者、财富的创造者，是经济社会建设的人力资源。所以，我国学术界专家普遍认为，中国的适度人口为10亿左右。这是在考虑多种因素，充分论证之后得出来的，具有一定的科学性，即适当的比例和合理的“度”。否则，就会走向事物发展的反面。三要实现我国人口数量与经济社会发展的规划目标之间的平衡。我国“十二五”规划明确提出2020年全面建成小康社会，按照世界银行《1990年世界发展报告》以人均国民生产总值（GNP）指标：小康型为570至2160美元中下等收入平均水平，平均为1380美元。现在，我国每年粮食生产只能满足90%人口的需要，每年要从国外进口粮食才能维持供求平衡。如果人口多、增长快，与经济社会发展失衡，人口问题就成了实现小康社会的沉重负担。四要实现控制适度人口与方法途径的平衡。要有效控制人口增长。我们要充分认识到，控制人口的目的是实现全面建成小康社会、人民共同富裕。所以，我们必须树立强烈的责任感，下决心把人口降下来，把经济搞上去，完成控制人口的任务。要切实按照新政策做好计划生育工作。全社会都要做好计划生育新规重大意义的宣传教育工作，提高全体公民的计划生育觉悟和自觉性。领导者要认真解决好老年人养老和医疗问题，消除后顾之忧。

2.2.2.4　人的思维的制衡

人的思维，是人类特有的精神活动，思维可分为直觉行动思维、具体形象思维、言语逻辑思维、经验思维和理论思维等。例如，大科学家爱因斯坦运用制衡思维，建立了他的引力理论。一天，爱因斯坦正坐在伯尔尼专利局的椅子上，突然想到，如果一个人自由下落，他是感觉不到他的体重的。爱因斯坦说，这个简单的理想实验"对我影响至深，竟把我引向引力理论"。这个事例，不但说明善于思维的重要性，而且说明制衡思维成就了一个世界级大科学家。

"中国民族性的复杂性，中国历史的复杂性，中国国情的复杂性，其机理藏之于中庸。'无过与不及'是平衡问题，'泄过补缺'是平衡问题，'损有余而益不足'也是平衡问题。是中庸问题，也是平衡问题。于是，那些善于协调矛盾，平衡冲突的人被视为'高人'。"[6]就是说，中华民族的惯性思维就是平衡和谐的制衡思维。据研究证明，一个人的惯性思维，要占整个思维的40%。就是说，在紧急或非紧急的各种情况下，不经过大脑命令而进行表态、决策的言语和行为，都属于惯性思维。处于农耕文明的中华民族的"天人合一"思维就是惯性思维。人类的"合群""互助""互争"就是人类的惯性思维。老子主张"守中"，孔子向往"均无贫，和无寡，安无倾""中庸之道"的制衡模式。中国人在矛盾冲突面前被认可的态度是"和为贵"，"己所不欲勿施于人"，"退后一步路自宽"；即使是战争，中国人也以攻城略地为下，以"不战而屈人之兵"为中，以能"化敌为友"为上。孙中山认为，和平主义是中国人的本性，当代中国的对外政策是和平共处五项原则，处理国际事务是"互利双赢，共同发展"。这些都是中华民族平衡和谐思维的制衡范例。

当今，我们构建和谐社会与倡导构建和谐世界，这就迫切需要继承中国古代传统的平衡和谐文化、和谐哲学、和谐美学、和谐思维的方法。当今世界主题是和平与发展，而不是对抗和斗争。所以，我们要用和谐平衡思维的方法，正确处理国际国内各种问题和矛盾，把平衡和谐作为出发点和归宿。在人与人之间关系方面要相互尊重，平等相待，人与人相互之间无高低无贵贱；在处理国际事务方面要通过多方协商、平等对话、和平谈判解决国际纠纷和争端，反对使用任何武力；在文化方面实行多元共存、交融交流、相互借鉴，实现多元文化平衡发展；在经济贸易方面，通过互利合作、平等竞争、平衡互补，共同繁荣发展;在人与自然关系方面要尊重自然,保护环境,节能减排,发展循环经济,倡导低碳生活,实现人与自然平衡和谐相处。

参考文献

[1]王荣华,童世骏.多学科视野中的和谐社会.上海:学林出版社,2006:23-24.

[2][美]汉斯·摩根索.国家间政治:权力斗争与和平.北京:北京大学出版社,2006:222.

[3][美]凯密斯.平衡的法则.北京:中国环境科学出版社,1996:3.

[4]郑杭生,李强,等.社会运行导论——有中国特色的社会学基本理论的一种探索.北京:中国人民大学出版社,1993:17.

[5]中国共产党第十八届中央委员会第三次全体会议文件汇编.北京:人民出版社,2013:99.

[6]刘俊坤.中庸:中国人性格的秘密.北京:当代中国出版社,2010:2.

2.2.3 动态平衡发展方式的稳定机制

引证:

动态稳定的实质,是不断地打破现状,用新的平衡代替旧的平衡。[1]

——董郁玉、施滨海《政治中国》

2.2.3.1 社会的动态平衡稳定

"'动态平衡',即'创造这些矛盾能在其中运动的形式'的解决矛盾方法,是社会处于常态(应当看到社会革命时期是非常态的,以外部冲突形式造成社会质变的时期)情况下,即处于和平建设时期,求得社会稳定发展的一种理念。"[2]在新的时期,社会结构发生了很大变化,形势任务也随之发生了变化,解决社会稳定的方式也要变化,要求我们要改变过去静态平衡稳定的思维方式,采取动态平衡稳定的思维方式,这样才能取得社会持久稳定运行的好效果。

"构建社会主义和谐社会,其方法论基础也是马克思所说的解决矛盾的动态平衡的方式,或者说是正确处理人民内部矛盾的方式。"[3]实践证明,用动态平衡的方式解决社会矛盾,是新的历史时期世情、国情、党情和民情决定的,要变不平衡相对立的方式为平衡协调的方式,从而达到相互之间平衡共生、协同建设现代化的目的。特别是在我国以经济建设为中心和经济全球化、信息全球化的条件下,经济社会发展中发生的矛盾和分歧,大多是经济活动和社会活动中出现的认识上的差异和利益关系上的矛盾,没有重大利害冲突。在解决国家间、集团间经济政治矛盾纠纷时,要贯彻马克思的解决矛盾的动态平衡的方式,化解政治经济利益矛盾和社会中种种差异分歧;在解决人与人关系矛盾纠纷时,要贯彻毛泽东的正确处理人民内部矛盾的方法:"团结——批评和自我批评——团结"的方法;在解决各领域、各部门、各行业的矛盾纠纷时,要贯彻毛泽东的《论十大关系》中提出的方法,就是协调平衡阶层间、党派间、群体间、民族间、领域间、部门间、产业间等各方关系,统筹兼顾各方发展,总的指导思想是不激化矛盾、积极化解矛盾,努力形成和谐稳定的局面。在国内,我国正处于改革开放进入深水区和经济社会转型阶段,必然存在各种各样的经济和社会矛盾,如贫富不平衡,城乡发展不平衡,区域之间发展不平衡,行业之间收入不平衡等现象,对这些矛盾问题运用动态平衡的方式来解决,效果好,副作用小。

"在这样的条件下,执政的中国共产党就完全有可能创造出一种社会运行的方式,使不同的阶级、阶层和群体能够在根本利益相一致的前提下,以社会主义的法律、制度、政策以及其他各种手段协调他们之间的矛盾和分歧,从而达到以动态平衡的方式解决社会矛盾,实现社会的和谐发展。"[4]运用动态平衡解决社会政治矛盾方式消除不和谐、不稳定因素的方法,就是运用社会主义的德治与法治相结合、政策和规章制度相结合,协调各阶层之间、群体之间和人与人之间的各种矛盾、分歧。一是利用内力自发平衡调节。例如,单位自己整顿、自我改进的方法,或者启发个人自己教育自己、自己提高自己的方法。二是利用外力人为进行组织整顿、人员调整等方法进行平衡调节,通过外部力量促进内因转化,达到相互和谐的目的。例如,上级派巡视组、工作组或采取组织措施等方法解决不平衡、不协调问题。从而,实现社会和谐稳定。

2.2.3.2 政治动态平衡稳定

"与此不同,市场经济所要求的现代的稳定则是一种动态的稳定,其主要特点是把稳定理解为过程中的平衡,并通过持续不断的调整来维持新的平衡。"[5]政治动态平衡稳定方式是动态的平衡稳定,并非静态的平衡的稳定。因为,动态平衡稳定是运动中的稳定,是调节中的稳定,是过程中的稳定,因而是具有开放性抗干扰能力的稳定。

(1)运用动态平衡稳定方式维持政治动态平衡稳定

苏联经济学家、哲学家布哈林认为,"平衡可以区分为稳定的平衡和不稳定的平衡"。稳定状态,是指物体的状态不因时间变化而变化,而且对小干扰引起的微小不稳定能自我恢复。不稳定状态,是指物体的状态在受到干扰时改变原状态。稳定态是平衡态,但稳定态不全是平衡态。例如,在热力学中,温度一样是热平衡,压力一样是力平衡,浓度、组分不变化是化学平衡。反之,则为不平衡。动态平衡稳定的过程是从平衡发展到不平衡再通过调节达到新的平衡发展的过程,是不断调节、不断实现平衡的过程。动态平衡稳定方式是调节中的稳定与稳定中的调节的平衡与统一。正如董郁玉、施滨海的论述:"市场经济所要求的现代的稳定则是一种动态的稳定,其主要特点是把稳定理解为过程中的平衡,并通过持续不断的调整来维持新的平衡。"他们进一步说:

"如果把稳定理解为运动中的平衡,那么,我们对政治体制改革的后果就不会有太大的顾虑。"[6]第一,要转变静态平衡稳定方式。在新世纪新阶段,世情、国情、党情和民情都要求我们要转变旧的、传统的社会政治静态平衡稳定方式,改变过去世界上通用的封闭式方法维持社会秩序、用抑制的方法维持政治的静态平衡稳定,因为这种"静态平衡稳定"方式是封闭的系统、死结构系统,不与外部进行信息交换的系统,因而经不起不平衡震荡和外部不平衡因素的影响。所以,在经济全球化、信息全球化新形势下,要实现由传统的静态平衡稳定向动态平衡稳定转变,才能从根本上维持社会政治的稳定局面。第二,要建立动态平衡稳定方式。一是动态平衡稳定方式是自组织系统、开放系统、发展系统,是运动中的平衡稳定,是过程的平衡稳定。也就是说,这种稳定是自律与他律的平衡、民主与集中的平衡、统一与自由的平衡、自觉约束与制度规范的平衡,因而是最牢固的平衡稳定。二是动态平衡稳定方式是政治运行过程的动态平衡稳定,是调节中前进与前进中调节的平衡与统一,如同骑自行车,保持一定速度才能保持平衡稳定。因此,能适应环境多变和复杂情况,经得起系统内外不平衡因素的干扰和影响,因而也是最牢固的平衡稳定。

(2)伟人邓小平是动态平衡稳定方式的创造者和实践者

"只有明智的、自信的、成熟的政治家才会运用动态平衡来维持社会政治稳定。动态平衡对于政治家来说确实是一个严峻的考验,它不仅要求政治家具有高超的驾驭全局、应付复杂情况和适应多变环境的能力,还要求他们具有强烈的现代意识、开放精神和创新思想。20年前,邓小平同志勇敢地冲破'两个凡是'的束缚,中国人民也把自己的思想和行为从教条的禁锢中解放出来,中国共产党把工作重心从阶级斗争转移到经济建设上,进行改革开放的宏伟大业,开创了全新的社会政治局面,平稳地实现了历史性的伟大转变,这应当被看作是一次用动态的平衡取代静止的平衡的范例。"[7]用动态平衡稳定方式取代静止平衡稳定方式,来维持社会政治稳定,是总设计师邓小平创造的实现社会政治稳定的成功经验,同时也说明我们的党有能力驾驭各种政治局势、应付各种社会的复杂情况、适应多变的国际国内环境和开创内政外交新局面的能力。邓小平创造的"一国两制"是保持香港、澳门繁荣稳定的好形式。我国解决香港、澳门的回归问题,确保了香港、澳门的繁荣稳定,实现了在一个国家里两种社会制度并存的格局。这种方法,就是动态平衡稳定的方法。

(3)运用动态平衡方式解决国际争端实现稳定的外部环境

动态平衡稳定方式,同样适合解决国际争端。一是以动态平衡稳定方式杜绝国际争端的不平衡冲突。在新世纪,经济全球化、信息全球化、社会政治民主化和文化多元化,促使了国家间经济政治文化交往增多,矛盾纠纷也相应增多。与此相适应,解决国际争端的方式亟待彻底转变,要重视运用动态平衡方式解决国际争端,消除国与国的相互纠纷和对抗冲突,实现国际社会平衡稳定。二是以动态平衡稳定方式解决国际争端是当今世界的最佳选择。这个方式，主张在世界政治、经济和文化舞台上，不同国家、不同民族和不同集团群体组织的角色是平等的，应当相互尊重，平等协商解决一切矛盾纠纷，实现在政治上和平共处，在经济上互利合作，在文化上交流借鉴。在国际事务中提倡多边主义，充分发挥以联合国为核心的国际性组织的多边机制的作用；国与国之间通过和平谈判解决各种国际争端，包括国与国的领土主权问题、经济利益问题、政治对立问题和文化冲突问题等矛盾纠纷，都可以通过和平谈判、平等协商的动态平衡稳定方式来妥善解决，这个方式同战争冲突、武力威胁的方式相比较，前者成本最低，价值最大，效果最好，副作用最小；后者成本最高，最不划算，副作用最大。

2.2.3.3 人的思想动态平衡稳定

“所以我们在寻求事物的稳态时，要注意‘守度’，注意‘守中’，注意平衡。”[8]党的思想政治工作，实际上就是在做社会政治的稳定工作。从思想政治工作的地位和作用、原则和方式方法方面，不难看出它是转化人的思想认识、实现思想稳定的最科学的、最人性化的和最能使人接受的好方法。实际上，这就是动态平衡稳定方式形成的依据。

(1)发挥动态平衡稳定方式在人的思想稳定中的作用

思想政治工作是我党的政治优势，是经济工作的生命线，其地位和作用是不容低估的。思想政治工作者是人的灵魂工程师，是专门从事转化人的思想认识的工作。动态平衡稳定方式与思想政治工作方法的目的是完全一致的，就是实现人的思想平衡稳定。在一些单位中，思想教育存在不少问题，需要改进，例如由务虚变为务实，由领导者的居高临下变为平衡互动，由工作量化无标准变为量化有标准等，这些都需要运用平衡调节、平衡转化和平衡评估等方法加以改进，提高思想教育工作效果，加强对社会政治稳定工作的针对性和有效性。运用动态平衡稳定方式提高思想教育工作的效果。一是把教育者的人为外力干预与被教育者的接受作为平衡调节的过程来运作，把受教育者的思想反复与教育者反复做平衡调节工作作为平衡循环运转的过程来运作。二是要把经济平衡、政治平衡、社会平衡和人的心理平衡稳定结合起来一道去做。三是把动态平衡稳定方式与思想政治工作的方法结合起来运用，如民主的方式、讨论的方式、说服的方式、感化的方式、示范的方式和劝说的方式等多管齐下，提高思想稳定工作的效果。

(2)动态平衡稳定方式是我国工农商学兵思想稳定工作的平衡支点

在新时期新阶段，动态平衡稳定方式的平衡支点应当建立在人们正确认识和处理改革、发展和稳定的关系上，把工农商学兵的思想稳定工作作为重点，真正做好各方面的稳定工作。一是做好工农商学兵思想稳定工作的平衡支点——“以人为本”理念。动态平衡稳定方式把“以人为中心”作为平衡支点，最根本的是充分认识我们领导者的权力是人民群众给的，领导者是人民的公仆，领导者一切工作的出发点和落脚点就是为人民服务。因此，我们要事事密切联系群众，处处关注民生，始终把群众冷暖和心理平衡与否作为工作的重点，为改革和建设创造稳定的环境。二是做好工农商学兵思想稳定工作的平衡支点——平等意识。动态平衡稳定方式把平等作为重点,充分认识教育者与被教育者相互关系是平等的,在政治上、人格上都是平等的,只是分工的不同,没有高低贵贱之分,教育者要树立平等的意识,尊重被教育对象。如果教育者采取居高临下、我说你听、我教训你服从的态度做工作,不但不会有好效果,而且会反过来影响稳定。三是做好工农商学兵思想稳定工作的平衡支点——依靠自己提高自己。领导者要相信和依靠群众,对群众只能采用说服、引导和疏通的方式启发人们自发趋向平衡和谐、自己提高自己的思想觉悟、自觉纠正自己的错误思想认识和做法。自己教育自己,这是因为教育者与被教育者之间本来就存在着一定的矛盾关系,被教育者又要接受教育者的说服和领导,所以教育者必须尊重、关心和爱护被教育对象。但是,被教育者也要树立主人翁责任感和主人翁意识,不断提高自己的思想觉悟,努力工作,发挥主人翁作用,接受思想政治工作者的说服教育和正确引导,不断提高自己的政治觉悟和思想素质,主动在现代化建设中建功立业、争做贡献。

参考文献

[1]董郁玉,施滨海.政治中国.北京:今日中国出版社,1998:52.

[2]王荣华,童世骏.多学科视野中的和谐社会.上海:学林出版社,2006:27.

[3]王荣华,童世骏.多学科视野中的和谐社会.上海:学林出版社,2006:28.

[4]王荣华,童世骏.多学科视野中的和谐社会.上海:学林出版社,2006:27.

[5]董郁玉,施滨海.政治中国.北京:今日中国出版社,1998:52-53.

[6]董郁玉,施滨海.政治中国.北京:今日中国出版社,1998:52.

[7]董郁玉,施滨海.政治中国.北京:今日中国出版社,1998:53.

[8]刘俊坤.中庸:中国人性格的秘密.北京:当代中国出版社,2010:69.

2.2.4 动态平衡发展方式的补偿机制

引证:

自然界宇宙天体、太阳、月亮、地球等星球的自身平衡和相互间的平衡——自转、公转,风、云、雨、雪、地震、海啸、泥石流、龙卷风、火山爆发、四季轮回、昼夜交替等自然现象;植物、动物、微生物和环境各生态因素相互联系、相互利用,并通过相互制约、转化和补偿,完成动态循环,构成一个庞大的“动态平衡圈”。[1]

——李继兴《应用哲学平衡论》

2.2.4.1 大自然的不平衡补偿

世界上的万事万物都存在一个补偿平衡问题，否则事物自身、事物与环境就会失衡。一般地说，获取多少就要付出多少、损失多少就要补偿多少，只有这样才能维持事物的再平衡、再发展，自然界和人类社会都是如此。

(1)自然系统的平衡补偿

我国提出建设美丽中国的号召，要求加强生态文明建设，建立目标管理体系、考核办法和奖惩机制，明确提出加强资源环境立法和环境损害补偿制度，谁开发谁补偿、谁破坏谁补偿、谁受益谁补偿，建立落实反映市场供求和资源稀缺程度、体现生态价值和代际补偿的资源有偿使用和生态补偿制度，为实现中华民族永续发展做贡献。

科学研究证明，自然生态系统是需要补偿的。生态学家认为"自然生态是非平衡的，能量必须入大于出"，西方自然科学家的耗散结构理论认为"非平衡是有序之源"，平衡论学者认为"不平衡是事物发展的动力"等，这些都说明了不平衡性是自然界、人类社会普遍存在的现象。不难判断，大自然在正常情况下，也是需要补偿的，非平衡论者认为，生态系统完全平衡的效应——无序退化。一是生态系统入不敷出就要失衡、衰败。"已故生态学家乐天宇教授生前特别强调生态学与经济学的关系，他认为'生态学就是经济学'，'生态是非平衡的'。也就是说，生态经济系统是一个非平衡系统。"[2]生态经济系统是一个非均匀、非线性作用的非平衡系统，是一个多种成分互相作用的综合有机体，系统都是开放性的，不断与外界进行物质、能量、信息交换，输入量一定要大于输出量，生物量才能不断扩大。否则，系统内外存在各种消耗，就会导致入不敷出，生态系统就有可能退化，呈现无序状态。例如，自然界中的沙漠化和石漠化就是如此。因此，必须通过内力自我补偿和外力各种渠道、方式给予平衡补偿。二是自然资源还原量小于开发量就要失衡、枯竭。我们在开发利用可再生自然资源时就要考虑到各种消耗量，还原量一定要大于消耗量，这样才能维持生态平衡和正常进化发展，否则就要给予适当补偿。例如，对森林要做到开发量小于再生量、植树还原量大于开发量。否则，就要进行平衡补偿，才能保持森林资源动态平衡发展。

(2)地球能的平衡补偿

我们要纠正地球能量取之不尽、用之不竭的思想认识，树立地球能量有限性的理念，把开发和补偿有机结合起来。第一，消耗、储备和再生的平衡。一是对再生性资源的开发利用，如耕地、草原、森林、水产等要严格控制和有效补偿；二是对不可再生性资源如煤、石油要控制，保持合理的、可持续的比例进行开发利用；三是在制定经济社会发展战略时同步制定环境保护和资源发展战略，纠正急功近利，只追求经济效益，不讲生态效益的片面性做法。第二，开发与利用的平衡。人类要千方百计研究开发风能、太阳能、水能等新能源。第三，四种常规能源与"第五种能源"的平衡。四种常规能源——煤、石油、天然气和水力；"第五种能源"——"节能"。把"节能"与四种能源并列，说明它的价值和作用在于节省了多大数量的能源就等于增加了多大数量的能源，或者说这就是一种最好的补偿。第四，地球能平衡的紧迫性。据世界海洋地质资源开发国际会议估计，地球上的石油还可开采30年左右，原煤还可开采300年左右，天然气只能开采40～50年。可见，地球能平衡具有紧迫性，有的急需控制开发利用，有的要采取有效补偿措施。所以，我们要尽可能做到资源和能源消耗速率的平衡，土地资源利用的平衡、森林资源的采育平衡、水资源的消耗率的平衡、能源的消耗速率的平衡、矿产资源消耗速率的平衡。

(3)地球生物的平衡补偿

我们要做到既保护又补偿，保护是最有效的补偿。在国际上，世界气候大会后，气候变化受到各国的关注，现在又在国际组织的倡导下，为了建设人类赖以生存的地球家园，生物保护列入各国工作议程，并且成为国际双边和多边交流合作的内容。在我国，21世纪以来，高度重视保护好人类赖以生存的地球家园。周生贤就《中国生物多样性保护战略与行动计划(2011—2030年)》答记者问说："保护好丰富的生物多样性，对于保障国家的粮食安全、生态安全和人民的身心健康，推动生态文明建设、促进经济社会的可持续发展都具有十分重要的意义。"他说我国将重点开展以下工作："完善生物多样性保护相关政策、法规和制度；推动生物多样性保护纳入相关规划；加强生物多样性保护能力建设；强化生物多样性就地保护，合理开展迁地保护；促进生物资源可持续开发利用；推进生物遗传资源及相关传统知识惠益共享；提高应对生物多样性新威胁和新挑战的能力；增强公众参与意识，加强国际合作与交流。"再如，我国开展休渔期和放养鱼苗、种树和种草，都是有效补偿的方式。

(4)对自然的平衡补偿是人类生存和发展的需要

对自然的平衡补偿，实际上是人类自身生存和发展的需要。我们每个人都要树立新的生态观，必须把人类在自然界中的角色定位设置准确。作为生物的人，不能制约赖以生存的其他生物的存在和发展，更不能断了其他生物的生路；作为社会的人，人的社会活动不能对其他生物环境产生破坏作用；作为与地球平衡共生的人，都要像爱护自己一样爱护地球及其一切生物。人们要纠正自己为了眼前的效益和福利，克服重开发、轻保护，片面追求经济效益、忽视生态效益的倾向。一是转变经济发展方式，树立动态平衡发展方式。坚决落实联合国召开的哥本哈根、坎昆会议精神，加快转变经济发展方式，建立完善的"开发利用——生产改造——恢复还原——维持平衡"的可持续发展的良性循环，形成全人类维护生态平衡的共识，举全人类之力解决"全球性污染问题"。二是索取、还原、补偿的平衡。人类要改变思维方式，改变经济活动方式，改变现代生活方式，增强生态文明意识，倡导发展低碳经济，推行低碳消费和低碳生活，做到向自然的索取和自然能给出的物质能量之间保持平衡，其目的在于人类千秋万代的生存和发展。

2.2.4.2 利益不平衡的补偿

(1)利益关系具有不平衡性

一般地说,利益就是利己。实质上,利益存在利己与利他的双重性,利益的双重性在一定意义上说是一切矛盾产生的根源。其一,人与人之间的利益关系。利益的双重性,决定着人与人的利害关系。利他人,可能损害自己;利自己,可能损害他人。在利益关系中,存在只有利于别人才有可能利于自己,也存在有利于别人同时有利于自己,二者是可以统一和平衡兼顾的。其二,个人、集体、国家之间的利益关系。三者利益是辩证统一的。个人利益是集体、国家利益的组成部分,集体和国家利益与个人利益是一致的,个人利益的实现靠集体和国家利益的实现。三者利益之间也有不平衡,集体和国家为了长远利益而暂时损害个人利益,如扩大再生产等而产生不平衡;个人也存在要求太高或国家积累过高,都会产生不平衡。当个人、集体与国家利益发生不平衡矛盾时,个人、集体要服从国家利益,最终也是为了个人的利益得到补偿。其三,局部与整体之间的利益关系。局部利益是整体利益的基础和组成部分,整体利益包含和代表个人和局部利益;局部利益有时是利己的放大,只顾局部利益就会损害整体利益。当个人或局部利益与整体利益发生矛盾时,就要顾全大局,牺牲个人或局部利益,最终得到整体补偿而回报个人利益。其四,国家与国家之间的利益关系的补偿。国与国存在经济贸易上的利益矛盾,协调不好,利益矛盾可能影响两国的关系,所以一定要利用再次补偿贸易进行适度平衡,实现双赢。

(2)利益关系不平衡的补偿机制

"公平的本质是人与人之间利益关系的均衡。市场经济法律权利存在于公民权利和政府权力的关系之中。法律权利保障、促进社会公平的实现实质上也就是政府权力和公民权利之间利益的合理平衡,而要使政府权力和公民权利之间的关系达到均衡状态,必须使之法治化。"[3]利益关系平衡,有政府和公民之间的关系、有企业领导和员工之间的关系、有生产者和消费者之间的关系的平衡等,但对不平衡补偿的方法也是不尽相同的。利益的平衡补偿方法有经济手段、政治手段、法律手段、道德方法、行政方法、精神方法和其他方法等。一是经济手段的方法。实行适合生产力发展的经济制度、经济体制,通过生产资料和生活资料的分配手段,来平衡社会各种利益关系,用经济法规、经济政策、经济管理和运用价值规律的方法进行利益补偿。二是政治手段的方法。用国家政治制度、国家政权、国家职能对利益关系进行平衡。三是法律手段的方法。由法律确认和保障权利和义务的平衡,法律起着利益主体之间关系的协调职能。四是道德的方法。通过道德规范、道德观念、道德约束、道德评价指导人们的行为,来进行利益关系的平衡。五是行政的方法。如行政管理、行政监督和行政执法等办法,协调各方面的利益关系。例如,国有企业利益制衡。企业利益相关者包括出资人、管理者、雇员等。企业的目标是股东的利益。在追求股东利益最大化的同时,还要考虑债权人、员工、生态环境等多方面的利益关系。一个国有企业,相关利益者有政府、股东、债权人、银行、财政、员工、顾客、供应商、生态环境等,一个都不能少。竞争性领域国有企业,以企业价值的最大化为经营目标,同时兼顾利益平衡。如果在利益分配上失去平衡,不但影响国有企业本身的生存和发展,还可能波及国家利益受损,影响社会安定。

(3)领导者对利益关系的平衡补偿

"有人认为,领导者协调各种利益冲突的艺术在于搞'平衡'。这话虽然带有某种贬义,但却不乏其深刻的哲理。因为人与人之间利益矛盾或冲突的存在和发展,必然引起原有利益平衡关系的解体。在这种情况下,领导协调艺术,就集中体现在迅速调节各方矛盾,重新建立利益平衡关系。"[4]能否把握利益关系平衡,是领导者的能力强弱的重要标志。这是因为群体内部和群体之间都存在着利益矛盾,作为领导者是无法回避的。领导者要寻找利益关系的平衡点。这个平衡点就是领导者协调利益不平衡的立足点。一是平衡利益要做到可溶性。下级之间的矛盾和冲突常常集中反映在相互利益不公平上。因此在平衡下级之间的利益不平衡时,必须尽力寻求他们的共同点,使平衡后的利益具有最大可溶性。二是平衡心理要做到可接受性。下级之间矛盾不仅集中反映在利益而且还反映在心理上。因此在平衡下级利益关系时要寻找单位内外、人与人之间的平衡点,必须使各方面的人在相互比较中在心理上都能接受。领导者要尽可能过细工作,增资工作尽可能一次性做到全体人员在利益关系上的基本平衡,预防反复或引起不稳定情绪。如果出现利益关系不平衡就要进行及时补偿。"领导者要处理好组织各部门之间、个人之间的利益关系,不能离开了公平这个最高原则,否则不可能有真正意义上的利益关系的平衡。三是平衡机会要做到均等。在各种利益关系中,最大的公平是机会均等。所以,领导者平衡各种利益关系,最主要的,就是要为人们各展所能创造均等的机会。"[5]作为领导者一定要办事公道,处理各种利益关系的最高原则是公平公正,在用人提拔上要为所有的人发展创造均等的机会。如果由于种种原因造成客观上的不平衡,就要主动给予补偿,做到利益关系的相对平衡。四是利益不平衡要做到及时补偿。做到利益补偿平衡是一门艺术。在众多的利益追求面前,可供分配的利益总是有限的。这样就在贡献差不多的人中间,一部分人的利益得以平衡的同时,另一部分人便失去了这种利益平衡的机会。对于后者,作为领导者应采取积极的利益补偿措施,即在其他方面或利用别的方式适当满足在某方面不平衡的人。正确处理这些问题,是掌握利益补偿艺术的关键。五是不平衡补偿的具体方法有很多,可以单项补,也可以多项补。例如,发奖金的经济补偿、提升职务的政治补偿、增加工资的物质补偿、表彰先进的精神荣誉补偿等。

2.2.4.3 心理不平衡的补偿

"心理平衡是从一定生活欲望或理想出发,自我调节心态的产物。人们为了更好适应外界生活环境,时而斗争,时而让步或和解,精神状态需作不断的相应调整,从而维持在某个相对稳定的水准上。”[6]心理不平衡对人的身心健康极为不利，要积极主动予以调节和补偿。

(1)积极的心理平衡补偿

“积极的心理平衡的最高标准应是，正视现实、明鉴自我，通过自我的不断充实以适应时代，在争取美好未来的活动中获得身心的和谐发展与满足。正视现实要求尊重并投身于客观世界，把握它尽可能多的信息。明鉴自我要求正确估计本人的处境和短长，明确自己所担当的诸社会角色的权利与义务。世界在变化，事业待发展，主客观条件都不会恒定在某个水平上，因而自我的充实，就要求不断提高自己的认知水平和协调情感与行为的能力。适应时代的本意是协调好个人与现实生活的关系，不同于顺从环境变迁。身心和谐发展是躯体上、心理上、人格上的力求完善。在健美的满足感中，应当有这样一种感受：我爱这世界，世界需要我。积极的心理平衡是精神健康的前提和重要标志，也是精神文明建设的重点研讨课题。”[7]作者把心理平衡分为消极与积极两种，消极平衡是不可取的。我们要用积极的心理平衡适应时代，保持与时代的平衡，并在适应社会角色的同时得到自我发展和满足，这才是两全其美的。第一，正确行为弥补错误行为的平衡方法，这个方法具有强大的威力，它可以使人获得新价值。例如，“浪子回头金不换”，“后进变先进”等。第二，以成就弥补缺陷的平衡方法。当一个人理想目标追求受阻，或者由于人体、天赋等使理想不可能实现，而改变奋斗目标，从而弥补失败的挫折，这就是用成功的行为替换失败的行为，这是通过自己对自己的补偿而获得心理上的平衡。罗曼·罗兰著《贝多芬传》中的天才音乐家贝多芬，由于失母、失聪、失恋加上忧郁疾病，用痛苦铸成欢乐，赞美人生。他创作的《英雄》和《命运》交响曲、钢琴奏鸣曲、弦乐四重奏等问世，誉满全世界。俄国门捷列夫，双目半盲，是化学元素周期表的创始人。他遭受双目疾病的痛苦，始终坚持科研。第三，用成功弥补失败的平衡方法。个人遇到挫折的时候决不能过分忧虑，积极地用平衡的方法去进行调整。在尽可能进行平衡调整的同时，不要去追求绝对的心理平衡，也不要为某些不平衡而苦恼。例如，中国古代吴国夫差兴兵打败了越国，越王勾践亡国不丧志，卧薪尝胆，立志雪耻复国，受到爱国志士的帮助和国民的支持。经过十年积蓄人力和物力，教育人民，训练军队，最终实现了复国的志向。

(2)心理失衡后的补偿

“人遇到挫折以后，会产生一系列的心理变化，并将采取一系列的行为方式克服障碍，来寻求心理平衡，既有理智的积极行为，又有非理智的消极行为。”[8]个体受挫以后要采取理智的积极行为、顽强的意志和科学的方法战胜挫折。这才是最为积极主动的态度，特点是态度理智、行为积极、方法得当。第一，调整奋斗目标。原目标不能实现，可以调整目标，改变方向，直到最后达到目标。第二，把挫折作为动力。个体遭受挫折以后，将焦虑、悲哀转化为积极心理和行为，把挫折作为动力，化悲哀为力量，使行为出现质的飞跃,“从哪里摔倒就从哪里爬起来”。消除受挫折而产生的焦虑,会感到心理平衡和成功的满足。第三,弥补心理平衡。古人为了弥补挫折造成的心理不平衡,用成功替换原先的挫折行为,对原先行为的不足加以补充,从而获得心理上的平衡。曹雪芹举家食粥写《红楼梦》就是封建家庭败落后,他弥补心理平衡的行为。第四,以心理平衡补偿生理平衡。据说拿破仑因生来身体矮小所以立志在军事上取得辉煌,苏格拉底、伏尔泰自惭奇丑而在思想上痛下功夫而大放光芒,这都是心理补偿的伟大作用。

参考文献

[1]李继兴.应用哲学平衡论.哲学中国网,2013-02-21.

[2]胡传机.非平衡系统经济学.石家庄:河北人民出版社,1987:275.

[3]万光侠.效益与公平——法律价值的人学分析.北京:人民出版社,2006:335.

[4]孙占奎,王安平,郭晓华,等.领导协调论.北京:煤炭工业出版社,1990:168-169.

[5]孙占奎,王安平,郭晓华,等.领导协调论.北京:煤炭工业出版社,1990:193.

[6]全国企业管理干部学历教育(大专)教材编审委员会.全国企业管理干部培训系列教材——管理心理学.天津:天津科学技术出版社,1996:154.

[7]金德初,汤毓华.现代社会与心理平衡.福州:福建科学技术出版社,1988:8.

[8]全国企业管理干部学历教育(大专)教材编审委员会.全国企业管理干部培训系列教材——管理心理学.天津:天津科学技术出版社,1996:154.

2.3 平衡和不平衡的对立统一

引证:

> 平衡是相对的、动态的、自发的、本能的、积极的和大致、大体上的平衡。平衡是渐变与突变、持续与间断、有序与无序、和谐与抗争的有机统一。平衡之中有不平衡,不平衡之中有平衡。平衡之中有抗争,不平衡之中有和谐。平衡有可能清风徐来、循序渐进,但也可能飞沙走石、天崩地裂……平衡与不平衡对立统一、相互转化,是一个变化着的存在。
>
> ——李继兴《应用哲学平衡论》

“平衡与不平衡是既对立又统一的关系”,这是北京大学教授李继兴的重要观点。他认为,人与人、人与自然、人与自己相互交织、重叠交叉,构成一个有序、联动、循环的全息场景。在这个全息场景中,矛盾永远存在,矛盾的对立统一规律贯穿始终。可以说,世间万物运动,就是平衡与不平衡的对立统一,二者在一定条件下是可以相互转化的。如坏事可以变成好事,失败是成功之母,塞翁失马安知非福,后进变先进等,这就是平衡与不平衡对立关系的统一。

2.3.1 思想方法中的对立与平衡统一

2.3.1.1 正确与错误的对立与平衡统一

毛泽东在1963年5月为《关于目前农村工作中若干问题的决定》所写的一段话"人的正确思想是从哪里来的"指出,人的正确思想既不是从天上掉下来的,也不是人们头脑里固有的,而只能从社会实践中来。文章还提出了实践是检验真理的唯一标准。从平衡论的角度说,一个正确的认识发展过程,可归纳为:"物质——精神——物质",即由"实践——认识——再实践"平衡循环往复,而获得正确认识。正确和错误,也即真理与谬误,是平衡与不平衡的对立关系,这是人的认识方面的两个对立面,二者可以平衡转化,在一定条件下还可以相互平衡统一、相互融合。但是,正确和错误是有本质区别的,一定要划清界限。

用平衡观认识正确和错误的关系。"正确",就是符合客观事物发展规律的认识内容;"错误",是不符合客观事物发展规律的认识内容。任何个人、任何群体都难免出现认识上和行动上的错误,错误是很难完全避免的。这是因为,一方面,人的认识能力与历史条件是平衡的。由于人的认识能力受历史条件的限制,而导致错误。人们认识世界是离不开具体历史条件的,历史条件制约人的认识能力和实践能力,这是无法跨越的。另一方面,人的主观的局限性与社会发展条件的限制是平衡的。人的认识过程的复杂性容易造成错误。由于种种条件的限制,特别是人的认识过程的复杂性,都是难以完全克服的。例如,真与假、表与里、偶然与必然的矛盾呈现的局限性,加之人的主观的局限性等,这些都会给正确认识造成一定难度。

正确与错误是对立和平衡统一的关系。正确与错误具有对立性和统一性。其表现是,正确与错误在一定条件下是可以相互转化的,平衡可以变为不平衡,不平衡可以变为平衡,即正确可以变为错误,错误可以变为正确。(1)正确向错误的平衡转化。第一,不突破正确认识的范围。真理是有条件、范围和界限的,超出了界限就会走向对立面变成谬误。例如,波义耳定律是在温度正常、压力正常的特定环境的条件下,才能正确反映气体、气压之间的关系,是科学的。但超出这个条件就会把真理变为错误。"真理前进一步就变成谬误",例如人口膨胀需要计划生育这是正确的观点,但如果你说"人口越少越好"就成为错误观点,而正确的观点是适度与平衡。第二,割裂正确的认识的科学体系就会变成错误。正确认识是全面的,是一个完整的体系,是相互联系和制约的。把正确认识孤立出来就有可能走上片面和极端的不平衡错误。例如,"瞎子摸象"就犯了这个错误。(2)错误向正确的平衡转化。一是既然由于超出了正确的条件而产生了错误,那么就恢复原来的条件,使之回到原来的界限,由错误变为正确。二是在此范围内是错误的，只要离开此范围，到另一范围时，有可能由错误变为正确。三是把错误作为正确的先导。运用“失败是成功之母”的道理，总结自己的或是对立面的失败教训，从中引出正确的认识，纠正错误，走向正确。这就是“毒草可以肥田”和“反面教员”可以利用的道理。

认识正确和错误关系的重点——平衡转化。认识正确与错误的关系，对我们的思想认识和实践具有重要指导意义，有利于防止和纠正错误，在纠正错误做法中找到正确的做法。同时，分清正确与错误的界限，杜绝盲目性。认识正确与错误的关系，关键是把握二者的平衡转化。一是打破局限性与克服主观片面性的平衡。一方面，错误产生的不可避免性，它告诉我们要正确看待犯错误，也要勇于改正错误。另一方面，错误产生的局限性，它告诉我们要尽可能在认识上打破局限，克服主观片面性。二是坚持真理与修正错误的平衡。我们要采取辩证唯物主义的态度，一切从人民的利益出发，坚持正确的东西、修正错误的东西，总结经验教训，使之不再重犯，使二者趋向平衡。特别是在新的时期，面临不断变化的新情况、解决新问题，必须坚持实践是检验真理的唯一标准，以科学的态度做好工作，不犯或少犯错误，使我们的工作始终保持在正确轨道上运行。[1]

2.3.1.2 强与弱的对立与平衡统一

强与弱是对立的，也是平衡统一的。强与弱是相对的，二者是既相互联系又相互转化的辩证统一的关系。强，就是占有相对优势，具有强大的力量，在矛盾双方中能起决定性作用；弱，即处于相对劣势，力量小，势力差，不具有左右局势的力量，处于从属和次要的地位。强与弱对立的、平衡统一的关系。世界上的事物都是相对的，不是绝对的，强与弱也不是绝对的。在一定意义上说二者是平衡的关系，强者也是弱者，弱者也是强者，平衡中有不平衡，不平衡中有平衡。有的从表象看是弱者，实质上是强者。例如，我国八年抗日战争就是从失衡到平衡的转化过程，我国由弱转化为强，日本由强转化为弱。日本侵略中国，开始时日本强中国弱是不平衡的，但日本是侵略者，是非正义的，是失道寡助的，存在致命的弱点；中国是反侵略、是自卫，正义在中国一边，是得道多助的，这样一来就是平衡的，中国的胜利是历史的必然。强者不是绝对的强，弱者也不是绝对的弱。强与弱如同平衡与不平衡，既相互对立，又相互包含。例如，从生物之间的关系来看，相互之间既是强者又是弱者，总的说都是平衡的。例如，“大鱼吃小鱼，小鱼吃虾米”是不平衡的。小鱼对于大鱼而言它是弱者，但小鱼对于虾米而言它是强者。强者之中有弱点，弱者之中有优势，总的看还是平衡的。再如，历史上的赤壁之战，曹操强大，孙刘弱小，大战的结果却是曹操败，孙刘胜。这就是以弱胜强的战例。强与弱是可以相互平衡转化的。强者可以变为弱者，弱者可以变为强者。如在商界的竞争中正反两个方面的事例都很多，今天是胜利者，明天可能成为失败者。在实践中，为了战胜困难，我们必须做好强与弱的转化工作，团结更多的人，增强力量，由弱变强。例如，民主革命时期，我军由弱变强，敌军由强变弱，我军最终取得胜利。我们要战胜自身的各种弱点，做强者不做弱者。一要克服自身的弱点。如自己投入现代化建设存在的科学文化知识不足的弱点，工作经验不足的弱点，战胜困难的意志不够坚强的弱点等，但只要努力克服自身的弱点，就可以成为现代化建设的强者，从而实现二者的平衡。二要做意志上的强者，例如，张海迪身残志坚，做人生的强人，她学会三门外语，翻译大量外文资料，并自学医学，为人治病。她由一个弱者变为一个强者，成为一代楷模，实现了与健康人的平衡。三要做工作上的强者。在工作中要力争上游，吃苦耐劳，要朝着能力强、业务精、绩效优的方向而奋斗。四要做困难面前的强者。要认识到做强者就要不怕困难。俗语说："困难像弹簧，你强它就弱，你弱它就强。"五要促使由弱向强转化。强转化为弱、弱转化为强都是有条件的。例如，二战时期在世界人民反侵略战争中包含强与弱多种因素的转化，但转化的关键条件是德意日侵略不得人心是失衡的，世界人民反法西斯侵略是人心所向，天平是向人民这一边倾斜的，人民才是强大的。

2.3.1.3　成功与失败的对立与平衡统一

毛泽东同志说："人们经过失败之后，也就从失败取得教训，改正自己的思想使之适合于外界的规律性，人们就能变失败为胜利，所谓'失败是成功之母'，'吃一堑长一智'，就是这个道理。"[2]成功与失败是一个矛盾的统一平衡体，是辩证的关系，就是平衡与不平衡的对立统一、平衡转化的关系，是同一事物平衡与不平衡的两个方面，平衡之中包含不平衡，不平衡之中包含平衡；失败之中有成功的成分，成功之中包含着失败的成分，二者在一定条件下是可以平衡转化的，路径是"失败——成功——失败——成功……"一个人在工作和生活中出现不平衡的挫折、失败都是很正常的事。古语说"失败乃成功之母"，就是失败向成功的平衡转化。我们要深刻理解这句名言的哲理，失败是失衡的，但失败孕育着成功，成功来自失败。我们要想获得成功，即实现平衡，就不要怕失败，在失败中学习提高，在失败中总结经验，把失败转化为力量，把失败转变为优势，走出失败，走向成功，实现平衡。任何失败对人的认识都不是回归于零而是一种前进，任何失败对这件事的成功都不是倒退而是一种发展，任何失败对成功都不是徒劳的而是一种投入。因此，我们要正视失败这种不平衡现象，不怕失败，用发展观点认识失败，用正确的态度对待失败，这是区别成功者与失败者的分水岭。一个人、一个单位都如同一架天平，付出和获得是平衡的，成功与失败也是辩证平衡的，今天的付出和失败，可能就是明天的成功和回报。例如，凡·高、贝多芬的作品的成功，就是建立在付出的基础上的。科学家贝尔用10多年时间和无数次的失败才发明了炸药和雷管，证明了成功从失败中诞生、从失败中获得，从而实现投入和回报的平衡。

失败与成功的关系的平衡。成功中包含着失败，失败中包含着成功。成功后，产生骄傲情绪，麻痹大意，可以平衡转化，变胜为败。"失败是成功之母"，失败后，吸取教训，端正方向，继续努力，可以获得成功，实现平衡。成功者成功的原因，失败者失败的原因，都是一样的，那就是对待成功和失败的态度。对于一个人的人生来说，失败与成功同样重要。失败可以打败一个人,也可以激励一个人。失败一次,就是向成功前进了一步,为最后获得成功奠定了一块基石。居里夫人经过数百次的实验,才提取出镭,最终获得了平衡。发明电灯的爱迪生,他认为两千次试验不叫作失败,因为发现了哪些方法做不出电灯来。实际上每一次失败,就是为天平上的平衡加了一个砝码。

全局胜败与局部胜败关系的平衡。全局和局部的胜与败的关系是辩证的,局部的胜利对全局而言是不平衡的,不能因局部的胜利而造成全局的不利形势或失败。毛泽东在军事指挥方面总是立足全局,从整体出发,不因小胜乱了大局,以局部的小失败获得整体大胜利。"失之东隅,收之桑榆。"例如,延安保卫战中的坚守和撤离战术,达到了牵制敌军、策应我军、有利全局的目的,以小失败换取全国战场的大胜利,这个小失败是最划算的。

对待失败与成功的心态的平衡。人生中不成功的原因有很多,失败的原因也有很多,但关键在于有一个平衡的心态。一是纠正消极心态,树立积极心态,化失败为优势,激励自己勇往直前。二是纠正单打独户闯天下的心态,树立合作共赢心态。例如,科研合作攻关和产学研的结合方式成功的概率比较高。三是纠正三心二意的心态,树立自信心,不怕别人反对,坚持做到成功。我国数学家陈景润的演算稿纸可堆满一间屋子,经过努力,他最终登上了数学王国的高峰。他并不是数学的天才,但他有一股痴迷的科学攻关精神,不怕失败,不断向成功的目标冲锋。我们在学习和工作中,要仿效他们的顽强进取精神,经过辛勤劳动,就一定会获得成功,实现付出与得到的平衡。

成功与失败的平衡转化。既然成功与失败是可以平衡转化的,那么就不能把先进与后进、积极与消极的问题看死,要平衡思维,全面地看问题,发展地看问题。例如,曾经是大毒草的野生西红柿,可以变成营养丰富的蔬菜;曾经是坚硬无味的野生猕猴桃,可以变成味美可口的水果。在实际工作中,我们要用发展的眼光做好思想教育工作,为后进转化为先进,化消极因素为积极因素创造条件。在工作中,一方面,要不灰心,不退缩,要保持旺盛的斗志,为争取成功不懈努力;另一方面,要吸取失败的教训,掌握事物的本质和规律,找到正确的方向和做法,使主观与客观相平衡。

成功与汗水是平衡的。世界著名的大科学家、提出狭义相对论和广义相对论的爱因斯坦,他攀登了科学的顶峰,靠的是"制小板凳精神"。他说:"成功=艰苦的劳动+正确的方法+少说空话。"他童年给学校老师交的手工自制小板凳,与别人相比粗劣丑陋,受到了师生们的耻笑。于是,他以顽强的奋斗精神连续做了三只小板凳,一只比一只好看,实现了他心理的平衡。诚然,人的天资是有差别的,有人聪明一点,有人反应慢一点,但后天的努力可以弥补这种不平衡,而且人的智力是随着年龄增长而发展变化的,后天的勤奋努力可以使智力发展起来,与智力好的人实现平衡。爱因斯坦之所以在科学王国里取得巨大成功,秘诀就是舍得流汗。

2.3.1.4 苦与乐的对立与平衡统一

苦，是指同人的物质需要和精神需要不满足和痛苦的自我不平衡感受；乐，是指同人的物质需要和精神需要满足和快乐的自我平衡感受。苦与乐二者的关系是平衡与不平衡的关系。对于苦和乐的看法就是常说的苦乐观，是人生观的一个重要内容。人们的人生观和道德观不同，苦乐观也不同。苦和乐，是既对立又统一的辩证关系。例如，古语说“乐自苦中来”体现了苦与乐的辩证平衡关系。有一个“苦婆婆”的故事说，“苦婆婆”天晴操心卖雨伞的小女儿没收入而哭，雨天操心卖布鞋的大女儿没收入而哭，活在不平衡的世界里，天天泪水洗面。智者教导她换个角度看问题——平衡思维，晴天想大女儿布鞋好卖，雨天想小女儿雨伞生意好。结果天天开心。“苦婆婆”变成了“笑婆婆”。可见，思想方法平衡与不平衡，决定一个人苦与乐的感受。

苦与乐是平衡与不平衡的对立关系。毛泽东在《七律·长征》诗中，再现了“红军不怕远征难，万水千山只等闲”的英雄气概，阐释了苦与乐的平衡与不平衡的辩证统一关系。苦与乐相互对立，相互渗透，是既对立又统一的关系；苦与乐又是相互交织、平衡转化的，苦可以转化为乐，乐也可以转化为苦。“苦尽就会甘来”，甘来必先吃苦；苦中有乐，乐中有苦，苦中有希望。无苦也就无乐，无乐也就无苦，“吃得苦中苦，方能甜中甜”。“宝剑锋从磨砺出，梅花香自苦寒来”，一个人能自觉地进行吃苦磨炼，吃苦磨炼的本身就是最大的幸福。特别是领导者，就要有吃苦在前、享受在后的思想，为造福一方人民而吃苦是最大的快乐。

苦与乐是对立的平衡统一。如何认识和处理苦与乐的关系，总的说应该树立正确的苦乐平衡观，发扬中华民族吃苦耐劳的优良传统，以苦为乐，以苦为荣。我们要正确处理苦与乐的关系，工作中要踩着“苦”字行，迎着“难”字上，现在多吃苦，为了将来不吃苦。历史上有范仲淹的“先天下之忧而忧，后天下之乐而乐”，现代有“为人民利益吃苦，‘虽苦犹荣’，乐在其中”。特别是青年人在成长过程中，经受一点艰苦的磨炼，吃点苦，终身受益，不能做温室里的花朵，要做参天的乔木。

学习工作绩效与吃“苦”相平衡。当自己以吃苦的精神工作和学习，并获得了工作和学习上的成功的时候，自己就会从艰苦的工作和学习中，得到精神上的快感，把自己的工作、学习和生活都变得无限幸福，实现心理平衡。苦与乐相互联系和渗透，苦中包含着快乐，苦中可以找到快乐。我们要学会变苦为乐，“与困难做斗争，其乐无穷”。要学会从不平衡中找平衡，在艰苦的环境中找乐，从物质生活艰苦中找乐，从贫乏的精神生活中找乐，也可以在读书学习中获得乐趣等。

实现理想的快乐与艰苦奋斗的平衡。要实现个人理想就要吃苦。为了实现个人的奋斗目标就得吃苦，就要付出代价，做到付出与获得的平衡。为了学习科学文化知识，就要经受“十年寒窗苦”，这种吃苦也是对自己的锻造，这种吃苦也包含着成功的希望。为了在工作、生产、科研各个领域有所发明、有所成就，实现自己的人生价值，就要吃得苦中苦，才能尝到甜中甜。正如马克思所说："在科学上没有平坦的大道，只有不畏劳苦，沿着陡峭山路攀登的人，才有希望达到光辉的顶点。"

2.3.1.5 好事与坏事的对立与平衡统一

成语故事"塞翁失马"："近塞上之人，有善术者，马无故亡而入胡，人皆吊之，其父曰：'此何遽不为福乎！'居数月，其马将胡骏马而归。"这个故事现在也用来比喻坏事可能变成好事。由此可见，坏事与好事是动态平衡的、可以互变的。老子："祸兮福之所倚，福兮祸之所伏。"虽然暂时受到损失，是一件坏事，但从长远观点看，也可能会得到益处，坏事就会变成一件好事。这个故事，阐明了好事与坏事是对立的，又是平衡和统一的。

伟人毛泽东曾经说过："好事可以变坏事，坏事可以变好事。"这句话阐明了好事与坏事是辩证统一的，二者是可以平衡转化的。世界上没有一成不变的东西，万事万物都是发展变化的，"塞翁失马，焉知非福"。随着时间的推移，好事可以变成坏事，坏事也可以变成好事。当我们面对好事和坏事时，都要用平衡的思维和平衡的心态来对待，不因好事而飘飘然，也不因坏事而灰心丧气。同时，对于好事和坏事的发展趋势，也要有一个平衡的心态，有两种思想准备，增强我们的承受能力。更为重要的是，当遇到一件坏事时，我们要用动态平衡的发展变化眼光观察和对待，冷静思索，要精心分析研究，以自己的聪明才智把坏事转化为好事，使失衡尽快恢复平衡。

我们要用动态平衡的思维方式来认识好事与坏事的辩证关系。好事与坏事都具有两面性。一方面它可以激发我们去奋斗，另一方面也可以使人一蹶不振。在工作、学习和生活中，常常会遇到一些好事和坏事，而且在一定的时间和空间中又在不断变化。我们要倡导碰到好事不冲昏头脑，因为好事有可能变成坏事；如果碰到坏事，心里不失衡、不害怕、不畏缩，要化坏事为动力，增强勇往直前的信心，把坏事转化为好事。

参考文献

[1]陈晏清.马克思主义哲学纲要.北京：中央广播电视大学出版社，天津：天津人民出版社，1983:141.

[2]毛泽东选集.北京：人民出版社，1971:281.

2.3.2 思想认识中的对立与平衡统一

2.3.2.1 个人与社会的平衡和统一

列宁说："辩证方法是要我们把社会看作活动着和发展着的活的机体。"[1]在社会有机体中，人的社会和社会的人的关系，是对立的又是平衡统一的，二者是互为因果、平衡转化的。社会有机体中的社会要素包括社会生活和社会关系各领域，都是人所要参加的,以特定的关系和纽带联结在一起,如家庭、民族等,因此人和社会是平衡的关系。人在实践中构成一定的生产关系、物质技术关系、经济关系、政治关系、法律关系和思想关系等,从而形成社会领域相互依赖的平衡共同体。因此,个人必须与社会保持平衡。平衡论主张人与社会的统一论,人与社会是相互渗透的,人民群众是社会进步的决定力量,人的解放是社会进步的重要标志,一方面表现在物质文明上,如生产力的发展、满足社会需求;另一方面表现在精神文明上,社会进步就是人类的进步,人的解放程度是社会进步的重要内容。人民群众是历史的创造者,是推动历史变革的决定力量。但是,正面或反面重要历史人物在一定历史阶段对社会发展起推动或阻碍作用。例如,我国革命先行者孙中山在社会历史中发挥了推翻封建王朝的巨大作用,而在同一时代的袁世凯与社会发展失衡,复辟旧制,促使社会倒退。

人和社会的关系是平衡与不平衡的平衡和统一。社会是人的社会,人是社会的人。社会由人组成,人是社会的主体,离开了人就不可能有社会。社会发展进步和人的发展是平衡统一的。人类历史从原始社会到社会主义社会五个社会形态由低级向高级发展,人都得到了一定程度的自由解放,二者是动态平衡发展的。第一,个人要以适应的方法保持与社会平衡。人离不开社会环境,人与社会是相互统一的有机平衡体。现代人肌体的许多疾病的发生,不仅是由自然因素造成的,也有社会因素所导致的。因为人既是生物人,又是社会人。每个人都要工作、学习、生活在一定的社会环境和人际关系网之中,对人的健康产生重要影响。所以,我国中医学的理论基础是平衡论,如今中医对于疾病研究由单一生物医学研究,转变为"生物—心理—社会医学"的综合研究。这是因为,社会因素是致病的重要原因,如心理精神疾病、心脑血管病、哮喘、高血压、消化道疾病、生殖系统疾病等都与社会环境相关,社会因素与社会心理因素和心理失衡关系极大,严重影响人类健康和寿命。所以,人必须努力适应周围社会环境,正视社会各种现象,心理不能失衡,要保持与社会相适应、相平衡,才能实现心理和生理的健康。第二,个人要以自我调节的方法保持与社会平衡。一个人生活在各种社会环境之中,工作关系、人际关系和家庭关系等社会环境相互交织、复杂多变,要实现心理适应社会环境,保持与社会平衡,个人必须主动进行心理平衡调节,形成个人心理与社会发展与时俱进,确保二者始终处于动态平衡状态,个体心理才能在多种刺激下不至于失衡,才能保持身心健康。第三,要以推动社会前进的方法保持人与社会的平衡。在黑暗的旧社会,劳苦大众受尽压迫,兵荒马乱,缺吃少穿,造成人与社会严重失衡,导致人们心理失衡现象非常普遍,人均寿命缩短。于是,革命的先行者通过暴力革命推翻旧社会,实现人与社会的平衡。我国随着社会整体上的进步,人与社会关系趋于平衡,加之医学科技的发展,人民的生活水平和健康水平的提高,人均寿命由新中国成立前的35岁提高到73岁,现在已经进入老龄社会。

2.3.2.2 健康与疾病的对立与平衡统一

人体内环境的各组织器官相互协调，形成一个结构和功能有机统一的平衡体，构成人肌体的生态平衡系统，并与人体外部的自然界和社会相联系，形成人的肌体生态大平衡（超平衡）系统，从而构成人体内环境和外环境的平衡统一。中医平衡观强调整体调节人的肌体健康，强调人和自然生态环境相适应、相平衡。人体由于内外因素的不平衡而生病，生病原因就是肌体的动态平衡被破坏。中医平衡观认为，健康人的心和身两个部分必须平衡统一，而且两者互相影响，在诊断和治疗疾病时，不能只是关注躯体疾病，忽视心理疾病影响的因素。

追求心理平衡和生理平衡，适应自然外环境和社会外环境的平衡和统一，是中医关注的永恒主题。21世纪随着医学科学的发展，人们对健康和疾病的辩证关系、心理和生理的辩证关系、生理与自然环境的辩证关系、心理和社会环境的辩证关系等的认识更加深刻，诊治从整体平衡观着眼，从具体疾病入手，使诊治更加精准。特别是中医在这方面走在了西医的前面，主要标志是平衡整体观在中医上的应用。

一个人身体病残是痛苦的，但只要心灵是健全的、平衡的，那么他就会化痛苦为力量，变压力为动力，树立自尊、自强，保持心理不失衡，努力战胜疾病，一定能做出比健康人同样或更为突出的成就。古今中外，许许多多名人残而不废，身残志坚，乐观地工作和生活，成为历代学习的典范。例如，我国宋代庞安，天生患耳病，但他残而不废，一心研究医学，成为一代名医，写作了《本草补遗》《难经辩》等著作。再如，无臂女山东海阳县的任吉美，向命运挑战，以惊人的毅力快乐地生活学习，在学校成绩优异，在家生活自理，养育三个孩子，照料生病的公婆。她自己能用脚裁剪制衣、绣花剪纸，被称赞为中国“无臂英雄”。

2.3.2.3 动机和效果的平衡和统一

动机，是人们实践活动的主观愿望；效果，是人们实践活动的客观结果。这是一种因果关系。因果观念，是人类自觉活动的逻辑条件。平衡论强调因果平衡，也就是动机与效果统一论，即平衡与不平衡的统一。人们为了达到预期目的，就要采取相应的手段，这就产生了目的和手段之间的因果联系。人们的实践活动之后，有时如期地实现了既定目的，获得了理想的效果，实现了二者的平衡。但是，有时有良好的动机，也经过了艰苦的努力，因为某种因素没有达到原定的目的，甚至得到相反的结果，造成了二者的失衡。

动机和效果的关系，是辩证的、平衡的、对立统一的。平衡论者是动机和效果的统一论者，判断任何事物都应当既看动机又看效果；既以动机检验效果，又以效果检验动机。这是因为，大千世界的事物是复杂的，与多方面因素相关联，加之主观与客观之间经常存在着这样或那样的不平衡差异，因而有时动机与效果不统一、不平衡，良好的动机却收到同预期相反的结果。由此可见，原因和结果是相对的、对立的。但是，二者又是相互统一的、平衡的，一般地说有什么样的动机，就有什么样的结果。但是，因果联系具有多样性和复杂性，如小原因能引起大结果、长期原因引起持续的结果、不同领域的原因具有不同的结果、重大原因具有重大结果、一因可以多果、同因可以异果、一果有多因、异因有同果等。

我们研究事物因果关系具有重要的方法论意义，这就是从平衡整体观上认识动机和效果的相统一、相平衡的关系。一是全面而具体地分析、认识因果联系具有多样性和复杂性，正确把握事物的因果链条，自觉地进行实践，避免盲目性；二是在实际工作中，认真总结获得成功的经验和导致失败的教训，在成功中获得更大成功，在失败中消除失败的原因，转败为胜，从小胜走向大胜，实现动机和效果的平衡和统一。

2.3.2.4 肯定与否定的对立与平衡统一

任何事物的内部都包含着肯定与否定两个方面，事物内部的矛盾运动就是肯定与否定对立统一的运动。肯定（平衡），是事物中维持其存在的方面，也就是肯定这一事物为它自身的方面；否定（不平衡），是促使事物发展和转化、灭亡的方面，也就是促使它转化为他事物的方面。肯定与否定两个方面，是相互依赖、相互渗透，既相互对立又相互平衡同一、统一的关系。

一方面，肯定本身就意味着否定，如平衡中包含着不平衡。辩证法所讲的肯定，不是绝对的肯定，而是包含着否定的肯定，即平衡中包含不平衡，不平衡中包含平衡。在一定意义上说，肯定就是否定。认识事物就得先肯定它是什么，肯定了它是“这个”，同时也就意味着否定了它是“那个”。例如，死亡是对生命的否定，但在生命中就包含着死亡的因素，离开死亡就没有生命。就是说，生就意味着死，无生也就无所谓死。再如，说“这个人是黄种人”，这其中包含着它不是白种人、黑种人等非黄色人种的意思。

另一方面，否定也包含着肯定，如不平衡中包含着平衡。辩证法所讲的否定，不是纯粹的否定，而是包含着肯定的否定，不是否定一切，不是把事物完全抛弃，或宣布没有。在一定意义上说，否定就是肯定。例如，说“不是什么”“不要这样”，这么说的本身就包含着“是什么”“而要那样”等确实的意见。又如，光明不是黑暗，这是对黑暗的否定，通过对黑暗的否定，也就肯定了光明。如说这件衣服是红色的，其中包含着这件衣服不是蓝色、黑色等非红色衣服。[2]

2.3.2.5 自然与社会的对立统一

“自然和社会是对立的统一。”[3]人类社会的发展是自然历史过程。我们要认识人类社会的这个过程，就必须把握自然和社会是对立和统一的两个方面：一是要认识自然和社会的一致、平衡统一的方面：“人类社会是自然界长期发展的产物，是自然界的一部分，这是它们的一致和统一……”[4]把社会与自然界联系起来又区别开来的则是劳动，人类社会是以劳动生产为主体的社会实践。二是要认识自然和社会的不平衡差异和对立的方面。地球南北东西地理环境、物质资源分布不平衡，局部地区生态结构不合理，生态功能不健全,物质、能量、信息的输出、输入不平衡。造成这种现象的原因主要是自然演化的不平衡性,也有人为干扰和破坏的因素。这就充分表明,宇宙、地球是整体平衡发展和局部不平衡发展的统一,生态环境是平衡发展与不平衡发展的统一。"人类社会又是自然界中特殊的一部分,是本质上不同于一般自然界的社会有机体,有着自己的特点和规律,这是社会与自然界的差别和对立。"[5]社会运动与社会物质生活条件,包括自然条件是平衡的。"社会和自然的对立统一关系,集中地表现在社会的发展同地理、人口等因素的相互联系、相互作用上。"[6]社会运动与社会物质生活条件,是相互适应、相互平衡的。一是自然地理环境因素。自然环境指人类社会生存和发展的物质和能量等必要条件,例如土壤、河水、植物、动物、矿藏和适度气候等,所处自然条件和地理环境直接关系到国家和民族的发展。同时,地理环境和自然条件也受到社会的影响,制约着自然条件对社会发展的作用,对自然条件的不当利用又会反过来制约社会的发展。为此,人类在改造自然界中要遵循自然界的客观规律,要始终维护生态系统的平衡状态,发挥自然条件在社会发展中的作用。二是社会人口因素。人口对社会发展具有重要作用。社会赖以存在和发展的基础是物质资料的生产和再生产,人口的数量质量和劳动资源,对经济社会发展产生极大影响。人口太多和太少都是失衡的,都会制约社会发展,国家的人口数量与劳动力资源数量相平衡,才能促进经济社会发展。

参考文献

[1]列宁选集.第1卷.北京:人民出版社,1984:54.

[2]哈尔滨工业大学党委研究室.政工干部实用手册.哈尔滨:哈尔滨工业大学出版社,1985:476.

[3]李秀林,王于,李淮春.辩证唯物主义和历史唯物主义原理.北京:中国人民大学出版社,1982:244.

[4]李秀林,王于,李淮春.辩证唯物主义和历史唯物主义原理.北京:中国人民大学出版社,1982:244.

[5]李秀林,王于,李淮春.辩证唯物主义和历史唯物主义原理.北京:中国人民大学出版社,1982:244.

[6]李秀林,王于,李淮春.辩证唯物主义和历史唯物主义原理.北京:中国人民大学出版社,1982:245.

2.3.3 哲学范畴中的对立与平衡统一

2.3.3.1 可能性和现实性的对立与平衡统一

"平衡论认为,平衡即宇宙之本体、本原。亦即平衡是有神与无神、物质与精神、存在与意识的有机统一。而且认为它们本来就是一个东西的两个方面。"[1]可见,可能性与现实性是对立统一的辩证关系,即平衡与不平衡的关系。现实,是指现在实际存在的一切事物、现象,是正在实现过程中的东西。可能性,是指包含在现实的事物之中的、预示事物发展前途的种种趋势。一方面,在把握现实性范畴时,要注意它同必然性的联系,合乎规律、合乎必然的东西才是现实的或终将变成现实。另一方面,在把握可能性范畴时,要注意它在质和量上的复杂情况。一是严格区分可能性和不可能性。找到可能性的现实根据和条件,找到不可能性的不可能实现的根据和条件。二是严格区分现阶段可以实现的可能性和只在将来才可实现的可能性。找到现在实现的根据和条件,找到缺乏现实实现的根据和条件。三是区分客观可能性质和量上的可能性大小,从而努力增大有利可能,减少不利可能,避免有害可能。[2]可能与现实是平衡与不平衡的对立和斗争关系,必须做好不平衡向平衡调节工作,促进不平衡向平衡转化。可能与现实二者的对立、斗争与排斥表现在:可能还不是现实,现实也不再是可能。可能性预示"未来",现实就是"现在"。可能的东西就是可能出现也可能不出现。在一切工作中,都应当从现实出发,不能从可能性出发。可能与现实是平衡和不平衡同一、统一的关系,二者互相依赖、互相规定。可能包含在现实之中,是尚未展开的现实,现实是实现了的可能,同时又孕育着新的可能。可能和现实是紧密联系、不能分割的,是不能单独存在的。在实践中,我们要尽可能促进和保持可能与现实的平衡和统一。

可能性与现实性这对辩证范畴,具有重要的方法论意义。可能与现实的平衡和统一,才能使人有了发挥主观能动作用的可能。虽然可能性可以向现实转化,但必须经过人的主观努力,才能做到与客观愿望目标的平衡统一。现实又可以向新的可能性转化发展,但需要人为平衡调节和引导。

2.3.3.2　形式和内容的平衡和统一

形式和内容是一对辩证范畴,是任何一个事物共有的两个侧面。内容,是构成事物一切要素的总和。例如,人的肌体和所有生物体的内容包括各种器官、整个生命运动过程。形式,是内容各要素相互组合的结构。可见,内容和形式是统一的、平衡的。例如,语言是表现思想内容的形式。再如,人的运动器官与人的结构的有机平衡体,就是形式和内容相平衡、相统一的人类。

任何一个事物都是形式和内容的有机统一平衡体。自然界的任何一种化合物,都是以一定的化学元素为自己的内容,又以相应的结构作为自己的形式。例如,水分子是氢(H)原子和氧(O)原子构成它的要素,即内容;而它的组织形式,即结构式H_2O。由此可见,形式和内容存在于现实世界一切事物之中,而且相互依赖、不可分割。有什么样的内容,就有与之相适应的形式,二者是平衡统一的;内容发展了形成不平衡,但形式或快或慢总要发生相应变化,与内容保持平衡。人类历史上的五种社会形态、生产关系形式的更替,就是由不同阶段上生产力发展状况的内容所决定的,但或早或晚必须实现二者相平衡、相适应。

内容和形式是可以平衡转化的。内容居于主导、支配地位,形式居于次要和从属地位。内容决定形式,形式服从、适合于内容。但是,形式对内容具有反作用,起着推动和阻碍的两种作用。形式和内容的统一和平衡,表现在:一方面二者是相互联系、相互依赖、不可分割的平衡关系。另一方面,二者是相互过渡的、平衡转化的。在一定情况下,在此关系中是形式,在彼关系中变为内容。例如,同样是金银首饰,对于金店来说是内容,对于佩戴者来说就是形式。

掌握内容和形式的方法论意义,要注意内容和形式的动态平衡。首先,内容有了新的发展,就要及时地变革旧的形式。当一种形式落后于内容发展时,就要及时创造一种新的形式,以适合内容的发展。例如,当今世界上,在经济全球化浪潮的冲击下使民族国家与人类发展失衡,也造成了民族国家的某些方面内容和形式不平衡,未来的发展将被世界大统一、人类大融合的形式——"世界国家"所代替。其次,根据内容决定形式和形式服从内容的原理,在实际工作中,既要重视形式的作用,又要不片面夸大形式的作用,不搞形式主义。[3]古典文学《红楼梦》由于做到了内容与形式的平衡和统一,所以才具有很高的艺术价值,被后人称为封建社会的一面镜子,视为中国和世界的优秀名著。

2.3.3.3　必然性和偶然性的平衡和统一

必然性与偶然性,是揭示事物发生、发展和灭亡的不同趋势的范畴。必然性,是在一定条件下客观事物的联系和发展中合乎规律的趋势,具有确定性和不可避免性。例如,生命有生有死,种瓜得瓜,种豆得豆,摩擦发热,一年四季更替等,都是事物的联系和发展趋势必定如此,是确定不移的。偶然性,是事物的联系和发展中不确定、不是必定如此的趋势,可以出现也可以不出现,可以这样出现也可以那样出现。例如,一个国家的规划、一个企业的年度计划、一个人的奋斗目标在哪一天实现,这些都具有不确定性,这其中就包含着与完成计划目标相平衡,或可能与完成计划目标不平衡,因为这其中存在着偶然性。

必然性与偶然性的关系是平衡与不平衡的对立统一关系。如同上述确定性和不确定性的两种趋势,但二者又是辩证的、平衡统一的。一是必然性与偶然性的关系与平衡与不平衡相互包含那样,没有脱离偶然性的必然性。必然性存在于偶然性之中,偶然性是必然性的表现形式,通过大量的偶然性表现出来。必然的东西同时是偶然的,世界上没有纯粹的、赤裸裸的必然性,总是伴随着偶然性。例如,太阳系的行星循环往复、始终如一的运动,好像没有偶然性。实际上无数天体由于万有引力的作用影响太阳系的运动,各行星围绕太阳旋转发生这样或那样的摄动和摆动。二是必然性与偶然性的关系与平衡中有不平衡、不平衡中有平衡那样,没有脱离必然性的偶然性。世界上不存在纯粹的偶然性,在偶然性背后隐藏着必然性。例如,社会历史发展到一定程度改朝换代是必然的,但由谁组织并最后何时实现存在偶然性。三是必然性与偶然性是可以平衡转化的。在一定条件下，如同平衡转化为不平衡，不平衡转化为平衡那样，必然性可以转化为偶然性，偶然性可以转化为必然性。例如，生物平衡进化中受内外因素影响发生不定变异，其中有的通过变异适应环境而发展起来，有的有机体发生根本性变异，从而产生新的物种。例如，动物海豹，从陆地到海水中生活后，生成了适应水环境的各种功能，而退化了在陆地上行走和生活的功能，变为海洋里的新物种。再如，由于地理因素隔离在北极的棕熊，变异为全白色的北极熊，成为北极的新物种，这就是动物通过自身的适应性变异，实现了与自然环境的平衡。

研究必然性与偶然性的方法论意义，在于运用平衡度来判断和把握事物平衡与不平衡发展变化的趋势，有针对性地进行平衡转化，增强工作的科学性，克服盲目性。一是认识了必然性的决定性地位和作用，我们就可以加以平衡调节，使偶然性转变为必然性，使自己的行动更有目的性、自觉性。例如，安全生产事故看来是偶然性的，但它是安全生产管理漏洞的必然结果。二是认识了偶然性在事物发展中也起一定作用，我们就可以一方面避免不利的偶然性的发生，另一方面利用有利的偶然性推动工作始终保持动态平衡发展。[4]

2.3.3.4 本质与现象的平衡和统一

本质和现象，是事物内部联系与外部表现相互关系的一对哲学范畴。本质，是事物的根本性质，是组成事物基本要素的内部联系。现象，是事物的外部联系和表面特征。例如，光是通过反射、折射和干涉等以“七色”的现象表现出来，它的本质是电磁辐射。从根本上说，本质和现象是平衡的、统一的关系，真相和假象都与本质是平衡的，都反映着本质。

本质和现象是对立和平衡统一的关系，宇宙间没有离开现象的本质，也没有离开本质的现象，即平衡与不平衡的相互包含。本质寓于现象之中，并通过现象表现出来；现象是本质支配的现象，是本质的外部表现形态。现象和本质是相互区别、相互对立的，又是相互统一、平衡的。例如，水的液态、固态、气态。这三态从不同侧面表现了由氢原子和氧原子结合成化合物H_2O的化学本质。就是说，任何一种现象也总是从一定的侧面表现本质，任何一种现象总有某种本质的东西隐藏于背后。不仅真相是如此，就连假象也表现着本质，所以本质和现象是平衡的关系。在实践中，通过假象发现本质更为重要，这说明假象和本质同样具有同一性和平衡性。例如，有毒的蘑菇比无毒的蘑菇多一个好看的红冠。再如，现代军国主义者说尽“好话”“漂亮话”，制造“和平”“友好”“亲善”的假象，也是由它好战、扩张、侵略的本质所决定的，是这个本质颠倒歪曲的表现。这就从反面的角度，更加充分说明了本质和现象是平衡统一的。

运用平衡思维的分析研究的方法揭示本质。这是因为，本质总是通过现象表现出来，现象总是表现着本质。由于事物存在这个规律，人们才可能通过平衡度的分析研究，发现事物的本质，实现科学的、正确的认识。怎么样才能通过事物的现象抓住事物的本质呢？要有一个由现象到本质又由本质到现象的反复分析研究的过程，即“现象（不平衡思维）——本质（平衡思维）——现象（不平衡思维）”的三段式循环过程。一般地说，首先，要透过现象看本质，要进行有目的的实践活动，观察和收集大量现象。其次，是在实践和占有真实的、丰富的现象材料的基础上，形成感性认识。再次，要进行分析和研究，区别出真假现象，进行平衡思维，透过现象，获得真相，看到本质。

参考文献

[1]李继兴.应用哲学平衡论.哲学中国网,2013-02-21.

[2]陈晏清.马克思主义哲学纲要.北京:中央广播电视大学出版社,天津:天津人民出版社,1983:141.

[3]陈晏清.马克思主义哲学纲要.北京:中央广播电视大学出版社,天津:天津人民出版社,1983:146.

[4]李秀林,王于,李淮春.辩证唯物主义和历史唯物主义原理.北京:中国人民大学出版社,1982:162.

2.3.4 工作方法中的对立与平衡统一

2.3.4.1 主观与客观的平衡和统一

主观与客观是一对辩证统一的哲学范畴。主观，是指人的自我意识和精神；客观，是指人认识的一切对象。客观决定主观，主观反映客观、反作用于客观。主观与客观是平衡与不平衡的对立统一关系。在工作上，主观与客观相平衡，说明我们的工作达到了预期目的。在认识上，当主观与客观实现了二者相平衡、相一致、相统一的时候，说明主观认识就是正确的。这种主客观相平衡就是主客观从不平衡态转变为平衡态，只有这样才能以正确的认识来改造客观世界。革命战争时期，毛泽东就提出了“没有调查就没有发言权”的著名论断，调查是客观行为，发言是主观显现，先调查后发言也就是先客观后主观，是主观与客观保持一致性和平衡性，以此作为决策的基点以更好地促进革命实践的发展。司马迁的《史记》中，有栩栩如生的历史人物、历史事件。这是由于司马迁基本上对全国的历史遗迹、遗址，历史人物遗事、遗物，各地的风俗礼仪、传说故事等，都进行了多方调查、细致观察、深入研究。《本草纲目》是明朝杰出医药学家李时诊的著作，他曾亲自到全国各地生长药材的地方调查研究，观察各种药用植物，拜访老中医、老农民、老渔民、山里人、狩猎人等。他成书的过程，就是调研的过程，成书就是主观与客观的平衡和统一。[1]

“毛泽东同志主张人们做事之前先要有个打算和设想，这是‘一思’然后再挑‘一思’的纰漏，从它可能具有不正确的方面进行‘再思’，最后进行‘三思’，即对‘再思’又进行否定性的思考，冷静地把'一思'的肯定意见和'再思'的否定意见进行综合性比较，权衡利弊、决定取舍。"[2]在实践中，我们要做到主观与客观的平衡和统一，就要正确处理内因和外因的关系。内因和外因，是指事物存在和发展的内部和外部原因。任何事物的发展都是在内因和外因的共同作用下实现的。例如，鸡蛋变成小鸡，就是内因鸡蛋与外因温度的平衡和统一。内因和外因在一定条件下是可以平衡转化的。我们在工作期间，要把主观努力作为前进的动力和源泉，作为做好工作的根本的、第一位原因，把外部环境和条件作为第二原因，并且努力创造有利于事业发展的良好外部环境。如果工作没有做好或出了这样那样的问题，主要从主观上找原因，不要过分强调外因和客观。

2.3.4.2 破与立的平衡和统一

破与立是对立的，又是平衡统一的。所谓破与立是对立的是指破不等于立，立也不等于破；破与立又是统一的是指没有破就不会有立，没有立也不可能有彻底的破。所以，破与立是对立关系的平衡和统一。要正确处理好破与立的辩证关系，就必须一切从实际出发，解放思想，更新观念，克服因循守旧、不敢创新的旧意识，勇于打破低水平平衡状态，建立高水平平衡状态，甚至为了谋求经济社会高速发展，还可以采取不平衡的方法，即反制衡发展战略。

常言道"不破不立，不塞不流，不止不行"，这就说明了破与立是平衡与不平衡的对立关系，又是平衡与不平衡的统一关系。一是在社会领域，20世纪曾经流行"敢于破坏一个旧世界与建立一个新世界"而实现社会平衡。历史上的革命者看到他们当时所处的腐朽的、失衡的旧社会，人民饱受苦难，于是树立敢于破坏一个旧世界，又敢于建立一个新世界的精神，唤起民众，揭竿而起，推翻旧社会，建立有序的、平衡运行的新社会，推动历史的前进。在现代，我们要学习老一辈革命家的精神，做到破旧风、立新风、树正气，努力构建和谐社会。二是在经济领域做到破除高能耗、高污染与加强生态文明建设的平衡。在经济工作中要破除旧的发展方式，建立新的发展方式，破"先污染后治理"，立节能减排，积极保护生态平衡，努力建设美丽中国，实现发展经济与环境保护的平衡。三是在政治领域做到兴利和除弊的平衡。要建立清正廉洁的服务型政府，坚持改革开放，破除保守，树立创新意识，大胆进行经济、政治、社会、文化等领域的变革，为经济社会发展提供强大动力。四是在文化领域要做到破除封建旧文化与建立社会主义新文化的平衡。要解放思想，破除旧观念，树立新意识，努力实现文化强国，提高文化软实力，为现代化建设提供精神动力和智力支持。五是在生活方式方面要做到破除不文明生活方式与树立低碳文明生活方式的平衡。

2.3.4.3 好与快的平衡和统一

进入新世纪，党中央进一步提出了科学发展观和促进国民经济又快又好发展的战略思想，党的十七大明确提出了"转变经济发展方式"的战略任务。转变经济发展方式的目的，就是要实现经济的好与快的平衡发展。我国20世纪50年代就提出了"鼓足干劲，力争上游，多快好省地建设社会主义”的总路线。在新世纪又提出了经济发展“又好又快”的要求，说明了“好”与“快”的平衡发展的极端重要性。“多快好省”与“又好又快”包含着深刻的哲理。我们要深刻认识和理解“好与快”的对立、平衡统一的辩证关系，才能真正把又好与又快的方针落到实处。“多”和“快”是指经济发展的速度，“好”和“省”是指经济发展的质量和效益，这就要求我们必须做到速度、质量和效益的平衡兼顾。“好”与“快”互为条件，既相互促进又相互制约，不要把二者割裂开来和对立起来。“多”和“快”、“好”和“省”既是对立的又是平衡统一的，我们要实现二者有机平衡统一，这是我们做经济工作的总要求，在任何时候都不会过时，必须始终坚持做到速度（快）、质量（好）的平衡。

在现阶段，我国经济发展从过去的高增长转变为常态化、稳增长、重质量的时期，也就是要从“快”字当头变为“好”字当头，“快”要以“好”为前提，最终实现调结构与稳增长的平衡、好与快的平衡。当前，特别强调提高发展质量，稳中求进，实现经济发展新常态。经济发展的快与好，是一个经济发展理念问题，好与快是辩证统一的，好与快是一个有机的、统一的平衡体。好是关键，不好是无效劳动；快以好为基础，不快不适应经济社会发展要求。在实际工作中，我们要做到既好又快，既好又省，实现二者平衡兼顾。大力发展经济，保障供给，要把握国际国内发展大局，保持社会供求总量基本平衡，实现又快又好又省的发展，促进全面协调可持续发展。坚持好中求快，好中求省，始终掌握好与快、好与省之间关系的平衡点。同时，好的要求包括经济发展不破坏环境和资源、不以影响后代人的生存为代价，做到经济发展与生态文明建设相平衡，当代人与后代人的福祉相平衡。

2.3.4.4　先进与后进的平衡和统一

毛泽东《论十大关系》中说：“什么是国内外的积极因素？在国内，工人和农民是基本力量。中间势力是可以争取的力量。反动势力虽是一种消极因素，但是我们仍然要做好工作，尽量争取化消极因素为积极因素。”[3]文章还指出：“我们一定要努力把党内党外、国内国外的一切积极因素，直接的间接的积极因素，全部调动起来，把我国建设成为强大的社会主义国家。”实际上，这就是马克思倡导的动态平衡的方法。在现阶段，我们要进行现代化建设，必须要有齐心协力的广大人民群众的参与，共同解决改革开放和经济社会发展中的困难和问题，推动经济社会的不断发展。这就要求我们各级领导妥善处理各种矛盾，把不利因素变为有利因素，调动更多人的积极性、主动性和创造性，为实现全面建成小康社会、建成社会主义现代化国家，实现中华民族伟大复兴而奋斗。

先进与后进是对立的，又是平衡统一的，二者在一定条件下是可以平衡转化的。先进与后进不是一成不变的，后进可以变为先进，先进可以变为后进。我们工作的目标是使后进变先进、先进更先进。（1）先进与后进关系是平衡的、相互依存的，二者不可分割，没有先进也就无所谓后进，没有后进也就无所谓先进。先进与后进是相对的，今天是先进明天不一定是先进,今天是后进可能明天就会成为先进。所以,我们要正确认识先进与后进的关系,做好先进与后进两方面的工作。(2)做好后进的平衡转化工作。在实际工作中,我们要善于发现工作对象中的后进者的优点和长处,善于做好平衡转化工作,把工作对象的消极因素转变为积极因素,杜绝把自己的注意力仅仅放在后进者的缺点和错误上,更不能用固定的、不变的观点看待工作对象中的后进者,我们要用发展的眼光看待后进,及时发现和表扬后进者的优点和微小进步,及时鼓励,促进后进变先进,做好平衡转化工作。(3)表彰先进与批评后进、奖优与惩劣关系的平衡。表扬和批评、奖优与惩劣相结合,以表扬为主的原则,这是党的思想政治工作的基本原则之一。我们必须遵循这个原则,旗帜鲜明地表彰先进、批评后进,做到奖优与惩劣关系的平衡、表扬先进与批评后进关系的平衡。我们要以表扬先进的方法,扶持正气,促进先进更上一层楼,鞭策后进向先进看齐,平衡发展。在企业、团体要倡导先进帮后进,通过先进对后进的传帮带,提升企业团体和员工队伍的整体素质,提高企业竞争力,做到企业素质和员工素质平衡推进。

2.3.4.5 内因与外因的平衡和统一

内因与外因,是关于事物发展原因和动力来源的范畴。一是内因与外因是对立的关系,内因是事物的内部矛盾,是事物发展变化的内在原因。外因就是外部矛盾,是事物发展变化的外部原因,是一事物与他事物的互相联系、互相作用的关系。二是内因与外因是平衡的关系,无内因也就无外因,无外因也就无所谓内因。三是在内因与外因的共同作用下,事物才能平衡转化,才能产生、发展。例如,科学家研究证明,物种的发展是遗传与变异交互作用的结果,遗传基础是变化的内因,环境造成的变异是外因。例如,前面所讲的,海豹从陆地进入海洋后退化了行走功能,与鱼类一样在海洋生活;棕熊由于自然变迁而隔断在北极后,演化为全白色的北极熊。这些变异就是内因与外因的平衡转化,实现了平衡与不平衡相统一。可见,这种变化内因是变化的根本,外因是变化的条件。从根本上说,是内因与外因的平衡和统一。

辩证唯物主义发展观认为,一切事物及其整个客观世界都是发展变化的。一是事物的内部矛盾是发展的源泉和动力,这是事物发展的内因,内因是根本,是第一位原因;二是事物的外部矛盾是发展的外因,外因通过内因起作用,外因是条件,是第二位原因。例如,"种瓜得瓜,种豆得豆",瓜子在一定温度条件下可以生出瓜苗,这是二者的平衡和统一;而豆子在任何温度条件下,也生不出瓜苗。这就充分说明,内因的重要性。三是内因与外因在一定条件下是可以平衡转化的。在此场合、此联系中是内因,在彼场合、彼联系中可能就是外因。反过来说,内因成为外因,外因成为内因,平衡转化为不平衡,不平衡转化为平衡。平衡转化后其地位和作用也随之变化,因为内因与外因在事物发展过程中相互之间存在地位的不平衡性,因而所起到的作用也是不同的。

学习内因与外因的方法论意义,在于重视内在因素,不忽视外在因素,要尽可能实现二者的平衡和统一。在工作实践中,我们要尽可能实现内环境与外环境的平衡,这样做有利于事业的成功。同时,要坚持用发展的眼光看人看事,既看过去和现在的具体实际,又要着眼未来和发展,目的是实现内因与外因的平衡和统一。

2.3.4.6 竞争与合作的对立和平衡统一

竞争与合作是辩证统一的关系。二者既相互区别,又相互促进,既相互对立,又相互平衡统一。平衡论认为竞争与合作,是自然界和人类社会"互争"与"互助"的共同平衡法则。坚持人类社会的竞争与合作和自然界的互争与互助的平衡与统一,才能促进事物的发展。

自然科学研究证明,在大自然中,存在两个法则,一个是互争法则,另一个是互助法则。这两个法则,实际上,就是竞争与合作的平衡与统一,这个法则最适合社会主义市场经济的发展,互争就是竞争,互助就是合作。在经济工作中,做到二者平衡和统一,就是"合作竞争"的最佳模式,这是优化的发展方式,能极大地促进经济社会的发展。系统论强调合作,认为一个系统讲竞争,不讲合作,系统就会失衡解体。合作与竞争是相互矛盾、相互依存的关系,只有做到二者的平衡,系统就能正常发展。协同论强调协同,工业生产前后相邻工序在时间上要平行同步进行。空间上的同步,要求各要素相互配合。如同交响乐队演出,弦乐、器乐、打击乐相互协调,才能奏出美妙的乐章。因此,竞争与合作的平衡和统一,是事业成功的有效方法。一方面,竞争离不开合作,竞争无不包含合作,竞争必须以合作为基础,竞争双方必然要求合作。只有实现竞争与合作的平衡和统一,才能取得双方事业的发展。另一方面,合作离不开竞争。合作无一不是以竞争为前提的,合作中必然包含竞争。合作必须以竞争为动力,这样才能促进事物的发展。竞争与合作是相互联系、相互作用的两个方面,没有合作的竞争是失衡的、无序的竞争,没有竞争的合作是失衡的、消亡的合作。在实践中,要竞争不要合作、要合作不要竞争,这两种做法都是失衡的、片面的,对双方都是有害而无益的。

2.3.4.7 效益和公平的平衡和统一

公平,是指处理事情合情合理,不偏袒任何一方。效益和公平的平衡和统一,是指经济利益方面的公平合理,实现投入与产出、付出和回报的平衡。我国传统的公平观"不患寡而患不均",其基本的要求是结果均等,要求"均贫富""同报酬",实质是利益关系的平衡。在计划经济条件下,"一大二公"的国有企业,吃"大锅饭"、分配"平均主义"、工作"干多干少一个样"等,看来是平衡的、公平的,实际上是劳动与获得的失衡。在市场经济条件下,遵循的是商品经济规律,追求的是经济效益,倡导企业之间、生产者之间的竞争,拉开收入分配档次和差距,看来是不公平、不平衡的,实际上多劳多得,少劳少得,实现了员工付出与获得的平衡。在市场经济条件下的公平观,它遵循经济规律,强调机会均等,付出与报酬的平衡、效益和公平的平衡。这就是同传统公平观相互对立的现代平衡观。

在市场经济条件下,如何实现效益和公平的平衡和统一。我们要讲道德的继承性,也要讲道德的时代性,市场经济中传统道德行为与市场经济行为出现冲突时,要转变义与利的平衡观念,纠正传统的重义轻利观念,实现道德行为与经济行为一致,使经济行为的道德规范和法制约束平衡一致,鼓励合法获利、合法致富就是义与利的平衡。为此,我们要坚持以市场经济平衡观取代传统义利观,以过程均等取代结果均等,以机会均等实现人人平衡,从根本上达到公平与效益的平衡和统一。

正确处理效益与公平的平衡关系,就要坚持走共同富裕的现代平衡观道路。一是前提条件效益要好。要求大家齐心协力,共同把蛋糕做大,使大家有蛋糕可分。在群体中,要通过共同努力,使共同富裕的目标与对共同富裕的奋斗过程实现平衡,从上到下一心提高经济效益,增加社会财富,推动社会发展进步,积累丰富的产品,才能确保民生质量的保持和提升。二是在目前情况下,要把共同富裕与均等富裕相区别,要把防止两极分化与财富无差别的平均主义相区别,世界上没有绝对公平,只能做到相对公平,但要防止两极分化和"新马太效应"的长期存在。三是公平地分配好蛋糕。走共同富裕的道路是全体人民的奋斗目标,实现发展成果由社会共享,由全体人民分享。大蛋糕是大家团结协作的劳动成果,一定要分得公平、合理,不允许非法占有和出现分配不公的失衡现象。

参考文献

[1]何伟,李晓戈.生活是一条路.北京:农村读物出版社,1991:95.

[2]梁育天,梁恒月.作文论据手册.南宁:广西民族出版社,1991:415.

[3]毛泽东选集:第5卷.北京:人民出版社,1984:268.

2.3.5 传统文化中的对立与平衡统一

2.3.5.1 舍与得的对立与平衡统一

"舍得"一词出自《了凡四训》,并与老庄哲学融合。孙子曰:"将欲取之,必先予之。"中国文化强调做人要处理好舍与得的关系,即学会付出与接受的平衡关系。舍与得是一种工作学习生活的应用平衡哲学,也是一种为人处世的平衡艺术,二者是既对立又统一的平衡体,是相生相克、相辅相成的关系,具有辩证法的生活哲理,是一种普世的价值观,也是一种人生的平衡处世哲学。

发展方式中的舍与得的对立与平衡。在经济社会发展方式的转变和更新中,要解决好舍与得的问题,才能增强健康持续发展的能力。如果发展方式坚持长期高增长一成不变,或者"发展=经济"的失衡方式,经济社会可持续发展就要受到影响。一个国家的发展方式要与国际国内形势和发展趋势相平衡,及时转变和更新,做到有舍有得。我国近两年实施的转方式、调结构、稳增长、惠民生的政策，就是在面临舍与得的两难境地中的正确选择，使经济发展高增长转变为新常态，做到有舍有得。还如，我国以国内外市场为导向和低碳产业发展总的趋势，大量淘汰落后产能、过剩产能和高能耗产业，为结构调整、发展新兴产业增添空间，减少短期项目的要素配置，增加产业集群和长远发展空间。从而，做到了有舍有得，舍与得相平衡。

人生中的舍与得的平衡和统一。舍，是中华民族的传统美德。人生，是不断地舍和不断地得的平衡循环，人生是“失去——获得——新的失去——新的获得……”的过程，人生有得也有失，不可能只有得而没有失。一个境界高尚的人，一个心境豁达宽容的人，心里始终阳光灿烂，不会患得患失，对别人乐于帮助，对社会勇于奉献，对集体善于付出，不追求额外回报。在事业和家庭上如果失去了些什么，那是自己做得不够好，就要认真总结教训，重打鼓另开张；如果得到了些什么，那是对你努力的回报，也要总结经验，更上一层楼。

人际交往中的舍与得的平衡。有了“给予他人”的奉献精神，心里就会产生幸福感。美国社会学家莫里说：“给予他人，能使我感到自己还活着。汽车和房子不能给你这种感觉，镜子里照出的模样也不能给你这种感觉。只有当我奉献出了时间，当我使那些悲伤的人重又露出笑颜，我才感到我仍像以前一样健康。”从另一角度说，有失必有得，“种瓜得瓜，种豆得豆”，大失大得，小失小得，不失不得。只要有付出和奉献，就会有回报和得到。正如《孟子·离娄下》：“人有不为也，而后可以有为。”就是说人要有所不为，然后才能有所作为。我们做事和处理问题要把握有所失才能有所得的平衡关系。

纠正患得患失的失衡心态。付出与接受应当是平衡的。但是，有的人总是想让天平向他的这一边倾斜，患得患失，没有失也要得，没有得到要患失，得到了还要患失，永远得不够，没有满足的时候。人生要学会降低无法实现的欲望，丢掉过头的欲望、冲动和贪婪，舍弃过分的名利虚荣之心，忘记别人的过失和一时错误，牢记与共事者“斤斤计较大可不必”，与亲戚交往要出于爱心，与朋友交往不吝啬付出，与竞争对手合作要公平双赢。在历代革命者中，他们为了人民利益，富贵不能淫，贫贱不能移，威武不能屈，他们的舍去是巨大的，但他们得到的是宏大的理想和心理的平衡。

付出与接受的平衡。要懂得付出，又要善于接受，既要给予别人爱，也要接受别人的爱，这才是平衡的。人人都希望得到别人的爱，先付出，再接受，“将欲取之，必先予之”，给予别人不图回报，要懂得礼尚往来的平衡，才能维持关系的持久。在生活、工作、家庭、事业等多方面，都要处理好付出与接受的平衡关系。创造“我为人人，人人为我”的人生境界，也就是创造一种平衡共生的境界。

2.3.5.2　义与利关系的对立与平衡统一

“义”是指道德信仰，“利”是指物质利益。义与利是对立的，又是相互联系、平衡统一的辩证关系。如同平衡与不平衡的相互转化一样，义与利二者在一定条件下也是可以转化的。义与利是儒家伦理思想之一。圣人孔子在《论语·里仁》中说“君子喻于义，小人喻于利”，历代都有舍生取义的人，也有见利忘义的人。因此，孔子倡导“义先利后，义利统一”。孔子的义与利统一，就是义与利关系的平衡。他的义利观的核心是：讲道义、讲道德、讲平衡，反对见利忘义、义与利失衡。

义利平衡观。在发展社会主义市场经济中，许多经济行为无疑会同传统的道德观念发生冲突，如何把市场经济行为同传统道德行为统一起来，这是我们必须解决的问题。中国传统的义利观历来宣扬“重义轻利”，轻买卖、贬商贾、重农抑商的义与利失衡倾向。在市场经济条件下，我们要打破重义轻利的旧观念，就是要追求利润最大化。只要是合法获得利润就是义，法律是义的标准。非法获得利润就是不义，这个利润就是不义之财。

义与利关系的平衡。义与利是人生观和价值观的具体表现。社会主义义利观，是教育人们深刻认识义和利的相互依赖、相互渗透的关系，树立正确的人生观和价值观，坚定理想信念，引导人们正确处理个人利益、集体利益和国家利益的关系、眼前利益和长远利益的关系。在社会主义市场经济条件下，要处理好社会主义性质与市场机制的矛盾，纠正唯利是图和要利不要义的失衡倾向，协调义与利之间的关系，化解义与利冲突，维护正义，维护正当利益，做到义与利的平衡兼职。

企业经营中的利与义关系的平衡。在社会主义市场经济条件下，企业生产经营离不开利与义关系的处理，孔子的“义主利从”观具有借鉴意义。无论是国企还是民企，都要树立社会主义义利观，正确处理企业与企业、企业与社会、企业与国家的利益关系。企业要努力实现利益最大化，但“利”要取之有道，用之有道，要尽到社会责任。

经济活动中的义与利关系的平衡。义和利具有一致性，利是一种客观存在，具有合理性，经济活动中合法得利，依法纳税同样也是义举，因为它为社会做出了贡献。因此，义与利既是对立的，又是平衡统一的，经济活动的目的，就是追求利益。我们不能一概否定利、反对利。从义的角度说，反对的只是不正当取利。经济活动中，讲求经济效益、社会效益和生态效益的平衡，就是最大的义。

义与利的平衡与规范。“中国文化或中国哲学的特点就是习惯于整体和辩证地分析问题和处理问题，强调以人为本，以柔济刚，以情补性，以义代利，关注人际间的和谐。如孔子的人学就系统地阐述了‘仁’是人存在的价值，是为人的核心；‘礼’和‘义’是为人的途径，‘礼’界定的是人们外在的社会行为规范，‘义’则确立了人们内在的自我约束；孝、忠、信、勇、智等是为人的具体行为准则。”[1]我们要学会辩证地认识和处理义与利的关系问题，坚持以仁为本，义与利统一。

2.3.5.3 相生与相克的对立与平衡统一

“五行学说的相生相克，其内涵就是讲平衡法则。”[2]在中国古代阴阳五行思想中，“相生相克”思想影响比较大。相生，就是双方相互依存，存在利害互补关系；相克，就是双方相互对立，存在利益冲突关系。相生与相克的实质是一条平衡法则，二者是相互作用、相互制约和相互平衡的关系。一是“相生相克”反映了物质世界的平衡与不平衡的对立统一关系。二是相生与相克反映了万物之间的平衡互补、相辅相成、协同共生关系。相生与相克可以利害互补，在系统里任何一方都不能消灭对方而独立存在，双方只有相互依存，才能彼此平衡共生、协同发展。例如，书中讲到的三相平衡故事：蛇、青蛙和蜈蚣三个“吃与被吃”的冤家对头冬季同居一个温暖洞穴，蛇不吃自己的美食青蛙，青蛙不吃自己的美食蜈蚣，蜈蚣不吃自己的美食蛇。为什么不吃？因为如果吃掉自己的“美食”，就会失去“美食”对自身的保护，自己就会被第三者所吃。这种利用天敌的天敌保护自己，也就是相生相克三相平衡法则的运用。

“对立面的存在有弊有利，辩证应对则相反相成。”[3]对立面的存在有弊亦有利，矛盾的任何一方都不可能消灭对方而独立存在，只能采取积极应对、充分利用有利于自己的方面，则能实现相反相成的效果。例如，经济系统的生产、分配、交换、消费、积累的平衡循环关系和运动规律，表现为相互促进、相互制约的关系，生产带来分配，分配带来交换，交换带来消费，消费带来积累，积累制约分配，分配制约消费，消费制约生产的平衡循环关系，这就是相生相克中的相互促进、相互制约的关系。利用得好，就会促进经济持续发展。又如，人类、经济、社会与自然界之间存在相互制约和相互促进的平衡循环关系，平衡循环有利于经济社会发展，不平衡循环危害经济社会发展，我们要尽力创造有利于经济社会发展的平衡循环。

参考文献

[1]席酉民，尚玉钒.和谐管理理论.北京：中国人民大学出版社，2002：IV.

[2]李继兴.大平衡.北京：中国大百科全书出版社，2007：86.

[3]李继兴.大平衡.北京：中国大百科全书出版社，2007：87.

2.4 动态平衡与静态平衡的对立和统一

引证：

衡器两端承受的重量相等。引申为相关方面在数量或质量上均等或大致相等。亦称“均衡”。在哲学上指矛盾暂时的相对统一或协调。事物发展的稳定性和有序性的标志之一。平衡与不平衡是相对的，二者相互转化、相反相成、趋向同一。一般可分为动态平衡和静态平衡。[1]

——《哲学大辞典》

迈克尔·奥克肖特说:"平衡与运动须臾不可分离,平衡只能是运动中的平衡。在绝对、永恒的物质运动过程中存在着相对的、暂时的静止和平衡。"[2]平衡是动态的,是在运动中不断实现的,又是在运动中被不断打破的。动态平衡,不是讲的绝对意义的平衡,而讲的是相对意义上的平衡,是可变化的平衡、可发展的平衡、可转化的平衡。

2.4.1 动态平衡与静态平衡

苏联理论家布哈林在《辩证历史唯物主义》一书中认为:"全部问题在于:我们在自然界中和社会中所看到的那种平衡,并不是绝对的、静的平衡,而是动的平衡。我们这里所指的是动的平衡,也就是说,平衡经常受到破坏,又在不同的基础上重新恢复平衡,平衡再受到破坏,如此循环往复。换言之,我们面临的是一种矛盾的过程,看到的不是静止的状态,也不是绝对适应的状态,而是对立面的斗争、辩证的运动过程。动态平衡以矛盾、斗争为前提,其基础就是内在矛盾的发展。否认了矛盾,也就否认了动态平衡,也就否认了平衡与不平衡的相互转化。如果世界上没有任何力量的斗争,这就是说整个世界都处于绝对不运动、静止状态之中。反过来说,世界处于没有动态平衡发展的死寂状态之中,这是不可想象的。"[3]"马克思主义对平衡的认识,始终认为是一种复杂的动态的相对的平衡,即是处于平衡时,事物的运动并没有停止,事物的矛盾和斗争没有停止,生物有机体是如此,其他自然现象和社会现象也是如此。"[4]就是说,平衡是动态的平衡、相对的平衡。动态平衡在时间上看,是不排除事物的时间因素的、是开放的、是与环境相联系的,是发展系统。恩格斯说:"相对静止即平衡。"[5]静态平衡是排除时间因素的。可见,平衡状态分为两种,一种是动态平衡,一种是静态平衡。恩格斯说的"相对静止即平衡",就是这个意思。我们所讲的平衡概念,既包含静的平衡,又包含动的平衡。静态平衡,要求尽可能地把外界环境的压力和干扰减少到最小,并要求尽可能地减少同外界环境的交换,因而是封闭的、静态的、不发展的系统。

2.4.2 运动与静止的辩证统一

平衡与运动是须臾不可分的,平衡是运动中的平衡、平衡中的运动。因此,平衡就是事物相对静止的状态,不平衡是事物的转化状态;运动是事物的变化形式,静止是物质的存在形式,都是物质的根本属性和规定性。

恩格斯曾经说:"平衡与运动分不开。"[6](1)运动(不平衡)的绝对性与静止(平衡)的相对性。运动与静止,是对立统一的关系,缺一不可。没有运动就没有静止,没有静止就没有运动。运动是绝对的,静止是相对的。运动,使物质世界的物质形态获得产生、变化、发展;静止,使物质世界的物质形态得以存在,并呈现物质世界的多样性。世界上的物质形态的多样性,构成了物质运动形式的多样性。静止是运动的一种特殊形态。一方面是相对于一定的"稳定平衡点",事物没有明显运动的形式;另一方面,静止中的运动没有绝对停止，处于质的稳定状态，有量变而无质变，事物仍然保持自我平衡。(2)客观世界运动和静止（不平衡与平衡）的辩证统一规律，决定了人的思维形式同样是运动和静止的统一。由于人的思维是客观世界的反映，必然也是运动和静止的统一。这是因为人的思维依靠大脑，而大脑是一种物质形态，因而这个观点是唯物的，并非唯心的。宇宙间万事万物的变化和发展过程，从机械位移到人的思维，都不例外。(3)物质的运动形式（平衡与不平衡）是相互转化的。恩格斯认为，物质运动的基本形式是：机械运动、物理运动、化学运动、生物运动和社会运动，这五种运动形式，反映了物质从低级到高级的进化发展。恩格斯还进一步指出，物质运动的各种运动形式之间是相互转化的。例如，生物运动可以转化为社会运动。在一定意义上说，人类和有的动物都存在群体"社会"运动。在实践中，我们必须树立动态平衡发展的辩证统一观点，不但要把立足点放在工作对象的相对稳定上，创造条件促成转化，而且要把着眼点放在工作对象的发展变化上，用发展的、变化的眼光看待工作对象，支持鼓励工作对象自我转化、自我完善和自我发展。

任何事物的发展变化过程，都是平衡（静止）和不平衡（运动）的辩证统一。(1)事物的发展变化既表现为绝对的运动变化，又在一定条件下表现为相对的平衡稳定状态。即常说的运动是绝对的，静止是相对的。例如，火车高速行驶时经过的某一个"点"又离开了这一个"点"，这就是相对静止中的绝对运动。又如，高速运动过程中的光子，找不到它静止的质量，但光子运动前后不变，这就是绝对运动中的相对静止。正如恩格斯所说："平衡是在运动中的平衡，平衡中的运动。"万事万物不存在平衡（静止）只是存在运动，那么万事万物就不存在，因为这些事物没有固定的质、量和形态，但如果只存在平衡不存在运动，那么这个世界就是一成不变的死寂世界。例如，星云引力收缩为恒星、无机物合成有机物等就是在非平衡运动中进化的。人类的进化也是如此，人的生命是一个长期的物理、化学进化运动过程，由微生物发展成为原始生命，再演变为鱼、爬行动物，再进化为人。这些都是发展变化的不平衡状态。我们之所以看到作为人的结构、功能和固定的形态，则是由人生命稳定的量、质和形态的规定性而决定的。(2)无机世界和有机世界的存在就是相对静止即平衡。恩格斯指出："物体相对静止的可能性，暂时平衡状态的可能性，是物质分化的根本条件，因而也是生命的根本条件。"[7]就是因为存在相对静止，世界上的人和其他动物、植物才有各自的结构、功能和稳定的存在形式。在相对静止状态，我们不但能区分人、动物和植物，而且能区分老年人、中年人和青年人。(3)静止和稳定是运动过程中的静止和稳定，是运动的一种特殊状态。例如，生命有机体是不断新陈代谢、自我更新的状态，但这是暂时的，生命有机体终究要灭亡，由某物变成他物。

2.4.3 自然界的动态平衡运动

恩格斯说:“宇宙中的一切吸引运动和一切排斥运动,一定是相互平衡的。”[8]恩格斯在《自然辩证法》一文中说:“天体运动是平衡中的运动和运动中的平衡(相对的)。”[9](1)运动(不平衡)是绝对的,静止(平衡)是相对的。世界上没有绝对静止的东西,万事万物都在运动,其方式就是平衡中的运动和运动中的平衡。宏观世界、微观世界、无机界、有机界、动物界、人类世界等,无不在永恒地运动。地球上200万种生物就是运动演化的产物。我们要善于用运动、发展、变化的观点认识和处理问题,这是一切事物运动变化规律决定的。(2)静(平衡)中有动、动(不平衡)中有静。书中已经讲到了我们每一个人夜间睡觉时,看似静止不动,其实我们的血液、心脏还在流动和跳动。我们的肌体还伴随着地球一起自转运动,又在围绕太阳的公转运动,还在随着太阳系向银河系方向前进。一座山是一个系统,似乎是永恒不变的,但科学证明大山并不是万古不变的,任何山脉都在不停顿地随地壳的变动而进行着升降运动,而且大山表层的岩石在不断风化。(3)平衡运动与不平衡运动的统一。物质运动表现形式是不一样的。天体运动与自然物的运动、分子运动与原子运动、无机物运动与生物运动、人体生命运动与社会运动各有各的不同特点,但都遵循着平衡运动与不平衡运动的平衡和统一。例如,生物是在运动中产生、生存和进化的,人的肌体是以新陈代谢的运动方式保持生理平衡的,这本身就是动态平衡运动过程。认识事物的动态性具有重要的方法论意义,正如梁荣迅所说:“了解了系统动态性,我们在观察事物和处理问题的时候,就要经常想到该系统的历史、现状和未来,善于用运动、发展的眼光看问题,注意研究和把握系统的发展方向和趋势,以便合理地改善系统的结构和功能,充分发挥系统的整体效应。”[10]

2.4.4 社会的动态平衡运动

人类社会是不断发展变化的,由低级到高级的进化运动。社会是动态的有机体。社会无不处于运动之中,如生产运动、经济发展变化、人们社会关系变动、思想意识的变化,也包括政治运动、文化运动、精神运动等社会运动。从原始社会发展到奴隶社会,在一定意义上说是一种发展进步,从奴隶社会发展到封建社会、资本主义社会再到社会主义社会都是由低级到高级的发展、演变,都是打破原来的社会结构和形态的不平衡的状态,趋于高一级文明进步。从平衡的角度看,社会发展过程中呈现的五种相对稳定的社会阶段,就是一种社会结构形态的动态平衡发展状态,体现社会在平衡中的运动和运动中的平衡。一是社会内部要素是不断变革、发展和变化的。在社会发展的全过程中,生产力在不断提高,经济在不断发展,社会在不断文明进步,这一切都说明了没有离开运动和发展。二是社会系统整体的结构形态的进化发展。生产关系和上层建筑不断适应生产力的发展水平而运动变化,推动社会进化发展,从低级社会形态向高级社会形态发展。在社会动态平衡运动中，还包括社会系统要素经济、社会、文化、人口、资源和环境相对的动态平衡发展，保持各领域在前进中的平衡和不平衡的统一。这种动态平衡运动，正如经济学家说的“动态平衡是事物常态下的发展规律，坚持动态平衡为了更好地发展，也只有发展了才能解决发展中的诸多问题”。[11]目前，我国改革开放和经济社会发展中遇到的问题，是前进中的问题，还要在深化改革、扩大开放、经济社会继续发展中去解决、去提高，“从发展内容看，发展的整体及其组成要素都是一个不断变化提高的动态过程”[12]。

2.4.5 人的动态平衡运动

人是一个动态的有机平衡体。人的生命发展过程，是物质进化、化学进化过程。人类经过数十万年的发展过程，人是物质长期进化的结果，经历渐变的过程，从低级到高级，从无机小分子到有机小分子，再到合成生物大分子，然后形成多分子体系，再发展为菌植物、原始生命、原生动物、动物、脊椎动物、两栖类、猿、人类。所以，人既有社会属性，又有生物属性。作为生物的人，生理方面不断适应自然环境的运动变化；作为社会的人，心理方面不断适应社会环境的运动变化。人的精神运动、思维运动是人类对自然和社会适应性的统一。

运动是人类生命之源。人的大脑的发展过程都是物质运动和化学进化的过程，大脑的精神运动就是物质的运动，思维运动是大脑的生理运动过程，也是物质运动的过程。从现代人类发展看，人对客观世界的认识水平和改造的能力还在不断提高，都是精神的运动升华的过程。由此可见，“世间万物无不处在动态的平衡与不平衡之中”[13]。生命在于运动的道理，也在于此。人的婴幼儿、青少年、中老年等不同阶段的不同生理、心理状态，则是人的生命发展变化过程中的阶段所呈现的阶段性平衡状态。但是，这种平衡是有条件的，不同阶段的平衡状态在发展中必然被打破，再在新的基础上重建新的平衡，随之又被打破，从而实现动态平衡发展。研究人的动态平衡运动的方法论意义，关键在于人的生理、心理与自然环境、社会环境是动态平衡的。

参考文献

[1]哲学大辞典.上海：上海辞书出版社，1999：88.

[2]哈尔滨工业大学党委研究室.政工干部实用手册.哈尔滨：哈尔滨工业大学出版社，1985：475.

[3]李继兴.应用哲学平衡论.哲学中国网，2013-02-21.

[4]林竹三，林绿冬.中医平衡奥秘.北京：北京科学技术出版社，1993：7.

[5]马克思恩格斯全集：第26卷.北京：人民出版社，1971：89.

[6]马克思恩格斯全集：第26卷.北京：人民出版社，1971：89.

[7]恩格斯.自然辩证法.北京:人民出版社,1971:224.
[8]恩格斯.自然辩证法.北京:人民出版社,1955:48.
[9]恩格斯.自然辩证法.北京:人民出版社,1955:55.
[10]梁荣迅.社会发展论.济南:山东人民出版社,1991:7.
[11]王荣华,童世骏.多学科视野中的和谐社会.上海:学林出版社,2006:24-25.
[12]张琢,马福云.发展社会学.北京,中国社会科学出版社,2001:379.
[13]李继兴.大平衡.北京:中国大百科全书出版社,2007:78.

2.5 平衡发展与不平衡发展的统一

2.5.1 平衡发展与不平衡发展的统一论

引证:

我们党的协调发展论是非平衡与相对平衡统一论,承认差别,又要对差别进行必要干预,使其保持在有利全局发展的合理范围之内。[1]

——徐宝德《科学发展观概论》

2.5.1.1 平衡发展与不平衡发展的统一论是一种理论创新

动态平衡发展方式就是平衡发展与不平衡发展的统一论,实际上就是要发挥三个互补作用:平衡发展与不平衡发展的互补、同质性发展与异质性发展的互补、同时性发展与历时性发展的互补。正如李勇在《社会认识进化论》一书中说的:"'平衡'是指宇宙运动在时间量度上的表现形式。它既可以是同时性的,也可以是历时性的。这个概念还可表示宇宙运动在宏观上的平衡与微观上不平衡之间的平衡。'平衡'的实质是公正,即宇宙万物都应被赋予同等的发展机会。"[2]第一,平衡发展与不平衡发展统一论是一种交融发展的关系。这种方法是远离平衡态的应用,是"混沌状态"边缘的"复杂平衡"状态运用,是大平衡(超平衡)方式运用,因而这是最有作为的发展方式。世界上一切事物和现象的内部都包含着相互联系和相互排斥的两个方面,即平衡与不平衡。这两个方面又统一又斗争,由此推动事物的发展变化。对立统一是宇宙的根本规律,它揭示事物普遍联系的根本内容和事物发展的源泉和动力,是认识世界和改造世界的根本方法。应用哲学的大平衡理论创立者、北京大学教授李继兴说:"'平衡'是事物发展的状态,具有事物'质'和'量'的规定性。它和不平衡构成一对哲学范畴,是辩证统一的关系。"[3]平衡是矛盾双方在斗争中暂时的相对统一的一种表现,不平衡是矛盾双方在斗争中不一致、不协调的一种状态。但是，事物不会长时间偏离平衡轨道运行，最终还会回到平衡状态上来。因此，平衡发展与不平衡发展统一论就是交融发展论。第二，平衡发展与不平衡发展统一论就是互补发展论。世界上一切事物的矛盾运动，都是既平衡又不平衡，都是在平衡与不平衡的斗争与和谐中存在和发展的。对于事物的发展来说，平衡和不平衡都有着重要的意义，二者是互补的关系。我国在现代化建设的进程中，要实现经济、政治、社会、文化和生态的平衡发展。在经济社会发展中既要宏观控制，又要微观放开；既要实现宏观动态平衡发展，又要实现微观有序不平衡发展。第三，平衡发展与不平衡发展统一论的哲学基础。唯物辩证法诸范畴是人的思维对事物普遍本质和辩证关系的概括和反映。诸范畴反映了一切事物或一切现象相互之间的联系、发展的各自特殊的不同侧面，又有着本质上的联系和共同性。这些成对范畴都是对立统一的关系，每对范畴之间和各对范畴之间都是相互联系的。在人的辩证思维中反映辩证法基本规律相互渗透、相互交织，综合地发挥着作用，从不同角度说明了平衡发展与不平衡发展的对立面的同一、统一和融合的关系。因此，唯物辩证法诸范畴是平衡发展与不平衡发展统一论的哲学基础。第四，平衡发展与不平衡发展的科学基础。本书论点平衡发展与不平衡发展统一论，实际上就是平衡发展和不平衡发展相结合，与耗散结构理论是不矛盾的，与"非平衡是有序之源"是一致的。例如，人体是开放性的，与外部自然环境之间是一种平衡的关系，体现在适应环境中生存、在环境中摄取、在环境中排泄等。从这个角度讲，耗散结构理论则是本书"大平衡"(超平衡)论点的依据。第五，平衡发展与不平衡发展统一论的实践基础。例如，经济系统的发展是"无形的手"与"有形的手"的统一，社会系统的发展是宏观平衡发展与微观不平衡发展的统一，自然生态环境系统是"自然意志"与人的意志的统一。"邓小平根据我国各地区的特点和条件，在1978年提出了'让一部分地区先富起来，逐步实现共同富裕'的地区经济梯次推进的战略构想。事物的发展总是从不平衡——平衡——新的不平衡，再到新的平衡。邓小平的这一战略构想，正是运用这一事物发展的普遍规律。"[4]我国30多年改革开放的成功实践，证明了平衡发展与不平衡发展统一论是一种有效的发展战略选择。

2.5.1.2　制衡发展与反制衡发展的统一

平衡调节方法和不平衡调节方法，即制衡与反制衡的方法。这个方法符合我国国情。"中国是一个各方面发展不平衡的大国，其东部沿海城市如上海、广州、深圳等的第三产业的产值已逐步超过第二产业。"[5]动态平衡发展方式就是运用不平衡解决不平衡问题的方法，它的运行原理是双向的、互动的和协同互补的，在思维方法上有正向平衡思维和反向平衡思维，在调节方法上有正向制衡和反向制衡。"两种调节方法"所追求的平衡态和功能相反，反制衡方法有四种：一是根据实际需要追求非平衡态；二是打破平衡态现状追求非平衡态；三是从开始先追求非平衡态，最后再从非平衡态走向平衡态；四是制衡和反制衡循环追求。我国在改革中实行政策倾斜，优先发展东部。这是不平衡发展的战略选择，是世界上发展中国家所采取的最优策略。"我国东部沿海地区经济基础较好，交通和地理环境比较优越，应该充分利用有利条件，先发展起来，千万不要贻误时机。他认为允许一部分地区先富起来，可以带动其他地区。这样，就会使整个国家经济不断地波浪式地向前发展，使全国和各族人民都能比较快的富裕起来。"[6]在东部地区和沿海优先发展的基础上，通过各种形式帮助带动中西部欠发达地区的发展，从而实现整体平衡发展。在政治领域，调整生产关系、改革上层建筑，使二者与生产力发展水平相适应，从而来拉近两者之间的差距，使生产关系适应生产力，上层建筑适应经济基础。在社会领域，运用反制衡调节方法，打破平均主义分配方式，实行多劳多得、少劳少得，拉开收入档次，调动人的积极性，让大家走出"共同贫穷"，实现"共同富裕"。

参考文献

[1]徐宝德.科学发展观概论.兰州：甘肃人民出版社，2006：148.

[2]李勇.社会认识进化论.武汉：武汉大学出版社，2000：247.

[3]李继兴.大平衡.北京：中国大百科全书出版社，2007：76.

[4]中国成人教育协会成人高等学校招生研究会组.政治.沈阳：辽宁大学出版社，2000：258.

[5]张琢，马福云.发展社会学.北京：中国社会科学出版社，2001：388.

[6]中国成人教育协会成人高等学校招生研究会组.政治.沈阳：辽宁大学出版社，2000：258.

2.5.2 自趋平衡发展与综合动态平衡发展的统一

引证：

> 全球经济失衡加剧，南北差距拉大，传统安全威胁和非传统安全威胁相互交织，世界和平与发展面临诸多难题和挑战。[1]
>
> ——郝永平、冯鹏志《地球告急》

2.5.2.1 "无形的力"与"有形的力"的对立与平衡

所谓"无形的力"就是"无形的手"的作用力，所谓"有形的力"就是"有形的手"的作用力，二者是对立的，又是平衡统一的。在宏观经济中要运用"有形的手"的"有形的力"进行人为宏观调控，实现一定阶段上经济整体的综合平衡，实现各领域、各部门和各行业平衡发展、内外需平衡发展、城乡平衡发展、区域平衡发展和国际收支平衡发展。同时，要利用"无形的手"的"无形的力"发挥市场机制的积极作用，优化资源配置，搞活经济，同时发挥市场自发平衡调节的作用。实行经济微观不平衡发展，放开搞活，引入自发竞争机制，引导自发有序的、可控的不平衡发展，从而形成微观竞相发展的生动局面。

“我们把这种自我调节功能称为‘看不见的手’”[2]，看不见的这只手是指市场经济自发的资源配置和自趋平衡调节作用。例如，一个人患感冒后不做任何治疗一周后自愈，这就是人体自我平衡调节的作用，人体白细胞自发与病毒斗争而战胜了病毒。为什么我国20世纪末有的纺织厂、服装厂、电视机厂、化肥厂、硅铁厂等一度停产关闭，就是因为由于开始效益比较好，大家一窝蜂上马，造成产能过剩，产品积压，结果亏损甩卖。上述人体自愈和市场变化现象，就是“无形的手”自发平衡调节的作用。在文化市场上也是如此，一部电视剧《宰相刘罗锅》效益好，大家便一窝蜂地搞“清宫戏”，结果受到冷落。在机关事业单位个别人“下海”当“百万富翁”的影响下，一些人也一窝蜂“下海”，结果有的成了“百万负翁”。这些都是“无形的手”操纵的结果，“无形的手”有时在短期内失灵，是靠不住的。“无形的手”的作用，是一切事物自发平衡调节的本性，它的调节是自发的、自觉的、自然而然的自我调节。因此，在一定时期内具有盲目性和滞后性，虽然最终还会回到平衡上来，但代价太高、时间太长。

亚当·斯密的《国富论》中提出了“看不见的手”的著名观点。亚当·斯密认为，人类的本性就是交换，人类社会就是交换的联合。在交换过程中，人人都为自己的资本和劳动寻找最有利的用途，如果此用途比彼用途更有利或更不利，就会有许多人离开不利的用途，挤入有利的用途。这样一来，在同一区域内不同劳动和资本用途的利害趋向平衡。各人追求自己的利益，使社会财富的分配趋向平衡。于是，亚当·斯密由此得出结论：人们在经济活动中追求的是个人“自己的利益”，个人的主观动机并非促进社会利益，然而在客观上促进了社会利益。由此可知，亚当·斯密所说的“看不见的手”实际上就是隐藏在表面现象的背后，支配着商品交换和商品生产的价值规律的无形的、看不见的作用力。亚当·斯密提出这一观点的目的是：政府对自由竞争的任何干预都有害于社会，而放任主义是政府对经济工作应采取的最好政策。[3]亚当·斯密的这一观点中政府采取放任主义，不进行任何干预则具有一定的片面性。

“商品按照它们的价值来交换或出售是理所当然的，是商品平衡的自然规律。”[4]在自然界的生态系统、经济领域的市场系统、生物体内的循环系统中，都有自我调节平衡的功能，这就是所谓“看不见的手”的操纵。与此相对，还有一只“看得见的手”，这就是人为调节平衡的作用。经济上政府的宏观调控作用就是“看得见的手”。在市场经济条件下，“有形的手”与“无形的手”二者是相辅相成、优势互补的关系，是辩证的统一，二者各有各的作用，同时也各有各的局限性。我们要使一个国家的经济持续健康发展，就必须把“有形的手”与“无形的手”结合起来、两只手并用，一起操作，二者不可偏废，配合得当，既要发挥市场的决定性作用，又要发挥政府的宏观调控的作用。政府这只“有形的手”要制定经济发展的短期计划和长期规划，监督管理财政金融体系，完善各种法律、法规、政策和制度，进行媒体的导向和舆论引导等，用行政命令、行政管理手段调控宏观经济，防止市场失灵、偏离运行轨道、矛盾累加和问题积重难返，也杜绝市场机制受到损害。为此，一方面，"有形的手"要做到宏观上调控，微观上引导，中观上放开搞活；另一方面，"有形的手"要扶持、保障"无形的手"的有序自发调节，克服市场的盲目性和滞后性。与此同时，要十分关注"木桶效应"和"瓶颈效应"，在市场经济运行中，适时消除"无形的手"运行中的"短板"和"阻碍"作用，真正发挥市场机制对资源优化配置的决定性作用。

"正是因为我们不能只依靠这样一只无形的'看不见的手'，才需要另外一只手出来起支撑作用。一个人感冒后身体抵抗力不强不能自愈，以吃药物配合体内白细胞同病毒做斗争。这是有形的手的作用。这另外一只手，就是'看得见的手'。"[5]政府宏观调控这只有形的手在经济工作中是不可或缺的，对于农业、工业、商业、科技、商品市场、金融市场、劳动力市场等都要实施正确有效的宏观调控，确保平衡有序运行。党的十八届三中全会提出市场在资源配置中的决定性作用，从理论上对政府和市场关系做出定位。市场决定资源配置是市场经济的一般规律，市场经济本质上就是市场决定资源配置的经济。我们要遵循这条规律，处理好政府与市场的关系，既要发挥市场的作用，又要发挥政府的作用，二者协同共生、平衡互补。政府要建设职能科学、结构优化、优质高效、人民满意的服务型政府，为企业创造良好的发展环境，提供优质服务，维护社会公平正义。政府要履行政府自身的职能，加强科学的宏观调控、有效的政府治理，保持宏观经济平衡稳定运行，做好公共服务，保障公平竞争，加强市场监管，维护市场秩序，弥补市场不足。但是，有形的手的干预，既不能管死，又不能不管，这就要求我们要把握好"平衡度"。

2.5.2.2　平衡增长战略与不平衡增长战略的对立与统一

"两种增长方式"，就是平衡增长方式与不平衡增长方式。在经济工作中，有人称为两种增长理论，即不平衡增长理论和平衡增长理论；也有人称为不平衡发展理论和平衡发展理论。"从表面上看，均衡增长与不均衡增长战略似乎是相互矛盾的，但实际上它们是相互补充的。在宏观上，各经济部门和产业门类应尽可能平衡发展；但在微观上，在具体实践中，发展的不平衡又是绝对的。"[6]

以辛格和艾伯特·赫希曼为代表的"不均衡增长战略"理论，主张发展中国家的经济成长，不要脱离现有基础，不要妄想在自身传统经济十分薄弱的基础上实现平衡增长，妄想建立起现代化工业部门。这是因为，经济发展是不平衡的，所以只能使少数企业和部门先发展，然后再带动后发产业和部门。(1)不平衡发展理论和平衡发展理论。不平衡发展和平衡发展相互之间是不矛盾的，是相互补充的，都是可选择的战略。"在发展经济学中一直存在着两种相互对立的发展理论：不平衡发展理论和平衡发展理论。不平衡发展理论认为，从区域经济增长的过程来看，经济增长并不是在各个地区普遍出现的，而是首先在一些区位条件较好、拥有独特的资源优势的地区率先发展起具有创新能力的主导产业部门，并带动相关部门的发展，形成很长的产业链，逐步形成区域经济的增长极。达到一定的规模后的增长极开始通过不同的渠道向周围地区辐射和扩散经济增长波，从而带动其他地区的发展。平衡发展理论认为，由于各经济要素间的相互依赖性和互补性，一味地侧重某一个部门或地区的投资影响了相关部门和地区的发展，由于落后的部门和地区的阻碍作用，所有的部门和地区都不会得到发展。因此所有的经济部门和地区应该齐头并进，共同发展。两种理论，两条道路，在决心建设沿海经济社会发展强省之际，我们面临着发展道路的两难选择。"[7]实际上，我国大多数经济学家在区域经济发展的观点上，倾向于不平衡发展理论。(2)梯度不平衡发展理论。我国一些学者提出了梯度理论，这是对区域发展理论的创新。根据经济发展总体水平将我国划分为三个地区区域，即东部沿海地区、中部地区和西部地区，并最终把有限的经济资源重点投向了东部沿海地区。实践证明，这一战略是成功的，在我国整体上经济长期稳定发展，并始终呈现较快的增长趋势，年人均GDP也随着上升，人民生活质量不断提高。(3)"中庸"发展理论。我国经济学家根据瑞典经济学家冈纳·米尔达尔的"累积性因果循环关系"原理，提出区域经济发展面临两难境地的问题，回顾总结我国改革开放30多年来的经验，强调要充分发挥不平衡发展所产生的"良性积累因果循环"的效应，同时也要避免不平衡发展所产生的"恶性积累因果循环"的影响，主张实行平衡发展和不平衡发展结合的政策，加大中央和地方的宏观调控力度，走一条经济社会发展的"中庸之路"。所谓"中庸之路"，即在发展自主权、优惠税收政策和资金投入方面既不能搞平均主义，也不能过分集中。过分集中，加剧社会不平等，增大基尼系数；平均主义则忽略了效率优先的原则，最终结果是导致落后。张岭泉的"中庸之路"走出了"两难境地"，实质上，这就是平衡发展与不平衡发展的统一。

在"发展经济学"理论中，存在平衡发展与不平衡发展两种基本观点，在一个国家、一个地区的发展中，也存在平衡发展与不平衡发展两种战略选择。这种选择是由内部和外部环境条件决定的。特别是经济增长的方式问题，是发展中国家面临的共同的问题。用何种增长方式来指导经济建设，这是关系到发展中国家经济社会健康持续发展的全局性大问题。随着发展中国家的经济社会进一步发展，经济的增长提高到一定阶段，更需要有科学的发展方式，因此经济发展方式的研究就是非常重要的问题。不平衡发展有战略性的，也有各种复杂因素共同作用造成的结果，我们要客观地、历史地、辩证地来认识和对待。如果不是战略性的，就要把各种不平衡发展限定在允许、可控的范围之内，对不断拉大的不合理差距采取有效措施，加大平衡发展的力度加以缩小或从根本上解决。对于战略性的不平衡发展，则要走好从平衡到不平衡再到平衡的路。例如，我国东西部发展不平衡问题，从长远的、总体的角度看，东西部平衡发展是方向和趋势。但是，随着全国、全球统一市场的形成和市场经济的建立，市场成为资源配置的基本方式，东部发展的条件优越于西部，优先发展东部，这是最佳的战略选择。于是，我国把平衡发展与不平衡发展统一起来，采取前期东部先发展、中期带动中部和西部发展、后期推动全国整体平衡发展，达到整体共同富裕的目标。

宏观经济平衡发展与微观经济不平衡发展，这是经济领域的客观实在。宏观经济是一个国家总体的经济结构形态和经济运行状态；微观经济是国有企业、民营企业、个体经营者和承包经济责任制农户等的生产经营活动。我国实施的宏观经济平衡发展与微观经济不平衡发展，目的是要实现宏观经济有序、可控、平衡发展，微观经济是宏观经济的基础，必须放开搞活，调动市场资源优化配置的积极作用，推动大众创业、万众办实体竞相发展的局面。这是因为，公有制经济和非公有制经济（微观经济）平衡发展，这两种经济都是社会主义市场经济的重要组成部分，都是我国经济社会发展的重要基础。鼓励、支持、引导非公有制经济发展，激发非公有制经济的活力和创造力，从微观上增强活力，实现国有和民营二者发展的平衡统一，有利于保持宏观上的综合平衡发展。我国对国民经济出现的不平衡问题，在市场机制自发调节微观经济的基础上，政府采取措施进行宏观经济有效调控，实现了宏观经济平衡发展与微观经济有序不平衡发展之间的平衡，始终保持了宏观经济平衡运行，微观经济竞争发展的生动局面。从而，不断推动整体国民经济的快速健康发展，不断满足人民日益增长的物质和文化生活的需要。

我国提出了科学发展观，强调全面协调可持续发展，制定了经济建设、政治建设、文化建设、社会建设和生态文明建设“五位一体”的总体布局；努力做到在不同部门、不同地区、不同领域之间保持发展规模、发展速度、发展程度、发展效益的比例适当、结构合理，系统与系统之间达到相互衔接、相互促进的动态平衡运行的状态。一是建立传统产业与现代新兴产业平衡发展体系。坚持以农业为基础、制造业为支柱、新兴产业为先导、服务业为支撑、文化新业态为动力，大力调整产业结构，推动经济社会的快速发展。大力开展科技创新，提升自主创新水平，推进技术进步，变“中国制造”为“中国创造”，实现以科技兴国兴企。同时，把信息化与工业化的发展结合起来。把应用信息技术作为经济发展的动力，以信息技术带动经济增长，提高生产效率，优化资源配置，提高工业化水平。二是实现调结构、促改革、稳增长、惠民生的平衡。大力调整产业结构，变粗放型发展为集约型发展，增强可持续发展理念，以节能低碳为核心，推进清洁生产，推广节能环保技术，合理利用资源。同时，要处理好资金技术密集型与劳动密集型产业的关系，努力提高劳动生产率和就业率，实现党和国家最新提出的“调结构、稳增长的平衡”。

参考文献

[1]郝永平，冯鹏志.地球告急：挑战人类面临的25种危机.北京：当代世界出版社，1998:220.

[2]王颖.动态平衡论.北京：中国青年出版社，1998:245.

[3]新编思想政治工作辞典.北京：中国经济出版社，1987:256.

[4]马克思恩格斯全集:第25卷.北京:人民出版社,1975:209.
[5]王颖.动态平衡论.北京:中国青年出版社,1998:254.
[6]张琢,马福云.发展社会学.北京,中国社会科学出版社,2001:165.
[7]张岭泉,单厚军,陈俊彦.走出平衡与不平衡发展道路的两难境地.河北日报,2007-06-19.

2.5.3 宏观平衡发展与微观不平衡发展的统一

引证:

> 世界是矛盾的,矛盾是统一于物质的,物质是运动的,运动是趋向平衡的,平衡与不平衡是相对的,相对的平衡与不平衡是由矛盾的转化引起的,矛盾的转化是由矛盾趋向自身平衡的本性决定的。[1]
>
> ——李继兴《应用哲学平衡论》

2.5.3.1 社会宏观平衡与微观不平衡的统一

宏观平衡和微观不平衡的统一,是宇宙有机界和无机界的共同规律。宇宙、自然界、人类社会都是宏观平衡发展与微观不平衡发展的统一。从系统整体而言,宇宙系统宏观是平衡运行的,微观系统是不平衡运行的;自然界系统宏观发展是平衡的,微观系统发展是不平衡的;社会系统宏观是平衡运行的,微观系统是不平衡运行的。

"在社会学上,社会稳定是指一种社会的良性运行与协调发展状态。即社会结构诸要素之间都要按照一定的顺序,构成相对稳定的网络体系,它往往是与社会结构、社会秩序、社会规范、社会平衡、社会整合、社会控制等概念相联系的。"[2]社会系统网络体系构成系统整体,它们之间是相互作用、相互促进和相互制约的关系,因此要实现社会平衡运行,就要实现社会宏观平衡发展与微观有序不平衡发展之间的统一。社会宏观,指的是全社会的若干重大体系的关系,如经济关系、政治关系、社会关系等。社会微观,指的是社会中的个体和群体组织及其社交活动等,如团队群体、单位组织、工厂企业和个人家庭等群体的相互关系。社会宏观与微观的平衡,就是二者的有机统一,二者的协调运行。从社会微观系统内部而言,团队、单位、工厂企业和家庭等社会组织则必须协调平衡,内部单位与单位之间、人与人相互之间要分工协作、和谐相处和友好往来。宏观是微观的集成,微观是宏观的基础,社会宏观和微观的最终目标是一致的,都是为提高人民的物质文化生活水平。社会发展并非一开始就是非平衡的。原始社会就处于稳定性平衡状态,到了末期才呈现出不平衡状态;社会发展不断改变旧社会制度,建立新社会制度,改变相互之间的关系。一是社会宏观的平衡发展。在人类社会管理方面无论是集权制还是民主制都是成熟的模式,关键是看各个国家社会管理方(政府)与委托方

(公民或纳税人)是否符合人类不懈追求的公平与正义的平衡;无论是德治还是法治,或是德治与法治兼用,也要看是否实现公平与正义的平衡。二是社会微观的有序、可控的不平衡发展。人类社会发展的一个重要特征是微观的有序不平衡性。这个特征表现在世界社会和各个国家的社会,以及社会系统内部各群体之间、各单位之间、各家庭之间的发展的不一致、不统一关系,是一种有序的自由发展。从宏观角度则要求微观有序、可控的不平衡发展,但从微观自身内部的角度来说,各要素内部要强调平衡发展,否则微观自身就会杂乱无章,影响宏观平衡发展。三是社会是宏观平衡发展与微观不平衡发展的有机统一。这是社会统一性和多样性的结合,社会宏观统一性有利于社会管理、社会控制、社会运行和社会发展;社会微观有序不平衡发展是多样性的体现,这样社会才能有活力,才能丰富多彩,才能全面发展,才有竞争动力,才有社会发展的生动活泼的局面。

2.5.3.2 社会“两对基本矛盾”的平衡和统一

“两对基本矛盾”,是指社会生产力和生产关系、经济基础和上层建筑的两对矛盾。人类社会是一个有机体,是一个复杂的大系统,在社会两对矛盾的作用下,它的发展进化轨迹,就是从平衡到打破平衡再走向新的平衡,从而推动社会由低级阶段向高级阶段演进。

“社会大体上是平衡的。”[3]社会两对基本矛盾之间的不适应性、不平衡性推动社会发展,就是说,生产力和生产关系的不平衡性、经济基础和上层建筑的不平衡性,是推动社会发展的动力。生产力决定生产关系的性质,生产关系必须适合生产力,也就是二者必须保持平衡和适应。它们之间的对立、不平衡和不适应,必然引起生产关系和上层建筑的变革,从而推动社会从低级到高级发展。人类社会经历了五种社会形态的依次更替,都是社会两对基本矛盾的不平衡、不适应而引起和推动的,而根本的、核心的动力是生产力,生产力决定社会的发展进程。

当今世界,经济全球化和信息全球化的发展,极大地推动了人类生产力的高度发展,导致了当今全球社会生产力和生产关系的不平衡、不适应,经济基础和上层建筑的不平衡、不适应,必然要求变革全球社会的生产关系和上层建筑,要求世界大统一、人类大融合发展,要求冲破民族国家国界的限制,要求跨国跨区域的大格局发展。在这个形势下,各个民族国家适应这个要求,纷纷加入区域国家联盟组织,在洲际开展广泛经济合作并建立超国家组织;民族国家的企业也适应这个要求,冲破国界开展跨国生产经营,这些“无国界”现象都是生产力高度发展的必然结果,使国家和国界成为人类发展的障碍,加速了国家权力的削减和“国界”的消失,推动了全球社会走向大时代、大格局发展,为世界统一、人类融合奠定了基础。

参考文献

[1]李继兴.应用哲学平衡论.哲学中国网,2013-02-21.

[2]邓伟志.变革社会中的政治稳定.上海:上海人民出版社,1997:21.

[3]李继兴.大平衡.北京:中国大百科全书出版社,2007:124.

2.5.4 自我平衡调节发展与综合平衡调节发展的统一

引证:

英国斯宾塞先生也说:"在宇宙中,我们到处都发现趋于均衡的意向。"古图布先生也说:"宇宙里统领一切的是平衡。"[1]

——李继兴《大平衡》

2.5.4.1 自然意志与人的意志的平衡

所谓"自然意志",就是自然规律。我们在推进经济社会发展中,必须尊重自然意志,人类意志要服从自然意志,尊重自然规律,按照自然规律办事,努力实现自然意志与人的意志的平衡和统一,才能实现经济社会可持续发展。张远灯的《人类意志与自然意志融合论》一文提出,人类与自然的矛盾表现为人类意志与自然意志的不平衡。这个观点同17世纪荷兰思想家格劳秀斯的观点有相似的地方:世界上存在着两种法,即意志法和自然法。意志法适用于全人类,但不是永恒不变的,它必须符合自然法。自然法来自人的本性即人类理性,永恒不变,适用于一切时代和一切民族。因此,人类必须更新观念,放弃人类意志为中心的观点和消灭自然意志的幻想。我们要在接受自然意志的规范,人类意志适应自然意志的过程中实现二者的平衡和统一。在漫长的进化中,无机物合成有机物,微生物演变为鱼类,再由爬行动物演变为人类,脱离了动物界。在这个过程中,人类不断适应自然意志,成为可以主宰部分动物、植物、微生物的人类。人类从被动适应发展到主动适应,再到部分利用自然意志、部分改造自然意志和部分支配自然意志,正在从必然王国向自由王国迈进。人类源于自然,生存发展于自然,又在某些方面高于自然。但人类一刻也离不开自然。因此,人类必须更新传统观念,放弃人类违背自然意志的不科学行为,人类要在遵循自然规律和维护生态平衡的大前提下促使自然意志符合人类意志,实现人类意志与自然意志的平衡和融合,实现人类意志最大限度的发挥。一是人类必须认识自然。人类认识自然的目的,是为了按照自然意志办事,不能强加人类意志,不能超越自然意志。二是人类必须顺应自然。人类不能对自然居高临下,应以和谐态度对待自然,在自然面前不能任性,只能顺应自然意志。三是人类可以合理利用自然。自然规律不能创造但可以合理利用,利用了就要补偿。四是可以科学改造自然。人类遵循自然规律，按照自然规律对自然进行科学改造，从而实现人的意志。

2.5.4.2 人的永续发展与自然永续发展的平衡

“我们必须权衡当今的短期利益和后代的长期利益：一种代际公平的平衡。”[2]由于人类违背自然意志，破坏了自然生态平衡，目前地球上已经有上千个物种灭绝，上万个物种濒临灭绝，40%的人用水短缺，全球生态环境恶化使可预防疾病发病率增加25%。地球失衡的现状，促使人类社会必须重视发展方式的更新。一是自然的永续发展：做到经济建设、生活消耗与自然承受力的平衡。经济社会的发展，要与自然资源和环境保护保持平衡，每个人的工作和生活也要与环境保护保持平衡，不超过自然承受力。自然界是人类生存的源泉，必须人人尊重自然、保护自然，保持生态系统的永续平衡，实现人与自然协同进化发展。二是人类的永续发展：做到短期发展与远期发展相平衡。我们要树立长远发展的观点，要克服短期行为，只顾当前利益，不顾长远发展利益。在经济工作中做到现在与将来发展相统一、相结合，维持发展的持续性，保持经济、社会、人口、资源环境的动态平衡发展，纠正只追求经济增长和暂时的高速度、高效益，不留再发展的余地和发展潜力，影响经济社会发展的行为。我们要重视人类未来的可持续发展，做到当代人的发展与后代人的发展相平衡。我们要把现实的经济社会发展与未来人类的发展统一起来，保持人类千秋万代可持续发展。大自然赋予人类的资源是有限的，我们要做到现实的发展不牺牲后代人类的发展，努力实现代与代之间的机会平等、权利均等，前代要为后代子孙留下更多的发展机会。

参考文献

[1]李继兴.大平衡.北京：中国大百科全书出版社，2007:101.

[2][美]凯密斯.平衡的法则.北京：中国环境科学出版社，1996:3.

2.6 大平衡、中平衡、小平衡发展方式的统一

引证：

> 平衡、不平衡都可分大、中、小三个类别。如国家、集体、个人……
>
> ——李继兴《应用哲学平衡论》

北京大学教授李继兴把平衡与不平衡分为大平衡、中平衡、小平衡，这三类平衡与不平衡之间存在着矛盾，正如李教授所说：“如果说，矛盾就是差异，差异就是不平衡，那么，矛盾就是不平衡。”由于不平衡就是矛盾，所以，解决大中小平衡与不平衡矛盾的哲学依据就是矛盾论，解决矛盾的方法也同哲学上的解决矛盾的方法基本相同。其根据

就是矛盾及其发展过程中力量的不平衡性和地位作用的不平衡性，从而找到解决矛盾的正确方法。

2.6.1　大中小平衡与不平衡矛盾的解决方法

引证：

……正由于同时存在了耗散结构理论所述的那种非平衡、远离平衡的条件，才最终得以使机体保持了本书所论的总体大平衡。[1]

——王明志《运输供给与运输需求平衡论》

2.6.1.1　认识大中小平衡与不平衡矛盾的特殊性和复杂性

大中小平衡与不平衡矛盾具有普遍性、特殊性和复杂性。一是平衡与不平衡矛盾具有普遍性。科学证明，在自然界任何物质客体都存在矛盾，物体之间、分子之间、磁极之间形成引力和斥力、聚合和分散的矛盾；在人类社会存在两对社会基本矛盾；在生命体存在同化与异化、遗传与变异的矛盾；在人的思想领域存在真理与谬误的矛盾等。二是矛盾和矛盾的发展的不平衡性。“矛盾及其发展是不平衡的”，“矛盾发展的不平衡性还表现在，不论是主要矛盾或非主要矛盾，矛盾双方的力量也是不平衡的”。[2]“在事物由多种矛盾所构成的矛盾体系中，其中各种矛盾力量的发展是不平衡的。这些矛盾力量在事物发展中占有不同的地位和起着不同的作用。”[3]由于同一矛盾体系内部各个矛盾之间发展是不平衡的，导致不同矛盾在事物存在和发展中的地位、作用不同。其中处于支配地位、对事物的发展过程起决定作用的称为主要矛盾；处于从属地位、对事物发展过程不起决定作用的称为非主要矛盾。所以，大中小平衡的矛盾具有复杂性。三是矛盾的内部发展的不平衡性导致解决矛盾的方法的多样性。“由于同一矛盾内部两个方面之间发展也是不平衡的，导致不同矛盾方面在事物存在和发展中的地位、作用也不同。其中处于支配地位、起主导作用的方面称为矛盾的主要方面；处于被支配地位、不起主导作用的方面称为矛盾的非主要方面。”[4]研究和解决大中小平衡的矛盾，同样要抓住它的主要矛盾，否则就找不到解决矛盾的方法。大中小平衡与不平衡矛盾的复杂性大量地表现在每一种矛盾的双方力量发展过程中的不平衡性。世界上一切事物都是主要矛盾和非主要矛盾的统一。主要矛盾和非主要矛盾的区别就在于事物内部各种力量是动态的、变化的，也就导致相互力量的不平衡性。因此，解决大中小平衡与不平衡矛盾必须区别和抓住主要矛盾和矛盾的主要方面，才能找到解决矛盾的适合形式。

2.6.1.2　大中小平衡与不平衡矛盾解决的循环形式

分析研究大中小平衡之间与它们的对立面之间存在的种种不平衡矛盾，就是要找到它们之间矛盾解决的正确形式。因此，探索解决它们之间不平衡矛盾的基本形式，这是我们认识和解决不平衡矛盾的出发点和落脚点。

循环形式，重点是强调解决矛盾的循环性。就是说，任何不平衡矛盾的解决，都不是一劳永逸的，旧的不平衡矛盾解决了，还会产生新的不平衡矛盾，我们只有不断解决不平衡矛盾，不断保持发展过程中的平衡状态，才能不断推动事业前进。

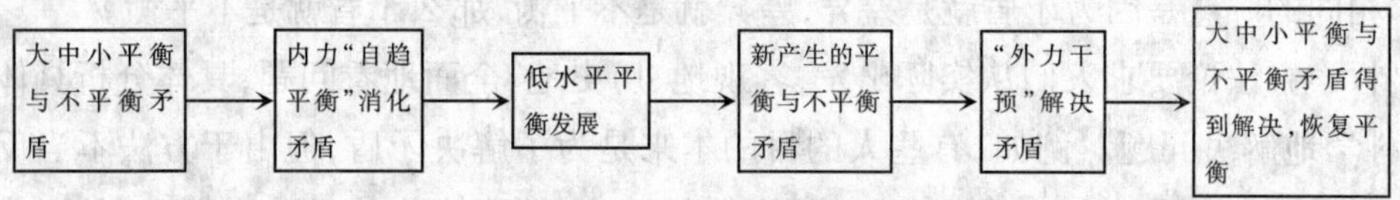

图2-1　大中小平衡与不平衡的矛盾循环形式

2.6.1.3　大中小平衡与不平衡矛盾解决方法的五种形式

马克思说："两个相互矛盾方面的共存、斗争以及融合一个新范畴，就是辩证运动的实质。"[5]正确认识大中小平衡与不平衡矛盾，正确运用解决矛盾的适合形式，才能有效解决不平衡矛盾，实现平衡发展。

"用不同的方法去解决不同的矛盾，这是马克思列宁主义者必须严格遵守的一个原则。"[6]现介绍解决大中小平衡与不平衡矛盾的五种形式。在此基础上，还可以在实践中创造出更多更好的形式。

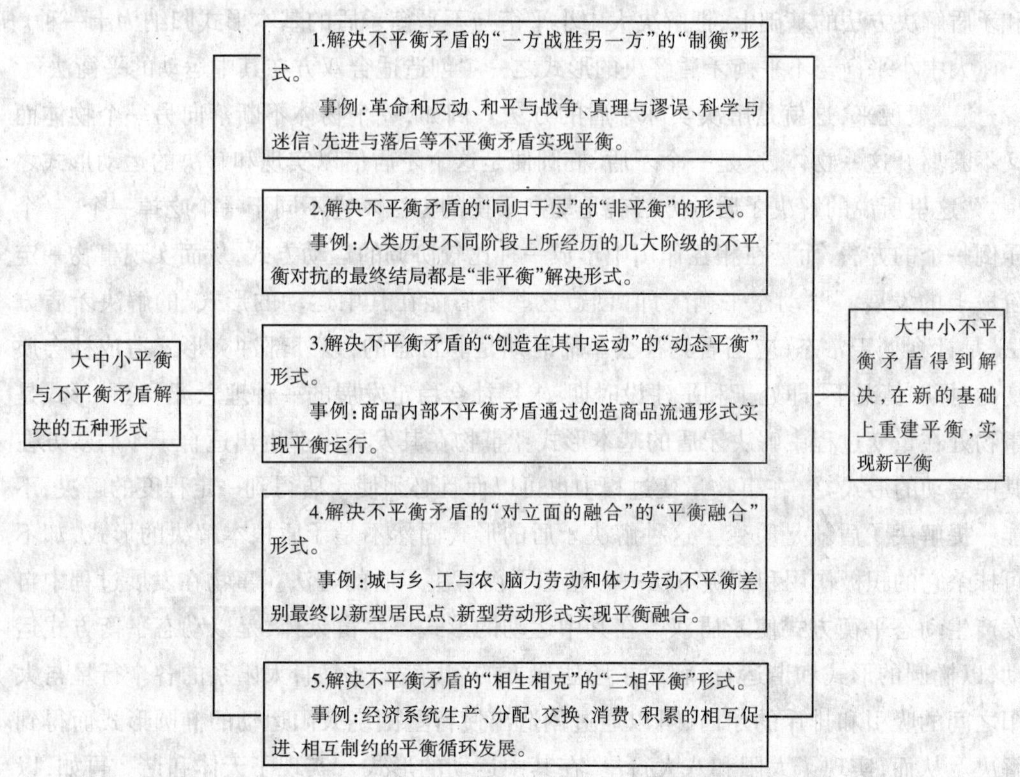

图2-2　认识、解决大中小平衡与不平衡矛盾的五种形式

2.6.1.4 大中小平衡与不平衡矛盾解决的形式

大中小平衡与不平衡矛盾由于性质、地位、作用的复杂性决定了解决矛盾形式的多样性。因为矛盾就是不平衡，所以不平衡矛盾的解决方法同哲学上解决矛盾的形式是基本相同的。这是因为矛盾就是差异，差异就是不平衡，那么矛盾就是不平衡。

哲学方法论要求人们从实际出发，客观地、历史地、全面地看问题，具体分析具体问题，科学地解决问题。例如，有些人的目的本来是为了解决矛盾，但由于方法不当反而激化了矛盾；有些人对人民内部矛盾采用“对立、斗争”形式代替“统一、同一”的形式反而使矛盾扩大化。这些问题实质上是哲学方法问题。我们要认真学习马克思主义哲学，提高认识问题和解决问题的正确性和科学性，掌握多种形式解决不同矛盾。

李秀林、王于、李淮春主编的《辩证唯物主义和历史唯物主义原理》一书把矛盾解决的基本形式归纳为三种；陈晏清的《马克思主义哲学纲要》把矛盾解决的基本形式分为四种；中国成人教育协会成人高等学校招生研究会组编的《政治》把矛盾解决基本形式分为三种；查汝强在《中国社会科学》杂志上撰文《矛盾的八种类型及其解决方式》，将矛盾的类型和解决矛盾的方式分为八个种类。

“矛盾的复杂性和特殊性，决定了解决矛盾的形式多样性。”[7]本书在借鉴上述理论和矛盾解决方法的基础上，把解决大中小平衡与不平衡矛盾的基本形式归纳为十一种。

大中小平衡与不平衡矛盾解决的形式之一：“创造适合双方在其中运动的平衡法”。

“一般说来，这就是解决实际矛盾的方法。例如，一个物体不断落向另一个物体而又不断离开这一物体，这是一个矛盾，椭圆便是这个矛盾借以实现和解决的运动形式之一。”“这里所说的解决矛盾的方法就是动态平衡的方法。它不同于一个吃掉一个、一个压倒一个的方法，而是在相互作用中形成一种比较协调的运动方式，从而实现事物一定阶段上的发展。”“‘动态平衡’，即‘创造这些矛盾能在其中运动的形式’的解决矛盾方法，是社会处于常态(应当看到社会革命时期是非常态的，以外部冲突形式造成社会质变的时期)情况下，即处于和平建设时期，求得社会稳定发展的一种理念。”[8]这种形式是事物处在量变过程中解决矛盾的基本形式：“事物在其发展中产生出适合于矛盾双方在其中运动的形式。”[9]在事物量变过程中也可以而且必须使矛盾得到一定程度的解决，不能一提解决矛盾就是质变。这种解决矛盾的形式固然不是矛盾根本解决的形式，却不可抹杀它的积极作用和积极方法——动态平衡解决矛盾的方法。事物在发展过程中自发产生动态平衡方式使矛盾双方在其中运动的形式。宇宙天体，是以动态平衡方式运动，以椭圆的形式和谐运行，解决了矛盾双方的“共存”。例如，太阳系的各个行星与太阳之间的吸引和排斥的矛盾，可以通过创造出使行星围绕太阳运动的椭圆形式而得到解决。从而，实现了太阳和八大行星“在其中运动的形式”，实现了天体和谐。再如，以“在其中运动的形式”解决经济系统生产、分配、交换、消费、积累相互之间的矛盾，实现经济和谐运行。人为创造一种动态平衡方式适合于矛盾双方在其中运动的形式。我国在商品经济存在的历史条件下，商品内部的矛盾可以通过它所创造的商品流通的形式和国际贸易的形式解决，同时对市场经济进行改造、兴利除弊和加强精神文明建设，解决了市场机制与社会主义性质的矛盾。马克思在《资本论》中明确指出："商品的交换过程包含着矛盾的和互相排斥的关系。商品的发展并没有扬弃这些矛盾，而是创造这些矛盾能在其中运动的形式。一般说来，这就是解决实际矛盾的方法。"[10]这就是要利用国家的指导性计划，乃至利用一定的行政手段，以克服市场机制带来的负面效应，解决市场机制和社会主义性质的协调问题。可见，动态平衡的方法，是解决市场机制与社会主义性质矛盾的好方法。

大中小平衡与不平衡矛盾解决的形式之二："一方克服另一方的制衡法"。

"这是事物通过质变而解决矛盾的形式。矛盾经过一个双方力量变化的准备过程之后，一方压倒另一方，就使矛盾得到解决。"[11]这种解决大中小平衡与不平衡矛盾的制衡方法，是一种"非平衡"的、"质变"的解决矛盾方法，在历史和现实中普遍存在。在社会领域"一方克服一方"的制衡方法，如社会发展中新的生产力克服旧的生产关系；革命阶级战胜反动阶级；社会生活中的先进势力战胜落后势力；世界和平力量压倒战争力量。这种"一方战胜另一方"就是采取"非平衡"方法解决矛盾的形式。在认识领域"一方克服一方"的制衡方法，如真理克服谬误、科学战胜迷信等。这也是大中小平衡与不平衡相互对立矛盾的一方战胜另一方的解决形式。在生物界"一方克服一方"的制衡方法，如生物界以优胜劣汰的形式解决矛盾，"生物通过自然选择，使能够适应环境变化的物种生存下来，不适应的物种被淘汰，这就是以优胜劣败的形式解决矛盾，实现由旧物种到新物种的质变"[12]。也正如扎拉嘎所说"矛盾的解决依赖于一方克服一方。比如生物竞争中的优胜劣败，这是新事物产生的主要方式"。这也是生物的一种平衡进化。在无机界"一方克服一方"的制衡方法，主要以吸引克服排斥、排斥克服吸引的形式解决不平衡矛盾。无机界就是采取这种形式一方克服另一方，实现宇宙天体以动态平衡方式运行。

大中小平衡与不平衡矛盾解决的形式之三："平衡转化法"。

平衡转化就是改变，是矛盾双方向着和自己相反的方面转变，也就是各自向着对立面所处的地位转变。例如，主要矛盾和次要矛盾、对抗性矛盾和非对抗性矛盾、正确与错误、真理与谬误等，二者是对立统一的关系，在一定条件下是可以相互平衡转化的。正确可以转化为错误，错误可以转化为正确。平衡转化的方法，从大的方面说有两大类：一类是运用"对立、斗争、不平衡"的方法实现矛盾的转化，这是一种"质变"的方法。我国在阶级对抗时期，主要采取的是"对立、斗争、不平衡"这种"质变"的方法解决敌我矛盾。另一类是运用"统一、同一、平衡"的方法实现矛盾的平衡转化，这是一种"量变"的化解矛盾的方法。在新的时期，我国阶级对抗矛盾基本解决，大量需要解决的是人民内部矛盾，工作的中心转移到经济建设上来，解决社会矛盾主要采取"统一、同一、平衡"

的“量变”方法。

在新时期新阶段，解决矛盾主要运用“统一、同一、平衡”的方法。在国际上，主要运用“统一、同一、平衡”的方法，解决国际经济政治文化往来中的不平衡矛盾，要把结合点放在国际关系的平衡协调、国际利益的平衡互补、经济往来的互利共赢、文化差异的借鉴交流上。在国内，要运用“统一、同一、平衡”的协调关系和平衡互补的方法解决经济生活和社会生活中的矛盾。在我国提出构建和谐社会的新的条件下，主要是解决社会生活中的人民内部矛盾、经济建设中的利益矛盾，这些矛盾都是人民内部矛盾，要采取平衡协调和平衡转化的方法，化解矛盾、不激化矛盾和矛盾不外部化。

大中小平衡与不平衡矛盾解决的形式之四：“平衡协调法”。

“我们党的协调发展论是非平衡与相对平衡统一论，承认差别，又要对差别进行必要干预，使其保持在有利全局发展的合理范围之内。”[13]大中小平衡与不平衡矛盾的普遍存在，决定了平衡协调的必要性。新世纪以来，“领导协调”理论成为一个热门学科，得到广泛应用。第一，以制衡的方法实现双方平衡协调、配合适当。协调工作是多领域、多层次和多方面的，人与人之间的关系需要平衡协调、单位与单位之间的关系需要平衡协调、国家与国家之间的关系需要平衡协调、人与自然之间的关系需要平衡协调，要求领导者要运用制衡的方法，做好各方的平衡协调。例如，企业要搞好人财物的平衡，做好职工的思想教育工作，化解各种矛盾纠纷，增强上下各方团结，使领导者和职工之间达到协调平衡、相互配合得当，取得好效益。第二，以综合平衡、统筹兼顾的方式实现矛盾双方协调一致。“统筹兼顾是我们党和国家处理各方面关系，妥善解决政治、经济、民族等重大问题的一条重要原则，也是领导者在协调整体与局部、重点与非重点、眼前和长远等关系时必须遵守的一条原则。”[14]党和国家处理国内外各方面的关系，解决政治、经济、民族、区域和城乡等重大问题的原则就是综合平衡、统筹兼顾，强调按照统筹兼顾这个原则制订工作计划，处理好各种利益关系，任何时候都不能顾此失彼。无论单位或个人，在做平衡调节工作时，都要从整体、全局出发，正确处理整体与局部、宏观与微观、重点与非重点、眼前与长远等关系的平衡协调，统筹解决各领域、各部门中的不平衡矛盾问题，不断创造经济社会动态平衡发展的氛围和局面。第三，以公平正义为准则实现矛盾双方平衡协调一致。在认识和解决人与人的往来关系、事与事的矛盾关系、单位与单位之间的公共关系等的平衡调节时，把平等、公平、正义作为基本准则。在利益上，要把平衡支点放在公共利益和大多数人的利益上；在处理公共事务上，要把平衡支点放在出以公心、秉公办事、一视同仁、不偏不袒、一碗水端平的基础上；在公共关系上，把平衡支点放在人格平等上，尊重权利，清除等级和特权思想、家长意识和情感因素，冲破关系学和关系网的压力，不断加强自身公平正义意识的培养，只有这样才能不断提高平衡调节的能力和水平。

大中小平衡与不平衡矛盾解决的形式之五：“反制衡法”。

大中小平衡与不平衡矛盾表现在各个方面，特别是发展中国家发展经济存在平衡增长方式和不平衡增长方式的矛盾，即制衡与反制衡两种发展方式的矛盾。反制衡是一种战略选择，反制衡发展的特征是把发展的重心向某些产业和地区倾斜。这就是利用不平衡效应、不平衡增长的理论和方法，实现高速发展的反制衡战略。我国就是把发展的重心向重点产业和沿海地区倾斜，从而推动经济的高速发展。"邓小平根据我国各地区的特点和条件，在1978年提出了'让一部分地区先富起来，逐步实现共同富裕'的地区经济梯次推进的战略构想。事物的发展总是从不平衡——平衡——新的不平衡，再到新的平衡。邓小平的这一战略构想，正是运用这一事物发展的普遍规律。"[15]我国实施反制衡发展战略，目的是实现我国经济社会的跨越式发展。我国充分利用东部沿海地区经济基础好，交通和地理环境优越的有利条件，先发展起来，可以带动其他地区。这样，就会使整个国家经济不断地波浪式地向前发展，使全国和各族人民都能比较快地富裕起来。多年来的中国改革开放和经济发展道路，就是走了一条反制衡之路。一方面是实现经济高速发展，另一方面是要起到示范辐射作用。先发带动后发，发达引领落后，发挥示范、带头作用。使东部沿海成为我国经济发展的"导航灯"，以东部的优势、发展经验、资金和技术带动落后的中西部地区的发展。对"木桶理论"的反制衡的运用。改革前期形成反制衡高速发展，形成"新马太效应"，但在改革后期加长木桶"短板"实现盛水量的最大化效应。也就是在改革开放后期实现我国经济社会整体平衡发展，缩小地区间的差距，并与世界发展趋势相接轨、相平衡。

大中小平衡与不平衡矛盾解决的形式之六："和而不同平衡法"。

"马克思主义绝不否认斗争在解决矛盾中的作用，但是也绝不否认统一、同一在矛盾运动和解决矛盾问题上的作用。"[16]在新的时期，解决不平衡矛盾应当采取统一、同一的方法，特别是在全国上下构建和谐社会和倡导构建和谐世界的新形势下，要把"和而不同"作为解决矛盾的重要形式。实际上，"和而不同"的实质，就是一种动态平衡形式。第一，以"和而不同"解决不平衡矛盾。在我国古代，非常注重追求人与人关系的和谐相处，并提出"和而不同"重要思想。圣人孔子第一个在两千年前提出"和而不同"观点。这个观点，充分体现了古人认识和解决矛盾的辩证思维。世界之大、社会之广、人丁之多，相互有矛盾是不可避免的，关键在于如何认识和解决这些矛盾。一是"和而不同"不是不讲原则的盲从，或随声附和，或没有主见。二是不能"同而不和"，要勇于否定自己的不正确观点和做法，接受别人的正确观点和做法，提高科学性和正确性。三是在解决矛盾的过程中力求"和"，但不求完全"同"，"和"不是没有矛盾、没有斗争，但这个矛盾斗争是在"和"的范围之内的，是追求不破裂、不质变为限度的，是以合作互利为目的的。四是在"不同"中求协同。既然可以"和而不同"，那么也就可以不同而协同。在历史和现实中，不同而协同是普遍存在的。在自然界存在自然协同，在社会中存在社会协同，在军事上有协同作战，在工作上有协调配合，在生产上有分工协作等，在这些协同中，有相当一部分是和而不同的协同，并非完全一致。例如，世界上在联合国的主导下，不同国家、不同社会制度之间的反对侵略维护世界和平的协同、应对气候异常的协同、反对恐怖主义的协同、防治疾病的协同等都是不同中的协同。动态平衡发展方式的理论和方法，主张在“和而不同”的思想指导下，实现世界协同、国际协同、社会协同、企业协同、单位协同和家庭协同，为构建和谐世界做贡献。第二，以求同存异解决不平衡矛盾。我们要学习借鉴西方流行的“求同”方法。首先，找到“求同点”。要寻找工作对象之间的平衡关系，找到双方相同、相似、相近和一致之处，把双方一致的地方，作为做平衡调节工作的基础。这是因为处在统一体的事物中的各要素之间都有密不可分、相互联系、相互作用、相互依存的平衡关系，必然有互相平衡一致的地方，一定有共同点的存在，这些一致和共同点就是二者凝聚在一起的前提。其次，回避不同点。要分析双方的相异、不同、不平衡之处，分析双方产生不平衡的历史因素、现实因素、思想因素、认识因素、利益因素等原因，有针对性地消除、放置和回避不同之处。再次，求大同存小异。在求同的基础上，有针对性地做好二者的求同存异的工作，求相似存区别，求相同存小差异，求相近存相远。要尽可能放大共同点，达到求同存异的目的，实现相互想法一致、步调一致。第三，在不平衡中追求平衡而解决矛盾。世界是一个复杂的大系统，充满着矛盾。国家与国家社会制度不同、意识形态不同、价值观不同、信仰不同、文明形态不同，在这个背景下如何相处呢？中国早在20世纪中叶就提出“和平共处五项原则”；进入新世纪，中国又在世界上高高举起“构建和谐世界”的大旗，这就从根本上说明中国的和而不同愿望，展现了中华文明的价值取向和中国的平等、互利、合作的外交风范，展现了中国同世界各国和平共处的愿望，展现了中国人民与世界人民和谐相处的实际行动。

大中小平衡与不平衡矛盾解决的形式之七：“平衡补偿法”。

《战国策·楚策四》：“见兔而顾犬，未为晚也，亡羊而补牢，未为迟也。”就是说，丢了羊以后修补羊圈也不晚。比喻出了问题以后，马上想办法补救，可以防止再出更多更大的问题。

从“亡羊而补牢，未为迟也”得到启示：地球由于失衡的工业文明破坏了生态平衡，从现在起走新型工业化道路进行生态平衡补偿也是不晚的。从人类发展历史、现状和未来发展趋势看，发展路径是：农业文明生态平衡——工业化生态失衡——后工业化生态平衡。第一，“原始平衡”——农业文明时代。人、自然、社会系统的关系是动态平衡的。在工业革命之前，维持人的生存方式主要是通过人力和畜力的劳动，通过落后的生产劳动获得生活资料来维持人的生存，自然生态没有遭到破坏，生态是平衡的。第二，“失衡发展”——工业文明时代。人、自然、社会系统的关系走向不平衡发展。在工业社会里，通过机器生产获得生产资料和生活资料，开始了对自然资源的开发利用模式，劳动生产率大大提高，人的生存和生活方式开始有了高消费条件。现代工业生产的高能耗、现代生活方式的高浪费，破坏了地球的自然资源，造成了环境污染，影响了生态平衡。第三,“重建平衡”——后工业化重建生态文明时代。三百年的工业化造成了生态失衡,迫使人们从生态失衡教训中提高认识,人类不得不改变自身的生存方式、生产方式和生活方式,走新型工业化之路,重新构建生态文明形态来确保人类的永续生存。走新型工业化道路,实现地球自然生态平衡,这是世界各国和我国人民的共同愿望。为此,联合国和世界各国普遍重视生态环境保护,转变旧的发展方式,加强生态文明建设。我国提出了科学发展观,强调全面协调可持续发展,制定了经济建设、政治建设、文化建设、社会建设和生态文明建设“五位一体”的总体布局,把生态文明建设纳入总体规划同步实施,彻底转变旧的发展方式,大力发展低碳经济,大兴低碳消费,千方百计进行生态平衡补偿,做到谁破坏谁补偿,谁开发利用谁补偿,不断推进生态文明建设向前发展。

大中小平衡与不平衡矛盾解决的形式之八:“同归于尽非平衡法”。

“同归于尽”这种解决大中小平衡与不平衡矛盾的形式,从矛盾解决的最终结局看,是矛盾双方的同归于尽,或为新的对立双方所代替。这是一种非平衡的、“质变”解决矛盾的形式,在人类历史上和现实中,用这种“对立、斗争、非平衡”的“质变”形式解决矛盾都是普遍存在的。“人类历史的不同阶段上所经历的几大阶级对抗,就其最终结局来说,都是采取了这种解决矛盾的形式。”[17]历史上的不同阶段所经历的几大阶级对抗,就其最终结局是双方同归于尽或被第三者所代替。“鹬蚌相持,渔人得利”,“螳螂捕蝉,黄雀在后”,这两个故事,比喻双方争执不下,让第三者因此而得利。人类社会中奴隶社会的奴隶主阶级与奴隶阶级的对抗、封建社会的地主阶级与农民阶级的对抗,最终结局都是采取了这种“同归于尽”解决矛盾的形式。奴隶阶级和奴隶主阶级被新的对立双方即农民阶级和地主阶级的矛盾所代替、地主阶级和农民阶级的矛盾被资产阶级和无产阶级的矛盾所代替。资本主义社会的资产阶级与无产阶级的矛盾,也将在新的基础上被更新的形式所代替,将重建新的平衡。再如,电子与正电子相遇,发生“湮灭”,转化成光子。旧矛盾被新矛盾消灭实现平衡状态后,产生新的不平衡,又会在新的基础上重建平衡,又会产生新的替代形式,但最终都是“同归于尽”,因为私有制、阶级、国家都要自行消亡,人类必将进入“世界无国家、人人无差别”的社会。

大中小平衡与不平衡矛盾解决的形式之九:“相生相克平衡法”。

相生,就是双方或多方相互依存,存在利害互补关系;相克,就是双方或多方相互对立,存在利益冲突关系。相生与相克的实质是一条双方平衡法则,双方是相互对立、相互制约、相互平衡、相互统一的关系。“相生相克”反映了物质世界的平衡与不平衡的相互对立、利害互补、平衡共生的对立统一关系。在系统里任何一方都不能消灭对立面而独立存在,双方或多方只有相互依存,才能彼此协同共生、协同发展。

一个事物的产生也包含着对立面的产生,万事万物的存在和发展都是相生相克的,有平衡就有不平衡;离开了对立统一运动的事物,发展也就停顿了。消灭了对立面也就意味着消灭了自己，自身也就失去存在的环境，道理就是相反相成。这就是宇宙的辩证平衡法则。例如，《三国演义》中诸葛亮派关云长坚守华容道，目的就是只让曹操败，不让曹操死，这是政治的需要。在这里诸葛亮运用了相生相克的战略战术。大军事家诸葛亮明知曹操对关羽有恩，而把关羽安排在最后关口华容道，就是有意要放走曹操。原因是魏蜀吴三足鼎立，势均力敌，互相牵制，在这个三相平衡格局中蜀国才能立足，如果杀了曹操，就消除了孙权的后顾之忧，蜀国就会被吴国所灭。只有曹操牵制住孙权，孙权才能联刘抗曹，这是蜀国的生存利益的需要。同样，司马懿在西城不杀诸葛亮，也是运用了相生相克的平衡法则。司马懿是一个大军事家，他深知攻克街亭的战略意义，也不会不知道西城是一座空城，如果消灭了诸葛亮，就等于消灭了蜀国，也就打破了三国鼎立格局，吴国早晚被曹操消灭，自己就失去了作用，因为司马懿早知曹操有除掉自己之心，出征前就被革职在家，由于战事紧急而被曹操启用。有诸葛亮存在就是蜀国的存在和三国鼎立格局的存在，军事家司马懿只有在战争“三相平衡”中才有求生存的价值和图发展的砝码。

大中小平衡与不平衡矛盾解决的形式之十：“对立面融合平衡法”。

“有些矛盾经过一系列的发展阶段，最后达到对立面的‘融合’，即融合成一个新事物，使矛盾得到解决。”[18]矛盾双方融合，外部矛盾转化为内部矛盾。比如光合作用、核聚变、受精卵、线粒体等。通过矛盾双方融合，外部矛盾转化为内部矛盾，再通过内部的平衡协调而得到彻底解决，实现从不平衡到平衡的转化。

理论和实践都证明，矛盾是可以融合的，对立面也是可以融合的，并非都是你死我活、有我没你。“融合与发展”是人类发展的永恒主题，世界和平统一是未来发展的大趋势。第一，矛盾对立双方的平衡融合。马克思说：“两个相互矛盾方面的共存、斗争以及融合成一个新范畴，就是辩证运动的实质。”[19]矛盾双方平衡融合成一个新范畴是自然和社会的一条规律。一是对立双方从差别缩小到最后的融合。例如，工业和农业的不平衡矛盾、城市和乡村的不平衡矛盾、脑力劳动和体力劳动的不平衡矛盾，随着社会生产力的高度发展，经济基础和上层建筑的不平衡矛盾不断改革和适应，三者对立面之间的不平衡差别，就会不断缩小，最终达到融合，被新型平衡的劳动关系、新型城乡一体化所代替。这种解决矛盾的形式，对立面的融合结果并非是对旧事物的维护，而是扬弃旧事物，产生新事物；对立面的融合并非是矛盾运动的出发点，而是矛盾运动的结果。二是对立双方从共存到最后融合。即矛盾对立双方在长期共存中，随着时间推移而达到最后融合。第二，“平衡、和谐、统一、融合”是自然界和人类社会发展的共同目标。一是世界的统一融合、平衡和谐表现在自然科学研究的成果上。例如，现代科研成果物理超对称、超统一，近代科研成果万有引力定理等都证明了世界是统一的、和谐的。二是世界的统一融合、平衡和谐表现在社会科学研究的成果上。从人类社会结构形态的不断进化发展到追求世界政治民主化、经济全球化、区域联合化、联合国的成立等无不证明世界统一、人类融合是人类共同追求的目标。三是古今中外思想家、仁人志士无不向往世界大统一、人类大融合。例如,理想国、世界大同、空想社会主义等。第三,超国家的平衡融合发展是当今世界的主题。当今世界民族国家正以“融合与发展”的方式趋向大时代发展。例如,在欧洲融合趋势中,有相当一部分国家原来是一战、二战中的对立面、“死对头”、“敌国”,现在都成了联盟成员,这是当今大时代、大格局发展的需要。如欧洲的欧盟、亚洲的东盟、非洲的非盟、美洲的北美自贸区等正在发展壮大。“融合与发展”已经成为当今世界的主题,成为世界发展的时代潮流。这是人类历史上国家组织形式“由小到大”融合发展的继续,这是人类社会最大的进步。未来世界,将以更快的速度把国家的边界扩大到地球的边界,融合为“共同的蓝色星球”,这是任何力量都无法阻止的历史趋势。

大中小平衡与不平衡矛盾解决的形式之十一:“综合平衡法”。

大千世界,有众多不平衡矛盾问题,大到“世界性问题”,小到工作生活中的不平衡问题,无论矛盾大小,真正妥善解决这些不平衡矛盾都存在不同程度的难度。在这种情况下,就要根据实际情况和矛盾的发展趋势,运用综合平衡的方法,不断调整移动平衡支点,不断化解不平衡矛盾,从而保持平衡和谐状态。例如,我国经济社会发展过程中,从计划经济到社会主义市场经济,都是采取了综合平衡的方法,而实现了我国经济社会宏观持续健康运行。一是一方妥协实现平衡的方法。“当竞争各方感到各自的利益一致时,就互相妥协和合作。而当利益发生抵触时,对抗、竞争和冲突就随之发生。因此,要使有争议的各方面通过调解而和睦相处,必须利用权力的力量,达到彼此平衡,并保证各自的基本利益。”[20]如果矛盾双方中一方能够妥协,就可以达到化解矛盾的目的。“杠杆”由杠杆、支点组成。要使物体平衡,可以调整支点到平衡的位置。调理就是妥协,妥协的目标是平衡。二是主次互换实现平衡的方法。“矛盾双方主次地位互换”调整解决矛盾的方法。矛盾的解决依赖于矛盾双方主次地位的互换。比如恒星演化过程中吸引为主和排斥为主的交换出现,从而,实现平衡运行。三是促进量变实现平衡的方法。“在人与自然的矛盾中,人始终是矛盾的主要方面,人制造工具、机器电脑来延长和加强人的自然器官,借以解决人与自然的矛盾,这里并不发生矛盾主要方面的转化。”从而以量变取代质变,达到平衡。四是离开时空实现平衡的方法。当发生不愉快的事情的时候,要尽可能快地离开这个事发地点,防止事态扩大。五是双方和解实现平衡方法。要实现这个目标,需要把平衡支点移动到双方都能接受(中间)的位置。在人与人的关系、人与自然的关系上,要实现恩格斯说的两个“和解”,就要充分认识过去相互矛盾对立的危害性和造成的严重后果,并采取长期的、有效的治理措施,才能把“两个和解”目标变成现实。六是向弱方倾斜实现平衡的方法。现代彻底解决“三大差别”难以实现,可以采取天平倾斜的方法,把政策和资源向落后的一方倾斜,实现逐渐缩小工农、城乡、脑力与体力劳动之间的差别,为最终平衡发展创造条件。

2.6.1.5 解决大中小平衡与不平衡矛盾时需要注意的问题

大中小平衡与不平衡矛盾的客观性、复杂性和特殊性，决定了解决模式的多样性。这是因为，我们要对不同的矛盾，采取不同质的解决形式和方法，才能取得好效果。上面归纳出对大中小平衡与不平衡矛盾的认识、解决的基本形式，都是通过不同的方法使矛盾得到解决，达到在新的基础上实现新的平衡的目的。这几种基本形式，对于指导我们的经济工作、社会生活、个人家庭等实践都具有重要意义。但是，在解决大中小平衡与不平衡矛盾时要特别注意以下问题：必须纠正解决大中小平衡与不平衡矛盾的形式只能有"对立、斗争、非平衡"一种方法的片面性观点。解决大中小平衡与不平衡矛盾的形式是多样化的，有待于我们在工作和生活的实践中探索发现。但是，我们必须纠正过去长期形成的一种片面性观点，认为解决矛盾只有一种形式，那就是"对立、斗争、非平衡"的方法。这是不全面的。我们要采取具体问题具体分析，区分矛盾性质和不同特点，采取不同的解决形式，如马克思倡导的两种方法，在新时期特别要重视"统一、同一、平衡"的方法，不能只采取"对立、斗争、非平衡"的一种形式。因为非对抗性矛盾是在对立双方根本利益一致基础上的矛盾，如经济生活、社会生活中的大量矛盾都是人民内部的矛盾，一般要采取内部协调、协商民主、调整和发展共同利益、批评与自我批评、调整相互关系等形式去解决，千万不能没有区别地采取"对立、斗争、非平衡"的错误做法，特别要正确运用解决大中小平衡与不平衡矛盾的形式，不能不区别矛盾的性质。我们在运用解决矛盾的形式多样性时，要特别注意区别对抗性矛盾和非对抗性矛盾的不同形式和不同解决方式，当前在解决大中小平衡与不平衡矛盾时要重视化解矛盾、不激化矛盾和矛盾不外部化的思维方法。即以马克思的动态平衡的思维方式、毛泽东《论十大关系》和《正确处理人民内部矛盾问题》的方法为指导思想，以构建和谐社会倡导构建和谐世界为出发点和落脚点，妥善解决社会生活中的人民内部矛盾、经济建设中的利益矛盾、国际政治经济文化交往中的排斥性矛盾等，这些矛盾基本上都是非对抗性的矛盾，只能运用马克思倡导的"统一、同一、平衡"的方法，即运用动态平衡思维方式加以解决。同时还要注意以下几个方面：第一，思维的平衡支点应当设定在对不平衡矛盾纠纷各方利益的平衡互补上，实现互利共赢；第二，解决矛盾的方法应当是化解矛盾、不扩大矛盾的思维方法，实现相互和谐；第三，解决矛盾的目的是化消极因素为积极因素，实现团结一切可以团结的力量，进行社会主义现代化国家建设。

参考文献

[1]王明志.运输供给与运输需求平衡论.北京：人民交通出版社，1996：18.

[2]李秀林，王于，李淮春.辩证唯物主义和历史唯物主义原理.北京：中国人民大学出版社，1982：139.

[3]李秀林，王于，李淮春.辩证唯物主义和历史唯物主义原理.北京：中国人民大学

出版社,1982:139.

[4]中国成人教育协会成人高等学校招生研究会组.政治.沈阳:辽宁大学出版社,2000:42.

[5]马克思恩格斯选集:第1卷.北京:人民出版社,1973:111.

[6]毛泽东选集:第1卷.北京:人民出版社,1968: 293.

[7]李秀林,王于,李淮春.辩证唯物主义和历史唯物主义原理.北京:中国人民大学出版社,1982:140.

[8]王荣华,童世骏.多学科视野中的和谐社会.上海:学林出版社,2006:20-21.

[9]陈晏清.马克思主义哲学纲要.北京:中央广播电视大学出版社,天津:天津人民出版社,1983:114.

[10]马克思恩格斯全集:第23卷.北京:人民出版社,1974:122.

[11]陈晏清.马克思主义哲学纲要.北京:中央广播电视大学出版社,天津:天津人民出版社,1983:115.

[12]李秀林,王于,李淮春.辩证唯物主义和历史唯物主义原理.北京:中国人民大学出版社,1982:140.

[13]徐宝德.科学发展观概论.兰州:甘肃人民出版社,2006:148.

[14]孙占奎,王安平,郭晓华,等.领导协调论.北京:煤炭工业出版社,1990:34.

[15]黄继忠.区域内经济不平衡增长论.北京:经济管理出版社,2001:41-43.

[16]王荣华,童世骏.多学科视野中的和谐社会.上海:学林出版社,2006:20-21.

[17]陈晏清.马克思主义哲学纲要.北京:中央广播电视大学出版社,天津:天津人民出版社,1983:115.

[18]李秀林,王于,李淮春.辩证唯物主义和历史唯物主义原理.北京:中国人民大学出版社,1982:141

[19]马克思恩格斯选集:第1卷.北京:人民出版社,1973:111.

[20]曾健,张一方.社会协同学.北京:科学出版社,2000:151.

2.6.2 大平衡、中平衡、小平衡的融合发展

引证:

完整的人体生命运动是一种大平衡。[1]

——王明志《运输供给与运输需求平衡论》

2.6.2.1 大中小平衡与大中小系统

“完整的人体生命运动是一种大平衡。”[2]大中小平衡的平衡融合发展,是动态平衡

发展方式理论和方法追求的目标，就是以大中小平衡发展方式的实现路径，达到世界大统一、人类大融合，这也是未来人类生存发展的根本途径。

(1)大中小平衡与大中小系统的平衡演化

王颖有大中小系统的提法："当大、中、小各级系统和并行的等级系统进行平衡(包括不平衡)的流动和转移时，系统本身就不会是固定不变的了。系统会进行会聚、分解或重新组合。"[3]李继兴有大中小平衡的提法："大平衡的分类：平衡与不平衡可分为大、中、小三个类别。"[4]他们一个阐明了系统的规模和层次，一个阐明了大中小平衡态的分类。二者都具有整体性和层次性的特点。整体性是说"大中小"是按照一定目标组成的、统一的、有机的相对独立的整体，如同手是人体整体系统中的一个部分，如果手与人体断开就会失去手的功能。层次性是说平衡系统具有"大中小"层次，相互的关系具有相对性，对于下一个层次它是大系统或大平衡；对于上一个层次它又是一个要素或中平衡、小平衡，它们都是比它更大系统的要素或大平衡中的小系统、小平衡。大中小层次性决定了我们前进道路的阶段性和思维方法的多样性。考察大中小系统或大中小平衡，都要将其纳入更大的平衡或系统中加以考察，既从大又要从小，要大处着眼，小处着手。例如，李勇在《社会认识进化论》中说："从系统的观点看任何一项社会认识，不管其层次如何，都必须既将其纳入更大的系统中加以考察，以确定其边界、外延和周边关系，又必须充分而详尽地考虑到构成该系统的各种要素、方面及其相互关系和这种关系在相互作用中可能发生的演化及过程。"[5]

(2)大中小平衡态与大中小系统的平衡融合

宇宙间，矛盾双方都可以融合，平衡态可以融合，系统可以融合，内外部矛盾可以融合，这是辩证运动的实质。例如，核聚变、受精卵、线粒体、光合作用等都可融合为一个新事物、新范畴。《大趋势》作者周海成预言："国家和国界将在下一个千年到来之前消失。"[6]作者以充分的例证、雄辩的事实，说明了国家和国界将在下一个千年到来之前消失。这个预言说明，当今世界统一、融合发展的大趋势是不可阻挡的。例如，欧盟成员国达到28个、人口5亿、面积500多万平方公里，从欧盟的政治议会、金融欧元、法律军事、安全外交等领域的大融合发展看，欧洲统一步伐加快。欧盟顺应世界大统一的潮流，冲破国家和国界，走联合发展之路，为人类趋向大融合发展和世界和平统一，为大中小平衡态与大中小系统平衡融合走出了一条新路。

2.6.2.2 大中小平衡系统的平衡会聚和平衡融合

大中小平衡(包括不平衡)系统的特点，就是不断循环、分解和融合的，如同"滚雪球"和雪球崩裂，有扩大，有缩小。第一，大平衡、中平衡、小平衡系统的分解和会聚。系统的平衡会聚和平衡融合，是普遍现象。在化学变化中，起化学反应的原子在多原子的分子中联结起来，较简单的化学分子构成较复杂的分子，在某些情况下构成有机的大分子。在生态系统循环中，生态本身平衡与不平衡最终在生物圈的自我调节系统和循环系统中平衡会聚。在人类的文明史上,经济和政治系统把部落、部族、村庄会聚起来,把多区域、多民族联结起来,而且不断适应大环境的变化和新的统一形势,把小系统发展为大系统,整个社会系统结构走向由小变大是总趋势是主流。整个地球上,由原来的若干个国家,融合为一个个大国家,这就是最好的证明。历史上国家分分合合,但总的规律是走向融合发展。中国曾经历无数次分裂和融合,有春秋战国时的七雄争天下,汉代后的三国争天下等,最终走向统一的中华民族大家庭。这是因为,经济发展、社会进步需要融合和会聚。例如,世界上许多自由贸易区、经济共同体、合作组织、安全联盟等,都是由于共同利益、共同愿望而走上联合发展道路的。如今世界性组织作用的日益增强,原因就是世界社会存在着不平衡、不平等、不公平现象,国与国关系、人与自然关系的不平衡性,才是国与国融合的作用力。不平衡是一切事物发展的动力,也是系统进行演变的动力。第二,大平衡、中平衡、小平衡会聚的效应。例如,国家管理者统领国内国际两个大局,像弹钢琴那样十个指头都动起来,推动经济、政治、社会、生态环境等多系统平衡运行。这样做的原因是综合国力的增强体现在多系统的综合效应上,经济力量可以转化为政治、科技、军事力量,军事力量可以转化为政治力量、经济力量。系统与系统平衡态相互转移会聚,国家间军事对抗,不仅是军队和武器装备的较量,而且是综合国家实力的较量。还如,国家大系统中的军事、政治、经济、社会等任何一个子系统失衡,就会产生"瓶颈效应",有可能影响全局失衡,成为影响国家稳定的短板。

2.6.2.3 大中小平衡发展方式的发展方向和发展路径

大中小平衡发展方式的融合发展,是当今世界统一融合发展的现实总结和未来趋势的预测。大中小平衡发展方式的发展方向,就是动态平衡发展方式对人类未来发展的探索;大中小平衡发展方式的发展路径,就是动态平衡发展方式对人类未来生存发展根本途径的实现形式。

动态平衡发展方式理论和方法对未来人类生存发展的构想,就是古今中外理想家和仁人志士所追求的人类理想社会境界。意大利诗人但丁就提出"世界国家"的主张,中国孔子提出"大同社会"的理想。此一时彼一时,当时的时机不成熟,陷入空想,成为非现实性的天方夜谭。而今世界并非那时,五次全球化浪潮,催生了世界经济全球化、社会全球化、政治全球化、文化全球化的发展新态势,加之有合乎"宪法"地位(《联合国宪章》)、代表性广泛的联合国超国家组织的"国际事务"的管理,有超国家的"区域国家联盟"大联合发展的示范和实践,这些客观存在的事实,都是在有意识和无意识地为"世界大同"的实现铺路搭桥。大中小平衡发展方式适应世界发展的迫切需要,预测和设计出未来世界的发展方向和路线图——"本千年完成世界和平统一大业",因而也是完全符合世界不同文明形态、不同社会制度趋向融合的大方向。

参考文献

[1]王明志.运输供给与运输需求平衡论.北京:人民交通出版社,1996:15.

[2]王明志.运输供给与运输需求平衡论.北京:人民交通出版社,1996:15.

[3]王颖.动态平衡论.北京:中国青年出版社,1998:235.

[4]李继兴.大平衡.北京:中国大百科全书出版社,2007:89.

[5]李勇.社会认识进化论.武汉:武汉大学出版社,2000:3.

[6]周海成.大趋势.北京:中国文联出版社,2006:121.

3　传统动态平衡发展方式的模式化方法

"平衡与不平衡"是大平衡的一对哲学范畴。根据儒家《大学》中"本末、始终、先后"、轻重缓急的原则，这对大范畴大体可分为以下八对小范畴：(1)真实平衡、虚假平衡；(2)内部平衡、外部平衡；(3)远期平衡、近期平衡；(4)传统平衡、现代平衡；(5)系统平衡、层次平衡；(6)个体平衡、团队平衡；(7)主观平衡、客观平衡；(8)主动平衡、被动平衡。[1]

——李继兴《大平衡》

"持衡定律是在木桶定律的基础上，综合动态发展理论，提出了一个新的动态发展的平衡观。"[2]这里讲的是发展的方法。方法，具有各种各样、种类繁多的特点。方法的选择，应当根据所要认识、解决的问题和矛盾的客观性质，所要完成某个任务的特殊情况，采取与之相适应的方法。动态平衡发展理论和方法遵循了唯物辩证法的第四条规律："平衡律"和李继兴教授对平衡与不平衡这个大范畴"现代与未来"的分类，探索出传统动态平衡发展方式的模式化方法。模式化方式是指规范化的、可模仿的标准形式或样式："需要解决的问题——[解决问题的样式]——解决问题的效果——[新的解决问题的样式]——最终结果和达到的目的"。这也是一种步步高的发展模式。

平衡系指若干独立存在力量构成的体系内部的稳定。每当由于外力的侵扰或由于构成该体系的一个或多个要素的改变而打破平衡时，该体系都显露出重建平衡的趋向，无论是恢复原有的平衡还是形成新的平衡。平衡观是中国传统文化的精髓，也是中外哲学思想的宝贵财富。传统动态平衡发展方式的模式化方法既有继承又有创新，既立足现代又面向未来。

"自然辩证法的规律主要有三个，即系统层次律、转化守恒律、循环发展律。这三个规律是用辩证唯物主义哲学考察自然与自然科学时所得出的基本结论。"[3]传统动态平衡发展方式理论和方法，就是根据上述规律和平衡律以及李继兴关于"传统平衡、现代平衡、未来平衡"和"大中小准平衡"的界定分类，探索出十八种传统动态平衡发展方式的模式化方法，也是在生产实践、科学试验、社会生活中可供选择的"十八般武艺"。

3.1　系统性与层次性发展的平衡统一：平衡系统发展律

系统不平衡发展——[要素优化组合]——子系统平衡发展——新的不平衡发展——[母系统整体调节]——系统整体功能大于部分之和——[融入和谐质]——平衡系统功能最大化

引证：

系统层次律是自然辩证法的一条基本规律。

——新华社内蒙古分社《资料卡片》

3.1.1　平衡系统的系统性

“自然界既有系统性又有层次性，自然界的系统性是指自然界的整体性，自然界的层次性是指自然界的间断性和可分性的一面。自然界的系统和层次相互作用形成网络体系。这个‘自然之网’，表现出结构和功能的统一、有序和无序的统一，表现出连续与间断、可分与不可分、有限与无限的矛盾。系统层次律不仅是自然观的基础，同时也是人们认识自然改造自然的向导。”系统科学告诉我们，系统性是事物的普遍属性，任何事物都是作为系统而存在的。我们必须树立系统思维，坚持和运用系统的观点分析、认识和解决问题，这是系统论和辩证法的基本要求，也是动态平衡发展方式所遵循的观点。

“世间有万物，万物皆系统，系统皆协同，协同皆有序。”[4]“凡事物皆系统”，任何事物都是作为系统而存在的。平衡系统，是若干要素按一定方式组成的整体，是结构和功能的平衡统一。平衡系统整体和层次网络是相互依存、相互作用和相互制约的。

系统层次律是认识与改造自然界和人类社会的总“钥匙”，我们要把它掌握好、运用好，为改造客观世界和主观世界服务。系统分为自然系统和人工系统。自然系统如太阳系系统、银河系系统，生态系统、生物系统等；人工系统如经济系统、通信系统等。平衡系统是自然系统和人工系统的空间状态的反映，是由平衡和不平衡元素及其相互关系而构成的一个组合、一个密不可分的状态。平衡系统的特征：目标的平衡性。“系统必须有目标，但是目标不一定是单一的。系统的多个目标之间也可能是互相冲突的，这种情况通常需要在两个冲突的目标的实现中寻求一种平衡，使总目标最优。”[5]

“从40年代以来，在业已建立起来的一般系统论、信息论、控制论等系统科学继续蓬勃发展的同时，又产生了新的理论，如耗散结构论、协同论、突变论等。系统研究的势头方兴未艾，新的理论不断产生。著名科学家钱学森把这类新兴科学统称为系统科学。系统科学被公认为具有时代特色的认识世界、改造世界的‘新工具’之一。”[6]生物学家贝塔朗菲创建一般系统论，系统论是认识世界和改造世界的强大武器。系统论方法，是由整体、层次、因子、结构、平衡、联系六大观念所形成的。系统科学现已成为当今世界的一种主导思维——系统思维。人类的思维方法，经历了“整体思维——分析思维——系统思维”的发展进程，即“否定之否定”的发展过程，使人类思维的科学性不断提高。系统思维方法是继辩证法之后的现今世界最科学的思维方法，是复杂科学研究的新工具。平衡系统思维过程“三段式”:“平衡思维——不平衡思维——平衡思维”。

3.1.2 平衡系统的整体观

“系统思维包括三个基本元件:雪球效应、平衡反馈及时间滞延。平衡是系统思维的三个基本元件之一。”[7]系统平衡思维方法要求我们，要以整体思维作为观察、研究和解决问题的思维方法，从整体出发，认识和改造客观世界。实践证明，思维方法决定工作方法。科学的思维方法，是提高认识能力和改进工作方法的前提，并对各种工作方法都具有指导意义。没有科学的思想方法，也就没有科学的工作方法。

“系统性是事物的普遍属性，任何事物都是作为系统而存在的。”[8]系统是一个整体，具有整体性，又具有层次性。系统性就是整体性，层次性就是系统的间断性和可分性。所以平衡论认为，系统思维实际上就是大平衡(超平衡)思维，是世界统一、人类融合发展的大系统思维。一是系统是一个整体。系统是若干要素按照一定目标组成的有机整体，各个要素是这个整体的部分，系统与要素的关系是整体与部分的关系。系统与要素之间存在着相互联系和相互作用的关系。例如，人的各器官和各系统都是人整体的一个组成部分，如果把任何一个器官从人体中分离出来，就会失去其功能。二是系统依赖于要素。要素是构成系统的基础，不同的结构要素具有不同的系统功能。例如，大轮船与小木船、汽车与马车的构成要素不同，其性能也是不同的。三是系统与要素是相互作用和相互制约的关系。由于系统与要素相互作用，因而系统中某个要素发生变化，就有可能导致系统的变化。系统里整体与要素、要素与要素之间平衡与不平衡状态相互转化也是一样，牵一发而动全身。因此，我们要树立平衡系统整体观，认识和处理问题要全面看待平衡态与不平衡态的整体组合，纠正片面性，坚持从整体出发，不能就事论事，既要防止头痛医头，脚痛医脚，又要大处着眼，小处入手;既要发挥局部的作用，又要防止局部影响整体功能的发挥。

3.1.3 平衡系统的层次性

3.1.3.1 平衡系统层次性的作用

“系统层次律是标志自然界存在状态的规律，它是自然界基本面貌的反映。”层次是事物结构的一种形式。一切系统、一切事物都存在结构的层次态，层次态是相对的，在系统中发挥各自的、不同的作用。一是平衡系统层次都是相对的。系统与要素之间的相互关系具有相对性，系统中的任何一个要素，也具有它自身内部的结构关系，对于它下一个层次而言，它是一个系统；对于上一个层次而言，它又是一个要素。任何一个系统都是相对的，它都是比它更大系统的要素。二是平衡系统都具有层次性。现实系统有自然系统、人工系统和复合系统，都具有层次性。自然界的层次性是指自然界的间断性和可分性。例如，地球是一个大系统，地球上有水循环系统、岩石土壤系统、生物系统、人类社会系统等不同层次。再如，一个国家是一个系统，国家内部有经济系统、政治系统、文化系统、社会系统、军事系统等诸多层次。在平衡系统内部，它的若干要素，在系统中各自都有它不同的地位，发挥不同的作用。三是平衡系统的层次性决定了我们工作方法的多样性。调节一个系统的平衡态，要从系统整体着眼，从要素入手，既要把它放到比它更大的系统中去观察，准确界定它的内涵和外延，又要分析系统内平衡态与不平衡态的相互关系，分析它们的发展过程、判断它们的发展趋势。

3.1.3.2　平衡系统的宏观、中观和微观

"这种综合效应在宏观层次上表现为地球村各圈层之间的平衡和协调发展，在中观层次上表现为社会圈内各子系统之间的平衡和协调发展，在微观层次上表现为各子系统内的各种变化速率之间的协调发展。"[9]把握平衡系统的层次性，对宏观、中观和微观各层次的协调发展具有重要的方法论意义，对我们认识系统里大中小平衡态的构成、联系，把握系统中限制因子的作用，特别要注意微观层次的变化和控制，发挥在宏观中的作用是至关重要的。同时，微观层次要配合宏观变消极因子为积极因子，发挥微观层次在系统整体中的作用。例如，为确保经济、社会宏观平衡发展，必须放开微观有序不平衡发展，以微观的不平衡发展的竞争活力支撑宏观的有序平衡发展。

20世纪70年代，美国教授萨蒂提出层次分析法，这是处理多层次复杂问题的方法。如生态系统、经济系统都是多层次复杂系统，内部各层次之间是相互作用、相互制约、相互转化的。例如，领导者研究和利用经济大中小平衡系统各层次关系，对有效推动各层级经济发展具有积极意义。层次转化律，是阐明层次之间的相互作用和相互转化的原理。系统层次转化过程中要遵循守恒律，如物质不灭、运动不灭；遵循秩序律，例如，人类社会结构形态的依次更替转化，是遵循从低级到高级发展："原始社会——奴隶社会——封建社会——资本主义社会——社会主义社会"的发展规律，不会出现大的倒退。

目前，世界上存在着一种片面性观点，就是在经济运行过程中不分宏观、中观和微观层次，一律排除宏观人为干预，完全依靠市场自发调节，这是极其片面和极端错误的。平衡论主张，宏观经济系统综合运行必须依靠人为综合平衡调控，微观经济系统的平衡运行可以依靠市场自发平衡调节。例如，政府对经济系统进行宏观外力综合平衡干预，可以纠正经济系统偏离轨道运行和恢复宏观经济平衡运行。但是，正因为干预如此重要，如果领导者和经营者存在盲目性、不科学性的不当干预，就会因为盲目性和瞎

指挥反而加速经济不平衡运行,甚至造成重大损失。

3.1.4 平衡系统的优化

3.1.4.1 平衡系统的优化升级

"在系统内部,要素与要素之间的关系是紧密相连、密不可分的。因此,运用相关性观点去分析问题,必须注意考察要素与要素之间的互动关系。"[10]系统内部要素之间和外部之间的因素相互作用、相互影响、相互制约,又相互适应,从而发生系统的演化,在演化过程中优化、聚集,从低级到高级、从低水平平衡向高水平平衡演进,实现平衡系统优化升级。平衡系统的人为干预过程,也是寻找和遵循系统演化规律、转化条件、最佳路线、控制引导的过程,控制引导系统从不平衡向平衡状态转化或从低水平向高水平转化。例如,生物的进化,要经历渐变、从低级到高级的过程。有时,为了特殊需要,追求非平衡发展,但必须遵循相反条件,从而实现系统优化。

平衡系统的优化、聚集、分解,或重新组合,不断改变着原有的系统平衡态,增强了平衡系统适应性和竞争力。系统的优化、聚集,小系统联合为大系统,在自然界和人类社会是一种普遍现象。例如,在我国原始社会里有部落、部族的联合;在古罗马有城邦、地区的联合;在现代社会有国家与国家的联合,都是平衡态的聚集。再如,1967年8月8日在曼谷成立的东南亚国家联盟,1945年3月22日成立的阿拉伯国家联盟等,都是平衡系统的优化升级,实现了从小系统到大系统的聚集和优化,这是人类的一种进步和发展,是系统功能的提升。

3.1.4.2 平衡系统负效应的消除

凡事物皆以系统存在,凡系统都存在正效应和负效应。正效应是指宏观、中观和微观系统中各要素之间相互配合、相互促进的平衡和谐运行关系所形成的协调效应;负效应是指宏观、中观和微观系统中存在的限制因子所导致的不协调、不和谐、不平衡的负面作用。实质上,一切生命系统、经济系统和社会系统的发展和社会形态的更迭,都是为了减少负效应。一切事物的进化过程、发展变化过程,就是负效应的增减过程、比较过程和选择过程。例如,"一个和尚挑水吃,两个和尚抬水吃,三个和尚没水吃"就是系统要素组合无序,而造成不协同、不和谐的副作用。再如,冰箱中放置温度高5度和低5度的两碗水,这是不同的两个系统,哪一个碗里的水先结冰?不是温度低的而是温度高的那碗水先结冰。原因是温度高的那碗水的系统无序和不协同。又如,在自然界生物系统负效应小的生命物种在生存斗争中就会保存下来,负效应大的物种则被淘汰。

同任何矛盾现象一样,不平衡的负效应也具有普遍性,存在于一切社会、经济和生命系统之中。要实现系统动态平衡发展,就必须通过自发性调节或人为调控对负效应进行消除,使不平衡或低水平平衡走向高水平平衡,实现系统不断趋向动态平衡运行状态。(1)系统中不平衡负效应的作用不可低估。经济系统、社会系统和生命系统的进化发展中，实际上就是负效应决定优劣的结果。生物系统的生存与淘汰、社会形态的更替快与慢、先进技术的利用好与坏、经济系统增长高与低、企业系统的负效应大小决定竞争胜与负等，无不是不平衡的负效应的作用，如同木桶效应中的副作用，“短板决定盛水量”“劣势决定优势”。(2)系统里的不平衡负效应消除的必要性。系统调节者要采取引导、促进、调节的方法加以消除。负效应现象是系统中的内耗，目标不一致，步调不统一，相互不合作、不配合，引起系统无秩序、无组织状态，造成组织内部应力不集中，互相抑制、抵消力量，削弱系统性能。一是调节者要从系统内环境、外环境、整体上促进和引导限制因子的转化，形成合力，减少负效应，增强系统自组织和自适应能力，发挥系统的功能。例如，消除自然界系统的负效应。遵循和维护自然界万物平衡循环发展规律，不干扰自然物的自稳态平衡和有序平衡进化。二是人为外力补偿循环中自然的和人为的损失，启动自然环境系统要素与要素之间的动态平衡发展。三是合理开发利用自然资源，维护资源再生，不破坏自然生态平衡，从而确保经济社会可持续发展。再如，人类社会系统的不平衡负效应的消除。“社会发展不仅包括经济的增长，还包括社会结构、人口素质、社会制度、财富分配方式、政治思想、道德观念等方面。”[11]社会发展要消除只重视经济发展，轻视社会和人的发展的思想，在社会结构、人口素质、财富分配方式、政治思想、道德观念等方面彻底消除负能量、副作用等负面效应，培植积极因素，特别是要实现以人为核心的根本转变，有了人的现代化，才有社会的现代化；有了人的进步，才有社会的进步；人的素质提高了，就会推动经济社会的发展，经济社会发展了，又能满足全体人民群众的基本需求和基本生活，满足人的全面而自由发展的愿望。

3.1.4.3　平衡系统“和谐质”的融入

和谐性是宇宙万物(系统)多样性、统一性的本性，和谐性是一切事物平衡共生、相互包容的天性。系统论者认为，系统必须经过相互联系形成整体结构，产生新质，即“系统质”，才能提高整体功能，发挥整体的结构效应。这是因为，物质世界都存在固有质：一是物质世界的自然物质自身的属性——结构的质；二是自然物质功能——功能质；三是结合为系统而产生的整体新功能——系统质。经研究认为，自然质和功能质组合成一个整体形成系统质，实现整体功能大于部分功能之和。如果相互间再融入、激活自然属性的新质——“和谐质”，从而使自然质更优秀、功能质更强大、系统质大于部分功能之和。一方面，通过和谐质的作用，激活全部因子积极因素，消除限制因子副作用，解决因子相互之间消极联系和相互制约问题，把相互抑制、相互抵消的负能量降到最低程度，把正能量发挥到极致。另一方面，在人属系统通过发挥意识和精神对存在和物质的反作用，增强系统与要素、要素与要素之间的凝聚力。激发系统积极性的发挥，实现系统功能1+1大于2的效果。和谐质的方法论意义在于消除相互抑制的作用，激发意识和精神的反作用，增强凝聚力，发挥整体最大效应。

3.1.5 平衡系统的应用

“系统都是开放的系统,依靠周围环境存在和发展,与环境进行物质、能量、信息交换,系统会引起环境变化,环境对系统功能起作用。”[12]第一,系统的开放性告诉我们,经济社会发展要走改革开放的道路。世界上没有封闭孤立存在的系统,凡是系统都是开放的。一切现实的系统都是开放的系统。从大到星系、小到个体生物都要与环境相联系。任何系统都处在一定的环境之中,所有系统都与它所处的周围环境进行物质、能量、信息的交换。例如,我国的改革开放政策,是符合发展中国家的发展和我国国情的,30多年改革开放取得了巨大成就,人民生活水平提高,国家实力增强,证实了我国改革开放道路的正确性。第二,系统的开放性告诉我们,人的生存发展要保持与社会、与自然的平衡。世界卫生组织把“社会适应”规定为人的四大健康标准之一。“人类社会系统中,人类不仅能够适应环境,受环境的影响和制约,而且能够改造和控制环境。”[13]人的生命系统,每时每刻与自然环境进行能量、信息和物质交换,离开自然环境,人是不能生存的。人所处的环境对人的功能发生着作用,人必须适应环境才能生存。一是人的生存发展必须适应自然环境系统。例如,所处地区生存环境优劣的适应、最大限度地适应极端气候的影响。二是人对自然环境可以进行科学改造,在适应中改造,在改造中适应,人在改造中更好地适应自然。三是人的生存发展必须适应社会环境,与社会系统这个集体融为一体。第三,系统的开放性告诉我们,人与自然的关系要和谐相处,纠正过去对自然界无节制索取,掠夺式开发,把人类活动由索取转向反哺。

参考文献

[1]李继兴.大平衡.北京:中国大百科全书出版社,2007:89.

[2]刘欣.持衡定律.北京:机械工业出版社,2006:3.

[3]匡荣顺.平衡律:唯物辩证法的第四条规律.理论学刊,1989(4).

[4]胡传机.非平衡系统经济学.石家庄:河北人民出版社,1987:277.

[5]杜栋.协同管理系统.北京:清华大学出版社,2008:56-57.

[6]胡传机.非平衡系统经济学.石家庄 :河北人民出版社,1987:257.

[7]王维国.协调发展的理论与方法研究.北京:中国财政经济出版社,2000:62.

[8]梁荣迅.社会发展论.济南:山东人民出版社,1991:7.

[9]曾健,张一方.社会协同学.北京:科学出版社,2000:7.

[10]梁荣迅.社会发展论.济南:山东人民出版社,1991:11.

[11]陈立新.社会指标与社会协调发展.长沙:湖南大学出版社,2005:1.

[12]梁荣迅.社会发展论.济南:山东人民出版社,1991:20.

[13]梁荣迅.社会发展论.济南:山东人民出版社,1991:7.

3.2 事物平衡与不平衡的轮回运动：平衡循环发展律

……事物不平衡退化循环发展——[第一轮进化调节]——波浪式进化循环发展——周期不平衡循环发展——[第二轮定向调节]——螺旋式上升循环发展——[第三轮周期超前调节]——超循环平衡发展……

引证：

自然辩证法的规律主要有三个，即系统层次律、转化守恒律、循环发展律。这三个规律是用辩证唯物主义哲学考察自然与自然科学时所得出的基本结论。

——《文摘报》

马克思恩格斯在《共产党宣言》中写道："一切僵硬的东西溶化了，一切固定的东西消散了，一切被当作永久存在的特殊东西变成了转瞬即逝的东西，整个自然界被证明是在永恒的流动和循环中运动着。"[1]在历史长河中，宇宙在永恒的循环中运动着，整个自然界没有永久的、固定不变的东西，一切都在循环中产生，在循环中发展变化，在循环中消失，在循环中再生。

3.2.1 中外循环论

恩格斯在《自然辩证法》中说"整个世界是在永恒的流动和循环中运动着"，循环运动是一条马克思主义原理。宇宙万物都在历史的长河中循环运动，在一定意义上说，世界上没有固定不变的东西，没有永久存在的东西，因为循环运动在内容上是不断更新发展的过程。沈小峰、曾国屏在《现代哲学》杂志撰文说："日出日落，月盈月亏，天体在周而复始地旋转运行，花开花落，叶绿叶黄，生命在生生不息地循环演化"，"社会似乎也采用某种循环的形式发展"。[2]话说天下大势，分久必合，合久必分，前者说的是自然界在循环中演化，后者说的是国家组织形式在循环中扩大或消失，都是周而复始的运动变化。

超循环论。诺贝尔化学奖获得者，曼弗雷德·艾根提出超循环理论，他的观点是：自然界的循环发展有不同层次、不同等级，从低级到高级，可分为反应循环、催化循环和超循环三大层次。在地球上水的循环主要有海洋循环、海陆循环和内陆循环。海陆循环的蒸发以海洋蒸发为主。太阳照射到海洋上，把从海面上蒸发的水气加热膨胀，上升到高空，形成云。风送云到陆地上空，凝结成雨，下到陆地，通过湖泊河流流向大海，完成一次循环。内陆循环的蒸发以陆地蒸发为主。太阳照射到陆地上，把从森林、草地、田园、湿地和湖泊蒸发的水气加热膨胀，上升到高空，形成云。云凝结成雨，下到陆地，完成一次循环。这就是超循环论和循环发展的来源。

历史循环论。17世纪意大利思想家维科，主张人创造历史，人能正确地认识历史。可是，他错误地认为人类历史如同人的童年、青年、成年三个阶段发展，循环往复，永无止境。在中外历史上，都有历史循环论，但都是唯心史观。唯心主义和形而上学的历史观认为，人类社会的历史是绝对的循环，既没有质的变化，也没有社会进步，如同"走马灯"。现代资产阶级思想家宣扬人类历史不是向前发展而是向后发展，"回到中世纪去、回到原始时代去"。

古代中国的循环论。在马克思主义唯物史观传入和工业文明的进化论进入中国之前，循环论思维模式一直统治着这个农业社会人的文化心理。古代中国的循环论体现在多个方面：一是在循环自然观方面，《周易》"寒往则暑来，暑往则寒来"。中华民族是农业民族，中华文明是农耕文明，农业生产的周期："播种——生长——收获"和"种子——植株——新的种子"生命循环，四时和四季的时间和气候循环，这是古代中国产生循环论的基础。二是在循环社会观方面，有先秦儒学循环论，董仲舒和朱熹的循环论等。三是在历史观方面，古代中国人的历史观也是从出发点到归宿点的圆形思维方式，如社会发展、王朝兴替是周而复始的循环轮回。在现代出现新的循环观点，如"公有制——私有制"、"体力和脑力劳动统一——分裂——统一"、国家的"合——分——合"等。

3.2.2 平衡循环论

平衡循环是指事物周而复始地平衡运动变化。平衡态与不平衡态的循环运动，正如李继兴所说："事物的发展是由'平衡——不平衡——新平衡……'永恒运动。"[3]万事万物的运动发展无不遵循"不平衡发展——平衡发展——新的不平衡发展——新的平衡发展"永恒循环运动。但是，这个循环运动不是回归到原来的位置，也不是画了一个圆回到原点，更不是重复和倒退，而是螺旋式的上升运动，是前进，是发展。每一轮循环，把平衡水平提高一步。

"从辩证唯物主义的基本观点出发，所谓'平衡'就是矛盾暂时的相对统一。平衡在经历一段时期后，必然被新的矛盾打破，经过非平衡，构建新的平衡，形成'平衡——非平衡——平衡'的循环运动。"[4]一是平衡循环存在好坏之分，即良性循环和恶性循环。例如，经济系统在整体上长期增长的趋势就是良性循环，表现为经济发展的平衡态与和谐态。经济系统在整体上连续衰减下降就是恶性循环，表现为经济发展不平衡态与不和谐态。要实现良性循环，就必须从长远利益出发、从整体利益着眼，克服眼前利益和短期行为、局部利益和小群体利益的影响，按照循环运转规律指导工作，克服盲目性，增强科学性，消除负面因子，阻断退化发展，促进经济发展实现良性循环发展。二是平衡循环具有周期性。自然、社会进化发展，无不存在周期性。例如，恒星演化过程的周期性："星云物质——恒星——星云物质"；天体演化"形成——破灭——形成"；生物运动

"遗传——变异——遗传";化学运动的"化合——分解——化合";物理运动的"吸引——排斥——吸引";地球气候演化的周期性:"温暖——寒冷——温暖"。一切事物发展都呈现为量变到质变再到量变,从有序到无序,又从无序到有序的循环。事物在发展过程中一个周期结束进入下一个周期,再到新一轮周期循环。事物不断运动变化,这个轮回式循环的周期性是有规律性的,是可以掌握和利用的。三是平衡循环具有发展的不可逆性。事物沿着时间前进变化,好像是一个回复或画了一个圆圈的运动,实质上是一个否定之否定的过程,它受不可逆性的制约,是前进上升的运动发展,并非倒退,不是从猴子到人再到猴子的回归和倒退,而是猴子到原始人再到智能人的发展进化,具有发展的不可逆性。地球温度变化也有小的周期性,也有大的周期性。大周期性:"冰河期——间冰期——冰河期"循环往复、常变常新。

3.2.3 系统平衡态(包括不平衡态)的循环

人类与人类自身生活的环境,共同构成一个人类与自然的大系统。这个大系统包括人类系统和自然系统。就是说,人类在自身循环的基础上,还要与自然系统共同构成一个大循环。

3.2.3.1 系统平衡态的循环

"平衡与不平衡,对立互根、融合循环、趋向同一、贯穿始终。二者构成一对哲学范畴。"[5]第一,单个系统平衡态的循环。从小处说,一个事物就是一个小系统;从大处说,地球就是一个大系统,无不处在循环运动之中。一个系统的平衡态(包括不平衡态),由于系统要素有规律变化而引起循环。"科学家研究发现,在近百万年的地球气温变迁中,曾经经历了严寒的冰河期和温暖的间冰期的循环交替。今天,人类居住的地球还处在冰河期的末尾,因为南北两极还覆盖着厚厚的冰川。"[6]地球表面的温度,是处于一个微妙的力学的、动态平衡状态,如果地球大气圈平均气温有2度的升高或降低,就可以破坏地球今天的平衡态,平均低2度就会回到严寒的冰河期,平均高2度就会走向温暖的间冰期。这是因为,地球大气圈存在着两种力,一个力是"温室效应",使地球表面温度升高变暖;另一个力是"阳伞效应",使地球表面温度降低变冷。二者时时刻刻进行着拉锯式的斗争。自然界本能地自发维持地球大气中CO_2循环的动态平衡,维持着地球表面恒定的温度平衡状态,为人类和万物提供适合生存发展的生态平衡的环境。第二,多系统的平衡态循环。系统都是开放的,系统都是复合的。一个国家就是一个复合的大系统,包含平行关系的经济系统、政治系统、社会系统、文化系统等,每一个系统又包含若干子系统。平衡态和不平衡态在它们之间相互循环和转化。经济力量循环转移为政治力量,经济力量和政治力量可以循环转移为军事力量,军事力量又可以循环转移为政治力量和经济力量。所谓国家综合实力,就是国家经济、政治、社会和军事等多系统的平衡态纵横循环通畅,相互配合、相互促进,形成强大合力系统——综合国力系统。第三,哲学范畴中的平衡循环。一是因与果的循环性。原因与结果相互联系、相互作用、相互依存、相互转化，是引起与被引起的关系，有因必有果，有果必有因，原因与结果在特定情况下，构成互为因果的关系和因果循环。二是质与量的循环性。质变和量变是互相过渡、互相交替的。先从量变开始，质变是量变的结果，质变引起新的量变，如此循环往复。三是否定之否定的循环。"否定之否定规律的基本内容，就是阐明事物的发展是由肯定到否定再到否定之否定，如此循环往复的螺旋式上升的辩证过程。""而否定之否定即第二次否定，又仿佛回到了原来的出发点，事物经过这样两次否定、两次向对立面转化，形成一个发展的周期，第二次否定（否定之否定）是前一个周期的终点，又是后一个周期的起点，以它作为新的肯定、新的出发点，又在更高的阶段上开始新的发展周期。"[7]

3.2.3.2 平衡与不平衡的循环转化

事物发展中平衡与不平衡的相互转化，形成平衡态的循环运动。一是在平衡与不平衡转化中的平衡循环。平衡与不平衡相互作用、相互转化，必然造成平衡与不平衡两种状态不断交替循环出现，也就必然形成"平衡发展——不平衡发展——新的平衡发展"的循环往复运转。二是在平衡与不平衡斗争中的平衡循环。一切事物进化过程中，系统内部要素与要素之间维持平衡态的拉力和推动事物趋向不平衡态的推力的斗争和转化，导致一切事物必然呈现出交叉、交替的循环运动过程。例如，当人类社会新旧基本矛盾不平衡、不适应解决了，呈现出平衡状态；在运行中又会出现新的基本矛盾之间的不适应，呈现出不平衡状态，又需要重建平衡。就是这样不断地循环，推动社会的运动变化，呈现出从平衡到不平衡再到平衡的循环运动发展过程。例如，从粒子到宇宙，从古老的原生生物到现代社会的高智商的人类，都无一例外地遵循从平衡到不平衡再到平衡的运动轨迹而循环运动。

掌握了平衡与不平衡状态的循环运动，对我们具有重要的方法论意义，它提示我们对平衡状态的认识不能固定不变，调节的方法不能固定不变，要随着平衡循环运动情况，及时加以引导，做好超前调节和控制，把恢复或重建平衡的工作做在前面。

3.2.3.3 平衡循环运动的永恒性和有序性

"自然科学的常识告诉我们：整个自然界，从小到无内的粒子到大到无外的宇宙，从原生生物到现今人种，都客观地、自发地处于永恒的产生、成长、消亡、联动有序的运动循环之中……动态平衡的'循环模式'。"[8]一是平衡循环的永恒性。世界上没有不运动的物质。世界的物质不灭就在于物质的平衡循环运动。例如，一个天体爆炸后并没有"化为灰烬"或是天体的消失，而是物质的转化，原物质没有被消灭。一堆原煤被燃烧后并没有消失，而是变成了"煤灰"的物质，物质是不会被消灭的。这种物质不灭的转化形式，就是一种永恒的、动态平衡循环运动。二是平衡循环的有序性。宇宙间物质各有各自的循环运动空间和定位，万物都是有序循环运动的，不会越位和错位。例如，宇宙自由物体的上升和下降运动，都是遵循动态平衡方式循环运动的。由于地球的磁力，水和气的循环是交替进行的，水向下循环之后经太阳热能变成气又往高处循环，而再凝聚成雨又向下循环，如此无穷尽地循环往复。在循环过程中水和气各自保持自己的序位，水向下循环气向上循环永远不会改变，这是物质运动规律决定的。

3.2.4 自然的平衡循环

在自然界中，一切物质运动的能量转换、时间和空间的变化，无不遵循周期性的循环发展的过程，这是自然界最普遍的一种循环现象。一是宇宙在动态平衡中循环。“宇宙在自身‘胀力’与外界‘压力’的作用下螺旋膨胀——相持——收缩——坍缩为新的奇点，完成自己‘生命’的一个周期。然后再由‘新奇点’发生新的失衡爆炸——产生又一个新宇宙。如此轮回，常变常新。”[9]宇宙大爆炸后，“奇点”散开，凝聚为星球、星系等，走向新的平衡状态。宇宙就是这样循环轮回、周而复始，直至无穷无尽。二是自然界在平衡循环中进化。自然生态系统存在相互依赖、相互对抗、相互竞争和相互促进的复杂关系，也只有在这种复杂关系中，才能实现平衡进化发展。例如“进化——退化——进化”等，由此可见，循环运动是有规律的，即从平衡到不平衡再到新的平衡。正如曾健、张一方《社会协同学》中说的：“整个自然界（我们的地球）原本是一个由种种相互作用交织构成的和谐平衡的系统，其中生物圈的‘生产者——消费者——还原者’机制，是保持自然在‘循环中达到平衡协调发展的重要机制’。”[10]

3.2.5 人体循环和社会基本矛盾的平衡循环

人体血液系统、社会两对基本矛盾都是在周而复始地运动变化。(1)人体生理的平衡循环。人的身体体内大循环的血液循环、小循环的肺循环等七大循环系统和各个器官组成的相互协调统一的整体，就是一个具有高度结构功能的、最完美的平衡循环系统。人的循环系统是人体内借以循环流动的管道组成的运输系统、心脏和血管组成的心血管系统，消化道吸收的营养物质、吸进的氧、各组织器官代谢产物输送到各组织器官，同时输送热量。再如，心血管系统的血液由心脏压出去流到全身各部再回到心脏，在细胞间运送物质；循环系统主要是维持体内温度和体内酸碱值的动态平衡。小循环肺循环，则是把心脏收缩流入带有二氧化碳的血液送到肺部，在肺里进行气体交换，排出多余的二氧化碳，吸入新鲜氧气再流入心脏。人体中的循环是内环境与外环境共同作用的超平衡。(2)社会基本矛盾之间的平衡循环。社会基本矛盾之间的平衡循环，推动了社会的发展和进步。人类社会五种结构形态的更替和发展，是两对基本矛盾的循环发展引起的，即生产力与生产关系的平衡与不平衡的斗争、经济基础与上层建筑的平衡与不平衡的斗争和转化的作用，旧的矛盾解决了，又会出现新的矛盾，二者循环交替，起决定作用的是生产力，生产力推动社会的不断发展。

3.2.6 经济的平衡循环

世界上曾经出现了经济循环论、商业周期循环理论和经济超循环论等，对世界经济发展发挥了重要作用。

经济循环论。第一个提出经济循环论的人，是美国经济学家密契尔，他在《经济循环及其原因》一书中论述了经济循环的理论，他主张"扩张——衰退——紧缩——复苏"的循环。在衰退阶段，成本降低，商贩放货，降低利率，效率不好者淘汰。这时，企业家判断预期回升，导致经济复苏和繁荣，导致提高成本和银行紧缩，导致崩溃和衰退，就这样循环发展着。熊彼特的商业周期循环理论也认为，经济体系是在"繁荣——衰退——萧条——复苏"构成的周期性运动过程中前进的。他说有创新就会有模仿，有模仿就会打破垄断，结果引起投资和经济繁荣。这种创新、模仿发展到更多企业时，利润消减，经济走向衰退，又会出现新的创新，将形成下一个周期的循环。

经济全球化大循环。随着国际经济的一体化发展，国与国之间经济联系日益强化，已经形成当今世界的经济大循环。20世纪以来，世界经济发展趋向全球化，投资、金融、生产经营、贸易活动等跨越国家、民族和地区界限，实现资本、商品、劳务、技术等生产要素在全球流动和配置，国际分工使生产和消费国际化，贸易使国内市场与国际市场相联系，经济全球化把各国经济融入世界经济大循环体系，国家间、地区间在经济上紧密联系、相互渗透。例如，我国在改革中，制定了参与国际大循环的经济发展战略，充分利用我国劳动力和沿海的优势，积极参与国际分工和国际交换，用换取的外汇支援重工业，重工业发展了再来支援轻工业，从而加快产业结构的调整，再用工业积累的资金支援农业的发展。从而，沟通了农业与重工业的循环关系。在我国，三大产业大循环，以农业发展促进工业发展；以工业发展反哺农业发展；以农业和工业的发展推动第三产业的发展。

新型循环经济。在世界各国重视环境保护的情况下，产生了循环经济模式，循环经济就是周而复始的生产，这是世界经济发展趋势，也是我国经济社会发展的必然要求。新型循环经济，要求降低资源消耗，减少废物的产生量和排放量，提高废物的再利用和资源化水平。新型循环经济与传统经济的区别：传统经济是"资源——产品——污染排放"物质单向流动的经济，经济增长主要依靠高能耗、高排放、低利用、低效率，一次性利用资源，对生产中的废弃物采取"末端治理"。当今世界，这种传统经济模式被新型循环经济所替代。《国务院循环经济促进法》要求在生产、流通和消费等过程中进行减量化、再利用、资源化，强调低开采、高利用、低排放。发展循环经济要遵循统筹规划、合理布局、因地制宜、注重实效。一是减量化：在生产、流通和消费等过程中减少资源消耗和废物产生。二是再利用：将废物直接作为产品或者经修复、翻新、再制造后继续作为产品使用，或者将废物的全部或者部分作为其他产品的部件予以使用。三是资源化：将废物直接作为原料进行利用或者对废物进行再生利用。

参考文献

[1]马克思恩格斯选集:第3卷.北京:人民出版社,1971:453-454.

[2]沈小峰,曾国屏.超循环论和循环发展.现代哲学,1991(1).

[3]李继兴.大平衡.北京:中国大百科全书出版社,2007:85.

[4]张淑焕.中国农业生态经济与可持续发展.北京:社会科学文献出版社,2000:60.

[5]李继兴.应用哲学平衡论.哲学中国网,2013-02-21.

[6]王颖.动态平衡论.北京:中国青年出版社,1998:221.

[7]陈晏清.马克思主义哲学纲要.北京:中央广播电视大学出版社,天津:天津人民出版社,1983:123.

[8]李继兴.大平衡.北京:中国大百科全书出版社,2007:116.

[9]李继兴.大平衡.北京:中国大百科全书出版社,2007:117.

[10]曾健,张一方.社会协同学.北京:科学出版社,2000:7.

3.3 平衡态与不平衡态的互变:平衡转化发展律

不平衡态——[单向调节转化]——不稳定平衡态——[双向调节转化]——静态平衡稳定态——[正向或反向调节转化]——动态平衡稳定态……

引证:

这就是能量守恒和转化定律。这个定律证明:运动是不能被创造和被消灭的,它只能从一种形式转化为另一种形式。[1]

——李秀林、王于、李淮春《辩证唯物主义和历史唯物主义原理》

转化是指矛盾双方经过斗争,在一定条件下,各自向着和自己相反的方向转变,向着对立面所处的地位转变,相互转化是由事物内在的矛盾所决定的。例如,主要矛盾和次要矛盾、对抗性矛盾和非对抗性矛盾等,在一定条件下都可以互相转化。公式表示为:"平衡——[转化]——不平衡——[转化]——新的平衡……"

3.3.1 物质形态之间和各种运动形式之间都可以平衡转化

苏联理论家布哈林认为,动态平衡以矛盾、斗争为前提,其基础就是内在矛盾的发展。否认了矛盾,也就否认了动态平衡,也就否认了平衡与不平衡的相互转化。如果世界上没有任何力量的斗争，整个世界都处于绝对不运动、静止状态之中。例如，物理运动形式中的声、光、电、磁等相互之间有区别又有联系，并依照一定条件相互转化。“不同运动形式之间的相互转化，是一种普遍现象。例如，摩擦生热、生电，就是机械运动转化为物理运动。热引起燃烧，物理运动又转化为化学运动。在地球发展过程中，物质经过长期的机械的、物理的，特别是化学的作用，逐渐形成越来越复杂的化合物，出现了蛋白质和核酸，并由它们组成了蛋白体，产生了生命的运动。在生物的长期发展中出现了类人猿，在劳动中类人猿变成了人，产生了人类社会的运动，以至人的思维运动。”[2]物质运动形式的相互转化，进一步证明了多种多样运动形式之间的联系和统一性。例如，生物运动是一种高级的运动形式，它包括机械的、物理的、化学的过程，有着从旧质向新质转化的特点。只有对这些低级运动形式进行专门研究，才能弄清楚生命运动形式是怎样从支配着非生物界的运动转化而来的，才能解决生命起源和生命本质的问题。

3.3.2　物质运动转化前后总的能量是不变的、平衡的

“自然科学的发展不仅发现各种物质运动的相互转化，而且发现转化前后总的能量是不变的。在从动能（机械力）转化为电、热、位能等等的过程中，以及在发生相反的转化过程中，总能量不会发生增减。这就是能量守恒和转化定律。这个定律证明：运动是不能被创造和被消灭的，它只能从一种形式转化为另一种形式。也就是说，运动是永恒的、绝对的。在运动形式的相互转化中，不仅能量的数量是不变的，而且一种运动形式向他种运动形式转化的能力也是不会消失的。”[3]能量守恒和转化定律是被人们公认的，无论是运动形式、能量、数量转化、动能（机械力）转化为电、热、位能等总能量都是不变的。19世纪下半叶，德国物理学家克劳修斯提出的“宇宙热寂说”“最后达到平衡而死亡”的悲观结论则是没有根据的、错误的。恩格斯在批判这个结论的同时指出，唯物辩证法的三个规律：量转化为质和质转化为量的规律；对立的相互渗透的规律；否定的否定的规律。在自然界里，一切都无一例外地离不开这三条规律，离不开平衡与不平衡状态由平衡到不平衡再到新的平衡的循环转化。物质不灭，就是物质的平衡，烧了植物化为灰的物质是平衡，开水变成气体是平衡。同理，平衡与不平衡两种状态是不断交替、不断循环、不断进化发展的，是万物发展规律的反映。在现实中，物质不灭，能量守恒，到处可见。(1)能量守恒。电子与正电子相遇，发生“湮灭”，转化成光子。原煤燃烧转化为热能，热能转化为电，电转化为光能等，其能量是不变的。(2)物质不灭。固体冰融化为水，水加热转化为气体等，都表现为物质不灭，其能量不变。例如，物件相互摩擦产生热和电，这种现象就是机械运动转化为物理运动。热能引起物质燃烧，这就是物理运动转化为化学运动。物质运动形式的相互转化，前后总的能量都是不变的，即能量守恒和转化定律。

3.3.3 平衡态与不平衡态相互转化的成因

“协同论比耗散结构论研究范围更宽，它不仅研究非平衡相变，还研究平衡相变，它的普适性更强。”[4]平衡态与不平衡态是相互转化、互变的，我们要按照平衡相变和非平衡相变的转化规律，做好对不平衡的转化工作，推动事业的发展。

平衡与不平衡的相互转化是由事物内部矛盾决定的。哲学家黑格尔认为，矛盾是运动的动力，平衡与不平衡的相互转化都是由事物内部矛盾决定的。苏联理论家布哈林在《历史唯物主义理论》一书中，论述平衡与不平衡的相互转化问题时认为，事物发展的全过程不是单一的平衡过程，也并非是单一的不平衡过程。而是一个平衡和不平衡循环、交替的周期性转化过程。事物在一定条件下是可以相互转化的。从平衡转化为不平衡再转化为新的平衡，这是事物发展的一般规律。即初始平衡状态，相互对立和斗争，平衡状态被破坏，在新的基础上重建新的平衡状态。这就是一个转化周期的三个阶段，接着则是转化的又一周期的开始，如此循环往复，以至无穷，其基础就是事物内部的矛盾运动的发展，促进事物转化、渐变和突变。这个转化运动的过程，就是内在矛盾发展的必然结果。布哈林认为，不平衡是事物发展的动力，但平衡状态和不平衡状态都是矛盾的作用力不可缺少的环节。因此，平衡状态也是有矛盾、有运动的，而是把双方矛盾力量之间的斗争内部化了，就是说矛盾斗争尚未外部化，是潜在的运动。如果矛盾运动呈现不平衡性，双方的地位和作用发生变化，其中的一方力量增大或减弱，就会使内部矛盾外部化，不但破坏原有的平衡状态，而且在新的矛盾基础上重建新的平衡状态。布哈林认为，社会中的秩序、稳定，并不是静态平衡，而是潜藏着矛盾和冲突，矛盾各方势均力敌，维持暂时的平衡。在事物发展过程中，平衡与不平衡是相对的、互相转化的，不平衡转化的原因主要是内部因素，但不排除外部因素通过内部因素起作用而引起转化。例如，社会经济突变，引起人们对经济的关注。但经济进化发展的因素可能不在系统内部，有可能是非经济因素的新文化观念的突变起的作用，或是别的因素引起的飞跃。例如，世界经济形势的变化和20世纪日本、新加坡、韩国经济的起飞，必定引起中国大陆的经济社会的变革，中国的变革和飞跃必然引起更大的世界范围的变化。再如，生物进化分成微观进化与宏观进化两种，宏观进化是量子式的飞跃突变，与达尔文说的渐变进化不一样。生物、社会和经济的进化有可能是突变的而不是渐变的。

平衡与不平衡的相互转化是由事物的质量互变规律和否定之否定规律所决定的。在哲学上，所谓平衡就是矛盾的暂时的相对统一。这种统一，经过一个时期，就必然被矛盾所打破，引起平衡与不平衡相互转化。这种相互转化从质量互变达到一定的“度”时，原来的平衡状态就会转化为不平衡状态，原来的不平衡状态就会转化为平衡状态。平衡论认为，马克思主义哲学中事物的量变表现为平衡，事物的质变表现为不平衡，不平衡即是对平衡的破坏。“平衡与不平衡”转化是事物发展的状态的自然趋向。看待平衡和不平衡的状态,应该用发展的、变化的眼光观察。正如陈晏清《马克思主义哲学纲要》一书中论述的:“量变就是事物的量的规定性的变化,是事物数量的增减和场所的变更。这是一种微小的、不显著的变化。日常见到的统一、平衡、静止等等,就是事物处在量变过程中呈现的面貌。”“质变是对原有度的突破,是事物发展中的连续性和渐进性的中断,表现为统一物的分解以及相持、平衡和静止的破坏等。”[5]因此说,平衡与不平衡的相互转化,也是事物的质量互变规律的概括和反映。

平衡与不平衡是相互转化的,这种转化是量变质变规律发展的结果。平衡状态是事物量变的过程,平衡状态被破坏是事物进入质变过程,即不平衡状态。事物在新的基础上重建的平衡状态就是新的量变的开始和恢复。正如布哈林在《历史唯物主义理论》一书中说,平衡状态是事物的量变阶段,不平衡状态是事物的质变阶段。“量变——质变——量变”,循环往复,无休无止。事物的平衡状态被破坏之时就是进入质变之时,也是进入新层次平衡之时,又是在新的基础上量变开始之时。平衡发展是相对的,但不能绝对化,平衡发展不只是量的增减变化,而是事物量和质的相互转化,宇宙间万事万物的发展,都有它自身特有的产生、发展、消亡的相互转化的过程。同时,由于平衡与不平衡循环发展、不断转化、无始无终,所以平衡与不平衡的转化也是遵循否定之否定规律发展变化的,而且每一轮转化其平衡水平就提高一步,并在新的基础上建立起新的高层次平衡,而不是在被破坏平衡原基础上恢复平衡,不是回归到原出发点,是事物的前进和发展。

3.3.4 做好人的平衡转化工作

3.3.4.1 平衡转化的方式方法

平衡转化,是一个复杂系统,平衡转化的方式方法也是多种多样的。平衡转化在我们日常工作和生活中具有重要的方法论意义。在实践中,平衡转化的方式方法可以综合运用思政学、行为科学、心理学、教育学、管理学和美学等为指导思想、原则和方法做好平衡转化工作;平衡转化的手段,可以运用教育手段、精神鼓励手段和物质鼓励手段等多种方法做好平衡转化工作。在具体工作中,还可以把多种方法和手段结合起来,综合运用,多管齐下,就可以获得更好的平衡转化效果。在平衡转化过程中,还可以根据实际情况,采取分步骤实施。如事前平衡转化、事中平衡转化、事后平衡转化,这是一种常用的有效方法。这是因为,系统平衡态具有动态性,事物的平衡与不平衡也是不断发展变化的。因此,我们的调节转化工作,也要根据事物发展规律、发展现状、发展方向和发展趋势进行平衡转化,特别是在事物有可能向失衡方向发展时,要事先预测到事物走向失衡的可能性,采取预防性措施,进行事前调节转化,阻断或引导事物不向不平衡发展,引导对象向平衡方向发展。事中事后调节转化,虽然不是最优化调节转化的方法,但也不失为良策,它可以减少损失,避免造成更大失误。事后调节转化是非常必要的。

例如，工厂的产品售出后，还要做好售后服务，确保消费者满意，树立企业形象，提高企业和产品信誉，这是企业生存和发展的关键。人们常说"亡羊补牢，为时不晚"，就是这个道理。

在整个调节转化的过程中，要把思想政治工作贯穿全过程，做好事前、事中、事后的思想教育转化工作。运用思政学方法，可以有效提高平衡调节的效果。这个方法侧重于态度、方式、技术和艺术。要求无论采取思想政治工作中的哪种具体方法，都应摆正态度与方法的关系。根本态度，就是尊重人、理解人、关心人。这在国内外任何现代方法学中是最独特的、最富人情味的和最有效的方法。思政学中的讲道理的方法，是最容易让人接受的方法。例如，调节转化人与自然的关系，就必须讲清生态环境保护的深刻道理，讲清地球表面圈层有人类生存的水、空气、粮食等物质生产条件和经济、政治、文化活动等物质基础的关系，讲清必须始终维持人类赖以生存的生态平衡的重要性。从而，从思想上转变认识，才能增强在行动上做好环境保护工作的自觉性。

3.3.4.2 领导者的最大本领是对人的平衡转化

领导者的最大任务，是做好各方面的平衡调节和转化工作，特别是如何做好新时期在全面深化改革的新形势下，做好人的思想调节转化工作，是领导者认真研究的新课题。第一，平衡转化工作要紧密结合当前形势、任务和思想的实际。在新的时期，形势变了、任务变了、思想变了，领导者的调节转化内容和方式方法也要随之变化，要用以变应变的方法做好调节转化工作。任何事物都具有动态性，事物的平衡态也是相对的，都是不断发展变化的。因此，我们要在尽可能保持平衡态的同时，及时调节转化事物由不平衡向平衡转化。在事物动态变化过程中进行调节转化，并随着事物的新变化而变化自己的转化方法、手段，提高调节转化的效果。第二，平衡转化工作要从全局出发。在群体工作中，要求从整体出发做好调节转化工作，同时要发挥局部的作用。管理者事事处处都要胸怀全局，具有总揽全局的能力，方方面面都要统筹兼顾，不能顾此失彼。不管哪一个系统、哪一个局部、哪一个环节滞后，都要及时做工作，促进其迎头赶上。否则，就会出现不平衡发展，产生抑制因子，导致"木桶效应"。例如，整体经济系统的发展速度快慢，取决于其中发展最滞后的那个子系统、部门和行业的短板。因此，经济系统中的各条战线都要保持相对平衡发展，保持相互衔接，相互促进。第三，平衡转化与不平衡转化相结合。领导者既要掌握平衡转化的方法，又要掌握不平衡转化的方法，做好正向和反向转化工作。这是因为在通常情况下，追求不平衡奋斗目标才是人的行为目的，如在群体同事中存在着竞争现象，谁都想工作能力比别人强、业务水平比别人精、收入比别人高等不平衡追求。在这种情况下，领导者的目标，就是要充分利用这种竞争，在本单位打破安于现状的低水平平衡状态，引入竞争机制，进行反制衡引导，用不平衡的方法解决低水平平衡的问题。领导者可以在内部开展劳动竞赛、技术比武、比学赶帮超和大力表彰先进单位和先进个人的活动；为使人们看到自己的不足和外部快速发展的新形势，采取走出去参观外部先进单位，或把外部先进单位的人请进来介绍先进经验，使大家从先进者身上看到自己的不足，受到先进事迹的鼓舞，从而推动本单位各项工作的开展，不断掀起比学赶帮的新高潮。

参考文献

[1]李秀林，王于，李淮春.辩证唯物主义和历史唯物主义原理.北京：中国人民大学出版社，1982:95.

[2]李秀林，王于，李淮春.辩证唯物主义和历史唯物主义原理.北京：中国人民大学出版社，1982:94.

[3]李秀林，王于，李淮春.辩证唯物主义和历史唯物主义原理.北京：中国人民大学出版社，1982:95.

[4]新编思想政治工作辞典编辑委员会.新编思想政治工作辞典.北京：中国经济出版社，1987:366.

[5]陈晏清.马克思主义哲学纲要.北京：中央广播电视大学出版社，天津：天津人民出版社，1983:123.

3.4 事物自我平衡发展：自发平衡律

事物不平衡发展——[事物自趋平衡]——平衡发展——新的不平衡发展——[自己否定自己]——新一轮平衡发展——[自己发展自己]——自发趋向综合动态平衡发展

引证：

> 事物都有保持和趋向自身平衡的本性。事物趋向自身平衡的本性，即事物与生俱来的、天然的“求生”本能——自因力。[1]
>
> ——李继兴《大平衡》

北京大学教授李继兴说：“这个本能(‘求生’本能)驱使事物在不平衡时极力趋向平衡，达到平衡时则先行竭力保持平衡，然后随时伺机趋向新的平衡，以至往复无穷……”[2]这种现象是“自因力”的作用，即强力、电磁力、弱力和引力四种力汇成的自我平衡的力。可见，一切事物都有保持和趋向自身平衡的本性，这是万事万物与生俱来的生存发展本能，即自我运动，不能自己运动的事物是不能生存下去的。

3.4.1 事物都具有自动维持自己平衡的本性

系统论、耗散结构论都支持万事万物自发走向平衡发展的观点。"'系统论'中的各个系统的'自趋'概念，为平衡论的'趋向自身平衡'观点，提供了有力支持。""系统论"中的各个系统的"自趋"概念，耗散结构论的"自趋"概念，都为平衡论的"趋向自身平衡"观点提供了有力支持。而近年来创立的单分子、单原子科学，也给平衡论提供了"趋向自身平衡"的"单"物质依据。[3]当事物由于内力或外力的作用，运行偏离常态的平衡轨道时，事物(系统)可以自发调节内力，以自身的力量和作用，极力维持自身的平衡状态，这种对系统运行状态的自觉调整和维持，目的是恢复到自身原来的平衡状态，但实际上并非是完全平衡态的回归，而是一种前进，在前进中保持系统的稳定性。李继兴把这种现象称为自趋平衡本能。可见，事物具有自动维持平衡的功能，是因为事物内部存在自我求生存、图发展和表现自己的"自因力"的作用，或称为自然平衡力。如花的鲜艳能引起传粉者的注意，也能表现自己的存在。系统中的这种力无时无刻地作用于事物，巩固和保持事物自身的平衡状态，以维持自己的存在和发展。

3.4.2 事物都有自我走向新平衡的本能

因此，"事物都有保持和趋向自身平衡的本性"。[4]任何事物都是自动组织起来的系统，系统都有自适应、自调节和自我走向平衡的本能，实现从无序状态走向有序状态、从不平衡走向平衡，从而推动事物自身不断进化发展。一切事物的生存和发展，在于它们都有自觉走向平衡的本性。天体、自然、社会、人，一切事物都有"求生"愿望和"表现"自己的本能。否则，就违背事物"自己发展自己"的天赋功能。第一，事物都有自我趋向平衡的本能。事物发展趋向自身平衡的规律是在系统机制、系统规则正常和完善时，通过系统内部本身的力量、作用和自组织运动，在自身发展中由无序趋于有序，从不平衡状态趋于平衡状态。个体动物具有自发平衡功能，而群体动物也在物种数量上保持着一定的比例关系，维持平衡发展，这是一切事物为了个体和群体共同生存的需要。第二，事物都在努力不断走向新的平衡发展。在哲学上的"外因是变化的条件，内因是变化的根据，外因通过内因而起作用"，事物就是在内外因的作用下，都能自觉地从不平衡走向平衡，这就是事物的自趋平衡法则。这种自发运动，是事物发展变化的根据，即自己内因的作用。在自然界里，生物链和食物链现象、细胞的自我恢复现象、物种的自我平衡调节现象、生态的自我修复的现象等，都是事物自我走向平衡的本能的表现。当一个事物通过自身平衡功能恢复了自我平衡后，平衡状态又会受到外环境的影响而被破坏，事物又会自发地在新的基础上重建新的平衡。这就是一切事物共同具有的、自发走向新的平衡的功能。例如，我们不进行计划生育人类发展也会自趋平衡，但是人类要经受漫长的人口膨胀的灾难，最终以饿死、冻死等自然淘汰而实现平衡。这是多么大的代价，高智商的人类是不会走“必然王国”之路的。

3.4.3 事物自我维持和趋向新平衡的本性是事物自身生存发展的需要

事物自发平衡的本性，是事物发展的动力，也是事物自身生存的需要。事物就是依靠自己的内力本能地、合乎规律地运动变化，自己发展自己。没有自己运动变化本能的事物，是无法存在下去的。第一，宇宙天体的自发平衡。宇宙天体的运动是能量的转化，由能量的均衡运动而产生的引力和斥力的作用而呈现平衡状态。例如，宇宙整体上是平衡的，它的正能量与负能量是平衡的，因而宇宙天体能保持平衡运行。如果宇宙正能量与负能量失衡，它还会通过膨胀等新的形式再恢复到平衡状态，如此循环往复，始终保持平衡。第二，地球生态自发平衡。地球是一个生态平衡系统，地球生态系统可以自我调节恢复平衡，森林适度砍伐后可以再生复衡。正如王颖所说：“一个系统，无论是人体内的基因系统、细胞系统、免疫系统，还是病毒系统、细菌系统，或者单个人体外的人的集群系统、自然界的生态系统、经济方面的市场系统，都是一个活体，它都有自我调节的功能。”[5]一切事物自己否定自己，自己发展自己，本能地从不平衡走向平衡，实现自身平衡后又努力维持自身的平衡状态，在同相关事物的斗争中共同走向新的平衡。在这个过程中，能够自己运动变化，实现弃旧布新的发展。任何一个系统，从大到自然界系统、大气系统、生物系统、生态系统，从小到人体内的细胞系统、免疫系统、细菌系统，再到地球的人类系统、人与人关系的社会系统、生产方式的经济系统等等，都存在着自我调节平衡的功能，国家系统、行政区系统、集团系统、企业系统、单位系统等都有自我调控平衡的功能。就连人体细胞、细菌、病毒等都能自觉地、本能地调节平衡，都是为了自身的生存和发展的需要。

3.4.4 人和其他动物都具有自我走向平衡的本能

3.4.4.1 人和其他动物都具有努力保持自我平衡的天性

“社会和人也是一样，都具有各归其所——求生求活——趋向自身平衡的天然倾向。这种与生俱来的、求生求活的本能运动会有诸多形式，但其实质只有一个，那就是求生存。事物发展的动力皆来源于这个本能。”[6]自觉追求自我平衡，是人的天性，也是其他生物的天性。一个人患某些疾病后不做任何治疗可以自愈，这就说明，人体具有自趋平衡的功能。在现实中，为什么“盲人耳灵”，就是“看不见的手”的自我调节和补偿平衡调节的作用。为什么我国藏族同胞适应海拔数千米、高原低氧环境，而且体魄强健，就是因为祖辈在高原生存，肺活量和心脏储备功能与环境达到平衡，这也是自我平衡调节的结果。在地球上，热带生活的人与寒带生活的人都适应各自的生活环境，这就是漫长的适应和自我调节的结果，也是“看不见的手”的平衡调节的作用。正因为有了自趋平衡调节，人类才能在地球上长期生存，否则人类在无数次气候巨大变化和瘟疫流行中无法存活。又如,在一个区域或民族经历大的战争之后,造成男少女多的失衡情况下,则会出现妇女生男孩多、女孩少的现象进行自发调节;生活在热带的人生孩子多一点,但人的寿命相应短一点;生活在寒带的人出生率低一点,但人的寿命相应长一点。再如,其他生物与人类一样,也保持与自然界生态平衡,否则就会被自然界无情淘汰。在深海生活的鱼和在浅海生活的鱼,都有各自不同的适应性调节;老鼠和蚂蚁遇到大灾缺粮之年,就会自发调节少繁殖后代,防止因过剩而造成灭绝。总之,“看不见的手”在自发调节着平衡,维持着万物的平衡度。

3.4.4.2 人的肌体具有自我调节平衡的本能

人生百年,始终保持动态平衡。第一,人在平衡状态下努力保持平衡。“中国传统医学认为,人的生命过程是一个动态平衡过程,即人体的五脏六腑、组织器官及其功能活动的协调吻合。在各种动态平衡中,有两种最为重要,一方面,人体与大自然及周围环境间的相互作用;另一方面,人体各部分之间的相互作用。一旦两种平衡出现问题,那么人体健康肯定就会出问题。”[7]中医认为,“生命平衡”是三个状态的不断转换:“生命始于动态平衡——内外因素打破生命平衡——调整内外因素保持平衡”,可见,人的生命平衡是何等重要。一方面,人的生理内环境是平衡的。每一个个体都是一个精美的有机平衡体、一个完整的自给系统。当人体受到一定限度的伤害时可以自我修复而恢复平衡,如器官自我修复和新移植器官后自愈。另一方面,人体与外环境是平衡的。人是自然环境的产物,人体与自然外环境随时随地进行能量、物质、信息的交换,适应外部环境,保持与外环境平衡,才能维持生存。第二,人的肌体具有自觉调节平衡的功能。一是人的肌体通过神经和体液系统的调节,不断从不平衡恢复平衡。“人体各种功能活动既保持平衡和稳定,又在不断地运动变化。在认识生命活动时,既要看到相对平衡的重要性,还要看到这种平衡是在神经和体液系统的调节下,通过运动来实现的。”[8]二是以“代谢”实现平衡。美国罗启义说:“人体:新陈代谢平衡是基本的生命需求。”[9]水、电解质和酸碱平衡就是人体通过自身的代偿能力实现动态平衡。三是人体都有自我重建新平衡的功能。人的肌体能通过内外调节,重建新的平衡,恢复健康。其一,生理平衡的人体内部调节:神经调节、体液调节、脏器自调。其二,自我平衡调节:饮食调节平衡、休息调节平衡、运动调节平衡、情绪调节平衡、医疗调节平衡、微生态平衡调节、人体热平衡调节等。

3.4.5 经济社会领域自发走向平衡发展

“不同的生产领域经常力求保持平衡是一种经常趋势。”[10]研究证明,经济领域具有追求自我平衡的功能,市场上“无形的手”就是看不见的自趋平衡的作用力。经济自发走向自我平衡,是经济规律作用的结果。在市场经济条件下,价值规律调节商品生产和商品流通的形式,市场供求关系、价值与价格关系的平衡调节都具有自发性。生产者和经营者为了获得利润，其经济活动按照价值规律的自发调节作用，也就是由供求变化引起价格的涨落波动进行生产和经营。价值规律的作用，可以自发调节生产资料、社会劳动力在各个部门的分配、生产和流通，使之符合商品经济的客观要求。商品生产超过了需要、供过于求，价格必然降低，生产者的利润必然减少，生产者就会减少生产或转产，导致市场上的商品供给减少或供不应求；当求大于供时价格又会回升，商品生产者又会回过头来生产和经营这种产品，从而发挥着自发调节的作用。

价值规律对资源的合理配置起到促进作用，并把企业的生产经营活动与市场联系在一起，推动竞争和发展。但是，市场自发调节存在盲目性和滞后性的负面作用，有时不利于经济和社会的健康发展。近几年，我国出现产能过剩，如纺织品、服装、电视机、钢铁、硅铁等产业产品严重过剩，产品积压，造成企业亏损。为此，党的十八大提出的发挥市场对资源配置的决定性作用，就是在强调充分发挥市场调节的基础上的同时，强调更好地发挥政府的宏观调控作用，才能确保经济健康运行。

社会具有自发平衡发展的天然倾向。社会自趋平衡的动力，是社会基本矛盾，表现在生产力和生产关系、经济基础和上层建筑两对矛盾的不平衡、不适应的斗争，从而推动社会自发地走向自我平衡。正如李继兴所言："社会和人也是一样，都具有各归其所——趋向自身平衡的天然倾向。"[11]生产力的发展推动新的生产关系的建立，反过来生产关系对生产力的发展又起到促进作用，从而推动社会从低级到高级发展。这就是社会自发平衡发展的天然本能，是不依人的意志为转移的。但是，人在社会自发平衡发展的过程中，不是无能为力和无所作为的，人是可以认识自然，引导和调节自己的行为，从而达到人的预期目标的。

参考文献

[1]李继兴.大平衡.北京：中国大百科全书出版社，2007:80.

[2]李继兴.大平衡.北京：中国大百科全书出版社，2007:80.

[3]李继兴.应用哲学平衡论.哲学中国网，2013-02-21.

[4]李继兴.大平衡.北京：中国大百科全书出版社，2007:80.

[5]王颖.动态平衡论.北京：中国青年出版社，1998:245.

[6]李继兴.应用哲学平衡论.哲学中国网，2013-02-21.

[7]元文玮.医学辩证法.北京：人民出版社，2001:3.

[8]刘欣.持衡定律.北京：机械工业出版社，2006:11.

[9][美]罗启义.企业生理学：企业活力探源.北京：新华出版社，2001:145.

[10]马克思恩格斯全集：第23卷.北京：人民出版社，1974:394.

[11]李继兴.大平衡.北京：中国大百科全书出版社，2007:80.

3.5 不平衡状态下追求平衡状态:制衡发展律

在平衡发展状态下——[维持和延长平衡发展现状]——在不平衡发展状态下——[打破和转化不平衡发展状态]——在不稳定性平衡发展状态下——[综合平衡]——可持续平衡发展

引证:

平衡律:唯物辩证法的第四条规律。[1]

——匡荣顺《平衡律:唯物辩证法的第四条规律》

3.5.1 在不平衡状态下追求平衡状态

"前后联系毛泽东思想的发展过程,可以概括地说,他是在平衡时强调非平衡,在非平衡时致力实现平衡。"[2]平衡状态是自然、社会、人的共同追求,在平衡状态下尽可能保持、延长平衡态的时间,在不平衡状态下调节转化为平衡状态。保持稳定持续平衡发展,是检验调节者水平的试金石。

3.5.2 在平衡状态下尽可能保持和延续平衡状态

"系统里的平衡是一种力的相互制衡的结果。"[3]可见,一切事物趋向平衡是事物发展的总方向。但是,趋向平衡不是直线的,而是有一个平衡与不平衡转化运行的过程。任何事物的发展都是在平衡与不平衡两种状态相互作用中不断旋进的。但是,在一般情况下,任何系统的不平衡态,都具有负效应,无不表现为混乱、无序、不规则状态,虽然这种不平衡态不会永远背离平衡态,最后还要回到平衡状态上来。但是,作为平衡调节者不但要尽可能避免不平衡态的出现,而且要在平衡状态下尽量保持平衡状态;在不平衡状态下,要看到事物运动的趋势,增强平衡调控的信心,因为不平衡趋向平衡,是万事万物的运动变化法则,是不可抗拒的。制衡的方法论意义,在于在平衡状态下要尽量保持和延长平衡状态的时间。

"虽然在发育发展的过程中也并不是那么四平八稳的,也有一个不断打破平衡又不断建立平衡的过程,但是这种打破平衡是在一定限度内的,总体上必须保持基本平衡的态势,否则反而会带来破坏和倒退。"[4]我国在改革新旧体制的转型中,做到了转型前后的平衡稳定,保持了经济社会的长期平衡状态。这就是在平衡状态下尽量保持和延长平衡状态的时间。在改革开放中我国大胆进行变革,打破了旧的计划经济体制,建立起新的社会主义市场经济体制,在维持经济社会基本平衡稳定的态势下,打破了旧体制的平衡态建立起新体制的平衡态，实现了稳妥的过渡和平衡转化，实现了市场机制与社会主义性质相适应的成功过渡，发挥了市场机制在资源配置、生产要素优化等方面的积极效应。同时，做到扬长避短，兴市场机制之利、除市场机制之弊，最大限度地发挥市场机制的积极作用，把市场机制的消极作用和负面效应降到最低。

3.5.3 在非平衡状态下追求平衡状态

平衡论是大众的应用哲学，平衡定律是哲学的一条重要规律。我国为了在不平衡状态下追求平衡发展，提出“科学发展观的根本方法是统筹兼顾”，即统筹城乡发展、统筹区域发展、统筹经济社会发展、统筹人与自然和谐发展、统筹国内发展和对外开放“五个统筹”。“五个统筹的核心在于强调经济社会从不平衡状态下追求平衡发展。任何经济总是在平衡与不平衡的矛盾运动中前进的。前些年，中央针对我国经济系统出现的不平衡发展的情况，及时果断地提出五个统筹，强调国民经济要平衡发展。其一，五个统筹强调的是宏观经济平衡发展，而传统经济均衡理论则注重微观经济均衡发展；其二，五个统筹强调的是经济与社会的平衡发展，而传统经济均衡理论则仅限于经济之内的均衡发展，而忽视了它与社会的协调平衡发展；其三，五个统筹强调的是人与自然的和谐而平衡发展，而传统经济均衡理论并不研究人与自然的关系；其四，五个统筹强调经济全球化时代的国内与国外的平衡发展，而传统经济均衡理论的视野仅限于国内经济，并不涉及国外经济；其五，五个统筹强调的是以人为中心的发展，而传统经济均衡理论的视野仅限于经济发展。”[5]由此可见，五个统筹既扩展了均衡理论的外延，又丰富了均衡理论的内涵，是对均衡理论的重大发展和创新。上述论点，就是在不平衡状态下追求平衡发展的最好论据。

3.5.4 经济领域制衡

“协调就是要在非平衡中努力做到相对平衡。”[6]在不平衡状态下追求平衡，是做好经济工作的重要方法。我国传统的“综合平衡”，就是我国在宏观经济不平衡的状态下，通过综合调控做到相对平衡。综合平衡作为曾经主导我国和许多社会主义国家国民经济管理的理论思想和实践的方法，虽然是在计划经济体制时期提出和形成的，但却有着合理的科学内核，在现代市场经济条件下仍然有着重要的价值。

3.5.4.1 宏观经济综合平衡

宏观经济综合平衡，是国家对国民经济进行整体管理的过程，是通过宏观经济总量的管理实现的。第一，宏观经济管理的任务是社会总供给和总需求的平衡。宏观经济总量平衡方法是对各个系统、各个领域和各个环节之间所出现的矛盾和不平衡进行全面调控，使之达到平衡运行。(1)社会产品的总供给与总需求的平衡。包括结构平衡、制度平衡、发展方向平衡、利益关系平衡、短期平衡与中长期平衡、国家平衡与地方平衡、内部平衡与外部平衡。(2)供给结构与需求结构平衡反映的是资金构成与实物构成的平衡关系。(3)社会生产的总供给增长与社会总需求的增长、总量增长与构成方面在时间上和速度上要保持大体衔接。(4)地区内的物质资料,包括生产资料和消费资料,供给和需求的平衡等。为了实现全社会供给与需求的基本平衡,我国实施全国性国民经济综合平衡管理。国民经济综合平衡的基本原则:一是抓住重点,搞好国民经济中带有战略意义的平衡关系。二是必须从国民经济全局出发,统筹兼顾,适当安排。三是必须实事求是,留有充分的余地。通过对人财物的合理安排,实现以下六个方面的平衡:财政平衡、信贷平衡、外汇平衡、物资平衡、市场平衡和劳动平衡。第二,现代综合平衡保证社会生产同社会需要的平衡。根据社会的资源,如人力、物力、财力和社会需要等情况,全面安排社会再生产各部门、各环节之间的比例关系。总体要求是达到财政收支平衡。国民经济综合平衡,是在一定时期内,统筹部署,保持各部门、各产业协调发展,形成有利于科学发展的宏观调控体系,保证社会生产同社会需要的平衡。[7]

3.5.4.2 努力实现经济平衡发展

党的十八大报告指出:"转变经济发展方式取得重大进展,在发展平衡性、协调性、可持续性明显增强的基础上,实现国内生产总值和城乡居民人均收入比2010年翻一番。"[8]平衡发展理论要求产业、城乡、国际国内平衡发展。(1)产业间、地区间的平衡。平衡发展理论要求在各产业间、各地区间均衡配置生产要素,实现产业和区域经济的协调发展。不同部门、不同地区平衡发展,才能相互促进、相互协调、共同发展。一方面投资面向各个产业、各个地区,促进各产业、各地区平衡协调发展,做到保障供给,消除供需矛盾;另一方面在产业间、地区间相互投资,扩大需求,发挥产业间和地区间相互依赖、相互补充的作用,推动整体经济的平衡发展。平衡发展的好处是:推进社会公平正义进程,缩小产业间、地区间发展的差距,有利于区域和产业协调发展,促进社会和谐。(2)城乡平衡发展。城乡发展与建设社会主义新农村相平衡;经济发展与城乡发展相平衡;生态环境保护与城乡相平衡等。(3)国际国内平衡。"中国将始终不渝奉行互利共赢的开放战略,通过深化合作促进世界经济强劲、可持续、平衡增长。"[9]中国作为"金砖国家"的一员,努力为平衡世界经济发展做贡献。世界金融危机以来,"金砖国家"积极应对国际金融危机、促进世界经济发展、应对气候异常发挥了重要的作用。"金砖国家"已成为世界经济复苏和发展的重要动力,已经走出了一条经济增长的新路子。在贸易方面,中国努力推动对外贸易平衡发展,中国坚持权利和义务相平衡,努力实现进口和出口的平衡发展,统筹国内外两个市场、两种资源,缓解我国资源、环境压力,同时,增加补偿贸易,减少贸易中的摩擦,实现互利共赢,发挥了负责任的大国精神。

3.5.5 社会宏观制衡

党的十八大报告在总结十七大以来五年取得新的重大成就的同时说:"必须清醒看

到，我们工作中还存在许多不足，前进道路上还有不少困难和问题。主要是：发展中不平衡、不协调、不可持续的问题依然突出……”[10]十八大以来，我国致力于解决发展不平衡问题，做到了高度重视、措施得力。(1)致力于转化我国发展不平衡问题。第一，解决城乡发展不平衡措施：一是政策向“三农”倾斜。二是加大推进城镇化和新农村建设力度。三是城乡联动加大体制改革力度。第二，解决区域发展不平衡措施：一是完善政策体系。二是支持落后地区发展。三是做好落后地区基本公共服务。(2)社会主义事业中重大关系的平衡。我国致力于协调改革发展稳定的关系、内政外交国防的关系、治党治国治军各方面工作之间的关系；正确处理城乡发展、区域发展、经济社会发展、人与自然和谐发展、国内发展和对外开放之间的关系，以及各方面的利益关系等。只有正确认识和妥善处理这些重大关系，才能调动各方面的积极性，形成全体人民为全面建成小康社会而奋斗的局面。(3)社会管理和社会服务的平衡。遵照党和国家提出的加强和创新社会管理的部署，提高在新形势下社会管理和社会服务的科学化水平。一要建立社会管理和社会服务平衡机制。社会管理和服务的重点：一个是乡镇(街道)；一个是城市社区(居委会)。乡镇(街道)和城市社区(居委会)要健全组织、明确任务，要不断强化社会管理和社会服务职能，提高管理和服务的规范化、标准化和人性化水平，提高服务的质量和效益。二要建立政府投入和社会投入的平衡机制。政府和社会在人力、物力、财力上要给予支持和保障。要不断完善政府在公共服务投入方面的体制机制，同时在发挥政府投入的引导作用的基础上，要把公共服务项目向社会资本开放，鼓励社会资本投入设施建设和运营，实现公共服务主体多元化、服务方式多样化。三要建立维护群众权益的平衡机制。维护群众权益是社会管理的基础，要建立群众诉求表达机制、群众利益决策机制、社会矛盾纠纷化解机制。四要建立公共安全平衡体系。进一步加强公共食品安全、药品安全体系建设，提高食品、药品安全保障水平。要加强安全生产管理和治安安全防范体系，落实安全生产责任，加强安全生产监督，杜绝不安全事故的发生。

化解社会不平衡矛盾。“构建社会主义和谐社会，其方法论基础也是马克思所说的解决矛盾的动态平衡的方式，或者说是正确处理人民内部矛盾的方式。”[11]解决社会矛盾，要遵循马克思所讲的动态平衡的方式。(1)用动态平衡的方式解决社会矛盾。解决新时期社会矛盾和分歧的方法，就是用动态平衡的方法，运用“团结——批评和自我批评——团结”的方法、民主与法制的方法、构建和谐社会的方法等增强社会和谐。(2)用动态平衡的方式解决人与人之间、单位与单位之间的利益矛盾，实现社会各个领域、团体、单位的和谐，加强社会协同。(3)用动态平衡的方式做好转化工作，精心化解矛盾，调动大众为社会和谐做贡献。

3.5.6 企业的制衡

“健全协调运转、有效制衡的公司法人治理结构。”[12]国有企业是推进国家现代化、保障人民共同利益的重要力量。经过多年改革,国有企业总体上已经同市场经济相融合,建立了企业分权制衡体制。但是,国有企业也存在一些问题,需要进一步推进改革。十八届三中全会提出了一系列有针对性的改革举措,要求国有资本加大对公益性企业的投入,建立职业经理人制度更好发挥企业家作用,健全有效制衡的公司法人治理结构,推动完善现代企业制度,提高经济效益,合理承担社会责任等,我们必须按照中央的要求,实现企业规范发展。(1)非公有制经济与国有经济平衡发展。非公有制经济在扩大就业、增加税收、促进经济增长等方面具有重要作用,要坚持二者权利平等、机会平等、规则平等,形成非公有制经济与国有经济在公平竞争中共同发展的氛围。(2)国有资本、集体资本、非公有资本持股融合平衡。积极发展国有资本、集体资本、非公有资本交叉持股、相互融合的混合所有制经济,这是基本经济制度的重要实现形式,我们要大力支持发展非公有制经济,这是对公有制经济的补充。(3)企业责、权、利的制衡。要不断深化国有企业股份制改革,真正健全现代企业制度,优化国有经济布局和结构,增强国有经济的活力,完善国有资产管理体制和制度。企业必须以建立利益平衡机制为主要内容的企业管理体制,彻底解决企业责、权、利不平衡的问题。企业要在改革中建立分权制衡体制,使企业责、权、利平衡真正落到实处。

企业的管理制衡。世界上出现了模仿人体的企业管理的方法,也出现了模仿动物的企业管理科研的方法。模仿,是一种平衡思维。科学家的发明创造,离不开对人、对动物、对自然界的模仿思维。例如,发明飞机,是模仿了鸟;发明潜水艇,是模仿了鱼;发明雷达,是模仿了蝙蝠等。在自然界中,人体的结构是再完美不过的了,如果将人体的结构作为企业的模型,也同样会帮助企业的结构趋于完美。美国罗启义运用人体器官研究企业管理,引起了广泛关注。他的"企业生理学"认为:"人体:新陈代谢平衡是基本的生命需求。企业:只有管理才能确保企业内部的平衡。"管理系统仿生平衡的方法,是对20世纪60年代初产生的仿生学方法的运用,以生物为原型,来改善和创新管理,它是将企业九大部门与人体九大器官的比较和对应,把人体生理内环境平衡与外环境平衡的机理,应用于企业管理的平衡机制上。企业董事会与首席执行官如同人的大脑发挥平衡思维、平衡决策的作用,调节企业内外各种关系和平衡。企业财务部门如同人的血液循环系统,人的右半心脏和左半心脏血液输出量与会计借方贷方都要实现平衡一样;"信息部门与神经系统的功能类同,人体要做到内在世界与外在世界都要达到平衡,企业的信息收集加工整理反馈与目标任务也要取得平衡;神经系统的目的是把信息从一个区域传输到另一个区域";企业库存和后勤供给的机能与人体的肠道最为近似。人体实现新陈代谢平衡,企业实现清除废物吐故纳新的平衡也是一样的。再如企业会计收付与人体的肺功能都应当是平衡的;企业市场经营销售与人体的成长二者都要有平衡机制;企业管理系统与人体肾脏系统,企业的文化与人体的精神,企业健康状况的资产负债表与人体生理的体检表类似等,这些都是管理系统仿生的平衡方法。管理者的思维视觉，应将企业视为一个活着的有机体，用完美无比的生物系统即我们自己的身体全面审视、完善，把生理科学和资本商务科学结合起来，把人体完美的结构平衡作为企业系统平衡管理的模型。

参考文献

[1]匡荣顺.平衡律：唯物辩证法的第四条规律.理论学刊，1989(4).

[2]王明志.运输供给与运输需求平衡论.北京：人民交通出版社，1996:27.

[3]刘欣.持衡定律.北京：机械工业出版社，2006.

[4]王荣华，童世骏.多学科视野中的和谐社会.上海：学林出版社，2006:23.

[5]徐宝德.科学发展观概论.兰州：甘肃人民出版社，2006:191-192.

[6]徐宝德.科学发展观概论.兰州：甘肃人民出版社，2006:192.

[7]朱其训.和谐经济论.北京：人民出版社，2007:407.

[8]胡锦涛.坚定不移沿着中国特色社会主义道路前进为全面建成小康社会而奋斗——在中国共产党第十八次全国代表大会上的报告.北京：人民出版社，2012:17.

[9]胡锦涛.坚定不移沿着中国特色社会主义道路前进为全面建成小康社会而奋斗——在中国共产党第十八次全国代表大会上的报告.北京：人民出版社，2012:48.

[10]胡锦涛.坚定不移沿着中国特色社会主义道路前进为全面建成小康社会而奋斗——在中国共产党第十八次全国代表大会上的报告.北京：人民出版社，2012:17.

[11]王荣华，童世骏.多学科视野中的和谐社会.上海：学林出版社，2006:24.

[12]中国共产党第十八届中央委员会第三次全体会议文件汇编.北京：人民出版社，2013:99.

3.6 平衡发展状态下追求不平衡发展状态：反制衡发展律

在整体低水平平衡发展状态下——[打破平衡发展现状]——在不平衡发展状态下——维持和延长不平衡发展——局部快速发展——[先发带动后发]——整体跨越式平衡发展

引证：

反持衡定律：首先，打破平衡规则。[1]

——刘欣《持衡定律》

3.6.1 不平衡是事物发展的动力

反制衡发展，即不平衡发展。平衡发展与不平衡发展都是经济社会发展的战略选择，实际上平衡发展与不平衡发展是相互补充的，只要运用得好，反制衡发展可以取得超常规的发展。在改革的非常态下，宏观上要实现经济社会动态平衡发展，在微观上要实现有序不平衡发展战略。宏观发展是无数微观发展的总和，微观发展是宏观发展的基础。因此，在实践中，要以微观不平衡发展的活力支撑起宏观的动态平衡发展。

3.6.1.1 不平衡是一切事物发展的动力

"用经济学眼光来看，反持衡定律就是将原有运作于社会均衡规律传统打破，不断地'破坏'原有的平衡秩序的一种自然或人为的反经济学的不平衡现象。"[2]反制衡发展就是非均衡、不平衡发展。"不平衡是事物发展的动力"这个观点，是多学科的一致性观点：社会学家说"可见，不平衡性是自然界和社会经济领域发展的重要动力"[3]；生态学家说"自然生态是非平衡的，能量必须入大于出"；自然科学家说"非平衡是有序之源"；平衡论学者说"不平衡是事物发展的动力"等，这些都说明了不平衡性是自然界和人类社会的发展动力。动态平衡发展方式的理论和方法是平衡发展与不平衡发展的统一论，因此动态平衡发展方式必然包含平衡（制衡）发展方式与不平衡（反制衡）发展方式两种方法。反制衡发展是自然、社会和人的发展的动力，已经在自然科学界和社会科学界达成共识。所谓反制衡发展方式，是指有意识地改变原来的低层次平衡状态，打破原有的平衡现状、规则和秩序，制造不平衡非常态，从而更好更快地实现自然、社会的超常规的快速发展。平衡状态是相对的、暂时的，是会被打破的，不平衡是绝对的。所以，我们不能留恋低水平的平衡发展，在实践中可以根据具体情况和实际需要，运用反制衡发展方式，取得跨越式发展的理想效果。正如刘欣所说"反持衡定律：首先，打破平衡规则"。在一切领域都可以打破平衡态，重建不平衡态，转变平衡发展为不平衡发展，并有意识保持、延续不平衡态的时间，充分利用不平衡来推动各项工作的开展，发挥"不平衡是事物发展的动力"的作用。在社会政治领域进行的生产关系的调整和上层建筑的改革，目的就是使它们同生产力的发展水平相平衡、相适应，从而推动社会的发展进步。

3.6.1.2 不平衡是经济社会发展的动力

"非平衡系统经济学研究的对象是非平衡的开放经济系统的结构和功能。目的是要形成一个发展进化的、稳定有序的、有活力的、良性循环的自组织功能经济结构。""……主要包括一般经济系统论、耗散结构经济论、协同发展经济论、开放循环经济论和生态经济论、动力经济论等六部分内容。"[4]非平衡系统经济学（又称开放系统经济学），它是以非平衡系统理论为基础，来构成自己的理论框架的。黄继忠指出，系统处于平衡态是不会发展的。非平衡的开放系统，能够形成稳定有序的自组织经济结构，它不是行政强制的组织结构，而是自动适应经济社会环境变化的自组织经济结构，它有很强的应变能力和抗干扰能力。第一，不平衡增长理论具有实践依据，不平衡增长其战略更有可操作性，世界各个国家和各个地区的发展都是不平衡的，这也是相互竞争发展的动力。第二，不平衡增长理论突出了结构效应，只有结构合理才能实现持续发展。第三，不平衡增长理论中的"连锁效应"和主导产业的作用为发展中国家和地区制定发展战略提供了更具体的理论和操作方法。第四，不平衡增长理论是建立在国家之间和地区之间开放、流动以及市场化的基础之上的，通过开放、分工、交换在更大的区域范围得以实现，有利于发展中国家和地区的经济发展和社会进步。"在政治领域，生产关系的调整和上层建筑的改革，也是由于它们同生产力发展水平不相适应、不平衡，两者间差距越大，变革就越激烈，所以不平衡是变革的强大动力。可见，不平衡性往往是自然界和社会经济领域发展的重要动力。"[5]为什么说"只有改革开放才能发展社会主义"，就是因为改革开放是经济社会发展的强大动力，在改革中调整生产关系、改革上层建筑，革除了社会中不相适应的部分，达到了兴利除弊的目的，为发展开辟更加广阔的道路。我国改革开放的实践也说明了不平衡是经济社会发展的强大动力。由此可见，不平衡发展有其客观必然性，就像水从高处往低处流一样，是不以人的意志为转移的。

3.6.1.3 不平衡是自然生态系统的发展动力

"非平衡系统理论指出，生态经济系统实际上都是一个非均匀、非线性作用的非平衡系统，是一个多种成分互相作用的综合机体。生物群落具有很多品种不同的比例关系。各种环境因子也是非均匀的，并且是不断变化的。如果要求生态平衡，则意味着简单化、均匀化。这就意味着失去相互作用和活力。人类社会也就会走向停滞和死亡。生态系统的平衡还意味着它是一个封闭系统，即它不与外界交换物质、能量、信息。从运动状态看这个不发展的停止状态，其结果必然使系统导致混乱。"[6]在自然界，地球上的岩石圈、水圈、生物圈、植物圈都是不平衡的。我国生物学家乐天宇教授认为，生态学就是经济学，生态是非平衡的，生态经济系统实际上是一个非均匀、非线性作用的非平衡系统，是一个多种成分互相作用的综合机体。生态系统是开放系统，它要求输入量必须大于输出量，包括消耗量，这样才能保持生态系统的平衡，才能保持生物量的平衡。如果输入量与输出量相等，就会出现消耗量的缺口，生态系统就会在循环中失衡。可见，生态系统只有处于非均衡的非平衡态，系统才可向稳定有序的方向发展。生态系统处于单一的均匀的平衡态时是一种静态的、不发展的死结构，或是一种混乱、无序、退化的结构。所以，人类的生态补偿量一定要大于开发利用量。

3.6.1.4 不平衡是人生命运动的动力

"生命系统任何时候都不是平衡的，它靠自己的自由能进行不断的工作来打破平衡。"[7]有生命的系统，不是处于真平衡态和封闭系统，而是处于稳态的开放系统。现代科学的最新理论证明，人的生命中既包含着某些平衡现象，也包含着大量非平衡现象，而在本质上是非平衡的。生命系统是非平衡的稳态开放系统，健康不能用"平衡"来定义，健康是人体开放系统保持的一种特定的稳态，这种特定的稳态就是有序。有序，即相互关系的规定，否则为无序。20世纪初，美国生理学家坎农第一次明确指出了“平衡”概念的局限性，提出了包括和强调调节机制在内的“内稳态”概念，这在生理学上是一个重要的进步。“生命是典型的耗散结构，人是更典型的耗散结构，从耗散结构理论来理解人的开放、非平衡、物质和能量的耗散、负熵产生等等，会看到人的健康与疾病的许多纵深层面，大大加深对于健康与疾病的深层本质的认识。”[8]正像在不平衡的滔滔江河中，可从特定角度测得某些水分子的或浪花的或水平面的平衡现象，但绝不可能由此论定整条江河是平衡的。因此，不平衡是人生命运动的动力。

3.6.2　在平衡发展状态下追求不平衡发展

“当然，单说一个领导者的工作是为了搞好一个单位中的各种平衡是有些偏颇的。实际上我们每个领导者都既在追求着平衡又在追求着不平衡。”[9]各部门、各团体、各企业和各单位的领导人，都应该学习运用不平衡的工作方法，即在平衡时打破平衡，致力于非平衡，以非平衡为动力推动各项工作的开展。

3.6.2.1　在平衡状态下打破平衡状态

反制衡与制衡相反，要求在不平衡状态下，要尽可能保持和延续不平衡状态的时间；在平衡状态下必须打破平衡状态，走向不平衡状态。我国在经济社会的发展中，大量运用了反制衡方法：(1)经济上的反制衡。我国在改革开放初期，在农村改革中，实行联产承包责任制，就是打破农村低级平衡发展状态，形成新的不平衡发展状态，产生不平衡“新马太效应”，引入竞争机制，调动农民的积极性，让大家走出“吃大锅饭”共同贫穷的老路，实现走“共同富裕”的新路。在区域改革中，实行政策倾斜，优先发展东部沿海地区和城市，实质上这实施的就是反制衡发展战略。世界上许多发展中国家，也都采取这种不平衡发展策略。我国在经济上运用反制衡定律，目的是前期加快东部经济的高速发展，后期带动中西部发展。(2)政治、思想领域的反制衡。我国进行政治体制改革，调整生产关系、改革上层建筑，使二者与生产力发展水平相适应、相平衡。这就是对反制衡方法在政治上的运用。例如，从上到下各级领导者，抓典型，树样板，评选劳动模范，表彰先进单位和个人，这就是在打破平衡状态，追求不平衡状态，以反制衡的方法，激发人的积极性和创造性，推动工作开展。(3)社会分配领域的反制衡。我国在改革开放中，打破分配领域“平均分配”和干多干少一个样的分配方式，实行多劳多得、少劳少得，拉开收入档次，以不平衡效应调动人的积极性，推动各项工作的开展。

3.6.2.2　在不平衡发展状态下维持不平衡发展

“不平衡是一切事物发展的动力。”这是平衡论者共同的观点，过去普遍认为平衡是好的，而不平衡是不好的。在新的时期，特别是改革开放以来，领导者大胆采用反制衡的工作方法，在不平衡状态下尽可能保持这种不平衡发展状态，目的是在这种不平衡发展状态下，促使经济社会更快更好的发展。例如，在改革开放中，邓小平亲自赴广东和深圳等南方沿海地区考察，在南方讲话中讲述了改革开放中许多带有根本性和方向性的问题：我们根深蒂固的还是“左”的东西。右可以葬送社会主义，“左”也可以葬送社会主义。中国要警惕右，但主要是防止“左”。关于计划与市场，计划经济不等于社会主义，资本主义也有计划，市场经济不等于就是资本主义，社会主义也有市场。因此，他提出我国在改革开放中要优先发展基础好、条件优越的东部沿海地区和城市，然后再以东部的示范作用带动中西部发展，最终实现我国经济社会整体平衡发展。实践证明，这是非常英明的决策。再如，毛泽东在治理党和国家中，善于运用“典型带动”的反制衡工作方法，树立各领域、各行业的先进单位和个人，以此推动经济、政治、社会等各个领域的快速发展，取得社会主义革命和社会主义建设的一个又一个重大胜利。

3.6.2.3　追求不平衡才是人行为的普遍目的（目标）

美国前政要曾经说过，世界上没有永远的朋友只有永远的利益。王颖在《动态平衡论》一书中说：“追求不平衡才是人行为的普遍目的（目标）。”[10]他们讲述的观点有一个共同点，这就是人的普遍行为目标是受利益支配而追求不平衡。这个不平衡的追求，是由历史条件与人的生存和发展现实所决定的，有正确的一面，也有不全面的一面。只有在生产力高度发展，社会高度进步和人的全面而自由发展，进入“自由王国”的情况下，这种人的行为目的和不平衡追求才能完全克服。

“难道我们每一个人，每一个各类运动的运动员的行为目的都是为了追求平衡吗？错了！我们其实每时每刻都在追求着不平衡。追求不平衡才是人行为的普遍目的（目标）。”“人的许多（也许是一切）过激行为、犯罪行为，都是由于现实中追求不平衡未得，引起了心理的不平衡，心理的不平衡又无法消解，就干出泄愤、报复、孤注一掷的蠢事来的。”[11]（1）经济上的不平衡追求。在市场经济条件下，市场竞争激烈，国企、民企和个体经营者都想成为竞争的胜者不当败者，谁都想当百万富翁不当“百万负翁”。在资本主义社会中表现更为明显，有的甚至唯利是图、金钱至上。这就是在追求不平衡态，这是由社会历史局限性决定的。（2）政治上的不平衡追求。在一个群体里，各个层次人员中都存在着不同程度的竞争，每个人都想能力比别人强，干得比别人好，职位比别人高，荣誉比别人多，待遇比别人高，都想当先进人物和模范人物，都想在政治上比别人进步得快。这就是在追求不平衡态。（3）文化上的不平衡追求。在学习上都想得第一名，都想考上名牌大学，在文艺创作上谁都想得诺贝尔奖，演员都想自己“红遍天下”。各类竞技运动员，参加国际国内比赛，目的都是要追求不平衡的结局，那就是自己当冠军。这种对不平衡的追求，推动着社会的发展。

实践证明，“均等是人类赖以生存的基本条件”，“不均等是推动人类历史发展的动力”。[12]人的行为中追求不平衡，引导得好能极大地调动人的积极性和创造性。作为领导者要正确看待这种现象的存在，并尽可能利用人的这种心理活动，采取适当方式调动人的积极性,做好人的思想教育和引导工作,兴利除弊,扬长避短。同时,领导者还可以利用人们的这种心理活动和追求不平衡的愿望来推动工作。在本单位大力开展“比学赶帮超”的劳动竞赛等活动,大力表彰先进模范人物,把本单位的工作做得更有起色。

3.6.3 反制衡发展和制衡发展战略的运用

3.6.3.1 从反制衡发展到制衡发展的运用

从反制衡发展到制衡发展,是一个相互补充的战略。一是实施反制衡发展战略,解决发展中的速度问题。黄继忠著《区域内经济不平衡增长论》一书说:“国家在战略的设定上对投资少、效益高的地区或产业部门予以更多的关注,将投资重点转向这些地区和部门。我国改革开放以来,采取了向经济特区、部分城市、计划单列城市开放等政策和部分权力下放,允许部分地区进行自我探索。另一方面,在立法、财政和税收等政策方面具有更多的自主权。实践证明,他们获得特殊政策后,一跃居于全社会发展的领先地位,形成了经济极点,带动全国的经济发展。”[13]我国在改革开放中利用反制衡效应推进现代化发展获得巨大成就,这个反制衡发展战略就是将投资少、效益高的地区、产业部门作为投资重点,如对经济特区、部分沿海城市、计划单列城市的财政和税收实行政策优惠、权力下放,从而实现了高速发展,取得成功经验。二是实施制衡发展战略,解决发展中的不平衡问题。制衡发展主要是针对我国不平衡发展的实际,利用反制衡战略取得的经验,带动后进地区和部门的发展,把老少边穷地区和中西部的发展作为重点发展对象,如同“点亮一盏灯,照亮一大片”,解决整体发展中的不平衡问题,这是非常符合我国国情的正确发展战略。

3.6.3.2 从平衡发展到不平衡发展的运用

动态平衡发展方式理论和方法,是平衡发展与不平衡发展的统一,同步性发展和异步性发展的统一。这个理论和方法非常重视不平衡发展,倡导反制衡方法在多领域、多部门的运用,发挥它应有的作用。在新的历史时期,利用反制衡方法做好宣传思想工作,已经成为广大宣传思想工作者常用常新的有效方法。例如,运用不平衡发展规律,打破本单位低水平平衡发展状态,推动本单位工作向高水平平衡发展。领导者根据反制衡原理,在本单位群众中开展争优创模活动,打破原有的满足现状不求发展、静态平衡稳定的局面,在群体之间和人与人之间建立起新的竞争发展机制,强化人们的竞争意识,鼓励人们参与竞争。领导者要大力培养先进,树立典型,大力表彰先进单位和个人,重奖有功人员,同时在工作中发挥英雄模范的示范带头作用,形成学先进、当先进、赶先进、超先进、你追我赶的新局面。实践证明,这是推动工作向前发展的好方法。

参考文献

[1]刘欣.持衡定律.北京:机械工业出版社,2006:197.

[2]刘欣.持衡定律.北京:机械工业出版社,2006:XI.
[3]黄继忠.区域内经济不平衡增长论.北京:经济管理出版社,2001:55.
[4]黄继忠.区域内经济不平衡增长论.北京:经济管理出版社,2001:55.
[5]黄继忠.区域内经济不平衡增长论.北京:经济管理出版社,2001:55.
[6]胡传机.非平衡系统经济学.石家庄:河北人民出版社,1987:275.
[7]祝世讷.中西医学差异与交融.北京:人民卫生出版社,2000: 458.
[8]祝世讷.中西医学差异与交融.北京:人民卫生出版社,2000:483.
[9]胡传机.非平衡系统经济学.石家庄:河北人民出版社,1987:149.
[10]王颖.动态平衡论.北京:中国青年出版社,1998:101.
[11]王颖.动态平衡论.北京:中国青年出版社,1998:101.
[12]宾昊.均等人生.长沙:湖南人民出版社, 2005:155.
[13]黄继忠.区域内经济不平衡增长论.北京:经济管理出版社,2001:55.

3.7 平衡态与不平衡态矛盾交织:平衡和解发展律

系统平衡态与不平衡态相交织——[内力自调平衡]——不稳定平衡态——新的不平衡态——[外力干预平衡调节]——稳定性平衡态——[溶入和谐质]——协同平衡发展

引证:

在自然科学发展的漫长历史中,追求自然界存在的"和谐性、秩序性和统一性"已成为历史科学家们的一种坚定的科学信仰,已成为科学研究的基础和科学认识的出发点。[1]

——曾健、张一方《社会协同学》

3.7.1 自然界的"先定和谐"原理

"从哥白尼的宇宙运行论到开普勒的行星运动三定律,从原子轨道的壳层模型到分子轨道对称恒原理,从机械运动到生物运动的和谐性和协同性,都坚信自然界中要素关系的简单和谐。"[2]在宇宙、自然界普遍存在着和谐性、协同性和"先定和谐",这是科学家的共识,也是科学家研究的课题。事例一,物质元素之间的和谐相处与相生共存的关系,在化学反应中集中体现出来,这就是无机物之间的和谐关系。事例二,生物与生物之间的和谐,最明显的是表现在生物链和食物链上,弱肉强食可以促进弱者的劣势基因进化,可以控制弱者种群无限度扩张造成缺乏食物而灭绝。还如,地球上在水、氮和碳氧循环的作用下,实现了无机物与生物之间的和谐统一,即无机世界与生命世界的和谐相处。事例三,自然生态系统存在自趋和谐运动,几十亿年通过自身固有法则、反馈和负反馈机制进行和谐运动,排除外力干预的情况下,将呈现为永恒平衡与和谐状态。事例四,牛顿的"万有引力定律"是对和谐形成的科学解释。物理学家、天文学家开普勒的《宇宙的和谐》一书,早就表述了宇宙、星云、星系的存在原因——和谐。事例五,"正如爱因斯坦所说:'如果不相信我们世界的内在和谐性,那就不会有任何科学'"[3]。

3.7.2 平衡态与不平衡态相互交织重叠具有普遍性

系统平衡态与不平衡态是互相渗透、互相包含、相互交织和互相统一的,表现为事物正能量和负能量相互交织重叠、相互竞争较量,这是平衡与不平衡矛盾复杂性的反映。不平衡态具有相应的负效应,无不表现为内耗,领导者要做好调节转化工作,促进不平衡态朝着平衡和谐的方向发展。

3.7.2.1 平衡态与不平衡态交织重叠现象在自然界和人类社会普遍存在

(1)人类与世界万物的平衡共生

宇宙大系统包罗万象,容纳了无数星系、星球、星云,包括人类生存的地球;地球系统容纳了相互重叠、交织在一起的人类、动物、植物、微生物等有机物和土壤、岩石、水、空气等无机物,形成了平衡与不平衡的有序运行体系,以动态平衡方式永恒地发展着。这就是动态平衡方式的伟大作用。所谓动态平衡方式的伟大,就是它把世界相对独立的万物,统统包容在一起,形成无数大中小各级动态平衡系统,运用宏观平衡运行和微观不平衡运行相统一的方式,化解相互交织、重叠运行中的矛盾和冲突,实现了对立与和谐的统一。在自然界中,这种矛盾的交织、重叠现象具有普遍性。地球周围由大气层包围,表面是陆地和海洋,地球表面包容万物,这些相互交织、重叠的世界万物在地球上共同生存了40多亿年。万物之间在平衡与不平衡的运行中,实现永恒存在与发展。科学家研究证实,世界存在伟大的和谐。例如,物质元素之间的和谐相处,在化学反应中的和合共生的关系,生物与生物之间的竞争生存关系,无机世界与生命世界的平衡和谐相处,表现在无机物与生物也包括人的生命体在地球上对水、氮和碳氧的循环作用,构成平衡和谐的关系。如前李继兴所说"人与人、人与自然、人与自己相互交织、重叠,构成一个有序、联动、循环的全息场景"。

(2)全球社会合作与竞争的交织

"就个人而言,在日常的生活、学习和工作中都离不开相互交织、重叠的'平衡网'。""'平衡圈'和'平衡系统'……这些'平衡圈'、'平衡网'和'平衡系统'……对人类的生存、发展有着重大的影响。"[4]第一,经济与政治交织。当今的经济全球化时代,世界经济与政治相互渗透,表现在冷战后各国把发展经济放在战略高度,加速了世界经济与世界政治相互渗透的步伐,这是因为世界经济格局决定世界政治格局,于是在世界上出现了政治关系经济化、经济关系政治化现象的倾向。经济格局与政治格局密不可分，世界经济格局的形成是世界政治格局产生的基础和前提，世界经济的发展是世界政治发展的最根本的推动力量，世界经济格局的变化直接影响世界政治格局的变化，各国之间的经济力量对比是构成世界政治格局的基础。反过来说，世界政治具有相对的独立性，它能够反作用于世界经济。国际经济政治化和政治经济化，已经成为当今国际关系的重要表现形式之一。特别是在国际纠纷中，经济政治二者往往相互交织在一起，为寻求解决矛盾纠纷增添了难度。经济矛盾纠纷的解决与政治手段相联系，政治矛盾纠纷的解决与经济手段相联系；国内有的问题的解决要把着眼点放在国际，有的国际问题的解决要把着眼点放在国内。从冷战时期到后冷战时期，这个时期世界政治的特点，一方面是出现了经济冲突解决手段政治化和政治冲突解决手段经济化的倾向；另一方面民主化的增强与人权观念的交融。世界上整体稳定、局部动荡，其根源主要是民族矛盾、宗教矛盾冲突等，这说明核大战威胁暂时消除，解除了悬在人类头顶的"达摩克利斯之剑"，总体上呈现和平与发展局面。第二，传统安全因素和非传统安全因素相互交织。新世纪以来，虽然世界政治又发生了一系列深刻变化，发展趋势出现了所谓"亚太再平衡"等新动向和大国关系相互制衡的局面，相互合作与相互竞争交织，传统安全威胁和非传统安全威胁的因素相互交织，恐怖主义的危害上升。世界的和平与发展依然任重道远。

3.7.2.2　经济全球化是平衡与不平衡的"双刃剑"

在经济全球化深入发展过程中，世界各国经济进入国际大市场，扩大了国家间、民族间的经济、政治、文化的联系交往和交流合作，同时也引发了新的平衡态与不平衡态之间的矛盾，使民族之间、宗教之间的平衡态与不平衡态相互交织，国际问题与国内问题相互交织，促使这些矛盾更加凸显。这是因为，经济全球化是一种没有国界的投资、金融、贸易、生产经营活动，国家与国家之间的经济相互联系、相互渗透、相互依赖。同时，国与国交往空前增多，也是矛盾增多的趋势，要求我们要正视全球化的大趋势，用合作、包容、融合的精神，认真对待和妥善处理国家间、民族间和宗教间的政治、经济、文化等不平衡矛盾交织的问题。正如桑维军在《当代世界经济与政治》一书中说的："20世纪90年代以来，世界经济发展最明显的一个趋势就是经济全球化。经济全球化是指由于生产、贸易、投资、金融等经济行为超越一国领土界限的大规模活动，各国经济相互交织、相互融合、相互依赖、相互渗透，所有国家、地区和国家集团的所有经济部门和经济环节都成为不可分割的整体。经济全球化就是要实现商品、技术、资本、劳务等生产要素在全球范围内的自由流动，达到资源最佳配置的状态。"[5]可见，经济全球化是经济生活国际化进入了新的阶段，是生产力和国际分工高度发展的客观结果，有助于世界经济的发展、社会财富的增加和世界人民生活水平的普遍提高，有助于国家间、民族间的交流，有助于增进相互关系的和谐。可见，经济全球化的发展是不可阻挡的潮流，我们必须在参与的过程中兴利除弊，解决出现的各种不平衡矛盾，共同使全球化健康发展。

3.7.3 民族间、宗教间的平衡态与不平衡态的交融发展

经济全球化浪潮和信息化全球流动，带来了不同民族、不同宗教在文化信息上互相交流融合的趋势，也导致一些社会因素、文化因素在国际关系中的影响扩大，特别是不同的意识形态、价值观念、宗教信仰等的广泛传播，相互联系交流增多，为不同国家之间、不同民族之间、不同宗教之间学习、交流、借鉴创造了有利条件，也为相互之间统一融合、向多元文明形态平衡发展提供广阔天地。但是，在这种情况下，客观上也使相互之间的矛盾和问题逐渐增多，引起纠纷，甚至引发种种矛盾冲突，导致局部地区和个别国家之间的动荡不安。因而，民族问题、宗教问题在一些地方的表现更为复杂、多变，这就要求解决民族问题和宗教问题的办法也应灵活多样。这是因为，民族、宗教问题与政治、经济问题交织在一起，与历史问题交织一起，与国际问题交织一起，为正确处理民族问题、宗教问题增加了难度。对于民族、宗教问题的解决，必须从总体着眼、具体分析入手，从世界社会和谐出发，并以世界社会和谐为归宿，只有从团结的愿望出发，才能妥善化解矛盾。例如，阿拉伯等一些盛产石油的国家，一般是政教合一的国家。民族、宗教中的不平衡矛盾问题相对突出，程度不同地影响了国家和地区的和平稳定，这也是多民族其他国家领导者、宗教首脑人物共同关注的问题，要尽可能把问题解决在萌芽状态，努力维持国家和地区的稳定、进步和发展。

"当今世界因民族、宗教、领土等因素而引发的局部冲突时起时伏。据统计，冷战40年间，世界上发生的地区冲突200起，而冷战后的十多年中，地区冲突相当于冷战时期的总和。"[6]现实的世界，国际关系趋于缓和，呈现和平发展大势。但是，世界范围内还存在着民族矛盾冲突与宗教矛盾冲突，宗教问题和民族问题相互交织等现象，这是各国政府和国际社会都必须重视和解决好的问题。一是各国政府高度重视民族、宗教的不平衡问题。各个国家都要重视民族问题、宗教问题，这关系到国家主权的统一和社会的安定。民族冲突、宗教冲突问题，一直是世界和地区的热点和难点问题。由于经济全球化，国内问题国际化，容易发生民族文化间、种族间、宗教间的矛盾冲突，处理不好就会造成重大损失，必须引起相关方面重视。二是国家和地区实行各民族之间的平衡和解政策。实行民族与民族之间的平衡政策，主要是缩小民族地区与发达地区的经济、社会发展和少数民族的生活水平的不平衡问题，尽可能消除民族之间、宗教之间在经济利益、政治利益和文化利益上的不平衡现象。民族之间平等、和睦相处，保护各民族文化、风俗，反对大民族主义和地方民族主义，不管民族的大小、不管信仰何种宗教，一律受到保护，实行在法律上一律平等。三是认清民族平等、民族交流和民族和解是世界民族发展的趋势。国家和地区都要把民族团结当作大事对待，维护国家的统一，促进各民族间团结共荣，携手共建世界和谐。四是推动世界各民族、宗教之间的交流对话，沟通思想，化解矛盾，实现在新的基础上的平衡和谐。世界是一个多民族有共同利益的大整体，任

何民族都要学习借鉴其他民族的先进文化，进行文化交流，相互沟通理解，相互尊重，化解矛盾冲突，培养和营造民族间的多元平衡文化、多元平衡意识、多元平衡理念的环境。

"从界定中我们可以看出，和谐并不等于通常理解的一团和气，不讲原则，排斥差异和竞争，而是强调达成一种'君子和而不同'的境界，形成一种'有秩序、有纪律，又有团结合作'的机制。"[7]民族、宗教是一个历史范畴，并不是自有人类社会以来就有的，也不会随着人类社会的发展而永远存在下去。民族、宗教和任何历史现象一样有其产生、发展和消亡的过程。各民族和宗教从产生以来，就走了一条融合发展之路，表现在氏族、部落、部族、民族共同体，规模由小到大，种类由多到少，还将随着社会的发展，各民族原有的特征会逐渐消失，民族差别和民族思想界限将不复存在。宗教也是一样从一开始就在融合中发展，类别由多到少、规模由小到大，今后会逐渐趋向统一融合发展，这是宗教发展的必然趋势。民族问题、宗教问题是一个世界性、区域性和谐的大问题，所以，各民族、各宗教要和谐相处，都要为世界和谐争做贡献。解决民族、宗教问题要从世界社会和谐的高度出发，实现多民族、多宗教的大团结。斯大林说："民族是人们在历史上形成的共同语言、共同地域、共同经济生活以及表现于共同的民族文化特点上的共同心理素质——这四个基本特征的稳定的共同体。"[8]从民族形成的四个基本特征，不难看出民族和宗教的融合趋势，现今的经济全球化和信息全球流动，使不同民族的融合和不同宗教的融合成为世界大趋势。

参考文献

[1]曾健，张一方.社会协同学.北京：科学出版社，2000:217.

[2]曾健，张一方.社会协同学.北京：科学出版社，2000:217.

[3]席酉民，尚玉钒.和谐管理理论.北京：中国人民大学出版社，2002:IV.

[4]李继兴.应用哲学平衡论.哲学中国网，2013-02-21.

[5]桑维军.当代世界经济与政治.兰州：甘肃人民出版社，2006:25.

[6]张旭山.当代世界经济与政治.北京：中国人民公安大学出版社，2005:59.

[7]席酉民，尚玉钒.和谐管理理论.北京：中国人民大学出版社，2002:IV.

[8]斯大林全集：第11卷.北京：人民出版社，1964:286.

3.8 平衡与不平衡的互换发展：平衡交替发展律

平衡或不平衡退化发展——[初始平衡或不平衡发展交替]——低水平平衡进化发展——[平衡或不平衡发展再交替]——高水平平衡发展——[平衡或不平衡发展周期性交替]——平衡或不平衡的超平衡发展……

引证：

当然，单说一个领导者的工作是为了搞好一个单位中的各种平衡是有些偏颇的。实际上我们每个领导者都既在追求着平衡又在追求着不平衡。最正确的说法是，领导者的领导艺术是既追求平衡又追求不平衡，追求平衡与追求不平衡是交替进行的，其目的是推动工作与事业的不断前进。[1]

——刘欣《持衡定律》

3.8.1 平衡与不平衡互换交替发展

马克思认为，“历史不外是各个世代的依次交替”。“平衡——不平衡——新的平衡——新的不平衡”的互换交替运动，是一条自然法则。这种互换交替，不是回归，不是重复，而是螺旋式上升、波浪式前进，不断从低层次向高层次发展，每一次互换交替轮回，系统水平就会提高一步。

3.8.1.1 自然界、社会平衡和不平衡的轮回交替运动

恩格斯的一个重要观点，就是平衡与不平衡的交替：“在地球上运动分化为运动和平衡的交替：个别运动趋向于平衡，而整个运动又破坏个别的平衡。”[2]我们人类所处的茫茫宇宙和包罗万象的地球，在运动发展中无不表现为轮回交替运动。(1)自然界交替的周期性。在自然界的进化发展中，存在周期性循环交替。一切事物的发展表现为从量变到质变再到量变、从有序到无序又从无序变为有序的交替。这些交替现象都存在平衡与不平衡交替的周期性，在交替过程中一个周期结束，进入下一个周期，不断运动变化，呈现出完整的循环往复过程，在这个交替循环过程中，事物沿着时间前进变化，是波浪式前进、螺旋式上升的运动发展过程。在平衡理论中，“平衡发展——不平衡发展——平衡发展”的循环运转，概括和反映了自然界轮回交替运动的周期性。(2)宇宙天体的交替运动。现代科学研究发现，浩大的宇宙的所有物质在150亿年前浓缩为一个无限高温能量的恒星体，爆炸后形成现在的宇宙。现在宇宙依然还在膨胀，膨胀到奇点后又会爆炸，又会形成一个新的宇宙，如此循环交替，无始无终。宇宙恒星演化过程，也具有交替的周期性，从星云物质到恒星再到星云物质的无限循环交替。(3)地球温度的交替。王颖在《动态平衡论》中说：“科学家研究发现，在近百万年的地球气温变迁中，曾经经历了严寒的冰河期和温暖的间冰期的交替。……今天，人类居住的地球还处在冰河期的末尾，因为南北两极还覆盖着厚厚的冰川。”[3]地球气候演化的周期性交替，表现为从温暖期到寒冷期再到温暖期的轮回交替。例如，地区温度变化同样存在周期性交替，表现在一个地区气候的干旱期与多雨期的周期性，十年多雨期后接着就是十年少雨期。王颖从平衡论角度说明地球气候交替的观点：地球表面的温度，是处于一个微妙的

力学的、动态平衡状态。“温室效应”与“阳伞效应”，使地球变冷和变暖二者不断交替，从而自发维持着地球表面动态的、恒定的温度平衡状态。

人类社会的历史是一部平衡交替发展的历史。人类历史在前进中始终保持平衡交替发展，而这种平衡交替才是历史存在和延续的根本原因。一是历代交替。历史上任何一个朝代都有产生、发展、消亡的过程，虽然在时间上有长有短，空间上有大有小，但都是“如此循环往复”的，生生灭灭无穷尽地交替着，推动着人类历史的发展。二是社会基本矛盾的交替运动。社会的发展以生产力发展为前提，引起两对社会基本矛盾的交替运动，推动社会从低级向高级发展。就这样，在两对社会基本矛盾的交替运动中，依次更替了五个社会发展阶段，使社会从低级向高级发展。

自然和社会的这些交替现象，说明了一个道理，这就是事物趋向平衡是事物发展的总方向，但是趋向平衡是交替进行的，是有一个平衡与不平衡交替运行的过程。任何事物的发展都是由平衡与不平衡两种状态交替转化和相互作用中不断旋进的。我们研究自然界的平衡态和不平衡态的轮回交替，具有重要的方法论意义：既然自然界的平衡态和不平衡态是轮回交替的，那么互换交替规律也可以为我所用。例如。由于现代工业文明导致大量污染物的排放，对森林乱砍滥伐，高能耗的生产方式，加之不合理的生活方式，严重破坏了地球大气中二氧化碳循环的动态平衡，使人类遭受生态不平衡的损失。现在，我们可以利用地球生态变化的交替规律，坚持走新型工业化的道路，加强生态文明建设，使失衡的地球气候恢复循环交替的常态化。

3.8.1.2 轮流式平衡与不平衡交替工作法

轮流式平衡与不平衡互换交替工作法，就是平衡的工作方法和不平衡的工作方法轮流使用。(1)工作内容的交替。王明志在《运输供给与运输需求平衡论》一书中介绍了伟人毛泽东的交替工作法：“前后联系毛泽东思想的发展过程，可以概括地说，他是在平衡时强调非平衡，在非平衡时致力实现平衡。”[4]毛泽东所采取的方法，就是互换交替的工作方法，在平衡时强调非平衡，在非平衡时致力实现平衡。每到全国经济情况发展态势平稳，他就认为这种“平衡静态”死气沉沉，没有生气和活力，应该打破。他便以调整生产关系和改革上层建筑中的不平衡方法求得新发展，如精简机构和人员等。为了使人们不要“保守”和改变四平八稳的局面，打破平衡态势，达到“非平衡发展”的目的，他在全国开展大规模学习教育运动，宣传学习各行各业先进集体和先进个人的活动，从而把经济社会建设不断推向高潮。(2)工作方法的交替。这种方法，就是在平衡状态下打破平衡状态，采取反制衡的方法推动工作；在不平衡状态下打破不平衡状态，采取制衡的方法推动工作。领导者利用平衡与不平衡相互交替的工作方法，推动各项事业的发展。当运用平衡式的工作方法，日出而作，日落而息，八小时工作制，正常上下班。这样的方法在一个单位时间久了，人们习以为常，工作热情就会下降。于是，领导者就应用不平衡的工作方法打破平衡状态，开展劳动竞赛、技术比武等活动，从而掀起工作的热潮。当不平衡方法运用的时间一长,又回过头来做平衡的工作,如职工教育,加强精神文明建设,开展"五好家庭"、创建"文明单位"等活动,从而使本单位工作始终处于你追我赶的发展状态。

3.8.2 "一呼一吸"式平衡与不平衡交替工作法

领导者的工作方法,不仅仅是做平衡工作,还要做不平衡的工作,在平衡状态下追求不平衡,在不平衡状态下追求平衡。领导者还可以把二者结合起来,既会做平衡工作,又会做不平衡的工作,这才是领导者所要具备的"两手"工作的方法和艺术。一是"不平衡——平衡——新的不平衡"的交替方法。"由于事物都具有'趋向自身平衡的本性',所以,它们在趋向自身平衡的过程中,必然会与'相关事物趋向自身平衡的运动'发生分歧、摩擦、对峙、冲撞,甚至是对抗,直至双方达成一个相对的'动态平衡'。但这个相对平衡很快就会被'其他相关事物的趋向自身平衡的运动所冲破'形成不平衡。从而产生'不平衡——新平衡——新不平衡……'的交替、融合的循环运动……"[5]我们要根据事物的发展态势和周期性规律,把握国际国内形势和本单位思想变化的情况,使用平衡与不平衡交替发展的方法,把工作做得更好更扎实。二是"一呼一吸"式平衡与不平衡互换交替工作法。这种方法如同人肺部吸进新鲜氧气、呼出二氧化碳那样,不能只吸不呼,也不能只呼不吸,必须一呼一吸交替进行。"最正确的说法是:领导者的领导艺术是既追求平衡又追求不平衡,追求平衡与追求不平衡是交替互换进行的,其目的是推动工作与事业的不断前进。""当位势处于不平衡,而且显出这种不平衡的矛盾来时,我们需要追求平衡;当我们的位势处于平衡,并且发觉这种平衡的问题越来越多时,我们就需要追求不平衡。人总是这样,先是追求平衡(或不平衡),追求到一定程度,则反过来追求不平衡(或平衡)。"[6]这种"一呼一吸"的平衡与不平衡互换交替,使群众感到常做常新,热情不减,从而把工作做得有声有色。三是"左右迈步"式平衡与不平衡互换交替工作法。这个方法,如同我们走路,左右脚交替迈步。先是追求平衡或追求不平衡,追求到一定程度,则反过来追求不平衡或平衡。"我们交替追求着,就像我们第一步迈出左脚,第二步就必须迈出右脚,如此交替迈步,构成了我们迈步的全部,构成了人前进的整个轨迹。"[7]这种方法使人有新鲜感,不会产生疲劳感。四是"平衡、不平衡"互换交替相结合工作法。领导者在工作中,有时要做平衡工作,如奖优;有时要做不平衡的工作,如罚劣;有时把平衡和不平衡的工作结合起来做,既奖勤又罚懒,激发团队各种人员的工作热情,不断调动积极性,推动工作不断向前发展。

3.8.3 "时空转换"式平衡与不平衡交替工作法

时间的特点是一维性、不可逆性,是单向前进的,一去不复返。交替是指工作方法的变换。空间具有三维性,所以交替的工作方法是指利用位置的变化而更新工作方法。布哈林的平衡论中交替的观点值得我们学习借鉴。他认为,轮回交替是平衡和不平衡周期性的运动过程。他的依据就是从平衡状态开始,经过相互反对的力量的对立和斗争,平衡遭到破坏,然后在新的基础上建立新的平衡。接着进行新一轮交替,以新的平衡为起点,然后又重建新的平衡,依此轮回交替,无穷无尽。可见,平衡与不平衡的交替是有规律的运动。我们在应用中,一定要把握随时间和地点的推移和变动,而随之变换平衡与不平衡的工作方法。在实际工作中,可以采用时间和空间交替的方法促进工作的开展。例如,一个时期追求平衡,到一定时间,就要回过头来追求非平衡;一个时期追求非平衡,到了一定时间就应该回过头来追求平衡。每个状态不能时间过长,过长会陷入一潭死水,没有生机和活力。我们要根据不同时间、不同地点、不同人和事,有针对性地采取时间上和空间上平衡与不平衡的交替,时间和空间变换了,工作方法随之变换,才能取得更好的效果。无论是平衡态还是不平衡态,每个状态都不能时间过长,长了就会产生惯性或惰性。各领域、各企业在运用交替方法时,领导者要在方法上翻新花样、在内容上要用新的东西,来提高人们的新鲜感,激发人们的热情,提起人的精神、调动人的积极性,从而不断推动事业的前进。

3.8.4　掌握平衡发展与不平衡发展互换交替的节律

平衡与不平衡的交替互换,要掌握节律。例如,地球上的水和气的循环,就是按一上一下的节律交替进行的。天上的雨水向下循环到陆地,经太阳热能变成气又往高空上升循环,气在天空凝聚成雨又向下循环到陆地,如此无穷无尽地循环往复。一是要把握经济社会的平衡发展与不平衡发展的交替互换的节奏。我国在改革开始的不平衡增长和后来的平衡增长的节奏上把握得非常好,发挥了二者的互补作用,取得了改革开放的巨大成就。正如专家所说"从表面上看,均衡增长与不均衡增长战略似乎是相互矛盾的,但实际上它们是相互补充的。"[8]二是要把握好"平等与效益"的交替互换的节奏。在西方经济学理论中,流行"平等与效益的交替"。平等,是指收入的均等化;效益,是指资源配置。平等与效益的交替,是指二者此长彼消、彼长此消的相互交替呈现的关系。市场根据劳动、资本等的稀缺程度和他们提供的经济效益大小付给报酬。稀缺程度不变而经济效益提高,报酬就高,反之则报酬就低。由此看出,政府要采取政策措施实现"优化交替",就是用最小的不平等换取最大的效益。三是把握好物质追求与精神追求交替互换的节奏。在社会上有一种人生追求交替的方法,就是物质追求与精神追求的交替。一个人在物质上挣钱挣到一定程度,可以交替追求别的东西,如果无限制地挣钱,也可能造成精神心理失衡。从物质追求到精神追求的交替、自己物质追求与公益追求的交替、物质追求与慈善追求的交替等,通过两种不同的追求,可以实现心理平衡。上述事例,说明平衡与不平衡的交替不仅是形式还是一种发展和进步,所以要交替出新水平,要交替出心理平衡,交替出高效益,交替出和谐,交替出高境界。

参考文献

[1]刘欣.持衡定律.北京:机械工业出版社,2006:113.

[2]恩格斯.自然辩证法.北京:人民出版社,1955:206.

[3]王颖.动态平衡论.北京:中国青年出版社,1998:221.

[4]王明志.运输供给与运输需求平衡论.北京:人民交通出版社,1996:27.

[5]李继兴.应用哲学平衡论.哲学中国网,2013-02-21.

[6]王颖.动态平衡论.北京:中国青年出版社,1998:89.

[7]王颖.动态平衡论.北京:中国青年出版社,1998:103-104.

[8]张琢,马福云.发展社会学.北京,中国社会科学出版社,2001:165.

3.9 不平衡态与平衡态的中间状态:平衡过渡发展律

系统不平衡态发展——[培植新平衡态因素]——不平衡态减弱发展——[新平衡态因素增强发展]——新平衡态优势发展——[新平衡态替代旧平衡态]——进入新平衡态发展阶段

引证:

苏联理论家布哈林先生提出的经济平衡和社会平衡的"动的平衡"观点,主张在过渡时期,通过强制征集粮食、实行义务劳动和平均分配等违背价值规律的不平衡手段,借以达到当时社会主义自然经济体系的平衡状态。[1]

——李继兴《应用哲学平衡论》

3.9.1 过渡状态具有普遍性

过渡是指事物由一个阶段逐渐发展而转入另一个阶段。平衡观认为,世界万物永恒地处在平衡与不平衡矛盾变化之中,在转化过程中会出现过渡状态。过渡现象在自然界、社会和人自身都是普遍存在的。在理论观点上,有中介论、边缘理论。在实践中,有各式各样的"中介组织",例如,房屋中介、婚姻中介。在现实世界中,有"中立国"。在历史分期上,存在过渡阶段,或过渡形态。例如,五种社会结构形态之间都存在前后两个社会形态的中间状态,实际上就是过渡形态。在哲学上,有质变和量变的过渡。发展是打破旧平衡状态,形成新平衡状态的过程,即从量变到质变的过程。在这个过程的中间有一个过渡态,即从一个不平衡态阶段向另一个平衡态阶段发展的质变时期,这是事物从低水平平衡向高水平平衡状态发展的中间过渡阶段。李秀林、王于、李淮春主编的《辩证唯物主义和历史唯物主义原理》一书中说："辩证的联系是不同质的事物，或同一事物不同质的方面、因素等等之间的联系；辩证发展的实质是新事物的产生和旧事物的灭亡，即事物的质变。质和量、质变和量变有着不可分割的联系。量变、质变的互相过渡、互相交替，这就是事物的质量互变规律。"[2]在量变和质变之间存在着过渡态，即量变到质变或新一轮质变到量变的中间状态，就是所说的过渡态。陈晏清在《马克思主义哲学纲要》一书中说："世界上一切事物都有质和量两种规定性，都会有质和量这两种规定性的变化，即质变和量变。质变和量变是互相过渡、互相交替的。质量互变是世界的普遍规律。"[3]在经济、政治、社会、文化和生态环境等各个领域的发展过程中都存在过渡状态，这种过渡具有普遍性。例如，1961年9月1日到6日在南斯拉夫首都贝尔格莱德召开第一次不结盟国家政府首脑会议，有25个国家参加。1983年3月7日到12日在印度首都新德里召开第七次首脑会议，成员国101个，中心议题是不结盟。1971年11月，东南亚国家联盟五国外长在吉隆坡举行会议，发表了《东南亚中立宣言》，提出在东南亚建立一个"不受外部强国任何形式和方式干涉的和平、自由和中立区"。所谓"中立区""中立国"，就是战争与和平的过渡，是一种政治与另一种政治的过渡。从大平衡发展方式视野看，还可以认为它是国家政治实体向超国家大格局融合发展的过渡形式。

3.9.2 平衡发展与不平衡发展的过渡状态

平衡态与不平衡态之间存在过渡态，这是对自然界、社会和人本身存在过渡状态的反映。在实践中，我们可以充分利用过渡态发展律的时间和空间规律，促进事物向更高阶段和更高理想境界过渡。

平衡观认为，在一定条件下，事物的转化态、失衡态和中间态，都可称为过渡态，这是事物发展变化过程中必须经过的时期或阶段。我们认识了这个规律，正确把握事物发展中的过渡态和过渡期，可以及时引导事物向有序优化发展方向过渡，及时阻断向无序退化方向过渡。世界万物永恒地处在平衡与不平衡矛盾变化之中，在转化过程中都会出现过渡态，形成"平衡态与不平衡态的中间状态"。就是说，从平衡状态走向不平衡状态或从不平衡状态走向平衡状态之间，存在着一个过渡性的时间和空间，即过渡态。这个观点不难理解，"中间地带""过渡时期""中间区域"等都可称作过渡状态。平衡态与不平衡态的中间状态与临界状态的概念不完全一致，但它们是存在着交叉和重叠的状态。平衡态与不平衡态之间的过渡态有一定时空范围，而临界状态只存在于过渡状态的两端。过渡态的时间和空间大，而临界状态在时间和空间是极其短小的，大致类似于平衡与不平衡的临界点。可见，做好过渡状态的工作，不能忽视临界状态的关节点作用。王颖在《动态平衡论》一书中说："在一个开放性的大系统里掌握平衡极不简单，某一方面顾及不到都会影响这一平衡，而当平衡处于最敏感的临界点上时，一个微小的力都会影响到这种平衡性。”例如，取得控股，只要突破50%股权的过渡状态中的临界点，达到51%就可以控股。体育竞技中的乒乓球每场11分取胜，先得10分就拿到了过渡状态中的赛点，先突破赛点的一方即取得了绝对优势。因此，在体育竞赛中如果拿到赛点，则是关键的一步，再努一把力，就能登上冠军宝座。如果没有勇气和耐力，不能坚持最后的拼搏，就不能实现理想的不平衡(冠军)状态。如果越不过过渡状态的临界点，则前功尽弃，将远离不平衡(冠军)状态。在物理过程中，物质的气体、液体、固体三态的变化，就是热运动引起的分子间的排斥和吸引在量上的变化导致的。水由两个氢原子和一个氧原子结合而成，在0度以下为冰，99.9度以下0度以上是水，临界100度只需再升高0.1度的过渡，就变成了气体，气体能产生蒸汽机动力，它的价值大大提高，能给人们带来可观的经济效益。又如，20世纪的世界，美苏两大集团对峙45年而未能发生世界大战，是双方没有突破平衡过渡状态的临界状态。为什么没有突破，因为你有核武器我也有核武器，美苏军备势力基本平衡、核恐怖平衡，是这两个巨大力量制约作用的结果。在军事上，当今世界的核平衡状态中的这个临界状态，至今谁也没有越过，这就是平衡的伟大作用。在外交上，对有些问题，要力争不伤和气，并在合作的谈判中达成一致，不能操之过急，可以采取多种方式，但要确定一个“不破裂”的界限，把一切谈判工作控制在临界破裂状态之内，及时掌握平衡与不平衡状态的发展变化情况，坚持以双方关系不破裂为原则的策略，给争取胜利留有余地，这才是上上策。

3.9.3 自然、社会、经济的过渡状态

3.9.3.1 自然界的过渡状态

“平衡论认为，‘失衡’是平衡与不平衡之间的一个‘过渡区域’。”[4]近代以来，由于不平衡的工业化、不平衡的生产方式、不平衡的生活方式，造成了地球生态系统呈现失衡状态，导致地球气候变暖和极端异常天气的经常出现。现在各国都深刻认识到生态失衡的危害，开始走新型工业化道路，重建地球自然生态平衡。按照上述平衡与不平衡之间的失衡是“过渡区域”这一观点，从地球生态呈现失衡态到走向生态平衡之前，就是平衡与不平衡之间的失衡“过渡区域”。就是说，自然、社会和经济都存在着平衡与不平衡之间的过渡状态。在自然科学中，有过渡元素；在动物、植物品种培育改良提高工作中，有过渡品种，又叫中间品种。植物生长中从正常生长到死亡之间，表现为植株由绿变黄，这就是植物的一种过渡状态。有的专家把这种现象叫作“中间区域”。小的过渡期时间短，如地球一年四季循环中的春季、秋季实际上就是夏季和冬季的过渡期，春季则是由冷变热的过渡期，秋季则是由热变冷的过渡期。大的过渡期时间长，如地球气候大循环，间冰期则是两个冰河期之间的过渡期。

3.9.3.2 社会和人的过渡状态

“整个社会的运行动力，很多时候即是国家权力体系运行的惯性力量。这种惯性力

量若处于无序状态就会面临国家的解体和崩溃。而动力的积累,需要在民主与法治的逐步发展的基础上,使权力运行秩序从一种有序平衡过渡到另一种更高层次的有序平衡。"[5]权力运行从无序到有序要有一个过渡,从古到今表现在从平衡态到不平衡态再到新的平衡态,这中间经历了两个过渡态。(1)社会发展中的过渡时期。我国从1949年到生产资料所有制的社会主义改造基本完成,这一时期称为过渡时期,它是从1952年国民经济恢复时期的工作结束时,党中央按照毛泽东的建议提出了过渡时期的总路线,实现我国对农业、手工业、资本主义工商业的社会主义改造。过渡时期总路线的实质,是使生产资料私有制逐步改造为社会主义公有制,目的是实现社会制度转型,大力发展社会生产力。1956年基本完成了对生产资料私有制的社会主义改造。这一阶段,就是两种社会形态变革中间的过渡时期,也就是我国从新民主主义革命到社会主义革命和建设之间的过渡时期。再如,第一次和第二次世界大战,这是世界失衡过渡期,世界经过这个过渡期,从世界战争时期走向世界持久和平、融合发展的新阶段。(2)社会形态的过渡。在历史分期上,有专家认为,人类社会存在过渡阶段,或过渡形态。例如,封建社会存在资本主义因素,因而封建社会就是奴隶社会到资本主义社会的过渡形态。再如,社会过渡方式:社会主义社会是共产主义社会的过渡时期、过渡阶段,或者说是初级阶段,正在向共产主义社会的高级阶段过渡。再如,在现实世界中,存在"中立国",也有过渡内阁、看守内阁、过渡政府等。(3)人的肌体的生理过渡期。人的肌体存在亚健康阶段,这就是健康与患病之间的过渡。中年是青年到老年的过渡期。之所以说人的中年时期是从青年走向老年的过渡期,是因为中年包含青年和老年的两种生理结构、活动功能、生理特点和心理特点,同时也包含中年特征的因素。

3.9.3.3 经济领域的过渡状态

经济领域的不同发展阶段的转换、不同发展方式之间的转变,存在过渡状态。我国在新中国成立初期,采取了从私有制转变为公有制的"所有制过渡期",并非一步到位,而是循序渐进地平稳过渡。例如,在农业方面,农村采取"互助组——初级合作社——高级合作社——人民公社",依次进行过渡,最后实现所有制私有化到公有化的过渡。在工商业方面,则是采取"公私合营"的方式从私有制过渡到公有制。在区域经济发展方面,中国人民大学经济学院区域与城市经济研究所所长孙久文教授,在中国区域经济发展论坛上说,我国东、中、西区域经济的发展是从区域不平衡发展向区域平衡发展过渡;我国的改革开放是从不平衡到平衡发展的战略过渡;我国区域经济发展格局是从不平衡发展向平衡发展过渡。在资源配置方面,当出现资源短缺时,就出现向下运行的过渡态。这时,就要及早考虑投入资源,不能等到危机降临时才采取措施,而陷入投入盲目性。同时,在投入上要保持适度与合理,但不突破临界状态,更不能等到无力回天的时候再过渡。

我们了解了系统运行中呈现的临界状态和过渡状态,对于我们认识和处理问题,具有重要指导意义。例如,经济领域从不平衡发展到平衡发展、从平衡发展到不平衡发展,都要经过过渡期,我们就可以提前做好工作准备,把问题解决在过渡状态之前,尽可能减少损失。再如,农业生态系统自我调节能力不是无限度的,生态平衡系统受到外界干预、伤害超过一定数量限度时,就会引起系统退化或结构破坏,造成系统衰退。所以在开发利用自然资源时,不得超过系统资源容量、环境容量的承受力,不能突破生态过渡的临界状态。

参考文献

[1]李继兴.应用哲学平衡论.哲学中国网,2013-02-21.

[2]李秀林,王于,李淮春.辩证唯物主义和历史唯物主义原理.北京:中国人民大学出版社,1982:108.

[3]陈晏清.马克思主义哲学纲要.北京:中央广播电视大学出版社,天津:天津人民出版社,1983:72.

[4]李继兴.应用哲学平衡论.哲学中国网,2013-02-21.

[5]郑杭生,李强,等.社会运行导论——有中国特色的社会学基本理论的一种探索.北京:中国人民大学出版社,1993:382.

3.10 制衡发展与反制衡发展的相互补充:平衡互补发展律

制衡发展与反制衡发展相矛盾——[取长补短]——制衡与反制衡共同发展——[优势互补]——制衡与反制衡交融发展——[以先带后]——整体快速平衡发展

引证:

中国的传统文化历来强调互补和平衡,从身体平衡、人生平衡到宇宙平衡、人与自然的平衡。阴阳、虚实、寒热之间的对立和协调,五行之间的相生相克,形成整个世界,构成人体这个高度有序的组织。[1]

——曾健、张一方《社会协同学》

3.10.1 平衡发展与不平衡发展的互补

"从表面上看,均衡增长与不均衡增长战略似乎是相互矛盾的,但实际上它们是相互补充的。"[2]平衡(制衡)发展与不平衡(反制衡)发展,这两种发展方式看来是矛盾的,实际上是各有所长、各有所短,是一种互补的关系。在实践中,要注意发挥平衡发展与不平衡发展各自的优势,实行二者优势互补、取长补短,从而把制衡和反制衡水平提高到新的程度。均衡增长与不均衡增长战略的关系是对立的,又是统一的,二者是互补的。发达国家在发展经济中,最适合采取均衡增长战略,即某一区域发展滞后,就要向发展滞后、条件差的区域投入倾斜,扶持发展滞后区域的发展赶上发展快的区域,从而实现国家整体平衡发展。但要借鉴发展快的区域和产业的高速增长的优势和经验。发展中国家的发展与发达国家相反,最适合采取不平衡增长战略,可以解决基础差、资金不足的难题。这种战略,选择基础条件好,能快速发展的区域,实行政策和投入的倾斜,支持快速发展,形成发展标杆,发挥带头作用,带动周边地区和落后地区发展。在后期借鉴均衡增长的共同发展、共同富裕的效应,向落后地区投入,先进带动后进,实现平衡发展,避免长期呈现"新马太效应"。

3.10.2 对立面的平衡互补

自然界和人类社会,总体上是一个和谐有序的、循环统一的有机平衡体。任何矛盾双方、平衡与不平衡双方,都具有自觉走向平衡的本性,天、地、人都在无休无止地为自身平衡而斗争不息,从而产生复杂的矛盾关系和两种状态的相互制约、相互斗争、相互作用,斗争的结果是矛盾的双方都不能被消灭,反而在斗争中对立双方都得到发展。道理就是万事万物是相反相成、相互依赖、相互补充的关系。自然界和社会发展中的相生相克、利弊相依就是这个道理。例如,从地球生态演化过程看,地球养育了人和其他生物,人和其他生物又把洪荒的地球改造成了生态地球,所以人与自然的关系是互补平衡的、命运与共的共同体,自然不能消灭生物,生物不能消灭自然,只能协同进化发展。在社会中,人与人相互依赖、协同共生,任何个人离开了集体是不能生存下去的。所以在人世间,追求自己生存和发展的时候,不能不顾及他人、他事、他物的生存和发展,只是单纯追求自己的生存和发展,结果是自己也不能生存和发展。书前讲述的互为天敌的蛇、蜈蚣、青蛙同在一个洞穴中越冬,蛇不吃青蛙用它来对付自己的天敌蜈蚣,蜈蚣不吃蛇用它来对付自己的天敌青蛙,青蛙不吃蜈蚣用它来对付自己的天敌蛇。这就说明了一个道理,矛盾对立双方都是在相互制约、相互利用中共同生存和发展的。从另一个角度看,"鹿群和狼"的故事中狼成为鹿医生而治愈了鹿群的安逸退化病,说的就是这个道理,存在对立面不一定全是坏事,没有对立面,就没有动力,影响自身的优化和进化,同样对自己生存发展不利。一切事物的存在和发展就是对立统一的运动,即平衡与不平衡的又斗争又统一的关系;离开了对立统一运动,事物就不能生存和发展。因此,平衡论不但不排斥抗争,而且还认为在事物发展趋向平衡的过程中,有时的抗争虽然是激烈的甚至还是残酷的和难以想象的,但从一个更大视野和整体上看,有抗争未必就不好,因为事物就是在抗争中成长、发展和壮大起来的,没有竞争就没有发展。正如中国古人所言"生于忧患,死于安乐",也是这个道理。生物界不仅互相竞争,而且相互平衡互补。动物吸进氧气呼出二氧化碳;植物吸进二氧化碳,呼出氧气,这正是一种互补平衡。狼吃鹿,既维持狼群的生存,又防止鹿群膨胀而导致草场灭绝,在生存竞争中促进狼和鹿双方的进化发展。

我国传统文化非常重视平衡和不平衡的互补性,并广泛应用到各个领域。平衡观认为,平衡与不平衡相互包含、相反相成、互相补充。平衡之中有抗争,不平衡之中有和谐。例如,自然界和人类社会共同的互争与互助法则,人和人之间的和睦与争斗、竞争与合作,人和自然之间的和谐与对立,人和社会之间的适应与不适应等都体现了平衡与不平衡的对立与统一。在一个系统内,平衡与不平衡协同共生,任何一方都不可能脱离对方而独立存在,双方只有利益互补、相互利用才能彼此共生、共同发展。如果只有对抗斗争和相互抑制,结果是谁都不能发展。

3.10.3 长处与短处的平衡互补

平衡与不平衡是一对应用哲学范畴。平衡与不平衡是相互对立、相互依存、相互补充、相互转化的,在事物生存发展的过程中,二者都是不可缺少的环节。在应用这对范畴时,不存在平衡好,不平衡不好,它们各有长短,是同等重要的,而且存在着相互补充的作用。一是长处和短处的辩证关系。长处和短处是辩证的,有的优点也会产生相应的缺点,有的缺点也会产生相应的优点。例如,大胆是长处,但易冲动,把事情办坏;原则性强则易造成不灵活,导致死板;果断则易造成武断,导致决策失误;胆小是短处,但胆小容易使人谨慎;小气容易养成节俭;死板是短处,但死板容易教人认真。所以,我们要辩证地看待优点与缺点、长处与短处的关系。二是短处与长处的互补关系。在一定意义上说,短处也是长处,长处也是短处。圣人孔子认为,他的学生们各有其长,各有其短。孔子能对他的学生的长处和短处运用自如,把每个弟子的长处发挥到极致。有一则"骆驼和羊的故事"。故事说骆驼和羊出外进食,骆驼发挥了体型高大的长处,吃着高大树枝上的叶子,羊的体型矮小,吃不到树上的叶子,骆驼讥笑羊无能。骆驼和羊继续往前走,到了一个草场的围墙旁,羊则发挥了个子小的长处,从围墙小洞进去吃园中的肥草,骆驼却无能为力。这个故事说明了一个道理:短处也有长处,长处也有短处。三是长处与短处、优点与缺点是平衡互补的。辩证看待平衡与不平衡的关系,正确处理优点与缺点、长处和短处、成功与失败的关系,是事业取得成功的重要问题。成功是优点的发挥,失败是缺点的积累,优点和缺点在一定条件下是可以转化的,因此短处也是长处,长处也是短处。常言道"尺有所短,寸有所长"就是这个道理,尺比寸长但比丈短,寸比尺短但比分长。我们必须认识到自己的优点与缺点、长处和短处,不要拿自己的优点和别人的缺点相比,这样就会丧失前进的信心。俗话说"金无足赤,人无完人",意思是人和事物都不会十全十美,都是需要互补的。优点与缺点是相对的、相生相伴的、相互转化的。每个人都有优点,也都有缺点,如果你只注意别人的缺点,那你就会处处与人对立,如果你多多注意别人的长处,生活就会充满阳光;如果能看到自己的缺点,并加以改正，就会受到人们的爱戴。例如，一位老师认为童年爱迪生缺点太多而劝退，但爱迪生母亲认为一个人就是优点和缺点的平衡体，没有优点也就无所谓缺点，她引导儿子发展优点，化解缺点。母亲使爱迪生的优点得到充分发挥，结果成就了一位世界级大发明家。

3.10.4 双方优势的平衡互补

平衡与不平衡是动态中的存在，是一个变化中的存在，是一个问题的两个方面。平衡之中有对立也有互补。在事物趋向平衡的过程中，有对立才有动力，事物往往就是在对立中成长、发展和壮大起来的。一切事物都不是绝对的平衡或不平衡，事物是平衡与不平衡的矛盾统一体。维持原质、原事物为平衡，发生转化、质变就是不平衡，旧的不平衡可以转化为新的平衡。因此，在现实中，我们要用发展变化的眼光看问题，用发展的思维处理问题，因为世界上没有一成不变的东西，万事万物都是发展的、可以转化的，原来是后进者，将来可能成为先进者；昨天是敌人，明天可能是朋友；今天是竞争者，明天可能成为合作者。因此，要学习借鉴别人的优点和长处，包括学习对立面的长处、敌人的长处，他们的长处可以弥补我们的短处，竞争者的长处我们也可以学习借鉴，变为我们自己的长处；西方的先进科技成果、经济管理经验、文化精髓我们也要拿来为我所用；资本主义形成的市场经济模式我们也可以采纳，西方的民主政治中的长处也可以学习借鉴。“三人行，必有我师”，我们要用别人之长补己之短、完善自己，用别人的优势武装自己、发展自己。例如，为什么人类家庭小群体常兴不衰，就是因为在现实情况下家庭成员之间具有非常重要的互补关系。“我所推崇的是这样一种家庭生活伦理，它在自由和责任之间保持着某种平衡。”[3]现代家庭与传统家庭，共同点是夫妻、男女、老少之间都是一种密切的互补的关系。家庭中老有老的优势、小有小的长处，男女也是各有长短。再如为什么上级机关组织部门给团体、单位和企业配备各级领导班子时，高度重视老中青搭配、男女搭配，原因就是老中青搭配、男女搭配是在追求互补平衡，利用和发挥他们在班子里各自的优势。

3.10.5 竞争与合作中的平衡互补

“多元平衡就是对外开放中要坚持统筹协调，注重良性互动，实现多元发展、平衡发展。”[4]在对外开放中实施多元发展，就是要产生一种相互促进、相互补充的良性互动的效应。在经济全球化条件下，各国必须参与国际经济合作和竞争。竞争与合作是相互联系、辩证统一的。竞争中有合作，合作中有竞争，竞争需要合作，合作为了竞争。要在竞争中合作，在合作中学习对方的优点和长处，以对方的优势弥补自己的劣势，从而实现自身的快速发展。竞争是自我生存和发展的动力，是社会进步的动力。在企业间的相互竞争中，对手之间是相互依存、相互学习、共同提高的关系，竞争对手是企业生存发展的土壤和水分,双方共赢是竞争对手之间实现生存发展的根本途径。对我国这个发展中的大国来说,在经济全球化条件下,我国不但要参与国际经济大循环,而且要把坚持对外开放作为基本国策,必然要参与国际竞争、技术交流、经济合作,目的是利用先进国家的优势,促进国内发展与改革,推动国民经济快速增长。实践证明,参与国际经济技术合作与竞争,能实现取长补短、优势互补,使我国形成经济全球化条件下合作和竞争的新优势,推动我国各领域、各行业的快速发展,推动我国互利共赢、安全高效的开放型经济体系的建立,使我国创新利用外资方式,优化利用外资结构和利用外资水平,有利于我国开展国际化经营,加快我国跨国公司的发展和国际知名品牌的培育,改变"中国制造"为"中国创造",有利于我国互利合作和双边多边经贸合作,发挥利用外资在自主创新、产业升级、区域协调发展等方面的积极作用。

参考文献

[1]曾健,张一方.社会协同学.北京:科学出版社,2000:31.

[2]张琢,马福云.发展社会学.北京,中国社会科学出版社,2001:165.

[3][英]安东尼·吉登斯.全球化时代的民族国家:吉登斯讲演录.郭忠华,编.南京:江苏人民出版社,2012:228.

[4]十八大报告辅导读本.北京:人民出版社,2012:186.

3.11 远期平衡发展与短期平衡发展的统一:长远平衡发展律

远期与短期不平衡发展——[消除短期抑制长期因子]——远期与短期平衡发展——[增加长短期发展共同要素]——远期与短期统筹平衡发展——[优化共同元素]——远期与短期综合动态平衡发展

引证:

"平衡与不平衡"是大平衡的一对哲学范畴。根据儒家《大学》中"本末、始终、先后"、轻重缓急的原则,这对大范畴大体可分为以下八对小范畴:(1)真实平衡、虚假平衡;(2)内部平衡、外部平衡;(3)远期平衡、近期平衡……[1]

——李继兴《大平衡》

3.11.1 短期平衡发展与远期平衡发展的关系

3.11.1.1 短期发展与远期发展相平衡

"短期经济增长与长期经济可持续增长的关系,一般而言,短期增长与长期增长之间是相辅相成的,又是矛盾的。"[2]当前发展与长远发展的关系,是相互对立的,又是辩证统一、相辅相成的关系。短期发展的因素中,反映着长期发展的要素,短期发展要素的总和会构成长期发展的内容。所以,我们在短期发展的计划安排中要与长远发展规划相结合、相平衡,短期发展要充分考虑到为长远发展奠定基础和创造条件,要在短期发展内容上消除制约未来发展的因素,实现短期发展的计划安排与长远发展相配套,做到多个短期计划的完成就是长远发展规划的实现。国家发改委宏观经济研究院副院长马晓河说:"因为,当短期增长中的许多因子恰好是促进长期增长中所需要的元素,此时每个短期增长相加组成长期的经济增长。但是,当短期增长中的许多因子恰恰是不利于未来增长的元素,此时短期增长将抑制长期增长。"[3]在经济社会发展实践中,我们要尽可能消除短期发展因子中抑制长期发展的元素,把短期发展的因子和长期发展的元素相统一,把每个短期发展计划都作为长期发展的有机组成部分。就我国而言,目前在应对金融危机中,一些地方往往为了追求近期经济总量增长,盲目增加投资,结果造成产能过剩,甚至上了一些高耗能、高污染的项目,显然这是不利于长期经济增长的。在经济政策转型过程中,采取什么样的政策组合,才能使短期增长与长期增长相吻合,这是金融危机过后的重要启示,这就是短期发展必须着眼长远,这是我们需要注意的重要问题。例如,我国"十二五"规划就是五个年度计划的相加,五个年度计划就是"十二五"规划"组合拳"的分解动作。

我国近年来,为了应对国际金融危机的冲击,既采取了短期促进经济发展的应急措施,同时也制定了长远发展规划,推动经济社会的长远发展。在宏观调控方面非常注意远期与近期的结合,在克服短期困难的同时,又为长远发展打基础,正确处理长短期的平衡与不平衡的关系。第一,当前与长远关系的平衡,立足当前加快发展是实现长远目标的重要基础,着眼长远目标才能不迷失方向。第二,加强科技教育支撑,做好科技教育这个长远发展的基础性工作,推进自主创新,为长远发展增添后劲。例如,我国新建一批国家工程试验室和技术研究中心,把当前发展与长远发展结合起来。第三,保障民生、改善民生,调动和巩固群众的积极性,为长远发展提供动力。一是我国建立城乡社会保障制度、医疗保险制度,消除人民群众的后顾之忧。二是实施九年免费义务制度,为民族振兴奠定基础。三是产业调整和产业振兴的平衡推进,增强我国长远发展的经济实力和发展后劲。例如,我国制定实施了装备制造、电子信息、物流业等十大产业调整振兴规划。这些都是把短期与长远发展相结合的重大举措。

3.11.1.2 短期利益与长远利益的平衡

在经济社会发展中,要处理好当前利益和长远利益的关系,不能以眼前利益影响长远利益,也不能以长远利益影响眼前利益,要把当前发展利益与长远发展利益结合起来,把短期发展中有利于长期发展的因子作为促进长期发展的元素重点发展,把短期发展作为长期发展的有机组成部分。同时,要尽可能限制短期发展中不利于长期发展与人类未来发展的元素和相互抑制的因子的发展。当前利益与长远利益、短期增长与长期增长是相互矛盾的,又是相辅相成的,要尽可能做到当前利益与长远利益、短期经济增长与长期经济增长的平衡和统一,实现现在所做的工作,既是当前必须要做的工作,又是未来将要做的工作。在经济社会发展中,一些单位为获得短期经济增长效益,增加眼前利益,加大有利于短期增长而不利于长期增长的投资力度,盲目上马高能耗、高污染项目。这样做,既不利于近期的绿色发展,又不利于长期的可持续发展。当前,在转变发展方式过程中,一定要实现短期利益与长期利益平衡兼顾,做到短期增长与长期增长的统筹平衡,从而推动经济社会可持续健康发展,永续保持千秋万代福利关系的平衡。

3.11.2 短期发展与长远发展的共同基础是生态平衡

3.11.2.1 生态平衡是短期发展与长远发展的共同元素

保持生态平衡是短期发展与长远发展的共同基础,即共同元素。“所以,为充分发挥自然环境、自然条件在社会发展中的作用,人们在改造自然界的斗争中,必须遵循自然界的客观规律,其中包括生态平衡的规律。”[4]短期发展与长远目标的统筹平衡,这是我们工作的一贯方针,立足当前是实现长远目标的基础,着眼长远是我们可持续发展的总方向。我们要处理好当前与长远发展的关系,维护生态环境平衡和自然资源的长久利用,确保短期发展与长远发展的共同元素的发展,实现远期平衡与近期平衡发展的统一,充分发挥自然环境、自然条件在经济社会发展中的作用。“所谓生态平衡是指生态系统中的能量流动和物质循环过程能较长时期地保持稳定状态;生物群体的种类、数量、生物量、生产力都达到最大;在外来干扰下能通过自身调节恢复到正常状况,这种长期相对稳定的协调关系就称之为生态平衡。”[5]就是说,在人类不干扰或不影响自然平衡发展限度的情况下,生物能够自发调节达到天然结构、功能之间的平衡。生态系统中结构、功能和物质的输入输出,是生态系统平衡的重要环节,也是人们保护自然生态平衡的重要内容。我们要始终维护生物因子之间、生物与非生物之间的平衡,维护输入物质与输出物质数量上的平衡,确保生态系统结构与功能的平衡。正如专家所说,自然界在不受干扰的情况下种群之间常常达到一种天然的平衡状态,这就说明人对自然生态平衡起着一定作用。反过来说,自然生态平衡遭到破坏,生物种群比例的稳定受到干扰,就会影响经济社会的长远发展,人类就会陷入生存危机。因此,有关专家学者倡导,在社会总资本观上,在强调物质资本、人力资本的同时强调生态资本;在生产观上,强调改造自然和生产物质资料要在保护生态环境和自然资源平衡的情况下进行;在消费观上,倡导理性消费,反对过度消费,倡导低碳生活。我国提出的科学发展观,基本要求是全面协调可持续发展,党中央要求把生态文明建设纳入"五位一体"总体布局,把生态文明建设理念、原则、目标融入经济、政治、文化、社会建设的全过程,不断推进绿色发展、循环发展、低碳发展,我们要切实把生态文明建设作为短期发展与长远发展的共同基础做好做扎实。

3.11.2.2 现实发展、未来发展与生态文明建设的统筹平衡

从欧洲工业革命向全世界传导以来,人类生存方式与发展方式发生了翻天覆地的变化,但由于时代的局限,也导致了生存方式与发展方式严重失衡,造成了当今世界诸多全球性问题,表现在不平衡的工农业生产方式和不平衡的现代生活方式造成自然生态和自然资源失衡,不平衡的人口生育造成世界人口与地球承载力失衡,不平衡的分配造成世界利益关系失衡。工业革命的副作用,已经危害到自然生态平衡和人类自身生存发展。第一,资源与世界经济增长失衡。目前,人类把地球 2 / 3 的资源已经耗尽了,有些人类赖以生存的资源走向枯竭。据联合国环境规划署预计,世界每年损失约700万公顷耕地,森林面积在1990至2000年的10年间平均每年减少940万公顷,淡水资源消耗惊人,拥有全世界40%人口的80多个国家和地区出现淡水资源危机。据研究证明,全球石油储藏量可维持20年,煤炭100年,天然气22年。全球资源短缺问题,严重制约了人类的未来长远发展。第二,生态环境与人类生存失衡。由于自然生态系统失去平衡,造成人类的食物质量和居住环境质量下降。当今世界的全球性问题,严重抑制了人类的未来长远发展。例如,温室效应、大气臭氧层破坏、空气污染、水污染、土流失、土地沙漠化和石漠化、农药垃圾、酸雨、工业有毒化学品污染等,对人和自然危害非常严重,近百年有数千种物种消亡。第三,人口与粮食失衡。首先,由于世界人口膨胀,造成世界粮食匮乏严重,人口、粮食、贫困、死亡问题,已经向人类社会持续发展敲响了警钟。现在世界有人口65亿,预计21世纪末将达到120亿,增长超过了地球资源满足生存的极限,已经造成经济、政治、社会发展的困境。其次,由于狭隘的民族主义和狭隘的国家利益驱动,全球财富分配不公,导致世界出现"新马太效应",使地球贫富悬殊更加严重。目前世界上有最不发达的国家50多个,最富与最穷国家年人均国内生产总值差距约百倍,最富与最穷的人口大致都是世界的20% ,其收入差距大。如此发展下去,世界未来的和平与稳定令人担忧,如资源争夺战等。

3.11.3 经济社会短期发展与长远发展的平衡兼顾

3.11.3.1 短期与长远发展的共同目标是可持续

世界上最早提出"可持续发展"的官方文件,是1980年国际自然保护同盟的《世界自

然资源保护大纲》:“必须研究自然的、社会的、生态的、经济的以及利用自然资源过程中的基本关系,以确保全球的可持续发展。”美国布朗《建设一个可持续发展的社会》一书中,提出实现可持续发展要控制人口、保护资源和开发新能源。世界环境与发展委员会的《我们共同的未来》的报告,认为可持续发展是“既能满足当代人的需要,又不对后代人满足其需要的能力构成危害的发展”。(1)社会、文化、科技、环境等多领域的平衡发展。发展不能只等于经济增长,发展是社会、文化、科技、环境全面的发展、平衡的发展,这才是长远之计。(2)经济社会发展的持续平衡。人类经济社会发展要保持在资源和环境的承载能力之内,维持人类可持续生存和发展,纠正对资源能源利用的任意性、破坏性开发利用。(3)发展要做到代际平衡。当代人的生存发展与后代人的生存发展机会均等。(4)实现人与自然平衡共生。人类必须尊重自然、保护自然,合理利用自然,与自然和谐相处。实质上,这也是为了人类的长远利益所在。

世界气象组织公布“地球进入极端天气时代”,原因是人类活动、资源开发、环境破坏而造成的地球变暖,直接影响人类生存,要求提高建立监控和预报系统,提高人们的应变和抗灾能力,建立常态化的生态文明机制,走新型工业化道路和改变现代生活方式。因此,经济发展方式的全球性转变,才能实现全球性经济社会发展与生态环境保护的平衡。发展低碳经济,应对气候异常,这是一个重大战略选择,特别是在经济全球化条件下,解决一切微观问题都离不开宏观系统的大背景。应对气候异常,发展低碳经济,就是一个全球性大系统的问题、整体性的问题,而不是要素问题、局部问题,必须实现经济发展方式的全球性转变,才是解决全球生态系统失衡、人类生存环境危机的根本途径。(1)树立整体平衡意识。面对全球性气候异常变化,必须进行全球性产业结构调整和经济发展方式转变,大力发展低碳经济,以全球系统和全球整体作为着眼点,以人类的可持续发展为总方向,坚持“共同但有区别的责任”原则,共同应对气候异常。(2)树立战略平衡意识。全球性经济发展方式的选择是全球性战略选择。经济发展方式的选择,牵涉生产方式变革,关系到人类未来的命运和发展路径,必须坚持把二者结合起来、平衡统筹。(3)树立“从我做起”意识。中国政府高度重视低碳排放、发展低碳经济的工作,“中国提出的到2020年单位国内生产总值二氧化碳排放比2005年下降40%~45%的目标”,大力开展技术创新,推进产业转型,开发新能源,减少高碳能源煤炭、石油的消耗和温室气体的排放,达到高效能、低能耗、低排放、低污染,倡导区域、企业、产业、团队、家庭、个人都要为节能减排和保护环境做贡献。

3.11.3.2 现实发展与未来发展的统筹平衡

转变发展方式实现可持续发展,对于经济社会发展具有重大意义。短期发展与长期发展都关系到可持续发展。要做到可持续发展,就必须建立人类长期发展战略和模式,保护生态环境和综合利用自然资源,加快节约型社会建设的步伐,做好节能、节地和节资源的工作,实现人类福利永续保持。这就要求我们要坚定不移地走新型工业化发展道路，做到现实发展与未来发展的统筹平衡。我国是世界上耕地、淡水、能源、铁矿严重缺乏的国家，也是水土流失、天然林减少、草原退化、大气和土壤污染严重的国家，走新型工业化道路更为迫切。生态文明建设关系到经济结构、发展方式和发展道路，只有大力支持开发新能源、生物医药、绿色经济和低碳技术的新兴产业，才能走上效益好、排放低、可持续发展的工业化的路子。一是建立健全规章制度。要建立健全生态平衡建设的目标、考核和奖励机制，建立耕地保护、水资源管理、环境保护补偿制度和目标管理责任制。二是加大节能减排力度。鼓励中小企业和广大农村节水节能节材和综合利用，鼓励发展绿色循环清洁经济，大力推广先进节能技术、节能产品和节能管理。三是做好生态环境保护工作。建立水源、耕地、森林的安全屏障，做好防风固沙、水土流失治理工作。不断加大环境保护力度，积极应对气候变化和自然灾害，增强全民节约意识、环境保护意识和生态平衡意识，不断加大宣传力度，深刻认识保护环境的重要性，树立环保新理念，从战略的高度认识发展经济与保护环境的辩证关系，把经济社会可持续发展建立在可靠的基础之上。

可持续发展概念，是20世纪人类总结经济社会发展经验的最重要的思想成果，是人类以工业文明的沉重代价换来的教训，也是人类经济社会发展自我反思的结果，标志着人类社会的一个重大进步。可持续发展，是我国科学发展观的重要概念，正确认识和处理经济社会发展与环境资源的关系，纠正发展中的短期行为，杜绝资源开发中的急功近利现象，把当前发展利益和长远发展利益结合起来，既要重视当前经济社会发展，又要重视人类永续发展；既要重视经济社会效益，又要重视生态环境和资源效益；既要解决当前改革发展的需要，又要考虑人类未来发展的需要。当前，要特别重视以下几点：一是转变发展方式，做到人与自然平衡共生。一方面要尽可能节约能源消耗；另一方面要大力开发新能源，把开发利用新能源作为缓解能源短缺、减少对自然资源和环境破坏的关键性措施来实施。二是转变生育方式，要树立正确的生育文化与生育文明的理念，倡导文明的计划生育，保持人口增长与资源承受能力之间的平衡。三是转变生活方式，人类要给人类赖以生存的生物发展保留相应的空间和条件。四是转变生产方式，做到发展经济与节能减排的平衡。大力发展低碳经济、绿色经济、循环经济，大力节能减排，淘汰落后产能。五是转变政府考核方式。在考核政府绩效的指标中应该有生态平衡指标。例如，将环境保护的指标、资源利用的指标等纳入官员政绩考核体系。

参考文献

[1]李继兴.大平衡.北京：中国大百科全书出版社，2007:89.

[2]十一届全国人大三次会议《政府工作报告》学习参考编写组.十一届全国人大三次会议《政府工作报告》学习参考.北京：人民日报出版社，2010:38.

[3]十一届全国人大三次会议《政府工作报告》学习参考编写组.十一届全国人大三

次会议《政府工作报告》学习参考.北京:人民日报出版社,2010:38.

[4]李秀林,王于,李淮春.辩证唯物主义和历史唯物主义原理.北京:中国人民大学出版社,1982:246.

[5]迟维韵.生态经济理论与方法.北京:中国环境科学出版社,1990:31.

3.12 内部平衡发展与外部平衡发展的统一:平衡开放发展律

内部与外部失衡发展——["开门"发展]——内部与外部平衡发展——[请进来与走出去的平衡]——内部平衡发展与外部平衡发展的统一——[自我变革创新]——内外部同步平衡发展

引证:

……这对大范畴大体可分为以下八对小的范畴:(1)真实平衡、虚假平衡;(2)内部平衡、外部平衡……[1]

——李继兴《大平衡》

3.12.1 内部平衡发展和外部平衡发展相联系

苏联理论家布哈林,把平衡与不平衡分类为内部平衡和外部平衡;北京大学教授李继兴在《大平衡》一书中也把平衡与不平衡分为内部平衡和外部平衡,要求努力实现内部平衡与外部平衡的统一。实质上,一个对外开放的系统、发展的系统,都是内部平衡发展和外部平衡发展的统一。如同十二届人大《政府工作报告》所讲的"开放也是改革",内部平衡发展和外部平衡发展的动力就是改革开放。

3.12.1.1 系统内环境与外环境的关系

何为内部平衡和外部平衡,苏联理论家布哈林认为,所谓内部平衡是指体系(事物)内部各种要素之间的关系及其矛盾;所谓外部平衡是指体系与外部环境之间的关系及其矛盾。这两种平衡又是互相联系不可分割的。体系内部构造(内部平衡)的变化,应当取决于体系和环境之间存在的关系。体系和环境之间的统一是决定因素。布哈林讲的"体系",就是指系统。凡事物皆系统,凡系统皆开放;开放的系统,才是发展的系统;完全封闭的系统,是不发展的系统。系统性是事物的普遍属性,任何事物都是作为系统而存在的。一是世界上没有孤立存在和不同外界联系的系统。一切现实的经济、社会系统都是开放的系统。大到星系、小到个体,生物都要与环境相联系。"人类社会系统中,人类不仅能够适应环境,受环境的影响和制约,而且能够改造和控制环境。"[2]二是打破禁锢和封闭,实行开放的系统才是发展的系统。系统都是依靠周围环境存在和发展的,与环境进行物质、能量、信息交换,系统会引起环境变化,环境对系统功能起作用。任何系统都处在一定的环境之中,所有系统都离不开与它所处的周围环境。例如,人的生命系统,每时每刻与自然环境进行能量、物质交换,离开自然环境,人是不能生存的。人所处的环境对人的功能产生作用,人必须适应环境才能健康地生活。三是人与环境系统是相互作用和相互制约的系统。人对环境可以在改造中适应,在适应中改造。因此,不但人类影响自然环境,而且自然环境也影响人类。系统科学告诉我们,必须树立系统观念和系统思维,坚持内部平衡发展与外部平衡发展的统一,这才是系统论和辩证法的基本要求。

3.12.1.2 内部平衡发展与外部平衡发展是发展的双引擎

(1)内部发展与外部发展的平衡

唯物辩证法告诉我们,事物是普遍联系的,即一切事物之间是相互关联的。现实中的系统都是开放的,表现在系统内部各要素之间的相互依赖、相互影响、相互作用和相互制约,与外部环境之间的联系、不断吸收外界物质能量信息来充实发展自己。事物的联系具有客观性、多样性和普遍性,是事物自身固有的本性,不但不是人为的,而且是贯穿于事物发展的始终。动态平衡发展方式要求我们看事物和处理问题时要摒弃孤立、片面性的观点和方法,用联系的观点认识和处理一切问题。观察事物的部分时不能离开整体,不能离开环境和与其他事物的联系。例如,我们在指导科研时,要重视各个学科互相渗透、相互借鉴的关系;在生态系统,要关注与环境物质、能量、信息的交换关系;在经济系统,要观察货币、商品交换关系等;在人的生命系统,要看到与自然、社会环境的关系。例如,一个工厂是一个系统,在内部存在相互之间的联系以外,与外部自然环境、经济环境和社会环境也是相联系的。苏联布哈林的平衡论,非常强调环境的联系和环境的作用。

(2)开放是内部平衡和外部平衡发展相联系的桥梁

内部平衡和外部平衡二者密不可分,相互联系。事物内部的运动变化与环境相联系,外环境是事物内部运动变化的条件因素。内部依赖于外部条件因素而运动变化。在自然界、人类社会中,普遍存在着各种现象,都是内外因素相互作用的结果。布哈林认为,社会与自然界之间的平衡的性质,决定着社会运动的基本路线,社会的内部结构必须适应社会与自然之间的平衡。内外环境是相互作用、相互制约的,社会运动与社会结构都与自然界相关。例如,在自然界,"不仅我们的行星群绕着太阳运动,我们的太阳在我们的宇宙岛内运动,而且我们的整个宇宙也在宇宙空间中运动,和其余的宇宙岛处于暂时的相对平衡中,因为甚至自由浮动的物体的相对平衡,也只能存在于相互制约的情形之下"。[3]可见,宇宙天体也都是在与外界环境相联系中运动的。人类社会、企业和个人都必须与外环境保持平衡,始终保持与外部同步,才能不断运动发展。一切事物的运动发展，无一例外地受到环境的制约、环境的影响和环境的作用。生命体同样要受自然界外环境的制约，每时每刻保持与外界的平衡，目的是为了自身的生存。因此，内外部相平衡是集团、群体、企业和个人生存发展的前提和基础。例如，我国把改革开放与依法治国，作为推动全面建成小康社会的"鸟之两翼、车之双轮"，充分说明改革开放的极端重要性，是内部平衡与外部平衡发展的桥梁和纽带，是经济社会发展的强大动力。但是，我们要在开放中学习外国的先进经验，要充分消化吸收先进经验，不能照搬照抄，要真正把先进的经验变成我们自己的东西，还要变革创新。例如，我们学习外国人织帽子，但我们织出的是中国人的帽子而不是外国人的帽子。我们的产品不仅是中国制造，而且应当是中国创造。

3.12.2 经济社会发展要实现内部与外部的平衡

"'党的十八大报告中强调指出，要完善互利共赢、多元平衡、安全高效的开放型体系。'这是在全面总结我国30多年对外开放伟大实践的基础上，充分反映世情、国情新变化提出的新要求……"[4]这个新的要求，就是在全球化条件下继续开放、扩大开放、安全高效地开放，建立起完善的多元平衡的开放体系。经济社会这个大系统需要内部与外部条件的有力配合、相互作用，特别是要适应世情和国情，需要良好的社会环境条件、自然环境条件、国际环境条件的相互配合和相互作用。第一，国际国内平衡发展。在经济社会发展中，必须适应经济全球化新形势，必须实行更加积极主动的开放战略，完善多元平衡的开放型经济体系。十八大报告提出"中国将始终不渝奉行互利共赢的开放战略，通过深化合作促进世界经济强劲、可持续、平衡增长"[5]。一是推动贸易平衡发展。坚持出口和进口并重，强化贸易政策和产业政策协调，形成以技术、低碳、品牌、质量、服务为核心的出口竞争新优势，推动对外贸易平衡发展。我国在改革开放中，制定的一系列方针政策，做到用好外资，提高利用效益，实现引资、引技、引智的内外平衡，我们要在请进来"念经"的同时大胆走出去"取经"，培养企业国际化生产经营管理能力，加速成长为世界水平的跨国公司。二是经贸权利和义务相平衡。中国坚持权利和义务相平衡，积极参与全球经济秩序治理，推动贸易和投资自由化和便利化，反对各种形式的贸易保护主义。实践证明，我国实行内外开放战略是正确的，实现了经济的快速发展，现在我国已经跃居为世界第二大经济体。第二，外需与内需的平衡。内需与外需二者共同构成总需求，这是拉动各个国家和地区GDP增长的动力，我们要努力实现二者平衡发展。

3.12.3 内部平衡发展与外部平衡发展的统一

开放的系统都是内部与外部相平衡的发展系统，任何群体和个人实现内外之间的关系平衡，对于生存发展都是至关重要的。我国的开放是从倾斜式开放走向平衡式开放。20世纪80年代，我国外部开放的国家主要是日本、美国、联邦德国和新加坡，内部开放的地区主要是东部沿海经济地带,开放流向主要表现为内吸型。随着改革的深入,开放由倾斜式走向平衡,这种方式非常符合我国的国情。一是内部平衡与外部平衡的关系是相互依存、相互促进的。各种组织求生存、图发展,既要靠内部正常平衡运行,又要靠内外部相平衡的条件支持,把二者有机结合起来,各种组织才能立于不败之地。二是外部平衡有利于推动各种组织的内部平衡。外部平衡能够提高各种组织内部的效率,内部成员可以从中受益,进而促进各种组织的内部平衡,形成良性循环和可持续发展。三是内部平衡又可以推动各种组织的外部平衡。内部成员提高了积极性,促进了企业效益提高,起到巩固与外部平衡关系的作用,从而取得内外平衡、双胜利的效果。"因此,要保持事物的稳定,就必须注意系统内部关系以及系统内外关系的平衡,就必须注意'度':量变的程度、限度和幅度。"[6]被称为管理之父的巴纳德,提出组织"诱因"平衡理论,这是他的社会系统理论中的核心内容。巴纳德的组织平衡论认为,企业组织,企业存续和发展的条件,就是实现企业的"诱因"平衡,即本组织的对内平衡和对外平衡。

群体组织、企业和个人的对内平衡和对外平衡,其过程不同,二者缺一不可,相互依存、相互促进,组织要生存与发展,既要保持对内平衡,又要保持对外平衡,还要有这两个平衡之间相互关系的统一,这是不可忽视的环节。一要做好公关平衡工作。要实现外部与内部的平衡,就要下功夫搞好公共关系,做好形象宣传工作,在公众中树立良好的企业形象和产品形象;内部提高经济效益,生产出优良的产品,才能与企业外部保持平衡。内部要调动成员的积极性,要使各种组织适应外部环境,就必须实现内部与外部的平衡统一。二要实现内部关系的平衡。各种组织的内部平衡的重要性是指组织内部的人与人、人与物等各种关系,这对各种组织求生存、图发展起着决定作用。内部组织的对内平衡分配"诱因"非常重要,确保给每个成员的"诱因"与贡献平衡,才能保持成员分工协作和提高积极性。三要实现外部关系的平衡。组织的外部平衡的重要性是指各种组织与社会公众、相关单位等的外部的关系,这是各种组织通过外部条件在内部起作用而实现生存和发展的外因。巴纳德认为,组织要保持对外平衡,就必须改变观念,随时根据外界环境的变化,不断调整自己的方针、政策和目标,以适应外界环境的变化,促进企业的对外平衡。组织平衡理论以适应环境变化为目标,既调动组织成员的积极性,又使组织适应环境达到对外平衡,这是不断适应外部环境变化的过程,保持组织的效率,实现组织的目的,不断推动组织的发展。四要确保内部平衡与外部平衡关系的统一,对内和对外是有机的相互促进的两个平衡,要充分发挥内外之间桥梁和纽带的作用,组织的效率就能提高,成员的贡献就越大,就能增加"诱因"的来源,有利于企业目标的实现。

参考文献

[1]李继兴.大平衡.北京:中国大百科全书出版社,2007:89.

[2]梁荣迅.社会发展论.济南:山东人民出版社,1991:7.

[3]恩格斯.自然辩证法.北京:人民出版社,1955:23.

[4]十八大报告辅导读本.北京:人民出版社,2012:182.

[5]胡锦涛.坚定不移沿着中国特色社会主义道路前进为全面建成小康社会而奋斗——在中国共产党第十八次全国代表大会上的报告.北京:人民出版社,2012:48.

[6]刘俊坤.中庸:中国人性格的秘密.北京:当代中国出版社,2010:69.

3.13 相对平衡与相对平衡的统一:超平衡发展律

相对平衡发展——[相对平衡与相对平衡相加]——平衡发展——新的相对平衡发展——[无数相对平衡发展的总和]——绝对平衡发展——超平衡发展

引证:

> 唯物辩证法还认为,平衡是相对的,不平衡是绝对的,发展是一个由不平衡到平衡,然后打破平衡再达到新的平衡的不断循环往复的前进过程。[1]
>
> ——江金权《论科学发展观的理论体系》

3.13.1 平衡是相对的,不平衡是绝对的

3.13.1.1 平衡学说的研究趋向深入

在当代,中外学者对平衡论的应用和研究不断深入。“近年来许多人从行业角度提出的平衡或平衡论。如:人体平衡、生态平衡、财政收支平衡、心理平衡、进出口平衡、生理平衡、饮食平衡、股市平衡、动态平衡论等等。还有普里戈金先生‘耗散结构论’中的‘自组织平衡’、英国学者‘自由与责任的平衡’,尤以北京大学教授马寅初先生提出的‘人口与资源平衡’和北京大学教授罗豪才提出的‘行政法学平衡论’颇具影响。”[2]近几年来,有人著书立说,有人发表评论,也有人公开批评平衡论。可见,平衡论研究的学术气氛非常活跃。更值得关注的是,有学者在综合古今中外平衡论研究成果的基础上,经过多年研究后,大胆地提出与传统平衡论完全相反的“绝对平衡论”的观点和论著。“绝对平衡论”以新兴自然科学为基础,以宇宙万事万物为研究对象,力求传承古今人类的经典文明,运用理论联系实际和实事求是的方法,从大量存在于自然界和人类社会的现象中,挖掘事物之间深层次的相互联系的本质,揭示事物的发展和变化总是保持自身与环境之间绝对平衡的规律,探讨事物与环境之间如何建立、左右绝对平衡的方法,提高人类认识自然、利用自然和改造自然的能力,达到进一步推动人类社会的发展和进步的

目的。从对平衡理论的研究和探索，反映了我国学术界呈现了“百花齐放、百家争鸣”的可喜局面，也说明了当代对平衡论的应用和研究趋向更加广泛和深入，必将对我们的经济文化社会生活起到促进作用。

3.13.1.2 平衡是相对的，不平衡是绝对的

“毛泽东认为：‘宇宙万物是非平衡的，非平衡是绝对的，平衡是相对的。’”[3]这是完全正确的，也是平衡学说的传统观点。因为平衡的相对性是由矛盾的统一的相对性决定的。事物的发展从量的变化开始，到质的变化，需要一个时间过程。同时，还要有一定的空间位置，这就是平衡态与不平衡态的转化。所以，平衡的相对性之中，也包含有绝对性，平衡的绝对性之中，也包含有相对性，这是一切事物客观规律的反映。一切事物和现实系统中平衡都是相对的，不平衡是绝对的。“从总体上讲，不平衡总是绝对的，而平衡却是相对的。”“平衡之所以说是相对的，正如矛盾的统一是相对的一样，它是有条件的存在，在时间上表现为一定时限，在空间上表现为一定的位置，都是相对的、有条件的，都反映了客观的规律。”[4]“平衡”，是矛盾的暂时相对统一；“平衡状态”是矛盾双方暂时共居于同一个统一体之中的相对稳定状态。因此，平衡同哲学上的矛盾的统一一样是相对的。平衡（包括不平衡）的存在是要具备一定的时间条件和空间条件的，表现为时间方面的限度是相对的，空间方面的范围也是相对的。

组成系统各因子的平衡是相对的，区分平衡与不平衡也是相对的，不是绝对的。但是，我们不能因为平衡状态是相对的、不稳定的、暂时的，就在实践中不重视促进不平衡向平衡的转化，这是不正确的观点。因为在现实生活中不平衡是具有副作用的，平衡才是我们所要追求的。例如，人体平衡有利于健康，经济平衡有利于增长，社会平衡有利于进步。我们就是要积极探索系统平衡的稳定性，把握系统平衡的内在规律，进而有效地做好平衡的工作。恩格斯指出：“物体相对静止的可能性，暂时平衡状态的可能性，是物质分化的根本条件，因而也是生命的根本条件。”[5]如果生命不存在相对静止，那么世界上就没有生命的存在形式。例如，人有生有死，有人体的结构和功能，有人生命固定的稳定的存在形式。其他动物、植物也有各自的结构、功能和稳定的存在形式。作为人的老中青等不同阶段的不同生理、心理状态，则是人的生命发展过程中呈现的阶段性平衡状态。但是，这种平衡是有条件的，平衡在发展中必然被打破，再在新的基础上重建新的平衡。

3.13.2 宏观平衡是绝对的，微观不平衡是绝对的

由于一切事物都既有绝对的方面，又有相对的方面，所以作为一切事物发展变化的反映和概括的动态平衡发展方式，必然是平衡的相对性和绝对性的相互包含、相对性和绝对性的相互转化、相对性和绝对性的统一。可见，平衡和不平衡的辩证关系，就是宏观平衡与微观不平衡的统一。也就是说，宏观平衡是绝对的，不平衡是相对的。从宏观

角度讲微观可以不平衡发展,从微观自身角度讲则是追求平衡发展。例如,宇宙宏观总体绝对平衡运行,微观天体不平衡运行;自然界宏观总体绝对平衡发展,微观万物不平衡发展;人类社会宏观总体绝对平衡发展,社会形态从低级到高级依次绝对平衡发展,微观上的群体、家庭不平衡发展。这种社会运行有序发展,与自然界生物体中的有序一样,是结构与功能的和谐有序发展。社会有序性表现为宏观与微观的有序与无序的统一,这就是"一个有限的有序系统要能够容纳无限的无序发展"。从大平衡(超平衡)发展观点的角度说,宇宙是"宏观绝对平衡发展与微观不平衡发展的统一",这是因为,平衡中存在不平衡,不平衡中存在平衡。所以,平衡的两种状态是变化中的存在,存在中的变化。任何事物都呈现出一种平衡与不平衡的"混沌"状态,没有纯粹的平衡和不平衡。例如,人类社会的发展变化就是相对平衡与绝对平衡的统一。从原始社会发展到奴隶社会是一种进步,从奴隶社会发展到封建社会、资本主义和社会主义社会都是由低级到高级的发展、演变,都是打破原来的社会结构形态的不平衡的状态,趋于高水平平衡发展。具体到社会结构形态来说,只要没有改变具体社会形态和结构的现状,就属于社会动态平衡发展状态。

3.13.3 平衡的相对性与绝对性的统一

相对与绝对,是辩证法的一对范畴。相对与绝对的关系,既互相对立,又互相联结,是事物性质的两个不同方面。绝对指无条件的,不受任何制约的,不可改变的。相对指有条件的,受制约的,可改变的。一切事物都既有绝对的方面,又有相对的方面。"平衡是相对的、动态的、自发的、本能的、积极的和大致、大体上的平衡。平衡是渐变与突变、持续与间断、有序与无序、和谐与抗争的有机统一。平衡之中有不平衡,不平衡之中有平衡。平衡之中有抗争,不平衡之中有和谐。平衡有可能清风徐来、循序渐进,但也可能飞沙走石、天崩地裂……平衡与不平衡对立统一、相互转化,是一个变化着的存在。二者因看问题的角度不同而不同。"[6]可见,相对平衡和绝对平衡,是对立统一的关系,二者是可以相互转化的,如坏事可以变成好事,失败是成功之母,塞翁失马安知非福,浪子回头金不换,后进变先进等,它们的内在关系就是平衡与不平衡对立关系的统一。

平衡与不平衡是辩证的统一。在哲学上,客观事物的发展都有从量变到质变的过程,植物、动物和微生物都是如此。平衡(包括不平衡)在时间上的一定限度、空间上的一定位置,都是相对的、有条件的。一是平衡与不平衡是辩证的统一。平衡表现为相对性之中包含着绝对性。例如,人在壮年时期体内就已经包含老年的衰老因素;在社会发展中,封建社会因素在奴隶社会中就开始形成,在封建社会末期又形成了资本主义因素。二是平衡绝对性之中包含相对性。例如,天平上物体与砝码相等,只能表明重量,而没有表明体积等,因此是相对的。三是平衡与不平衡是绝对性和相对性的统一。例如,人的血液pH酸碱度中间有一个幅度,超过了限度或达不到限度身体就会中毒。这就是相对平衡与绝对平衡的统一。

3.13.4 无数相对平衡之总和就是绝对平衡

伟人毛泽东说:“无数的相对真理之总和,就是绝对的真理。”绝对真理与相对真理是两个不同的方面,但它们之间并不是一成不变的,是对立统一的辩证关系。平衡的相对性和绝对性,本书在前面已经有详细论述,在这里我们以真理具有绝对性和相对性进行比较,目的是深化对平衡的相对性和绝对性的认识,真正把握平衡与不平衡的转化和从相对到绝对的辩证统一及其一致性。例如,真理具有绝对性和相对性,绝对和相对二者是不能分割的。但是,要说明绝对真理和相对真理的含义,只能分别加以说明。绝对真理和真理的绝对性,是指任何真理都是客观真理,都具有绝对性;对真理性的认识是随事物的发展逐渐接近的、一步一步前进的,所以具有绝对性。相对真理和真理的相对性,是指对客观规律的正确反映是有局限性的,或对事物的认识是有一定限度的、不完全的。绝对真理和相对真理是揭示真理发展过程的两个不同的方面,但它们又是辩证的统一。绝对真理和相对真理是相互渗透和相互包含的,相对真理和绝对真理又是辩证转化的。真理是一个过程,它永远处在由相对到绝对的转化和发展之中,人类的认识是从相对真理走向绝对真理的一个不断深化、不断接近的过程。从上述观点中,我们对相对平衡和绝对平衡的关系有了深刻的理解。那么,我们做出如下判断:无数的相对平衡之总和,就是绝对的平衡。这是因为,真理概念和平衡概念都是人对客观规律的概括和反映。

3.13.5 绝对平衡(超平衡)是“大中小准平衡发展方式”的理论根据

从唯物辩证法的要求来看,绝对平衡是存在的,绝对平衡发展也是存在的。如同绝对真理一样,无数相对平衡的相加和总和,就是绝对平衡。因此,相对平衡发展与绝对平衡发展是辩证统一的,绝对平衡发展寓于相对平衡发展之中,相对平衡发展中包含绝对平衡发展的成分。绝对平衡论,是无数相对平衡的相加和总和,也就是绝对平衡与相对平衡的统一。为什么在现代动态平衡发展方式仍然主张矛盾是绝对的,统一是相对的;平衡是相对的,不平衡是绝对的。原因就是在现代人与人、人与自然的“两个支配”和“两个和解”问题没有得到解决,存在人与人、人与自然的矛盾,存在人对社会和自然不能完全支配,以及人要受自然的一定支配。但是,当人类从必然王国进入“自由王国”后,解决了人与人、人与自然的“两个支配”和“两个和解”问题。那么,到那时矛盾就是相对的,统一就是绝对的;平衡是绝对的,不平衡是相对的。这是因为到那时,实现了“自由王国”,人能够支配自己,支配社会,最大限度地支配自然,而基本不受异己力量所支配,人类真正开始自觉地创造人类自己的历史。到那时,消灭了私有制、阶级和“三大差别”,国家自行消亡。人与人之间的关系绝对平衡和谐,人与自然的关系从被自然支配到人类最大限度地支配自然,人与自然的关系从对立到和谐相处。到那时,矛盾和斗争是相对的,统一和同一是绝对的,平衡是绝对的,不平衡是相对的。因此,绝对平衡论、超平衡论,就是"大中小准平衡发展方式"的理论根据,也是超平衡发展方式的终极目标"自由王国"的理论基础。

参考文献

[1]江金权.论科学发展观的理论体系.北京:人民出版社,2007:78.

[2]李继兴.应用哲学平衡论.哲学中国网,2013-02-21.

[3]王明志.运输供给与运输需求平衡论.北京:人民交通出版社,1996:27.

[4]李继兴.应用哲学平衡论.哲学中国网,2013-02-21.

[5]恩格斯.自然辩证法,北京:人民出版社,1971:224.

[6]李继兴.应用哲学平衡论.哲学中国网,2013-02-21.

3.14 平衡态与不平衡态的调节和评估:平衡度发展律

倾斜性不平衡度——[整体调节]——不稳定性不平衡度——[局部调节]——不稳定性平衡度——[要素调节]——整体稳定性平衡度

引证:

平衡的实质是公正。它应该是人类的共同目标、出发点和日常生活、工作的评判标准。

——李继兴《大平衡》

3.14.1 平衡度无处不在

"所以我们在寻求事物的稳态时,要注意'守度',注意'守中',注意平衡。"[1]平衡度与哲学上质和量的统一的度不一样。平衡度是平衡调节的工具,把握平衡度,就是要把握平衡调节的尺度,如平衡调节的适度和平衡评估的分寸,从而实现理想的动态平衡发展。

所谓"度",是马克思主义哲学的组成部分,是质和量的统一,是建立在科学基础上的,是正确与错误、真理与谬误的检验标准。大到党和国家制定路线、方针和政策,小到个人日常工作生活中的方式和方法,如果把握不好度,超过了限度或达不到一定的度,都会造成失衡甚至适得其反。在工作中把握了度,就会打开通向成功的大门,把握不准度，就会有可能走向失败。科学地把握了度的学问，能够使自己正确认识和处理各种疑难问题，使之完全符合事物客观发展变化的规律。"经济学所讲的平衡，是指国民经济各组成部分处于一种结构合理、相对协调的状态，此时系统功能达到了最优。不平衡则是相反的一种状态。任何一个经济体都是不断运动发展的，在运动发展中旧的平衡被打破，不平衡出现，再通过矛盾的不断解决，使新的平衡得以实现。所以，不平衡是绝对的、长期的，平衡是相对的、暂时的。"[2]可见，掌握平衡度，及时对经济运行进行调节控制，使经济朝着结构合理、相对协调的状态方向发展。在实际工作中也要把握好平衡度，特别是决不能忽视不平衡度的无序、混乱、内耗等负效应，我们要在重视把握平衡与不平衡的度的基础上进行有针对性的调节，促进不平衡度向平衡度转化。因为，经济平衡才能持续发展，社会平衡才能平稳运行，生态平衡才有生物量的稳定，生理平衡才能健康生活。人适应自然界是有一个限度的，超过了人的生理承受的限度，也就是这里所说的平衡度，对人体就会造成危害。例如，人体不能耐受的高温、高寒，会导致人体生病。可见，平衡与不平衡中的度，对我们的工作、学习和生活都是极端重要的。

3.14.2 正确运用平衡度

"平衡度"这个概念，是从大尺度的宇宙到小尺度的原子的运动在时间和空间量度上的反映。在实践中，我们要特别重视时、空、态、度的作用。第一，从天体到地球，有度，则万物各得其所，无度，则混乱无序。例如，人们讲究平衡度，就是凡事要有度量，要适度，为人处世避免两个极端；做到办事既不拘泥，又不偏激；既非不及，又不过分；既要到位，又不越位。在哲学上有"度学"，在生活中称为"恰到好处"或"把握分寸"。例如，亚里士多德在《尼各马可伦理学》中提出，两个极端的中间，相当于平衡度，人的性格各有不同，懦怯性格与鲁莽性格就是人的两个极端的性格，在这二者的中间是"勇敢"，这是优良的性格。由此可见，平衡度对一个人如何做人、做事和做官具有重要指导作用。第二，平衡是事物发展中的量变，不平衡是事物发展的质变，从量变到质变改变事物的本质属性，有一个度的问题。要想维持事物发展的量变，限制事物的质变，就要进行平衡状态的保持和协调，不断促进事物平衡运动才能维持事物的本质属性不变，而重要的是有一个适度的把握问题。要促进事物发展的质变，就要打破平衡状态，通过不平衡运动才能改变事物的本质属性，这里也有一个度的问题。不平衡是事物运动发展的动力，平衡才能维持事物的稳定发展。如何实现国际国内社会系统、群体组织系统、个人头脑系统的平衡态？如何控制平衡态的发展变化？当系统出现不平衡时的对策是什么？关键是要把握系统的性质变化的度，才能有效调控系统的平衡态。第三，以孔德、斯宾塞为代表的"均衡论"，不承认时空相变，不讲态、度的作用，把矛盾的暂时的相对的统一看成是绝对的、无条件的，否认矛盾的斗争和转化。这种观点，是不符合事物发展规律的。我们认为，事物发展变化有一个从量变到质变的过程，当状态没有越过分界点的度时，通过调节可以恢复平衡状态；当发展到度的临界状态时，灵敏度非常高。处理问题时要慎之又慎，一个小问题解决不好，或者忽视一个小环节，就有可能打破平衡的大好局面；一个不起眼的小因素，或者一个微小的反作用力，就有可能破坏现存的平衡状态，走向不平衡状态。例如，一个人遇到大悲的事情，有的人暴跳如雷，有的人从容镇静；有的人在悲痛中消沉，有的人在悲痛中奋起。同样一件事情，在不同的人身上有不同的反应，说明情绪是可以调控的，这里就有一个度的问题，是一个人心理素质的表现。一个人的性格、气质、家庭教育、文化水平、思想修养、意志锻炼等至关重要，心理素质好，对烦恼或悲愤，看得透，想得开，压怒火，不失态，善于开脱不顺，能自我调节不平衡心理，及时恢复心理平衡状态，既不伤害别人，也不危害自己；有的人能克制，有苦咽在肚子里，忍受在心里，不会自我排解，长此以往会危害身体。因此，平衡度无处不在。

3.14.3 准确把握平衡度标准

世界是物质的，物质是运动的。在绝对、永恒的物质运动过程中存在着相对的、暂时的静止和平衡。平衡是运动中的相对静止状态，平衡表现为两种度：稳定性平衡度和不稳定性平衡度。苏联理论家布哈林，把平衡分为稳定平衡状态和不稳定平衡状态两种。平衡与不平衡同稳定与不稳定这两对范畴，有密切联系。我国传统观念认为，平衡则稳定，不平衡则不稳定。在实践中我们要严格把握平衡度和不平衡度的分类和相关标准。(1)平衡状态分为两种度，即稳定性平衡度和不稳定性平衡度。一是稳定性平衡度。平衡的事物，并非没有不稳定因素，并非矛盾的消失，而是平衡与不平衡矛盾双方互相融合，达到对立面的统一，实现相对平衡态。例如，社会平衡度高，不排除社会中的某些矛盾，更不是不要社会竞争。不过，社会平衡度高，社会发展速度就快，投入成本低，回报高。稳定性平衡度的哲学含义，即矛盾的暂时的相对的统一。从整体到局部、从全系统到各部分都呈现平衡稳定状态。同时，系统自身有能力进行自组织自趋平衡运动，有能力维持平衡状态，符合牛顿定律："一个物体在不受到任何外力的情况下，将保持静止或匀速直线运动。"这就是稳定性平衡状态。例如，我国唐朝贞观之治、新中国成立以来至今，社会都是处在稳定性平衡状态。二是不稳定性平衡度。表现为事物的存在方式或运动状态的不稳定性平衡状态。当内部或外部条件变化，就会产生强烈改变状态的倾向，但还没有破坏现有的平衡，这就是不稳定平衡状态。(2)不平衡状态分为两种度，即倾斜性不平衡度和终结性不平衡度。一是倾斜性不平衡度，如同是天平秤出现向一边倾斜，这种倾斜是可以修复和调节的，通过及时调整还有可能恢复平衡态。但如果错过时机，继续向不平衡方向发展，有可能滑向终结性不平衡，造成不可挽回的损失。例如，唐明皇从京都出逃，出现王朝倾斜，但不一定是王朝终结，只要办法得当，还有可能东山再起。实践证明，王朝倾斜而没有被灭亡。二是终结性不平衡度，如天平秤彻底"一边倒"，滑到不平衡态，无可挽回。宇宙间一个星球的爆炸解体、地球恐龙的灭绝、二战德意日的失败、个人在体育竞技中淘汰出局等。这些都是终结性不平衡态,是出了窑的砖定型了,无法补救和改变。

3.14.4 平衡度律的意义

平衡度律如何应用?我们以体育活动拔河为例,说明平衡度的发展变化。当两队分别站立握绳,拔河即将开始时,这时处于稳定平衡状态。当裁判发出拔河开始口令后,两边力量涌动,这时稳定平衡状态被打破,出现绳子中心线短暂左右摆动,两队在中界线上拉过来、拉过去,像拉锯战一样,这时处于不稳定平衡状态。接着两边的力量开始失衡,不稳定平衡状态被打破,力量大的一方把绳中心线拉向了他们一边,但还没有拉过比赛底线,这时处于倾斜性不平衡状态。最后力量大的一边拉过了比赛底线,裁判发出拔河结束口令。此时,处于终结性不平衡状态,分出了一胜一败。从这个平衡度运用的事例,不难理解平衡度在经济社会发展和工作生活中应用的意义和作用。

事物的运动变化都具有一定的平衡度,是区分平衡与不平衡的标志和标准。平衡度就是事物发展变化的程度,包括范围、规模、数量、速度和幅度,是事物存在的界限,是区别其他事物的规定性。事物的平衡范围分为稳定性平衡度和不稳定性平衡度,事物的不平衡范围又分为倾斜性不平衡度和终结性不平衡度。这样分的目的,是易于把握和运用平衡度,有利于采取协调的方式,解决不平衡问题。同时,在实际工作中,特别要关注在小环节、局部出现的不平衡态,要及时加以调节,否则发展到大面积和全局,就不易扭转了。"因此,要保持事物质的稳定,就必须注意系统内部关系以及系统内外关系的平衡,就必须注意'度':量变的程度、限度和幅度。"[3]动态平衡发展方式的平衡度,为领导者、管理者的重大决策、企业生产经营策略的选择、个人事业奋斗目标的确定都具有重要意义。

运用平衡度转化事物的平衡态,对于指导人们认识系统发展具有重要的方法论意义:一是对事物(系统)要定性定量分析、精准把握。二是在实践中把掌适度原则,讲究分寸,把握火候。三是要随时随地注视事物变化的度,抓住有利时机,及时引导调控,推动工作向前发展。四是克服保守主义,敢于打破常规,在一定条件下,打破原有平衡度,以反制衡方法,促进事业的不断发展。五是严格按照平衡度评估和判断平衡态、不平衡态发展变化的程度,为正确决策提供依据。

参考文献

[1]刘俊坤.中庸:中国人性格的秘密.北京:当代中国出版社,2010:69.

[2]江金权.论科学发展观的理论体系.北京:人民出版社,2007:78.

[3]刘俊坤.中庸:中国人性格的秘密.北京:当代中国出版社,2010:69.

3.15 平衡发展与不平衡发展的统一论:平衡交融发展律

平衡发展与不平衡发展相矛盾——[异步性发展平衡调节]——平衡发展与不平衡发展的初始平衡——[历时性发展平衡调节]——平衡发展与不平衡发展的高层次统一——平衡与不平衡交融发展

引证:

> 我们党的协调发展论是非平衡与相对平衡统一论,承认差别,又要对差别进行必要干预,使其保持在有利全局发展的合理范围之内。[1]
>
> ——徐宝德《科学发展观概论》

3.15.1 平衡发展与不平衡发展是对立统一规律的运用

3.15.1.1 平衡发展与不平衡发展统一论是物质世界统一性的反映

马克思主义哲学是平衡发展与不平衡发展统一论的理论基础,世界物质统一性和无限多样性的统一理论是平衡发展与不平衡发展统一论的方法依据。这是因为,马克思主义哲学的出发点就是坚持世界的物质统一性。世界的物质统一性是辩证唯物主义的重要基石。世界是物质的,又是统一的。物质世界的统一,是无限多样性的统一。平衡发展与不平衡发展的统一论强调统一发展、融合发展,是对现代科学研究成果和多学科揭示世界多样性统一理论的运用。如协同学揭示了系统内部的统一性,混沌学阐述了自然界内在的统一性;牛顿运动定律证明了天体与地面运动的统一,物理学上的物质运动的统一性证明了哲学上的物质世界的统一性等。一是世界物质统一性原理已经被天体科学证明。宇宙天体的演化和物质结构的理论证明,各种天体与地球上的物质基础都是一样的。地球和金星、土星、水星等其他行星都是围绕太阳运行的,证明金星、土星等也是与地球统一的物质世界。光谱分析证明,地球与别的天体的化学元素构成是一样的。科学家对陨石与月球岩石的分析证明,月球与地球的物质结构是一样的。可见,宇宙其他天体也是一个更大的统一的物质世界。二是世界物质统一性原理已经被生命科学证明。生命起源和生物进化的理论证明,地球上的生命现象、非生命现象都是一样的物质现象。近代生物科学发现生命现象的基础是蛋白质和核酸等生物大分子。生命有机体和无机体在物质基础上是统一的,生物有机体是由无机物漫长的演进过程转化而来的。三是世界物质统一性原理已经被社会科学证明。人类的起源和社会发展的理论证明,人类社会发展的自然历史过程与自然界统一的基础都是物质,二者存在物质统一性,一个人的肌体包含地球80%的物质,实际上一个人的肌体就相当于一个小地球。人是由类人猿进化而来的，人是自然界长期发展的产物，社会是以生产方式为基础的物质体系，是统一于物质世界中特殊的物质运动形态。四是世界物质统一性原理已经被哲学证明。哲学的物质概念、哲学上的个别证明一般的原理，充分证明了世界物质统一性的正确性。世界的物质统一性，是一个普遍的哲学结论和哲学命题，是对宇宙的根本观点和总的概括，为世界的物质统一性提供了可靠的哲学论点、论据和辩证方法，给予理论上和逻辑上的补充。五是世界物质统一性原理已经被具体学科证明。能量守恒定律、能量转化定律提供了证明，揭示了物质世界各种运动形式的联系和统一。可见，大平衡发展方式的奋斗目标就是“世界统一发展、人类融合发展”，这就是对自然界和社会各种运动相联系和相统一规律的概括、反映和应用。

3.15.1.2　经济全球化是平衡发展与不平衡发展的统一

“全球化是一个动态的不平衡的运动过程，也是一个不平衡的历史进程”，“全球化是一柄双刃剑。它为人类带来空前繁荣的同时，也带来各种各样的全球问题”。[2]一方面有人认为，全球化不但没有克服旧的不平等、不合理、不正义的国际政治经济秩序，同时又不可避免地出现了新的世界性问题，产生了新的矛盾。第一，全球化不平衡问题的表现：一是全球化导致全球贫富分化，出现“新马太效应”；全球化造成生态失衡、环境污染、气候失常；全球化造成资源利用浪费，导致资源短缺。二是贸易和金融一体化的发展，必然将经济有利冲击和不利冲击向国家间相互传播，增加了爆发全球性危机的概率。另一方面有人认为，全球化代表了世界统一发展和人类融合发展的潮流和大方向，也是当代经济社会发展的引擎和动力。例如，全球化推动了经济市场化，把各国纳入世界统一大市场，推动了世界经济的大发展。第二，不平衡问题的治理：造成全球性不平衡问题的主要原因是缺乏国际监管组织。世界亟待建立对全球化发展的国际监管组织，比如创建“世界国家联盟”或“世界共同体”。有关专家呼吁，在全球化的世界里，需要更加完备的国际组织，监管国际事务和国际活动，特别是急需加强国际金融、国际竞争、环境保护、疾病防控、反恐反毒、军控军火、知识产权等。同时，我们期待建立“世界国家联盟”或“国际共同体”，加强对各区域国家联盟、国际企业和国家间国际活动的监管，加强国际事务、国际活动、国际金融、国际竞争、环境保护等的监管，使全球化健康发展，为世界大统一、人类大融合发展开辟新路径。

3.15.1.3　现代化的各发展要素的推进是平衡发展与不平衡发展的统一

“现代化的各发展要素的推进过程是不平衡与平衡的统一，即发展的异步性与同步性的统一。”[3]（1）我国的现代化建设千头万绪，正确处理社会主义事业中的重大关系，必须做到统筹平衡，统筹改革发展稳定、内政外交国防、治党治国治军各方面工作；统筹城乡发展、区域发展、经济社会发展、人与自然和谐发展、国内发展和对外开放；统筹各方面利益关系、充分调动各方面积极性，努力形成全体人民各尽其能、各得其所而又和谐相处的局面，实现平衡发展与不平衡发展的统一。（2）在现代化建设中，既考虑到经济基础,又考虑到上层建筑;既考虑到生产力,又考虑到生产关系;既考虑到社会环境,又考虑到自然环境;既考虑到物质文明,又考虑到精神文明;既考虑到人的生产生活需要,又考虑到人的生存环境需要。必须做到经济建设、政治建设、文化建设、社会建设和生态文明建设“五位一体”全面推进,把现代化建设要素统一起来,实现相互促进、统一协同、交融发展。(3)现代化的各发展要素的平衡推进,必须贯彻邓小平的“先富与同富”的思想,把平衡与不平衡发展统一起来,不断推动现代化建设的新发展。要实施反制衡发展战略,支持优势区域先发,先发区域带动后发区域,发挥引领作用,实现国家整体平衡发展,增强国际竞争力。加强老少边穷地区发展,减少发展制约因子;加快发展落后领域,促进整体平衡发展。

3.15.2 平衡发展和不平衡发展的交融互补

科恩、肯尼迪在《全球社会学·不平衡发展理论》中说:“强调不平等和不平衡是世界体系的核心。”[4]可见,平衡发展和不平衡发展同等重要,二者是可以交融互补的。当今世界,平衡发展理论与不平衡发展理论都被广泛应用,只要用得恰到好处,都会取得好效果。

3.15.2.1 平衡发展和不平衡发展同等重要

平衡与不平衡是事物发展变化过程中,必然呈现出来的两种状态,两个环节都是不可或缺的,平衡发展和不平衡发展二者同等重要,都是一切事物遵循的法则,是不依人的意志为转移的规律。“如果只有运动而没有平衡,那么事物的发展就不可能有阶段性,有固定的量和态,有质的规定性,有一定的存在形式。反之,如果只有平衡而没有运动,那么事物就不可能有发展、前进,不可能从低级到高级的演变,不可能产生质的飞跃。”[5]所以,我们要学会使用两种方法。(1)不平衡发展不失为一种好战略。为何要强调不平衡发展,这是因为过去在我们的思维方法和工作方法中,只侧重运用平衡的方法,长期以来人们是不接受不平衡态出现的。对于不平衡态的作用,不但没有引起人们的重视,而且社会上还有一种观点,就是一讲平衡就是积极的,讲不平衡就是消极的,人们对不平衡敬而远之。这种认识是不全面的。改革开放以来,人们冲破思想禁锢,大胆地探索各种敏感问题,才开始研究平衡与不平衡的现象。其实,这是物质固有的两种状态,是任何事物都必须呈现的普遍现象,也是一切客观事物发展不同阶段上呈现的两种必然的状态。所以,我们主张,平衡发展和不平衡发展二者同等重要,都是我们可选择的好方法,但要根据自己的需要进行评价和运用。比如,我国改革开放的战略,就采取的是优先发展东部的不平衡发展战略,取得了我国快速发展的效果。(2)平衡发展中的低水平平衡状态就是封闭保守的状态。平衡发展也不是灵丹妙药,用到哪里都有效。比如低水平平衡态就缺乏发展动力,安于现状,不求进取,不继续前进。我国的改革开放就是要打破这种低水平平衡态,走向高水平不平衡态。正如王颖在《动态平衡论》中说的:

"而当说起这二者孰优孰劣时,就很难定论了。"[6]因此,追求平衡与追求不平衡都没错,只要运用得恰如其分,都是好方法。

在自然和社会中,平衡和非平衡的现象都具有普遍性。实际上,国民经济系统就是典型的非平衡系统。"非平衡是有序之源",这是1977年荣获诺贝尔化学奖的普里高津的名言。所以,我们必须要重视对非平衡系统经济规律的认识,发挥非平衡的作用。据科学揭示,一切系统既存在从有序到无序又存在从无序到有序的发展规律。非平衡是普遍存在的,例如,一是国民经济系统的三大产业之间、各个区域之间的经济发展都是非平衡的;二是在经济各部门、各行业发展的速度上,也是非平衡的;三是市场经济中的商品供求也不会在短期内完全平衡,这就是非平衡系统规律的作用。我国是平衡与不平衡交融发展战略的创造者,目的是实现我国经济社会的跨越式发展,这就是在平衡的基础上以不平衡高速发展,树立样板和标杆,带动我国整体经济的高速发展。

3.15.2.2 平衡发展与不平衡发展相统一的运用

"凡是将平衡理解为协调、按比例发展的,实际上指的是非平衡;凡是将平衡理解为平均、平等的,实际上指的是静止、停顿。"[7]对哲学上和经济学上的平衡与非平衡,李良美进行了概括,并把平衡分为三种状态:第一种是处于封闭状态的平衡,其发展趋势是静止、不变,不能形成有序结构。第二种是与封闭状态的平衡相比有微小的差别,但无论怎样去扰动,它总还是趋向于稳定态。这实际上是一种近平衡态。近平衡态,虽然可使系统内部的各种物理量微小变动,但还是不能产生任何新的有序结构。第三种是平衡发展与不平衡发展相统一状态,它在外界环境因素作用下,其内部结构由平衡态向非平衡态相互转化,转化的结果形成远离平衡态的平衡态,其实质就是"混沌状态"边缘的"复杂平衡"状态,从而实现了平衡发展与不平衡发展的统一,这是最有作为的发展状态。"邓小平根据我国各地区的特点和条件,在1978年提出了'让一部分地区先富起来,逐步实现共同富裕'的地区经济梯次推进的战略构想。事物的发展总是从不平衡——平衡——新的不平衡,再到新的平衡。邓小平的这一战略构想,正是运用这一事物发展的普遍规律。"[8]从总的来看,我国在改革开放中采取的就是这种平衡发展与不平衡发展统一的方式,从而取得了巨大成就。可见,只要是符合世情国情地情企情的发展方式,就是最好的发展方式。

3.15.3 平衡和不平衡的交融发展

3.15.3.1 平衡发展与不平衡发展的融合

我国是一个发展中的大国,地域广、人口多,不同领域、行业、群体条件不同,资源条件、自然环境、发展基础各异,资金、人才、科技差别大,经济社会发展不平衡是不可避免的,我们要正确认识和处理发展过程中的平衡和不平衡的关系。因此,各地区、各部门、各行业的发展要因地制宜,要从实际出发,确定自己的发展思路和发展重点,采取强有力的措施，有计划、有步骤、有区别地发展，特别是突出解决本地、本单位发展的短板和难点，要纠正重视经济发展轻视社会发展、重视发展速度轻视发展质量、重视城市发展轻视农村发展、重视工业发展轻视农业发展等不平衡的发展思路，结果造成有的地区工业上不去，反而影响农业发展。为此我们要做到平衡兼顾，实现经济社会、工业农业、城市农村交融发展。所以，在经济社会发展中要正确认识和处理平衡发展与不平衡发展的关系，结合当地实际，实施科学合理的发展战略，实现平衡发展与不平衡发展交融发展。这个战略就是平衡发展与不平衡发展的统一论，科学、正确运用宏观经济社会平衡发展与微观经济社会不平衡发展的平衡和统一。即在全面发展的基础上，把重点领域的改革、重点领域的发展和全面推进紧密地结合起来，把握好经济建设、社会建设、政治建设、文化建设和生态文明建设的统筹兼顾，全面协调发展的同时，做到在整体发展上宏观控制、在局部发展上放开搞活，实现现代化建设各要素交融发展。正如吕英寰在《论平衡与不平衡的辩证统一》中指出："毛泽东作为新中国的开国领袖，对此一直有着十分清醒的认识。他认为，由于社会生产和社会需要之间经常存在矛盾，这就意味着平衡成为不平衡和不平衡成为平衡而形成社会发展的基本问题之一，因此，在社会主义建设过程中，一方面必须把这种不平衡的现象作为制定政策的依据和出发点，另一方面还必须要努力把搞好平衡作为制定政策的归宿和落脚点。只有有了这样的综合平衡，才能保证社会主义建设工作的顺利开展。"[9]

3.15.3.2　工业文明与生态文明的深度融合发展

"资源生态经济平衡是协调发展系统的一种相对的动态平衡的状态，它表现为资源生态平衡和资源经济平衡的结合和统一，是协调发展系统在物资循环、能量流动、信息传递、人口以及价值流动过程中所实现的一种动态的平衡。"[10]当前，我国致力于实现工业文明与生态文明的融合发展的道路，这是一种新型的工业化道路，是经济社会可持续发展的道路，这个战略无疑是无比正确的。党的十八大提出，着力推进绿色发展、循环发展、低碳发展。从产业结构、生产方式、生活方式等源头上扭转生态环境恶化趋势，为全球生态安全做出贡献。我国走中国特色新型工业化道路，实现工业文明与生态文明融合发展，符合低碳发展趋势。中国社会科学院工业经济研究所资源与环境研究室撰文说，当前加快生态文明建设，应处理好工业文明与生态文明的关系，实现工业文明与生态文明融合发展。"工业文明固然有其历史局限性，但应看到，工业生产是现代物质财富的主要来源，也是物质文明的基础。在过去近300年的工业文明发展进程中，在工业技术、组织、制度创新的激发下，人类的智慧和创造力得以深度开发和充分释放，工业文明为人类生存发展进步做出了巨大贡献。"[11]针对我国经济社会发展面临资源环境的因素制约的特殊国情和不均衡的工业化进程，积极推动工业文明与生态文明融合发展，把生态文明建设放在突出地位，融入经济建设、政治建设、文化建设、社会建设的各方面和全过程。加快生态文明制度建设，建立系统完整的生态文明制度体系，既要深刻反思粗放式工业化和低质量工业文明对环境和生态系统造成的严重破坏，又要客观分析生态文明与工业文明的兼容度和平衡点，以推进产业升级为目标，以绿色、循环、低碳发展为导向，将我国实体经济发展推向精致化、高端化、服务化、信息化之路，进而推动工业文明与生态文明深度融合发展，努力形成同工业文明与生态文明融合发展相适应的社会文化。同时，要从顶层加快资源税、环境税改革，推进环境成本内部化；积极推进结构性减税，努力减轻实体经济企业负担，增强企业绿色发展的积极性，为我国经济社会可持续发展奠定基础。

3.15.4 “五位一体”统筹平衡发展

3.15.4.1 经济建设、政治建设、文化建设、社会建设和生态文明建设的平衡交融发展

《中共中央关于全面深化改革若干重大问题的决定》体现了改革的系统性、整体性、协同性。全面深化改革是关系党和国家事业发展全局的重大战略部署，不是某个领域某个方面的单项改革。经济、政治、文化、社会、生态文明各领域改革和党的建设改革紧密联系、相互交织，物质文明与精神文明建设的相互交织，任何一个领域的改革和发展都会牵动其他领域，同时也需要其他领域改革的密切配合。如果各领域改革不配套，各方面改革措施相互牵扯，全面深化改革就很难推进下去，即使勉强推进，效果也会大打折扣。我国建设中国特色社会主义总布局是“五位一体”，总任务是实现社会主义现代化和中华民族伟大复兴。所以，我们“必须更加自觉地把全面协调可持续作为深入贯彻落实科学发展观的基本要求，全面落实经济建设、政治建设、文化建设、社会建设、生态文明建设五位一体总体布局，促进五个方面交融发展、协同发展、平衡发展，发挥现代化建设各要素整体推进效应。现代化建设各方面相协调，促进生产关系与生产力、上层建筑与经济基础相协调，不断开拓生产发展、生活富裕、生态良好的文明发展道路”[12]。如何实现经济建设、政治建设、文化建设、社会建设和生态文明建设五个要素动态平衡发展，最根本的方法就是五个统筹：“必须更加自觉地把统筹兼顾作为深入贯彻落实科学发展观的根本方法，坚持一切从实际出发，正确认识和妥善处理中国特色社会主义事业中的重大关系。统筹改革发展稳定、内政外交国防、治党治国治军各方面工作，统筹城乡发展、区域发展、经济社会发展、人与自然和谐发展、国内发展和对外开放，统筹各方面利益关系，充分调动各方面积极性，努力形成全体人民各尽其能、各得其所而又和谐相处的局面。”[13]实现我国现代化建设各要素交融发展，就是要统筹平衡、协调推进，重视消除发展中的制约因素和短板，确保相互衔接不拉后腿，发挥相互促进的作用，共同托起实现“两个一百年”奋斗目标。

3.15.4.2 物质文明和精神文明的交融发展

物质文明和精神文明，经济效益、社会效益和生态效益，它们之间既存在着对立、矛盾的方面，也存在着平衡、统一的方面，相互之间的关系是一种既对立又统一的辩证关

系。在目前，从两种生产的投入方面看是不平衡的，经济上、物质上投入得多，而精神上、文化上投入得少，这个不平衡矛盾比较突出，没有把物质文明与精神文明建设、经济建设和文化建设有机地统一起来，实现两个文明建设和两种生产的交融发展。现代化建设过程中，物质文明和精神文明之间具有内在的统一性和平衡性，一致性和平衡性决定了两个文明必须要一起做好、交融发展。两个文明是不能割裂、不能对立的，不能片面地、单纯地强调经济的发展，忽视精神文明的发展，要树立唯物的、辩证的、系统整体的、可持续发展的动态平衡发展的意识，全面地认识两个文明的关系，实现两者交融发展。"……彻底扬弃了人统治自然的狭隘观点，追求自然——人——科学技术——社会之间的和谐和统一以及物质和精神之间的平衡和协调，试图建立一个人在其中能获得全面发展的、幸福向上的自然和社会环境。"[14]物质文明和精神文明的交融发展和两个文明的平衡和统一，是社会文明进步的标志，是推动历史发展的"两大驱动之轮"和"鸟之两翼"。在人类文明的发展中，两者相辅相成，互相促进，不可分离。物质文明为精神文明的发展提供物质条件和实践经验；精神文明为物质文明的发展提供精神动力和智力支持，为它的正确发展方向提供有力的思想保证。两个文明一起抓，两副重担一肩挑，两个成果一起要，反映了我国现代化建设的客观要求，这是现代化建设实践的需要。经济建设是中心，物质文明是基础，经济上不去，就难以建设高度的精神文明。同时，经济建设又需要精神文明建设为它发展新生产力鸣锣开道，为经济建设铺平道路，形成有利于经济建设的舆论力量、价值观念、文化条件、社会环境。在社会主义社会里，两个文明缺一不可，必须二者交融发展，缺了其中任何一个，就会导致经济社会发展的畸形化。

参考文献

[1]徐宝德.科学发展观概论.兰州：甘肃人民出版社，2006:148.

[2]和平，俞景华，李鹏，等.全球化与国际政治.北京：中央编译出版社，2008:74.

[3]张琢，马福云.发展社会学.北京：中国社会科学出版社，2001:383.

[4][英]罗宾·科恩，保罗·肯尼迪.全球社会学.文军，等，译.北京：社会科学文献出版社，2001:196.

[5]林竹三，林绿冬.中医平衡奥秘.北京：北京科学技术出版社，1993:3.

[6]王颖.动态平衡论.北京：中国青年出版社，1998:103.

[7]李良美.新学科新视野.上海：上海社会科学院出版社，2010:131.

[8]中国成人教育协会成人高等学校招生研究会组.政治.沈阳：辽宁大学出版社，2000:258.

[9]吕英寰.论平衡与不平衡的辩证统一.哲学研究，1979(12).

[10]黄继忠.区域内经济不平衡增长论.北京：经济管理出版社，2001:1.

[11]杨丹辉.实现工业文明与生态文明融合发展.人民日报,2014(6):18.

[12]中国社会科学院马克思主义研究院.科学发展观纲要学习读本.北京:红旗出版社,2013:2.

[13]中国社会科学院马克思主义研究院.科学发展观纲要学习读本.北京:红旗出版社,2013:2.

[14]殷登祥.时代的呼唤——科学技术与社会导论.西安:陕西人民教育出版社,1996:287.

3.16 积极、有益平衡与消极、有害平衡的互变:准平衡秩序发展律

系统消极、有害不平衡发展——[法律强制]——无益无害平衡发展——[纪律约束]——有益平衡发展——[道德教化]——积极、有益平衡发展——[准平衡规范]——系统准平衡秩序发展

引证:

> 布哈林说,积极的带正号的动的平衡,是指环境和体系之间在新的基础上造成的新的平衡。……消极的带负号的动的平衡,与积极的带正号的动的平衡不同,它是在低级的基础上确立的新的平衡。[1]
>
> ——李继兴《应用哲学平衡论》

苏联理论家布哈林把平衡分为积极平衡、消极平衡和有益平衡、有害平衡。北京大学教授李继兴也有完全相同的分类。可见,正确认识和处理积极、消极平衡和有益、有害平衡的问题对于实现动态平衡发展方式的现实目标,实现个人的准平衡发展和群体的准平衡秩序发展,具有重要意义。

3.16.1 积极平衡和消极平衡概念

斯大林非常重视"积极平衡论"、前进发展的平衡论。布哈林与德波林都主张积极平衡论、开放平衡论观点,也重视环境与平衡的作用。例如,社会生产发展了,就是与自然界在新的基础上确立了新的平衡;动物的数量增加了,就是与环境在新的基础上确立了新的平衡等等。胡传机在《非平衡系统经济学》一书中《消极平衡与积极平衡》的章节中论述了布哈林与德波林辩论的消极平衡与积极平衡的问题,布哈林把动的平衡进一步区分为积极的带正号的动的平衡和消极的带负号的动的平衡两种。积极的带正号的

动的平衡，是指环境和体系（系统）之间在新的基础上形成的新的平衡。其特点是旧矛盾为新矛盾所代替，而矛盾在数量上发生了变化，平衡有了更高级的基础，是体系的前进和发展。消极的带负号的动的平衡，与积极的带正号的动的平衡不同，它是在低级的基础上确立的新的平衡。其特点是环境和体系之间的平衡，是在这种体系的一部分消灭的基础上确立起来的。因此，它表现为体系的消极的运动，是对体系的破坏，最终将导致体系的灭亡。如动物数量减少，社会生产下降，等等。[2]我们认为，消极有害平衡与积极有益平衡二者是对立统一的，在一定条件下是可以转化的。转化方法就是通过平衡调节转化方法，疏通引导、道德规范、纪律约束和法律强制等综合手段，通过利益有序增减，努力实现个人的准平衡发展和群体的准平衡秩序发展。

3.16.2 积极平衡和消极平衡的表现

积极平衡观念与消极平衡观念二者相反，是两种处世哲学、两种人生态度。一是消极平衡：中国古代人的政治思想是"平天下者均天下而已"，就是追求温饱型生活水平，追求平均主义理想，历代农民领袖个个宣扬平均的平衡论，小农自然经济的平均主义。在政治上消极平衡的表现是调和平衡、折中平衡、不讲原则的平衡、和稀泥的平衡、观点模棱两可的平衡。其实质是立场不坚定，如同"墙头之草，风吹两边倒"。在经济上表现为生产经营追求低水平平衡，思想保守，不敢创新，求稳怕乱，固守常规。在工作上追求四平八稳，工作低标准，不积极想办法完成任务，不敢创一流，不愿竞争创新，不求有功，但求无过。在生活上固守传统生活方式，过分艰苦朴素，省吃俭用，不接受新的生活方式。在思想上不求进取，甘居中游、因循守旧、思想保守，阻碍创新发展。二是积极平衡：在政治上，一身正气，旗帜鲜明，勤政清政，敢于改革创新，敢于负责担当。在思想上反对消极性，主张积极竞争，认识和处理问题反对无原则、和稀泥，以积极进取的态度看世界、看人生，奋发向上。在经济社会发展方面，运用积极平衡的方法，把事物自发调节平衡的内在力量和人为调节平衡的自觉力量有机结合，积极调控经济、社会运行过程中的不平衡状态，促进经济、社会始终保持良性运行，实现理想的和谐、平衡、持续发展状态。

3.16.3 积极平衡心态与消极平衡心态的辩证关系

积极平衡情绪与消极平衡情绪，是重要的心理现象，探讨积极平衡情绪和消极平衡情绪的关系，具有重要的人生意义。积极平衡情绪和消极平衡情绪是辩证统一的关系，积极平衡心态中有消极的因素，消极平衡心态中有积极的因素，有时二者是交织重叠的，有时是互相变化的，积极平衡可以转化为消极平衡，消极平衡可以转化为积极平衡。积极平衡与消极平衡既相互对立，又相互依存，缺一不可，密不可分。在人生方面，作为现代的每一个人都存在积极平衡和消极平衡两种心态。积极平衡心态表现为乐观向上、沉着冷静、坚定自信、勇往直前。消极平衡心态表现为悲观失望、脆弱自卑、胆怯退缩、焦虑不安、冷漠无情、仇视怨恨。不同的心态有可能决定不同的选择、决定不同的人生道路、决定不同的人生命运和结局。这两种不同的心态将导致人生截然不同的家庭生活状态和工作事业状态。在经济社会方面,"我们不应当只是消极平衡地应付发展中不断冒出的问题,一味地求稳怕乱;而要采取积极平衡的态度,着眼于前进发展,高屋建瓴地运用法律、制度、经济、政治、文化等各种手段,去统筹协调,既保持社会的有序性,又增强社会经济的活力"。[3]就是说,我们在面对出现的各式各样的问题时,不能以消极平衡来应付,要用积极平衡的态度对待,采取积极的措施协调解决,推动事业不断向前发展。

3.16.4 积极平衡、消极平衡的调节方法

调节消极平衡的方法有两种,一种是引导消极平衡朝着积极平衡方向发展;另一种方法是根据特殊需要和策略而维持、延长消极平衡时间。(1)积极平衡调节。调节积极平衡则是一种尽可能巩固、维持和提高的方法。这是调节者从正面入手,做正面教育工作,以政治鼓励、物质奖励等进行正面平衡调节的方法,实现调节者平衡转化的目的。转化调节要从正面教育引导入手,启发自觉,使事物保持平衡或促进失衡向平衡转化,实现自己否定自己、自己教育自己、自己提高自己的目的。(2)消极平衡调节。这是在不同时间、不同地点、不同环境的情况下,采取以退为进、以静制动或冷处理的消极调节方法。这种方法是带有策略性的,运用得好同样可以取得与积极调节方法殊途同归的成效。在社会生活中,引导冲突双方适当让步,就会实现和解,达到恢复平衡状态的目的。例如,在协调个人或单位的矛盾冲突过程中,促使冲突双方退让,进而缓和冲突,化解矛盾,重新建立平衡和谐的关系。(3)不打破积极或消极的现状。在一定的情况下,有的可以暂时维持经济发展、社会暂时稳定和企业暂时稳定秩序的消极平衡现状。实践一再证明,消极平衡也不失为一种有用的工作方法,它非常注重整体暂时的稳定性和各部分之间在量上的相对稳定,以及在系统结构的比例关系暂时不变。如战场冲锋前的运筹和"万事俱备只欠东风"的时候,要耐心等待,不能急于求成,盲目打破稳定局面。在两军对抗平衡的情况下,我方等待援军来到之前,不能打破对抗平衡的稳定状态,只能采取消极防御战术。一个人也是如此,当拿不定主意时可以维持现有的消极平衡状态,不要急于打破稳定的现状而迷失方向。时机一旦成熟,就可以打破消极稳定平衡的局面。

3.16.5 扶持积极、有益平衡,反对消极、有害平衡

布哈林和我国的李继兴,把平衡分为有益平衡和有害平衡两种,目的是进行有效调节和转化。有益平衡包括有益平衡和有益不平衡,对人对已都是有益、有利而无危害

的;有害平衡包括有害平衡和有害不平衡,对人对己都是无益、不利而有危害的。“每个类别又分为:有益、中性与有害三种情况。如正义、中立、非正义。大平衡的应对原则是:尽可能保持和延长有益的平衡与不平衡,尽可能打破和缩短有害的平衡与不平衡;尽可能引导和推动中性的平衡与不平衡,并努力促使它们向有益的平衡或有益的不平衡方面转化。”[4]在实践中,我们要提倡有益平衡,杜绝有害平衡;及早使有害平衡向有益平衡转化。就是说我们要在实践中努力延长有益的平衡,缩短有害的平衡,促进有害平衡向有益平衡转化。例如,美国芝加哥大学教授汉斯·摩根索在《国家间政治:权力斗争与和平》一书中,把政治关系概括为利益和权力。侵略战争就是政治关系失衡,就是由于极端民族主义和狭隘的国家利益而发动的侵略战争,就是有害平衡,对人类发展有极大的消极作用;制止战争,维护世界和平,就是正义的、积极平衡的行为,就是有益平衡。对于个人来说,不合理的需要造成心理不平衡后,又用不合法的手段得到平衡,这就是有害平衡。(1)动态平衡发展理论和方法倡导积极平衡、有益平衡,扶持、延长积极、有益平衡,缩短和消除消极、有害平衡。在现实生活中要倡导积极平衡,不甘落后,不满足现状,敢于否定自我,大胆改革创新,勇于打破封闭、静态有序的平衡态,大胆从外部引进高水平人才,大胆引进资金、技术,学习先进管理经验,创新进取,把本单位搞得生机勃勃,生产经营热火朝天,年年完成任务指标,实现一年一个新变化。(2)动态平衡发展方式理论和方法反对消极平衡、有害平衡。转化消极和有害,反对维持低水平的平衡态,反对求稳怕乱保持低水平静态有序平衡的现状。在经济工作中,反对既无外债又无内债,不敢借贷,不敢利用外资,不敢改革开放,不敢改变调整平衡的有序结构,不敢否定平衡的比例关系,不敢从外部输入物质、能量和信息,不谋求快速发展,甘心当中游等思想和行为。倡导解放思想,敢想敢干,打破常规,勇于探索,改革创新,力争上游,敢创一流等思想和行为,为现代化建设争做大贡献。

3.16.6 把消极、有害平衡转化为准平衡

“平衡论强调:平衡与不平衡同等重要。至于何时保持或趋向平衡,何时打破平衡造成不平衡趋向新平衡……则应当依据‘准平衡’——‘整体利益有序增长’相机而定,而绝不是‘留恋’平衡。”[5]消极平衡、有害平衡最终都要转化为准平衡,这是平衡与不平衡转化的规律。准平衡,是一切事物(包括人类社会)进化发展的一条规律,是现代做人、做事、做官的最低评判标准,是大平衡发展方式的最低目标。虽然积极平衡和消极平衡之间的斗争是长期存在的,但消极平衡、有害平衡最终是要转化为积极平衡的,这是大平衡发展的一条法则,即“不平衡最终都要回到平衡上来”。这个规律告诉我们,在任何时候、任何情况下,我们都要对化消极、有害因素为积极有益因素充满信心。同理,消极平衡和有害平衡最终都要转化为综合动态平衡。这个法则告诉我们消极平衡和有害平衡发展的必然趋势,也为我们做好转化工作指明了方向。

什么是准平衡？这是大平衡应用哲学中的一个最低平衡概念，是大平衡发展方式评判的最低的标准。正如北京大学教授李继兴说："大平衡哲学的评判标准：大平衡在学习借鉴古今中外经典文化最高境界的基础上，推荐'整体利益有序增减'为是否达到平衡的最低标准——准平衡。"准平衡的评判标准："它应该是人类的共同目标、出发点和日常生活、工作的评判标准。"就是说，准平衡是人类最低的奋斗目标和出发点，是每个人日常生活、工作的准则。李继兴对准平衡今后的发展前景，进行了预言："日后的人类文明新生活，应该就是这个样子。"[6]我们认为，当今全球社会的状态应当是人与人关系"准平衡"、人与社会关系"准秩序"、人与自然关系"大平衡"。例如，保持人与人的经济关系、政治关系、社会关系、人际关系等最起码的、最低的平等、公平、正义标准；个人的做人、做事、做官以道德、纪律、法律底线等作为自己的行为最低标准；单位群体只能在法律、法规、合同、协议等最低平衡标准的范围内活动。在经济上遵守公司法、合同法，依法生产经营取财有道，坚持公平正义、公平竞争；在国际活动方面，要遵守国际法、联合国宪章、国际公约和条约、国际准则、国际惯例、经贸规则等。例如，在国与国关系上要和平共处，反对使用任何武力或以武力相威胁，有矛盾和平谈判解决，协同共建法治世界。

参考文献

[1]李继兴.应用哲学平衡论.哲学中国网,2013-02-21.

[2]胡传机.非平衡系统经济学.石家庄:河北人民出版社,1987:146.

[3]王荣华,童世骏.多学科视野中的和谐社会.上海:学林出版社,2006:24-25.

[4]李继兴.大平衡.北京:中国大百科全书出版社,2007:89.

[5]李继兴.大平衡.北京:中国大百科全书出版社,2007:89.

[6]李继兴.大平衡.北京:中国大百科全书出版社,2007:259.

3.17 万事万物发展趋向综合动态平衡:综合平衡发展律

事物不平衡发展——["无形的手":事物自趋平衡]——低层次平衡发展——新的不平衡发展——["无形的手":万物趋向综合动态平衡]——新的动态平衡发展——["有形的手":人为宏观综合平衡]——最佳综合动态平衡发展

引证：

事物发展总是趋向最佳的综合平衡(总体方向)。[1]

——李继兴《大平衡》

3.17.1 趋向综合动态平衡是自然界万物的共同本能

一切事物都有趋向自身平衡的本性，它们在趋向自身平衡的过程中，与相关事物和环境发生不平衡矛盾，相互在斗争中趋向自身平衡并与相关事物共同趋向综合动态平衡，这是宇宙万物生存发展的两个法则。因此，一切事物发展的总方向、总趋势是共同趋向综合的动态平衡，这是自然界和人类社会的共同本能。正如平衡论专家李继兴所说："相互联系着的诸多事物及其运动，都有其实现自身平衡的本性；它们在趋向自身平衡的过程中，必然会与相关事物趋向自身平衡的运动发生冲突，产生不同程度的摩擦、纠纷、矛盾乃至斗争。由此引起的'不平衡'将促使事物自身和相关事物向'新的、综合的平衡方向'运动；当这一运动达到一定的平衡状态时，又往往被各种'不以人的意志为转移'的主、客观因素——其他事物趋向自身平衡的运动，打破现有平衡，导致'新的不平衡'运动的产生。从而引起'新一轮'不平衡向新的平衡方向发展的'本能'的、周而复始的运动。但是，从自然界和人类社会的进化、发展来看，尽管在这个漫长的运动过程中会有曲折、有反复甚至还会有倒退。但从全局来看，却总是朝着综合的、最佳的、动态平衡的方向迈进。"[2](1)天地万物走向综合动态平衡是一切事物发展的总方向、总趋势。一是宇宙间一切事物都具有走向整体平衡的本能。事物的运行都是在自我平衡的同时走向综合动态平衡运行的，有机界和无机界都是如此。例如，太阳系在自身平衡运行的同时，趋向银河系方向运行，而银河系也受到趋向综合动态平衡法则的支配，也在向河外星系方向运行，而河外星系又向宇宙总星系方向运行。因此，一切事物走向综合动态平衡是自然、社会的总趋势、总方向和总归宿。二是事物都不会违背自身趋向动因动态平衡和与其他相关事物共同走向综合动态平衡的双重本性的规定性。自然界万物都以不同形式本能地、永恒地、自觉地走向综合动态平衡。(2)一切事物走向综合动态平衡的本能是自然作用力和物质统一的规定性。一是自因力的作用是走向综合动态平衡的动力。宇宙万物在强力、电磁力、弱力和引力四种力汇成的自然平衡力的作用下，万物之间相互作用，促成一切事物共同走向综合动态平衡，这是自然界万物的必由之路。这个方式也适合于每一种存在物的所有循环过程，最终都会导致所有事物的共同的选择——综合的动态平衡方式。二是世界物质的统一性是万物走向综合平衡的规定性。"世界是物质的，又是统一的，世界的统一性在于它的物质性。"[3]世界物质的统一性是无限多样性的统一，是宇宙万物走向综合动态平衡方式的规定性。自然界的进化总方向是综合平衡，无不说明一切事物在发展进化过程中不断地改变自己，适应环境，向大循环方向发展。无机界和有机界都是如此——自然界万物发展的恒定方向是共同走向动态综合平衡。

3.17.2 社会发展的恒定方向是共同走向动态综合平衡

“尽管运动中有反复、曲折，但事物总体却总是朝着综合、最佳、动态平衡的方向努力迈进。人类社会的发展历史就是对这一观点的最好证明。”[4]人类社会与自然界一样，也遵循着走向综合动态平衡的这条法则发展，人类社会将从目前的多种不同社会形态并存的状态，逐渐走向最佳的、综合的、动态平衡的方向发展，现在已经开始朝着国家融合、民族融合的方向发展，最终将实现世界大统一、人类大融合，如同中外思想家向往的理想国、大同世界那样。第一，世界民族国家不断扩大、融合。在数千年中，国家组织形式自产生以来，一直由小到大，融合发展，这是人类生产力发展的必然结果。“人类社会不断向前发展，科学技术不断进步，国家越来越大，就像‘滚雪球’一样，由小的诸侯国到大的国家，领地不断扩大，人口不断增加，以满足人类发展的需要。过去3000年是国家疆域急剧扩大的时期，强势的国家极度扩张，出现了地跨亚、欧、非的亚历山大帝国、罗马帝国、阿拉伯帝国、奥斯曼土耳其帝国，在人类文明史上写下了不朽的篇章。”[5]我们现代的一个较大国家的版图内，就有成千上万个部落、部落联盟或早期的国家。第二，中国的版图由小到大和民族融合。中国历史上的夏、商、周三个王朝，其疆域扩大了一倍；我国春秋时期有诸侯国140余个，后来融合为7个国家，之后被秦朝统一，建立了中央集权国家，疆域急剧扩大到340万平方公里；汉朝扩大到568万平方公里，唐朝的疆域扩大到1076万平方公里；元朝的疆域扩张到1372万平方公里，建立起横跨欧亚两大陆的大帝国。清朝有效管理疆域1216万平方公里。可见，中国的疆域，总体上也是由小到大发展的。第三，俄国的扩大、融合。俄国在基辅罗斯时期和莫斯科公国时期的版图面积都不大，但到沙皇俄国时期和俄罗斯帝国时期向波罗的海、向西、向南进行大规模领土扩张，地跨欧亚大陆，到一战前面积达2280万平方公里。第四，美国的扩大、融合。美国独立时的领土面积为90万平方公里，在西进扩张中通过夺取、购买等方式扩大版图，到19世纪的面积是独立时的3倍之多。[6]第五，从国家产生起，就开始不断融合扩大，融合扩大解决了相互之间的矛盾差异，融合扩大促进了国家和民族的发展。在世界历史上，有千千万万个国家被融合，从而形成二战前的74个国家。第六，当今世界，和平融合依然是人类发展的潮流，主要标志是遍及全球的区域国家联盟和各种各样的政府间组织和非政府间组织，这就是在当今全球化条件下产生的更新了的融合形式，这只是世界大融合的开端，更大的融合即将到来，直到国家的边界成为地球的边界——世界国家的诞生。

3.17.3 经济领域的发展趋向综合动态平衡

毛泽东说：“搞社会主义建设，很重要的一个问题是综合平衡。”“工业、农业、商业、交通事业都可能碰到。”[7]老一辈革命家都特别重视宏观经济综合平衡工作。“总之，我们今天重温陈云关于综合平衡的思想，重温陈云一系列光辉的思想，是为了更好地学习和掌握科学发展观的精神实质，贯彻党的一系列重大战略决策，在新世纪新阶段，抓住机遇，加快发展，全面建设小康社会。”[8]现代综合平衡，体现社会进步，国家、地区、企业和单位无论组织大小，都有自己的综合平衡问题。为了实现全社会供给与需求的基本平衡，我国实施了全国性国民经济综合平衡管理。国民经济综合平衡，是在一定时期内（年度或规划年度），统筹部署，保持各部门、各产业协调发展，形成有利于科学发展的宏观调控体系，保证社会生产同社会需要的平衡。布哈林1920年出版的《过渡时期经济学》一书中对关于国民经济综合平衡发展的思想进行了深刻的论述。我国老一辈领导人陈云的国民经济综合平衡思想在我国影响非常大。历史实践告诉我们，在经济发展过程中，既需要充分发挥市场机制对资源配置的基础性作用，又需要政府的有效干预和综合平衡调控的作用。单纯的市场机制不能自动解决所有的发展问题，政府的协调与平衡不仅是必要的而且是十分重要的，这是实现社会总供给和总需求平衡，即宏观总量平衡的有效手段。综合平衡是建立在各个部门、各个地区内部平衡和相互平衡基础上的整个国民经济的平衡，是社会再生产各个领域生产、分配、流通、消费和积累之间的平衡。一是物质资料再生产之间的平衡，包括社会再生产两大部类平衡，农业、轻工业和重工业之间的平衡，以及内部各种主要产品或各大类产品之间的平衡。二是物质生产和非物质生产部门之间的平衡。三是非物质生产部门之间的平衡。四是生产和建设之间的平衡。五是人口再生产和物质资料再生产之间的平衡。六是财政、信贷、外汇、物资之间的平衡。七是社会总产品的生产、补偿、消费和积累的平衡，或者国民收入的生产、分配和最终使用之间的平衡。八是社会总供给和总需求之间的平衡。[9]现代综合平衡的过程，是国家对国民经济进行整体管理的过程，是通过宏观经济总量的管理实现的。宏观经济管理的任务是社会总供给和总需求的平衡，宏观经济总量平衡的方法是对各个环节、各个领域和各种要素之间所出现的矛盾和不平衡，进行全面调节，使之达到平衡。“经济平衡就是国民经济综合平衡。它是对一定时期内社会再生产总体的计划协调，是国民经济总体、全局的宏观总量的平衡。国民经济综合平衡的目的是，根据计划期间经济、社会发展的战略目标，正确地安排国民经济中的主要比例关系，使社会生产与社会需要相适应，防止比例失调。”[10]

3.17.4 宇宙万物共同趋向综合动态平衡法则的应用

“所有这些对大自然而言，无论是哪种事物平衡或不平衡，都是宇宙自身的平衡。”[11]宇宙间万事万物发展中无论是平衡还是不平衡，最终都要共同趋向综合的动态平衡，这是一切事物自趋平衡本性和万物趋向综合动态平衡本能的统一。我国进行的国民经济宏观调控、综合平衡工作，就是对一切事物共同趋向综合平衡法则的实际应用。当建立了“世界国家”之后，经济领域仍然要进行综合平衡，实现全球经济动态综合平衡发展。

3.17.4.1　事物趋向综合动态平衡原理在社会系统的运用

一切系统的平衡态，都在不停顿地流动、循环、转移和会聚，不但可以纵向和横向循环转移，而且可以在多系统中循环转移，在循环过程中进行多系统的优化组合、联合会聚，这是由系统进化发展的本能决定的。人类社会共同追求的是整体平衡、融合发展。据周海成《大趋势》记载，中国的五胡十六国和五代十国，都曾被融合。中国历史上有数十个国家被融合，从而形成了当今的中国的版图。无论在中国还是在世界上，凡是国家分裂，都会造成割锯、战乱，社会混乱，经济遭到破坏，人民不能安居乐业。例如，春秋战国分裂时期、三国两晋南北朝分裂时期、五代十国分裂时期，这些都导致了国家发展缓慢，人民遭受战乱之苦。相反，民族大一统的汉朝、唐朝等实现了国富民强，大融合促进大发展，出现了“太平盛世”，有汉朝的“文景之治”、唐朝的“贞观之治”和清朝的“康乾盛世”。

大融合加速了世界经济的发展，世界经济的发展又加速了大融合。例如，在全球化时代，某一种产品在多个国家或地区分别生产零部件，最后在一个国家组装完成，实现了在全球生产、全球销售。再如，跨国公司在全球各个国家和地区建立了数十万个企业，形成了体系庞大的生产和销售网络。又如，科技在全球传播、信息在全球流动，带来全球经济贸易的飞速发展。交通运输方面的现代大型运输设备、通信技术和现代金融业的超越领土国家的发展，实现了生产要素的全球配置，形成了统一的世界市场，增强了各国的相互依赖和联系，反过来又加快了世界统一融合发展的步伐。

3.17.4.2　事物趋向综合动态平衡原理在民族、宗教、文化融合中的运用

“经济、文化、宗教的一体化正在加速。”[12]如今，经济、政治、文化、科技全球化促进了世界的大融合，这种融合的趋势已经是不可阻挡的潮流。(1)民族间、宗教间的融合正在加速。冲突给人类带来灾难，融合繁荣一方。宗教自产生以来就呈现冲突和融合相互交织的状态，历史上的十字军骑士东征等，都是在冲突中有融合，融合中有冲突。20世纪中叶以来，民族之间、宗教之间和宗教文化之间交流更加广泛深入，克服了本土文化的狭隘性，加强了相互沟通和交流，迈开了文化间的价值认同、文明间的渗透和互补的步子，为宗教文化的融合开创了新路。(2)不同文化的融合正在加速。在全球化浪潮冲击下，不同文化之间产生碰撞和冲突，又在这个过程中相互渗透和相互融合，如东方与西方文化的融合、交流的成分大于碰撞，如美式肯德基等快餐文化、美式好莱坞电影文化、美式娱乐文化风行世界，受到广泛欢迎。在全球化条件下，把不同文化、不同文明联系在一起，促进了文化共识和全球文化的融合。跨国公司跨越国界和地区界限进行生产经营，传播文化和技术，被人们称为“跨文化公司”，形成了公司的全球人格和全球理念，融合不同文化，创造出相互包容、多元平衡的文化新形态——“跨文化公司”的多元文化平衡形态。

参考文献

[1]李继兴.大平衡.北京:中国大百科全书出版社,2007:88.

[2]李继兴.应用哲学平衡论.哲学中国网,2013-02-21.

[3]中国成人教育协会成人高等学校招生研究会组.政治.沈阳:辽宁大学出版社,2000:24.

[4]李继兴.大平衡.北京:中国大百科全书出版社,2007:88.

[5]周海成.大趋势.北京:中国文联出版社,2006:7.

[6]周海成.大趋势.北京:中国文联出版社,2006:7.

[7]毛泽东文集:第8卷.北京:人民出版社,1999:73.

[8]张卓元.陈云综合平衡思想的重大意义.光明日报,2005-06-14.

[9]朱其训.和谐经济论.北京:人民出版社,2007:407.

[10]鲁明中,王沅,张彭年,等.生态经济学概论.乌鲁木齐:新疆科技卫生出版社,1992:164.

[11]李继兴.应用哲学平衡论.哲学中国网,2013-02-21.

[12]周海成.大趋势.北京:中国文联出版社,2006:95.

3.18 大、中、小、准平衡与不平衡矛盾的融合:大平衡发展律

大、中、小、准平衡与不平衡相矛盾——[事物自发平衡调节]——大、中、小、准平衡统一发展——[万物自发综合动态平衡调节]——大、中、小、准平衡融合发展——[人为综合平衡调控]——大平衡发展

引证

大平衡的分类:平衡与不平衡可分为大、中、小三个类别。[1]

——李继兴《大平衡》

3.18.1 大、中、小、准平衡发展方式的理论依据

马克思说:"两个相互矛盾方面的共存、斗争以及融合成一个新范畴,就是辩证运动的实质。"[2]"融合与发展"是人类发展的永恒主题。在全球化时代,世界进入了大统一、大融合发展的新阶段,已经成为当今世界发展的时代潮流。动态平衡发展方式理论和

方法适应这个需要，开始探索未来世界通向“统一融合”发展之路。

3.18.1.1 大、中、小、准平衡与不平衡矛盾的解决和融合

“矛盾的复杂性和特殊性，决定了解决矛盾的形式多样性”，“有些矛盾经过一系列的发展阶段，最后达到对立面的‘融合’，即融合成一个新的事物，使矛盾得到解决”。[3]对立面融合成一个新的事物，这是自然和社会的发展规律，是不以人的意志为转移的。我们认识矛盾的目的，就是为了解决矛盾；研究矛盾的特殊性，就是为了找到解决矛盾的科学方式方法。平衡论认为，解决大中小平衡的矛盾与解决哲学概念的矛盾的形式是一致的，一方面因为哲学上的矛盾运动的不平衡性决定矛盾运动的地位和作用的不平衡性；另一方面不平衡就是差异，而差异就是矛盾，那么解决平衡与不平衡的矛盾的方法就是一样的：一是矛盾双方共存。例如，商品经济内部矛盾，通过商品流通的形式不断从价值与价格的失衡到平衡而得到解决。二是矛盾一方战胜另一方。例如，生物界的优胜劣败，科学战胜迷信，先进克服落后等。三是矛盾双方同归于尽。例如，奴隶社会的奴隶主阶级和奴隶阶级，为新的对立双方地主阶级和农民阶级所代替。四是矛盾双方被第三者同化。例如，历史的民族同化、宗教同化等。五是矛盾双方相融合。例如，城市和乡村的差别、工业和农业的差别、脑力劳动和体力劳动的差别的矛盾，随着生产力的高度发展，这些对立面之间的差别就会不断缩小，直到最终以融合的方式得到彻底解决，形成新型的城乡一体化和新型劳动关系。对立面融合成一个新的事物，是矛盾运动的最终结果，这就是扬弃旧事物，产生新事物。动态平衡发展方式理论和方法的大中小平衡融合发展观点的理论基础，就是上述矛盾最终解决的形式，就是马克思说的“两个相互矛盾方面的共存、斗争以及融合成一个新范畴，就是辩证运动的实质”和“马克思的动态平衡的解决矛盾的方式”。就是说，世界发展趋势于“统一融合”，这才是人类发展永恒的主题，是现代的潮流，是全球化发展的必然结果。

3.18.1.2 大平衡发展方式的理论依据

李继兴《大平衡》一书中的重要观点：“事物都有保持和趋向自身平衡的本性。”“事物发展总是趋向最佳的动态综合平衡。”[4]这是李继兴发现的一条宇宙、自然界和人类社会的大法则，这是一切事物所具有的本性和本能。本性是指任何事物都自觉地保持自身平衡生存和趋向自身平衡发展；本能是指宇宙间万物运动发展的共性，都是朝着综合的、动态平衡的总方向发展。正如李继兴所说：“总之，整个自然界、人类社会是一个融合的、不断趋向自我平衡的有机整体。”[5]（1）宇宙是一个有机统一的平衡体，局部存在多样性、不均匀和不平衡，但由于整个宇宙的物质分布是平衡的，正能量与负能量是平衡的，膨胀力和反膨胀力是平衡的，宇宙间温度是平衡的，宇宙总体是有序、动态平衡运行的，而微观天体之间的运行是有序不平衡的，这种运动方式是平衡与不平衡的统一，万物运行的总方向是趋于总体平衡。（2）自然界、人类社会的运动总体是有序的、平衡的，而微观是有序不平衡的，这种方式也是平衡与不平衡的统一，共同的发展方向依然是综

合的动态平衡。如动物、植物和微生物都是从低级到高级发展，人类发展从原始合群到部落联盟、全球国家由小到大发展，特别是从20世纪以来，加快了世界融合的步伐，各大洲相继出现了国家与国家大联合的态势。例如，超国家的经济、政治、文化国际性组织，超国家的欧盟、东盟、非盟等集团组织。在全球化浪潮的推动下，极大地加速了统一融合的步伐。

3.18.2 大、中、小、准平衡发展方式的实践基础

3.18.2.1 全球化使国家自发走向"和平融合"之路

一部世界史，就是一部国家组织的融合发展史。理由有三：第一，民族国家的国民在一定意义上已经转变为世界公民。二战后联合国的成立，特别是在经济全球化和信息互联互通的现代，民族国家的主权概念从神圣变为削弱，国家的"国界"从泾渭分明变得模糊不清，全球化和互联互通已经成为全球公民跨国联系的桥梁和纽带，人类的经济文化等活动已经没有国界和区域界限，人们的生产方式、生活方式和交往方式都向国际化转变，打破了原有的国家界限，公民变成了"地球村"的一员。第二，国家对内对外职能逐渐削弱。随着世界上国际组织数量不断增加，作用不断扩大，影响着世界政治，推动了政治全球化，并为民族国家提供种种科学管理的政策措施，国际组织替代了民族国家的许多职能，使民族国家的管理大大削弱，同时国际组织的作用在一定程度上替代了部分主权国家的对外对内的职能。第三，国家主权受到国际制约。在全球化条件下，民族国家主权不断削弱。一方面，现在国际行为准则、人权准则等制约着民族国家的行为，各个国家政治上必须遵守国际惯例，在经济上按照世界贸易组织规则活动，国家由过去自主决定关税税率为削减关税税率，这就从一定程度上削弱了民族国家的权力。正如周海成所说："全球化带来空前大融合正在使国家成为人类发展的桎梏。"也有人说，全球化是国家消亡的前奏曲，但这种说法有些超前。第四，世界统一融合，是人类文明的诉求。纵观世界历史，我们就可以清楚地看到"统一融合"是人类永恒的主题。同时我们也会看到国家和平统一时，生产力就会大发展，人民安居乐业，国家实力增强，国家疆域扩大；国家分裂和战乱时，经济衰退，人民流离失所，国力衰弱，外忧内患。世界上的强国、大国都是在"和平融合"过程中发展壮大起来的，并非是拿破仑、亚历山大、希特勒的武力征服。因此，世界统一融合，是人类文明的共同愿望，是全世界各族人民的期盼。当今世界的全球化浪潮，其实质就是世界"统一融合"的浪潮。

动态平衡发展方式理论和方法体系，在吸收借鉴了国内外社会发展理论研究成果的基础上，从理论和实践的结合上对当今世界国家组织形式的现状进行分析，探索出世界未来发展的道路：大、中、小、准平衡发展方式，目标是实现世界大同。实践根据：一是超国家主义的联合国的组织形式，经过70年世界太平的成功实践，已经成为未来世界"一球一国一制"管理的新范式。二是超国家组织的区域国家联盟的一体化发展，已经

成为未来全球"世界国家联盟"或国际共同体的"试验田"和基础。三是超国家的全球化浪潮、跨国公司的无国界生产经营和"杂交"文化等成功实践，已经成为未来"世界大同"的示范者和实践者。上述已经经过反复实践了的道路，使我们清楚地看到了"世界大同"的曙光。可见，未来动态平衡发展方式不但不是空想，而且世界上正在有意识或无意识地进行着大规模的"融合实践"活动，自觉和不自觉走向"统一融合"的发展之路，"世界大同"的大厦实际上已经奠基，而且必然会"万丈高楼平地起"，但这座大厦还需要人们一砖一瓦地把它建造起来。

3.18.2.2 全球化是"大平衡发展方式"的动力源泉

全球化是世界"统一融合"发展的发动机，是"大平衡发展方式"的最好实践。全球化把经济、政治、社会、文化等各领域都聚集在世界一个体系之中。"全球化不仅是经济全球化，而且包括政治、文化、社会、技术等各个层面的全球化。经济层面的全球化，即世界市场化；政治层面的全球化，指人类社会和政治制度多元化、民主化……社会层面的全球化，指社会管理体制的趋同，使不同政治制度的国家可以实现经济体制的接轨。"[6]世界从近代以来，以科技革命、生产力高度发展为强大动力，推动人类走向"统一融合"发展。例如，第一次工业革命时期，英国发明家瓦特给原始蒸汽机加了一个冷凝器，从而使蒸汽机在工业上广泛应用，从此全人类进入"蒸汽时代"。第二次工业革命时期，德国近代科学之父西门子发明了世界上第一台发电机，使全人类共同进入了"电气时代"。第三次工业革命时期，电子计算机技术的利用和发展是一重大突破，全人类共同进入了电子时代。第四次工业革命是以超大规模集成电路为基础的电脑，带来了信息革命和知识密集行业，全人类共同进入了知识密集型行业的时代。"……全球化的加速发展在近期已变得越来越明显，其中一个最重要的新现象就是全球主义的出现。"阿尔布劳的观点："把50亿人的现实生活作为关注对象的价值观……每一个人都作为世界公民生活着……都在采取共同行动解决全球问题上有着共同的利益。"罗伯森则把全球主义解释为"把世界作为单一整体的共同意识"。[7]我们认为，全球化就是世界统一融合发展的强大动力，促进了全球公民意识、和谐意识和协同观念，有利于建立世界政治经济准平衡秩序，为建立国际共同体和世界国家奠定了基础。同时，也为"大平衡发展方式"的形成提供了理论和实践依据。

3.18.3 世界未来的大平衡发展方向

3.18.3.1 大平衡发展方式是人类未来的发展路径

中央电视台2014年5月和8月两次播放的《百年潮·中国梦》，论述了中国人民为实现中华民族伟大复兴的"中国梦"，并憧憬中国古代仁人志士的"大同梦"。在西方，也有近代理想家的"理想国"的"梦"、欧洲统一梦等。未来人类社会如何发展？怎样发展？作为应用哲学的动态平衡发展方式在研究人类社会发展历史的同时，探索世界、国家未来演变发展的轮廓，寻找人类永续生存发展的途径，必须要给未来发展做出回答，保持动态平衡发展方式理论和方法的完整性。未来动态平衡发展方式所遵循的基本原理是平衡发展与不平衡发展的统一论，所以研究的方向和论述的重点离不开转变国家、世界、企业、个人家庭的发展方式，从过去的不平衡向动态平衡的方向转变，坚持当今世界的"和平与发展"与未来世界的"融合与发展"的两个主题，即大平衡发展方式，发展方向和路径是从现代的准平衡规范到创建世界共同体再到建立世界国家。

3.18.3.2 大平衡发展方式是超平衡、超国家的发展方式

刘俊坤《中庸：中国人性格的秘密》中的《从"平衡"到"超平衡"》一节中写道："新思想、新情况因其'新'，会打破原有的平衡，这是动态造成的非平衡。只有坚持中道，非平衡是有序之源，可以以自身的活力将平衡迁移到更高的层次。这是经历30年改革开放的心得。这其中有辩证思维，有超平衡的道理。"[8]我国的改革开放是综合性、整体性的经济改革、政治改革、社会改革、文化改革等全方位推进的大变革。从国际国内看，就是刘俊坤所言：超平衡发展战略。这个战略，既包含了国内改革和对外开放的统一，国际的"引进来和走出去"的统一，内需和外需的统一，也包含国内各领域、各部门、各行业的平衡发展与不平衡发展的统一。刘俊坤举例说："如果是多人划艇，运动员本身必须融为一体，然后才谈得上与水契合。训练之初，通常以口令统一动作要领，寻求平衡协调。只有达到人、艇、水浑然一体，才会有超平衡的境界，这是神遇的境界、和谐的境界。"[9]实际上，这种人、艇、水的有机结合，包含了人与人、人与艇、艇与水、水与风等的平衡与不平衡关系的统一；也如同一盘棋的相互关系，每走一步都与全盘局势相关，牵一发而动全身。可见，大平衡就是一种超平衡。为此，我们不难得出这样的结论：大平衡发展方式就是我国古代的"天人合一"的发展方式，是超国家的大统一、大融合的发展方式。

参考文献

[1]李继兴.大平衡.北京：中国大百科全书出版社，2007:89.

[2]马克思恩格斯选集：第1卷.北京：人民出版社，1971:111.

[3]李秀林，王于，李淮春.辩证唯物主义和历史唯物主义原理.北京：中国人民大学出版社，1982:140-141.

[4]李继兴.大平衡.北京：中国大百科全书出版社，2007:88-89.

[5]李继兴.大平衡.北京：中国大百科全书出版社，2007:88.

[6]和平，俞景华，李鹏，等.全球化与国际政治.北京：中央编译出版社，2008:5.

[7][英]罗宾·科恩，保罗·肯尼迪.全球社会学.文军，等，译.北京：社会科学文献出版社，2001:50.

[8]刘俊坤.中庸：中国人性格的秘密.北京：当代中国出版社，2010:75.

[9]刘俊坤.中庸：中国人性格的秘密.北京：当代中国出版社，2010:73.

4 现代动态平衡发展方式的实现路径:科学发展

平衡就是协调、和谐、和睦、和平……

——李继兴《大平衡》

引言:

中国人民从自1840年鸦片战争以后遭受侵略、屈辱和贫困的惨痛经历中,深感和平之珍贵,发展之迫切,深信只要有好的发展方式就能实现国家的快速发展。自近代以来,无数中国仁人志士百余年上下求索,各种各样发展方式的"主义"、思潮、理论等竞相出现,但由于这些发展方式不适合中国国情而未能成功,最终选择了社会主义的发展方式,实践证明了在旧时期只有社会主义才能救中国。在新的时期,我国实行改革开放,使中国发生了翻天覆地的变化,又证明了新时期只有改革开放才能发展中国。动态平衡发展方式以科学发展观为指导,探索现代国家企业和个人的发展方式,为我国实现"两个一百年"宏伟目标而奋斗。

4.1 国家动态平衡发展方式的实现路径

引证:

科学发展观也可以说是动态平衡的发展观。[1]

——王荣华、童世骏《多学科视野中的和谐社会》

新中国诞生时,中国的现代化过程落后世界百年,中华民族的仁人志士过去有梦无路,新中国成立后党制定了1949年到2049年用100年时间基本实现现代化的"时间表”。我国仅用了60年即将进入工业社会，创造了人类社会发展的奇迹。现在摆在我们面前的是如何创造“后半程”辉煌，早日实现中国的现代化梦。强国梦、复兴梦、现代化之梦，是中国人孜孜不倦的追求，凝聚几代中国人的夙愿，是中华儿女的共同期盼。党的十八大和十八届三中全会提出“2020年全面建成小康社会”，这个目标就是动态平衡发展方式为之奋斗的目标。

随着经济全球化的深入发展，世界经济政治秩序发生了巨大变化，旧的发展方式已经不适应新的形势，世界各国都在寻求和更新发展方式，我国适时地提出了转变经济发展方式的命题。为了落实转变经济发展方式的新要求，我们从“平衡就是协调、和谐、和睦、和平……”[2]论点出发，为全面落实科学发展观，实现全面建成小康社会和建成社会主义现代化国家的宏伟目标而奋斗。洪向华主编《四个全面：党员干部读本》绪论《“四个全面”托起中国梦》中说：“其中儒家的大同、小康理想社会观最具影响力。《礼记·礼运》中提出了‘天下为公’的‘大同’和‘天下为家’的‘小康’两种社会模式。‘小康’比‘大同’低一个层次。这里的小康是指建立在小生产、小农经济和私有制基础上的封建世袭社会，虽然有别于大同社会，但社会生活稳定，丰衣足食，国泰民安。”[3]根据这个精神，我们适应我国提出转变经济发展方式的要求，设计了未来发展的路线图：为我国“小康社会——现代化国家——大同社会”而奋斗。

4.1.1 人的发展与物的发展的平衡：以人为本发展

引证：

> 特别应当指出，“以人为本”作为科学发展观的核心部分，已经不仅具有了核心价值观的意义，而且已经具有了方法论的意义。其所以要动态平衡地发展，盖因我们的发展以人为本；其能否做到动态平衡的发展，也在于是否真正以人为本。[4]
>
> ——王荣华、童世骏《多学科视野中的和谐社会》

4.1.1.1 动态平衡发展的实质是以人为中心的发展

(1)社会进步与人的发展的平衡

在国际上，早在1995年世界发展首脑会议通过的宣言明确指出，社会发展是全世界各国人民的中心需要和愿望，也是各国政府和民间社会各部门的中心责任。把社会发展列为当前和跨入21世纪的优先事项，因此，理论和实践都需要并期盼着一种全新的社会发展观作为指导。1979年，联合国教科文组织委托法国学者佩鲁写了《新发展观》一书，社会发展的理论定位为：以人为中心的社会发展观。1995年在哥本哈根召开的世界发展首脑会议，提出社会发展“以人为中心”。[5]社会发展的最终目标是改善和提高全体人民的生活质量；社会发展与其发生的文化、生态、经济、政治和精神环境不可分割。可见,我国提出的以人为本全面协调可持续的科学发展观,是符合世界发展首脑会议精神的,是真正具有科学性的社会发展观。但是,在世界上许多发展中国家曾经走了弯路,正如许三飞所说:“然而,由于单纯追求经济增长,忽视社会发展和社会公平公正,忽视环境保护和能源资源节约,导致一些国家不同程度地出现了经济结构失衡、社会发展滞后、能源资源日趋紧张、生态环境急剧恶化、社会财富分配不均等问题。上述现象在广大发展中国家表现尤为明显。国际社会上的这种状况表明,发展绝不单纯是经济的增长,而应是包括经济、政治、文化、社会和生态文明的全面发展,应是人与自然和谐的可持续发展,这已成为国际社会的广泛共识和世界经济社会发展的总体趋势”。[6]我们研究探索动态平衡发展方式理论和方法,就是为了贯彻落实科学发展观和中央提出的转变经济发展方式的新要求,为经济社会发展贡献力量。

以人为本的实质是以人的全面发展为目标,并非以经济增长为目标。以人为中心的特征是:坚持唯物史观,尊重人民群众现代化建设的主体地位,把人民群众的根本利益作为一切工作的目标,不断满足人民群众日益增长的物质文化需要,依靠和调动人民群众进行改革和建设,改革和发展的成果惠及全体人民群众。这就把以人为中心提高到了注重人的全面发展的新高度,与“以GDP为本”“以资本为本”是根本对立的。以人为中心,就是要维护人民群众的主体地位,视人民利益高于一切,把人民拥护不拥护、赞成不赞成、高兴不高兴作为制定一切方针政策的根本尺度,倾听人民群众的呼声,反映人民的意愿,保障人民的权益,拓宽人民意见反映的渠道,了解人民的需要,维护人民现实的利益,关心人民的生活,为人民排忧解难,多办实事好事,努力提高人民生活的质量和水平,努力提高人民的科学文化素质和健康素质,努力提高人民的幸福指数,带领人民为全面建成小康社会和实现现代化国家而共同努力。一是我们要坚持始终把人民群众作为物质文明、精神文明、政治文明、社会文明的主体。我国30多年改革开放和社会主义现代化建设的巨大成就,就是依靠人民群众取得的。我们要树立人民群众的主体地位,尊重民心民意,为人民谋幸福。二是把人民群众的根本利益作为一切工作的目标。这是由我们党的性质和宗旨决定的,是坚持立党为公、执政为民的治国理政的根本要求。我们要纠正忽视人的发展、单纯追求经济增长的片面观点,促进人的全面发展。三是依靠和调动人民群众进行改革和建设。人民群众是物质财富和精神财富的创造者。改革和建设的伟大事业是亿万人民群众的事业,尊重人民群众的首创精神和主体作用,动员和组织人民群众积极投身于改革和建设的伟大事业之中,不断取得改革和建设的新成就。

(2)人的发展与物的发展的平衡

唯物史观认为,在社会历史发展过程中,人民群众起着决定的作用,是历史的主体、历史的创造者。以人为中心就是以最广大人民的根本利益为目标,目的是为了满足广大人民群众的物质和精神生活需求。一要纠正单纯追求GDP指标的“见物不见人”的片面做法,坚持走统筹经济社会发展和人的全面发展的道路。二要以最广大人民的根本利益为出发点和归宿。以人民利益为出发点体现了人民是历史的创造者的唯物史观,也体现了我们的党立党为公、执政为民的治国理政的本质要求。三要随着经济不断发展,实现城乡居民收入随之增加。我国"十二五"规划把保障和改善民生作为民生工程,加强社会建设,改善人民群众的物质文化生活。四要推进基本公共服务均等化,实现城乡基本公共服务全覆盖。五要加强社会建设,扩大就业,建立和谐劳动关系。六要提高居民收入在国民收入分配中的比重、劳动报酬在初次分配中的比重。七要改革医疗卫生事业,健全城乡居民社会保障体系。八要加强社会管理,正确处理人民内部矛盾,维护社会和谐稳定

以人为中心是中华文明传统的继承和发展。坚持以人为本,是中华文明的传统,具有浓厚的基础。中华文明历来注重以民为本,尊重人的尊严和价值。早在千年之前,中国人就提出"民为邦本,本固邦宁,天地之间,莫归于人",强调要"立民、喻民、养民、惠民"。今天我们坚持以人为中心,体现了时代发展的进步精神,又赋予了新的内涵。以人为中心就是要坚持发展为了人,发展依靠人,为人谋发展,发展成果人人共享;强调关注人的价值、利益,关注人的生活质量,关注人的全面发展。在一切发展中把人的发展放在第一位,经济社会发展要坚持以人为中心,发展的目的是为了最广大人民的根本利益,为民生福祉的不断提高,为促进人的全面发展。领导者要把发展作为第一要务,依靠人民群众谋发展,带领人民群众促发展,发展的利益实现均等化,成果全体人民群众共享。要树立以人为中心的理念,核心是保障和改善民生,让老百姓得到实实在在的实惠,这本身就是动态平衡发展理念的体现。例如,我国制定的国内生产总值和城乡居民人均收入的目标比2010年翻一番,2020年全面建成小康社会的目标,直接关系到人民生活的全面提高。再如,我国实行"五大民生工程",就是以人为本的具体体现:第一,实施积极的就业政策。一是实行公平就业、城乡一体化就业。二是实行创业拉动,万众创业,扩大就业。三是开展职业培训,提高就业能力。第二,建立社会保障网。一是强化社会保障制度建设。二是城镇职工养老、医疗、工伤、生育、失业和农村新农合全覆盖。三是解决关闭企业、困难企业和企改历史问题。第三,人人享有基本医疗卫生服务。健全医疗卫生服务体系,形成全民基本医保制度,不断提高基本公共卫生服务均衡化水平。第四,社会救助覆盖城乡。建立最低生活保障制度和农村五保,实施城乡医疗救助。第五,推进保障性安居工程。建立城镇住房保障体系,进行棚户区改造,完善住房保障工作机制和管理制度。

4.1.1.2　人的管理和物的管理的平衡

坚持以人为中心的理念,就要正确处理人和物的关系,要以人为中心促进经济社会发展,充分发挥人的积极性和创造性。对人的管理既是一门科学,也是一门艺术。但是,有的单位和领导者存在着"见物不见人""重物轻人""以GDP增长取代人的发展进

步”的倾向，不重视处理对物的管理和对人的管理的关系。在现代管理中，当今世界各国都越来越重视对人的管理和提高，西方在20世纪30年代就出现了行为学派，把组织行为学作为大学管理专业的必修课程和培训学校的重点课程。美国管理学家杜拉克说，用人的决策，不在于如何减少人的短处，而在于如何发挥人的长处。美国钢铁大王卡内基一生中始终坚持做到选用比他本人能力更强的人为他工作。他的成功，就是会识人、会用人、不忌妒能人。

我国古代在人事管理上积累了丰富的经验，现代管理学中的人事管理原理，基本上都可以从中国历史上找到理论根据。例如，周朝的兴起，是由于周文王知人善任，重用了姜太公。春秋战国时期秦国统一六国，是与秦王尊贤重士分不开的，秦穆公重用蹇叔、孝公重用商鞅、惠王重用张仪、昭王重用范雎。在楚汉之争中，刘邦最终战胜项羽，夺取天下，更是选才用才的艺术的体现，正如刘邦自己的总结：“夫运筹帷幄之中，决胜于千里之外，吾不如子房；镇国家，抚百姓给馈饷，吾不如萧何；连百万之军，战必胜，攻必取，吾不如韩信。此三者，皆人杰也，吾能用之，此吾所以取天下也。”由此可见，领导者的用人艺术高低，决定事业成败，不但要善于发现人才，还要善于用人之长。

4.1.1.3　人与人利益关系的平衡

改革开放是我国经济社会发展的动力之源、活力之源。当前，我国改革的焦点已经集中在平衡社会利益关系上，以此来推动各项改革的不断深化。生产力的发展，社会财富的增加，最终要靠人的积极性和创造性。因此，我们一定要处理好效率与公平的关系，特别是在改革中要调整好社会利益关系。深化收入分配制度改革作为重点，就要提高劳动报酬的初次分配中的比重，例如在初次分配中，企业要少一点，员工要多一点；社会结构应当是低收入和高收入的人要占少数，中等收入的人要占大多数。同时，要不断完善个人所得税和社会保障制度，限制垄断行业的过高收入，从而实现社会利益关系朝着平衡的方向发展。

教育、养老、医疗和社会公共服务的均等化，是平衡人与人利益关系的重点。第一，不断完善社会保障体系和服务能力建设。社会保障体系，是社会平衡的调节器。几年来，我国基本形成了社会保障体系，基本医疗保险制度、最低生活保障制度、新型农村合作医疗制度和社会养老保险、城乡医疗救助等制度不断建立和健全，基本做到了社会保障制度城乡全覆盖，基本做到了城乡人人享有社会保障服务。第二，不断提高基本公共卫生服务均等化水平。一是建立和完善乡镇卫生院和村卫生室、重大疾病防治、健康管理、健康教育等机构和制度。二是大力支持和发展社会资本办医，放宽社会资本办医准入范围，支持社会资本办医疗机构、私人诊所等。三是积极推进公立医院改革，改革医院管理体制、运行机制、人事制度、内部管理和服务方式。四是进行药品流通体制改革，建立集中招标采购方式和药品流通体系，完善药品定价制度。这些改革直接关系到城乡居民之间利益关系的平衡，必须认真落到实处。

4.1.1.4 经济发展与改善民生的平衡

经济发展的根本目的是增进人民福祉,民生幸福要以经济发展为保障。要坚持民生改善与经济发展并重,在经济发展中重视提高人民生活质量和水平,解决群众切身利益的教育、医疗、住房等问题,积极促进就业,完善社会保障和社会救济体系,千方百计增加居民收入,提升消费能力,从而使经济发展的过程成为改善民生的过程,并成为促进经济增长的重要动力的过程。领导干部要坚持定期和不定期问政于民、问计于民、问需于民,要牢固树立群众观点和公仆意识,把群众要求作为第一信号和第一选择,把群体满意作为第一标准,要把维护社会公平放到更加突出的位置,建立以权利公平、机会公平、分配公平为主要内容的社会公平保障体系。努力让全体人民学有所教、劳有所得、病有所医、老有所养、住有所居,不断提高人民的生活质量和幸福指数。我国未来5年的目标是实现居民收入和经济发展平衡,充分体现了以人为本的理念。一是把改善民生与发展经济并重,以改善民生拉动经济发展,既推动经济发展,又保障人民生活提高。二是把实现城乡居民收入实际增长与经济增长平衡作为今后的首要任务,宏观调控主要做好稳定物价总水平的工作。三是经济工作的重点,要实现经济增长速度与结构质量效益相平衡、经济发展与人口资源环境相平衡,确保发展的可持续性。四是发展社会事业和改善民生的平衡,提高城乡居民收入,深化改革分配制度,缩小收入差距,让经济发展的成果体现在改善民生上。五是推进城乡一体化建设,改善农村基础设施,改善农村公共服务设施,落实强农惠农政策,完善农村生态补偿机制。六是解决中小企业特别是民营企业的融资难问题,拓宽融资渠道,扶持和帮助民营企业发展,形成大众创业、万众兴业的局面。

4.1.1.5 促进人的平衡发展

促进人的全面平衡发展,主要是人的社会生活、人的生产生活和个性平衡发展。一是人要生存,就必须满足物质需求;人要发展,就必须满足精神文化需求。二是人的社会生产、生活和人与人的关系,参与社会活动的状态和人的发展状态,都体现人的全面发展程度。例如,有的人在与人联系交往中,注重锻炼和培养个人的能力,结果成为非凡的人才。三是人的个性发展。个性发展是指个人的能力和素质等多个方面,是指人与人相互有区别,不是完全一样的,以自身需求满足程度为判断标准。但是,个人的全面发展,则是个人与社会的双重因素的作用,反映着整个人类的全面发展进步。

追求人的全面平衡发展,是马克思主义的核心,是领导者绩效目标的本质要求。领导者绩效要在一定程度上表现为人的全面发展。《中国二十一世纪议程》白皮书中指出:"人的发展,是经济、社会可持续发展的本质目标。所谓发展,本质上就是指以经济发展为基础的和作为目的本身的人类能力的发展。"人的全面发展是现实一切发展中最根本的发展,与经济、社会发展之间是互为因果的关系,是发展目标中最本质的目标。目前,在一些地方和一些人眼中,出现了"政府工作经济化"的单一倾向,片面追求GDP增长,忽视人的全面发展，以为经济增长了就一好百好，影响了社会的全面发展。这种做法，把经济指标作为各级政府绩效评估的主要指标，与国家人事部制定的政府绩效评估指标体系相背离。科学发展观是全面、协调、可持续的发展观，政府工作应当是推动经济、政治、科技文化、社会、生态环境和人的发展等领域的平衡发展，政府绩效评估并非单纯经济发展。因此，我们在考核政府的GDP的同时，要与人的需要、人的发展、人的生存环境创造条件相配合。例如，人的发展指标、公众满意度指标、民众的收入和生活水平、就业指标等应当作为考核指标。

参考文献

[1]王荣华，童世骏.多学科视野中的和谐社会.上海：学林出版社，2006:24-25.

[2]李继兴.大平衡.北京：中国大百科全书出版社，2007:75.

[3]洪向华.四个全面：党员干部读本.北京：中共党史出版社，2015:4.

[4]王荣华，童世骏.多学科视野中的和谐社会.上海：学林出版社，2006:25.

[5]中国社会科学院马克思主义研究院.科学发展观纲要学习读本.北京：红旗出版社，2013:13.

[6]许三飞.论科学发展观的世界视野.解放军报，2007-02-08.

4.1.2 全面发展与重点发展的平衡：全面发展

引证

不管是对于一个国的综合国力，还是经济、教育，甚至个人自我发展，都要平衡发展，不能偏重一面，畸形发展。[1]

——西武《木桶定律》

4.1.2.1 现代化建设各要素的全面平衡推进

发展是人类社会永恒的主题，是当今世界各个国家、区域国家联盟和国际企业共同追求的目标。历史地看，对发展的认识经历了一个从不自觉到自觉、从浅显到深入、从片面到全面的过程。在当代，发展问题已不再是单纯的经济增长与国民财富积累，而是要以经济建设为中心，全面落实党和国家提出的经济建设、政治建设、文化建设、社会建设和生态文明建设“五位一体”的战略布局，实现多领域、多系统的全面平衡发展，促进现代化建设各要素的平衡推进。所谓全面平衡发展，就是要实现五大建设之间形成相互联系、相互协调、相互促进、相辅相成的社会发展的有机整体，形成经济建设是根本、政治建设是保障、文化建设是灵魂、社会建设是条件、生态建设是基础的现代化建设的各个重要组成部分的平衡和统一，以整体思维和系统方法的统筹平衡，消除过去世界上发展中国家经济社会发展的片面性和不科学性，消除滞后抑制因素，真正形成我国“五位一体”全面平衡发展、各个要素相互促进和协同发展的新格局。

社会主义社会是全面发展、全面进步的社会。在建设小康社会和现代化国家的过程中，我们要全面把握中国特色社会主义事业的总体布局，推进我国经济、政治、文化、社会建设全面发展。我们要把现代化建设各要素纳入一个有机整体，整合为一个相互作用的大系统，发挥整体效应和相互促进的作用，从而真正实现各要素的相互促进，发挥要素与要素之间的协同效应和促进作用，如经济建设提供物质基础，政治建设提供政治保障，文化建设提供精神动力和智力支持，社会建设提供有利的社会环境和条件，形成从整体推进的现代化建设“航母”效应。(1)把经济建设作为物质基础。要认真学习贯彻十八届三中全会的决定，深化经济体制改革，发挥市场的决定作用和政府的宏观调控作用。认真学习贯彻2015年3月十二届人大三次会议《政府工作报告》提出今后工作的“四个重点”：把改革开放扎实推向纵深；协调推动经济稳增长和结构优化；持续推进民生改善和社会建设；切实加强政府自身建设，并以“两个一百年”为目标，全面深化改革为根本途径，以全面依法治国为法治保障，以全面从严治党为坚强保证。我们要把握经济发展规律，努力提高经济发展质量和效益，加快经济发展方式转变、结构调整和转型升级，深化农业经营体制改革，大力发展绿色循环经济，巩固和发展公有制经济，鼓励、支持、引导非公有制经济发展，形成平等竞争、相互促进、相互补充的新格局。(2)把政治建设作为力量支撑。我们党始终把发展社会主义民主政治、健全民主制度作为奋斗目标；把推进社会主义政治制度自我完善作为最大任务；把加强社会管理和公共服务作为政府职能；把弘扬法治精神、依法治国、维护社会公平正义作为基本方略。(3)把文化建设作为智力支持。推动文化大发展大繁荣，是不断满足人民群众日益增长的精神文化需求和保障人民群众的文化权益的需要，也是建设小康社会的需要。我们要全面推进文化体制改革，大力建设社会主义核心价值体系，大力培育文明风尚，深入广泛开展群众性文化体育娱乐活动，丰富基层文化生活。(4)把社会建设作为基础条件。加强社会建设，重点是做好发展教育、医疗卫生、扩大就业、社会保障等工作，千方百计解决人民群众最关心、最直接、最现实的利益问题，把经济发展与改善民生结合起来，把社会管理和社会服务结合起来。(5)把生态文明建设作为环境保障。要大力推进绿色发展、循环发展、低碳发展，加强节能减排，控制能源消费总量，减少污染排放总量，努力为建设美丽中国的天蓝、地绿、水净而努力。(6)把党的建设作为核心动力。党的建设是全面建成小康社会的政治保证。要以改革创新精神加强党的建设，要把建设高素质党的干部队伍和领导班子放在首位。干部队伍要形成真抓实干的好风气，千方百计解决发展的难题。坚持用改革的精神鼓舞人，带领广大党员群众开创现代化建设的新局面。总之，我们要做到在加强经济建设时不忘加强社会主义民主政治建设；在加强政治建设时不忘加强经济建设；在加强社会建设时不忘加强文化建设；在加强工业化、信息化、城镇化、农业现代化的“新四化”建设时不忘生态文明建设，努力把我国建设成为“经济发展、政治清明、文化昌盛、社会公正、生态良好”的小康社会。

4.1.2.2 “五个统筹”和“综合平衡”相结合

十八大报告指出：“坚持一切从实际出发，正确认识和妥善处理中国特色社会主义事业中的重大关系，统筹改革发展稳定、内政外交国防、治党治国治军各方面工作，统筹城乡发展、区域发展、经济社会发展、人与自然和谐发展、国内发展和对外开放，统筹各方面利益关系，充分调动各方面积极性，努力形成全体人民各尽其能、各得其所而又和谐相处的局面。”[2]中央提出的五个统筹，从平衡论的视野理解，其要义在于强调全面平衡发展。五个统筹的特点：一是强调宏观经济平衡发展；二是强调经济与社会的平衡发展；三是强调人与自然平衡发展；四是强调国内与国外的平衡发展。第一，统筹兼顾，是全面平衡发展的重要方法。一是城乡之间的统筹发展，目标是形成城乡经济社会一体化；二是区域之间的统筹发展，目标是形成东中西部区域相互促进、优势互补、共同发展；三是经济社会的统筹发展，目标是形成经济发展与社会进步的互相促进；四是人与自然和谐的统筹发展，目标是形成让人类更好地适应自然、科学地改造自然，让自然更好地造福人类；五是国内发展和对外开放的统筹发展，目标是形成国内发展和对外开放相协调；六是中央和地方关系的统筹发展，目标是把两个积极性都充分调动起来；七是个人利益和集体利益、局部利益和整体利益、当前利益和长远利益的统筹发展，目标是形成多种利益均衡发展。我国通过统筹发展，做到各方面平衡兼职，人人各尽其能、各得其所，实现城乡、区域、经济社会全面平衡发展。第二，“综合平衡”是根据马克思的社会总资本再生产运动必须保持两大部类之间生产与消费、供给与需求平衡的思想，而提出的综合平衡的思想，确保国民经济平衡运行。一是物质资料再生产之间的平衡；二是物质生产和非物质生产部门之间的平衡；三是非物质生产部门之间的平衡；四是生产和建设之间的平衡；五是人口再生产和物质资料再生产之间的平衡；六是财政、信贷、外汇、物资之间的平衡；七是社会总产品的生产、补偿、消费和积累的平衡；八是社会总供给和总需求之间的平衡。

4.1.2.3 富国与强军的平衡

富国是强军的基础，强军是富国的保障。兵强才能御敌，国富才能养兵。“坚持走中国特色军民融合式发展路子，坚持富国和强军相统一，加强军民融合式发展战略规划、体制机制建设、法规建设。”[3]我国改革开放以来，综合国力不断增强，提高了中国的国际地位。特别是进入新世纪，我国高度重视国防和军队建设，为我国营造了和平的现代化建设环境。当今世界和平发展是时代主题，但也存在传统安全与非传统安全的交织的问题，我们必须认真总结近代落后挨打的教训，高度重视富国和强军的平衡发展。(1)经济建设与国防建设的平衡。国防建设的基础是经济建设，国防实力是经济实力的体现，国防建设的发展依靠国家经济实力的增强,国家综合国力的提升,强军才有坚实的基础。我国改革开放深入发展,综合国力的增强,为富国和强军平衡发展提供雄厚的物质保证,我们要做到经济建设与国防建设统筹兼顾、相互促进、协同发展,既要随着经济的发展,重视加强军队建设;又要以军队的发展促进国民经济的发展。(2)国家发展利益与军队建设的平衡。我国2.2万多公里的边界、3.2万多公里的海岸线,国家安全面临重大挑战,建设一支与国家发展利益相平衡的军队,才能为国家的和平发展保驾护航,才能为经济建设创造和平的环境。历史经验告诉我们,没有一支强大的军队,就没有国家的和平发展。我们要把强军融入经济社会发展之中,在现代化建设进程中实现富国和强军的平衡和统一,形成现代化建设、小康社会建设与国防军队建设相互协调、相互促进、融合发展的局面。

4.1.2.4　经济社会发展的平衡

在经济全球化的环境下,一定要把握世界经济政治发展大势,紧紧抓住一切发展机遇。世界发展经验告诉我们,如果把握住机遇,落后的国家和民族有可能实现跨越式发展;如果丧失机遇,强盛的国家和民族有可能变为时代的落伍者。当今,国家的重要战略机遇与整个世界相联系,要把握世界发展的大方向,看清机遇与风险的孪生性,战略机遇要到世界经济政治发展的整体中去寻找,要在利用机遇中防范风险,要敢于从风险中寻找机遇,而且要善于把风险转化为机遇,要顺势而为应对挑战,在挑战中牢牢把握机遇。我们能否不失机遇,关键取决于我们的思维更新的程度,取决于我们的工作的力度,取决于我们改革发展的速度,取决于我们在发展中风险预测的准确度。同时,在工作中不断解决发展问题、化解发展矛盾,要在转化发展挑战的实践中提高发展质量和水平。邓小平指出“发展才是硬道理”,“中国解决所有问题的关键是要靠自己的发展”。我们一定要致力于发展生产力,逐步提高人民的物质文化生活水平,这是关系人心向背、事业兴衰的大问题。我们必须把发展作为执政兴国、治国理政的第一要务,坚持不懈地抓紧抓好,决不能有丝毫动摇和放松。在当前,要坚决贯彻落实十八届三中全会的精神,牢牢扭住经济建设这个中心,坚持聚精会神搞建设、一心一意谋发展,着力把握发展规律、创新发展理念、破解发展难题,深入实施科教兴国战略、人才强国战略、可持续发展战略,加快形成符合科学发展要求的发展方式和体制机制,不断解放和发展社会生产力,不断实现科学发展、和谐发展、和平发展,为坚持和发展中国特色社会主义打下牢固基础。我们要坚持以人为本、全面协调可持续的科学发展,实现经济、政治、文化、社会、生态等各项事业发展的有机平衡和统一。一是内外需的平衡发展。要进一步深化改革、扩大开放,把外需和内需结合起来,并把内需作为重点,寻找投资和消费的平衡点,想办法扩大居民消费,这样做既拉动经济增长,又改善民生,调动积极性,促进经济的发展。二是产业结构平衡发展。要下大决心解决产能过剩问题,调整产业结构,淘汰落后产能,实现优化转型升级,改造传统产业,发展新兴产业,大力推动工业化与信息化相融合，发展高新技术产业。三是城乡平衡发展。我国在改革中初步打破了城乡二元结构，加快解决“三农”问题，努力解决城乡发展不平衡问题。四是区域平衡发展。我国实施的区域发展总体战略，有力地促进了区域的协调平衡发展，逐步缩小了区域间的差距。五是生态环境平衡发展。生态文明建设和环境保护关系到民族未来的兴衰，我们要不断加大环境保护的力度，下决心治理污染，改变旧的生产方式和生活方式，推进绿色发展、循环发展，倡导低碳生活、节约消费，努力建设资源节约型和环境友好型社会。

4.1.2.5 传统文化与新型文化发展的平衡

中华文明是世界上唯一不曾消亡的文明。随着生产力的发展，中华民族创造出灿烂的文化，从远古到现代，石器时代有玉文化，铁器时代有青铜文化，封建时代有陶瓷文化、书画文化、诗词文化、戏曲文化等，中国文化从来都是包容的、多元平衡发展的，包括宗教在内的东方西方相互融通、世代传承，是世界文化的重要组成部分。

文化是支撑民族与国家的基石和力量。一个健全的文明社会，必然是一个多元文化的社会。一是东西文化平衡融合发展。在现代，我国与世界交流更为广泛，西方的生活方式和中国的生活方式，都是可以各取所需的共同财富，如西装文化和中装文化、西餐文化和中餐文化等的平衡融合发展。二是文化是强国的精神动力。近年来我国建设文化强国迈出了新的步伐，社会主义核心价值体系建设深入人心，社会文明、公民文明素质不断提高，文化体制改革全面推进，公共文化服务体系建设取得重大进展，全民健身取得新成绩，这些都为富国强军发挥了巨大作用。三是目前我国文化产品更加丰富，文化产业快速发展，文化生产力得到解放和发展，使文化产业成为国民经济的支柱性产业和文化软实力的重要支撑，文化强国建设迈开了坚实的步伐。四是开拓和提升我国公共外交和人文交流软实力。大力开展公共外交和人文交流，为彰显我国民族形象，展示我国发展成就，宣传我国和平、发展、合作的外交政策理念，阐明我国走和平发展、和平崛起道路起到促进作用，增进了国际社会的理解和支持。

“要支撑起一个强大的现代化国家，除了经济、制度、科技、教育等力量之外，还需要先进的、强有力的文化力量。”[4]经济全球化带来了不同文化之间的交流和融合，也带来了不同文化的碰撞和冲突。从文化发展历史看，不同文化的大整合、大融合是大趋势，但现在仍处于扬弃、共存和交融阶段。我们要在全球化背景下，坚持开放，反对封闭和保守，保持与时俱进，赶上时代发展，在始终坚持中华文化特质、继承我国优秀传统文化的同时，大胆吸收外来文化的有益的异质，增强国家的文化软实力，实现文化事业和文化产业的平衡发展、传统媒体与新兴媒体的平衡发展、文化管理和文化服务的平衡发展、对内宣传和对外宣传的平衡发展。我国要建成工业化、信息化、城市化和农业现代化，就必须提高国民素质，努力培育现代文明，大力发展先进文化，促进我国从农业文明向工业文明转型、从传统社会文明向现代社会文明发展，努力把我国建设成为文化强国。

参考文献

[1]西武.木桶定律.北京:机械工业出版社,2004:31.

[2]中国社会科学院马克思主义研究院.科学发展观纲要学习读本.北京:红旗出版社,2013:13.

[3]胡锦涛.坚定不移沿着中国特色社会主义道路前进为全面建成小康社会而奋斗——在中国共产党第十八次全国代表大会上的报告.北京:人民出版社,2012:43.

[4][英]安东尼·吉登斯.全球化时代的民族国家:吉登斯讲演录.郭忠华,编.南京:江苏人民出版社,2012.

4.1.3 现实发展与未来发展的平衡:可持续发展

引证:

> 必须研究自然的、社会的、生态的、经济的以及利用自然资源过程中的基本关系,以确保全球的可持续发展。[1]
>
> ——国际自然保护同盟《世界自然资源保护大纲》

4.1.3.1 动态平衡发展就是可持续发展

美国布朗《建设一个可持续发展的社会》一书中,提出实现可持续发展要控制人口、保护资源和开发新能源。世界环境与发展委员会《我们共同的未来》的报告,认为"可持续发展"是"既能满足当代人的需要,又不对后代人满足其需要的能力构成危害的发展"。他们的观点不但立足现实,还面向未来,我们要深刻理解它的现实和深远历史意义。

最早提出"可持续发展"的是1980年国际自然保护同盟的《世界自然资源保护大纲》提出:"必须研究自然的、社会的、生态的、经济的以及利用自然资源过程中的基本关系,以确保全球的可持续发展。"提出全球可持续发展,是一个了不起的观点,是人类发展的一大进步。动态平衡发展方式实际上就是一种可持续发展方式,主张长期发展与短期发展的平衡、当代人利益与后代人利益的平衡。在现代化建设过程中,要纠正发展经济与保护环境之间相对立的观点,做到发展经济与保护环境的平衡兼顾。一是发展经济与保护环境要统筹平衡。发展经济的根本目的,是为了改善民生,满足人民日益增长的物质文化需求,保护自然环境,也就是保护人民群众的生活环境,都是为了提高人民生活质量,二者是一致的,既要发展经济,又要保护环境,要找到二者的平衡点,做到二者相结合。二是做到短期与长期的统筹平衡。按照国家可持续发展战略的部署,发展经济必须保护环境,不能破坏环境,在保护环境的基础上发展经济,要把长远利益与短期利益紧密结合起来。三是发展经济、保护环境与思想认识的平衡。要加大宣传力度,深刻认识保护环境的重要性,树立环保意识,从战略的高度认识发展经济与保护环境的辩证关系,尽可能多地投入资金改造环境和湿地、改造沙漠化和石漠化、改造盐碱地和水土流失地,保持生态良性循环,才能保持经济社会可持续发展。所以,"为充分发挥自然环境、自然条件在社会发展中的作用,人们在改造自然界的斗争中,必须遵循自然界的客观规律,其中包括生态平衡的规律"[2]。

4.1.3.2 远期发展与近期发展的平衡

遵照国家提出的可持续发展战略,推动经济社会的可持续发展,在世界经济危机、经济下行压力和发达国家经济不景气的情况下,我们要在克服短期经济下行压力困难的同时,又要为长远发展打基础、增后勤,正确处理现在发展与将来发展中的不平衡的问题,纠正发展中的短期行为,把当前发展利益和长远发展利益结合起来,做到当前发展与长远目标的平衡。既要重视当前经济社会发展,又要重视可持续发展;既要重视经济社会效益,又要重视生态环境和资源效益;既要解决当前改革发展需要,又要考虑未来发展的需要,把合理开发利用自然资源,当作人类永续生存的大事来对待,杜绝资源开发中的急功近利现象。一要在立足当前、着眼长远中实现远期与近期的平衡,立足当前加快发展是实现长远目标的重要基础,把握长远发展这个大方向,把长短期发展结合起来。二要立足当前、着眼长远,就要加强科技支撑,采取多种形式办好科技,实现当前发展与未来发展的平衡。三要立足当前、着眼长远,就必须发展教育,为长远发展奠定基础。

4.1.3.3 消除现实发展中抑制未来发展的不平衡因子

实施可持续发展战略,就必须消除现实发展抑制未来发展和不利于未来发展的不平衡因子,增加现实发展与未来发展的共同元素,从而实现现实发展与未来发展的统筹平衡。一要正确认识现实发展与未来发展的关系。现实发展与未来发展的关系是矛盾的,又是相辅相成的。只有在现实发展计划中增加未来发展规划的因子,把未来发展的规划所需要的元素尽可能安排在现实发展计划之中,使现实发展计划成为未来发展规划的元素。做到短期增长元素与长期增长元素的平衡和统一,要立足当前发展计划任务、着眼长远发展规划目标,把二者有机结合起来,这是我们工作的一贯方针。这是因为,立足当前是实现长远目标的基础,着眼长远目标是我们健康持续发展的方向。二要促进现实发展与未来发展的平衡。做到当前与长远发展目标一致、相互补充。通俗地说,短期计划的相加,就是长期规划;长期规划的分解就是短期计划。因此,对不利于长期发展的短期计划要坚决纠正。人类永续生存决定了可持续的发展方式,要做到可持续发展,就必须建立人类长期发展的战略和模式,保护生态环境和综合利用自然资源,加快节约型社会建设的步伐,努力做好节能、节地和节资源的工作。

4.1.3.4 现实发展与未来发展的统筹平衡

可持续发展理论的提出,是20世纪人类最重要的思想成果之一。世界知名专家学者在20世纪就提出实现可持续发展的三个重点:一要控制人口;二要保护资源;三要开发新能源。这是有先见之前的观点。

生态环境是早于人类而存在的物质世界。人在环境系统中具有双重身份:一方面,人类是地球生物圈的一个组成部分,受自然生态系统的制约;另一方面,人类能为自我生存创造环境和改造环境。因此,人在物质世界中占有特殊的重要地位、发挥着主导作用,对现实发展与未来发展的平衡和统一责任重大。必须确保“三个可持续”:一是要做到人口的可持续——人口适度;二是要做到资源的可持续——合理开发利用;三是要做到能源的可持续——开发新能源。(1)现实发展与未来发展的平衡。要处理好现实与未来发展的关系,关键是处理好人与自然的关系,这就关系到人的素质、科学技术、资源环境等多方面的问题。一是做到开发利用与补偿还原的平衡;二是确保自然系统的输入与输出的平衡;三是维持生态系统结构变化的平衡;四是物质和能量流动的平衡。(2)人口的平衡。要控制人口无度增长,保持适度的人口数量,维持国家人口与国家资源的平衡。这是因为,人口既关系现在发展,又关系将来发展,更重要的是维持国家和民族发展的持续性,要做到前代要为后代子孙留下更多的发展机会和发展潜力,创造国家和民族永续发展的条件。(3)自然资源利用与新能源开发的平衡。一是要倡导低碳经济。这是保持资源可持续发展的关键。低碳经济涉及新能源、可再生能源、对碳捕捉和储存的技术,以及绿色经济替代传统经济运行模式等。二是要开发新能源。要以开发新能源减少对自然资源的消耗量,如太阳能、水能、风能等。

4.1.3.5 人类永续生存与生态永续平衡的统一

当今,世界的发展、人类的生存面临着地球生态失衡的危机,我们要积极行动起来,为人类的永续生存和发展做出自己的努力,全球每个人都要实现个人身份与全球意识的平衡,从每个人做起,从我做起,从每个家庭做起,从每个社区、村镇、企业、组织、城市、区域、国家做起,从营造一个个封闭的家庭园落小生态、村庄小生态、医院、学校小生态开始,营造小气候、小环境,积少成多,连成一片,形成地球生物圈的生态平衡,实现人类持续生存与生态持续平衡的统一。“马克思恩格斯针对资本主义的发展以破坏自然环境为代价,提出了未来社会应当实现人与自然和谐相处的思想。”[5]导师们有先见之明,在工业文明开始的时代就认识到这个问题,真可谓先知先觉。但是,直到今天还没有引起我们的足够重视,而造成了世界面临环境污染、自然资源短缺的困境。资源是人类生存和发展不可或缺的条件,资源消耗是世界经济增长不可缺少的因素,特别是土地、森林、水、能源和矿藏更是如此。目前,人类把地球60%以上的资源已经耗尽了,有的人类赖以生存的资源已经枯竭。据相关人士介绍,世界耕地面积、森林面积、淡水资源急剧减少,有近百个国家出现淡水资源危机,必须引起人们的高度重视。

参考文献

[1]十一届全国人大三次会议《政府工作报告》学习参考编写组.十一届全国人大三次会议《政府工作报告》学习参考.北京:人民日报出版社,2010:38.

[2]李秀林,王于,李淮春.辩证唯物主义和历史唯物主义原理.北京:中国人民大学出版社,1982:246.

[3]江金权.论科学发展观的理论体系.北京:人民出版社,2007:57.

4.1.4 革故与鼎新发展的平衡:改革发展

引证:

全面深化改革是关系党和国家事业发展全局的重大战略部署,不是某个领域某个方面的单项改革。[1]

——《中国共产党第十八届中央委员会第三次全体会议文件汇编》

4.1.4.1 创业与守成的平衡

创业是指创立基业;守成是指保持已有成就。据史记载,唐太宗问:"帝王创业与守成孰难?"大臣们有的回答"……创业难矣",有的回答"……故知守成之难"。唐太宗最后总结说:"然创业之难,既已往矣;守成之难,方当与诸公共慎之。"唐太宗说的意思是"然而创业已过,而守成的难题才是我们所面临的,要求大家共同努力。"于是,唐朝呈现出"贞观之治"的太平盛世。相反,明朝末年李自成起义军则是"得之于艰难,失之于安逸",得了江山,坐了天下,但疏于守成,安于富贵,不到一年便失去江山,酿成悲剧。可见,创业不易,守成更难。在我国历史上出现的著名改革,都深知"创业难守成更难"的道理,把改革作为守成的强大动力,实现富国强军,消除内忧外患,走创新发展之路。例如,商鞅变法、孝文帝改革和王安石变法等,不但巩固了创立的基业,而且使国家由弱变强、发展壮大。例如,秦国的改革实现了"拱手而取西河之外"。我国西汉初期的两个皇帝:文帝和景帝,他们都面临连年战争,造成社会经济衰弱和崩溃、多重势力斗争尖锐的局面。于是,他们采取休养生息政策,重视发展农业,奖励勤于耕作,减免田租,提倡节俭,减轻刑罚。从而,使经济发展,社会安定。史称"文景之治"。再如唐太宗李世民,他登基后吸取隋朝灭亡的教训,勤于政事,善于纳谏,实行轻徭役、薄税赋等政策,使社会秩序安定,矛盾缓和,经济繁荣,国力强盛。实践证明,既要做到艰苦创业、勇于变革,又要力图发展。

现代,我们的事业也有一个创业与守成的问题。创业难,建国难,巩固新生政权更难。我国经过艰苦卓绝的斗争，取得了新民主主义革命的伟大胜利，建立了中华人民共和国。新中国成立后守业更难。新中国建立初期，在一穷二白的土地上，不但保持了已有的创业成就，还把建设新中国的事业不断推向前进，经过长期艰苦奋斗和不断改革，开创了现代化建设新局面。实践证明，“只有改革开放才能发展中国”。中国要发展进步要靠改革开放，在改革创新中求进步、谋发展。现在，我国的改革进入了深水区和攻坚阶段，要正确处理所面临的各项改革措施之间的协调问题、改革和发展之间关系的协调问题、经济改革和政治改革之间的协调问题，使我国全面改革继续向前推进，从而把我国改革和发展不断引向深入。十八届三中全会通过的《中共中央关于全面深化改革若干重大问题的决定》是我们党以巨大的政治勇气，锐意进取，深入推进经济体制、政治体制、文化体制、社会体制、生态文明体制和党的建设制度的全面、综合改革，决心之大、信心之足是前所未有的。一是努力建设服务型政府。推进政企分开、政资分开，注重各种服务。如国务院实施减政放权、减少行政审批等改革举措，近两年仅减少行政审批达400多项。二是不断完善公共财政。财政要从经济建设型转变为公共财政，为社会公众提供均等服务。三是建立健全国企治理结构。以市场为导向，推进公司制和股份制改革，建立现代企业制度，引入市场机制，鼓励走出去跨国跨地区闯天下。四是大力发展民营经济。鼓励万众创业，支持民营企业进入公共事业、医疗卫生事业和文化产业，发挥民营企业扩大就业、增加收入的作用。五是缩小收入分配差距。努力缩小居民收入的差距，健全城乡社会保障和公共服务，尽快建成小康社会和早日实现国家现代化，为中华民族伟大复兴而不懈努力。美国旧金山华人企业家、旧金山中华总商会前会长黄永乐指出：“中国在这30年的改变，可说是世界300年的缩影，而且是任何一个国家都无法做得到的。”他指出：“中国交通网络30年的发展，已超过世界上许多国家300年的发展。”他说，中国现在已跃居世界第二大经济体，国家实力、人民生活已得到很大提高；但是，中国仍然存在经济发展不平衡、教育发展不平衡、部分地区贫富悬殊等各种急需解决的问题。[2]我国改革开放30多年，的确使我国经济社会发生了翻天覆地的变化，提高了人民的生活水平，增强了国力。我国在众多领域的改革取得重大进展，开放型经济达到新的高度，创新型国家建设取得举世瞩目的成就，如国内生产总值跃居全球第二，人民物质文化生活显著提高，社会建设发生巨大变化，载人航天、载人深潜、北斗卫星导航系统、超级计算机、现代化机场和港口、跨海和连岛大桥、西气东输、西电东送、南水北调等工程，第一艘航母“辽宁舰”入列，水电、风电装机位居世界第一等重大项目的建成。这些成就的取得，为实现“两个一百年”目标奠定了坚实基础。

4.1.4.2　经济体制、政治体制、社会体制、文化体制和生态体制改革的统筹平衡

改革开放是1978年12月党的十一届三中全会开启的一场伟大革命，党的十八届三中全会提出改革开放是新的时代带领全国各族人民进行的新的伟大革命。这场革命的实质是社会主义制度的自我完善和自我发展。十八届三中全会提出了全面深化改革的

指导思想、目标任务、重大原则，形成了改革理论、政策的一系列重大突破，为新的时期深化改革指明了方向。在新的历史条件下，我们要开创新局面，就必须转变思维方式，以改革促进发展，把改革作为经济政治社会文化发展的强大动力，敢于攻坚克难，敢于冒险碰硬，敢于破除妨碍经济社会发展的体制机制，在加强顶层改革设计和总体改革规划的基础上，推进经济体制、政治体制、文化体制、社会体制、生态体制等各个领域体制改革，实现改革发展新突破，激发全社会的创造力，推动各项事业的向前发展。一要处理好五大关系：解放思想和实事求是的关系、整体推进和重点突破的关系、顶层设计和摸着石头过河的关系、胆子要大和步子要稳的关系、改革发展稳定的关系等。二要贯彻落实“四个全面”战略布局。党和国家为了开创治国理政、管党治党新局面提出了“四个全面”战略布局，我们要认真落实全面建成小康社会、全面深化改革、全面依法治国、全面从严治党。创新社会管理，进一步完善社会控制机制。要在各级管理层次建立各项社会管理制度，完善强有力的社会运行机制，进一步加强民主和法制建设，维护社会长治久安。三要不断深化行政管理改革，努力建设服务型政府，做好社会公共服务，完善社会保障体系。四要关心民生，完善民主，基层组织要掌握城乡民意民情，建立多样化群众表达机制。五要落实城乡的社会保障制度，加快农村养老和医疗保险制度的改革，解除农村养老的后顾之忧，促进社会关系的平衡和谐。六要完善矛盾疏导制度，化解社会矛盾，团结和调动广大人民群众万众一心为现代化建设做贡献。

“必须实行更加积极主动的开放战略，完善互利共赢、多元平衡、安全高效的开放型经济体系。”[3]改革开放是国家发展进步的不竭动力，已经被我国30多年改革开放的实践所证明。我国仍将坚定不移地推进和深化经济体制、政治体制、文化体制、社会体制、生态体制和党的建设制度等重要领域的改革和建设，从而托起“两个一百年”宏伟目标。第一，深化改革的重要性：一是推进重要领域的改革，是转方式、调结构、稳增长的需要。二是推进重要领域的改革，是促进社会建设、重民意、惠民生的需要。三是推进重要领域的改革，是充分利用和紧紧抓住国际和平发展的机遇发展自己的需要。四是推进重要领域的改革，是完善社会主义市场经济体制的需要。第二，深化改革的任务：深化改革的任务包括改革经济体制、财税体制、金融体制、价格体制和收入分配体制等。一要从根本上完善我国社会主义市场经济体制机制；二要进一步巩固和发展公有制经济；三要重点鼓励和大力支持非公有制经济发展。第三，深化改革的目标：在改革中建立科学高效运行的体制机制。通过市场化改革，建立推动经济发展的体制机制；通过农村经济体制改革，建立推动统筹城乡发展的体制机制；通过社会领域改革，建立推动社会和谐发展的体制机制；通过行政管理体制改革，建立行政管理服务体制机制。历史经验证明，改革开放是我国经济社会发展的根本途径和核心动力，我们要做到改革开放不停步，年年都有新进展。

4.1.4.3 改革与开放的平衡推进

改革,就是把事物中旧的、落后的、不合理的、封闭的部分革除掉,改成新的、开放的、能适应客观情况,与外界相联系、相交换的新事物。我国的改革开放正是朝着各领域、各部门、各行业体制机制除旧布新而展开的。(1)平衡式改革。十八届三中全会的决定体现了改革的系统性、整体性、协同性。“全面深化改革是关系党和国家事业发展全局的重大战略部署,不是某个领域某个方面的单项改革。紧紧围绕使市场在资源配置中起决定性作用深化经济体制改革;紧紧围绕坚持党的领导、人民当家做主、依法治国有机统一深化政治体制改革,紧紧围绕建设社会主义核心价值体系、社会主义文化强国深化文化体制改革;紧紧围绕更好保障和改善民生、促进社会公平正义深化社会体制改革;紧紧围绕建设美丽中国深化生态文明体制改革;紧紧围绕提高科学执政、民主执政水平深化党的建设制度改革。”[4]我们要把各领域的改革作为一个系统统筹做好,从各重要领域和各关键环节从全方位展开,经济、政治、文化、社会、生态文明等各领域改革和党的建设制度改革紧密联系、相互交融。这是因为,任何一个领域的改革都会牵动其他领域,同时也需要其他领域改革的密切配合。如果各领域改革不配套,各方面改革措施相互牵扯,全面深化改革就很难推进下去,即使勉强推进,效果也会大打折扣。第一,政府和市场关系的改革。在改革中,正确处理政府和市场的关系,充分发挥市场的决定性作用的同时,发挥好政府宏观管理作用,尊重市场规律,按照市场规律办事,简政放权,下放和简化行政审批项目,从管理向服务转变,增强了市场活力。在大力发展公有制经济的同时,要鼓励、支持、引导非公有制经济发展,非公有制经济与公有制经济在市场公平竞争,生产要素的使用一律平等,使二者竞相发展,互为补充。第二,收入分配关系的改革。由于收入分配结构的不平衡,影响了消费水平的提高,也造成了产能过剩。要消化过剩的产能,就要扩大内需,改善分配关系,提高收入水平,确保经济的平稳增长。(2)平衡式开放。为了适应全球化的新形势,不断推动对内对外开放的平衡、引进来和走出去的平衡、利用外资与对外投资的平衡、沿海开放与内陆开放的平衡、内需和外需的平衡,努力实现内外结合,相互促进,推动国际、国内各生产要素有序自由流动,资源高效配置,市场深度融合,以开放促进改革,参与国际合作竞争,建立和加快自贸区建设、扩大企业界及个人对外投资,扩大内陆沿边开放,形成全方位开放新格局。一是出口与进口的平衡。把扩大内需与稳定外需结合起来,对外贸易企业要注重质量和效益的提高,优化进出口结构,发挥进出口对宏观经济平衡发展的重要作用。二是利用外资与对外投资的平衡。坚持积极有效利用外资的方针,稳定利用外资的规模、结构和质量,做到引资、引智和引技的平衡。三是沿海开放与内陆开放的平衡。发挥内地资源、劳动力优势和沿海地区的地理、资金、技术和人才优势的平衡互补作用,提高我国整体发展水平。四是经济领域与其他领域开放的平衡。在开放经济领域的同时,扩大开放服务业领域,进行科技、教育、文化、卫生、体育等领域的开放,促进我国各项事业的发展。五是向发达国家与发展中国家开放的平衡。对发达国家与发展中国家开放具有两个方面的互补作用。同富国合作学习和借鉴先进经验发展自己,同穷国合作利用资源和发展潜力,开拓多元化市场,开展多方面合作,促进我国多领域的发展。六是对外贸易平衡发展。"坚持进口出口并重的方针,在稳定出口增长的同时,积极扩大进口,促进贸易趋向平衡。"[5]

4.1.4.4　除旧与布新的平衡

"物不因不生,不革不成。"恩格斯说:"社会主义是'经常变化和改革的社会'。"[6]按照中央部署,各地各部门把改革开放作为发展的强大动力,积极推动重要领域的改革,使多领域的改革相互配合,特别是运用改革开放和科技创新两大动力的平衡驱动作用,取得整体除旧布新的重大突破。第一,破旧与立新的平衡。改革、除旧、布新是有机联系的关系,改革就要除旧,除旧必须布新,布新就要吸纳世界一切新成果。一是从上到下,都要明确今后一个时期改革开放的重点、举措和目标,平衡有序地推动重要领域的改革和各项配套改革。二是重点要在机构改革和转变政府职能为主要突破口的行政体制改革和以理顺收入分配关系为主要内容的收入分配体制改革方面取得突破性进展,并且要以这两项改革推动各项改革的除旧布新的突破。第二,建设创新型国家与使用创新型人才的平衡。近年来,我国紧紧抓住世界新一轮科技革命和产业变革的机遇,依靠科技驱动,不断增强创新发展活力,以国企、民企、大中小企业为主体,产学研相结合,建立新的科技发展体系,促进科研成果的产出和转化,提高生产效率和经济效益,为经济社会发展提供双驱动和快发展。首先,从全球视野谋划实施创新发展战略和吸纳创新型人才,坚持走自主创新道路,努力建设创新型国家,把握世界科技发展新趋势和新动向,利用国际科技资源,增强我国高起点创新,不断提高引进消化吸收再创新的能力,提高我国的科技人才实力。其次,科技创新是提高社会生产力和综合国力的战略支撑和引领,必须要科学地进行科技体制改革,促进科学技术的发展,广泛建立以企业为主体、以市场为导向、以产学研相结合的体系;要发挥协同创新精神,加快把科技成果转化为生产能力、经济发展能力,提高发展战略性新兴产业的研究水平,加快发展方式的转变,培育新的经济增长点。再次,努力营造科技创新的政策、人才和文化氛围。要在着力落实现有政策的基础上,从全球视野出发制定财税政策、成果转化政策、奖励政策、农业和企业扶持政策等行之有效的新政策。同时,要大力弘扬创新文化,做好科普教育,提高全民科技素质,加强人才队伍的培养、使用、引进工作,创造良好的科技创新环境。

参考文献

[1]中国共产党第十八届中央委员会第三次全体会议文件汇编.北京:人民出版社,2013:119.

[2]黄永乐.中国30年,世界300年.新华网,2012-09-25.

[3]中国社会科学院马克思主义研究院.科学发展观纲要学习读本.北京:红旗出版社,2013:56.

[4]中国共产党第十八届中央委员会第三次全体会议文件汇编.北京:人民出版社,2013:119.

[5]国务院研究室编写组.十二届全国人大三次会议《政府工作报告》学习参考.北京:人民日报出版社,中国言实出版社,2013:87.

[6]洪向华.四个全面:党员干部读本.北京:中共党史出版社,2015:49.

4.1.5 各自为政发展与相互配合发展的平衡:协调发展

引证:

协调发展是以实现人的全面发展为目标,通过人口、社会、经济、科技、环境、资源间的相互协作、相互配合和相互促进而形成的具有良性循环态势的社会发展,它是一个客观存在的社会发展系统。[1]

——王维国《协调发展的理论与方法研究》

4.1.5.1 以比例适当、结构合理实现协调平衡发展

"协同学,通过模拟对各门学科从'无序到有序'的现象建立一整套数学模型和方案,对于处理和解决社会系统中'平衡到不平衡'这一对矛盾具有借鉴意义。给平衡论提供了'协调发展'的自然科学依据。"[2]协调发展,就是国民经济不同部门、不同地区、不同领域之间必须互相协调、配合适当,实现发展规模、发展速度、发展程度、发展效益等方面的比例适当、结构合理,达到相互促进、良性运行、共同发展的平衡协调、可持续的发展状态。在社会发展方面重点要做好统筹城乡发展、统筹区域发展、统筹经济社会发展、统筹人与自然和谐发展、统筹国内发展和对外开放,推进生产力和生产关系、经济基础和上层建筑相协调,使经济、政治、文化和生态建设等各领域、各环节、各方面协同配合,共同发展。

"所谓协调发展,通常是指城乡之间、区域之间、经济社会与人的发展之间的协调共进,经济社会与人口、资源、环境的协调平衡,生产力和生产关系、经济基础和上层建筑的协调适应。"[3]社会发展的不同阶段,都会存在不同的社会基本矛盾,需要通过协调,使之不断完善适应、协调发展。社会主义也需要通过改革、调整和完善的方法进行协调。"共产主义(又分为低级阶段和高级阶段)的生产力和生产关系、经济基础和上层建筑在本质上是非对抗性的,它可以通过不断改革和自我完善来保持相互协调。"[4]江金权在《论科学发展观的理论体系·马克思恩格斯的社会协调观》一节中认为,协调不是一种一

成不变的状况，而是动态的协调。这就为社会协调发展找到了一个动力，也为我们今天在深化改革、在发展中保持协调、在协调中发展，提供了理论依据。江金权在《列宁的社会协调观》一节中认为，列宁对俄国社会主义协调发展的探索并不是一帆风顺的，而是经历了从战时共产主义到打破新经济政策再到不断改革的曲折过程。江金权在《我们党三代中央领导核心的社会协调观》一节中说："我们党的三代领导核心根据马克思主义基本原理，并结合不同历史时期的建设实践，提出了协调发展的思想。"新的时期，我国的社会协调发展，就是从我国的国情出发，走以经济建设为中心，以人的发展为本位，经济、社会、人口、环境、资源相互配合和协同发展的道路。

陆学义在《现代经济学》中说，由此我们可以清楚地看到，党中央、国务院更加注重经济与社会平衡、协调发展。平衡协调发展是一个系统的运作和系统工程，是克服各自为政、相互冲突的方法，是相互配合、相互促进的方法，对我们具有重要方法论意义。它要求我们把发展的目标定在系统整体的全面发展上，各个子系统包括人口、社会、经济、科技、环境、资源等内部必须相对平衡发展，而且这些子系统与子系统之间也必须相对平衡协调发展。这样才能确保子系统与子系统之间相互协作、相互配合和相互促进，从而实现社会整体的平衡协调发展。否则，各个子系统之间不协调、拉后腿，相互之间阻碍制约，造成经济社会整体运行不畅通，甚至出现恶性循环。我们必须坚决克服各领域间、部门间和行业间发展的相互限制和制约，实现各行各业之间动态平衡发展。如果国民经济部门间不协调、不配合、比例不适当、结构不合理，整个经济系统就不会良性运行；如果经济与社会发展之间不协调，重经济发展轻社会发展，就会造成社会动荡不安；如果发展经济与生态保护之间不协调，就会造成生态恶性循环。

4.1.5.2　多领域相互配合实现平衡协调发展

"绝对的协调、永远的协调是不存在的。但是，如果不协调超过一定的限度，不平衡超过一定的限度，就会发生严重的问题。供求之间的不协调，生产和消费之间的不协调，价格和价值之间的不协调，就很难使经济活动健康地进行下去，甚至不可能进行下去。各项改革措施之间的不协调，改革和发展之间的关系的不协调，经济改革和政治改革之间的不协调，都很难使改革得以顺利进行。"[5]第一，不协调具有普遍性。一是结构上的不协调。一个人头很大，身子很小，走起路来就容易栽跟头，这就是不协调的结果。二是关系上的不协调。一方有商品，一方需要商品，但由于价格不合理不能成交，这也是不协调。三是运转上的不协调。上级指挥部的作战方案是正确的，但由于通信不灵，命令迟迟不能到达作战部队，贻误了战机，这也是不协调……这些客观存在的不协调，说明不协调具有普遍性，都需要通过协调平衡工作才能实现协调。第二，平衡协调的方法。"所谓协调发展，通常是指城乡之间、区域之间、经济社会与人的发展之间的协调共进，经济社会与人口、资源、环境的协调平衡，生产力和生产关系、经济基础和上层建筑的协调适应。"[6]一是整体与局部矛盾的平衡协调。例如，"锅里无饭碗里空""大河无水小河干”,说明关键在于整体。我们看不协调的问题,主要是从整体、宏观的角度出发,没有全局利益就没有局部利益,局部利益要服从全局的利益,或牺牲局部利益也要保全全局利益,有了全局利益,也就有了局部利益。无论是经济领域的工作,还是改革开放的工作,都一时也离不开协调工作,协调实际上就是实现局部和全局两者的高度统一。二是区域之间的平衡协调。地区与地区之间的协调,主要是做好协同关系的协调、布局的协调、政治利益关系与经济利益关系的协调。不同地区之间的矛盾要靠统筹兼顾和优劣互补的办法来处理。如西部地区落后,资源比较丰富,但资金、技术、人才短缺;东部沿海地区先进,资金、技术、人才、信息方面占有优势,但资源短缺。东西部优势互补,做好供求协调,这是搞好协调的好办法。三是利益矛盾的平衡协调。坚持国家、集体、个人三者利益关系一致的原则,通过协调解决好三者之间的关系,个人和集体要以国家利益为重,最终使个人受益。再如人民群众日益增长的物质和文化生活需求与落后的社会生产之间的矛盾解决的方法,就要大力促进生产力发展。四是经济矛盾的平衡协调。经济上的买方市场与卖方市场的矛盾、价格高低贵贱的矛盾、合同纠纷的矛盾等,协调是解决这些矛盾的最好方法。五是领导班子的平衡协调。领导班子的团结不好,是领导集体中各个成员之间由于看问题的角度和方法不同、个性不同,相互产生矛盾也是经常发生的。这就要求配备班子要优势互补,取长补短,合理搭配,互相配合。在班子内部要开展积极的思想斗争,教育班子成员相互谅解、相互理解、相互配合、团结共事,正确看待自己,正确看待集体,多做自我批评,努力提高自身素质。六是改革开放中的平衡协调。发展和改革之间的矛盾和不协调、经济改革与政治改革之间的不平衡等要靠协调来解决;改革是利益关系的调整,这中间的矛盾牵涉到各个方面、各个领域、各个阶层,更是要靠协调来处理。七是人民内部矛盾的平衡协调。非对抗性的矛盾是要靠协调来解决的。人民内部的思想分歧,包括单位、群体、家庭的纠纷,只能用协调的方法解决。人民内部的矛盾要用“团结——批评——团结”方法化解矛盾。八是党内矛盾的平衡协调。党内也有矛盾和不协调的问题。党内的不同意见和分歧的矛盾,主要靠协调来处理。党内的思想教育和政治教育,党内的批评与自我批评,党内的民主生活会,这些都是协调的好办法。九是思想领域的平衡协调。思想认识问题,要通过正面教育、启发和引导来协调,也可以通过辩论、争论和讨论来解决,还可以采取思想政治工作,进行疏导说服,从而提高思想认识,化解矛盾。

4.1.5.3 改革、建设、发展、稳定的平衡协调

“必须注重提高改革决策的科学性、增强改革措施的协调性、正确处理改革发展稳定的关系。”[7]我们要深刻认识改革、建设、稳定和发展的关系,把发展作为硬道理,把改革作为硬任务,把稳定作为奠基础,不断增强改革、建设、稳定和发展的协调性,才能实现各方面事业的有机统一,这就要求我们必须在“五位一体”总体布局中,全面谋划和推进经济建设、政治建设、文化建设、社会建设和生态文明建设,促进现代化建设各个领

域、各个环节、各个方面的协调运行,促进改革、建设、稳定和发展相协调,使经济社会持续平衡协调发展。要增强改革、建设和发展的协调性,必须坚持统筹兼顾,统筹兼顾就是平衡协调。我们要正确认识和协调改革开放、现代化建设和经济社会发展中的重大关系,协调城乡发展、协调区域发展、协调经济社会发展、协调人与自然和谐发展、协调国内发展和对外开放的发展、协调中央和地方关系的发展,以及协调个人利益和集体利益、局部利益和整体利益、当前利益和长远利益的发展。做到既协调全局主要工作,又要抓住事关群众利益的重大问题,精心运筹,全面推进,使各项工作协调共进、平衡发展。要增强改革建设和发展的协调性,必须正确处理改革发展稳定的关系。发展是硬道理,改革是硬任务,稳定是奠基础,有了社会稳定这个基础,才能完成改革开放、经济建设的艰巨任务。

4.1.5.4 区域、城乡协调平衡发展

"毛泽东同志提出'统筹兼顾'思想,是针对计划经济条件下对发展中各种关系和矛盾的协调平衡。"[8]"科学发展观的根本方法是统筹兼顾",而协调平衡的方法,则是落实统筹兼顾的好方法。(1)区域协调平衡发展。落实区域总体发展战略,促进区域协调发展,就要发挥不同区域比较优势,深化区域合作,缩小区域差距,促进生产要素合理流动,推动不同区域发展的相互协调。一是继续实施西部大开发战略,在政策上支持,在资金上帮助,把西部开发放在区域开发总体战略的优先位置。二是全面振兴东北地区老工业基地,努力抓好调整改造和升级,完善现代产业体系,在政策上给予特殊支持。三是大力推进中部地区崛起,努力巩固提升中部粮食、交通运输枢纽地位。四是继续支持东部沿海地区率先发展,加快科技创新能力建设,加快新兴产业、现代服务业和先进制造业的发展。五是不断加大对边疆地区、民族地区和贫困地区政策、资金的扶持力度,推进兴边富民行动计划和对口支援,加强基础设施建设,努力改善生产、生活条件。(2)城乡平衡协调发展。"城乡发展不平衡不协调,是我国经济社会发展存在的突出矛盾,是全面建成小康社会、加快推进社会主义现代化必须解决的重大问题。"[9]改革开放30多年,农村面貌发生了翻天覆地的变化,但城乡二元结构改变不明显。第一,大力推进城乡一体化发展。尽快形成以工促农、以城带农、工农互惠、城乡一体的新型工农城乡关系。第二,大力推动城乡要素平等交换和公共资源均衡配置。一是落实农民工同工同酬;二是完善农业保险制度;三是城乡经济平衡发展。推进家庭经营、家庭农场、集体经营、合作经营、企业经营等农业经营方式创新,赋予农民财产权,如宅基地物权、住房产权等,可以抵押、担保和转让,促进农村经济快速发展。

4.1.5.5 产业之间的平衡协调发展

"平衡发展主要指在产业发展方面、区域间或区域内部的各地区间基本保持同步与平衡的发展。产业平衡发展理论强调产业间的关联互补作用,主张在区域间或区域内平衡部署生产力,实现区域经济的平衡发展,即在区域间及其内部对各部门同时进行投

资，使工农业，轻重工业，一、二、三产业及原料、加工工业等各部门基本得到协调平衡的发展。"[10]一是产业平衡协调发展有利于经济增长由第二产业拉动转变为第一、第二、第三产业平衡拉动，从根本上实现产业之间的平衡和外需与内需的平衡。二是产业平衡协调发展有利于确保国家要求的"发展的平衡性、协调性、可持续性"目标的实现，确保到2020年实现国内生产总值和城乡居民人均收入比2010年翻一番。三是产业平衡协调发展有利于节能环保、信息技术、生物、新能源、新材料等战略性新兴产业的发展，推动我国走新型工业化发展道路。四是产业平衡协调发展有利于提高和改善民生，促进各项社会事业的发展和社会和谐稳定。五是产业平衡协调发展有利于建立扶持战略性新兴产业发展的机制。

参考文献

[1]王维国.协调发展的理论与方法研究.北京：中国财政经济出版社，2000:21.

[2]李继兴.应用哲学平衡论.哲学中国网，2013-02-21.

[3]江金权.论科学发展观的理论体系.北京：人民出版社，2007:156.

[4]江金权.论科学发展观的理论体系.北京：人民出版社，2007:42.

[5]艾丰.中介论：关于改革方法的思维.北京：经济日报出版社，2002:2.

[6]江金权.论科学发展观的理论体系.北京：人民出版社，2007:156.

[7]中国社会科学院马克思主义研究院.科学发展观纲要学习读本.北京：红旗出版社，2013:47.

[8]刘学义.科学发展观.兰州：兰州大学出版社，2004:62.

[9]中国共产党第十八届中央委员会第三次全体会议文件汇编.北京：人民出版社，2013:102.

[10]张玉斌.构建和谐社会引论.兰州：甘肃人民出版社，2005:182-183.

4.1.6 "互争"发展与"互助"发展的平衡：和谐发展

引证：

这里所说的解决矛盾的方法就是动态平衡的方法。它不同于一个吃掉一个、一个压倒一个的方法，而是在相互作用中形成一种比较协调的运动方式，从而实现事物一定阶段上的发展。[1]

——王荣华、童世骏《多学科视野中的和谐社会》

4.1.6.1 社会关系的平衡与和谐

任何事物的发展都需要动因,这个动因就是和谐。所以和谐是无条件的、绝对的。混沌宇宙的永恒绝对和谐,时空的转化和谐,物能的交变和谐,引力和斥力的相对和谐,波粒的转化和谐等,证明自然界"先定和谐"和人类社会"合群""互助"规律的存在。平衡和谐发展,就是相互配合适当、发展匀称,如同音乐中的音调和谐、绘画中的色彩和谐、环境气氛中的和谐状态等。领导者要为经济社会发展创造社会关系、公共关系的和谐环境,国际国内的和谐环境和人与人、人与自然的和谐环境。实践证明,发展必须平衡,平衡才能和谐,和谐才能发展。平衡与和谐发展,就是要形成全体人民协同配合、分工协作、各尽所能、各得其所的人与人之间和谐相处的社会关系,同时要创建人民群众学有所教、劳有所得、病有所医、老有所养、住有所居的和谐社会。

"一个高级的社会形态协同作用强,有序程度高,负效应相对低,从而具有更高的社会生产力。"[2]平衡和谐是中华传统文化和传统美学的精髓。儒家美学思想"中和之美",是中庸哲学在美学上的反映。"应该说,儒家美学思想中的'中和之美'及其所谓的'温柔敦厚'诗教,在无阶级对立社会中用以调整人和人之间的关系,在阶级对立社会中,用以调整同一阶级成员之间的关系,无疑还是比较合理的。""在今天社会主义历史条件下,我们也既需要强制性的法制来规范人的行为,使之符合于社会主义的利益,又需要'中和之美'的美学思想来陶冶人们的思想感情和调整人们之间的关系。使之发挥一种新的'合同',即同心同德搞'四化'建设的作用。"[3]毛泽东和他领导的共产党进行民主革命以及社会主义革命和建设,就是为实现和谐社会而奋斗,毛泽东的《论十大关系》就是要处理好我国社会主义建设中的重大关系,实现和谐发展,他提出正确处理重工业、轻工业和农业的关系;正确处理沿海工业和内地工业的关系;正确处理经济建设和国防建设的关系;正确处理国家、集体和个人的关系;正确处理民族间的关系;正确处理国际关系等等,就是要实现经济社会建设中的一系列关系相互协调配合发展。在社会管理中,毛泽东提出《关于正确处理人民内部矛盾的问题》的社会主义社会的矛盾论学说,论述了社会主义社会的基本矛盾理论,为正确解决社会主义建设时期的社会矛盾,提供了科学方法,创造性地提出解决不同性质矛盾的理论,用"团结——批评——团结"和批评与自我批评的方法解决社会矛盾。同时,提出具体方法:解决人民内部矛盾关系用民主的方法、解决国家各阶层和城乡之间的矛盾关系用统筹兼顾的方法;解决国家、集体和个人三者之间的矛盾关系用适当安排的方法;解决执政党与民主党的矛盾关系用互相监督和长期共存的方法;解决文化领域的矛盾关系用百花齐放、百家争鸣的方法;解决党内矛盾关系用民主集中的方法等等,都是为了平衡与和谐的目的。

"构建社会主义和谐社会,其方法论基础也是马克思所说的解决矛盾的动态平衡的方式,或者说是正确处理人民内部矛盾的方式。和毛泽东当年提出的'团结——批评、自我批评——团结'这种处理人民内部矛盾方式有所不同或者说更为深化的:一是现在更加强调制度建设，以公平正义的社会主义价值观为取向，以民主法制为基本手段；二是在解决矛盾的过程中，更加强调的是和谐。”[4]构建社会主义和谐社会就必须重视人民的收入，实现经济发展与居民增加收入的平衡与和谐发展。国家“十二五”规划提出经济发展与居民收入增长同步，劳动生产率提高与劳动报酬增长同步，这两个平衡同步，体现了党和国家的改善民生和惠民富民政策，让人民在经济发展中受益、得到好处。构建社会主义和谐社会就必须重视就业，就业是得到收入和改善民生的重要方面，经济增长的目的是为了减少失业，也是为了扩大就业。实现就业的不断增长，这是我们国家为之奋斗的“全面建成小康社会”的目标。

4.1.6.2　经济的平衡与和谐

(1)中外经济学家的“经济和谐论”

所谓经济和谐，就是协调好经济领域的利益、资源、劳资、分配等各种关系的和谐，实现各系统、各行业、各部门之间的和谐关系，也包括经济与政治、文化、社会等不同领域的和谐关系。一是产业的和谐。产业和谐至关重要，产业经济系统不和谐，就会造成结构、效益、生态等诸多负效应，产业和谐与产业系统稳定、产业协调、产业结构优化相关，必须建立产业和谐实现的平衡机制，找出相应对策，从根本上实现产业和谐。二是流通和谐。流通系统的流通要素和谐，其实质是物流、信息流、资金流的协调统一。这其中既有相一致的一面，又有相背离的情况，必须促使这些要素的相互和谐。三是和谐经济要大力解放和发展生产力。解放和发展生产力的目的是为了增强综合国力，全面建成小康社会；经济和谐是政治和谐、社会和谐、文化和谐的基础和条件。和谐经济要处理好先富和后富的关系，引导先富者扶持未富者致富，实现共同富裕。事例之一，在西方，19世纪中期，法国著名经济学家弗雷德里克·巴斯夏于1850年出版的《和谐经济论》一书，以法国经济为研究对象，从发达国家的经济角度，研究探索实现经济和谐的理论和实践问题。该书对和谐经济做了比较全面的论述，包括政治、经济、社会、道德等各个方面，对我国的经济和谐具有借鉴意义。事例之二，我国谷书堂、逄锦聚、刘迎秋、王光伟的《经济和谐论——社会主义市场经济持续协调稳定发展研究》一书说：“产业结构合理化是指在现有技术基础上产业之间的协调。所谓协调是指各产业之间有较强的相互转换能力和互补关系及和谐运动。产业结构的协调是指整个产业作为整体活动的协调，它涉及产业之间各种关系的协调，主要包括：产值结构的协调、资产结构的协调、技术结构的协调和中间要素结构的协调。”[5]事例之三，我国朱其训的《和谐经济论》，论述了和谐经济与社会和谐、政治和谐、文化和谐、治政和谐与区域和谐等的关系，以及和谐经济的评价体系。“和谐发展经济必须是经济和谐和经济与政治、文化、社会等不同领域的和谐。”[6]该书认为，提高发展质量，推进节约发展、清洁发展、安全发展、经济全面协调可持续发展，其实质就是经济的和谐发展。

(2)实现经济和谐的方式方法

实现我国经济平衡和谐发展，就要把扩大国内需求、开拓国内市场作为长期发展的战略方针。第一，投资与消费平衡。在增加投资的时候，要完善消费政策，注重扩大消费需求，并把宏观调控作为重点，把农村消费作为重点，把引导城乡消费作为重点。具体工作做细、做扎实，要解决消费阻力、提高消费水平和引导消费需求，提升消费对经济增长的拉动作用和内生动力，为我国经济可持续增长提供动力。第二，国家投资与民间投资的平衡。在公共事业、社会服务、基础建设等领域要鼓励民间资本投入，政府要为民间资本投入提供宽松环境，做好服务工作，允许民间资本进入铁路、航空、电信、电力、公路和国有企业的参股或改造，实行公平竞争，扶持和促进私营经济发展和社会资本的增长。第三，基础建设与调整结构的平衡。一是利用经济结构调整，促进经济结构升级，提升电子信息、新材料、化工、能源等产业的国际竞争力。二是利用产业结构调整，科学合理地配置资源，将优质资源配置到高效、适应市场的产业，扶持龙头企业联合兼并，提升经营水平。三是利用传统产业的调整，促进传统产业改造升级，发展新兴产业和支柱产业，培育新的主导产业，引导企业增加科技投入，建设自主创新企业。同时，要促进商业贸易流通业和现代服务业的发展，使产业结构趋于优化。四是速度、质量、效益的平衡发展。经济健康可持续发展，要加快经济结构的调整、转型和升级，健全和完善体制机制，不追求速度虚高、不相互攀比指标，要讲劳动生产率的提高，讲效益提升、讲可持续发展，从根本上实现速度、质量、效益的平衡和谐发展。同时，大力发展绿色、低碳和循环经济，确保可持续发展。

4.1.6.3　实现“两个一百年”宏伟目标需要平衡与和谐

平衡才能和谐，和谐才能发展。现代化建设是亿万群众的事业，需要凝聚各方面的力量，动员和组织亿万群众投身于为实现“两个一百年”目标而团结奋斗，需要促进政党关系、民族关系、宗教关系、阶层关系、海内外同胞关系的和谐，团结一切可以团结的力量，这是夺取现代化建设胜利的法宝。在政党关系方面要突出发挥民主党派和无党派人士的参政议政和民主监督职能；在民族关系方面要突出做好汉族与少数民族的关系和落实党的民族政策；在宗教关系方面要突出抓好落实宗教工作的方针，加强宗教活动的管理；在阶层关系方面要突出妥善处理社会阶层的利益关系，发挥他们在经济社会发展中的作用；在海内外同胞关系方面要突出落实党的侨务政策，坚持“一国两制”方针，推进两岸“和平发展”。目前，影响民族关系的问题：一是因权利、利益影响民族关系；二是因风俗习惯和信仰诉求影响民族关系；三是因宗教因素影响民族关系；四是因民族权益保障影响民族关系。解决这些问题，要全面贯彻落实党的民族政策，坚持和完善民族区域自治制度，深入开展民族团结进步教育，加快民族地区发展，保障少数民族合法权益，巩固和发展平等团结互助和谐的社会主义民族关系，努力促进各民族和睦相处、和衷共济、和谐发展。当前要突出抓好以下工作：(1)加快民族地区经济社会发展；(2)认真贯彻执行民族平等、宗教信仰自由政策;(3)贯彻落实民族区域自治法,切实保障民族地区和少数民族的合法权益;(4)引导宗教人士爱国爱教,积极推进现代化建设,为"两个一百年"目标的实现而团结奋斗。

4.1.6.4 人与自然关系的平衡与和谐

人与自然的关系,是一种动态平衡,是大自然的"先定和谐",必须依从"自然意志"而不能违背"自然意志"。儒家的"天人合一"主张,就是典型的人与自然的和谐观。中国古人的"中道"观念、"和合"思想、老子的"道论"、周易的阴阳学说等都主张平衡和谐。《庄子·天下篇》"以天为家,以德为本",就是讲天人关系。相互对立的两个方面天与人、客体与主体、自然与精神,只有在和谐精神的作用下才能达到"合一"。这就是一种朴素的人与自然和谐观。人与自然和谐的意识产生于劳动对象的自然性质,一方面在小农经济形态下,土地、种子、肥料等生产资料是自然界的产物;另一方面小农自然经济的生产条件是自然界的阳光、雨水、气候等客观环境中的自然现象。因此,人们对天敬畏,对自然界感恩。因而,主张人与自然和谐相处。这是因为,人源于大自然,依赖大自然,人不像动物那样命运完全被自然支配,人可以改造自然,人可以创造人化自然,人可以建立人属世界。但是,人类必须树立人与自然和谐的发展观,必须尊重自然意志,绝对不能违背自然意志,利用和改造自然必须同大自然保持和谐关系。正如杜道明《通向和谐之路——中国的和谐文化与和谐美学》一书中所说:"由于中国古代的物质生产主要是个体的农业生产,对大自然的过分依赖使得中国先民过分偏爱'天人合一',所以他们在运思过程中更多地强调整体的和谐与统一,主张以和解、平衡的方式解决事物的矛盾,而不赞成矛盾的激荡转化;更多地强调量变,而不强调质变;强调渐变,而不强调骤变,总想通过有限的矛盾转化来恢复原有的平衡和谐状态。这种整体思维方式和圆圈式的平面循环发展观,归根结底还是体现了中国传统文化的和谐精神。"[7]

4.1.6.5 社会的平衡与和谐

和谐,是中国传统文化的精髓,是中华民族的共同向往,更是仁人志士的千年追求。在和谐社会设想上,有小康社会、大同社会、和谐社会等。

新世纪以来,我国开展构建和谐社会活动,取得了显著成效。与此同时,中国倡导构建和谐世界,反映了全世界各国人民的共同心愿。这是因为,现在世界上存在着种种全球性问题和矛盾,这些不和谐现象,表现在各个领域,例如政治矛盾、经济纠纷、环境气候矛盾、能源矛盾、局部战争、核扩散、恐怖主义、军备竞赛等。这些不和谐表现在国际事务中的争端和冲突,表现在国际关系中的不平等关系,表现在国际社会中的矛盾激化的隐患。造成不和谐现象的原因很多,例如国与国之间在经济上缺少合作、政治上缺少信任、文化上缺少交流、心理上缺少沟通、行动上缺少交往。特别是在21世纪,世界面临诸多历史遗留的和新产生的不和谐现象。解决这些问题,不能头痛医头,脚痛治脚,更不能治标不治本,我们主张必须由联合国主导,全球协同,各国、各区域集团参与,有组织、有领导、有计划、有步骤地构建和谐世界活动，从根本上解决世界不和谐现象。我国领导人于2005年9月15日，在联合国成立60周年首脑会议上，发表了题为《努力建设持久和平、共同繁荣的和谐世界》的讲话，开创性地向全世界人民、向全球各个国家提出构建和谐世界的观点和主张。这就表明了中国坚定不移地高举和平、发展、合作的大旗，同世界各国发展友好往来关系的观点，主张全世界各国在求同存异中共同发展，倡导民主和睦、公正包容精神，共同建设一个持久和平、共同繁荣的和谐世界。这个主张，表明了中国努力推动世界各国和平共处的赤诚之心，表明了中国是维护世界和平、促进国际社会安全和稳定的中坚力量，表明了中国人民"四海一家"的博大胸怀。

参考文献

[1]王荣华，童世骏.多学科视野中的和谐社会.上海：学林出版社，2006:25.

[2]席酉民，尚玉钒.和谐管理理论.北京：中国人民大学出版社，2002:47.

[3]齐一，马奇，等.美学专题选讲汇编.北京：中央广播电视大学出版社，1983:338.

[4]王荣华，童世骏.多学科视野中的和谐社会.上海：学林出版社，2006:27.

[5]谷书堂，逄锦聚，刘迎秋，等.经济和谐论——社会主义市场经济持续协调稳定发展研究.北京：中国经济出版社，226.

[6]朱其训.和谐经济论.北京：人民出版社，2007:407.

[7]杜道明.通向和谐之路——中国的和谐文化与和谐美学.北京：国防大学出版社，2000:15.

4.1.7 "和解"发展与"对抗"发展的平衡：和平发展

引证：

和平与发展的基石——平衡。[1]

——李继兴《应用哲学平衡论》

4.1.7.1 "和"是中华文明的平衡思维

"但凡伟大的文明，大都有伟大的追求。中华民族五千年的文明史上，'和'是历代仁人志士追求的最高境界。""和"就是和睦、和谐、和平。中国传统文化的精髓是和谐。"在中国古人那里，天人关系、人际关系、身心关系，都离不开'和谐'二字。"[2]"和睦、和谐、和平"是中华民族的传统思维，就是说，这种思维是民族的惯性思维。在认识问题和处理问题时的不加思索而采取的言行就是惯性思维。它是中华民族的心理范式，是农耕文明的特质的体现，是"天时、地利、人和"生存处世哲学的表现。正如杜道明所说：

"经过长期的历史积淀,和谐精神逐渐泛化为中华民族普遍的社会心理习惯。并且作为一种深层的心理定式,它在人们认识和处理一切事物的过程中,发挥着巨大的作用。"[3]

"和谐",是中国传统文化的精髓,和谐社会是中国古代为之奋斗的理想社会。在历史上,中国与世界各国和平往来的有闻名于世的海上和陆地古丝绸之路、张骞通西域、郑和下西洋等。在近代,无数仁人志士为天下太平而奔波国际社会,传播和平和友谊。中华文化的实质是"和文化",追求"和"是先人的思维定式。在民族关系方面,古往今来民族与民族追求和谐相处,汉民族被其他民族统治,汉文化与外来文化融合,汉人与少数民族统治者共同治理国家。在政治上,追求建立大同社会,向往太平世界。统治者大都追求施仁政、讲善治。在军事方面,主张文攻,反对施暴。在当今世界,"地球变得愈来愈小了,每个国家都将思索:它将如何在这个急剧变化的、分裂的、不平衡发展加剧的世界中找到自己发展的平衡与重心"[4],中华民族的这个平衡与重心就是"和"。我们主张通过宽容的、谈判手段解决国际争端,反对使用一切武力。

4.1.7.2 和平与发展的基石——平衡

北京大学教授李继兴说:"和平与发展的基石——平衡。"这句话概括了平衡论的一个重要追求——和平与发展。因为,"宇宙的最高法则是平衡""平衡的实质是公正",它给予大千世界万事万物均等的生存发展机会,战争是反平衡、反公正、反人类的。当今世界,要科学分析国际国内政治经济发展的新变化和新特点,坚定地走和平发展道路,有效应对各种风险和挑战,努力创造国际和平发展环境和海峡两岸的和平发展环境。和平发展正在成为当今世界的潮流,这是任何力量都阻挡不了的大趋势。中国自古就形成了"四海一家"的博大胸怀。在当代,中国坚定不移地高举和平、发展、合作的大旗,同世界各国发展友好往来,倡导民主和睦、公正包容精神,共同建设一个持久和平、共同繁荣、兼容并蓄的和谐世界。从考察国家发展的全部历史,不难得出"和则兴,分裂则衰"的结论。新中国成立前,军阀割据,日本侵略,兵荒马乱,人民逃难流浪,土地荒芜,社会混乱,经济崩溃。新中国成立后开始了大规模的经济建设,人民过上了太平的日子。我国从一穷二白到实现小康生活证明了和平的环境,经济才能发展,社会才能进步,国家才能繁荣富强。世界也是如此,一战和二战,造成世界大乱,无数人的生命和巨额财富毁于战争;冷战后有的国家用大量费用搞军备竞赛,把巨额财富不是用于生产和生活,而是扩充军备威胁他国。实践证明,没有一个和平的环境,世界上任何国家都不可能发展。

4.1.7.3 和平与发展两大主题的平衡

和平与发展,是当今时代的两大主题,发展有利于和平,和平有利于发展。和平与发展二者相互联系、互为条件、相互作用、相互促进、相辅相成,良好的国际环境是各国发展的前提和条件,发展是和平的保障和基础。战争能将世界上的人力、物力、财力毁于一旦,和平能将世界上的人力、物力、财力用于发展经济、创造财富。和平环境下各国政府才能聚精会神搞建设,国家之间才能相互交流、经济合作、传播技术,推动世界的发展与进步。只有和平与发展两大主题紧密结合,才能推动世界各国的发展和人类的文明进步。在当前,科学分析国内外环境,促进内外环境的和平,对于我们做好各方面的工作具有重要意义。第一,外环境要“和”。进入21世纪,出现了金融危机和债务危机,国际环境复杂动荡,对于我国经济发展既是战略机遇期,又是严峻的挑战。在政治方面,和平发展仍然是时代的主题,国际形势基本稳定,非常有利于我国的经济发展。国际力量对比朝着有利于世界和平与建立国际政治经济新秩序的方向发展,我国要利用这个和平环境发展自己。在经济方面,随着经济全球化的深入发展,我国融入了经济全球化之中,中国经济与世界经济相互依赖、共同发展,有利于我国开拓国际市场。第二,内环境要“和”。我们要抓住国际政治经济环境中的机遇,立足国内,扩大内需,提高创新能力,大力推进稳增长、调结构、惠民生、促发展,在复杂多变的国际环境中发展自己。特别是在国内宏观经济发展不平衡、不协调、不可持续的问题依然存在,产能相对过剩和经济下行压力并存,产业结构不合理,农业基础不强,收入分配差距比较大等,对于这些矛盾和问题,我们要下决心用深化改革、扩大开放来解决,用平衡和谐的方法化解不平衡社会问题,协调各方,创造良好的经济社会发展环境。

4.1.7.4 始终不渝走和平共处、合作发展的道路

中华民族遭受战乱和国家落后之苦,无比珍惜世界和平,向往天下太平,期待民族的复兴,渴望创造一个和平的发展环境。“党的十八大报告将坚持和平发展作为在新的历史条件下夺取中国特色社会主义新胜利必须牢牢把握的基本要求之一,强调和平发展是中国特色社会主义的必然选择。”[5]中国始终不渝走和平道路,这是历史和现实一再证明了的事实。新中国一建立就奉行和平共处五项原则和独立自主的和平外交政策。进入新世纪,中国在世界上高高举起和平、发展、合作的大旗,奉行互利共赢开放政策。新世纪之初就提出世界不同文明友好相处、平等对话、协同发展,共同构建和谐世界的主张。中国的和平发展道路的特征是:科学发展、自主发展、开放发展、和平发展、合作发展、共同发展。这个和平发展道路概括起来就是:既通过维护世界和平发展自己,又通过自己的发展维护世界和平;既依靠自身力量和改革创新实现发展,又坚持对外开放,学习借鉴别国长处;既顺应全球化发展潮流,又寻求同各国互利共赢和共同发展;既同国际社会一道努力推动建设持久和平,又同世界各国携手构建共同繁荣的和谐世界。第一,始终不渝地走和平发展道路,坚定地奉行独立自主的和平外交政策。中国主张和平解决国际争端,主张谈判协商解决热点难点问题,反对使用武力和以武力相威胁,反对侵略别国,反对恐怖主义。我国永远不搞扩张,不干涉别国内政,积极参与国际事务,共同应对和解决“全球性问题”。第二,以和平共处五项原则为基础,全面发展同各国的友好合作。中国坚持在和平共处五项原则基础上全面发展同各国的友好合作,坚持妥善解决经济政治分歧,拓宽合作领域,坚持巩固睦邻友好,深化互利合作,扩大同

发达国家和发展中国家的团结合作。同时,积极参与多边事务,支持联合国工作,积极参与全球经济治理,推动贸易和投资自由化,推动国际秩序和国际体系向公正合理方向发展,共同促进世界经济强劲、可持续、平衡增长。第三,在国际关系中坚持平等互信、包容互鉴、合作共赢,维护国际公平正义。党的十八大指出,我们主张,在国际关系中弘扬平等互信、包容互鉴、合作共赢的精神,共同维护国际公平正义。一是平等互信,就是要遵循联合国宪章宗旨和原则,坚持国家不分大小、强弱、贫富一律平等,推动国际关系民主化,尊重主权,共享安全,维护世界和平稳定。二是包容互鉴,就是要尊重世界文明多样性、发展道路多样化,相互借鉴,取长补短,推动人类文明进步。三是合作共赢,就是要倡导人类命运共同体意识,在追求本国利益时兼顾他国合理关切,在谋求本国发展中促进各国共同发展,建立更加平等均衡的新型全球发展伙伴关系,同舟共济,权责共担,增进人类共同利益。这个主张符合各国人民的共同利益和愿望,我们将与世界各国人民携手共建美好世界。

4.1.7.5 海峡两岸关系和平发展

党的十八大报告指出:"实现和平统一首先要确保两岸关系和平发展。"我们要积极做好工作,推进两岸关系和平发展。一是两岸坚持"九二共识",搁置争议、求同存异,促进两岸合作、对话、协商机制,改善两岸关系,推动经贸文化合作不断有新发展。二是两岸实现了航运、海运和邮政的双向"三通",经济贸易逐渐扩大,在文化、教育、科技、卫生、体育等多领域交流合作日益广泛;我们要全面贯彻两岸和平发展重要思想,不断巩固和发展两岸关系,共同建设两岸命运共同体。坚持发展两岸关系,要把两岸关系和平发展重要思想落到实处;深化两岸关系发展的政治基础、经济基础、文化基础和社会基础;两岸要建立互信、共创双赢,为早日和平统一创造条件。一是实现两岸关系和平发展,要靠两岸双方共同努力,创造条件,在一个中国原则基础上消除敌对状态,达成和平协议,共同构建和平发展框架,开创两岸关系和平发展新局面。二是实现两岸关系和平发展,是两岸同胞共同的愿望和要求,这是由两岸同胞血脉相连决定的,是永远分不开的。三是实现两岸关系和平发展,是两岸同胞共同利益所系、民族责任所在,也是大势所趋、人心所向。四是实现两岸关系和平发展,有利于两岸发展和稳定,必定造福两岸同胞。五是实现两岸关系和平发展,才能早日实现中华民族伟大复兴的愿景,才能维护两岸同胞的福祉。

参考文献

[1]李继兴.应用哲学平衡论.哲学中国网,2013-02-21.

[2]杜道明.通向和谐之路——中国的和谐文化与和谐美学.北京:国防大学出版社,2000:176.

[3]杜道明.通向和谐之路——中国的和谐文化与和谐美学.北京:国防大学出版社,

2000:2.

[4]罗荣渠.现代化新论:世界与中国的现代化进程.北京:中国出版集团,商务印书馆,2009:223.

[5]钟声.中国特色社会主义的必然选择——高举和平、发展、合作、共赢的旗帜.人民日报,2012-11-29.

4.1.8 有序发展与无序发展的平衡:依法发展

引证:

> 面对新形势新任务,我们党要更好统筹国内国际两个大局,更好维护和运用我国发展的重要战略机遇期,更好统筹社会力量、平衡社会利益、调节社会关系、规范社会行为,使我国社会在深刻变革中既生机勃勃又井然有序,实现经济发展、政治清明、文化昌盛、社会公正、生态良好,实现我国和平发展的战略目标,必须更好发挥法治的引领和规范作用。[1]
>
> ——《中共中央关于全面推进依法治国若干重大问题的决定》

4.1.8.1 走中国特色社会主义政治发展道路与依法治国的平衡和统一

作为人类政治文明的重要成果的法治,已经成为世界绝大多数国家自主自由的选择。党的十八届四中全会对全面推进依法治国的指导思想、重大意义、总目标、基本原则、重大任务做出了具体部署。全面依法治国,是全面建成小康社会和全面深化改革的法治保障。

中国的法治思想最早产生于奴隶社会末期,法家思想具有法治的基本特征,与儒家的礼治和人治有根本不同。在当时,韩非已经形成了相对系统的法治理论和依法治国的思想。我国现代的依法治国,既同历史上的重人治、不重法治的做法有本质区别,也同西方资本主义国家的法治划清了界限。"资本主义立法制度一般还建立在牵制、平衡等原则基础上,在许多国家,立法权由议会行使,但行政首脑对议会立法有一定的制约和牵制作用;议会两院之间在立法上也相互牵制、平衡。在联邦制国家,联邦立法和地方立法一般是从属关系,但也有一定的牵制关系。这种立法上的牵制、平衡,也使资本主义立法制度增添了民主的色彩。"[2]

我们党高度重视发展社会主义民主政治和依宪执政、依法治国,我国10多年来的法制实践取得了显著成效,法治理念、法治体系和执政方式进一步完善,目前经济、政治、文化、社会生活法制化、规范化。现在党的执政方式,从主要依靠政策执政,向依法执政、依法治国、建设社会主义法治国家转变,以法治的思维、法治的理念、法治的体制和法治的程序，保证了党领导人民有效地治理国家。党的十一届三中全会以来，深刻总结社会主义法治建设的经验教训，把依法执政确定为治国理政、管党治党的基本方式。邓小平在十五大报告中论述了依法治国思想的内涵。江泽民继承了邓小平的依法治国和加强法制教育的思想。党的十六大提出发展社会主义民主政治，最根本的是要把坚持党的领导、人民当家做主和依法治国有机统一起来。江泽民在十七大报告中指出："……保证国家各项工作都依法进行，逐步实现社会主义民主的制度化、法律化，使这种制度和法律不因领导人的改变而改变，不因领导人的看法和注意力的改变而改变。"[3]党的十八届三中全会强调推进法治中国建设，坚持党的领导、人民当家做主、依法治国的有机统一，走中国特色社会主义政治发展道路。党的十八届四中全会提出全面建成小康社会、实现中华民族伟大复兴的中国梦，全面深化改革、全面依法治党，完善和发展中国特色社会主义制度，提高党的执政能力和执政水平，必须全面推进依法治国。可见，我们党高度重视增强法治观念、依法行政，不断推进法治政府和法治社会建设，为实现经济社会有秩序发展提供了稳定环境。

4.1.8.2 建设法治政府与提高司法公信力的平衡推进

"奉法者强则国强，奉法者弱则国弱。"党的十八届三中全会指出："建设法治中国，必须坚持依法治国、依法执政、依法行政共同推进，坚持法治国家、法治政府、法治社会一体建设。深化司法体制改革，加快建设公正高效权威的社会主义司法制度，维护人民权益，让人民群众在每一个司法案件中都感受到公平正义。"[4]十八届三中全会重点强调，我国的宪法和法律体现了党的主张和人民利益、人民意志的统一。因此，维护宪法法律权威、深化行政执法体制改革、确保依法独立公正行使审判权检察权、健全司法权力运行机制、完善人权司法保障制度。一要完善法律体系。我国改革开放以来特别是党的十八届三中、四中全会以来，坚持科学立法、民主立法和司法改革，中国特色社会主义法律体系和司法制度基本形成。为了适应加强社会主义民主法制建设的新要求，不断完善科学民主立法，拓宽公众参与立法方式，集中群众智慧，增强立法的科学性。二要建设法治政府。我国提出深入推进依法行政工作，制定了到2020年基本建成法治政府的目标。这是一个艰巨的任务，因为我国行政机关要承担经济、政治、文化、社会、生态文明建设等各个领域的管理任务，实施80%以上的法律法规，而且行政能力、执法水平与人民生产生活直接相关。这就要求政府必须在法制轨道上开展工作，加快建设职能科学、权责法定、执法严明、依法执法、依法用权、公正公开、廉洁高效、守法诚信的法治政府。三要确保司法公正，提高司法公信力。党的十八届四中全会指出："必须完善司法管理体制和司法权力运行机制，规范司法行为，加强对司法活动的监督，努力让人民群众在每一个司法案件中感受到公平正义。"[5]为了确保司法公正，重点解决影响司法公正和制约司法能力的深层次问题，加快建设公正高效权威的司法制度、优化司法职权配置、程序严密、制约有效的审判权、检察权运行机制，严格规范司法行为，大力推进司法公正公开，切实维护司法公信力和权威。例如，健全和完善陪审员制度等各项制度，积极接受媒体和公众的舆论监督和主动纠正重大冤假错案等。首先，要树立平衡和谐司法理念。一方面，坚持公正司法，依法司法，依法用权，一心为民，关爱民生，有效化解社会矛盾，维护社会稳定，发展和谐因素，保障经济发展。另一方面，在观念、过程、机制、方式、结果上都以和谐为目标，尽量减少不和谐因素。其次，要发挥司法功能。做到宽严相济，努力调节经济关系，保障社会发展；有效解决纠纷，化解社会矛盾。最后，完善平衡和谐司法机制。做到与当事人和谐共处，办事公开，增加透明度，发挥惩罚、保护、规范、调节、监督引导职能作用，为构建和谐社会创造条件。

4.1.8.3 全面建成小康社会与基本建成法治政府的平衡

“要按照‘推进科学立法、严格执法、公正司法、全民守法，坚持法律面前人人平等，保证有法可依、执法必严、违法必究’的要求，全面落实依法治国基本方略，加快建设社会主义法治国家。”[6]党的十八大报告把“2020年基本建成法治政府”作为全面建成小康社会的重要目标。全面推进依法治国既是全面建成小康社会的重要内容和内在目标，又是全面建成小康社会的目标的动力和根本保障。为此，我们必须深入推进行政机关依法行政，规范执法行为，公正文明执法，完善执法体制，创新执法方式，落实行政执法责任制。(1)坚持法治的公平性、正义性。“公平意指公正、正直、合乎法度，对人处事合法合理，是非清楚，赏罚分明，不偏袒任何人，为公众利益着想，得到社会上大多数人的承认。法的公平性乃是人类呼唤法的根本原因之所在。”[7]法治正义性，体现在分配正义，指社会成员间公平分配社会发展成果和承担社会合作所产生的负担，有赖于人格平等、起点平等、机会平等、权利平等、规则平等。坚持矫正正义，就是要在权利受侵犯时，能得到及时、公正的救济。(2)构建行政法平衡机制。法律的职能是调节社会公共利益和个体利益，既要保障市场主体的权利与自由，又要保障社会公共利益，使国家权力在个人利益和社会利益之间实现平衡。“法律从根本上说是调整利益关系的工具，利益调节或再分配是法律的一大职能。法律公平与否，取决于利益平衡与否。在现代社会，法律不能光考虑国家一方利益，也不能仅仅照顾个体一方利益。法律应当树立社会公共利益的观念，法律的公平价值能否实现，不能仅仅看个体利益是否得到保障。”[8]罗豪才在《现代行政法的平衡理论》中认为：“只有根据平衡论的基本原理，既准确地把握每个法制环节的重心和平衡，也准确把握各个法制环节之间的制约和平衡，才能从整体上实现行政机关与相对一方权利义务的平衡，从而保证行政法制的健康和协调发展。”[9]沈岿认为，行政主导和社会自治、民主参与相融合的机制是构建行政法平衡机制的首要内容。行政优先和法律监督、权利救济有机结合的机制，这是三个密切联系、相互作用的目标方向。国家权力分立和制衡的机制，在不同制度下有不同特色。[10]

4.1.8.4 公民的基本权利与义务的平衡

权利是公民或法人依法行使的权力和享受的利益；义务是公民或法人按法律规定

应尽的责任。权利与义务之间的关系应当是平衡的。现代社会是权利社会，只有保障公民普遍地平等地享有权利并承担相应的义务才能形成“人人平等”，每个人都可以通过自己的努力实现人生理想的社会秩序。马克思在《国际工人协会共同章程》中指出：“工人阶级的解放斗争不是要争取阶级特权和垄断权，而是要争取平等的权利和义务，并消灭任何阶级统治。”恩格斯1891年针对德国社会民主党的《爱尔福特纲领》中的不正确提法，“提议把‘为了所有人平等权利’改为‘为了所有人的平等权利和义务’等等”。[11]马克思在《国际工人协会共同章程》中还指出：“没有无义务的权利，也没有无权利的义务。”这就恰当地体现了权利和义务之间的内在有机联系，是马克思主义权利和义务价值并重的法哲学观念的最科学、最准确的表述。宪法是确认和保障公民基本权利的根本法。公民的基本权利是宪法和法律规定的公民享有的权利，它包括政治、经济和文化等方面的内容。例如，年满18岁的公民有选举权和被选举权，有人身自由、人格尊严和住宅不受侵犯的权利，有劳动、休息、受教育的权利等等。公民的基本义务是宪法和法律规定的公民必须遵守和履行的行为准则。例如，必须遵守宪法和法律，遵守公共秩序，依法纳税等义务。“任何一个公民，有权利就有义务，行使权利就要履行义务。从法理上说，权利和义务是一对相互对应的法律规范，它们的关系十分密切。”“由于权利、义务是统一的，一方面享受权利，一方面就要承担义务，或者双方既享受权利又承担义务，这样就建立了联系。”[12]威廉·高尔斯顿说：“如果说公民身份有什么意义，那就是它意味着大家分享和接受的一包好处和负担。”[13]得到了好处，就应有相应的负担，这就是一个公民的权利和义务的平衡的最好解释。他还说，18世纪和19世纪，资产阶级借助于市场的力量和国家扶持，把责任推到穷人身上，权利和义务显然不平衡。

4.1.8.5　学法、遵法、信法、守法、用法的平衡

“各级领导干部要对法律怀有敬畏之心，牢记法律红线不可逾越、法律底线不可触碰，带头遵守法律，带头依法办事，不得违法行使权力，更不能以言代法，以权压法、徇私枉法。”[14]法律面前人人平等，平等是社会主义法律的基本属性，任何组织和个人都必须在宪法法律范围内活动。

“天下之事，不难于立法，而难于法之必行。”我们要适应新形势、新任务的新变化，适应现代化建设和建设小康社会任务，完善经济体制，发展社会事业，促进文化建设，保护生态环境，化解社会矛盾纠纷，不断推动各项事业的发展。一要提高领导干部依法治国的意识和能力。推进依法治国领导是关键，领导干部要带头学习宪法和法律，带头遵守宪法和法律，自觉在宪法和法律范围内活动，坚决反对以言代法、以权压法、徇私枉法，发挥法治在社会管理中的重要作用。领导干部特别是基层干部要善于运用法治的方法深化本单位的改革，推动本地的经济社会发展，化解社会矛盾，维护一方安定。二要依法加强社会管理。人民群众是现代化建设的主力军，是推进依法治国的基础力量和重要主体，我们要在社会公众中弘扬法治精神。在全社会深入开展法制宣传教育，使

社会主义法治精神深入人心。各单位要采取多种法制宣传方式，加强宣传效果和舆论引导能力，让全社会公众学法、信法、遵法、守法、用法，形成依法维护权利、自觉履行义务的现代公民意识，不断深化对社会主义法治精神的认识和信仰。三要坚持依法治国和以德治国相结合。要高度重视发挥法律对社会公众的规范作用的同时，又要重视发挥道德的教化作用，二者相辅相成、相得益彰。要不断推进公民道德建设工程，培养讲正气、讲奉献、讲和谐的文明道德风尚，这是治国安邦的基础，是构建和谐社会的新理念。四是依法管理企业。社会主义市场经济本质上是法治经济。因此，要依法管理现代企业，经理人必须依法生产、依法经营、依法管理、依法维权，合法追求利润和合法致富。在管理体制方面要实行分权管理和民主管理；在市场竞争方面要采取合法竞争、公平竞争；在市场营销方面要合法推销、诚信服务。五是依法做人做事做官。"大平衡的方法论认为要先做人，后做事。做人大体上有三个层次，做一个合格之人，做一个与'角色'相符之人，做大家喜欢想念之人。"[15]做人做事做官都要对法律怀有敬畏之心，绝对不能触碰法律底线，依法维权，依法依规办事，在任何情况下都不能逾越法律红线。同时，要遵守职业行为规范，它是从事一定职业的人的一种道德要求在职业生活中的表现。因此，我们要在不同的职业中，努力培养和规范职业行为，从各个职业的角度坚持自律，努力做到社会公德、职业道德、家庭美德、个人品德的平衡和统一。例如，医生的人道主义，教师是灵魂工程师，公务员是人民公仆，领导干部的勤政清政等。[16]

参考文献

[1]中共中央关于全面推进依法治国若干重大问题的决定.北京：人民出版社，2014：2.

[2]周旺生.立法学.北京：法律出版社，2000：9.

[3]中国成人教育协会成人高等学校招生研究会组.政治.沈阳：辽宁大学出版社，2000：327.

[4]中国共产党第十八届中央委员会第三次全体会议文件汇编.北京：人民出版社，2013：50.

[5]中共中央关于全面推进依法治国若干重大问题的决定.北京：人民出版社，2014：20.

[6]中国社会科学院马克思主义研究院.科学发展观纲要学习读本.北京：红旗出版社，2013：87.

[7]万光侠.效率与公平：法律价值的人学分析.北京：人民出版社，2000：51.

[8]孙笑侠.法的现象与观念.北京：群众出版社，1995：66-67.

[9]罗豪才.现代行政法的平衡理论.北京：北京大学出版社，1997：35.

[10]沈岿.平衡论：一种行政法认知模式.北京：北京大学出版社，1999：59.

[11]陈云生.权利相对论.北京:人民出版社,1994:21.

[12]孙国华.法学基础理论.天津:天津人民出版社,1982:18.

[13][美]托马斯·雅诺斯基.公民与文明社会.柯雄,译.沈阳:辽宁教育出版社,2000:130.

[14]中共中央关于全面推进依法治国若干重大问题的决定.北京:人民出版社,2014:34.

[15]李继兴.应用哲学平衡论.哲学中国网,2013-02-21.

[16]哈尔滨工业大学党委研究室.政工干部实用手册.哈尔滨:哈尔滨工业大学出版社,1985:476.

4.2 企业动态平衡发展方式的实现路径

引证:

健全协调运转、有效制衡的公司法人治理结构。[1]

——《中国共产党第十八届中央委员会第三次全体会议文件汇编》

“人体:新陈代谢平衡是基本的生命需求。企业:只有管理才能确保企业内部的平衡。”[2]企业领导者的艺术,就是掌握平衡的艺术。作为一个企业的领导者,就应当是一个掌握平衡艺术的专家。企业领导者掌握平衡的关键是平衡利益:一要做到用人平衡。用人一定要讲公平正义,讲任人唯贤,讲量才录用。二要做到奖惩平衡。对有功人员就要奖励,对失职人员就要罚戒。一个企业做到利益公平、奖惩分明,就一定会越办越好。这是平衡法则的要求。

4.2.1 以改革创新制衡

“积极应对国际金融危机冲击,保持经济平稳较快发展,就要坚持统筹兼顾,切实把握好各项目标、任务之间的平衡,稳中求进。”[3]任何一个企业的发展过程,都是不断打破旧平衡重建新平衡的动态平衡发展的过程。在这个过程中不断否定自己,不断改革创新,不断参与合作与竞争,才能实现效益的最大化。

“健全协调运转、有效制衡的公司法人治理结构。”[4]国有企业是推进国家现代化、保障人民共同利益的重要力量。经过多年改革,分权制衡的领导体制基本形成,国有企业总体上已经同市场经济相融合。

十八届三中全会提出了一系列有针对性的改革举措,指出国有资本加大对公益性企业的投入,建立职业经理人制度更好发挥企业家作用,健全有效制衡的公司法人治理结构,完善现代企业制度,提高经济效益,合理承担社会责任等要求。为此,国有企业按照中央的部署,不断深化股份制改革,努力健全和完善现代企业制度,优化国有经济布局和结构,不断完善国有资产管理体制和制度,建立健全企业分权制衡的领导体制,自觉主动履行企业的社会责任,不断增强国有经济的活力。企业界经过分析认为,一是国有独资公司治理中存在内外两大类不同的利益主体;二是两大利益主体要保持平衡;三是通过外部治理与内部控制实现内外主体的平衡;四是外部治理实现平衡。企业界普遍认为,两个权力制衡中的治理权,即决策权包括监督权和评价权都要规范化,不能把董事会和董事长对总经理的合理监管看作是不当干预;监事、监事会有对董事会、董事、总经理的人事评价权。国有企业要落实资产管理、生产经营、宏观调控的权力分开。企业经营大政方针由政府资产管理部门派员与企业、职工组成董事会负责;企业日常经营活动由董事会聘任经理和经理班子负责;强化政府经济部门和行业组织的作用。企业要实行"三权分离",它的最大好处是财产关系明确,同时使企业真正成为商品生产者和经营者。国有企业要按照新公司法的要求,建立法人治理结构,改革企业体制,建立股份制或混合制,实行股权多元化,把工人的命运与企业的命运联系在一起,充分调动工人的积极性。公司治理机制是对经营者作用的体现,加强对经营结果、决策和执行行为的督导:一是股东大会的监督机制;二是董事会的监督机制;三是监事会的监督机制。三者形成制衡关系,完善国有企业的治理机制,实行内部分权制衡,健全监事制度,处理好治理机构之间的协同关系和制衡关系。

企业是利益的交点,所以也是权利的交点,必须建立对各因素相互制约的平衡机制,从而形成企业合力最大、内耗最小的最佳状态。要完善企业领导体制,就必须彻底解决企业责、权、利的不平衡问题,真正把企业领导的积极性调动起来。过去,国有企业政企不分、产权不清、职责不明,在企业改革中实行现代企业制度,将所有权与经营权分离。这就要求在企业必须建立企业分权平衡的领导体制,从而解决责、权、利的不平衡的弊病,纠正责、权、利不一致的问题,充分发挥企业领导的积极性和创造性,才能不断推动企业的发展。所以,无论是何种性质的企业,都必须进行分权,建立一种平衡机制,明确责任、权利、利益关系,才能有效实现领导者之间分工协作、各负其责,确保企业高效运行。

4.2.2 企业内外发展的平衡

4.2.2.1 国企与民企平衡发展

十八届三中全会指出:"支持非公有制经济健康发展。"[5]随着改革开放的深入和政策的放宽,重视发挥市场的决定作用,国有企业和民营企业出现竞相发展的新局面。国有企业在调整改革中不断优化结构,在关系国计民生的重要行业占主导地位,发挥着引领作用。在市场化改革中,有的行业实施国退民进,所占比重下降,为民营企业提供了发展机会和发展空间。一是支持民营企业发展。为了鼓励和推动非国有经济快速发展，提高民营企业在国民经济中的比重，使民营企业成为我国经济社会发展的助推器，实现国企与民企的平衡发展的生动局面。国有企业的退出，民营企业的进入，是建立在深化改革和科学调整的基础之上的，是由市场决定的，并始终保持比重在时间上、空间上平衡发展。但是，在重要领域和关系国计民生的行业要坚持稳定发展，国有企业对医药、食品等行业将维持比重，保持有序健康发展。建立国企与民企平衡发展制度，包括权利公平、发展机会公平、规则公平的环境，不分国有、集体、大集体、小集体、私营、民营一律平等。民营经济是国民经济的重要组成部分，国企和民企目标是一致的，各有各的优势，努力达到公私资本合作、协同发展，实现国企和民企共赢的目标。这是因为国有企业和民营企业都是国民经济不可或缺的组成部分，而且民企占有较大的比重，二者是一荣俱荣、一损俱损的关系，应当同舟共济，所以国有企业对民营企业要传、帮、带，帮助发展壮大。政府要加大协调力度，改善民营企业外部经营环境，解决民营企业融资困难问题，为民企的发展提供更大发展空间。国企与民企要分工合作、协调发展，在国民经济发展中发挥各自的作用。二是积极发展混合所有制经济。混合所有制经济在扩大就业、增加税收、促进经济增长具有重要作用，要支持混合所有制经济与国有经济在公平竞争中发展，从而实现国有资本、集体资本、非公有资本持股融合。在近期，要特别重视发展国有资本、集体资本、非公有资本交叉持股、相互融合的混合所有制经济，这是基本经济制度的重要实现形式，我们要大力支持发展混合所有制经济，这是对公有制经济的补充。第一，在政策上支持民营、小微企业和混合所有制经济持续健康发展。健全各项税收政策和优惠政策，落实财政资金支持政策，取消不合理收费。第二，在资金上帮助解决民营、小微企业和混合所有制经济的融资困难。建立扶持民营小微企业的金融政策，建立小金融机构，合理拓宽民营、小微企业和混合所有制经济的融资路径。完善和规范信用担保服务和融资服务功能。第三，帮助民营、小微企业和混合所有制经济提高企业经营管理水平。转变民营、小微企业和混合所有制经济发展方式，推进制度创新和管理创新，提高民营、小微企业和混合所有制经济发展的质量和效益。第四，完善对民营、小微企业和混合所有制经济的服务功能。健全政策咨询、财务指导、信息服务、科技服务等规范服务，促进民营、小微企业和混合所有制经济发展，为我国整体经济持续健康发展做贡献。

4.2.2.2 “走出去”与“请进来”的平衡

在经济全球化深入发展的形势下，任何一个国家的经济发展都融入了世界大市场，中国离不开世界，世界离不开中国，这是全球经济发展的大趋势，是不可阻挡的潮流。“要完善互利共赢、多元平衡、安全高效的开放型经济体系和更加适应发展开放型经济要求的体制机制。”[6]中国企业要勇于走出去，经风雨见世面，学习先进经验，提高企业生产经营管理水平。2013年，中国企业的国际投资达850亿美元，仅美国市场就达140亿美元,涉及能源、制造、日用消费品等多个行业、多个领域,为我国现代化建设和企业自身做大做强探索了一条新路子。一是"走出去"开辟新市场。中国企业在国内经济结构调整中,选择了向发达经济体中寻找新市场,向海外市场扩张,解决暂时经济下行、内需平缓、产能过剩等问题,"走出去"就是在多样化经营中图生存、求发展的路径之一。二是把先进技术和人才"请进来"。中国企业在"走出去"的同时,在海外市场引进美国和欧洲等发达国家的最新技术,提升自身的产品质量和服务,使利润最大化。例如,金风科技以5300万美元收购德国的风能公司,得到了先进技术,提高了竞争力。三是提升在全球化条件下的管理能力。在跨国生产经营中学习借鉴全球化管理经验,以先进管理水平武装自己。例如,联想电子公司引进了六个国家的全球顶尖人才,实现了先进经验的大融合。四是收购老品牌提高知名度。中国企业在西方市场收购世界老品牌,提高自身竞争力。例如,珠江钢琴、光明食品、万达集团先后收购世界同行业公司中的老品牌,从而提高了本企业的知名度。实践证明,中国企业必须做到"请进来"和"走出去"相结合,发挥两个优势、实现双向发展,特别是尽快走向全球化,融入全球化发展的广阔天地。

4.2.3 "互争"与"互助"的制衡

4.2.3.1 竞争与合作平衡

在大自然和人类社会中,存在古老而原始的两个法则,一个是"互争"法则,另一个是"互助"法则。这两个法则相结合,最适合社会主义市场经济的发展,"互争"就是竞争,"互助"就是合作,二者结合起来,就能促进企业的发展和社会的进步。"互争"与"互助"是人类活动的两种基本形式,二者相互作用,促进事物的发展。在经济全球化环境下,竞争具有优胜劣汰的属性,不但是激励机制,也是淘汰机制。激励机制是指胜者达到了竞争的目的;淘汰机制是指失败者没有达到竞争目标,付出失败的教训,争取在下一轮竞争中达到竞争目标。企业之间、跨国公司之间的竞争与合作相互交织在一起,因此"公正、竞争、合作、共赢"应该作为企业生产经营管理的信条。竞争应该是合作中的竞争,合作应该是竞争中的合作,要彻底转变传统的"你死我活"的竞争观念,树立合法经营、公平竞争、互利共赢、共同发展的平衡意识,才能有效推动企业不断发展。但是,我国在计划经济条件下,一般都是重义、轻利,重合作、轻竞争,竞争意识淡薄,影响企业发展和社会进步;在市场经济条件下,重竞争、轻合作,合作精神淡薄,同样影响经济发展和社会进步。竞争与合作是辩证统一的关系,既相互区别,又相互促进。坚持竞争与合作的辩证统一,才能促进事物的发展。在人类社会中,"互争"法则和"互助"法则,是两个相反相成的法则,二者的平衡和统一,就会促进企业的发展。系统论的观点认为,一个系统讲竞争,不讲合作,系统就会解体。合作与竞争是相互矛盾、相互依存的关系,二者是辩证统一的,系统才能存在和发展。在社会主义市场经济条件下,要以"互争"与

"互助"的精神办企业。竞争与合作是相互联系、相互作用的两个方面,没有合作的竞争是恶性竞争,没有竞争的合作是消亡的合作。在实际中,要竞争不要合作、要合作不要竞争,都是片面的。一方面,合作离不开竞争。合作无一不是以竞争为前提的,合作中必然包含竞争,合作必须以竞争为动力,这样才能促进事物的发展。另一方面,竞争离不开合作。竞争必然要求合作,竞争无不包含合作,竞争必须以合作为基础,只有这样,才能取得事业的发展。

在经济全球化条件下,各国必须参与国际经济合作和竞争。竞争是绝对的、无条件的;合作则是相对的、有条件的;合作是竞争的表现形式,合作的目的是竞争。竞争合作论者认为,竞争中有合作,合作中有竞争,竞争需要合作,合作是为了竞争。我们要在竞争中合作,在合作中增强竞争力,从而实现自身的生存和发展。第一,在资本市场机制条件下,竞争无所不在。竞争是生物界进化与人类社会进步的一个自然法则。"物竞天择,适者生存",这是竞争的本质和普遍规律。竞争对手和合作伙伴是对立关系,是你死我活的竞争,甚至是恶性竞争、不公平竞争、唯利是图的竞争,市场就是战场,激烈而又残酷。第二,在社会主义市场经济条件下,竞争是自我生存和发展的动力,是社会进步和发展的动力,竞争是公平竞争。企业的竞争对手之间是相互依存的关系,竞争对手是企业生存发展的土壤和水分,双方共赢是竞争对手之间实现生存发展的根本途径。第三,在经济全球化条件下,各国都离不开国际经济合作,更离不开国际经济竞争。对我国来说,把坚持对外开放作为基本国策,必然要参与国际经济、技术的合作与竞争,目的是促进国内发展与改革,推动国民经济快速增长。实践证明,参与国际经济、技术的合作与竞争,使我国形成经济全球化条件下参与国际经济合作和竞争的新优势,推动我国各领域、各行业的发展。例如,推动了我国经济社会全面进步,推动了我国金融业不断壮大,推动了我国互利共赢、安全高效的开放型经济体系的建立,推动了外贸增长方式的转变,有利于调整进出口结构,促进加工贸易转型升级。同时,在竞争中创新利用外资方式,优化利用外资结构和提高利用外资水平,推动了对外投资和合作方式的提高,推动了我国开展国际化经营。

4.2.3.2 企业内力与外力的平衡

凡事物皆系统,系统存在平衡与不平衡两种作用力。企业是一个系统,也存在两种作用力,即企业内力和企业外力。内力主要是指企业的发展能力,外力主要是指企业的竞争力。企业的生存与发展,由内力与外力的动态平衡水平来决定。企业的生存与发展,就是内力与外力的相互作用、对比较量、内外促进的过程和结果。企业的内力,即企业的科学管理能力和生产经营水平,企业员工的凝聚力和向心力、企业的变革能力和创新能力、企业产品的质量水平和市场竞争力等,这些方面,既是企业发展的潜在能力,又是对外的核心竞争能力。有一个"鹿群与一只老虎"的故事,说的是天然大饲养场里放养了一群梅花鹿,开始肌体强壮,生龙活虎,后来慢慢地变得死气沉沉,抗病能力减弱,多半生病。经医学专家诊断，认为生活在平安无事的饲养场里，缺乏相互竞争和生存风险，违背了动物生存的平衡法则。后来放进了鹿群的天敌老虎，整天虎追鹿跑，鹿群健壮了，恢复了原来的生气。一个企业内部没有工作的对立面，上下一团和气，领导班子成员对一把手企业决策和大政方针从来不发表不同意见，员工队伍对企业生产经营和管理也从来没有不同看法，一把手怎么说就怎么做。一个企业在外部敌视竞争对手，消灭竞争对手，目的是消除竞争压力和风险，但同时也消除了企业的忧患意识和竞争能力。如果一个企业的内部没有工作的对立面，外部没有相互竞争的对手，这样的企业缺乏内动力和外动力，必然走向衰退或破产。正如李继兴教授所言："况且，有抗争未必就不好，事物往往就是在抗争中成长、发展和壮大起来的。正如古人所言'生于忧患，死于安乐'。"[7]

4.2.3.3 企业间优势与劣势的平衡互补

在社会主义市场经济条件下，企业的经济行为应当是从"生存竞争"到"共生演进"。这是因为，我们要克服市场机制中与社会主义性质相对立的东西。公平、合作、共赢的目的是平衡共生、共同发展，并非你死我活的争斗。在经济全球化和信息化条件下，企业求生存图发展，必须改变过去对抗性竞争的思想，树立合作竞争共赢理念。企业要从独立封闭经营管理和独立封闭发展的传统模式，向互联、合作、共赢转变，采取合作竞争的新模式。企业之间要形成新的竞争理念，为竞争而合作，靠合作进行竞争。全球化和信息技术的发展，方便了消费者以合理的价格选择满意的产品，也由于信息技术促进了企业竞争全球化，促进了企业合作竞争的发展，企业孤芳自赏是不可能成功的，只有采取合作协同竞争的策略，才能获得发展优势，企业产品才能优，服务才能好，顾客才满意，企业才能生存发展。在全球化条件下封闭的"单干户"企业，产品质量、价格和服务都不会有竞争力。因此，只有同其他国内外企业密切合作，取长补短，优势互补，发挥整合效应，实现共同发展，才是当今企业的最佳选择。一是树立合作共赢的竞争理念。经济全球化使企业面临严峻的竞争环境，必须应对国际环境引发的风险，更需要树立合作、互惠、公平、共赢思想，把竞争对手变为合作伙伴，优势互补，取长补短，在合作中形成企业的核心竞争力。二是妥善解决合作中的问题。在合作中必然要产生这样或那样的问题，这就需要合作者妥善解决合作过程中产生的各种不平衡问题。当合作企业之间出现了合作危机的时候，合作者要严格履行承诺，双方进行沟通，坚持互惠、互利的原则，及时予以妥善处理。

4.2.4 生产与管理的制衡

曾被列宁高度评价的、人们称为管理之父、现代科学管理创始人弗·温·泰罗说过，在详细了解一件工作如何完成并如何分解成一个个基本要素的基础上，对劳动加以适当的组织就能提高效率。我们要向劳动优化组合要效率，向精细企业管理要效益。

4.2.4.1 现代企业的平衡管理

对于企业来说,生产经营成果的最大化就是最大目标,企业的一切工作都要围绕这个大目标发力,实现企业生产、经营、管理关系的平衡和统一,实现企业各种作用力的平衡和统一,实现企业各要素推进的平衡和统一。目前,企业规模不断扩大,但管理水平跟不上,这是一种失衡现象,在中小企业成长过程中普遍存在,严重制约了中小企业的发展。如果企业有了可观的投资项目、先进的生产技术和一流设备,但由于管理的短板而不能良性协调运行,结果生产不出一流产品。所以,中小企业亟待改进管理方法,一是健全管理制度。企业开办初期,就要建立和健全企业系统的各种规章制度、各种管理规范。领导者要掌握企业商务活动所必需的知识和能力,正确引导企业发展;进行人才开发和员工培训,建立有技术、作风过硬、有团队精神的员工队伍;把企业与市场、消费者联系在一起,以市场为导向,生产适销对路、质优价廉的产品。二是实行科学的管理、不断创新管理。领导者要适应和探索企业成长的不同阶段的管理模式和管理方法,保持管理水平的提高与企业成长的平衡。中小企业不同成长阶段的不同管理模式和方法,与领导者管理能力不断提高相平衡,才能推动企业持续成长壮大。

"社会领域、不同的生产领域经常力求保持平衡是一种经常趋势。"[8]在企业管理中,我们要在继承传统管理的基础上,运用现代企业平衡管理,使企业管理不断上档次。在管理目的方面,从只是追求利润最大化转变为完成对社会和职工的责任与追求利润的可持续的平衡,自觉主动履行企业社会责任;在企业领导方面,从单纯依靠天才企业家管理转变为合理智能结构的领导集团和全体职工民主管理的平衡;在管理体制方面,转变为分权管理和民主管理的平衡;在决策管理方面,从重视生产为中心的效率管理转变为重视决策和及时决策的平衡;在市场竞争方面,从"你死我活"牟取暴利转变为互利合作共赢的平衡;在市场营销方面,从产品推销竞争转变为创新开发竞争、知识竞争和技术竞争;在管理理念方面,从严抓严管转变为关心职工生活和不断满足职工物质精神文化需要的平衡;在管理思想方面,从传统管理方法转变为应用定量化控制和信息化反馈进行预测性管理的平衡。(1)提高人员素质。采取有效措施不断提高职工队伍的道德素质、技术素质和科学文化素质,进而提高企业的整体素质,最大限度地调动全体职工的积极性,为生产出更多更好的产品共同努力。(2)培育企业意识和企业精神。在市场经济条件下,要重视引导企业职工在生活、劳动和交往中形成共同的价值观念、行为准则和群体意识,把这种意识建立在全体职工的共同利益、共同目标的基础之上,并作为激励职工做企业的主人,积极向上、团结协作,关心企业生产经验和经济效益的精神力量,培育有时代精神的企业文化,发扬优良传统和作风,坚守经营信条和行为准则,不断增强企业的向心力和凝聚力。例如,大庆石油管理局的"大庆精神",第一汽车制造厂的"一汽厂风"等。(3)提高企业综合素质和企业综合功能。企业要努力具备生产经营活动的基本要素,并形成企业的整体功能。管理也是生产力,企业领导者要学习中外和优秀企业的先进管理经验,以管理获得最佳经济效益。企业生产经营要建立在先进科技的水平上,要求领导重视技术进步,大力推进技术改造,不断提高企业设计、工艺、设备、工具等能力。(4)树立良好的企业形象和企业信誉。企业要重视外部和内部的总体评价和印象。在外部,要重视社会公众对产品质量、价格、服务等良好评价。例如,获得"信得过单位""消费者满意企业"等荣誉奖等。在内部,全体职工相互团结协同、奋发向上,对企业极大信赖,凝聚力强。企业内部印象和外部印象相结合、相互促进,形成企业的无形财富。从而提高内部的凝聚力和外部的竞争力,不断开辟新领域、开拓新市场,获得最佳经济效益和社会效益。

4.2.4.2 西方现代平衡管理的应用

(1)平衡计分卡管理。美国哈佛商学院的教授罗伯特·S.卡普兰和诺朗诺顿研究所所长、美国复兴全球战略集团的创始人兼总裁戴维·P.诺顿,提出全新的绩效管理方法和评价体系,把传统的考核和评估,转变为战略实施的工具——平衡计分卡。它是绩效管理中的一种新思路,适用于对部门、团队考核。第一,平衡计分卡的适用范围。平衡计分卡反映了财务、非财务衡量方法之间的平衡,长期目标与短期目标之间的平衡,外部和内部的平衡,结果和过程的平衡,管理业绩和经营业绩的平衡等。第二,平衡计分卡的实施。我们要发挥战略的工具作用,就必须解决以下问题:一是平衡计分卡在企业的具体执行问题;二是企业长期战略规划问题;三是新的战略目标的制定;四是绩效衡量指标的调整问题等等。第三,实施平衡计分卡的好处:一是能从整体上提高管理水平;二是能以战略目标统一整个群体的步调;三是能将群体的战略转化为具体行动;四是能使员工理解群体目标和战略;五是能纠正群体的种种短期行为。

(2)仿生平衡管理。美国罗启义运用人体器官研究企业管理,引起了广泛关注。前面已经提到仿生平衡管理,对国企和民企都有借鉴价值。罗启义对企业的九个部门与人体的九个器官系统做了比较:董事会和首席执行官——大脑;财务部门——血液循环系统;信息部门——神经系统;库存和供给——肠。罗启义认为,董事会如额叶,即抽象思维、预见力、策略、智慧等最高级的脑皮质机能所在区域,首席执行官为中枢脑皮质,代表对组织的行政控制力以及责任能力。上皮质机能——董事会,必须同中枢皮质——首席执行官和谐工作,就会做出贡献。身体获得食物、消化食物、储存能量基质和排出废物,企业库存和后勤的机能与人体的肠道最为相似;左右心脏就是会计师,心脏搏动几次,左心脏和右心脏的输出量将会达到平衡,每项账目都要结算两次,贷方与借方,一天结束后,两方面必须平衡。诊断企业的健康状况的企业资产负债表,如同一个人的身体检查结果,表明一个点上的健康状况等。在实践中,我们要从高级完美的生物系统即我们自己的身体那里学习到很多管理企业的东西,可以仿照自己的形象创造企业、发展企业。

(3)企业与社会环境的平衡。企业团队形象,是团队产品和服务质量、群体成员行为的公众印象。企业团队的活动及其结果，都要与社会相联系。企业团队要生存发展就必须与社会环境保持平衡。

企业团队是相对独立的群体，但离不开与外界的物质、能量和信息的交换。一个企业团队在社会上的形象，直接关系到企业团队的前途和命运。第一，树立企业团队良好的形象。一是宣传要实在。企业团队树立形象要大力宣传，但不能过度宣扬，不要说得太完美，更不能夸大，做不实的宣传。否则，适得其反。二是三个效益同步。不要只见高盈利，这样公众不一定有好评。要提倡经济效益、社会效益和生态效益同步提高的宣传，特别要突出企业尽到社会责任的宣传，这样树立形象才可信。三是保持形象的一致性。要将企业团队的性质、规模、成就、前景，包括企业团队的商标、产品等同时宣传，给公众一致的、完整的形象，不要前后矛盾，形象不统一，否则公众记忆不深。四是企业团队形象要有特色。树立团队形象，要有地方特色、民族特色，兼顾文化传统，尊重员工习惯。五是企业团队形象也要不断更新，要与时俱进，顺应潮流，满足公众意愿，不断更新企业团队的新形象，适应企业团队的新发展。第二，培养企业团队成员的认同感和归属感。要提高群体成员的参与意识，培养群体成员的主人翁意识，加强企业团队成员的心理默契。例如，举办各种活动宣传企业团队成就和贡献，提高群体成员的自豪感。同时，要改善群体成员的工作条件和生活条件。企业团队尽可能有代表企业团队的口号、歌曲、徽章、制服等，达到员工心理的一致。企业团队要尽可能参加各式各样的社会性活动，通过各种宣传手段提高知名度，增强群体成员的心理归属。通过内增动力和外树形象的平衡互动，实现企业团队与社会环境的平衡。

4.2.4.3 企业家素质的提高与全球化发展趋势相平衡

现代化建设呼唤造就一支宏大的高素质企业家队伍。治国需要政治家，打仗需要军事家，搞经济建设需要企业家。企业家是指专门从事企业经营管理的人。我国进行现代化建设，有赖于企业家队伍的崛起，现代化建设需要企业家，现代化建设呼唤高素质企业家队伍，我国的现代化建设才能生机盎然。现在，我国企业家成长的土壤已经形成，为国有、民营企业家的成长开辟了广阔的新天地。我们要利用经济全球化的时机，在合作、竞争中造就企业家队伍，使企业家素质与全球化发展趋势保持平衡。这是无数实践得出的结论。真正的企业家不是天生的，也不是自封的，更不是上级任命的，而是在国内外市场竞争、合作和企业管理实践中成长起来的。真正的企业家会在激烈的市场竞争中，始终站在竞争前列和改革的风口浪尖，驾驭企业扬帆远航。第一，企业家要不断提高自身的综合素质和管理水平，特别是培养自己哲学思考的习惯(包括大众哲学平衡论)。哲学是对人生经验做全面的反省，反省就是思考，一流的企业家需要有哲学的思考，有哲学的眼光才能深远与宽博。第二，企业家要能掌握全球化环境下企业发展的整体观。企业是一个整体，如同人体一样不能缺少任何一个机能。因此，整体观能使企业家了解根本，而不会执着于枝节和表面现象，有广度的思考才能面面俱到，而不会顾此失彼，各执一端。第三，在全球化大趋势下办企业，要确立自己企业的价值取向，要选择好企业未来的走向，企业家在决定企业未来的走向时应自问：本企业与全球化是否失衡？本企业应该如何与全球化保持平衡？

4.2.4.4 员工素质的进步与企业成长的平衡

企业发展，员工是关键。因此，我们要以员工兴企、以员工强企。(1)靠员工积极性办企。领导者管理理念要以人为核心，把企业员工的工作、生活和全面发展，作为企业工作的出发点与归宿，最大限度地调动员工的工作积极性和创造性；企业要不断进行管理、技术、机制创新，保证企业可持续发展；企业要通过宣传教育和思想政治工作，调节全体员工的思想和价值观念，在物质不足的情况下，特别要做好精神鼓励工作，使员工心理具有相对的满足感、成就感；引导员工深刻认识自己的切身利益是和企业的生存与发展紧密联系的，从而保证企业年度目标的实现和长远可持续发展目标的实现。(2)靠员工素质强企。企业要把高技术人才的使用和培养结合起来，加大科技投入力度，支持技术创新和革新，这是企业发展的第一推动力，有创新才有新产品、新工艺，企业才能发展。(3)靠人才兴企。企业要建立人才引进机制和激励机制。国企高科技人才多，要建立奖励制度，利用激励手段，调动人才的积极性，并对人才实行优惠待遇，留住人才。企业寻求和建立自身的人才竞争优势，提高适应客观环境变化的能力。在激烈的市场竞争中，保持有效活力，赢得竞争优势，提高整体竞争力，从根本上提高企业的抗风险能力，企业组织就要为人才提供发挥才能的优越条件，同时要求企业人才要完成科技兴企的各项任务，不断解决企业效益的提高和可持续发展的重大课题。

参考文献

[1]中国共产党第十八届中央委员会第三次全体会议文件汇编.北京：人民出版社，2013:99.

[2][美]罗启义.企业生理学：企业活力探源.北京：新华出版社，2001:145.

[3]中国社会科学院马克思主义研究院.科学发展观纲要学习读本.北京：红旗出版社，2013:59.

[4]中国共产党第十八届中央委员会第三次全体会议文件汇编.北京：人民出版社，2013:99.

[5]中国共产党第十八届中央委员会第三次全体会议文件汇编.北京：人民出版社，2013:27.

[6]中国社会科学院马克思主义研究院.科学发展观纲要学习读本.北京：红旗出版社，2013:65.

[7]李继兴.应用哲学平衡论.哲学中国网，2013-02-21.

[8]马克思恩格斯全集：第23卷.北京：人民出版社，1955:394.

4.3 个人动态平衡发展方式的实现路径

引证：

请你切记，平衡总是相对的，不平衡往往是绝对的，存在各种不平衡尽管会给人带来麻烦，但它的出现是正常的。[1]

——何伟、李晓戈《生活是一条路》

人的肌体是高度精密的有机平衡体，人的平衡思维是现代人的特质。一个人在工作、学习、生活实践中必须做到自然适应与社会适应的平衡，做人、做事和做官关系的平衡，生活、家庭和社交的平衡，生理和心理的平衡。

4.3.1 做人、做事、做官关系的平衡

"大平衡的方法论认为要先做人，后做事。做人大体上有三个层次，做一个合格之人，做一个与'角色'相符之人，做大家喜欢想念之人。""大平衡哲学是老百姓的哲学，是老百姓认为的美学，学习大平衡理论，掌握大平衡规律，对于我们每个人走向成功、对于构建和谐社会具有重要的现实意义。"[2]圣人孔子是人类灵魂的总设计师，他在《论语》中对"君子"与"小人(注：凡人)"的论述非常精彩，是一部做人、做事、做官的教科书，内容非常全面。例如，治学、为政、拘礼、守信、怀仁、取义等；再如，对待长者、对待手足、对待朋友、对待君主、对人的言谈举止和衣食住行等进行规范，是一部永恒的伦理学。"正心、修身、齐家、治国、平天下"，是对做人、做事、做官相互关系的概括。可见，做人有法则，做事有规则，做官有准则。无论是刚走出校门的学子，还是久经磨炼的社会精英，都要用自己的实际行动回答这"三则"的问题，使自己的人生少走弯路，更快地实现人生价值。无论是做事还是做官，都离不开品德修养，做事先做人，做官更要先做人，个人品行是做事的根本，更是做官的根本。做事难，做官更难，靠的是人格的力量，只有实现人品与官品关系的平衡，在人民群众中才会树立起良好的威信，才能打开工作的新局面，才能推动工作不断向前发展。例如，伟人毛泽东说"我们大家要学习毫无自私自利之心的精神"，毛泽东就是一个无私无畏、公而忘私的人。他作为国家主席，把自己的儿子毛岸英送到苏联参加反法西斯战争，一直打到德国柏林，取得了胜利。毛岸英回国后，毛泽东又送儿子到朝鲜，参加抗美援朝战争，结果为反侵略战争献出了年轻的生命。再如，鲁迅和周作人是同胞兄弟，两个人都出身于封建家庭，两人都到过日本留学，后来却走上不同的道路。

4.3.2 做人、做事、做官心态的平衡

做人、做事、做官的心态要平衡,这是走向成功的前提。(1)积极向上的进取心。养成积极、乐观、向上的心理,看人看事看社会不要只看到缺点和阴暗面,要看到优点和光明面,消除消极心理,树立正确的人生观和世界观,工作上要高标准严要求,培养勇往直前的进取精神。要有好学上进的信心,不断更新、补充新知识,不输入只输出就会干涸。只有不断学习才能不断进步,只有不断学习才能不断适应经济社会的发展新形势。(2)勇于奉献的爱心。为国为民为集体要乐于奉献爱心,这才是高尚的、受人尊敬和爱戴的人。人生一世,要为别人做好事、做善事,为社会做奉献,为人类做贡献,不能只为自己活着。(3)当官为民的公心。人在社会的舞台上扮演一定角色,为官要出于公心,公而忘私,不为钱色所动,清正廉洁。努力做到为官一任,造福一方。为官者要"常修为政之德,常思贪欲之害,常怀律己之心"。(4)永攀高峰的决心。在遇到困难、挫折、坎坷时,不后退,在完成工作任务时,要树立不达目的不罢休的决心,要迎着"难"字攀登,踩着"苦"字前行。一步一个脚印,永攀高峰。(5)合作共事的诚心。现代社会任何人都不可能离开人与人的合作和共事,特别是在一个战斗集体里,在一起工作劳动,有分工有协作,要求我们树立众人拾柴火焰高的思想,团结共事、同心同德、共同奋斗、共同发展。(6)不骄不躁的虚心。虚心使人进步,骄傲使人落后。有成绩不居功,不争名夺利,要学习别人的优点和长处,深刻认识自身的弱点和短处,有功绩让荣誉,有政绩不争位;戒骄戒躁,不断进步。(7)助人为乐的热心。要热心帮人、诚心助人,乐于奉献,为群众排忧解难,为人民服务不图名、不图利,做了好事善事不图回报。(8)胜不骄败不馁的恒心。无论成功还是失败都保持平常心态,成功不骄傲,失败不气馁,继续努力,奋进不止,树立不达目的绝不罢休的决心,努力夺取最终胜利。(9)爱国爱民的忠心。爱国爱民,努力工作,建功立业,精忠报国,处处为国争光,事事为民族争气,为国家兴旺发达、为中华民族振兴贡献力量。(10)尊敬老人的孝心。要继承中华民族尊老爱幼的优良传统,对上有孝心,对下有爱心。扮演好自己的社会角色和家庭角色,尽到自己在社会和在家庭的责任和义务。

4.3.3 成功与勤奋的平衡

做人与做事二者是密切联系的,做事要先做人,做人是做事之本。一是坚持理想和信念的追求。例如,伟人毛泽东1910年在进步思想影响下,外出求学,走上救国救民之路。离别时写了《别父诗》:"孩儿立志出乡关,学不成名誓不还。"表现了伟人坚定的理想。再如,我们要做成大事,就要始终坚持自己理想和信念的追求,不能在嘲笑和非难面前动摇。李时珍在庸医们骂他狂妄的声音中,完成了修订《本草》和撰写《纲目》的工作;祖冲之不顾皇帝宠臣戴法兴的讽刺,修订了大明历法;居里夫人顶住压力,在科学上

做出了大贡献。二是勤奋自学，同样可以登堂入室。据统计，我国400多名有较大贡献的科学家中，自学成才的占54%。在世界上，大科学家爱迪生、法拉第、罗蒙诺索夫、史蒂芬逊等，大文学家安徒生、高尔基等，大革命家恩格斯、毛泽东等都没有上过大学。三是勇于实践，在实践中长才干。我们要勇于投身到实践中去，在实践中增长知识，成就事业。著名植物学家蔡希陶年轻时发表过短篇小说，后因家庭贫寒而到生物调查所当员工，发现自己的特长并非文学创作，后来他发挥了生物研究的特长，成为我国亚热带植物研究成绩卓著的大专家。四是能做小事的人，才能做成大事。例如，发明纺织机、蒸汽机、飞机、火车的人，都不是大人物，而是工人。大数学家华罗庚，青年时是一个中学校的勤杂工；开普勒年轻时是杂役，后来发现行星运动三大定律；科学家道尔顿起先是中学教师；大科学家爱因斯坦原是一名小职员。五是把青年时代作为出成果的最佳时代，决不虚度黄金时期。诺贝尔在18岁时开始科研，经过5年努力，发明了气量计，牛顿23岁发现万有引力定律，华罗庚25岁时就成为世界著名数学家。六是要做一位老有所为的人。75岁以上高龄诺贝尔获奖者有5人，其中80岁以上3人。美国的F.P.劳斯第一个发现致癌病毒，获奖时87岁；奥地利K.Y.弗斯皇对动物有卓越研究，获奖时86岁；美国女科学家B.麦克林托克发现转座因子，获奖时81岁。

4.3.4 个人与群体(包括社会)关系的平衡

群体，是指由某种共同的目标纽带联系起来的集合体。群体对个人工作生活都有着密切的关系，不可分离；对于每个现实的个人来说，发生最直接、最密切关系的就是群体(包括社会)。个人与群体之间是相互依赖、相互作用的关系。群体也要依赖个人，离开个人群体也就不复存在了，个人也影响着群体。一是群体由个人组成，没有个人，也就没有群体。离开一个个单个人的活动，也就没有群体的活动和群体的巨大力量。例如，拳头的力量比五指力量大。二是个人力量的发挥影响群体的力量。集体成员发挥积极性，协同一致，就会增强群体的力量。反之，就会削弱群体的力量。三是个人的才能、素质发展状况，也会影响群体的发展。个人和群体的平衡关系的建立，关键是正确处理个人与群体的关系。第一，要发扬集体主义精神，处理二者关系时，先群体，后个人，个人服从群体。第二，要为国家这个大集体做贡献，尽可能发挥自己的才能和力量，国家强则个人强，国家富则个人富。

有的动物也是合群的，如行军蚁、蜜蜂等。人类要树立集体主义观念，正确处理个人与国家的关系、大集体和家庭小群体的关系，把自己置身于集体，是事业成功的关键。我们要珍视集体荣誉，自觉维护集体利益，严格遵守集体纪律。一个人离开了集体这块土壤，本事再大也无法施展。古人说："单者易折，众则难摧。"讲的就是这个道理，一支箭容易折断，十支箭就不容易折断。相传，佛祖释迦牟尼考问弟子："一滴水怎样才能不干涸？"弟子们无一答出。释迦牟尼说："把它放到江、河、海洋里去。"这个深刻哲理,说明了集体是力量的源泉,只有把自己融入集体之中,才能如虎添翼、大有作为。一是群体使个人得以生存和发展。小集体要依赖于大群体,大群体是无数个小集体的组合,无大群体即无小集体。单个人离开社会这个大集体,是根本无法想象的。二是群体使个人力量得以发挥和增强。群体就是力量之源,而个人的力量是微弱的。在现代,农民生产劳动已经淘汰了镰刀、工人劳动采用了流水线、机关工作实行互联互通等都离不开集体,工作学习、日常生活更是离不开集体。三是群体使个人的利益得以满足。群体发展了,单位富裕了,国家富强了,个人的物质文化需求才能提高和满足。四是群体为个人的发展提供条件。社会集体对个人的培养、教育和发展的作用是巨大的,同时又为个人发挥聪明才智和能力创造条件、提供机会。没有集体,个人将一事无成。

4.3.5 事业成功与坚强毅力的平衡

美国加利福尼亚大学所属医学院,对1500名取得不同成就的人进行分析研究,概括出成功人士的三个方面:一是对自己的工作有很强的责任心。埋头苦干,并善于总结和吸取经验,在以后的工作中能扬长避短,少走弯路。二是有不畏艰险的精神。从不畏首畏尾,即使处于不利的情形中,也能竭力创造有利的因素。三是创造机会发挥自己的能力,他们从不限制自己能力的发挥。

凡是事业上有所建树的人,大都是有意志、有坚强毅力的人。第一,一个人要立志做大事,先要从小事做起。做事的前提是必须要有意志、有毅力,能吃苦耐劳,要像蜜蜂那样采花酿蜜。蜜蜂每酿1公斤蜜,必须采集200万朵花,往来飞翔45万公里,相当围绕地球赤道飞行11圈。酿蜜还要经过极其复杂的制作过程,这个过程并不亚于采花的艰辛。马克思写《资本论》,笔耕40多年,去世前仍然还在修改《资本论》手稿;达尔文的《物种起源》历经22年才最后定稿;摩尔根研究写作《古代社会》一书,花了40年才完成;法布尔的《昆虫记》历时30年;歌德写《浮士德》历经60年。孔子晚年坚持读书,把《周易》穿书简的皮绳磨断了多次;我国数学家陈景润为摘取"皇冠上的明珠"证明"哥德巴赫猜想",每天凌晨3点起床学英语,天天去图书馆,沉浸在数学符号王国之中。第二,要创造性地工作。《孟子·告子上》说:"思则得之,不思则不得也。"我们做任何事情都要勤于思考,学会用脑子工作,遇到新问题要多思考,要研究新问题,探索新方法,不断有新突破,有新成就出现。科学家牛顿说:"我的成就,当归功于精心的思索。"重大的发明创造都来自勤于思考。他们对新的发现,善于打问号,问个"为什么"。例如,苹果成熟为什么落地的问号,使牛顿发现了万有引力定律。开水为什么冲动水壶盖子的问号,使瓦特发明了蒸汽机。

4.3.6 做官的平衡法则

"在领导方法与艺术方面,中庸之道提倡领导者要做到'执其两端,用其中于民'。

凡事留有余地，不可用之过极，当进则进，该退则退，依据具体情况采取措施，掌握好管理的度，做到适中平衡。”[3]第一，领导素质与现代化建设的平衡。现代领导人，从整体上说，应该是一个适应现代要求的改革型、能力型、学习型人才。具体地说，领导者的素质包括：一是思想政治素质。在我国政治素质是领导人的重要条件，要有正确的世界观和坚定的信念，要有高度的事业心和责任感，品德高尚，为人表率，一心一意为人民谋幸福，大公无私，清正廉洁。坚持执政为民，为官就要为民造福，把为人民服务牢记心中，落实到各项工作之中，关心人民疾苦，为人民排忧解难，千方百计为人民增加收入，努力提高生活水平，改善居住条件，为人民多办实事、好事。从政要勤政，要坚持实干兴邦，当干部就要以人民利益为重，多吃苦，多流汗，要脑勤、腿勤、口勤，不怕困难，为改善民生而奋斗。干部要自觉加强自身学习修养，提高思想道德素质，树立奉献精神，立党为公，勤政廉政，拒腐防变，掌好权、用好权，使一切权力都在阳光下运行。二是知识素质。要求领导者具备较高的科学文化知识和政治理论水平，了解社会科学、自然科学和管理科学的一般知识，通业务，会管理，知识面宽，有丰富的生活和工作经验。三是能力素质。现代领导人要有运筹各方和果断办事的能力、组织能力、平衡协调能力、有力地指挥实施的能力、果断科学正确的决策能力、严格地检查监督能力、社交能力、应变能力、创新能力、理财能力、做人的思想工作的能力等。四是体格素质。身体是工作的本钱，身体健康是做好各项工作的物质基础。领导工作是繁忙而杂乱的工作，要求领导人生理健全、心理平衡、精力充沛。[4]第二，领导素质与实际工作的平衡。(1)善管人。当领导就必须有魄力，敢抓敢管，勇于担当，不断创新工作方式方法，做到科学决策、民主决策、依法决策。同时，要善于解决突发性问题，做好群众的思想工作，带领群众搞好物质文明和精神文明建设，推进经济社会健康持续发展。(2)团结人。团结就是力量，既要团结班子成员，又要团结人民群众，上下拧成一股绳，一心一意搞改革、搞建设，改变本地区的经济面貌、生态面貌，提高人民的生活质量。(3)会用人。领导者要尊重知识，爱惜人才，实现识才、爱才、用才、育才的平衡，形成强大的现代化建设人才队伍。例如，达尔文是由汉罗斯教授推荐航海，为创立进化论奠定基础；法拉第是由戴维教授看中而进入科学界；华罗庚是由熊庆来发现才到清华园。要得当用人，先要识人。汉代刘邦与大臣们共议自己之所以能得到天下的原因时说，军事策划他不如张良，管理后勤他不如萧何，统兵打仗他不如韩信。但是，他非常得当地使用了他们三人，这才是他取得天下的原因。如果调换他们三人的职位造成不当使用，打败项羽夺取天下就难了。

4.3.7 领导水平与官品的平衡

工人上岗，要具备相应的岗位操作能力；机关工作人员上岗，要有相应的业务能力；领导者也要具备相应的领导能力，实现领导能力与官品的平衡，才是称职的领导者。(1)政策水平。各级领导者要掌握政策、落实政策，按照政策和法规办事，把政策变为人民群众的自觉行动。领导者必须带头学习政策和法规，提高以政策行政、以法规行政的水平。(2)调查研究水平。“从群众中来，到群众中去”，这是领导者最好的工作方法和解决社会矛盾的方法。这就要求领导者要深入调查研究，掌握各种情况，才能做好领导工作，才能正确解决各种矛盾。(3)协调平衡水平。要求领导者要加强锻炼，提高平衡协调能力，处理好上下关系、内外关系和相互之间关系，团结和调动方方面面的积极性和主动性，推动工作不断向前发展。(4)人格水平。“公生明，廉生威。”领导者要加强自身修养，做“官”要先做人，树立人格力量，廉洁奉公，办事公道，才能提高领导力，才能增强权威性，才能树立良好形象，才能把领导工作做得更好。(5)素质水平。《内蒙古经济信息》刊载文章认为，作为一个领导人，必须具备五大素质、五个必须、五种才能。五大素质：一是“智”。有渊博的知识和超常的才能，有韬略、能应变。判断合理，决策正确。二是“信”。说话算数，言必信，行必果。三是“仁”。爱护群众，爱护干部。四是“勇”。有胆量，有魄力，勇敢果断，身先士卒。五是“严”。纪律严明，有功必奖，有过必罚，不讲情面。五个必须：热诚仁义、创造性地工作、有工作才能、性格坚强、体魄健全。五种才能：决策才能，组织才能，善于团结人的才能，随机应变和临机处置的才能，充分表达思想的才能。

4.3.8 官与德的平衡

在古代，要求做到做官与“五德”的平衡。古人的做官道德，就其要者来说，大约有五项内容：不贪不贿、爱民如子、法严法慎、克己奉公、政绩昭然。现代做官仍然可以仿效古人的“做官五德”。一曰不贪不贿。嘉靖年间，一位藩司参议令所属官衙要贴如下对联：“要一文，不值一文，难欺吏卒；宽一分，民爱一分，见佑鬼神。”二曰爱民如子。清代余小霞任三防主簿时，署联为：“与百姓有缘，才来此地；期寸心无愧，不鄙斯民。”三曰法严法慎。清代吕璜遭冤狱十五年，昭雪后任浙江庆元县知县。他的大堂对联是：“我也曾为冤枉痛入心来，敢糊涂忘了当日？汝不必逞机谋争个胜法，看终究害了自家。”四曰克己奉公。清代赵慎畛的桂林府衙，对联是：为政不在言多，须息息从省身克己而出；当官务持大体，思事事皆民生国计所关。五曰政绩昭然。梁上国任奉天府丞时，署联是：勉力为之，正人心，原风俗，实惟根本；文治彰矣，拔真才，加顺迪，勿懈功夫。古人的“做官五德”贴在大堂上或大门上，可以作为自己的座右铭，值得现在各级领导者学习借鉴，自我约束，不忘公平正义，心里装着百姓。但是，不能只是说在嘴上、挂在墙上、沽名钓誉，要把它真正落实在行动上，做好官、做清官，清正廉洁，为官一任造福一方民生，把政绩写在大地上，写在老百姓心中。现代做官也要遵循干部的道德准则和修养。例如，谋求社会整体利益，全心全意为人民服务；廉洁奉公，不谋私利，秉公处事；坚持原则，修正错误，实事求是，戒骄戒躁；任人唯贤，爱才识才用才育才；严于律己，宽以待人，团结合作；带头实干，关心群众生活，为民造福，多办实事、好事。一任好官，流芳百世。

参考文献

[1]何伟,李晓戈.生活是一条路.北京:农村读物出版社,1991:95.

[2]李继兴.应用哲学平衡论.哲学中国网,2013-02-21.

[3]祁光华.平衡:构筑和谐领导力.北京:人民出版社,2007:62.

[4]新编思想政治工作辞典.北京:中国经济出版社,1987:124.

5 未来动态平衡发展方式的发展目标和实现路径构想:实施“本千年完成世界和平统一大业”系统工程

和平与发展的基石——平衡。平衡就是协调、和谐、和睦、和平……[1]

——李继兴《大平衡》

引言:

中国平衡论研究中心主任、北京大学教授、现代化研究中心研究员李继兴说:“和平与发展的基石——平衡”“平衡就是协调、和谐、和睦、和平”,按照这一观点,本理论和方法构想了世界未来发展目标:世界大同;实现形式:实施“本千年完成世界和平统一大业”系统工程,实现“世界大同”,从而保持本理论的完整性。

毛泽东说:“我们的任务是过河,但是没有桥或没有船就不能过。不解决桥或船的问题,过河就是一句空话。不解决方法问题,任务也只是瞎说一顿。”[2]要过河,必须解决桥和船的问题。通向未来发展的桥和船,就是通过大平衡、平衡、准平衡三种发展方式的实现路径,实施“本千年完成世界和平统一大业”的三大系统工程,准平衡发展方式的目标:联合国世界准平衡规范;平衡发展方式的目标:建立“联合国世界国家联盟”或“联合国世界共同体”;大平衡发展方式的目标:建立“联合国中央政府”(世界国家)。这就是实施“本千年完成世界和平统一大业”系统工程的路线图和历史定位。三者有机统一于完成“世界统一大业”总目标之下,有着极强的内在逻辑联系。

大中小准平衡发展方式的实现路径为什么以联合国为基本架构,主要理由是:

动态平衡发展方式对未来发展的构想为什么选择以联合国为世界未来发展

的基本架构，这是一个重大的历史定位。因为超国家的联合国组织是按照几乎世界所有国家(成员国)的意愿成立的，是世界性第一个人类自组织形式的机构，具有“宪法”地位(《联合国宪章》)，对管理全球社会取得了丰富经验，已经成为“世界国家”管理的新范式。我们认为，未来发展以联合国为架构，有坚实基础，路径最优，成本代价最低，对抗阻力最小，基本不会有反复。当然，联合国组织不是一成不变的，也应是与时俱进的，要根据全世界人民不同阶段的愿望不断进行改革、调整、整顿和提高，从而适应不同阶段、不同职能的需要。我们坚信，不论现在还是将来，任何力量撼动、推翻和消灭联合国都是无法实现的。如果另起炉灶，不但把二战后的一切努力化为泡沫，还有可能造成世界大乱，重新陷入大战灾难，导致人类发展大倒退，全世界人民就会吃战争二茬苦、受战争二遍罪。为此，本理论和方法对世界未来发展路径和发展目标构想了正式启动实施“本千年完成世界和平统一大业”系统工程，实现人类的美好理想——“世界大同”。

5.1 系统工程之一：准平衡发展方式的目标——联合国世界准平衡秩序规范

引证：

> 它应该是人类的共同目标、出发点和日常生活、工作的评判标准。“准平衡”可细化为五个有利于：人民幸福；国家安定；世界和谐；人与自然和谐；人的潜能发挥。“准平衡”的评判主体是人民大众和历史发展，实现“五个有利于”需要五个尊重：自然规律；基本人权；经典传统；相对公正的国际公约、国家的法律法规；具体的人、事、时空等条件。[3]
>
> ——李继兴《大平衡》

“宇宙统领一切的是平衡。”“宇宙的最高法则是平衡。”这是北京大学教授李继兴给平衡下的定义，他还给“准平衡”一词的概念做了阐释：“准平衡就是事物发展与平衡临界点保持适当空间，准平衡有利于系统与环境的平衡。物极必反，未极则不反；乐极生悲，乐未极则悲不生；福过灾生，福不过，则灾不来。准平衡状态有利于保持和维系系统平衡。所以，‘准平衡’是用来维持系统与环境平衡的工具——保持自己与别人平衡的原则和方法。”[4]为此，我们做出如下判断：“自然界和人类社会的最低法则就是准平衡。”

“平衡的实质是公正”，就是说，宇宙万物都应被赋予同等的发展机会，在人类社会应当没有特殊权利、特殊利益和特殊生存发展机会的存在，人人平衡共生。人人都要遵守准平衡法则。准平衡“它应该是人类的共同目标、出发点和日常生活、工作的评判标准”。俗话说,“没有规矩,不成方圆”。准平衡有两个重点,一个是人类相互关系的准平衡;一个是人类与自然关系的准平衡。准平衡的评判标准,应该是现代个人、群团、国家、世界的评价标准。概括地说,人人遵守道德教化、制度规范、纪律约束、法律强制,为“世界和平统一大业”奠定基础。

参考文献

[1]李继兴.大平衡.北京:中国大百科全书出版社,2007:89.

[2]毛泽东选集:第1卷.北京:人民出版社,1991:125.

[3]李继兴.大平衡.北京:中国大百科全书出版社,2007:260.

[4]李继兴.大平衡.北京:中国大百科全书出版社,2007:261.

5.1.1 全球经济发展准平衡目标:建立全球经济法规制度体系

引证:

> 大平衡哲学的评判标准。大平衡在学习借鉴古今中外经典文化最高境界的基础上,推荐“整体利益有序增减”为是否达到平衡的最低标准——准平衡。[1]
>
> ——李继兴《大平衡》

建立和健全“全球经济法规制度体系”,要实现世界市场、国际贸易、国际金融、国际投资、国际经济协调组织职能等世界性经济活动法规制度全覆盖,使世界经济进入准平衡秩序和良性运行轨道。

全球经济发展准平衡,就是在联合国主导下建立的“全球经济法规制度体系”,即全球经济活动准平衡秩序。“由于众多内外因素的制约,过去和今后的世界发展趋势都是高度不平衡的。”[2]所以,企业、国家、区域共同体和世界都要为建立“全球经济法规制度体系”而协同奋斗。

5.1.1.1 经济全球化、信息全球化是实现准平衡发展方式目标的必由之路

新世纪以来,经济全球化、信息全球化发展不断趋向深入,有力地推动了世界大统一、人类大融合发展,这也正是准平衡发展方式追求目标的实现路径。因为经济全球化在投资、金融、生产经营、贸易活动等方面跨越国家、民族和地区的界限,实现资本、商品、劳务、技术等生产要素在全球自由流动和优化配置,国际分工使生产和消费国际化,贸易使国内市场与国际市场一体化,经济全球化、信息全球化把各国经济融入世界经济

大循环体系之中，国家间、地区间在经济上紧密联系、相互渗透，谁也离不开谁。在现阶段，由于信息技术的发展，不但推动了经济的持续增长，而且促进了经济全球化不断向深度和广度发展，对世界经济发展具有积极意义：一是生产要素全球优化配置，国家间、地区间实现优势互补。二是各国在全球统一大市场中竞争，能不断促进世界各国经济结构优化升级。三是科技新成果可以在各个国家和企业快速传播和应用。四是有利于发展中国家资金、技术的引进和国际市场的开拓。五是经济全球化不但促进了当今世界社会的财富增长，而且推动了世界的统一融合发展。因此，经济全球化、信息全球化的发展，体现了准平衡发展方式的发展方向和路径，所以准平衡发展方式主张建立“世界经济法规制度体系”，使经济全球化、信息全球化规范发展、依法发展。

经济全球化、信息全球化的发展，是实现准平衡发展方式目标的必由之路。所以，准平衡发展方式倡导经济全球化、信息全球化广泛深入发展，促进经济全球化、信息全球化朝着准平衡方向发展，即实现规范化、法制化发展。实际上，20世纪末，世界经济新秩序开始逐渐建立，经济活动开始向规范化、法制化方向发展，成为全球经济治理和国际经济新秩序建立的保障，成为准平衡发展的动力。(1)国际贸易准平衡。生产经营的全球化，使贸易从货物发展到各生产要素和现代服务业综合发展，贸易的全球化又反过来推动了生产消费的全球化。21世纪初，在世界贸易中形成了多边贸易体制，经济贸易全球化进入贸易自由化、便利化的新阶段，使全球贸易在法制化和规范化范围内活动，减少了贸易摩擦。2002年，世界贸易总额达到了78400亿美元，是10年前世界货物贸易额的1.7倍。世界上有1/4以上国家的GDP离开世界市场就无法实现。这其中一个重要原因，坚持以国际经贸法规、协定和惯例开展贸易活动，反对贸易保护主义，做到权利和义务的平衡。(2)科研准平衡。全球化推动了科技全球传播，促进了经济的发展。科学技术研究、设计本土化，可以大幅度降低成本、提高效率，增强产品的竞争力。在研发、推广、应用方面重视知识产权法，按照国际规范办事。跨国公司的研发战略，发挥了新技术在全世界的传播和促进各国经济发展的作用，就是因为他们严格按照知识产权法进行研发、应用和推广。(3)国际投资准平衡。20世纪末期之前发达国家对外输出资本，从新世纪以来发展中国家开始输出资本，大大促进了资本的国际流动。新世纪开始，全世界FDI国际流动量占当年世界GDP总额2.02%，使各国经济融入了世界的整体，而且在引进和输出资本方面都是重视依照惯例、规范化运作的。(4)生产经营准平衡。由于经济全球化使国际分工发展到产品、零件、工艺等新型横向细化分工，把各国的生产纳入了世界的一个总体环节，也促进了各国生产要素的优化配置，推动了全球经济的发展。这就要求必须讲质量，讲速度，按照法规、合同和约定办事。(5)市场的准平衡。当今世界，市场化经济，就是法制经济，表现在跨国企业按照东道国法律法规，开展生产、经营和销售活动。(6)金融领域准平衡。金融自由化是整体经济全球化和国际资本自由流动的必然要求，有利于各国资金剩余和短缺的调节和配置，为各国提供了剩余资金的增值之路。如今，世界金融市场90%开放，外汇市场平均日交易量10年扩大2万多亿美元。因此，我们要为推动建立有序的国际金融新秩序，完善金融监督管理体系，推动健全应对国际金融危机的管理机制，切实履行自己的国际义务。实践证明，全球化、信息化是世界经济发展的动力，也是世界大统一、大融合的集中表现。

5.1.1.2 促进经济全球化朝着准平衡秩序方向发展

推动经济全球化朝着准平衡秩序方向发展，关键是建立和完善贸易自由化和货币自由化为主要内容的国际经济调节机制，以法治化思维和法治化方式，规范世界经济，在国际生产体系建立合理的国际分工规范，在国际贸易体系建立等价交换规范，在国际金融体系建立金融自由化规范等。

第一，管理好失衡的全球化。

“经济全球化为世界带来了活力和繁荣。但是，活力和繁荣并不是这个进程的唯一结果。数字鸿沟的加深，拉大了两极分化的差距；贫困人口的增加，加重了人们对全球化进程的担忧；发达国家在全球化进程中的主导地位，造成了世界经济发展的不均衡和各国发展机会的不平等……当人们越来越清晰地认识到全球化是一个不可逆转的大趋势时，一个越来越现实的问题也摆在了世界各国的面前：如何管理失衡的全球化，推动经济全球化朝着均衡、普惠、共赢方向发展？”[3]经济全球化不但没有解决历史上存在的不平衡问题，又产生了新的不平衡问题，世界社会仍然是一个不公正、不平等的社会。世界经济发展失衡，表现在国家间、地区联盟间经济发展速度不平衡。虽然近几年全球GDP的平均增幅为5%，但经济仍然是发展失衡的。第一，失衡的表现：有的国家储蓄与消费不平衡、贸易收入与支出不平衡、财富分配关系不平衡、资源与消耗不平衡、国际货币体系不平衡等。第二，不平衡的原因：由于国际产业分工、国际资本流动、国际经济体系、宏观经济政策、消费文化和生活方式等方面存在失衡问题而导致的。第三，发展不平衡的危害：不平衡增添了国家间的矛盾，迫使竞争白热化，影响国际经济政治新秩序的建立，不利于缩小发达国家与发展中国家之间、南北之间的差距，影响世界的和平稳定。第四，消除失衡的对策：既然全球化、信息化是一个不可逆转的大趋势，那么我们就要在参与的同时，积极出谋划策，提出合理化建议，兴利除弊，带头坚持走公平正义、互利共赢之路，推动失衡的全球化朝着平衡的方向发展，让全球化发展成果世界人民共享。一是建立均衡、普惠、共赢的全球化发展的国际机制，发挥联合国及其国际组织的协调矫正作用，加强各国宏观经济政策的对话和协调，从根本上解决世界经济发展不平衡问题。二是加大发展投入，健全世界银行减贫和发展职能，健全国际货币基金组织的金融救援和融资机制，发达国家增加对发展中国家的援助支持。三是解决南北发展差距问题和帮助发展中国家加快发展，确保世界经济发展的平衡性、可持续性。四是以技术合作促进平衡发展，加强各领域技术转让与合作，缩小发展快与慢之间的差距。五是制定和完善国际经济贸易体制和规则，促进世界经济平衡有序、法治化发展。六是联合国有必要建立管理经济全球化的专门机构，如“世界国家联盟”等，协调经济全球化向普惠方向发展。

发展中国家和最不发达国家，对经济全球化只能顺应，只能参与，不能回避，回避就会更加落后，就会被世界发展边缘化。因此，推动经济全球化从失衡趋向平衡发展，建立起完善的法规体系、制度安排和种种“游戏”规则，这是国际组织、世界各国和各区域共同体的迫切任务。全球化是一柄双刃剑，但利大于弊。我们要兴经济全球化之利，除经济全球化之弊，只要各国严格地坚持在国际法规、惯例范围内活动，扬长避短，就会互利共赢；只要国际社会规范管理，转化全球化的不平衡发展，就会使全球化从失衡走向平衡发展；只要尽快完善涵盖范围广和约束程度大的法规体系，以法治思维、法治精神和法治方法规范国际经济秩序、协调国际利益分配，就一定会推动经济全球化朝着准平衡的方向发展。虽然全球化存在不平衡发展问题，但它是世界统一融合发展的新生事物，代表着世界大统一、大融合发展的大方向，是不可阻挡的历史潮流和大趋势。

第二，经济全球化要向平衡、普惠、共赢方向发展。

相关国际组织和各个国家，都有责任尽快寻求世界经济平衡发展的对策，把世界经济引向平衡、普惠、共赢的方向发展，推动建立公正合理的国际经济新秩序，这是整个国际社会的共同责任。但是，在世界经济发展中，必须尊重各国发展模式的多样性，推动各种发展模式的优势互补和发展经验的交流互鉴；必须在借鉴人类已有文明成果的基础上，进一步创新发展模式，实现国与国、人与自然的和谐发展，走全面协调可持续发展之路。要推动经济全球化平衡发展，必须坚持以平等互利为基础，开展广泛经济合作，各国要协同进行国际经济体制改革，建立国际经济法治体系。不论是发达国家，还是发展中国家，都应该对建立健全公正、公开、合理、透明、开放、非歧视的国际多边贸易体制采取积极推进态度，积极消除贸易壁垒，推进贸易和投资自由化和便利化，不断完善经济贸易体制，建设开放自由的全球贸易新体制。各国都要以实际行动坚决支持自由贸易，各国都要继续承诺并严格执行不对商品、投资、服务设置新的限制措施，通过平等对话妥善处理经贸摩擦和分歧，取消对高新技术产品出口的不合理限制，共同营造自由开放、公平公正的全球贸易环境。各国都要恪守承诺，推动多哈回合谈判早日取得全面、平衡的成果，实现发展目标，促进建立开放自由的全球贸易体制。要欢迎各国提出切实可行的方案，协同规范世界经济运行。只有发达国家和发展中国家携手并肩、协同治理，全球化失衡问题一定能得到改变，世界各国都要为推动经济全球化健康发展而努力。

5.1.1.3 国与国经济活动准平衡的关键是法规制度化

（1）以法规制度规范实现国与国经济关系准平衡。罗宾·科恩、保罗·肯尼迪在《全球社会学》中《不平衡发展：受害者》一节中说：“在1966年，世界人口中1/5的最富裕阶层的收入是1/5最贫穷阶层的30倍，这正是社会不平等的一个生动而有力的证明。然而，到1997年，这种差异已经扩大到了78倍。”[4]社会贫富悬殊，差距越来越大。全球经济生活存在严重的失衡现象说明，世界经济必须加强管理，亟待采取有力措施尽快促进世界经济准平衡发展。一方面必须建立世界性专门组织机构，加强对国家间、区域间经济活动的管理；另一方面，要制定和完善经济运行中的各种国际法规和制度安排，来规范经济行为，尽快建立国际经济法治体系，实现世界经济准平衡发展。新世纪以来，在规范化方面已经有很大进展。一是当代世界经济是以市场为主导，以国家和区域合作、企业竞争和市场竞争为主要特征，客观上为发达国家和发展中国家发展经济都创造了发展环境。二是世界经济是以要素流动为载体，发展中国家是发达国家的生产合作伙伴，都能够利用全球化获得发展机会。三是世界经济的国际规则为发展中国家争取国际分工利益创造了条件。

国际经济运行亟待进一步规范，实现从无序到准平衡秩序发展，这就要求国际经济在法治化轨道上运行，这对于发达国家和发展中国家都是有利的。为此，陈德铭在《追求内外均衡增长的三点建议》中指出，要确保非均衡增长的有限度和可控性，因为非均衡增长一旦超出限度不能控制，一个国家均衡的失控会给整个世界，给全球的各国带来灾难性的影响，从而反过来也加重了这个国家自己受损的程度。要以开放的、包容的心态来对待新兴国家的崛起，新兴国家的发展是全球化的结果，对发达国家来讲，新兴国家的崛起机遇远远大于挑战，有些国家采取限制出口，甚至大搞贸易保护主义，既对他国不公，也是对本国的公民和企业的不公正。要共同努力开放市场和扩大本国的消费，无论是发达国家还是发展中国家，都要从国情出发，扩大市场的开放，促进贸易的便利化，把扩大内需尤其是最终的消费需求作为自己内部均衡增长的一个基本立足点。[5]无论是发达国家还是发展中国家，都要实现内外平衡，这对自身国家发展和相关国家的发展都是有利的。这就说明，建立国际经济法治体系和经济准平衡秩序对发达国家和发展中国家都是有利的，有利于世界经济平衡和谐发展。

(2)完善世界经济发展的制衡机制。“追求均衡也就是达到一种矛盾的对立的统一，从哲学的角度讲，矛盾的统一是相对的、暂时的，而矛盾的对立是绝对的、永恒的，矛盾是事物发展的动力，是因为有着矛盾的双方，他们不统一，他们互相的斗争导致事物向前发展。如果从这样一个哲学角度来看我们的经济均衡增长，也可以说在经济的发展中间，均衡的增长是相对的、短暂的，经济发展的非均衡的增长是绝对的、长期的。非均衡始终在均衡的周围波动，推动着我们经济的增长。”[6]经济发展存在不平衡性，要求我们必须完善世界经济发展的制衡机制，增强制衡的信心，因为不平衡始终在平衡的周围波动，最终是要回到平衡上来的。在全球化时代，国与国都要树立对世界未来发展负责任的态度，站在维护人类共同利益的高度，发扬同舟共济的精神，努力促进世界经济平衡发展。第一，完善合作机制。针对世界经济发展不平衡的现状，我们应该坚持国与国平等互利原则，各国都要相互理解不同国情和发展阶段；继续完善和改进合作方案，加强各国中、长期政策协调,促进各国经济优势互补和互惠。第二,完善金融体系。加快建立公平、公正、包容、有序的国际金融新秩序,建立有利于实体经济发展的国际金融体系,着力加强对世界金融系统重要金融机构和信用评级机构的监管,继续推进国际金融机构改革,加快完成国际货币基金组织份额调整,加强对各方特别是主要储备货币发行经济体宏观经济政策的监督。第三,完善平衡发展措施。国与国要建立平等、均衡的新型全球发展伙伴关系,促进发达国家和发展中国家相互理解、相互协调;着力推动南北合作,树立全球性的以发展促增长、以合作抗风险的新发展理念;推广新的发展方式,降低人为技术转让壁垒,发达国家要为广大发展中国家实现绿色发展和可持续发展创造条件,因为这是全球性共同发展的利益所在。

(3)大力支持世界经济的平衡融合发展。"我们应该努力实现平衡增长,既要实现各国国内不同区域、不同产业平衡增长,也要实现不同国家和地区平衡增长。"[7]经济全球化使各国经济发展与世界经济的发展相互影响、相互制约,形成世界各国、各地区经济之间相互依存、相互影响和相互制约的程度不断增强,促进了世界经济的融合发展。第一,区域经济一体化是世界经济融合发展的必然发展阶段。区域经济一体化,不但是对经济全球化的适应,也是推动经济全球化发展的力量。在区域经济一体化发展过程中,国家在区域自由贸易协定框架下,扩大经济合作,提升经济增长潜力,这是最佳的经济融合发展模式。例如,东盟和东亚地区的"10+3"模式(中日韩)与"10+1"(中国)经济合作和发展模式,是东亚地区经济融合发展形成体制化的新阶段。世界经济融合发展要求经济活动突破民族国家和国界的限制,使国内市场同国际市场有机结合,使国内市场成为国际市场的组成部分,这对世界经济整体发展极其有利。第二,经济全球化就是在区域经济一体化的基础上实现全球性融合发展的大趋势。在国际市场体制下,企业趋向国际化,跨国公司成为世界市场经济的主体,决定着市场走向和市场结构变化。区域经济一体化与跨国公司都是推动世界经济发展和各个地区经济之间相互融合的重要力量。可见,区域经济一体化与经济全球化相辅相成,共同推动世界经济一体化发展。第三,经济全球化与区域经济一体化已经成为世界经济一体化发展的实践和示范。经济全球化的深入发展,减弱了单个国家在国际上的竞争力。为了利益的最大化,于是众多国家寻求地区性国家经济合作、全球性合作,谋求融合发展,从而增强单个国家的力量。目前,众多国家加盟地区性经济合作集团,已经成为国际经济大联合发展的成功体制,欧盟、北美自贸区、东盟、非盟等区域经济合作组织已经成为世界经济一体化发展的中坚力量,也发挥了世界大统一、大融合发展的作用。

参考文献

[1]李继兴.大平衡.北京:中国大百科全书出版社,2007:259.

[2]罗荣渠.现代化新论:世界与中国的现代化进程.北京:中国出版集团,商务印书

馆,2009:221.

[3]国纪平.共同推动经济全球化朝着均衡普惠共赢方向发展.人民日报,2007-11-28.

[4][英]罗宾·科恩,保罗·肯尼迪.全球社会学.文军,等,译.北京:社会科学文献出版社,2001:7.

[5]陈德铭.追求内外均衡增长的三点建议.新浪财经网,2012-03-18.

[6]陈德铭.追求内外均衡增长的三点建议.新浪财经网,2012-03-18.

[7]胡锦涛.同心协力,共创未来——在二十国集团领导人第四次峰会上的讲话.北京:人民出版社,2010:5.

5.1.2 世界政治准平衡目标:构建法治世界

引证:

> 人们最终将洞晓此理并达成共识:和而不同、共存共荣、尊重感受、依理施仁。从全球来看,西方要发展,东方也要发展;先进国家要发展,落后国家也要发展。但发展应当是"统一性与多样性有机统一的发展",而不是只顾自身发展的发展。[1]
>
> ——李继兴《应用哲学平衡论》

人的生存本能是"互助"和"互争",但"有序竞争"并非本能。世界长期战乱启示我们必须在本能与约束之间找到平衡点。这就需要全球协同共同构建以《联合国宪章》为中心内容的法治世界。在这种有约束、有强制、有仲裁的秩序下进行竞争,才是世界政治准平衡秩序,世界才能保持和平。

5.1.2.1 世界政治的"准平衡"

世界政治准平衡,就是在联合国主导下"构建法治世界",建立世界政治准平衡秩序。这是建立国际政治新秩序的最低标准——准平衡。政治系统是上层建筑的重要组成部分,受经济系统的制约。政治系统并非是人类社会必须有的制度,原始社会中,人类生活在没有政治系统的社会里。原始社会末期随着私有制、阶级、国家的产生,才逐渐建立起完备的政治系统。随着人类生产力的高度发展,政治系统也将随着国家的消亡而消失。当今,世界政治的主题是维护世界持久和平,努力实现世界"政治文明"。为此,准平衡发展方式第一要务就是倡导大力推行民主政治,为"构建法治世界"奠定基础。

"民主政治"一词,源于希腊文,原意是人民的权力或多数人的统治。"民主政治"与专制制度对称，这是一种在统治阶级中多数人享有管理国家权力的一种政治制度。"民主政治"是古希腊思想家柏拉图、亚里士多德提出的政体理论。当今，民主政治在不同阶级性质的国家，实行不同性质的民主政治制度。在西方资本主义国家，以制定宪法、实行两党制或多党制，实行普选制和议会制为中心，宣称"主权在民""人人平等"，承认公民的民主权利，但要真正名副其实地落到实处还存在一定距离。第一，民主政治的产生。民主政治制度一经提出和产生，就成为人类社会发展不可阻拦的历史潮流。早在一百多年之前，民主政治在美国初露端倪、没有占据政治上统治地位的时候，法国政治家、学者托克维尔在考察美国的民主制度时，敏锐地发现民主的政治价值，并以政治家的眼光看到了民主的发展前景，发现了民主的世界性大发展的必然趋势。他说："民主即将在全世界范围内不可避免和普遍地到来。"托克维尔在《论美国民主》一书的序言中写道："社会正在改变面貌，人类正在改变处境，新的际遇即将到来。"[2]民主，区别于专制，是与专制相对立的政治制度。民主是在一国内赋予人们以平等参与公共事务的权力，特别是在影响自身利益和命运的问题上具有发言权。全球化的最大贡献，就是民主政治的全球化。第二，政治的民主化浪潮。全球化掀起了经济市场化浪潮的同时，掀起了政治的民主化浪潮，把民主政治扩展到国际领域。民主政治，以它高级的管理政治社会、规范社会秩序的一种新体制，快速扩展到国际领域。有学者说，民主是一种更高级的社会秩序，与别的政体、专制制度相比较，具有无比的先进性和优越性。全球化时代的民主政治就是善治，其本质就是政府与公民对公共事务、公共生活的共同性、合作性的管理，体现政治国家中政府与公民的一种新型关系，是二者之间关系的平衡和最佳结合状态。21世纪初，在波兰华沙成立了"民主国家共同体"，签署了《华沙宣言》，宗旨是促进民主治理、民主合作和民主行动，民主化得到大多数国家认同和支持，成为不可逆的潮流。第三，民主政治的扩展。在全球化发展过程中，已经有部分国家由非民主国家向民主政权过渡，有的虽然还没有全面实行民主化的政治体制，但已经改变了原来独裁统治、军人统治等制度，向自由化或半民主化发展，这也是一种进步。从19世纪初开始的民主化浪潮，到现在已经有130多个国家转向民主政治。目前，在全球范围内，普遍认为当今世界没有哪一种政治模式和政治治理构想能够超过民主政治制度。在全球化背景下，全球公民参与全球事务的管理，国内民主与国际民主呈现出平衡发展的态势。第四，民主政治的全球化。政治全球化，表现在经济全球化促进了全球民主化，基本上实现了民主政治与全球政治价值的一体化。全球化的贡献之一，是使各国之间在政治价值和政治制度上达成了共识，这就是对平等、自由的民主价值的认同，各国都相继建立了保障自由、平等、人权的民主制度。因此，全球化在政治上可以说是民主化的同义词。当今，民主化在全球范围内流行，成为世界性的价值理念，从概念上和一定意义上而言，它反映了人类优秀文明——政治文明的成果。对于人们来说，无论是喜欢还是不喜欢，现代政治必然是一定形式的民主政治。否则，如果还要实行专制制度、独裁或军人统治，就是逆潮流而动，是螳臂当车，无疑是阻碍地球转动。在我国，从新中国成立至今，政治系统发生的变化是非常深刻的：一是政治系统的重心——“转向经济方面的政治”。现阶段，政治系统的任务是管理国家事务、决定国家内政外交方向，国内重心转向经济工作，也就是转向“国家建设的政治”，这是政治文明建设的基础。二是政治系统的目标任务——健全高度的社会主义民主。在新的历史时期，政治系统更加体现了政权的人民性，不断健全高度的民主政治体制，坚持为人民服务的方向。三是政治系统建设的目标——政治文明。我国正在进行政治体制改革，加强政治文明建设，已经从整体上开创了政治文明建设的新局面。

5.1.2.2　政治准平衡的任务是准平衡秩序规范

“霸权是这个无秩序的世界走向真正的秩序的一个步骤，它可以被称之为准秩序。它是长期的世界动乱的结果。人们生存的竞争是人的本能，但是人们‘有秩序地竞争’这一点就不是本能，就必须经过学习和强制才能实施。人们必须在本能与约束之间找到某种平衡，这种平衡表现在一个无法约束的社会里就是各个人或各个集团（或国家以及国家集团）之间的实力平衡。在实力不平衡时就有霸权。不平衡要走向平衡，一个旧霸权要消亡，另一个霸权又会兴起。经过这样几次反复之后，世人才会学会建立一种法制的、有秩序的社会，在这种秩序下进行竞争。”[3]昔日世界，是无规矩、无法治、无仲裁的无序世界，今日世界应该是一个有规矩、有法制、有仲裁者的有序世界——法治世界。

（1）协同治理失衡的国际政治秩序

国际新秩序这一概念和范畴，是阿根廷著名经济学家劳尔·普雷维什于20世纪中叶提出来的，受到世界社会的关注。建立国际政治经济新秩序，这是创立和改造国际关系协调保障机制的大事，是国际社会的重大历史课题，是维系所有国家和民族生存发展的外部环境，也直接关系到全球社会的统一和人类的和谐。建立国际经济新秩序和政治新秩序，就必须建立国际关系相关法律法规，形成国际社会完善的行为规范、相互制约运行的机制。第一，联合国为建立国际新秩序做了大量富有成效的工作。联合国大会于1974年通过《关于建立新的国际经济秩序的宣言》，形成了国家间经济关系体系，同时给“国际经济新秩序”明确定义为“建立在所有国家的公正、主权平等、互相依靠、共同利益和合作基础上”。联合国经过十年的努力，相继形成了涉及多领域的决议：国家间主权平等原则、国际贸易关系公平、资金向发展中国家倾斜、技术转让向发展中国家扩大、加强发展中国家之间的合作、改革世界经济结构等，为建立国际新秩序做出了不可磨灭的贡献。第二，在新世纪，加大治理力度，仍然要突出联合国的作用。建立国际新秩序，世界各国都要毫无例外地维护联合国的权威，发挥联合国的主导作用，使联合国在未来世界发展中更具有代表性，在维护世界和平稳定、国际安全和构建法治世界中发挥更大的作用。

中国提出构建和谐社会，并倡导把全球协同治理、构建法治世界与构建各种文明兼容并蓄的和谐世界结合起来，共同建立国际政治经济新秩序，建设持久和平、共同繁荣的和谐世界。全球协同治理，要多元主体共同参与、协商，共同建立全球治理的合作机制和管理机制。全球治理，必须全球协同。主权国家的政府要在全球协同治理的舞台上扮演主要角色，并要起到一方本土的组织者、发动者和领导者的作用。在全球协同治理过程中，民族国家、政府间国际组织、非政府间国际组织、跨国公司等都是全球协同治理的重要依靠力量和骨干队伍，并要重视发挥他们的带头作用。全球治理要坚持多层次、多主体同时参与、合作治理。在协同治理过程中，既坚持国内、国家间和区域间协同治理，又坚持国际组织和非政府间组织合作治理，但必须坚持以联合国对全球协同治理的主导作用。例如，欧盟半个世纪的治理，实现了经济政治一体化。欧盟的成功经验，是全球治理的示范。全球治理和构建和谐世界的目标是一致的，在政治上都是要建设政治文明的世界，致力于世界的民主化，强调世界多元化平衡发展，对发生政治经济纠纷，要互相谅解，通过谈判、协商的方式解决矛盾纠纷，避免相互发生矛盾冲突和对抗。无论国家大小、强弱一律平等，反对恃强凌弱、以大压小，提倡在政治上民主平等，求同存异，和而不同，携手合作，共创世界和谐；在经济上公平发展、有序竞争、互利合作、共同发展；在文化上相互交流借鉴，多元平衡发展；在安全上要坚持互信互利，共同维护世界和平稳定的发展环境。

(2)建立国际政治准平衡秩序要做到破与立的平衡

“发展需要不断打破旧的平衡，建立新平衡。”[4]建立国际政治经济准平衡秩序必须要做到破与立的平衡，即破除旧秩序与建立新秩序二者要平衡推进。改革国际政治旧秩序，是符合当今世界建立国际政治准平衡秩序要求的基础性工作。在历史上，人类一直处于战争与和平交替的社会里，历朝历代的更替，人民生活都要遭受战乱之苦；在现代，国家间政治严重失衡，表现在政治上的国际关系不民主、不平等；军事上的武力威胁、军备竞赛威胁弱国，影响世界和平稳定。因此，改革国际政治旧秩序建立准平衡秩序是全世界各国人民的共同期待。

建立国际政治经济准平衡秩序应体现在经济、政治、文化和安全等四个方面的统筹平衡、相互促进。一是经济方面：在经济上要改革不公正利益分配、不公平竞争、不合理贸易等的国际旧经济秩序，国家之间要相互合作、互利互惠、共同发展；大国小国、强国弱国都有国际经济事务的平等参与管理权、支配权、建议权，反对不平等待遇、不合理经济制裁和贸易保护主义，把经济全球化建设成为国与国共同发展的合作共赢之路。国家间发生经济纠纷，就事论事谈判协商解决，不与政治相联系，坚持互利互惠原则，运用公平合理、双方都能接受的办法妥善解决。二是政治方面：在政治上无论是大国小国、弱国强国、穷国富国一律平等，没有高低贵贱，共同参与国际政治事务，相互尊重对方政治权利。如果发生政治纠纷和摩擦，通过和平谈判、平等协商解决，国家间的领土领海、资源能源等纠纷通过和平谈判方式解决，反对使用武力和以武力相威胁，使世界历史朝着民主、和平、和谐的方向发展。三是文化方面:在文化上要坚持不同民族文明和民族文化相互不排斥、不强加、不冲突,开展相互学习借鉴、交流与合作,实现世界文化多元平衡发展、共同繁荣的丰富多彩的文明世界。四是安全方面:在安全上要破除旧的安全观,树立新的安全观,国与国之间要相互信任、相互理解、相互依赖、和谐相处,通过对话、协商解决各种纠纷和争端,杜绝使用任何武力,共同维护国家间军事安全、政治安全和经济安全。

5.1.2.3 国与国政治的准平衡——和平

(1)人类社会的历史就是一部失衡的战争史

翻开人类社会发展的历史,基本上都是记载国与国的战争和朝代更替的国内战争。在历史上,不同利益集团争夺天下,导致人类历代饱受战争灾难之苦。一是古代战争:据瑞典、印度学者统计,从公元前3200年到公元1964年的这5164年的时间内,世界上共发生战争14513次,只有329年是和平的。使36.4亿人死亡,损失的财富折合成黄金,可以修一条宽150千米、厚10米、环绕地球一周的金带。据苏联学者统计,从公元前1496年到公元1861年这3357年间,人类有3130年在打仗,只有227年是和平的。[5]二是近代战争:据《解放军报》了解到,人类历史上涉及五大洲四大洋规模最大的战争是一战和二战;损失最惨重的战争是二战;世界史上战争历时最长的英法战争打了116年。近代两次世界大战,给人类造成巨大灾难。仅二战就有20亿人卷入战争,伤亡达1亿多人,对财富的浪费和对生态环境的破坏更加巨大。三是当代战争:当今世界除了接连不断的局部战争和冲突以外,国家间的军备竞赛水涨船高,核毁灭、核威胁、核恐怖依然在不断升级,而且同历史上战争相比威胁更大。美国陆军国防战略问题研究所报告提出,核拥有国将从现在的5大国(美国、俄罗斯、中国、英国、法国)增加到总计为23个国家和地区,2010年后增加的有日本、韩国、朝鲜等。报告认为,"大国间发生战争的可能性很小,但是中小核武器拥有国之间有可能发生有限核战争、核威胁、核武器事故",由此可见世界核战争威胁日益严重。

国家与国家之间的军备竞赛越来越严重,但在世界无政府状态下又无法控制,这才是最可怕的。国际和平组织发表了一份报告指出,一年世界各国的军费开支总和达到9000亿美元,相当于每过1分钟就有170万美元耗费在武器生产上,在这庞大的军费开支中,美国、俄罗斯两国占60%。俄罗斯的军费开支是该国教育、医疗费用的2倍以上;美国的军费支出则相当于该国陆上运输费用的170倍。发展中国家现在的军费开支也在成倍增长,有的大量购买军火,外债达数亿美元,军费外债超过40%,债台高筑,贻害子孙。这份报告说,世界人民要经济社会发展不要军备竞赛,呼吁世界舆论要成为制止扩军的压力。军备与社会发展的关系越来越为人所了解,如果只把非生产性的军费开支的一部分用到发展社会事业或生产性开支上去,就能开辟出相当可观的前景。例如,一架喷气式战斗机的价格2000万美元,可建4万所乡村药房。一年世界军费开支的5/1000就足够使粮食不足的低收入国家5年达到自给自足支付所需的全部农业设备的费用。其次，据日本《世界舰船》报道，世界上共有26艘航空母舰，其中美国14艘，俄罗斯3艘。同时星球大战主要是在200至1000公里高空中建立多层次、多手段的反导拦截系统，需要消耗巨额费用，而太空大战也将是未来军费开支的大头。据联合国最近一份报告透露，世界上共有4万至5万枚原子弹，包括氢弹在内，相当于100万枚二战期间美国在广岛使用的原子弹，其总量约为130亿万吨梯恩梯炸药的巨大威力。[6]我们认为，国家与国家的军备竞赛，与现代文明严重失衡。所以，准平衡发展方式的奋斗目标："把军备竞赛的费用，用于经济社会发展的竞赛。"

(2)联合国是世界和平发展的平衡支点

联合国旗帜上的图案，是一对橄榄枝叶环绕整个地球，象征着争取世界和平。为什么用橄榄枝代表和平呢?《圣经·创世纪》中有一段神话：远古时代，亚当、夏娃因为偷吃禁果而被赶出伊甸园，后来他们的后代该隐诛弟，拉开了人类相互残杀的序幕。上帝发现人类充斥强暴和仇恨，道德风尚越来越坏，十分生气，决定用洪水把人类消灭。只有诺亚夫妇是仁义之人，于是事先通知诺亚建造方舟木船，诺亚花费120年建造了庞大的方舟，把全家八口人和飞禽走兽各选择一对带到船上。7天之后降了40个昼夜的大雨，全世界一片汪洋，除了诺亚的方舟外，世间一切人和生物统统遭到灭顶之灾。150天后洪水消退，方舟停在水中的山顶上，诺亚放出一对鸽子，当鸽子飞回来时，嘴里叼着绿色的橄榄枝叶，诺亚知道洪水在陆地上已经退尽了，世界和平来到了，人世间恢复了生机和活力。从此，橄榄枝叶成了和平的象征，鸽子被称作"和平鸽"。联合国是二战反法西斯胜利后成立的，宗旨是维护国际和平及安全。所以，把象征和平的橄榄枝叶绘在联合国的旗帜上。它标志着世界人民无时无刻不在期盼世界持久和平的决心。同时，也是人类共同对没有强暴、没有仇恨、道德风尚良好的向往。

如今，我们正处于失衡与复衡两种世界的过渡时期，从过去的无政府主义乱世、无序竞争、互相杀戮、无序失衡的世界，向人与人和睦相处，国与国和平共处，人与自然和谐相处迈进的准平衡秩序的世界。一是发生战争是由于世界无政府、无法治、无仲裁者而导致的。世界性、区域性和国家间的战争爆发，是因为全球处在无政府状态下，世界霸权和国家权力之争，没有最后的秩序仲裁者，强者任意使用武力征服弱者，而且历史由胜者改写，不讲正义，自古就有"胜者为王败者为寇"，国家只能靠自助自卫，或使用武力对抗，造成了世界社会严重失衡，这一切问题就出在世界上没有"规则""裁判"和法度。二是发生战争的问题也出在"狭隘的民族国家利益""极端的民族主义"，强国侵略掠夺弱国，破坏世界和平。仅近代不到30年世界就发生了两次世界大战，二战后接着是"冷战"，至今局部战争接连不断；目前军备竞赛愈来愈激烈，军费支出不断增加；新的信息网络战已经打响，未来的核大战、太空战、海战等正在"备战"。为此，动态平衡发展方式主张：各国协同构建法治世界，各国都遵守和维护当今世界最低标准：遵守联合国宪章、遵守国际法、维护国际关系准则等一系列规范性法规、制度，同时以联合国为主导制定、健全和完善世界性的以《联合国宪章》为主要基础内容的各种法律法规、规章制度，并严格执行，积极维护世界和平，共同开创和平发展、和谐发展的新局面，实现导师恩格斯提出的人类自身的和解、人与自然的和解，倡导中国古代思想家刘梦溪提出的“和而解”和孔子的“和而不同”的思想。同时，要增强和扩大联合国的权威和权力，早日完成“构建法治世界”的任务。

(3)协同营造政治准平衡的国际社会环境

“当今世界本质上是一个失衡的世界。”现在世界上局部动荡的根源，主要是民族矛盾、宗教矛盾、边界纠纷、领土争议、国家利益冲突等，这就说明了核大战威胁暂时不会发生，消除了悬在人类头顶的“达摩克利斯之剑”。但是，寻求世界持久和平还有很长的路要走。第一，消除和平发展的障碍。霸权主义和恐怖主义是当今世界和平发展的障碍。维护世界和平发展、和谐发展，就必须消除破坏和平发展的障碍，就要反对霸权主义，防范和打击恐怖活动，必须加强国际合作，团结各国人民协同开展反霸反恐斗争，进行全面综合治理，努力解决地区和国家间冲突，努力消除落后、贫困和社会不公平现象等问题，努力消除产生相互冲突和恐怖主义的根源。第二，推进国际关系民主化。各国要共同推进国际关系正常化，在国际事务活动和国际社会交往中贯彻民主化原则，建立民主、包容、公正的世界社会。要保障各国享有平等参与国际事务的权利、发展的权利，保障各个民族和各种文明共同发展的权利。做到各国政治上要坚持民主平等，相互尊重，和睦互信，和平共处；经济上公正、互利、合作，竞争发展；安全上相互信任，通过对话解决争端。第三，营造长期稳定的国际和平环境。国家间要建立互信、互利、平等和协作的关系，把公认的国际法和国际关系准则作为维护和平稳定的政治基础，把互利共赢、合作竞争、共同繁荣作为维护和平稳定的经济保障，把平等对话、协商和谈判作为解决争端、维护和平稳定的根本途径，把我们的世界建设成为民主的世界、公正的世界、包容的世界。

(4)政治准平衡的主题是构建法治世界

世界大国、小国、强国、弱国同处一个地球家园，应当同舟共济、和谐相处、共同发展，同享大自然的恩赐。当前，各国都要把和平与发展、融合与发展作为时代主题。和平与发展的时代主题对维护世界和平，促进各国共同发展具有重要意义，这就要求世界各大国关系要从相互牵制、相互制约的关系转变为相互合作发展、和平发展的关系，特别是在应对全球性问题等方面的合作要进一步提高，世界各国和区域性集团都要在发展自身的同时，为推动世界和平发展做贡献。当今，和平与发展是不可阻挡的历史潮流和世界各国人民的共同愿望。和平与发展有利于各国实施国家发展战略，有利于给各国创造经济发展的良好国际环境。“要和平不要战争”，这是人类历代的期盼。我们要正确认识当代世界和平大局，一方面和平是主流，另一方面世界呈现和平局面，又是不稳定的，威胁世界和平的隐患依然存在。和平主题与发展主题是辩证统一的。和平与发展，是当今世界的两大主题，二者是辩证统一、相辅相成、相互作用、互为条件、相互促进的关系。和平是发展的前提和基础，发展经济是维护世界和平的有力保障；发展经济需要和平环境和条件，和平离不开经济社会的发展。在实践中，我们要正确认识和处理二者的相互关系，维护和平是发展经济的基本前提，发展经济是维护和平的坚实基础。在和平环境中求发展，在经济社会发展中保和平，这是人类社会走向美好未来的根本途径。当今，世界各国人民要巩固和发展这个大好形势，使世界成为秩序井然的世界。

如今，构建法治世界的条件已经基本成熟。全球化是构建法治世界的强大动力；联合国主导下的国际合作是构建法治世界的基础；政府间和非政府间国际组织是构建法治世界的重要主体；《联合国宪章》是构建法治世界的重要基础保障；民主化是构建法治世界的价值取向。一是构建法治世界是维护世界和平的需要。只有和平，才能把各国的人力、物力和财力集中到世界经济发展中来，集中到社会、文化和人的全面发展上来，集中到国家间经济、政治和文化交流与合作上来；特别是只有和平了，才能杜绝把大量自然财富、劳动财富和精神财富消耗于军备竞赛之中。二是构建法治世界是促进世界准平衡发展的需要。从全球角度看，国与国的发展是相互联系的，必须实现共同发展、平衡发展，不能只求发达国家发展，没有发展中国家和最不发达国家的发展，世界和平就没有保障。同时，消除人口剧增、粮食短缺、自然环境恶化等问题，也是世界和平稳定的重要因素。三是构建法治世界是实现世界和平发展的需要。现今世界实现和平发展与建立国际准平衡秩序必须构建法治世界，这是实现和平发展的一个重要条件。世界各国都要为构建法治世界出谋划策。在法治世界没有建成之前，各国要坚持三个基本原则：第一，平衡共生至上原则；第二，相互控制的不对抗原则；第三，利益求同的协商原则。

(5)世界各国平衡发展是世界持久和平的基础和保障

世界要持久和平就是要在构建法治世界的基础上，还要实现各国经济社会相对平衡发展、共同繁荣，这是世界和平的基础和保障。一是各国共同繁荣发展、相对平衡发展是世界持久和平的有利因素，这是因为缩小贫富差距、南北差距，形成经济政治多极化，削弱政治经济垄断，才能制约相互不合理竞争、矛盾和冲突。二是发展是和平的前提、贫穷是社会动荡的因素，贫穷落后是战争的根源，平衡发展可以缩小贫国富国的差距，密切强国弱国的政治关系，才能保持世界持久和平稳定。三是平衡发展可以改变广大发展中国家的落后状态，扩大维护世界和平的力量，可以有效减少世界新的动乱和冲突。四是新世纪以来，各国、各地区的经济发展很不平衡，发达国家经济发展衰退，有的发展中国家经济上升，有的经济持续下降，有的走不出低谷困境。所以，共同发展才是世界发展的硬道理，只有共同平衡发展才是和平发展的必由之路。五是改变世界性的“新马太效应”是共同平衡发展的根本途径。发达国家与发展中国家共同发展，从根本上改善南北关系，缩小南北差距，转变世界性的“新马太效应”，是世界和平稳定的有效措施。发展中国家也要学习发达国家的先进经验、开展交流合作，努力提升自身的发展水平，为世界和平做贡献。

5.1.2.4 国际关系准平衡的标准：和平共处

(1)国际关系的准平衡

在我们这个地球上，有200个主权国家，2500多个民族，5大宗教，60亿人口，6000多种语言，国家之间利益不同、意识形态不同、国家制度不同、民族不同、宗教信仰不同，在这种情况下，国与国之间发生经济领域纠纷、政治领域摩擦、生态环境矛盾、能源资源矛盾、领土矛盾、文化排斥等，都是正常现象。相互之间产生不和谐现象的原因很复杂，有历史原因，也有现实原因。从现实看，主要是国与国之间在经济上缺少合作、政治上缺少信任、文化上缺少交流、心理上缺少沟通、行动上缺少交往。21世纪，世界面临诸多历史遗留的问题和新产生的不平衡问题相互交织，解决这些问题，不能治标不治本，必须全球协同，从根本上解决世界不和谐现象。

“‘准平衡’——整体利益的有序增减是应用哲学平衡论的根本评判标准。同时也是应用哲学的出发点和归宿。在这个根本标准面前人人平等。无论是平民、总统、富国、穷国、大国、小国、穷人、富人……”[7]所谓国与国的准平衡，是指当今国家与国家在相互交往的过程中，要严格遵守国际公法的基本原则，这是最低的、基本的评判标准，也是世界各国起码应当始终坚持的底线。《联合国宪章》、国际法、国际惯例和国际准则是调整国家间关系的有约束力的法规和准则，是世界各国公认的，由国际协议制定认可的，因此也是必须遵守的。以《联合国宪章》为例，宗旨是反对侵略和扩张，维护国际和平和安全，增进各国之间的合作。可见，国际法的基本原则反映了全世界人民的共同愿望。[8]世界各国要同心协力、相互配合、协同一致，共同为政治准平衡而奋斗。

(2)中国一贯主张国与国和平共处

中华民族是爱好和平的民族，中国人民从近代以后遭受战乱和贫穷的经历中，深感和平之珍贵、发展之迫切，深信只有和平才能实现人民安居乐业，只有发展才能实现人民丰衣足食，把为国家发展营造和平稳定的国际环境作为对外工作的中心任务。中华人民共和国国务院新闻办于2011年9月6日发表《中国的和平发展》白皮书，全面阐释了中国和平发展道路的开辟、中国和平发展的总体目标、中国和平发展的对外方针政策、中国和平发展是历史的必然选择以及中国和平发展的世界意义等，向全世界表明中国的和平发展愿望。第一，致力于创造和平和谐的周边地区环境。中国主张与邻国和平共处、和谐相处。一是遵守和平共处五项原则，实行以邻为伴、以邻为善的睦邻友好的对外政策。二是国与国之间要做地区政治互信的促进者、做地区共同发展与繁荣的推动者、做地区和平稳定的维护者。三是创造和平和谐的地区环境，以合作求安全、以平等求安全，携手并肩共同开创经济发展和社会进步新局面。第二，致力于维护世界和平，创造和平发展大环境。中国继续高举和平、发展、合作、共赢的旗帜，致力于维护世界和平稳定、促进共同发展。中国坚定奉行独立自主的和平外交政策，坚持在和平共处五项原则基础上全面发展同各国的友好合作。中国主张和平解决国际争端，反对武力威胁，不干涉别国内政，不搞扩张，为人类和平与发展的事业而不懈努力。一是国与国和平共处。开展广泛的政治、经济、文化领域的交流与合作，增进了解和友谊，减少摩擦，互利共赢，共同发展。二是发生矛盾和纠纷时，通过外交手段、和平谈判，化解矛盾，妥善解决。第三，中国致力于世界统一融合发展，与全世界人民和平共处，共同构建和谐世界，为世界和平统一、人类融合发展贡献力量。

参考文献

[1]李继兴.大平衡.北京：中国大百科全书出版社，2007：219.

[2]段小平.全球协同治理研究.兰州：兰州大学出版社，2012：72.

[3]庞雨.世界政治大趋势.北京：中国社会科学出版社，1994：60.

[4]李焰.环境科学导论.北京：中国电力出版社，2000：36.

[5]何发堂.古代战争.新知识报，1987-08-14.

[6]李百祥.军备竞赛.解放军报，1981-08-31.

[7]李继兴.大平衡.北京：中国大百科全书出版社，2007：260.

[8]何和.维护国际和平和安全.中国法制报，1987-05-02.

5.1.3 世界社会准平衡发展目标：构建和谐世界

引证：

和谐世界是一个平衡发展的世界。[1]

——段小平《全球协同治理研究》

5.1.3.1 准平衡发展方式的目标：和谐

世界社会准平衡，就是在联合国及其世界性组织主导下，世界各国、各区域联盟和国际企业集团协同共建和谐世界，建立世界社会准平衡秩序：人与人关系和睦相处、人与自然和谐相处、国与国和平共处。

(1)世界社会准平衡：规范人的社会行为

"社交关系也可以从杠杆原理获得启示。任何社会交往都有其支点。支点确立后，还要确定双方的距离，并调节双方在动态中的平衡。"[2]中国传统文化非常重视营造平衡和谐的社会关系、创造平衡和谐的人文环境。这对实现世界社会准平衡同样具有积极意义。第一,“仁义”道德准平衡标准。“仁”为仁爱,“仁义”为仁爱正义。“仁”是中国传统文化中道德规范的最高标准,也是衡量善与恶的标准。孔子《论语》中对“仁”强调百余次,倡导人与人之间要“爱人”,宽以待人,严于律己;讲诚实,讲信用;要勤劳,要认真;乐于助人,不求回报。在社会风气方面倡导天下一家亲、四海之内皆兄弟、尊老爱幼、宽容豁达。当今,我们要以“仁”的标准和“仁”的精神为人处世。动态平衡发展方式认为,人与人的“仁”是和善相处,人与自然的“仁”是和解相处,国与国的“仁”是和平共处。第二,“己所不欲,勿施于人”的伦理准平衡标准。“己所不欲,勿施于人”语出《论语》:“子贡问曰:‘有一言而可以终身行之者乎?’子曰:‘其恕乎。己所不欲,勿施于人。’”意思是自己所不要的,不要施加到别人身上。这个伦理标准,对青少年、中年人、老年人各个年龄段都适用,也适用于世界社会、不同种族、各个宗教、各个国家、团体和个人家庭。我们要在工作学习生活、人际关系、经济贸易、政治往来中都要做到:自己不愿意的,不强加给人。例如,在国际政治方面,不侵略别国;在外交方面,强国弱国平等;在经济贸易方面,反对不公平待遇;在人际关系方面,尊重对方,平等相待;在文化方面,互不排斥,相互交流借鉴。第三,“和为贵”的和谐准平衡标准。中国传统文化就是平衡和谐文化,《论语》“礼之用,和为贵”、孟子的“天时不如地利,地利不如人和”,都体现了中国传统文化的“和合”的精神,强调人与人和谐相处,人际关系协调,善良忠诚、互相帮助、善待他人。在处理矛盾时,不是消灭对立面,而是与对立面共存,相辅相成,和而不同。例如,《史记·廉颇蔺相如列传》中的“将相和”的故事,就是处理人与人之间矛盾的范例。第四,“和而不同”的辩证准平衡标准。圣人孔子的“和而不同”观点,是认识和解决矛盾的辩证法。世界之大、社会之广,相互有矛盾是不可避免的,关键在于如何认识和解决矛盾。“和而不同”不是不讲原则的盲从,或随声附和,或没有主见,也不能“同而不和”,而是勇于否定自己的不正确观点和做法,接受别人的正确观点和做法,提高科学性和正确性。在解决矛盾的过程中力求“和”,但不求完全“同”,“和”不是没有矛盾、没有斗争,但这个矛盾斗争是在“和”的范围之内的、是求同存异的、是平衡共进的、是团结不破裂的。

(2)全球社会的准平衡规范

准平衡发展方式,是一种低水平的发展方式,所要达到的目标是最低层次的社会运行状态,就是使世界社会从过去的失衡、战争、无序竞争走向真正的有秩序、有规矩、有法制的世界社会,是对人与人关系、人与自然关系和国与国关系的起码的准平衡秩序规范,是对当代世界政治经济准平衡秩序的规范,是对每个人做人、做事、做官的起码规范,即要求人人都不逾越最低的准平衡:全球社会道德规范、制度限制、纪律约束、法律强制的现时代社会最低的准平衡。建立全球和谐社会,就是从无序、互争的人性本能和全球和谐社会之间的平衡点——准平衡,是人类经受世界战乱和人类无序竞争之后得出的结论。准平衡发展方式是以德治与法治相结合的世界准平衡秩序的实现形式,要求人与人关系的准平衡是不突破道德教化、纪律约束和法律强制的准平衡规范;国与国关系的准平衡是不突破使用武力和武力相威胁的准平衡规范；人与自然关系的准平衡是不突破生态平衡的准平衡规范。在国际上以联合国宪章、国际法、国际准则、国际惯例为评判标准，在各国国内以本国宪法、法律和道德教化为评判标准。

5.1.3.2　人与人、人与自然关系的准平衡：平衡共生

从平衡论的角度讲，人类生存方式的规定性，就是平衡共生法则。从个人生存方式、家庭生存方式、企业生存方式、社会组织生存方式、国家生存方式和人类生存方式来看，有一个共同点——人与人平衡共生、人与自然平衡共生、国与国平衡共生。如果违背了平衡共生法则，无论是个人还是群体组织，都将危及自我的生存和发展。

(1)人与人关系的平衡

人类发展的历史，就是人类谋生存、求发展的历史。人与其他动物一样，为物质的(人多一种精神生活)需求而终生奋斗。但始终贯穿一条主线：人与人的社会关系——平衡共生。第一，“合群平衡式”生存方式。原始时代以“合群式”维持生存，生产力水平低下，生存环境极其恶劣，个体离开群体就会无法生存下去。在群体里，为了共同生存，维护本群体生存利益，不断巩固其“合群式”的生存基础。人类生存的路径越来越明确，围猎、防止猛兽、防灾等都反复证明了个体是脆弱的，群体的力量才是强大的。人类要寻求生存，必须增强个体的融合意识，自觉联合起来共同生存，在群体中保持人与人平衡和谐相处。第二，“家庭平衡式”生存方式。随着生产力的发展、私有制和国家的产生，人类由“合群式”转变为“家庭式”，以家庭小群体的自产自给自足，维持生存。“家庭平衡式”实现了男女、老幼、强弱互补平衡，养儿防老，在生产力发展水平不高、社会发展水平低下、家庭生存水平不同的情况下，是解决人类生存和发展的最佳方式。第三，“社会平衡式”生存方式。随着现代科技的发展，劳动生产率的提高，物质的丰富，社会的进步，社会福利、社会公共服务和社会医疗养老保障的逐步完善，人们的生存质量逐渐提高，生活方式越来越多样化，即使是无收入、无住房、无子女的“三无”老人，也能在敬老院里生存下去。可见，统一融合发展才是人类社会发展的归宿。

(2)人与自然关系的平衡

人类社会文明的发展，表现在人与自然的关系的进步——平衡共生。人与自然关系从古到今呈现出“平衡——不平衡——平衡”三个阶段：第一，“原始平衡”——农业文明时代。人、自然、社会系统的关系是动态平衡的。在工业革命之前，维持人的生存方式主要是通过人力和畜力的劳动，生产生活资料来维持生存。第二，“失衡发展”——工业文明时代。人、自然、社会系统的关系是不平衡的，在工业文明时期，通过机器开发利用自然资源、机器生产生产资料和生活资料，劳动生产率大大提高。三百年的现代化，经济发达、物质丰裕，也造成生态失衡、环境恶化，工业化和现代文明生活方式破坏了自然界的生态平衡。第三，“重建平衡”——现代社会生态文明建设时代。三百年的现代化造成生态失衡和环境恶化促使我们不得不改变人类自身的生存方式和发展方式，重新构建生态

文明形态来确保人类的永续生存。人们在总结工业文明以来的经验教训中，提高了对生态文明建设的意识，努力恢复人、自然、社会系统的关系的动态平衡。如今，各国普遍开始走新型工业化道路，为重建地球生态文明，建设“全球生态社会”而奋斗。

5.1.3.3 准平衡实现形式的多样性

(1)社会分工的准平衡：合作关系

社会必须有分工，分工必然有协作。分工协作关系，是人类与生俱来的固有关系，它关系到人类的个体和群体的生存和发展。第一，合作关系是人类生存发展的基础。人类的合作关系，出现于原始社会早期，由动物“合群”“互助”发展而来。在原始社会里，人类的合作关系密切，人类共同占有生产资料、共同劳动，共同分享劳动成果。可见，合作的基础是人类的共同的生存利益。第二，合作关系是现代社会发展的主题。生产力的发展，科学技术的进步，都是在合作竞争中实现的。在全球化条件下，国际分工、合作、竞争已经成为一种理性选择。例如，跨国公司的跨国合作，企业的联合兼并的合作，区域国家联盟就是一个超国家的大格局合作组织。第三，合作是人类未来发展的必然趋势。未来的人类发展，必将在合作关系中发展，在合作竞争关系中前进，没有合作竞争就没有人类的快速发展。合作竞争是人类发展的强大动力，是未来发展的必然趋势。第四，合作关系是世界统一融合发展的基础和趋势。中国坚持走和谐社会道路，倡导建设和谐世界，建立和平、合作的国际秩序。实质上就是中国遵守国际最起码的准平衡规范。占世界 1/5 的人口富裕、社会稳定，并带头走和谐世界的道路，加之各国跟进，我们就从中看到世界统一融合发展的曙光。

(2)人与人关系的准平衡：相互依赖

人类是相互依赖而生存发展的。人的生存和发展，离不开两个依赖，一个是依赖自然界，一个是依赖社会，即人与人的相互依靠。如果离开他人和群体孤单一人生活，是根本无法生存下去的。人与人的相互依赖是全方位的，包括衣食住行、科学技术、文化知识、人类长期实践活动的经验教训等等。原始社会的人类狩猎需要合群，封建社会的小农经济自给自足但也离不开互通有无、物与物的交换，资本主义社会的机器流水线分工协作生产更是相互依赖。现代社会人与人相互依赖更加紧密，从小处说，农民离不开工人，工人离不开农民，工人农民离不开商人；从大处说，中国离不开世界，世界离不开中国，发展中国家离不开发达国家，发达国家离不开发展中国家。当今世界，经济和信息全球化把各国联系在一起，相互贸易互通有无、传播科技协同发展、文化交流相互借鉴等。既然人与人是相互依赖而生存发展的，所以人与人的关系应该相互依存。中国传统文化早就倡导“修己以安人”。无论是本国人还是外国人，都要互相尊重、平等相待、和谐相处。

(3)不同社会制度之间的准平衡：和而不同

同一个世界，同一个梦想，人类要实现超越意识形态和超越社会制度取长补短，消除隔阂，和谐相处。一是不同政党和政治制度之间、不同意识形态之间相互学习，交流经验，共同提高。例如，在外交上中国的“相互尊重、求同存异”“搁置争议、共同开发、和平解决领土争端问题”“构建和谐世界”“与邻为善、以邻为伴”“和平共处”“和而不同”等一系列思想，外交上不以社会制度和意识形态画线，倡导超越社会制度和意识形态的国际友好往来，在和平共处五项原则基础上，发展正常的国家关系和政党关系。二是超越社会制度，包括不同社会制度国家的先进物质文明建设、先进管理经验等方面的学习借鉴，吸收一切人类优秀成果，完善发展自己，为世界发展做贡献。三是为了国家和民族的发展进步，必须学习吸收各个国家和民族的优秀文化和文明进步的成果，为中华民族振兴服务，为人类文明进步奋斗。

5.1.3.4 和解是世界的准平衡标准

人类具有自然属性、社会属性的双重属性，因此人类的生存方式，即生命的存在形式与其他生物有异有同，动物以本能的活动方式而生存，人类的生存方式既离不开自然资源，又能动地进行物质资料的生产。因此，现代人类必须解决两个和解：人类自身关系的和解，以及与自然关系的和解。第一，主张和平发展就是要实现人与人的和解。中华民族自古重视“人和、家和、天下和”，中国传统文化就是平衡和谐文化，和平发展是中国人民的共同愿望。中国把构建和谐社会作为全面建设小康社会的重要任务，具体含义：一是个人自身的和谐；二是人与人之间的和谐；三是社会各系统、各阶层之间的和谐；四是个人、社会与自然之间的和谐；五是整个国家与外部世界的和谐。第二，倡导构建和谐世界就是要实现人与人的和解。中国倡导构建各种文明兼容并蓄的和谐世界，符合世界人民的共同愿望。中国落后挨打的历史，迫使民族发愤图强，实现民族振兴。要完成这个历史任务，中国必须与各国和睦相处，创造和平稳定的国际环境，这也是当今世界各国和平发展的需要。在全球化时代，要求和平、合作是各国人民的共同愿望。因此维护世界和平，成为各国共同承担的责任。“家和万事兴，国和百业兴，天下和世界兴。”第三，建立全球社会准平衡秩序就是要实现人与人的和解。古时候，由于社会活动空间窄，一般都在小环境进行，联系范围小，交流内容少，与大环境基本上是隔断的，近代随着经济和技术的提高，地上有火车汽车，天空有飞机，海洋有轮船，还有电报、互联网、卫星通信，打破了区界、国界、洲界。世界社会交往增多，矛盾也相应增多，现在世界上存在着经济纠纷、环境气候矛盾、能源矛盾、局部战争、军备竞赛、恐怖主义等。解决这些问题的对策就是人与人、国与国的和解，共同建立全球社会准平衡秩序，建设持久和平、共同繁荣的和谐世界，坚持国家间自律、自控、自我约束，积极开创世界和谐发展新局面。

参考文献

[1]段小平.全球协同治理研究.兰州：兰州大学出版社，2012：209.

[2]刘俊坤.中庸:中国人性格的秘密.北京:当代中国出版社,2010.

5.1.4 世界文化准平衡发展目标:形成世界多元文明平衡发展形态

引证:

同国家发展一样,不同文明之间的发展也必须平衡。[1]

——段小平《全球协同治理研究》

5.1.4.1 世界文化的准平衡:多元文明平衡发展

世界文化准平衡,就是在联合国主导下,建设世界多元文明平衡发展体制,即世界文化准平衡秩序,这是建立人类文明的最低标准,最高目标是世界多元文明平衡形态。文化全球化推动文化准平衡发展,走兼容并蓄的多元文明平衡发展之路。我们要维护世界多样性和文明多元化,坚持多元文明平衡发展的文明观,促进不同文明求同存异、取长补短、共同发展;尊重各国文化传统的差异性,倡导不同文明携手合作,共同发展。世界各国各民族的各种不同优秀文化,都是世界共同的精神财富。在全球化浪潮中,文化全球化发挥着经济社会发展的助推器的作用,也推动了世界文化的多元平衡发展,实现不同民族文化、不同宗教文化等多元文化协同共生、平衡发展、共同繁荣。

在文化全球化时代,思想领域的一场精神信仰的大转变正在进行,文化全球化将为消除民族间、宗教间、文化间的对立创造了交流、合作、和谐的环境,是有效化解不同文明之间的纷争和冲突,共同催生全球文明时代之路。多元文化平衡发展所遵循的原则:一是多样性原则。尊重传统,承认差异,反对排斥,加强对话交流,维护世界文明的丰富多彩。二是平衡生存原则。各种文明是同根同源的,在发展中产生了差异,应当是平等相处的关系,反对不同文明间的歧视、排斥和不公平对待。三是包容原则。倡导文化上的"和而不同",不同而不矛盾,不同可以相辅相成,促进不同文明共生共长,相互借鉴,取长补短,共同发展,反对相互冲突。四是平衡发展原则。各种文化在历史上对人类发展都有过不同贡献,形成了不同特点,不能限制发展,要长期共存。

当今,从传媒内容制作产业到传输工具大多为美国拥有,这就说明存在着一个东西方文明融合的问题:一是文化无国界。好莱坞电影、新闻、电视、音乐等在全球影响力不断扩大。二是信息互联网无国界。发达国家的信息互联网中的门户网站、浏览器等占据支配地位。三是新媒体无国界。新媒体全球化有三个推动力,一个是科技进步的力量,另一个是媒体所有制的力量,再一个是政府管控的力量。四是语言无国界。全球化加速了英语的扩散,成为全球使用最多的语言,世界上有8亿人口以英语为第一或第二语言。特别是在互联网世界里,英语占绝对统治地位。由此可见,世界上各种文明是共通的、超民族的和超国家的。如西方哲学的理性、佛教的超越和儒家的秩序是全世界的、全人类的。当今世界,在经济全球化的带动下,加速了全球文化新时代的发展,也加速了世界统一融合的步伐。

文化的全球化有利于各民族文化、各宗教文化的平衡共生。“本书将‘全球性’作为一个扬弃了现代性和后现代性的新的哲学范畴,认为‘全球性’将终结‘世界文学’概念,并开启‘全球文化’新时代。”[2]就是说,在全球化时代,要求我们要超越民族国家自身,要树立全球意识和全球化思维,形成与全球社会相平衡的一种理念、一种眼界、一种胸怀、一种态度。“随着全球化的发展,以及社会与社区间文化交流与渗透的增加,那种把文化看作是有边界的、相互分离和固定不变的观点,正变得越来越站不住脚。”[3]一是全球化促使世界各民族文化之间的互动越来越频繁,传真、电子邮件、电子传媒、电子通信等把人们融合在同一个时空压缩的“蓝色小行星”和文化整合的“地球村”整体之中。二是全球化促进世界“网络社会”的发展。全球化把国家、地区、群体和个人整合到跨国互动的“网络社会”之中,网络打破了民族国家的疆域和区域集团的边界,民族国家在国际事务中的优势正在消退,就连不同地方的风俗习惯和生活方式的鸿沟也正在填充。“地方性和地理位置将一起消失,世界将逐步变成一个地方,民族国家也将成为多余的了。”[4]三是全球文化与本土文化的共存。本土文化与全球文化的相互联系、相互渗透正在逐步加深,全球化和本土化都成了世界政治经济的重要组成部分,而且文化融合力不断增长。

5.1.4.2 世界多元文明平衡形态因素开始形成

全球化以科技与文化融合发展为引擎,把人类联结成相互依存的有机整体。目前新一轮科技革命以信息技术为龙头,主导着全球的经济生活,也深刻地影响着人们的思维方式、交往方式和生活方式。作为经济基础的全球化,必然要求上层建筑适应经济全球化,并引起政治结构、精神文化的变化。随着科技的发展,不同民族文化平衡形态新因素正在形成,书刊报纸、电影电视传统媒体与新兴媒体、网络媒体等不同文化形成了大融合发展态势;中西文化二元对立模式正在破除,现在世界上呈现出多元文化平衡发展的局面。例如,好莱坞电影、迪士尼娱乐、NBA、美式快餐文化等都已经成为全球性文化,推动了全球文化的融合,这种融合是不同文化相互包容的、多元的大融合。而宗教文化在历史上早已打破国界和民族界限,各宗教之间显现相互吸纳、融合的趋势。跨国公司的跨国、跨地区生产经营管理,实现了与本土国和东道国政治、经济、文化、习俗的大融合,为独特的、兼容并蓄的世界性多元文化的融合形态奠定了基础。

东西方文明的融合是历史的必然,也是世界经济社会一体化发展趋势的必然要求。“因此,所有文明体系都应该在传统价值观和人类共存之间寻求新的平衡,以维持和保存人类自然和文化资源的共同遗产。这不仅是必需的,而且也是可行的。”[5]文明与文明之间的冲突与融合,是西方文明冲突论者和西方社会议论最多的问题。认为西方文明“至尊”，具有“法统地位”，渲染西方文明与东方文明之间是冲突的、非融合的论调。美国哈佛大学教授塞缪尔·亨廷顿认为，冷战后时代“文明的冲突将左右全球政治，文明间的断层线将是未来战斗”。他宣称未来世界的各种文明将发生冲突。这是违背文化全球化趋势的。“一种文明的起源可能是独特的，但绝不是孤立的，而是在其他若干文明的参照下发展和衍变的。地球上的所有文明只有产生时间的早晚，进化程度的深浅，而没有高下之分。正是文明的异质与多元，才组合成了丰富多彩的大千世界。当人类社会的整体意识达到这一层次的时候，西方文明历史性地遭遇‘特权的丧失’。”[6]文明力量的此消彼长确实是影响历史演进的重要因素，但多为正面意义的交融渗透。自古以来的所有冲突，实际上都是由于利益引起的，而不是由于文明引起的。历史上的宗教与种族冲突，是利益之争而不是文明之争。各种文明之间的借鉴与融合总体上要大于它们之间的对立与差异。在文明理念上有一定共性，也有不同之处，中国的传统的平衡和谐文明，继承、学习借鉴现代文明成果，与现代欧美文明进行整合和扬弃，以中国文化“和为贵”为代表的东方和谐精神已经与西方的竞争精神相结合，东方德治观念与西方务实的观念相结合，扬长避短，博采众长，实现中西文化共同孕育并追求平衡与非平衡的有机统一，为形成未来世界文明兼容并蓄的大融合形式——多元文明平衡形态奠定了基础。

5.1.4.3 世界文化多元化与世界一体化发展的平衡

(1)文化发展与强国富民的平衡

“要支撑起一个强大的现代化国家，除了经济、制度、科技、教育等力量之外，还需要先进的、强有力的文化力量。”[7]经济全球化带来了不同文化之间的交流和融合，也带来了不同文化的碰撞和“冲突”。从文化发展历史看，不同文化的大整合、大融合是世界文明发展的大趋势，但现在仍处于扬弃、共存和交融发展阶段。中国传统文化要在全球化背景下生存，就必须坚持开放，反对封闭，保持与时俱进，始终坚持中华文化特质，继承我国优秀传统文化，大胆吸收外来文化的有益的异质，实现中华文化的现代化。这是因为，中国要建成工业化、信息化、城市化和农业现代化，就必须提高国民素质，努力培育现代文明，大力发展先进文化，促进我国从农业文明向工业文明转型、从传统农业社会向现代工业社会发展，努力把我国建设成为文化强国，以强大的文化力量支撑我国的现代化建设和中华民族伟大复兴。第一，发挥文化的国际影响力。现今世界，文化与经济、政治相互交融和渗透，文化在综合国力的竞争中的作用和地位是不可低估的，文化对经济社会发展和人的全面发展具有极大的促进作用。在当今世界，经济文化化和文化经济化的相互作用，文化生产力成为产业化的作用力，并形成专业化文化产业新业态。例如，传媒产业作为文化产业在国际上的发展水平，决定本国的文化的传播力和影响力，在当今世界上西方传媒业高度发展，迪士尼、索尼等传媒集团控制了世界95%的传媒市场，传播能力相当强大，有力地影响着世界。我国文化产业相对落后，世界影响力相对较弱，要从具体国情出发，积极学习借鉴西方的文化体制机制、先进运作模式和有益的管理经验，推进我国文化产业的发展，加速文化强国建设。第二，发挥文化的强国作用。"当今世界已进入经济全球化和信息化、数字化时代，促使文化事业特别是文化产业的发展必须依靠文化和科技的融合。而推动文化和科技的融合，需要正确认识文化和科技融合的发展趋势，从而找准推动文化和科技融合发展的着力点，发挥出文化和科技深度融合所产生的创新作用、引领作用、转化作用和驱动作用。综观国内外文化和科技融合的态势，文化与科技融合呈现出新的发展趋势。"[8]运用高新技术改造传统文化产业，创新文化生产方式，催生出文化科技融合的新业态，电台电视台数字化、网络化和推进三网融合等。同时，围绕文化产业转型升级、重点领域和关键环节推动文化和科技融合发展。在文化产业发展、网络建设、舞台演艺、公共文化服务、文化展示与传播、文化资源保护与利用等，要在重点领域促进文化与科技的深度融合发展，推动经济社会向前发展。"总之，顺应文化和科技融合发展趋势，应制定相应的发展规划引领文化和科技的融合发展，特别应鼓励和扶持文化企业形成创新动力，以关键技术攻关为突破口，以文化和科技融合的高端产品开发为切入点推进自主创新，发挥出文化企业在加强传统产业改造提升，运用现代科技催生新兴文化业态，实施品牌战略，打造一批科技含量高、核心竞争力强的文化产品品牌和服务品牌。"[9]

（2）文化大发展与世界大融合发展的平衡

"全球化时代文化多元主义的特征破坏了民族国家的基础——领土和主权概念。"[10]科恩和肯尼迪充分肯定了在全球化条件下多元文化打破国家和国界对世界和人类的分割，发挥了促进世界的统一融合发展的作用。文化是人类在社会历史发展过程中创造的物质财富和精神财富的总和，不同民族文化共同构成世界的精神财富，对世界文明做出过各自的贡献。我们主张，世界文化多样性发展和多元平衡发展，为世界一体化发展、不同文明融合发展、不同宗教的融合发展，为推动世界大统一、大融合发展提供精神动力。第一，不同民族文化融合发展。"国际化如果说有一基本观点的话，那就是对中西二元对立模式的破除。或早或迟，必然会有这样一种时代的出现，那时我们只有'世界史'一门学问，柏拉图、莎士比亚、孔子、曹雪芹不再被界定为西方的或东方的，而仅有古代与现代之分，仅有出现在'世界史'框架中的中国和西方。"[11]世界上，东西方文化二元对立模式的破除的时间不会太久远，这是经济全球化、社会全球化和文化全球化发展决定的。例如，我国的"国学"，国际化后就不是我国的小"国学"而是"世界'国学'"。因此，"全球文化"或"文化全球化"应当作为全球化时代文化发展的新的概念，或者说产生一种"世界新文化"。国际理论界，有一种倾向，就是将"全球化"视为"文化"。既是经济的又是文化的，那么以经济为主导的全球化当然也是文化的全球化。经济全球化从根本上说就是文化全球化，它为经济所驱动，以经济为直接目的，所以"经济即文化"。因此，国际学者将"经济全球化"与"文化全球化"相提并论。"全球文化"不是西方的专利，不能理解为文化的西方化和同质化，而是各种文化在全球的参与，是不同文化的自我超越和各种文化的平衡发展。第二，不同宗教文化融合发展。①宗教的现代化。一是传统宗教不断调整和更新。“现代交通和通信技术的发展打破了这种平衡稳定，也打破了传统宗教主导区域的界限，使得原先划地为王的宗教不能不做出相应改变就轻易维持它们的生存和地位。”[12]信息和交通技术的发展，直接影响宗教的存在方式，在后轴心时代各宗教的仪式和传播是“聚会式”，现代社会则是“电子式”，这是由于新旧时代的差异，使宗教必然做出的改变、调整和更新，而适应世界、适应社会、适应全球化时代。二是宗教与时俱进具有必然性。宗教在数千年历史中，发生过多次大变动，没有哪一种宗教千百年都是不变的。中国的宗教亟待树立与时俱进意识，亟须随时代的改变而调整提高。②宗教的全球化。全球一体化就是人类的共同体化，有经济共同体、政治共同体、文化共同体。在全球化背景下，宗教的全球化变化最明显的也是共同体化趋势，这是不以人的意志为转移的。“我们认为，以东方文明汲取精神思想资源，在宗教领域形成各宗教派别及其信众之间多元通和、和而不同、和合共生的理性信仰共同体，可能是化解宗教文明冲突的一种有效途径，宗教信仰由此可能转变为构建全球化人类共同社会价值、伦理和秩序的一种宝贵资源。”[13]在宗教领域同样产生了“世界宗教协会”等多个国际性组织，各宗教之间打破地区界限，进行跨国、跨民族、跨区域相互融合、渗透和互动。二是全球化推动宗教普世化。在全球化条件下，全球出现了普世宗教理念，显示了宗教的普世性；全球化使传统宗教的许多差异消失，显示了全球化的同质化力量。③宗教的共同体。国家、民族、经济、文化等各个领域，都有“共同体”的概念。例如，欧洲共同体、东南亚共同体等。人类宗教共同体，就是各宗教派别和信众多元通合、和而不同、和合共生的宗教信仰机制。特点是共同的信仰对象、目标、价值观、伦理取向。其作用和功能在于消除宗教对立、维护宗教和平生存、凝聚人心和服务社会。因此，发端于中国的宗教共同体一定会走向世界，趋向世界化，这是宗教发展的必然趋势。

参考文献

[1]段小平.全球协同治理研究.兰州：兰州大学出版社，2012：213.

[2]金惠敏.全球对话主义：21世纪的文化政治学.北京：新星出版社，2013.

[3][英]罗宾·科恩，保罗·肯尼迪.全球社会学.文军，等，译.北京：社会科学文献出版社，2001：38.

[4][英]罗宾·科恩，保罗·肯尼迪.全球社会学.文军，等，译.北京：社会科学文献出版社，2001：44.

[5]王达品，程礼.大转折的年代——现代文明与可持续发展.兰州：甘肃科学技术出版社，1998：203.

[6]肖元恺.全球新坐标：国际载体与权力转移.北京：国际文化出版公司，2003：252.

[7][英]安东尼·吉登斯.全球化时代的民族国家:吉登斯讲演录.郭忠华,编.南京:江苏人民出版社,2012.

[8]迟树功,宁福海.文化与科技融合发展趋势.学习时报,2014-02-17.

[9]迟树功,宁福海.文化与科技融合发展趋势.学习时报,2014-02-17.

[10][英]罗宾·科恩,保罗·肯尼迪.全球社会学.文军,等,译.北京:社会科学文献出版社,2001:346.

[11]金惠敏.全球对话主义:21世纪的文化政治学.北京:新星出版社,2013:101.

[12]王志成,安伦.全球化时代宗教的发展与未来.上海:学林出版社,2011:41.

[13]王志成,安伦.全球化时代宗教的发展与未来.上海:学林出版社,2011:4.

5.1.5 全球生态准平衡发展目标:创建全球生态社会

引证:

人类同自然的和解以及人类本身的和解。[1]

——恩格斯

5.1.5.1 全球生态社会是准平衡发展方式的奋斗目标

世界生态准平衡,就是在联合国主导下,各国、各国际组织参与,协同建设全球生态社会。世界生态准平衡,是建设全球生态文明的最低标准,最高标准是建成全球生态社会。准平衡发展方式的目标是人类意志必将最大限度地支配自然意志。达尔文"适者生存"学说说明了自然选择决定自然界万事万物的兴衰,也决定人类的兴衰。人类的下一代乃至千秋万代的生存,经济社会的可持续发展,都离不开自然,我们必须努力实现人的意志与自然意志的平衡和统一。但是,作为智能的人类不能局限在人类意志被自然意志支配的必然王国的水平上,要向人类意志支配自然意志的自由王国奋斗。正如恩格斯在描述人类社会的美好远景时写道:"只是从这时起,人们才完全自觉地自己创造自己的历史;只是从这时起,由人们使之起作用的社会原因才在主要的方面和日益增长的程度上达到他们所预期的结果。这是人类从必然王国进入自由王国的飞跃。"[2]在现阶段,在努力实现世界生态准平衡的同时,协同建设全球生态社会。

5.1.5.2 人与自然的准平衡:和解

恩格斯早就忠告我们:"人类同自然的和解以及人类本身的和解。"由于历史的局限,工业革命以来,人类与自然严重对立,造成地球生态失衡,如果人类与自然关系继续对立下去,那么人类将被开除球籍。

(1)人与自然的平衡共生

地球是一个生态平衡的大系统，地球的生态系统平衡与失衡是无国界的，地处不同地区的国家都不是孤立的，全球生态平衡建设也必然是国际化的，客观上全人类都生活在这一条“船”上，全球各个地区、各个国家、各个政府、各个团体、各个社区、各个家庭和每一个人谁也离不开这条“船”，地球人必须同舟共济，协同治理，共同维护好天蓝地绿水清的地球家园。

然而，“这真是个失衡的地球”。[3]现在我们人类生存的地球，存在着天失衡、地失衡、水失衡、资源失衡，表现为污染严重、气候恶化、灾害频发、多种物种灭绝等现象。据统计，世界人口十年增长16亿，温室效应中二氧化碳气体十年增加9%，全球十年土地退化造成农牧业的损失423亿美元。出现这些失衡问题的关键，主要是人与自然关系失衡，人的思维方式、工作方式、生活方式的失衡。这些不平衡问题，要靠我们这一代人解决，不能留给后一代人去解决，到那时生态复衡问题的解决难度会更大。现在，我们不但要把生态复衡问题解决得彻底、不留尾巴，而且要在今后的经济活动、社会生活和生产中努力保持自然生态平衡。

马克思主义自然观认为，把人类的利益和自然的利益统一起来。人与自然是辩证的关系，人作用于自然，自然反作用于人；大自然孕育了人类并为人类提供了生存发展的环境和物质资源，人类和其他生物又把洪荒的地球改造成天蓝地绿水清的蓝色星球。可见，人类是大自然的产物，又是大自然的拓荒者、改造者和维护者。第一，开发利用自然资源要保护生态平衡。人类的传统价值观中有一种错误的认识，认为自然资源是取之不尽用之不竭的，于是采取新技术、新手段进行无节制的、破坏式的、掠夺式的开发利用，无限度索取，发展经济超过自然承受极限，无节制浪费自然资源和能源，无限度排放污染，造成了环境严重恶化，生态失去平衡，破坏了人类生存与发展的环境，这是极端错误的做法。自然资源的稀缺性，决定了人类必须改善与自然的关系，珍惜自然资源，节能减排，把治理空气污染、气候异常变化和物种灭绝当作大事来做，做到在开发利用中保护，在保护中开发利用。第二，发展经济与保护环境的平衡。我们要坚持可持续的社会发展观，经济社会发展与生态文明建设要协调发展。在经济社会发展中，要把短期发展与长期发展结合起来，发展经济与治理污染结合起来，走新型工业化道路，实现经济效益、社会效益与生态效益的平衡和统一。

(2)人类与自然关系必须重建新平衡

“人与自然的和谐关系是一种动态的平衡。发展需要不断打破旧的平衡，建立新平衡。”[4]人与自然关系的准平衡，就是消除对立，达到和解，实现人与自然和谐相处。改善人与自然之间的平等、友善与和谐的关系，重建新的平衡和谐关系，彻底解决人类与自然的失衡状态。这是因为，人类与自然界之间的矛盾中，人是矛盾双方的主要矛盾和矛盾的主要方面，占主导地位，起重要作用。因此，人与自然的关系能否和解，人起决定的作用,关键在于人类意志与自然意志的平衡和融合。

“生态科学指明,在自然界中,森林、草原、荒漠、湖泊、沼泽等,都是由动物、植物、微生物等生物成分和光、水、土、气、热等非生物成分所组成的,其中每一成分都不是孤立的,它们互相联系、互相制约,形成统一的、不可分割的自然综合体,即生态平衡系统。”[5]可见,维护大自然生态系统平衡要全方位治理,恢复大自然生态系统平衡要从源头治理,保持大自然生态系统的平衡态必须长期治理,需要几代人的努力。第一,思想上的准平衡。全球社会每个公民都要在思想上充分认识生态文明与经济发展的辩证统一关系,各领域、各行业和各部门都要从过去重视经济发展轻视生态文明转变为生态文明与发展经济并重,从先污染后治理转变为先环境规划后生产经营的平衡兼顾,从生态文明滞后于经济发展转变为生态文明与经济发展同步,从主要用行政手段保护环境转变为综合运用法律手段、经济手段、技术手段和行政手段平衡运用解决环境保护问题。第二,政策上的准平衡。由于生态问题是无国界的,所以世界各国都要从长远发展战略高度认识和解决生态文明问题,将生态文明提高到民族国家意志、区域国家联盟的意志和全球社会公民的意志,倡导世界各国在传统意义上的污染控制和生态恢复的基础上,坚定不移地走资源节约型、环境友好型的新型工业化发展道路。第三,措施上的准平衡。要制定和完善各领域生态文明的法规、政策、标准,严格遵守生态文明规章制度、法律法规,采取行之有效的手段确保生态文明措施的落实,让危害生态文明的个人和单位实行补偿制。要大力淘汰落后产能和装备、污染工艺和技术,对造成严重污染的企业坚决关停,对新能源生产、清洁生产、绿色生产、低碳生产和循环生产的企业扶上马再送一程。在生态保护中,发达国家与发展中国家要携手并肩,分工协作,同时要加大对全球性、区域性、流域性重大环境问题开展前瞻性研究,加强国际合作和交流,使重大环境问题的科技攻关不断取得新突破。

5.1.5.3 经济建设与生态文明建设平衡推进

我们要总结300年世界工业化以来对生态环境破坏的经验教训,充分认识发展方式既可以优化自然环境又可以恶化自然环境。所以,我们必须转变发展方式,走现代新型工业化道路的动态平衡发展方式,树立人与自然平衡和谐的自然观和价值观,增强生态文明意识,倡导绿色生产、循环生产、低碳生产、安全生产,严格遵守联合国制定的世界性的环境保护公约和自然生态保护法律,以制度建设保证生态文明,把生态文明建设贯彻到物质文明和精神文明建设的全过程。

在全球化的大背景下,我国在实现工业化、信息化、城市化、农业现代化的过程中,要坚决走有科技含量、效益好、消耗低、污染少的新型工业化道路。第一,工业化、科技创新与环境治理的平衡推进。科技是第一生产力,我们要把贯彻科教兴国、科技兴企战略、把经济社会发展建立在科技进步的基础之上,继续转变发展方式,大力调整经济结构,尽快实现经济转型升级。现在,已经有多方面取得了突破性进展:一是水电、核电、风电、太阳能利用等清洁能源比重提高,有的已位居世界第一。二是快速发展节能环保产业。大力推广普及高炉煤气发电、变频调速和“三废”综合利用。三是环保领域建设大型城市污水处理厂、垃圾焚烧发电厂、大型火电厂,烟气脱硫等达到世界先进水平,高端制造技术和信息技术也取得重大突破。第二,经济效益与生态效益的平衡兼顾。我国要在2020年全面建成小康社会,这就需要经济的快速发展。在这种情况下,坚决改变过去依靠高投入、高消耗、高排放、高污染而获得经济发展的老路,坚持走发展速度、结构、质量、效益和生态的平衡发展的新路子。目前要对经济结构进行战略性调整,使经济增长由粗放型向集约型转变,实现产业生态化、生产绿色化,真正实现发展速度和效益、生态的平衡。第三,经济社会发展要素与生态文明建设要素的综合平衡。实现可持续发展,关键是实现经济社会和人口、资源、生态文明建设在总体上的平衡、全面协调发展,实现经济增长指标、人文指标、资源指标和生态文明指标同步制定、同步落实、同步完成,把实现全面协调可持续发展建立在可靠的基础之上。目前,中国把生态文明建设纳入“五位一体”总体布局统一谋划,说明中国重视生态环境的保护工作。我国是资源缺乏的国家,耕地、淡水、能源人均占有量不足世界平均水平的1/3,解决经济发展中的资源短缺问题必须从生态文明建设做起,认真落实节能减排目标责任,开展全民生态保护行动,加大环境保护力度,积极发展循环经济,大力推广绿色生产方式,大力倡导低碳生活,中国的决心之大是前所未有的。

5.1.5.4 现代生活方式准平衡:低碳生活

现今,人们的传统生活方式向现代文明生活方式转变,既关系到生态文明建设,又关系到人们的生理心理健康。一是转变旧的传统生活方式。传统生活方式是衣着高消费、摄入高能量、资源高浪费、生活高排放,既不利于环保,又不利于健康。因此,我们要提高公众环保意识和公众的生态社会责任,提高节约理念,倡导新型的低碳生活方式,采取衣、食、住、行、用低碳消费模式,引导大众从传统高碳模式向低碳模式转变。从根本上转变高消费、高浪费的旧生活方式。家用产品要使用低碳型、低耗能型家电。倡导选择公共住宅的居住方式,使用公共交通的出行方式,从日常生活节电、节油、节气、节水中的点滴小事做起。转变生活方式,是建设生态文明的内在需要,有利于降低对资源的过度开发和消费,是利国利民的好事,特别是有利于国民身体素质的改善。二是提倡现代文明生活方式。现代文明生活方式是一种科学合理的生活方式,既倡导消费合理,又倡导科学消费,就是从根本上更新消费观念,转变旧的不科学消费方式。要求合理、理性消费,反对浪费型消费,反对摆阔气、讲排场、追求过度消费,坚持适度消费。个人和家庭要努力做到合理需要与杜绝浪费的平衡,消费水平与经济发展的平衡,消费与生态环境承载力的平衡。三是增强个人家庭的环保责任意识。要大力宣传低碳生活方式,开展低碳社会的构建活动,树立能源节约理念,提升公众的低碳生活意识。可见,低碳生活是一种科学的生活方式和生活理念,更是一种可持续发展的环保责任。每个家庭和个人都要树立新的生活观和消费观，要对社会、对后代高度负责。

5.1.5.5　人类生存发展方式与生物、森林保护的平衡

在世界气候大会召开以后，地球气候变暖问题受到各国的关注，现在又在国际组织的倡导下，生物保护成为建设人类赖以生存的地球家园而列入众多国家的工作议程，并且成为国际双边和多边交流合作的内容。在我国，新世纪以来，高度重视保护好人类赖以生存的地球生态，特别是生物资源和植物资源。周生贤认为，保护好丰富的生物多样性，对于保障国家的粮食安全、生态安全和人民的身心健康，推动生态文明建设、促进经济社会的可持续发展都具有十分重要的意义。他说，我国将重点开展以下工作："完善生物多样性保护相关政策、法规和制度；把推动生物多样性保护纳入相关规划；加强生物多样性保护能力建设；强化生物多样性就地保护，合理开展迁地保护；促进生物资源可持续开发利用；推进生物遗传资源及相关传统知识惠益共享；提高应对生物多样性新威胁和新挑战的能力；增强公众参与意识，加强国际合作与交流。"[6]人类生存离不开生物，生物是人类赖以生存的基础。

党的十八届三中全会把生态文明建设纳入"五位一体"的总体布局，在东北大林区终结商业性开发，在西北开展退耕还林、种草种树活动，在西南大力保护热带雨林资源。例如，个人家庭生活，处处离不开木材、木器，这就与森林关系密切。但是，森林最重要的还在于它是人类、生物的制氧机、空气的过滤器，对人的健康至关重要。《文摘周报》刊登的《森林的美称》说，森林是人类的摇篮、地球的肺脏、生物的制氧机、空气的过滤器、防风沙的长城、绿色的金库等。假如世界上没有森林——地球生态失衡：地球上生物90%将消失，450万个生物将灭绝；全世界70%的淡水白白流入大海，人类将出现用水危机；生活用炭减少70%，生物放氧将减少67%，地球将升温；许多地区的风速将增加60%~80%，亿万人将毁于风灾；人类得不到建材、林产品，经济生活将会遇到巨大困难；许多地方将发生水灾，农田和城市被淹；太阳辐射增加，人类将无法生存。经济学家呼吁，现在已经到了不得不拯救世界森林资源、加强环境保护的时候了。各国在发展工业时，要妥善解决环境保护、协调发展问题，预防酸雨的形成，防止对大气的污染，如果目前的工业生产状况发展下去，将造成越来越多的森林死亡，导致地球生态失衡。开发新能源，如水能、风能、光能等，减少薪材消耗量。尽量减少毁林建房建园、办工厂，大力发展生物科学技术，提高单位面积产量，不能再搞大规模开荒造田、毁林建厂和开垦建宅。

参考文献

[1]马克思恩格斯全集：第20卷.北京：人民出版社，1971：603-604.

[2]马克思恩格斯选集：第3卷.北京：人民出版社，1971：323.

[3]王达品，程礼.大转折的年代——现代文明与可持续发展.兰州：甘肃科学技术出版社，1998：57.

[4]李焰.环境科学导论.北京:中国电力出版社,2000:36.

[5]李秀林,王于,李淮春.辩证唯物主义和历史唯物主义原理.北京:中国人民大学出版社,1982:246.

[6]孙秀艳.中国生物多样性保护战略与行动计划(2011—2030年).人民网,2010-09-20.

5.2 系统工程之二:平衡发展方式的目标——创建"联合国世界国家联盟"和"联合国世界共同体"

引证:

> 应用哲学平衡论从性质方面,可分为:合理与非合理平衡,大、中、小三个平衡,短期与长期平衡,主要与次要平衡,尤其值得注意的是:主观与客观平衡及准平衡。[1]
>
> ——李继兴《应用哲学平衡论》

"我们曾指出,走向和平解决那些可能导致战争的国际冲突的第一步,就是创立一个国际共同体,以此作为建立世界国家的基础。"[2]为适应现今经济全球化、区域国家联盟发展趋势的需要,非常有必要在联合国框架内建立"联合国世界国家联盟",隶属于联合国领导,作为联合国的一个职能部门,分管经济全球化工作、区域国家联盟的工作和协调国家间政治经济文化往来的工作。在此基础上,过渡到"联合国共同体"(世界共同体)。所以系统工程之二:平衡发展方式的目标任务是实施"本千年完成世界和平统一大业"系统工程的第二大工程——创建"世界国家联盟"和"世界共同体"。评判标准:平衡一统天下。

5.2.1 全球化、信息化是平衡发展方式的实现路径

引证:

> 世界大融合、大统一的集中表现和核心动力是全球化。[3]
>
> ——周海成《大趋势》

5.2.1.1 一切事物自我平衡的法则和万事万物趋向综合动态平衡的法则是平衡发展方式的理论根据

一切事物都具有自我平衡本性,万事万物都具有趋向综合动态平衡的本能,这是自然界和人类社会共同具有的两个法则。这两个法则,就是大中小平衡发展方式的理论

根据。平衡论认为,大中小系统的会聚、大中小平衡态的联合,小系统变为大系统、小平衡态放大为大平衡态,这些现象,在自然界和人类社会是普遍存在的。在古代中国和古罗马,都有部落、部族、城邦和相当于国家的联合;在现代,有欧洲国家联盟的联合,东南亚国家联盟的联合,有非洲国家联盟的联合等。这种国际共同体,是超国家的平衡系统的会聚,是建立在国家之上的平衡态会聚形式,都是国家系统的放大和超平衡态的放大。这种会聚和联合,是国家经济大格局发展的需要,是对世界一体化发展的适应,是一种国家系统的优化组合。这种国家大联合形式,体现了人类社会的进化和进步,代表了未来国家组织形式发展的大方向,其动力就是生产力、系统力、自然力和社会力的作用,是事物自趋平衡和趋向综合动态平衡法则的体现。国家间、民族间的大联合发展,一方面有利于成员国之间寻求国家经济利益最大化、安全利益保护协同化;另一方面,从客观上说明当今世界发展不平衡、不安宁、不和谐,他们在区域联合中寻求一种平衡。同时,这种现象反映了平衡发展方式的目标——世界统一融合发展,符合世界各国的愿望,反映了世界发展的必然趋势。

5.2.1.2　全球化是世界大统一、人类大融合发展的动力源泉

“世界大融合、大统一的集中表现和核心动力是全球化。”[4]从18世纪英国蒸汽机的发明开始的技术革命,资本主义生产方式打破了农业经济时代的狭隘封闭性,开始了现代化发展进程。它标志着世界以“锄头”为农具的农业文明转变为“流水线”的工业文明;从20世纪中叶的电的发明开始了电气时代;从20世纪的科技革命开始了计算机为代表的电子时代,世界进入电脑文明。特别是90年代的科技浪潮和信息技术的发展,开始了世界性互联互通,世界各国经济政治社会文化交往日益广泛,形成了相互依赖的世界利益“共同体”,加快了全球统一融合发展的进程,使世界大格局发展的态势日益强劲。20世纪末,全世界不同意识形态、不同社会制度和不同经济体制的国家,都认同和采用了市场经济体制,这个体制成为世界共同的体制,也成为世界统一大市场的先导,成为全球化发展的基础,把世界各国都纳入全球统一的大市场,成为世界大联合发展的动力,推动了区域国家联盟、洲际经济合作组织和跨国公司的发展,各区域、各国相互依赖加深,进而培育了世界和平统一的新因素,这就是在科技大发展、生产力大发展的推动下的一场悄无声息的革命——世界统一融合发展。正如我国著名社会学专家郑杭生教授所说,“社会发展最基本的要素是社会生产力,社会发展水平归根结底是由社会生产力的水平决定的”。[5]社会发展水平是由社会生产力水平决定的,生产力发展到一定阶段,民族国家组织必然成为大发展的障碍,必然要走国家与国家大联合之路。

5.2.1.3　全球化催生了世界融合发展的新因素

从17世纪起,欧美的经济发展、科技意识、航海技术、军事装备等都传播到世界各个国家和地区,这是全球化的逻辑起点,并把新的政治民主制度传导全世界,经济全球化带动了政治、社会、文化的全球化,改变了世界发展的面貌和方向。理论界把这个现象

称之为"现代性"。"自从1848年全球《人权普遍宣言》诞生起，我们就生活在了一个相互依存的全球化世界了。"[6]也就是全世界的人都成为全球"公民"了，20世纪90年代后的新科技革命和互联网的发展，促进了全球化的浪潮一浪高过一浪，各国相互往来进程不断加快。"全球化理论具有很大的综合性，至少包括了经济全球化、政治全球化、社会全球化和文化全球化等基本内容。"[7]从21世纪初开始，全球化扩大到经济、社会、贸易、金融、生产经营、通信、互联互通、科技文化交流等多个方面，成为世界统一融合发展的引擎。全球化打破了国家分割的局面，把世界融合为一个"全球社会"的大时代。"全球化主要是指'所有那些世界各民族融合在一个单一社会、全球社会的变化过程'……"[8]所以，社会学对全球化的研究已经采取新范式。"全球社会学必须要突破研究范式的局限性，实现由民族国家向跨国体系和全球体系的转变。"[9]社会学的研究随着全球化的发展而发展，也必须改变旧的社会学以东方、西方、国家、民族的研究的传统范式，现在要立足世界体系和跨国体系，把世界"单一社会"即"全球社会"作为未来研究的方向，不区分什么国家、民族、东方、西方，而统一是世界的、人类的。综上所述，不难判断全球化是世界融合发展的源泉和动力，也是完成世界和平统一大业的新因素成长的源泉和动力。

5.2.1.4　全球化是世界统一融合发展的经济基础

工业革命以来，人类社会生产力的高度发展，极大地推动了社会的大进步。在社会发展中，生产力起决定作用，决定着人类社会的发展进步程度。因此，经济全球化必然带来政治全球化、社会全球化、文化全球化，反过来推动了全球社会生产力的高度发展，已经成为世界和平统一发展的经济基础。平衡发展方式的目标"世界国家联盟"和"世界共同体"，就是以全球化为基础的。一是经济全球化带来政治全球化，形成了维护世界和平与发展的时代主题，推进了民主政治和市场经济发展的进程。二是全球化催生了全球共治，使国家和非国家组织的权力向国际机制集中，开始了全球共治新时代。三是现在"全球公民社会"正在形成，独裁专制政治、军人政治逐渐消减，推动了"全球政治"日益向民主化方向发展。从这个角度看，民族国家组织形式已经进入最高模式和最后形式，也是民族国家组织形式从此逐渐走向衰退的开始，这种政治组织形式将被全球性组织替代，也为建立"世界国家联盟""世界共同体"铺平了道路。

参考文献

[1]李继兴.应用哲学平衡论.哲学中国网，2013-02-21.

[2][美]汉斯·摩根索.国家间政治：权力斗争与和平.北京：北京大学出版社，2006：559.

[3]周海成.大趋势.北京：中国文联出版社，2006：100.

[4]周海成.大趋势.北京：中国文联出版社，2006：100.

[5]郑杭生，李强，等.社会运行导论——有中国特色的社会学基本理论的一种探索.

北京：中国人民大学出版社，1993：18.

[6][英]罗宾·科恩，保罗·肯尼迪.全球社会学.文军，等，译.北京：社会科学文献出版社，2001：7.

[7][英]罗宾·科恩，保罗·肯尼迪.全球社会学.文军，等，译.北京：社会科学文献出版社，2001：34.

[8][英]罗宾·科恩，保罗·肯尼迪.全球社会学.文军，等，译.北京：社会科学文献出版社，2001：2.

[9][英]罗宾·科恩，保罗·肯尼迪.全球社会学.文军，等，译.北京：社会科学文献出版社，2001：6.

5.2.2 民族国家组织形式与全球化发展趋势不平衡

引证：

> 经济全球化正在深刻地影响着我们对国家范畴的理解，包括国家的职能、政策、规模和数量等诸方面。而且这种影响在未来将会进一步强化，由此不可避免会导致从根本上重新定义和解构国家这一概念。[1]
>
> ——德拉德赫萨《全球化博弈》

5.2.2.1 在历史上民族国家的融合扩大与生产力发展相平衡

在世界历史上，民族国家组织形式从无到有、由小到大发展，不断经历“合久必分，分久必合”，民族国家的发展与国内生产力的发展始终保持平衡，而且伴随着生产力的发展不断扩大国家规模，完善国家组织，强化国家职能，社会管理趋向成熟。但是，在全球化时代，民族国家与全球社会生产力高度发展失衡，已经成为全球化浪潮的绊脚石、人类融合发展的障碍。

“人类社会不断向前发展，科学技术不断进步，国家越来越大，就像‘滚雪球’一样，沿边界由小的诸侯国到大的国家，领地不断扩大，人口不断增加，以满足人类发展的需要。过去3000年是国家疆域急剧扩大的时期，强势的国家极度扩张，出现了地跨亚、欧、非的亚历山大帝国、罗马帝国、阿拉伯帝国、奥斯曼土耳其帝国，在人类文明史上写下了不朽的篇章。”[2]世界上，现代社会的一个较大国家的版图内，原来就有成千上万个部落、部落联盟或早期的国家。中国“由小到大”发展：秦朝统一六国，建立了中央集权国家，疆域急剧扩大；元朝疆域扩张到欧洲，建立起横跨欧亚大陆的大帝国；清朝有效管理的疆域大致上相当于当代中国领土范围。中国的疆域，总体上是由小到大发展的。俄国“由小到大”发展：俄国在基辅罗斯时期和莫斯科公国时期的版图面积都不大，但到沙皇俄国时期和俄罗斯帝国时期向波罗的海、向西、向南进行大规模领土扩张，地跨欧亚大陆，到一战前面积达2280万平方公里。美国"由小到大"发展：美国独立时的领土面积90万平方公里，在西进扩张中通过夺取、购买等方式扩大版图，到19世纪的面积是独立时的3倍之多。从上述事例不难看出，随着生产力的发展，国家随之在扩大融合中发展，在发展中扩大融合，始终保持了国家规模与生产力发展相平衡，充分证明了国家组织从无到有、由小到大发展这是一条国家发展的规律，现代国家纷纷走地区性联盟的联合之路就是这一规律的继续。

从国家这种组织形式看，有它产生、发展、消亡的规律；从发展过程看，有它从无到有、从小到大的发展规律。例如，我国春秋时期有诸侯国140余个，中间融合为13个国家，最后形成7个国家由秦朝实现天下统一。秦汉时期为"合"，天下一统，到了魏晋南北朝为"分"，隋唐时期为"合"，天下统一，到五代十国、宋辽金为"分"，元明清时期为"合"。可见，中国的发展路径是"合——分——合"的规律。从中国的发展看，最终是合，可以判断未来世界必将是"合"，融合为一个世界性大国家。从中国的发展看，凡是国家统一融合时期，生产力发展，经济繁荣，人民富裕，国家强盛，疆域扩大，国家间经济文化宗教交往频繁，呈现太平盛世景象。如民族大一统的秦朝、汉朝、唐朝等实现了国富民强。大融合促进大发展，呈现了太平盛世景象。我国春秋战国分裂时期、三国两晋南北朝分裂时期、五代十国分裂时期，都导致国家发展倒退、人民生活水平下降。从世界历史看，在世界历史上，有千千万万个国家被融合，从而形成现在的不足200个国家。一战和二战时期世界大乱，各国遭受战争灾难，经济崩溃，社会动荡，世界经济衰弱，国家间交往停顿，世界人民不能安居乐业。为此，国家和人民无不反对分裂、渴望国家和世界统一和融合。当今世界和平融合是人类发展的潮流，依靠武力强势征服和殖民扩张的时代一去不复返了，特别是在全球化条件下也失去了侵略的原有意义，走和平融合、实现共同发展的道路才是当今的时代潮流。

5.2.2.2 全球化带来空前大融合正在使民族国家与人类和平统一发展失衡

当今世界，经济全球化和信息全球化的发展，推动了人类生产力的高度发展，必然要求变革生产关系和上层建筑，要求世界大统一、人类大融合发展，区域性国家纷纷联合起来加入联盟，洲际间开展广泛经济合作，纷纷建立超国家组织，国际企业快速发展，跨国公司冲破国界开展生产经营，这些都是生产力发展使国家和国界成为人类发展的障碍，只有打破国界，才能走向快速发展。

(1)全球化、信息化使民族国家与世界统一融合发展失去平衡

现在，民族国家组织形式的现实意义和概念，已经发生了深刻的变化，与传统意义上的民族国家的范畴有很大区别。第一，经济全球化和信息在全球流动引起时空概念的变化。全球化理论家罗伯森，把全球化引起的时空概念的变化称为"世界的压缩"："因为强大的合力与交流促使我们生活的世界正日益成为一个地方和一个体系，而所有的这些都会导致时空观念的巨大变化。"[3]一是工业化和高科技推动了交通运输业运行

速度和运行范围的巨大变化，1840年以前马车与帆船每小时16公里，1960年后喷气式飞机每小时1000公里。世界的时间和空间可以准确无误地度量和控制，人们的视野和活动也扩大到世界各地的大范围。二是从20世纪中叶开始，广播电视、卫星传播、互联网使人们在世界不同的地方能够同时看到大量播音、视频和信息，这更是一种人的时空距离的压缩和世界范围的压缩，人们有了"地球村"的感觉。第二，全球化和信息在全球流动产生了"空心国家"。"在全球化的世界中，民族国家处理国家和世界事务、制定有效国家经济政策的能力将会进一步降低，现在已产生了诸如'空心国家'、'无边界社会'此类的新概念。"[4]全球化是世界市场实行自由化、开放化和国际整合化的动态过程，涉及劳动力市场、商品市场、服务市场、资本市场和技术市场等非常广泛的领域。加之世界性、洲际性超国家组织的作用下，民族国家在处理国家事务、国际事务和制定国家政策等方面的作用大大降低，国家有的机构现在已经成了"空壳机构"，整个国家成了"没有边界的社会"。因为民族国家许多问题只要按照国际通行办法办事即可，无须另搞一套，所以国家内涵正在消解，国家边界正在"消失"。第三，全球化和信息在全球流动正在削弱民族国家依赖的经济和政治基础。一是表现在全球化的国际贸易、投资自由化和成本降低等，打破了国民经济自给自足的理念。由于自给自足成本高，而且在世界贸易组织开启和完善后将无法生存。二是表现在信息的发展增进了各国相互了解，封闭落后的民族主义论的凝聚力减弱，无法阻碍人民了解外部世界，更不能搞与国际趋势相悖的政策。三是表现在国家安全可以通过国际合作和超国家组织来应对，单个国家应对跨国界的军事暴力和生态环境失衡问题，也将得到国际支持和援助。四是表现在国家政治、经济及安全上的独立性，受到地区一体化发展和超国家洲际组织对主权的侵蚀，削弱了国家的自主权，也促使国家的地位和凝聚力下降，有人预测国家在不远的将来会消失。五是全球社会对民族国家政府规模的限制。世界上的国家规模从20世纪以来不断扩大，支出增长，以经合组织的统计为例，20世纪初的公共支出占GDP比重的9%，1999年达到48%，其中美国、日本等国家不低于40%，大多数小国家所占比重更高。政府规模扩大将造成财政危机、大量国债，导致纳税人对政府的不满。一些国家的政治党派反对大政府，倡导小政府。经济全球化限制了国家规模的扩张，加速了地区、国家、企业的竞争、支出庞大政府税金，导致成本增加、物价上涨、通货膨胀、竞争力衰弱，最终失去竞争能力。六是国家主权正在一步步地丧失。经济全球化产生一个新元素——监督国家的势力，即国际资本市场，它如同国家经济政策观察员和审计员。例如，一个国家投资环境变化、负面因素增加，影响投资和经营信心，投资者就会立即撤回资本或移向他国，使相关国家陷入危机。这种资本市场的反应非常快，而且较为准确，相关国家是来不及改变的。可见，民族国家与当今大时代发展失去了平衡，国家组织从历史上的社会发展的基础变成了现实发展的障碍。

(2)民族国家的国界限制与世界一体化发展失去平衡

“国家,既是社会发展的基础,又会在发展达到一定程度时成为发展的障碍。当经济和社会发展到新的水平时,国家原有的边界将会对贸易的发展、文化的交流、物质与人才的流动形成制约,突破疆界就会成为发展的必然要求。”[5]第一,20世纪80年代以来,全球化以现代社会的三次新科技革命,推动了经济社会的高速发展,使国家原有的“边界”成为经济贸易扩大、文化交流学习、物流和人才流动的限制因子,打破民族国家疆界的障碍成为必然要求。随着全球化的发展,全球经济、政治、文化、科技、宗教趋于融合发展,但国家这种组织形式中的海陆空疆界和各种清规戒律严重制约了世界的发展。经济全球化在首当其冲地打破了国界、区域界和洲际界的基础上,又代表着世界发展的历史潮流和趋势,迈开了政治全球化、社会全球化、文化全球化、宗教全球化的发展步伐,加剧了国家与全球化的失衡。第二,民族国家组织成为当今世界统一融合发展的障碍。在人类社会发展中,国家这种政治组织形式逐渐成熟和完备,对人类发展起着十分重要的作用。但是,当世界进入全球化时代的今天,国家成了世界统一融合发展的障碍,成为全球化发展的桎梏。“国家和国界是当今世界发展的障碍之一。”[6]由于本位主义、利益原则支配下的民族国家,无论多富有也只能是“自扫门前雪,不管他人瓦上霜”,不关心、不重视世界不平衡发展问题的解决。因此,解决人类统一融合发展问题必须打破国界,应当建立起以地球的边界为边界的共同体,才能彻底消除世界发展的不平衡障碍。

全球化浪潮和信息的全球流动,形成了经济全球化、区域经济一体化和跨国公司跨国经营三者相辅相成、竞相发展的局面,形成三股强大冲击力,冲击着民族国家和国界线,影响了民族国家的对内职能和对外职能、对外政策和对内政策,在一定程度上改变了原来民族国家的范畴,现今传统的国家定义已经名不副实,需要重新定义和解构。随着全球化、信息化的深入发展,还将会逐渐改变国家范畴。现在,发达国家和发展中国家都进行跨国投资,实际上这就是金融全球化以来对国界的冲破,不愿再受国界的束缚。正如科恩、肯尼迪在《全球社会学》中《不平衡发展理论》一节中说:“因为资本从一开始就蔑视国界。”[7]总结全球化以来200年的历史,不难做出判断:国家和国界已经成为人类融合发展的障碍。当今世界,经济全球化、区域经济一体化和跨国公司的发展,成为推动世界统一融合发展的重要力量,加速了世界融合发展的步伐。经济全球化是国际一体化发展的动力,在推动世界经济快速发展的同时也使国家成为人类统一融合发展的桎梏。

5.2.2.3 民族国家组织形式与解决全球性问题不平衡

“因此,不科学的工业化、不科学的文明生活、不科学的人口生育以及不公平的分配原则共同构成了21世纪存在的四大矛盾。”[8]当今世界上的全球性问题的表现有多个方面:世界人口膨胀、局部粮食短缺、全球资源缺乏、全球生态危机、环境严重污染、自然灾害频发、贫困与疾病、网络和金融犯罪等问题。近几年，世界难民大量增多。欧洲议员保罗向欧洲议会提出一份报告指出，目前世界难民总数超过1000万，这里还不包括没有计算在内的500万“流亡国外的人口”。保罗认为，难民大量增加主要原因是贫困和社会动乱。现今的国家是解决世界性问题的障碍，表现在国家间矛盾纠纷、战争冲突等，但是，只要世界上有国家，就有不同的利益和利益集团存在，狭隘的国家利益和民族利益等，脱离不了国家自身局限，各国的统一行动都会大打折扣，不可能彻底解决。可以断言，在国家没有消亡之前，这些问题从根本上解决是不可能的。现在，只有树立全球意识，淡化国家和国家意识，走人类联合之路，才能彻底解决全球性问题。在目前，解决全球性问题要采取国内治理与国际治理平衡推进的方式。首先，在全球治理中国家是主力军，各个国家都必须参与全球治理，先治理本国，为全球治理奠定基础，国家先行治理为制定全球政治经济治理机制取得第一手材料。其次，国家治理是全球治理的重点，要在政治经济治理中先行一步，为参与全球治理打开局面。再次，全球治理要实现国内与国际的平衡兼顾。本国范围内治理和国际协同治理相结合，并同推动全球化深入发展相结合，通过全球化的深入发展而得到彻底解决。正如世贸组织第一任总干事鲁杰罗的预言：“阻止全球化无异于想阻止地球自转。”[9]所以，解决全球性问题是大有希望的。

伟人恩格斯早就提出人类本身的和解，然而可悲的是，不但“一部人类的历史就是一部战争的历史”[10]，而且“当今世界本质上是一个失衡的世界”[11]。翻开人类历史典籍，记载的主要是战争。仅近代相隔25年，就发生过两次世界大战，战火燃烧了10年，仅二战卷入战争20亿人、伤亡超过1亿人，给人类造成巨大损失。造成战争灾难的原因主要是国家和国家利益，是极端民族主义和狭隘的国家利益。这就是悬在人类头顶的“达摩克利斯之剑”。当今世界，传统安全和非传统安全问题双重因素相互交织，特别是霸权主义、强权政治、国际恐怖主义问题等是人类不安全和战争灾难的危险因素。一方面，世界存在多个大大小小的恐怖主义团体。另一方面，世界存在战争的因素很多：一是霸权主义和强权政治是诱发战争的因素；二是历史上遗留下来的领土争端等战争因素；三是国家和地区间复杂的利益交织关系是造成冲突的因素；四是世界上存在宗教极端主义、民族分裂主义是导致战争的重要因素。

据新华社内蒙古分社《资料卡片》记载，美国国内和国外16位著名思想家认为，全球必须坚决做到“三个严防”：第一，严防核战争发生。对于核毁灭的问题，不采取措施，其后果十分可怕，可怕到难以想象的程度。德国前总统里夏德·冯·魏茨泽克说：“在核时代如果没有和平，那么谈论保护天地万物是毫无意义的。”核屠杀不一定是由超级大国的冲突而引起，而更大危险可能是由一次意外事件，或者一个被逼得走投无路的小国铤而走险而引起。第二，严防人口问题的副作用。人口问题存在非常严重的副作用。美国前总统吉米·卡特说，如果不节制而任其发展，将会造成“纷争加剧、敌意增加、难民数量无法控制以及暴力行动”。也有几位思想家认为，人口问题是世界上大多数灾难的根源，如第三世界的饥饿、疾病、贫困、能源不足、环境破坏、移民压力等。第三，严防世界性问题蔓延扩大趋势。“《大趋势》一书找到了破解人类灭顶之灾的答案和途径：‘人类必须联合起来，走向光明。’”[12]这就要求人类必须联合起来，走世界统一和人类融合的光明之路。

可喜的是，二战后超国家组织的联合国在国际事务中发挥着积极的作用，加之经济全球化和信息全球化的深入发展，现在我们已经感受到了世界和平发展、融合发展的浓厚气息。特别是超国家的联合国组织在世界上发挥了不可替代的巨大作用。现今，时代的主题是和平发展，和平的潮流浩浩荡荡，在这个大趋势下，靠武力征服和军事扩张不但徒劳无益，而且是螳臂当车，只能落个失败的下场。

参考文献

[1][西班亚]圭拉姆·德拉德赫萨.全球化博弈.董凌云，译.北京：北京大学出版社，2009:65.

[2]周海成.大趋势.北京：中国文联出版社，2006:7.

[3][英]罗宾·科恩，保罗·肯尼迪.全球社会学.文军，等，译.北京：社会科学文献出版社，2001:35.

[4][英]罗宾·科恩，保罗·肯尼迪.全球社会学.文军，等，译.北京：社会科学文献出版社，2001:117.

[5]周海成.全球化是解决人类生存和发展问题的根本途径.人民网，2006-10-28.

[6]周海成.大趋势.北京：中国文联出版社，2006:107.

[7][英]罗宾·科恩，保罗·肯尼迪.全球社会学.文军，等，译.北京：社会科学文献出版社，2001:196-197.

[8]张冬生，黄兴华.科学发展观的多维视角.北京：中国经济出版社，2009:6.

[9]周海成.大趋势.北京：中国文联出版社，2006:101.

[10]郝永平，冯鹏志.地球告急：挑战人类面临的25种危机.北京：当代世界出版社，1998:220.

[11]王达品，程礼.大转折的年代——现代文明与可持续发展.兰州：甘肃科学技术出版社，1998:57.

[12]周海成.大趋势.北京：中国文联出版社，2006:8.

5.2.3 大统一、大平衡发展的样板——“区域国家联盟”

引证：

欧盟成功的经验和经互会失败的教训共同昭示了同一个真理：在人类走

向世界大同的历程中，“和则生物，同则不继”。一个“和而不同”的世界，才是一个和谐的世界。[1]

——和平、俞景华、李鹏、胡小磊《全球化与国际政治》

5.2.3.1　“区域共同体”是“世界国家联盟”和“世界共同体”实现形式的基础

“欧洲正进行超国家共同体的尝试，并催生出一个‘欧洲梦’。在杰里米·里夫金的书中，‘欧洲梦’代表着人类发展的新梦想，强调的是政治上的共同体意识，文化上的多样性，生活质量上的精致，发展的可持续性以及全球合作的多边主义。”[2]超国家共同体——欧盟，是要实现欧洲统一的“欧洲梦”，其他区域国家联盟，是指在地理毗邻若干国家的经济政治文化的超国家合作、联合和融合。首先，该组织成员国之间相互尊重、平等互利、自愿协商，具有经济合作的开放性、多元性和灵活性。其次，该组织成员国之间取消关税、打破贸易壁垒，在资本、商品和劳务方面真正做到流通自由化。再次，联盟中以磋商和承诺替代谈判和协定，解决了发展快和发展慢的成员国之间的优势互补、共同发展。最后，区域性经济组织是在世界的某一地区起作用的联合组织，它有利于区域经济的合作和发展，有利于推动经济全球化的发展和世界经济的发展。

超国家的区域国家联盟（区域共同体），具有重大的世界经济发展、人类融合发展的现实意义和深远历史意义。首先，区域国家联盟是对产生数千年的民族国家组织形式在客观上的否定，是跨越国家大联合发展的试验和实践，为人类生存和发展找到了一个有效的途径——建立在国家之上的共同体。它正是平衡发展方式的实现形式，是世界和平统一的第一步。其次，区域国家联盟非常适合全球化发展潮流，符合世界统一融合发展趋势，也是“联合国共同体”的基础和示范。正如和平、俞景华等专家所说“欧盟成功的经验和经互会失败的教训共同昭示了同一个真理：在人类走向世界大同的历程中，‘和则生物，同则不继’。一个‘和而不同’的世界，才是一个和谐的世界”[3]，由此可见，“区域共同体”是完成世界和平统一的必由之路，这个“统一”是和而不同，也正如未来的国际共同体，并非完全消灭区域间、国家间、民族间的矛盾和差异，因而它是“世界国家联盟”和国际共同体的基础。

5.2.3.2　“区域共同体”是世界大统一、人类大融合发展的实践者

“老一辈共产党人曾幻想通过暴力革命、无产阶级专政消灭世界资本主义，从而消灭阶级和国家，实现世界大同。”[4]这个理想并非是空想，在过去看来，这个理想的实现是一个漫长的统一融合的过程，但从现在世界发展的现状看，我们认为可能来得更早、更快，因为我们现在已经看到了世界大同的希望之光——“区域共同体”。区域经济一体化与经济全球化促进了世界趋向融合发展，区域经济一体化与经济全球化相辅相成，推动世界一体化发展；区域经济一体化推动了世界市场的全球化，经济、资本和市场的国际化，带动了世界的融合发展；区域经济一体化推动了区域经济合作发展，并成为全球

经济活动的一部分。因此,区域经济一体化发展和全球化的意义,在于实现了国家与国家的大联合,标志着世界统一融合发展已经进入一个新的阶段,开创了一个新的世界统一、人类融合发展的新形式。当区域共同体和全球化发展到一定程度,必然要求朝着"世界共同体"和联合国共同体方向发展。目前,欧洲、亚太、北美等区域经济一体化的加速,特别是跨国公司的飞速发展,进一步减弱了民族国家的国际竞争力,而区域性合作、双边和多边合作助推了世界一体化发展。二者相互作用,构成了强大的世界融合发展态势。例如,欧盟已经成为世界融合发展的范例,具有世界统一融合的示范带头作用。

示范之一:欧洲联盟

欧洲联盟(EU),1993年11月1日成立,是集政治实体和经济实体于一身的区域一体化的超国家组织。它是由欧洲共同体(European Community,又称欧洲共同市场)发展而来的,主要经历了三个阶段:荷卢比三国经济联盟、欧洲共同体、欧盟,由经济、政治再到文化等全面合作。它通过建立无内部边界的空间,加强经济、社会的协调发展和建立最终实行统一货币的经济货币联盟,促进成员国经济和社会的平衡发展。它通过实行共同外交和安全政策,在国际舞台上弘扬联盟的个性。它是世界一体化发展最成功、成效最好的区域经济集团。1985年欧共体着手建立内部共同市场;1991年确立欧洲经济货币联盟和政治联盟;1993年实现人员、劳务、资本、商品自由流通;1999年1月欧元启动,建立了欧洲的货币体系,向经济政治实体过渡,实现了经贸政策、农业政策、预算制度和政治制度的统一,在世界经济和政治中发挥了重要作用。现在,成员国已发展到28个,欧元区成员国19个。欧盟一体化发展,使国与国的界限基本消失,欧洲的完全统一和融合为"一欧一国"只是时间早一点晚一点的问题。欧洲的实践昭示我们,世界大统一、人类大融合的时间也不会太久远。可以预言,它是实现世界融合的必由之路,是世界上国家之间融合的示范。它同时昭示我们,世界和平统一能够取代武力吞并。这就是欧盟通过和平发展、融合发展,达到统一融合的目的。由此可见世界统一融合要在区域相互融合的基础上,最终消除国家的界限得到统一,以和平统一、融合发展取代战争,从而达到世界统一融合,从长远看是可能的,因为这是建立在共同利益的基础之上的,有了共同利益就有了共同的目标。

示范之二:亚洲的东盟、上海合作组织

亚洲的东盟和上海合作组织,促进了亚洲一体化发展。2001年6月,中国、俄罗斯等国宣告上海合作组织成立,宗旨是相互依存,共同受益,坚持开放性多边贸易体制和减少区域内贸易壁垒,目标是实现贸易投资自由化。加强成员国在经济贸易、科技文化、能源环保、交通旅游等领域的合作,共同维护地区的安全,推动建立国际政治经济新秩序。迄今通过了《上海合作组织成员国多边经贸合作纲要》及其落实措施计划、《上海合作组织成员国政府海关合作与互助协定》和《上海合作组织成员国政府间农业合作协定》等。东南亚国家联盟(ASEAN),1967年成立,目标是建立东盟自由贸易区。2003年10月通过的“东盟共同体”宣言,宣布它是一个促进社会、经济、文化发展的组织,主张“区域合作”。近几年来,成员国之间加强了政治上的协调,逐步形成了一个区域性政治、经济集团。东盟推进了东南亚一体化和东南亚共同体进程,推进东南亚国家政治、经济、安全、社会与文化等向一体化发展,向地区多边安全机制联盟发展。同年,中国加入《东南亚友好合作条约》,签署了“面向和平与繁荣的战略伙伴关系”的联合宣言,东盟还与中国、俄罗斯、美国、日本等10个国家建立了伙伴对话关系,为亚洲大统一打开了局面。

为了消除风险,减少交易成本,扩大贸易和投资,中国、日本和韩国以及东南亚国家联盟的10个成员国,于2005年2月签署建立ABG组织(Asian Bellagio Group),建立第一支亚洲债券基金(ABF1),ABF1为亚洲金融货币一体化开创了新路。亚洲金融一体化发展,必将推进经济贸易、科技文化、社会政治的一体化,可见亚洲统一是大有希望的。

示范之三:美洲的北美自由贸易区

北美自由贸易区(NAFTA),1992年由美国、加拿大、墨西哥三国组成,1994年美国、加拿大和墨西哥签署的《北美自由贸易协定》生效,世界上第一个由发达国家与发展中国家组成的地区性经济集团,即美洲自由贸易区宣布成立,将美、加、墨三国的经济融为一体,实现了资本、劳务、商品自由流通,把经济一体化推向整个美洲。拉美地区有数百年的殖民地历史,拉美一体化是共同心愿。例如,区域组织拉美一体化协会、中美洲共同市场、南方共同市场、安第斯共同体和加勒比共同体等,都为拉美经济一体化发展起到重要作用。2003年10月美洲国家组织的《美洲安全宣言》,加速了美洲一体化的发展,为世界一体化发展提供了经验。

示范之四:非洲联盟

非洲联盟简称“非盟”。目前,世界上经济最不发达的地区是非洲,战乱灾难最严重的地区是非洲,饥饿、疾病和死亡威胁最大的是非洲。因此,和平、脱贫、健康、富国,是非洲人民的共同愿望。为了实现这个愿望,必须消除种族间、国家间的利益冲突,走向非洲的统一,于是产生了非洲统一组织(简称“非统”),非统的宗旨:促进非洲国家的统一与团结,加强非洲国家在政治、经济、外交、文化、军事等各方面的合作。非统为非洲统一打开了大门,2002年7月在南非改组,建立非洲联盟。非盟是全洲性政治实体组织形式,以维护和平、改革旧制、富民强国为目标。非盟53个成员国,是非洲国家总数的90%以上。非盟2001年发起了“非洲发展新伙伴计划”,在基础设施建设、引进外资、维护安全、调解冲突和推进经济一体化进程中,发挥了积极作用。

示范之五:洲际和跨区域合作组织

洲际协作正在扩大,20国集团、欧美自贸区、金砖国家等,都有一个共同的目标:大格局发展。这就是人类社会生产力发展水平达到一定阶段时的合作发展的必然要求。

这些区域一体化发展和跨区域合作发展的实践,是建立小平衡发展方式的又一示范。例如,二战后的欧洲,两个超级大国美国和苏联,一东一西挟着百废待兴的欧洲,面临东西大分裂格局的欧洲,走上了结盟的道路。他们以和解的勇气、包容的精神,融合的目标,联合的路径,在欧共体——欧盟的框架下,实现了经济一体化发展。"人类在走向世界大同的道路上,只能通过漫长的经济融合,一步一步地加深相互依存,形成经济、政治共同体。"[5]所以,欧洲模式应当输出、传导全世界。"欧洲创造了什么?它创造了我曾提到的建立在主权共享理念基础上的后现代认同。"[6]欧洲已经成为世界和平统一、人类融合发展的楷模,世界其他地方和国家完全可以融合主权、套用欧洲模式,欧洲也应当担负着推进世界和平统一、文明发展的责任,如同欧洲把工业文明向世界传导那样,应当把欧盟模式输出、传导到全世界,共同建设世界和平统一、人类融合发展的新世界。

参考文献

[1]和平,俞景华,李鹏,等.全球化与国际政治.北京:中央编译出版社,2008:246.

[2]欧阳实.全球化背景下如何实现"中国梦"?.光明日报,2014-05-09.

[3]和平,俞景华,李鹏,等.全球化与国际政治.北京:中央编译出版社,2008:246.

[4]和平,俞景华,李鹏,等.全球化与国际政治.北京:中央编译出版社,2008:270.

[5]和平,俞景华,李鹏,等.全球化与国际政治.北京:中央编译出版社,2008:246.

[6][英]安东尼·吉登斯.全球化时代的民族国家:吉登斯讲演录.郭忠华,编.南京:江苏人民出版社,2012:302.

5.2.4 "世界国家联盟"和"世界共同体"与人类生产力发展水平相平衡

引证:

最后这个结论——世界共同体必须先于世界国家而存在——使人们为了创立一个世界共同体而进行两种努力:联合国教科文组织和联合国的其他专门机构。[1]

——摩根索《国家间政治:权力斗争与和平》

5.2.4.1 "世界国家联盟"和"世界共同体"与当代全球社会生产力发展水平相平衡

"当然,世界离建立一个全球共同体以取代氏族、部落和国家等民众效忠对象的目标还很远。"[2]假如在氏族部落时代建立了"全球共同体",人类的历史就不会是一部战争的历史,而会成为一部统一融合发展的历史。但是,在当时生产力发展水平低下,交通、通信等各方面条件都不具备的情况下,当然是不可能的。当今世界情况不同了,在超国家组织联合国基础上创建"联合国共同体"或"世界国家联盟",这是超国家的经济全球化发展的迫切需要,也是对建立在国家之上的"区域国家联盟"的协调、管理的需要。因此,"联合国共同体"适应了当代全球社会生产力发展的水平,所以是相互平衡的。

从20世纪中叶以来,由于科学技术、交通运输业、通信业的飞速发展,生产力发展水平的极大提高,客观上世界迫切需要统一融合发展,因为民族国家这种组织形式不适应全球化新形势,严重阻碍了世界的统一融合发展。世界统一融合的方式方法只有一种,就是和平统一、融合发展的方式。因为它是建立在"区域国家联盟"、20国集团等超国家组织基础上的,是与超国家组织和全球化是平衡的,是与全球社会生产力发展水平平衡的,所以具有强大的生命力。虽然,创建"联合国共同体"不能从根本上完全杜绝战争,但能最大限度地消除国家之间政治、经济、文化的矛盾纠纷。"联合国共同体"是建立在国家之上的、超国家的组织机构,可以以欧盟为样板,把现有的全球主权国家和区域性国家联盟联合起来,组成世界性超国家的共同体。

"联合国的各专门机构超越国家疆界而为全世界人民服务,其存在和表现将能够建造出一个利益的、判断的和行动的共同体。"[3]摩根索还举例说,《联合国教育、科学及文化组织组织法》第一条:"本组织之宗旨在于通过教育、科学及文化来促进各国间之合作,对和平与安全做出贡献,以增进对正义、法治及联合国宪章所确认之世界人民不分种族、性别、语言或宗教均享人权与基本自由之普遍尊重。"[4]多年来,教科文组织为国际合作和国际和平做出了不可磨灭的贡献,在客观上也为"国际共同体"的创建做出了巨大成绩。摩根索认为,具有政治潜力的世界共同体,是一个道德标准和政治行为的共同体,而不是转瞬即逝的感情的共同体,他认为应当"创立一个撇开旧的忠诚并建立新的忠诚的道德判断和政治行动的、导入和平轨道的共同体"。一是通过联合体协调消除政治分裂和经济文化分歧;二是通过机构网络逐渐实现一体化。"共同体"从联合国中成长起来,"世界国家"从"共同体"中成长起来,一个"世界大同"就会建立在可靠的基础之上。"联合国共同体"从无到有、由弱变强的任务:各国的某些职能逐渐转移为国际事务;共同体满足不同国家的需要,做到和平、安定、防病、生活的提高等;共同体是"和而不同"的,但贫与富、自然条件好与不好等差别逐渐缩小;解决共同的问题,如冲突的缓和,使之感受到联合的利益大于分裂的利益;"联合国共同体"有选择地借鉴欧盟经验和管理方式方法。

5.2.4.2 "世界共同体"与现代科技、现代交通工具、互联网发展相平衡

"我们曾指出,走向和平解决那些可能导致战争的国际冲突的第一步,就是创立一个国际共同体,以此作为建立世界国家的基础。"[5]现代人类在地球上建立"联合国共同体",是现代社会本身文明进步的诉求,是符合当今世界经济社会发展潮流和趋势的,而且在现阶段已经具备了创立超国家的"联合国共同体"组织的条件,时机已经成熟。周海成在《全球化是解决人类生存和发展问题的根本途径》一文中说:"公元前3000年,农耕畜牧取代采集狩猎,社会生产出现一次大的飞跃。剩余产品导致人口增加和私有制

的出现，人类的社会组织也由氏族、部落发展到国家这一形式。从最初的城邦和城市国家，历经奴隶国家、民族国家、帝国等国家形式。纵观人类5000年的文明史，随着人类自身及借助交通工具运动的速度增快，国家的平均面积也逐渐增加；国家正处在不断融合和统一的过程中，国家的数量逐渐减少；国家正处在消亡的过程中。”[6]周海成研究发现，人类自身借助交通工具运动的速度和国家平均面积的相关性，即人类自身借助交通工具运动的速度越快，人类活动和可控制的领域越广，国家的平均面积也就越大；反之亦然。可见，现代民族国家组织形式与现代陆运、海运、空运极不适应，已经成为当今世界发展的障碍，迫切要求建立超国家的组织形式和大格局发展的形式，而“联合国共同体”正好与现代高新科技、现代交通工具、通信的发展和大格局发展相平衡，与人类生产力高度发展水平相平衡。

5.2.4.3 创建“世界共同体”水到渠成

如今，创建“联合国共同体”，已经具备了经济、政治、文化条件。一是全球化发展的条件具备。当今世界，经济政治社会文化的全球化的发展，被称为世界经济发展的引擎的跨国公司的发展，为“联合国共同体”的建立提供了经济基础。二是区域国家联盟的发展条件具备。欧盟、东盟、非盟等超国家组织遍及全世界，为“联合国共同体”建立提供了超国家发展的组织基础。三是以联合国为主导的世界社会发展的条件具备，如协同环境保护、疾病防治、反恐反战、维护世界和平等，为“联合国共同体”建立提供了“全球大时代”发展的社会基础。四是文化大交流的发展条件具备。世界不同民族文明交流融合不断加速，跨国公司多元文化形态的形成，全球共同价值观念的趋同，为“联合国共同体”建立提供了多元文明平衡发展的文化基础。五是消费全球化条件具备。消费全球化覆盖了各个行业，如全球性食品文化、全球性服饰文化、全球性电影和音乐文化、网络文化等，成为“联合国共同体”创立的文化基础。六是全球科技、通信发展的条件具备。全球信息社会的兴起、传播技术和计算机技术的无国界大发展等，成为“联合国共同体”创立的技术基础。七是跨国界来往、居住、上学、工作的世界性大流动的条件初步具备，据统计目前世界各国约有中国血统人2000多万，保留中国国籍的有190万。这是“联合国共同体”创立的人际基础。八是世界语言、文字、度量衡和货币通用等条件初步具备。为“联合国共同体”创立形成了不同民族交流沟通的基础。九是经济政治文化大融合发展条件具备。例如，国际旅游业大发展，全球化推动了国际旅游业的大发展，国际旅游业又促进了全球融合向广度和深度推进。从1950到1990年，国际旅游者的人数以惊人的速度增长，1996年一年中国际旅游收入增长7.6%。当今国际旅游业占世界经贸的50%。综上所述，世界大统一、大融合发展是大趋势，已经成为不可逆转的潮流。

参考文献

[1][美]汉斯·摩根索.国家间政治：权力斗争与和平.北京：北京大学出版社，2006：

543.

[2][美]小约瑟夫·奈,[加]戴维·韦尔奇.理解全球冲突与合作:理论与历史.张小明,译.上海:上海世纪出版集团,2012:212.

[3][美]汉斯·摩根索.国家间政治:权力斗争与和平.北京:北京大学出版社,2006:544.

[4][美]汉斯·摩根索.国家间政治:权力斗争与和平.北京:北京大学出版社,2006:544.

[5][美]汉斯·摩根索.国家间政治:权力斗争与和平.北京:北京大学出版社,2006:559.

[6]周海成.全球化是解决人类生存和发展问题的根本途径.人民网,2006-10-28.

5.2.5 “世界共同体”是平衡发展方式的实现目标

引证:

联合国的各专门机构超越国家疆界而为全世界人民服务,其存在和表现将能够建造出一个利益的、判断的和行动的共同体。[1]

——摩根索《国家间政治:权力斗争与和平》

5.2.5.1 创建“世界共同体”是世界平衡发展的迫切要求

创建“世界共同体”,是实现古今中外众多理想家世界大同的向往。周海成在人民网上发表文章说:“追求世界大同是人类的共同理想。中国的孔子、古希腊的柏拉图等先哲们对大同世界进行了种种设想。19世纪时,各国的理想家进一步深化了对大同世界的理解,中国的谭嗣同认为是‘有天下而无国’的‘地球之治’;康有为设计出了大同社会的发展路径,提出‘破除九界’的理想;圣西门、傅立叶、欧文等思想家的‘空想社会主义’也对理想的社会进行了研究和描述,并在美国印第安纳州等地进行了建立‘新和谐公社’的实践。特别是欧文在美国、英国建立了多个‘新和谐公社’,最后都解体了。随着人类社会的进步,这些在当时条件下的乌托邦式的理想,必将以一种更新的形式实现。在下一个千年到来之前,地球将真正融合为一个人类共同的家园。”[2]对于整个人类来说,无论是现实,还是遥远的将来,都面临着全球人口迅速增长、自然资源迅速减少、生态环境逐渐恶化、战争阴影笼罩世界的未来,无疑亟须找到有针对性的发展方式,找到人类永续生存和发展的平衡点,使人类从现在开始,一方面更合理地利用有限的自然资源,从根本上抑制地球气候恶化;另一方面,更有力地遏制各种类型的战争和军备竞赛,从根本上改善国与国的关系、维护世界和平发展的国际环境。我们认为,最佳选择就是创建“联合国共同体”“世界国家联盟”,不需要“摸着石头过河”,已经有先例可以借鉴,这就是欧盟的成功经验和先进做法。

5.2.5.2 创建"世界共同体"是加强国际事务管理的需要

创建"世界共同体"是加强国际事务管理的需要,创建"世界共同体"是解决当今世界不和谐发展的需要。西班牙《国家报》2011年12月30日的文章,题目是《祈祷一个美好未来的合理希望》,加布里埃尔·杰克逊在文章中认为,当今世界需要的是一种灵活多变的融合模式,不过我对这项结果持保留意见。实际上,"世界共同体"就是一种管理世界的融合模式。创建"世界共同体"是国家间经济政治文化往来监管的需要。有关专家也呼吁,在全球化的世界里,需要更加完备的国际组织,监管国际事务和国际活动,创建"世界共同体"是解决全球性问题的需要。人类生存和发展中的全球性问题是没有国家界限的,必须是世界各国携起手来共同解决。创建"世界共同体"是改变国际事务管理"无政府状态"的需要。在经济全球化环境下,新旧不平衡矛盾冲突交织,亟待建立国际政治经济新秩序,加之核威胁、军备竞赛、领土纠纷、经贸矛盾等,迫切需要改变国际事务中的"无政府状态",建立"世界共同体"就显得十分必要。

5.2.5.3 创建"世界共同体"的理论和实践根据

创建"世界共同体"的理论和实践根据之一:借鉴美国的建立。"美国的建立,不但不能证明仅凭一纸宪法的协议就能创建一个国家,反而证明了前面提出的两个论点的正确性:国家内部和国家之间都能发生战争;美国是建立在道德和政治共同体之上的,它不是由宪法创造的,宪法只是见证了这一业已存在的共同体。美利坚人民的共同体,先于美利坚国家而存在,同样,世界共同体必须先于世界国家而存在。"这就说明,创建"世界共同体"是有先例的、可行的。根据之二:借鉴欧洲共同体的建立。欧洲融合的梦想由来已久,只要有了"欧洲梦"就一定能实现欧洲统一,现在欧洲初步成功地圆了梦。从现实看,欧洲的统一梦,很快就会变成现实。欧盟的成功经验,是建立"世界共同体"的示范和实践。

5.2.5.4 "世界共同体"的历史使命

"世界共同体"的时代主题:世界和平统一、人类和谐发展;社会特征:和而不同,求同存异,并向大平衡发展方式的目标"联合国中央政府"过渡。第一,推动经济全球化向广度和深度发展,为建立联合国中央政府奠定经济基础。要大力推进经济全球化、政治民主化、社会关系和谐化、文化多元平衡发展。一是鼓励超越领土国家界限开展大规模生产、贸易、投资、金融等经济活动,在全球范围内进一步扩大劳务、资本、商品等生产要素在全球快速自由流动,达到世界资源的最佳优化组合。同时,要大力促进贸易交流,实现物资在全球流动。二是巩固和推进"世界共同体"的经济政治文化大发展,以改革、整合等多种方式树立联合国共同体的权威。第二,"世界共同体"要进行全球治理,真正建立世界政治经济新秩序。第三,规范各管理层次的经济活动、政治活动、文化活动,各集团、群体要控制在"世界共同体"法规的范围内活动,巩固新生的"世界共同体",为完成“世界和平统一大业”建立“联合国中央政府”打下坚实基础。

参考文献

[1][美]汉斯·摩根索.国家间政治:权力斗争与和平.北京:北京大学出版社,2006:544.

[2]周海成.全球化是解决人类生存和发展问题的根本途径.人民网,2006-10-28.

5.2.6 “世界共同体”的未来发展主题:融合与发展

引证:

> 日前读到日内瓦抵抗战战士大会在1944年通过的《欧洲联邦宣言》,曾经感叹于那些呼吁“放弃绝对国家主权”的战士们的超群理想,虽然历史的发展路径可能有别于那些先驱先贤们当时的想象,但是由于他们的理想代表了历史发展的大方向,所以历史会永远感谢那些无私的理想主义者。[1]
>
> ——周海成《大趋势》

5.2.6.1 “世界共同体”要致力于多元文明融合发展

融合,是指几种不同的事物合成一体。人类发展史,就是一部融合与发展的历史。“中国宋代的思想家张载,他在自己的代表著作《正蒙》中,用四句话表达了他对整个大宇宙、大世界的看法。这四句话是:‘有象斯有对,对必反其为,有反斯有仇,仇必和而解。’关键是最后一句‘仇必和而解’。简单地说,宇宙间万事万物,不过是对待、流行、校正、和解而已。对待与流行的结果,不是吃掉、消灭,而是通过校正,达至和解、共生。‘度尽劫波兄弟在,相逢一笑泯恩仇’,这是中国大作家鲁迅一首诗里的话,最能得张载义理的真传。”“张载哲学启示我们,世界各文明之间,虽然存在差异,却不必发展为冲突。人类的未来,世界历史的大趋势,是走向文明的统一、文明的融合而不是相反。因此我们无法赞同前些年哈佛大学亨廷顿教授提出的‘文明冲突论’。他把西方文明跟伊斯兰文明、跟儒教文明,视为不可调和的‘冲突体’。这个理论是站不住脚的。他只看到了不同文化不同文明之间的差异和纠结,没有看到不同文化之间的对话、沟通和‘化解’;只看到了‘文明的冲突’,没有看到文明的融合。”“世界上不同的文化、不同的‘文明体国家’,需要通过交流与对话达成文化的互补与融合。冲突是人类文明的‘反动’,是礼仪文化的‘弃物’。所以孔子说:‘礼之用,和为贵。’‘和’才能成礼。冲突是愚蠢的失礼行为,为人类文明所不取。”“人类如果因文化的差异与‘不同’而出现偶然的对立,彼此当事方应该采取‘和而解’的态度,而不是走向‘仇而亡’。这是中国古老文化的智慧,也是人类本性和人类理性所应该指向的目标。”[2]“联合国共同体”的历史使命,就是要做好不同文明、不同民族、不同宗教的融合工作，为世界完全和平统一而努力。实际上，各民族不同文明之间，包括东方文化与西方文化之间从来没有过直接、纯粹的冲突发生。由此我们不难判断，世界不同文明的趋同、趋衡、趋融合，才是人类历史发展的大趋势。这就是“世界共同体”的追求，也是完全符合不同文明融合发展的大趋势。

5.2.6.2 “世界共同体”要致力于人类融合与发展

“从哥白尼的宇宙运行论到开普勒的行星运动三定律，从原子轨道的壳层模型到分子轨道对称恒原理，从机械运动到生物运动的和谐性和协同性，都坚信自然界中要素关系的简单和谐。正如爱因斯坦所说：‘如果不相信我们世界的内在和谐性，那就不会有任何科学。’”[3]可见，和谐发展和融合发展，是人类永恒的主题，也是“世界共同体”的发展主题。世界统一融合发展，是指全世界各个国家和地区、各民族和各宗教、不同社会制度和意识形态，都遵循万事万物共同趋向综合动态平衡本能的原理，共同携手走向全球融合发展之路。人们向往融合发展，追求和平统一，已经成为一种人类惯性思维。纵观世界历史，我们不难看出，天下战乱、分裂时，经济社会发展就会停滞不前，民不聊生，国家衰弱；当天下一统、社会太平时，社会生产力就会快速发展，国家繁荣昌盛，人民安居乐业。历史昭示我们，融合与发展是人类永恒的主题，也应当作为“世界共同体”发展的主题，为最终完成“世界和平统一大业”建立“世界国家”创造条件。

5.2.6.3 “世界共同体”要致力于世界大统一、大融合

“第二次世界大战的结束预示着国际力量新平衡的来临。”[4]这个国际力量新平衡的基础是成立了超国家的联合国组织，制定了《联合国宪章》等划时代的具有权威的世界管理组织章程，为世界和平融合发展开创了新纪元。第一，世界社会统一融合发展是世界发展的大趋势。这是数千年人类社会发展的历史结论。融合是世界生产力发展和世界社会进步发展到一定阶段和水平时的必然要求，只有到了这个时候才能水到渠成、自然而然地实现。世界的统一和融合，并非是亚历山大、希特勒、拿破仑、成吉思汗等的大帝国梦，而是生产力发展的必然结果，是悄无声息的革命和没有枪声的演化。世界融合发展是人类社会发展的永恒主题，是全世界人民的共同愿望。现今，全球化和信息化已经把人类凝聚为一个命运共同体，人与人、国与国相互依赖，人类融合的时机已经成熟，因此顺应全球化时代潮流、走世界统一融合之路才是世界发展的大趋势。第二，全球社会统一融合发展是中国的愿望。中国共产党的十八大报告指出，“中国将继续高举和平、发展、合作、共赢的旗帜”，体现了当今世界的时代特征。改革开放以来，中国敞开了同世界互利合作的大门，以互利、共赢的世界精神，举起和平、发展、合作、共赢的旗帜，推进对外友好合作，不但为国内发展创造了和平发展环境，而且为世界的发展做出了贡献。第三，世界各国都在为世界大统一、大融合发展做贡献。当今，全球化、信息化给人类带来了融合发展的新生活，在经济方面合作发展，追求共同繁荣，共享发展成果；在政治方面，风雨同舟，权责平衡，沟通协调，增进信任，求同存异，化解矛盾；在文化方面，尊

重文明多元化、文化多样性发展，加强不同文明的交流、沟通和相互学习借鉴。当有，世界大趋势要求我们必须顺应和平与发展的时代主题，不断推动世界和平发展、融合发展，为完成“世界和平统一大业”做出贡献。

附

1.英语无国界，促进了一个“全球时代”的形成

英语作为一种国际语言的使用，促进了一个“全球社会”的形成。“随着世界经济的增长，对英语作为一种世界性的语言的依赖也在不断增长。”[5]1990年世界上说英语的人数：英语占绝对优势的国家数量为75个（世界国家总数170个）；英语作为第一语言的人数3.7亿；作为第二语言的人数1.4亿。同时，文字、语言、度量衡有统一基础，有力地促进了一个“全球社会”的发展和融合。可见，当今世界是走向融合、统一的世界。

说英语的人数（1990年）	
英语占绝对优势的国家数量	75个国家（世界共170个国家）
英语作为第一语言的人数	377132600
英语作为第二语言的人数	140000000
75个国家中说英语的总人数	517132600

（资料来源：[英]罗宾·科恩、保罗·肯尼迪《全球社会学》）

2.交通运输网络、现代通信网络的无国界，促进了世界和平统一、人类融合发展

现代通信网络技术飞速发展，成为经济全球化的标志，全球信息产业产值超万亿元，大大改变了传统产业的生产方式和经营方式。现代立体交通运输网络把传统的地理界限和时空界限统统打破了，把地球“缩小”为“地球村”，陆路、水路、海运、航空运输使民族国家和地区的分界线概念模糊了，把整个世界联系在一起，国家间的经济、政治、科技、文化相互联系、相互依赖，所有国家、区域联盟和经济联合集团的经济活动、生产经营成为世界性的大市场，人们的生活方式、消费方式都已经国际化，形成了无国界交通网、信息网，把世界各国、团体、个人都联系起来，实现了全球人流、物流的通畅，缩小了时空距离，促进了全球社会的融合。安东尼·吉登斯解释全球化是“超越时空距离的世界”。正如世界上第一个提出“地球村”概念的马歇尔·麦克卢汉在1960年出版的《传播探索》一书中说的“好像生活在‘地球村’中”。

1500—1960年运输速度的变化			
1500—1840年	1850—1930年	1950年	1960年
马车/帆船 16公里/小时	汽船和火车 56～104公里/小时	螺旋桨式飞机 480～640公里/小时	喷气式飞机 800～1120公里/小时

（资料来源：[英]罗宾·科恩、保罗·肯尼迪《全球社会学》）

3.国与国往来、国际旅游业催生了一个“全球社会”

由于国与国往来增多和国际旅游业的发展，形成了一个全球大时代。国际旅游业使民族国家的边界线变得模糊不清，游客们观光、旅行、休闲如同在本国一样方便。每个旅游者进入不同国度、不同文明的地区，如同进入多元文化平衡发展的世界。

新世纪以来，不同社会制度之间、不同意识形态之间、社会内部与外部之间的边界已经“打破”。国与国之间的政治、经济、文化、外交等各种往来是史无前例的，新世纪以来仅外交代表团总数成倍数增长，中国则是20世纪的近两倍增长，标志着国家边界正在“消失”，世界统一发展正在加速，人类大融合遥遥在望。

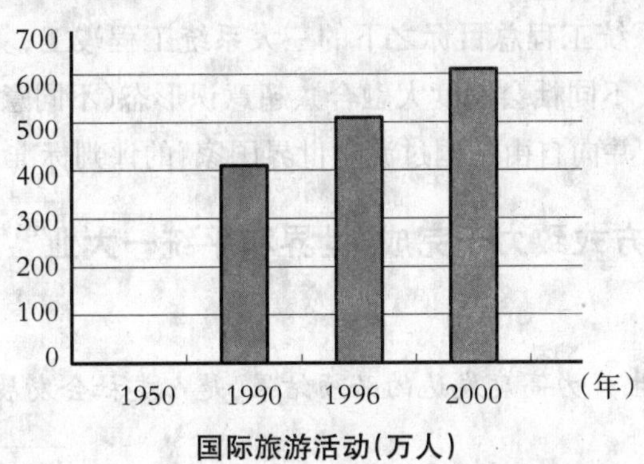

国际旅游活动(万人)

参考文献

[1]周海成.大趋势.北京：中国文联出版社，2006：15.

[2]刘梦溪.文化融合是人类未来的大趋势.光明日报，2012-12-31.

[3]席酉民，尚玉钒.和谐管理理论.北京：中国人民大学出版社，2002：IV.

[4][英]罗宾·科恩，保罗·肯尼迪.全球社会学.文军，等，译.北京：社会科学文献出版社，2001：9.

[5][英]罗宾·科恩，保罗·肯尼迪.全球社会学.文军，等，译.北京：社会科学文献出版社，2001：84-85.

5.3 系统工程之三：大平衡发展方式的目标——建立“联合国中央政府”

引证：

全球化主要是指所有那些世界各民族融合在成一个单一社会、全球社会的变化过程……[1]

——罗宾·科恩、保罗·肯尼迪《全球社会学》

世界和平统一、人类融合发展,是人类社会发展的永恒主题,是当今世界的潮流和大趋势,也是古往今来人类大融合发展的继续。大平衡发展方式目标是建立“世界国家”,实现形式是实施“本千年完成世界和平统一大业”系统工程(人类和平统一大业)的第三大系统工程。从今天全球化、信息化深入发展的态势看,建立“世界国家”并非天方夜谭,但在数百年前文艺复兴时代意大利诗人但丁提出的“世界国家”主张、中国两千年前圣人孔子提出的“大同社会”的理想,在当时的历史背景下的确是乌托邦式的空想。这些中外古今理想家的向往,实际上就是大平衡发展方式的目标任务:“本千年完成世界和平统一大业”,建立“联合国中央政府”,实现“世界大同”。至此,实施“本千年完成世界和平统一大业”系统工程总目标之下的三大系统工程竣工,实现超国家(不同国家大融合)、超社会制度(不同社会制度大融合)、超意识形态(不同意识形态大融合),全世界融合为“一球一国”,并向自由王国过渡。“世界国家”的评判标准:大平衡一统天下。

5.3.1 大平衡发展方式致力于完成“世界和平统一大业”

引证:

> 世界融合是生产力高度发达的必须结果,是人类社会发展的必然规律。[2]
>
> ——周海成《大趋势》

5.3.1.1 “本千年完成世界和平统一大业”建立“世界国家”是拯救人类的诺亚方舟

世界统一发展、人类融合发展,是人类发展史上的大进步、大飞跃。大平衡发展方式的目标是:“本千年完成世界和平统一大业”的第三大系统工程,建立“联合国中央政府”,实现“世界国家”“一球一国”体制。

在人类历史上,人类社会经历了五种社会形态,如今人类生产力发展到了一个新的水平,创造了巨大的物质财富和高度的精神财富。同时,人类社会人与人、人与自然、国与国关系从相互斗争发展到现在的和谐相处,从混沌失衡的世界发展到现在的“天下太平”。例如,两次世界大战的灾难和工业文明对生态环境资源的破坏,造成了严重的“全球性问题”。这种状况,已经到了人类社会发展和自然生态发展的临界状态,到了国与国关系中的“核毁灭”的“生存危机”和人与自然关系的“生存危机”的分水岭,何去何从人类必须做出最后选择。现在,打破这个僵局的是全球化、信息化浪潮和建立“世界国家”,这是人类拯救自身的两剂“良药”。它只需要通过和平发展、和平统一的方式来实现。实际上这个过程是人类发展的返璞归真,是自然法则和社会发展规律的回归。这条道路虽然是曲折迂回的,但最终必将是要实现的。我们作为当代人,应当尊重自然界的进化法则和人类社会的发展规律,肩负起世界和平统一、人类融合发展的重任,为人类永续生存发展贡献力量。“现在,欧洲已经走向统一,美洲、亚洲、非洲局部统一融合的趋势日益显露,展望未来,可以预言在下一个千年到来之前,世界必将走向大同,全人类将有共同的理念、共同的文化、共同的价值，在浩瀚的宇宙中建立起‘地球村’，就像人类在地球上建立的第一个部落联盟一样。”[3]可见，世界和平统一、人类融合发展是人类生存与发展的希望所在。所以，“联合国中央政府”的构想，是建立在现实和历史发展基础之上的，这就是拯救人类的诺亚方舟——完成“世界和平统一大业”，建立“世界国家”。

二战后成立了联合国，开创了人类发展史上划时代意义的新纪元。联合国的成立是民族国家组织形式“由小到大”进化发展规律的继续，也是民族国家必将被“世界国家”取代的大趋势，因为这才符合万事万物共同趋向综合动态平衡法则的必然归宿，是人类数千年的夙愿和期盼。联合国从1945年10月24日成立以来，肩负重大的人类和平发展、和平统一和不同文明大融合的使命，经历了70年的发展过程，为人类社会发展做出了巨大的贡献。联合国及其国际组织服务于国际的多边协商与合作，为国际社会和所有国家提供了制衡的力量、合作的手段、交流的场所、沟通的渠道和协调的武器的作用，正如把象征和平的橄榄枝叶环绕整个地球的图案绘在联合国旗帜上那样，反映了联合国为争取世界和平、为世界大统一和人类大融合发展所做的努力，把对人类的贡献写在了联合国的旗帜和全球大地上。同时，它也代表了世界人民期盼持久和平的决心，也表明拯救人类的诺亚方舟就是“一球一国”。

5.3.1.2 完成“世界和平统一大业”建立“世界国家”是有史以来一直在进行的过程

完成“世界和平统一大业”建立“世界国家”，是当今世界和未来世界的时代潮流和时代主题。从历史到现实、从理论到实践证明，建立“世界国家”是民族国家组织形式扩大和融合发展的必然趋势，是人类摆脱战争灾难的必由之路，是人类永续生存和发展的金光大道。第一，国家政治实体“由小到大”是发展趋势。自有史以来不同民族的融合、国家组织的扩大就没有停止过。世界上不同民族经历产生、战争、同化、融合和联合而形成民族国家。在融合扩大过程中，有的民族被吞并同化，有的融合为多民族国家，实现了共同繁荣发展。例如周海成《大趋势》资料记载，中国的五胡十六国和五代十国中的众多民族，都在历史上被融合。在世界历史上，有千千万万个国家和民族被融合，从而形成了当今世界国家的格局。第二，国家政治实体的“融合”是发展趋势。我国春秋战国分裂后融合为民族大一统的秦朝，三国两晋南北朝分裂后融合为汉朝，五代十国分裂后融合为唐朝等，民族统一融合后，呈现国富民强景象。现在，世界的国家组织仍然在走“融合”的道路。第三，国家政治实体的“大联合”是发展趋势。当今世界，国家与国家之间呈现大联合趋势。现今，国家间的交往浪潮一浪高过一浪，国家间、地区间的融合水平不断提高，经济、政治、文化交流频繁，相互之间联系更加紧密。在人类历史上，任何时代的外交活动、经济往来、文化交流都没有像现在这么频繁，目前没有一个民族国家封闭孤立于世，这就是新一轮国际关系全球化的动力。如今的世界，成为日益融合发展的世界。国家融合发展势头越来越强劲。世界国家间、区域间的国家大联合，已经导致国家疆土和分界线的淡化，国家主权的消减，国家组织结构、政策趋于国际化。由此可见,世界大统一、大融合的车轮滚滚向前,不可阻挡,突出表现在超国家的联合国及其国际组织、数百政府间组织、数千非政府间国际组织的发展壮大,这些都标志着国家间融合是当今世界的大趋势和全世界人民的共同愿望。

参考文献

[1][英]罗宾·科恩,保罗·肯尼迪.全球社会学.文军,等,译.北京:社会科学文献出版社,2001:2.

[2]周海成.大趋势.北京:中国文联出版社,2006:15.

[3]周海成.大趋势.北京:中国文联出版社,2006:6.

5.3.2 "世界国家"(世界大同)的新社会因素正在滋生成长

引证:

世界大融合、大统一的集中表现和核心动力是全球化。[1]

——周海成《大趋》

当今世界,全球化和信息化深入发展,在世界的"母胎"中已经孕育成熟了"大同社会"的新社会因素,世界大统一、人类大融合的新生事物不断生长,为实现"世界大同"提供了条件。

5.3.2.1 "世界国家"新社会因素之一:超国家的联合国和世界性组织

"国际组织名目繁多,宗旨不一,在世界政治中的作用不尽相同,即使是同一个国际组织在不同时期作用大小也会产生变化,但从总体上说,所有的国际组织都服务于国际的多边协商与合作,为国际社会和所有国家提供一种制衡力量,合作的手段,交流的场所,沟通的渠道和协调的工具。"[2]可见,70年来,联合国历经国际风云变幻,在曲折的道路上成长壮大,在维护国际和平与安全、发展国际友好关系、进行国际合作以及解决国际经济、政治、社会、文化的协调问题等方面发挥了重要作用,在人道主义、实现全球非殖民化、维护世界和平和安全、促进全球经济社会发展等方面取得了令人瞩目的成就,为人类的和平与繁荣做出了重要贡献。特别是《联合国宪章》允许联合国制定的政策可超越任何国家,这就说明联合国在国际事务中的地位和作用的极端重要性,也说明联合国在世界和平统一、人类融合发展中是不可或缺的。由此可见,联合国这个超国家的组织形式将成为人类未来管理的新范式。现在和将来联合国等国际组织的重要作用都是不可替代的。70年实践证明,联合国是当今世界最大的、最有影响的、最有权威的、最具合法性(具有宪法地位的《联合国宪章》)的国际政治组织机构。实践也充分证明,联合国的超国家的组织形式,是未来世界社会管理的成熟模式。

"那些曾经对联合国怀有希望的人相信,联合国的相对成功是建立在权力平衡的基础上的,这允许政策可超越任何国家而得以形成。"[3]当今世界,联合国责任重于泰山,加强维和行动,千方百计缓和冲突,力促和平发展,而且还面临传统安全、非传统安全的交织,世界和平是建立在"核平衡"和"核恐怖平衡"的军备竞赛之上的,如果在信息化条件下的现代战争重起,是没有国界、地区界限的,是不分国家强弱大小的。在这种情况下,联合国积极应对,实现了天下太平。因此,我们要充分认识联合国及其国际组织的地位和制衡作用,尊重联合国的合法性,树立联合国的权威,支持联合国处理国际事务、解决国际争端,扩大联合国的工作范围;支持联合国维护世界和平、促进国际裁军、反对种族歧视、调解地区冲突、促进非殖民化、促进南北合作对话、增进国家间文化交流、推动经济发展等各方面工作;支持联合国的维和行动、防止局部战争发生和扩大化;支持联合国在世界军备控制、核裁军方面发挥更大作用;支持联合国在推动国际合作,为加强环境保护、促进经济持续发展,解决人口、生态、资源、环境等"世界性问题"中发挥更大的作用。实践证明,超国家的联合国的组织形式,已经成为"世界和平统一、人类和平融合"的新生事物,是"世界国家"新社会的实践。

联合国的工作联系扩大到非政府间国际组织,为维护世界公民权益、促进公益事业发展,做出巨大贡献。例如,牛津饥荒救济委员会、医疗无国界组织、绿色和平组织等机构,其中大多数是全球性国际组织,活动的内容非常广泛,包括全世界人们所面临的各方面、各领域的问题,如社会保障、救济救援、环境保护等;红十字会,是古老而最有影响的非政府间国际组织,红十字会的国际活动不断扩大。其他非政府间国际组织在维护劳动者、消费者、贫困阶层、弱势群体的利益等功能上具有互补性,而且逐渐向世界统一、融合方向发展。为什么非政府间国际组织不断发展壮大,就是因为它们是"世界大同"的新社会因素。

5.3.2.2 "世界国家"新社会因素之二:超国家的"区域国家联盟"

世界大统一、人类大融合是全世界人民的共同愿望,是中外古今理想家、仁人志士一直向往的社会形态。如今,超国家的区域集团化、洲际大联合,完全体现了世界大统一、人类大融合发展的潮流,是"世界大同"的新生事物,具有强大的生命力,是建立"世界国家"的示范者和实践者,是"大同社会"的基础。当今世界,国家与国家大联合形成区域集团化、区域一体化发展势如破竹,而且不断掀起了区域融合扩大的浪潮,这是国家组织由小到大发展的继续,是世界一体化发展的基础。例如,20国集团、亚太经济合作组织、金砖国家、欧洲联盟、北美自由贸易区、东南亚国家联盟、非洲国家联盟等区域集团和经济合作组织,代表了国家组织未来发展的大方向,世界和平统一的大方向。特别是欧盟推出议会、宪法、欧元后,欧洲的完全统一、融合为"一欧一国"的步子迈得更大,国界已经与美国的州界相似。可见,区域国家联盟反映了大格局、大时代发展的愿望,成为"世界国家"的新社会因素而成长壮大。因此,完成"世界和平统一大业"建立

"联合国中央政府"是符合大趋势的。

5.3.2.3 "世界国家"新社会因素之三:超国家的"全球化"浪潮

"世界大融合、大统一的集中表现和核心动力是全球化。"[4]全球化浪潮,实际上就是世界大统一、人类大融合的浪潮,不但推动了世界生产力的大发展,而且推动了人类大联合的大发展。现今,全球化已经成为"世界大同"的新社会因素和"世界国家"的经济基础。"全球化究竟是什么?不同的学者有不同的看法。有人主张将全球化看成是一种经济现象,即全球化是指生产、贸易、金融等经济活动跨越国界,各种生产要素在全球范围内进行配置与重组,从而使各国经济高度依赖与互相融合,形成紧密联系的经济一体化过程。"[5]陈德铭在论述《全球化条件下的经济均衡增长问题》时说:"经济的全球化无疑已经是当前世界的一个主要特征,全球化打破了原有的均衡,但是接着又出现了新的更大规模的发展中的均衡,所以我们应该看到均衡不断被全球化,被经济的发展而打破,又不断出现新的均衡。"[6]他认为,由于科学技术的进步,特别是由于信息技术和海运成本大量的降低,推动全球化的深入发展。在全球化的大背景下,改变了人们传统的经济生活,把世界各国纳入了一个统一国际市场和统一行为规范下的经济体系之中。全球化的生产、贸易、投资、金融等经济行为超越一国领土界限的大规模活动,生产要素的全球配置与重组,为世界各国经济高度依存和融合发展创造了条件,促进了全球社会生产关系的调整和变更,为政治、文化、社会发展提供了物质技术条件。在国际贸易方面,贸易的总额和规模不断扩大,年均增长率6%。各国对进出口贸易依存度大大提高,全球20%的世界产品进入贸易活动,贸易网络覆盖全球,世界统一市场正在形成。综上所述,超国家的"全球化""信息化"已经成为世界和平统一、人类融合发展的强大动力。

经济全球化和信息全球流动,已经成为"世界大同"的新社会因素,促使民族国家权力消减、国界线趋于"消失"。第一,民族国家与全球化失衡。在经济全球化的冲击下,削弱了国家的传统的主权观,动摇了传统的国家至高无上的权力,动摇了严守疆域、不容干涉的国界壁垒。这就为削减领土国家权力趋向世界融合发展创造了条件。经济全球化是一个全球范围内的利益调整和利益分化过程,使国家利益边缘不清,一国利益与别国利益相互交叉,世界各国都上了这一条利益"大船",风雨同舟。经济全球化和信息全球化,带来国家间的联系和依赖,造成了民族国家成为无边界和"空壳"的国家。第二,民族国家正在走向失衡消亡,民族国家已经成为人类社会发展的桎梏。一是历史上国家由小变大、由多变少,逐渐走向失衡消亡。二是民族国家组织形式与人类社会大格局、大时代发展失衡,国家内涵正在消解,国家部分权力正在被超国家组织取代。三是民族国家功能与大时代发展失衡,国家对内对外功能减弱趋势明显。四是民族国家的国界限制与国家间经济政治文化交流失衡,已经成为世界发展的障碍。第三,世界性组织和区域性组织已经成为民族国家的替代形式。一个是联合国及其世界性组织,另一个是区域性国家联盟组织。区域性国家联盟现在已经发展到凌驾在国家之上形成区域性大国家、大时代的阶段。为了扶持新社会因素的成长，我们要推动全球化向广度和深度发展。一是鼓励超越一国领土界限开展大规范生产、贸易、投资、金融等经济活动，在全球范围内实现劳务、资本、商品等生产要素的全球自由流动，达到世界资源的优化配置，促进世界经济平衡快速发展。例如，信息化推动金融全球化，据统计目前全球外汇市场日交易额1.5万亿美元。二是要大力促进贸易自由化，反对不利于全球化的各种形式的贸易保护主义，促进世界大流通。三是支持地区性集团化、区域经济一体化发展，扶持超国家的区域国家联盟成长壮大，为新上层建筑"世界国家"和国家系统奠定经济基础。

5.3.2.4 "世界国家"新社会因素之四：超国家的国际企业

"从其经济和政治影响来看，跨国公司成为当代世界经济发展的主角，并成为经济全球化进程的重要推进器。"[7]在经济全球化的进程中，外国直接投资、对海外资产主动经营管理的企业组织被称为国际企业或跨国公司。国际企业是集中在国际范围内进行商品生产、商品经销活动的企业，现在已经成为经济全球化重要的要素，被称为国际商务的"引擎"。现今世界上，国际企业对国际社会的影响日益剧增，对传统的国际关系和国际政治的影响也越来越大。1974年12月联合国设立了"政府间跨国公司委员会"。当代国际公司，是一个超国家的经济实体。目前，世界范围内国际企业4万余家，在国外有10万家子公司。未来世界，大型国际企业的国际经济竞争力，将是国家、区域集团的实力和国际竞争力的体现。

"跨国公司是对外直接投资、国际化生产、国际贸易的主体，控制着巨额资本、先进技术及巨大市场，其投资决定影响到世界各地的经济发展和技术进步，使各国产业结构、技术结构、消费结构的差别日渐缩小，跨国公司成为转让技术与管理的一条主渠道。"[8]国际企业的生产、经营和产品销售的范围，决定了国际企业必须要有区域化、全球化的理念和人格，才能在不同的文化环境条件下站住脚，并能保持不断发展。"跨国公司创造出一种独立于任何民族文化的多元的文化环境，它的职员定期驻在不同的国家与不同的文化环境之中，以培养一种'全球人格'和所谓'杂交文化的凝聚力'。"[9]不同的文化背景，决定了国际企业的经营战略，也决定了国际企业不同的业务往来方式，所以国际企业也称"跨文化公司"。这是因为跨国公司在世界各地投资办厂，是在不同的民族文化条件下进行的。所涉及的产品、竞争者、客商、技术、法律、教育与东道国的关系等条件也各不相同，企业开展跨国经营，也就意味着从一种文化的经营跨越到另一种文化的经营，形成了超越国家和民族的多元文化平衡形态，以全球的理念，在不同文化环境下生根开花，要在跨国、跨区域的大范围结出经济之果。所以，国际企业已经成为世界和平统一、人类融合发展的示范者和实践者，为建立"世界国家"奠定了"新文化平衡发展形态"的基础。

参考文献

[1]周海成.大趋势.北京:中国文联出版社,2006:100.

[2]张旭山.当代世界经济与政治.北京:中国人民公安大学出版社,2005:62-63.

[3]肖元恺.全球新坐标:国际载体与权力转移.北京:国际文化出版公司,2003:102.

[4]周海成.大趋势.北京:中国文联出版社,2006:100.

[5]段小平.全球协同治理研究.兰州:兰州大学出版社,2012:21.

[6]陈德铭.追求内外均衡增长的三点建议.新浪财经网,2012-03-18.

[7]张旭山.当代世界经济与政治.北京:中国人民公安大学出版社,2005:9.

[8]肖元恺.全球新坐标:国际载体与权力转移.北京:国际文化出版公司,2003:166.

[9]肖元恺.全球新坐标:国际载体与权力转移.北京:国际文化出版公司,2003:166.

5.3.3 大平衡发展方式的目标——建立"世界国家"(联合国中央政府)

引证:

恢复传统外交——国际和解——国际共同体——一个有中央政府的世界国家——世界和平。[1]

——汉斯·摩根索《国家间政治:权力斗争与和平》

5.3.3.1 古今中外理想家向往的"世界大同"与"世界国家"是一脉相承的

"古今中外的思想家对大同世界有过许多的假想和描述。"[2]在世界上,曾经流行的乌托邦式的理想国、世界大同、新帝国理论、哈贝马斯理论、全球治理理论和全球民主理论等,这些思想家的设想,有的存在一定的空想之处,也有不足的地方。归纳起来就是;美好理想的不实在性、实现时间的漫长性、世界改造的不彻底性、方法途径的不确定性、奋斗目标的不具体性、社会形态的模糊性、文明形态的单一性等。但是,他们都是天才的理想家,都有为人类寻求太平盛世的良好愿望,具有超前性和积极意义。一是从国外来说,古代有希腊哲学家柏拉图的理想国设想,莫尔的乌托邦,康帕内拉的太阳城,释迦牟尼的"普度众生",近代有欧文、傅立叶和圣西门的空想社会主义,理想家们还在对理想社会制度的研究基础上进行了"新和谐"公社的实验实践等。二是从国内来说,在中国影响最大的是孔子的"大同社会";有谭嗣同的"有天下而无国"的"地球之治"和"大同之象";康有为的《大同书》指出了从"据乱世"经"升平世"到"太平世"的大同实现路径;陶渊明对"桃花源"的具体描写;还有洪秀全的"太平天国",孙中山的"天下为公",毛泽东的"太平世界"等。这些理想中,特别是康有为的《大同书》对大同社会特征的描述,与马克思、恩格斯关于共产主义社会特征的论述有许多惊人的相似之处。所不同的是,马克思、恩格斯创立的科学社会主义理论使社会主义、共产主义思想由空想变成了科学，并随着时间的推移必将逐步成为现实。我们仔细分析这些理想，不难看出世界大同与"一球一国"的"联合国中央政府"（世界国家）是一脉相承的，而世界国家并不是动态平衡发展方式的终极目标，它只是通向终极目标"自由王国"的桥梁。

人类的先行者的这些远大理想，在当时条件下是难能可贵的，但它是不能实现的乌托邦式的空想主义。但是，随着人类社会的文明进步，科学技术的飞速发展，社会生产力水平的高度发展，特别是当今世界的经济全球化、政治民主化、文化多元化、区域一体化和跨国公司的大发展，表明一个大时代的到来，人类社会和平统一正在进行之中。这些活生生的事实，都为完成"世界和平统一大业"建立"世界国家"创造了条件、奠定了经济基础。可见，天下一统，是人类社会发展的必然趋势，是任何力量都不可阻挡的。

5.3.3.2 大平衡发展方式的目标"世界国家"（联合国中央政府）是可以实现的理想

（1）"世界国家"（联合国中央政府）一统天下并非空想

"'全球大同'、'普遍人道主义'、'共同的星球'和'世界民主'——这些理想的观念不是现实，而是可能性和人类追求的目标。"[3]在现今全球化条件下，"世界民主""共同的星球""全球大同"这些理想的概念，现在有的正在实现之中，有的新因素已经开始滋长，有的虽然不是现实，但它不是没有实现的可能性，人类应该作为追求的目标。例如，"世界民主"观念正在当今世界众多国家实现之中；"人道主义"非政府间世界组织实践了数百年；"共同的星球"与世界大同和世界国家都是一脉相承的，特别是追求人类"共同的蓝色星球"的新社会因素正在成长壮大，就是要实现"一球一国"。因为世界是一个整体，人类是一个整体，都是不可分割的。这就说明，完成"世界和平统一大业"系统工程建立"联合国中央政府"是可以实现的，因为它是建立在现实世界和平发展、国与国大联合发展的基础上的，又是建立在超国家组织的新生事物基础之上的，所追求目标又是建立在区域共同体、"世界共同体"的基础之上的，因此是可以实现的理想。

（2）"世界国家"（联合国中央政府）的概念具有继承性

早在古希腊时期，斯多葛派的主张是"世界主义"，以理性主宰世界，实现世界一体。他们认为，人类应该只有一个国家，即建立"世界国家"和"世界政府"。这是因为，世界是一个整体，人类是一个整体。"世界主义"，在近代曾被垄断组织、资产阶级、帝国主义利用，成为他们的工具和借口，充分说明了斯多葛派的主张"世界一体"具有积极意义。在现代，东欧一些国家曾经提出"社会主义大家庭"论，实质上也是主张"世界国家"的。我们主张的"世界国家"的构想，有选择地继承了古希腊时期"世界国家"和"世界政府"的斯多葛派的主张。因为"世界国家"和"世界政府"的概念，如同"世界大同"的概念一样都是动态的，有其传承性。在社会领域里任何科学成果，都是在前人优秀思想成果基础上的创新，斯多葛派的主张也不是毫无继承凭空想象出来的。例如，马克思主义的三个组成部分就是批判地继承了德国古典哲学、英国古典经济学和法国的空想社会主义的积极成果而创立的。人类社会的发展，就是在继承和创新中发展的。“联合国中央政府”的概念与“世界国家”“世界政府”的概念相比更确切、更具有现实性，其目标不但明确，而且现实和未来的基础牢固、利于实现。理由是，超国家的联合国组织具有“宪法”地位，其会员国几乎涵盖全世界所有国家。

(3)“世界国家”(联合国中央政府)克服了有理想而无路的不足

“联合国中央政府”，与上述斯多葛派的主张，有共同点，也有不同点。共同点是：主张世界理性发展、一体化发展，建立世界国家和世界政府，放弃狭隘的民族国家主权。不同点是：一是提出的时间不同。古代、近代与现代相比，古代、近代生产力落后，国家间、民族间互不来往；随着时间的推移，经济社会发展巨大变化，现代科学技术、交通工具、通信的深入发展，联合国的成立，全球化的发展，区域共同体的普及，因此在古代看来是不可能实现的空想，在今天看来并非空想，有可能在将来变成现实，联合国的70年实践也使我们看到了实现“联合国中央政府”的条件和有利因素。二是世界发展阶段的不同。在全球化条件下，国家间经济发展相互依赖，相互交往日益频繁，全球互联互通，像是生活在一个小小的“地球村”。因而，同样是提出“世界大同”主张，古代提出来就是不能实现的“乌托邦”，在21世纪提出来就是可实现的理想。三是发展道路和实现形式不同。虽然前者后者的目标近似，但过去的设想是有理想而无道路，就是无法实现的空想。而大平衡发展方式的目标“联合国中央政府”是有梦有路的，设计了大中小准平衡发展方式的实现形式，以实施“本千年完成世界和平统一大业”系统工程的实现路径为保障，由“联合国准平衡规范时期——联合国世界国家联盟——联合国共同体——联合国中央政府”的四大系统工程的实施，必定托起“世界和平统一大业”的理想。

5.3.3.3　建立“世界国家”(联合国中央政府)才能从根本上解决世界持久和平问题

汉斯·摩根索的争取和平的思路很具体，他的解决世界和平公式是：“恢复传统外交——国际和解——国际共同体——一个有中央政府的世界国家——世界和平。”[4]摩根索的争取世界和平的思路同我们的构想是一样的。在当今世界上，存在的最大的最主要的问题是世界和平这个主要矛盾。但是，国家间的冲突源于人的权力欲和极端民族主义，寻求和平只靠制约权力是不够的，必须改变国际环境。第一，阻止国际政治中破坏性和无秩序倾向的发展。在这方面联合国进行过最持久的努力是裁军。这个问题仍然在联合国主导下继续进行着艰苦卓绝的工作。第二，种种“治标”的方法难以奏效，原因是国际体系本身无中心、顶层无权威所造成的。根本的途径是改造世界的无政府、无仲裁和无法治状态。不形成一个以地球边界为边界的“世界国家”，就不会有持久的世界和平。“世界国家”应借鉴当代民族国家组织形式、职能而建立，甚至采取新型中央“集权”制，因为只有“世界国家”才能保障全球社会稳定。联合国成立70年天下太平的事实，就是最好的证明。第三，在建立世界国家之前，首先应创造出一个国际共同体。国际共同体形成的前提条件是一种新的国际共识和国家间的和解，实现国家间的和解的手段是外交,而联合国正在做着这方面的工作。摩根索的通向和平之路的思路,是学术性探索,是非常可贵的。一是在创造"国际共同体"和"国家间和解"方面,许多人认为其前提难以达成国际共识,原因是民族国家的权力关、地位关、利益关过不了,不但没有共识可言而且可能是对抗者。二是在裁军、军控、核不扩散与军备竞赛方面,这并不能制止战争的发生。几十年来,联合国和国际组织做了不懈的努力,成效并不大,原因是多方面的,主要原因是国家间的相互安全竞争关系。所以,裁军、军控、核不扩散与停止军备竞赛要坚决控制,但不能依靠它维持和平。三是在建立"世界国家""世界政府"构想方面,我们认为,它切中了国际战争的根源是无政府、无仲裁者状态,但在条件不成熟时建立"世界国家"确实是不现实的。一方面是经济政治文化条件不成熟,另一方面是世界政府也消灭不了世界国家内部的战争、冲突。特别是后者,在建立了联合国中央政府之初,就要努力实现世界经济发展、政治民主、社会公平正义,尽快实现世界经济持续稳步高度发展、世界社会生活民主化、全球公民意志得到充分尊重,充分化解各地经济发展和经济利益不平衡、社会政治关系不协调等,同时要以建立全球经济准平衡秩序体系、构建法治世界、构建和谐世界、构建全球生态社会等四大综合治理的措施,基础是实现"准平衡一统天下"。正如摩根索所说:"从这个前提出发,就会从逻辑上不可避免地得出一个结论,即各国间的和平与秩序,只有在一个包容地球上所有国家的世界国家中才是有保障的。"[5]

参考文献

[1][美]汉斯·摩根索.国家间政治:权力斗争与和平.北京:北京大学出版社,2006:12.

[2]周海成.大趋势.北京:中国文联出版社,2006:1.

[3][英]罗宾·科恩,保罗·肯尼迪.全球社会学.文军,等,译.北京:社会科学文献出版社,2001:548.

[4][美]汉斯·摩根索.国家间政治:权力斗争与和平.北京:北京大学出版社,2006:12.

[5][美]汉斯·摩根索.国家间政治:权力斗争与和平.北京:北京大学出版社,2006:527.

5.3.4 民族国家与世界大统一、人类大融合发展失衡而消亡

引证:

> (国家)放到它应该去的地方,即放到古物陈列馆去,同纺车和青铜斧陈列在一起。[1]
>
> ——《马克思恩格斯选集》

5.3.4.1 民族国家是人类社会发展失衡的产物

国家和国家系统这种政治组织形式不是从来就有的,民族国家是历史的产物,是在经济发展到一定阶段上,产生了私有制,社会出现阶级,阶级矛盾不可调和时,国家和国家系统作为阶级统治的工具才形成的一种政治实体。从此,国家这种政治实体,成为人类社会发展的基础,是人类生存发展的主要形式。但是,在人类社会发展的不同阶段发挥着它不同的作用,历史上的国家和现代国家的职能和作用是有区别的。现代国家改变了旧时代国家原有的性质和职能,一方面,国家组织平衡分配关系。当分配不公,有穷有富,产生矛盾,国家以行政和法律手段平衡社会分配。另一方面,国家组织平衡三大差别的关系。工农、城乡、脑力与体力劳动之间的差别之间的矛盾,国家采取缩小差别来缓和矛盾等。从国家的产生看,国家是人类社会发展失衡的产物。一是国家与私有制相联系。原始社会末期,产品有了剩余,私人开始占有产品,于是产生了不同利益集团之间的差别,造成了相互间激烈的矛盾,为了维护利益集团的既得利益、镇压反抗者而产生了国家。可见,国家组织本身就是失衡的、不平等的产物。由于政治实体的产生,从此把人变成了"政治动物"。二是国家又与生产资料、财富占有相联系。占有者与被占有者,必然发生争夺财产的冲突。国家组织的产生就是为了维护本集团的利益。三是国家与资源、生态环境相联系。群体与群体之间在资源占有、开发利用上产生矛盾,需要国家组织调解缓和矛盾冲突。在全球化发展的现代,国家和国界又成为人类发展的障碍,造成严重的"世界性问题",而且又由于狭隘的国家利益为解决这些问题增加了难度。四是现在国家组织已经成为世界和平统一、人类融合发展的桎梏。这个矛盾,将随着生产力的高度发展而越来越突出。

如今,世界经济社会文化的全球化,国家在悄悄地统一融合,国家权利在悄悄地消解,特别是世界进入超国家大联合发展新阶段时,国家主权、国家疆界、国家某些政策已经严重制约了社会政治发展、经济贸易发展、民族文化交流,拆除国界的"篱笆"就成了世界统一融合发展的必然要求,建立"世界国家"就具有空前的迫切性。恰好在这时,全球化使国家概念逐渐模糊,国家内涵逐渐改变,国家职能逐渐消退,国家边界悄悄消失。这就说明,不但全球化的作用是巨大的,而且全球化的发展是不断深入的,到那时建立"世界国家"的时机就会水到渠成,各方面条件都会具备。

5.3.4.2 建立"世界国家"(联合国中央政府)的前提是民族国家必须在地球上消失

(1)民族国家是解决人类面临的"两个生存危机"的障碍

人类社会经历了漫长的发展,国家这种政治实体组织,在历史上发挥了重大作用,创造了巨大的物质财富和精神财富,取得了社会文明建设的巨大成果,建立了完备的政治经济制度,特别是自工业革命以来,所取得的政治、经济、社会、文化的文明成果都是史无前例的,这是国家组织产生以来推动社会进步的巨大飞跃。但是,国家这种政治实体组织在发展中也与战争灾难、自然生态失衡、人口膨胀、资源破坏、环境污染、军备竞赛等相联系，特别是造成了当今人类面临的核战争生存危机和生态环境生存危机。第一，人类生存危机之一：战争灾难。欧洲有位学者认为，世界上核弹头与民族国家不能共存，民族国家必须在世界上消失。例如，世界一战二战、二战后的冷战、局部战争、中东战争、两伊战争，加上费用巨大的军备竞赛等，都与国家组织的存在有关。"研究世界政治的学人，通常关注主权国家之间的冲突。这在20世纪上半叶是有意义的，那时主权国家打了两场毁灭性的世界大战。这在冷战时期也是有意义的，当时的美国和苏联有能力毁灭对方好几次，而且预警时间只有大约30分钟。今天国家间的冲突依然还是一个重要问题，但人类所面临的挑战在广度和深度上都比过去更严峻。当今的国内冲突比国际冲突更普遍，而且几乎总是带来国际影响。"[2]可见，只要国家存在，人类面临严重的战争威胁就是不可避免的。因为战争是由于国家的存在而存在、国家和民族利益的存在而存在，有国家存在才有极端民族主义和狭隘的国家利益，有国家存在才有军备竞赛不断升级；只要国家还存在，国家和民族之间相互为了争夺利益的战争，随时都是有可能发生的。人类从原始社会末期产生国家到现在，人类遭受战乱灾难从未停止过，人类财富和生态平衡毁于战争。千百年来，人类对战争深恶痛绝，向往和平，盼望天下太平，至今难以实现。在民族国家未消亡前，在国界未消失前，在世界未统一融合之前，世界持久和平就是一句空话。第二，人类生存危机之二：生态失衡。全球生态环境治理、自然资源保护，为什么收效不大，原因也是因为国家的存在，不同国家都以自身利益出发，强调其特殊性，在根本性问题上难以达成共识，有的拒绝合作，有的则以"保护主权"而阻碍国际合作，导致生态失衡问题越来越严重。可见，我们必须进行人类历史发展的反思，正如恩格斯说的"是人类发展的毒瘤（指国家），应该把它放到它应该去的地方，即放到古物陈列馆去，同纺车和青铜斧陈列在一起"[3]。如果我们用未来学、全球化和"世界大同"的视野考虑人类的生存发展，解决上述人类面临的生存危机和障碍的消除，答案就不难找到。就是说，解决人类"两个生存危机"要靠超国家的世界组织管理、法治世界约束、世界权威的行使和世界权力的建立。为此我们认为，只有建立"联合国中央政府"（世界国家），才能从根本上解决人类面临的两个"生存危机"。

（2）民族国家与世界大统一、人类大融合发展失去平衡

"不仅有技术、投资和资金的流动，各国政府必须面对一个'无边境的政府'……在一切蚕食它们（领土边界）的力量中，或许最持久的是信息的流通……"[4]现在，由于信息在全球流通，促使经济体制、政治体制和先进科学技术在全球传播，冲破了民族国家封闭的营垒，民族国家成为"无边境"的政府，这种状况将持久地削弱民族国家的权力，也使民族国家成为世界和平统一、融合发展的障碍。"全球化带来的空前大融合正在使国家成为人类发展的桎梏"，"国家和国界是当今世界发展的障碍之一"。[5]一方面，民族国家阻碍着世界经济融合、政治融合、文化融合、宗教融合发展，在自身的迫使下，众多国家走上区域国家联盟和洲际经济大联合组织的道路以谋求再发展，这样一来又反过来

加速了民族国家趋向国际共同体和大格局发展，也促使民族国家自身权力的消减。这是国家组织发展规律的原因，是不以人的意志为转移的。“全球化的进程也势将促使人类在其他主要领域形成思想共识，或相应的共同体，以最终完成人类共同体或先贤们所说的人类大同的归宿。”[6]另一方面，由于超国家组织有权制定超国家的政策，加之超国家组织的作用扩大，都大大超出了国家的主权和疆界的范围，国家对内对外功能消减，客观上为建立全人类以同一个地球边界为边界的“共同的星球”奠定了基础，这是生产力发展到一定阶段和水平时的必然规律，也是国家组织形式“由小到大”发展的必然结果。“全球化说到底就是人类逐步走向大同的进程。千百年以来，有很多哲学家、思想家都在向往和谈论人类的大同，但是都因不具备实现的条件而被讥为空谈。全球化则不仅提供了人类逐渐走向大同的条件，而且使大同成为人类继续生存发展的前提。”[7]

5.3.4.3　民族国家正在走失衡消亡的道路

世界正在经历一场没有枪声的、悄无声息的大革命，这就是世界大统一、人类大融合。它与历史上任何一场变革根本不同，这场革命是人类生产力发展到一定阶段和水平时自然而然开始的，它是以和平统一、融合发展的方式和民族国家自己给自己创造了自行消亡之路的必然结果。

“公元前3000年，农耕畜牧取代采集狩猎，社会生产出现一次大的飞跃。剩余产品导致人口增加和私有制的出现，人类的社会组织也由氏族、部落发展到国家这一形式。从最初的城邦和城市国家，历经奴隶国家、民族国家、帝国等国家形式。纵观人类5000年的文明史，随着人类自身及借助交通工具运动的速度增快，国家的平均面积也逐渐增加；国家正处在不断融合和统一的过程中，国家的数量逐渐减少；国家正处在消亡的过程中。”[8]随着生产力的发展，民族国家有扩大、有消亡、有融合。这是一个问题的两个方面，一部分国家的数量减少，必然导致一部分国家的面积扩大，由此证明了国家正处在不断消亡之中。但是，它会始终保持与生产力发展相平衡。“‘国家’的数量不断减少。在公元前1000年，地球上约有2180个国家，经过了3000年消失了90%的国家，目前只剩下214个国家。”[9]纵观人类文明史，借助科学技术的发展，利用交通工具的不断提速，对外侵略和扩张，领土不断膨胀，强国的面积不断增大，弱国不断被吞并，世界上国家数量快速减少。地球上的国家在历史上曾大量消亡，但由于二战后殖民地独立而国家数量有所增多，这就说明了国家“消亡——扩大——消亡”是一条规律。当地球上只存在一个国家：联合国中央政府（世界大同）时，民族国家就会在地球上完全消失，当过渡到“自由王国”时世界上最后一个国家“联合国中央政府”自行消亡，人类就会生活在“世界无国家、人人无差别”的社会。

“国家的消亡是有史以来一直在进行的过程。”[10]周海成预言，国家和国界将在下一个千年到来之前消失。一是国家发展的规律：“产生——发展——消亡”，这是不依人的意志为转移的铁律。正如英国学者所说："在我伦敦书房里的书架上，有4本名为'民族国家终结'的著作。它们认为，随着全球时代的来临，民族国家已变得多余，民族国家已成为历史的陈迹。"[11]他还认为，随着全球化的发展，经济、政治和文化一体化不断加深，"无国界经济"和无国界民主化的理念深入人心，国家不再是世界舞台上的主角和个人生活中的主导作用，民族国家的传统权力将被倒置，在不太久的未来，民族国家的角色将被新的更大的全球性组织形式所替代或将被城市国家所取代。而且应当看到，世界各国已经被全球化和信息全球流动连成一体，民族国家的领土国界影响力正在消失。虽然国家的完全自行衰亡将是漫长的，但现在国家的边界已经大步走向了消失之路，现在，理论界中有的社会学家开始转变研究国家消亡后的社会学范式，以全球体系的视野来研究建立"全球社会学"。正如《大趋势》作者周海成所说的"国家的边界一直在悄悄消失"，"全球化带来的空前大融合正在使国家成为人类发展的桎梏"，他还大胆预言"国家内涵正在消解，世界大同指日可待"[12]。国界权力消减是一个现象，而深层次的问题是民族国家的消亡和终结的趋势越来越显现出来。

参考文献

[1]马克思恩格斯选集：第4卷.北京：人民出版社，1972:170.

[2][美]小约瑟夫·奈，[加]戴维·韦尔奇.理解全球冲突与合作：理论与历史.张小明，译.上海：上海世纪出版集团，2012:5.

[3]马克思恩格斯选集：第4卷.北京：人民出版社，1972:170.

[4][英]罗宾·科恩，保罗·肯尼迪.全球社会学.文军，等，译.北京：社会科学文献出版社，2001:134.

[5]周海成.大趋势.北京：中国文联出版社，2006:107.

[6]王志成，安伦.全球化时代宗教的发展与未来.上海：学林出版社，2011:4.

[7]王志成，安伦.全球化时代宗教的发展与未来.上海：学林出版社，2011:92.

[8]周海成.全球化是解决人类生存和发展问题的根本途径.人民网，2006-10-28.

[9]周海成.全球化是解决人类生存和发展问题的根本途径.人民网，2006-10-28.

[10]周海成.大趋势.北京：中国文联出版社，2006:74.

[11][英]安东尼·吉登斯.全球化时代的民族国家：吉登斯讲演录.郭忠华，编.南京：江苏人民出版社，2012:13.

[12]周海成.大趋势.北京：中国文联出版社，2006:82.

5.3.5 大平衡发展方式的目标:建立“世界国家”(联合国中央政府)

引证:

> 全球社会学必须要突破研究范式的局限性,实现由民族国家向跨国体系和全球体系的转变。[1]
>
> ——罗宾·科恩、保罗·肯尼迪《全球社会学》

5.3.5.1 中大平衡发展方式的任务之一:“全球一体化整合”

建立“联合国中央政府”,首先要经过“全球一体化整合”阶段。“‘人类在本性上,也正是一个政治动物。’就是说,人的本性是合群的,要求组织起来结成一定的社会群体。”[2]人类从原始人类“合群”的小群体,最终发展到“全球社会”的大群体,这是必然的规律,原因是世界是一个整体,人类是一个整体。但是,必须经过自然的和人为的整合,在此基础上建立起“联合国中央政府”,形成全球社会的首脑机关,管理全球事务,这是符合人类“合群”本性的,也是原始“合群”的继续。但是,全球社会的“一体化整合”的过程,需要经历从世界失衡到平衡、从国家林立到一个大国家、从世界无序到有序、从世界无政府到有政府、从世界无规则到法治、从无仲裁到有仲裁的全球社会整合过程,从而推动全球社会中的人类结合成全球社会命运共同体,这个过程就是“大平衡发展方式”的运作过程,目标就是“一球一国一制”的实现形式,也就是美国社会学家摩根索所说:“我们曾指出,走向和平解决那些可能导致战争的国际冲突的第一步,就是创立一个国际共同体,以此作为建立世界国家的基础。”[3]第一,世界社会整合的一元性。在建国初要有批判地吸收“中央集权”国家有益成分,把世界社会整合为一个有机的整体,必须具有一元性,唯一一个中心:建立“联合国中央政府”,制定“联合国中央政府”宪法,实行“一球一国一制”,实行德治与法治相结合。第二,世界社会整合的强制性。世界社会的和平整合,要以制度的约束和宪法法律的强制相结合,树立“联合国中央政府”的绝对权威,杜绝无中心、国中国和小集团的“多中心”,多中心就是没有中心。各民族国家、各势力集团必须消亡,“不同山头必须削平”,中央政府的权威要体现在军政大权独揽上,能够镇压内部反抗者。第三,世界社会整合的和平融合性。世界社会整合要海纳百川,和而不同,是不同信仰、不同价值观念、不同文明的大包容和大整合的全球社会共同体。建立“世界国家”要以联合国为基础,这是最现实、最可行、最牢固的方案,是不可逾越的。否则必将导致大反复和大倒退。这是因为,世界各国给联合国赋予了制定超越国家政策等诸多职能,所以这是最佳选择和最优实现路径。

5.3.5.2 建立“世界国家”(联合国中央政府)的重要性

“民族国家是历史的产物,迄今为止仍是人类生存的主要形式。国家主权内容、形式上的变化不等于国家主权过时，国家一定会消亡，但不是现在。”“从理论上说，人类迈向真正的国家民族融合，还有一段很长的路要走。”[4]民族国家的终结，世界国家的建立是历史的必然，但不等于是现在，而是在国际共同体的基础上建立“联合国中央政府”。“联合国中央政府”一经建立，就要健全和完善世界国家机器，强化对内管理职能。在这个阶段上，世界不能没有国家这种政治实体组织形式，也不能废除国家机器。在这个阶段上，国家组织不但不能消亡，反而要强化管理，杜绝反对势力的反抗和颠覆，防止复辟势力的复活，要坚决巩固新生政权。在这个阶段上，要纠正不要国家的错误观点，必须纠正无政府主义思想。因为这是人类发展从有国家到无国家的过渡，具有极端重要性。19世纪上半叶法国的蒲鲁东、俄国的巴枯宁和克鲁泡特金等否定一切国家政权。他们认为，国家是产生一切罪恶的根源，主张在24小时内废除任何形式的国家，建立全世界“无命令、无权力、无服从、无制裁、绝对自由”的“无政府状态”的全球社会。这种无政府思潮，否定一切国家政权，显然是行不通的。我们认为，世界共同体之后要建立“联合国中央政府”，以联合国中央政府来管理世界社会，同时要在借鉴先进的民族国家社会管理的有益经验基础上，探索和创造全球社会的管理模式和管理方法。“全球化消融着传统民族国家的主权，全球化的过程也是民族国家将主权一步步移交给国际机制的过程，如同欧盟成员国向欧盟移交主权那样，这是一个漫长的历史过程。”[5]在现代，民族国家的许多权力被联合国、国际组织、超国家组织的区域国家联盟组织所取代的事实，这就标志着民族国家的权力也将逐渐地移交给区域国家联盟，再移交给新建立的国际组织，最后移交给“联合国中央政府”。虽然这是一个必然趋势，但这是一个漫长的历史过程。

5.3.5.3 “联合国中央政府”比世界上出现的“五种超越民族国家的世界政治模式”更确切

自二战后，世界上一些专家学者曾经提出过多种世界政治模式，动态平衡发展方式借鉴了几种超越民族国家的世界政治模式的优点：一是世界联邦主义。这是欧洲的传统思想之一，主张建立国际联邦，解决无政府状态。实际上，这就是建立联邦制的世界政府的构想。二是国际功能主义。该主义认为建立特定领域的国际制度，并具备处理国际问题的决策权，解决国家间争吵和战争的发生。这个观点，在现今世界上有的领域已经这样做了，但在国际制度和国际问题的决策权方面要走的路还很长。三是地区一体化主义。这种构想与建构主义理论相同，如建立欧洲联盟、北美自由贸易区等。欧盟得到欧洲人的认同，欧盟法律与成员国法律并存。欧盟代表了一种新型国际政治。四是生态主义。这是一种建立不同类型的世界秩序的新思路，即和平、正义、生态平衡的国际规范，创造一个新型的世界秩序。动态平衡发展方式的构想借鉴了上述的相关成分，比上述模式更确切、更有基础、更利于实现。

参考文献

[1][英]罗宾·科恩,保罗·肯尼迪.全球社会学.文军,等,译.北京:社会科学文献出版社,2001:6.

[2]郑杭生,李强,等.社会运行导论——有中国特色的社会学基本理论的一种探索.北京:中国人民大学出版社,1993:366.

[3][美]汉斯·摩根索.国家间政治:权力斗争与和平.北京:北京大学出版社,2006:559.

[4]和平,俞景华,李鹏,等.全球化与国际政治.北京:中央编译出版社,2008:24.

[5]和平,俞景华,李鹏,等.全球化与国际政治.北京:中央编译出版社,2008:10.

5.3.6 “世界国家”(联合国中央政府)的国体和政体

引证:

欧洲创造了什么?它创造了我曾提到的建立在主权共享理念基础上的后现代认同。[1]

——安东尼·吉登斯《全球化时代的民族国家》

5.3.6.1 大平衡发展方式的目标:建立“世界国家”(联合国中央政府)

“从这个前提出发,就会从逻辑上不可避免地得出一个结论,即各国间的和平与秩序,只有在一个包容地球上所有国家的世界国家中才是有保障的。”[2]在我们这个地球上,要建立国家间的和平与秩序,就必须建立包容地球上所有国家的世界国家“联合国中央政府”,否则世界和平和有序就是一句空话。“联合国中央政府”的实质、组织形式、职能等可以参考借鉴现阶段管理先进的民族国家的国体、政体基础上的创新形式,紧密结合自身特点:一是管理范围大,国界就是地球边界,管理全球社会公民和地球生态文明;二是管理职能只有对内管理职能,没有对外职能,但包括对太空的管理职能;三是组织形式是超民族、超国家、超区域的全球性组织;四是必须是高度的“一球一国一制”,政治精英们在实践中要探索出更先进的形式。

联合国中央政府要遵循摩根索提出的主要功能:必须具有宪法地位和法人资格,能以绝对优势力量应对内部各种反对势力的威胁与平息内乱,健全和完善与“国家机器”相对应的机构和行使相应职能。摩根索认为世界国家要发挥四大功能:世界国家必须具有宪法地位和法人资格。世界国家要健全“国家机器”和相对应的国家顶层管理机构,行使世界国家管理职能,完善法制,依法治理世界,建立绝对优势的军事力量,具有应对威胁世界国家政权稳固和平息内乱的能力。大力发展生产力,创造和积累物质财富,提高公民物质文化生活水平。加强生态文明建设,确保人类生存质量提高和人类永续生存。这四大功能,正是“联合国中央政府”所要遵循的。建立世界国家要以现实的主权国家的消失为前提,从世界共同体过渡为世界国家。在这个过程中,要分步骤缩小和消除富地区与穷地区的不平衡,富地区逐步放弃不当的特权地位。中国社会科学院欧洲研究所周弘在《读〈大趋势〉》一文中写道:“《大趋势》预言民族国家功能的衰退和超国家、非国家体制功能的增长,应当说是准确的。”[3]北京大学教授湛如《万里无云》一文写道:“本书(指《大趋势》)的作者秉承着清明超越的智慧传统,精进不懈地探索人类大同世界实现的诸种可能。”[4]忽培元《“世界大同”——从空想到现实的诺亚方舟》一文写道:“当国家边界扩大到整个地球时,国家就将在地球上完全消亡。展望未来千年,应该是人类实现共同边界,形成共同文化的千年。”[5]现在,民族国家与人类发展已经严重失衡,必将被“联合国中央政府”所代替。

5.3.6.2 大平衡发展方式的社会制度目标和文明形态目标

“我们生活的世界有望摆脱战争毁灭等危机的阴影,走向人类平衡共生的大同社会吗?”[6]回答是肯定的。只要世界整体融合为一个大国家,消除内部战争是完全能够实现的;而且人类还将继续走向人与人平等、人与自然和谐的和合共生的“自由王国”社会。

(1)大平衡发展方式致力于人与人、人与自然平衡共生,都赋予均等的发展机会

“著名历史学家汤因比认为,当前人类面临的最后一个问题就是人类的大同问题,或者说人类整体融合问题。那么人类将融合于一个什么样的社会制度?融合于一个什么样的世界文明?”“历史学家,弗朗西斯·福山1989年在其著作《历史的终结》中认为,历史将终结于西方的社会制度和西方文明。其意思是说,在美国和西欧为代表的社会文明和制度下,人类的生产要素将得到最优化的配置,所有人都从这个制度和文明中得到最大的好处。”[7]苏联和东欧的剧变,堪称是20世纪社会制度突变的一次集体大规模试验,抛开这其中各种势力的倾轧争夺,这何尝不是人类的某一部分在寻找世界文明前进方向的一次试验。雷思海认为,“中国之路”不同于西方的世界观和价值观,正为更多人群认同与效仿。在东欧,有学者在反思中国道路被认识得太迟了;在非洲,尼日利亚等一些进行改革发展的国家要做“非洲的中国”;在拉美,古巴等国认为中国之路最适合效仿。未来世界统一、融合于什么制度和文明?未来世界如何发展统一、融合?这要看各种制度和文明的发展和竞争,以优胜劣败做出自然选择。而大平衡发展方式始终致力于人与人平衡共生、人与自然平衡共生,即赋予均等的发展机会。这也是要在发展中经历考验,如同我们有理由期待中华文明以更恢宏的气势,为人类提供一种选择和机遇。

(2)“世界国家”(联合国中央政府)的社会制度和文明形态

未来世界发展总方向是什么?走什么样的具体道路?动态平衡发展方式对未来世界发展总方向的回答是:“全球社会平衡发展”,即赋予人与人、人与自然均等的发展机会,世界国家的一切资产、资源、财富由全球社会公民平衡共有的制度。形成什么样的世界文明?动态平衡发展方式的回答是:“多元文明平衡发展”,即不同民族文明共同繁

荣发展。

第一,“世界国家”(联合国中央政府)的多元文明平衡发展。

文化传承是人类社会整体融合发展的精神动力。“联合国中央政府”的文明形态特征:多元文明平衡发展形态。联合国中央政府在实施多元文明平衡发展形态的基础上,支持多元文明平衡发展相互融合,最终走向兼容并蓄的多元文明平衡形态。在最终融合的形态中,可以找到每个民族优秀文化的新形态或因素。第一,多元文明平衡发展形态。随着现代信息技术的全球流动,世界各国的联系和交往日益紧密、便捷,促进了不同文化的交流传播和学习借鉴,呈现多元文化平衡发展趋势。特别是当我们进入互联网时代,各种新技术的产生和广泛传播,促进了生产力的高度发展和全球化的深入,提供了世界不同文化相统一、相融合的环境和条件。正如马克思曾说的:“世界融合是生产力高度发达的必须结果,是人类社会发展的必然规律。”那么,未来世界文化的趋衡、趋融合也是历史发展的必然,在这个阶段,多元文明平衡发展的同时,为未来自由王国文明大融合的多元文明平衡形态奠定基础。第二,扶持不同文明之间平衡融合。当今,世界文明已经显现出未来文明形态的因素,这就是多元平衡文明形态的新形态的因素。这种形态,已经被跨国公司进行了广泛实践,证明了东方文明、西方文明是可以兼容并蓄的,不同民族的文明是可以兼容并蓄的,全球不同文明都是可以融合在一起的。有人说跨国公司的文化就是一种包含多种文化元素的“杂交文化”,实际上这就是多元平衡文明形态的雏形。例如,在这种融合了的文明形态中既可以找到中华民族三千年优秀文化的元素,也可以找到古罗马、古希腊、古埃及、古印度的优秀文化的元素。但在“世界国家”阶段的特征是:不同文化没有好坏优劣之分、没有高低贵贱之分,而是平衡共生、平衡发展,相互学习借鉴,共同繁荣的阶段。正如周海成说的“经济、文化、宗教的一体化在加速”。[8]在全球化浪潮冲击下,不同文化之间产生碰撞和“冲突”,又在这个过程中相互渗透和相互融合,形成了文化全球化,如东方文化与西方文化的融合、交流的成分大于碰撞。例如,麦当劳、肯德基文化受到中国的欢迎,麦当劳、肯德基在中国已有多家分店。信息全球化把不同文化、不同文明联系在一起,促进全球文化的融合。第三,支持少数民族文化、宗教文化之间的平衡融合。宗教自产生以来就呈现冲突和融合相交织的状态,冲突给人类带来灾难,融合则可以繁荣一方。但在冲突中有融合,融合中有冲突。20世纪中叶以来,少数民族文化之间、宗教文化之间交流更加广泛深入,克服了本土文化的狭隘性,加强了相互沟通和交流,迈开了相互间文化的价值认同、文明间的渗透和互补提升的步子,为民族文化、宗教文化的融合开创了新路。可见,多元文明平衡形态已经开始萌芽、滋长。

第二,“世界国家”(联合国中央政府)的社会:“大同社会”。

联合国中央政府是个什么样子的社会?概括地说就是:“一球一国一制”,包容地球上所有国家的大同社会,在一个地球上只有一个国家和一种社会制度。这个社会人与人平衡共生、人与自然平衡共生，都赋予均等的发展机会。

“世界政治学科”之父美国汉斯·摩根索，提出的“三问”是我们必须认真回答的问题：“拿破仑战争之后有神圣同盟；第一次世界大战之后有国际联盟；第二次世界大战之后则出现了联合国。对于每一次建立国际政府的努力，都必须问三个问题：统治权的归属何在，即谁来统治？指导这个政府的正义原则是什么，即这个政府要实现何种意义上的共同利益？这个政府在何种程度能维持和平与秩序？”[9]动态平衡发展方式理论和方法的回答是：世界一切权力归联合国中央政府；一切物质和精神财富由全球公民共享；一切不安定和无序因素有足够军事力量实施消除。大平衡发展方式目标是实现“一球一国一制”的“联合国中央政府”。就是说，一是在太阳系的蓝色星球上，只能存在一个国家，这个国家的边界就是地球的边界；二是全世界只有一种社会制度：“全球社会平衡发展”制度，即人与人平衡、人与自然平衡，赋予均等的发展机会；三是一切军政大权归联合国中央政府，实施人与人之间和人与自然之间平衡共生的世界大同社会。

第三，本千年末人类将实现“世界大同”建立“世界国家”（联合国中央政府）。

动态平衡发展方式的最高目标就是在本千年完成“世界和平统一大业”建立“联合国中央政府”，实现“世界大同”的理想，标志着“世界和平统一大业”的系统工程基本完成。为此，我们要面向未来，始于足下，顺应历史潮流，化解人与人关系、人与自然关系、国与国关系的种种不平衡、不和谐关系，从现在开始人人都要为建造“世界大同”大厦增砖添瓦。在人类历史上，众多精英们为之上下探索数千年，理想国、大同世界、空想社会主义、太平世界等等，其实质都是追求“大同世界”。动态平衡发展方式不但做到了有梦有路，而且找到了理想社会实现的形式。一是运用大平衡发展方式走综合平衡发展之路。这个方式，是根据平衡法则一切事物自我走向平衡和万事万物走向综合动态平衡的原理，实际上就是把自然和社会共同的法则运用于动态平衡发展方式。二是未来新社会因素已经在超国家的世界性组织、经济全球化、信息全球化、区域一体化、国际企业的发展中成长起来，而且不断壮大。使我们看到了世界大格局发展的因素正在滋长。三是面对现实，憧憬美好未来。我们要放眼未来，积极扶持培育“世界大同”的新社会因素的成长，积极开辟到达理想境界的道路。在这个过程中，我们将经历漫长的工作劳动，财富的创造和积累，精神道德的提升的历史过程。如同建造一座万丈高楼，依靠人人都来增砖添瓦，共同建造“一球一国一制”世界大同的大厦，并向“自由王国”的理想境界过渡。

参考文献

[1][英]安东尼·吉登斯.全球化时代的民族国家：吉登斯讲演录.郭忠华，编.南京：江苏人民出版社，2012：302.

[2][美]汉斯·摩根索.国家间政治：权力斗争与和平.北京：北京大学出版社，

2006:527.

[3]周海成.大趋势.北京:中国文联出版社,2006:15.

[4]周海成.大趋势.北京:中国文联出版社,2006:12.

[5]周海成.大趋势.北京:中国文联出版社,2006:2.

[6]王志成,安伦.全球化时代宗教的发展与未来.上海:学林出版社,2011:1.

[7]雷思海.中国为世界融合提供选择.世界新闻报,2009-09-24.

[8]周海成.大趋势.北京:中国文联出版社,2006:95.

[9][美]汉斯·摩根索.国家间政治:权力斗争与和平.北京:北京大学出版社,2006:486.

5.4　超平衡发展方式的目标——从“联合国中央政府”过渡到自由王国社会

引证:

> 大平衡认为,大千世界纷繁复杂,其实规律只有一个,那就是大平衡。整个自然界、人类社会,就是一个融合的、不断趋向自我平衡的整体。[1]
>
> ——李继兴《大平衡》

人类向何处去?这是人类的先行者无数次思索的问题。孔子提出“大道之行也,天下为公”,马克思提出共产主义是人类的最高阶段,毛泽东则以诗人的浪漫情怀呼唤:“太平世界,环球同此凉热。”众多古今中外仁人志士共同主张“无国论”。中国的谭嗣同的无国论:“有天下而无国”的“地球之治”;康有为的无国论:提出“破除九界”的理想;马克思列宁的“无国论”:“国家自行消亡论”,他们都是未来世界的无国论者。当今世界,人类社会的发展走到了大统一、大联合发展的时代转折点。从20世纪出现的超国家的联合国组织、超国家的经济全球化浪潮、超国家的区域共同体、超国家的跨国公司的发展,这就意味着“世界大同”“自由王国”的新社会因素已经产生。因此,大平衡发展方式的任务就是不断增强上述新社会因素的成长壮大,促进国家这个政治实体在发展到最高阶段和最高形式“世界国家”之后走向自行消亡,向“无差别”“无国家”过渡。

超平衡发展方式的目标任务:用1000年时间向自由王国社会过渡。实现超自然(天人大合一)、超国家(最后一个国家消亡)、超民族(不同民族大融合)、超宗教(不同宗教大融合)、超文明(不同文明大融合),自由王国社会的评判标准:超平衡一统天下。

5.4.1 超平衡发展方式的目标自由王国是古今中外众多理想家的共同向往

"同必然王国相对立，自由王国是指人们摆脱了盲目必然性的奴役，成为自己社会关系的从而也成为自然界的自觉主人这样一种社会状态。自由是对必然的认识和支配，从整个社会来看，一旦人们对客观的社会的和自然的必然性有了正确认识并能支配它，使其服务于人类自觉的目的的时候，也就从必然王国进入自由王国。"[2]

5.4.1.1 超平衡发展方式的自由王国理念反映了人类的愿景

以超平衡发展方式的方法追求人类社会终极目标：自由王国社会，这是古今中外众多理想家的共同追求。例如，从古代到现代，众多理想家和仁人志士为了追求理想社会境界，为之奋斗一生。柏拉图的"理想国"，圣西门、傅立叶、欧文的社会主义理想被人们认为是"乌托邦"的空想主义，但他们的思想具有高度的前瞻性和积极意义，不过在当时条件下，只能是一种社会理想和向往。但是，当今世界，从20世纪下半叶到21世纪，世界发生了翻天覆地的变化，世界和平统一、人类融合发展不断加速，全球化浪潮不断高涨，"在全球化时代，人类走向大同的趋势已经渐趋明显，条件也逐渐成熟，再从这个新的视角审视人类大同的理念，就会发现它符合人类共同生存发展的要求和必然趋势，具有高度的前瞻性和积极意义，与宗教共同体的理念不谋而合"，"从孔子到康有为、孙中山、费孝通等近代以来知识精英都倡导'世界大同'的理念"。[3]可见，动态平衡发展方式所追求的理想社会的终极目标自由王国社会制度，就是古往今来中外先行者向往的社会制度，它符合人类共同生存发展的愿望和宗教共同体的理念，是人类社会发展的必然趋势。

欧洲16世纪初到18世纪流行空想社会主义的热潮。空想社会主义的代表是欧文、圣西门和傅立叶，在这之前有英国的托马斯·莫尔的"乌托邦社会主义"，在这之后的意大利康帕内拉的"太阳城"、德国闵采尔的"千载太平天国"等，18世纪的代表人物有法国的摩莱里、马布利、巴贝夫等。他们继承前辈的思想成果，无情抨击资本主义制度，提出了未来理想社会的设想。对未来社会的发展，做了有价值的描绘和猜想，具有一定的积极作用。例如，他们认为未来社会应该是财产公有，消灭三大差别，普及教育，妇女解放，共同劳动，平等分配等。这些设想和预见，为科学社会主义创立提供了理论来源。但是，由于历史原因，这些学说必然存在"不成熟理论"的局限性。表现在从人的理性和正义解释社会发展，找不到实现设想的正确道路，只是企图依靠宣传劝导、示范实验、说服感化的方式消除私有制和剥削，这种想法和做法，在当时的社会环境条件下，只能是一个不能实现的空想。但是，当今世界，在全球化深入发展、信息全球流动、超国家组织盛行世界的时代，人类走向"世界大同"和自由王国的趋势已经逐渐趋于明显，条件也逐渐走向成熟，以现在新的视角审视"世界大同"和自由王国的理念，不但不是空想，而且是可以实现的理想。

美国有人预言下个世纪来临将掀起一片“太平盛世”的热潮。《美国新闻与世界报道》杂志预测了未来百余年将发生的重要大事，2020年：全球语言障碍消除，电脑可立即翻译。2075年：世界人口达一百亿，人类移居到火星。经济上的民族主义死亡了，富国与穷国之间的“壁垒”也随之逐渐消失。工业及其产品必须全面开放。所有最好的产品可以是来自各国零部件的“组装”。[4]有人认为，预测不一定靠谱，但我们认为他们的预测不无道理，如全球语言障碍消除，反映了人们世界融合的愿望，“最好的产品可以是各国零部件的‘组装’”，现在已经变成现实。从世界一体化的发展趋势看趋向融合的确是世界发展的大趋势，70年来世界在总体上已经实现“天下太平”，最终实现“太平盛世”，这是不可置疑的。

在中国古代，追求“世界大同”和自由王国的社会理想的热潮从未减退。中国古代，无数理想家、社会学家和普通老百姓一直在向往天下太平、大同社会的理想社会。他们普遍认为，民族国家消亡、实现世界大同，这才是人类社会发展的必然规律。普通老百姓也一直在向往社会安定，天下太平，人民安居乐业。孔子的“大同社会”的追求，在《论语》一书上多有反映：“丘也闻有国有家者，不患贫而患不均，不患寡而患不安。故均无贫，和无寡，安无倾。夫如是，故远人不服则修文德以来之。既来之，则安之。”他追求的是社会的均衡、和谐、安定。他最欣赏的是尧舜禅让社会。《礼记·礼运》中说了“天下为公”“大同社会”的境界：“大道之行也，天下为公，选贤与能，讲信修睦。故人不独亲其亲，不独子其子；使老有所终，壮有所用，幼有所长，鳏寡孤独废疾者皆有所养；男有分，女有归。货，恶其弃于地也，不必藏于己；力，恶其不出于身也，不必为己。是故谋闭而不兴，盗窃乱贼而不作。故外户而不闭，是谓大同。”这就是 “天下为公”“世界大同”的和谐理想社会。还有陶渊明对“桃花源”理想境界的向往和追求等，他们的大同目标在当时历史条件下是不可能实现的。但是，在人类社会发展进步到今天，时机才算逐渐趋向成熟，从当今世界经济文化全球化发展的大趋势看来，人类社会将会从和平发展主题转变到融合发展主题的方式，逐渐把“世界大同”“自由王国”变成现实。现在联合国的全球运作、国家组织发展的“扩大”规律和区域共同体的实践等，这一切都充分证明了“自由王国”，必将在下一个千年实现。

在中国近代，有康有为的世界大同理论，也有洪秀全领导的太平天国革命运动的“太平天国”的理想实践。第一，康有为绘制了“世界大同”的蓝图和“大同社会”的具体形态。康有为“托古改制”著作《大同书》，描绘“太平之世”的蓝图。一是上层：康有为设想在大同世界里没有国界，全地球有一个公政府，下设民、农、牧、渔、矿、工、商、金、水、铁路、邮、电线、船、卫生、文学、智、讲道、极乐等部，还有会议、上议、下议、公报四院，各部、院都有几个负责人（也分等级）和若干职员，上面不设总统等行政长官。二是下层：各基层都设有人本院、育婴院、慈幼院、小学院、中学院、大学院、医疾院、养老院、恤贫院、孝终院十院，一个人，从母胎出生，到幼儿园、到上小学中学大学，生老病死，都由政府管。康有为的世界大同理念，与伟人马克思对未来人类发展的构想有许多相同之处。第二，洪秀全的太平天国理想是农业社会主义空想。清末洪秀全领导的太平天国起义军定都天京后，颁布了《天朝田亩制度》，是以平分土地方案为中心的经济、政治、文化、教育、社会生活等综合性革命纲领，主要内容包括废除土地不平等占有制，按人口平均分配土地，"凡天下田，天下人同耕"；宣布"有田同耕，有饭同食，有衣同穿，有钱同使，无处不均匀，无人不饱暖"，主张平均主义和平等观念。带有浓厚农业社会主义空想的《天朝田亩制度》，表现了太平天国具有反封建性质和农民革命性质，充分反映了农民渴望土地、摆脱贫困的强烈愿望。但是，《天朝田亩制度》的土地分配和经济生活是绝对平均主义思想，具有阻碍社会生产力发展的封建落后性，这是农民小生产者的经济地位的局限性。所以，太平天国社会理想，从总体上说是不可能实现的。但是，在一定意义上说它有积极意义，而且有的在社会发展中已经变成了现实，有的将在未来实现。在近代，还有革命先行者孙中山为了"天下为公"的理想社会而革命一生，推翻了千年封建帝制，建立了共和。

在当代，有毛泽东的"太平世界"、费孝通的融合论、周海成同志提出以国家消亡的方式实现世界大同等。他们认为，国家消亡是实现世界大同的前提，只要国家体制还存在，世界大同就是空想。周海成认为国家从产生起就开始消亡的观点是有事实根据的。他说"国家正在消亡"，"国家的消亡是有史以来一直在进行的过程"，"国家的边界一直在悄悄消失"。伟大导师马克思、恩格斯和列宁都讲到国家消亡，当国家这种政治组织形式完成了其职能和历史使命，失去了存在的意义而自行消亡，就会实现世界大同。周海成的"全球化带来的空前大融合正在使国家成为人类发展的桎梏"，"国家和国界是当今世界发展的障碍之一"，"国家和国界将在下一个千年到来之前消失"，"它以经济一体化为先导，不是通过强权和武力，而是和平融合的方式实现世界大同，这个过程可能会很漫长，但最终必将完成"。[5]这些观点和预言无疑是正确和准确的，这是因为全球化的浪潮和信息在全球流动，使世界经济社会发展已经达到了一个新阶段、新水平，国家和国界已经成为经济贸易、科技发展和文化交流的障碍，要求突破疆界的制约，这已经成为世界一体化发展的必然要求。但是过去存在着"有梦而无路"的问题，是不能实现的，而今是"有梦有路"的理想，是从分析世界历史、现状和未来发展趋势的基础上而形成的构思。

5.4.1.2　超平衡发展方式是自由王国社会的实现路径

恩格斯在描述人类社会的美好远景时写道："只是从这时起，人们才完全自觉地自己创造自己的历史；只是从这时起，由人们使之起作用的社会原因才在主要的方面和日益增长的程度上达到他们所预期的结果。这是人类从必然王国进入自由王国的飞跃。"这个伟大的飞跃，是历史进步的必然归宿。超平衡发展方式的奋斗目标"自由王国”的理念，与李秀林、王于、李淮春主编《辩证唯物主义和历史唯物主义原理》一书介绍的自由王国的特征，是一致的。重点表现在两个平衡上：一个是人与人的关系不受异己力量支配；一个是人类与自然关系最大限度地不受自然力的支配。例如，一切阶级差别的彻底消灭（人的政治关系实现平衡）；工农之间、城乡之间、脑力劳动与体力劳动之间的差别消失（人的社会地位实现平衡）；人们在生产中和一切社会生活领域中实现了完全的平等（人的社会关系实现平衡）；经济生活的准则是，各尽所能，按需分配（人的经济利益关系实现平衡）；生产力、科学技术高度发展，社会产品极大丰富（物质财富与人的需求实现平衡）；全体人民的觉悟和道德品质极大的提高，全民教育普及和提高，人们过着高尚的、丰富的精神文化生活（物质文明与精神文明实现平衡）。[6]（上述括号中的内容是本书的对比观点。）由此说明，自由王国社会将以超平衡发展方式托起，所以我们认为自由王国社会从平衡论视域看也可以称为“超平衡社会”。

参考文献

[1]李继兴.大平衡.北京：中国大百科全书出版社，2007:81.

[2]李秀林，王于，李淮春.辩证唯物主义和历史唯物主义原理.北京：中国人民大学出版社，1982:439.

[3]王志成，安伦.全球化时代宗教的发展与未来.上海：学林出版社，2011:216.

[4]永兴.未来百余年世界大事预测.青年参考，1986(4).

[5]周海成.大趋势.北京：中国文联出版社，2006:152.

[6]李秀林，王于，李淮春.辩证唯物主义和历史唯物主义原理.北京：中国人民大学出版社，1982:440-441.

5.4.2 趋融合、趋衡、趋同是自然、社会永恒的发展主题

引证：

全球化的力量既改变了当代社会的性质，也改变了概念化这一社会的方法的性质。……这就是全球化的后果：在全球化时代，没有孤立的社会，我们也不能孤立地研究社会。社会已经被全球化了：“全球社会”虽然听起来悖论，但正在成为现实。[1]

——金惠敏《全球对话主义：21世纪的文化政治学》

5.4.2.1 “和而不同”是自由王国实现的方法论依据

“大平衡的基本脉络是：源于中华，传承马列，兼容东西，立足当代，关注未来。”[2]大平衡发展方式就是按照上述“大平衡的基本脉络”为思路构想的。第一，“和而不同”是

自由王国实现的方法论依据。世界统一融合发展的构想,源于中华文化。中国古典哲学中的"和与同"的辩证观点:"和实生物,同则不继","和合共生"等。"和",就是差异性的贯通;"同",就是差异性的同一。"和"则进,"同"则退。孔子说:"君子和而不同,小人同而不和。"这个千古不灭的"和而不同"思想,在古今中外重大事件中运用的事例有很多,社会生活现象中也处处可见。例如,二战期间,美英苏等国家之间社会制度不同、意识形态不同但可以联合起来同德意日法西斯作战,取得了二战胜利,三国又共同协商创建了具有划时代意义的超国家的联合国组织,开创了世界和平发展的新纪元。可见,"和而不同"在人与人之间、群体之间、单位之间、集团之间普遍存在,有矛盾分歧可以在一起生活、合作、共事。第二,世界大同、自由王国也是和而不同的"大同"和"自由"。"中国文艺学在全球化语境中的发展策略应当是对话性的'和而不同'。'和'意味着对他者的承认,意味着与他者的相互作用;'不同'则强调了我们作为对话一方的主体性。'不同'不停地被'和'消解,被'和'所丰富、更新,由此或形成一个新的'不同',而这一'不同'接着又会以自己的'不同',即特殊和主体性而进入新一轮的'和',即相互作用的过程,如此循环往复,以至于永无穷期。"[3]如果坚持自己的"不同",就是对"和"的拒绝,就是对对方的拒绝。"和"可能暂时失去立场或改变既定观点,但在接下来"和"的过程中得到修正,实现双方"和而不同"与"不同而和"。世界大同和自由王国也是"和而不同"的,并非百分之百的"同"。特别是自由王国在未实现之前,"和"是实现路径,应先行一步;"和"是实现方式,是"先定和谐"。如今,世界向一体化变化、各大洲向共同体变化、国家向区域联合体变化、企业向国际化变化。这种变化,是没有强迫和威胁、没有枪声和武力的,但它是一场惊天动地的大革命——世界走向和平统一、人类走向融合发展。这是因为,世界是人与人构成的整体,相互之间应当平衡和谐相处;不同文明平衡共存与和平融合,思想多样性和文化多元化才构成丰富多彩的世界;和而不同,求同存异,合作共赢,共同发展才是人类追求的最高境界。

5.4.2.2 中国的平衡思维和平衡和谐文化是自由王国实现的理论依据

中国是一个农耕文明古国,广大农民生活在失衡的封建社会,受尽封建主义压迫和地主阶级的剥削,于是历代一些思想家和广大农民产生了平均主义的社会理想。如"均田地,均贫富"等农业社会主义平均思想和平均分配社会财富的思想,向往"均"(包括均衡、均等、平均)的境界。历代人们向往"天下为公""世界大同",向往"社会平衡",也就是《论语》中说的"均无贫,和无寡,安无倾"。在我国历史上,这种平衡思维和平衡文化有其产生和生存的合理的一面,曾经推动了社会的发展。例如,东汉末年农民起义领袖张鲁的"五斗米教":"设义米","置义舍";唐末王仙芝起义自封为"天补平均大将军";北宋农民起义领袖王小波高呼"吾疾贫富不均,今为汝均之";南宋钟相、杨么起义的旗号:"等贵贱、均贫富";明末李自成起义的口号:"均田免粮";清末洪秀全太平天国起义,主张"均田地、等贵贱"的平均主义和平等观念。他们的社会理想就是追求"社会平衡"、和谐和安定。中国是个农业大国,小农经济意识根深蒂固,小农的平均主义思想、农业社会主义思想和平均分配社会财富的思想非常普遍,追求贫富平衡是合理的,这种思想是反封建主义的,具有革命性的一面,但也有保守的和落后的一面,离开发展生产力,只追求平均分配社会财富,这种社会理想是不可能实现的空想。

5.4.2.3 超国家的全球化、信息化和区域一体化是自由王国实现的实践依据

"有人预言,全球化与全球主义将以生机勃勃的姿态迎接一个新的时代的来临,并促使一个普遍良好的全球社会的建构。"[4]他们所说的"全球社会"和"迎接一个新的时代的来临"与我们说的"世界和平统一、人类融合发展"的看法是一致的,也就是要创造"自由王国"的新时代。"作为名词的全球化指全球化最终的结果:种族界限消灭,国家消亡,各种文化互相渗透、互相影响,交融为一体。"[5]他们所说的"全球化最终的结果"也同我们所预期的一致:"自由王国"制度的目标就是种族界限的消灭、宗教的融合、国家的消亡、各种文化融合为一体。这种世界和平统一、人类融合发展的方式,在全球化和信息化条件下的今天已经迈开了步伐。例如区域国家联盟和经济合作组织等,代表了世界大统一、大融合的发展大方向。这种集团化、一体化和经济合作发展新模式,实现了相互保护、相互依存、互惠互利、共同发展,推动了世界统一融合发展,为进入自由王国铺平了道路。

5.4.2.4 当代社会性质的逐渐改变是自由王国实现的现实依据

全球化和信息化发展到最后,必将导致种族界限消灭、文化宗教融合、国家消亡、社会统一,这正是自由王国实现的必由之路和重要条件。当今世界,经济的全球化导致社会的全球化,改变着当代社会的性质,把传统的一个一个孤立的民族国家融合到全球社会之中,使现代社会变为"全球社会",形成大社会时代,实现世界上整个民族国家向"全球时代"的融合过渡。在现阶段的融合中,各国的社会性质普遍改变了固有内涵,融合进了世界上共同的、先进的新元素。社会的全球化表现是多方面的,如在经济中的市场化、政治中的民主化、文化中的多元化、生态中的和谐化等在世界各国通行无阻,已经不存在传统的孤立的社会,已经改变了过去社会的概念,改变了原来的政治经济模式,特别是改变了相互的社会关系和自然关系。大平衡发展方式认为,全球社会是以联合国为首的世界大社会、以区域国家联盟为纽带的中社会和以各个领土国家为领导的小社会,三者之间相互联系、相互影响、相互借鉴、相互渗透,正在改变传统的国家范畴和融合于世界大社会之中,进入"全球大时代"。

5.4.2.5 超平衡发展方式的"人与人平衡共生、人与自然平衡共生"是实现自由王国的哲学依据

伟人毛泽东说:"无数相对的真理之总和,就是绝对的真理。"唯物辩证法认为,世界上是存在绝对真理的。那么从唯物辩证法的要求来看,绝对平衡应该也是存在的。那么可以推断,绝对平衡发展方式也是存在的。绝对平衡论如同绝对真理是无数相对真

理的总和一样,无数相对平衡的总和就是绝对平衡。因此,动态平衡发展方式是辩证统一的,是相对平衡发展与绝对平衡发展的统一,即超平衡发展方式。绝对平衡发展寓于相对平衡发展之中,相对平衡发展中包含绝对平衡发展的成分。绝对平衡论即超平衡论,是无数相对平衡之总和。但是,我们在现实依然坚持现代的观点,主张矛盾斗争是绝对的,统一是相对的;平衡是相对的,不平衡是绝对的。但是实现了自由王国之后,矛盾斗争是相对的,统一是绝对的;平衡是绝对的,不平衡是相对的。这是因为到那时,人与人、人与自然的矛盾都从根本上解决了,理论界的观点自然也要随之变化。在自由王国制度下,世界公民能够支配社会而不受异己力量支配,人类开始自觉地创造自己的历史;到那时,消灭了私有制、阶级和"三大差别",国家自行消亡。人与人之间关系矛盾斗争消失了,呈现绝对平衡和谐,即人与人关系实现超平衡;在人与自然的关系方面,从必然王国进入自由王国,人类从被自然支配到人最大限度地不受自然支配或最大限度地支配自然,人与自然从对立到和谐相处,实现人与自然关系"天人合一"的超平衡状态;到那时,在理论上"统一、同一"是绝对的,"对立、斗争"是相对的,即超平衡一统天下。

参考文献

[1]金惠敏.全球对话主义:21世纪的文化政治学.北京:新星出版社,2013:123.

[2]李继兴.大平衡.北京:中国大百科全书出版社,2007:15.

[3]金惠敏.全球对话主义:21世纪的文化政治学.北京:新星出版社,2013:99-100.

[4][英]罗宾·科恩,保罗·肯尼迪.全球社会学.文军,等,译.北京:社会科学文献出版社,2001:529.

[5]和平,俞景华,李鹏,等.全球化与国际政治.北京:中央编译出版社,2008:2.

5.4.3 地球上最后一个国家"世界国家"(联合国中央政府)失衡消亡,世界进入自由王国

引证:

最后,国家衰亡反映了从有国家到无国家是一个渐进的自然的过程。[1]

——李秀林、王于、李淮春《辩证唯物主义和历史唯物主义原理》

5.4.3.1 自由王国是社会发展合规律性、合方向性、合目的性的统一

自由王国,是超平衡的、最公平正义的社会制度,是人类社会发展进步的必然归宿。这是因为,它彻底改变了人类社会有史以来失衡的人与人的经济关系、政治关系、社会关系,使"全球社会"公民都能平衡共生、平衡发展。因而,自由王国是最合理的社

会，是社会发展合规律性、合方向性、合目的性的统一，是合乎社会发展规律的必然趋势。第一，社会基本矛盾由不平衡实现超平衡，由不适应实现完全适应。例如，奴隶社会形态的经济基础是奴隶主占有制，上层建筑是奴隶主统治，观念和制度是宗法等级，意识形态是天命论；封建社会形态的经济基础是地主占有制，上层建筑是地主阶级统治，社会制度是等级制，意识形态是宗教、宗法等。人类社会在基本矛盾的推动下，社会形态的依次、有规律实现变更。社会发展由低级到高级，进入自由王国，社会基本矛盾都得到根本上的解决，两对社会基本矛盾相互之间平衡适应，实现了不同社会制度、不同意识形态、不同文明形态、不同民族、不同宗教的大融合。第二，私有制、阶级和国家由于生产力高度发展而失衡消亡。由此可见，从原始社会、现代社会到未来社会，人类社会的社会结构形态和社会政治组织国家一般的发展过程是“无阶级——有阶级——无阶级”“无国家——有国家——无国家”，世界社会秩序是“和平——战争——和平”“有序——无序——有序”的循环发展，世界发展是“秩序——混沌——秩序”的发展过程。人类社会转变为自由王国社会的阶段，就实现了永恒的绝对和平、绝对有序、绝对平衡。这时，地球上最后一个国家“联合国中央政府”完成对内职能而自行消亡，社会组织转变为自由人自由联合体，社会管理从对人的管理转变为对物的管理和对生产过程的协调、分配，其任务主要是物质生产和再生产的活动。到这时，“世界国家”的国家机器就是多余的东西，就应该放进历史博物馆。

5.4.3.2　世界上最后一个国家“世界国家”（联合国中央政府）完成对内职能而消亡

国家是社会组织中最重要的政治组织，赋有对内对外职能，是一个特殊的权力机关。因此，国家的起源、实质、作用是人类社会的一个重大研究课题。国家产生、发展、消亡的规律，是不以人的意志而转移的。从原始社会到自由王国，全球社会经历“平衡发展——[无国家]——不平衡发展——[有国家]——平衡发展——[无国家]”的过程，是人类社会发展的必然规律，一切社会都不例外。在人类历史上的原始社会的无国家到奴隶社会开始有国家以后，五个社会形态中的国家都是对内对外职能的实现形式，国家的分裂与统一、产生和消灭都与对内对外职能相关。

民族国家产生、发展、消亡的渐变过程，如同一切事物的发展变化过程一样，在社会进化中通过渐变形式趋于消亡。渐变形式就是存在于进化的过程中，由于事物中新产生的因素从无到有、由小变大、由弱变强的同时，而维持旧事物的旧因素相应地逐渐由强变弱、由大到小，慢慢走向衰退和让位，最终新因素替代旧因素，实现了一个渐变的过程。而进化最终则是突变与渐变的平衡和统一，即动态平衡进化发展方式。事物在平衡与不平衡的相互转化过程中实现由量变到质变、由低级向高级发展。“世界国家”开始作为新事物的因素不断增强，对内职能由小到大、从弱到强，统治了整个世界。但是，社会发展到了自由王国的这个阶段，由于生产力的高度发展，世界社会的高度进步，人的道德水平的高度提高，加之世界国家完成了对内的职能，也会与生产力的高度发展失去平衡，与人类发展失衡，与人的本质要求失衡，它也会作为旧事物的“世界国家”的职能逐渐减弱，由强到弱，由大到小，逐渐走向自行消亡之路，被自由王国的“无国家”取代而自行退出历史舞台，这是不可抗拒的自然法则。恩格斯在《家庭、私有制和国家的起源》、列宁在《国家与革命》中都论述了“国家消亡”的过程，周海成在《大趋势》一书中也论述了国家消亡的问题。因此，实现终极目标自由王国，“联合国中央政府”的自行消亡是前提条件。

5.4.3.3　下一个千年将实现自由王国社会

自由王国的双千年梦想一定能够实现。人类未来历史的长河滚滚向前，从当今世界的“准平衡发展方式”（联合国世界秩序规范时期）的目标到未来实现“超平衡发展方式”的发展目标自由王国，只是一个“双千年自由梦”的飞跃，这个飞跃是历史进步的必然归宿，但却不是人类社会的终极状态。自由王国只是真正人类历史的开端。从“史前准备”到“人猿揖别”数百万年，对于千秋万代的未来历史长河相比，不过是短暂的一瞬间。正如恩格斯所说：“一直统治着历史的客观的异己的力量，现在处于人们自己的控制之下了。只是从这时起，人们才完全自觉地自己创造自己的历史；只有从这时起，由人们使之起作用的社会原因才在主要的方面和日益增长的程度上达到他们所预期的结果。这是人类从必然王国进入自由王国的飞跃。”

经济政治文化的全球化和信息技术在全球流动，为“自由王国”双千年圆梦创造了条件。当今世界，和平统一、融合发展，正在使领土国家成为全人类发展的桎梏。我们可以得出这样的结论：全球化和信息化在全球范围内、国家间、企业间和人与人之间的无障碍流通传导，推动了世界一体化发展不断加速。所以作为新事物的自由王国社会因素不断生长。特别是人类在严重的核毁灭威胁、民族仇恨、宗教偏执、环境恶化、资源枯竭生存危机的迫使下，不得不联合起来，破解人类生存发展的这些难题，找到拯救人类毁灭性灾难的途径。这就是世界超平衡发展方式所创造的实现形式，不靠神仙皇帝，只靠我们自己解救我们自己的诺亚方舟——自由王国社会制度。正如忽培元认为“科学发展观”的提出实行，是人类发展历史上一个了不起的发现、发明，对于人类社会发展进步而言，是与达尔文和马克思的发现同样具有深远里程碑意义的。它是“上帝”赐给人类的一把破解许多灾难之锁的“金钥匙”，是将“大同”的共产主义，由空想渡往现实的诺亚方舟。我们可以自信地预言：下一个千年将是实现自由王国的千年。

参考文献

[1]李秀林，王于，李淮春.辩证唯物主义和历史唯物主义原理.北京：中国人民大学出版社，1982:354.

5.4.4　自由王国社会必须具备的主要条件

引证：

在全球化时代，人类走向大同的趋势已经渐趋明显，条件也逐渐成熟，再从这个新的视角审视人类大同的理念，就会发现它符合人类共同生存发展的要求和必然趋势，具有高度的前瞻性和积极意义，与宗教共同体的理念不谋而合。[1]

——王志成、安伦《全球化时代宗教的发展与未来》

5.4.4.1　国家和国家体系相联系的一切政治实体组织失去作用而消亡

自由王国社会制度的先决条件是绝对国家消亡，理由有五：一是国家与私有制、不同利益集团之间关系的失衡相联系，国家的产生本身就是不平衡的产物；二是国家又与生产资料、财富占有失衡相联系，占有者与被占有者必然发生冲突；三是国家还与分配失衡相联系，分配不公，有穷有富，就会产生矛盾冲突；四是国家也与三大差别失衡相联系，工农、城乡、脑力与体力劳动之间存在差别，就会产生矛盾；五是国家与资源、生态环境失衡相联系，资源开发利用无序，环境污染跨国界，治理整顿受到国界限制。综上所述，自由王国社会制度，是不存在矛盾冲突的社会，所以与国家和国家体系相联系的一切政治实体组织必然失去职能和作用，成为社会多余的组织而自行消亡，只有国家及其政治组织绝对消亡，才能实现自由王国社会。

5.4.4.2　实现"两个支配"是从必然王国进入自由王国的必由之路

自由王国是通过大平衡发展方式的实现路径，使人类通向自由王国的大门，必须实现人类支配自己和人类支配自然的"两个支配"。这就是自由王国比"世界大同"层次更高的条件："两个支配"。自由王国是人类要成为自己社会关系的主人和自然界的自觉的主人，认识和支配客观的社会的和自然的必然性，才能从必然王国进入自由王国。"同必然王国相对立，自由王国是指人们摆脱了盲目必然性的奴役，成为自己社会关系的从而也成为自然界的自觉主人这样一种社会状态。自由是对必然的认识和支配。从整个社会来看，一旦人们对客观的社会的和自然的必然性有了正确认识并能支配它，使其服务于人类自觉的目的的时候，也就从必然王国进入自由王国。"[2]人类历史从必然王国向自由王国发展是历史的必然。自由王国，是人类对自然界和客观社会的共同规律的认识和支配，并以大平衡发展方式实现"两个支配"，从而打开通向进入"自由王国"的大门。

5.4.4.3　形成多元文明平衡融合发展形势

自由王国文化形态的发展，有一个从"多元文化平衡发展"向"世界融合"的过程，形成"多元文明平衡形态"。它是世界各民族多元文化的兼容并蓄的大融合，不是要哪个文化或不要哪个文化，而是融合一切优秀文化成分，但在“多元文明平衡融合形态”中可以找到每一个民族优秀文化的形态或元素，体现全人类的共同的理念、共同的文明、共同的价值观。毋庸置疑，自由王国就是人类“大同世界”的再提高和超平衡发展，自由王国文化就是一种“审美文化”。这种审美活动，是一种人与人、人与自然、主体与客体、感性与理性、形式与内容、个性与社会的平衡和统一的自由自觉的活动，是美育对人健全发展和人格完善发生作用的统一。在自由王国社会里人人都是专家教授，个个都是精英人才，人人都是全面发展高素质的人，人人占有全部文化成果，同时又是一个充满着劳动创造欢乐、鲜明个性的自我。概括地说，都是一个个超平衡审美的人。

5.4.4.4 公民权利回归公民

自由王国需要国家权力向公民权利的平衡转化。马克思主义国家学说认为国家权力产生于公民权利，终将回归于公民权利。导师列宁的《国家与革命》一书中关于国家消亡的理论认为伴随社会生产力的高度发展，物质的极大丰富，公民个体利益与公共利益的矛盾对立关系消失和相互差距的消除，从而国家权力转化为公民权利。从我们现阶段看，国家权力正在逐渐消减，而公民的权利正在不断增长，政府权力与公民权利基本实现了平衡。从目前发展看，人类历代为之奋斗的理想社会中的国家权力向公民权利的回归的目标一定会得到实现，即公权力自行消亡、公民权利回归公民。

5.4.4.5 民族、宗教融合为一体

自由王国需要民族大融合、宗教大融合。在自由王国社会，世界各民族之间、宗教之间的差别消失，各民族、宗教融合为一体，形成全新的人类共同体。民族、宗教大融合，是社会生产力高度发展，民族、宗教自身的高度发展繁荣，这种发展达到相互接近的状态下，即平衡状态的结果和形态而融合为一体，这是人类历史发展的必然趋势。随着经济全球化和信息全球化的深入发展，互联互通范围的扩展，缩小了世界公民共同的活动空间，在经济上相互依赖，文化上相互学习借鉴，在社会生活上互相协同，在自然灾害面前风雨同舟，在这个漫长的过程中，民族间、宗教间的差异性逐渐缩小，共同性逐渐扩大，加之世界各个民族和宗教所在区域的经济高度发展、社会高度进步、文化高度繁荣，相互之间的差异消失了，界限消灭了，世界各民族、各宗教自然而然地融合为一体。实际上，在我们现阶段已经看到了大融合的曙光。

参考文献

[1]王志成，安伦.全球化时代宗教的发展与未来.上海：学林出版社，2011：216.

[2]李秀林，王于，李淮春.辩证唯物主义和历史唯物主义原理.北京：中国人民大学出版社，1982：439.

5.4.5 自由王国的主要特征:人的全面而自由的发展

引证:

一直统治着历史的客观的异己的力量,现在处于人们自己的控制之下了。只是从这时起,人们才完全自觉地自己创造自己的历史;只有从这时起,由人们使之起作用的社会原因才在主要的方面和日益增长的程度上达到他们所预期的结果。这是人类从必然王国进入自由王国的飞跃。

——《马克思恩格斯选集》

5.4.5.1 人的全面而自由的发展是自由王国的象征

自由王国社会,高于"世界大同"。"世界大同"的大平衡发展目标:"一球一国一制"的"世界国家"。而自由王国则是更高层次、更高境界:"人的全面而自由的发展",即自由个性发展阶段。一是每个人"全面而自由发展"。人的发展与社会发展相联系,由于社会生产力的高度发展和社会物质条件的极大丰富,为人的全面发展提供了坚实的基础,因而人人都具有高度的觉悟、高尚的品德和高素质的文化科技。二是人的独立性大大提高,人们不受异己力量的支配,使人类真正开始创造人类自己的历史。三是人类彻底解放,摆脱盲目必然性的奴役,人类能正确地认识和支配社会和最大限度地支配自然,最大限度地不受自然的支配,真正成为自己社会和自然界的自觉主人的社会状态。四是消除一切不平等现象,特别是消除一切不平等思想观念。五是克服异化劳动,人们自由自主地劳动,不受分工束缚,不为谋生而劳动,而是以劳动为荣、劳动创造至上。自由王国是人类历史进步的必然归宿,是超平衡发展方式的终极目标。但这只是打开了人类发展通向理想社会的大门,并非是人类社会的终极状态。只是人类历史上最合理的社会制度的新开端,人类社会不会停止在这个水平上,同自然界一样社会发展永恒地进化,不断向更高层次的自由王国迈进。

自由王国社会,是人类的最高理想,是最完美的社会制度,完全体现"平衡的实质是公正"的社会。在社会组织方面的主要特征是:"自由联合体",即自由人自由联合体。因为阶级之间、工农之间、城乡之间、脑力和体力之间的差别消除了;社会生产极大发展,社会物质极大丰富,人民生活极大富裕,人的思想境界极大提高;生产资料社会占有,实行社会化生产,人与人之间、生产力与生产关系之间、经济基础与上层建筑之间的矛盾消除,社会关系协调,内部差异自身化解。自由联合体的基本原则:"以每个人的全面而自由发展为基本原则的社会形式"。此时的世界实现了无国家形式,人人都是不受社会环境异己力量支配和最大限度不受自然环境力量支配的自由人,人们自由工作生活，无数“自由人自由联合体”涵盖所有自由人的喜爱和专长，涵盖人的全面而自由发展即自由个性发展阶段的全部内容，涵盖社会发展进步的各个领域。例如，幼儿和老人由“自由人自由联合体”进行社会抚养；教育医疗由“自由人自由联合体”进行社会组织；物质生产、艺术创作、科学研究等都由“自由人自由联合体”进行社会运作。

5.4.5.2　自由王国是人与人、人与自然关系的超平衡

自由王国在人与人、人与自然关系方面的主要特征：一是社会关系超平衡。自由王国是社会的两对基本矛盾实现平衡和适应，即私有制、阶级和阶级差别消失和国家消亡；整个社会呈现人与人和睦相处，人人愉快地学习和劳动；人们的物质丰裕、生活舒适，享受文明社会的生活，人世间呈现自由平等和谐文明的景象。二是利益关系超平衡。积累、保存和扩展社会长期创造的全部物质财富和精神财富，社会生产力和科学技术高度发展，经济社会文化平衡发展，生活资料极大丰富，社会产品涌流与人的需求相平衡、物质生活和精神文化生活相平衡。彻底消除私有观念、不同利益之间关系的差别和观念意识，消除与之相联系的一切不平等社会观念，自然财富、物质财富和精神财富全民共享，一切社会财富归全民公有。三是社会经济地位超平衡。各领域相互之间完全平等、人们的社会生活完全平等、人人无差别，工农之间无差别、区域之间无差别、城乡之间无差别、体力劳动与脑力劳动之间无差别，旧的社会分工消失，使劳动创造从谋生手段变成生活的最大需求和最荣耀的事情。四是经济生活超平衡。生产劳动和社会生活中人人平等；在生产劳动方面实现高尚和需求的平衡，在经济生活方面实现物质与需求的平衡；社会经济生活的准则是：人们自觉地、各尽所能地为社会劳动，社会按照每个人合理需要分配消费品。五是物质文明与精神文明超平衡。自由王国为人们提供了高尚而丰富的精神文化生活产品和自由而全面发展的环境。六是社会与人的超平衡。人们思想境界极大提高，人们的道德品质高度提升，呈现人人有高度文化素养，人与人高度平衡和谐的社会景象。七是自由劳动与自主劳动的超平衡。自由王国是对私有制条件下的劳动、产品和人与人之间关系的否定，打破固定分工，人们自觉自愿地、自由自主地进行各种无上光荣的劳动，并作为人生的最大需求和应尽其能，人人都能在喜爱的工作中发挥极大的积极性。八是生产资料和产品社会占有的超平衡。消除了商品生产，社会生产将是一种自组织共同体形式，人类真正成为自然界和社会相融合的自觉地安排生产、生活的主人，人类真正自觉自愿地创造人类自己的历史。九是自由王国中的人与人的经济关系、政治关系、社会生活关系超平衡，是人人“无差别”社会。十是人类与大自然关系超平衡。彻底消除人类与自然界对立与不和谐状态，人类最大限度地不受自然支配，真正从必然王国进入自由王国，人类生活在天蓝地绿水清的“全球生态社会”之中。

5.5 立足当前，面向未来，人人都为完成“世界和平统一大业”实现“世界国家”的理想大厦增砖添瓦

引证：

“科学发展观”的提出实行，是人类发展历史上一个了不起的发现、发明，对于人类社会发展进步而言，是与达尔文和马克思的发现同样具有深远里程碑意义的。它是“上帝”赐给人类的一把破解许多灾难之锁的“金钥匙”，是将“大同”的共产主义，由空想渡往现实的诺亚方舟。[1]

——周海成《大趋势》

5.5.1 全球协同为早日完成“和平统一大业”的大厦增砖添瓦

憧憬美好未来，实现崇高梦想，开辟到达理想境界的道路，是要经历漫长的体力、脑力劳动和物质、精神财富的创造和积累的历史过程。完成“和平统一大业”，是一个无限美好的愿景，但不是人类社会这座大厦的“封顶”，这只是迈进了理想大厦的大门，自然界和人类社会未来的发展都是无限的，其水准也会不断提升、不断完美。

实施“本千年完成世界和平统一大业”系统工程，要靠我们树立全球意识和世界精神，放眼未来、立足现实，协同治理，代代接力，为“本千年完成世界和平统一大业”共筑美好未来。从现在开始，从每一个人开始，都来精心培植世界统一融合的新因素成长壮大，这是世界上每个人的责任。世界统一融合发展的新因素，包括物质、精神因素，在我们所处的现代社会已经开始萌芽滋长，有的已经开花结果。例如全球化浪潮的高涨、信息化深入发展、超国家组织的发展，也包括先进人物的先进思想、境界和先进事迹的普及等，这是“本千年完成世界和平统一大业”的希望所在。这是因为，生物进化与社会进化一样，原始社会末期就已经产生了私有制因素；封建社会因素在奴隶社会中已经形成；在封建社会没落时期就已经有资本主义的因素开始萌芽。由此可见，当今世界社会的经济全球化、信息化、超国家大联合组织的因素，就是“本千年完成世界和平统一大业”的因素和成分。因此，最终“本千年完成世界和平统一大业”不是梦。

5.5.2 全球协同为“本千年完成世界和平统一大业”而大力发展社会生产力

实施“本千年完成世界和平统一大业”系统工程，需要创造高度的物质文明、精神文明和生态文明，大力发展社会生产力，为“本千年完成世界和平统一大业”大厦奠定物质基础、创造条件。发展社会生产力不但可以满足现代社会成员丰裕物质生活的需求，保证人的体力和智力健康发展，而且为最终“本千年完成世界和平统一大业”创造条件。

一是发达国家已经形成了高度发展的社会生产力,为实现理想社会提供了物质前提。二是发展中国家更要大力发展社会生产力,不但可以改变自身的现实的面貌,也为“本千年完成世界和平统一大业”提供物质前提。社会生产力的高度发展,是消灭不同利益集团的划分,消灭人们经济地位的差别、社会关系的差别和国家的消亡,向理想社会过渡,都具有特别重要的意义。为此,倡导世界各国都要坚持以和平发展、融合发展为主题,以经济发展为中心,有计划有步骤地进行经济、政治、社会和文化新秩序的治理,建设与人类理想相适应的新型社会,大力发展社会生产力,使“本千年完成世界和平统一大业”早日变成现实。

5.5.3 全球协同为“本千年完成世界和平统一大业”共建高度物质文明与精神文明

动态平衡发展方式通过大中小准平衡发展方式的实现形式,实施“本千年完成世界和平统一大业”系统工程,在这个过程中,每一步都离不开发展生产力、物质财富的创造和积累,离不开精神财富的创造和积累,离不开人的精神文明素质和道德水平的提升,离不开自然财富的保护和生态社会的建设,这是“本千年完成世界和平统一大业”的重要条件。为了启动实施“本千年完成世界和平统一大业”系统工程,要做好以下主要工作:一是世界社会要在建设高度物质文明的基础上,重视发展高度的精神文明,提高全民科学文化素质,加强全民的觉悟水平和道德素质的提高,培养一代又一代精神境界高尚的新人,不断适应新时代发展的要求。二是构建各种文明兼容并蓄的和谐世界。全球社会都要立足本国、放眼世界、树立全球意识和世界精神,配合联合国和国际组织的工作,从准平衡秩序规范开始,不断实现新跨越,不断进入新境界,不断推进全球社会文明、政治文明、生态文明的建设,共同创造经济社会大发展的良好国际环境。三是建设公平正义的“法治世界”。规范国际政治经济准平衡秩序,从我做起、从现在做起为“本千年完成世界和平统一大业”做出应有的贡献。四是世界社会都要为完成“世界和平统一大业”努力探索“超国家化”组织的发展壮大,探索“全球大时代”联合组织,探索世界和平统一、人类融合发展的形式和途径,为实施“本千年完成世界和平统一大业”系统工程献计献策。五是全球协同构建“全球生态社会”,从根本上提高人的生活质量,这是实施“本千年完成世界和平统一大业”系统工程的重中之重。

参考文献

[1]周海成.大趋势.北京:中国文联出版社,2006:9.

后记：建议联合国正式启动实施“本千年完成世界和平统一大业”系统工程

在纪念联合国成立70周年之际，我们建议联合国根据当今世界和平发展、人类融合发展的现状和趋势，不失时机地正式启动实施“本千年完成世界和平统一大业”系统工程。联合国立足当前、面向未来，把近目标和远日标结合起来，在做好经常性工作的同时制定一个长期规划，树立一个远大的工作目标，使人类社会朝着“世界大同”的方向迈进，使世界未来发展有一个确定的大方向，使每一个公民都为“大同社会”的远大理想而奋斗。

世界是一个整体，人类是一个整体，自然界是一个整体。但是，当今世界由于历史的原因，仍然处于群龙无首的无政府状态，人类被林立的“山头”割据，自然界被人为割裂，导致一部人类社会发展史成了一部战争史，至今人类的头上还悬挂着一柄“达摩克利斯之剑”。当今和未来，如果不能世界和平统一与人类和平融合，那么历史还有可能重演，地球上巨额的自然财富、人类积累和创造的巨额物质财富和精神财富有可能毁于国家与国家之间的战争，毁于争先恐后的军备竞赛，随时还有可能发生核毁灭大战，加之世界缺乏的法治和仲裁，人类又要吃战争的二遍苦、受战争的二茬罪。这是世界的悲哀，人类的悲哀。这种可悲的现象，与当代智能人类发展的今天极不相称。如今，世界已经发展到了是走向和平还是走向战争的十字路口，何去何从必须做出抉择。

启动完成“世界和平统一”伟业的逻辑起点，要从1945年10月24日联合国成立开始，当时政治精英们为“世界和平统一”播下了种子，悄无声息地启动了“完成世界和平统一大业”系统工程。联合国至今已经完成了70年的准平衡秩序规范，实现了70年世界总体天下太平。但是，联合国应与时俱进，把老一辈开创的“完成世界和平统一大业”进行到底。为此，我们设计并建议联合国正式启动实施“本千年完成世界和平统一大业”系统工程。在这个总目标下，分别实施三大系统工程。系统工程之一：准平衡发展方式的目标——联合国世界准平衡秩序规范；系统工程之二：平衡发展方式的目标——创立“联合国世界国家联盟”“联合国世界共同体”；系统工程之三：大平衡发展方式的目标——建立“联合国中央政府”(世界国家),实现“世界大同”。这就是实施“本千年完成世界和平统一大业”系统工程的路线图和历史方位。三个步骤有机统一于系统工程的总目标之下,有着极强的内在逻辑联系。就是说,联合国用1000年的时间完成世界和平统一大业,建立“世界国家”实现“世界大同”。在这个构想中“三个实现形式”环环相扣,“三大系统工程”步步深入;在这个构想中通过以实施系统工程为实现路径,以大平衡方法为依托,托起人类“世界大同”之梦。

“这个概念还可表示宇宙运动在宏观上的平衡与微观上不平衡之间的平衡。‘平衡’的实质是公正,即宇宙万物都应被赋予同等的发展机会。”可见,启动实施“本千年完成世界和平统一大业”系统工程是完全符合人类同等的发展机会的公理,也是一切事物自趋平衡本性和万物共同趋向动态综合平衡本能的法则,是“无形的手”的自然力和“有形的手”的社会力的平衡和统一。这是因为,一方面,“完成世界和平统一大业”的目标是实现整个人类的融合,是人类本性的“回归”;另一方面,完成世界和平统一大业的目标是人类向往“世界大同”理想境界的实现,是人类自由个性发展的“归真”。启动这个工程,联合国将肩负更加重大的历史使命,也将真正成为拯救人类的诺亚方舟。这样一来,使代与代之间永远把握人类社会发展的大方向,使全世界人人心里都充满美好的希望,也使人类社会的发展千秋万代不迷失方向。

我们深信,联合国会员国一定会以人类永续生存和发展的利益为重,学习借鉴欧洲的经验:“欧洲创造了什么? 它创造了我曾提到的建立在主权共享理念基础上的后现代认同。”“欧洲正进行超国家共同体的尝试,并催生出一个‘欧洲梦’。”“在杰里米·里夫金的书中,‘欧洲梦’代表着人类发展的新梦想,强调的是政治上的共同体意识,文化上的多样性,生活质量上的精致,发展的可持续性以及全球合作的多边主义。”“‘日前读到日内瓦抵抗战士大会在1944年通过的《欧洲联邦宣言》’,曾经感叹于那些呼吁‘放弃绝对国家主权’的战士们的超群理想,虽然历史的发展路径可能有别于那些先驱先贤们当时的想象,但是由于他们的理想代表了历史发展的大方向,所以历史会永远感谢那些无私的理想主义者。”我们深信,联合国会员国一定会学习日内瓦抵抗战士“放弃绝对国家主权”的理念,如同区域共同体的加盟,如欧盟、东盟、北美自贸区、非盟、20国集团,还有上合组织、金砖国家等区域和洲际经济大联合组织,他们适应了世界大联合的大趋势,代表了历史发展的大融合的大方向。联合国与会员国必然以欧洲精神、全球意识和人类理念,协同一致,为实施“本千年完成世界和平统一大业”系统工程,实现“世界大同”,彻底消灭战争,创造世界的太平盛世,为人类永续生存和发展做出应有的贡献。

“世界和平统一大业”的实现形式,是采取动态平衡的方式,即和平融合的方式,完全排除一切武力,是一场没有枪声、没有暴力、没有口枪舌战的悄无声息的革命,这个革命的每一个步骤的深入,都始终在社会生产力发展的动力推动下自发进行,是“无形的手”自发推动的变革,联合国作为“有形的手”发挥把握方向、分阶段按步骤和疏通引领等作用而实现水到渠成。在这个过程中,无论是旧体制的消亡还是新体制的建立都将是一种平衡转化和平衡过渡方式。例如,该工程的启动就是一种顺势而为:当今世界,在经济全球化、信息全球化和科技全球化的强大动力的推动下,人类生产力高度发展、建立在国家之上的世界性组织的作用不断扩大、国与国大联合的区域共同体快速发展、跨国公司的无国界生产经营的发展态势强劲,加之全球化改变了民族国家范畴和促使国界的"消失",国家内涵趋向消解,上述"大同社会"的新社会因素在世界"母胎"中日益滋长。在这种大统一、大融合发展的形势下,正是联合国与会员国协同启动实施"本千年完成世界和平统一大业"系统工程的大好时机,联合国应当借助联合国成立70周年大庆的东风,安排部署、牵头挂帅,带领会员国和全世界人民为"本千年完成世界和平统一大业"宏伟目标而奋斗。

作者

2015.5.1

图书在版编目(CIP)数据

转变发展方式的新视域:论动态平衡发展方式:全2册/刘成斗,刘一,刘甲编著.—兰州:兰州大学出版社,2012.7

ISBN 978-7-311-03942-4

Ⅰ.①转… Ⅱ.①刘… ②刘…③刘… Ⅲ.①中国经济—经济发展模式—研究 Ⅳ.①F120.3

中国版本图书馆CIP数据核字(2012)第175888号

策划编辑 梁建萍
责任编辑 马继萌
封面设计 管军伟

书　　名 转变发展方式的新视域——论动态平衡发展方式(下)
作　　者 刘成斗　刘一　刘甲
出版发行 兰州大学出版社　(地址:兰州市天水南路222号　730000)
电　　话 0931-8912613(总编办公室)　0931-8617156(营销中心)
　　　　 0931-8914298(读者服务部)
网　　址 http://www.onbook.com.cn
电子信箱 press@lzu.edu.cn
印　　刷 兰州万易印务有限责任公司
开　　本 787 mm×1092 mm　1/16
印　　张 23.5(插页4)
字　　数 467千
版　　次 2015年8月第1版
印　　次 2015年8月第1次印刷
书　　号 ISBN 978-7-311-03942-4
定　　价 80.00元(全2册)

谨以此书献给联合国成立70周年（1945—2015）

在当今世界的“母胎”中已经孕育成熟了“世界大同”的新社会因素和超国家的新生事物：以联合国为纽带的全球大时代、全球化和信息化推动的国际大融合、区域共同体的国家大联合、科学技术革命和社会生产力高度发展的大动力、跨国公司的无国界生产经营的大带动，吹响了完成“世界和平统一”伟业的进军号，标志着世界从失衡到平衡、从必然王国进入自由王国的理想大厦已经从地平线上升起。

谨以此书献给联合国成立70周年（1945—2015）

超国家政治组织联合国的成立，恰似“口衔绿色橄榄枝叶的和平信鸽”从天而降，传递了世界从失衡趋向平衡、从战争走向太平的喜讯，也悄无声息地启动了“世界和平统一”伟业。当今世界由于超国家的世界性组织的桥梁纽带作用、超国家的全球化和信息化的推动作用、超国家的区域共同体的示范作用和超国家的跨国公司无国界生产经营的实践作用，滋长了上述“大同社会”的新社会因素，加速了国家范畴的改变和国界的“消失”，造就了为完成“世界和平统一”伟业的诺亚方舟，使我们今天看到了“世界大同”的曙光！

ZHUANBIAN FAZHAN FANGSHI DE XIN SHIYU
LUN DONGTAI PINGHENG FAZHAN FANGSHI

转变发展方式的新视域

论动态平衡发展方式

刘成斗　刘一　刘甲

作者小传

刘成斗，1941年生于陕西省汉中市勉县，大专学历，汉语言文学专业，高级职称。在原籍勉县统一分配工作；在部队曾任连队文化教员、团后勤会计等；在农垦系统曾任甘肃省农垦局酒泉分局、甘肃省农垦总公司、甘肃省农垦农工商联合总公司等事业单位和国有企业宣传干事、副科长、科长、副部长、办公室主任、职代会主任等。工作期间，曾在全国、省部级和军内报纸、杂志、广播电台、电视台发表新闻、通讯、报告文学、诗歌、摄影和摄像等作品，除大量短文、消息外，超过1000篇（幅）。参写、合编出版报告文学和摄影画册5部。1999年，被任命为西安秦陇禽业总公司总经理、法人代表。本书就是在这个公司工作的启示下写成的。

世界和平统一——人类的曙光

动态平衡发展方式立足现实，面向未来，对未来世界发展的构想是从世界准平衡秩序规范到创建世界共同体，再到建立世界国家，最终过渡到自由王国社会，实现世界和平统一、人类和平统一。

本千年末人类将实现“世界大同”——动态平衡发展方式的发展路线图：从小康社会到大同社会

“大平衡哲学的评判标准：大平衡在学习借鉴古今中外经典文化最高境界的基础上，推荐‘整体利益有序增减’为是否达到平衡的最低标准——准平衡。”我们面对当今世界超国家组织的快速发展态势，又经过对国家政治实体发展规律的研究，感到从联合国成立之日起就已经悄无声息地启动了“本千年完成世界和平统一大业”的系统工程，人类社会正朝着先行者期盼的“小康社会”“大同社会”的方向迈进。

一、动态平衡发展方式的最高奋斗目标：世界大同

200 万年前大自然孕育了人类，人类和其他生物又把洪荒的地球改造成蓝天绿地的生态家园。人类是大自然的产物，又是大自然的拓荒者和改造者。由于人类的活动，又形成了人类社会，创造了巨大的物质财富和精神财富。随着人类的文明进步，建立起了完备的经济政治制度，特别是建立了政治实体——国家和国家体系。与此同时，人类自身相互之间的矛盾日益激烈，人类与自然界之间的矛盾也逐渐凸现，人类未来的生存与发展面临严重危机。人类向何处去？这是全世界仁人志士共同关注的问题。人类的先行者进行苦苦追求和上下探索，寻找理想的社会。公元前 8 世纪至前 6 世纪的思想领袖与宗教领袖所关注的“心包太虚、量周法界”的理念，柏拉图、康德、莫尔等先哲们对人类发展进行了种种设想。19 世纪时，各国的思想家进一步深化了对大同世界的理解，有新帝国理论、全球治理理论、全球民主理论等等；西方的圣西门、傅立叶、欧文等思想家也对空想社会主义进行了研究和描述，并在美国印第安纳州等地进行了建立“新和谐”公社的实验。中国孔子的“天下为公”，谭嗣同的“有天下而无国”的“地球之治”，康有为设计出了“大同社会”的愿景，提出“破除九界”的理想，赵汀阳和周海成的当代中国式“天下体系”理论和大同社会等的理想和探索具有前瞻性和积极意义。但是，路在何方？只有美好

的理想，而没有找到通向理想境界的道路，最终只能变成一场空想。

动态平衡发展方式理论和方法，不但研究当今世界现实的发展方法，也研究人类未来的发展路径，使理想建立在可实现的基础之上。本理论和方法的最低目标：世界准平衡规范；最高目标：联合国中央政府。在此基础上，向“自由王国”社会过渡。至此，动态平衡发展方式既有理想，又有实现路径。为什么必须以联合国为基础？理由是：因为超国家的联合国组织具有“宪法”地位（《联合国宪章》），其会员国几乎涵盖全世界所有国家，最具有代表性。

二、动态平衡发展方式的实现路径：从“小康社会”到“大同社会”

伟人邓小平第一次借用和使用“小康之家”和“小康社会”这一历史概念，并赋予新的内涵。就这样“小康社会”成为我国与时俱进的目标：“解决温饱——小康水平——总体小康——全面小康——全面建成小康社会”，为我国设计了清晰的路线图和明确的逻辑定位，也为动态平衡发展方式的现实发展和未来发展提供了实现路径和历史方位。“小康生活”是中国几代人的期盼，也是动态平衡发展方式为之奋斗的近目标。“小康”是中国古代思想中的一个概念，此语最早见于《诗经·大雅·民劳》“民亦劳止，汔可小康”，意思是农民劳作不止，目的是要过上小康生活。这是春秋战国时代诸子百家对未来理想社会的追求。儒家的大同、小康理想社会影响深远。“小康之家”好于“小康”，是温饱型生活水平。“大同”比“小康”档次高，但低于“大同社会”。《礼记·礼运》中提出社会两种模式：“天下为公”的“大同”和“天下为家”的“小康”。先哲们追求“小康生活”千年不衰，代表了几千年中华儿女的希冀。何为“小康”？洪向华在《四个全面：党员干部读本》中说不同时代有不同解释，但基本的内涵都是指老百姓生活，特指老百姓生活稳定、丰衣足食，国泰民安。

“‘科学发展观’的提出实行，是人类发展历史上一个了不起的发现、发明，对于人类社会发展进步而言，是与达尔文和马克思的发现同样具有深远里程碑意义的。它是‘上帝’赐给人类的一把破解许多灾难之锁的‘金钥匙’，是将‘世界大同’即共产主义，由空想渡往现实的诺亚方舟。”科学发展观的提出，为动态平衡发展方式的研究和形成提供了科学的指导思想和正确的发展方向，使这个发展方式更加符合世情和国情。所以，动态平衡发展方式就是现代通向科学发展之路。中国从近代以来，仁人志士孜孜不倦地追求人类的统一融合方式和强国方式，特别是现代实现中华民族伟大复兴的中国梦，这些都是几代中华儿女的夙愿和共同期盼。如今，我国正处在全球化时代，要实现和平崛起，实现中国现代化和中华民族伟大复兴，既要实现国内的经济建设、政治建设、社会建设、文化建设和生态文明建设的平衡发展，又要处理好与国际社会利益相互交织的关系、相互依赖的关系、合作共赢的关系和共同发展的关系；既要立足现实，做到现实经济社会的平衡发展，又要做到与未来发展的平衡兼顾。

发展是人类社会永恒的主题。动态平衡发展方式不但要为实现国内各领域和各区域平衡发展,也要为实现世界各国、各地区的平衡发展而努力,做到现实发展和未来发展的平衡推进、实现现阶段近目标与实现远目标的平衡推进。一是大力推进世界大统一发展。我们从大视野观察世界发展轨迹时,就会发现世界从古到今一直朝着世界统一、人类融合发展的方向前进,古代人类为了生存而进行的氏族、部落、地区横向联合,现代企业为了提高竞争力而与别的企业横向联合,在新时期为了参与国际竞争而进行国与国横向联合等,特别是21世纪以来,世界经济、政治、文化、民族、宗教趋向大格局发展的步伐空前加快,预示着世界的未来必将走向大同社会。所以,我们要因势利导做好大统一、大融合工作,坚持和平发展的时代主题,推动世界从和平发展,走向世界一体化发展的道路。二是大力扶持超国家的新生事物的发展。积极培植建立在国家之上的联合国组织打破国界的管理、区域共同体打破国界的联盟、跨国公司打破国界的生产经营,特别是全球化和信息化无国界运作和流动,为国界的消失,为"国际共同体"和"世界国家联盟"的创立和早日实现"大同社会"创造了条件。三是消除世界发展中的种种不平衡制约因素。各国人民要积极支持联合国和世界性组织的工作,推动建立国际政治经济准平衡秩序,努力解决当前存在的"全球性问题"。在政治方面要反对恐怖主义,国与国和平共处,共同"构建法治世界",创造世界和平发展的环境。在经济方面各国和各经济实体要坚持公平竞争、合作共赢发展的原则,反对各种形式的保护主义,推动建立世界经济法规制度体系。在国际社会方面,大力倡导国际社会民主化,各国各民族要和谐相处、共同发展,协同构建和谐世界。在文化方面,倡导世界不同文化平衡发展,相互交流借鉴,倡导竞相发展,反对相互排斥,从而形成世界多元文化平衡发展格局。在生态环境方面,坚决落实联合国气候大会精神,承担"共同而有区别"的责任,努力创建"全球生态社会"。

三、立足现实与面向未来的平衡和统一

经济全球化的大发展和信息全球化的大流动,已经成为当今世界大时代、大格局发展的核心动力,带来了世界经济政治文化的空前大融合发展,同时也正在使国家组织成为世界一体化发展的障碍,我们从中看到了国家组织的衰退,也看到了"世界国家"(世界大同)的曙光。在实践中,我们要立足现实、面向未来,做好现实各项工作,为实现未来理想社会奠定基础。

"全球化带来的空前大融合正在使国家成为人类发展的桎梏。"周海成预言:"国家和国界将在下一个千年到来之前消失。""国家内涵正在消解,世界大同指日可待!"实现世界大同,前提条件是民族国家消亡,这是中外革命家和理论界的共识。动态平衡发展方式的最高目标就是建立"世界国家",必然是建立在民族国家消亡的基础之上的,只有民族国家消亡,人类才能消除战争灾难的严重威胁和军备竞赛的巨额浪费,才能实现"一球一国"的大同社会。但是,为了使民族国家消失,先要建立"世界国家联盟"或"国际共同体",再过渡到"世界国家"(世界大同);然后强化和完善世界国家的职能,目的同样是为了世界国家的最终消亡而达到"世界无国家、人人无差别"理想社会的目的。动态平衡发展方式对未来发展的破题，就是经过大中小准平衡发展方式的路径，实现"世界和平统一大业"，进而通向大同世界的理想社会。为此，动态平衡发展方式强调面向未来，始于足下，顺应历史潮流，化解人与人关系、人与自然关系、国与国关系的种种不平衡、不和谐矛盾，从现在开始就要为建造"世界大同"的大厦增砖添瓦。可见，动态平衡发展方式不但做到了有梦有路，而且找到了达到梦想的实现形式和实现路径：实现世界所有国家合而为一，建立世界国家。如今，世界的"母胎"中已经孕育成熟了"世界大同"的新社会因素，人类大融合的新生事物已经滋生成长壮大，我们从建立在国家之上的联合国组织、区域共同体、跨国公司和超国家的全球化信息化的大发展，看到了世界大融合发展的希望之光。为此，我们要积极扶持培育"大同社会"的新社会因素和新生事物的成长，积极开辟到达理想境界的道路，并把现实发展和未来发展结合起来，通过我们艰苦的工作劳动，通过物质和精神财富的创造和积累，通过人的精神道德素质的提升的历史过程，如同建造一座万丈高楼，只要人人都来增砖添瓦，"世界大同"一定能变为现实。

下一个千年人类将进入"自由王国"——动态平衡发展方式终极目标：人的全面而自由发展

"展望未来千年，人类会形成共同的边界、趋同的文化和共同的价值理念，人类正在形成一个利益共同体，一个没有战争、没有军备竞赛的大同时代正在到来。""……他提出一个也许是许多大人物、大学者都未敢涉猎更未曾发现的重要命题：国家内涵正在消解，世界大同指日可待！"动态平衡发展方式的未来发展目标：实施"本千年完成世界和平统一大业"系统工程，实现"世界大同"和世界上最后一个国家"世界国家"完成使命而自行消亡，人类进入"世界无国家、人人无差别"的"自由王国"社会，实现超自然："天人合一"，超国家：世界上不同民族国家合而为一，超民族：不同民族合而为一，超文明：不同文化合而为一，超宗教：不同宗教合而为一。

"自由不在于幻想中摆脱自然规律而独立，而在于认识这些规律，从而能够有计划地使自然规律为一定的目的服务。"人类的历史，就是一部不断地从必然王国向自由王国发展的历史，李秀林、王于、李淮春主编的《辩证唯物主义和历史唯物主义原理》一书中有深刻论述，自由和必然是对立统一的关系，自由不能脱离必然，必然可以转化为自由。人类对客观规律的正确认识与运用，是自由和必然得到统一的基础。自由王国的主要特征是人的自由个性发展阶段，即人的全面而自由发展的形式。(1)自由王国反映了社会进步的总趋势。在社会组织方面，自由王国是人类实现"世界无国家、人人无差别"的社会。人类社会由于社会基本矛盾的推动，社会内部通过不断进化、改革和调整运动，社会生活各领域、各方面从整体上高度进步，社会经济生活、政治生活和文化生活由低级向高级阶段进化。自由王国的发展路径，反映了社会进步的道路具有统一性和多样性的平衡。统一性就是社会形态从低级向高级五种社会阶段的依次更替，多样性表现在社会更替中可以超越一种和几种社会阶段，如我国西藏从奴隶制度超越封建制度和资本主义制度直接进入社会主义制度。社会每次更替就是一次人的解放。可见,自由王国是符合社会发展趋势的。(2)自由王国是人的全面而自由发展的社会阶段,是人的解放程度达到最高的状态。人的发展,实质上就是人逐步获得解放,使之成为自觉自由的历史主体的过程。人的发展与社会发展是密不可分的,人在不断改造和创造社会关系,推动社会发展,同时也在不断改造和创造人本身,推动人的发展。人的发展是社会发展的重要内容和重要标志。因此,研究社会发展不能"只见社会不见人",也不能"只见人不见社会",人和社会是一个问题的两个方面。动态平衡发展方式的发展目标就是从现代社会的以物的依赖关系为基础的人的独立性阶段进化发展到自由个性发展阶段，即人的全面而自由发展的阶段。在社会关系上,现代社会人类仍然处在必然王国之中,这种社会状态就是在私有制社会里，人们创造的社会关系反过来奴役着人们，原因就是劳动异化,只有消灭了私有制和克服了劳动异化,才能从必然王国进入自由王国。我们主张大力发展科学技术,人获得自觉管理和控制,把劳动变为自由活动、自觉劳动,不受固定分工的束缚,使劳动创造从谋生手段变成生活的最大需求和最荣耀的事情。自由的自主劳动是自由王国的基础,也是人类彻底解放的标志。第一,社会组织方面。到那时全球社会的人都是高道德素质的人，人人都是不受社会环境异己力量支配和最大限度地不受自然力量支配的自由人,无数"自由人自由联合体"涵盖所有自由人的喜爱和专长,涵盖人的全面而自由发展的全部内容,涵盖社会发展进步的所有领域。例如,幼儿和老人由"自由人自由联合体"进行社会抚养;教育医疗由"自由人自由联合体"进行组织;物质生产、艺术创作、科学研究等都由"自由人自由联合体"进行社会运作。第二,在人类自身关系方面。一是社会关系超平衡,即私有制、阶级和阶级差别消失与国家消亡;彻底消除私有观念和不同利益之间关系的差别及其观念意识，消除与其相联系的一切不平等社会观念,人们平等享受物质丰裕、生活舒适和文明社会的生活。二是利益关系超平衡。积累、保存和扩展社会长期创造的全部物质财富和精神财富,一切社会财富归全民公有。物质生活和精神文化生活平衡发展,自然财富、物质财富和精神财富全民共享。三是社会经济地位超平衡。生产劳动领域相互之间和人们的社会生活完全平等，人与人之间无差别、工农之间无差别、区域之间无差别、城乡之间无差别、体力劳动与脑力劳动之间无差别,旧的社会分工消失。经济生活中生产劳动和社会生活中人人平等,人们自觉地、各尽所能地为社会劳动,社会按照每个人的合理需要分配消费品。(3)在人类与自然界的关系上实现人最大限度地不受自然支配,彻底消除人类与自然界对立与不和谐,天地人融为一体,和谐相处、协同进化、平衡发展,按照人类意志支配自然。到那时,在科技方面,经过双千年高速发展,从现阶段的必然王国进入自由王国。到那时,在生态方面,经过双千年生态文明建设,建成人、自然、社会和谐统一的"全球生态社会",全球呈现天蓝地绿水清,一派生机盎然的景象。

我们预言,下一个千年将实现自由王国,看来是久远的。但是,人类未来历史的长河滚滚向前,从当今世界的准平衡发展方式(联合国世界准平衡秩序规范)到未来实现自由王国的发展目标,只是一个“双千年梦”的飞跃,这个飞跃是历史进步的必然归宿,但却不是人类社会的终极状态。自由王国只是真正人类历史的开端。从“史前准备”到“人猿揖别”数百万年,对于千秋万代的未来历史长河相比,不过是暂短的一瞬间。正如恩格斯所说:“一直统治着历史的客观的异己的力量,现在处于人们自己的控制之下了。只是从这时起,人们才完全自觉地自己创造自己的历史;只有从这时起,由人们使之起作用的社会原因才在主要的方面和日益增长的程度上达到他们所预期的结果。这是人类从必然王国进入自由王国的飞跃。”一是在全球化和信息化时代的今天,用新的角度来审视自由王国的理念,则会得出与乌托邦式空想相反的评价,因为人类走向自由王国的趋势已经渐趋明显,把空想变为理念的条件也逐渐成熟,于是许多现代理想家都认为,看来过去不能实现的东西,在现在看来就是可实现的东西。因此,自由王国不但符合人类共同生存发展的诉求,而且反映了这是可实现的必然趋势。二是当今世界经济政治文化的全球化和信息技术在全球流动,极大地推动了世界大融合发展,正在使民族国家成为全人类发展的桎梏, 特别是超国家的联合国组织、区域共同体和跨国公司冲破民族国家、国界和洲际的障碍,推动着世界一体化发展进程不断加速,为自由王国在下一个千年的圆梦创造了条件。三是作为新事物的自由王国的新社会因素和新生事物在当今世界不断滋生成长。如今,在人类严重的核毁灭威胁、民族仇恨、宗教偏执、环境恶化、资源枯竭的生存危机的迫使下,人类不得不联合起来走向没有战争的太平世界。同时,人类还面临生态失衡灾难危机的难题,同样迫使人类不得不联合起来共同应对生态失衡,走出生态危机。而超平衡发展方式,就是寻找拯救人类毁灭性灾难的途径:全球联合起来,协同进行政治经济生态准平衡秩序治理,朝着世界大统一、人类大融合的方向发展,朝着自由王国迈进,人类才有可能彻底消除生存危机。

“在全球化时代,人类走向大同的趋势已经渐趋明显,条件也逐渐成熟,再从这个新的视角审视人类大同的理念,就会发现它符合人类共同生存发展的要求和必然趋势,具有高度的前瞻性和积极意义,与宗教共同体的理念不谋而合。”超平衡发展方式要实现的自由王国社会,是人类社会发展趋势的反映,如今世界大统一、人类大融合的新社会因素已经显现。例如,全球化、信息化打破国界把国家、团体和个人联系在一起,这些变化都标志着民族国家不得不逐渐走向衰亡之路, 这是人类生产力发展到一定阶段和水平时的必然趋势,是不依人的意志为转移的社会发展规律。我国著名社会学家郑杭生教授在《社会学概论新修》一书中说:“社会发展最基本的要素是社会生产力,社会发展水平归根结底是由社会生产力的水平决定的。”当社会生产力的水平高度发展,世界上最后一个国家完成历史使命,走向自行消亡,世界将从必然王国进入自由王国。

内容简介

一、本书上下册内容梗概

(一)"平衡发展"的课题——时代的呼唤

1.转变发展方式和"平衡发展"的研究课题是党中央的部署和国家领导人的要求

加快经济发展方式转变,这个时代的命题、发展的课题、现实的难题,在过去一年以前所未有的迫切,期待我们的破解之道。"如何做到经济换挡而不失速,在多重目标中寻找平衡点,是宏观决策新的重大课题",这是党的十八大和2015年3月全国人大三次会议《政府工作报告》提出的时代命题。"关于'平衡'的课题,国家领导人讲,只有实现全球的协调、平衡与普遍发展,才能实现世界的稳定与持久和平。我们应当全面深入地探讨这一课题,齐心协力解决这一课题。"这是国家领导人提出的要求。北京大学教授李继兴说"时代发展,呼唤平衡",这是专家学者的呼吁。由此可见,"平衡发展"这个命题是现代迫切解决的重大命题。本书就是遵照党中央的部署、国家领导人的要求、专家学者的呼吁,加之我国古代先行者对"小康社会" "大同社会"几千年的希冀与期待,因而我们选择了这个时代的命题,从平衡论的视角破解现实和未来发展的难题。上册是通过动态平衡发展方式的路径,重点论述了现代宏观、中观、微观系统的动态平衡发展方式,实现各领域、各部门和各方面统筹平衡发展;下册重点论述传统、现代和未来动态平衡发展方式,通过对当今世界超国家组织发展的强劲势头和对民族国家概念正在改变的现状的研究,预测本千年将是人类大融合、世界大统一的千年,是世界经济、政治、文化、民族、宗教大融合的千年,是民族国家完成使命而自行消亡的千年,是人类进入共同的边界、共同的文明、共同的价值理念的利益共同体的千年。为此,我们构想了实施"本千年完成世界和平统一大业"系统工程:在我国为实现"小康社会——现代化国家——大同社会"而奋斗,在世界为实现"准平衡秩序规范——世界共同体——世界大同"而奋斗。

2.本书为什么选择以平衡论为蓝本、以发展论为目标

我们选择以平衡论为蓝本、以发展论为目标,把动态平衡的发展方式作为现实和未来人类发展的实现路径和实现形式,理由是:一方面,是因为相关专家学者都推崇"宇宙的总法则是平衡""自然界统领一切的是平衡""平衡的实质是公正"等观点。动态平衡发

展方式就是要赋予现实和未来人与人、人与自然的同等生存和发展的机会。另一方面，是因为这个发展方式是自组织的发展方式，是平衡发展与不平衡发展的统一论、“无形的手”和“有形的手”的统一论、平衡调节与不平衡调节的统一论，因而它是实现我国“两个一百年”奋斗目标、“十二五”规划要求解决的突出问题：“我国经济基数已经很大，发展中面临着不平衡、不协调、不可持续的突出矛盾，经济增长主要靠投资拉动，消费相对不足，内需外需不协调，产业结构不合理，城乡区域发展不平衡”的需要，同时也是实现2015 年 3 月全国人大三次会议《政府工作报告》提出的“稳中求进、量增质优，需要保持稳增长与调结构的平衡”的需要。

(二)动态平衡发展方式理论和方法具有重要的历史和现实意义

从历史看，近 300 年世界现代化史，就是一部发展方式的更新史。世界现代化发展方式转变的逻辑起点，是以英国工业革命辐射到欧美和全世界为标志的。两个半世纪以来，实际上就是发达国家发展方式不断更新的历史。中华民族开始寻求探索现代化发展方式，应当以 1840 年鸦片战争为起点，到现在已经有一个半世纪之久，但现在我国仍然是一个发展中国家，经济社会发展相对后进，其原因就是落后在发展方式转变的起跑线上，近代中国的内忧外患导致对转变发展方式的机会一次又一次的丧失。世界现代化发展的历史反复证明，哪个国家发展方式转变得及时哪个国家就繁荣发达，哪个国家发展方式长期一成不变哪个国家就必然落后。从现实看，党的十八大报告在总结过去工作时说：“必须清醒看到，我们工作中还存在许多不足，前进道路上还有不少困难和问题。主要是：发展中不平衡、不协调、不可持续的问题依然突出……”我国在制定今后工作目标时指出“转变经济发展方式取得重大进展，在发展平衡性、协调性、可持续性明显增强的基础上，实现国内生产总值和城乡居民人均收入比 2010 年翻一番”，并强调“适应经济全球化新形势，必须实行更加积极主动的开放战略，完善互利共赢、多元平衡、安全高效的开放型经济体系”。2015 年 3 月全国人大三次会议《政府工作报告》指出，“如何做到经济换挡而不失速，在多重目标中寻找平衡点，是宏观决策新的重大课题”，“稳中求进、量增质优，需要保持稳增长与调结构的平衡”。可见，平衡发展受到国家的高度重视。从理论和实践看，当今世界由于“旧发展方式病”而导致发达国家的发展速度减退和发展中国家的发展因此受到严重挫折，各国都有寻求更新发展方式的迫切愿望，加之世界经济发展的引擎——跨国公司和各国企业在经济全球化和信息全球化形势下都已经走到了转型升级的关键期，都需要预防畸型发展和实现经济效益、社会效益、生态效益的平衡发展。同时，由于全球经济社会的快速发展，人民生活水平的提高，现代“文明病”日益高发，需要人们尽快形成现代文明健康的低碳生活方式。综上所述，发展方式更新对于国家、企业和个人、家庭都具有迫切性。

(三)本理论和方法克服了传统平衡理论和传统发展理论的局限性

在世界上，传统平衡理论和传统发展理论，从认识到实践都存在一定局限性。上述二者共同的局限性就是缺乏系统论和矛盾论方法的支持，忽视事物的总体特征和相互之间的矛盾关系，所造成的结果必然陷入片面性，往往不能统筹平衡，导致内在关系失衡。传统平衡学说的理论研究从理论到理论，脱离实际，缺乏应用价值，不能在现实的经济工作、科学实验和社会生活中发挥应有的作用；传统发展理论违背综合平衡法则，特别是二战后西亚和南亚的一些发展中国家急于摆脱落后，单纯追求经济增长，忽视资源环境生态平衡、社会公平和人的全面发展，造成贫富两极分化，导致社会冲突和政局动荡。动态平衡发展方式理论和方法强调经济社会平衡发展，不能“只见经济不见社会，只见物不见人”，要做到经济发展、社会进步、人的发展和生态文明建设平衡兼顾，使经济社会系统各要素平衡推进，防止“头痛医头脚痛医脚”的弊病。一是从世界现代化发展历史分析，无论哪一种发展方式都不是一劳永逸的，需要不断更新，才能适应发展变化了的新形势，否则就会阻碍国家和企业的发展。本发展方式是在“时代发展呼唤平衡”的情况下产生的，其显著特点是靶向不平衡问题，是符合世情国情的。二是世界各国的发展方式都不可能是单一的模式，要根据世情国情和企业自身的实际情况采取不同的发展方式，才能适应全球化、信息化条件下激烈的国际竞争的新要求。

本发展方式是以科学发展观为指导思想，借鉴了国际上有影响的种种发展理论的研究成果，具有与传统发展理论不同的特点：其一，本发展方式涵盖宏观中观微观平衡发展，而传统发展方式则只研究微观发展；其二，本发展方式研究的是经济社会和人的全面平衡发展，而传统发展方式则仅限于经济之内的发展，而忽视了它与社会和人的协调平衡发展；其三，本发展方式强调人与自然的和谐而平衡发展，而传统发展方式并不研究人与自然的关系；其四，本发展方式适应经济全球化而强调国内与国外的平衡发展，而传统发展方式的视野仅限于国内经济，并不涉及国外经济；其五，本发展方式实现了世界现实发展与未来发展相结合，而传统发展方式的视野仅限于现实发展，并不涉及世界未来发展。由此可见，本发展方式既扩展了传统发展方式的外延，又丰富了传统发展方式的内涵，是对传统发展方式的创新。

二、动态平衡发展方式理论和方法的要义

“马克思在《资本论》第二卷分析社会总资本再生产时指出：‘各个别资本的循环本来是互相交错在一起的，它们互为前提，互为条件，并且恰好也就是在这种交错中，形成社会总资本的运动。’进而，他阐发了必须保持两大部类之间生产与消费、供给与需求平衡的思想。陈云根据马克思主义这一基本原理，结合我国社会主义建设实际，特别是大跃进的教训，指出‘搞经济不讲综合平衡，就寸步难行’，并提出了‘四大平衡’理论，认为财政平衡、物资平衡、信贷平衡和外汇平衡是全国总体的平衡，是总供给与总需求的平衡，只有搞好综合平衡才能保证国民经济的正常运行。”我们遵循导师马克思和我国老

一辈领导人的观点、宇宙间一切事物自我平衡本性的法则、万事万物趋向综合动态平衡本能的法则以及人类社会趋向大统一、大融合发展的总规律,以平衡论为蓝本,以系统论为方法,以未来学为思路,探索出动态平衡发展方式理论和方法。这个理论和方法的核心是运用平衡发展与不平衡发展统一论解决经济社会发展中的不平衡、不协调、不可持续的问题。例如,在现代化建设中要按照我国提出的经济建设、政治建设、社会建设、文化建设和生态文明建设"五位一体"总体布局平衡推进;在城乡发展规划上两张图纸平衡绘制;在区域发展上东西部平衡联动;在改革开放上内政外交平衡兼顾等。

三、动态平衡发展方式的基本方法是辩证平衡发展

"平衡律:唯物辩证法的第四条规律。"所以,相关专家学者把平衡论称为大众应用哲学是不无道理的。动态平衡发展方式坚持以马克思主义哲学为指导,把辩证平衡发展作为动态平衡发展方式的基本方法。

(一)动态平衡发展方式的理论突破和创新

动态平衡发展方式理论和方法,是宇宙天体宏观平衡运行与微观不平衡运行的统一和自然界万事万物总体平衡发展与局部不平衡发展的统一的概括和反映,因此这个方法是对自然、社会和人的思维都适用的方法。理由是:这个发展方式是从自然界总法则和社会发展总规律中概括出来的方法,并运用到人类永恒生存和发展的根本途径上,它既是一种创新的发展方式,又是一种自然回归和返璞归真的发展方式。因此,它是与时俱进的、通向科学发展之路的,因为这个理论和方法是"无形的手"自发平衡调节和"有形的手"人为平衡调控的统一。例如,这个发展方式在经济发展常态下能充分发挥市场的自发平衡调节作用,当出现市场盲目和失灵时又能充分发挥人为的、政府的宏观平衡调控的作用,所以这个发展方式能够始终保持动态平衡发展。调节公式为:"不平衡发展——[事物自发平衡调节]——平衡发展——新的不平衡发展——[人为平衡调控]——新的平衡发展",如此循环往复,以至无穷。可见,该发展方式把传统平衡理论与传统发展理论有机结合起来,形成了新的理论体系。这种结合消除了自然界与人类社会之间、不同学科理论之间的鸿沟,从而形成了既适应自然界,又适应社会和人的思维发展规律的发展方式。

(二)本理论的基本方法是平衡发展与不平衡发展的统一论

"现代化的各发展要素的推进过程是不平衡与平衡的统一,即发展的异步性与同步性的统一。"动态平衡发展方式的核心:平衡发展与不平衡发展的统一论,即自趋平衡发展与人为调节平衡发展的平衡和统一,发展中调节与调节中发展的平衡和统一。例如,自然界是平衡发展与不平衡发展的统一;社会系统发展过程是宏观平衡发展与微观不平衡发展的统一;经济系统发展过程是宏观同步性发展与微观异步性发展的平衡。经济

系统通过不断调节实现宏观上动态平衡发展，就是把经济各部门、各产业、资源和环境等要素统一为一个协同共生的有机整体，相互配合、相互促进，实现综合动态平衡发展，纠正单纯追求某一部门或产业超前发展而造成相互不衔接、相互制约，而影响整体平衡发展。相对于宏观系统中的微观系统来说，则可以有序不平衡发展，放开搞活，竞相发展，充分展现微观上你追我赶、比学赶帮的生动活泼的局面。但对于微观自身来说，内部则要有序平衡发展。可见，平衡发展与不平衡发展的统一论，如同政治上的民主与集中、自由与纪律的关系，民主是集中指导下的民主，自由不是不要纪律。正如徐宝德所说："我们党的协调发展论是非平衡与相对平衡统一论，承认差别，又要对差别进行必要干预，使其保持在有利全局发展的合理范围之内。"

四、动态平衡发展方式的实际运用

（一）运用动态平衡发展方式推动经济社会动态平衡发展

发展方式更新，是我国经济社会各个领域的一场深刻革命，贯穿经济社会发展的全过程，这是因为经济结构的背后是经济体制，经济体制的背后是经济利益，经济利益的背后是社会公平，社会公平的背后是代与代之间平衡生存。因此，在运用动态平衡发展方式时，要特别注重系统整体的平衡性。在当前，要注重转方式、稳增长、调结构、惠民生之间关系的平衡。第一，全面深化改革与转变发展方式的平衡。经济增长无论依靠投资拉动还是依靠消费拉动，都存在体制机制的内在联系和相互作用的问题。因此，只有将经济体制、政治体制、文化体制、社会体制的改革与转变发展方式有机结合起来，发挥整体效应和相互协同作用，才能真正实现动态平衡发展。第二，稳增长与调结构的平衡。经济结构调整，是发展方式更新的主攻方向，一定要找到二者的平衡点：一要做到扩大内需、刺激消费、扩大基础投资、增加出口之间关系的平衡；二要做到加快推动农业、制造业、战略性新兴产业、服务业、文化新业态之间关系的平衡；三要做到一、二、三产业之间发展关系的平衡；四要做到促进区域统筹、城乡统筹的平衡发展。

（二）这个理论和方法是在"时代发展呼唤平衡"的情况下应运而生的

世界各国在发展中出现了亟待解决的"全球性问题"，需要科学家、专家学者从科学上和理论上给予新的解释和回答，提出有针对性的解决方案。动态平衡发展方式就是在全世界亟待解决失衡的工业化、失衡的现代文明、失衡的人口生育和失衡的世界利益分配所造成的"全球性问题"的情况下产生的。这个发展方式的产生，就是要实现各国国内各领域、各区域、各产业的平衡发展，也要实现世界各国和各区域共同体的平衡增长，正如"匹兹堡峰会提出的'强劲、可持续、平衡增长框架'对世界经济长远健康发展具有重要意义"。可见，平衡增长已经成为全球性的共识，这是因为在经济全球化形势下，把世界各国的经济都纳入了一个统一的世界大市场，各国经济相互交织、相互依赖，客观上要求世界经济平衡发展。我国领导人曾在国际会议上指出:"我们应该努力实现平衡增长,既要实现各国国内不同区域、不同产业平衡增长,也要实现不同国家和地区平衡增长。"可见,动态平衡发展方式是适应时代需要而产生的。

五、动态平衡发展方式重视对人类未来发展的研究

(一)本理论克服了社会科学存在的重视历史研究轻视未来研究的倾向

人类应该像研究历史那样去研究未来。20世纪中期,德国费勒希特海姆提出了新兴科学——未来学。"它将人类社会今天来自各方面的变化,加以认真的分析、研究和综合,预测未来发展趋势,描绘人类社会明天的轮廓。"未来学认真分析研究人类社会现在的变化,预测和描绘未来发展趋势,不但具有现实经济价值和社会价值,而且是人类掌握自身未来命运的有效方法。但是,我们的社会科学专家学者在对人类社会发展的研究中,重视研究历史,对未来如何发展研究很少,这是不全面的,不能满足人们的需求。动态平衡发展方式纠正了在社会研究中"只见历史,不见未来"的偏向,把历史研究、现实研究和未来研究结合起来,使人们既了解人类的过去、现在又了解未来发展趋势,使人类社会前进的道路更加清晰可见,使经济社会发展具有清晰的路线图和历史方位。所以,探索转变和更新发展方式,不能不研究世界未来的发展途径和人类未来的发展趋势。

(二)动态平衡发展方式构想了人类未来的发展路径

该发展方式的研究不仅限于世界现实发展,而且重视研究人类未来发展,探索人类永续生存和发展的根本途径,推动人类从必然王国进入自由王国。本书通过对世界和平统一、人类融合发展以及国家政治实体发展规律的研究之后设计了实施"本千年完成世界和平统一大业"系统工程的路线图:"全球'准平衡秩序规范'——创建'世界共同体'——建立'世界国家'(世界大同)——人类进入'自由王国'社会"。动态平衡发展方式为什么把目标确定在完成"世界和平统一大业"系统工程上,这是因为要从根本上解决威胁未来人类生存发展的两大危机:核战争灾难毁灭危机和生态失衡毁灭危机。第一,消除未来生态失衡毁灭人类的危机。动态平衡发展方式的理论和方法就是由人类生存空间的有限性、资源的有限性和地球消化吸纳污染能力的有限性,以及目前地球生态失衡的严重性促使而产生的,生态文明建设是20世纪对人类发展进行总结反思而得出的伟大成果,人类未来迫切需要解决的生存发展危机的难题,唯一的应对途径就是建立"世界国家",这才能使人类从生态失衡毁灭的危机中渡向生存发展的诺亚方舟。第二,消除战争失衡毁灭人类的危机。翻开典籍,"一部人类历史就是一部战争史",近代在25年间就发生了两次世界大战。为了消除人类战争的不幸,特别是现今世界的核毁灭大战和你追我赶的军备竞赛,严重威胁未来人类的生存。只有建立以地球为边界的"世界国家",

才能从根本上消除悬在人类头顶的“达摩克利斯之剑”。本书做到“为之于未有,治之于未乱”,构想了动态平衡方式解决“两个人类生存危机”的实现形式,这个形式与历史上任何变革不同,不是通过强权和武力,而是人类生产力高度发展到现阶段和现在水平时而开始的变革,这就是世界正在进行着的悄无声息的革命:超国家的全球化和信息化的大发展,超国家的世界性组织和区域性大联合,这些都为实施“完成世界和平统一大业”系统工程,彻底解决“两个人类生存危机”创造了条件。由此,我们不难做出以下判断,以和平统一的方式实现天下一统不是空想,中外古今先哲们向往的“大同社会”不是空想,我们预言地球将在本千年末融合为一个人类共同家园——“世界国家”(世界大同),下一个千年将过渡到“自由王国”社会的理想境界。

动态平衡发展方式理论结构框架图

- 上册
  - 动态平衡发展方式理论依托：
    - 协同论阐释和评析
    - 系统论阐释和评析
    - 平衡论阐释和评析
  - 动态平衡发展方式方法论基础：
    - 动态平衡交替发展方法
    - 动态反制衡定律和调节方法
    - 动态平衡发展方式制衡方法
    - 动态平衡发展方式制衡定律
    - 动态平衡发展方式基本理论
  - 动态平衡发展方式方法论：
    - 动态平衡发展方法综合评价
    - 动态平衡的系统方法
    - 动态平衡方法的应用
    - 动态平衡方法体系的构建
  - 宏观系统动态平衡发展方式
    - 国际平衡外交
    - 世界民族、宗教关系的平衡
    - 现代文明平衡发展
    - 世界多元文化平衡发展
    - 全球经济动态平衡发展
    - 联合国的动态平衡发展
    - 世界政治动态平衡发展
    - 地球系统动态平衡发展
    - 宇宙系统动态平衡发展
  - 中观系统动态平衡发展方式
    - 体育事业平衡发展
    - 环境平衡发展
    - 法学平衡发展
    - 商贸平衡发展
    - 交通平衡发展
    - 工业平衡发展
    - 农业平衡发展
    - 文化平衡发展
    - 医卫平衡发展
    - 科技平衡发展
    - 教育平衡发展
    - 军事平衡发展
    - 外交平衡发展
    - 政治平衡发展
    - 社会平衡发展
    - 国家平衡发展
    - 经济平衡发展
  - 微观系统动态平衡发展方式
    - 个人家庭动态平衡发展方式
    - 领导工作动态平衡发展方式
    - 单位动态平衡发展方式

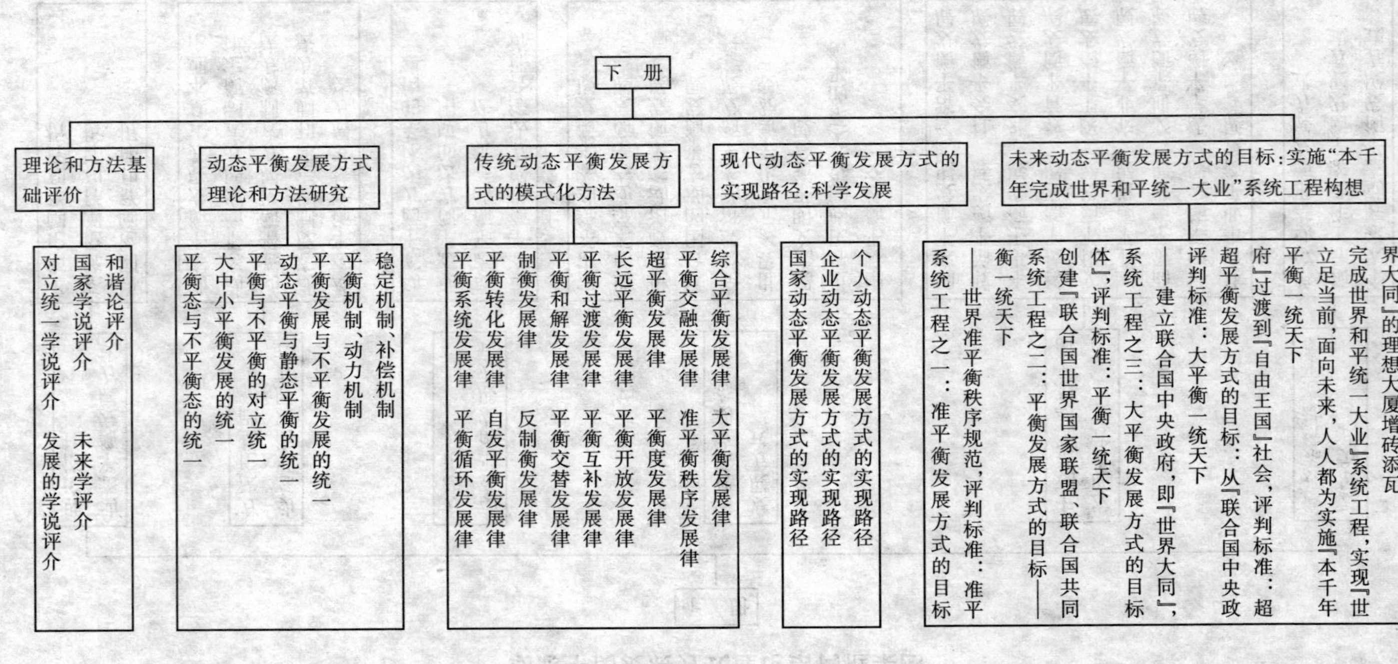
下册
理论和方法基础评价
和谐论评介
国家学说评介
未来学评介
对立统一学说评介
发展的学说评介
动态平衡发展方式理论和方法研究
稳定机制、补偿机制
平衡机制、动力机制
平衡发展与不平衡发展的统一
动态平衡与静态平衡的统一
平衡与不平衡的对立统一
大中小平衡发展的统一
平衡态与不平衡态的统一
传统动态平衡发展方式的模式化方法
综合平衡发展律
大平衡发展律
平衡交融发展律
准平衡秩序发展律
超平衡发展律
平衡度发展律
长远平衡发展律
平衡开放发展律
平衡过渡发展律
平衡互补发展律
平衡和解发展律
平衡交替发展律
制衡发展律
反制衡发展律
平衡转化发展律
自发平衡发展律
平衡系统发展律
平衡循环发展律
现代动态平衡发展方式的实现路径:科学发展
个人动态平衡发展方式的实现路径
企业动态平衡发展方式的实现路径
国家动态平衡发展方式的实现路径
未来动态平衡发展方式的目标:实施“本千年完成世界和平统一大业”系统工程构想
系统工程之一：准平衡发展方式的目标——世界准平衡秩序规范，评判标准：准平衡一统天下
系统工程之二：平衡发展方式的目标——创建『联合国世界国家联盟、联合国共同体』，评判标准：平衡一统天下
系统工程之三：大平衡发展方式的目标——建立联合国中央政府，即『世界大同』，评判标准：大平衡一统天下
超平衡发展方式的目标：从『联合国中央政府』过渡到『自由王国』社会，评判标准：超平衡一统天下
立足当前，面向未来，人人都为实施『本千年完成世界和平统一大业』系统工程，实现『世界大同』的理想大厦增砖添瓦

目 录

导论:时代发展　呼唤平衡

引证:

时代发展呼唤平衡。当今世界,旧的平衡已经打破,新的平衡正在建立。[1]

——李继兴《大平衡》

为了把握我国经济社会发展的大逻辑,我们适应时代的需要,以科学发展观为强大思想武器,探索出现实和未来动态平衡发展方式的路径。这个构想的总路线图就是实施"本千年完成世界和平统一大业"(人类和平统一大业)系统工程,这是符合中国经济社会发展、未来世界发展大趋势的,我们将通过大中小准平衡发展方式的实现路径,托起这个构想。

一、时代的命题——转变发展方式

(一)发展方式更新要与世情国情地情相平衡

对发展方式更新的研究,不但是一个世界性的热门课题,而且在历史、现实和未来都属于热门的课题,也是古今中外政治家、社会科学家、仁人志士竞相研究的长盛不衰的课题。这是因为,从古到今一个国家经济社会始终保持生机活力、可持续发展,关键是抓住时机更新发展方式,使发展方式保持与时俱进,既要符合世界发展潮流,又要符合本国本地本单位的实际情况。我国提出的"完善互利共赢、多元平衡、安全高效的开放型经济体系",就是现阶段最符合世情和国情的发展方式。

1.发展方式更新快慢与一个国家发展速度快慢相平衡

发展方式更新是与经济发展类型相适应的。狩猎和采集生产方式与原始经济的特征相适应,种植业生产方式和畜牧业生产方式与农业经济的特征相适应,资本和机器生产与工业经济的特征相适应,知识经济与电子和信息化的特征相适应。当一种经济发展方式阻碍了经济社会发展,就要及时更新发展方式,以新的发展机制和道路,适应经济社会发展的新要求,推动经济社会进入新的发展周期。人类社会的发展方式的演变过程可以概括为:"原始狩猎采集经济——农牧经济——工业经济——知识经济"。其经济类型从开始的资源依赖型,即依赖自然资源获取生活资料,转变到投资驱动型,即投资与经济增长呈现正比,最后发展到创新驱动型,即知识创新成为发展的驱动力。这三种主要发展方式，是根据全球经济社会发展的客观规律和人类社会发展的大趋势，不断进行调整更新的过程和总结。

两个半世纪以来，世界各国特别是发达国家在发展方式不断更新的过程中发展起来，这些发达国家已经向后工业社会迈进，他们最先发展起来的原因，就是得益于发展方式的不断更新，始终保持了与时俱进。例如，美国、英国和欧盟等发达国家，他们都经历了不断探索和更新发展方式的漫长历史。按照进入后工业化时代的人口和面积计算，发达国家占全世界1/5的人口和2/5的陆地，并且目前世界发达国家之间的发展水平也是很不平衡的，而且相互之间的差异也比较大。这种情况的存在，也是由发展方式更新快慢所导致的。

任仲平在《决定现代化命运的重大抉择——论加快经济发展方式转变》一文中总结道："没有一劳永逸的现代化，也就没有一成不变的发展方式。在发展方式这个问题上，不变则罔，不进则退，这条两百多年来锤炼的历史经验，已经成为世界各国推进现代化的国家理念。"颜晓峰在《经济发展方式的转变》一文中也指出："没有一成不变的经济发展方式，也没有永久适用的经济发展方式。"[2]我国在上一轮世界性转变发展方式中失去了机遇，这就是20世纪中叶的世界新技术革命大潮，这个契机被西方国家敏锐捕捉、紧抓不放，不失时机地进行经济调整、社会调整和产业调整，从根本上转变了发展方式，获得了暂时快速发展。西方国家发展方式转变的特点，表现在从不平衡趋向平衡转变的态势，集中体现在"四个制衡趋向"上：一是上层建筑领域的制衡趋向；二是生产关系领域的制衡趋向；三是所有制形式的制衡趋向；四是社会结构的制衡趋向。可见，西方资本主义制度国家就是在不平衡趋向平衡的不断转变发展方式的过程中缓和了西方资本主义国家的社会矛盾，暂时避免了政治危机。

现今世界新一轮转变发展方式主要是以电子、信息技术为主的高科技革命，又将出现一个世界性的经济发展大潮，这个大潮不仅是经济社会发展向知识经济转变，而且转变着人们的思维方式、工作方式、生产方式和现代生活方式。现在，世界各国转变发展方式普遍以市场化、低碳化和平衡化为导向，以经济效益、社会效益和生态效益的"三个平衡发展"为目标，进行经济结构、社会结构、机制体制、所有制形式和企业组织的大调整、大转变。目前，全球新一轮转变发展方式谁捷足先登，谁就会抢先占据制高点，我们应当认真研究如何紧紧抓住新一轮契机，实现快速发展，提升综合国力。

2.近代中国后进的根本原因是发展方式与世界现代化发展严重失衡

世界近300年现代化发展史，就是一部发展方式的更新史。欧美等发达国家，在现代化进程中，进行一轮又一轮发展方式转变，相继完成了产业革命。从17世纪英国资产阶级革命到19世纪早期的拉丁美洲独立运动，资本主义在欧美大陆获得快速发展，新的社会制度的建立很大程度上促进了社会生产力的发展，欧美等国家不断强大起来，纷纷走上现代化的道路，由农业社会转变为工业社会，并向后工业社会大踏步迈进，而近代中国史却成了落后挨打的历史，问题就出在发展方式上。

近代中国落伍的原因虽然是十分复杂的，有地理环境因素，有政治制度因素，也有传统文化因素。但是，落伍的最根本的原因，就是落后在陈旧的发展方式上，与世界现代化发展严重失衡。在古代历史上，中国的生产力发展水平、经济政治和文化繁荣程度，曾经长期居于世界前列，出现太平盛世景象，如汉代光武中兴时期，唐代的开元盛世、贞观之治，北宋初期的发展景象，明代中叶的繁荣和清代的康乾盛世等。但是，中国近代，由于清王朝固守农牧文明，盲目自大，保守封闭，不图发展自强，所以一次又一次丧失发展机遇，导致国家从强盛走向衰落，原因就是与世界发展潮流失衡。一是政治上与世界发展潮流失衡。清王朝实行封建专制统治，压制中国进步思想，固守封建专制制度，反对图强变革，抑制进步思潮的传播，扼杀新社会制度的因素和资本主义萌芽，造成中国仁人志士有梦无路，导致近代中国经济社会发展方式极端落后，成为世界现代化的落伍者。二是经济上与世界发展潮流失衡。清王朝奉行传统的“重农抑商”政策，崇尚儒家的重义轻利价值观念，极力维持小农经济的自给自足，维护落后的农业生产方式，抑制发展商品经济，不重视工商业、手工业的发展。三是科技上与世界发展潮流失衡。清王朝为了维护统治地位，排斥和压制科学技术的发展，反对采用先进的生产技术，否认科技的价值和作用，对待大自然采取听天由命态度，造成生产力低下。四是在文化上与时代发展潮流失衡。选拔人才依靠先人的科举制度，崇尚中国旧文化观念，诱导人们学习儒家的经典，不愿接受和传播新科学文化知识。五是外国入侵和掠夺加剧了与世界发展失衡。中国自 1840 年鸦片战争以来，经历了近百年外族侵略、掠夺以及难以名状的惨痛事件，国民遭受战乱，资源和环境遭到严重破坏，社会混乱，经济崩溃，造成经济社会发展上的恶性循环。

由此可见，造成中国的落后与更新发展方式相关，发展方式更新是经济社会发展的强大动力，发展方式牵引经济社会发展，发展道路影响发展速度，发展手段改变发展效果。发展方式不但决定着经济发展的速度、经济的效益，而且决定着一个国家和一个民族的可持续发展。今天，我们要从历史中吸取教训，要看到我国现阶段与其他发达国家之间的不平衡差距，抓住新一轮发展机遇，转变发展方式，紧紧跟上世界发展的脚步，保持与世界平衡发展，努力缩小与世界先进国家的差距，为早日实现中华民族的伟大复兴而奋斗。

(二)更新发展方式要与时代发展潮流相平衡

无论是自然界、人类社会还是人的思维方式都在不断地运动、变化和发展着，因此发展方式不能一劳永逸、一成不变，特别是在新的时期，确立什么样的发展方式，是世界各国面临的共同课题。历史昭示我们，固守一种发展方式长期不变，是一个国家发展落后的根本原因。反之，及时更新发展方式才能跟上时代的潮流。“转变经济发展方式已经刻不容缓，一场国际金融危机使传统发展方式‘软肋’尽显。”[3]由此可见，对于我们这个发展不平衡的发展中大国来说，转变经济发展方式迫在眉睫。

“经济发展方式是由多种因素综合作用而形成的，主要有生产要素的稀缺程度，科学技术的发展阶段，经济关系的社会属性，政治体制的引导能力，发展理念的价值导向等。”“经济发展方式转变，是指经济发展的主要模式发生了根本性变革，也就是从依赖某种能源到开发利用其他能源，从使用某种工具生产到发明推广先进的生产工具，从依靠消耗物质资源、扩大投资规模来增加财富到依靠科技进步、生产创新来增加财富，从人力密集型、资本密集型为主的产业结构到技术密集型、文化密集型为主的产业结构，从追求物质享受的生活方式到崇尚文明健康合理的生活方式，从收入差距悬殊、引发社会矛盾的分配到趋于公平、有利和谐的分配，从限制人的全面发展到促进人的全面发展，从不可持续的发展到可持续的发展，等等。”[4]经济发展既表现为发展的成果，即以不同形式积累的物质财富，也表现为发展的方式方法，即以不同形式推动的经济过程。经济发展方式是经济发展的途径、手段、机制的总和，从而揭示了经济发展方式的内涵，这就是依靠什么样的需求结构、产业结构、要素结构促进经济发展。新中国成立以来，我国每一次更新发展方式，都是我国具体国情、民情的反映，都是贯穿我国经济社会各领域和发展全过程的一场深刻变革，每一次都使国民经济和社会发展达到一个新的高度。例如，新中国成立后在不同历史时期进行了四次发展方式的转变，为经济社会发展提供了不竭的动力：第一次是新中国成立后的政治社会制度的大变革、大转变；第二次是20世纪的经济体制的大变革、大转变；第三次是21世纪初的经济发展方式的大变革、大转变；第四次是2014年十八届三中全会《中共中央关于全面深化改革若干重大问题的决定》发布后的全面深化改革，是我国现代化建设进入新阶段的大改革、大转变。有人评价说，2014年是“改革元年”，改革进入了“深水区”，是“啃硬骨头”的阶段。我们期待新的改革、新的转变，取得新成就。这四次发展方式的大改革、大转变都紧密结合世情国情民情，从而推动了我国经济社会半个世纪以来的持续快速发展，使我国成为世界第二大经济体。所以，我们要增强“改革只有进行时，没有完成时”的决心，以改革开放为强大动力，不断更新发展方式，不断获得新发展。

转变发展方式具有全局性的战略意义，这在我们党总体战略布局之中有充分体现。“‘加快推进经济结构调整，加快推进产业结构调整，加快推进自主创新，加快推进农业发展方式转变，加快推进生态文明建设，加快推进经济社会协调发展，加快发展文化产业，加快推进对外经济发展方式转变’这8个‘加快’关涉经济、社会、文化各方面，深刻体现了经济发展方式转变的全局性战略意义。”[5]我们必须把握这8个“加快”之间的关系，实现统筹平衡、全面推进。一是加快经济发展方式转变是新形势下党中央提出的新号令。2013年十二届全国人大一次会议《政府工作报告》中对政府工作的建议的第一条“加快转变经济发展方式，促进经济持续健康发展”，强调要加大推进转变经济发展方式，加快产业结构调整，改造提升传统产业，发展高新技术产业，发展壮大服务业。可见，加快经济发展方式的转变，不仅是时代的要求，而且是我国经济社会持续健康发展的客观要求。二是加快经济发展方式的转变才能提高经济发展的质量和效益。我们只有紧紧抓住机遇，承担起历史的责任和使命，才能在现代化的历程中创造更加辉煌的中国时代。也只有加快经济发展方式的转变，才能提高经济发展的质量和效益，才能提高我国经济的国际竞争力和抗风险能力，早日实现中国和平崛起的愿望。三是加快经济发展方式转变，当前要处理好几个主要关系。要把经济发展方式转变真正落实到位，就要处理好与经济结构调整优化、经济持续增长的关系；与科技创新、自主创新和新技术应用的关系；与调节好国际国内经济利益之间的关系；与现代市场自发调节和政府宏观调控职能两个作用协同的关系；与稳增长、调结构、惠民生之间的关系，从而全面提高经济社会发展水平。

二、发展的课题——动态平衡发展方式

在世界上，对于发展理论的研究，起源于经济学，而且是有针对性地研究发展中国家的国民生产总值的增长。后来，研究的范围扩展到多个学科、多个部门。例如，发展社会学、发展政治学和发展历史学等也开始研究发展理论问题。2015 年 3 月十二届全国人大三次会议《政府工作报告》指出："保持国际收支基本平衡，努力实现居民收入增长和经济发展同步，加强对增长、就业、物价、国际收支等主要目标的统筹平衡。"[6]这就说明，在经济社会发展中，统筹平衡的极端重要性。我们认为，发展理论是否也应该向平衡学说扩展，平衡观是否也应该从自身的角度研究发展问题，或者是否可以把二者有机结合起来创造一种新的发展方式。我们选择了后者，因为它更适合现代经济社会、企业发展方式的转变和个人家庭现代生活方式的转变。同时，21 世纪初叶，和平发展成为时代主题，发展对于发达国家和发展中国家都是一个机遇，特别是发展中国家面临着既现实又相当突出的问题，这就是如何发展？带着这个问题从平衡观的角度研究发展问题，不但给发展增添一条新路径，而且使传统平衡论焕发生机，发挥应有的作用。

（一）动态平衡发展方式是大自然进化法则和人类社会发展规律的概括和反映

1.动态平衡发展方式是对无机界和有机界动态平衡发展的概括

宇宙间，一切事物都按照动态平衡发展方式运动变化，表现在一切事物都具有自我平衡的本性和宇宙间万物走向综合动态平衡的本能。这两个法则告诉我们，事物发展都遵循从平衡到打破平衡再到重建平衡的规律，事物发展变化过程中出现不平衡是暂时的，最终会自觉恢复到平衡状态。这种复衡现象，在自然界进化发展中是依靠自然力而实现的，在人类社会进化发展中是依靠社会力而实现的。这种无处不在的自然界和人类社会的作用力，就是"看不见的手"在发力。即在这只"无形的手"操纵下的"无形的力"的作用，维持着自然和社会始终保持动态平衡发展状态。事物的这种平衡是动态的，在发展过程中又会出现新的不平衡状态，事物又会通过自发调节恢复和重建平衡状态，如此循环往复，以至无穷，从而维持系统总体上始终处于动态平衡发展状态。正如林竹三、林绿冬在《中医平衡奥秘》一书中说的："我们在研究自然界的运动变化规律，研究社会的发展规律，以及研究人与自然和社会的关系时，都会发现一种客观存在的普遍现象，它

总是沿着平衡——不平衡——平衡的方向在发展变化着。”之所以说动态平衡发展方式是自然法则和人类社会发展规律的概括和反映，是因为大平衡发展方式就是对宇宙间交织重叠的“混沌”状态与有序平衡发展状态相统一规律的运用。所以，大平衡发展方式就是对无机界和有机界动态平衡发展的概括。

2.动态平衡发展方式是“无形的手”的作用力和“有形的手”的作用力的统一

大平衡发展方式是一种超平衡的运用，如划艇比赛中的人、水、艇、风和气候等内在和外在关系的平衡和统一。在我国经济运行中，从计划经济到市场经济，都是“无形的手”的作用力和“有形的手”的作用力的平衡和统一。如价值规律对流通的调节作用，就是通过价格的涨落，自发调节商品的供求平衡。供求关系直接影响价格，而价格反过来又调节供求，价格围绕价值上下波动。当某一商品供给量超过需求量，就发生供过于求，生产者就会竞相降价出售，价格就会跌到价值以下，产生价格与价值的不平衡，生产者就会放弃这一商品的生产，商品又会造成供不应求；某一商品供给量不满足需求量时，就会发生供不应求，生产者就会抬高价格出售，价格就会涨到价值以上，产生价格与价值的不平衡，生产者就会竞相生产这一商品，商品又会造成供过于求。但是，从较长的时间来看，价格与价值从平衡到不平衡再到平衡的波动后，商品的涨落可以相互抵消，最终价格与价值是平衡的。但是，动态平衡发展方式不是单纯依靠“无形的手”的作用力的操控，强调要充分发挥“有形的手”的作用力进行调控。这是因为“无形的手”是自发地起调节作用，具有盲目性，有时会造成社会劳动的巨大浪费和企业破产。这就需要“看得见的手”在利用、引导和发挥“看不见的手”自发调节作用的前提下，进行有意识、有目的和有效的人为调控，才能维持平衡运行状态。动态平衡发展方式就是这样“两个作用力”统一的发展方式。正如党的十八届三中全会指出的：“经济体制改革是全面深化改革的重点，核心问题是处理好政府和市场的关系，使市场在资源配置中起决定性作用和更好发挥政府作用。”[7]这就实现了“无形的手”的作用和“有形的手”的作用的平衡和统一，确保经济发展的稳定有序运行。

(二)发展方式更新要与人类永续生存发展相平衡

发展方式优劣关系重大，它既可以优化自然环境、推动经济社会发展，又可以恶化自然环境、制约经济社会发展。我们在更新发展方式时要重视它的科学性、平衡性和可持续性。

1.动态平衡发展方式与现代发展保持平衡

“自18世纪下半叶，蒸汽机吐着白气推开现代化大门以来，人类文明发生了深刻的嬗变。在现代化进程的大舞台上，新老大国次第亮相，演绎了各具特色的发展篇章，这当中有一条堪称规律的结论：一个国家要保持充满活力、持续向上的发展态势，关键是让经济发展方式始终与时俱进，找到符合时代潮流、契合自身发展阶段的现代化路径。”[8]作为现代化标志的工业革命在西欧兴起之后，开启了世界现代化进程。它是以现代生产力发展为动力，建立起开发自然界模式和形成工业社会体制，同时也兴起了经济全球化浪潮的开端，给整个世界带来了经济社会发展的大飞跃。20世纪中后期，这个“发展方式”先后传到世界各国，这时在东方和西方出现了现代化发展进程的不平衡状态。为什么出现这种不平衡发展状况呢？问题就出在有的国家发展方式更新快，有的国家的发展方式没有跟上时代的脚步，一步跟不上，步步跟不上。中国近代落后挨打，就是输在发展方式更新太慢，而导致落伍。当代中国，只有及时更新旧的发展方式，发挥“迟发”的积极效应和“后发优势”，缩小与先进工业化国家的差距，才有可能赶超先进国家。因此，党中央把转变发展方式作为时代的命题提出来其目的就在于此。为此，我们遵照“马克思在《资本论》第二卷分析社会总资本再生产时指出：‘各个别资本的循环本来是互相交错在一起的，它们互为前提，互为条件，并且恰好也就是在这种交错中，形成社会总资本的运动。’进而，他阐发了必须保持两大部类之间生产与消费、供给与需求平衡的思想。陈云根据马克思主义这一基本原理，结合我国社会主义建设实际，特别是大跃进的教训，指出‘搞经济不讲综合平衡，就寸步难行’，并提出了‘四大平衡’理论，认为财政平衡、物资平衡、信贷平衡和外汇平衡是全国总体的平衡，是总供给与总需求的平衡，只有搞好综合平衡才能保证国民经济的正常运行”[9]，我们进行了长期探索，找到了这个时代的命题、发展的课题、现实的难题的破解之道——动态平衡发展方式。这个发展方式是顺应时代而生的，区别于一般传统发展方式，它实现了事物自发平衡调节和人为平衡调控的有机统一，发挥“无形的手”和“有形的手”的两种功能，是一种大平衡（超平衡）发展方式。它是国家和企业选择的发展方式之一，因为世界、国家和企业的发展方式都不会是单一的。

2.运用动态平衡发展方式解决发展中的不平衡问题

“中国的现代化，又到了一个攸关未来的路口。”[10]我国近代落伍的教训不能忘记，这就是一些专家学者说的“问题就出在发展方式上”。而现在又到了一个“十字路口”，这就是又到了转变发展方式的时候了。在这个关键时刻，动态平衡发展方式适应时代要求，力图完成这个现实难题的破解，解决现代化建设中的不协调、不平衡、不可持续的问题。中共中央在制定国民经济和社会发展第十二个五年规划的建议时指出：“必须清醒地看到，我国发展中不平衡、不协调、不可持续的问题相当突出，主要是，经济增长的资源环境约束强化，投资和消费关系失衡，收入分配差距较大，科技创新能力不强，产业结构不合理，农业基础仍然薄弱，城乡区域发展不协调，就业总量压力和结构性矛盾并存，社会矛盾明显增多，加强转变经济发展方式已经刻不容缓。”[11]正如规划指出的，加强转变经济发展方式已经刻不容缓。动态平衡发展方式就是专门解决发展中的不平衡问题，这是因为不平衡发展存在严重的负效应，影响经济社会正常运行。“不少国家在迈入现代化进程后，最初的发展势头相当不错，但后来却出现停滞，甚至发展逆转，关键原因就是没有及时对发展方式作出调整。”[12]对于中国这个不平衡发展的大国，运用动态平衡发展方式消除不平衡发展负效应是最大的结合实际。中共中央宣传部理论局编《从怎么看到怎么办》一书第七节《走好统筹路，下好一盘棋——怎么解决发展不平衡问题》中说:“经过不懈的努力,我国城乡、区域发展不平衡的状况有所缓解。但发展不平衡问题还很突出,广大群众仍然十分关注。”“为什么连出‘重拳’,城乡、区域发展不平衡问题仍然突出?”[13]文章认为主要原因:一是发展存量差距大。我国发展不平衡问题由来已久,发展差距的基数很大,并非短时间能够“消化”。二是客观条件制约多。我国幅员辽阔,各地自然状况、地理环境、气候条件迥异,决定了不同地区发展存在“先天性”差异。三是体制政策不完善。在市场经济条件下,容易出现强者愈强、弱者愈弱的“马太效应”,在一定程度上扩大了发展差距。“因此解决城乡、区域之间发展不平衡问题不可能一蹴而就。”所以,为了有针对性地解决我国经济社会、城乡、区域的平衡发展问题,我们提出新的动态平衡发展方式,转变旧的发展方式,如在经济社会文化和人的发展上“四个轮子”平衡驱动,在城乡发展规划上两张图纸平衡绘制;在区域发展上东西部平衡联动;在改革开放上内政外交两条腿平衡互动;在物质文明和精神文明建设上两副担子平衡挑。总之,我们只要按照“十二五”规划提出的“实现经济社会发展目标,必须紧紧围绕推动科学发展、加快转变经济发展方式,统筹兼顾、改革创新,着力解决经济社会发展中的不平衡、不协调、不可持续的问题。”[14]在我国新的经济发展转型期,又及时提出了“稳增长、调结构、惠民生”的新常态化战略。2015 年 3 月《政府工作报告》又提出了“保持稳增长与调结构的平衡”。党中央非常重视平衡发展,我们一定要坚决落实中央的部署,确保经济社会发展的平衡性,努力实现 2020 年全面建成小康社会的目标。

三、未来发展的破题——大平衡(超平衡)发展方式

全面建成小康社会是党的十八大提出的总目标, 三中全会又提出了全面深化改革和全面推进依法治国,这就如同鸟之两翼、车之双轮,共同推动“小康社会”的实现。洪向华主编的《四个全面:党员干部读本》绪论说:“其中儒家的大同、小康理想社会观最具影响力。《礼记·礼运》中提出了‘天下为公’的‘大同’和‘天下为家’的‘小康’两种社会模式。‘小康’比‘大同’低一个层次。这里的小康是指建立在小生产、小农经济和私有制基础上的封建世袭社会,虽然有别于大同社会,但社会生活稳定,丰衣足食,国泰民安。”[15]根据这个精神,我们把近目标实现全面建成“小康社会”和远目标未来实现“大同社会”统一起来,立足现实,面向未来,努力把我国历代先行者、仁人志士期盼的“小康社会”“大同社会”早日变成现实。

(一)大平衡(超平衡)发展方式是通向完成“世界和平统一大业”之路

在人类历史上,众多精英早就在探索未来发展的破题,从古到今、从中到外为之探索数千年从未停止,理想国、大同世界、空想社会主义、太平世界等等,其实质都是追求“天下无国家、人人无差别”的理想社会形态,但由于有梦无路而不能实现。而动态平衡发展方式做到了有梦有路,找到了实现理想社会的实现形式和实现路径,就是按照北京大学李继兴教授的“大平衡的分类:平衡与不平衡可分为大、中、小三个类别”,即通过大

中小平衡发展方式的途径，实现超自然（天人合一）、超国家（不同国家相融合）、超民族（不同民族相融合）、超宗教（不同宗教相融合）、超文明（不同文明相融合）、超社会制度（不同社会制度相融合）、超意识形态（不同意识形态相融合）。这种融合方式，不以强势和武力，不是一个吃掉一个，而是一场静悄悄的革命，即在生产力发展到一定阶段和水平时的必然要求，以兼容并蓄的方式实现世界和平统一大业。这种超平衡的发展方式，是根据事物自我走向平衡本性和万物共同走向综合动态平衡的本能而形成的，实际上就是把自然法则和社会发展规律综合运用于社会发展和人的发展上，是通向"世界和平统一"的发展之路。因此，大平衡（超平衡）发展方式大力支持作为"世界大同"新社会因素和新生事物的超国家的联合国及其世界性国际组织的大发展、全球化的大发展、信息网络化的大发展、超国家的区域共同体的大发展和超国家的跨国公司全球生产经营的大发展，目的是使"世界大同"的新社会因素和新生事物快速成长壮大。一是积极培植和扶持经济全球化的新社会因素成长壮大。"发展作为一种复杂的社会活动，需要不断地同外界进行信息、能量和物质交换。在经济全球化、信息网络化的今天，国与国之间的联系越来越紧密，资源、资本、技术和人才都是世界性的，任何一个国家或地区都不能脱离'地球村'而孤立地发展。作为参与经济全球化并获得自身较大发展的一个国家，中国享受了经济全球化带来的机遇，也不可避免地经历着经济全球化带来的挑战。"[16]全球化改变了世界各国和各地区的发展方式，把封闭发展变为开放发展，把孤立发展变为融合发展，把资源、资本、技术和人才都变成外向的和开放的，并突破国界、区域集团界的限制走向全球，开创了人类空前的经济政治文化往来频繁的新时代，使经济发展成为"全球社会"活动，成为"全球时代"发展的潮流，使世界进入"全球大时代"。如果哪个国家不同大世界物质、能量和信息交换就会被边缘化，就会被滚滚向前的历史车轮抛在后面。由此可见，经济全球化的浪潮、信息网络化的全球流动，就是完成世界和平统一大业的源泉和动力。二是积极培植和扶持建立在国家之上的世界性组织的新社会因素成长壮大。这里包括三种超国家组织，其一是联合国及其世界性组织，其二是区域共同体，其三是洲际经济合作组织等。例如，欧洲联盟、北美自由贸易区、东南亚联盟、亚太经济合作组织、非洲联盟，还有洲际的20国集团、上合组织、金砖国家等众多国际组织。这些遍及世界的大联合标志着未来世界发展的大方向，代表了世界和平统一的新模式，推动了人类的大融合。目前，欧洲统一大局已定，亚洲大融合打开了局面，美洲大融合进展迅速，非洲大融合迈开了步伐，它们在欧、亚、美、非一体化发展中先走一步，为人类大融合提供了新经验。三是积极培植和扶持超国家的跨国公司的新社会因素成长壮大。跨国公司即国际企业，"从其经济和政治影响来看，跨国公司成为当代世界经济发展的主角，并成为经济全球化进程的重要推进器"[17]。跨国公司是在国际范围内进行商品生产、商品经销活动的国际企业，对传统的国际关系和国际政治的影响越来越大，是一个超国家的经济实体。目前世界范围内跨国公司4万余家，在国外有10万家子公司，生产的工业产品占世界的1/4，经济活动占全世界的1/10。跨国公司代表着未来世界和平统一、人类大融合发展的大方向。四是积极培植和扶持超国家的“构建和谐世界”的新社会因素成长壮大。2005年中国开创性地向全世界人民、全球各个国家提出“构建和谐世界”的主张,反映了全世界各国人民的共同心愿。动态平衡发展方式的理论和方法倡导世界各国高举和谐发展的大旗,在和而不同中合作发展,在求同存异中共同发展。实现世界和平发展和融合发展,各个国家在和平的国际环境中获得各自的发展,并以各国的发展促进世界和平统一大业早日实现。实质上,这就是通向“世界大同”的必由之路。

(二)现实准平衡发展方式与未来大平衡(超平衡)发展方式的统一融合

1.现实准平衡发展要面向未来

在当今世界经济全球化条件下,市场经济就是法制经济、公平竞争的经济、合作共赢的经济。所以,要坚持准平衡发展方式的主题:准平衡秩序规范。在这个过程中,要面向未来,把现实近目标和未来远目标有机结合起来,做到平衡兼顾。我国现实发展,要认真贯彻落实科学发展观,坚持走可持续发展之路。这是因为,我国的科学发展观是最科学的发展观,它是在综合世界上出现的六种发展观(经济增长论、增长极限论、综合发展观、循环经济的发展观、以自由看待发展的发展观、可持续发展观)的基础上产生的,党的十八大确立了科学发展观的指导地位。科学发展观是在1972年联合国斯德哥尔摩会议通过《人类环境宣言》以来产生的,人们将发展看作是追求社会要素(政治、经济、文化、人)和谐发展的过程,注重人和自然环境的协调发展,是通向科学发展之路。所以,科学发展观作为动态平衡发展方式和方法的理论依据,并按照十八大报告提出的任务,实现“转变经济发展方式取得重大进展,在发展平衡性、协调性、可持续性明显增强的基础上,实现国内生产总值和城乡居民人均收入比2010年翻一番”[18]的要求,把准平衡发展近目标与未来大平衡发展远目标统一起来,为实现我国近目标“小康社会”和实现远目标“大同社会”结合起来,平衡推进。

2.未来大平衡(超平衡)发展方式要立足现实

在数百年前,文艺复兴时代意大利诗人但丁提出的“世界国家”主张,与中国两千年前圣人孔子提出的“大同社会”的理想完全一致,但由于在当时的背景下,的确是乌托邦式的空想。而今,全球化浪潮和通信互联互通的大时代,形成了世界经济全球化、社会全球化、政治全球化、文化全球化的大发展的趋势,成为世界大统一、人类大融合发展的强大动力。特别值得关注的是二战后成立了联合国组织,从此开创了世界和平统一大业的新纪元,找到了人类拯救自己的诺亚方舟。

我们要以美好的向往,增强理想信念,放眼未来,大力扶持和培育“世界大同”自由王国的新社会因素和新生事物的成长壮大,积极开辟到达理想境界的正确道路。在这个过程中,我们要面向未来,始于足下,顺应大时代、大融合发展的历史潮流,从现在开始,通过我们自己的实际行动,用自己勤劳的双手,辛勤的工作和劳动,大力积累物质财富,大力创造精神财富,大力保护自然财富,大力提升精神道德水平,为实施“本千年完成世界和平统一大业”系统工程,建造“世界大同”和自由王国理想大厦增砖添瓦。

参考文献

[1]李继兴.大平衡.北京:中国大百科全书出版社,2007:17.

[2]颜晓峰.经济发展方式的转变.天津日报,2010-11-29.

[3]十一届全国人大三次会议《政府工作报告》学习参考编写组.十一届全国人大三次会议《政府工作报告》学习参考.北京:人民日报出版社,2010:54.

[4]颜晓峰.经济发展方式转变.天津日报,2010-11-29.

[5]十一届全国人大三次会议《政府工作报告》学习参考编写组.十一届全国人大三次会议《政府工作报告》学习参考.北京:人民日报出版社,2010:61.

[6]十二届全国人大三次会议《政府工作报告》辅导读本.北京:人民出版社,中国言实出版社,2015:15.

[7]中国共产党第十八届中央委员会第三次全体会议文件汇编.北京:人民出版社,2013:21.

[8] 十一届全国人大三次会议《政府工作报告》学习参考编写组.十一届全国人大三次会议《政府工作报告》学习参考.北京:人民日报出版社,2010:59.

[9]王荣华,童世骏.多学科视野中的和谐社会.上海:学林出版社,2006:23-24.

[10]十一届全国人大三次会议《政府工作报告》学习参考编写组.十一届全国人大三次会议《政府工作报告》学习参考.北京:人民日报出版社,2010:54.

[11] 中国共产党第十七届中央委员会第五次会议文件汇编. 北京: 人民出版社,2010:68.

[12]十一届全国人大三次会议《政府工作报告》学习参考编写组.十一届全国人大三次会议《政府工作报告》学习参考.北京:人民日报出版社,2010:59.

[13]中共中央宣传部理论局.从怎么看到怎么办.北京:学习出版社,人民出版社,2011:98-99.

[14]中华人民共和国国民经济和社会发展第十二个五年规划纲要.北京:人民出版社,2011:12.

[15]洪向华.四个全面:党员干部读本.北京:中共党史出版社,2015:4.

[16]许三飞.论科学发展观的世界视野.北京:解放军报,2007-02-08.

[17]张旭山.当代世界经济与政治.北京:中国人民公安大学出版社,2005:9.

[18]徐宝德.科学发展观概论.兰州;甘肃人民出版社,2006:3.

1.动态平衡发展方式的理论依托

平衡和运动是分不开的。①

——恩格斯

引言

"人类社会的普同性,使得不同社会之间的借鉴、吸收成为可能。吸收先进认识成果,一直是社会认识进化的重要方法之一。我们要利用已有的经验和财富,更需借鉴当今世界有价值的思想和研究成果,要善于借鉴和学习其他民族社会文化中的长处,从中吸取有价值的东西。"②动态平衡发展方式的理论和方法体系,就是在借鉴、吸收传统平衡论、系统论和协同论的基础上,并以此作为依托而形成的新工具。因此,传统平衡论、系统论和协同论是动态平衡发展方式的理论依托,如同金字塔的"塔基地"。

①恩格斯.自然辩证法.北京:人民出版社,1955:205.

②李勇.社会认识进化论.武汉:武汉大学出版社,2000:275.

1.1 平衡论阐释和评析

1.1.1 平衡(均衡)理论

1.1.1.1 中国古代传统的平衡和谐思想

平衡(均衡)思想在我国形成非常久远,早期经典中多有记载。例如"因果论"、"阴阳平衡"、"中庸"、"中和"、"和谐"、"天人合一"等思想,以及中医理论中的医学平衡观等都包含平衡的思想。杜道明《通向和谐之路——中国的和谐文化与和谐美学》一书对中国传统文化中产生平衡和谐与整体思维的历史根源、思想根源和平衡和谐思想的作用有全面的论述。

1.传统平衡思想的产生

(1)从农耕文明中产生整体平衡和谐思想。中华民族是一个古老的农业和牧业发达的民族,所谓文明古国主要是指农牧文明,由于农牧文明而产生整体平衡和谐的思想。这是因为农牧业要依靠天时、地利和人和等多种因素的综合平衡才能获得林茂、粮丰和畜旺,其中出现一个不平衡因素,就会造成农业粮食减产和畜牧业损失的后果。

(2)从治国之道中产生平衡和谐思想。第一,政治生活追求平衡和谐。一是中国传统平衡和谐思想的形成是同儒家的治国之道相关,与"仁治"与"德治"的治国理家的主张相联系;二是传统文化提倡平衡和谐,反对国家分裂、反对人与人不和谐。第二,社会生活方面追求平衡和谐。一是东汉王充在《论衡》的"天地合气,万物自生,犹夫妇合气,子自生矣"[1],古人非常重视引导人们注重社会生活平衡和谐相处。二是坚持以"一阴一阳之谓道"的哲学原理和平衡思想作指导,追求阴阳平衡和谐。三是"君子之中庸也,君子而时中"[2],强调中和、不极端,追求中正、平衡和中庸。

(3)从传统医学中产生平衡和谐思想。"中医的辨证施治非常典型地体现了中国人既注意差别,更强调整体平衡和谐的思维方式。""寒、热、虚、实、表、里、阴、阳即中医所谓的'八纲',也是中医对一切疾病的归纳。'八纲'形成两两相对的四种矛盾,按照中医的观点,其中任何一对矛盾如果失去平衡,都会给人带来疾患;而中医辨证施治的手段,正是通过调理使之恢复平衡,达到新的和谐状态。"[3]我国古代的《黄帝内经》中含有丰富的平衡和谐思想。这个思想,是中医理论的基础,也是中医诊治疾病的原则。

(4)从阴阳哲学思想中产生平衡和谐思想。"《易传》的哲学思想体系,完全与这一历史时期的政治形势和阶级关系的变化相适应。当它展示阴阳变化规律时显得非常有生气:它以阴阳对立统一的'道'为核心,扩展开来则形成两个侧翼。一是在矛盾和斗争性上深化,提示了阴阳互相争胜负和'贞夫一',告诫人们居安思危,应有忧患意识。最后在思想方法上提出坚持'两点论',防止'过亢'和'知几',以提高自我的决策和应变能力。二是在统一性上继续深化,提出了阴阳和谐的整体观念,强调执'中'而协同,以保持事物的平衡与稳定。”[4]古人阴阳哲学思想特别强调矛盾的统一性,不主张斗争性,反对失衡失序。

2.传统平衡和谐思想具有强大的协调、教育和引导作用

我国古人特别注重发挥平衡和谐对多领域的教育引导作用。第一,平衡和谐对社会稳定的协调作用。阴阳平衡学说具有自我调节和对人、事的平衡调节的功能,有利于社会和谐与稳定,先人们始终把阴阳平衡学说作为对社会中对立思想、对立行为和矛盾冲突的调节和控制的常用的有效方法。第二,平衡和谐对人与自然关系的协调作用。我们的先人最善于用阴阳平衡学说“相其阴阳”的思想和观天看地进行农耕生产和农牧活动,从而获得林茂粮丰、五畜兴旺的效果。第三,平衡和谐对人际关系的协调作用。古人用“中庸”、中和的方法调节人与人相互之间的关系,按照事物正面和反面相互统一的方法处理人际间的相互矛盾,达到平衡和谐的目的。

3.传统平衡和谐思想在管理中的运用

平衡和谐思想是我国古人重要的管理思想，也是现代平衡和谐管理所欠缺的。第一,经济社会管理中对传统平衡和谐思想的运用。一是市场供与求关系的平衡。《管子》:“谷重而万物轻,谷轻而万物重。”(《管子·乘马数》)。要求人们重视粮食市场供求关系和市场物价平衡管理的巨大作用。中国古代儒家、道家都主张人们遵循市场平衡规律办事,要求人们重视经济发展平衡管理的作用。二是丰收年与歉收年的平衡,我国大改革家王安石,非常强调国家对粮食的平衡管理,他主张以丰补歉,在丰收年份国家采取大量收购粮食的政策措施,作为国家的储备粮和战备粮,遇到灾年和歉收年时国家可以开仓放粮,这样做既解决灾民的生活困难,又维持了市场供求关系的平衡,还稳定了市场价格,这个做法,对现代市场管理具有借鉴意义。第二,企业管理中对传统平衡和谐思想的运用。一是中庸平衡管理。儒家思想提倡“用中适时,不偏不倚”,其核心就是中庸平衡管理,这对现代企业管理具有重要意义。二是宽与严关系的平衡。“在领导方法与艺术方面,中庸之道提倡领导者要做到‘执其两端,用其中于民’,凡事留有余地,不可用之过极,当进则进,该退则退,依据具体情况采取措施,掌握好管理的度,做到适中平衡。”[5]这种管理强调领导者对下属有严有宽,宽和严相结合,真正做到宽松与严管关系的平衡。三是在极端、矛盾中求平衡管理。“中庸的这些理念都是要求领导者要能够在两个极端的事物、矛盾的事物中做到中和、平衡。”[6]反对极端行为,反对矛盾冲突,倡导和谐管理。

1.1.1.2 现代中国的平衡(均衡)理论

1.平衡论专门著作中对平衡学说的论述

“人类能够用平衡的观点来研究人的自身,是认识论历史上的一大进步,也是哲学领域的一大发展。”[7]我国传统文化中有丰富的平衡(均衡)思想,而且是先民们的治国、理家、平天下和农牧业生产的有力工具,而我们现代人却遗忘了“平衡”这个有效的工具,我们应当把平衡方法寻找回来,重新为我们的工作、学习和生活服务。

(1)在应用哲学平衡论方面：平衡论专著王颖的《动态平衡论》这本书专门论述了他自己的平衡观。一是比较详细地阐述了自然界和人类社会的平衡现象、平衡态流动转移和系统平衡态的会聚，以及人们追求平衡或追求不平衡的现象。二是揭示了事物的“平衡—不平衡—平衡”发展变化的规律。三是阐述了社会平衡、经济平衡、政治平衡、军事平衡和心理平衡等新观点。四是介绍了系统运行状态：系统总是从有序平衡状态走向复杂平衡状态再走向混沌状态。五是阐述了平衡与不平衡，这二者孰优孰劣的问题，他的观点是：“而当说起这二者孰优孰劣时，就很难定论了。”[8]六是论述了平衡与不平衡交替运用的方法。他认为人们都是在交替地追求着平衡和不平衡，如同人走路，左右脚交替迈步。先是追求平衡或追求不平衡，追求到一定程度，则反过来追求不平衡或平衡。

(2)在产业平衡论方面：王志明著《运输供给与运输需求平衡论》，该理论从研究运输供给和运输需求之间的内在平衡关系，建立起动态积极平衡理论，创立和阐述了宏观经济运行状态中交通运输与国民经济之间的供需关系平衡的科学方法，揭示了交通运输体系的基本结构和交通运输运行的基本规律。从理论和实践的结合上，阐述了动态积极平衡论的概念、原理、公理和循环运转公式。对经济工作特别是交通运输业具有重要指导作用。例如，动态积极平衡论公理：经济系统的平衡状态是一种客观存在；对于平衡的价值判断依赖于评价主体对于系统的认识程度；社会经济活动主体对系统运行过程的影响作用是客观实在；非平衡状态与平衡状态之间存在临界值；宏观、中观经济非平衡状态与平衡状态交替出现。动态积极平衡论的原理是：在社会经济活动主体对于平衡的价值判断取舍对系统运行过程发挥积极影响作用，使经济运行的平衡状态或不平衡状态不断出现，以实现社会经济活动主体管理宏观、中观经济的预期目的。动态积极平衡论的循环运转公式：“不平衡—调整—平衡—不平衡—引导—平衡……”

(3)在中医学平衡论方面：我国医学平衡理论，有比较完整的论述的是林竹三与林绿冬著《中医平衡奥秘》。该书从自然界、人类社会和生命系统深入阐述了平衡观的基本理论和基本观点，并从中医学的角度研究我国古代和现代辨病、辨治和用药中的平衡观。例如，“人和其他有生命的东西一样，有它产生、成长、死亡的规律，其中任何一部分，都是属于整体的，这一整体又都是由各个部分组成的。但无论是整体或者部分，都是有秩序地处于相对稳定的平衡状态。它不同于物理、化学体系，可以用精密的数学处理，它是微观有序基础上的宏观有序，具有高度的结构与功能，是无法用最精密的数学处理的一个统一平衡体。”[9]“我们人在认识自身健康和疾病的规律时，不能背离人体生命的自身规律，也就是运动和平衡的规律，这也是生命机体发展变化的规律。”[10]该理论认为，用平衡的观点研究人的自身，中医早于西医，但从深度上说，西医长于中医。无论是阴阳学说还是五行学说，它们的内核都是平衡观，特别是经络学说和针灸原则都体现了平衡效应；平衡学说是中医理论的核心，是人们药膳保健之本；平衡观是中医认识疾病的依据，是治疗疾病的指导思想，是用药的原则。该书认为，西医也向平衡思想发展，因此医学平衡观是大有作为的。

2.散见于其他各种书籍中的平衡学说的观点和言论

(1)在自然科学平衡论观点方面,《中西医差异与交融》一书说:“物理学研究了力学、热学、光学、声学、电磁学等领域的平衡现象,提出了‘力学的平衡’、‘稳定平衡’、‘不稳定平衡’、‘随遇平衡’、‘相平衡’、‘多相平衡’、‘热平衡’、‘热动平衡’、‘动态平衡’等概念,分别有其特定的具体的科学定义。”“化学研究了各种化学运动中的平衡现象,提出了‘化学平衡’、‘均相平衡’、‘多相平衡’、‘相平衡’等概念,也都有其严格的定义。”[11]作者举例:“力系平衡”如拔河、三脚架等,“稳定平衡”如不倒翁等。“生理学研究了人的许多平衡现象和机制,提出了生理学的‘平衡’概念。主要涉及两方面的内容:一是机体与环境的平衡;二是机体内部生理活动的平衡。”[12]作者认为,机体应建立起“对偶平衡”、“水电平衡”、“酸碱平衡”、“血糖平衡”等概念。同时还提出,现代科学对生命的非平衡本质的认识,人是一个热力学系统,也必然遵循热力学规律。由此证明了生命是开放系统,是非平衡的健康,本质是有序稳定。他认为中医平衡观与耗散结构从根本上说是一致的、没有矛盾的。

(2)在经济平衡论观点方面,张玉斌著《构建和谐社会引论》一书中提出:“平衡发展主要指在产业发展方面、区域间或区域内部的各地区间基本保持同步与平衡的发展。产业平衡发展理论强调产业间的关联互补作用,主张在区域间或区域内平衡部署生产力,实现区域经济的平衡发展,即在区域间及其内部对各部门同时进行投资,使工农业,轻重工业,一、二、三产业及原料、加工工业等各部门基本得到协调平衡的发展。”[13]该书作者提出了综合平衡理论,重点强调的是财政收支平衡、信贷收支平衡、物资供需平衡和外汇收支平衡,基本建设规模和财力物力之间的平衡等。

(3)在政治平衡论观点方面,毛泽东从矛盾论的角度定义说:“所谓平衡,就是矛盾的暂时的相对的统一。”[14]“自1937年8月《矛盾论》的发表,到1956年4月《论十大关系》的讲话,毛泽东从思想上和行动上大多是坚持非平衡观,有时坚持的是平衡观。”“前后联系毛泽东思想的发展过程,可以概括地说,他是在平衡时强调非平衡,在非平衡时致力实现平衡。从整体上看,毛泽东平衡与非平衡思想发展的轨迹是‘由不平衡到平衡,打破旧的平衡,走向新的平衡’的动态发展进程。”[15]胡振平在《多学科视野中的和谐社会》书中发表《科学发展观和构建和谐社会的方法论基础》章节时,阐述了动态平衡方式的思维方式、发展方式和解决矛盾的方式。北京大学教授马寅初,论述了“人口与资源平衡”等;致公党前主席罗豪才,论述了“行政法学平衡论”等。

(4)在西医学平衡观点方面。祝世讷著《中西医差异与交融》一书中说:“自从把化学平衡的概念引入医学之后,西医学在许多情况下用‘平衡’概念来描述正常与健康,找到了一系列标志健康的平衡性指标,如水电平衡、酸碱平衡、血糖平衡、代谢平衡等等,证明了这类指标的失衡是某些疾病的重要的甚至是主要的特征,研究出了纠正各类失衡的具体方法，并从理论上总结为'平衡疗法'。"[16]他认为，平衡观在中西医结合方面是大有作为的，应当成为我国医学科学研究和应用的重要内容。

1.1.1.3 西方的均衡(平衡)理论

均衡是个哲学概念，即平衡。市场均衡是指供给价格等于需求价格。西方平衡(均衡)经济理论，对我国经济的发展发挥了巨大作用，在这里我们只能有选择地进行阐释和评析。

1.最早提出和使用均衡概念的经济学家

(1)经济均衡思想的产生。孙天法著《非均衡配额经济学》一书对均衡概念的产生和使用有详尽介绍。①最早提出和使用均衡概念的人——布阿吉尔贝尔。法国古典经济学创始人布阿吉尔贝尔的《谷物论》中最早使用均衡一词，之后在经济学界使用均衡的越来越多，而且在其他非经济领域的各种书籍中的使用也逐渐多了起来。②最早对均衡概念采取分类使用的人——希克斯。"希克斯提出过完全均衡和不完全均衡的思想，瑞典学派也试图列出市场的均衡标准，希克斯把能满足所有稳定条件的均衡称为完全稳定均衡，把仅能部分满足均衡条件的体系称为不完全稳定均衡。魏克塞尔把积累过程解释为离开均衡的过程……"[17] ③最早完善经济均衡思想和经济均衡实现方法的人——威廉·配第。英国古典经济学家威廉·配第的《赋税论》一书最早提出和完善了经济均衡思想和经济均衡实现的方法，例如，经济领域的部门与部门之间的均衡、产业与产业之间的均衡、行业与行业之间的均衡，也就是强调经济领域保持平衡发展的关系。

(2)不同领域对均衡概念的使用。①货币领域对均衡的使用。瑞典经济学家米尔达尔在《货币均衡论》著作中阐述了货币均衡问题。②宏观经济领域对均衡的使用。美国萨缪尔森的宏观经济平衡理论提出国家宏观平衡的重要性。③社会领域对均衡的使用。美国经济学家丹尼斯·梅多斯等的著作《增长的极限》提出全球经济社会的均衡发展问题。④多领域综合均衡的使用。在经济综合均衡方面回答和解决了经济、社会、生产发展、市场流通中的诸多不平衡问题，极大地丰富了平衡学说，对经济的平衡发展具有重要的指导意义。⑤经济发展领域对均衡使用问题的评价。孙天法认为这些经济学专家和学者的均衡理论对经济具有指导作用，但在当时都带有一定的局限性。

2.革命导师马克思的均衡思想

一是马克思的均衡理论思想。马克思的均衡学说，是对供需学说而言的。他在《资本论》第三卷系统地论述了供需均衡学说，主要观点归纳为五个方面，第一方面：供给和需求概念的基本内涵；第二方面：供给和需求二者之间的相互关系；第三方面：供给和需求相互之间的均衡问题；第四方面：供给和需求之间相互均衡实现的基本条件；第五方面：供给和需求之间相互均衡的社会控制。二是马克思的均衡学说的产生。马克思的经济供给和需求的均衡理论，是马克思在研究了当时的资本主义制度下的社会基本矛盾，特别是资本主义社会生产力和生产关系的不适应、不平衡的矛盾关系，对资本主义经济出现的严重失衡状态进行深入的研究之后,而形成的一整套经济均衡理论思想。三是马克思均衡思想的意义。马克思的这个思想,后来对社会主义国家宏观经济综合平衡工作起到极其重要的指导作用。

3.布哈林的平衡理论和观点

理论家尼古拉·伊万诺维奇·布哈林,被伟大导师列宁誉为大理论家。布哈林建立的平衡论,其显著特点是"四性"和"四观点"。第一,"四性":①运动性。他的平衡论包含丰富的唯物辩证法,他认为世界就是运动着的物质和物质的运动。因此,运动观是布哈林建立他的平衡论理论的基础。②辩证性。他对马克思主义哲学的发展作出了重大的贡献,在20世纪20年代,苏联兴起了史无前例的全国性"平衡论"大论战,布哈林的平衡论在当时论战中影响之大、范围之广是前所未有的。③应用性。对经济平衡、政治平衡和社会平衡等方面都有精辟的论述,具有普遍的应用价值。④实践性。他从实践的角度论述了他的平衡论观点,对当时苏联经济社会的实践活动起到了重要指导作用。第二,"四个观点":①不平衡是绝对的、平衡是相对的观点。一是布哈林认为在自然界和社会中,万事万物都处在不断地产生、发展和消亡的运动变化之中,而且大千世界一切事物都处于不稳定的、变化的不平衡状态,世界没有不变的东西;二是不平衡是绝对的、平衡是相对的。他认为,不平衡之中有平衡,平衡之中有不平衡,没有不平衡就没有平衡,平衡包含在不平衡之中等重要观点。布哈林的这些观点不但在世界理论界影响大,而且对我国平衡论的发展起到了促进作用。②"适应"和"转化"的观点。一方面布哈林认为,世界上普遍地存在着互相反对、相互对立的力量,并在一定条件下相互平衡和相互"适应";另一方面,他认为平衡与不平衡两种状态是相互转化的。③"循环发展"的观点。布哈林认为,平衡就是"适应",相互协调、一致。一切平衡都是相对的、有条件的,平衡经常受到破坏,又再重新恢复,而后再次受到破坏,循环往复,无穷尽地运动变化着。④平衡态的普遍性的观点。布哈林认为,任何社会,任何经济、社会形态都存在着平衡态。政治平衡的基础是经济平衡,价值规律是经济平衡的自我调节者。布哈林的这些观点,都是对传统平衡论的发展。

1.1.2　不平衡(非平衡)理论

1.1.2.1　西方的非均衡(不平衡)理论观点

1.西方的多种类型非均衡理论

在西方,非均衡理论有多种类型。第一,非均衡理论可以划分为五种类型。朱恒鹏在《前沿思索:中国经济非均衡分析》中指出,西方非均衡理论有多种类型,例如非均衡论、静态非均衡论、动态非均衡论、计划经济非均衡论、市场经济非均衡论等。第二,建立非均衡理论体系的第一人——帕廷金。帕廷金是建立经济非均衡理论的创始人。朱恒鹏介绍,1956年帕廷金最有影响的《货币、利息和价格》一书,第一个系统提出、论证并建立了经济非均衡理论。帕廷金明确指出:"在商品市场存在有效需求不足的情况下,厂商的销售意愿不能完全实现，如果价格调整缓慢，在短期内他们的最佳行事方式是调整产量使之等于预期的销售水平，并根据这个产量确定劳动需求。”[18]第三，创立辩证非均衡论的第一人——布哈林。布哈林的非均衡论运用了唯物辩证法和系统论方法。胡传机认为在布哈林的平衡论主张中有两个亮点，一个是按一定比例分配社会劳动的才能实现社会平衡，被人们普遍接受。另一个是他的平衡论强调环境的作用，他把"'体系与环境'的矛盾看做'运动的基础'和社会发展的动力"、"苏联的历史证明，布哈林的观点是基本正确的"。[19]

2.发展中国家的不平衡增长理论

不平衡增长理论，主要是经济学家为发展中国家探索的发展方法。第一，平衡增长的"瓶颈效应"——制约作用。平衡增长不适宜于发展中国家。黄继忠著《区域内经济不平衡增长论》指出："平衡增长理论主张工农并重，忽视了经济发展的主旨在于将人力从低生产力的部门转移到生产力较高的工业部门，工业发展固然有赖于农业的协助，但尽管如此，经济发展仍然要完成转移人力使用的目的。要达到这一目的，平衡增长战略无能为力。"[20]艾伯特·赫尔希曼以《经济发展战略》提出作为发展中国家，其主要稀缺资源是资本，若实行一揽子投资，经济平衡发展，则无法突破资本稀缺这一瓶颈，从而也就无法实现平衡增长。第二，不平衡增长的"连锁效应"——带动作用。选择"连锁效应"大的经济部门进行倾斜投资。他认为，不发达国家和地区经济的不平衡增长战略，首先选择若干战略部门投资，当这些部门的投资创造出新的投资机会时，就能带动整个经济的发展。他还认为，选择"连锁效应"大的经济部门进行投资，所创造的经济效益必然高于"连锁效应"小的经济部门的投资，不平衡增长的过程，应当由"连锁效应"大的部门的牵动来加以实现。第三，不平衡投资的"倾斜效应"—— 超速发展。投资要集中、要有重点，要发挥投资倾斜效应。黄继忠介绍，斯特里顿"欲望合成代谢"的不平衡发展理论，注重需求，认为人的基本需求得到满足后，就要产生新的需求。他主张经济投资要集中，不要分散，要有重点，不要撒胡椒粉，从而实现快速发展。

3.非平衡耗散结构理论

1977年诺贝尔化学奖获得者普利高津，创立了耗散结构理论。耗散结构论一改过去在非平衡状态下不能呈现稳定有序结构的观点，大大开阔了人们的眼界。一是非平衡是有序之源。祝世讷著《中西医学差异与交融》说："该理论从物理学的热力学领域，揭示了物质系统熵变化的复杂规律，证明了在不违背热力学第二定律的前提下，系统可以出现负熵增加机制，使系统总的熵变化趋于熵减少，即增加有序性，实现系统从无序向有序的进化，第一次从物理学上对系统的进化与退化作了统一的解释。这对理解生命的本质、健康的本质，提供了最新的理论支柱。"[21]二是系统都是耗散结构。黄列介绍说，一个远离平衡的开放系统(力学的、物理的、化学的、生物的乃至社会的、经济的系统)，通过不断地与外界交换物质和能量，在外界条件达到一定阈值时，可能从原有的混沌无序的混乱状态,转变为一种在时间上、空间上或功能上的有序状态,这种在远离平衡情况下所形成的新的有序结构,普利高津命名为耗散结构。耗散结构理论认为,生命系统、社会系统、军事系统、企业系统和经济系统等都是耗散结构系统,即非平衡系统。

1.1.2.2 我国的非均衡(不平衡)理论观点

我国对非均衡的研究也有一定发展,特别是对经济非均衡的研究有突破性进展。"在国内,不平衡、非均衡理论方面,樊纲、张曙光、厉以宁、吴晓求、杨瑞龙、袁志刚等人,对中国经济非均衡问题进行了深入的研究,大家公认其中樊纲和张曙光等人的观点影响较大。"[22]

(1)改革开放的不平衡战略。我国在改革开放中采取了不平衡(非均衡)发展思想。一是不平衡发展战略符合中国国情。我国改革开放的总设计师邓小平说过,要让一部分人先富起来,产生贫富差距现象在一定时期内是不可避免的。实际上,这就是不平衡(反制衡)发展战略。二是贫与富的不平衡是不可逾越的阶段。刘欣编著《持衡定律》一书中说:"从现实来讲允许一部分人、一部分地区先富裕起来,以带动全体人民共同富裕,这一改革政策已取得重大成就。"[23]刘欣认为,一部分人先富带动共同富裕,目的是打破"共同贫穷"的平衡状态。他说:"贫富差距在大城市最大。"但在进行30年改革之后,我们发现"共同贫困"局面已经消失,共同富裕也在显现。我们有的地区,贫富差距的确越来越明显。但是,人们现在对这一政策有了新的理解和认识。尽管穷的赶不上富的,但穷困是相对的,比过去有的富者还富。三是对不平衡的调节体现社会主义的优越性。我国政府在执行让一部分人先富起来政策的同时,加大了对低收入群体和弱势群体的保护,对高收入者利用征收个税、调节税和捐献等方式进行适度的调节,并通过进一步深化改革和经济发展不断缩小贫富差距。

(2)文化上的不平衡理论。孙铭有在《不平衡规律新论》中说:"马克思在《政治经济学批判'导言'》中指出,'物质生产的发展同艺术生产的不平衡关系'的命题之后,马克思和恩格斯又先后指出,物质生产的发展还同教育、法律、政治经济学和哲学等精神生产都存在着不平衡关系;艺术生产与物质生产发展的不平衡关系,仅是其中的一个例子,马克思提示的'不平衡'关系是一个具有普遍性的客观规律。"[24]孙铭有认为,应将"不平衡"关系,理解为物质生产与精神生产发展的不平衡规律。

(3)经济领域的不平衡(反制衡)理论。一是不平衡增长的必然性——不以人的意志为转移的客观规律。黄继忠著《区域内经济不平衡增长论》一书中的不平衡增长战略,其重点有两个方面:一个方面是发展中国家和地区经济发展的不平衡性;另一个方面是产业部门之间的关联效应。"所谓不平衡增长的必然性,是指不平衡增长的客观必然性,就像水从高处往低处流一样,是绝对的、必然的、不以人的意志为转移的。"[25]二是发挥不平衡增长的效应——"引擎"的作用。黄继忠认为,最有效的办法,是选择一些关键部门优先发展。这些关键部门的发展必须对其他部门的增长有着重要的、广泛的、直接或间接的诱发作用,其产品为其他部门提供供给,带动其他部门的发展。这种不平衡发展战略的实施,实际上起到了“领头羊”式的带动作用。

参考文献

[1]杜道明.通向和谐之路——中国的和谐文化与和谐美学.北京:国防大学出版社,2000:9.

[2]杜道明.通向和谐之路——中国的和谐文化与和谐美学.北京:国防大学出版社,2000:9.

[3]杜道明.通向和谐之路——中国的和谐文化与和谐美学.北京:国防大学出版社,2000:9.

[4]曲黎敏,彭贤.生命的修炼.北京:中国书店,1999.

[5]祁光华.平衡——构建和谐领导力.北京:人民出版社,2007:62.

[6]祁光华.平衡——构建和谐领导力.北京:人民出版社,2007:62.

[7]林竹三,林绿冬.中医平衡奥秘.北京:北京科学技术出版社,1993:10.

[8]王颖.动态平衡论.北京:中国青年出版社,1998:103－104.

[9]林竹三,林绿冬.中医平衡奥秘.北京:北京科学技术出版社,1993:10.

[10]祝世讷.中西医差异与交融.北京:人民卫生出版社,2000:451－452.

[11]祝世讷.中西医差异与交融.北京:人民卫生出版社,2000:451－452.

[12]祝世讷.中西医差异与交融.北京:人民卫生出版社,2000:451－452.

[13]张玉斌.构建和谐社会引论.兰州:甘肃人民出版社,2005:182－183.

[14]毛泽东选集(第五卷).北京:人民出版社,1977:375.

[15]王明志.运输供给与运输需求平衡论.北京:人民交通出版社,1996:26.

[16]祝世讷.中西医差异与交融.北京:人民卫生出版社,2000:146.

[17]孙天法.非均衡配额经济学.北京:经济科学出版社,2003:10.

[18]朱恒鹏.前沿思索:中国经济非均衡分析.北京:社会科学文献出版社,2000:7.

[19]胡传机.非平衡系统经济学.石家庄:河北人民出版社,1987:20.

[20]黄继忠.区域内经济不平衡增长论.北京:经济管理出版社,2000:16.

[21]祝世讷.中西医学差异与交融.北京:人民卫生出版社,2000:472.

[22]黄列.中国开放经济下的非均衡经济.上海:复旦大学出版社,1998.

[23]刘欣.持衡定律.北京:机械工业出版社,2006:203.

[24]孙铭有.不平衡规律新论.西安:陕西人民出版社,1989:57.

[25]黄继忠.区域内经济不平衡增长论.北京:经济管理出版社,2000:49.

1.2 系统论阐释和评析

引证：

系统思维包括三个基本元件：雪球效应、平衡反馈及时间滞延。平衡是系统思维的三个基本元件之一。[1]

——祁光华《平衡——构建和谐领导力》

系统论是认识世界和改造世界的强大武器。生物学家贝塔朗菲的一般系统论，提出系统论方法是由整体、层次、因子、结构、平衡、联系六大观念所构成的，是适用于一切系统、一切事物的原理、原则的一门新兴科学。王维国在《协调发展的理论与方法研究》一书中介绍系统科学说："从(20世纪)40年代以来，在业已建立起来的一般系统论、信息论、控制论等系统科学继续蓬勃发展的同时，又产生了新的理论，如耗散结构论、协同论、突变论等等。系统研究的势头方兴未艾，新的理论不断产生。著名科学家钱学森把这类新兴科学统称为系统科学。系统科学被公认为具有时代特色的认识世界、改造世界的'新工具'之一。"[2]上述"新三论"和"老三论"是继马克思主义哲学之后，在当今世界新产生的认识世界和改造世界的新方法、新工具。

系统科学是复杂过程研究的科学方法。系统论是新兴的边缘科学，是一种在系统研究中离开具体的、现实的物质运动形态的现代科学方法论。卞梧生、刘家骐在《思想政治工作心理学》一书中写道："系统论、控制论、信息论是20世纪辩证唯物主义向高层次发展的产物，是指导科学发展的桥梁、纽带、中间环节，是应用自然科学理论和方法研究社会领域问题的方法论基础。"[3]查有梁在《系统科学与教育》一书中说"控制论、信息论、系统论，是一论，即系统论；实践论、矛盾论、过程论，是一论，即认识论。从系统论的观点去研究认识论，从认识论的观点去研究系统论，必将给我们许多新的启迪。把认识论与系统论结合起来进行研究，是非常必要的。"[4]可见，我国科学家钱学森把这些理论通称为系统科学的正确性。系统科学现已成为一种主导思维——系统思维。当今世界，系统科学已经成为指导人们对自然界、社会和思维领域进行系统的研究、对各种复杂过程的探索及其应用的科学方法。

王维国在《协调发展的理论与方法研究》一书中说："凡事物皆系统。"任何事物都是作为系统而存在的，系统性是一切事物的普遍属性。系统是相互依存、相互作用和相互制约的若干要素按一定方式组成的具有特定功能的整体。自然系统中大的方面有太阳系系统、银河系统，小的方面有由原子核、核外电子构成的原子等；复合系统，即自然系统和人工系统的组合，如运河、大坝；人工系统例如经济系统、通讯系统等。动态平衡发展理论和方法研究，是以系统论思维方法为指导，遵循系统论方法的基本观点而进行动态平衡方式探索的。但是本书的部门分论所讲的“系统”是区别于一般系统论中所讲的“系统”概念的。

1.2.1 系统的整体性

第一,系统是相对独立的整体。系统是若干子系统和要素按照一定目标组成的统一的、有机的相对独立的整体,各个要素是这个整体的部分,系统与要素的关系是整体与部分的关系。梁荣迅著《社会发展论》中说:“一个系统之所以成为系统,不仅在于它是由要素组成的,还在于它与要素之间存在着相互联系和相互作用的关系。”[5]第二,系统依赖于要素。子系统和要素是构成系统的基础,不同的结构要素具有不同的系统功能。例如,大轮船与小木船、汽车与马车的构成要素不同,其性能也是不同的。第三,系统与要素是相互作用和相互制约的关系。由于系统与要素相互作用,因而系统中的要素发生变化,就有可能导致子系统的变化,甚至造成整个系统的变化。第四,系统对要素具有控制支配作用。例如,人体系统的整体决定各个系统和器官的位置和作用。第五,系统的有序性和动态性。李勇著《社会认识进化论》说:“系统是由各个互相联系、互相依赖和互相制约的因子组合而成的,具有一定功能的有机整体”,“社会认识进化的整体性与系统性的关键在于,社会认识图式作为一个综合的系统,其中任何一项要素的变化,都会影响到整个系统的稳定性质。而系统整体的性质的改变,又必然会影响进行中的社会认识活动。在社会认识图式中,不应承认永恒不变的东西,系统永远只是暂时的,会从一种状态变为另一种状态。这种情况有点像下棋,要从一个平衡过渡到另一个平衡,只需把一个棋子移动一下就够了。而每一步棋都会对全局有所影响”。[6]系统里整体与要素之间平衡与不平衡状态相互转化也是一样,牵一发而动全身。

1.2.2 系统的结构性

结构性是系统的基本特征。(1)系统的构成形式称为结构,也就是说系统是内部各个子系统和要素相互结合在一起的方式。(2)系统通过结构关系把分散的要素结合成一个统一的系统整体,就形成一个系统。(3)系统依靠结构形成系统的属性,并凭借结构关系形成系统功能。(4)“在系统内部,要素与要素之间的关系是紧密相连、密不可分的。因此,运用相关性观点去分析问题,必须注意考察要素与要素之间的互动关系。”[7]系统内部要素与要素之间是相互联系、相互作用、相互制约的关系,系统内部这一要素的变化,必然会引起其他相关要素的变化,其他相关要素的变化又会影响这一要素的变化,从而实现事物的不断发展变化。(5)系统观点的运用。我们在运用这一观点分析问题时,要从整体出发,全面看问题,不能就事论事,只看局部不看全局。正如梁荣迅提出的注意问题,既要防止头痛医头,脚痛医脚,只限于局部而忽视整体,又要大处着眼,小处入手;既要发挥局部的作用,又要防止局部影响整体功能的发挥。

1.2.3　系统的层次性

(1)系统都是相对的。系统与要素之间的相互关系具有相对性和层次性,系统中的任何一个要素,也具有它自身内部的结构关系,对于它下一个层次而言,它是一个系统;对上一个层次而言,它又是一个要素。任何一个系统都是相对的,它都是比它更大系统的要素。(2)系统都具有层次性。现实系统有自然系统、人工系统和复合系统,都具有层次性。例如,地球是一个大系统,地球上有水循环系统、岩石土壤系统、生物系统、人类社会系统等不同层次。再如,一个国家是一个系统,国家内部又有经济系统、政治系统、文化系统、社会系统、军事系统等诸多层次。军事系统对国家系统来说是一个子系统或要素,对于军队内部来说它又是一个相对独立的系统。在特定的系统内部,它的若干要素在系统中都有不同的地位,发挥不同的作用。(3)系统的层次性决定了我们工作方法的多样性。对系统的考察要既从大又从小,对一个系统平衡态的调节,要从大处着眼,从小处着手。李勇《社会认识进化论》说:"从系统的观点看任何一项社会认识,不管其层次如何,都必须既将其纳入到更大的系统中加以考察,以确定其边界、外延和周边关系,又必须充分而详尽地考虑到构成该系统的各种要素、方面及其相互关系和这种关系在相互作用中可能发生的演化及过程。"[8]

1.2.4　系统的开放性

(1)世界上没有孤立存在的系统。一切现实的系统都是开放的系统,完全封闭的、不与外界相联系的孤立系统,在现实大千世界是根本不存在的。大到星系、小到个体生物都要与环境相联系。(2)凡是系统都是开放的。任何系统都处在一定的环境之中,所有系统都与它所处的周围环境进行物质、能量、信息的交换。例如,人的生命系统,每时每刻与自然环境进行能量交换,离开自然环境,人是不能生存的。人所处的环境对人的功能发生着作用,人必须适应环境才能生存。(3)人与环境系统是相互作用和制约的。人对环境可以在改造中适应,在适应中改造。"人类社会系统中,人类不仅能够适应环境,受环境的影响和制约,而且能够改造和控制环境。"[9]梁荣迅说:"系统都是开放的系统,依靠周围环境存在和发展,与环境进行物质、能量、信息交换,系统会引起环境变化,环境对系统功能起作用。"[10]因此,不但人类影响自然环境,而且自然环境也影响人类。

"系统性是事物的普遍属性,任何事物都是作为系统而存在的。"[11]系统思维是当今世界的主导思维。系统科学告诉我们,必须树立系统观念,把研究和处理的任何对象都当成系统看待,坚持和运用系统的观点分析、认识和解决问题,这是系统论和辩证法的基本要求,也是动态平衡发展方式所遵循的观点。

参考文献

[1]祁光华.平衡——构建和谐领导力.北京:人民出版社,2007:21.

[2]王维国.协调发展的理论与方法研究.北京:中国财政经济出版社,2000:62.

[3]卞梧生,刘家骐.思想政治工作心理学.哈尔滨:黑龙江科学技术出版社,1988:20.

[4]查有梁.系统科学与教育.北京:人民教育出版社,1991:2.

[5]梁荣迅.社会发展论.济南:山东人民出版社,1991:60.

[6]李勇.社会认识进化论.武汉:武汉大学出版社,2000:264-265.

[7]梁荣迅.社会发展论.济南:山东人民出版社,1991:11.

[8]李勇.社会认识进化论.武汉:武汉大学出版社,2000:3.

[9]梁荣迅.社会发展论.济南:山东人民出版社,1991:7.

[10]梁荣迅.社会发展论.济南:山东人民出版社,1991:7.

[11]中国成人教育协会成人高等学校招生研究会组.政治.沈阳:辽宁大学出版社,2000:34.

1.3 协同论阐释和评析

协同学,是德国赫尔曼·哈肯提出的现代横断科学群中的一颗明珠。“协同论比耗散结构论研究范围更宽,它不仅研究非平衡相变,还研究平衡相变,它的普适性更强。”[1]哈肯认为,协同学就是建立统一的观点和方法,去处理复杂系统的问题。协同学的两层含义,一是从统一的观点处理一个系统的各个部分之间的、导致宏观水平的结构和功能的协作;二是鼓励不同学科之间的协作。哈肯在曾健、张一方著《社会协同学》的序言中说,如果一个群体的单个成员之间彼此合作,他们就能在生活条件的数量和质量的改善上,获得在离开此种方式时所无法取得的成效。大自然为我们提供了丰富的有关协同作用这种极其重要性质的范例。通常在共生的形式中,由数以百万计的细胞的协同作用,构成了植物和动物的各种优美而高效的有用结构,并且成功地履行着能够生存的完美功能。至于人脑中,由于无数神经细胞的协同作用,使我们不仅能看和听,还能够思考和感觉。

曾健和张一方的《社会协同学》一书提出:“社会协同是一种存在差异,甚至对立的协同。它是为了整个社会系统的生存、发展的求同存异。社会协同是经过协商、平衡,从彼此或大多数对象的利益出发,合理地进行协调,达到协作、协力、和谐、一致。”[2]这些根本问题非在21世纪获得解决不可。社会圈内的支撑系统和消费系统之间的“失调—失控—失衡”,因为人类生存和发展方式失当造成的,和人类共生的“生物圈—水圈—岩石圈—大气圈”的过度扰乱、破坏,诱发了圈际关系的“失度—失序—失衡”等全球性问题。人类的生存和发展方式必须进行反思,必须跳出“人类中心主义”的模式,从根本上加以解决,使社会系统进化,避免社会系统退化。

“社会协同学关于未来社会采取‘可持续发展模式’的研究,从总体上来说,就是要首先从理论上寻求一种能够在‘人类物质文明和精神文明不断增长的需求量’与支撑这些需求量得以实现的‘生态—经济—社会’复合巨系统所必需的不断增长的承载力二者之间‘保持动态平衡运行’的协同机制；并据此在政策上将这种机制转化为‘个人—团体—区域—政府—社会—全球’的共同行动纲领；进而在实践上实现以‘生态可持续性为前提和基础的’、‘以经济可持续性为中介和枢纽的’、‘以社会可持续性为目的和归宿的’、整体和全面的可持续发展。”[3]哈肯高度评价曾健、张一方著《社会协同学》一书，认为这本书，致力于把自然协同学原理的运用推广到社会领域中，从自然科学到社会意识形态概念非常丰富。这本书具有的极大价值之一，就是强调了社会协同学的世界意义。

曾健和张一方认为，社会可持续发展的机制和途径：第一，要建立生物多样性的保护机制，形成保护生物机制的社会协同。这是因为“生物的多样性”是社会存在和发展的资源保障和功能调节，人类社会的过度扰乱容易造成生物多样性的破坏。第二，要建立全球性灾害的预防与治理机制，形成防治机制的社会协同。改变造成灾害的人类社会的不良运作，建立人工生态系统和自然生态系统的全球性社会协同的机制。社会协同是人类社会发展的必然潮流和趋势。随着人类社会的发展，人类社会的协同越来越紧密，当前社会协同的发展速度非常乐观，不断加快了“个人—团体—社区—区域—政府—社会—国际社会”的整合协同，而且在范围上全球性的社会协同趋势不断增加。

哈肯希望协同学解决哲学观点的对立、国家间政治对立和文化观念上的对立等问题，实现对立的消除，达到理想的和谐状态：“我一直怀有这种希望：希望协同学能够引起哲学家们的兴趣，希望哲学家能够用这种思想来研究对立部分如何协作，产生高层次的新特征。”[4]

参考文献

[1]新编思想政治工作辞典编委会.新编思想政治工作辞典.北京：中国经济出版社，1987:366.

[2]曾健，张一方.社会协同学.北京：科学出版社，2000:48.

[3]曾健，张一方.社会协同学.北京：科学出版社，2000:221.

[4]哈肯.协同学——自然成功的奥秘.上海：上海科学普及出版社，1998:234.

1.4 相关界定和概念阐释

从本书研究的主题、论点和论证需要出发，有必要对研究的范围、对象和方法予以界定，对所涉及的一些相关概念予以阐释，特别是在概念使用上与传统平衡论的相同点和不同点，作以简要说明。

1.4.1 相关界定

1.4.1.1 研究范围

从本书理论体系上看属于发展理论的分支，从学科归类看属于大众应用哲学，从方式方法上看又属于新兴的现代方法学。

1.4.1.2 研究对象

本书的研究对象是发展的方法和形式，包括思维方式、发展方式、工作方式和生活方式等。这个理论丰富了发展理论和传统平衡论，克服了发展理论“发展=经济”的畸型发展；克服了平衡论从理论到理论脱离实际的问题，成为人们认识和解决发展问题的新方法、新“工具”。

1.4.1.3 研究方法

主要采用的研究方法是以传统平衡论、系统论和协同论为依托，把理论分析与应用分析结合起来、方法探索与实证结合起来，同时坚持以我为主，博采众长，应用相关学科的理论和系统论方法，对经济社会、企业和个人家庭进行综合研究。

1.4.2 概念阐释

1.4.2.1 平衡概念

词典对“平衡”一词的解释。第一，《辞海》的解释是：均衡。均衡相对于非均衡、非平衡和不平衡。不平衡与非平衡的词义是相近的，在使用上也有不同，但在概念上基本上是一致的。《汉书·律历志》：“准正则平衡而钧权矣。”本指衡器两端所承受重量相等而处于水平状态，后泛指两种以上事物所处位置相当或事物得以均等。第二，《现代汉语词典》的解释：(1)对立的各方面在数量和质量上相等或相抵。例如，产销平衡、收支平衡等。(2)几个力同时作用在一个物体上，各个力互相抵消，物体保持相对静止状态、匀速直线运动状态或绕轴匀速转动状态。

1.4.2.2 “平衡”的运用

我国现代平衡论著作中，对平衡概念的使用和论述，不是完全一致的。在众多辞书中，对平衡概念的解释大同小异。王明志著《运输供给与运输需求平衡论》和林竹三、林绿冬著《中医平衡奥秘》两本书，对平衡概念有比较详细的解释，现归纳如下：

1.名词词义与动词词义的使用

①平衡的名词词义：平衡在政治经济平衡论中的名词词义，指对立的事物的一种整体状态，在相互影响、相互制约、相互作用以及各方作用力的综合效应条件下达到和谐状态。例如：和谐、均衡、适应、统一、均等、稳定等的词义。②平衡的动词词义：是指整体中矛盾主体的相互作用、相互促进、相互对立的事物各方作用力的调节。例如：协调、制衡、调节等的词义。③平衡的同名多义：推动事物趋于协调发展状态。例如：协调、制衡、调节、调控、组织管理、按比例发展等。

2.平衡在不同学科、不同场所和不同语境下的使用哲学、自然科学、社会科学等各个不同领域都广泛运用平衡概念,其含义是不一样的,分别特指一定的平衡现象。如国际政治上的外交平衡术、医学上的酸碱平衡等。在实际工作、生活中,平衡以不同含义在不同场所出现,因语境不同而具有不同意义,有时当名词用,有时当动词用。

3.相关书籍中对平衡的使用

不同书籍对平衡的不同使用。①哲学名词:亦称“均衡”,指矛盾的、暂时的、相对的统一。②平衡的内涵:哲学上的均衡、同一、统一、平均、均等、一致等。③平衡的外延:协调、和谐、调和、稳定、中庸、有序、平等、公平等。④平衡的活用:平衡一词灵活运用到多个领域和场合。例如,经济上的综合平衡指按比例、协调、均衡、稳定发展。⑤一般使用:不完全限于哲学和经济学中的平衡意义,而是兼有平衡理论上的名词意义和社会实践中的动词意义。

4.平衡与均衡作为同义词使用

平衡与均衡作为同义词,在经济学、政治学、心理学、教育学、化学、文化艺术、科技等诸多学科和行业内使用,在政府行文、领导讲话和社会日常用语中也广泛使用,特别是近代和现代中外经济学研究和经济类公文中使用频率更高。例如,“作为‘均衡’的同义词,‘平衡’一词被广泛应用于各种学科,如物理学、生物学、经济学、社会学和政治学等。平衡系指若干独立存在力量构成的体系内部的稳定。每当由于外力的侵扰或由于构成该体系的一个或多个要素的改变而打破平衡时,该体系都显露出重建平衡的趋向,无论是恢复原有的平衡还是形成新的平衡”。[1]可见,均衡与平衡,一般都是作为同义词使用的。

1.4.2.3 动态平衡与静态平衡

王明志在《运输供给与运输需求平衡论》中对动态平衡和静态平衡有明确的论述:(1)所谓动态平衡,是指动态系统在一定的时间里形成的平衡和不平衡状态。在分析任何系统所处的状态时,包括对平衡状态还是不平衡状态的分析,都要与时间因素联系起来,如果不与时间相结合或离开时间因素,就不能对系统进行正确的判断和分析。就是说,分析系统动态平衡状态,必须要研究在一定时间条件下,所呈现出的平衡或不平衡的运动变化状态。(2)所谓静态平衡,是指在分析一个系统是平衡还是不平衡状态的时候不与时间相联系,完全抛开时间的因素,采取的是非运动的静态分析系统的方法而得出的系统状态。(3)动态平衡和静态平衡的区别。①静态平衡系统,是封闭的、不运动变化的系统状态,不同外界环境进行交换。实际上静态平衡系统是就理论上而言的,在现实中静态系统是不存在的。②动态平衡系统,随时随地同外界环境进行能量、信息和物质交换活动,是开放的系统、变化的系统、发展的系统。“马克思主义对平衡的认识,始终认为是一种复杂的、动态的、相对的平衡,即是处于平衡时,事物的运动并没有停止,事物的矛盾和斗争没有停止,生物有机体是如此,其他自然现象和社会现象也是如此。”[2]

1.4.2.4 系统运行中的“平衡点”

我们了解系统运行中呈现的“平衡点”，对于我们认识和处理问题，具有重要的指导意义。

(1)“平衡点”概念的两种解释。①在哲学上：“一个系统的发展路径是：从第一个稳定平衡态经过一个临界点的不稳定平衡走向第二个稳定平衡态，再从第二个稳定平衡态通过另一个临界点的不稳定平衡走向第三个稳定平衡态。”[3]这里的临界点与本书所讲的平衡点作为同一个意思使用。王颖说：“在一个开放性的大系统里掌握平衡极不简单，某一方面顾及不到都会影响这一平衡，而当平衡处于最敏感的临界点上时，一个微小的力都会影响到这种平衡性。”[4]②在经济上：“非平衡状态与平衡状态之间存在临界值……这就是说，尽管经济运行经常地处于非平衡状态，但是，非平衡状态在数量上有一定的界限，在这个界限以内，从非平衡状态趋向平衡状态是稳定的，称该经济系统具有趋向均衡的稳定性。在这个界限以外，系统处于无序状态，经济运行不能自行趋向平衡状态，甚至会导致系统的灾变。”[5]

(2)“平衡点”与“临界点”的使用。平衡点与临界点、临界值、阈值和容量值等，一般作为同义词使用，但不同于本书中的“平衡支点”，例如，水的“三态”：液体，固体，气体，三者之间的“平衡点”或“临界点”，就是三者“质变”的边缘和交接点。界限内的转化是相对稳定的，到了平衡点或“临界点”界限则为不稳定状态。

1.4.2.5 平衡是相对的，不平衡是绝对的

①相对与绝对。“从总体上讲，不平衡总是绝对的，而平衡却是相对的。”“平衡之所以说是相对的，正如矛盾的统一是相对的一样，它是有条件的存在，在时间上表现为一定时限，在空间上表现为一定位置，都是相对的，有条件的，都反映了客观的规律。”[6]平衡的相对性是由矛盾的统一性、相对性决定的。区分平衡与不平衡，也是相对的，也不是绝对的。②平衡是运动中的平衡。“组成系统各因子的平衡是相对的，不平衡是绝对的。”[7]平衡的相对性之中，也包含绝对性，这是事物客观规律的反映。③现实系统的相对性。一切事物和现实系统，平衡与不平衡都是相对的，平衡中存在不平衡，不平衡中存在平衡。平衡之中有斗争，不平衡之中有和谐。江金权说：“唯物辩证法还认为，平衡是相对的，不平衡是绝对的，发展是一个由不平衡到平衡，然后打破平衡再达到新的平衡的不断循环往复的前进过程。”[8]④平衡是交替运行的平衡。“平衡状态的相对性，不平衡状态的绝对性，以及市场内力和市场外部力量相互作用，使得经济运行经常偏离平衡状态成为客观实在。因此，经济运行状态常常是在平衡状态与不平衡状态之间交替进行。”[9]⑤不平衡具有负效应。尽管平衡状态是相对的和不稳定的，不平衡是绝对的和稳定的，但在实际工作中不能忽视不平衡的负效应，仍然要重视促进不平衡向平衡的转化。例如，经济平衡有利发展，社会平衡有利于稳定运行，生理平衡有利于健康。⑥不平衡是长期的，平衡是暂时的。“经济学所讲的平衡，是指国民经济各组成部分处于一种结构合理、相对协调

的状态,此时系统功能达到了最优。不平衡则是相反的一种状态。任何一个经济体都是不断运动发展的,在运动发展中旧的平衡被打破,不平衡出现,再通过矛盾的不断解决,使新的平衡得以实现。所以,不平衡是绝对的、长期的,平衡是相对的、暂时的。”[10]

1.4.2.6　平衡态存在“过渡态”

平衡观认为,世界万物永恒地处在平衡与不平衡的矛盾转化之中,在转化过程中会出现过渡状态,形成“中间地带”和“中间状态”。就是说,平衡与不平衡状态之间,存在着一个过渡性的“过渡态”。这与“平衡点”和“临界点”不是一回事,过渡态具有一定范围和时空。例如,理论上的“中介论”;现实世界中的“中立国”;地域上的“中间区域”、“中间地带”;自然科学中的过渡元素;品种培育改良提高工作中的过渡品种,也叫中间品种;历史上存在的过渡阶段、过渡时期或过渡形态;等等。例如,有专家认为封建社会是资本主义社会的过渡形态。再如,我国从1949年到1956年,就是从新民主主义向社会主义的过渡时期。这一阶段,就是不同社会形态变革中的“过渡态”,1957年至今,为社会主义建设时期。

1.4.2.7　动态平衡发展方式概念与传统平衡概念的异同

本书所研究的内容多、范围广,这就决定了在对平衡的使用上具有一词多用的特点,但对动态平衡发展方式概念则赋予了特定的内涵。

动态即事物运动变化的状态;发展即事物前进和上升运动变化的方法和形式。本理论所讲的发展具有哲学意义,是运动并非静止,是上升并非下降,是前进并非倒退,是质变并非量变,是旧事物的淘汰和新事物的产生和发展。

平衡是现实客观世界一切事物呈现出量变的相对静止、相对协调稳定、矛盾相对统一的复杂过程中的平衡状态,事物在呈现平衡态时事物的运动变化、矛盾斗争、质量互变都没有绝对意义上的静止和停滞。所以,动态平衡方式是反映了事物运动变化的客观规律,是平衡与不平衡的统一论。人可以利用这个规律,通过对事物的引导、调节和控制,促进事物平衡态的不断出现。“反之,如果只有平衡而没有运动,那么事物就不可能有发展、前进,不可能从低级到高级的演变,不可能产生质的飞跃。”[11]

动态平衡是指系统在一定的时间里形成的平衡态和不平衡态的一个有机组合。①在分析动态平衡系统所处的状态时,是与时间因素相联系所呈现的状态。②动态平衡是通过运动和环境的作用而保持运动中的平衡和平衡中的运动。③动态平衡系统随时随地同外界环境进行能量、信息和物质交换活动,是开放发展的系统,所以平衡是运动中的平衡,是在不断地调节中而不断实现的平衡。

动态平衡发展方式,是一个特定的范畴,即平衡发展与不平衡发展的统一论。具体地说有“三个方式”。①发展方式:平衡发展与不平衡发展的统一;②平衡方式:自发平衡发展与人为外力干预平衡发展的统一;③调节方式:发展中调节与调节中发展的统一。例如,经济系统动态平衡发展方式,即实现宏观平衡发展与微观不平衡发展的统一;改革开放的动态平衡发展方式,即实现宏观同步性发展与微观异步性发展的统一。

参考文献

[1]林竹三,林绿冬.中医平衡奥秘.北京:北京科学技术出版社,1993:6.

[2]林竹三,林绿冬.中医平衡奥秘.北京:北京科学技术出版社,1993:7.

[3]王颖.动态平衡论.北京:中国青年出版社,1998:66.

[4]王颖.动态平衡论.北京:中国青年出版社,1998.32.

[5]王明志.运输供给与运输需求平衡论.北京:人民交通出版社,1996:41.

[6]林竹三,林绿冬.中医平衡奥秘.北京:北京科学技术出版社,1993:7.

[7]陈振年,彭诗瑜,高纲铭,等.经营管理原理与组织.北京:中国展望出版社,1988:105.

[8]江金权.论科学发展观的理论体系.北京:人民出版社,2007:78.

[9]王明志.运输供给与运输需求平衡论.北京:人民交通出版社,1996:45.

[10]王明志.运输供给与运输需求平衡论.北京:人民交通出版社,1996:45.

[11]林竹三,林绿冬.中医平衡奥秘.北京:北京科学技术出版社,1993:3.

2.动态平衡发展方式的方法论基础

宇宙中的一切吸引运动和一切排斥运动，一定是相互平衡的。①

——恩格斯

引言

这一部分是动态平衡发展方式的基本理论和基础，如同金字塔的“塔基”，重点探索研究大千世界万事万物遵循“平衡—不平衡—平衡”法则永恒地进化发展的规律，夯实动态平衡发展理论的方法论基础，建立起动态平衡发展方式的理论体系，为转变经济社会、企业发展方式和个人家庭现代生活方式提供理论根据。

2.1 动态平衡发展方式的基本理论体系

动态平衡发展方式的基本理论，主要论述自然界和人类社会的动态平衡运动规律和动态平衡方式的公式、法则、调节和制衡、反制衡定律等理论，为动态平衡发展方式奠定方法论基础。

2.1.1 动态平衡方式是一切事物生存和发展的普遍现象

引证：

平衡是事物发展变化的普遍现象。[1]

——林竹三、林绿冬《中医平衡奥秘》

①恩格斯.自然辩证法.北京：人民出版社，1955:48.

动态平衡学说形成于中国古代，发展于现代，应用于诸多学科和诸多领域。动态平衡理论是对自然、社会和人的思维中客观存在的平衡状态与不平衡状态的总看法，是形成动态平衡方法的依据。

2.1.1.1 动态平衡方式是宇宙的总法则

“一切自然和社会现象及其变化都是由于有关因子处于平衡状态或打破原有平衡引起的。组成系统各因子的平衡是相对的，不平衡是绝对的。因此，平衡往往是动态平衡，当一个系统旧的、低功能的平衡被打破，代之以新的高功能的平衡，平衡水平就提高一步。”[2]大千世界平衡与不平衡相互转化现象无处不在，在转化中实现事物的发展变化。这种现象客观存在于自然、社会和人的思维之中，动态平衡方式就是普遍存在的动态平衡现象在人的头脑里的概括和反映。

1.动态平衡方式是宇宙永恒运动的形式

“宇宙间的一切事物都在发展变化，然而都在不断地达到平衡，平衡是一切事物存在的形式。”[3]就是说，平衡是事物的存在方式，不平衡是事物的发展方式，一切事物的生存与发展、运动变化都是平衡与不平衡相互转化的结果。

(1)宇宙永恒地处于动态平衡方式的运行之中。从平衡观的角度看，宇宙具有永恒不变的“四个规律”：①平衡循环运行规律。“我们在研究自然界的运动变化规律，研究社会的发展规律，以及研究人与自然和社会的关系时，都会发现一种客观存在的普遍现象，它总是沿着平衡—不平衡—平衡的方向在发展变化着。”[4]世界万事万物永恒地平衡循环运动着，宇宙间没有任何固定不变的东西。②动态平衡运行规律。宇宙是无边无际、无始无终的，但无论多么“无限”或“无终”，它按照动态平衡方式运行是永恒不变的。科学证明，现在我们的肉眼所看到的宇宙天体中的日月星辰，它们已经以动态平衡方式运行了 100 亿光年之久没有变；宇宙中自由浮动物体的动态平衡方式运行没有变；在历史的长河中，地球围绕太阳旋转的动态平衡方式运行没有变；月球围绕地球旋转的动态平衡方式运行没有变；地球、太阳和月球三者之间的动态平衡方式运行没有变。③自我走向平衡运行规律。天地万物都具有自发趋向自身平衡的本性，天体的动态平衡方式运行表现在它们始终保持着相对的平衡。④趋向整体平衡运行规律。太阳系八大行星在保持自身平衡运行的同时围绕太阳运行，而且还跟随太阳向牛郎织女星方向飞奔而去，而银河系向河外星系飞奔而去。这种现象，就是事物自发趋向综合的、整体平衡的规律的体现。

(2)宇宙的动态平衡方式运行是中性力(吸引和排斥)的作用。其作用表现在恒星运行的向心力和行星运行的离心力。第一，星球间“近之不了、离之不开”——动态平衡。为什么宇宙以动态平衡方式运行呢？现代科学反复证明，宇宙天体的动态平衡方式运行状态，是自然力中的拉力与推力相互之间的作用力，即通过引力与斥力的两种相反的作用力而形成了星球与星球相互之间“近之不了、离之不开”的动态平衡方式运行状态。也就是说吸引力使之“离之不开”，排斥力使之“近之不了”。例如，地球围绕太阳旋转、月球围绕地球旋转就是“近之不了、离之不开”。第二，“物质不灭，自然力不灭”——动态平衡。如果我们所看到的太阳将来一旦不发光或自爆，如果整个宇宙继续膨胀再次大爆炸，如果宏大的银河系解体，如果遥远的河外星系全部瓦解，在这个过程中，受“物质不灭定律”决定，吸引和排斥的自然力也不会消失，宇宙的动态平衡方式运行依然存在着、进行着。同时，宇宙还会有新的星球产生，有新的星系形成，有新的发光体出现，还会重建新的宇宙秩序，宇宙还会在新的基础上重建新的平衡，呈现出新的动态平衡方式运行。

(3)我国古代阴阳平衡学说揭示了宇宙动态平衡运行规律。①阴阳平衡是宇宙平衡运动的总法则。我国古人运用阴阳平衡原理早就揭示了宇宙的动态平衡方式运行规律和宇宙的总法则，并发明了用阴阳平衡解释天体的动态平衡方式运行现象，所以专家学者评价“阴阳平衡”蕴涵着五千年中华文明的精髓。②用阴阳平衡阐明天体平衡运行规律。“用阴阳解释人类和自然界，哲学上叫对立统一规律，或称‘矛盾论’，既互相排斥，又互相统一。阴阳互相依存，互相为根。互生互灭。阴阳互相转化，阳消，阴长；阴消，阳长。有盛有衰。同时阴阳还能相对平衡。”[5]我国古人运用阴阳平衡阐明天体动态平衡运动，这在当时的历史条件下是非常先进的。③阴阳平衡就是动态的平衡。“阴阳平衡，是指阴阳双方的量的比例是不断变化的但又稳定于正常限度之内的状态，是动态的平衡，而非绝对的静止。”[6]阴阳平衡，是中国古人对天体动态平衡方式运行总规律的深刻认识和概括，也是动态平衡发展方式形成的方法论基础。

2.动态平衡方式具有普遍性

(1)矛盾的普遍性决定了动态平衡方式的普遍性。①事物内部矛盾斗争的普遍性决定了动态平衡方式的普遍性。第一，无论是自然界系统和人类社会系统，还是人的思维、生物细胞、亚细胞，都存在平衡与不平衡状态相互斗争和相互转化的现象，这是由于事物内在矛盾、相互差异而形成的相互斗争，这是事物动态平衡运行的动力。第二，自然界的自然力之间平衡与不平衡的斗争、人类社会的社会力之间平衡与不平衡的斗争、人的思维之间平衡与不平衡的相互抗衡，这个过程是相互作用的过程，呈现动态平衡的运动方式。②事物之间差异的普遍性决定了动态平衡方式的普遍性。一是从哲学上看，矛盾的存在具有普遍性，这是哲学的基本观点。不平衡就是差异，差异就是矛盾。因此，矛盾的普遍性决定了平衡与不平衡状态差异的普遍性，从而引起事物动态平衡运动。二是平衡与不平衡状态存在于一切事物运动变化的始终，贯穿于事物发生、发展直至消亡的全过程，这种转化既存在于事物的形式，也存在于事物的内容，其表现形式就是动态平衡的运动变化方式。③事物运动转化的普遍性决定了动态平衡方式的普遍性。一是我们所看到的只是事物的平衡态，是现实客观世界一切事物呈现出量变的、相对静止的、相对稳定的状态，这是事物动态平衡发展的必不可少的环节。二是事物所呈现的平衡态是相对的、暂时的，而且此时的事物运动转化、矛盾斗争并没有绝对停滞，变化也没有终结，仍然处在动态平衡方式的运动转化之中。

(2)世界物质的统一性决定了动态平衡方式的普遍性。①世界的物质性决定了动态平衡方式的普遍性。世界物质统一性原理,已经被天体科学、人体科学和社会科学证明,都是以物质为基础的。物质世界与非物质世界的实在性、物质间的引力和斥力等证实动态平衡现象具有普遍性。②物质的多样性决定了动态平衡方式的普遍性。物质世界的统一性是无限多样性的统一,表现在具体物质形态和层次的多样性、差异性上,由此决定了动态平衡的普遍性。③物质的运动性决定了动态平衡方式的普遍性。世界是物质的运动和运动的物质的世界。就是说,事物存在不平衡状态才有事物的发展、运动和变化。但是,如果这个客观存在的世界只有不平衡、只有运动而没有相对平衡和静止,那么也就是说从始至终就没有这个物质世界的存在,没有万事万物的存在,没有人的存在,也没有千差万别的事物。因此,事物产生、发展和消亡必须遵循平衡—不平衡—平衡的循环运动。

(3)自然科学证明动态平衡方式具有普遍性。科学证明,从宏观天体中的星系、星球到微观的分子、量子的运动都离不开动态平衡方式,这个方式存在于一切领域和一切事物发展变化之中。一是能量转化、守恒的动态平衡方式。能量守恒定律是说在能量转化过程中能量的消失与产生、运动形式的消失与产生等都是动态平衡的。例如,原煤燃烧后产生热能、热能发电转变为电能、电能再转变为光能、光能又可以转化为热能,但能量是守恒的,总量是保持平衡的,其变化方式就是动态平衡的方式。二是物质不灭的动态平衡方式。物质不灭定律是人们公认的,如化学反应的前后,物质的总质量是平衡的,变化方式是动态平衡的。我们在写化学反应方程式时,两边各种元素的原子数要相等。再如,植物燃烧变为灰,水沸变为气,物质都没有消灭,呈现动态的平衡。三是中医诊断、治疗和用药的动态平衡方式。中医理论的基础与核心是平衡观。中医认为人的生命是动态平衡体,患病是对人体平衡的破坏,治疗就是恢复人体的平衡,诊断、治疗和用药的原则就是平衡。

2.1.1.2　自然界和人类社会都以动态平衡方式演化

科学研究证实,平衡与不平衡状态是自然界和人类社会运动变化的普遍法则。世界上一切生物都具有求生本性,而平衡性、均等性则是大自然赋予一切生物平等生存的机会。这就从客观上决定了生物与生物之间平衡法则存在的必然性,即生物与生物在大自然永恒地处于均衡、公平和公正的环境中演化。

1.生物圈的动态平衡方式

地球的生物圈层,充满了激烈而残酷的生存竞争,但这才是真正体现了公正的奥林匹克精神。第一,自然界的平衡性。自然界弱肉强食现象和弱者与强者之间你死我活的抗争,从表象观察似乎是不平衡、不公平、不均等的,实质为大自然赋予万物的一切都是均等、公平、平衡的。这是因为大自然生态必须平衡,失衡则万物失去生存机会。大自然在赋予各种生物平衡共生的同时又要求它们相互竞争，没有竞争谁都不能生存，只有竞争才能实现平衡共生，这就是地球生物圈的动态平衡方式。第二，生物强者与弱者关系的平衡性。大自然没有赋予绝对的强者，也没有赋予绝对的弱者。一是强与弱关系的平衡性。强者与弱者是相对的。生物种群之间形成一种食物链关系，即吃别人与被别人吃的关系。一方面，弱者与强者是相对而言的，不是绝对的，在总体上是相互平衡的。另一方面，一个生物既是强者的弱者，又是弱者的强者。例如，大鱼吃小鱼，小鱼吃虾米。一条小鱼，对于大鱼来说它是弱者，对于小虾米来说它又是强者。二是最弱者的平衡性。最弱者也是强者。从地球上看来最弱的是植物，其实它也是一个强者。它吸取土壤中的养分和水分、动植物的分解物和动物尸骨。有的植物如猪笼草直接吃鲜活动物。三是最强者的平衡性。最强者也是弱者。作为生物的人类似乎是最强大的，但也不是绝对的强者，对吃人动物，山上的老虎、水里的鳄鱼、海洋的鲨鱼来说人也是弱者；小的如蚊虫、细菌、病毒等也对人有威胁。

2.社会圈的动态平衡方式

一是社会动态平衡进化的规律。从人类社会的五种社会形态的发展变化历史来看，每一种社会制度的发生、发展到消亡，都形成不同的平衡态，但总体上是不断由低级平衡态阶段向高级平衡态阶段发展变化的。社会形态的更替和社会制度的变革，旧社会形态的灭亡和新社会制度的建立，都离不开平衡与不平衡转化方式，并在每次相互转化中社会平衡态水平就进化一步。二是社会动态平衡进化的动力。社会发展是由社会基本矛盾平衡与不平衡的斗争推动的。历史唯物主义认为，社会形态的发展变化是社会力的作用，也就是生产力与生产关系、经济基础与上层建筑之间的平衡与不平衡斗争转化的结果。作为社会结构形态而言，只要没有改变原来的社会结构形态就是处于有序、稳定的平衡状态。三是社会动态平衡进化的作用。当社会系统中出现了革命暴动、改朝换代则呈现不平衡状态。当社会系统两对基本矛盾出现不适应、不平衡状态时，则必然要彻底打破原来处于平衡态的社会结构形态，新的平衡态的社会形态将取而代之，建立相适应的新的生产关系和上层建筑，并与生产力发展水平相平衡，从而走向新的、更高的社会形态的平衡运行状态。

3.科技圈研究的目标没有离开动态平衡方式

其一，世界的统一、平衡、和谐是科学家研究的共同目标。西方著名哲学家、世界统一论者黑格尔，他对世界统一、平衡和谐的研究非常深刻，认为世界是从统一到统一的，对立斗争只是中间的一个暂时的、动态转化的环节。用一个公式概括即"统一——矛盾对立—统一"。统一性也是黑格尔哲学体系的主导。实际上，这与我国传统平衡论公式"平衡—不平衡—平衡"的运动方式是一致的。其二，世界的统一、平衡、和谐表现在自然科学研究的成果上。例如，超对称理论以万有引力定理等，都证明了科学家共同研究的目标是与动态平衡方式相一致的。其三，世界的统一、平衡、和谐表现在社会科学研究的目标上。从人类五种社会结构的进化发展到世界300年工业化、现代化进程,从追求世界政治民主化、经济全球化到人与自然的和谐平衡,再到人类对世界和谐、世界大同以及共产主义社会的向往和追求,无不证明动态平衡方式是全人类共同奋斗的目标。

2.1.1.3 人的生理和心理的动态平衡方式运动

"人在不同时期,表现出不同的平衡态。不同的平衡态,又有不同的'质'和'量'。"[7]人的机体的质与量,体现在平衡态上。无论是人的物理特性还是人的精神世界,不同年龄段表现出不同的平衡态,这些都是平衡与不平衡转化的结果——动态平衡方式运动的表现。一是从人体平衡态转化中达到质和量的一致看动态平衡方式:人的婴儿期、青少年期、中年期与老年期的机体的质与量是有很大区别的,表现在从婴儿平衡态到老年平衡态的不同时期上。一个人从婴儿到老年的成长变化,器官、功能从成熟到老化,在这个过程中不相同的时期和阶段,表现出不相同的外貌特点、生理特点、心理特点和性格特点,这是由人的机体不同阶段的不相同的质与量所决定的,是质量互变或者平衡态转化的结果。二是从人为干预恢复生理健康看动态平衡方式:疾病、病毒感染或功能紊乱,是对人的生理平衡态的破坏,表现为机体结构和功能失衡,当自身内力无法恢复平衡时,就需要通过医师外力干预治疗,使人体从不平衡走向平衡,恢复或重建平衡状态。三是从人的精神、心理健康看动态平衡方式:人的大脑的物质平衡决定精神平衡,因为人的大脑是物质的,精神活动也是一种物质活动,精神活动具有智能生物属性和社会属性。所以,人在现实生活中,必然存在着意识、精神和心理的平衡与不平衡活动,也就存在不断调节个体的心理平衡、与社会环境的平衡、与自然环境的平衡,从而维持人的生理、心理都按照动态平衡方式运行。

参考文献

[1]林竹三,林绿冬.中医平衡奥秘.北京:北京科学技术出版社,1993:1.

[2]陈振年,彭诗瑜,高纲铭,等.经营管理原理与组织.北京:中国展望出版社,1988:105.

[3]林竹三,林绿冬.中医平衡奥秘.北京:北京科学技术出版社,1993:1.

[4]林竹三,林绿冬.中医平衡奥秘.北京:北京科学技术出版社,1993:2.

[5]纪康宝.人体平衡养生手册.武汉:长江文艺出版社,2008:217.

[6]纪康宝.人体平衡养生手册.武汉:长江文艺出版社,2008:217.

[7]林竹三,林绿冬.中医平衡奥秘.北京:北京科学技术出版社,1993:1.

2.1.2 动态平衡循环方式

引证：

当大、中、小各级系统和并行的等级系统进行平衡(包括不平衡)的流动和转移时，系统本身就不会是固定不变的了。系统会进行会聚、分解，或重新组合。[1]

——王颖《动态平衡论》

2.1.2.1 系统里动态平衡方式循环是永恒的

马克思说："一切僵硬的东西溶化了，一切固定的东西消散了，一切被当做永久存在的特殊东西变成了转瞬即逝的东西，整个自然界被证明是在永恒的流动和循环中运动着。"[2]系统里平衡态(包括不平衡态)的流动和循环运动，是自然界一切事物永恒运动的规律，世界上根本没有不循环、不运动和不变化的东西。

1.系统的动态平衡循环方式

一是系统平衡态的循环运动。"世上根本没有不循环、不运动的事物。"[3]系统中平衡态的循环运动，是由一切事物都遵循"平衡—不平衡—平衡"循环运动的永恒性决定的。一切系统都处在运动变化之中，任何事物都具有动态性、平衡性和循环性。平衡态或不平衡态在系统之间、要素之间纵横循环，从而引起系统的不断运动变化；一个子系统的这种循环，又会在母系统中多个子系统中循环，引起整体平衡态的变化。二是系统里的平衡态循环运动的作用。科学家的大量研究证实，由于人类不平衡的工业化方式和不平衡的现代生活方式所形成的污染，造成了地球南北极出现臭氧层黑洞，干扰了地球的"温室效应"，也干扰了地球的"阳伞效应"，使这两种"效应"的力量失去了平衡，不能维持正常循环，破坏了原有地球系统的平衡态，造成地球系统气候异常。如果我们地球人不尽快采取节能减排、清洁生产和低碳生活的措施，下决心减少污染，地球气候将会继续恶化，甚至会威胁到人类和其他生物的生存。

2.在平衡态循环中实现系统的优化和发展

第一，平衡态循环推动系统的进化。"系统间的会聚是进化的一个普遍例子。"[4]系统在循环中，平衡与不平衡状态不断转化，从而实现系统不断优化和进化，大系统可以转化成小系统，小系统可以重组为大系统，低水平系统可以变成高水平系统。例如，我国古代三国时期，由一个国家分解为三个小国家，就是由大系统分解为小系统；45 年后又实现了天下一统，三个小国家统一为一个大国家，就是由小系统变为大系统。由此可见，系统中的平衡态无论采取何种方式循环，但从总的发展趋势看，动态平衡循环运动一般都不是对系统的退化、倒退，而是对系统的优化和提高。第二，运用平衡循环规律发展系统。系统的平衡循环运动是有规律可循的，人们可以认识和利用这个规律，促进系统的发展。我们在实践中，要用发展变化的观点对待一切事物，认识系统的循环性和动态性，把握系统的发展方向和趋势，及时改善和优化系统的结构和功能，最大限度地发挥系统整体平衡的效应。第三，平衡循环是指导人的思维和工作的工具。"了解了系统动态性，我们在观察事物和处理问题的时候，就要经常想到该系统的历史、现状和未来，善于用运动、发展的眼光看问题，注意研究和把握系统的发展方向和趋势，以便合理地改善系统的结构和功能，充分发挥系统的整体效应。”[5]例如，有的地区呈现十年多雨与十年干旱气候循环交替出现的规律，十年一个周期性循环，掌握这个循环规律就掌握了农业系统工作的主动权，使我们的思维和工作具有超前性和有效性。

2.1.2.2 一个系统内部的动态平衡循环方式

(1)系统的层次性决定了动态平衡循环的层次性。①平衡态循环的扩散效应。“任何小系统或子系统里的矛盾都可能放大到大的系统里去，也可以横向转移到其他并列的系统里去。”[6]一切系统都具有层次性，从纵的方面看，一个系统包含若干子系统和若干要素层次，是相互联系的、整体与部分的关系。平衡循环在系统中可以从一个子系统扩散到若干子系统、从部分放大到整体。②平衡态循环在系统中具有“发酵”效应。系统中一个要素从旧的状态向新的状态循环转化时，会影响相关要素的变化，相关要素的循环变化又会影响子系统的变化；一个子系统的平衡态与不平衡态的循环，又会影响相关子系统的变化，甚至影响整个系统平衡态的变化。③平衡态优劣同时循环。平衡态循环并非只循环优而不循环劣，而是优劣同时循环。系统中的平衡态在不同层次的循环中，既可以促进事物向平衡的方向演化循环，也可以促进事物向不平衡的方向循环变化，可以产生负效应，也可以产生正效应。例如，我国历史上，金田村农民因灾荒揭竿而起，这种社会不平衡态很快影响到别的乡村、别的地区，甚至波及全国，整个社会呈现不平衡态。

(2)要防止不平衡态循环的扩大化和外部化。一要防止不平衡态循环的扩大化。这是由系统中平衡循环优劣同时循环决定的。优劣同时流动循环的规律告诉我们，要始终保持系统的平衡态，就必须要掌握所有子系统和内部各个要素的历史和现实的运行状况，特别要关注系统内部不平衡现象的循环方向和趋势，密切注视带倾向性的不平衡要素或关键子系统内部的不平衡现象，并要及时加以调节控制。二是不平衡态都具有一定的负面作用。不平衡态对一个单位的正常工作具有破坏作用、内耗作用和分裂作用，我们一定要杜绝和控制不平衡态的扩大化和外部化，否则会从这个子系统循环到另一子系统，甚至放大到系统整体，影响系统整体的平衡态。例如，一个地区系统发生了传染性疾病，如果能够及早防治，是可以完全控制的。否则，就会在本地区各个层次传染，甚至传染到整个大区域系统，到那时就难以控制了。

2.1.2.3 多系统动态平衡循环方式

(1)多系统动态平衡的循环性是系统的开放性决定的。一是开放性决定了多系统平衡的循环性。系统既然是不封闭的，那么平衡态在多系统的循环性也就必然存在。现实世界的系统都是开放的，都不是封闭孤立存在的。任何一个系统只要存在，就必须与外界进行能量、信息和物质的交换。因此，平衡态必然会并列、横向循环，在多系统、多领域和多体系循环。在一个国家内部，政治、经济、社会等任何一个子系统失衡都会相互横向平衡循环，就会产生国家整个系统发展的"瓶颈效应"，影响国家的稳定和发展。经济不平衡态可以循环到政治、社会等多系统，造成多领域不平衡。二是开放性决定了平衡循环的广泛性。平衡循环是没有地域、国界和地区界限的，国际大环境中的经济危机、政治气候、大的疫情，都有可能循环到许多国家和地区，影响多个国家系统的平衡态。国与国之间经济系统的矛盾纠纷，可能循环到政治系统，演变为政治分歧。当今世界的经济贸易活动，可以增进两个国家的友谊合作，也有可能导致两个国家的矛盾冲突，可以从经济利益循环到政治利益，也有可能再循环到安全利益。

(2)多系统中动态平衡循环对系统具有推动作用。其一，多系统平衡态循环的方式。多系统之间平衡态的循环运动存在规律性：一是横向循环方式，二是纵向循环方式，三是交叉循环方式。这三种方式在各个领域循环都是双向的。例如，20世纪初叶，国与国之间因安全利益矛盾纠纷解决不了，导致两国军事冲突，然后进行政治谈判，谈不成再动武，打后再谈判。这样的不平衡态，就在多个系统中循环。其二，多系统平衡态循环可以推动系统的发展。"事实上，任何事物不仅在运动，而且各种事物、事物的内部元素之间的结构状态也在发生变化。由于这种结构性的变化，使事物的发展总是按照旧的平衡不断被打破，尔后建立起新的平衡，之后新的平衡又被打破，又建立起更新的高水平的平衡这样一种轨迹前进的。"[7]例如，旧社会的不平衡态，造成社会革命和变革，导致社会形态更替，实现社会的进化发展。

(3)动态平衡循环呈现好与坏两个方向。一是平衡态向好的方向循环。例如，一个国家的经济、科技力量增强，可以转化为政治力量的增强。20世纪的冷战时期，世界上所谓"两极"平衡，就是美苏两个经济、军事强国循环到政治的结果。当今世界，所谓"一超多强"中的"一超"就是指美国，因为美国在世界上具有经济强国和军事强国地位，自然也成了政治上的超级大国，这就是经济军事力量循环转移到政治上的结果。现在人们讲的"政治多极化"，实际上也指经济力量和军事力量。二是不平衡态向坏的方向循环。一个单位，或一个地区的局部不平衡态，可以导致这个单位和地区整体的不平衡或多系统不平衡。例如，2008年的金融危机，从美国华尔街循环转移到全世界。一个国家经济衰退的不平衡态，可以循环导致政治力量和军事力量甚至综合国力的衰弱。因此，"在变化的流动中寻找平衡秩序"[8]，这就是我们研究动态平衡循环的方法论意义。

参考文献

[1]王颖.动态平衡论.北京：中国青年出版社，1998：235.

[2]恩格斯.自然辩证法.北京：人民出版社，1955：48.

[3]动态之美.中国青年报.1986-9-14.

[4]王颖.动态平衡论.北京：中国青年出版社，1998：235.

[5]梁荣迅.社会发展论.济南：山东人民出版社，1991：7.

[6]王颖.动态平衡论.北京:中国青年出版社,1998:234.

[7]邓伟志.变革社会中的政治稳定.上海:上海人民出版社,1997:20.

[8]刘欣.持衡定律.北京:机械工业出版社,2006:87.

2.1.3 动态平衡方式的效应及应用

引证:

系统里的平衡是一种力的相互制衡的结果。[1]

——刘欣《持衡定律》

2.1.3.1 动态平衡方式的效应

“到底什么是平衡?平衡是一种适中、和谐、稳定的状态。”[2]那么,动态平衡方式的效应,就是事物以动态平衡方式运动变化过程中所产生的适中、和谐和稳定的效果。反之,则是不均等、不均衡和不平衡的效应。

1.平衡效应无处不在

从宇宙万物到人的一切活动,包括人们的日常生活,都在有意无意地运用着平衡效应。①平衡效应在自然科学中,有能量转移守恒、光电效应、热效应和化学效应等;②平衡效应在社会科学中,有马太效应、木桶理论、利益均衡效应、多米诺骨牌效应和人生均等效应等;③平衡效应在人的思维中,有虚假安全效应、精神胜利法效应和自我暗示效应等。无论何时何地人们的思想意识、言语行为,有意无意地、直接或间接地反映着各种不同的平衡效应。一旦一个人对某件事产生不科学、不现实和不平衡的认知,就会产生不平衡效应,如不及早调节消除,就会导致心理不平衡,久而久之有可能造成不良后果。

2.平衡效应的作用

一是工作生活的平衡效应——事业与家庭平衡。在工作和生活中,平衡效应随时随地起着重要作用,只要人们注意利用和发挥平衡效应的作用,就能为我所用,不但省时省力,还能提高工作效率和生活质量。平衡效应的利用天地广阔、大有作为。一个人的平衡效应的表现:在工作单位人际关系和谐,事业成功,生活如意,家庭和睦,反之不平衡效应会影响一个人的工作、学习和生活,危害身体健康。二是心理平衡效应—— 心态决定命运。“好心态,在管人、用人、处世、工作、求人、决策、社交中起关键性作用。”[3]平衡心态能使人左右逢源、顺心得意。“管人,能更加洞悉他人的弱点加以管理;用人,能更好把握对方用其所长;处世,能充分把握‘度’拿捏恰当;求人,能更好掌握被求之人的心态,使你有求必应;交际,能充分发挥自我优势左右逢源;工作,能上下呼应顺心得意。”[4]

3.预测和调节不平衡的消极负效应

平衡效应具有积极作用,不平衡效应则会产生消极的、负面的作用。一是群体心理不平衡效应。心理不平衡就会影响人的正常心态,产生不平衡的消极负效应,必须通过调节消除负效应,使之恢复正常。一个单位产生不平衡效应,就会在单位内部成员中发生内耗，扰乱人心，就会影响正常的工作秩序，影响工作效率的提高。二是领导者心理不平衡效应。一个单位的领导人心态不平衡，单位的工作就要受到影响。“心态较差的人，管人，会扭曲管理者的能力；用人，使其难以人尽其力；处世，难以与形形色色的人相交；社交，会使自己错失良机；决策，会作出不恰当的思维判断；工作，无法赢得上司的青睐同事的互助；情感，难与对方平等相处。”[5]可见，平衡效应具有大作用，掌握平衡效应的方法论意义就在于预测和调适不平衡向平衡转化，预防和消除不平衡效应的负面作用。

2.1.3.2　不平衡效应的作用和应用

“均等是人类赖以生存的基本条件”、“不均等是推动人类历史发展的动力。”[6]不平衡效应，在工作和生活中，处处有表现，事事可应用。

1.“瓶颈约束”的不平衡效应

瓶颈效应，即管理学约束理论，是事物发展过程中存在的限制因子。一只瓶子，它的瓶脖子与瓶肚子失衡，而限制了倒水时的流量。要增加水的流出量，就要克服瓶颈的限制因素。这个效应告诉我们“劣势决定优势”、“弱点决定生死”。如果要改变现状，就要找到制约前进的消极因素，消除制约发展的症结，有针对性地克服本单位或本人的弱点、不足，纠正缺点，消除薄弱环节，踢掉前进道路上的绊脚石和拦路虎，实现从不平衡发展走向动态平衡发展。

2.“三个和尚没水吃”的不平衡效应

华盛顿定律：“一个人敷衍了事，两个人互相推诿，三个人则永无成事之日。”在中国也有类似定律：“一个和尚提水吃，两个和尚抬水吃，三个和尚没水吃。”这是为什么？原因是三个人所构成的系统处于结构的无序和失衡状态。如果三个人的系统问题解决好了，就会实现有序化和协同性，形成有向心力的动态平衡有机整体，就会从根本上解决“永无成事之日”与“没水吃”的问题。

3.“小蚁穴溃大堤”的不平衡效应

《韩非子·喻老》：“千丈之堤，以蝼蚁之穴溃；百尺之室，以突隙之烟焚。”千里长的大堤，可能会因一个小小的蚂蚁洞穴而崩溃；一座住宅，可能会烟囱空隙的小火而被烧毁。这是典型的小漏洞造成大破坏，带来大灾难。这个效应说明“细节决定成败”，无论做任何事情都不能忽视局部、要素等小环节上的不平衡因素，不及时消除就有可能放大到子系统或全局。小节问题，不能小看。

4.“差之毫厘，失之千里”的不平衡效应

部队的军事训练有射击，要学会射击，得首先练习瞄准。瞄准时要求准心、缺口、目标三点成一线，保持上下左右平衡；射击时还要停止呼吸，防止震动而失衡；扣动扳机时要慢要稳，也不能改变平衡，这样才能打得准。否则，子弹打出去，就可能“差之毫厘，失之千里”。我们办一切事情都要讲“认真”二字，特别是路桥和楼房工程质量，要一丝不苟，不能有半点马虎。

5.“填不满的无底洞”的不平衡效应

水库底下有了洞,水就会全部漏掉,因为它是填不满的无底之洞。同理,财务、资金和物资管理不严,也存在“跑、冒、滴、漏”现象,也是“无底之洞”。有了无底洞,无论团体、企业的资金多么雄厚,都会从底洞中漏光。这是因为无底洞是没有底的,是永远也填不满的。

6.“对立面的作用”的不平衡效应

在一定条件下,有对立面的存在,不全是坏事,这样才有忧患意识,才会产生竞争的动力,才能推动自己不断前进。从另一角度说对立面不存在了,自己也就没有存在的必要或无法存在了。自然界中,各种对立因素互相制约而达到的相对稳定的平衡说明了事物相互依存、对立统一的平衡效应,以对方的存在为自己依存的条件。

7.“虚假安全”的不平衡效应

在现实生活中,有一种现象,看来似乎很安全,实际上并不安全。专家们对这种有点奇怪的现象进行了专门研究,结果得出了一个结论,把这种现象称为“虚假安全”。这种“虚假安全”,实质上是一种不平衡效应。第二次世界大战时不止一个飞行员,在空战后胜利而归,但在军用机场降落时,却发生了机毁人亡的事故。这是因为飞行员的思想从战场上的高度紧张的不安全、不平衡心态,转变为平衡的、安全的心态,造成精神放松而导致了机毁人亡的事故。

2.1.3.3 平衡效应的作用和应用

“且不小看1%的微瑕细节,细微之处定乾坤,从而达成了另一种持衡格局。”[7]平衡效应的作用非常大,如地球的“阳伞效应”和“温室效应”的平衡与否,关系到地球上人类和其他生物生死存亡的大问题。

1.平衡效应:找到自己的短处

“寸有所长,尺有所短”,长与短是相对的,尺同丈相比是短,寸同分相比是长。一个人、一个群体,既存在有利于发展的方面,也必然存在不利于发展的方面;有优点,也有缺点,都是一分为二的,特别是不足之处,是失衡的隐患,必须消除。例如,一个企业与竞争对手相比较,自己存在着弱点和短处,影响竞争力。在这种情况下,企业领导者就要有敢于揭短的精神,把自己的短处找出来,认真分析根源,迅速弥补自己的短处,这样才能从根本上增强竞争力。

2.平衡效应:克服“差不多”

均等效应如同“木桶理论”,“木桶”的木板都要一样高,木桶才能装足够的水。无论单位还是个人,都要克服“差不多”的想法和做法,差不多的思想所造成的结果是木桶的装水量差得多。在实践中,许多大问题都出在“差不多”上。例如,产品的质量不能“差不多”,差一点就会变成废品,毫无使用价值。楼房和桥梁的质量差一点合格,引起的后果将不堪设想。

3.平衡效应:纠正“缺点”

过去,民间有一句俗语:“小错不打,上房揭瓦。”这是说过去对小孩子的原则性小过错不迁就,一定要从严管教,这与衣服“小洞不补,大洞难补”是同理的。一个人或一个单位不可能十全十美,都有可能存在程度不同的缺点,但对于有可能导致不良后果的“缺点”,要及时加以纠正。例如,一个人的嫉妒之心的“缺点”,一定要从小纠正过来,否则将淹没自己一生的优点和长处。

4.平衡效应:纠正“多了一点”

有句名言:“真理前进一步就变成谬误。”如果有人说前面 10 米处是墙壁,你非要走 11 米,那就会碰壁。这个道理是说,坚持走 11 米就是坚持谬误。例如,一个企业用极高的投资额购买了国际一流的生产设备,认为一流比二流好,但与本企业生产能力和设备不配套,无法形成生产能力。这个效应告诉我们,要向既定目标前进,就不能左“多了一点”,或者右“多了一点”。如同我们要把一个弯曲的东西扭直,如果扭过火了,就会歪向另一方或者被折断。

5.平衡效应:不削弱竞争对手之长

竞争对手的存在,它能给自己增强忧患意识、增加压力、提供动力,有利于完善自己、提高自己、发展自己。但绝对不能忌妒或采取削弱竞争对手的实力,或给对手制造障碍,造成不公平竞争,这是错误的做法。正确的做法是要学习对手之长,补己之短,变短为长,从根本上提升自己,在与对方公平竞争中,不断完善和壮大自己,增强竞争实力,这样做完全有可能超过对方。

6.平衡效应:摆平别人先摆平自己

过去有一句老话:“正人先正己。”作为领导者,要摆平别人,先要摆平自己。摆平自己,比摆平别人更困难。把自己摆不平,何以摆平别人。要想摆平自己,首先自己要具有较高的思想境界和心理素质,站得高,看得远,无私心,公正公平。在做别人平衡工作时“当先生必须先当学生”、“要教育别人,自己先受教育”,然后再去摆平别人,这样容易使人心服口服。否则,己不正,难以正人。

参考文献

[1]刘欣.持衡定律.北京:机械工业出版社,2006:54.

[2]纪康宝.人体平衡养生手册.武汉:长江文艺出版社,2008:2.

[3]庆裕.黄金心态69法则.呼和浩特:内蒙古大学出版社,2000:2.

[4]庆裕.黄金心态69法则.呼和浩特:内蒙古大学出版社,2000:2.

[5]庆裕.黄金心态69法则.呼和浩特:内蒙古大学出版社,2000:2.

[6]宾昊.均等人生.长沙:湖南人民出版社,2005:155.

[7]刘欣.持衡定律.北京:机械工业出版社,2006:41.

2.1.4 运动观是动态平衡方式的基石

引证：

物质的存在与运动，平衡的存在与不平衡，如果两者都没有，等于是没有世界，是不可想象的。[1]

——林竹三、林绿冬《中医平衡奥秘》

2.1.4.1 平衡运动和运动平衡——动态平衡方式

1.宇宙的平衡运动和运动平衡原理

一是平衡中的运动和运动中的平衡——动态平衡方式。恩格斯在《自然辩证法》中说"天体运动是平衡中的运动和运动中的平衡(相对的)"。[2]运动是绝对的，静止是相对的，世界上没有绝对静止的东西，万事万物都在运动，其方式就是平衡中的运动和运动中的平衡。我们要善于用运动、发展、变化的观点认识和处理问题，这是一切事物运动变化规律决定的，也是动态平衡方式的核心问题。二是静中有动和动中有静——动态平衡方式。我们每一个人夜间睡觉时，看似静止不动，其实我们的血液、心脏还在流动和跳动。我们的机体还伴随着地球一起自转、公转，同时还随着地球、月亮等随太阳向牛郎织女星的方向飞奔而去，我们既在睡觉又在太空进行长途旅行。三是不变中有变与变中有不变——动态平衡方式。一座山是一个系统，似乎是永恒不变的，但科学证明大山并不是万古不变的，任何山脉都在不停顿地随地壳的变动而进行着升降运动，而且大山表层的岩石在不断地风化等。被人们称为世界屋脊的青藏高原也在不断地随着地表层的变化而变化着，有的地方在升高，有的地方在降低。喜马拉雅山脉的主峰珠穆朗玛峰是全球的高度之最，达到 8844.43 米，但据科学家研究证实它仍然还在不断地升高。

2.自然界的平衡运动和运动平衡原理

一是平衡运动和运动平衡是永恒的。"平衡是在运动中的平衡，而在平衡中又存在着运动。世界上的一切事物，不可能只有运动而没有平衡，也不可能只有平衡而没有运动。"[3]科学证明，太阳、月亮和地球以动态平衡方式已经运动了 50 亿年，如果再运动 50 亿年，太阳就会将能量消耗殆尽而失衡，归于失光、爆炸或毁灭，无论是有新的发光体出现，还是没有新的发光体出现，但天体的平衡运动和运动平衡是永恒不变的。二是平衡运动和运动平衡的形式各有不同。物质运动平衡和平衡运动的表现形式是不一样的，例如，天体运动与自然物的运动、分子运动与原子运动、无机物运动与生物运动、人体运动与社会运动都各有不同的特点，但都遵循着平衡运动与运动平衡的规律永恒运行。三是生物在平衡运动与运动平衡中产生、生存和进化。地球上的生物是由无机物长期演化而来的，这本身就是一个漫长的运动过程。而且生物的机体是以新陈代谢的运动方式而保持其生理平衡的，离开运动就不能维持生物的生存。四是平衡运动与运动平衡原理具有广泛的应用价值。"如果一个物体受几个力的作用而保持平衡，则这几个力称为一组平衡力。"[4]这个规律在生产、生活中被广泛应用，如人造卫星、空间站和天上飞行的飞机等，为我们的生产生活提供了方便。

3.社会的平衡运动和运动平衡原理

人类社会从产生起就在不停顿地运动变化着，由简单到复杂、由低级到高级的进化运动。一是在社会内部要素的平衡与不平衡运动——不断变革、发展和变化。例如，生产力在不断提高，经济不断发展，社会不断进步等都没有离开运动变化；二是社会的平衡与不平衡运动——推动社会形态的变化发展。通过生产关系不断适应生产力的发展水平而运动变化着，从而推动社会从原始社会到社会主义社会进化发展，经历了从低级社会形态向高级社会形态的发展过程，而且社会运动永远不会停止，还在继续向共产主义社会形态迈进。可见，人类社会进化发展也是遵循平衡运动和运动平衡规律。

4.人的机体平衡运动和运动平衡原理

一是生理平衡运动是人类生命之源。人是一个动态的有机平衡体，是在运动中生存发展的。作为自然的人，生理方面存在着不断适应自然环境的运动变化；作为社会的人，在心理方面存在着不断适应社会环境的运动变化；作为生物个体的人，人体各系统的生理活动如体液平衡、酸碱平衡等就是依靠生理运动平衡来维持的。二是精神平衡运动是智能人类之源。人的生命体包括大脑的发展过程都是物质运动和化学进化过程，都与物质运动密不可分。大脑的精神运动就是物质的运动，精神运动是大脑的生理运动过程，也是物质运动过程。人的精神运动由简单到复杂、人对客观世界的认识水平和改造的能力在不断提高、人的思想观念和思维活动的更新以及思想认识的提升等都是精神的运动升华过程。三是机体平衡运动是人类直立行走之源。人体的平衡与不平衡的运动变化存在于人的进化全过程。“阐述人体平衡动作的生物力学原理，主要研究人体处于平衡状态时各作用力之间的关系，人体平衡的力学特点，人体局部和整体平衡的生物力学条件和生物力学分析。”[5]“当人体失去平衡时，通过改变体姿，则可能会恢复平衡。”[6]原始人类需要远望和摘取树上的果实时的站立、行走运动，从而造就了保持平衡、直立行走的人类。

2.1.4.2 运动观是动态平衡方式的方法论基础

“个别物体的任何个别运动，都是为了确立相对静止即平衡的一种努力。物体相对静止的可能性，暂时的平衡状态的可能性，是物质分化的根本条件，因而也是生命的根本条件。”[7]我们要坚持马克思主义运动观，反对形而上学的静止观。

动态平衡方式形成的重要方法论基础，是唯物辩证法的运动观。①运动观是中国传统平衡论的基础。“如果只有运动而没有平衡，那么事物的发展就不可能有阶段性，有固定的量和态，有质的规定性，有一定的存在形式。反之，如果只有平衡而没有运动，那么事物就不可能有发展、前进，不可能从低级到高级的演变，不可能产生质的飞跃。”[8]林竹三、林绿冬在《中医平衡奥秘》一书中的这段话，直接说明了运动观是中国传统平衡论的基础。②运动观是布哈林平衡理论的基础。唯物辩证法的运动观是布哈林建立他的平衡论的基础。他认为在自然界和社会中，一切都在发展和变化、产生和消灭的变动之中，大千世界没有任何东西是绝对静止和绝对不变动的。③运动观是动态平衡方式形成的基础。动态平衡方式就是运用马克思主义运动观研究传统平衡论“从平衡到不平衡再到平衡”的运转方式，把平衡作为事物的量变方面，把不平衡作为事物的质变方面，把事物的平衡与不平衡的相互转化作为质量互变方面，揭示事物“从量变到质变再到量变”与平衡转化的规律，也即从平衡与不平衡的转化研究质量互变，从质量互变研究平衡与不平衡的转化，将运动观作为动态平衡方式形成的基础。④运动观增强了动态平衡方式的科学性。“自然界的物体由于吸引和排斥的对立统一，构成各种各样的运动，例如，太阳系内由于星云物质的吸引和排斥的相互作用，形成九大行星围绕太阳运转的体系。地球上的物体，由于地球引力的吸引和反抗引力的排斥造成物体的上升或下降的运动状态。因此，吸引和排斥是无机自然界一切运动变化的源泉和动力，是非生物界的基本矛盾。”[9]动态平衡方式的建立，就是根据无机自然界动态平衡运转和地球自然物体升降的动态平衡运动，而建立起来的适应于自然、社会和人的思维运动变化规律的动态平衡方式，使之更加具有科学性。

2.1.4.3　事物运动变化的作用力是动态平衡方式的核心

1.系统内力与外力的平衡和统一

①内力与外力的平衡。内力和外力的一个组合——形成系统的一个平衡态(包括不平衡态)。“研究系统的运动状态，必须确定系统各个时刻的运行状态。系统的运行状态是由系统各个内力和外力共同作用的结果，所以系统内力和外力的一个组合构成系统的一个状态。”[10]从事物运动变化的源泉和动力看，系统内力与外力的一个平衡和统一就形成一个系统平衡态。因此，平衡态的调节必须要从内力与外力入手。②系统调节——内力与外力的平衡。“世上任何事物都是由各个部分构成的系统，每一部分都代表一定的‘势态’，具有一定的力量。各种势态与力量之间既存在统一性又存在矛盾性。这就决定了事物发展必然呈现矛盾—失衡—统一—平衡—矛盾—失衡……的运动过程。”[11]动态平衡方式就是通过对系统力量的平衡调节，促进系统矛盾和失衡现象的转化，使系统中要素与要素之间各方势态与力量实现在统一目标下的平衡性和协调性。③内力自发调节——自我平衡。即事物的内部力量，是指一个系统内部相互制约、相互联系、相互促进的内在要素的作用力。内力分两种，即维持事物平衡的拉力与把事物引向不平衡的推力，这两种力即系统力，导演着事物平衡与不平衡的转化运动。内力是无形的、看不见的力，只能依靠自发调节和人为引导实现平衡。例如，市场供求关系平衡的自发调节作用就是如此。④外力干预调节——人为平衡，是指系统外部环境并能影响系统内部发展变化的作用力。外力是看得见的、有形的作用力，如气候对人体的影响力、医师对人疾病的干预力和政府干预经济市场平衡的力。再如，政府在物资丰富时做好购进储备粮、储备肉、储备糖的工作，在物资紧缺、物价上扬时投放市场，起到平抑市场物价的

作用,实现市场供求关系平衡。

2.自然力、社会力的平衡和统一

①自然力的平衡调节。“自然界的所有力都是中性力,例如电磁力、万有引力,它们或者推动事物运动或者保持事物静止(相对),不论是运动还是静止,它们的作用都是使事物在某种力量上获得平衡,而不是打破平衡去推动事物‘由低级到高级’发展。”[12]我们要在自然科学方面追求平衡状态就要认识自然力的中性力性质,只有这样,才能理解自然进化方面是有优有劣的和动力方面是有动有静的。所以在发挥自然力的平衡作用的同时,要促进力量之间的平衡状态不断出现,从而推动事物的发展。例如,保持自然生态平衡,抑制资源开发,减少污染排放,从而维持推动事物运动的力或保持事物静止的力之间的平衡。②社会力的平衡调节。如果要在社会科学中追求平衡状态,就要发挥社会力的平衡作用,抑制不平衡态的社会力,调节社会各种力量的平衡,促进社会呈现平衡状态。例如,根据马克思历史唯物主义原理,人民群众是社会历史的创造者和历史前进的推动者,那么我们进行现代化建设,就必须运用动态平衡方式依靠和发动广大人民群众,发挥他们在现代化建设中的主力军作用。

参考文献

[1]林竹三,林绿冬.中医平衡奥秘.北京:北京科学技术出版社,1993:9.

[2]恩格斯.自然辩证法.北京:人民出版社,1955:55.

[3]林竹三,林绿冬.中医平衡奥秘.北京:北京科学技术出版社,1993:3.

[4]屠庆铭.全国各类成人高考复习指导丛书·物理化学综合科·物理分册.北京:高等教育出版社,2009:6.

[5]《运动生物力学》编写组.运动生物力学(第二版).北京:高等教育出版社,2005:122.

[6]《运动生物力学》编写组.运动生物力学(第二版).北京:高等教育出版社,2005:122.

[7]恩格斯.自然辩证法.北京:人民出版社,1955:563.

[8]林竹三,林绿冬.中医平衡奥秘.北京:北京科学技术出版社,1993:3.

[9]哈尔滨工业大学党委研究室.政工干部实用手册.哈尔滨:哈尔滨工业大学出版社,1985:476.

[10]王明志.运输供给与运输需求平衡论.北京:人民交通出版社,1996:33.

[11]孙占奎,王安平,郭晓华,等.领导协调论.北京:煤炭工业出版社,1990:16.

[12]宾昊.均等人生.长沙:湖南人民出版社,2005:148.

2.1.5 动态平衡思维方法

引证：

作为一个人来说，他的工作环境和人际关系是一个系统，他的头脑(思维区域)也是一个系统，如何掌握这两个系统的平衡态，是每个人都要重视的行为规则。[1]

——王颖《动态平衡论》

2.1.5.1 动态平衡思维方式吸收中国传统平衡思维方法

1.从太极图中吸收我国的传统动态平衡思维方法

太极图是对天、地、人之间动态平衡方式思维的形象化表达。

(1)太极图揭示了宇宙的总法则——平衡和谐。相传太极图是上古伏羲氏所绘制。太极图的完整系统结构，揭示了宇宙的总法则。①阴阳平衡。太极图的图像整体呈现圆形结构，主图为阴阳鱼，表现黑白两极对立、统一与平衡和谐的关系，蕴涵对立统一的哲学思想。②随遇平衡。圆形的整体构成大千世界稳定的、协同共生的整体系统。③平衡共生。系统内部阴鱼中的阳核与阳鱼相呼应，阳鱼中的阴核与阴鱼相呼应，形成系统内部有机统一的平衡共生的命运共同体。④平衡和谐。太极图构成要素的阴鱼与阳鱼相互之间形成相互依存、相互平衡和谐的关系。⑤互补平衡。圆形中间用曲线划分出阴与阳，阳中有阴、阴中有阳、阴阳平衡、相互联系，体现互相区别、互相渗透、互相补充。(2)思维模式——平衡和谐。我国古人用阴阳平衡观察天、地、人之间的关系，观察社会政治和日常生活，认为事物既对立又统一，而且不断地运动变化着。中国古人传统思维模式中，思维主导是追求平衡和谐状态，非常注重在阴阳消长的对立中寻求平衡、和谐与统一。太极图的图像，形象化地体现了中国古代先人的平衡、和谐与统一的思维模式：在矛盾对立中求统一、在冲突中求和谐、在不平衡的差异中求平衡、在部分不平衡中求全局平衡、在局部平衡中求整体平衡的系统平衡思维模式。

2.从中国传统哲学中吸收平衡思维方法

“在统一性上继续深化，提出了阴阳和谐的整体观念，强调执‘中’而协同，以保持事物的平衡与稳定。”[2]杜道明总结了三个特点：①提倡人、社会和自然整体平衡和谐，反对不和谐、失衡。古人的平衡思维产生于我国的农耕文明，农业和牧业既要靠老天帮忙，又要靠地帮忙，还要靠人相互帮忙，因而形成了具有适宜整体思维和平衡思维的土壤。所以，先人们认识和解决问题提倡整体性、平衡性和全面性。②提倡用平衡思维处理人际关系，反对人与人关系不平衡、不和谐。我国古人由于相互依赖关系而把平衡和谐思维方法作为处理生活中的人际关系、社会交往和矛盾纠纷的最有效方法。③提倡“天人合一”的平衡和谐思维，反对人与自然对立。古人提倡用平衡思维指导生产，以“一阴一阳之谓道”的哲学思想，指导农业、牧业生产，帮助他们解决生产中的不平衡问题，协调人与自然之间的不平衡关系。

3.从中医辨证施治中吸收平衡思维方法

"中医的辨证施治非常典型地体现了中国人既注意差别,更强调整体平衡和谐的思维方式。"[3]中医非常强调平衡和谐思维,中医的辨证施治集中体现了平衡思维的特点。特点之一:从人的整体平衡思维着眼进行疾病平衡诊断;特点之二:从人的整体平衡思维出发进行疾病的平衡治疗;特点之三:从人的整体思维出发进行平衡下药。从总体看,中国医学就是平衡和谐思维的医学。中医诊治和给药的各个环节都没有离开平衡和谐思维。

4.从古代军事谋略中吸收平衡思维方法

我国古人,在军事上最善运用平衡思维。例如,三国时代,曹操、刘备和孙权三大势力中,曹操最为强大,刘备最为弱小,孙权居中。在这种形势下,诸葛亮给刘备谋划三大势力对抗平衡而立足的三相平衡战略。同时,针对曹操相对强大的不平衡状况,又提出联吴抗曹的两相平衡的策略。从而形成势均力敌的平衡格局。蜀与吴联盟抗曹的胜利,实现了蜀吴与曹操力量的平衡。曹操和孙权都不敢轻易出兵进攻刘备,形成了三方相互牵制的关系。这样一来,蜀国站稳了脚跟,并发展了起来,实现蜀国与魏、吴两国的抗衡,从而实现了三足鼎立的平衡格局。这个平衡格局维持了几十年,说明了动态平衡思维方式的巨大作用。

2.1.5.2　动态平衡思维方式借鉴西方平衡思维技巧

"英国心理学家爱德华·德伯诺整理出一套改善思维的简单技巧, 在英国产生很大反响,政府机构在研究它,学校在讲授它。"[4]他的所谓改善思维技巧,实际上就是动态平衡思维方式。如其中体现的得与失的平衡、主要与次要因素的平衡、短期与长期的平衡、动机和目标的平衡、实力和兴趣的平衡、个人与他人意见的平衡等。现将爱德华·德伯诺改善思维的"七技巧"转录如下:

——全面观察得失。不要只把眼光局限在某个局部。第一次听到一个新观点、新思想时,不能产生本能的好恶反映,要进行"得"与"失"的对比。例如,只看出一个弊端就急于变革,那常会带来其他弊端。

——考虑所有因素。对某件事作出决定前,主要、次要因素都要考虑到,不然会在想不到的地方出岔子。例如,某人诡称买珠宝是对盒子有兴趣,商人便留下珠宝。他拿回家一看是空的。什么都想到了,就是没想到商人当真了。

——想象后果。有几种可供选择的解决问题的方法,即可想象眼前、短期、中期、长期可能出现的后果,来看哪个做法好。

——确认目标。当要决定做某件事,要清楚自己的动机和目标,不能中途转移目标。例如打球目标是赢,但中途想显示潇洒美姿引入歧途,输了球。

——最优先的考虑。在想到若干解决方法中并非同等重要,要找出一两个因素优先考虑。例如,填写报考志愿首先考虑实力和兴趣,然后选择与之相应的学校。

——想象各种可能性。在现有解决方案中没有理想的时,另辟蹊径,抛弃熟悉思路,甚至可以胡思乱想,再进行抉择。例如,爱迪生寻找灯丝试过1000多种材料,最后找到最佳的碳丝做灯丝。

——他人的意见。如果把爱人、上级、同事的冲突意见设身处地去认真考虑,纠正自己的偏颇,可以圆满解决问题。例如,用蜂蜜比用蜡能捉更多的飞虫。

参考文献

[1]王颖.动态平衡论.北京:中国青年出版社,1998:9.

[2]杜道明.通向和谐之路——中国的和谐文化与和谐美学.北京:国防大学出版社,2000:9.

[3]杜道明.通向和谐之路——中国的和谐文化与和谐美学.北京:国防大学出版社,2000:9.

[4]中国地质报,1983-7-8.

2.1.6 动态平衡进化形方式

引证:

日出日落、月圆月缺、潮起潮落、寒来暑往……大自然中的一切虽在不断变化,实际上却始终处于一种相对平衡的状态。[1]

——宾昊《均等人生》

2.1.6.1 自然界动态平衡进化方式

1. 生物进化的动态平衡方式

(1)动态平衡进化是渐变与突变的平衡和统一。有科学家认为,生物的进化发展,可以是渐变的,也可以是突变的。渐变的观点与达尔文的进化论相一致;突变的观点则认为生物的进化是突然的、急剧的或飞跃式的变化。例如,有一广告宣传页上的一则"小豆腐块":《平衡论挑战进化论》,其观点与达尔文主义有所不同,论述了生物的进化方式是突变的。①渐变形式与平衡进化。就是在进化的过程中,由于事物中新产生的因素从无到有、由小变大、由弱变强的同时,维持旧事物的旧因素相应地逐渐由强变弱、由大到小,慢慢走向衰退和让位,最终新因素替代了旧因素,实现了一个渐变的过程,这种渐变也就是平衡进化的一个环节。②突变形式与平衡进化。当事物中所产生的新因素从无到有、由小变大、由弱变强的同时,维持旧事物的旧因素并非逐渐减弱,而表现为新旧对抗,旧因素不衰退和不让步,不退出历史舞台,最后只能导致突变,这种突变形式是平衡进化中不可或缺的环节。③动态平衡进化。这种进化则是突变与渐变的平衡和统一,即动态平衡进化。事物在平衡与不平衡的相互转化过程中实现由量变到质变。就是说,突变是渐变的飞跃,是渐变的结果;渐变是突变中的必然过程,是突变不可逾越的阶段。例如,宇宙的膨胀、爆炸和物质的均匀分布就是通过动态平衡方式实现的,即突变与渐变的平衡和统一。

(2)动态平衡进化表现为内环境与外环境的平衡和统一。①在适应外环境中平衡进化。在进化过程中,生物自身的内部环境与外部自然环境的关系非常密切,表现在生物的内环境适应外部自然环境而实现进化。例如,人的演化就是人的机体内环境与周围地球外环境相统一、相平衡。人的进化发展是物质的、物理的、化学的作用,在内外环境的影响下而构成蛋白体,于是在地球上产生了生命运动,并且经过长期演化发展,从类人猿进化为智能人类。由于人类的活动,又产生了思维运动和社会运动。②在改变内环境中平衡进化。生物进化是在改变自身内环境适应自然界外环境而实现进化的。例如,由于内环境与外环境的平衡作用,棕熊演化为白色的北极熊。若干年前由于一部分棕熊因地域变化而隔断在北极,也隔断了祖先棕熊的基因遗传,在这种内环境的条件下,加之在漫长的进化中捕食和御敌的需要,适应了白雪皑皑的外环境,于是棕熊变成了全白色的北极熊。

2. 生物竞争的动态平衡方式

"因此我们说:均等是生物生存的基本条件,不均等是推动生物进化的动力。"[2]①在进化中通过优化达到平衡。不同物种的进化,都是在减少负效应中进行自然选择的。在进化中以优化为目标,保留负效应小的,淘汰负效应大的,目的是物种在进化中实现优化,增强相互之间的竞争力,从而保持自身与生态环境的动态平衡。②在进化中优劣并存达到平衡。由于任何事物都是有序和无序的对立统一,所以在进化发展中存在有序运动,也必然存在无序运动。因此,没有丝毫负效应的进化和只进化优而不进化劣的现象,在现实世界中是不可能存在的。因而,生物遵循动态平衡方式进化,优劣并存,这是由宇宙间一切力都是中性力而决定的,自然界的所有力如电磁力、万有引力都是中性力,太阳的力就是中性力。例如,基因遗传也不是只遗传优而不遗传劣。③在竞争中趋优避劣实现动态平衡进化。自然生态系统存在相互依赖、相互对抗、相互竞争和相互促进的复杂的动态平衡关系,在竞争中适者生存、优胜劣汰的同时进行扬弃,趋优避劣。一是竞争使强者更强。在竞争中,强者不断提高猎食弱者的本领。例如,青蛙把舌头变长,有利于抓空中的飞虫。二是竞争使弱者变强。在竞争中,弱者在同强者的抗争中提高了对抗的本领。例如,野兔前腿变短、后腿变长,有利于向山坡高处奔跑,不让狐狸抓住。三是竞争双方协同平衡进化。如果没有生物的竞争对抗,强者和弱者都会退化淘汰,结果也会造成生态失衡。例如,洪昭光著《健康手册》讲述了"森林狼医生的故事":人们为了保护鹿而把森林里的狼全部消灭了,结果鹿群越来越小。人们只得重新把狼放进森林里,狼天天追鹿跑,在对抗竞争中鹿的身体强壮了,狼的猎食速度加快了。这样一来,狼和鹿双方都得到完善和提高,使弱者变强、强者更强。

2.1.6.2 社会的动态平衡进化方式

1. 社会进化的动态平衡方式

"从原始社会、奴隶社会、封建社会、资本主义社会,直到社会主义社会,从总的发展趋势来看,是由低级向高级阶段发展着,每一次革命,都打破了原有的社会结构形态,也就是打破原有社会形态的平衡局面。"[3]社会发展的过程就是由不平衡到平衡,然后打破平衡再走向新的平衡的不断循环往复的自然历史过程。

(1)人类与大自然的不平衡斗争推动了社会发展。人类要在地球上生存,必然要与自然环境的不平衡、不适应进行抗争,人类早期是被动生存的,受大自然的制约,依赖大自然才能生存。但是,人类在与猛兽、洪涝、雷电等自然环境的斗争中,同其他生物一起改造了地球生态,适应了自然环境,人类终于从动物界中挣扎出来。现代人类不仅仅是被动的生存,而且可以在一定范围改造自然环境,大大提高了生存能力。人类在与大自然的不平衡斗争中促进了自身的进化,也不断推动了社会的文明与进步。

(2)人类与自身不平衡的斗争推动了社会发展。人类自身的平衡与不平衡的斗争贯穿于人类社会发展的全过程。人与人之间、群体与群体之间存在利益不平衡的对抗和竞争,同自然界的对抗相似,甚至更加激烈,这种竞争极大地推动了社会的发展。在人类漫长的历史长河中,这种斗争始终没有停息过,而且越来越激烈,国与国、民族与民族、地区与地区的战争冲突不断,近代历史上就发生了两次世界大战,国家间、地区间的局部战争此起彼伏。20世纪,由于美国与苏联两大阵营的两极对抗的平衡格局,避免了第三次世界大战的发生。现在世界趋向于多极平衡格局,从总体上呈现世界和平发展的趋势。

(3)社会基本矛盾的平衡与不平衡的斗争推动了社会发展。第一,社会基本矛盾的平衡与不平衡的斗争。人类社会发展是一个自然历史过程,是由社会内部固有的生产力与生产关系、经济基础与上层建筑两对平衡与不平衡的矛盾所引起的。当新的生产关系确立,生产力与生产关系是平衡、适应的,极大地推动了社会发展和社会进步。第二,社会从不平衡走向平衡。随着生产力的发展,生产关系逐渐落后于生产力,产生不平衡、不适应状态,阻碍了生产力的发展,这就必须调整和变革旧的生产关系,建立与生产力平衡适应的新的生产关系,从而解放生产力和推动社会进步。社会就是这样从平衡到不平衡又到新的平衡的循环往复过程,推动社会不断从低级向高级发展。社会平衡是人们始终为之奋斗的目标。我国新民主主义革命就是要实现我国的社会平衡,新中国成立后进行社会主义改造,确立了社会主义生产关系,实现了生产关系与生产力的平衡,大大解放了社会生产力。现在我国的改革开放就是要更进一步解放社会生产力,实现社会的发展进步。"社会形态的更迭也是如此,一个高级的社会形态协同作用强,有序程度高,负效应相对低,从而具有更高的社会生产力。"[4]

2. 人与社会的平衡协同进化

(1)人的发展与社会发展的平衡。在社会有机体中,社会系统要素是社会和人,二者是对立统一、互为因果的。①人改造社会与社会改造人的平衡。一是在人改造社会的过程中实现平衡。社会是人的社会,人是社会的人;人与社会是相互平衡的关系。人的实践活动、人的进化发展和人的文明进步改造着社会关系、创造着社会关系,推动着社会形态不断从低级向高级进化发展,不断促进社会的文明进步。二是在社会改造人的过程中实现平衡。社会的经济、科技和教育的发展、社会的文明进步也改造着人自身,创造着人自己,不断推动人从低级向高级的进化发展。②人的发展与社会发展的平衡。人的进化发展也标志着社会的进化发展;社会发展的根据,就是人的发展。因此,人的发展与社会发展必须保持动态平衡,发挥相互促进的作用。"人的发展实质上就是人逐步获得解放、成为真正自觉自由的历史主体的过程。根据社会发展与人的发展的内在联系,可以将人的发展概括为三个基本的历史阶段:第一个历史阶段是人的依赖性关系占统治地位的阶段。第二个历史阶段是以物的依赖关系为基础的人的独立性阶段。第三个历史阶段是建立在个人全面发展和他们共同的社会生产能力成为他们的社会财富这一基础上的自由个性的阶段,即人全面而自由的发展的阶段。"[5]就是说,人的解放程度和社会发展水平是平衡的,人类对自然的依赖关系为主的阶段就是原始社会;人类以对物的依赖和相对独立的阶段就是现代社会;人的全面而自由的发展的阶段就是共产主义社会。

(2)人的全面而自由发展与共产主义社会的平衡。"从必然王国进入自由王国飞跃的决定性的第一步,是首先实现社会主义。社会主义社会是共产主义社会的初级阶段,是迈向共产主义的必经之途。"[6]当进入共产主义社会,社会组织形式就是马克思提出的"自由联合体",即自由人的联合。到那时,人们相互之间的对立关系平衡了,人们相互之间的差别平衡了,城与乡之间发展平衡了,脑力劳动与体力劳动之间关系平衡了,区域之间发展平衡了。到那时,实现了物质极大丰富与思想境界极大提高的平衡、物质与精神需要的平衡、人与人之间关系的平衡。这就是我们所追求的最理想的、高水平的社会平衡——共产主义社会,这个社会是"以每个人的全面而自由发展为基本原则的社会形式"。[7]

参考文献

[1]宾昊.均等人生.长沙:湖南人民出版社,2005:148.

[2]宾昊.均等人生.长沙:湖南人民出版社,2005:155.

[3]林竹三,林绿冬.中医平衡奥秘.北京:北京科学技术出版社,1993:5.

[4]席酉民,尚玉钒.和谐管理理论.北京:中国人民大学出版社,2002:47.

[5]李秀林,王于,李准春.辩证唯物主义和历史唯物主义.北京:中国人民大学出版社,1982:97.

[6]李秀林，王于，李准春.辩证唯物主义和历史唯物主义.北京：中国人民大学出版社，1982：441.

[7]马克思.资本论：第1卷.北京：人民出版社，1975：649.

2.1.7 动态平衡方式美学

引证：

制订上海城市文化发展战略，应注意两个原则。第一，要注意文化结构，即在真、美、善三方面平衡全面的发展，保持文化上的生态平衡，不要偏枯。第二，要贯彻“双百”方针。各种学说、科学、理论，都应开展百家争鸣，既要有批评的自由，也要有反批评的自由。[1]

——《文汇报》

2.1.7.1 动态平衡方式美

中国传统文化和传统美学的精髓，就是强调平衡和谐。“儒家讲中和，道家讲天和，禅家讲圆融，归根结底都没有超出古典和谐美的范围，正所谓‘众家腾跃，终入环内’者也。”[2]动态平衡方式美学的思想，主要参考齐一、马奇《美学专题选进汇编》，从平衡的角度展开论述的。

1.社会动态平衡方式美

“社会美是指生活中的美。”[3]①社会动态平衡方式美核心在于社会变革创新与社会发展进步趋势相平衡。社会动态平衡方式美体现在对社会平衡状态的推动和创造上，在社会生活的实践中表现出来的建设性劳动、创造性工作和前进性变革，推动社会前进，促进社会和谐，实现社会系统各要素经济、政治、社会、文化、人口、环境和资源等以动态平衡方式发展，形成平衡和谐的社会生活状态，这就是美的。相反，社会不平衡运行状态、畸形发展状态和失衡发展状态就是不美的。②社会动态平衡方式美还在于人与人的关系、人的言语行为与社会发展进步相平衡。社会动态平衡方式美体现在人的思想认识的与时俱进上，人的发展始终保持与社会发展和进步的平衡，与大多数人的利益关系平衡，人的行为符合社会发展规律，对倒拉社会车轮的和各种不平衡社会现象进行积极调节、转化，为争取社会平衡和谐发展进步而奋斗的就是最美的。③社会动态平衡方式美也在于人的内在心灵、外在形象与社会发展进步的平衡。人的外在形象包括穿着打扮、言谈举止等，内在心灵包括精神、品质、观念等，都要保持与社会发展、文明进步相平衡。如雷锋、焦裕禄和杨善洲就是最美的人。

2.自然动态平衡方式美

“自然美是以自然的感性形式而直接引起人的美感。”[4]一是自然动态平衡方式美是大自然事物的平衡美，是客观事物的自然属性和社会属性的平衡和统一，体现在人对自然美的感受。二是自然动态平衡方式美与劳动创造平衡美的统一，体现在人为创造出的高层次的平衡美的事物,体现在自然环境生态平衡美的统一,体现在人的创造与生态平衡的统一。三是自然动态平衡方式美与自然景物的统一,体现在人的美感与自然的感性形式相平衡、相协调。如都江堰、三峡大坝是自然与人工结合的美。

3.艺术动态平衡方式美

(1) 形式美与内容美的平衡。“艺术美指艺术作品的美。”[5]艺术动态平衡方式美,就是艺术作品的形式美与内容美的平衡。艺术家基于实践而创造出的精神产品,表现出艺术作品的动态平衡方式美。①主观与客观的平衡。客观是指社会生活,主观是指艺术家的思想。艺术家把生活形象与自己的思想感情结合起来的过程,就是艺术家艺术创作的过程,就是主观与客观的平衡过程。②内容与形式的平衡。艺术形式如人的躯体,艺术内容如人的灵魂,二者有机结合起来,体现艺术作品完美的艺术形式与深刻的内容的平衡。③悲剧作品与社会现实的平衡。“悲剧将人生的有价值的东西毁灭给人看”,“喜剧将那些无价值的撕破给人看”。[6]悲剧是社会的不平衡所造成的,悲剧作品是现实社会生活中的不平衡现象的反映,是与现实社会相平衡的。鲁迅的悲剧作品体现了他的悲剧观,即批判性与建设性的平衡、现实性与理想性的平衡、悲剧性与自觉乐观性的平衡。例如《祝福》中的祥林嫂是“社会不平衡所杀”,她的死是“政治不平衡之死”。

(2)动态平衡方式美的部门平衡方式美学。①电影动态平衡方式美。表现了时间艺术与空间艺术的平衡、听觉艺术与视觉艺术的平衡,实现了多门艺术元素的综合平衡。②绘画动态平衡方式美。中国绘画是具象与抽象的平衡美,绘画艺术外部形式构成的均衡、对称、协调、虚实、疏密等艺术平衡美。③舞蹈动态平衡方式美。表现了动与静、形式与内容、虚与实、形与神、视觉与听觉的平衡美。④建筑动态平衡方式美。表现了建筑形象、物质功能与精神功能的平衡,建筑内容与建筑形式的平衡,建筑特征与环境气氛的平衡,造型风格与民族风格的平衡,技术与艺术的平衡等。

2.1.7.2 动态平衡形式美

“人们在创造美的事物中,发展了形式感,并从大量美的事物中概括出许多美的形式的共同特征——形式美的法则,如单纯齐一、对称均衡、调和对比、多样统一等等。”[7]这里讲的“均衡”,就是平衡美。齐一、马奇编著的《美学专题选讲汇编》中的“形式美的法则”,实际上大多都与形式平衡美相同。①单纯齐一(注:整齐平衡美)。如单纯的单色美、单一的整齐美。如农民插秧,株距行距一样,体现整齐的美。②对称均衡(注:均匀平衡美),指以一条线为中轴,左右上下两侧均等,如人体眼、耳、手、足的对称美,再如天安门两侧的对称建筑,衬托天安门的中心地位。③调和对比(注:协调平衡美),是把两个相近的东西并列,如色彩中的浓与淡中间色或近似色的对比,使人感到协调和融和。④比例(注:均等平衡美),指部分与部分的关系,如“匀称”,就包含了一定比例关系。⑤多样统一(注:整体平衡美),也称和谐,体现了生活、自然界中对立统一的规律,宇宙就是一个多样统一的和谐整体。多样体现各个事物的个性千差万别,统一体现各个事物的共性或整体联系。多样统一是客观事物本身所具有的特性。事物形状上的大与小、高与低、长与短,质上的刚与柔、强与弱、轻与重,势上的动与静、进与退、升与降等,这些对立的因素统一在具体事物上,就形成了平衡和谐。例如,单纯齐一平衡美、对称均衡平衡美、调和对比平衡美、比例平衡美、多样统一平衡美,等。

2.1.7.3　真、美、善的平衡

目的性与功利性的平衡。"合乎规律性即是真,合乎目的性即是善(合乎功利性,人的目的性都是合乎一定功利要求的)。美和真善是统一的,但又不表现为真善。"[8]例如,我国修建三峡大坝,为"真"而设计施工。三峡大坝可以发电、防洪、灌溉等就是"善"。大坝的宏大工程、水面等景观表现出人的劳动创造之美。这样,三峡大坝实现了真、美、善的平衡。

真、美、善平衡的原则。真、美、善三方面实现平衡、全面的发展,是我们社会主义精神文明建设的一项重要原则,也是精神产品生产的重要原则。

参考文献

[1]文化结构的平衡和双百方针的贯彻.文汇报,1985－7－9.

[2]杜道明.通向和谐之路——中国的和谐文化与和谐美学.北京:国防大学出版社,2000:3.

[3]齐一,马奇.美学专题选讲汇编.北京:中央广播电视大学出版社,1983:81.

[4]齐一,马奇.美学专题选讲汇编.北京:中央广播电视大学出版社,1983:90.

[5]齐一,马奇.美学专题选讲汇编.北京:中央广播电视大学出版社,1983:7.

[6]齐一,马奇.美学专题选讲汇编.北京:中央广播电视大学出版社,1983:54.

[7]齐一,马奇.美学专题选讲汇编.北京:中央广播电视大学出版社,1983:112.

[8]齐一,马奇.美学专题选讲汇编.北京:中央广播电视大学出版社,1983:112.

2.2　动态平衡发展方式的制衡定律

动态平衡发展方式的制衡定律,是对客观现实世界一切事物运动变化的客观规律——动态平衡方式演化发展规律的总结和概括。掌握了制衡定律,就拥有了改造主客观世界的一种武器。正如西武所说:"持衡定律是在木桶定律的基础上,综合动态发展理论,提出了一个新的动态发展的平衡观。"[1]

2.2.1 动态平衡发展方式的公理、定义、公式和原则

引证：

物质的存在与运动，平衡的存在与不平衡，如果两者都没有，等于是没有世界，是不可想象的。[2]

——林竹三、林绿冬《中医平衡奥秘》

2.2.1.1 动态平衡发展方式的公理和定义

1.公理

动态平衡发展方式的公理概括为平衡共生、平衡发展和平衡利益的“三个平衡”。①平衡共生：人类社会的公平正义、经济上的互利共赢、政治上的民主平等、人与人关系的和睦相处、人与自然关系的和谐相处、国与国关系的和平共处等。②平衡发展：经济系统同步发展与异步发展的平衡、政治系统动态稳定发展与静态稳定发展的平衡、社会系统宏观平衡发展与微观有序不平衡发展的平衡、人的全面发展与自由发展的平衡、人与社会发展的平衡。③平衡利益：经济发展利益的共享、政治利益的平等、社会公共利益的均衡、人与人的发展利益的平衡、国与国安全利益的均等、当代人与后代人自然环境资源利益的平衡。

2.定义

动态平衡发展方式的定义：平衡发展与不平衡发展统一论，包括三个方式：平衡思维、平衡发展和平衡调节。①平衡思维方式：平衡思维与不平衡思维的统一论。例如，政治系统的动态稳定思维与静态稳定思维的平衡；改革开放的反制衡思维和制衡思维的统一。②平衡发展方式：平衡发展与不平衡发展的统一论。例如，经济社会发展方式是宏观平衡发展与微观有序不平衡发展的平衡；企业的发展方式是同步性发展与异步性发展的平衡。③平衡调节方式：自发平衡调节与人为外力干预平衡调节的统一论，发展中调节与调节中发展的平衡。例如，市场调节方式是利用市场自发调节平衡规律与政府人为干预调节平衡的有机结合。

2.2.1.2 动态平衡发展方式的公式

自然界、人类社会和人的思维运动变化存在的普遍规律：人与人、人与自然和人与社会的关系无不客观地、共同地存在着一个运动发展模式，这就是遵循“平衡—不平衡—平衡”永恒循环发展变化着。世界万事万物千变万化，万变不离其宗，这就是平衡与不平衡两个状态循环运动变化。由此，我们可以作出如下判断：

(1)事物的两种状态。一切事物运动变化从始至终呈现两种状态：平衡状态与不平衡状态(平衡态与不平衡态)。

有人也讲过相同的观点：“无论何种事物的运动，都采取两种状态，平衡和不平衡，都是事物存在和发展的不可缺少的环节。”[3]

任何事物的发展都具有平衡与不平衡的循环性和运动性。一切事物的运动变化都

遵循平衡与不平衡循环交替运动变化的规律。事物通过平衡与不平衡的转化和循环运动,从而推动事物的动态平衡发展。

(2)事物的循环公式。事物循环运动发展的公式:"……平衡—不平衡—平衡……"

事物循环发展的公式,在已经出版的多种书籍中经常出现,而且是与上述公式完全一样。这个公式揭示了事物运动变化的规律,是传统平衡论的精髓。这个公式的意义,在于它是动态平衡发展方式理论和方法体系的重要方法论基础。

(3)事物运动变化的一般规律。尽管也有与动态平衡方式类似的表述:"事物的发展总是不平衡—平衡—新的不平衡—新的平衡。"[4]但二者之间有根本的区别。上述理论价值揭示了事物运动变化的一般规律,是对事物的自然属性、事物自我平衡本性的反映和认识,是一种理论上正确的应用哲学观点。但是,它缺少社会属性、人为调节干预和方法论意义这三个核心环节。因而,在社会实践中也就缺乏实际应用的价值。

(3)动态平衡发展方式的公式:"不平衡发展—(调节)—平衡发展—新的不平衡发展—(调节)—新的平衡发展……"

动态平衡发展方式的这个公式,是在继承、吸收国内外平衡论研究成果的基础上,适应现时代经济社会发展、企业发展和个人家庭发展的需要,探索研究而产生的新的动态平衡发展方式的公式。这个公式,在自然属性的基础上赋予了人为作用力因素,成为有人为调节作用和有发展方法、发展目的的动态平衡方式。这个公式揭示的循环运动是发展的,并非一个圆圈回到原点,而是受大自然不可逆规律支配,是螺旋式的永恒前进的。

(5)动态平衡发展方式的公式,具有重要的方法论意义。①既然动态平衡发展方式的公式是符合和遵循事物发展变化规律的,那么就要按照动态平衡思维方式,顺应事物的发展趋势,不违背事物发展规律,运用动态平衡发展方式推动事物发展。在经济发展中不盲目蛮干,在社会发展中不阻挡历史车轮,在事物发展中不拔苗助长。②既然一切事物都存在平衡与不平衡的两种状态,那么就要准确认识和分清当前事物所处的状态,正确引导调节事物保持和趋向平衡发展,建立制衡体制和机制,纠正畸形的不平衡发展。③既然事物平衡态是循环发展的,那么也就能预知未来平衡态的发展趋势,提前预测、预设和选择调节控制的平衡支点,始终保持动态平衡发展。④既然掌握了事物动态平衡发展方式的调节控制规律,那么就要善于把握时机,正确引导自发调节和正确的人为外力干预调节,促进事物不断从不平衡发展走向动态平衡发展。

2.2.1.3 动态平衡发展方式的制衡原则

1.统筹兼顾制衡

"统筹兼顾是我们党和国家各方面关系,妥善解决政治、经济、民族等重大问题的一条重要原则,也是领导者在协调整体与局部、重点与非重点、眼前和长远等关系时必须遵守的一条原则。"[5]党和国家处理国内外各方面的关系,解决政治、经济、民族、区域和城乡等重大问题的原则就是综合平衡、统筹兼顾。动态平衡方式强调按照统筹兼顾这个原则制订工作计划,处理好各种利益关系,任何时候都不能离开统筹兼顾原则。无论单位和个人,在做平衡调节工作时,都要从整体、全局出发,正确处理整体与局部、宏观与微观、重点与非重点、眼前与长远等关系的平衡,统筹解决各领域、各部门中的不平衡、分歧和矛盾问题,不断创造经济社会动态平衡发展的氛围和局面。

2. 协调制衡

“我们党的协调发展论是非平衡与相对平衡统一论,承认差别,又要对差别进行必要干预,使其保持在有利全局发展的合理范围之内。”[6]矛盾和差别的普遍存在,决定了领导者平衡协调工作的必要性。协调工作是多领域、多层次和多方面的,人与人之间关系的协调、单位与单位之间关系的协调、国家与国家之间关系的协调、人与自然之间关系的协调、改革发展和稳定之间关系的协调等都需要做好平衡协调工作。平衡协调必须从整体出发,正确处理国家、集体和个人三者利益的关系,这是协调平衡的重点。整体利益与局部利益,它们之间是互为条件、相互依存和相互制约的,这就要求领导者必须通过协调平衡工作,使它们之间达到协调平衡一致。

3.求同存异制衡

在运用动态平衡方式过程中,要做好对不平衡状态的调节工作,要学习借鉴西方流行的“求同”方法。一是找到“求同点”。在平衡调节中要寻找工作对象之间的平衡关系,找到双方相同、相似、相近和一致之处,把双方一致的地方,作为做平衡调节工作的基础。这是因为处在统一体的事物中的各要素之间都有密不可分、相互联系、相互作用、相互依存的平衡关系,必然有互相平衡一致的地方,一定有共同点的存在,这些一致和共同点就是二者凝聚在一起的前提。二是回避不同点。我们在做平衡调节工作时,要分析双方的相异、不同、不平衡之处,分析双方产生不平衡的历史因素、现实因素、思想因素、认识因素、利益因素等,有针对性地消除、放置和回避不同之处。三是求大同存小异。在此基础上,有针对性地做好二者的“求同存异”的工作,求“相似”存区别,求相同存小异,求相近存相远。要尽可能放大共同点,精心做好二者的平衡协调工作,达到求同存异的目的,实现相互步调一致,平衡发展。

4.公平正义制衡

在认识和解决人与人的往来关系、事与事的矛盾关系、单位与单位之间公共关系等的平衡调节工作时,把平衡平等、公平正义作为基本准则。在利益上,要把平衡支点放在公共利益和大多数人的利益上;在处理公共事务上,要把平衡支点放在出以公心,秉公办事,一视同仁,不偏不袒,一碗水端平的基础上;在公共关系上,把平衡的支点放在人格平等,尊重权利,清除等级和特权思想、家长意识等情感因素上,冲破关系学和关系网的压力,不断加强自己公平正义意识的培养,只有这样才能不断提高平衡调节的能力和水平。

5.可持续发展制衡

我国提出的科学发展观强调可持续发展,这是非常正确的。要实现可持续发展必须做到经济建设、政治建设、文化建设和社会建设"四位一体"的动态平衡发展。要实现可持续发展必须做到协调平衡发展,在不同部门、不同地区、不同领域之间保持发展规模、发展速度、发展程度、发展效益的比例适当、结构合理,能够达到相互衔接、相互促进的动态平衡运行的状态。要实现可持续发展还必须做到人与自然的和谐,从生态环境、自然资源与经济社会发展之间寻找结合点,既要保持经济社会的持续发展,又要维护自然生态的平衡,从而确保人类福利永续增长。

6.社会协同制衡

协同是系统各个组成部分或子系统之间、要素之间的协调一致、分工协作所产生的新的结构和功能。动态平衡需要协同,协同必须动态平衡。系统对内要求子系统和要素围绕整体目标形成协同作用,保证系统的整体性、前进性以及与外界环境的适应性。系统的协同性是系统平衡发展的前提。在自然界存在着自然协同, 在社会中存在社会协同,在军事上有协同作战,在工作上有协调配合,在生产上有分工协作,等等。动态平衡发展方式的理论和方法,主张世界协同、社会协同、企业协同、单位协同和家庭协同。动态平衡方式离不开协同,协同才能动态平衡发展。

7.和谐制衡

"发展需要平衡,平衡才能协调,才能和谐。"[7]我们要以毛泽东《论十大关系》和《关于正确处理人民内部矛盾问题》为指导,妥善处理产业间、阶层间、文化间、区域间、利益间和国家间,以及人与自然间的关系,实现人与人和谐、家庭和谐、团队和谐、社会和谐和世界和谐。

参考文献

[1]西武.木桶定律.北京:机械工业出版社,2004:31.

[2]林竹三,林绿冬.中医平衡奥秘.北京:北京科学技术出版社,1993:9.

[3]林竹三,林绿冬.中医平衡奥秘.北京:北京科学技术出版社,1993:3.

[4]中国成人教育协会成人高等学校招生研究会组.政治.沈阳:辽宁大学出版,2000:258.

[5]孙占奎,王安平,郭晓华,等.领导协调论.北京:煤炭工业出版社,1990:34.

[6]徐宝德.科学发展观概论.兰州:甘肃人民出版社,2006:148.

[7]朱其训.和谐经济论.北京:人民出版社,2007:407.

2.2.2　动态平衡发展方式的十大法则

引证：

无处不在的动态平衡法则。[1]

——刘欣《持衡定律》

“我确信没有任何专家像《平衡的法则》那样讨论了纷繁复杂的问题……”[2]“平衡是自然的法则。”[3]世界上一切事物，都有自己的生存和发展的法则。自然界有自然法则，人类社会也有社会的法则。法则是可以被人认识和利用的。动态平衡发展方式的法则，是对天地万物的根本规律的认识和概括，是在遵循事物平衡与不平衡转化发展规律的基础上，传承中外传统平衡学说的平衡法则，结合动态平衡发展公理、公式和原则，总结归纳出动态平衡发展方式的十大法则。

2.2.2.1　法则之一：平衡与不平衡两种发展方式具有普遍性

1.事物矛盾的普遍性决定了两种平衡(包括不平衡)发展方式的普遍性

一是两种平衡态决定了两种发展方式。万事万物的发展无不呈现平衡态与不平衡态的两种形态。平衡态是事物的存在形式，不平衡态是事物的发展形式。这种事物呈现的两种状态的规律，决定了万事万物平衡发展与不平衡发展的两种方式。二是矛盾与差异决定了两种发展方式。矛盾就是差异，差异就是不平衡；矛盾双方的统一、同一就是平衡。换言之，平衡与不平衡是既相互矛盾又相互统一的关系。因此，矛盾的多样性和普遍性，决定了事物差异的多样性和普遍性，事物差异的多样性和普遍性，决定了事物平衡发展与不平衡发展两种方式的普遍性。三是万事万物的发展都遵循两种发展方式。经济发展存在两种方式：一种是经济平衡发展方式，另一种是经济不平衡发展方式。改革存在两种方式：一种是平衡式改革，另一种是不平衡式改革。开放存在两种方式：一种是平衡式开放，另一种是不平衡或倾斜式开放。例如，在改革方面，我国采取的是不平衡经济改革战略；在开放方面，我国采取的是从倾斜式到平衡式开放战略；在经济发展方面，我国采取的是从不平衡到平衡的经济发展战略。

2.宇宙的本体决定了两种平衡发展方式的普遍性

“不仅我们的行星群绕着太阳运动，我们的太阳在我们的宇宙岛内运动，而且我们的整个宇宙也在宇宙空间中运动，和其余的宇宙岛处于暂时的相对平衡中，因为甚至自由浮动的物体的相对平衡，也只能存在于相互制约的情形之下。”[4]一是平衡与不平衡运动方式是宇宙的本体。宇宙从始至终都以动态平衡方式运动，宇宙收缩期存在动态平衡方式，宇宙膨胀期也存在动态平衡方式，宇宙再次大爆炸动态平衡方式还会存在。二是平衡与不平衡运动方式是万物运动的普遍现象。平衡是一个变化着的存在，存在中的变化。只要宇宙的物质存在，就会有引力和斥力的存在，那么平衡与不平衡的循环运动就不会停止，也就必然存在平衡运动和不平衡运动方式。正如研究者所说“平衡是万物发展的普遍现象”。[5]

3.世界的对立统一关系决定了两种平衡发展方式的普遍性

一是从事物矛盾的斗争性看不平衡发展方式。自然界是对立统一的,人类社会是对立统一的,必然表现为平衡与不平衡两种方式的相互斗争与相互转化即不平衡,其作用力是不平衡,这种斗争就是不平衡发展形式。例如,世界的战争与和平、国与国关系的分与合、生命体的生存与死亡、人和人之间的竞争与合作、人和自然之间的和谐与对立、人与社会之间的适应与不适应等现象的普遍存在,反映了不平衡方式存在的普遍性。二是从矛盾同一性看平衡发展方式。矛盾的统一和同一,即平衡。世界的物质统一性,决定了平衡与不平衡运动具有统一性。例如,古人的“天人合一”,生物学中的“适应”,无机自然界中的协调,经济中的均衡,社会中的统一,家庭生活中的和谐,思维中的一致等,这些都体现了平衡发展方式的普遍存在。

2.2.2.2 法则之二:万事万物的发展都遵循“不平衡发展—平衡发展—新的不平衡发展—新的平衡发展”永恒循环运动

1.自然力和社会力的作用导致动态平衡循环运动

①从事物外部分析看平衡循环运动。任何事物都有自己“产生—发展—消亡”的循环运动规律,这就是一切事物从平衡到不平衡再到新的平衡循环运动的法则,自然界、人类社会都遵循这一法则循环运动,自然界平衡循环运动的根本原因是自然力,人类社会平衡循环运动的根本原因是社会力,在平衡循环运动过程中不断推动自然和社会的发展。②从事物内部分析看平衡循环运动。事物在发展变化过程中,内部存在维持平衡的向心力和趋向不平衡的离心力,二者的统一即系统力,这两种相反的作用力的矛盾和斗争,必然促使事物平衡与不平衡的交替转化运动,并导致事物的平衡态与不平衡态的循环运动变化,从而推动事物的不断发展。③从平衡态转化分析看平衡循环运动。平衡是相对的,不平衡是绝对的,平衡稳定状态是一种暂时的适应,会在转化中被破坏,因此自然和社会的平衡是动态的平衡,不是静态的平衡,这就必然呈现平衡与不平衡相互转化的循环运动状态。例如,从小的粒子到大的宇宙,从古老的生物到现代智能人类,再到人类现代社会,都无一例外遵循从平衡发展到不平衡发展再到平衡发展的运动轨迹循环运动变化。

2.事物平衡态的转化而形成动态平衡交替运动

①在转化中平衡循环交替。事物的发生、发展和消亡过程,是在内因和外因、平衡与不平衡相互作用、相互转化中实现的,必然造成平衡与不平衡两种状态不断交替循环出现,也就必然形成“平衡发展—不平衡发展—新的平衡发展”循环往复运转变化,万事万物的产生、成长和死亡都遵循交替运转的规律。②在斗争中平衡循环交替。事物进化过程中内部维持平衡态的拉力和推动事物趋向不平衡的推力的斗争和转化、渐变与突变的斗争和转化、持续与间断的斗争和转化、有序与无序的斗争和转化,导致一切事物的生存和发展必然呈现出交替循环运动过程。例如,人类社会表现为社会形态的新旧矛盾

斗争，旧的矛盾与不平衡解决了，呈现出平衡状态，但又会出现新的矛盾和新的不平衡，社会就是这样不断地运动变化，并呈现出从平衡到不平衡再到平衡的波浪式前进、螺旋式上升的运动发展过程。③在开放中平衡循环交替。无论自然系统还是社会系统都是开放的，事物与外部环境之间相互联系、相互作用，进行能量、物质交换，这种系统的开放运动造成了事物的循环运动。一事物在本能地走向自身平衡运动变化的同时影响相关事物平衡态的转化；同样，另一相关事物在走向自身平衡运动变化中又影响这一事物平衡态的转化；在这个转化循环过程中，一事物和另一相关事物共同完成了循环运动，实现了协同发展。

3.物质运动规律决定动态平衡循环运动

①平衡循环的永恒性。世界上没有不运动的物质。世界的物质不灭就是物质的平衡循环运动。例如，一个天体爆炸后并没有化为灰烬或在宇宙消失，而是物质的转化，原物质没有被消灭；一堆煤燃烧后没有消失，而是变成了煤灰，原物质也没有被消灭。这种物质不灭的转化形式，就是一种永恒的物质动态平衡循环运动。②平衡循环的有序性。宇宙间物质各有各的循环运动空间和定位，万物都是有序循环运动的，不会越位和错位。例如，宇宙自由物体的上升和下降运动，都遵循动态平衡方式循环运动，气往高处循环，水往低处循环，尘向上循环，土往下循环，各有序列和序位。这就说明循环运动是有规律的，即动态平衡。

2.2.2.3　法则之三：一切事物都具有自稳定、自调节、自我平衡的本能

1.事物具有自稳定平衡的本能

①“自稳态”的平衡功能。当事物受到外部环境不平衡的影响或震荡，偏离了正常运行平衡点，呈现不安定平衡态，事物就会本能地自觉维持自身的平衡稳定，使自己从不安定平衡恢复到安定平衡状态，并始终保持系统稳定性在发展过程中的不断实现。例如，人体的代谢功能和对疾病的免疫力，其功能都是维持人体“稳态”的。②自发维持平衡稳定。一切事物都具有“追求生存”和“表现自己”的本能，这是一切事物与生俱来的和繁衍生息发展的需要，从而决定了事物追求自身平衡稳定的本能。无论外界如何变化和影响，事物都会自发地尽力维持自身的数量、质量和比例关系的规定性和稳定态。

2.事物具有自调节平衡的功能

①在自我修复中实现平衡发展。由于环境影响或事物内部要素相互作用，导致其不平衡发展。这时，事物内部维持平衡的内力自发地进行调节，启动自动修复的功能，以自身的力量和作用对运行状态进行自觉调整，使之恢复平衡发展。例如，人体伤口自己愈合，就是人体生来就有的自修复平衡功能的作用。②在自我调节中实现平衡发展。任何一个事物都是自动组织起来的系统，系统通过自组织、自适应、自调节、自复制和自繁殖等功能，与不平衡发展作斗争，使自身不断从不平衡趋向平衡状态，例如，当经济领域中市场供求关系出现不平衡运行时，市场“看不见的手”这个无形的力量就会进行自发调

节，从而恢复市场供求关系的平衡。

3.事物具有自我平衡的本性

一是通过“向心力拉动”走向平衡发展。世界万物都有自发走向平衡发展的本能，这是因为事物内部存在着自我平衡发展的向心力，这种力是维护事物量变和恢复事物原来平衡态的拉力，它与把事物推向不平衡态的离心力作斗争，阻止事物向不平衡变异和发生质变，从而维持事物不断恢复和走向平衡状态。例如，水的自净功能和生物种群的“自稳态”，就是自我平衡发展本性的表现。二是通过自己发展自己走向平衡发展。事物自己自觉地追求自身平衡发展是事物天生的自发、自我平衡运动，表现了事物自己发展自己和自我平衡的本性。正如艾思奇说的：“一切物质都会自己变化，不能自己运动的物质，是不可想象的。”例如，自然界生态系统具有自己恢复生态平衡的本能；人类社会具有生产关系适应生产力的发展、上层建筑适应经济基础的自我趋向平衡的本能。

2.2.2.4 法则之四：平衡与不平衡的斗争和转化是事物发展的永恒动力

1.不平衡的差异是推动事物发展的根本动力

“矛盾同一时，可称为平衡；在矛盾着的一方向另一方转化时称为不平衡；当在新的矛盾着的双方达到新的同一时，又可称为建立新的平衡。”[6]①不平衡是事物发展的动力。事物在发展过程中矛盾力量总是不平衡的。由于内部各种矛盾力量不断变化，导致矛盾力量的不平衡，表现为主要矛盾和非主要矛盾力量的地位和作用的不平衡。这种双方力量的不平衡发展到双方力量对比的根本变化时，就是矛盾的转化也即事物的质变。因此，不平衡是一切事物转化发展的根本动力。②平衡是事物发展不可或缺的环节。当我们分析事物发展过程中各种矛盾力量的地位和作用及其平衡态相互转化时，就会发现事物转化的作用力不仅仅是单纯的不平衡的作用，而是平衡与不平衡的相互作用、相互斗争和相互转化的作用力的结果。在事物发展变化中，平衡与不平衡各自都发挥不同的作用，在事物转化中都是不可替代的。所以，我们要在肯定不平衡是一切事物的发展动力和源泉时，不能忽视平衡环节的重要作用。

2.事物内部平衡(同一性)与不平衡(斗争性)相互作用是事物发展变化的根本原因

①平衡与不平衡的差异性是事物发展变化的根本原因。一切事物的运动、变化和发展，都是由低级到高级、从简单到复杂的过程，这个过程主要是由事物平衡与不平衡的内部斗争所推动的，就是说事物自身所包含的差异性是事物发展变化的根本原因。②事物平衡与不平衡相互作用是事物发展变化的根本原因。同一性(平衡)是指双方相互联系、相互依存和相互渗透；斗争性(不平衡)是指双方互相反对、互相限制和互相否定。事物的发展是上述同一性和斗争性两者相互作用的结果。维持事物存在是同一性起作用，推动事物转化是斗争性起作用。③平衡与不平衡的内部斗争和相互影响是一切事物发展变化的根本原因，是事物自己运动和自己发展自己的内在根据。

3.事物发展变化是通过平衡与不平衡相互斗争和转化而实现的

“在事物发展过程中,平衡与不平衡是相对的,并且是互相转化的。”[7]一是事物在平衡与不平衡斗争中生存。平衡就是矛盾的暂时的相对统一、同一,这种统一、同一,又必然被矛盾斗争所打破,平衡变成不平衡,从而实现事物的发展。布哈林在《历史唯物主义理论》一书中认为,平衡与不平衡在一定条件下是可以相互转化的。从平衡转化为不平衡再转化为新的平衡,这是由内部矛盾决定的,是事物生存和发展的主要实现形式。二是事物在平衡与不平衡转化中发展。自然界的演化、社会的发展和生命的进化都是平衡状态与不平衡状态的相互斗争和转化的结果。人类演化过程从无机物合成有机物—微生物演变为鱼—爬行动物—猿—原始人—现代人,就是通过平衡与不平衡相互斗争和转化而实现的。

2.2.2.5　法则之五:动态平衡发展方式是渐变发展和突变发展的平衡和统一

1.渐变进化和突变进化的统一——动态平衡进化

①微观进化与宏观进化的平衡和统一。有观点认为,生物进化有微观进化与宏观进化之分,宏观进化是量子式的飞跃突变,与达尔文说的微观进化不一样,认为生物和社会的进化都有可能是突变的而不是渐变的。这个观点认为可能是随机因素的外涨落诱导系统定态的飞跃现象。动态平衡发展方式则是微观进化与宏观进化两种形式的平衡和统一,即渐变和突变的统一论。②渐变平衡式。人类社会是在社会平衡与不平衡的斗争过程中,当新的社会形态的平衡发展因素发展壮大的时候,维持旧社会形态的不平衡旧因素逐渐消退,这就实现了一个社会平衡态的转化过程,即社会形态的微观平衡进化或平衡渐变形式。③突变平衡式。当新的社会形态的平衡因素发展壮大的时候,而维护旧社会形态的不平衡旧因素没有减弱,最终只能发展为社会形态的宏观平衡进化或平衡突变形式。④渐变和突变的平衡和统一。动态平衡发展方式本身就体现渐变和突变的平衡和统一,这是因为渐变和突变二者存在内在的联系,事物在进化过程中都存在时间因素、因果关系,渐变最终结果离不开突变,突变不是偶然的,是渐变的必然结果。例如,经济的突变有可能是科技革命或新文化观念引起的,似乎主要不是经济因素的渐变;政治和社会的突变有可能是外来因素,似乎主要不是内部因素的渐变。但是,这些突变都有一个演化的时间过程和有因有果的平衡转化内容,外因必须通过内因才能起作用,如同只有鸡蛋才能孵出小鸡而石头孵不出小鸡的道理是一样的。

2.渐变与突变的平衡、量变与质变的平衡——动态平衡发展

①渐变、突变都存在从量变(平衡)到质变(不平衡)的发展过程。事物的渐变、突变和平衡与不平衡两种状态的转化,都离不开质、量、度关系的平衡和统一,无论渐变还是突变都存在从量变到质变的发展过程。事物的量变表现为平衡,事物的质变表现为不平衡,量变达到一定的度(平衡度)才能发生质变,也就是质、量、度的平衡和统一。因此,质量互变就是平衡与不平衡的转化达到了对度的突破,也才能实现渐变或突变。②量变、

渐变与平衡的关系。平衡状态是事物的量变阶段,也就是渐变阶段。陈晏清《马克思主义哲学纲要》一书中论述的"量变就是事物的量的规定性的变化,是事物数量的增减和场所的变更。这是一种微小的、不显著的变化。日常见到的统一、平衡、静止等等,就是事物处在量变过程中呈现的面貌"[8],这段话说明了量变、渐变与平衡之间的关系。③质变、突变与不平衡的关系。不平衡状态是事物的质变阶段,也就是突变阶段。"质变是对原有度的突破,是事物发展中的连续性和渐进性的中断,表现为统一物的分解以及相持、平衡和静止的破坏等。"[9]这段话也说明了质变、突变与不平衡之间的关系。④平衡(量变、渐变)与不平衡(质变、突变)的统一论——动态平衡发展。从量变达到一定的度时,原来的平衡状态就会转化为不平衡状态,就进入质变阶段,呈现新的平衡态,然后再进入新的量变的循环运动。所以说事物质变也是由平衡到不平衡转化的结果,是从量到质的飞跃,最终打破了事物的连续性、平衡性,实现突变和飞跃。由此可见,渐变进化和突变进化都存在从量变到质变的发展过程,突变也不是偶然现象,而是渐变的结果。

2.2.2.6 法则之六:动态平衡发展是互补性、前进性与曲折性的平衡

1.动态平衡发展是通过新事物与旧事物的互补平衡中实现的

一是通过自我否定实现平衡发展。任何事物发展变化都是肯定(平衡)与否定(不平衡)的平衡和统一。事物的肯定方面即平衡方面,是事物内部维持存在、稳定的方面,也就是此事物与他事物相互之间区别的方面;事物的否定方面即不平衡方面,是促使事物转化发展的方面。事物的发展是由内部平衡与不平衡、肯定与否定力量的斗争和转化,实现事物的自己运动、自我否定、自我完善、自己发展。事物发展的进程是从平衡到不平衡再到新的平衡;发展的目的是自我求生和自我完善;发展的结果是从简单到复杂,从低级到高级的发展变化。二是通过扬弃实现平衡发展。事物自我完善是通过扬弃实现的,就是说既克服又保留,既继承又抛弃。抛弃旧事物消极的因素和负效应,保留旧事物积极的因素和正面效应,从而扬长避短,实现旧质向新质发展,在旧事物的基础上转化发展为新事物。三是通过新旧事物互补实现平衡发展。新事物的产生,并不是新事物把产生它的旧事物完全否定掉,而是帮助扶持产生它的旧事物得到发展变化,在此基础上产生和发展出更新的事物。因此,新和旧之间并不是完全对立和不相容的,而是相互补充的关系,"旧"中有"新","新"中有"旧";"新"生于"旧","旧"再生"新",二者存在内在的平衡与不平衡的统一、既相互对立又相互统一的关系。例如,新旧社会的更替就是如此。

2.事物的发展是前进性与曲折性的平衡

列宁说:"把世界历史设想成一帆风顺的向前发展,不会有时向后作巨大的跳跃,那是不辩证的,不科学的,在理论上是不正确的。"①在曲折中追求平衡发展。事物的发展是永恒的,但不是直线上升的,发展进程是平衡与不平衡循环运动的统一。平衡与不平衡的转化过程,就是自己否定自己的过程,是在曲折中前进的过程。这个规律提示我们,一

方面要在道路曲折时不丧失信心，看到光明前途；另一方面要加大平衡调节的力度，努力实现平衡发展。②在前进中追求高水平平衡发展。事物平衡与不平衡的演进总趋势是向上的、前进的，由低级到高级、由简单到复杂的前进运动过程。形成这种发展方式的原因有三：第一是这个过程从始至终要受到大自然不可逆规律的支配；第二是平衡与不平衡的运动变化并不是简单的重复，而是由低水平的平衡态向高水平平衡态的发展；第三是任何事物内部都存在着平衡与不平衡两个方面的矛盾斗争，斗争的结局必然是新生事物战胜旧事物，从而实现事物不断向高层次平衡进化发展。因此，事物的发展必然呈现出发展趋势是前进的，发展道路是曲折迂回的，发展方式是波浪式、螺旋式前进的。

2.2.2.7　法则之七：事物在相生相克中动态平衡发展

1.相生相克平衡法则

一是相生与相克的动态平衡。“五行学说的相生相克，其内涵就是讲平衡法则。”[10]在中国古代阴阳五行思想中，“相生相克”思想影响比较大。相生，就是双方相互依存，存在利害互补关系；相克，就是双方相互对立，存在利益冲突关系。相生与相克的实质是一条平衡法则，二者是相互作用、相互制约和相互平衡的。“相生相克”反映了物质世界的对立统一关系和平衡与不平衡的对立和统一。二是相生与相克的平衡互补。相生与相克可以利害互补，在系统里任何一方都不能消灭对方而独立存在，双方只有相互依存，才能彼此平衡共生、协同发展。例如，书中讲到的蛇、青蛙和蜈蚣三个“吃与被吃”的冤家对头冬季同居一个温暖洞穴，蛇不吃青蛙，青蛙不吃蜈蚣，蜈蚣不吃蛇。如果强者吃掉弱者，自已就会被第三者所吃。这种利用天敌的天敌保护自己，也就是相生相克平衡法则的体现。

2.相生相克平衡法则的运用

一个事物的产生也包含着对立面的产生，万事万物的存在和发展都是相生相克的，有平衡就有不平衡；离开了对立统一运动的事物，发展也就停顿了。在一定意义上说消灭了对立面也就意味着消灭了自己，自身也就失去存在的环境，道理就是相反相成。①诸葛亮运用相生相克平衡法则。诸葛亮在华容道不杀曹操，就是运用了相生相克平衡法则。曹操兵败途中拼杀抵挡赵子龙、张翼德，而败走华容道，但最后关羽刀下留情。有研究者认为是诸葛亮运用相生相克战略战术而有意放了曹操。这是有道理的。大军事家诸葛亮明知曹操对关羽有恩，而把他安排在最后一关华容道，就是有意要放走曹操。原因是魏蜀吴三足鼎立，势均力敌，互相牵制，在这个平衡格局中蜀国才能立足，如果杀了曹操，就消除了孙权的后顾之忧，刘备就会被孙权所杀。只有曹操牵制住孙权，孙权才能联刘抗曹。从蜀国的生存利益出发，曹操只能败而不能死。这是政治的需要，所以诸葛亮不会追究关羽放虎归山的责任。②司马懿运用相生相克平衡法则。司马懿在西城不杀诸葛亮，也是运用了相生相克平衡法则。蜀国名将马谡，由于刚愎自用，失守街亭，蜀门被打开，司马懿的十五万大军直逼西城，诸葛亮所在的蜀军大本营只有伤员，无人可用，于是演了一场“空城计”。也有研究者认为,这是司马懿相生相克术的运用,留下自己的对立面诸葛亮也就保留了蜀国。也就是说蜀国只能败而不能灭,目的是保存司马懿自己、发展自己。如果消灭了诸葛亮,也就意味着消灭了自己。司马懿是个大军事家,深知攻克街亭的战略意义,也不会不知道西城是一座空城,如果消灭了诸葛亮,就等于消灭了蜀国,也就打破了三国鼎立格局,吴国早晚被消灭,自己就失去了作用。他自知曹操多方猜忌和不信任自己,刚刚被革去了职权,只因这次战事紧急才启用了他。如果蜀国灭亡,就是司马懿的死期,有诸葛亮存在,司马懿才有求生存的价值和图发展的砝码。作为神机妙算的军事家诸葛亮也不会不知道其中的微妙之处,所以自己在西城演“空城计”时没有惊慌失措,琴声不乱其原因也是对相生相克的运用。

2.2.2.8 法则之八:人、社会和自然的平衡共生方式

1.自然界万物平衡共生方式——动态平衡

一是有均等才有平衡共生。大自然生存均等的法则,决定了万物的平衡共生。在一个生态环境中,植物中有原始的,也有初级的;动物中有食草的,也有食肉的。生物之间构成生物链和食物链,存在着吃和被吃的关系:“草—羊—狼—草”。羊群吃草、狼群吃羊群、羊群和狼群的遗骸被草原所吃。这就告诉我们,自然生态系统是生存均等的。二是有竞争才有平衡共生。生态系统中存在竞争关系,只有竞争才能保持自然生态平衡,也才有生物的平衡共生,没有竞争自然生态就要失衡,所有生物也要失衡自灭。就是说生物链是相互依赖关系,食物链是相互生存关系,谁也离不开谁,离开任何一个环节就会破坏生物链和食物链,生态系统就会失衡、失序。可见,生态系统是一个有机平衡整体,天地万物相互依存、相互制约,只有平衡共生,才能协同进化发展。

2.人类与大自然平衡共生方式——动态平衡

一是人与大自然原本就是平衡共生的。地球创造了其他生物和高度有序组织的智能人类,人类和其他生物对原来洪荒的地球进行了改造,人类在生存和发展中又适应了地球,这就是平衡共生法则的伟大作用。“阴阳、虚实、寒热之间的对立和协调,五行之间的相生相克,形成整个世界,构成人体这个高度有序的组织。”[11]二是人与大自然平衡是动态的。自然界与人类的关系有平衡有不平衡,有对立有协调,有相生有相克。这就要求我们人类要不断地在不平衡中找到平衡、在对立中找到和谐、在冲突中找到平衡共生。同时,人类要承担起保护大自然生态平衡的责任,形成人类、其他生物与大自然命运与共的关系,努力实现协同进化发展。

3.人与人的平衡共生方式——动态平衡

一是建立人与人的平衡共生关系。人与人的平衡共生实际上是人与人相互之间的依赖性和互补性决定的。原始人不合群不能生存,现代人不依赖社会和其他人也是不能生存下去的。一个人物质的和精神的需要都是离不开他人和社会的。因此,在追求自己生存和发展的时候,一定要顾及他人、他事、他物的生存和发展。只是单纯地追求自己的

生存和发展,结果只能是自己也失去了生存和发展的必要条件。例如,在人群中即使是一个高智商人才也离不开与其他人合作共事;在国家中即使是超级发达大国也离不开与发展中国家的互通有无。二是人与人的平衡共生关系是发展变化的。从发展的观点看,在现实生活中相互之间的对立也是相对的、变化的,对立面也是可以相互转化的,过去是自己的敌人,将来可能是自己的朋友;今天是相互之间的竞争者,明天可能成为最好的合作者。所以,动态平衡发展方式也是人与人、人与自然和国与国的平衡共生的方式。

2.2.2.9 法则之九:系统平衡态的调节和系统的重建

1.系统平衡态的纵向、横向调节和重建

一是系统平衡态的调控。系统里的平衡态(包括不平衡态)是纵横循环的,一个小环节、小要素的不平衡态,可以扩散到纵向系统和横向系统,导致多系统出现不平衡。活动主体要想保持系统的平衡状态,必须要关注系统每个层次和局部、每个子系统和要素的发展变化,出现带倾向性的不平衡态时,首先要调节不平衡态的源头子系统要素,及时在重点部位加以调节的同时进行纵向和横向控制,尽可能快地恢复平衡状态,防止扩大化。二是系统平衡态的重新构建。在进行纵横调节后无力转化,仍然不能消除不平衡态的漫延,甚至还有放大趋势。这时,就要坚决打破不平衡态循环的源头要素或子系统,从根本上消除不平衡态的扩大和发展态势。特别是对于关键子系统、重点部位的不平衡态的恶变,必须采取组织措施和结构调整,重新构建动态平衡发展系统。否则,不平衡态就会放大和纵横漫延,还会破坏更大系统整体的平衡态。例如,森林中的一个小小的烟头,如果不及时熄灭,有可能烧毁一片森林。同理,对系统的不平衡态也必须及时调节或系统重建。

2.多系统平衡态的交叉调节和综合平衡系统的构建

一是多系统平衡调节。在多系统中,平衡态与不平衡态,不但可以纵横循环,而且可以在多系统交叉循环。根据这个规律,我们可以按照自己的需要主动进行多系统调节和交叉调节控制,提高和发挥多系统的功能,实现自己所要追求的目标。二是综合平衡系统的构建。一个国家在战时可组建应急新系统,如在战前构建政治、经济、社会、科技和军事多系统之间统一的、新型的综合军力动态平衡系统,形成国家人力、财力、物力和智力等统统集中于反对侵略、保卫祖国的超级综合军力系统,与入侵者进行综合国力的对抗,这是抵御外侵力量最大化的方法。例如,前苏联在二战中的卫国战争就发挥了多系统综合平衡效应。现在世界上兴起国与国寻求相互保护的联盟组织,实际上这就是构建了一个超国家的综合实力系统,它的整体功能有可能大于部分相加之和。

2.2.2.10 法则之十:宇宙万物发展的恒定方向是走向整体动态平衡

1.天地万物走向整体动态平衡方式是一切事物发展的总方向、总趋势

一是宇宙间一切事物都具有走向整体平衡的本能。事物的运行都是在自我平衡的

同时走向整体平衡运行的。例如,太阳系在自身平衡运行的同时,趋向银河系方向运动,就是趋向整体平衡发展,而银河系统也受到整体平衡规律的支配,也在向河外星系方向运行,而河外星系又向更大星系方向运动,趋向更大的系统运动。因此,整体平衡是自然、社会、人类思维的总趋势、总方向和总归宿。二是事物都不会违背自身趋向平衡和与其他事物共同趋向整体平衡的双重本性的规定性。自然界万物都以不同形式本能地、永恒地自己趋向自身平衡,并与其他事物共同走向整体平衡。人类社会与自然界一样,也遵循着趋向整体平衡的这条法则发展,人类社会将从目前的多种不同社会形态并存的状态,逐渐趋向整体动态平衡方式的大同世界——共产主义社会形态发展。

2.天地万物趋向整体平衡本能的作用力、规定性

一是引力和斥力的中性力的作用是趋向整体平衡的动力。宇宙万物在引力和斥力的作用下永恒地都在趋向自身平衡的基础上,共同趋向整体的平衡。天体与天体之间的动态平衡运行、大地万物之间相互作用,促成一切事物共同走向整体平衡,这是宇宙万物的必由之路。这个方式也适合于每一种存在物的所有循环过程,最终都会导致所有事物的共同选择——整体动态平衡方式,这是由一切事物趋向整体平衡的本性决定的一条总规律,也就是说这是事物运动变化的总方向、总趋势。因此,事物内部要素自觉走向整体平衡和外部自发走向综合平衡,这是自然界永恒的法则。二是世界物质的统一性是万物趋向整体平衡的规定性。“世界是物质的,又是统一的,世界的统一性在于它的物质性。”[12]世界物质统一性是无限多样性的统一,要求我们认识宇宙万物发展的恒定方向都是趋向整体动态平衡方式的规定性。自然界的进化,人类社会的发展,无不说明一切事物在发展进化过程中不断地改变自己,适应环境,向整体平衡方向发展。无机界和有机界都是如此。事物在自我平衡的同时与相关事物协同一起向整体平衡方向运动,本能、周而复始地走向整体平衡。

参考文献

[1]刘欣.持衡定律.北京:机械工业出版社,2006:41.

[2][加拿大]翰密斯·凯密斯.平衡的法则.北京:中国环境科学出版社,1996.12.

[3][美]罗启义.企业生理学——企业活力探源.北京:新华出版社,2001:202.

[4]林竹三,林绿冬.中医平衡奥秘.北京:北京科学技术出版社,1993:26.

[5]林竹三,林绿冬.中医平衡奥秘.北京:北京科学技术出版社,1993:26.

[6]陈晏清.马克思主义哲学纲要.北京:中央广播电视大学出版社,天津:天津人民出版社,1983:87.

[7]孙占奎,王安平,郭晓华,等.领导协调论.北京:煤炭工业出版社,1990:16.

[8]陈晏清.马克思主义哲学纲要.北京:中央广播电视大学出版社,天津:天津人民出版社,1983:77－78.

[9] 中国成人教育协会成人高等学校招生研究会组. 政治. 沈阳：辽宁大学出版，2000:37.

[10]林竹三，林绿冬.中医平衡奥秘.北京：北京科学技术出版社，1993:31.

[11]曾健，张一方.社会协同学.北京：科学出版社，2000.

[12]中国成人教育协会成人高等学校招生研究会组.政治.沈阳：辽宁大学出版，2000:24.

2.3 动态平衡发展方式的制衡方法

一切事物的平衡与不平衡状态，对于人来说都不是无能为力的、无所作为的，而是可以认识、可以预测和可以人为调节控制的。动态平衡发展方式的调节方法有三种：第一种是利用事物自发调节；第二种是人为干预调节；第三种是自发调节与人为调节相结合。

2.3.1 动态平衡方式的平衡态与平衡度

引证：

对于一个系统里的两个平衡态来说，最佳的平衡态并不是那个“秩序平衡”状态，那是一个低级的平衡态；最佳的平衡态是属于“复杂平衡”状态，这是一个更高层次的平衡态。[1]

——王颖《动态平衡论》

2.3.1.1 动态平衡方式的平衡态

所谓平衡态，是指系统内力和外力的平衡和统一，即形成一个平衡态(包括不平衡态)。

1.平衡态可以相互转化和人为调节

一是平衡态和不平衡态的转化。这两种平衡态是对立统一的关系，在一定条件下是可以相互转化的。如同事物内部矛盾的对立统一和矛盾相互转化一样，平衡态可以转化为不平衡态，不平衡态可以转化为平衡态。二是平衡态的调节。在实际工作中，不平衡态具有一定的负面作用，只要出现就要及时加以调节控制，促进不平衡态向平衡态转化。例如，地震导致当地从平衡态变为不平衡态，经过政府及时采取抗震救灾和恢复重建措施，就会使不平衡态恢复过去的常态。

2.平衡态具有阶段性

“从生命运动的不同阶段来说，它也可以有交替重叠的‘平衡—不平衡—平衡’的方式同时进行，可见当运用平衡这一概念时需要把握住置其于一个特定的范围和某个阶段之中，相对于某一范围和某一阶段的事物而言。”[2]我们所讲的平衡态都是具体的，是在一定阶段、一定范围而言的。一是从人类发展的不同阶段看平衡态。从人类进化发展的不同阶段的平衡态看,表现为原始人平衡态、现代人类平衡态等;从人不同年龄阶段的平衡态看,表现为少年平衡态、青年平衡态、中年平衡态和老年平衡态等。二是从社会形态看平衡态。社会运动中存在原始社会平衡态、奴隶社会平衡态、封建社会平衡态、资本主义社会平衡态和社会主义社会平衡态。三是从社会发展的不同阶段看平衡态。中国社会主义社会形态,严格说是指从我国社会主义改造基本完成的1956年至今的社会形态,不应把国民经济恢复时期和社会主义改造时期计算在内。

3.平衡态具有层次性

一是系统的层次性决定了平衡态的层次性。系统由母系统、子系统和要素等若干层次构成,所以平衡态也就有了相应的不同层次。例如,系统平衡态、子系统平衡态等。二是认识平衡态层次性的重要性。了解平衡态的层次性有利于我们认识系统中平衡态的构成、联系和区别,有利于对各个层次平衡态的利用、调节和控制。例如,2011年北方和南方出现的洪涝和干旱灾害的不平衡态,洪涝和干旱在各地造成的灾害又有层次性,表现为遭受洪涝和干旱灾害程度不同,造成的结果也不同,有的区域粮食减产,有的区域粮食增产,全国整体仍然获得农业丰收,这对我们正确决策具有重要指导意义。

4.动态平衡方式“自稳态”与动态平衡方式“波动态”

(1)自稳平衡态

一是自稳平衡态概念。系统可以通过一定的内部自动组合、自动优化和自我调节功能,并能不断从偏离轨道恢复到原来的平衡态轨道上来,不断实现系统的稳定状态,这就是系统的自稳态功能。二是自稳平衡态的稳定性。自稳态系统的要素组合优化、合理,系统长时间呈现稳定态势,在较大范围内不会出现偏离平衡运行轨道的现象。三是自稳平衡态的不同表现。①在自然界系统的这种自稳平衡态,表现为自然生态平衡,风调雨顺、林茂粮丰、五畜兴旺;②在人类社会系统的这种自稳平衡态,表现为社会良性稳定运行、社会较长时间没有大的动荡,总体上保持平衡和谐;③人的思维自稳平衡态表现为精神向上、心理平衡和躯体健康。

(2)波动平衡态

一是波动平衡态概念,指当系统平衡点受到震荡出现波动,自调平衡本能不能对系统进行有效控制,平衡点无法恢复到平衡状态的位置上来,出现左右摇摆或偏离运行轨道的现象。二是产生波动平衡态的原因,一个是系统内部要素的搭配不合理、不优化导致系统的不平衡波动;另一个是受到环境力量的影响,偏离了平衡运行轨道。三是认识波动平衡态的意义。我们认识系统的这个规律,随时随地掌握系统运行平衡点的位置,及时加以人为干预和调节,使波动态回复到安定平衡态,减少波动态带来的损失。

2.3.1.2 动态平衡方式的平衡度

1. 动态平衡方式的两种平衡度

所谓平衡度，是指系统里的平衡与不平衡状态统一的幅度、范围，表现为事物质的限度和量的限度的统一。

第一种：安定性平衡度。安定性平衡度的概念。安定性平衡度如同天平的相对静止状态。系统能通过自身内部的作用力，进行自组织、自稳定和自调节活动，能够维持系统安定平稳状态，称为安定性平衡度。安定性平衡度的系统。牛顿定律："一个物体在不受到任何外力的情况下，将保持静止或匀速直线运动。"这就相当于安定性平衡度。安定性平衡度的系统，系统机制健全和规则完善，能发挥自身安定的作用力，有能力自组织和自完善，在外力的作用、影响和震荡中能自我恢复有序和安定状态。社会安定性平衡度。例如，我国古代唐朝贞观之治的太平盛世时期，就是处在安定性平衡度状态。又如，新中国成立后至今，我国社会总体上处在安定性平衡度状态。

第二种：不安定性平衡度。不安定性平衡度的概念。不安定性平衡度如同天平产生了摆动。当内部或外部产生改变平衡态的作用力的影响和震荡，但还没有破坏现有的平衡态，表现为不平稳、有波动，称为不安定性平衡度。不安定性平衡度的调节。一个系统出现了倾向性的问题，虽然还没有破坏平衡度，但影响了系统的稳定性，需要及时调节恢复平衡度。例如，"文革"后政府通过宏观干预作用，使不安定平衡度不断趋向安定性平衡度，使社会恢复了平衡状态。

2. 动态不平衡方式的两种不平衡度

第一种：倾侧性不平衡度。倾侧性不平衡度的概念。倾侧性不平衡度如同天平向一边倾斜。这种倾侧性不平衡度是可以修补和调节的，通过及时调整，是可以恢复到安定性平衡度的。出现倾侧性不平衡度的原因主要是系统机制僵化，自调作用差，内力不足，自组织能力很弱。如果没有外力干预，就无力恢复到平衡度。例如，"安史之乱"后，唐明皇出逃，出现王朝倾斜，但不一定是王朝终结，只要调节得当，还有可能东山再起。实践证明，王朝出现倾侧性不平衡，通过平息动乱是可以恢复国家的平衡度的。

第二种：终了性不平衡度。终了性不平衡度概念。终了性不平衡度如同天平完全倒向一边，是彻底的不平衡状态。这种终了性不平衡度，是无法补救和改变的，平衡调节无济于事，没有希望恢复平衡状态。终了性不平衡度具有终结性。宇宙间一个星球的爆炸解体、地球恐龙的灭绝、二战德国和日本的失败、企业集团破产倒闭、个人在体育竞技中淘汰出局或决赛失败等，都具有相应的终结性。

2.3.1.3 动态平衡方式的平衡度方法论意义

1.准确把握平衡度意义重大

一是辨别正确与错误的标准——平衡度。平衡度是一切事物的正确与错误、真理与谬误的检验标准。关系到领导者的思想方法和工作方法以及个人生活方式，科学地把握平衡度的学问，能够使自己正确认识和处理各种问题，符合事物客观发展变化的规律。二是性格好与坏的标准——平衡度。亚里士多德（古希腊）在《尼各马可伦理学》中认为，人的怯懦性格与鲁莽性格都是不良的极端性格，这二者中间是优良的勇敢性格，这才是我们倡导的好性格。三是做人、做事和做官的标准——平衡度。如何对待名与利、得与失、苦与乐和廉与贫的平衡度，并正确把握平衡度，对一个人如何做人、做事和做官都具有重要指导作用。

2.以平衡度掌握工作的主动权

平衡（量变）、不平衡（质变），从量变到质变改变事物的本质属性，这二者中间是“度”，也就是平衡度。作为活动主体，要以平衡度掌握主动权。方法一：追求平衡。如果要想维持事物发展的量变，限制事物发生的质变，就要进行平衡态的协调，维持事物的平衡运动，从而使事物的本质属性不发生质变。例如，革命战争低潮时期，有的队伍看不到革命前途，思想产生动摇，这时就要加强教育，拉回革命队伍，坚定信念，更不能因失误把革命队伍推向革命的对立面。方法二：追求不平衡。如果要想促进事物发生质变，就要打破平衡态，通过不平衡的运动，实现平衡度的转化，从而改变事物的本质属性，达到预期目的。例如，民主革命时期的策反工作，实现敌方向我方投诚。这就是促成了事物的质变。

3.运用平衡度调节情绪

一是不同平衡度引起不同结果。在同样一个事件面前，不同的人对平衡度的把握不同，其反映是截然不同的，有的人从容不迫，有的人暴跳如雷。在同样一个事件面前，不同的人对平衡度的把握不同，所引起的结果也不同，有的人处理矛盾纠纷冲动，反而激化矛盾；在个人情绪方面，有的人在悲痛中消沉，有的人在悲痛中奋起。二是把握情绪平衡度的重要性。对平衡度的把握，体现一个人的心理素质。心理素质好的人在冲突事件面前不失态，善于自我调控，而且能从不平衡状态中走出来，快速恢复心理平衡状态，做到正确对待和稳妥处理问题，既不伤害别人，也不危害自己和社会。

参考文献

[1]王颖.动态平衡论.北京：中国青年出版社，1998:53.

[2]林竹三，林绿冬.中医平衡奥秘.北京：北京科学技术出版社，1993:20.

2.3.2 动态平衡发展方式的调节

引证：

如何调节这个系统使它经常处于平衡状态，实际上成为这个系统的主宰者——个人、组织、集团的当事者或决策者们最关心的主题。[1]

——刘欣《持衡定律》

2.3.2.1 平衡与不平衡发展是可知、可预测和可调节的

事物平衡与不平衡发展都是可知、可预测和可调节的。一是平衡发展的可知性。"唯物主义哲学都主张反映论，也就都主张可知论","能动的反映论，内在地包含了可知论"。[2]平衡论是唯物的,主张能动的反映论,平衡理论本身就是客观现实物质世界的概括和反映,是揭示物质世界运动变化规律的理论。因此,事物平衡与不平衡发展规律是可以被人们认识、预测和调节的。二是平衡发展的可预测性。在现实中,我们可以根据系统中平衡与不平衡相互转化的规律,根据我们的工作、生活的实际需要,适时地进行预测,使之达到我们既定的目标。例如,我国现在所处的社会是社会主义初级阶段,是由半封建半殖民地社会中产生的社会主义社会的因素,通过成长壮大,武装夺取政权,发展到现在的社会主义社会的初级阶段。我们可以预知,现在的社会主义初级阶段,又会产生和孕育着未来社会的因素,这就是社会主义高级阶段或共产主义社会的因素。那么,我们就要积极倡导、培育和扶持新因素的成长,不断推动社会进步。三是平衡发展的可调性。上述事例说明事物的发展具有连续性和继承性,新事物是在原事物中生成、萌芽、发展和壮大起来的。那么,我们就可以以未来社会的某些先进性对目前社会阶段的不平衡现象进行调节,以社会主义高级阶段或共产主义社会的物质文明和精神文明的因素,加强对目前阶段的两个文明建设的引导和调节,特别是加强社会主义的精神文明、政治文明和社会文明的建设,为物质文明建设提供精神动力和智力支持,加速推进社会主义初级阶段向高级阶段迈进的步伐。

事物平衡与不平衡循环运转规律是平衡调节的依据。一是宏观必须保持平衡。"从表面上看，均衡增长与不均衡增长战略似乎是相互矛盾的，但实际上它们是相互补充的。在宏观上,各经济部门和产业门类应尽可能平衡发展;但在微观上,在具体实践中,发展的不平衡又是绝对的。"[3]经济社会微观系统一般情况下可以是有序不平衡的,但任何宏观系统的不平衡态,都是具有负效应的,无不表现为混乱、无序、不规则状态,会造成一定损失。二是微观是宏观指导下的有序不平衡。事物发展必须遵循"平衡—不平衡—平衡"规律运转,我们不必为不平衡而过分担心,这是因为事物发展变化有两条规律:第一条是事物不平衡态不会长期违背事物循环运转规律,不平衡态不会永远背离平衡态,不平衡态必须还要循环回归到平衡态上来。我们掌握了这个发展趋势,就掌握了工作的主动权,在平衡状态下,要尽量维持平衡状态;在不平衡状态下要预知事物运动变化的下一步就是平衡状态,从而增强调控的信心。第二条是不平衡趋向平衡的转化是万事万物运动变化的不可抗拒的法则,人们可以充分利用这个规律,人为地做好平衡与不平衡的调节转化工作,使事物始终遵循动态平衡方式运行。

2.3.2.2 不平衡发展的客观存在决定了平衡调节的必要性

一是不平衡具有负效应。世上的事物不可能时时都完全处在平衡发展状态,必然存在着不平衡发展现象。只要不平衡现象存在一天,不平衡的负效应就会存在一天,也就

有可能造成一定损失。因此,不平衡发展的普遍性决定了平衡调节的必要性。调节平衡的工作和消除不平衡的负效应,必须要引起我们的高度重视。二是对不平衡必须加以调节。不平衡状态具有普遍性和多样性,负效应也是多种多样的,也就决定了调节工作的复杂性,要求我们要经常地、不断地去做好调节和引导工作。例如,当今存在的世界性问题,就是需要调节的不平衡问题。①世界人口膨胀,近十年增长16亿,2011年达到70亿,地球即将达到科学家提出的100亿的饱和状态;②全球二氧化碳气体近两年增加9%,世界气候异常,灾害频发;③世界土地退化造成农牧业的巨大损失,全球存在严重的粮食安全问题等。上述不平衡问题都具有相应的负效应,必须通过平衡调节加以消除。

2.3.2.3　动态平衡发展方式调节的指导思想、原则和模式

1.动态平衡发展方式调节的指导思想

在对不平衡状态进行调节时,要把系统整体作为着眼点,把不平衡要素作为切入点,把平衡态的调适作为结合点。例如,对一个比较重大不平衡态的调节,既看到世界的大环境、又要看到国内的环境,还要看到单位、团体和企业的内外小环境,既要看到横断面的因素,又要看到时代发展的纵断面的因素,尽量避免调节的盲目性和片面性,增强调节的针对性和有效性,达到平衡调节的实际效果,并建立平衡调节的长效机制。

2.平衡调节的原则

一是前进性与曲折性关系的平衡。在平衡调节过程中,既要认识事物动态平衡发展的前进性,又要认识事物动态平衡发展的曲折性,不能因为事物发展了就乐观,也不能因为前进道路迂回而失望。二是肯定与否定关系的平衡。在平衡调节实践中,既不能肯定一切,也不能否定一切;既要防止片面性,又要消除绝对化。事例一,在文化的调节中,对外来文化既不能全盘否定,也不能全盘肯定,要采取有选择性地借鉴和吸收的原则。事例二,对经济社会的调节要注重平衡发展与不平衡发展统一论的运用。条件具备可采取同步推进、平衡发展;条件不具备可采取资源倾斜配置、不平衡发展。事例三,在对思想认识方面的平衡调节,要坚持说服教育和启发诱导的原则、尊重理解和关心人的原则、物质鼓励和精神鼓励相结合的原则等。

3.动态平衡发展方式调节模式

一是制衡发展方式的调节:"不平衡发展—调节—平衡发展……"

二是反制衡发展方式的调节:"平衡发展—调节—不平衡发展……"

2.3.2.4　动态平衡发展方式调节的平衡支点

平衡支点的概念。"平衡和运动是分不开的,暂时平衡态是运动的特殊状态,善于抓住转变点(平衡点),分析经济运动的波动状态,掌握市场变化的规律性是西方经济学常用的分析方法。"[4]①平衡支点的本义——做轴的一点。如同根据杠杆原理制成的天平,当物体的重量与砝码相等时,就会处于相对平衡、静止状态。但在大多数情况下,都使用

的是引申义:“系统里的相对平衡是一种‘力’的制衡。在动态中寻求平衡的过程,往往也是在变化中寻求适应的过程。”[5]②平衡支点的引申义——适应点、结合点。调节平衡的方式方法很多,关键是在多种力量之间找到一个适应点、结合点,才能把不平衡调节到平衡状态。如果调节人的思想认识则要找到思想认识、心理态度的平衡点、结合点。

平衡支点的预设和选择。动态平衡发展的过程,就是不断进行调适的过程,要不断进行平衡支点(适应点、平衡点)的调适,如同骑自行车在调整前进方向过程中保持平衡。第一,要正确观察分析形成事物不平衡运行的过程、程度和范围,找到造成不平衡的原因,在此基础上正确选择、预设或调适平衡支点。第二,平衡支点的预设和选择的方法。一是改变原支点位置,重新预设平衡支点。如对弱方与强方调节时,把平衡支点向强方移动,使之恢复平衡(见图 2–1)。二是不改变原平衡支点。对重者减量或对轻者加量,使倾斜方回归平衡(见图 2–2)。例如,某企业改变原平衡支点的调节方法。广告宣传中,由原来的以“传统”定位的“正宗”的平衡支点改变为现代定位的新一代平衡支点,从而找到了该企业产品市场广告宣传的重新定位——创新。由于“新一代”具有创新意识,切准了消费者的心理,适应了市场的发展趋势,从而使百事可乐很快走出了困境和低谷,使产品销售扶摇直上,效益大大提高。

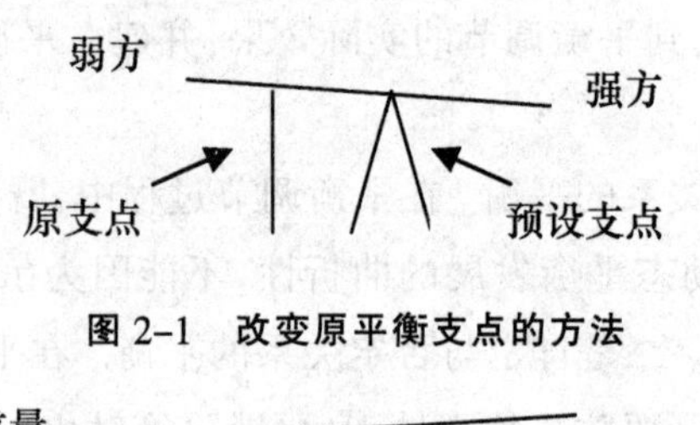

图 2–1 改变原平衡支点的方法

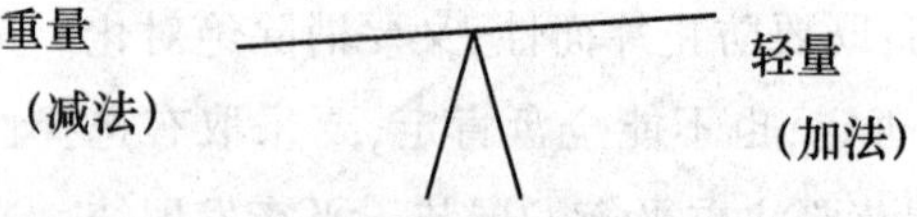

图 2–2 改变重量的平衡调节方法

2.3.2.5 动态平衡发展方式的平衡调节10法

动态平衡发展方式的调节,就是在尊重事物发展客观规律的基础上,一方面对事物的平衡状态进行适应性引导,激活自发调节功能,从而保持事物动态平衡发展;另一方面对人、对事、对物出现的不平衡状态采取有针对性的调节手段和方法,促进不平衡发展转化为动态平衡发展。

1.利用和引导事物自发调节平衡功能

一是充分发挥和利用事物自发调节平衡功能。任何事物都具有自发调节平衡的本性,自然界、人类社会和人的思维等都有自觉、自我调节平衡的本能。当事物出现不平衡状态时,这个事物能自觉地进行内力组合,自己调适不平衡态,使之恢复平衡状态。二是适当进行自发调节平衡的人为引导。事物自我调节是在一定范围之内的自我调节,不能超过事物内力调节能力的限度,必要时人可以予以适当引导,配合内力自调,还可以采取激活的方法,提高自发调节的有效性。在实践中,人们可以在充分发挥和利用事物自发调节平衡的规律基础上进行引导,从而为我所用。事例一:地球大气圈就是在随时随地进行着自我平衡调节,维持着地球温度的基本恒定,如果大气圈平均温度再提高,将会影响人类的生存。但是,人类可以通过调节的方法进行缓和,如以节能减排配合自发调节,从而减缓气候异常变化。事例二:人的心理也在随时随地进行着自我心理平衡调节,维持着人的心理与自然、社会环境的平衡,我们可以采取自我暗示、转移、听音乐等方法引导心理趋于平衡,提高自发调节的效果。事例三:人的生理也在随时随地进行着自我平衡调节,我们还可以通过平衡饮食和加强锻炼来减轻机体自发调节的负担。

2.人为调节平衡

科学研究一再证明,人对天地人之间的不平衡发展状态都是可以在一定范围内认识和调控的。一是宏观系统必须人为平衡调节。宏观经济运行系统离不开政府的干预调控,否则宏观经济系统是不可能自发调节而实现平衡运行的。在任何国家和任何经济体制条件下,国家宏观经济系统如果出现偏离运行轨道、紊乱失衡运行,都需要进行人为干预,否则宏观经济就会失衡、失控,经济就要遭受损失。因此,宏观经济运行不能单纯依靠自发调节,必须通过人为的干预和调节,增强系统外部力量,激活系统的内部力量,从而实现宏观经济系统的综合平衡。二是人为参与平衡调节具有重要意义。人为调节对宏观经济平衡运行是非常重要的,这是由事物存在自然性和社会性决定的,加之多系统客观条件不同,或存在综合性限制因子,或某些子系统本身的自组织能力不足,或系统处在弱势状态。在这种情况下,单纯依靠事物自身内部力量的自发调节是很难达到动态平衡发展目标的,必须人为参与调节。三是人为平衡调节与事物自发平衡调节相结合。我们在对正在运行的系统施加适度的人为外力的基础上,充分调动内部要素的自发平衡调节潜力,以内外合力促进系统动态平衡发展。

3.多系统平衡调节

每个系统都不是单一、孤立的,而是复式的,系统中有系统。系统与系统之间,也是相互联系的。一是多个系统不能离开人为平衡调控。多个系统的平衡调控,可以看做是宏观上的调控。国家是多系统平衡发展的调节者,要求领导者统领国内国际两个大局,统筹内政外交,兼顾内部各个领域、各个产业、各个部门和各个区域,使经济、政治、社会、文化、资源和生态环境等多系统相互配合、相互促进,防止出现“短板”而制约整体发展,实现动态平衡发展,才能从根本上增强国家综合实力。二是多系统调控要用综合平衡方法。多系统调控要多管齐下、综合平衡,但在多系统调控中经济是重点,在经济调控中重点是要转变经济发展方式,在当前要以市场为导向、以内外需平衡为突破口,以加强市场干预和物价干预为重点,从调整财政政策和货币政策入手,从而确保经济系统平衡发展，为社会系统和政治系统的平衡发展奠定基础。

4.系统不安定平衡态的调控

一是调控不安定平衡要从小处着手。调控不安定平衡要十分重视小环节不平衡。一个系统开始出现不安定平衡态，一般先是局部性的或小范围的不平衡度的变化，但这也是系统不安定的因素，具有发酵、放大效应和扩大化作用，也要及时加以调节。二是调控平衡要从大处着眼。在调节时，要从整体着眼，从宏观思维出发，从子系统、要素入手进行平衡调节，必要时对全局性、整体性进行平衡调节，促进从不安定性平衡态走向安定性平衡态。这是因为，不安定平衡状态在系统中具有发酵效应，循环快、危害广、负面效应大。

5.正向平衡调节、反向平衡调节和折中平衡调节

正向平衡调节，即追求事物的平衡态的调节。正向调节方法就是直接从常规的思维方式出发，从正面教育和引导工作入手，做好常态的调节工作，目的是维持事物发展过程中平衡态的不断出现，方法是采取保持和巩固事物的原有平衡发展状态不变的方法和手段。例如，经常性的思想政治工作和正面教育方式等就是在常态下的正面调节工作。

反向平衡调节，是从逆向思维出发，从相反的方向入手，打破常规，破坏现有的平衡状态，促进事物从平衡态向不平衡态发展，最终达到殊途同归的平衡调节效果。例如，利用马太效应、扶强抑弱等反制衡方法，转变旧观念，打破现状，激活积极因素，激发人们不怕风险、敢于竞争的精神，勇于向更高的目标奋斗。

折中平衡调节，就是采取“中庸”、“中和”或“互补”的办法，实现双方或多方关系的平衡和谐。例如，领导者对表现差不多的AB两家企业中的A进行了奖励，导致了B不平衡。于是，领导者从另外的方面对B进行精神或物质适当补偿。从而，实现了二者的平衡。又如对于一个单位中两个领导者在工作中产生的矛盾的处理，由于双方都存在不足之处，都有责任，而且各有各的理由。这时上级可以“各打50大板”，但各自“被打”的理由是不同的，这样就会实现双方心理平衡。

6.积极平衡调节、消极平衡调节

平衡调节有两种方法，都是富有成效的。①积极平衡调节，是指在没有或刚刚出现不平衡态预兆的情况下，领导者根据当前国内外形势、党的中心任务和本单位人员思想实际，主动进行启发引导式的教育活动，定期运用政治荣誉鼓励、物质鼓励和表彰先进等方法进行平衡调节，维持和促进原有的平衡状态向更高层次发展。②消极平衡调节，是指在不同时间、不同地点、不同环境下，采取“以退为进”、“以静制动”或“软着陆”、“冷处理”等的消极调节方法进行平衡调节，促进不平衡向平衡转化，取得与积极调节方法同样的成效。例如，家庭生活中发生矛盾冲突，外人和领导者不到一定火候一般先不要去管，让自己调适和解。再如，社会组织双方矛盾冲突激烈、情绪冲动时，可以先稳住，暂

时不要急于处理,先稳定情绪,进行“冷处理”,待双方冷静下来后再进行处理。实践一再证明,消极平衡不失为一种有价值的工作方法,它非常注重整体暂时的稳定性和各部分之间在量上的相对稳定,以及在系统结构的比例关系上的暂时不变,目的在于根据自己的需要而维持现有稳定的状态。

7.以变应变的动态平衡调节

以变应变的调节,这是一种动态性的调节平衡的方法。首先,在事物运动变化中平衡调节。在促进事物保持平衡或促进事物由不平衡向平衡转化时,要立足于事物的变化,在事物的动态变化中进行调节。因为停止前进或打破平衡态再进行调节,这样做会造成一定损失。例如,骑自行车,在行进中解决行进中的平衡运行问题,才能始终保持一定速度前进。其次,以变应变进行平衡调节。事物发生了变化,与之相适应的平衡调节手段也必须变换,不能再用老方法解决新问题。要用不断变换的新方式、新方法和新手段,调节不断变化的工作对象和问题,才能取得好效果。

8.事前、事中和事后的平衡调节

①事前平衡调节:就是在事物有可能向失衡方向发展变化之前,就要事先预测到失衡发展的趋势并采取对即将失衡问题的预防性措施,及早进行提前调节,阻断或引导事物不向失衡方向发展。②事中平衡调节:一般是指在事物发展过程中所进行的调节控制。例如,社会组织在完成全年工作任务过程中,进行半年的工作总结、工作检查。一般在时间过半、任务过半时进行有针对性的调节,并在中间阶段进行工作表彰奖励、鼓劲加油、纠正不足和提示下阶段工作的注意事项等,也可专门总结前段工作、安排和调整下一步工作的内容。③事后平衡调节:事后调节一方面是总结工作、表彰先进和思想认识再提高的工作。也包括产品的售后服务、一个工作的善后事宜等,做到善始善终。另一方面,是矛盾或问题已经发生,然后进行处理,虽然这不是最优化的调节,但也不失为是“亡羊补牢”的良策,它可以减少损失,避免造成更大失误。“亡羊补牢,为时不晚”,就是这个道理。

9.内因和外因的平衡调节

马克思主义哲学认为,内因是事物变化的根本,外因是事物变化的条件,二者缺一不可。领导者对平衡与不平衡的调节,也必须遵照这个原理。内因对事物发展变化起决定作用,也是我们调节平衡的重中之重,但也不能忽视外因的作用和对外因的调节。例如,对后进者的教育,要坚持“变人先变思想”,就是把转变人的思想认识放在首位,要启发和引导被教育对象自己转化和自己提高。例如,解放军292医院王文远创立了平衡针灸法,就是用针灸的外因刺激,激活人体自发调控平衡的功能来实现生理平衡。也就是说,这个方法是在外因干预下,通过内因而起作用的治疗方法。

10.应用思政学方法进行平衡调节

无论政治、经济、科技和文化等各项工作,都是要靠人去做工作的,人与机器人不同，人是有思想、有感情、有意识的，因此平衡调节工作不能见物不见人，见人不见思想。思政学方法是做人的工作最有效的好方法。思政学在国内外现代方法学中是最独特的、最富人性化的方法，在转变人的思想认识、调动人的工作积极性方面具有独特功效。平衡调节要借鉴思政学方法，就是把调节人的思想认识、内在心态作为平衡调节工作的突破口，才能有效地提高平衡调节的效果。学习思想政治工作的方式方法要侧重于端正调节者的态度和方式方法：在态度上调节者与被调节者是平等的，调节者要尊重人、理解人、关心人；在方式方法上，调节者要说服不能压服，坚持说服教育，以理服人，关心群众，多办实事；在思想感情上，调节者要诚恳帮助，以情感人，动之以情，晓之以理等。

参考文献

[1]刘欣.持衡定律.北京：机械工业出版社，2006：19.

[2]陈晏清.马克思主义哲学纲要.北京：中央广播电视大学出版社，1983：156.

[3]张琢，马福云.发展社会学.北京：中国社会科学出版社，2001：165.

[4]胡传机.非平衡系统经济学.石家庄：河北人民出版社，1987：21.

[5]刘欣.持衡定律.北京：机械工业出版社，2006：21.

2.4 动态反制衡发展方式的制衡定律和调节方法

"反持衡定律：首先，打破平衡规则。"[1]动态平衡发展方式的理论和方法，是辩证的平衡论，是平衡与不平衡的统一论。因此，动态平衡发展方式必然包含平衡(制衡)发展方式与不平衡(反制衡)发展方式两种方法。所谓反制衡发展方式，是指有意识地改变原来的低层次平衡状态，打破平衡的常态、规则和秩序，制造不平衡态，从而更好更快地实现经济社会和企业动态平衡发展。

2.4.1 动态反制衡发展方式的客观性

引证：

毛泽东认为："宇宙万物是非平衡的，非平衡是绝对的，平衡是相对的。"[2]

——王明志《运输供给与运输需求平衡论》

2.4.1.1 动态反制衡发展方式的巨大作用

许多发展中国家的专家学者研究证实，反制衡(不平衡)发展方式对发展中国家的经济社会发展和改革开放具有重要指导意义。在我国，反制衡发展方式已经成为我国改革开放、经济社会发展的基本战略，我国改革开放30多年所取得的举世瞩目的成就就是最好的证明。第一，反制衡发展方式的运用。当今世界经济发展方式有两种：一种是平衡增长方式。另一种是不平衡增长方式。不平衡增长方式就是反制衡发展方式。我国改革开放初期实行先农村后城市、先东部后西部的反制衡发展方式的战略，取得了经济高速增长、国力增强和人民生活提高的巨大成就。这就是反制衡发展方式的巨大作用。“……没有初期的不平衡、不协调，就没有成熟期的协调和平衡。”[3]第二，反制衡颠覆低水平平衡格局的作用。“改革开放以来，打破了这种强求平衡的格局，允许一部分地区、一部分行业、一部分人优先得到发展和获益，形成了一个个环环相扣的‘龙’形发展战略，大大加快了发展速度。”[4]如果不破坏原来计划经济体制和机制的低水平平衡状态，就不可能建立市场经济体制和机制，也就不会有30多年的高速发展。第三，反制衡梯次推进的作用。我国在改革开放中实施的是反制衡发展方式，即反梯次发展战略：从进程看，先发达地区，后落后地区；从区域看，先沿海地区，后中西部地区；从地域看，先农村，后城市；从行业看，先农业，后工商业；从领域看，先经济，后社会，再政治和文化。第四，反制衡发挥示范带动作用。实践证明，这种反制衡发展的战略，是符合我国国情的，不但推动了我国经济的快速增长，而且为落后地区的发展起到示范带头作用。例如，江苏省过去比先进省发展慢，但他们利用苏南苏北发展的不平衡，运用反制衡发展方式而跃居全国发展之首，他们的目标是2020年基本实现现代化。

2.4.1.2 动态反制衡发展方式是经济社会发展的基本形态

“从广义的或一般的意义上讲，不平衡是经济社会发展的基本形态。”[5]①反制衡发展方式——经济社会发展的基本形态。一是在发挥“自组织”功能中实现反制衡。之所以说反制衡发展形式是经济社会发展的基本形态，是因为反制衡经济发展系统具有自组织、自适应、自修复功能，是开放的系统，能在国际国内各种经济环境和各种干扰的情况下实现经济高速发展。二是在发挥“应力集中”作用中实现反制衡。如果发展中国家采取平衡发展方式，必然要受到各种条件不足限制，快速发展是不可能实现的。如果我国实行整体平衡推进，经济社会平衡发展、全面增长，势必造成资本困难、资源困难、科学技术困难、人才困难等，出现综合力量严重不足，分散了有限的人力、物力和财力，反而影响发展速度。②反制衡发展方式——效率和效益最大化。一是追求反制衡增长。“与一个国家的经济增长方式一样，一个地区的经济增长方式也可分为两种：平衡增长的方式和不平衡增长的方式。这里的不平衡增长，从动态看，是以追求资源配置效率最大化为目标的产业之间的非均衡增长；从静态看，是指主导产业占有足够大的比重。”[6]二是追求反制衡倾斜式产业结构调整。我国20世纪90年代，运用反制衡发展方式，采取倾斜式调整产业结构，在重点区位建立支柱产业，在重点区域建立主导产业，有效地发挥了带动作用，实现了整体经济的高速发展。③反制衡发展方式——不平衡跨越式快速发展。根据我国国情只能采取不平衡配置资源，即实行有选择地投资和倾斜政策，促进不平衡增长，推进产业结构优化与升级，才能实现效益最大化和经济的高速增长。例如，经济开发区、特区等的跨越式发展，发挥了龙头作用。

2.4.1.3 动态反制衡发展方式是推动事物发展的动力

反制衡是自然、社会和人的发展的动力,已经在自然科学界和社会科学界达成了共识。①自然和社会发展的动力——反制衡发展方式。专家学者研究证明不平衡是事物发展的动力。社会学家说:“可见,不平衡性是自然界和社会经济领域发展的重要动力。”[7]生态学家说:“自然生态是非平衡的,能量必须入大于出。”西方自然科学家说:耗散结构理论“非平衡是有序之源”。平衡论学者说:“不平衡是事物发展的动力。”这些都说明了不平衡性是自然界和人类社会的发展动力。②改革开放发展的动力——反制衡发展方式。为什么说“只有改革开放才能发展社会主义”,就是因为在改革中革除了不相适应的部分,达到了兴利除弊的目的。我国改革开放的强大动力,来自于我国与发达国家的较大差距和不平衡现状,来自于国内的各经济部门之间、各产业之间、区域之间、城乡之间的差异, 来自于低水平平衡的计划经济体制等。③经济发展的动力——反制衡发展方式。“所谓不平衡增长的必然性,是指不平衡增长的客观必然性,就像水从高处往低处流一样,是绝对的、必然的、不以人的意志为转移的。”[8]经济社会的发展都是由不平衡推动的,在分配领域,由于低水平平衡的平均主义分配,导致行为主体积极性的下降,因此打破平衡、打破分配上的平均主义,多劳多得,才能刺激行为主体的积极性。④社会政治发展的动力——反制衡发展方式。我国在政治经济领域进行的生产关系的调整和上层建筑的改革,也是由于它们同生产力和经济基础的发展水平的不平衡、不相适应。⑤文化发展的动力——反制衡发展方式。文化艺术生产与物质生产是不平衡发展的。“马克思在这里揭示的‘物质生产的发展同艺术生产的不平衡关系’告诉我们,经济并不是文化发展的唯一的因素。”[9]这个不平衡规律提示我们,在物质文明程度不高的社会主义初级阶段,精神文明建设可以实现高度发展,为物质文明建设提供强大的精神动力和智力支持。⑥人的发展动力——反制衡发展方式。在社会生活中,人人都在追求不平衡,努力使自己的名气比别人大、地位比别人高和薪金比别人多的不平衡状态。在人的生命系统也是不平衡的,“生命系统任何时候都不是平衡的, 它靠自己的自由能进行不断的工作来打破平衡。”[10]普利高津提出人的生命系统是开放的、非平衡的耗散结构。

参考文献

[1]刘欣.持衡定律.北京:机械工业出版社,2006:197.

[2]王明志.运输供给与运输需求平衡论.北京:人民交通出版社,1996:27.

[3]张琢,马福云.发展社会学.北京:中国社会科学出版社,2001:383.

[4]张琢,马福云.发展社会学.北京:中国社会科学出版社,2001:383－384.

[5]黄继忠.区域内经济不平衡增长论.北京:经济管理出版社,2001:49.

[6]黄继忠.区域内经济不平衡增长论.北京:经济管理出版社,2001:1.

[7]祝世讷.中西医学差异与交融.北京:人民卫生出版社,2000:472.

[8]胡传机.非平衡系统经济学.石家庄:河北人民出版社,1987:76

[9]马克思恩格斯选集:第4卷.北京:人民出版社,1955:506.

[10]祝世讷.中西医学差异与交融.北京:人民卫生出版社,2000:458.

2.4.2 动态反制衡发展方式的效应

引证:

实际上自然、社会、思维的非平衡状态是绝对的,即非均匀、有差异的。[1]

——胡传机《非平衡系统经济学》

2.4.2.1 从平衡的负效应看反制衡的正效应

人世间没有万能的事物,也没有万能的工作方法。平衡效应也是正、负两种效应集一身的,这就为发挥反制衡效应的作用,提供了广阔的天地。①生态系统平衡的效应——退化衰败。一是生态系统入不敷出就要失衡、退化。"已故生态学家乐天宇教授生前特别强调生态学与经济学的关系,他认为'生态学就是经济学','生态是非平衡的'。也就是说,生态经济系统是一个非平衡系统。"[2]乐天宇认为,生态经济系统是一个非均匀、非线性作用的非平衡系统,是一个多种成分互相作用的综合机体,自然生态系统是一个开放性系统,不断与外界进行物质、能量、信息交换,输入量一定要大于输出量,生物量才能不断扩大。否则,加上各种消耗,则入不敷出,生态系统就有可能退化。二是自然资源还原量小于开发量就要失衡、枯竭。我们在开发利用自然资源时要运用反制衡效应,要考虑到各种消耗量,还原量要大于消耗量,这样才能维持生态平衡和进化。例如,对森林要做到开发量小于再生量、植树还原量大于开发量,才能保持资源平衡。②人的心理完全平衡了的效应——故步自封。新中国成立初期,有不少革命者认为把蒋介石赶到海上去了,革命成功了,不再想继续进行革命了,认为革命到头了,心理平衡了、满足了,纷纷要求离开革命队伍,回家娶媳妇成家种田,过太平日子。有了这种思想必然导致思想退步,追求个人安乐,不安心工作,前进没有动力。这时,领导者发挥反制衡效应的作用,经过艰苦细致的创业和守成的教育工作,他们提高了思想觉悟,积极投入到社会主义革命和社会主义建设中来。③群体心理完全平衡了的效应——一潭死水。改革开放前,我国广大农村处于低水平的平衡态,有的农村满足于有吃有穿,缺乏进一步发展的动力,导致农业发展缓慢。我国运用反制衡效应的方法,打破低水平平衡态,通过对农村经济体制机制的变革,调动了农民勤劳致富的积极性,使农村出现向高水平不平衡奋斗的局面,极大地推动了农村经济社会的快速发展。

2.4.2.2 制衡效应与反制衡效应是相反的两种有效的工作方法

"而当说起这二者(指平衡与不平衡)孰优孰劣时,就很难定论了。"[3]一是制衡与反制衡不分优劣。平衡(制衡)与不平衡(反制衡)现象,是任何事物不可缺少的两个环节,是一切客观事物发展不同阶段上的表现。平衡状态与不平衡状态两个环节、两个效应都是不可分的,两者是相互作用、互相转化、相互补充的。因此,平衡与不平衡两者,不存在好坏的问题。领导者在经济工作中既可以利用制衡效应方法实现宏观经济的平衡增长,也可以利用反制衡效应方法实现重点区域、重点城市的不平衡快速增长。反制衡效应可以弥补发展中国家经济平衡增长中存在的资金、资源、人才和技术等严重不足的问题,有利于经济高速发展。二是制衡与反制衡是相反的两种有效的工作方法。领导者既可以追求平衡效应也可以追求不平衡效应,关键要看用在何人、何时、何处,如果运用得恰如其分,二者都能收到好效果。特别是反制衡方法可以获得意想不到的好效果。三是制衡与反制衡的灵活运用。领导者可以分别应用制衡与反制衡,也可以把追求平衡效应与追求不平衡效应结合起来,还可以把二者循环交替运用,从而获得更佳的工作效果。例如,发展中国家的改革开放最适合利用反制衡效应,从先进地区和城市入手打开局面推动不平衡高速发展;发达国家的改革开放则适合利用制衡效应,从落后区域和城市入手推动平衡发展。

2.4.2.3 充分利用单位和个人的反制衡效应

"难道我们每一个人,每一个各类运动的运动员的行为目的都是为了追求平衡吗?错了!我们其实每时每刻都在追求着不平衡。追求不平衡才是人行为的普遍目的(目标)。"[4]马克思主义者是主张动机和效果的统一论者,从追求的动机和目标这二者的分析可以得出一个结论,这就是人行为的动机和目的都是追求不平衡效应。一是群体组织追求的是反制衡的效应。在现实社会中,社会群体组织与社会群体组织之间都是在追求不平衡效应,特别是营利性组织更为明显,在竞争中总想打败天下所有对手成为世界首富。一般群体组织也都希望自己的企业规模比别的单位大,效益比别的单位好,发展比别的单位快,挣钱比别的单位多,实际上都是在追求不平衡。二是个人追求的是反制衡的效应。每个人的现实理想和行为目标,无一不是在与不平衡奋斗。人与人之间都存在着不同程度的竞争与合作关系,每个人都有自己不平衡的理想和不平衡目标的追求,都想成为社会上生活最幸福的人和事业上最成功的人,特别是追求在工作上成为最能干的人,工作表现是最好的人,工作能力是最强的人,工作成绩和贡献是最大的人,人人都想出类拔萃、比别人高出一头,这就是在追求不平衡。三是领导者对反制衡效应的运用。在一个社会组织、群体组织内部,精明的管理者都会运用追求不平衡的效应推进工作的开展。例如,在本单位开展"比、学、赶、帮、超"、"评先争优创模"、劳动竞赛和表彰先进模范人物等活动,就是管理者充分利用成员之间追求不平衡效应的心理和行为而采取的反制衡方法,目的是最大限度地调动员工的积极性和创造性。

参考文献

[1]胡传机.非平衡系统经济学.石家庄:河北人民出版社,1987:253.

[2]胡传机.非平衡系统经济学.石家庄:河北人民出版社,1987:275.

[3]王颖.动态平衡论.北京:中国青年出版社,1998:103.

[4]王颖.动态平衡论.北京:中国青年出版社,1998:101.

2.4.3 动态反制衡发展方式的理论模式和定律

引证:

用经济学眼光来看,反持衡定律就是将原有运作于社会均衡规律传统打破,不断地"破坏"原有的平衡秩序的一种自然或人为的反经济学的不平衡现象。[1]

——刘欣《持衡定律》

2.4.3.1 动态反制衡发展方式的理论模式和定律

毛泽东在《矛盾论》中指出:"世界上没有绝对平衡发展的东西,我们必须反对平衡论和均衡论。"[2]在这里,毛泽东一方面反对形而上学平衡论和均衡论,另一方面他肯定了非平衡的作用,为我们运用反制衡方法提供了可能。

1.经济反制衡发展方式的理论模式

反制衡发展方式是发展中国家实现经济快速发展的最佳途径。经济反制衡（不平衡）发展的理论模式:"……打破低水平平衡发展—倾斜配置资源—致力于不平衡高速发展—先发带动后发……"这个反制衡发展的理论模式,实际上就是对我国经济反制衡战略运行模式的总结。例如,在经济领域,我国改革开放,初期打破农村低水平平衡发展状态,中期实行东南沿海地区不平衡高速发展,后期东部沿海地区带动中西部地区发展,最终实现全国高水平平衡发展。

2.事物的产生、存在和发展的反制衡定律

①事物发展变化的作用力——反制衡。大千世界万事万物,有平衡与不平衡循环运行的,有平衡与不平衡交替运行的,也有平衡与不平衡重叠运行的,无论采取何种方式,其动力就是反制衡(不平衡)。②事物发展变化的反制衡定律:"反制衡—制衡—新的反制衡"是事物运动变化的规律。平衡论者也有类似的表述:"事物的发展总是从不平衡到平衡到新的不平衡,再到新的平衡。"[3]③事物发展变化方式——制衡与反制衡交替转化。在这里,不是说让事物永远处于不平衡状态就会高速发展,这是不对的。因为事物运行必须遵循平衡与不平衡交替循环转化的规律才能实现事物的发展变化,才能使系统的发展水平一步一步地提升,这就是事物运动变化的定律。认识了这个规律,我们就可以充分利用不平衡(反制衡)规律,预知下一步事物发展趋向,放手利用反制衡效应,使各项工作做得更加出色。

2.4.3.2 动态反制衡发展方式定律

"创新为魂,不断打破原有的平衡。"[4]反制衡定律的显著特征:具有明显的逆反思维特点,表现在不安于现状,打破常规,破坏现有平衡秩序,否定自我和颠覆现状,追求差异和不平衡,追求竞争和高速发展。因此,反制衡定律是大有作为的。掌握了它,你就多一种新颖的思维方式,增添一种高效率的工作方法。

1.反制衡的普遍性定律

自然界、人类社会和人的思维现象中,存在着大量的不平衡(反制衡)现象。这是因为,事物有平衡的存在,必然有不平衡的存在,平衡的普遍性决定了不平衡的普遍性。大千世界就是平衡与不平衡的统一和二者相互转化的世界,缺少了任何一个环节,事物就不能存在和发展。所以,不平衡定律与平衡定律相比同样具有重要性。例如。地球上的生物之间有适者生存,也有不适者淘汰;物种之间有进化的,也有退化的;事物之间有正面的,也有反面的;人之间有冲突,也有和谐;经济发展有增长,也有衰退;社会有有序,也有无序。可见,不平衡现象具有普遍性。

2.反制衡的绝对性定律

在物质的运动和运动的物质的宇宙间,物质运动的绝对性决定了反制衡(不平衡)的绝对性;物质静止的相对性决定了平衡的相对性。因此,平衡是相对的、暂时的、不稳定的;不平衡是绝对的、稳定的。任何事物的存在和发展,都以平衡而存在,以不平衡而发展。平衡存在于不平衡之中,不平衡是由平衡转化而来的。了解了不平衡的绝对性,为我们有意识地运用反制衡规律推动事物的发展,提供了理论和实践的根据。

3.反制衡是事物运动变化的动力定律

平衡与不平衡的斗争和转化是一切事物运动变化的动力,这是符合"矛盾论"中关于矛盾斗争是一切事物发展变化的根本动力的观点。事物的发展变化是平衡与不平衡相互斗争、相互转化的结果。在一定条件下,不平衡起到重要的、决定的作用。因此,我们要在肯定不平衡是推动事物发展动力的同时,不忽视平衡的作用。例如,自然界的动物、植物都追求强者地位,就是追求不平衡的动力;人们追求竞技冠军的动力也来自追求不平衡的奋斗目标的动力。因此,反制衡的作用力是事物发展的根本动力。

4.制造平衡难度大制造反制衡难度小的定律

"……制造平衡不容易,它需要一系列的多因素宏观调节,制造不平衡是容易的,它只需要从一处下手,捅破一个环节。"[5]这段话告诉我们,制造不平衡比制造平衡容易这是一条规律。一是这条规律从正面提示我们这是一条省力、省时的方法,即制造不平衡而实现预期目的。利用这个定律时,必须打破现有的平衡状态,发挥不平衡的"发酵"效应,促进事物向不平衡发展,从而达到反制衡的目的。二是这条规律又反过来告诉我们,由于制造不平衡容易,所以我们做工作时,要十分注意不平衡的出现和发展,重视消除不平衡的负面作用,特别要高度重视存在于小环节上的不平衡状态的萌芽,如果不及时加以预防,一个小小的不平衡,就会破坏一大片的平衡局面。三是这条规律还有一个特点,就是走向平衡慢走向不平衡快。要实现一个系统的平衡状态,是要做长期、艰苦细致的转化工作才能达到平衡的目的,而一个人、一个单位走向不平衡发展很快,放任不管和放弃自我约束很快就能滑下去。

5.反制衡要求自己否定自己的定律

事物只有自己否定自己才能自己发展自己，不能发展自己的事物是无法生存下去的。①在否定自我中平衡发展。反制衡就是不墨守成规，善于变通，敢于创新，特别是要敢于否定自我，超越自我。经济社会改革、企业改革就是一种创新，是在对自己的否定中重塑自我，才能实现新的、跨越式发展。②古人在自我否定中平衡发展。我国历代革新变法，都是敢于打破现有国家平衡秩序，以变法图强求发展。战国时期，七雄相争，商鞅变法，秦国大发展，国力增强，消灭了六国，完成了统一大业。③今人在自我否定中平衡发展。企业创新就是创造性的破坏，就是对过去本单位现状的否定，是对自己的重塑和发展。企业的调整升级、产品的更新换代、体制机制的改变，都是一种对自己的否定、超越，从而实现自己发展自己。我国1978年开始的改革开放，就是不安现状、否定自我，打破原来计划经济体制的低水平平衡的局面，大胆进行体制机制变革，从而取得了经济社会的高速发展，提高了人民的物质文化生活水平，增强了综合国力。

6.反制衡使强者更强的定律

为了达到一定目的，以反制衡的方法，把常规的扶持弱者变为扶持强者，让强者更强，从而实现高速发展或大跨度进步。例如，在社会分配上，拉开档次，有大贡献的重奖，以此调动积极性；在企业发展上，进行反制衡，对优势行业和部门加大投资，强化优势；对个人要向优秀者投资，使优秀者更优秀。让强者更强，以强势取胜，这就要求我们要做最有优势的事，扬长避短，把人、财、物都投向最能增值的地方，实现资源低投入高产出，突出支持有效益的部门和单位发展，为整体发展加分。例如，我国在企业改革中，从资金、政策上扶持效益好的国有企业发展壮大，发挥支柱产业和主导产业的作用。对弱势小型国企和亏损国企实行改制。

7.反制衡主张不破不立的定律

没有破就没有立。只有破坏一个旧世界，才能建设一个新世界。这个观点，已经成为一条公理。为了推动经济社会、企业事业单位的发展，就必须解放思想，更新观念，破除陈规，改变现状，破坏原来长期处于平衡状态的运行模式，打破过去没有竞争力的稳定秩序，才能在此基础之上进行变革。也就是说只有打破旧的意识，才能形成新的思想，只有打乱旧秩序的基础，才能建立新的秩序。例如，不推翻蒋家王朝统治的旧中国，就不可能建立社会主义新中国。

8.反制衡强调竞争的定律

我国在计划经济时代，由于长期处于低水平平衡状态，国营单位普遍一潭死水，四平八稳，缺乏朝气，缺乏竞争，没有前进动力。为了改变这种状态，就要打破“大锅饭”和“铁饭碗”，引入竞争机制，转换体制机制，增强新活力，引导人们向理想的高水平平衡状态奋斗。在自然界也是如此，动物在相互生存竞争中，增强强者与弱者双方的体能和功能，提高双方适应环境的能力；植物的生长中也存在不平衡的竞争，为了争养分、水分和阳光,努力使自己比别的树木长得更高、根系更发达。

9.反制衡主张优胜劣汰的定律

自然界存在优胜劣汰规律,只有能够不断优化和进化的物种才能生存,低端的、退化的物种是要被淘汰的。英国哲学家斯宾塞用达尔文的“适者生存”来说明上述现象存在的合理性,是有一定道理的。但随着社会的发展和进步,这种“马太效应”由公平、公正和正义所取代。但是,这个效应在一定情况下是可以利用的。例如,在企业界不变革创新者就会被淘汰;在社会分配领域实行“多劳多得,少劳少得,不劳不得”的方法,迫使劣者变优,懒汉变勤劳,目的是推动经济社会的快速发展。例如,正当合法致富的人,富的原因是多方面的,如自身条件优越,具备天时地利人和,体能强,智慧加勤劳,适应能力强,意志坚强,能经受挫折等。对穷者来说,可能这些正是自己所缺少的,也是穷者所要效仿的。

10.反制衡强调利益效应的定律

西方有位总统曾经说过:“世界上没有永恒的朋友,只有永恒的利益。”这话有时代的局限性,但提示我们,在实践中要讲反制衡利益效应。社会和人在商品经济条件下,都是以追求不平衡利益为目的的。人的一切行为的普遍目的受“利益原则”支配,人与人相互之间存在利益的竞争。因此,利益是人追求不平衡的重要内容,所以有人说利益原则是人行为的总则,是有道理的。但在商品经济条件下,我们要把对人的思想和行为的正确引导放在重要位置,纠正唯利是图,在各项工作中要发挥无私奉献精神的巨大作用,尽可能消除商品经济的负效应。

2.4.3.3　动态反制衡发展方式定律的运用

运用反制衡发展定律,是为了更好更快地推动经济社会、企业和人的发展。就是说,要有意识地通过运用非正常的不平衡方式和手段,制造相互不平衡发展的差异,发挥不平衡效应,达到超常发展的目的。

1. 从“马太效应”看反制衡发展方式定律的运用

“马太效应”与反制衡发展方式效应是一样的,恰当运用可以收到意想不到的好效果。一是世界社会两极分化失衡的“马太效应”。西方社会学家莫顿,把社会“贫富悬殊、两极分化”的现象称为“马太效应”,当今世界的南北贫富悬殊、发达国家与贫穷落后国家的分化,就是典型的“马太效应”。二是科学技术失衡的“马太效应”。默顿把科学研究活动中荣誉积累现象称为“马太效应”。他认为,对有声望的科学家的新成就给予的荣誉超过其所应该得到的,反之对没有出名的科学家则不肯承认他们的成绩。三是社会转型期的贫富失衡的“马太效应”。在社会变革转型时期,旧的分配制度的平衡状态被打破,新的分配制度尚未建立起来,出现区域、城乡差别和行业间分配差距拉大现象,贫富不平衡,富者越富,穷者越穷,有人称作“新马太效应”。四是分配上的失衡“马太效应”。“马太效应”的名字来源于《新约·马太福音》中的一个故事,现摘录如下:一个国王把他积累的银子分给他的三个仆人后离家到很远的地方去了。拿到5000两者作为资本投入做生意又赚了5000两;拿到2000两者作为投资做买卖又赚了2000两;拿到1000两者总是惧怕丢失而把银子藏了起来。国王返回后大大夸奖并按原来给的银子数量奖赏给两个赚钱者，并且将藏钱仆人的1000两银子又要了回来奖励给做生意赚钱最多的那个仆人。然后,非常郑重地向三个仆人宣布:“凡有的,还要加给他,叫他有余;没有的,连他所有的也要夺过来。”这就是莫顿说的“马太效应”。五是反制衡发展方式对“马太效应”的运用。在经济工作中,可以拉开分配档次,还可以扶持能人先富,然后带动大多数人共同致富,从而实现预先设计好的“走共同富裕道路”的蓝图。在经济社会和企业的资源投入上,“马太效应”告诉我们要扶持优势地区、行业、部门和能人,要锦上添花,做最有优势的事情,特别是当资源有限时,更要将人、财、物投入到能实现效益最大化的地方,决不能分散使用、撒胡椒面。

2.杜拉克原则效应看反制衡发展方式定律的运用

杜拉克原则效应说明反制衡发展方式是一种把自己的优势发挥到最大化的好方法。第一,“杜拉克原则”的反制衡效应。“彼得·杜拉克曾在《哈佛商业评论》撰文指出:‘精力、金钱和时间,应该用于使一个优秀的人变成一个卓越的明星,而不是用于使无能的做事者变成普通的做事者。人们不应该把努力浪费在改善低能力的人或技能这一方面,而是应该使那些表现一流的人或技能变得更加卓越。’”[6]实际上,就是要使自己的“长处”更“长”、优势更优、高智商更高。第二,杜拉克原则的反制衡特点。杜拉克原则与学校基础教育正好相反,中小学生在中小学校学习一些基本的知识,为以后的学习、生活、工作打下基础;而杜拉克原则专门培养高端精英和超一流人才,目的是使优秀者变得更优秀、一流人才变得更加卓越。第三,反制衡发展方式对杜拉克原则效应的运用。一是反制衡要准确地找到自身发展的得力点、优势和长处,精心培植和打造自身的优势,将好钢用在刀刃上,最大限度地放大自己的优势,使自己更加优秀和卓越。二是反制衡要利用一切可以利用的机会突出和扩大自己的优势和长处，把自己的优势和长处发挥到最大化,使之成为超越和战胜竞争对手的核心竞争力,并把它变成自己打天下的“王牌武器”。三是反制衡要在自己具有足够能量和明显优势的情况下,再致力于弥补自己不足之处和薄弱环节,然后再调节自己的势力平衡,全面发展。如果核心竞争力没有形成,过于强调平衡发展,势必制约发展的速度,这样做就成了人们最忌讳的“弱势淹没优势”。

参考文献

[1]刘欣.持衡定律.北京:机械工业出版社,2006:XI.

[2]王明志.运输供给与运输需求平衡论.北京:人民交通出版社,1996:2-3.

[3]中国成人教育协会成人高等学校招生研究会组.政治.沈阳:辽宁大学出版,2000:

258.

[4]刘欣.持衡定律.北京:机械工业出版社,2006:219.

[5]王颖.动态平衡论.北京:中国青年出版社,1998:103.

[6]西武.木桶定律.北京:机械工业出版社,2004:229.

2.4.4 动态反制衡发展方式的调节方法

引证:

作为领导者,不只是追求平衡,他还在追求不平衡。他还在做着打破平衡的努力。[1]

——王颖《动态平衡论》

思维方法和工作方法,有正向方法和反向方法之别,但在一定条件下不同的方法能取得同样的效果。例如,“进”与“退”的方法,在一定条件下,退是为了进,退一步是为了进两步。例如,战争中的“战略撤退”和游击战的“打得赢就打,打不赢就走”,这种撤退并非是军事上的无能和失败,是为了减少不必要的损失,目的是要获得更大的胜利。“有为”与“无为”的方法,在一定条件下,有所为有所不为,古代的“无为而治”并非无为,而是为了有更大的作为。同理,反制衡的调节方法,就是用不平衡的调节方法实现快速发展。

2.4.4.1 反制衡发展方式的模式和优点

反制衡(不平衡)的调节方法,就是一反原有的平衡调节方法的常态,利用不平衡效应,进行反向调节,从而达到自己所预期的不平衡发展的目标。具体做法是把目前的低水平平衡的状态,变为不平衡发展的状态,并促进不平衡状态进一步发展,从而又快又好地实现自己的既定发展目标。

反制衡调节方法有两种:一是利用和引导事物自发性反制衡调节,实现事物在一定范围和阶段上的不平衡发展状态,从而达到事物进化发展的预期目的。二是人为外力干预进行反制衡调节,实现事物从平衡状态走向不平衡状态,达到不平衡发展的预期目的。

发展中国家的反制衡(经济)的发展模式:“前期打破低水平平衡发展—重点区域倾斜配置资源—中期致力于倾斜式高速发展—后期先发带动后发、实现国家整体平衡发展……”“不平衡增长理论的内在逻辑:资源倾斜配置—不平衡增长—产业结构优化与升级—经济高速增长和效益最大化。”[2]

发展中国家的反制衡经济发展模式的优点:一是反制衡克服了发展中国家的资金短缺、资源不足和发展条件差的劣势;二是反制衡克服了根本没有能力实现平衡发展、全面投资和均等推进,纠正了平均使用人力、物力和财力的弊端;三是反制衡克服了缺乏高新技术和技术人才的困难,克服了基础设施差或不配套的问题;四是反制衡克服了投入分散、浪费的缺点,能将非常有限的发展资金以及现有技术能力、人力、财力和物力等资源、要素向条件最优越的、投入回报率最高的和有发展前途的地区、部门和产业倾斜。

2.4.4.2 反制衡发展方式的调节方法

1.反制衡要逆向思维

反制衡调节，就是有目的地反其道而行之的方法。这个方法需要逆向思维，就是把常态下的平衡状态变为不平衡状态的创新方法。因此，在运用反制衡方法时，思想观念要更新，要纠正因循守旧、求稳怕乱和怕担风险的思想，善于反向想问题、换位思考和反过来处理问题，把有序发展变为无序发展，把静态稳定变为动态稳定，敢想敢干，走前人没有走过的路。例如，我国总设计师邓小平设计的经济体制改革就是一种逆向思维，与当时现行方针、政策和路线是相反的。所以，改革从拨乱反正入手，引导人们思想转弯子，以舆论开路，思想先行，增强公众的参与意识，消除了各种思想障碍和阻力，然后把改革开放一步一步展开和逐步向纵深推进。

2.反制衡要以创新为魂

“对于企业来说，创新就是创造性地破坏，企业将原有成功的经验统统打破，不断打破原有的平衡，否定自我，重塑自我。”[4]我国提出建设创新型国家，这是非常正确的。经济社会发展要创新，企业发展也要创新，否则有可能在激烈的竞争中败北而被淘汰。创新就要不断否定旧我，重塑新我，勇于打破自身现在的平衡状态，重建自身新的不平衡状态，才能永远立于不败之地。例如，某企业以创新为魂，否定自己，突破自我，发展自我。他们在生产经营过程中，不断推出新工艺、新经营方式和学习吸收新鲜经验、创新经营管理，使企业不断追求新的目标、攀登新高峰。

3.反制衡要永不满足

在工作、学习和生活中，不能有满足的思想，不要安于现状，在什么时候都不要停滞不前，要勇往直前，要牢记“逆水行舟，不进则退”。例如，新中国成立初期，农民分了房子分了地，产生了小富即安的小农意识，“三十亩地一头牛，老婆孩子热炕头”，满足了，不奋斗了，产生了低水平状态的平衡意识，失去了前进的动力。这时，作为领导者就必须用反制衡的办法，来打破安于现状的思想和农村现有的平衡状态，组织农民参观学习先进农村，引导大家认识到自身的差距和落后的现实，在农村广泛开展学先进、比先进、赶先进活动，并调整提高了生产计划，制定了农业生产的高指标，激发农民向更高的目标前进。

4.反制衡要有超前意识

“目前，市场风云变换，从内到外充斥着不可控因素，如何在稳步成长与快速发展间寻找平衡点，不仅仅是企业经营战略问题，而且是一个辩证取舍的企业发展战略的平衡问题。”[3]“有远虑无近忧”，群体和个体都是如此，切忌鼠目寸光。在改革开放过程中，为了适应经济全球化发展趋势的需要，一方面我国对小型国有企业进行改制、优胜劣汰；

另一方面国家从政策、财力、物力上扶持优势大型国企发展,鼓励优势合作,强强联合,培育优势国企稳步成长、快速发展,把发展战略放在做大做强上,增强大型国企在国内外的竞争力和抵御风险的能力,确保大型国企在国内立于不败之地,而且为跨国经营创造条件。

5.反制衡要学会“反弹琵琶”

“邓小平根据我国各地区的特点和条件,在1978年提出了‘让一部分地区先富起来,逐步实现共同富裕’的地区经济梯次推进的战略构想。”[5]开始有人认为,这是违背社会主义“共同富裕”原则的,社会上也存在“姓资姓社”的争论,但后来认识到这是反制衡方法,也被人称为莫高窟壁画中的“反弹琵琶”方法。这是因为,共同贫穷不是社会主义,共同富裕才是社会主义。但是,全体人民同时同步富裕是不现实的,应当有先富,也有后富,而且先富者就是示范者、带头者,是后富者学习的榜样,先富的帮助后富的,才能最终实现共同富裕。再如,我国为了使经济社会持续发展,在西部开展退耕还林、种草种树。从传统农业种粮养畜的角度看,实际上这就是“反弹琵琶”方法的运用,以种草种树的方法最终实现生态改善、粮丰畜壮的目的。

参考文献

[1]王颖.动态平衡论.北京:中国青年出版社,1998:100.

[2]黄继忠.区域内经济不平衡增长论.北京:经济管理出版社,2001:49.

[3]刘欣.持衡定律.北京:机械工业出版社,2006:217.

[4]刘欣.持衡定律.北京:机械工业出版社,2006:220.

[5]中国成人教育协会成人高等学校招生研究会组.政治.沈阳:辽宁大学出版,2000:258.

2.5 动态平衡交替发展方法

伟人毛泽东是掌握和运用平衡艺术的典范,对平衡运用和不平衡的运用都是最完美的,而且在制衡与反制衡两种方法交替运用中取得了非常好的效果。动态平衡发展方式中制衡与反制衡交替运用的方法,是与制衡方法、反制衡方法并列的第三种方法。领导者做领导工作时,可以采取制衡与反制衡交替运用的方法,从而取得更佳的效果。

2.5.1 制衡与反制衡交替发展方法

引证:

前后联系毛泽东思想的发展过程,可以概括地说,他是在平衡时强调非平衡,在非平衡时致力实现平衡。[1]

——王明志《运输供给与运输需求平衡论》

2.5.1.1 事物的循环运动是制衡与反制衡交替发展方法的依据

制衡与反制衡交替发展方法,是借鉴自然、社会和人的生理平衡交替运动发展变化规律而产生的。①事物平衡循环交替运动规律是制衡与反制衡交替工作方法的依据。“总之,在宏观、中观经济运行过程中平衡状态和不平衡状态将会交替出现。”[2]平衡理论认为,世界万物都处在平衡与不平衡的交替循环运动变化之中。任何平衡都是相对的、暂时的,不平衡是绝对的,所以决定了制衡与反制衡交替运行的客观性。既然事物运动变化是从平衡到不平衡再到新的平衡的方法不断循环运动的,那么这个规律就可以运用到制衡与反制衡的调节控制中来,发挥二者相互交替在工作和生活中的作用。②自然、社会交替循环运转是制衡与反制衡交替工作方法的依据。我国古人的阴阳学说、阴阳交替、日月四季交替和生物交替等揭示了交替循环规律,现实社会也是不断交替循环运动的。如战争与和平的交替循环、分与合的交替循环等。③人的生理平衡循环交替是制衡与反制衡交替工作方法的依据。人的机体生理平衡就是在交替调节中不断趋向平衡的。如人的体液就是从平衡到不平衡再到平衡不断地自身调节中实现水、酸、碱的动态平衡。当人体出现水、酸、碱不平衡状态时,人体会通过新陈代谢恢复平衡状态。但是,由于内外环境的作用,人体又会产生新的水、酸、碱不平衡状态,自身又会再通过新陈代谢走向新的平衡状态。人体就是这样随时随地自发交替调节着生理平衡,从而始终保持人体水、酸、碱的动态平衡。如果由于内外环境原因或疾病的原因,人体出现了无法恢复的不平衡时,机体就会出现水、酸、碱的中毒现象。可见,人的机体生理平衡与不平衡采取的是交替调节的方法。这种人体与生俱来的交替调节平衡的方法,为我们提供了工作和生活上的交替调节方法。

2.5.1.2 制衡与反制衡交替调节的思想方法和工作方法

平衡与不平衡交替的方法,曾经是伟人毛泽东的重要工作方法。一是正向把握交替中的“平衡度”。事物发展变化从量变(平衡)达到一定的“度”(平衡度),就要发生质变(不平衡),然后又从新的基础上开始新一轮的质量互变,如此交替循环运动,这是一切事物在遵循平衡与不平衡转化、质量互变和循环交替运动中实现事物的生存发展。因此,作为领导者要采取交替调节的工作方法推动工作,就必须认识和掌握平衡循环、质量互变和交替运转的规律和事物转化过程中的“平衡度”,准确掌握平衡转化为不平衡、不平衡转化为平衡的时机和火候,适时加以引导和调节。二是反向把握交替中的“平衡度”。所谓反向调节平衡,就是反其道而行之,在平衡的状态下,做反制衡的工作;在不平衡的状态下,做制衡的工作。三是多向把握交替中的“平衡度”。例如,一个国有农场的农工日出而作,日落而息,四平八稳,缺乏生气,农场领导人不安现状,于是开展产粮大户劳动竞赛,打破了一潭死水的局面,掀起了一个个生产高潮。这就是领导人在平衡时致力于反制衡的方法。一年后,农场中又出现了新的矛盾,人们为了多打粮食争当先进和劳模而毁林种粮,又产生争地、争水和争肥矛盾。于是农场领导者又回过头来在农场里开展创建"文明家庭农场"活动的热潮,纠正了毁林种粮、相互间争地、争水和争肥的矛盾。这就是领导人在不平衡时致力于制衡的方法。我们把农场工作前后联系起来看,农场领导采取的方法就是打破平衡走向不平衡再到平衡的交替调节方法,使这个农场生产上掀起一个又一个高潮,精神文明建设一步又一步提高,把农场工作做得生机勃勃,把两个文明建设不断推向前进。

2.5.1.3 制衡与反制衡交替是螺旋式上升

一是制衡与反制衡循环交替并非回到原点。制衡与反制衡交替的方法的运作和调节,从表象上看,交替运动似乎是回归原来的位置,是原来水平的重复,实际上是螺旋式上升、波浪式前进的,不是简单的重复。二是由低水平的平衡向高水平平衡发展。这个循环交替模式是根据调节者自己的需要不断打破现实的平衡或不平衡状态,制造新的平衡或不平衡状态,具有时间的推移、形势任务的不同和人的思想变化等特点。前一个平衡是低水平的平衡状态,或者说是落后的平衡状态,是一种前进的障碍;而后一个平衡状态是在新的基础上实现的新的平衡状态,比较前一个平衡状态是更高、更先进、更理想的平衡状态。三是追求平衡交替的工作方法常用常新。随着时间的变化,高水平平衡可能就会变成低水平平衡,所以交替的工作方法是常用常新的。例如,我国1978年开始实施改革开放战略,是在平衡状态下做不平衡的工作;现在落实科学发展观、构建和谐社会,是在不平衡状态下做平衡的工作。我国的这种平衡与不平衡的交替运用,前后相互比较,是前进的、发展的,经济增长了,社会进步了,人民生活水平提高了,综合国力增强了。

参考文献

[1]王明志.运输供给与运输需求平衡论.北京:人民交通出版社,1996:27.

[2]王明志.运输供给与运输需求平衡论.北京:人民交通出版社,1996:41.

2.5.2 动态平衡交替发展方法的运用

引证:

从整体上看,毛泽东平衡与非平衡思想发展的轨迹是"由不平衡到平衡,打破旧的平衡,走向新的平衡"的动态发展进程。[1]

——王明志《运输供给与运输需求平衡论》

2.5.2.1 运用制衡与反制衡交替方法推动工作

恩格斯在《自然辩证法》中说:"在地球上,运动分化为运动和平衡的交替:个别运动趋向于平衡,而整体运动又破坏个别平衡。岩石进入了静止状态,但是分化、海浪、河流、冰川的作用不断地破坏这个平衡。"[2]恩格斯的这段话,直接说明事物平衡与不平衡交替的规律性。因此,制衡与反制衡交替发展方法的运用,是符合事物发展规律的。"最正确的说法是，领导者的领导艺术是既追求平衡又追求不平衡，追求平衡与追求不平衡是交替进行的，其目的是推动工作与事业的不断前进。”[3]

1.在平衡状态下致力于不平衡状态，在不平衡状态下致力于平衡状态

一是不平衡时反其道而行之——追求平衡。“当位势处于不平衡，而且显出这种不平衡的矛盾来时，我们需要追求平衡；当我们的位势处于平衡，并且发觉这种平衡的问题越来越多时，我们就需要追求不平衡。”[4]这就是典型的平衡与不平衡的交替运用。二是平衡时反其道而行之——追求不平衡。在平衡状态下致力于不平衡状态，最典型的是我国的改革开放，敢于打破平衡态，实行反制衡发展战略。反制衡发展方式实施的结果必然形成东西部发展差别拉大，但是，没有改革初期的不平衡发展，就没有我国经济的高速发展，更没有后期的东西部整体平衡发展，现在我国正在实施的开发建设西部的工作，实际上就是从做不平衡工作转变为做平衡的工作。可见，我们做各项工作，不能一条路走到黑，只会运用一个方法模式，思路就放不开，应根据不同情况采取不同方法，把工作做得好些、再好些。

2. 平衡与不平衡的交替运用

一是社会在平衡与不平衡交替中相互适应。“在社会主义建设时期，他(毛泽东)提出：我们要以生产力和生产关系的平衡与不平衡，生产关系和上层建筑的平衡与不平衡为纲来研究社会主义经济问题。”[5]在社会主义建设时期，为了发展生产力，就需要调整生产关系和上层建筑，使之适应生产力发展的要求，才能提高社会生产力水平，经济才能快速发展。二是社会在平衡与不平衡交替中不断发展。随着生产力的进一步发展，又需要调整生产关系和上层建筑，通过再次调整来适应生产力发展要求才能不断发展经济。我们的工作就是要这样交替调节、不断适应，才能不断发展。否则，生产关系和上层建筑就会成为生产力发展的障碍。

2.5.2.2 随形势变化运用交替平衡的方法

毛泽东无论是革命战争年代，还是在社会主义建设时期，都善于运用制衡与反制衡交替的工作方法，推动革命和建设从胜利走向胜利。王明志在《运输供给与运输需求平衡论》一书中介绍了毛泽东在平衡时致力于不平衡，在不平衡时致力于平衡的交替运用的方法：一是在新民主主义革命时期对交替平衡方法的运用。毛泽东在革命活动呈现低谷、形势低落的阶段，他就致力于深入农村、工矿，广泛发动群众，唤起千万民众，鼓动民众积极投入到革命斗争的洪流中去，把革命活动的低潮推向高潮；在革命战争中，当“左倾”冒险主义在革命队伍中盛行的时候，他敢于站出来与之斗争，公开反对盲目的硬拼蛮干行动，并在革命队伍中宣讲革命形势，分析敌我力量对比，教育下层领导者稳扎稳打，保存革命队伍实力，减少革命队伍损失。二是在新中国成立初期对交替平衡方法的运用。当他感觉到某个时期全国四平八稳、缺乏生气时，他就开展一个个政治的、经济的、军事的和文化的各种运动，打破全国低水平平衡状态，在全国形成轰轰热烈的革命

和建设的新局面，促进各项事业不断发展。三是在社会主义建设时期对交替平衡方法的运用。当我国社会呈现没有生机活力和缺乏奋发向上精神的时候，他就采取制定宏伟规划蓝图、提高经济指标、发展目标等方法打破平衡状态，推动经济社会不断向更高水平发展。例如，在政治上，开展教育运动、政治学习运动等，把政治建设推向高潮；在经济上，掀起工业学大庆、农业学大寨运动的高潮等，把我国经济工作不断向前推进。

2.5.2.2 “两条腿”走路交替平衡方法的运用

“人总是这样，先是追求平衡（或不平衡），追求到一定程度，则反过来追求不平衡（或平衡）。我们交替追求着，就像我们第一步迈出左脚，第二步就必须迈出右脚，如此交替迈步，构成了我们迈步的全部，构成了人前进的整个轨迹。”[6]王颖提示我们运用制衡与反制衡交替的方法，才能推动工作的不断前进。一是改革开放中的交替平衡：改革开放之初，打破了我国长期封闭的平衡状态，学习外国先进的经营管理和先进生产技术，在这个过程中传进来一些不健康文化，如同打开窗户必然要飞进苍蝇那样。于是，我国加强社会主义精神文明建设，消除外来的不健康文化的影响，增强人们的识别力和免疫力。然后又继续推进我国的改革开放，继续学习外国先进的东西。这就是迈了左腿迈右腿的交替方法的运用。二是利益分配上的交替平衡：在改革开放中先是做反制衡工作，引入竞争机制，拉开收入分配档次，允许一部分人和地区先富，极大地调动了人的积极因素，推动了经济社会的快速发展。当我国出现了富与贫悬殊的不平衡状况时，于是又回过头做平衡的工作，采取扶贫帮贫、推行低保、征收个人所得税等办法进行平衡调节。

2.5.2.3 时间交替平衡方法的运用

制衡与反制衡方法，要根据不同时间、不同地点、不同人和事，有针对性地采取时间上的交替，可以取得好效果。第一，随时间交替进行平衡交替调节。国家、企业和群体的领导者，要掌握制衡与反制衡交替方法的运用，就要做到一个时期追求平衡达到一定程度，就要回过头来追求不平衡；一个时期追求不平衡到了一定阶段，就应该回过头来追求平衡。无论是平衡态还是不平衡态，每个状态都不能时间过长，长了人们习以为常，会陷入一潭死水，没有生机，缺乏活力。毛泽东同志运用制衡与反制衡交替方法时，非常重视时间上的交替，在做平衡工作的时间久了，他就回过头来追求不平衡；做不平衡的工作时间久了，他就又回过头追求平衡。因为，追求同样的东西时间长了就会产生惯性或惰性，领导者就需要花样翻新、变个法儿管人管事，用新的东西来刺激人们，激发人们的热情，提起人的精神、调动人的积极性，从而不断推动工作的开展和事业的前进。第二，随时间推移变换平衡调节的手段。时间变化了交替手段也要变化。随着时间的变化、人的思想变化、形势的变化和任务的变化，要求制衡与反制衡交替的手段也要变化，过去按照调节高水平平衡的手段，现在可能就会成为调节低水平平衡的手段，而且形势随时随地还在不断地发生着变化，这就要求我们的调节手段也要随之变换和提高。这是因为先进与后进本身也是相对的、转化的，先进可能变成后进，后进可能变成先进，因此交替调节工作也必须不断改变方法,才能不断推进工作。

参考文献

[1]王明志.运输供给与运输需求平衡论.北京:人民交通出版社,1996:27.

[2]王明志.运输供给与运输需求平衡论.北京:人民交通出版社,1996:41.

[3]刘欣.持衡定律.北京:机械工业出版社,2006:113.

[4]胡传机.非平衡系统经济学.石家庄:河北人民出版社,1987:149.

[5]王颖.动态平衡论.北京:中国青年出版社,1998:103-104.

[6]王颖.动态平衡论.北京:中国青年出版社,1998:103-104.

3.动态平衡发展方式的方法论

相对静止即平衡。①

——恩格斯

引言：

前一部分论述了动态平衡发展方式的基本理论体系，为本部分建构了方法论基础。本部分则为动态平衡发展方式的方法论体系，主要是阐述平衡与不平衡状态的调节、控制的方式方法，包括动态平衡发展方式的方法体系的形成、发展方式的转变、制衡与反制衡发展系统的构建，以及综合评价体系的建立，如同金字塔的“塔身”。

3.1 动态平衡方法体系的构建

引证：

现代化的各发展要素的推进过程是不平衡与平衡的统一，即发展的异步性与同步性的统一。[1]

——张琢、马福云《发展社会学》

“促进世界经济强劲、可持续、平衡增长，对世界具有重要意义。”[2]动态平衡发展方式的重要方法论意义，在于运用动态平衡方法转变旧的方式，建立起新的思维方式、发展方式、解决矛盾方式、领导方式和现代生活方式。

①恩格斯.自然辩证法.北京：人民出版社，1955：224.

3.1.1 动态平衡方法的启示

平衡论方法是中国传统文化的精髓,是中国古代哲学思想的宝贵财富。古往今来平衡论方法被人们普遍接受和广泛使用,体现了它强大的生命力。在现代,平衡论方法在经济、社会、政治、科技、教育文化和生态环境等各个领域广泛应用,从世界政要到普通百姓有意或无意地运用平衡论方法改造主观和客观世界,都取得了理想的效果。平衡论方法经受了历史的检验,显示出"工具"的功能和特色。当今世界,在许多专家学者探索和研究"现代方法学"热潮的情况下,我们认为平衡论方法也应该引起高度重视,应当成为"现代方法学"之一——"现代平衡方法学"。平衡论方法还可以扩展应用到"发展理论"上来,使平衡论方法在经济社会、企业的发展方式和个人家庭的现代生活方式的转变中,发挥应有的作用。

3.1.1.1 启示一:"木桶理论"容量取决于最短的木板——动态平衡方法

"木桶能装多少水,不取决于最长的木板,而取决于最短的木板。"[3]如果构成木桶的若干木板中有一块木板短缺,水就会从缺口处流掉,整个木桶的容水量只能保持在短缺木板的水平线上。正如社会上流传很广的一句话"劣势决定优势",它揭示了木桶效应的深刻道理。比喻一个群体组织或一个人存在的缺陷、弱点和不足,就像木桶存在的短板那样,对自身的成功和进步具有制约作用。因此,我们要善于发现自身存在的不足,勇于弥补缺陷,克服弱点,才能不断发展进步。同时,我们每个组织和个人都不必为自己存在某些缺陷和不足之处而惧怕,只要敢于找到和纠正自己之短,就为自己消除前进道路上的绊脚石找到了方法。

从系统论方法看"木桶理论"的动态平衡方法。把整个木桶比喻成一个系统,组成木桶的各个木板比喻成若干子系统或要素。容水量多少也即系统功能大小,取决于各木板即各子系统、要素之间的结构关系状况。系统论方法告诉我们,系统整体功能受各子系统、要素的影响和制约,各子系统和要素组合不合理,就会影响系统整体功能的发挥。

从一个国家系统的"木桶理论"看动态平衡方法(见图 3–1)。国家系统中的经济、社会、科技、文化教育等要素都发展了,但由于不合理的人口生育,成为国家系统整体发展的瓶颈,制约了国家系统整体功能的发挥,也影响人民物质文化生活水平的提高。于是,国家系统实施了计划生育的基本国策,加高了"短板",保持各子系统和要素"木板"等高,实现了木桶容量的最大化,也就是说实现了国家系统各要素的动态平衡发展,从而提升了国家的综合国力。例如,20 世纪,前苏联高度倾斜于军事和国防建设,忽视经济社会发展而国家呈现一度不平衡发展状态。

从企业系统的"木桶理论"看动态平衡方法。把企业系统中的资源和要素比喻构成木桶的木板,企业整体系统的核心竞争力和利润如同木桶装水量,只有经营管理、生产供应、产品质量、队伍人才、技术开发、财务资金、销售服务、思想文化等各子系统和要素相互动态平衡发展,没有"短板",才能保证企业经营成果最大化的可持续性。原因就是:

“只有构成木桶的所有木板都足够高,木桶才能盛满水;所有木板比最低木板高出的部分都是没有意义的,高得越多,浪费越大;要想增加木桶的容量,应该设法加高最低木板的高度,这是最有效也最直接的途径。”[4]

从个人家庭的“木桶理论”看动态平衡方法。家庭小群体同大群体一样,同样存在“木桶效应”。一个人的人生要平衡发展,特别是青少年成长期要防止畸形发展。例如,党的教育方针要求对青少年进行基础教育和素质教育, 目的就是要求对构成青少年 “木桶”的德育、智育、体育、美育、劳动的“五块木板”不短缺,实现全面发展,形成完整的素质结构,才能成为合格的接班人。一个人在成年后,一定要保持工作与生活平衡、事业与家庭平衡和人际关系的平衡等,才能从整体上实现人生平衡。

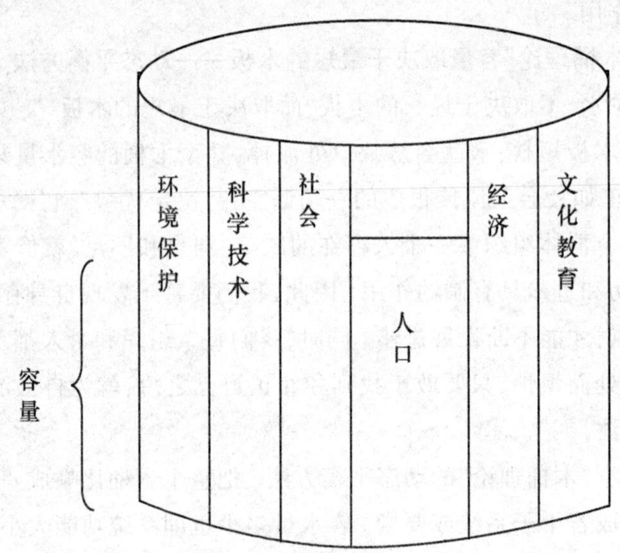

图 3-1　国家系统的“木桶理论”

3.1.1.2　启示二:人、社会和自然的共同法则——动态平衡方法

古今中外,动态平衡方法始终是一个热门的应用哲学,是认识和改造自然与社会的一把“金钥匙”。

(1)自然界的动态平衡方式——恒星向心运动与行星离心运动的平衡。一是宇宙运行的动态平衡方式。例如,“宇宙是天地万物的总称。从现在我们能观测到的天体已达到一百亿光年,人对宇宙发展的认识在逐步加深。但从现有的太阳系、河外星系的恒星和行星及卫星来看,无不处于有序的平衡态之中。”[5]二是宇宙推力与拉力的动态平衡。宇宙日月星辰,永恒地处于有序的、有规律的动态平衡运动的方式。“地球围绕太阳在转动,既不贴近太阳,又不脱离太阳而落到别的星球上去,正因为它是处于太阳及其他星球的动态平衡运动之中。这种动态的平衡,靠的是物理上的吸引和排斥,向心力与离心力的相互作用。”[6]三是宇宙动态平衡方式的永恒性。星球存在动态平衡方法就存在,星球灭亡动态平衡方法仍然存在。“银河系，河外星系，都在有秩序地保持平衡的运行，无不处在平衡之中。如果一旦失去平衡，即星系解体，星球陨落，然后又组成新的星系，产生新的星球，复归于新的平衡。”[7]可见，天体是永恒地处于有序、动态平衡方式运行之中，不断由低级向高级演进。

(2)人类社会动态平衡方式——社会适应与不适应的平衡。社会变革伴随着生产力与生产关系之间平衡与不平衡、适应与不适应的斗争，经济基础与上层建筑之间平衡与不平衡、适应与不适应的斗争，从而推动了人类社会的不断前进。例如，人类社会的自然历史过程就是平衡与不平衡斗争和转化适应的过程。

(3)人的生理动态平衡方式——机体代谢和与环境交换的平衡。正如恩格斯所说："个别物体的任何个别运动，都是为了确立相对静止即平衡的一种努力。物体相对静止的可能性，暂时的平衡状态的可能性，是物质分化的根本条件，因而也是生命的根本条件。"[8]一是生理与环境平衡方式。人的机体通过代谢、与环境进行物质和能量的交换的方式，在运动中维持机体动态平衡。如人机体的元素平衡、酸碱平衡、体液平衡等。二是生理与年龄段平衡方式。一个人从婴儿、少年、中年到老人的成长变化过程，不同年龄阶段呈现出不同的、相区别的平衡态，表现不同的生理平衡态和心理平衡态，表明了不同的生理需要和心理需要，这就要求人的生命体必须遵循动态平衡方法生存发展。

3.1.1.3 启示三：世界十大富豪李嘉诚战略管理奥秘——动态平衡方法

“进入 2000 年，李嘉诚以个人资产共 126 亿美元(983 亿港元)，两度登上了世界十大富豪排名榜，也是第一位连续两年榜上有名的华人。”“至 2000 年 8 月，李嘉诚对内地的捐款总额已逾 40 亿港元。”[9]首先，平衡造就富豪。迟双明编著的《平衡的艺术：李嘉诚战略管理》一书，讲述了世界十大富豪李嘉诚战略管理奥秘——平衡艺术。实际上，就是介绍李嘉诚管理的动态平衡方法：李嘉诚，1928 年出生在一个普通贫困的家庭，原籍广东潮安，他随父母在战乱中从广东逃到香港避难，当时他才 12 岁。在他 15 岁的时候父亲因病去世，他无法继续上学，便退学当工人、当学徒而勉强维持生存。他是一个勤奋好学的年轻人，他在做工、学艺的业余时间，参加夜校学习英语和文化科学知识。1950 年，他用自己多年省吃俭用而积存的 5 万港元创办了长江塑料厂，工厂从无到有，越办越好。1958 年，他开始在香港做地产业。1967 年，他又开始在香港做房产业。他的企业从小到大、由弱变强，1971 年他的公司在香港正式挂牌上市。从 20 世纪 70 年代起他的公司开始在香港收购企业和经营扩展，先是收购了一些香港本地的公司，他的公司经营规模不断扩大。从 1977 年起，他开始向海外扩张，进行跨国投资、经营以及对国外企业进行收购等，不断在新的领域发展，实施全球化战略经营，从而取得了一个又一个成功，他的事业从胜利走向胜利，经济效益越来越高。李嘉诚不但成为香港的首富，而且成为世界十富之一。李嘉诚的事业为什么能从无到有，从小到大，从弱到强，从一个胜利走向又一个胜利，回顾和总结他的发展历程，归纳起来就是他的发展战略管理经验——动态平衡方法。其次,致富的平衡艺术。李嘉诚的动态平衡方法是全方位的、多方面的,迟双明在《平衡的艺术:李嘉诚战略管理》一书中对李嘉诚的平衡艺术进行了归纳:逆市投资理念与投资退出战略——进与退的平衡;稳中求进的发展战略——进取与稳健的平衡;灵活的竞争合作战略——竞争与合作的平衡;国际化与多元化战略——利润与风险的平衡;义利合一的经营战略——义与利的平衡;两极分离的经营战略与利润分享原则——家族利益与股东利益的平衡;李氏的人力资源战略——"亲"与"贤"的平衡,等等。[10]再次,启示:李嘉诚战略管理奥秘——平衡艺术,告诉我们,企业家的创业和守成、企业的发展壮大,动态平衡方法起着决定性作用。

3.1.1.4 启示四:当今世界政要的杰出领导才能——动态平衡方法

领导工作中的动态平衡方法,是当今世界政要和国家杰出领导人研究的课题。"做领导就是要面临各种挑战——做好各方面的平衡,肩负各种责任,承受一切压力。"[11]

中共中央总书记、国家主席胡锦涛在多次国际会议上提出:"中国始终高度重视平衡增长。"我国对平衡增长的重视,表现在党中央提出全面、协调、可持续的科学发展上,大力发展循环经济,努力建设能源节约型、环境友好型的社会,坚持"以人为本"观念等,这些都是在运用动态平衡方法治国理政。

联合国前秘书长安南指出:"我们应当在有效反恐和保护人权之间取得合理平衡。"[12]现任联合国秘书长潘基文也强调反恐和保护人权二者之间要实现平衡,既要反恐又要保护人权。可见,动态平衡方法是当今世界共同的追求,联合国的工作就是在国家间和地区间致力于平衡的工作,世界性组织和区域性组织也是运用动态平衡方法化解国与国经济活动和社会政治往来中的矛盾纠纷。

丹麦前首相拉斯穆森说:"平衡支出、保护环境是我们的一切国家重要使命,但我们也应该同样认识到,决不能将一个四分五裂,一个民族不和、国民关系紧张、贫富悬殊的丹麦留给我们的后代。"[13]他所追求的就是人与人的关系平衡、上代人与下代人平衡、人与自然平衡和社会分配关系平衡。

法国前总统希拉克说:"国家的干预方式肯定要有变化。它不能再像过去那样致力于在控制和规则间寻找费力的平衡:如为了避免外部的竞争,控制海关;为了维护货币,控制兑换;为了战胜通胀,控制价格,这些改革与取缔都是新生事物,尽管今天在我们看来它们是那样的遥远。""发展具有调节作用的独立机构、组织统一大会和讨论从根本上改变组织机构改革的公民会议,开始实行协商性的公民投票,凡此种种开始在我国勾画出一个更加平衡的公共部门的行动轮廓。"[14]很显然,他非常注重贸易平衡、金融平衡、市场平衡和行政管理平衡等的动态平衡方法。

3.1.1.5 启示五:专家论断——"科学发展观也可以说是动态平衡的发展观"

王荣华、童世骏在他们主编的《多学科视野中的和谐社会》第一章第三节胡振平的《科学发展观和构建和谐社会的方法论基础》一文对动态平衡的论述非常精彩,我们在本书中对有关动态平衡内容的论述予以参考和引用，并作为统帅本书的灵魂和中心论点的理论和方法的依托："科学发展观则针对当前我国经济发展过程中出现的新问题，继承和发展了上述思想，极大深化了对社会主义社会经济发展规律的认识，更加自觉地贯穿着动态平衡的解决经济社会发展的方法论原则。科学发展观也可以说是动态平衡的发展观：一是动态平衡是事物常态下的发展规律，坚持动态平衡为了更好地发展，也只有发展了才能解决发展中的诸多问题。犹如骑自行车，不平衡根本不能行进，平衡为着更快的行进，也只有保持一定的速度，才能保持其动态平衡。"[15]胡振平在论述中高度评价我国对社会主义社会经济发展规律认识的深化，在解决经济社会发展上贯穿着动态平衡的方法论原则。由此可见，动态平衡方法是经济社会发展的基本方式。胡振平在第三和第四条进一步指出全面、协调发展和"以人为本"理念都体现出动态平衡的基本方式和发展特点："三是明确提出了全面、协调和可持续发展问题。所谓全面、协调本身就是以动态平衡方式解决经济社会系统发展的必然要求；更何况可持续发展的提出，更加鲜明地体现出动态平衡的发展特点和基本方式。四是'以人为本'重要理念的提出，深刻地揭示出了社会主义国家要实现经济社会动态平衡发展，其出发点、立足点和最终的归宿在于广大人民群众，在于促进经济社会和人的全面发展。"[16]从胡振平的论断不难看出，动态平衡方法不但具有发展理论和方法的正确性，而且具有思维方法和发展方法的实用性。同时还说明动态平衡方法具有更广泛的经济社会、企业和个人家庭平衡发展的应用价值。

3.1.2 我国对发展方式的探索

3.1.2.1 对发展方式的探索和更新

1.世界 300 年发展方式的不断更新

"近 300 年世界现代化史，就是一部发展方式的更新史。"[17]世界的现代化发展，以英国工业革命为历史起点，距离现在已经两个半世纪之久。但是，世界的发展是很不平衡的，从现今全球各国发展来看，地球上已经跨越了工业化时代进入向后工业化时代迈进的国家被称为发达国家。例如，美国、英国和法国等向后工业化时代迈进。按照进入后工业化时代的人口和面积计算，发达国家仅仅占全世界五分之一的人口和五分之二的陆地，并且目前世界发达国家之间的发展水平也是很不平衡的，而且相互之间的差异也很大。大多数地区和大多数人口都属于发展中国家，发展中国家是正在向工业化时代迈进的国家。现代中国，属于发展中国家，中国向往和追求国家发展方式始终没有停止。中华民族开始寻求探索发展方式，应当以 1840 年鸦片战争我国落后挨打为起点，到现在已经有一个半世纪之久。我国是一个发展中国家，经济社会发展相对落后，其原因是由于早期的内忧、外患交加造成的，至今我国与世界发达国家未能平衡发展。

2.我国一个半世纪对发展方式的探索

"同一个民族，同一个梦想。"这就是中华民族一个半世纪以来寻求现代化发展方式的梦想。回顾总结中华民族寻找我国现代化发展方式的历程，不难看出我们是从极其缺乏发展意识和发展方法到积极主动思维发展、寻找探索发展方式的进步，并且付出了巨大的努力和代价，既有经验又有教训。我国的仁人志士苦苦求索了150多年，是悲壮的、可歌可泣的。①在清代，开始寻找中国的发展方式，也想与世界平衡发展，但没有找到。②近代知识分子中的先驱者在鸦片战争落后挨打的教训中觉醒，提出"制夷"的发展方式，但由于朝政腐败无能而无果。③太平天国运动中的《资政新篇》就是要学习资本主义发展方式，但很快落空，之后以"洋务运动"的发展方式寻求民族自强，但效果不佳。④中日甲午战争失败后出现的两次维新变法运动的发展方式，只是起到了传播革新发展方法的思想观念的作用。⑤1911年辛亥革命构建了资本主义的发展方式蓝图，为我国对发展方式的探索开了新局面，进入了新的阶段，但由于内外因素的制约而成效不明显。⑥民国时期进行了对资本主义发展方式的效仿，但因政府腐败而无果。⑦"五四"运动以来，中国仁人志士学习西方，寻求中国式的发展方式，精英们从各自的角度，研究探索当时可供学习、借鉴和选择的美国式的发展方式、英国式的发展方式、日本式的发展方式、俄国式的发展方式等，积极寻找中国的发展道路。⑧新民主主义革命。俄国十月革命一声炮响，传来了马克思列宁主义，中国人民最终选择了社会主义的俄国模式。1921年至1949年，中国共产党领导中国人民推翻了压在中国人民头上的三座大山，建立了新中国，进行社会主义建设，从此走上了社会主义的发展方式之路。可见，只有社会主义发展方式才能救中国。

3.1.2.2 新中国成立后我国继续探索发展方式

"社会制度转型，经济体制转型，发展方式转变。三次变革处于不同历史时期，源于不同历史环境，反映了我们党引领中国发展能力的不断提高、对社会主义现代化建设规律认识的不断深化。如果说第一次'政治制度'抉择，打下了中国现代化的制度基础，创造了新中国60年国强民富的辉煌成就，第二次'经济体制'抉择，激活了中国现代化的动力源泉，带来了改革开放30年的飞速发展；那么这次'发展方式'抉择将确定中国现代化的正确路径，奠定未来中国全面协调可持续的发展格局。"[18]从新中国成立至今，我国曾经经历了两次发展方式的转变，这次是第三次转变发展方式，是关系中国现代化建设命运的一次重大抉择。

第一次转变我国的发展方式——政治制度和社会制度的转型、建立和完善：1949年新中国在半殖民地半封建社会的基础上建立后，在社会制度上从新民主主义社会向社会主义社会转变；在政治制度上实行人民代表大会、中国共产党领导的多党合作和政治协商制度；在经济制度上经过对资本主义工商业的社会主义改造，建立以社会主义公有制为基础的计划经济体制，开展大规模的社会主义和现代化建设，各项事业高速发展。实践证明，只有社会主义发展方式才能建设中国。

第二次转变我国的发展方式——经济体制机制的转轨和社会政治文化领域改革创

新:1978年11月党的十一届三中全会开始从拨乱反正、解放思想入手,实行全方位改革开放,我国从计划经济体制向社会主义市场经济体制的转变,找到了符合国情的、具有中国特色社会主义的发展之路和现代化建设的动力源泉,并不失时机地将改革开放向社会政治文化领域深入,改革开放30年取得了举世瞩目的发展成就,提高了人民的物质文化生活水平,增强了我国的综合国力。总结30年的经验:只有改革开放的发展方式才能发展中国。

第三次转变我国的发展方式——转变经济发展方式:"发展方式转变,这是决定中国现代化命运的又一次重大抉择。"[19]2004年9月,党的十六届四中全会提出:"坚持以人为本、全面协调可持续的科学发展观,更好地推动经济社会发展。"回答了我国发展"为谁发展、发展什么、如何发展"的根本问题。从党的十七大开始,中国进入科学发展的新时代,标志着未来中国将走向全面协调可持续的发展新格局。特别是近两年席卷全球的金融危机和债务危机,又向旧的发展方式提出了挑战,有的发达国家形成"旧发展方式病",而呈现不平衡发展状态。我国基于对百年寻求发展方式的历史总结和两次发展方式转变的成功经验,防止了失衡发展。党的十七大明确提出了"转变经济发展方式"的战略任务,这是我国发展方式的又一次转型,这次发展方式的重要抉择,必将是我国经济社会的跨越式发展和现代化建设的里程碑,具有划时代的意义。

从世界300年发展方式更新史看,从中国一个半世纪对发展方式的探索看,新中国成立后三次发展方式更新看,可以得出这样的结论:只有不断转变发展方式才能实现中国的现代化,才能实现中华民族的伟大复兴。

3.1.2.3 动态平衡方法的产生

"没有一劳永逸的现代化,也就没有一成不变的发展方式。"[20]在新世纪新阶段,一场世界性金融危机和债务危机,暴露了"旧发展方式病"的弊端,已经使不少发达国家和发展速度快的国家落了伍,这就从客观上告诉我们,我国提出加快转变经济发展方式是非常正确的。于是,我们为了适应当今世情、国情和不断变化的形势,借鉴吸收相关发展方式研究成果的基础上,从理论和实践的结合出发,寻找和探索新的发展方法,从而形成了动态平衡发展的理论和方法。

1.以平衡论为蓝本

第一,批判地吸收传统平衡论。一是批判平衡论糟粕。平衡论有唯物和唯心之分,本书动态平衡发展方式坚持唯物和辩证的平衡论,与孔德、斯塞宾等人的形而上学平衡论是水火不相容的,因为它一方面不承认矛盾双方的斗争和转化、不承认斗争的绝对性和统一的相对性,平均看待主要矛盾和次要矛盾、矛盾的主要方面和次要方面;另一方面认为不平衡、革命、变革是非常态的、不正常的和反动的,认为事物发展的根本原因不是内因而是外因。二是以哲学为指导合理吸收。本书在去其糟粕的基础上,以马克思主义哲学为指导,通过对传统平衡论方法的梳理,提升了平衡论方法的科学性。所谓动态平衡发展方式，不仅仅是平衡发展、均衡发展和全面发展，而是平衡发展与不平衡发展的统一论、协调论和辩证论。

第二，继承传统平衡论方法的精髓。人类社会的普同性，为各学科相互借鉴提供了可能，也为动态平衡发展方式继承中外平衡论的理论和方法的研究成果创造了条件。①在胡振平的《科学发展观和构建和谐社会的方法论基础》一节的启示下，形成了本书动态平衡发展方式的中心论点；②在林竹三、林绿冬《中医平衡奥秘》的启示下，形成了动态平衡发展方式基本理论观点；③在王志明的《运输需求和供给平衡论》动态积极平衡运转公式的启示下，形成了动态平衡发展方式的公式和定律；④在王颖、布哈林的经济平衡、政治平衡和社会平衡方法的启示下，形成了本书宏观、中观和微观部门分论的动态平衡方法。

第三，规范平衡概念的使用。一是平衡概念存在分歧。在传统平衡论方法中，存在概念分歧的问题。例如对平衡、均衡、非平衡的概念，在理解和用法方面都各有不同，甚至是相互对立的；也有人认为平衡这个概念存在不确切、含混不清的问题，应当用含义鲜明的词汇替代。二是规范了平衡概念。本书界定和规范了相关概念的使用，由于本书所研究的内容多、范围广，加之在各种语境下使用的需要，这就决定了本书在对平衡一词的使用上具有自身的特点：只分为平衡与不平衡两大类。就是说，一方面把平衡、均衡、制衡作为一个意思使用；另一方面把非平衡、非均衡、不平衡、失衡和反制衡作为一个意思使用。同时，本书在不同语境下，既使用引申义，又使用本义，但有动词和名词之分。

2.以系统论为方法

其一，动态平衡方法对系统论观点和方法的应用。享誉世界的一般系统论，是适用一切系统的原理、原则的科学理论。“系统理论是由整体观念、层次观念、因子观念、结构观念、联系观念、平衡观念等观念所形成的。”[21]“凡事物皆系统”，动态平衡发展方式是客观存在的系统，只有作为一个系统考察分析才能深入研究和发挥动态平衡发展系统的功能。“一个人，一个集团，甚至一个国家，他(它)与环境一起结合成一个系统，这个系统始终处于从平衡走向不平衡，再从不平衡走向新的平衡的变动之中。”[22]动态平衡发展方式应用系统论方法，把本书研究的内容包括基本理论、方法和部门分论都纳入系统并应用系统论方法进行考察研究，从而建立动态平衡发展理论和方法体系，实现动态平衡发展系统的整体功能大于部分之和。它的价值在于适用于一切系统和一切事物。

其二，动态平衡方法的系统模式化方法。动态平衡发展方式所研究的对象——世界、国家、企业和个人家庭都以独立存在的系统进行构建，形成模式化思想方法和工作方法，目的是实现动态平衡发展系统的功能最大化。采取构建动态平衡发展系统的工作方法，也能提高动态平衡发展方式的便捷性、实用性。例如，如果需要平衡发展就构建制衡发展系统，否则就构建反制衡发展系统。本书部门分论中的“系统”概念则是《现代汉语词典》“同类事物按一定的关系组成的整体”的解释，并非一般系统论的概念。

3.以协同论为机制

动态平衡发展方式把自然协同论和社会协同论的原理应用到本理论和方法体系，按照协同论机理，构建动态平衡发展协同系统，建立起"个人—家庭—企业—团体—社区—区域—政府—社会—国际社会"的协同长效机制，使动态平衡发展方式成为通向科学发展、和谐发展之路，成为人与人和睦相处、人与自然和谐相处、国与国和平共处的桥梁和纽带，实现伟大导师恩格斯倡导的"人与人的和解和人与自然的和解"。

4.以转变发展方式为目标

第一，以转变传统发展方式为研究方向。一是消除西方国家"旧发展方式病"的影响。"重国际市场、轻国内需求，重低成本优势、轻自主创新能力，重物质投入、轻资源环境，重财富增长、轻社会福利水平提高，这就是我们长期形成的传统发展方式。这样的发展方式不够注重结构的优化、效益的增加、过程的可持续和成果的共享，难以实现质与量的统一、快与好的统一、物与人的统一、人与自然的统一。"[23]上述情况严重阻碍了经济的发展，已经到了转变的时候。二是从根本上转变传统发展方式。党和国家总结应对国际金融、债务危机的经验教训，根据我国经济社会发展面临的新形势和新特点，科学判断，抓住机遇，及时提出加快转变发展方式的时代命题。这是我国现阶段经济社会发展路径的重要转折，"经济发展方式转变，就是由粗放型增长到集约型增长，从低级经济结构到高级、优化的经济结构，从单纯的经济增长到全面协调可持续的经济发展的转变"。[24]只有从根本上转变传统发展方式，调整优化经济结构，才能实现质与量的平衡、快与好的平衡、物与人的平衡、人与自然的平衡。

第二，以动态平衡发展方法通向科学发展、和谐发展之路。"动态平衡是事物常态下的发展规律，坚持动态平衡为了更好地发展，也只有发展了才能解决发展中的诸多问题。"[25]本书从新的视角出发研究转变发展方式的问题，使这个理论和方法从个人家庭现代生活方式转变到企业生产经营方式转变再到经济社会发展方式的转变，上升为治国理政的一种方式，以动态平衡的方式推动经济社会的动态平衡发展，不断提高人民的物质文化生活水平，提升我国的综合国力和国际竞争力。我国经济学家陆学义倡导：经济与社会平衡发展。"陆学义说，由此我们可以清楚地看到，党中央、国务院更加注重经济与社会平衡、协调发展。"[26]由此可见，本书研究的目标，就是以动态平衡发展方式通向科学发展与和谐发展之路。

参考文献

[1]张琢，马福云.发展社会学.北京：中国社会科学出版社，2001:383.

[2]胡锦涛主席在二十国集团领导人第五次峰会和亚太经合组织第十八次领导人非正式会议上的讲话.北京.人民出版社，2010:2.

[3]西武.木桶定律.北京：机械工业出版社，2004:6.

[4]西武.木桶定律.北京:机械工业出版社,2004:3.

[5]林竹三,林绿冬.中医平衡奥秘.北京:北京科学技术出版社,1993:8.

[6]林竹三,林绿冬.中医平衡奥秘.北京:北京科学技术出版社,1993:8.

[7]林竹三,林绿冬.中医平衡奥秘.北京:北京科学技术出版社,1993:8.

[8]恩格斯.自然辩证法.北京:人民出版社,1955:563.

[9]迟双明.平衡的艺术:李嘉诚战略管理.北京:中国言实出版社,2003:20.

[10]迟双明.平衡的艺术:李嘉诚战略管理.北京:中国言实出版社,2003:306.

[11]西武.木桶定律.北京:机械工业出版社,2004:3.

[12]顾玉清,吴绮敏.世界政要说千年.北京:人民日报出版社,2000:20.

[13]顾玉清,吴绮敏.世界政要说千年.北京:人民日报出版社,2000:10.

[14]顾玉清,吴绮敏.世界政要说千年.北京:人民日报出版社,2000:112.

[15]王荣华,童世骏.多学科视野中的和谐社会.上海:学林出版社,2006:24-25.

[16]王荣华,童世骏.多学科视野中的和谐社会.上海:学林出版社,2006:24-25.

[17]十一届全国人大三次会议《政府工作报告》学习参考编写组.十一届全国人大三次会议《政府工作报告》学习参考.北京:人民日报出版社,2010:56.

[18]十一届全国人大三次会议《政府工作报告》学习参考编写组.十一届全国人大三次会议《政府工作报告》学习参考.北京:人民日报出版社,2010:60.

[19]十一届全国人大三次会议《政府工作报告》学习参考编写组.十一届全国人大三次会议《政府工作报告》学习参考.北京:人民日报出版社,2010:60.

[20]十一届全国人大三次会议《政府工作报告》学习参考编写组.十一届全国人大三次会议《政府工作报告》学习参考.北京:人民日报出版社,2010:57.

[21]陈振年,彭诗瑜,高纲铭,等.经营管理原理与组织.北京:中国展望出版社,1988:102.

[22]王颖.动态平衡论.北京:中国青年出版社,1998:66.

[23]十一届全国人大三次会议《政府工作报告》学习参考编写组.十一届全国人大三次会议《政府工作报告》学习参考.北京:人民日报出版社,2010:56.

[24]十一届全国人大三次会议《政府工作报告》学习参考编写组.十一届全国人大三次会议《政府工作报告》学习参考.北京:人民日报出版社,2010:72.

[25]张琢,马福云.发展社会学.北京:中国社会科学出版社,2001:383.

[26]马小宁.以人为本,平衡发展.北京:人民日报,2011-3-6.

3.2 动态平衡方法的应用

动态平衡方法具有对工作、生活和学习的实际应用价值,为人们提供动态平衡的思维方式、发展方式、解决社会矛盾的方式和现代生活方式的新工具,目的是增强思想方法的科学性和提高工作方法的有效性。

3.2.1 动态平衡思维方式

引证:

平衡是系统思维的三个基本元件之一。[1]

——吕书平《企业领导学教程》

思维方法是人们认识和改造客观世界过程中观察、研究和解决问题的思想方式。思维方法决定工作方法。科学的思维方法,是提高认识能力和改进工作方法的前提,并对各种工作方法都具有指导意义。没有科学的思想方法,就没有科学的工作方法。

3.2.1.1 运用动态平衡方法建立动态平衡思维方式

1.当今世界的主导思维——系统思维

“人们的科学思维方法,经过了‘整体—分析—系统’这样一个‘否定之否定’的发展进程,得到了全面的提高。”[2]当今世界的主导思维——系统思维,是世界上从整体思维、分析思维发展而来的一般系统论的方法,是继辩证法之后的现今世界最科学的思维方法,是复杂科学研究的新工具。

2.动态平衡“三段式”平衡思维:“平衡思维—不平衡思维—平衡思维”的方式

动态平衡思维方式是强调思维客观、全面的方法。①动态平衡思维方式的形成。动态平衡发展方式的理论和方法体系,就是以现时代的主导思维——系统思维方法为基础,遵循马克思提出的动态平衡的思想、毛泽东的《正确处理人民内部矛盾》和《论十大关系》的思想,同时借鉴吸收平衡学说的循环运动法则的基础上,建立了动态平衡“三段式”平衡思维。②动态平衡思维方法的运用。动态平衡思维方法就是从常态思维到打破常态的逆向思维再到常态的平衡思维的循环运动过程。如果用动态平衡思维方式对我国改革开放战略决策进行“三段式”平衡思维分析的话,其过程是:一是平衡(制衡)思维。理由是我国是一个不平衡发展的大国,应该有针对性地致力于中西部的发展,使中西部赶上东部沿海地区的发展,从而实现我国发展的整体平衡。二是不平衡(反制衡)思维。东部沿海地区经济基础好,发展条件优越,优先发展东部投资少、见效快,率先发展东部沿海地区经济可以在短时间内实现经济高速增长,可以同世界经济、贸易和金融全球化接轨,也可以带动中西部乃至我国整体经济的平衡发展。三是平衡思维。最后进行综合平衡思维,即在综合分析平衡思维与不平衡思维的利弊得失的基础上,最终作出判断和决策——反制衡(不平衡)战略是最佳方案,即率先发展东部沿海地区。实践证明,这个思维是符合我国改革开放战略的。

3.2.1.2 动态平衡思维方式形成的依据

新时期新阶段,动态平衡思维方式的核心:“在相互关系上平衡和谐、在相互利益上平衡互补。”动态平衡思维方式的核心主要体现在当今国际国内的两个主要问题上:一是人与人、人与自然和国与国之间强调相互关系平衡和谐相处；二是解决各种利益矛盾纠纷强调利益关系平衡互补。这个核心形成的依据有三条：

依据之一：马克思“创造这些矛盾能在其中运动的形式”决定了运用动态平衡思维方式。“马克思曾在《资本论》中明确指出：‘我们看到，商品的交换过程包含着矛盾的和互相排斥的关系。商品的发展并没有扬弃这些矛盾，而是创造这些矛盾能在其中运动的形式。一般说来，这就是解决实际矛盾的方法。例如，一个物体不断落向另一个物体而又不断离开这一物体，这是一个矛盾，椭圆便是这个矛盾借以实现和解决的运动形式之一。’这里所说的解决矛盾的方法就是动态平衡的方法。”[3]胡振平在《思维方法要与时俱进》一节中讲述了马克思的“创造这些矛盾能在其中运动的形式”的解决矛盾方法，实际上就是“动态平衡思维方式”。马克思主义关于解决矛盾的思维方法有两种：一是对立和斗争（不平衡）的方法；二是统一和同一（平衡）的方法。可见，我们解决矛盾的思维方法不只是对立、斗争（不平衡）一种方法。在新的时期，解决矛盾应当主要运用统一和同一（平衡）的方法，即平衡协调与双方互补的动态平衡的思维方法。方法一：在国际上，在经济全球化条件下，要运用动态平衡思维方式解决国际经济往来矛盾，要把结合点放在国际关系平衡协调和国际利益平衡互补和互利共赢上。方法二：在国内，要运用动态平衡思维方式解决经济生活和社会生活中的矛盾，把结合点放在平衡互补上，在各领域、各阶层和各部门之间关系建立起互相配合、互相促进和协同发展的关系。

依据之二：毛泽东《论十大关系》和《正确处理人民内部矛盾》中解决非对抗性矛盾的思想决定了运用动态平衡思维方式。一是在现代用动态平衡的思维方式解决矛盾的方法，具有特别重要的意义，这是因为今天我国处在和平建设的年代，工作的重点转移到经济建设、现代化建设上来，特别是在我国提出构建和谐社会和落实科学发展观的新的条件下，主要是解决社会生活中的人民内部矛盾、经济建设中的利益矛盾、国际政治经济文化交往中的差异纠纷和相互利益矛盾等，这些矛盾基本上都是非对抗性的矛盾，不能再用对立、斗争（不平衡）的方法。二是运用动态平衡思维方式解决矛盾的核心是相互关系协调的思维方法，一方面，思维方式的平衡支点应当设定在对不平衡差异和矛盾纠纷各方利益的平衡互补上；另一方面，解决矛盾的方法应当是化解矛盾、不激化矛盾和矛盾不外部化的思维方法。解决矛盾的目的，应当是团结一切可以团结的力量，调动一切可以调动的积极因素，形成团结一心建设我国现代化的氛围。

依据之三：邓小平的“三个有利于”重要思想决定了运用动态平衡思维方式。我国实行市场经济体制后要解决社会主义性质与商品市场机制的矛盾，这就决定了运用动态平衡思维方式的必要性。商品市场机制具有双重性，是利弊集于一身的，其负面消极效应与社会主义性质是格格不入的。我们要用动态平衡思维方式协调和解决社会主义性质与商品市场机制二者之间的矛盾，加强精神文明建设，消除市场机制“金钱至上”、“唯利是图”等给我国经济社会运行和人与人之间关系带来的负面消极效应，从而形成建设有中国特色社会主义的环境和氛围。

3.2.1.3 动态平衡思维方式的特点——与时俱进

动态平衡思维方式的特点，是保持与时代发展相平衡，与形势发展相平衡，也就是思维方法是与时俱进的，是适应新时代趋势要求的。第一，思维与当时历史的平衡。90年前，当时国际国内政党林立，但都是老掉牙的党派组织，没有新的纲领和目标。中国共产党的组织创建，在当时世界上是与时俱进的党组织。20世纪，我们党在思维方式上做到与时俱进，表现在党的十一届三中全会以来开展真理标准大讨论，进行拨乱反正，不唯书不唯上，坚持实事求是，端正了党的思想路线，开创了以经济建设为中心的全面协调发展的新局面。第二，思维与新时期的平衡。在新的时期，我们党适应时代发展要求，做到思维方法与时俱进，大胆走改革开放之路，推动了经济社会的发展，带领我国人民建设有中国特色社会主义。第三，思维与新阶段的平衡。新世纪新阶段，党和国家为了适应国际国内新形势、新任务和新要求提出了落实科学发展观和构建社会主义和谐社会新举措，并在世界经济衰退的情况下，及时提出转变发展方式，始终保持了思维方式与国际国内发展趋势相平衡。

参考文献

[1]吕书平.企业领导学教程.沈阳:辽宁人民出版社,1989:369.

[2]夏禹龙，刘吉.领导科学基础.南宁:广西人民出版社,1985:16.

[3]王荣华，童世骏.多学科视野中的和谐社会.上海:学林出版社,2006:22-23.

3.2.2 动态平衡发展方式

引证：

毛泽东同志提出“统筹兼顾”思想，是针对计划经济条件下对发展中各种关系和矛盾的协调平衡。[1]

——刘学义《科学发展观》

3.2.2.1 运用动态平衡方法建立动态平衡发展方式

1.我国对发展道路的探索——追求动态平衡方法

一是从古代到近代对发展方法的追求无不包含动态平衡方法的因素。在我国，早在古代就产生了朴素的发展方法，政治家管仲的人本思想，战国时期荀子的自然资源永续利用的思想，清代洋务派的“中体西用”发展思想，严复提倡学习西方发展的思想，孙中山倡导“三民主义”和实践资本主义的发展方法，这些都包含了动态平衡的因素。二是新中国成立初期的发展方法涵盖了动态平衡方法。新中国成立初期，中国共产党的社会主义发展方法，涵盖了动态平衡发展方式，是最符合中国国情的发展方法。展开大规模的社会主义建设，在贫穷落后的土地上发展了中国。三是新的时期的发展方法把动态平衡方法作为方法论基础。新的历史时期，从 1978 年开始实行改革开放政策，进行经济政治体制改革，探索出了一条以改革开放发展中国的道路。四是在新世纪新阶段，党和国家在总结了世界各国的发展经验，借鉴了中外古今发展观中的科学因素的基础上，结合我国具体实践，2004 年 9 月，党的十六届四中全会提出："坚持以人为本、全面协调可持续的科学发展观，更好地推动经济社会发展。"我国提出的科学发展观与构建和谐社会，其方法论基础就是动态平衡方法。

2.国际上对发展理论的研究——从不平衡趋向动态平衡的方法

①最初研究结论—— 失衡的"发展=经济增长"。世界各国领导人、专家学者对发展问题进行长期的、大量的探索，在世界上形成了形形色色的发展理论，但都是不平衡的发展，都存在片面性和不科学性，曾对经济社会发展产生了不良影响。开始认为发展就是经济增长，即"发展=经济增长"。然后是"发展=经济增长+社会发展"，这种发展理论在成熟性上大大向前推进了一步。②探索趋向——逐步走向平衡发展。在前两个发展理论的基础上，增加了可持续发展："发展=经济增长+社会发展+可持续发展"，大大提高了发展理论的科学性。③最后定位——人的发展。以联合国的观点为主导，其理论逻辑定位："发展=人的发展"，即"以人为中心"的社会发展，就是"为人发展，发展为人"，实际上，涵盖了动态平衡的发展方法。1995 年，联合国在哥本哈根的世界发展首脑会议上强调，社会发展必须以人为中心，经济社会发展的目标是改善和提高人民的生活质量。我国的科学发展观，最集中地体现了这个思想。

3.动态平衡发展方式——平衡发展与不平衡发展统一论

动态平衡发展方式"不平衡发展—(调节)—平衡发展—新的不平衡发展—(调节)—新的平衡发展"的循环运动。这个方式产生的根据：①遵循一切事物常态下永恒的动态平衡方式发展演化发展的规律；②遵循事物发展的前进性和道路曲折性相平衡的规律；③遵循事物前进中出现的各种矛盾和问题可以自趋平衡和人为外力调节平衡的规律；④遵循历史唯物主义关于人民群众是社会发展动力和人的全面而自由发展的原理；⑤借鉴国内外发展理论的研究成果。可见，这个方式坚持了平衡发展与不平衡发展、同步性发展与异步性发展的统一论。"犹如骑自行车，不平衡根本不能行进，平衡为着更快地行进，也只有保持一定的速度，才能保持其动态平衡。"[2]

3.2.2.2 运用动态平衡发展方式实现市场经济与社会主义性质的平衡

1.用动态平衡发展方式实现计划经济体制向市场经济体制的转变

"虽然在发育发展的过程中也并不是那么四平八稳的，也有一个不断打破平衡又不断建立平衡的过程，但是这种打破平衡是在一定限度内的，总体上必须保持基本平衡的态势，否则反而会带来破坏和倒退。"[3]一是打破旧平衡态。新中国成立后，我国实行纯而又纯的公有制和社会主义计划经济体制，随着时间的推移这种体制阻碍了生产力的发展，在改革中进行了新旧两种体制的转型。二是建立新平衡态。我国大胆进行改革，建立起新的社会主义市场经济体制，为经济大发展创造了条件。三是两种平衡态的平稳过渡。在这个大变革过程中，因为采取了动态平衡转化方式，所以是在维持经济社会基本平衡稳定的态势下，打破了旧的平衡状态建立起新的平衡状态，实现了稳妥过渡和平衡转化，各行各业、经济生活、社会生活和人的思想没有受到大的震荡，从而取得了经济体制转型的巨大成功。

2.市场机制与社会主义性质的平衡互补

“……包括利用经济立法，利用税收、财政、金融政策等经济杠杆，利用国家的指导性计划，乃至利用一定的行政手段，以克服市场机制带来的负面效应，解决市场机制和社会主义的协调问题。而这些制度、体制、机制建设中所贯穿的思维方法实际上就是‘创造这些矛盾能在其中运动的形式’，即动态平衡的方法。”[4]可见，动态平衡的方法，是解决市场机制与社会主义性质矛盾的好方法。一是用动态平衡方法分析市场机制之利弊。市场经济体制和机制是资本主义私有制的产物，形成和发展于西方资本主义国家，与东方社会主义公有制性质是相互对立的，但它具有两重性，正效应和负效应集于一身，是利弊并存的一把“双刃剑”。但是，它又是人类社会不可逾越的阶段，资本主义可以用，社会主义也可以用，关键在于用其有利的、积极的方面。二是用动态平衡的方法兴市场机制之利。我国在改革中大胆实行市场经济体制，目的是为了利用商品经济的有利因素和正面效应，发挥市场机制的积极作用，特别是发挥市场体制在资源配置、生产要素等方面的积极效应，为社会主义建设服务。三是用动态平衡的方法除市场机制之弊。我国在实行市场机制时对其进行了相应改造，消除弊端，扬长避短，平衡互补，把市场机制的消极作用和负面效应降到最低，特别是加强社会主义精神文明建设，努力根除商品机制的唯利是图、私有观念等多方面的消极负面作用，实现了市场机制与社会主义性质的平衡和统一。

3.2.2.3 运用动态平衡发展方式深化改革、扩大开放

1.运用动态平衡发展方式实现我国改革开放的国际与国内的平衡

“新形势下深化行政改革的一个重大议题，就是如何处理机构改革和运作管理改革的关系，不说推进改革侧重点从机构向运作管理的转移，起码应该做到机构改革与运作管理改革双管齐下、合理平衡。”[5]①国外开放的地域平衡。首先扩大对美国、日本等西方发达国家和发达地域的开放，然后向亚洲、非洲等广大发展中国家和贫穷落后地域开放，并采取“请进来”和“走出去”的方法，不断扩大开放的范围，从而实现我国对外开放在世界主要国家间与地区间的平衡。②国内改革开放由不平衡到平衡。一是区域平衡。首先扩大我国东部沿海地区城市和一线城市的对外开放，然后扩大中部、西部、东北部沿海和东北地区的对外开放，从而实现在国内发达区域之间、发达城市之间和落后地区之间对外开放的平衡。二是产业平衡。首先推进农业改革，然后扩大到工业、商业的改革开放，实现我国农、工、商三大产业改革开放的平衡。③改革与管理的平衡。我国在推进

经济改革、政治改革、文化改革、金融改革不断发展的同时，加大行政改革和政府改革力度，把改革和管理结合起来，实现机构改革与运作管理改革的平衡。

2.运用动态平衡发展方式实现我国改革开放从不平衡到平衡发展

总结归纳我国改革开放的进程，我国改革开放采取由农到工、由乡到城、由东到西、由经济到政治再到社会、文化，走了一条从倾斜式到平衡式的改革开放之路。第一步是打破我国整体上低水平平衡发展状态，在全国农村普遍展开、推进农村经济体制改革；第二步是实施东中西部区域的不平衡梯次改革开放战略，投资向东部沿海城市倾斜，实施不平衡发展战略；第三步推进中西部的改革开放，致力于我国整体的平衡发展。从世情、国情和民情看，我国的改革开放战略是正确的，最终实现了经济体制改革与政治体制改革的平衡、城与乡之间改革开放的平衡、区域之间改革开放的平衡、产业之间改革开放的平衡。

3.2.2.4 运用动态平衡发展方式贯彻“以人为本”理念

1.“以人为本”的本质就是动态平衡

一是“以人为本”必须动态平衡。“特别应当指出，‘以人为本’作为科学发展观的核心部分，已经不仅具有了核心价值观的意义，而且已经具有了方法论的意义。其所以要动态平衡地发展，盖因我们的发展以人为本；其能否做到动态平衡地发展，也在于是否真正以人为本。”[6]我国的科学发展观提出的“以人为本”，是科学发展观的核心，其方法论意义就是动态平衡。二是动态平衡必须“以人为本”。“以人为本”是党和政府的平衡支点，体现了党为人民服务的宗旨和社会主义制度的优越性，而且是各级领导关注民生和密切联系群众的一种工作方式方法，是党和政府全部工作的基点，也是我国经济社会发展的出发点和最终归宿。作为社会主义性质的中国，发展生产力的目的就是满足人民群众不断增长的物质文化需求，我国之所以进行改革开放就是为了建设小康社会，为了人的全面而自由发展，其成果由全体人民共享。

2.生产力发展、经济增长与人民群众物质文化需求的动态平衡

一是经济社会发展与人的发展的平衡。“‘以人为本’重要理念的提出，深刻地揭示出了社会主义国家要实现经济社会动态平衡发展，其出发点、立足点和最终的归宿在于广大人民群众，在于促进经济社会和人的全面发展。”[7]人的物质文化需求是随着时间变化而变化的，是随着经济社会发展而提高的，只有经济社会的不断发展才能满足人民群众不断增长的物质文化需求。二是生产力发展与人的满足的平衡。如果生产力落后、经济社会发展缓慢则与不断增长的人民群众物质文化需求发生不平衡矛盾，也就无法满足人民的需要。因此，经济的发展与满足人民需要是一个动态平衡的过程：“不满足(不平衡)—(发展生产力)—满足(平衡)—新的不满足—(新的发展生产力)—新的满足”的循环运动。可见，生产力的不断发展与不断提高的人民群众物质文化需求的平衡是动态的，是相互促进和相互制约的，水涨才能船高，只有不断发展生产力，才能满足人民群众

不断增长的物质文化需要。

3.2.2.5 运用动态平衡发展方式实现人与自然协同进化发展

1.资源生态平衡和资源经济平衡的统一

一要转变不平衡思维方式。“资源生态经济平衡是协调发展系统的一种相对的动态平衡的状态,它表现为资源生态平衡和资源经济平衡的结合和统一,是协调发展系统在物资循环、能量流动、信息传递、人口以及价值流动过程中所实现的一种动态的平衡。”[8]我们要在思想认识上消除资源生态平衡与资源经济平衡之间的对立关系，彻底转变旧的“经济增长压倒一切”的思维方式,积极维护自然界生态系统能量输入与输出、物质循环系统的平衡。我们追求经济社会快速发展是无可厚非的,但是不能以破坏二者之间的平衡为代价,不能不顾及我们人类自身的永续生存,更不能断了我们后代的生路。二要转变不平衡发展方式。我们要积极转变发展方式,提高发展质量,推行节约发展、清洁发展、绿色发展和安全发展,真正做到资源生态平衡和资源经济平衡的结合和统一。只有这样,才能保持经济社会的可持续发展,也才能防止二者失衡而造成的恶性循环。

2.经济社会发展与生态环境资源的平衡

①生态系统的物质循环平衡。“一个达到动态平衡的生态系统,应当是在一定时期内,能够体现系统物质循环、能量输入与输出大体相当;系统组成成分尤其是生物成分相对稳定；系统营养结构也就是食物链、营养级及其所形成的金字塔营养关系相当典型。”[9]严格地说,生态系统物质循环中能量输入要大于输出,减去中间环节的消耗,才能真正实现平衡。②开发与保护的平衡。我们要合理和有序地开发利用自然资源,这是由地球自然资源的有限性所决定的,也是保持人类永续生存的客观要求。如果我们的开发活动超过自然生态自我调节平衡的能力,就会产生破坏作用。如果是合理的、有限的开发利用,那么自然生态系统中再生资源可以通过再生而恢复平衡状态,但对不可再生的自然资源的开发利用更要有节制、有计划,要在保护中开发,在开发中保护。③计划与开发的平衡。我们各级主管部门要做到先规划、后开发,深入开展资源调查,摸清资源状况,制订合理的开发利用计划。例如,摸清土地资源、矿产资源、森林资源、水资源和风资源等现状,根据社会经济发展的需求,制订出开发利用的长期综合规划、区域规划和专题规划等工作。

参考文献

[1]刘学义.科学发展观.兰州:兰州大学出版社,2004:62.

[2]王荣华,童世骏.多学科视野中的和谐社会.上海:学林出版社,2006:27.

[3]王荣华,童世骏.多学科视野中的和谐社会.上海:学林出版社,2006:23.

[4]王荣华,童世骏.多学科视野中的和谐社会.上海:学林出版社,2006:22－23.

[5]十一届全国人大三次会议《政府工作报告》学习参考编写组.十一届全国人大三

次会议《政府工作报告》学习参考.北京:人民日报出版社,2010:241.

[6]王荣华,童世骏.多学科视野中的和谐社会.上海:学林出版社,2006:25.

[7]王荣华,童世骏.多学科视野中的和谐社会.上海:学林出版社,2006:25.

[8]王维国.协调发展的理论与方法研究.北京:中国财政经济出版社,2000:53.

[9]陕西省农林学校,辽宁省林业学校.森林生态学.北京:中国林业出版社,1985:262.

3.2.3 动态平衡领导方式

引证:

领导者要处理好组织各部门之间、个人之间的利益关系,不能离开公平这个最高原则,否则不可能有真正意义上的利益关系的平衡。在各种利益关系中,最大的公平是机会均等。所以,领导者平衡各种利益关系,最主要的,就是要为人们各展所能创造均等的机会。[1]

——孙占奎等《领导协调论》

3.2.3.1 运用动态平衡方式建立动态平衡领导方式

新世纪新阶段,我们面临新的形势、新的任务,要求我们必须与时俱进,转变领导方式,使我们的领导工作适应世情、国情、党情和民情,把各项工作做得更扎实、更富有成效。运用动态平衡领导方式,就是一个新的选择。

1.运用动态平衡领导方式实现了中国政党制度与社会生态环境之间的平衡

“由于环境的变化永无止息,因而政党制度与环境之间的系统平衡也不是一劳永逸的,它是一种动态的平衡。正是在这一平衡的动态实现过程中,政党制度通过不断的适应性变革获得了自身生命的延续而得以发展。”[2]政党制度与社会生态平衡是根据王邦佐的观点进行阐述的。王邦佐借用生态学概念,将中国政党制度作为一个生命系统,将我国政党制度之所以产生和发展的社会、经济、政治和文化条件作为社会生态环境系统,通过分析二者的内在联系和相互作用,揭示了中国政党制度产生和发展的社会依据,也为不断改进和完善党的领导方式保持对社会环境的适应性提供了依据。一是党的领导方式的产生与国情、民情是平衡的。中国人民在90年前就选择了无产阶级政党中国共产党的领导,选择了走共同富裕的社会主义道路,选择了党的“实事求是”、“为人民服务”的领导方式,充分证实了中国政党制度产生不是偶然的,而是具有必然性,也说明了党的领导方式与国情和民情是平衡的。党从小到大、从弱到强,不断发展壮大,领导中国人民从胜利走向胜利,也充分说明了与国情和民情是平衡的、适应的,基础是坚实的。二是党的领导方式的发展与社会生态环境是平衡的。我们回过头去总结党领导中国人民进行的民主革命、社会主义革命和建设、新时期的改革开放、转变发展方式等的艰巨历程,得出一条经验,这就是我们党从建党初期到现在始终不渝地坚持“为人民谋幸福”、“为人民服务”、“密切联系群众”的动态平衡领导方式，这个方式在90年奋斗历程中，始终得到党内外和人民群众的一致认同，同时雄辩地说明了党的领导方式与社会环境之间的生态关系是平衡的。

2.运用动态平衡领导方式不断自我调节而保持中国政党制度与社会生态环境之间的平衡

一是在不断适应中保持平衡。运动变化是一切事物的普遍规律，政党制度系统与社会生态环境系统也不例外，政党制度系统与社会生态环境系统的平衡态是不断变化的。在不平衡矛盾的转化中，社会环境系统是转化的主要矛盾方面，甚至起着决定性的作用。因此，政党系统必须适应社会环境的变化，体察民情、关注民生，为人民排忧解难，带领人民致富，获得民心民意，从而巩固政党制度生存的基础——社会生态环境，始终保持与社会环境之间生态关系的平衡。二是在不断“自我修正错误”中保持平衡。政党制度系统必须不断“自我纠偏”实现自我发展，一方面，在适时自我调适中适应社会环境，这是因为社会环境系统的不断变化，要求政党系统必须通过自身完善，改变领导方式，适应环境变化，才能维持其生存和发展；另一方面，不断加强自身建设提高党组织战斗力，勇于纠正自身存在的不平衡问题，如公开落实政策、反腐倡廉等，从而与外部环境的不断变化保持平衡。三是在不断调节中保持平衡。当社会环境系统中产生了不平衡问题，政党系统首先要从自身找原因，及时消除不平衡因素。执政党要不断改善和加强党的领导，采取有效措施消除社会环境系统的不平衡因素，确保社会环境系统处于平衡运行状态。实践证明，中国共产党在执政中，不断进行生命系统的自我调节和适应性变革，适应了国内外环境的变化，及时地进行经济、政治体制改革，实现经济社会快速发展，提高了人民的物质文化生活水平，这是完全符合广大人民群众愿望的，是得民心的，受到了人民的拥护。

3.运用动态平衡领导方式协调各方利益和矛盾而保持中国政党制度与社会生态环境之间的平衡

第一，政党系统与社会生态环境之间保持平衡就要协调好各方利益和矛盾。“社会主义和谐社会的提出深刻表明，我们的思维方式也应当有所转变，其最主要的是执政意识的自觉和执政理念的形成。我们要长期执政，就必须学会协调各方面的利益和矛盾，创造一种良性运动的秩序，调动一切积极因素，共同建设中国特色社会主义……”[3]作为执政党要创造国内外良性有序运行的环境，就要运用动态平衡领导方式处理好各领域、各阶层的利益关系和不平衡矛盾关系，而这些利益和矛盾关系，要求执政的中国共产党必然要始终代表最广大人民群众的利益。第二，动态平衡领导方式的重点：始终坚持加强执政党自身的思想、组织和作风建设，保持党的先进性；始终坚持代表中国最广大人民群众的根本利益，密切联系群众；始终坚持政治民主，广开言路，集思广益；始终坚持原则的坚定性和方法的灵活性，统筹国际国内两个大局，做好内政外交工作；始终坚持团结统一、协调各方，用动态平衡领导方式解决社会矛盾，团结一切力量建设小康社会；始终坚持不断推动经济社会发展，改善民生，增强国力。第三，提高领导者的平衡艺术。在领导工作中，要始终坚持把现代化建设作为一切工作的平衡支点，把经济建设作为现代化建设的物质条件，把政治建设作为现代化建设的精神动力，把社会建设作为现代化建设的保证，把科技发展作为现代化建设的先导，把文化建设作为现代化建设的智力支持，把资源环境发展作为现代化建设的基础。

3.2.3.2　运用动态平衡领导方式处理中央与地方的关系

"在中国，随着改革开放的深入和市场经济的发展，地方政府（主要是省级政府）的独立性和自主权不断扩大，已经成为具有相对独立的经济社会利益和相对独立的发展目标的利益主体。与此相对应，中央与地方关系发生了重大转变，即由过去以行政组织为主要基础的行政服从关系，转向以相对经济实体为基础的对策博弈关系。中央与地方关系所发生的这种重要变化，客观上需要建立地方利益的表达与平衡机制，以正式的渠道，扩大地方参与中央决策的机会"。[4]根据薄贵利的观点，阐述其必要性和好处。第一，建立地方利益的表达与平衡机制的必要性。我国中央与地方的关系从新中国成立以来就是和谐的，利益是一致的，目标是相同的。20世纪50年代，为了进一步实现中央决策的科学化和民主化，我国先后采取了一系列改进举措，取得了很好的效果。但是，改革开放以来，中央和地方的工作关系和利益关系发生了重大变化，特别是地方利益关系表现突出。既然地方利益是客观存在的，就有必要建立科学合理的地方利益表达的平衡机制，这就要用动态平衡领导方式处理中央与地方的关系，调动中央和地方两个积极性，加快我国现代化建设的步伐。第二，建立地方利益的表达与平衡机制的好处。好处之一：有利于国家全面发展的平衡兼顾。处理好中央与地方的关系，这是不同性质国家都存在的共性问题。中央与地方的关系，实际上是二者的利益关系。用动态平衡领导方式处理中央与地方的关系，有利于行政区域之间的竞争，进而推动国家经济社会的全面发展。好处之二：有利于两个积极性的平衡兼顾。"早在1956年，毛泽东在《论十大关系》中就指出：'要发展社会主义建设，就必须发挥地方的积极性。中央要巩固，就要注意地方的利益。'"[5]要发挥中央与地方两个积极性，重点是调动省级的积极性。为此，以动态平衡领导方式建立起地方利益的表达与平衡机制是非常必要的。好处之三：有利于中央加强纵向制衡和权力制约的平衡兼顾。"毫无疑问，建立地方利益的表达与平衡机制，不仅是实现中央与地方关系规范化、制度化的一项重要措施，而且有助于提高中央决策的民主化和科学化水平，减少宏观决策失误；有助于加强纵向制衡和权力制约……"[6]同时，有利于中央掌握地方情况，有利于提高中央的统一领导，有利于维护中央的权威，也有利于提高中央决策的民主化和科学化水平。

3.2.3.3　运用动态平衡领导方式做好思想政治工作

党的思想政治工作，实际上本身就是动态平衡领导方式之一，虽然思政学还没有形成完整的理论体系,但从地位和作用、原则和方式方法上看,它是转化人的思想认识最科学、最人性化和最能使人接受的好方法。

1.用动态平衡领导方式改进思想政治工作

思想政治工作是我党的政治优势,是经济工作的生命线,其地位和作用是不容低估的。思想政治工作者是人灵魂的工程师,专门从事转化人的思想认识的工作,与动态平衡领导方式是完全一致的。①运用动态平衡的方式改进思想政治工作的必要性。本来在做思想政治工作中教育者和受教育者之间关系应该体现动态平衡领导方式,但是,从实际情况看,思想政治工作有一定差距,需要由"务虚"变为"务实"、由领导者的居高临下变为平衡互动、由工作量化无标准变为量化有标准等,这些都需要运用平衡调节、平衡转化和平衡评估等动态平衡领导方式加以改进和提高,从而提高思想政治工作的针对性和有效性。②运用动态平衡的方式改进思想政治工作的方式方法。一是把教育者的人为外力干预与被教育者的接受作为平衡调节的过程运作,把受者的思想反复与教者再次做调节工作作为平衡循环运转的过程运作。二是把经济平衡、政治平衡和人的心理平衡结合起来一道去做。三是把动态平衡的方式与思想政治工作的方法相互统一、结合运用,具体方法如民主(平衡)的方式、讨论(平衡)的方式、说服(平衡)的方式、感化(平衡)的方式、示范(平衡)的方式和劝说(平衡)的方式等,从而提高思想教育的效果。

2.用动态平衡领导方式确立思想工作的平衡支点

①思想政治工作的平衡支点——"以人为本"理念。思想政治工作者要把"以人为本"作为思想政治工作的平衡支点,最根本的是要充分认识领导者的权力是人民群众给的,领导者是人民的公仆,领导者一切工作的出发点和落脚点就是为了人民群众。因此,我们要事事密切联系群众,处处关注民生,始终把群众冷暖和心理平衡作为工作的重点,唤起群众建设现代化的积极性。②思想政治工作的平衡支点——平等意识。思想政治工作者要把平等(平衡)作为思想政治工作的平衡支点,充分认识教育者与被教育者相互关系是平等的,在政治上、人格上都是平等的,只是分工的不同,没有高低贵贱之分,教育者要树立人民当家做主的意识,尊重被教育对象。如果教育者采取居高临下、我说你听、我教训你服从的态度做工作,是不会有好效果的。③思想政治工作的平衡支点——群众是主人。领导者是人民的公仆,群众才是真正的英雄,教育者要相信和依靠群众,对群众只能采用说服、引导和疏通的方式启发人们自发趋向平衡、自己提高自己的思想觉悟、自觉纠正自己的错误思想认识和做法,这是因为教育者与被教育者之间本来就存在着一定的矛盾关系,被教育者又要接受教育者的说服和领导,所以教育者必须尊重、关心和爱护被教育对象。但是,被教育者也要树立主人翁责任感和主人翁意识,不断提高自己的思想觉悟,努力工作,发挥主人翁作用,接受思想政治工作者的说服教育和正确引导,不断提高自己的政治觉悟和思想素质。

参考文献

[1]孙占奎,王安平,郭晓华,等.领导协调论.北京:煤炭工业出版社,1990:193.

[2]王邦佐.中国政党制度的社会生态分析.上海:上海人民出版社,1999:1－15.

[3]王荣华,童世骏.多学科视野中的和谐社会.上海:学林出版社,2006:27.

[4]薄贵利.集权分权与国家兴衰.北京:经济科学出版社,2001:7.

[5]薄贵利.集权分权与国家兴衰.北京:经济科学出版社,2001:7.

[6]薄贵利.集权分权与国家兴衰.北京:经济科学出版社,2001:7.

3.2.4 动态平衡解决社会矛盾方式

引证:

这里所说的解决矛盾的方法就是动态平衡的方法。它不同于一个吃掉一个、一个压倒一个的方法,而是在相互作用中形成一种比较协调的运动方式,从而实现事物一定阶段上的发展。[1]

——王荣华、董世骏《多学科视野中的和谐社会》

3.2.4.1 运用动态平衡方式建立动态平衡解决社会矛盾方式

1.动态平衡解决社会矛盾方式在新时期具有重要意义

一是转变解决社会矛盾的旧平衡方式。“如果说革命战争年代,目标是夺取政权,主要解决对抗性的敌我矛盾,特别要强调对立面的斗争的话;今天在和平建设的年代,目标在建设中发展,主要是要解决非对抗性的矛盾,包括大量的经济建设中的矛盾、人民内部矛盾,以及和世界各国建立正常关系中的矛盾。在这种情况下,动态平衡的解决矛盾方法更显出其重要意义。”[2]解决社会矛盾的方式是根据胡振平的观点论述的。新中国在立初期,我国两类不同性质的矛盾并存,为了巩固新生政权和无产阶级专政,开展阶级斗争,解决国际国内敌我之间对抗性的矛盾,这在促进社会质变的非常态情况下是十分必要的,但不适应变化了的今天的实际情况。二是动态平衡解决矛盾方式的运用。当我国社会主义改造完成之后,开始了大规模社会主义建设,特别是党的工作重点转移到以经济建设为中心上来,这时社会主义革命和建设的对象、形式、任务改变了,社会矛盾转变为非对抗性的矛盾,并以人民内部矛盾为主要表现形式,这就必然要求随之转变解决矛盾的方式,这就是建立人与人的协调、和谐关系。在新的时期,解决矛盾的方法就是马克思早就指出的动态平衡地解决矛盾的方式,也就是建立人与人的和谐关系,重要意义在于团结更多的人、调动千军万马投入我国的现代化建设。

2.动态平衡解决社会矛盾方式是现阶段正确有效的方式

“构建社会主义和谐社会,其方法论基础也是马克思所说的解决矛盾的动态平衡的方式,或者说是正确处理人民内部矛盾的方式。”[3]一是用动态平衡替代“斗争哲学”。动态平衡解决社会矛盾方式，是由新的历史时期世情、国情和党情决定的，要变不平衡方式为平衡协调的方式，变一个打倒一个为一个团结一个，变批判斗争为热情帮助，变斗争哲学为协调学，从而达到相互之间平衡共生、协同建设现代化的目的。在新的历史时期，经济社会发展中发生的矛盾和分歧，大多是经济活动和社会活动中出现的认识上的差异和利益关系上的矛盾，用动态平衡解决社会矛盾方式解决这些矛盾，是一种好的选择。二是用动态平衡实现常态下的关系协调。在新的时期，解决社会矛盾的方式，就是马克思说的解决矛盾的动态平衡的方式、毛泽东的正确处理人民内部矛盾的方法："团结—批评和自我批评—团结"的方法，从而创造出一种不激化矛盾、积极化解矛盾的和谐社会氛围。

3.动态平衡解决社会矛盾方式强调在前进中解决前进中出现的矛盾

"'动态平衡'，即'创造这些矛盾能在其中运动的形式'的解决矛盾方法，是社会处于常态(应当看到社会革命时期是非常态的，以外部冲突形式造成社会质变的时期)情况下，即处于和平建设时期，求得社会稳定发展的一种理念。"[4]①用动态平衡方式解决国与国的矛盾。在经济全球化、政治多极化和文化多元化的今天，不可能杜绝矛盾和纠纷的出现，加之我国与西方国家意识形态不同、经济贸易不同和文化交流中的不平衡差异等现象，对这些国际交往中的矛盾只能用动态平衡解决社会矛盾方式来平等协商解决，实现相互关系协调、利益互补和协同发展。②用动态平衡方式解决国内的矛盾。在国内，我国正处于社会主义初级阶段和社会转型阶段，必然存在各种各样的经济和社会矛盾，需要我们认真对待和正确处理，形成建设小康社会的合力。如存在劳资关系不平衡，贫富不平衡，城乡发展不平衡，区域之间发展不平衡，行业之间收入不平衡等现象，这些矛盾可以用动态平衡方式来解决。因为在现阶段，我国各阶级、阶层和群体之间根本利益是一致的，这是大前提，这就为运用动态平衡解决社会矛盾方式协调相互之间的矛盾和分歧提供了条件，也使各种差异的互补和纠纷的协调成为可能。

4.动态平衡解决社会矛盾方式是构建和谐社会的需要

"在这样的条件下，执政的中国共产党就完全有可能创造出一种社会运行的方式，使不同的阶级、阶层和群体能够在根本利益相一致的前提下，以社会主义的法律、制度、政策以及其他各种手段协调他们之间的矛盾和分歧，从而达到以动态平衡的方式解决社会矛盾，实现社会的和谐发展。"[5]社会组织之间、人与人之间的和谐与不和谐，在一定条件下是可以相互转化的，也是有规律可循的。随着时间的变化，和谐可以转化为不和谐，不和谐可以转化为和谐。第一，动态平衡和谐调节公式："不和谐—(调节)—和谐—新的不和谐—(调节)—新的和谐"循环运动。运用动态平衡解决社会矛盾方式消除不和谐、不平衡的方法，就是运用社会主义的法治、政策和规章制度去协调各阶层之间、群体之间和人与人之间的各种矛盾、分歧。第二，平衡调节的方法有三种：一是利用内力自发调节，即事物自觉调节，这是一切事物自趋平衡的本能，也即发挥内力自我平衡调节。如本单位自己整顿、自我改进的方法。二是外力人为调节，即外力干预，通过外部力量促进内因转化，达到相互和谐的目的。三是内外力结合调节。在实践中我们可以把二者结合起来，引导和激活内力与外部人为干预双管齐下，使社会协调工作更富有成效。

3.2.4.2　运用动态平衡方式建立动态平衡社会政治稳定方式

1.用动态平衡稳定方式维持社会政治稳定

"与此不同，市场经济所要求的现代的稳定则是一种动态的稳定，其主要特点是把稳定理解为过程中的平衡，并通过持续不断的调整来维持新的平衡。"[6]动态稳定参考董郁玉、施滨海《政治中国》的观点。第一，转变静态平衡稳定方式。在新世纪新阶段，世情、国情和党情都要求我们要转变旧的、传统的社会政治静态平衡稳定方式，改变过去那种用封闭而不用开放的方法维持社会秩序、用抑制而不用疏通的方法维持政治的静态平衡安定，因为这种静态平衡安定方式是封闭的系统，经不起不平衡的震荡和外部不平衡因素的影响，在新形势下要实现由传统的静态平衡稳定向动态平衡稳定转变，才能从根本上维持社会政治的安定局面。第二，建立动态平衡稳定方式。一是动态平衡稳定方式是自组织、开放系统，是运动中的平衡，是自律与他律的平衡、民主与集中的平衡、统一与自由的平衡、自觉约束与制度规范的平衡。二是动态平衡稳定方式是社会政治运行过程的动态平衡稳定，是调节中安定与安定中调节的平衡与统一。因此能适应环境多变和复杂情况，经得起系统内外大的震荡，不受内部和外部不平衡因素的干预和影响。三是动态平衡稳定公式："不稳定（不平衡）—（调节）—动态平衡稳定—不稳定（不平衡）—（调节）—动态平衡稳定"，就是说动态平衡稳定的过程是从平衡发展到不平衡通过调节达到新的平衡的过程，是不断调节、不断实现平衡的过程。"动态稳定的实质，是不断地打破现状，用新的平衡代替旧的平衡。"[7]这种稳定是运动中的平衡，因而是牢固的稳定。"如果把稳定理解为运动中的平衡，那么，我们对政治体制改革的后果就不会有太大的顾虑。"[8]

2.以动态平衡社会政治稳定方式取代静态平衡稳定方式

一是用动态的平衡取代静止的平衡是发展趋势。"只有明智、自信、成熟的政治家才会运用动态平衡来维持社会政治稳定。动态平衡对于政治家来说确实是一个严重的考验，它不仅要求政治家具有高超的驾驭全局、应付复杂情况和适应多变环境的能力，还要求他们具有强烈的现代意识、开放精神和创新思想。20年前，邓小平同志勇敢地冲破'两个凡是'的束缚，中国人民也把自己的思想和行为从教条的禁锢中解放出来，中国共产党把工作重心从阶级斗争转移到经济建设上，进行改革开放的宏伟大业，开创了全新的社会政治局面，平稳地实现了历史性的伟大转变，这应当被看做是一次用动态的平衡取代静止的平衡的范例。"[9]二是动态平衡社会政治稳定方式的运用。用动态平衡稳定方式取代静止平衡稳定方式来维持社会政治稳定，是邓小平创造的实现社会政治稳定的成功经验，同时也说明我们党有能力驾驭各种政治局势、应付各种社会的复杂情况、适应多变的国际国内环境和开创内政外交新局面的能力。例如,最近几年党和政府运用动态平衡稳定方式处理和应对国内外多起突发性事件,有突如其来的国际金融危机事件,有国内的自然灾害事件,有公共卫生事件,有群众性事件等,由于党和政府运用了动态平衡稳定的方式积极应对和妥善处理,受到国内外的赞誉。

3.2.4.3 运用动态平衡方式建立动态平衡解决国际争端的方式

1.运用动态平衡解决国际争端的方式杜绝国际争端的不平衡冲突方式

一是杜绝国际争端的不平衡冲突方式。在新世纪,和平、发展是时代的主题,经济全球化和政治民主化,促使国家间经济政治文化交往增多,矛盾纠纷也相应增多。与此相适应,解决国际争端的方式亟待彻底转变,要坚决杜绝国际争端的不平衡冲突方式,运用动态平衡方式解决国际争端,在世界上消除国与国相互对抗冲突。二是动态平衡解决国际争端方式是优化选择。动态平衡解决国际争端方式主张在世界政治、经济和文化舞台上,不同国家、不同民族和不同群体组织的角色是平等(平衡)的,相互尊重,平等协商解决矛盾纠纷,实现在政治上和平共处,在经济上互利合作,在文化上交流借鉴。在国际事务中提倡多边主义,充分发挥以联合国为核心的国际性组织的多边机制的作用。国与国之间通过和平谈判解决各种国际争端,包括国与国的领土主权问题、经济利益问题、政治对立问题和文化冲突问题等矛盾纠纷,都可以通过和平谈判、平等协商的动态平衡解决国际争端方式来妥善解决。

2.用动态平衡方式解决国际争端化解矛盾纠纷的价值大于不平衡冲突的价值

当今世界,解决国与国矛盾纠纷的方式方法有两种:一种是动态平衡解决国际争端方式,另一种是对抗冲突的方式。采用哪一种最合算呢,要用价值观来判断。第一,国际争端的不平衡冲突方式对双方都是劳民伤财的。一是武力冲突,得不偿失。采取武力冲突的方式解决国与国矛盾纠纷,各方所付出的人、财、物的代价都是巨大的,各方从得与失看都是得不偿失的。在20世纪曾经遭受世界大战和诸多国际对抗冲突的苦难来看,侵略与被侵略都付出了巨大代价,而且今后的对抗冲突各方还将面临核毁灭的威胁。虽然侵略与被侵略战争有正义和非正义之分,而且最后必然是以正义战胜非正义而告终,但损失是双方的,是无法弥补的。二是武力治服,治而不服。从中国战争史和世界战争史看,没有一个武力治服而成功的,治服的结果都是治而不服,实践证明都是没有任何价值的。第二,动态平衡解决国际争端的方式的价值超过武力冲突方式的价值。选择动态平衡解决国际争端方式解决国家间矛盾和冲突,是人类社会发展的必然趋势,是人类智慧、文明与进步的体现。实践一再证明,动态平衡方式解决国与国矛盾纠纷的价值大大超过对抗冲突方法的价值,对双方或多方都是划算的。

3.2.4.4 运用动态平衡方式建立动态平衡解决社会制度矛盾的方式

1.动态平衡解决社会制度矛盾的方式可以解决国与国不平衡对抗性矛盾

近代以来,人类社会主要存在着根本对立的两类性质的社会形态和社会制度的矛盾,这就是社会主义制度与资本主义制度之间的矛盾,包括意识形态方面的矛盾。但是二者并非是水火不相容的,是可以实现相互关系平衡协调的。事例一,社会主义与资本主义可以平衡结盟。在第二次世界大战中,社会主义的苏联和资本主义的英国、美国,在世界两种社会制度和两种意识形态斗争激烈而尖锐的形势下,以动态平衡方式相互结成了反法西斯的坚强同盟,协同作战直到最后取得对法西斯战斗的胜利。事例二,资方与劳方可以平衡协调。在西方资本主义制度下的工人与资本家之间本来就是阶级对立的关系,但可以用动态平衡解决社会制度矛盾的方式平等对话,协调工人与资本家的关系,虽然根本矛盾不会彻底解决,但使资方与劳方的矛盾关系能够得到一定程度上协调。事例三,不同社会制度的国家可以平衡联合。二战后,世界上不同社会制度的国家,共同组建了维护世界和平安全的联合国组织,为世界社会有序运行奠定了基础。半个多世纪以来联合国为国家间、民族间做了大量平衡调节工作,联合国成为世界的平衡调节器。这个事实充分证明动态平衡解决社会制度矛盾的方式是可以解决不同社会制度、不同意识形态之间的对立矛盾的。事例四,世界不同社会制度可以平衡协同。当今世界在不同社会制度、不同意识形态之间鸿沟缩小,世界协同和国际合作越来越广泛,表现在世界性经济危机的共同应对、生态环境的携手保护、自然灾害的协同抵御、重大疾病联合防治等方面,这说明世界协同是不受社会制度局限的。

2.动态平衡解决社会制度矛盾的方式可以用来处理一个国家内部的社会主义制度与资本主义制度之间的不平衡矛盾

我国香港、澳门"一国两制"的实现,就是最好的例证。"一国两制",就是在一个国家内部社会主义制度与资本主义制度两种不同性质的社会制度平衡共生,这就是动态平衡解决社会制度矛盾方式的巨大作用。按过去的传统说法,应该说这二者之间是两种社会制度、两种意识形态的对立,是对抗性的矛盾,是不可调和的矛盾。同时,还牵涉中英、中葡之间几个国家的国际关系、两种社会制度和意识形态的矛盾关系。但是,我国采取"一个国家两种制度"的方法解决了香港、澳门的回归问题,确保了香港、澳门的繁荣稳定,实现了在一个国家里两种社会制度并存的格局。实际上,这就是动态平衡解决社会制度矛盾方式的运用。"一国两制"这种方式同样适用于台湾,同样可以解决台湾的统一问题。台湾问题是我国的内政,只是存在两种社会制度的矛盾,外国无权干涉我国的内政,我国完全可以用"一国两制"方式实现海峡两岸的和平统一,并在"一国两制"的方式下,实现在两种性质的社会制度下,确保台湾的长期繁荣稳定。

参考文献

[1]王荣华,童世骏.多学科视野中的和谐社会.上海:学林出版社,2006:25.

[2]王荣华,童世骏.多学科视野中的和谐社会.上海:学林出版社,2006:20-21.

[3]王荣华,童世骏.多学科视野中的和谐社会.上海:学林出版社,2006:28.

[4]王荣华,童世骏.多学科视野中的和谐社会.上海:学林出版社,2006:27.

[5]王荣华,童世骏.多学科视野中的和谐社会.上海:学林出版社,2006:27.

[6]董郁玉,施滨海.政治中国.北京:今日中国出版社,1998:52.

[7]董郁玉,施滨海.政治中国.北京:今日中国出版社,1998:52-53.

[8]董郁玉,施滨海.政治中国.北京:今日中国出版社,1998:52-53.

[9]董郁玉,施滨海.政治中国.北京:今日中国出版社,1998:52-53.

3.2.5 动态平衡生活方式

引证:

所以,珍惜时间,不等于无休止地开夜车,不等于白天一点儿都不休息,不等于不涉足社交活动。相反,聪明人在安排时间上非常注意生活的整体平衡。[1]

——李光伟《时间管理艺术》

3.2.5.1 运用人的生理动态平衡方式转变旧的生活方式

“中国传统医学认为,人的生命过程是一个动态平衡过程,即人体的五脏六腑、组织器官及其功能活动的协调吻合。在各种动态平衡中,有两种最为重要,一方面,人体与大自然及周围环境间的相互作用;另一方面,人体各部分之间的相互作用。一旦两种平衡出现问题,那么人体健康肯定就会出问题。”[2]人的生命活动是动态平衡过程,这个观点已经被人们广泛接受。第一,人的生命过程是动态平衡的过程。生命体永恒地处于平衡与不平衡的运动变化之中,平衡是相对稳定的过程,不平衡是生命活动过程和相互调节的过程,通过人体不平衡运动,来不断维持人体动态的平衡。例如,人的体温也是动态的平衡。一个人正常体温为37度左右,疾病能引起身体温度变化,有的人感冒体温达到40度;剧烈运动也能使体温升高。这是生命体自身生理的平衡调节机制的功能和作用。再如,人的血压也是动态平衡的,是波动的,人体心脏收缩时血液对动脉的压力最高,称为收缩压,心脏舒张时血压下降,此时的压力为舒张压,正常为80~120左右,但随着疾病、情绪、运动、环境的变化而变化。第二,人不能违背生理动态平衡规律。生理活动动态平衡提示我们,在工作、学习和生活中,不能违背人体生理规律,要转变旧的、不文明的生活方式,坚持科学的生活方式,做到动静有度、劳逸结合,特别是要保持心理平衡。同时,夏季做到降温,冬季做到保暖,与自然环境变化相适应,预防各种疾病的发生,确保身体健康。

3.2.5.2 借鉴和运用生理动态平衡方式

“平衡总是相对的,是运动中的平衡。人体各种功能活动既保持平衡和稳定,又在不断地运动变化。在认识生命活动时,既要看到相对平衡的重要性,还要看到这种平衡是在神经和体液系统的调节下,通过运动来实现的”。[3]第一,借鉴生理平衡。一是以“代谢”

实现平衡。罗启义说:“人体:新陈代谢平衡是基本的生命需求。”[4]水、电解质和酸碱平衡就是动态的平衡,是人体细胞进行正常代谢所必须的条件,也是维持生命和各脏器生理功能所必须的条件。如果平衡失调,机体就会自己进行调节。但如果超过了机体自身的代偿能力,将要出现水、电解质和酸碱平衡紊乱,就会成为威胁生命的主要因素。二是以调节实现平衡。人的机体通过体液系统和神经系统的综合调节,保持人体各种功能活动如行走、劳动、跳跃和体育竞技中的稳定,并在运动中不断从不平衡调节中恢复平衡。第二,运用生理平衡。认识了人体与平衡的关系,对于我们保持健康和防治疾病具有积极作用,同时也说明了仿生学的应用具有广泛性。例如,社会仿生学管理、企业仿生学管理和家庭仿生学管理。

3.2.5.3 运用生理动态平衡方式建立动态平衡生活方式

“理论与实践表明,无论是组织、管理者,还是个人,在动态中寻求平衡的过程,往往也是在变化中不断寻求新的平衡的过程。”[5]随着世界新技术革命浪潮的一次又一次高涨、社会生产力的不断发展和物质生活水平的不断提高,不但改变了人们的经济生活,也改变了人们的思维方式、现代生活方式和人际交往方式。这对我们来说,现代生活方式既有利,也有弊,如过度利用自然资源、过度消费,就会影响生态环境的平衡;饮食不合理、烟酒过量、缺乏运动、心理不平衡等不文明的现代生活方式,就会造成人们的健康危机和生存危机。因此,为了自己、为了社会、为了子孙后代,我们必须尽快转变旧的、传统的生活方式,倡导文明的生活方式,建立起动态平衡生活方式:一要倡导科学的现代平衡生活方式。做到饮食平衡、动静平衡、心理平衡,保障身体收支平衡,预防“现代文明病”的发生,保持身与心的健康。二要做到传统与现代生活的平衡。倡导低碳方式生活、低碳消费。弘扬中华民族简朴生活文化,尽可能低碳消费,减少能源消耗,减少碳排放,个人家庭要努力为维护生态环境平衡作贡献。三要保持个人与社会环境的平衡、自然环境的平衡、事业和家庭的平衡等。

参考文献

[1]李光伟.时间管理的艺术.兰州:甘肃人民出版社,1987:352.

[2]元文玮.医学辩证法.北京:人民出版社,2001:84.

[3]刘欣.持衡定律.北京:机械工业出版社,2006:11.

[4]〔美〕罗启义.企业生理学——企业活力探源.北京:新华出版社,2001:145.

[5]刘欣.持衡定律.北京:机械工业出版社,2006:11.

3.3 动态平衡的系统方法

引证：

系统性是事物的普遍属性，任何事物都是作为系统而存在的。[1]

——中国成人教育协会成人高等学校招生研究会组编《政治》

既然客观世界一切事物都是作为系统而存在的，那么我们在工作实践中就要坚持运用系统论的观点和系统论方法做好各项工作，并在系统论方法的指导下，根据事物常态下平衡循环发展变化规律，人为构建动态平衡发展系统，形成模式化的思想方法和工作方法，使我们的工作更加富有成效。

3.3.1 系统方法的应用

引证：

在哲学上，协调是表述事物的一种平衡状态和实现这种状态的方法。[2]

——艾丰《关于改革方法的思维——中介论》

3.3.1.1 动态平衡发展是一个客观存在的系统

1.协调发展系统与动态平衡发展系统都是客观存在的系统

"为什么说协调发展是一个客观存在的系统呢，这个问题的解决是探讨协调发展内部结构关系，研究协调发展方法的基本前提。"[3]协调发展系统，是一个客观存在的社会发展系统，这是公认的观点。①协调发展系统与动态平衡发展系统都强调动态平衡发展。协调发展系统与动态平衡发展系统都是将社会系统中分散的各个子系统：人口、社会、经济、科技、环境和资源等组合构成一个系统整体，子系统与子系统之间构成相互协作、相互配合和相互促进的关系，目的是达到各要素的动态平衡发展，共同实现社会发展的整体功能和整体目标。"协调发展是以实现人的全面发展为目标，通过人口、社会、经济、科技、环境、资源间的相互协作、相互配合和相互促进而形成的具有良性循环态势的社会发展，它是一个客观存在的社会发展系统。"[4]②协调发展系统与动态平衡发展系统是功能目标相同的系统。动态平衡发展系统与协调发展系统两个系统是同一系统要素、同一系统结构、同一系统功能和同一系统目标，都是实现社会各子系统的动态平衡发展。发挥社会整体功能大于部分之和。所以，两个系统都是客观存在、相同的系统。动态平衡发展系统与协调发展系统都是客观存在的系统。马克思说"平衡是经常不断地消除经常的不协调"，就是说马克思把"协调"与"平衡"作为相同的意思使用。既然协调与平衡是一个意思，既然协调发展是一个客观存在的系统，那么动态平衡发展也是一个客观存在的系统。

2.构建动态平衡发展系统对经济社会发展具有重要方法论意义

动态平衡发展系统对经济社会发展具有纠偏和导向作用。第一，纠偏作用——防止经济社会、企业和个人不平衡畸形发展。有的发展中国家与此相反,长期实施不协调、不平衡发展,教训是深刻的。例如,第二次世界大战后,不少亚洲、非洲和拉丁美洲等不发达国家,总结经济发展落后的教训,实行经济"增长率第一"的政策,结果造成社会分配不公、贫富悬殊、自然资源和生态环境破坏等问题。20世纪,伊朗的"疯狂现代化",导致国内动乱,国王巴列维垮台流亡国外。第二,导向作用——引导经济社会、企业和个人家庭动态平衡发展。动态平衡发展系统的方法论意义:一是坚持"四位一体",实现经济、政治、文化、社会建设四个领域的动态平衡发展;二是坚持统筹兼顾,实现城乡、区域等动态平衡发展;三是坚持可持续发展,实现经济社会、环境资源动态平衡发展;四是坚持以人为本,实现人的全面而自由的发展。

3.3.1.2 构建动态平衡发展系统是一项系统工程

1.动态平衡发展系统是一项复杂的系统工程

我们以社会发展系统为例,说明这个系统的复杂性。第一,整体性。动态平衡社会发展系统要把分散的各子系统和各要素统一起来,作为协同共生的社会发展的有机整体,在一个共同目标下实现整体与各部分之间的相互配合、相互促进的协调运行系统。第二,协同性。以动态平衡运行为系统的特定属性和功能,实现要素构成形式合理,组合方式优化,目标集中统一,协同一致。第三,自组织性。动态平衡发展系统是一个自组织、开放、非线型、灰色的系统。一是这个系统是由大量子系统和要素组成,每一个子系统和要素又包含很多因素。如经济子系统中又包含工业、农业、商业众多层次,其中农业又有农林牧副渔业等诸多要素。二是系统中的众多要素之间要保持配合与促进的关系。三是动态平衡发展系统与环境的联系密切,是一个开放的系统、发展的系统。

2.动态平衡发展系统的构建方法和运行效益

①构建方法要以动态平衡发展为出发点。一是社会宏观要动态、平衡发展。将各子系统和要素构成一个密不可分的有机整体,形成综合社会发展系统,以整体动态平衡发展为目标,在发挥系统整体功能的基础上不忽视发挥各子系统在整体发展中的地位和作用,始终保持各子系统相互之间处于动态平衡发展状态。二是社会微观可以有序不平衡发展。在各个团体、组织、企业和家庭等群体相互之间要形成竞争关系,各显神通,竞相发展,但在这些群体内部则强调平衡发展,要实现物质文明和精神文明建设的平衡发展。②运行效益要以"四个效益平衡"为落脚点。"协调发展系统运行效益是协调发展理论的基本问题。"[5]动态平衡发展系统要在实现整体效应最大化的基础上,特别要注重各个子系统和要素在不同运行层次都获得最佳运行效果,实现经济效益、社会效益、能量效益和生态效益的平衡发展,进而提高系统整体功能。例如,企业系统,要做到构成要素的经营管理、销售服务、人财物等动态平衡发展,确保"四效益"的平衡发展和同步提高,努力实现"四效益"最大化,杜绝"四效益"失衡。

参考文献

[1]中国成人教育协会成人高等学校招生研究会组.政治.沈阳:辽宁大学出版,2000:34.

[2]艾丰.关于改革方法的思维——中介论.北京:经济日报出版社,1992:2.

[3]王维国.协调发展的理论与方法研究.北京:中国财政经济出版社,2000:19.

[4]王维国.协调发展的理论与方法研究.北京:中国财政经济出版社,2000:21.

[5]王维国.协调发展的理论与方法研究.北京:中国财政经济出版社,2000:47.

3.3.2 动态平衡发展系统构建的模式

"人类社会系统中,人类不仅能够适应环境,受环境的影响和制约,而且能够改造和控制环境。"(梁荣迅,《社会发展论》,1991年,山东人民出版,第339页)系统都是在一定环境条件中的系统,构建动态平衡发展系统也离不开环境。所以,一定要高度重视和利用环境因素。

动态平衡发展系统的构建,有三种模式。

第一种模式:制衡发展系统的构建,即正向发展模式。例如,发达国家为了推动经济社会进一步发展,可以采取在落后地区构建制衡发展系统。构建范围:转变经济社会、企业发展方式和转变个人家庭现代生活方式,目的是实现动态平衡发展。

第二种模式:反制衡发展系统的构建,即反向发展模式。例如,发展中国家为了实现经济社会的高速增长,可以采取在发达地区或发达城市构建反制衡发展系统。构建范围:转变旧的经济社会、企业的低水平平衡发展方式,形成非平衡、超速发展格局。

第三种模式:精神文化平衡发展美系统的构建,即部门平衡美学发展模式。例如,清朝对故宫的选址、设计、修建体现了建筑艺术平衡美。构建范围:社会平衡美、自然平衡美和文化艺术平衡美等。

3.3.3 制衡发展系统的构建

引证:

这种综合效应在宏观层次上表现为地球村各圈层之间的平衡和协调发展,在中观层次上表现为社会圈内各子系统之间的平衡和协调发展,在微观层次上表现为各子系统内的各种变化速率之间的协调发展。[1]

——曾健、张一方《社会协同学》

3.3.3.1 制衡发展系统的构成和功能

"人类与人类生活的环境,共同构成一个大系统,这个系统分成人类系统和自然系统。在人类与自然的大系统中,人类除形成自身循环外,还要与人类以外的自然系统共同形成一个循环。"[2]制衡发展系统是人类系统与人类所处的自然环境系统构成,由宏观层次、中观层次和微观层次相互作用而自然形成的平衡发展系统,制衡发展系统的功能就是维持其动态平衡发展。

宏观层次——自然界制衡发展系统。这个层次，是指制衡发展系统中的地球大气圈、生物圈、土壤岩石圈、水圈等各圈层之间的动态平衡发展。一是遵循和维护自然界万物自我平衡规律,不干扰自然物的自稳态平衡和有序进化;二是人为外力补充调节自然环境系统要素与要素之间的动态平衡发展；三是合理开发利用自然资源，维护资源再生,不破坏自然生态平衡,从而确保经济社会可持续发展;四是世界是人类平衡共生的整体,各国都不是孤立发展的,维护地球生态平衡是各国的共同责任。各个国家都要按照联合国的要求转变经济发展方式,大力发展低碳经济,倡导世界协同,从我做起,从每个家庭做起,大兴低碳生活方式,大力节能减排,维护地球各圈层之间的动态平衡状态。

中观层次——人类社会制衡发展系统。这个层次,是指制衡发展系统中的人类社会圈,包括系统内部的经济、政治、社会、文化、人口、资源和环境等各子系统之间的动态平衡发展。一是转变社会发展的观念。20世纪下半叶,国际社会积极提倡世界各国“以人为中心”的综合的社会发展观。于是各国从以“经济增长第一”到以人为中心目标的转变,这是人类社会的一大进步。“社会发展不仅包括经济的增长,还包括社会结构、人口素质、社会制度、财富分配方式、政治思想、道德观念等方面。”[3]二是转变社会本体的观念。社会是人的社会,人是社会的本体。社会发展要实现以人为核心目标的根本转变。有了人的现代化才有社会的现代化,有了人的进步才有社会的进步,社会发展要坚持以人为中心,二者相互促进,共同发展。人的素质提高了就会推动经济社会的发展,经济社会发展了又能满足全体人民群众的基本需求和基本生活的提高以及人的全面而自由发展的愿望。三是转变经济发展方式。经济发展是社会发展的物质基础,二者是相互促进、相互制约的。要实现社会和人的发展就必须大力发展生产力,我国当前提出的加快经济发展方式转变,调整优化经济结构,由粗放型向集约型增长,从单纯经济增长向全面协调可持续发展的转变,这就奠定了我国未来经济社会动态平衡发展的格局。

微观层次——各个子系统和内部要素动态平衡发展。这个层次,是指制衡发展系统中的各子系统和内部的各种要素数量、比例、变化速率之间的动态平衡发展。一是引导、协调和不影响自然生态子系统内部的生物链、食物链、生物种群和数量等要素的动态平衡发展。二是促进社会系统中各子系统经济、政治、社会、文化、人口、资源和环境等内部各要素的动态平衡发展。如经济领域中的一、二、三产业的平衡发展,社会领域中的单位、组织和家庭等要素相互之间的有序不平衡发展和内部关系协调平衡发展。三是人与自然关系的动态平衡发展。“人与自然的和谐关系是一种动态的平衡。发展需要不断打破旧的平衡,建立新平衡。”[4]人与自然是同质的平衡,是有机的统一平衡。人类要对大自然负有主要责任,因为人类是高级的智能人,在自然界中虽有受动的、被动的一面,也有能动控制和积极改造的一面,既可以影响自然系统向好的方面发展,也可以影响自然系统向不好的方向转化,后者直接影响到协同共生的人类自身生存。因此,人要在适应自然变化的基础上与自然建立一种平衡和谐的关系，实现协同进化(参见图3–2)。

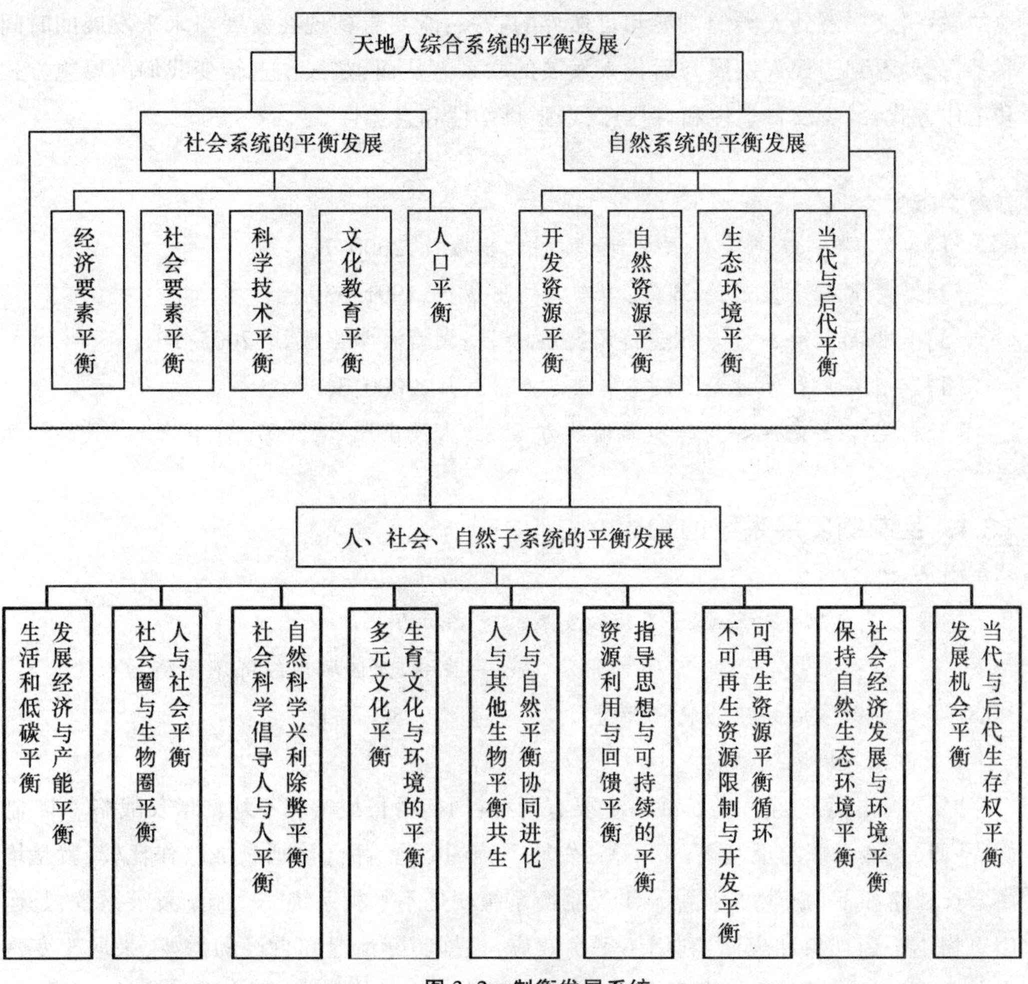

图 3–2 制衡发展系统

3.3.3.2 构建制衡发展系统具有重要的方法论意义

“系统论认为，所有系统所具有的基本特征之一就是动态平衡性。”[5]一切系统具有动态平衡性的特征决定了构建制衡发展系统的必要性，这是符合一切事物动态平衡运动变化的一般规律，而且符合事物趋向于自身平衡和整体平衡循环运动的规律，具有科学性和实用性。例如，我国面对四川汶川、青海玉树、甘肃舟曲等被地震灾害、泥石流破坏了的系统不平衡态，中央和地方在灾区进行恢复重建工作，实际上这就是在灾区构建制衡发展系统，动员各方配合支援，使失衡系统恢复了平衡态。

构建制衡发展系统的方法论意义，在于在全人类倡导动态平衡循环发展的思维方式和工作方式。就是说，每个人的思维方式都要做到人类系统与自然系统的平衡，宏观思维和微观思维的平衡，把天、地、人视为一个不可分割的动态平衡发展的有机系统的整体，强调树立自然、人类二者是同一个系统、同一个命运的思想认识，树立天、地、人一体化意识。因此，我们在追求经济社会发展时，就必须放宽视野，既要看到社会发展和天地的联系，又要看到人类的发展和自然界的联系；既要看到现在发展与未来发展的时间联系，又要看到当代人发展与后代人发展的联系。从而，在根本上转变我们的思想方式和工作方式，减少反科学性和盲目性，增强科学性和自觉性。

参考文献

[1]曾健，张一方.社会协同学.北京：科学出版社，2000:7.

[2]梁荣迅.社会发展论.济南：山东人民出版社，1991:339.

[3]陈立新.社会指标与社会协调发展.长沙：湖南大学出版社，2005:1.

[4]李焰.环境科学导论.北京：中国电力出版社，2000:36.

[5]祁光华.平衡——构建和谐领导力.北京：人民出版社，2007:31.

3.3.4 反制衡发展系统的构建

引证：

不平衡是自然界和社会经济领域发展的重要动力。[1]

——黄继忠《区域内经济不平衡增长论》

3.3.4.1 反制衡发展系统概念和特征

1.反制衡发展系统概念

“发展中国家的经济增长战略主要有两种：均衡增长战略和不均衡增长战略。”[2]制衡(平衡)发展系统与反制衡(不平衡)发展系统的概念，用经济增长战略作比较，就是均衡增长战略和不均衡增长战略。①反制衡系统就是不平衡系统。反制衡发展系统，是运用事物不平衡现象和规律，利用不平衡效应，根据实际情况和自己的需要，采取改变常态，打破现有的平衡态，追求不平衡态，实施不均衡增长战略，从而实现经济社会的快速发展。我们构建的反制衡发展系统，也就是“反弹琵琶”方法的应用。②反制衡发展系统是重心倾斜的不平衡系统。这种反制衡发展系统的方法是在开始打破平衡态的基础上首先追求不平衡态最后再从不平衡态走向平衡态。例如，改革开放中，我国在东部沿海构建反制衡发展系统：首先打破整体低水平平衡发展状态，然后实施向发达地区和发达城市倾斜投资的不平衡发展战略，最后以发达地区带动落后地区发展而趋向整体平衡发展的战略。

2.反制衡发展系统的特征

“在总体上，区域各产业和各地区都处于协调发展的状况中，但同时发展的重心又向某些产业和地区倾斜。”[3]这段引语从经济角度说明了反制衡发展系统的特征，即不平衡增长理论。这一理论，是在吸收了不平衡增长模式的优点和克服了平衡增长的缺点之后产生的新的理论模式。所以，受到了理论界和实干家的广泛支持。实际上，这种模式就是运用反制衡的方法推动经济高速发展，其特征是“四个不平衡”。

(1)不平衡发展

不平衡发展，即打破原有平衡走向不平衡。“对于企业来说，创新就是创造性地破坏，企业将原有成功的经验统统打破，不断打破原有的平衡，否定自我，重塑自我。”[4]可见，构建反制衡发展系统就要勇于探索创新，改变现有的思维模式和工作模式，用不平衡的方法实现区域间、产业间不平衡快速发展。

(2)不平衡增长

不平衡增长，即追求资源配置效率最大化，正如行家所说“以追求资源配置效率最大化为目标的产业间的非均衡增长”[5]。政策、投资实行向优势产业倾斜、发达地区倾斜和条件好的城市倾斜。采取地区之间、行业之间和城市之间的不平衡增长战略，扶持能够实现快速增长的地区、城市和行业，抑制负增长、前途不佳行业，关停不增长和亏损的行业，以条件优越地区、城市和行业作为先导先发，然后再带动后发，后期再推进整体平衡发展。例如，我国改革开放以来，东部地区的工业总产值 20 世纪末占全国的 70%，而中、西部地区的比重下降到 20%，但在整体上实现了快速增长。这个差异，体现了反制衡系统发展的基本特征。

(3)不平衡调整

不平衡调整，就是为了实现经济社会超速发展、实现社会总目标而打破常规，进行反向调整，不要求平衡，追求差异，促进地区之间、行业之间、城市之间和产品之间不平衡发展。主张各地区间、城市间和行业间突出发展有本地区特色的主导产业、支柱产业和有自身的特色、地方特点的产品，扬长避短，发挥优势。

(4)不平衡生产

反制衡发展不要求兴厂办企业、社会福利和生活设施等全面配套工作平行推进、同步发展，可以先发展生产、先出产品和先获得效益，然后再回过头来妥善安排生活、开展社会化服务。例如，我国过去石油战线的发展和现在的经济特区深圳的发展，都采取了这个战略。

3.3.4.2 反制衡发展系统的构建

1. 我国的经济特区是构建反制衡发展系统的范例

“邓小平根据我国各地区的特点和条件，在 1978 年提出了‘让一部分地区先富起来，逐步实现共同富裕’的地区经济梯次推进的战略构想。事物的发展总是从不平衡到平衡到新的不平衡，再到新的平衡。邓小平的这一战略构想，正是运用这一事物发展的普遍规律。”[6]我国是利用不平衡规律的效应、利用反制衡发展战略而推进经济高速发展的创造者。这就是我国改革开放总设计师邓小平对“反弹琵琶”方法运用的范例，目的是实现我国经济社会的跨越式发展。例如，我国优先发展东部沿海地区和沿海城市、深圳特区和珠海等以及各地的高新技术开发区、经济开发区等的建设，都是在平衡的基础上以不平衡高速发展使这些地方鹤立鸡群，成为样板和标杆的。实际上，这就是国家构建的反制衡发展系统，也可以称作"反制衡经济特区发展模式"。

2. 反制衡发展系统构建的"三步走"模式

"我国东部沿海地区经济基础较好，交通和地理环境比较优越，应该充分利用有利条件，先发展起来，千万不要贻误时机。他认为允许一部分地区先富起来，可以带动其他地区。这样，就会使整个国家经济不断地波浪式地向前发展，使全国和各族人民都能比较快地富裕起来。"[7]如果说我国在东南沿海地区和城市构建的是反制衡发展系统的话，那么东南沿海地区和城市经济跨越式发展就是构建反制衡发展系统的"三步走"模式。第一步："新马太效应"的反制衡应用，即扶持发达者更发达和富者更富的效应。我国在改革开放初期，在政策、投资等资源倾斜配置到东南沿海发达地区和城市。30多年来的中国改革开放和经济发展道路，就是走了一条巧用"新马太效应"的反制衡之路，也就是在东部沿海构建了一个反制衡经济发展系统。实践证明，这是一条高速发展之路。第二步："杜拉克原则"的反制衡应用，即发挥用金钱和时间培养一流"人才"更加卓越的效应。在改革开放中用政策倾斜培育发达的东部地区和城市更发达的目的，一方面是实现经济跨越式发展，另一方面是要起到示范辐射作用。先发带动后发，发达引领落后，以东部的优势、发展经验、资金和技术带动落后的中西部地区的发展。第三步："木桶理论"的反制衡应用，即加长"短板"实现盛水量的最大化的效应。也就是在改革开放后期实现我国经济社会整体平衡发展并与世界发展趋势趋向平衡。上海、广州、深圳等东部沿海城市，已经实现了跳跃式、超越阶段的高速发展，他们已经跨入现代发达国家所处的工业社会，可以同发达国家一道向后工业社会迈进。因此，他们的发展为目前国家经济社会整体平衡发展和我国与世界发展趋势趋向平衡作出了巨大的贡献。

参考文献

[1]黄继忠.区域内经济不平衡增长论.北京：经济管理出版社，2001:49.

[2]张琢，马福云.发展社会学.北京：中国社会科学出版社，2001:164.

[3]黄继忠.区域内经济不平衡增长论.北京：经济管理出版社，2001:41－43.

[4]刘欣.持衡定律.北京：机械工业出版社，2006:220.

[5]黄继忠.区域内经济不平衡增长论.北京：经济管理出版社，2001:41－43.

[6]中国成人教育协会成人高等学校招生研究会组.政治.沈阳：辽宁大学出版，2000:258.

[7]中国成人教育协会成人高等学校招生研究会组.政治.沈阳：辽宁大学出版，2000:258.

3.3.5 动态平衡发展美系统的构建

引证：

人们在创造美的事物中，发展了形式感，并从大量美的事物中概括出许多美的形式的共同特征——形式美的法则，如单纯齐一、对称均衡、调和对比、多样统一等等。[1]

——齐一、马奇《美学专题选讲汇编》

3.3.5.1 动态平衡发展美系统

动态平衡发展美系统，即精神文化平衡美系统，它的最大特点，是运用构建系统的方法，反映自然事物和人的创造的动态平衡之美。①系统的目的——动态平衡美。构建动态平衡发展美系统的目的，是按照美的规律改造主观世界和客观世界，创造社会生活动态平衡美和艺术品动态平衡美，引导人们从美学角度思考工作、生活中所面临的种种平衡与不平衡问题，作出物质的和精神的审美判断。人们最常见的山河湖水、花鸟鱼虫和人的衣着、用具、房屋和人体等都存在着平衡之美，工业、农业和商贸流通业等都与平衡美相关。构建动态平衡发展美系统，就是用健康的审美意识，培养高尚的道德情操，提高人们的审美能力和人的精神境界，按照真、善、美平衡的路径建设社会主义精神文明。②系统的形态——动态平衡美。构建动态平衡发展美系统的形态主要有三种：社会生活的动态平衡美、自然事物的动态平衡美、艺术作品的动态平衡美。③系统的功能——动态平衡美。构建动态平衡发展美系统的功能和作用：一是提高人们认识生活平衡美、欣赏生活平衡美的能力；二是教育和帮助人们树立正确的世界观、人生观和价值观，实现人生平衡；三是增强人们的审美能力，促进人们对平衡美的追求和创造。④系统的作用——动态平衡美。构建动态平衡发展美系统和一定的社会生产、劳动创造、社会变革、人的发展、科学技术、文化教育密切相关，并在这些关系中展现其动态平衡美对改造客观世界的作用。⑤系统的方法论意义——动态平衡美。构建动态平衡发展美系统的重要意义，在于它是进行思想道德教育和心灵美教育的好形式，特别是在进行理想、信仰、观念等方面的美育时，避免空洞、枯燥、生硬说教的弊端，把说教变为审美对象，引起受教育者对事物动态平衡美的兴趣，从而起到陶冶情操和改造主观世界的目的。

3.3.5.2 构建自然事物动态平衡发展美系统

自然事物动态平衡发展美系统的重点要件：①系统生态平衡美。自然事物动态平衡美的基础，是自然界的生态平衡。生态平衡本身就是一种自然事物的美。自然事物发展美依赖自然生态平衡，自然界生态不平衡，自然事物美也就不存在了。②系统层次关系的平衡美。构建自然事物动态平衡发展美系统时，要按照自然事物的不同层次体现不同形态、功能和作用。宏观系统有不同层次：地球生物圈平衡发展美系统、社会平衡发展美系统、城市平衡发展美系统等；微观系统有不同层次：公园、建筑群和小区平衡发展美系统等。③系统综合平衡美。任何自然事物都具有综合性，其系统也必须表现综合平衡美。例如，构建城市平衡美发展系统必须坚持综合平衡原则，精心构建综合平衡美系统：一要总体平衡思维，整体规划；二要学习吸收国内外现代化城市建设的先进经验；三要继承我国民族优秀传统文化，弘扬本市文化精髓；四要运用区域地理环境，发挥本地经济社会特色；五要结合本市市情、民情，以及原来建筑布局、风土人情等实际情况；六要研究和展现本市今后发展趋势。

3.3.5.3　构建经济社会动态平衡发展美系统

"掌握好平衡，就是一种美、一种艺术；掌握不好平衡，就会被淘汰。"[2]①构建社会平衡发展美系统。一是人民群众的作用与社会发展的平衡美。在人类社会发展史上，人民群众是社会历史的创造者，他们推动着人类社会不断向前发展，使社会从低级到高级、从野蛮到文明发展进步，每个阶段都呈现出当时社会生活平衡发展的美。二是先进个人的作用与社会发展的平衡美。以革命先行者孙中山为代表的先进人物身上，体现了先进的思想和潮流，进行革命斗争，推动历史前进，这就是自由创造美的生动体现，是最美的。中国革命史上为人民解放事业而奋斗的优秀人物就是最美的。三是阻挡社会历史前进的就是失衡的、不美的。在社会发展中，历史上也存在着不美的现象。如以希特勒为代表的法西斯就是丑的、不美的，被永远钉在了历史的耻辱柱上。在我国古代，多次出现过阻挡历史前进车轮的逆潮流的、复辟的、倒退的社会现象，就是丑的、不美的。例如，窃国大盗袁世凯反对共和制，搞复辟帝制，自己当皇帝，就是丑的、不美的。②构建经济平衡发展美系统。一是经济不断有所增长，各行各业不断有所前进，各项建设不断有新变化；二是经济平衡发展，实现农业、工业、商业、交通运输业和信息产业等各个部门相互配合、相互促进和相互协同的动态平衡发展；三是经济发展不破坏自然生态环境的平衡，确保经济社会永续发展，发展经济以破坏生态平衡为代价就是不美的。

3.3.5.4　构建文化艺术作品平衡发展美系统

①构建文化艺术平衡发展系统的原则。"制订上海城市文化发展战略，应注意两个原则。第一，要注意文化结构即在真、美、善三方面平衡全面的发展，保持文化上的生态平衡，不要偏枯。第二，要贯彻'双百'方针，实现二者平衡。各种学说、科学、理论，都应开展百家争鸣，既要有批评的自由，也要有反批评的自由。"[3]真、美、善的平衡发展和"双百"方针是构建艺术作品平衡发展美系统的原则和基础，只有这样，才能实现精神文化产业和精神文化产品的动态平衡发展；只有这样，艺术家才能通过创造性的劳动，表现动态平衡发展美的精神产品；只有这样，才能使精神文化产业在新的变革转型时期生存和健康发展。②艺术作品平衡发展美系统的构建方法。艺术作品动态平衡发展美主要是指艺术作品的美。艺术家的文艺作品包括小说、诗歌、散文等文学艺术，实质上就是把构建平衡发展美系统作为艺术美之一。电影艺术、绘画艺术、舞蹈艺术、雕刻艺术和建筑艺术中的美学问题，也是把构建动态平衡发展美系统作为艺术美之一来创造、来表现的，也就是说要做到思想性和艺术性的平衡和统一、"真、美、善"的平衡和统一。例如，《红楼梦》成功构建了封建社会系统，是一部伟大的悲剧著作。它是封建社会末期的一面镜子，

反映出众多人物的美和价值，又真实地把一个个美的东西毁灭、一个个有价值的人物毁灭、一个个非常可爱的心灵毁灭，使读者受到极大的心灵震撼。③“精神界的生态平衡”是构建艺术作品平衡发展美系统的价值判断标准。“科学家们早已注意到自然界的生态平衡了，然而精神界不也有一个生态平衡的问题吗？”[4]文摘报中刘再复的《精神界的生态平衡》一文说：“精神生产考虑满足社会需求时，应当有一种广阔的、长远的眼光，而不能急功近利。国家有某项具体政策，精神生产部分都一窝蜂地去表现这种题材，这样就必然破坏精神界的生产平衡。”[5]精神界的生产平衡既要讲思想性，又要讲艺术性，并把二者有机统一起来，发挥优秀精神产品的教育引导作用、审美作用和潜移默化作用。“当然，讲精神界的生态平衡要有一个标准，这就是提高人民的精神境界，而不是去迎合俯就。”[6]综上所述，精神界的生态平衡和提高人民的精神境界，不但是艺术作品追求的美学价值，也是构建艺术作品平衡发展美系统的标准。

3.3.5.5 构建教育平衡发展美系统

构建教育平衡发展美系统，要紧紧围绕“审美教育”和德、智、体、美平衡发展。①美育是构建教育平衡发展美系统的基础。美育，是国家设计的、伴随基础教育到高等教育对受教育者的完整的、全面教育体系。这实际上就是我们民族自古以来对下一代培养教育的一种平衡发展的方式方法，也就是构建教育平衡美发展系统。例如，美育，即审美教育。美育其实质也没有离开构建平衡发展美系统。它是我国早就形成的教育方式，是提高自身文化素质、文明素质，培养人类一代接替一代、一代更比一代文明进步的手段。美育自古以来就是一个完整的系统，孔子把礼、乐、书、数、射、御六艺，作为美育体系，按现代说法就是从六个科目进行审美教育。②德、智、体、美平衡发展是构建教育平衡发展美系统的核心。我国制定的教育方针，要求受教育者德、智、体、美全面发展，我们的现代教育与古代的教育相比，科目更加全面，知识更加丰富。在现代，我国依然把美育确立为国家教育的一项重要方针，提出德、智、体、美全面发展，培养既掌握科学文化知识，又具有高尚的道德修养、具有一定审美意识和具有爱国奉献精神的接班人。实际上，这就是政府和社会共同构建教育平衡发展美系统，就是要实现真、善、美的平衡发展和德、智、体、美的平衡发展。

3.3.5.6 构建人的平衡发展美系统

构建人的平衡发展美系统，应当是每一个人人生目标的追求。①爱美与爱国、爱社会生活的平衡是构建人的平衡发展美系统的关键。美，是人们共同追求的东西，人类社会从产生起就有了对美的追求。随着社会生产力的不断发展，人们对美的追求也在逐步提高。人们爱美、求美，都离不开社会生活，爱美就是爱社会生活，特别是对人的平衡发展美的构建，必须体现爱美与爱社会生活的平衡。②内在心灵和外在形象平衡是构建人的平衡发展美系统的中心。内在心灵和外在形象的平衡是我们共同追求的美。一是内在心灵美，是人的心灵、品质、道德、风尚的美。二是外在形象美，是外表相貌、衣着打扮和行为举止的美。三是在社会主义国家里,我们追求境界高尚的美、思想健康的美、理想崇高的美和外在形象的美,这是内在美与外在美相统一的平衡的美。四是我们反对只讲外在形象美,不讲内在心灵美的畸形的、不健康的美,或者不正确地追求低级的、庸俗的所谓美。例如,20世纪我们看到的外国电影《巴黎圣母院》中的神父外在形象确实是美丽的,可谓美男子。但是,他的内在心灵却是不美的。相反,卡西莫多外在长相确实是不美的,可谓丑男子。但是,他的内在心灵却是很美的,这种内心的美才是真正的美。③"四美三爱"是构建人的平衡发展美系统的美学判断标准:一是内在心灵美;二是外在形象美;三是语言美;四是行为美;六是爱人民;七是爱祖国;八是爱自然。

参考文献

[1]齐一,马奇.美学专题选讲汇编.北京:中央广播电视大学出版社,1983:116.

[2]迟双明.平衡的艺术:李嘉诚战略管理.北京:中国言实出版社,2003:306.

[3]文化结构的平衡和双百方针的贯彻.文汇报,1985-7-9.

[4]精神界的生态平衡.文摘报,1985-5-23.

[5]精神界的生态平衡.文摘报,1985-5-23.

[6]精神界的生态平衡.文摘报,1985-5-23.

3.4 动态平衡发展方式综合评价体系

引证:

要把科学发展观落到实处,必须建立体现科学发展观要求的、具有可操作性的综合评价体系,以便在实践中有所遵循。十六届四中全会《决定》提出要"建立体现科学发展观要求的经济社会发展综合评价体系",正是基于这样的考虑。[1]

——江金权《论科学发展观的理论体系》

3.4.1 动态平衡综合评价体系的建构

3.4.1.1 建立动态平衡综合评价体系的必要性和重要性

为了检验动态平衡发展方式理论和方法体系的运行效果,必须建立综合评价体系,以便在实践中有所遵循。实际上,一个理论和方法与其所建立的评价内容都是这个体系中的有机组成部分。综合评价体系的量化指标和评估标准,是衡量和检验平衡调节控制的效果和制衡与反制衡系统的发展水平、系统目标实现的程度的检查和总结,从而为领导者和活动主体提供动态平衡发展的决策和人事任免、奖励惩罚的依据。

3.4.1.2 动态平衡综合评价体系的特点

该评价体系具有自身的特点, 与一般评估有所不同。一是评价的特点——综合平衡。该体系是一个综合系统,涵盖多系统和多领域,特别是具有实用性强的特点:既实用于工作效果能看到的,又实用于工作效果看不到的;既实用于能够量化的,又用实于不能量化的;既实用于短时间见成效的,又用实于长时间见成效的。因此,考核评估采取虚与实相结合、领导与群众相结合、现实效果与发展预期相结合的方法进行,把考核、评估的手段,作为总结经验、促进工作的方法,使综合评估起到鼓舞、激励和促进的作用,推动各项事业的动态平衡发展。二是评价体系——工作目标与效果评估的平衡。该评价体系,为了简单易行、便于操作,采取工作目标的具体指标和效果评估的具体标准二者合一,既作为综合评价体系中的工作目标的具体指标,又作为运作结果评估的具体标准。三是评价的意义——目标、效果和奖惩的平衡。综合评价体系的建立,能够做到工作任务有目标,衡量工作效果有标准,奖励和惩戒有依据,动态平衡发展有方法。

3.4.1.3 动态平衡综合评价体系的综合性

由于动态平衡发展方式是一个综合系统,与之相适应的具体操作方法也具有综合性:①宏观、中观和微观的平衡。以总体工作目标为根据建立指标体系,以指标体系为根据建立综合评价体系,这两个体系都要在总体目标为前提的基础上制定,并体现层次性。根据宏观、中观和微观不同层次分级制定、分别考核。②上与下的平衡。工作目标的具体指标和评价的具体标准都要从上而下进行分解,量化工作目标的指标和效果评价的标准,都要从整体到各子系统逐级确定,直到各构成要素或个人。③定性与定量的平衡。要坚持工作指标有区别性,有可比性和可行性。考核操作时,要把定性指标与定量指标结合起来考察。

3.4.2 动态平衡综合评价体系的内容、原则和操作方法

建立动态平衡综合评价体系要注重与时俱进,领导人要根据形势的变化、事业的发展和任务的要求有针对性地确定不同时期和不同阶段的综合评价体系的内容、原则和操作方法。①工作目标与考核的内容平衡兼顾。一是工作目标要兼顾到经济发展状况、社会发展状况、可持续发展能力、政治建设和党的建设状况的平衡。二是将目标逐级量化,实行目标管理,逐级制定具体措施,做到目标与措施的平衡兼顾。三是工作目标的具体指标的下达与效果评价的具体时间确定要做到上下相互平衡衔接。②工作目标与考评原则、方法的平衡兼顾。第一,经济、社会、文化发展状况与人的全面发展状况的平衡。第二,经济增长指标与经济发展指标的平衡。第三,书面数据和实地考察情况的平衡。第四,近期指标完成情况与长期发展态势的平衡。③评价考核与改进提高工作的平衡兼顾。一是做到“四个关系”的平衡:平衡好现象与本质的关系、平衡好局部与整体的关系、平衡好精神与物质的关系、平衡好知与行的关系。二是把握好“六个平衡”:把握好评价考核与日常工作的平衡、把握好评价考核与整合各种资源的平衡、把握好评价考核与提高管理能力的平衡、把握好评价考核与用人的平衡、把握好评价考核与奖惩的平衡、把握好评价考核与改进管理的平衡。

3.4.3 动态平衡综合考评

3.4.3.1 动态平衡综合评价体系对各类干部绩效的考评标准

为了提高对各类干部的考核水平，动态平衡发展方式综合评价体系学习借鉴1993年8月14日颁发的《国家公务员暂行条例》对公务员的考评内容和方法，目的是提高动态平衡发展方式的综合评价体系对各类干部绩效考评的水平。

(1)综合评价体系要求考核者和被考核者都要提高对各类干部绩效考评重要意义的认识。一是评价与贡献的平衡。干部考核制度，是干部管理工作制度中的重要环节，是各级干部管理的基础性工作。考核的意义在于公平合理的评价贡献，做到功过分明，最大限度地调动领导者和被考核者的工作积极性、能动性和创造性。二是考评与奖励、任用的平衡。干部绩效考评可以为合理使用人才、奖励先进奠定基础。例如，把绩效考评结果作为干部奖励、任用、晋职、增薪的依据。三是通过考评提高领导者平衡工作的能力、平衡人事关系、公共关系和人际关系的艺术。

(2)综合评价体系对各类各级干部考评要坚持"四个平衡"：考评中对机关干部要做到思想品德、工作成绩、工作能力和工作态度"四个平衡"，不能顾此失彼。"所谓公务员的考核制度，就是国家行政机关根据有关法律法规，按照管理权限，对公务员的思想品德、工作成绩、工作能力和工作态度等进行考核，并以此作为对公务员进行奖励、任用、培训、晋级增资等的依据的制度。"[2]

(3)综合评价体系在对各级领导干部绩效考评时，要求做到"六个平衡兼顾"：一是平衡兼顾本地区和本单位的基础条件优劣、所处环境条件好坏；二是平衡兼顾主观努力如何，是否讲实干、办实事、求实效；三是平衡兼顾经济发展指标、社会发展指标、人文发展指标、生态环境指标的完成情况；四是平衡兼顾本单位发展变化、人民群众物质文化生活是否不断提高；五是平衡兼顾社会是否稳定、人民是否安居乐业、群众是否满意；六是平衡兼顾当前经济社会发展的实际成绩和长远发展态势。

3.4.3.2 动态平衡综合评价体系对思想政治工作的考评标准

动态平衡综合评价体系对思想政治工作效果的评估，要突出强调"虚功实做"。一是虚与实平衡法。在考核中要做到虚与实相结合。"企业思想政治工作科学化程度的高低，思想政治工作成绩的大小，最终都只有通过对思想政治工作效果科学的评估才能综合地检验出来。"[3]建立企事业单位的思想政治工作考核制度，是加强企事业单位思想政治工作的必然要求。企业、事业单位党组织和党的工作部门所做的思想政治工作的效果，看起来是无形的，难以考核。但我们在评估中可以从软任务中制定出硬指标进行考核，变无形为有形，化虚为实。二是精神与物质平衡法。人的思想转变和提高是可以量化考核的，因为人的大脑是由物质构成的，其活动就是物质的。既然人的思想活动是物质运动，既然政治素质是客观存在的，那么就是可知、可以量化的，就是能够考核评估的。三是综合平衡法。在评估中，要根据思想政治工作的特点，采取务虚与务实结合、软任务与硬指标结合、上头领导的评价与下头群众评价相结合的综合评估法进行考核评估。

3.4.3.3 动态平衡综合评价体系对社会组织负责人的考评标准

动态平衡综合评价体系要求对基层行政单位、企业和事业单位负责人要做到“四大平衡”：第一，做到政绩观、经营观、效益观和考核观的平衡。一是在思想上树立正确的政绩观；二是在领导工作上要树立正确的经营观、经营观、效益观；三是在评价上要树立正确的考核观。第二，“三个效益”平衡考评：通过平日的详细记录、定期分析、公众评价、上级考察的过程，不断提高经营者的经营管理水平，不断提高经济效益、社会效益和能量效益的“三个效益”水平。无论是国有企业还是非公有制企业，经营目标都是多元利益的，既具有经济性，又有政治性，既有社会性，又有资源性，所以在建立考核体系时要做到综合平衡。第三，“四个文明”平衡考评：要把企事业单位的物质文明、政治文明、精神文明和生态文明的“四个文明”考评作为重要内容，特别要把大型国有企业的经济指标、社会指标和能量指标的完成情况都纳入考核。第四，“五个重点”平衡考评：要全面考核各级领导人的德、能、勤、绩、廉“五个重点”，在此基础上把领导者管理水平细化，把工作的实绩量化，对工作行为、工作效果进行过细分析，而后对各级领导人作出正确的能力、素质和实绩的评价，作为提拔、聘用、奖励的依据。

3.4.4 动态平衡综合评价条件

3.4.4.1 世界社会系统动态平衡综合评价条件

动态平衡综合评价体系对世界社会系统的评价，是指对世界性组织、区域性国际组织和国与国之间关系的评价。世界社会系统的工作目标和效果评估标准：“人与人之间关系平衡和谐，国与国之间关系平衡和谐，人与自然之间的关系平衡和谐，经济政治文化交往关系平衡和谐。”(见图 3–3)

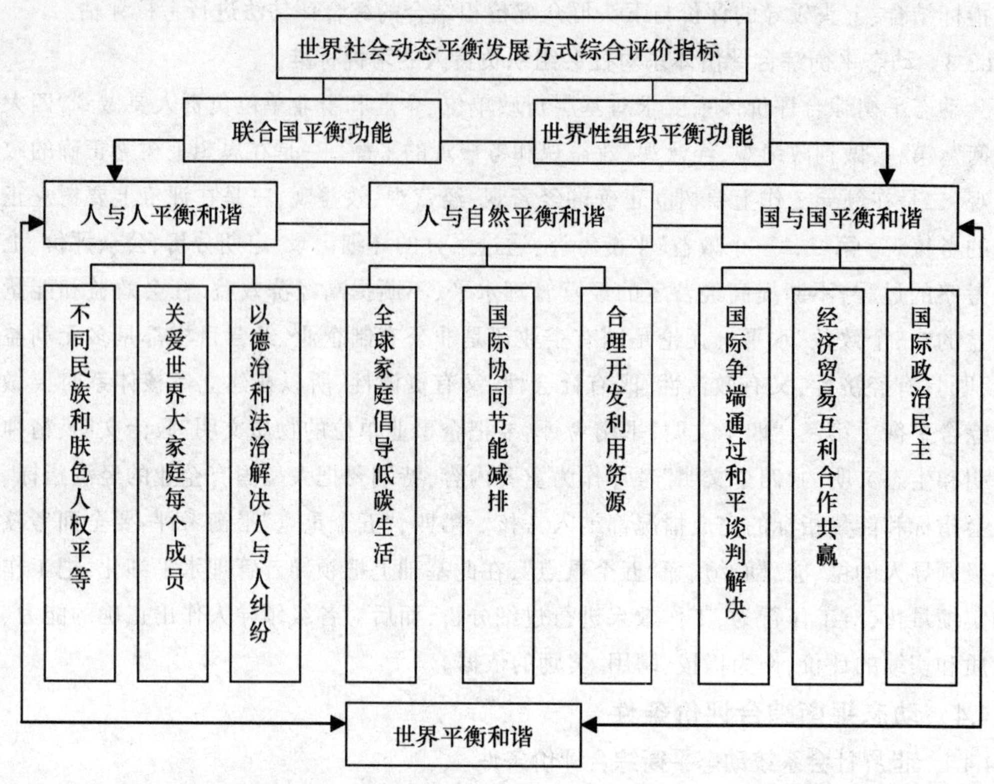

图 3-3 世界社会系统动态平衡发展方式的工作目标和效果评价标准

3.4.4.2 国家经济社会系统动态平衡综合评价条件

动态平衡综合评价体系对国家经济社会系统的评价，以“协调发展系统”的指标体系为依据：人均国民生产总值、人均资源总量、人均公共绿地面积、人均居住面积、人均日常用水、万人拥有大学生人数、每万元国民生产总值占有的科技人才数量、劳动生产率、人口密度、人均资源消费量、人均资源储量、万元国民生产总值资源消费量、科技进步贡献率、综合要素生产率、科技成果转化率等指标。(见图 3-4)[4]考评重点：“经济、社会、科教文化、人口、自然生态和资源环境”动态平衡发展。

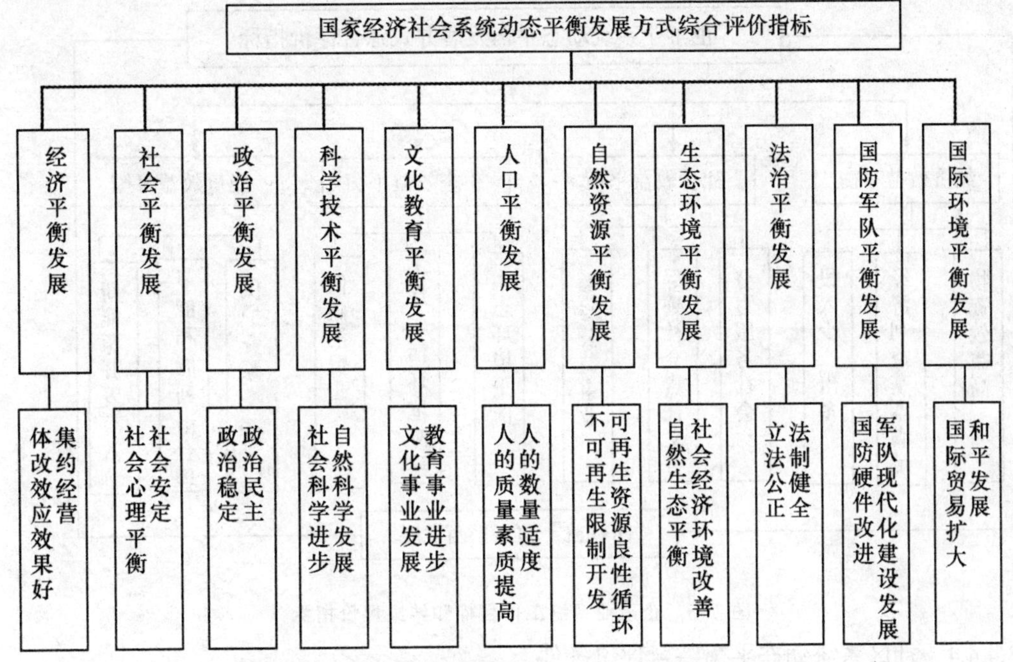

图 3–4　国家经济社会系统的工作目标和效果评价标准

3.4.4.3　企事业系统动态平衡综合评价条件

动态平衡综合评价体系对企事业单位突出强调“四个效益”的平衡，即经济效益、社会效益、能量效益和生态环境效益的动态平衡发展。“而实现这‘三效益’之间的同步提高，又必须实现协调发展系统中的资源生态经济的动态平衡。”[5]国有企事业是经济上的国家队，是国家财政收入的重要来源，不但要追求投入与产出回报的经济效益指标的完成，而且还要确保国有资产保值增值的经济指标的完成。(见图 3–5)

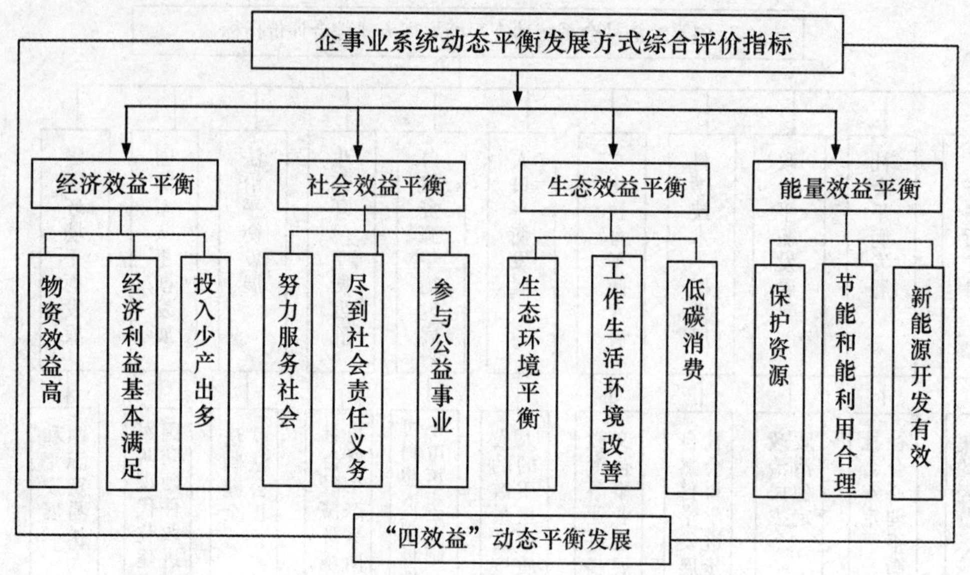

图 3-5　企事业系统工作目标和结果评价指标[6]

3.4.4.4　社区系统动态平衡综合评价条件

动态平衡综合评价体系对社区考评的重点：社区建设、社区管理、社区服务“三个平衡”发展。社区要按照这个目标建立和健全社区管理体系和社区服务体系，加强社区建设，把社区办成管理有序、服务完善、文明祥和的“社会人综合平衡共同体”。(见图 3-6)

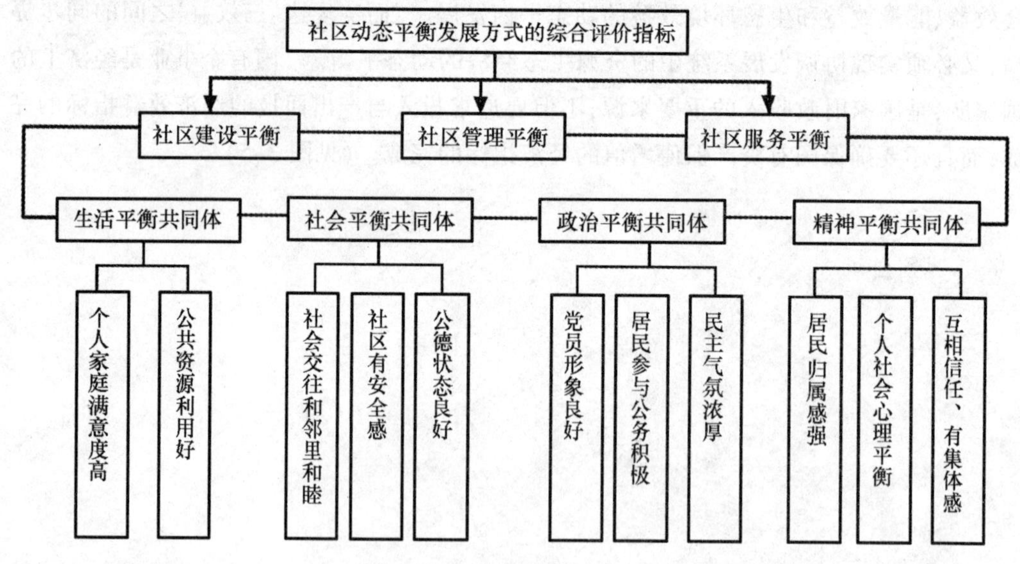

图 3-6　社区动态平衡发展方式的综合评价指标

3.4.4.5　个人动态平衡综合评价条件

动态平衡综合评价体系对个人评价重点：生理平衡、心理平衡、与自然环境平衡、与

社会环境平衡的“四个平衡”发展。（见图 3–7）

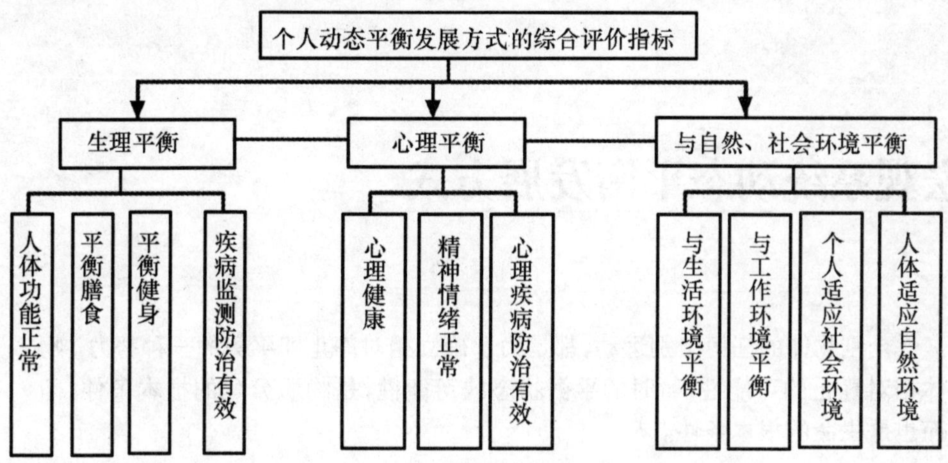

图 3–7　个人动态平衡发展方式的综合评价指标

参考文献

[1]江金权.论科学发展观的理论体系.北京：人民出版社，2007:244.

[2]徐颂陶.新编国家公务员制度教程.北京：中国人事出版社，1994:101.

[3]中国思想政治工作研究会组织.企业思想政治工作讲座.北京：中国城市经济社会出版社，1990:201.

[4]王维国.协调发展的理论与方法研究.北京：中国财政经济出版社，2000:149.

[5]王维国.协调发展的理论与方法研究.北京：中国财政经济出版社，2000:53.

[6]王维国.协调发展的理论与方法研究.北京：中国财政经济出版社，2000:53.

4.宏观系统动态平衡发展方式

个别物体的任何个别运动，都是为了确立相对静止即平衡的一种努力。物体相对静止的可能性，暂时的平衡状态的可能性，是物质分化的根本条件，因而也是生命的根本条件。①

——恩格斯

引 言

“就整个国家来说，有它的宏观、中观和微观；就一个组织或单位来说，也有它的宏观、中观和微观。”②

本书第4、5、6部分为部门分论，也即“应用篇”，如同建造金字塔的塔尖，把动态平衡发展方式的内容以范围大小分宏观、中观和微观系统（区别于“系统论方法”的“系统”概念），分门别类地阐述动态平衡发展方式理论和方法对工作、学习和生活的实际应用。

宏观、中观和微观系统动态平衡发展方式，与整个理论和方法体系的相互关系，如同一棵根深叶茂、硕果累累的参天大树（见图4–1）：

动态平衡发展方式的理论依托——树的土壤

动态平衡发展方式的方法论基础——树的根系

动态平衡发展方式的方法论——树的主干

动态平衡发展方式的宏观、中观和微观发展方式——树的果实

“中国的传统文化历来强调互补和平衡，从身体平衡、人生平衡到宇宙平衡、人与自然的平衡。”③

①恩格斯.自然辩证法.北京：人民出版社，1971：224.

②孙占奎，王安平.领导协调论.北京：煤炭工业出版社，1990：5.

③曾健，张一方.社会协同学.北京：科学出版社，2000：28.

图 4-1　宏观、中观和微观系统动态平衡发展体系

人类社会进入信息化、网络化和经济全球化的时代，任何一个国家的发展都离不开世界。发达国家的发展离不开发展中国家，发展中国家的发展离不开发达国家。现在，国际社会形成了牵一发而动全身的有机统一的整体。因此，认识和处理任何国际问题，甚至某些国内问题也与国际相联系，没有全球意识就无法获得有效而妥善的解决。所以，动态平衡发展方式倡导：世界平衡。

4.1　宇宙系统动态平衡发展

引证：

天体运动是平衡中的运动和运动中的平衡（相对的）。[1]

——恩格斯《自然辩证法》

4.1.1　天体以动态平衡方式运行

4.1.1.1　宇宙永恒地以动态平衡方式运行

"银河系，河外星系，都在有秩序地保持平衡地运行，无不处在平衡之中。"[2]无限的宇宙，包括总星系、星系、星球都在太空中以动态平衡方式运动变化着。①天体有公转、有自转，但动态平衡运行不变。整个宇宙天体旋转运行的形式有两种：一种是行星公转，如太阳系围绕银河系旋转，太阳系中的行星如地球等又围绕着太阳旋转，月球又围绕着地球旋转。另一种是行星自转，行星自身围绕自己的轴心进行着自己的旋转活动。如地球自转一周就是一天一夜。这就是说，整个宇宙无不处于动态平衡方式的运行之中。②天体有陨落、有爆炸，但动态平衡运行不变。无论是星球陨落还是爆炸，无论是太阳将来爆炸毁灭还是失去光芒，但物质不灭，还会形成新的星球，地球也可能会趋向新的发光天体，还会永恒地遵循动态平衡方式运动。③天体中也有运行形式改变但动态平衡运行不变。"系统永远只是暂时的，会从一种状态变为另一种状态。这种状态有点像绕太阳运行的行星改变了重量，这一孤立的事实将会引起普遍的后果，而且会改变整个太阳系的平衡。"[3]宇宙中即使某个星球改变运行而引起一个星系平衡运行的改变，但也只是改变了这一种平衡运动，还会呈现另一种平衡运动，动态平衡运行方式是永远不会改变的。

4.1.1.2　天体、人造地球卫星和空间站的运行是有序的、有规律的动态平衡

①恒星、行星相互不离不弃的原因——动态平衡。"行星在运动旋转中，会产生向外的离心力，这种离心力与太阳对行星的吸引力相互平衡，因此，行星会按照自己的运行轨道活动，而不会擅自无故脱轨向太阳撞去。"[4]这段引语是对宇宙动态平衡方式运行的最好解释，说明了星球之间相互不碰不撞、不离不弃的原因就是行星向外的离心力和恒星向内的吸引力的作用。②无边无际的宇宙有序运行的原因——动态平衡。科学证明，我们所在的地球属太阳系，太阳系属银河系，据不完全统计，仅银河系里像太阳系这样的小星系就有万亿个之多，而宇宙中像银河系这么大的星系有几十亿个之多，它们相互之间都在动态平衡运行着。宇宙中的总星系、星系、星球，相互之间的斥力和引力都是相互平衡的，都是严格按照自己固定的方式和运行轨道进行活动的，不会任意改变自己的动态平衡运行方式。这种有序性和规律性，原因就是动态平衡。③人造地球卫星和空间站不落到地面、不掉入太空的原因——动态平衡。人造地球卫星和空间站环绕地球运行，也是动态平衡的作用。据报载，当物体具有每秒7.9公里的速度时，就和地心引力平衡，就能环绕地球运行，不会落到地面，也不会掉入太空，原因就是运行速度与地心引力的平衡。因此，"宇宙总是在平衡中存在着，运行着"。[5]

4.1.1.3　宇宙动态平衡运行的实质是一种神圣的"公正"

一是宇宙运动是宏观上的同步性与微观上的异步性的平衡。宇宙动态平衡方式运动的特点，集中表现在始终保持宏观上的平衡性、同步性与微观上的不平衡性、异步性之间的平衡和统一。胡昕《新宇宙观概论——开放、平衡与对称》一文中说："'平衡'是指宇宙运动在时间量度上的表现形式。它既可以是同时性的，也可以是历时性的。这个概念还可表示宇宙运动在宏观上的平衡与微观上不平衡之间的平衡。'平衡'的实质是公正，即宇宙万物都应被赋予同等的发展机会。"二是宇宙的均等性(平衡)和公正性(平衡)。宇宙运动在宏观平衡与微观不平衡运动之中赋予万物均等的生存和发展的机会，实现二者的统一，始终维持一切天体无机物质的机会均等，而且保持天体在不断产生和消亡过程中物质之间的动态平衡运行关系，体现出真正的公平、公正。

4.1.2　宇宙的动态平衡调节

4.1.2.1　以宇宙的均匀性和热进行平衡调节

1.宇宙的热平衡状态

克劳修斯的热寂说："这就是说，到了宇宙热寂状态，一切机械运动、电磁运动等各种运动形式都将转化为热运动，而热运动由于不断均匀地耗散到整个宇宙空间中去，最终达到热平衡状态。"[6]虽然恩格斯反对热寂说，但与此相关的散失热的再集结难题依然

是个谜，亟待破解，而且至今没有形成替代新说。

2.暴胀宇宙论的均匀性（平衡性）

“经过暴胀，宇宙极早期的一切非均匀性都被扫到视界距离之外。所以宇宙的暴胀既是造成暴胀宇宙内均匀性的主要原因，也是造成观测宇宙内均匀性的主要原因。”[7]吴延涪认为，这个理论不但论述了宇宙是均匀性和导致这个状态的原因，而且客观上为伽莫夫等人创立的宇宙始于大爆炸的理论找到了有说服力的原因，在大爆炸的原因与大爆炸的结果相互之间架起了一座桥梁，增添了可信度。可见，宇宙的均匀性和热平衡的调节具有客观性。

4.1.2.2 以膨胀和收缩进行平衡调节

1.以不平衡的大爆炸调节宇宙无机物质的平衡

一是不平衡膨胀引起宇宙大爆炸。宇宙由于膨胀失衡，必须打破旧平衡重建新的平衡。于是，物质如同节日的烟花爆竹，在宇宙间突然大爆炸，物质飞溅四方，为建立新的平衡创造了条件。二是宇宙物质收缩呈现均匀、平衡状态。宇宙大爆炸后物质有序地聚集为星体、星系、星系团等，从而物质大体均匀地分布于整个太空，物质呈现动态平衡状态。“正由于大爆炸和引力的抗衡，物质才被和谐地分布在宇宙的各个角落，如果没有这个爆炸的原动力，宇宙将无法支撑起一个结构，引力将毁灭一切；因此，我们的宇宙必须膨胀，所有物质力量刚好在一种恰到好处的抗衡中实现最充分的物质演化，这是一个真正充满公平、公正的奥林匹克精神的宇宙。”[8]

2.以膨胀、收缩和自发调节维持宇宙宏观和微观平衡

一是以自发调节本能保持宇宙宏观平衡。宇宙以自身的“膨胀—爆炸—收缩—膨胀”的方式，不断进行自我平衡调节，保持宇宙平衡。虽然宇宙还在不断膨胀，但是正能量、负能量没有造成失衡，所以宇宙仍然呈现平衡状态，维持着宇宙天体的总体平衡。二是以自我平衡本性保持微观世界平衡。微观世界通过自我调节平衡的本性，万物各自不断从不平衡走向平衡，呈现平衡状态。如原子核就是在不断调节中，保持着平衡。

4.1.3 人和自然创造了地球的生态平衡

一是人与自然、地球和太阳的平衡演化。40多亿年前的地球，生态环境和条件不但不是平衡的，而且是一个高碳、低氧和温室效应非常严重的一颗失衡的星球，环境条件十分恶劣，是人和自然协同创造了地球的生态平衡。“生命在地球上诞生，并不说明地球早期的环境多么好，而大气层和磁场也不会自动把地球变成天堂，实际上，地球的美丽要靠生命的拓荒，早期地球的二氧化碳比今天多20万倍，也有严重的温室效应，但生命却把二氧化碳当做食物吃掉了，把地球从远古地狱般的情形改造成蓝天白云，二氧化碳变成了它们的尸骨，今天就混合在这些碳酸钙组成的山体当中，被它们自己制造的湿润的气候切割成喀斯特地貌。地球可以说是一个非常出色的处理二氧化碳的生态工厂。”[9]可见，人与自然、地球和太阳相互平衡共生、协同进化发展的作用是伟大的。二是人和自

然共同改造了地球的生态平衡。现在我们所生活的生态平衡的、蓝色的和文明的星球——地球,与40亿年以前的地球相比差别之大如同前者是地狱,后者是天堂,它的变化是人类、动物、植物和微生物经历了40多亿年对地球的自身适应和漫长的改造,才使地球自然生态环境从不平衡状态逐渐演化到现在的生态平衡状态。人类与大自然在边适应和边改造的同时创造了一个生态平衡、条件优越的地球,也创造了高等的、智能的人类本身和社会文明。

4.1.4 生命运动与地球环境的平衡

4.1.4.1 人类与太阳、地球自然环境关系平衡而生存进化

一是人类在与太阳、地球关系平衡中产生。太阳和地球共同演化了有意识的人类。实际上,人类的产生演化,是人类与太阳、地球关系相互平衡的巨大作用。"随后,由于化学进化,从无机物中产生了有机物质,进而出现了生命,产生了生命运动形式。生命物质又经历了从低级到高级,从简单到复杂的矛盾运动,最后产生了人类,出现了社会的运动形式,自然界现存的丰富多彩的物质运动由这一发展的过程联系起来了。"[10]二是人类在与太阳、地球关系适应(平衡)中进化。人类是在适应太阳和地球的过程中协同进化发展的产物。人类这个智能物种之所以在地球上演化、生存和发展,从低级到高级,从猿到人,由弱者变成强者,并创造了社会文明,这是由于一方面作为生物的人自身具有与自然平衡的本性;另一方面人类适应了太阳、地球的生态环境,并保持了相互平衡。所以,人类的进化发展必须与自然平衡共生、协同进化。

4.1.4.2 恐龙、三叶虫因与地球环境失衡而被淘汰

1.恐龙因与环境失衡而灭绝

几千万年前,由于恐龙自身与自然环境失衡,不适应当时的自然环境和条件,被变化了的自然环境无情地淘汰了,在地球上彻底结束了一个恐龙的时代。"恐龙有巨大的身躯, 它们的食量大而食谱却非常单调, 它们吃的是靠孢子繁殖的不会开花的低级植物, 而当更具竞争力的拥有花这种新的繁殖器官的植物把恐龙喜欢的食物逐渐挤出了大地时,固执的恐龙只能在繁花似锦的新世纪忍饥挨饿了。当然,并不能说花是恐龙的唯一杀手,但它们肯定比恐龙喜欢吃的植物更有生存的竞争优势。"[11]

2.三叶虫因与太阳、地球的环境失衡而灭绝

据科学考察证实,在地球恐龙时代之前,也就是在几亿年前三叶虫因与地球环境失衡而灭绝,同样是由于不适应当时的自然条件,三叶虫也被变化了的自然环境无情地淘汰了。

3.众多物种因与环境失衡而灭绝

在地球上,曾经有若干物种生存,由于与地球不能保持平衡,像"走马灯"一样消失了,然后再产生新的物种,又一个一个灭绝了,一茬又一茬循环运动着。

4.人类不能再走恐龙、三叶虫失衡灭绝的老路

一是人类从必然王国发展到自由王国,是高级的智能人,与低等物种不同,不完全是被动的,具有能动性的一面,知道呵护和适应地球环境,不会像恐龙、三叶虫那样被淘汰。二是人类只有遵循自然法则,顺应自然规律,保护自然生态,始终保持与大自然平衡,不断适应自然变化,才不会再走恐龙、三叶虫和其他物种在地球上灭绝的老路。

参考文献

[1]恩格斯.自然辩证法.北京:人民出版社,1955:55.

[2]林竹三,林绿冬.中医平衡奥秘.北京:北京科学技术出版社,1993:8.

[3]李勇.社会认识进化论.武汉:武汉大学出版社,2000:247.

[4]赵春香.十万个为什么.北京:朝阳出版社,2005:103.

[5]林竹三,林绿冬.中医平衡奥秘.北京:北京科学技术出版社,1993:9.

[6]吴延涪.自然·科技·辩证法.北京:化学工业出版社, 1993:136.

[7]吴延涪.自然·科技·辩证法.北京:化学工业出版社, 1993:136.

[8]忻迎一.《宇宙与人》解说词(精选).甘肃广播电视报,2001-03-11.

[9]忻迎一.《宇宙与人》解说词(精选).甘肃广播电视报,2001-03-11.

[10]吴延涪.自然·科技·辩证法.北京:化学工业出版社, 1993:114.

[11]忻迎一.《宇宙与人》解说词(精选).甘肃广播电视报,2001-03-11.

4.2 地球系统动态平衡发展

引证:

坎昆会议取得进展的关键是平衡,既包括在《公约》和《议定书》下双轨谈判之间的平衡,也包括在"巴厘路线图"规定的各个议题之间的寻求平衡。经各方努力,在《公约》下有关长期合作行动的谈判取得了平衡的、积极的成果。[1]

——陈迎《在平衡中坚定前行》

4.2.1 地球生态系统的失衡现象

"因为这是一个失衡的地球。"[2]傅荆原在《人类向何处去》一书中为人类千秋万代的存续而鼓与呼,大声呐喊:"人类向何处去?"[3]郝永平、冯鹏志在《地球告急:挑战人类面临的25种危机》一书中说:"当今世界本质上是一个失衡的世界。"[4]并向全世界宣告:"地球告急!"还向人们详细论述了"挑战人类面临的25种危机",威胁着人类的生存。

4.2.1.1 天失衡

突出表现为天空的“五多”:其一,废气烟尘多造成失衡。由于生产、生活大量排放的燃料燃烧产生的烟尘,工厂废气和汽车尾气污染。废气、化学烟尘,不但引发人的呼吸道和肺部疾病,而且影响动植物的正常生长。其二,酸雨酸雾多造成失衡。酸雨和酸雾的危害,形成于矿物燃烧后产生的二氧化硫和氮氧化物,转化为硫酸、硝酸等物质,随雨而下。酸化土壤和水源,破坏植被,危害生物生长,并引发人的气管、肺部疾病。其三,风沙灾害多造成失衡。表现在土壤沙化,沙尘暴危害严重等。其四,极端天气多造成失衡。煤炭、石油、天然气燃烧后的二氧化碳和人类工业化生产排出的氟利昂,打破了地球的热平衡,造成气候冷热无常,温室气体增多,地球变暖,导致风灾、旱灾、涝灾、虫灾多发,造成人类多种疾病的发生。其五,紫外线辐射多造成失衡。地球上有些地区上空的臭氧层已经变薄,南极和北极已经分别产生了臭氧层空洞。臭氧层的作用是吸收太阳辐射到地球的紫外线,是地球的保护伞。现在地球表面的太阳紫外线辐射增多,造成动物、植物发生畸变,人类白内障、皮肤癌增多等。

4.2.1.2 地失衡

主要表现为大地上的“四个危害”:一是污染危害土壤层平衡。主要是农药使用不当,化肥、城市和工厂的有害水以及工业和矿山的废弃物等造成土壤不纯净。二是毒素危害人的身体平衡。现在许多食物中含有毒素,每个人的体内都因进食瓜果、蔬菜、肉类、鱼虾和粮食等食物吃进了不同程度的毒素。三是射线危害人体平衡。如核试验、核废料、核事故等释放的核射线。如核试验、核爆炸、核泄漏等。四是噪音危害人体平衡。城市中噪声充耳,特别是工厂、车站、码头、施工和交通的噪声,给人体造成多种疾病。

4.2.1.3 水失衡

表现为水的“三大污染”:第一,江河湖水污染导致失衡。目前,江河湖水大都不干净。一是人类生活污水、垃圾;二是工业、工厂、矿山的废物、废水、废渣;三是化肥、农药等。中国河流70%被污染,引发许多疾病。第二,海水污染导致失衡。一是城市的污水、农村化肥、农药从河流入海;二是沿海的工业废物和废水排放造成海水油污大;三是海上船舶废弃物;四是海上油田漏油等。第三,地下水污染导致失衡。地面被污染的水浸入地下,污染地下水源。

4.2.1.4 资源失衡

表现在地球资源的“六个减少”:①耕地资源减少形成不平衡。联合国粮农组织报告,1950年全球人均粮食作物面积0.23公顷,1980年下降到0.16公顷,1996年下降到0.12公顷;这个时期,全球人口却由25亿增加到58亿,增长1倍,但人均粮食面积减少1/2;2011年人口达70亿,预测2030年为0.08公顷。②淡水资源减少形成不平衡。现在全球100多个国家都有缺水现象,有43个国家严重缺水,占地球陆地面积的1/2。我国人均水量是世界人均水量的1/4,我国有40多个城市严重缺水,北京被列为世界十大缺水城市之一。③森林资源减少形成不平衡。据环境问题特别调查委员会(CEQ)调查:三十几年前世界陆地森林覆盖1/4,2000年减到1/6,预测到2015年减到1/7。④矿产资源减少形成不平衡。现在年消费的矿产资源是20年前年消费的2倍以上。⑤地球物种减少形成不平衡。据统计,全世界每天有75个物种灭绝。物种减少一种,就将造成一个生物链的失衡。⑥地球粮食产量减少形成不平衡。全世界约有数亿多人处于饥饿和营养不良状态。

4.2.1.5 人口失衡

据科学家研究,现在,地球人口即将饱和。20纪30年代初期,全球人口约为20亿,据最新统计,地球上的总人口数2011年已经超过70亿。据科学家研究,地球上以发达国家生活方式最多只能养活80亿人,以发展中国家生活方式最多只能养活100亿人。据联合国预测,到2022年世界人口将达到80亿,地球容纳量即将达到饱和状态。

4.2.2 地球为人类提供繁衍生息所必需的“五大平衡”

地球是人类和一切生命的摇篮,地球为人类和一切生物提供了繁衍生息所必需的“五大平衡”:①提供质能平衡。地球通过大气环流调节地球表面温度平衡、调节地球降水量的基本平衡,保持地球与太阳之间的质能平衡。②提供热平衡。地球表面圈层热能通过大气圈层向宇宙空间释放热能,从而保持地球热平衡。③提供物质平衡。地球岩石圈、土壤圈和水圈为人类储藏大量的自然矿产资源;地球为人类提供了水、氧气、太阳能、风能和种种食物等。④提供生态平衡。地球大气圈层阻挡了宇宙的射线和高温对人的危害,维持适应人类生存的恒定温度和平衡的自然生态环境。⑤提供代际平衡。地球为人类和其他生物提供一代接一代生存和发展的条件,确保人类和其他生物的永续繁衍生息。一是物质不灭;二是资源再生;三是空气和水的自净化的本能。所以“我们必须权衡当今的短期利益和后代的长期利益:一种代际间公平的平衡”。[5]

4.2.3 人类必须确保地球能平衡

地球能平衡,就是全球总输入能量与总输出能量在数量上的平衡。第一,地球能平衡的紧迫性。地球上的石油、原煤和天然气储量有限,可供开采的时间也是有限的。可见,地球能平衡具有紧迫性。第二,消耗、储备和再生的平衡。一是对再生性资源的开发利用如耕地、草原、森林、水产等要严格控制;二是对不可再生性资源如煤、石油要保持合理的、可持续的比例进行开发利用;三是在制定经济社会发展战略时同步制定环境保护和资源发展战略,纠正急功近利、追求经济效益、不讲生态效益的片面性。第三,开发与利用的平衡。千方百计研究开发风能、太阳能等新能源;把生产和生活中应用最多的燃料通过燃烧提供的能源的节约作为地球能平衡的重点;四种能源与第五种能源的平衡。四种常规能源:煤、石油、天然气和水力,第五种常规能源:“节能”,其作用在于节省多少能源就相当于增加多少能源。“从现在起,逐步达到资源和能源消耗速率的零增长,即实现土地资源的动态平衡、森林资源的采育平衡、水资源的消耗率成为常量、能源的消耗速率成为常量、矿产资源的消耗速率成为常量。”[6]

4.2.4 人类要担当维护自然界神圣平衡的责任

4.2.4.1 要弘扬中国传统文化“天人合一”平衡观念

要实现人与自然平衡共生,就要做到“三个转变”:①转变文化观念,树立平衡共生的文化观念。《荀子·王霸》提出:“上不失天时,下不失地利,中得人和,而百事不废。”天、地、人三者,人是关键,人要担当维护自然界神圣平衡的责任,树立人与自然平衡共生的文化观念,高度认识人与自然的同质平衡、利害与共的关系,治天治地要从治人治心入手,从我做起,从家庭做起,争做维护生态平衡的促进派。②转变生态观,树立生态平衡观。每个人都要树立新的生态观,必须把人类在自然界中的角色定位设置准确。作为生物的人,不能制约其他生物的存在和发展,更不能断了其他生物的生路;作为社会的人,人的社会活动不能对生态环境产生破坏作用;作为与地球平衡共生的人,人类要像爱护自己一样爱护地球及其一切。人们要纠正自己只顾眼前的效益和福利,克服重开发、轻保护,片面追求经济效益、忽视生态效益的倾向。③转变经济发展方式,树立动态平衡发展方式。为了实现联合国《21世纪议程》,要转变经济发展方式,建立完善的“开发利用—生产改造—恢复还原—维持平衡”的可持续发展的良性循环,形成全人类共识,举全人类之力解决全球性污染问题。

4.2.4.2 人类对自然的权利和义务的平衡

一是人类与维持生命运作系统的神圣平衡。“人类的基本需求深植于地球与其维持生命运作的系统,这些‘维生’系统值得我们尊重,它们是神圣的!认识地球的要素,学会尊重它们的神圣平衡,我们方能建立一个永续、有意义且公平的生活形式。”[7]二是责任和义务的平衡。地球对人类是厚爱的,可是人类为什么只有对地球索取的权利,而没有呵护的责任和义务,这对地球是不公平的。人类既然获得了享用、开发和利用地球资源的权利,就应当承担相应的保护、再生和恢复生态平衡的责任和义务,这是天经地义的。三是索取与还原的平衡。人类要转变思维方式,改变经济活动方式和现代生活方式,倡导发展低碳经济,推行低碳消费和低碳生活,做到向自然的索取和自然能给出的物质能量之间保持平衡。四是避免生态失衡对人类的“惩罚”。如果人类只是索取而不保护,那么大自然就会无情地“报复”和“惩罚”人类。所以有研究者说呵护地球要从小的方面入手,“在社区规划和建设过程中应避免为了短期利益而牺牲子孙后代的利益, 人与自然要平衡共生,要拥有自己的历史文化内涵和地方特色”。[8]我们要努力使“这真是个失衡的地球”[9]变成“这真是个平衡的地球”。

参考文献

[1]陈迎.在平衡中坚定前行.人民日报,2010-12-15.

[2]王达品,程礼.大转折的年代——现代文明与可持续发展.兰州:甘肃科学技术出

版社,1998:53.

[3]傅荆原.人类向何处去.奎屯:伊犁人民出版社,2001:35.

[4]郝永平,冯鹏志.地球告急:挑战人类面临的25种危机.北京:当代世界出版社,1998:161.

[5]〔加拿大〕凯密斯.平衡的法则.北京:中国环境科学出版社,1996:3.

[6]徐宝德.科学发展观概论.兰州:甘肃人民出版社,2006:17.

[7]〔加拿大〕大卫·铃木,阿曼达·麦康纳.神圣的平衡.何颖怡,译.汕头:汕头大学出版社,2003:53.

[8]王荣华,童世骏.多学科视野中的和谐社会.上海:学林出版社,2006:310.

[9]王达品,程礼.大转折的年代——现代文明与可持续发展.兰州:甘肃科学技术出版社,1998:57.

4.3 世界政治动态平衡发展

引证:

关于世界政治的平衡类型,现有很多研究,典型的说法是两极或多极平衡模式,也有关于一极、两极和多极互相替代或交替出现的说法。[1]

——庞雨《世界政治大趋势》

4.3.1 世界政治的不平衡现象

4.3.1.1 不平衡引起第一次世界大战

一战前,德、奥、意同盟国与英、法、俄协约国两个集团由于利益不平衡冲突不断升级,发展到相互对抗。为了争夺霸权和殖民地,加上美、俄、日等国瓜分世界的野心膨胀,1914 年 7 月终于打破了平衡状态,爆发了第一次世界大战,战火烧到欧洲、亚洲、非洲、大西洋、太平洋地区。1918 年 11 月 11 日停战协定签订,结局是协约国胜,同盟国败。协约国重新划分了欧洲势力范围,重新瓜分了亚非殖民地,世界恢复了平衡状态。但是,在划分势力范围和瓜分殖民地等问题上,形成了新的不平衡因素,为新的冲突埋下了定时炸弹。

4.3.1.2 不平衡引起第二次世界大战

二战的发生也是不平衡引起的,一是由于一战后的《凡尔赛和约》导致的不平衡因素;二是放任和未制约德国扩军;三是 1933 年前出现了世界性经济危机的不平衡状态。于是,世界大战全面爆发。德、意、日法西斯国家发动了人类历史上空前规模的世界战争,先后有 60 多个国家和地区、20 亿以上的人口卷入了战争。1939 年 9 月 3 日英法对德宣战,1945 年初苏军和英美军队分路攻入德国本土,1945 年 9 月 2 日德国签署投降书。二战胜利结束恢复了世界的平衡状态，为了避免世界性战争，维护世界和平，建立了具有划时代意义的联合国组织，成为半个多世纪世界上最大、最权威的平衡调节器。

4.3.1.3 不平衡导致某些国与国的现代战争冲突

人类历史从某种意义上讲，是一部平衡与不平衡、和平与战争的历史，即和平（平衡）—战争（不平衡）—和平（平衡）交替循环的历史。各国、各民族历朝历代的更替，都伴随着战争。有的国家和民族不断东征西伐，妄图独霸世界，结果都没得逞。长期以来，世界上某些地区与地区、国家与国家、民族与民族之间的利益不平衡的冲突不断发生，直到 21 世纪，世界局部战争从来没有停止，财富耗于战火，生命失于战乱，生态平衡毁于战争，最后以两败俱伤而告终，暂时强者不会把便宜占尽，到头来没有绝对赢家。当然，国与国的暴力与战争，也要区分为正义和非正义两种，总体趋势是正义战争必胜，非正义战争必败。这是一条真理。

4.3.1.4 不平衡造成当代世界政治不平等

进入新世纪，世界呈现政治多极化与经济全球化格局，这是世界国家间政治平衡稳定的良好开端。但是，由于历史的原因，国家间政治不平等和利益分配不平衡的问题，造成世界政治不民主、不平衡，进而影响到经济贸易、文化交流的不平衡。例如，发达国家与发展中国家的政治地位、作用不均等、不平衡，而且影响经济、文化的不平衡，世界贫富悬殊、南北差别、地区间发展失调等都与政治不平衡相关，而且将阻碍世界社会政治文明进步的发展进程。

4.3.2 世界政治平衡

4.3.2.1 世界从两极平衡趋于多极平衡

“在多极格局形成的过程中，未来世界呈现出如下走势：‘一超主导’和‘多强制衡’将形成竞争局面。……主要力量中心坚持各国应享有平等地位，世界应实现多极化，从而出现‘多强制衡一超’的局面。”[2]20 世纪，世界系统由于国际力量对比的改变，呈现了三次平衡状态的变化：其一，从两极平衡走向多极平衡。第一次世界大战以英美为首的协约国战胜以德奥意为首的同盟国，结束了一战前协约国与同盟国两大军事集团长期对峙的平衡到不平衡状态。战后形成的所谓凡尔赛—华盛顿体制的多极军事平衡结构。其二，从三极平衡走向两极平衡。第二次世界大战以美苏英为首的反法西斯同盟战胜德意日法西斯同盟，改变了二战前德意日集团、英美法集团和苏联的三角平衡状态。二战后建立了雅尔塔体制，形成以美苏为首的两大军事集团对峙的两极平衡的状态。两极平衡持续了半个世纪。其三，从两极平衡趋向多极平衡。1989—1991 年东欧剧变、华约终止、苏联解体，引起了国际力量的重大改变，两极平衡被打破；由于世界经济的不平衡发展，特别是从 20 世纪末由于发展中国家的崛起，推动了国际政治多极化的发展，世界进入趋向多极平衡发展的时期。正如 2003 年 3 月 28 日《人民日报》古平的文章《谈当今世界的两大趋势》所说：“透视世界近几十年的发展历程，可以看出，其走向将是趋于平衡的多极。”

4.3.2.2 国家间的政治平衡

“一个国际体系的稳定主要来源于两种途径:一个是均势,一个是霸权。均势是多种力量的妥协,霸权是单一力量的支配。”[3]国际均势格局,是国际主要力量的平衡。在势均力敌状态下,能够维持在总体上暂时的稳定局势,呈现国家间的相对政治平衡。

1.政治多极平衡格局有利于世界稳定和发展

一是多极平衡有利于世界和平发展。世界经济全球化发展加速了世界政治多极化进程,不但有利于政治稳定,而且有利于全球经济发展,有利于实现国家间政治民主化,在经济上实现资源在全世界流动,给各国带来千载难逢的均等发展机遇,同时也对所有国家的发展带来严峻挑战。二是发达国家与发展中国家的平衡发展有利于世界平衡发展。世界的发展趋势,客观上要求发达国家与发展中国家必须协同发展,共同实现世界经济、社会、政治、文化的平衡发展,这对世界各国都有利。发展中国家与发达国家交流合作可以实现相互平衡互补,后进国家通过与发达国家的经济政治合作,可以实现自身的提高和成长,从而缩小后进国家同发达国家的差距,而发达国家也在这个过程中得到相应发展。三是中国的发展有利于世界平衡发展。桑维军在《当代世界经济与政治》一书中说:“中国是霸权主义的反对者、国际关系民主化的提倡者和多极格局的促进者,所以,中国的强大和崛起,将有利于世界的均衡与稳定。”[4]中国的发展离不开世界,世界的发展离不开中国。

2.政治平衡取代相互武力冲突是世界趋势

政治平衡是当今世界国家间政治交往的主要形式,它是一种取代国家间战争冲突的有效方法。①政治平衡政策。政治平衡政策在当今世界受到格外重视,这是因为政治平衡政策是在不对立、不破裂和不冲突的情况下达到国家的目的,它的价值大于冲突和战争的价值,是相互之间都非常划算的方式,所以受到世界各国的青睐。例如,俄罗斯普金的政治平衡政策、美国前国务卿基辛格的政治平衡政策、新加坡的政治平衡政策、日本的政治平衡政策和中国的政治平衡政策等,受到世界普遍关注。②政治平衡术。“基辛格对均势有着深刻的认识:‘没有平衡就没有和平;没有节制就没有公正。’其指出了均势的自律与他律的问题。”[5]俄罗斯总统普京善于运用外交的平衡战略。“普京外交政策的灵活性是指在坚持对外目标和原则不变的情况下,实现手段和策略的不断调整。主要体现在:第一,注重外交平衡。所谓平衡就是均势,利用矛盾,掌握主动,以更好地维护国家利益。其总体战略是,在全球实行欧、亚平衡,在西方实行欧、美平衡,在亚洲实行中、印平衡,在朝鲜半岛实行韩朝平衡等。不过,从具体运作来看,这种平衡仍具有相对性。”[6]特别值得我们关注的是俄罗斯在政治上实行决不发生对抗来维护自己的利益,并从俄罗斯国家利益出发开展国际合作。

4.3.3 发挥政治制衡的作用

4.3.3.1 两极制衡

“故而，研究平衡与不平衡状态的演变，这是研究世界格局与局势变化的最佳视点。”[7]二战后，被人们称为“冷战”时期，实际上是两极平衡时期。以美国为首建立了美英军事同盟的“华约组织”，遏制苏联为首的社会主义阵营。苏联为了对抗美国与东欧诸国建立起“经互会”。这样一来，形成了美苏两极相互制约、相互牵制、相互对抗的世界格局，这种对抗的两极平衡持续了大约半个世纪，直到1991年“华约组织”与“经互会”解散，苏联解体，两极平衡对抗消除，“冷战”结束。这个时期，总体上世界是稳定的。可见，以美国与苏联为首的两大军事政治集团的抗衡，两极制衡避免了第三次世界大战的发生，这就是平衡的巨大作用。

4.3.3.2 多极制衡

人们所说的“一超多强”，是指一个超级大国美国和四个力量中心欧、日、中、俄并存的局面。“一方面，各国间强有力的制衡作用会导致均衡的产生；另一方面，也使得大国在处理国际事务时不是为所欲为，而是用和平的手段解决国际争端。”[8]多极制衡，是建立世界新秩序的先决条件。“多极均衡有利于抗衡单极霸权——多极均势格局为构建民主合作新秩序奠定力量基础。”[9]世界上以多个有一定实力的主权国之间势力的相对平衡，即多极制衡，来抑制世界性战争的发生，是世界安全的一个有效途径。

4.3.3.3 大国间力量制衡

在国际关系理论中，力量均衡学说是世界各大国制定国际战略和对外政策的重要理论。①世界大国间的力量制衡。“可见，对于小国弱国而言，它们希望大国之间的制约与平衡，使自己免受覆国之忧、黎民涂炭之苦；而对于强国、大国来说，正好相反，它希望打破平衡，使平衡发生倾斜，使自己在平衡之上再高出一头，再利用联盟构造力量对比的不平衡，以图独霸天下。”[10]世界上主要大国或主要国家集团之间的军事力量和经济实力保持大致平衡，世界暂时就不会发生大的战争威胁问题。②世界的多极化努力制衡。吉尔平总结了国际体系循环过程：“‘均衡—失序—再均衡’是从价值观看稳定态势，也是从大国的实力增长和衰落看稳定态势。”[11]吉尔平政治抽象的观点，与“平衡（和平）—不平衡（战争）—平衡（和平）”循环运动是一致的，但我们不能高枕无忧，在和平时要居安思危、防微杜渐。现在世界形成“一超多强”向多极化平衡格局的趋势发展，就是一种多国势力平衡的出现。只要多个大国之间力量平衡，就会杜绝争夺“独霸天下”大权的现象，实现世界较长时期的和平稳定。

4.3.3.4 世界法制和自组织制衡

世界社会的“无政府”是世界万恶之源。一是法制制衡。世界的和平与安全，关键要靠世界社会法制化来制衡。“人们必须在本能与约束之间找到某种平衡，这种平衡表现在一个无法制约的社会里就是各个人或各个集团（或国家以及国家集团）之间的实力平衡。在实力不平衡时就有霸权。不平衡要走向平衡，一个旧霸权要消亡，另一个霸权又会兴起。经过这样几次反复之后，世人才会学会建立一种法制的、有秩序的社会，在这种秩序下进行竞争。"[12]二是自组织制衡。世界经过两次世界大战的苦难后才清醒地认识到，世界社会的"无组织"导致混乱、失衡和无序，这种灾难再不能继续下去了，必须进行自组织制衡，联合国就是世界的自组织形式，发挥联合国和世界性组织的作用，加强和完善有序国际竞争和有序国际社会管理，世界社会要以联合国为主导，尽快建立世界和平发展新秩序。

4.3.3.5　平衡机制制衡

①建立长效全球安全平衡机制的必要性。"由此论及国际行为体的规模变异、区域范围的权力组合、国际合作机制、化解国际冲突的基本模式、抑制战争的权力平衡结构和世界范围的安全互动关系等。"[13]当今，在世界上，安全环境发生了巨大变化，但仍然是不平衡的。如李永金在《俄美新条约：进攻与防御难平衡》中说："因此俄美之间还没有达到真正的战略平衡。"[14]这就说明有必要建立起长效的全球安全平衡机制。②建立全球安全平衡机制的重点。一是建立起以联合国为主导的军事威慑力的平衡机制；二是建立起以世界多个大国之间协同抑制战争的权力平衡结构；三是建立起以地区间、国家间的安全平衡互动机制。从而，有效遏制世界性或地区性的冲突和战争的发生。

参考文献

[1]庞雨.世界政治大趋势.北京：中国社会科学出版社，1994:59.

[2]张旭山.当代世界经济与政治.北京：中国人民公安大学出版社，2005:43.

[3]刘靖华.合纵还是连横.武汉：武汉出版社，1998:1.

[4]桑维军.当代世界经济与政治.兰州：甘肃人民出版社，2006:257.

[5]尚伟.世界秩序的演变与重建.北京：中国社会科学出版社，2009:203.

[6]桑维军.当代世界经济与政治.兰州：甘肃人民出版社，2006:229.

[7]王颖.动态平衡论.北京：中国青年出版社，1998:133.

[8]张旭山.当代世界经济与政治.北京：中国人民公安大学出版社，2005:44.

[9]尚伟.世界秩序的演变与重建.北京：中国社会科学出版社，2009:207.

[10]王颖.动态平衡论.北京：中国青年出版社，1998:133.

[11]刘靖华.合纵还是连横.武汉：武汉出版社，1998:11.

[12]徐文渊.可持续发展与世界经济.北京：学习出版社，2000:10.

[13]肖元恺.全球新坐标：国际载体与权力转移.北京：国际文化出版公司，2003:4.

[14]李永金.俄美新条约：进攻与防御难平衡.光明日报，2010-4-9.

4.4 联合国的动态平衡发展

引证：

联合国应该对强国和大国有更大的独立性。它要靠大国间造成的势力平衡，同时要靠大多数中小国家的加入和参与。这样会造成一种联合国内的政治平衡及其决议的代表性和公正性。联合国也会因此而具有参与更多的国际事务管理的、更大的权力。[1]

庞雨《世界政治大趋势——联合国学之一》

4.4.1 联合国的产生是世界从失衡趋向平衡的需要

4.4.1.1 联合国的成立是失衡的世界走向平衡的需要

①世界制衡的产物。联合国是二战后成立的全球性国际组织，它是全世界团结一致反法西斯斗争胜利的产物。联合国的成立是总结两次世界性战争灾难的教训而自组织、自有序的结果，是使世界从失衡的无政府状态趋向世界平衡的划时代的里程碑。联合国主要宗旨是“维护世界和平及安全，制止侵略行为，促成国际合作”。中国是联合国创始国之一，第一个在《联合国宪章》上签了字。当时有51个国家的代表签署了《联合国宪章》，现在已经有193个成员国。②强大的制衡功能。联合国是世界公认的国际社会管理组织，具有强大的制衡功能和作用。现在联合国已经成为国际上维持和平、促进发展的权威性国际机构，联合国的地位在国际政治力量消长中不断提高，其作用也在国际风云变幻中不断增强。

4.4.1.2 联合国的发展是世界平衡发展的需要

所谓世界平衡，是指世界和平发展新秩序。只有世界平衡，各国才能和平建设自己的国家、推动世界经济社会的发展。半个世纪以来，联合国在世界平衡发展中作出巨大贡献：①联合国一贯坚持根本宗旨，维持国际和平与安全，在缓解国家间冲突方面发挥了平衡调节的作用；②促进了国际间经济、社会及文化的交流与合作，推动了各国之间关系的平衡和谐；③协调解决国家间矛盾冲突、环境保护、利益分配、人口控制等不平衡的全球性问题；④在反对殖民主义、种族主义，促进非殖民化方面成效显著，从而使世界总体上呈现安定性平衡状态，推动世界社会不断走向文明和进步。

4.4.2 联合国是世界社会最具权威的“平衡调节器”

4.4.2.1 世界平衡发展离不开联合国平衡协调

新世纪以来，联合国的工作领域不断扩大，这是世界统一发展进程的需要，是世界历史发展的必然趋势。联合国对于当今世界来说已经形成了“七个离不开”：①在世界网络化、信息化和经济全球化时代的今天，各国联系日益紧密，国与国相互依存、利益与共，国际交流增多，沟通、对话与合作日益频繁，这种国际关系离不开联合国的平衡协调;②当今国际社会亟待建立“世界和平发展新秩序”,亟待趋向有序化、法制化,亟待趋向新的文明进步,这种文明有序的建立离不开联合国的平衡协调;③世界上国家间政治不平衡依然存在、国家间领土领海争端依然存在、局部战争和冲突依然存在,这种不和谐的现实离不开联合国的平衡协调;④国与国之间的社会制度、意识形态的不同,经济贸易纠纷和文化不平衡差异等存在分歧,调解相互间的矛盾离不开联合国的平衡协调;⑤世界社会事务的管理和服务、国际关系的协调、国家间利益关系的平衡离不开联合国的平衡协调;⑥有的国家国内存在自身无法解决的各种问题、矛盾和冲突离不开联合国的平衡协调;⑦全球自然资源合理开发利用、生态环境保护和解决“世界性问题”离不开联合国的平衡协调等。因此,联合国过去和现在都发挥着无可替代的巨大作用,其功能、地位和作用,像是一个天平,是世界最具代表性、最有权威、最大的“世界平衡调节器”,是国家间利益的平衡支点,是世界和平稳定运行的平衡支点,解决“世界性问题”的平衡支点。

4.4.2.2 发挥联合国在世界社会制衡中的调节和协同优势

地球是一个有机整体,全世界人民是一个命运共同体,特别是在新世纪,面对经济全球化、政治民主化和国与国往来频繁,加之在没有“世界联合政府”的情况下,联合国已经成为名副其实的“世界社会平衡调节器”和“世界综合平衡协同中心”。优势之一:联合国具有“世界社会平衡调节器”的优势。一是均等性(平衡性)。联合国的优势在于它是大小国、强弱国一碗水端平的“天平”,解除了小国和弱国的后顾之忧。“不能(即使从前还可以这样做)再把联合国描述为代表全球权力平衡的表现,它不再是一种无足轻重的事物,现存各民族国家的不平等权力不再是其最底层的决定性的现实。”[2]二是公正性(平衡性)。联合国所具备的在世界社会政治经济制衡权威性的优势,是任何国际组织、国家联盟所不具备的。联合国在处理任何国际问题时,自然而然地跳出国家集团、地区、民族、宗教和团体组织的利益圈子,彻底超越狭隘爱国主义、狭隘民族主义、狭隘本位主义和狭隘保护主义,避免功利主义、远离利害得失。三是中和性(平衡性)。联合国在国际社会有利于发挥中介沟通、化解争端、消除隔阂、求同存异的制衡、中和的作用。特别是新世纪新阶段,世界趋向一体化发展的条件下,联合国将在推动未来世界经济、政治、社会和文化的互利合作和平衡发展中,发挥更大的、不可替代的作用。优势之二:联合国具有“世界综合平衡协同中心”的优势。①平衡协同的方式方法。如以联合国为主导的国际会议形式进行平衡协同;以联合国为中介的国际谈判形式进行平衡协同;以联合国为调解范围的国际条约形式进行平衡协同; 以联合国为桥梁的国际外交形式进行平衡协同等。②平衡协同的内容。联合国在协同内容上,应当根据形势变化而不断扩大。如维护国际和平、制止国家间冲突、协调世界经济平衡发展、国际社会稳定运行、减少环境污染、合理利用资源、控制人口增长、交流科技文化、协同相关国家解决粮食供应、打击恐怖主义、应对全球性气候异常等关系全人类生存的重大问题。③世界平衡协同行动的指挥中心。以联合国和世界性全球组织牵头、各国积极参与,组织全球性环保、防疫、防灾等全世界协同一致、联合行动等,发挥联合国"世界综合平衡协同中心"的协调作用。特别是在新的形势下联合国的调节内容更加广泛、协调方式方法更加灵活多样,从而不断增强联合国的世界协同作用。

4.4.3 国际组织是世界平衡发展的管理者

进入新世纪,世界性组织发挥了越来越大的作用,已经成为全世界人民认同的世界平衡发展的协调者和管理者。全球性组织,主要作用表现在多个方面:"不同学者从不同角度对它的作用进行了分析,我们认为国际组织的作用主要表现在以下几个方面:维护世界和平,制衡各种力量,防止冲突和战争;加强国际合作,促进各国经济与社会发展;发挥协调者、管理者职能,为世界各国提供交往、对话的场所;解决全球性问题的有效机制……"[3]由此可见,全球性组织在世界平衡发展中有一个共同点:制衡。集中表现在"四个平衡协调":第一,相互力量的平衡管理。全球性组织为了维护世界和平,制衡相互冲突的各种力量,有效地防止了国家间、地区间和国家内部派系间的战争和冲突的扩大化。例如,国际组织在巴以冲突和阿富汗、利比亚和叙利亚等内外部冲突中发挥了巨大的制衡管理作用。第二,和平发展的平衡管理。全球性组织针对全球重经济、轻人的发展、轻社会发展等失衡问题,多次以召开世界性会议等形式,指导各国经济社会平衡发展,走全面、协调、可持续发展的道路,引导各国坚持以人为中心的发展战略,有力地引导世界走平衡发展之路。第三,国际事务的平衡管理。全球性组织在国际事务中真正发挥了协调者、管理者的职能。当国家间、民族间和国家内部发生各种矛盾冲突、纠纷时,国际组织总是派官员前往从中斡旋,进行调解,解决双方争端,促进相互之间关系走向平衡和谐。第四,生态环境的平衡管理。全球性组织具有健全的解决全球性问题的有效调节控制机制,指导各国遵循"社会人口—经济—生态"平衡发展,引导各国节能减排、发展低碳经济;引导在资源开发利用上做到当代人与后代人的平衡。全球性组织已经成为世界经济社会政治运行中强有力的制衡力量,成为合作互利的中介、沟通交流的桥梁、相互关系和解的纽带。

4.4.4 全球性组织与区域性组织的互补平衡

"国际组织名目繁多,宗旨不一,在世界政治中的作用不尽相同,即使是同一个国际组织在不同时期作用大小也会产生变化,但从总体上说,所有的国际组织都服务于国际间的多边协商与合作,为国际社会和所有国家提供一种制衡力量,合作的手段,交流的场所,沟通的渠道和协调的工具。"[4]第一,功能互补平衡。一是长处与短处互补平衡。"区域组织的产生主要基于地缘位置,以补充全球性组织功能的不足,两者寻求平衡点。有些地区事务专由区域组织来进行协调、办理较为有效,但若涉及两个区域组织的问题,就该由类似全球性组织来协调。"[5]区域性组织以具有地缘特点和优势为长处,而全球性组织则具有整体观念和克服区域性的局限的长处,这是联合国对国际协调功能的平衡和有机统一。二是各方利益的平衡互补。区域性国际组织在处理本地区的问题时，有利于矛盾和纠纷的解决，有利于区域内国家之间的地区性经济、政治合作，不仅能够兼顾到本地区国家间、各方利益的平衡，而且还能统筹兼顾本地区整体发展目标的实现。第二，组织互补平衡。一是区域性组织之间的平衡互补。"区域性国际组织是一个广义的概念，它包括跨区域、区域国际组织，是指在同一地区的国家或不处在同一地区，但同样致力于维护地区利益国家所组成的国际组织。"[6]联合国对区域性国际组织制定了"区域协定"，专门设置了"区域机构"，在世界七大洲设置了"区域委员会"。二是区域组织与全球性组织的互补平衡。联合国规定本地区的成员国之间发生问题和矛盾，要求首先在区域组织内部进行调解，如果解决不了，联合国再出面解决。如果两个区域之间发生矛盾问题，则直接由跨区域性组织协调处理，再解决不了时由全球性组织出面调和，有效发挥二者的平衡互补作用。

4.4.5 联合国改革要平衡兼顾与平衡推进

4.4.5.1 联合国改革要坚持四个平衡与兼顾的原则

维护联合国的权威，是全世界各个国家的责任，也关系到全世界人民的根本利益。中国政府主张联合国改革的四个兼顾与平衡的原则是正确的："①维护国际正义及和平与稳定的责任与维护发展中国家利益的平衡与兼顾；②维护和代表发展中国家的利益与从全局解决国际社会的实际问题的平衡与兼顾；③维护国家主权、反对干涉国家内政的原则，与在特殊情况下国际社会有权有义务对一些国家采取维和、适当干预与预防措施的权利的平衡与兼顾；④支持国际反恐、反扩散等维护国际安全的措施与维护国际经济的正常秩序、大力推动发展中国家经济文化发展、解决地区贫困的平衡与兼顾。"[7]联合国通过改革，解决联合国所面临的各种问题，提高联合国的工作效率，增强联合国的权威性，合理利用联合国的各种资源，继续发挥联合国在国际事务中的核心作用，为人类的文明进步作出更大贡献。

4.4.5.2 联合国改革要在安全、发展和人权三个方面平衡推进

中国政府对联合国改革的三个方面平衡推进的主张是值得重视的：联合国的发展和改革重点应在安全、发展和人权三个方面平衡推进。①安全：充分发挥联合国具有权威性的制衡作用，履行《联合国宪章》赋予的权力和责任；充分发挥联合国的多边主义效应，加大联合国做好维和与集体安全工作的力度；充分发挥联合国建设和平委员会在和平发展中的桥梁和纽带的作用；充分发挥联合国与安理会在维护世界安全、打击恐怖主义的领导与协调作用。②发展：一是联合国千年发展目标，是推动国际发展合作的好文件。各国和国际社会组织应认真实施落实，实现在全球范围内平衡推进，确保在2015年全面实现。二是粮食是安全关系到经济社会平衡发展和国计民生的大事，也是发展和安全的重要问题。各个国家和地区都要制定和落实国际粮食合作战略方针，高度重视粮食生产面积的保障，努力提高粮食单产和总产，确保各国普遍增加粮食库存。三是各个国

家都要开展互利合作，加强相互对话沟通，开展全世界协同，共同维护世界能源安全。四是各国要携手合作，共同应对全球气候变化，发达国家和发展中国家，都要坚持“共同但有区别的责任”原则，从各自的角度，作出自己的努力。③人权：发挥联合国的主导作用，各国政府必须遵照《联合国宪章》和国际人权有关内容规定，不断促进和保护人权。国际社会也应同等重视各国经济、社会和文化权利，真正实现国际人权有关内容规定的公民权利、政治权利和发展权利。

参考文献

[1]庞雨.世界政治大趋势——联合国学之一.北京：中国社会科学出版社，1994：282.

[2]肖元恺.全球新坐标：国际载体与权力转移.北京：国际文化出版公司，2003：104.

[3]张旭山.当代世界经济与政治.北京：中国人民公安大学出版社，2005：62－63.

[4]张旭山.当代世界经济与政治.北京：中国人民公安大学出版社，2005：62.

[5]肖元恺.全球新坐标：国际载体与权力转移.北京：国际文化出版公司，2003：60.

[6]肖元恺.全球新坐标：国际载体与权力转移.北京：国际文化出版公司，2003：60.

[7]联合国改革与中国息息相关.人民网，2004-10-11.

4.5 全球经济动态平衡发展

引证：

匹兹堡峰会提出的“强劲、可持续、平衡增长框架”对世界经济长远健康发展具有重要意义。[1]

——胡锦涛《同心协力，共创未来——在二十国集团领导人第四次峰会上的讲话》

4.5.1 全球经济发展的不平衡

4.5.1.1 全球经济发展的不平衡

“发展问题是广大发展中国家十分关心的课题，也是事关世界经济社会发展的重要问题。”[2]因此，各国领导人、专家和学者都十分关注经济发展问题。

21世纪，全球经济发展不平衡进一步加剧，平衡发展和可持续发展是各国所面临的难题。其一，发达国家与发展中国家经济发展不平衡。“经济全球化应坚持以公正为基础，实现平衡有序发展，使各国特别是广大发展中国家普遍受益，而不是南北差距更加扩大。”[3]发达国家与发展中国家经济发展不平衡的差距还在继续扩大，直接影响了全世界整体经济的繁荣发展。一是南北之间经济发展差距大、人均国民收入差距和贫富差距在新的世纪更加悬殊。二是南北之间产业结构、进出口商品结构很不平衡。三是南北国际资本流向倾向发达国家。其二，发达国家之间经济发展不平衡。体现在发达国家与发达国家的经济增长速度差别大，也造成发达国家之间的国际经济地位不同。其三，发展中国家之间经济发展不平衡。发展中国家中发展快的国家年均生产增长率是发展慢的国家的 5 倍，造成对利益追求的差别，也导致发展中国家整体经济发展水平不高。其四，全球性经济发展模式不平衡。表现在不平衡的工业文明和人们的物质主义，影响了世界经济的可持续发展，严重制约全球经济发展的因素，如缺乏资源问题、自然生态环境失衡问题和粮食安全问题等。

4.5.1.2 经济利益关系不平衡

①利益关系不平衡的表现。在经济全球化趋势下，经济利益关系不平衡问题越来越突出，国家间经济利益已经成为相互之间关系的驱动因素。据联合国计划开发署报告，世界穷国和富国之间的差距继续扩大，全球有十多亿人还正处在贫困线上，每天每人收入还不到两美元，基本生活难以维系；世界上有八十多个国家的经济状况恶化，有的国家出现严重债务危机。由于发达国家与发展中国家的经济发展水平悬殊太大和国际经济关系的不平等地位，造成发达国家与发展中国家的国际经济利益严重不平衡。②利益关系不平衡的原因：第一，历史上利益不平衡的原因。有的西方发达国家早期推行殖民主义，造成部分发展中国家各方面落后，并形成了恶性循环，至今落后现状难以改变。第二，当代利益不平衡的原因。由于发展中国家基础太差、底子薄弱，在经济全球化浪潮的冲击之下，处境十分艰难，而且在多个方面受到发达国家的制约。第三，科技和人才也是造成利益不平衡的原因。发展中国家的科学技术条件太差，科技人才、科研经费和科研成果应用差距悬殊，发展中国家在发展经济上，靠的是大量投入人力、物力和财力，而不是依靠科学技术。这不仅制约了发展中国家的发展，而且是世界经济畸形发展和可持续发展的制约因素。

4.5.1.3 经济贸易不平衡

贸易不平衡主要表现在发达国家实行贸易保护主义，造成发展中国家的贸易逆差增大，利益受到严重损失，债务无力偿还，进而导致贸易关系失衡。一是政策不平衡。发达国家在国际贸易方面，靠强势搞贸易保护，设置贸易关税壁垒，制定种种歧视性的政策和种种不公平条款，进行层层盘剥和克扣，严重影响了发展中国家出口。例如，美国进口原料的平均税率 4%，而发展中国家进口加工产品的平均税率在 6%以上。二是价格不平衡。发达国家在国际贸易中垄断商品价格，实行既垄断低价，又垄断高价，导致发展中国家的对外贸易逆差增大。三是利益不平衡。发达国家有意垄断国际市场，对发展中国家对外贸易有利的进行种种限制，设置种种“关卡”，还利用跨国公司转手流通，造成世界利益分配失衡。

4.5.2 世界经济的多极平衡

“在经济发展不平衡规律的作用下，作为当代世界经济运行的最主要行为主体的各个国家之间的实力对比发生了巨大的变化，导致大国力量逐步均衡化，世界经济格局向多极化转变。”[4]世界经济多极化导致世界政治多极化,世界政治多极化创造了世界经济多极化发展的环境,世界经济多极化有利于全球整体经济的平衡发展。

4.5.2.1　世界经济平衡增长是世界整体经济可持续发展的有效途径

①世界经济的平衡增长。胡锦涛说:“为了推动世界经济尽早进入强劲、可持续、平衡增长,我愿提出以下建议。”[5]胡锦涛指出:第一,推动二十国集团从应对国际金融危机的有效机制转向促进国际经济合作的主要平台;第二,加快建立公平、公正、包容、有序的国际金融新秩序;第三,促进建设开放自由的全球贸易体制。胡锦涛提出的建议,实际上就是倡导全球整体经济平衡发展的观点,这对发达国家与发展中国家的经济发展都是有利的。②国际经济的平衡协调。一是国际组织要加强对全球经济平衡发展的协调,如原料生产和出口国组织发挥对国际经济平衡发展的重要协调作用。“上述各类国际经济协调组织,都在不同经济领域和不同范围内,以不同方式和手段进行国际协调,对国际经济关系进行干预和调节,从而对世界经济的运行和国际经济关系的发展变化起到重要作用。”[6]二是区域性组织要发挥平衡协调作用。各个地区和各个国家要在经济发展中充分发挥自我协调作用的同时,还要配合国际区域组织对经济平衡发展的协调作用,为世界整体经济平衡发展作贡献。

4.5.2.2　经济利益关系相互平衡才能促进全球经济的不断繁荣和发展

经济全球化客观上要求生产要素的全球配置,把全世界各个国家、地区统统纳入到一个统一的世界大市场、一个统一行为规范的经济大体系中来,这是世界发展史上的一大进步。一是强势与弱势关系的平衡。西方国家经济实力非常雄厚、技术非常先进、资金量非常大,虽然有的发达国家出现债务危机,但“瘦死的骆驼比马大”,仍然可以影响世界市场。发展中国家要想化解发达国家经济技术优势的矛盾,只能发挥自身的自然资源、劳动力成本等优势,向发达国家输出劳务,并利用国外资金和技术发展自己。二是传统与现实的平衡。要改变传统的国家主权观念,必须正确处理国家传统的主权与国家现实经济利益的平衡问题。发展中国家要更新观念,思维要与时俱进,把发展放在第一位。在经济全球化进程中要找到发展中国家经济发展与安全的结合点,使发展中国家与发达国家共同发展,共同分享世界经济发展利益。三是“进”与“出”的平衡。发展中国家要融入经济全球化之中,要引入发达国家的先进的科学技术、先进的企业管理经验和先进的国民经济调控手段,才能不断推动本国的工业化进程。同时,要放手“请进来”,大胆“走出去”,可以进行跨国投资或建立跨国公司,利用国外的多种资源和广阔市场,加快自己的发展速度。

4.5.2.3　发达国家与发展中国家的经济平衡发展是世界经济快速发展的必由之路

一是协同(平衡)发展。发达国家与发展中国家的经济平衡发展是总趋势,这是因为二者是相互促进、相互制约的关系,经济全球化具有两重性,既有利又有弊,发展中国家经济落后必然成为发达国家发展的限制因子,制约发达国家的进一步发展,二者协同发展才是最佳选择。二是均衡(平衡)发展。“发达国家应该为实现全球普遍、协调、均衡发展承担更多责任,进一步对发展中国家特别是重债穷国和最不发达国家开放市场,转让技术,增加援助,减免债务。”[7]发达国家帮助发展中国家发展,才能实现自己的可持续发展。三是公平(平衡)发展。发达国家要从自身发展和世界整体的、长远的经济发展着眼,对发展中国家要一视同仁,在经贸合作中不要一味盘算重利,要公平交易,互利互惠,促进发展中国家的发展,这样才有利于世界整体经济的发展。

4.5.3 国际贸易平衡

胡锦涛说:“今年以来,中国贸易顺差继续大幅减少,经常项目收支加快趋向平衡,经济协调发展良好势头进一步增强。”[8]胡锦涛多次在国际会议上还强调,中国非常重视平衡增长,坚持互利合作,共同发展。

4.5.3.1 国际收支不平衡的“四个原因”

“一国的国际收支如出现不平衡,尤其出现逆差,对本国的经济会带来不利的影响,因而必须加以调节,使其趋于平衡。”[9]一个国家在贸易中国际收支产生了不平衡,其原因是多种多样的,概括起来说有四个原因,原因之一:国民收入造成不平衡。一个国家的年度国民收入,可以直接影响本国的国际收支平衡。原因之二:结构调整造成不平衡。在经济全球化条件下,世界经济结构的调整和发展方式的转变等,都是可以影响一个国家的国际收支平衡的。原因之三:经济危机造成不平衡。在经济全球化中,出现全球性或地区性经济危机,也可以影响一个国家的国际收支平衡。原因之四:货币价值变动造成不平衡。本国和相关国家的货币价值变动,可以直接影响一个国家的国际收支平衡。但是,国际收支不平衡现象不是无能为力的,而是可以通过调节实现平衡的。

4.5.3.2 国际收支不平衡的调节

如果要加速调节国际收支平衡,就要制定切实可行的平衡调节政策和平衡调节手段。平衡调节的“两大手段”,第一大手段——“平衡调节六法”:利用外汇储备调节平衡法;降低汇率或提高利率调节平衡法;控制交易调节平衡法;多出少进调节平衡法;补偿贸易调节平衡法;调整产业结构调节平衡法。这些方法,都是有效的调节国际收支平衡的办法。第二大手段——“综合平衡调节三大重点”:“调节的办法不外从三个方面着手。第一个方面是,利用一些经济杠杆如国民收入、物价、利率、汇率、财政支出等手段的作用而达到平衡。第二个方面是,采取政策措施如运用财政、金融政策进行间接干预或施行直接管制,以达到恢复国际收支平衡的目的。第三个方面是,采取国际经济合作的办法,试图从根本上解决各国国际收支的不平衡问题。”[10]在调节中,可以采取单项调节,也可采取综合性调节措施,运用多管齐下的方法进行平衡调节,同时要把短期平衡和长期平衡结合起来。

目前,全球经济贸易不平衡的问题越来越突出,出现金融危机、债务危机和贸易不平衡等问题,应当引起各国注意,我国财政部部长谢旭人在国际会议上强调世界经济要平衡发展。"谢旭人呼吁，面对当前复杂的经济形势，世界各国应发扬同舟共济精神，努力推动世界经济持续、平衡发展。"[11]发展中国家和发达国家都有一个平衡发展问题。例如，"如何再次找到社会福利国家发展与市场经济、现代化之间的平衡点，已成为德国亟待解决的问题"[12]，这也是我国所要重视的问题。

参考文献

[1]胡锦涛.同心协力，共创未来——在二十国集团领导人第四次峰会上的讲话.北京：人民出版社，2010:7.

[2]胡锦涛主席在二十国集团领导人第五次峰会和亚太经合组织第十八次领导人非正式会议上的讲话.北京：人民出版社，2010:32.

[3]邢贲思.科学发展观读本.北京：人民出版社，2006:347.

[4]桑维军.当代世界经济与政治.兰州：甘肃人民出版社，2006:36.

[5]胡锦涛.同心协力，共创未来——在二十国集团领导人第四次峰会上的讲话.北京：人民出版社，2010:2.

[6]张旭山.当代世界经济与政治.北京：中国人民公安大学出版社，2005:12.

[7]邢贲思.科学发展观读本.北京：人民出版社，2006:342.

[8]罗勋才，潘在清.商业经济管理学.北京：中国经济出版社，1989:255.

[9]国际金融概论编写组.国际金融概论.北京：中国财政经济出版社，1982:28.

[10]国际金融概论编写组.国际金融概论.北京：中国财政经济出版社，1982:30.

[11]马小宁.我代表在IMF和世行2011年春季年会上呼吁：努力推动世界经济持续、平衡发展.人民日报，2011-4-18.

[12]童建挺.寻找新的平衡点.人民日报，2010-3-18.

4.6 世界多元文化平衡发展

引证：

有学者认为，从宏观上看，文化一般有三种存在形态：一元文化的整合形态、多元文化的并存形态和多元文化的平衡形态。当今已进入一个多元文化并存的时代，有必要建构非意识形态和超意识形态的文化作为达到文化平衡的基础，在不同的意识形态之间建立某种沟通机制。[1]

——肖元恺《全球新坐标：国际载体与权力转移》

4.6.1 世界文化的不平衡现象

在世界文化中，存在着比较严重的不平衡现象。第一，世界文化的"四个失衡"。失衡之一：一花独放的不平衡观点。世界上有的组织和个人反对世界文化的多元化和多样性，极力奉行文化孤立主义，反对世界文化百花齐放、百家争鸣，主张世界文化一花独放、一家争鸣。失衡之二：唯我独尊的不平衡观点。世界上有的人反对他国、他群体、他人评价他们本国文化的缺点和不足之处，总是认为本国文化无比先进、优越，优于他国、他民族文化，只能说好，不能说不。失衡之三："洁身自好"的不平衡观点。有的人反对国家间、民族间文化交流，害怕世界上的其他文化"污染"和影响了他们本国、本民族文化的先进性、纯洁性。失衡之四：封闭保守的不平衡观点。有的人反对本国、本民族文化交流、变革和发展，封闭保守，导致本国、本民族文化与世界新文化多元发展格格不入。第二，阻碍世界多元平衡文化的发展。一是与时代发展失衡。新世纪新阶段，世界已经进入信息化、网络化和经济全球化时代，如果仍然采取封闭态度对待本国本民族的文化，则使自己国家或民族的文化像一潭死水，停止不前，就不能随时代发展而发展。二是与经济发展失衡，在经济全球化条件下与之相适应的世界多元平衡文化发展起来，这是世界文化融合的趋势，但有的人则阻碍跨国公司"杂交文化"和"世界人格"的交流和发展，对世界经济发展极为不利。三是与政治发展失衡。如果抱着民族主义情绪对待世界多元平衡文化，还有可能引起不同文化之间的对立，甚至导致国家间、民族间的政治不和谐。正如肖元恺所说："在彰显文化多样性的同时，也要着意防止滑向封闭和倒退的'文化孤立主义'。所谓文化孤立主义，就是无视各民族文化交流和相互影响的历史，只要求'原汁原味'的本土文化。"[2]

4.6.2 世界不同文化的平衡发展

文化是人们的生活方式和认识世界的方式，集中体现在理想信仰、风俗习惯、语言文字、服饰、饮食特点、行为规范、家庭结构和价值观念等方方面面。世界各种文化要随时代发展而发展，要与时俱进，为现实的政治经济、社会生活所应用，从而保持文化的生命力。

4.6.2.1 发挥文化在世界经济政治发展中的智力支持作用

①世界"四化"平衡发展。当今世界，政治多极化、经济全球化、社会信息化和文化多元化构成了世界的"四化"一体化平衡发展格局，它们四者之间存在着相互联系、相互渗透、相互作用和相互制约的微妙的平衡关系，这是世界文化发展到"世界性"的必然现象，"四化"一体化平衡发展也是世界文明进步的一个标志，我们要从世界文明与进步的高度，努力推动世界"四化"的平衡发展。②文化是世界"四轮平衡驱动"的精神动力。"四化"是世界发展的"四个驱动之轮"，而文化是经济社会政治发展的强大精神动力，它们相互促进推动世界政治经济社会平衡发展。一是不同文化的平衡性。从人类历史发展考察，不同文化的形成和发展过程，就可以清楚地看出不同文化有各自的特色和各自的价值，没有谁高谁低、谁优谁劣之分。在世界上，无论哪一种文化在历史上都曾经发挥各自的作用，都曾经是本国本民族经济社会政治发展的精神动力和智力支持，也都为世界文

明进步作出了各自的贡献。二是世界平衡发展离不开不同文化平衡发展。在经济全球化的今天,政治经济社会文化平衡发展不但有利于世界文化的繁荣发展,而且有利于世界经济社会政治的平衡发展,也只有把世界文化作为世界经济社会政治发展的强大动力,并实现“四轮平衡驱动”,才能加快推动世界文明与进步的进程。

4.6.2.2 不同文化平衡发展

第一,在“并存”中实现平衡发展。一是不同文化平衡共生。世界上不同文化的平衡共生,是世界继承和发扬文明民族的精神财富的需要,也是当代不同文化并存的客观现实决定的,体现了世界文化发展的基本特征和文化发展的必然趋势。二是不同文化的平衡发展。在世界各国历史、经济、政治和社会等多种原因条件下形成的文化,必然在不同国家和不同民族的文明和文化之间存在着明显的不同和差异, 有了这种相互之间的不同点和相互之间的差异性才有世界的丰富多彩,才有世界文化的多样性,这种并存现象也为不同国家和民族之间相互学习、借鉴和共同提高提供了可能性。第二,在“包容”中实现平衡发展。一是多种文化的平衡发展。倡导世界不同文化平衡发展,以包容、融合、平衡和民主的精神,尊重世界各国、各地、各民族的传统文化,不强求一律、一统和花开一枝,反对相互排斥对立,提倡互相交流融合。二是多种文化的互补平衡。加强各国不同文明之间的对话和交流,取人之长补己之短,求大同存小异,相互学习,共同提高。只有这样,才能促进文化全球化和多样化,才能把我们的世界建设成为不同文明兼容并蓄、丰富多彩的世界,使世界不同文化在新世纪走向新的繁荣。

4.6.2.3 文化具有世界平衡的功能

①文化在国家间、民族间的平衡功能。一是平衡和谐的作用。文化在国与国、民族与民族之间发挥着桥梁和纽带的作用, 文化已经成为国际经济政治活动的基础和不可忽视的因素。不同国家和民族通过文化促进团结,加强合作,增强相互了解,有利于增进友谊,提升合作水平。因此,目前世界上存在的文化冲突论、文化优劣论和文化孤立主义的观点不仅违背世界文化发展的历史,而且不符合时代精神和当今世界历史发展潮流。二是“平衡调节器”的作用。如果国家间、民族间发生矛盾和纠纷,文化能够发挥“平衡调节器”作用,化解矛盾,消除隔阂,实现相互关系协调。从古至今,世界上不但没有因为不同文化之间的不平衡矛盾而引起相互暴力战争冲突, 而且文化还发挥了缓和相互之间矛盾的作用。所以,宣扬文化冲突论的结果只能使不同国家、民族、宗教、文化之间的关系恶化与不和谐。②文化在国际关系领域的特殊平衡作用。不同文化都以自己的独特方式在国内经济社会发展中发挥着“八仙过海、各显神通”的作用,而且在国际关系中扮演着“文化搭台、政治外交唱戏”的平衡协调角色;在国际贸易中扮演着“文化搭台、经济贸易唱戏”的平衡协调角色;在国际体育竞技中扮演着“文化搭台、体育唱戏”的平衡协调角色。因此,文化的作用是不可小看的。

4.6.3 世界多元文化平衡形态是经济全球化的必然产物

4.6.3.1 多元文化平衡形态——在不同意识形态下相得益彰

世界多元文化平衡形态的形成，是世界上各个国家的意识形态文化与非意识形态文化平衡发展的必然结果。①世界多元文化平衡形态产生的必然性。一是多元文化平衡形态并存的客观实在性。“例如前南斯拉夫文化、戈尔巴乔夫时期的苏联文化。在一个社会的文化领域,多种意识形态先后存在,激烈的冲突并没有造成你死我活的结局,而是和平共处,各得其所,以致相得益彰,此谓多元文化的平衡形态,例如资本主义文化和社会主义文化互补的北欧文化、儒家文化与资本主义文化互补的新加坡文化。”[3]二是世界多元文化平衡形态发展的必然性。多元文化平衡形态不是理论推理，而是在前苏联文化、新加坡文化和跨国公司文化的平衡互补发展的实践中,证明了多元文化平衡形态在不同意识形态下获得相得益彰的效果，因而世界多元文化平衡形态的发展是历史的必然,也为在不同意识形态基础上实现多元文化平衡发展和平衡互补创造了条件。②意识形态文化与非意识形态文化的平衡。一是文化与政治平衡发展。世界多元文化平衡形态的形成和发展是意识形态文化与非意识形态文化平衡发展的必然结果，也是世界政治民主化发展、国家间民族间政治趋于民主平等的必然结果。二是文化与经济平衡发展。现在,多元文化平衡形态已经成为跨国公司发展的强大动力,也成为经济全球化发展的强大动力。多元文化平衡形态在各个国家发挥了各得其所、相得益彰和殊途同归的作用。近几年,世界各地纷纷举办“孔子学院”,这不仅是对古代世界优秀文化的传承,而且是世界多元文化平衡形态发展的实践和开端。

4.6.3.2 多元文化平衡形态——经济全球化的必然要求

“跨国公司创造出一种独立于任何民族文化的多元的文化环境,它的职员定期住在不同的国家与不同的文化环境之中,以培养一种‘全球人格’和所谓‘杂交文化的凝聚力’。”[4]所谓“杂交文化”,实质上就是世界多元文化平衡形态的体现。

1.世界多元文化平衡形态是塑造“世界人格”之魂

①世界人格与多元文化的平衡。如今跨国公司已经成为世界经济发展的“火车头”,原因就是多元文化平衡形态培养了跨国公司的“世界人格”和“世界理念”,才使得跨国公司实现了与世界人格的平衡，达到了在世界各地不同文化环境条件下生存发展的能力。跨国公司是全球性的公司,企业在全球范围生产和销售,这就决定了跨国公司必须要有世界的理念、世界的人格和世界多元文化,才能在不同的文化环境条件下站住脚。

②多元文化平衡形态与跨文化公司的平衡。跨国公司被人们称为“跨文化公司”,这是因为它实现了多元文化平衡形态与经济全球化二者的平衡和统一,适应各国、各地的不同文化,运用不同经营战略和不同管理方法,要在东道国文化的基础上,融合相关区域和相关国家的文化,也就必然形成跨国公司新型的多元文化平衡形态即多元文化。跨国公司如果没有多元文化平衡形态作为桥梁,它将无法跨越国界生存和发展壮大。

2.多元文化平衡形态在经济全球化中的作用

“一般的跨国公司固然是全球的，但成功的跨国公司却是能够以全球化的理念，在不同的文化环境，不同的地域里面，真正地生根。”[5]一是多元文化平衡形态是经济全球化的需要。世界多元文化平衡形态不但是经济全球化趋势的要求，也是世界文化发展的总趋势，这个发展方向已经被全球经济的“推进器”跨国公司所证明。例如，跨国公司实现了世界多元文化在世界各地的平衡发展，才使公司在面对不同国度、不同竞争者、不同客户而生根发芽、开花结果。二是多元文化平衡形态是世界社会经济发展的智力支持。有人说“多元文化平衡形态之花，结出跨国公司的经济之果”，这话正说明了它是世界经济社会发展的精神动力，因为多元文化平衡发展才使跨国公司在全球如虎添翼，成为全球经济的“发动机”。跨国公司异军突起的实践，证明了多元文化平衡发展是经济全球化的必然要求，也是未来世界文化发展的必然走势。

参考文献

[1]肖元恺.全球新坐标:国际载体与权力转移.北京:国际文化出版公司,2003:264.

[2]肖元恺.全球新坐标:国际载体与权力转移.北京:国际文化出版公司,2003:266.

[3]童庆炳,王宁,桑思奋.文化评论——中国当代文化战略.北京:中华工商联合出版社,1995:58-59.

[4]张旭山.当代世界经济与政治.北京:中国人民公安大学出版社,2005:153.

[5]肖元恺.全球新坐标:国际载体与权力转移.北京:国际文化出版公司,2003:183.

4.7 现代文明平衡发展

引证:

1997年9月版,国际间行动理事会发表《世界人类责任宣言》,明确提出:“全球性问题伴随世界经济的全球化而产生，而全球性问题则要求在所有的文化和社会都尊重的理念、价值观和准则的基础上达成全球性的解决办法”,并“需要有一种全球性的道德标准”。因此,所有文明体系都应该在传统价值观和人类共存之间寻求新的平衡,以维持和保存人类自然和文化资源的共同遗产。这不仅是必需的,而且也是可行的。[1]

——肖元恺《全球新坐标:国际载体与权力转移》

4.7.1 现代文明具有失衡的一面

由于人类社会不平衡的工业化和不平衡的现代生活方式，造成现代文明产生严重的负面效应,导致现代文明变成了失衡的文明。

4.7.1.1 现代文明是失衡的“双刃剑”

一是失衡的文明。现代文明以科学技术为动力和标志,以工业文明为基础,因此有人说现代科技是一把利弊并存的“双刃剑”,它使现代文明走向了它的反面,文明程度有多高,对自然生态环境的破坏程度就有多大。就是说现代文明既有正面的、积极的效应,也有负面的、消极的效应,也是一把集利弊于一身的“双刃剑”。二是失衡的危害。人们在享受现代文明带来物质、精神和道德进步、工作上的方便和生活上的享受的同时,也给自然生态环境造成破坏,影响经济社会的可持续发展,给人的身体造成极大危害,给人类永续生存发展带来严重危机。

4.7.1.2 现代文明失衡造成人类社会不平衡

一是世界社会失衡。现代文明的失衡表现在人与人的关系、国与国的关系、人与自然的关系、东西方之间的关系、南北发展之间的关系等多方面的不平衡负效应。“现代文明的负面影响,如核战争的威胁、东西方关系的紧张与对立、南北发展的鸿沟等等,不会随着人与自然关系的调节和技术文明跃升而烟消云散。”[2]二是富裕与贫困失衡。世界上有五分之一的人口享受的是发达国家高质量生活,也有五分之一的人口还在经受贫困和饥饿的折磨。富裕与贫困严重失衡,富者与穷者一个在天堂一个在地狱。“我们的现代文明,只不过是富人的文明。”[3]三是国与国、民族与民族、人与人存在的关系失衡,有的受到掠夺和盘剥,有的受到不平等、不公平待遇甚至歧视。“看来我们的地球,是一个倾斜的地球。”[4]

4.7.1.3 现代文明失衡造成自然生态不平衡

自然是人类文明的基础,自然被破坏了,就等于破坏了人类文明的基础。一是不平衡的思想认识。过去人类对地球、自然和人类之间相互依赖的关系认识非常浅薄,对节能减排和环境保护认识严重不足。二是不平衡的工业化。经济发展中高能耗和高排放等。三是不平衡的现代生活方式。高碳生活、高碳消费等增加了能量消耗和污染。四是现代文明失衡造成的后果。由于上述原因造成了天上和地下双重污染,土地、森林、矿藏资源遭到破坏,生态环境严重失衡,影响人类自身的生存和发展。科学研究证明,这种天、地、人之间的失衡现象,恢复到平衡状态很难,需要几代人的不懈努力才能消除负面影响而恢复到原来的平衡状态。

4.7.2 现代文明具有平衡的一面

现代文明具有失衡的一面,也有平衡的一面。一是现代文明的平衡。现代文明是在工业文明的基础上依靠现代高新科学技术实现了空前的大跨越,创造了惊天动地的灿烂和辉煌,人类得到现代文明带来的精神文明和物质文明,人们直接享受到现代文明带来的丰衣足食、工作生活的舒适和通讯的发达、交通的便捷。二是人类与自然从不平衡向平衡发展。工业文明使人类更加智能化,不断从必然王国向自由王国迈进。现代文明的标志是人对天然物加工的低端技术提高到机器工业生产的高端技术,从“人类被自然完全支配”发展到“人类被自然部分支配”,人类不但适应自然,而且能在一定程度上改造和控制自然。三是人的理想与现实的平衡。现代文明使人类的生产和生活发生了翻天覆地的变化,人们想上天有航天技术,想下海有航海技术,想知风雨有气象技术,想高速运算有计算机,想健康长寿有现代医疗技术,真可谓“心想事成”。四是人的物质精神需求与供给的平衡。从20世纪以来,世界经济社会呈现空前繁荣发展的“黄金时代”,人类的物质财富成倍、翻番增长,精神文化事业飞速发展,社会建设日新月异,社会文明极大提升。工业文明大大提高了人类的生存质量,给人类带来了物质和精神文化生活的大提高,使人类实现了舒适的生活、身心的健康和生命的长寿。从古老文明到现代文明,人类付出了巨大的代价,也获得了丰硕的成果。

4.7.3 东方文明与西方文明的平衡发展

4.7.3.1 世界多元文明的平衡发展

一是世界多元文明的平衡。“一种文明的起源可能是独特的,但绝不是孤立的,而是在其他若干文明的参照下发展和衍变。地球上的所有文明只有产生时间的早晚,进化程度的深浅,而没有高下之分。正是文明的异质与多元,才组合成了丰富多彩的大千世界。”[5]世界文明的形态是多种多样的,地区性、民族性、宗教性等多元化文明形态并存。二是东西方文明从不平衡趋向平衡。东方文明与西方文明由于产生的时间、地理环境和进化的不同,形成不同质的、各具特色的两种文明,但没有优劣高下之分,是“花开两枝”,都是优秀的,只有二者相互学习借鉴,双方才能从不平衡趋向平衡不断发展,才能促进世界文明和进步。

4.7.3.2 东方文明是追求平衡和谐的文明

东方文明是以汉文明为主体的中华文明。第一,是东方文明在平衡和谐文化发展中形成,它是以儒家、道家文化为汉文明的基石;融入了先秦诸子百家和历代先人的理论学说;吸收了几十个少数民族文明的精髓;借鉴了以佛教为主的宗教文化的有益因素;学习了周边国家和西方文明的优秀成果。第二,东方文明是追求平衡和谐的文明。可见,东方文明形态是在数千年的多元文明的合流、整合、融合和进化中形成的,具有强大的生命力和明显的中华民族特有的追求“大统一”与平衡和谐的特质,体现了中华民族性格的特点。第三,东方文明中也存在不平衡因素。中华文明形成于农牧业文化,以农耕文明为主要特征,具有小农意识,小富则安,没有远大目标,封闭保守,缺乏竞争意识等弱点。

4.7.3.3 西方文明是追求非平衡的文明

西方文明发源于多个古老国家,产生和发展于欧美。西方文明的进化发展过程中,以经济、军事和科技文化发达的国家和民族为基础,以工业文明引路,特别受发达的经济、超前的科学技术、先进的文化艺术和强大的军事力量等因素的影响,体现了西方文明的特质:非平衡。①西方文明追求强势和竞争的非平衡性;②西方民族具有争强好胜性格、强硬性格和顽强奋斗精神的非平衡性；③西方讲开放、讲完美的非平衡性；④西方追求奋斗目标高度满足欲望和心理需要的非平衡性；⑤西方文明形态也存在弱点，主要是欠缺东方文明的平衡和谐意识。

4.7.3.4 东西方文明的平衡发展

一是相互取长补短实现平衡发展。东方与西方两个文明形态各具特色、各有优势，也各有劣势，都有长处，也都有短处。随着时代的发展，东方文明与西方文明都表现出各自的不足，都是利弊并存的，但都是世界文化的精髓，都是世界文化资源中的最优秀的遗产。二者取长补短、平衡互补，将有利于二者的升华。二是相互消除隔阂实现平衡发展。为了世界文化的繁荣发展，东西方文明形态之间必须加强交流沟通，增进了解，消除隔阂，化解矛盾和纠纷，共同促进东西方文明的平衡发展，实现两种文明各得其所，各自发挥各自的作用，并为世界文明作出贡献。三是相互学习交流实现平衡发展。东西方两种文明形态应当相互学习借鉴吸收，取长补短，使二者更加完善。同时，东方文明与西方文明的平衡发展和交流融合是世界历史发展的必然趋势，同时也是为了适应当代经济全球化和网络化、信息化时代的迫切需要。

4.7.4 世界多元文明平衡发展的升华——建构世界多元文明平衡形态

"因此，所有文明体系都应该在传统价值观和人类共存之间寻求新的平衡，以维持和保存人类自然和文化资源的共同遗产。这不仅是必需的，而且也是可行的。"[6]寻求世界文明新的平衡和文明水平的升华，分两步走：第一步多元文明平衡发展；第二步建构多元文明平衡形态。多元文明平衡形态的建构必须坚持整合重建、趋利避害和广采博纳的原则。

4.7.4.1 多元文明平衡形态建构方法："三个平衡支点"

"未来文明的良性建构，还必须包括人与人之间乃至国家与国家之间文明水平的升华。"[7]世界未来文明的良性建构，应该是多元文明平衡发展的升华——多元文明平衡形态。①把世界多元文明平衡形态建构的平衡支点放在趋利避害上。面对目前世界现代文明失衡的现实，我们不得不寻找一条在传统价值观和人类共存之间的平衡之路，即世界未来文明之路，建构一个既要现代文明给人类带来的享受，又要克服其负面效应；既要建设物质丰富的物质文明，又要建设道德高尚的精神文明；既要建设高度民主的政治文明，又要建设公平正义的社会文明；既要建设自由而全面发展的人类文明，又要建设环境资源平衡的生态文明。②把世界多元文明平衡形态建构的平衡支点放在不同文明的融合上。在建构世界多元文明平衡形态过程中，我们要反对西方文明与东方文明之间相互"冲突论"、"非融合论"的观点，充分认识在不同文明之间存在相互矛盾、对立与差异是正常的现象，不同文明之间只要在价值观上、文化观念上多交流、多沟通和求大同存小异，就会建立起世界各种不同文化交流、借鉴和融合的基础，为形成世界多元文明平衡形态创造条件。③把世界多元文明平衡形态建构的平衡支点放在与时俱进上。"大凡先进的文明不怕开放与融合，而怕内部机体的僵化，所有故步自封的文明都会衰落下去。”[8]世界多元文明平衡形态建构不应是封闭保守的、不发展变化的系统死结构，而应当是与时俱进的、变革的、开放的和不断升华进步的动态平衡的发展系统，在经济全球化的今天更应如此。

4.7.4.2　多元文明平衡形态建构目标："四个平衡发展"

"时代呼唤：经济、文化与人发展一体化。"[9]世界多元文明平衡形态的建构，必须实现人的自身、经济社会、科技文化和环境资源一体化发展。①人的自身平衡发展。坚持以人为中心，经济社会的发展要以人的全面而自由的发展为出发点和落脚点，不断提高人的科学文化素质和身心健康素质，培养健全的人格，要树立正确的生育文化与生育文明的理念，提高人口质量，改变世界人口膨胀的失衡现象，同时要转变现代生活方式，倡导低碳、健康和文明的平衡生活方式。②经济社会平衡发展。经济发展与社会发展要相互促进、平衡发展，纠正重经济发展轻社会发展的倾向，要把经济发展作为社会发展的物质基础和条件，把社会发展作为经济发展的保证，做到经济社会协同发展。③科技文化教育平衡发展。坚持科教兴国、科教兴企，要充分利用高科技消除现代文明造成的污染危害等负面消极效应，千方百计节能减排，发展低碳经济，大力利用新能源来获取绿色能源。④人的环保意识与生态环境平衡发展。要提高全民环境保护意识，切实做好环境保护工作，做到人类开发利用自然界资源的同时反哺自然、不破坏自然，还要转变现代生活方式，做到向自然索取有节制、物欲有度，倡导低碳生活和低碳消费。

参考文献

[1]肖元恺.全球新坐标：国际载体与权力转移.北京：国际文化出版公司，2003：252－253.

[2]王达品，程礼.大转折的年代——现代文明与可持续发展.兰州：甘肃科学技术出版社，1998：203.

[3]王达品，程礼.大转折的年代——现代文明与可持续发展.兰州：甘肃科学技术出版社，1998：47.

[4]王达品，程礼.大转折的年代——现代文明与可持续发展.兰州：甘肃科学技术出版社，1998：47.

[5]肖元恺.全球新坐标：国际载体与权力转移.北京：国际文化出版公司，2003：250.

[6]肖元恺.全球新坐标：国际载体与权力转移.北京：国际文化出版公司，2003：252－253.

[7]王达品，程礼.大转折的年代——现代文明与可持续发展.兰州：甘肃科学技术出版社，1998：203.

[8]肖元恺.全球新坐标：国际载体与权力转移.北京：国际文化出版公司，2003：250.

[9]仇保兴.华夏文明振兴之路——经济与文化协同发展论.北京:人民出版社,1964:102.

4.8 世界民族、宗教关系的平衡

引证:

李光耀非常巧妙而稳妥地处理了这些重大问题,即拒绝"华人至上",又给马来人某些政策上的照顾。一直维持着种族平衡政策,引导人们淡化种族主义,去建设一个"新加坡人的新加坡"。[1]

——郑维川《新加坡治国之道》

4.8.1 民族、宗教对世界平衡的作用

在世界上,任何一个人都从属于某一个民族,但不一定都信仰宗教。历来,世界上的民族、宗教问题相互影响、密不可分。全世界现有民族2000多个,信仰宗教的约占总人口的一半。中国有56个民族,有宗教信徒1亿多。民族问题与宗教问题有联系也有区别。但是,民族的宗教性和宗教的民族性,往往交织在一起。所以,民族、宗教问题对世界平衡和国家平衡都具有重要的历史作用和现实作用。第一,历史作用——民族宗教影响着世界平衡与不平衡发展。民族、宗教在社会历史发展中起到阻止和促进世界、国家平衡发展的作用。一是统治者利用宗教缓和人民的不平衡心理。历史上统治者利用宗教为统治阶级服务,作为维护统治的精神平衡的支柱,麻痹人民群众精神的"鸦片",使宗教成为削弱人民斗争意志的武器。二是革命者利用宗教与统治者进行不平衡对抗。革命者和人民把宗教作为斗争的旗帜,成为团结起来反抗、推翻统治阶级的纽带,达到改朝换代、推动历史前进的目的。例如,中国的太平天国革命运动就是以宗教为旗帜揭竿而起的。第二,现实作用——民族宗教影响世界未来平衡与不平衡发展。在现今世界上,民族间、宗教间不平衡冲突问题非常突出,而且对国家平衡和世界平衡特别是对全球经济发展和世界社会的稳定产生巨大影响。世界上诸多国际和国内问题、国与国和地区与地区之间不平衡矛盾纠纷问题,都与民族、宗教问题相关。有的民族宗教间不平衡问题已经影响到国际往来、国际文化交流、国际经济贸易和国际公民旅游等正常往来的进行。例如,过去的东欧剧变、苏联解体,现在的非洲地区、国家间的冲突等,都与民族和宗教问题分不开。实践证明,民族、宗教问题对世界平衡与不平衡发展都起到重要的作用。

4.8.2 种族平衡

4.8.2.1 用种族平衡治国

新加坡的平衡治国的基础,是"新加坡人的新意识"的凝聚力。郑维川说:"种族平衡或多元种族主义是李光耀治国思想的最基本的内容之一。它的推行,使新加坡不同种族

的心理达到了平衡,人们互相容忍和团结协作具有了政治上和法律上的基础和保证;同时,在社会生活和社会管理的层面上,新加坡由此而从乱到治,由差别走向统一,形成了包括丰富多样性的统一性;这一思想还规范着人们的心理和行为,成为'新加坡人的新意识'的共同基础。"[2]李光耀的治国之道,坚持种族平衡政策,实施他的种族平衡治国思想,实行多元民族在政治上和法律上的一律平等、多元种族的大融合大团结,引导各民族共建自己的新加坡家园,这就是李光耀治国理念的核心和平衡点。

4.8.2.2 用种族平衡治理社会

在治理社会上,新加坡在社会生活、社会管理和社会交往等重大问题上坚持种族权力均衡,强调不同种族一律平等。郑维川说:"如前所述,新加坡是多元种族社会,华人、马来人、印度人是新加坡主要的人口构成部分,不同的种族,语言和宗教信仰都不同,文化差异甚大,而且各种族同他们的母族国有着密切的关系,当时面临的选择是:要么实行多元种族主义,即各个不同的种族在政治、经济、文化以及社会事务诸方面均享有完全平等的地位、权利和义务,并受到国家法律的保护;根据实际情况,毅然决然地选择了多元种族主义,力图以种族平衡的方式和手段逐步达到种族融合,形成新的国家意识和共同价值观。"[3]

4.8.2.3 用种族平衡治党

第一,国策平衡——多元种族主义。执政的人民行动党始终坚持代表各民族的共同利益,关注各民族之间相互关系的平衡和谐,在各项国家事务管理中把民族团结的工作始终作为执政的中心来实施。"人民行动党的诞生,其党纲明确倡导多元种族主义,号召不同种族创建一个统一的新加坡。新加坡独立以后,他始终把多元种族主义作为一项基本的国策。"[4]第二,执政党与社会"生态"的平衡。新加坡的凝聚力来自人民行动党。新加坡社会,绝大多数为华人,其次是马来人,特别是在地缘上靠近马来人的祖国马来西亚,但这种格局没有产生任何种族主义倾向,原因就是人民行动党的平衡意识和核心凝聚力量。

4.8.2.4 用种族平衡治理民心

新加坡的种族平衡的工作,始终坚持从人"心"做起。新加坡的领导者非常注重理顺民心,一切以人为中心,从而形成民族团结的内在力量。"新加坡努力促进华人、马来人、印度人等不同种族的心理平衡,种族之间互相包容、团结协作,从政治和法律方面保证多元民族的实施;从社会生活和社会管理上用民族平衡思想规范人们的心理和行为,使民族平衡成为新加坡意识与民族融合的基础。"[5]民心顺,则万事通,这是新加坡繁荣发展的基础。新加坡以种族平衡的治国方略,值得多民族国家和多民族地区学习借鉴。

4.8.3 世界民族、宗教关系从不平衡走向平衡

4.8.3.1 民族、宗教不平衡矛盾的化解

1.民族间、宗教间的关系与世界平衡稳定密切相关

①民族宗教不平衡冲突频繁。“当今世界因民族、宗教、领土等因素而引发的局部冲突时起时伏。据统计,冷战40年间,世界上发生的地区冲突200起,而冷战后的十多年中,地区冲突相当于冷战时期的总和。”[6]②民族宗教不平衡冲突的原因。民族、宗教相互利益纠纷和领土问题是引起世界上局部冲突的根源。③民族宗教不平衡冲突消除难度大。民族、宗教问题的表现复杂多变、难以控制,直接影响到世界平衡稳定。这是因为,民族问题与经济问题交织在一起,与宗教问题交织在一起,与历史问题交织在一起,与国际问题交织一起,为正确处理民族问题增加了一定难度。④民族宗教的不平衡矛盾要综合平衡调节。民族宗教的不平衡矛盾问题一直是世界和地区的热点和难点问题,因此国际组织和各国政府都要高度重视,必须采取综合治理、不断平衡调节的有效措施,认真加以解决,因为它是关系到国家平衡稳定和世界平衡稳定的大问题。

2.国家的民族宗教政策平衡

①相互利益关系平衡。国家和地区要坚决实行民族之间的经济社会平衡发展政策,不能存在经济社会发展死角,只有这样才能有效消除民族之间在经济利益、政治利益和文化利益上的不平衡矛盾。②国家政策平等(平衡)。国家和地区在法律上、政策上和社会管理上都要体现民族、宗教之间的平等、和睦相处,保护各民族文化、风俗,反对大民族主义和地方民族主义,不管民族的大小、不管信仰何种合法宗教都要受到保护。③用平衡协调方法解决矛盾纠纷。如果在领土、资源和内部矛盾等问题上发生了矛盾分歧时,要通过和平谈判解决,尽可能避免冲突,减少造成不必要的损失。

3.民族、宗教关系的平衡

一要在民族平等(平衡)中实现和谐相处。坚持反对民族分裂,反对宗教冲突,维护国家和地区的稳定,促进民族间宗教间的团结,携手共建国家和地区的和谐。引导人们清楚地认识到世界上的任何国家结构,大多是多民族构成的一个整体,并非一族一国,因此任何国家民族间都有一个团结的问题,民族与民族之间、宗教与宗教之间的关系都没有高低之分,都要相互尊重、和谐相处。二要在相互沟通交流中实现平衡和谐相处。对跨国界、跨区域的民族,要在保持自己宗教信仰和民族风俗习惯的同时,做好相互包容的工作,对优秀的文化要学习借鉴、进行文化交流,相互沟通理解和相互尊重。要主动化解矛盾冲突,反对把地区问题与宗教问题国家化、国内问题国际化,反对各种形式的民族宗教矛盾冲突升级而影响国际社会的安定,造成不必要的损失。

4.发挥联合国和国际组织对民族宗教矛盾冲突的平衡调节作用

“在民族宗教矛盾和冲突领域,充分发挥相关国际组织的协调作用,有利于调停民族宗教冲突,缓和民族宗教关系,解决民族宗教冲突。”[7]民族、宗教矛盾冲突关系的平衡

调节工作,最有代表性、最具权威性的是联合国和世界性国际组织,各民族、各宗教都要自觉接受联合国和世界性组织的平衡协调工作,积极配合解决民族间、宗教间的各种矛盾和冲突,缓和相互的紧张关系,推动相互协商对话,化解矛盾,沟通认识,恢复民族间、宗教间的平衡和谐。

4.8.3.2 民族、宗教都要为世界平衡发展作贡献

世界上的各个民族和各个宗教,都拥有自己的组织和群众,也都有自己的活动区域,特别是宗教,在世界上影响大,对做好世界平衡稳定的工作具有强大的优势,应当通过自己特有的方式和角度,对自身特定的人员做好平衡和谐工作,为世界平衡稳定发展发挥更大的作用。重点要做到"三个贡献",贡献一:为世界和平(平衡)发展作贡献。一是无论何种民族或何种宗教,都是世界大家庭的成员,都有义务维护世界平衡发展;二是无论何种精神信仰,都要承担一个共同的责任,这就是要为世界社会人与人之间关系和睦相处作出自己应有的贡献;三是要特别发挥宗教在维护世界和谐中的巨大作用。宗教上层人物、职业人员和广大宗教信徒,都应积极利用宗教具有广泛国际影响和教徒数量大的特点,为全世界经济社会文化的平衡稳定发展奉献一份力量。贡献二:为消除民族宗教间不平衡矛盾冲突和战争作贡献。各民族、各宗教要在全世界旗帜鲜明地反对各种战争与暴力,倡导用和平谈判的方式解决国际争端、民族矛盾和宗教纠纷,实现国与国永远和平共处,为世界和平与安全贡献力量。贡献三:为保护地球生态平衡作贡献。不同民族、不同宗教都要带头积极保护自然生态平衡,提倡合理开发利用自然资源,大力发展绿色低碳经济,倡导节能减排,转变生活方式,提倡低碳消费,为全人类可持续生存和发展作出应有的贡献。

参考文献

[1]郑维川.新加坡治国之道.北京:中国社会科学出版社,1996:125.
[2]郑维川.新加坡治国之道.北京:中国社会科学出版社,1996:125.
[3]郑维川.新加坡治国之道.北京:中国社会科学出版社,1996:125.
[4]郑维川.新加坡治国之道.北京:中国社会科学出版社,1996:125.
[5]郑维川.新加坡治国之道.北京:中国社会科学出版社,1996:125.
[6]张旭山.当代世界经济与政治.北京:中国人民公安大学出版社,2005:59.
[7]丁金光.世界民族与宗教.兰州:肃民族出版社,2008:336.

4.9 国际平衡外交

引证:

如果说李光耀在国内采取多元种族、多元文化和多元宗教的种族平衡政策的话,那

么,他的外交政策则是一种均势外交或平衡外交的政策。[1]

——郑维川《新加坡治国之道》

4.9.1 平衡外交政策

"所谓英明的政府实则是国家权力的一个独立因素,它有三重含义:构成国家权力的人力物力与其执行的外交政策的平衡;各种资源的平衡;民众对所执行的外交政策的支持。"[2]①外交政策与国家人力、物力和资源的平衡。一个国家的外交政策,必须要与本国人力、物力、各种资源之间保持平衡,龚维松、赵青海用事例说明了这个问题,一个国家虽然是大国,在军事上有一定实力,但目标不能过高,有的国家则盲目采取征服他国、他民族的政策,结果征而不服,导致自身的灾变,危害国家和人民。亚历山大和希特勒发动两次世界大战妄图征服和独霸世界,都是以失败而告终。当然,即使自身力量再强大,对外侵略是非正义的,最终也必将失败。②国家外交政策与国家权力因素的相互平衡。"一国政府使其外交政策和现在力量互相平衡以后,还必须使国家权力的各种因素相互平衡。"[3]某国家20世纪初曾经不顾一切地发展大型工业和军事工业,结果导致力不从心,而且破坏了国家发展局面;苏联20世纪集中力量发展军事工业,大大超过国家的能力,导致国家不平衡发展。③本国奉行的外交政策与本国人民的平衡。广大人民对国家管理者所采取的外交政策的支持度,决定本国外交政策的成败。国家采取和平共处的平衡外交,就会获得大多数民众的拥护,这才是一个国家取得内政外交胜利的国民基础,失去民众的外交政策是没有成功保证的。

4.9.2 新加坡平衡外交

新加坡的平衡外交运用得非常精彩,受到国内外的赞誉。郑维川在《新加坡治国之道》一书中论述的均势外交,实际上就是平衡外交。①外交与实力平衡的策略。"可见,以实力为基础的均势外交,是李光耀思想中的重要内容。几十年实践的结果证明,这种思想对新加坡的生存和发展是极为明智的。"[4]古往今来,国家间政治是不平等的,国家间的关系都是以大欺小,以强凌弱,"大鱼吃小鱼、小鱼吃虾米"。我国古人说"弱国无外交"这个说法是有道理的。一是从自强中找到平衡。郑维川认为事物是运动变化的,强者与弱者也是动态变化的,今天是强者,明天可能就成为弱者,今天是弱者,明天可能就成为强者,问题的关键是弱者要自强,要自己发展自己,不断增强国家的竞争实力。二是从尊严中找到平衡。郑维川认为作为像新加坡这样的微型国家,也要尊严、体面地生存,不能任人摆布。三是从国力中找到平衡。如果本国经济很衰弱、没有实力,光有灵活精明的平衡外交政策,自己的安全利益和经济利益就不会有保证,所以不能忽视实力的作用,要注重国力的增强。②均势(平衡)外交的策略。一要以平衡外交方法求生存。要提高本国在国际上的应有地位,就要在国际社会往来中依靠灵活精明的外交政策,屹立于世界民族之林。二要利用平衡格局图发展。"新加坡虽小,但是可以利用大国的矛盾和争夺利益的要求,建立一种有制约性的、由大国参与和维持的、得到各大国默许或承认的均势格局,利用各种力量的互相牵制,形成相对平衡的环境,促进新加坡的发展。”[5]三要采取中立(平衡)策略立于不败之地。李光耀致力于在大国间建立均势外交、和平外交,实行不结盟和中立政策,不卷入国际政治争端、不参与各种矛盾纷争。因此,一个小国却在国际和地区的舞台上扮演着重要角色。

4.9.3 日本的外交平衡术

日本的外交平衡术,在世界各个国家间的运用是很出色的。龚维松、赵青海的《大国角逐》一书《日本的“平衡术”》一节中讲述了日本的平衡外交政策:“但日本60年代以来,已经开始把对外政策的着重点,从建立经济大国转向政治大国的树立。”①“一边倒”的不平衡外交向平衡外交转变。“1972年7月,田中一上台就强调,在世界出现多极化的情况下,指出‘多边自主外交’政策,以取代日本历届政府对美一边倒的外交政策,显示出日本要奉行‘自主外交’的倾向。”[6]实际上,这就是日本从“一边倒”的不平衡外交趋向平衡外交转变的开端。②日本与前苏联的平衡外交。日本在维持长期以来同美国的“倾斜外交”和“战略伙伴”关系的同时,根据本国当时经济、政治发展的迫切需要,并针对日苏两国经济上的互有所求和互通有无的现实需要,首先主动改善日苏之间的关系,在两国之间广泛开展经济贸易活动,有无互补,两国关系有了很大发展。③日本与中国的平衡外交。在国际经济、政治格局趋向多极化和中国的发展变化中,日本相关人士清醒地认识到了中日邦交正常化、与中国改善关系对日本的极端重要性,于是日本领导者田中首相有目的地访华,同中国领导人签署了联合声明等多个文件,使中日邦交正常化变成了现实。④日本与多国的平衡外交。至此,日本的平衡外交随之扩大化,在世界大国间的平衡外交策略运用得非常成功,先后与发达国家、欠发达国家和发展中国家广泛建立外交关系,积极开展经济政治文化往来活动,有力地促进了本国的发展。日本的平衡外交术的最大特点:外交服务于本国的经济、政治和文化的平衡发展。

4.9.4 基辛格、乌克兰的外交平衡

美国的外交家和政治家亨利·基辛格博士的平衡外交策略,受到世界关注。刘靖华的《合纵还是连横》介绍了基辛格的平衡外交策略:①基辛格的世界力量平衡的观点。基辛格说:“美国是唯一的军事超级大国,但靠军事力量能解决的问题越来越少。美国军事力量的作用正日益减少,那么,就只有靠均势的概念。基辛格所追求的均势,就是世界各地区、各力量中心之间的某种平衡。”[7]这段话的中心意思是:世界要实现力量平衡。“基辛格认定,世界上只有两条道路通向稳定:霸权,均势。在当今世界,美国谋求霸权的代价太大了,但谋求均势并非异想天开。”[8]②基辛格的外交平衡策略。基辛格对平衡在外交上的成功运用,也受到了世界的赞赏。基辛格外交思想富有哲理和政治外交特色。基辛格清楚地看到,当今世界新大国的崛起这是历史的必然,即世界的多极化趋势。因此,他认为外交平衡战略才是美国利益适应多极世界变化趋势的高明战略,也是符合美国的最根本、最长远利益的高明战略。③基辛格的外交平衡思想的特点:一是维持海外的

力量平衡和世界各地区的平衡要作为美国利益最大化的指导方针和基本原则；二是海外平衡中一定要重视美中关系的平衡。美中关系不和谐、不平衡，就会造成美日关系不平衡。实施美国与中国之间的平衡战略，重大意义在于为美国在亚洲实施平衡政策创造了有利条件。

乌克兰的外交平衡，是从"一边倒"外交转向平衡外交的，姜毅在《不轻松的"平衡"》一文中说："乌克兰总统亚努科维奇上任伊始，先后对欧盟和俄罗斯进行了访问，一改前任'一边倒'的做法，其同欧盟和俄罗斯两大邻居保持平衡的对外政策清晰显现出来。"乌克兰的外交平衡，促进了本国与多国的政治往来和自身的经济发展。"乌克兰前总统尤先科上任次日就对莫斯科进行首访，试图在东西之间找到平衡也并非新发明——库奇马时期就已经竭力这么做了。对乌克兰而言，平衡外交有待在实践中经受各种挑战。"[9]实践证明，平衡外交政策是经得起考验的。

参考文献

[1]郑维川.新加坡治国之道.北京：中国社会科学出版社，1996：136.

[2]龚维松，赵青海.大国角逐.北京：经济科学出版社，1999：145.

[3]龚维松，赵青海.大国角逐.北京：经济科学出版社，1999：145.

[4]郑维川.新加坡治国之道.北京：中国社会科学出版社，1996：138.

[5]郑维川.新加坡治国之道.北京：中国社会科学出版社，1996：136.

[6]龚维松，赵青海.大国角逐.北京：经济科学出版社，1999：139－140.

[7]刘靖华.合纵还是连横.武汉：武汉出版社，1998：126－127.

[8]刘靖华.合纵还是连横.武汉：武汉出版社，1998：124.

[9]姜毅.不轻松的"平衡".人民日报，2010-3-9.

5.中观系统动态平衡发展方式

搞社会主义建设，很重要的一个问题是综合平衡。工业、农业、商业、交通事业都可能碰到。农业也要综合平衡，农业包括农、林、牧、副、渔五个方面。①

——毛泽东

引　言

“在研究宏观、中观经济运行的平衡理论时，排除国家力量，必然导致错误的结果。”②中观系统平衡是部门分论之二，是把国内各领域、各部门和各行业的动态平衡发展作为研究对象，这是相对于世界宏观系统而言的。国家各领域的发展要根据国际国内的形势发展变化对各子系统和要素进行有效平衡调控，才能保持其动态平衡发展。

5.1　国家动态平衡发展

引证：

在国际领域之外，平衡或均衡这种概念最重要的应用，是在国内政府和国内政治的领域之中。[1]

——〔美〕摩根索《国家间政治：权力斗争与和平》

①毛泽东文集(第8卷).北京：人民出版社，1999：73.

②王明志.运输供给与运输需求平衡论.北京：人民交通出版社，1996：41.

5.1.1 中国是一个不平衡发展大国

"然而严重的不平衡、失去控制的不平衡、超过社会承受程度的不平衡,必然会加剧社会矛盾,影响社会稳定,带来消极后果,是必须努力消除的。"[2]我国由于地域广阔,人口众多,加之资源的和历史的、地理的和文化的原因,不同区域之间、不同行业之间和城乡之间发展是不平衡的。第一,区域发展不平衡。由于一方面"先天不足"、另一方面"先天优越"的两个不同因素,形成西部的经济社会发展速度慢,东部的经济社会发展速度快。形成了我国西部、中部、东部沿海地区发展不平衡的"三个阶梯"。2010年,西部经济总量占全国的19.31%,西部省区市中人均GDP最低与东部省市区最高相差10倍多。直接影响了我国的整体平衡发展。第二,城乡发展不平衡。我国城乡经济社会发展差别比较大,2010年,我国城乡收入之比为3.23:1。第三,人口增长与环境不平衡。我国人口基数大,增长速度快,占世界人口的1/5。从新中国成立初的4亿多增长到现在的13亿多。由于人口膨胀,造成人均资源少,国民收入不高,人民物质文化生活水平提高慢。第四,生态环境资源不平衡。例如,中国的森林覆被率12.7%,是世界水平22.0%的一半,占世界第120位;中国水资源总量为2.8亿立方米,人均约2700立方米,排世界第84位,是世界人均占有量的1/4。中国的城市1984年188个缺水,严重缺水的城市4个,个别城市出现水荒。上述存在的不平衡现象,虽然没有超过社会承受限度,还没有达到失控、失序的程度,但必须要逐步加以消除,否则会带来消极后果。

5.1.2 我国整体动态平衡发展

5.1.2.1 经济发展与社会发展的平衡

"在这个多因素的社会发展与运行过程中,它必须保持参与变迁过程中诸因素之间的平衡,其中就包括了经济发展与社会发展的平衡。"[3]①通过转变发展方式促进经济发展与社会发展的平衡。一是转变旧发展方式实现平衡。现阶段要实现经济发展与社会发展二者的平衡,就必须转变发展方式,纠正重经济、轻社会的倾向,统筹兼顾经济发展和社会发展,做到二者同步推进,相互促进,协调发展。二是调整不合理结构实现平衡。当今任何一个国家的经济社会发展,都要从经济全球化的高度认识,以内外需为导向调整社会结构、分配结构、产业结构和产品结构中存在的不平衡发展问题,适应内需和外需的要求。三是以整体推进实现平衡。要防止在整体上的畸形发展,从宏观协调发展出发,推进经济、政治、社会、科技、文化、资源和环境等动态平衡发展。②通过深化改革扩大开放推动经济社会平衡发展。一是经济平衡发展。"在社会主义建设时期,他(毛泽东)指出:我们要以生产力和生产关系的平衡与不平衡,生产关系和上层建筑的平衡与不平衡为纲来研究社会主义经济问题。"[4]把改革生产关系和上层建筑作为经济发展的动力和源泉,不断完善新的经济体制和机制,把工作的重心放在大力发展生产力上,为社会政治文化的发展提供强大的物质保证。二是社会平衡发展。要突出解决人的发展问题、民生问题、利益分配问题、社会保障问题、就业问题、社会管理和社会服务问题。要树立新时期处理社会矛盾的动态平衡新理念,妥善解决经济社会中出现的种种纠纷和矛盾,努力构建社会主义和谐社会,为经济发展提供良好的环境保证。③“四位一体”平衡发展。“外延:复合发展的现代中国之路,经济与文化的平衡;人与自然的平衡;个人与群体的平衡。”[5]我国现代化建设的总体布局是“四位一体”格局,即实现经济、政治、文化、社会建设四个领域的平衡发展。为了实现“四位一体”平衡发展,我国在新世纪把最薄弱的农业发展作为突破口,以做好“三农”工作作为“四位一体”平衡发展的基础,进而实现政治、文化和社会建设的平衡发展。例如,一是解决农业相对滞后的问题,我国明确提出保增长、保民生、保稳定、保生态的“四保”战略。二是改善农村饮水工程、公路建设、电网建设、危房改造和牧民定居等。

5.1.2.2 城乡、区域和民族地区的平衡发展

1.区域之间的平衡发展

①用“五个统筹”促进平衡发展。“科学发展观强调协调发展,就是要坚持‘五个统筹’,逐步缩小城乡差距、区域差距和经济社会发展的差距,实现良性的平衡的发展,集中体现了唯物辩证法关于平衡与非平衡的辩证关系。”[6]区域之间平衡发展可以相互促进加快国家整体发展的速度,增强国家的政治稳定、民族团结。②用“四个支持”促进平衡发展。我们国家为了实现区域之间平衡发展,制定和实施开发西部战略以“四个支持”措施缩小不平衡差距:一是支持国外投资者到西部投资、办厂和开展各种商贸服务业。二是支持东部与西部、民族地区之间的多种形式的经济联合、技术合作。三是支持西部和民族地区的资源配置力度,尽可能向西部优先安排自然资源的开发利用项目、科研项目。四是支持东部沿海地区和发达城市,通过多种形式带动和帮助西部发展经济、发展社会事业,缩小不平衡发展的差距。

2.城乡之间的平衡发展

①城乡一体化平衡发展。城镇化是工业化的必由之路,我们要向工业化迈进,就必须破除二元结构,统筹城乡经济社会文化平衡发展,缩小城乡之间的差别,形成城乡发展一体化的新格局。②城乡建设平衡推进。统筹城乡规划和建设,要做到城乡规划同步、实施同步,改善农村生产、生活环境和条件,坚持长远发展观点,重视农村生态环境保护。③城乡“双轮”平衡驱动。统筹城乡各个方面的力量,政府主导、社会支持,把新农村建设和城乡“一体化”建设结合起来,实现“双轮驱动”和“两条腿走路”。④农民与市民科学文化素质平衡。统筹城乡发展要做好“提高农民”的工作,重点是提高农民的科学文化素质和农业生产技术,特别要解决好主导产业的技术推广普及等。⑤城乡改革平衡联动。实施城乡“改革联动”,同步推进,突出实效,讲求普惠,做好农村社会化服务,真正实现公共服务城乡平衡化。

5.1.3 国家安全利益和经济利益的平衡机制

5.1.3.1 国家安全利益的平衡机制

1.积极参与国际安全平衡机制

①国际义务与国家安全的平衡。国家的安全,是一个国家的最大利益所在。在今日世界经济全球化大背景下,如何确保国家的现实安全利益,是各国高度重视的问题。我国要在积极参与国际安全平衡机制中,履行国际义务,并要在其中寻找到国际责任和国家安全的结合点。②两个责任的平衡。我国作为发展中的大国,又是联合国安理会常任理事国,既有国家自身的安全利益,又有世界的安全利益,所以我国在安全方面肩负双重责任,必须努力找到二者的结合点。③两个任务的平衡。我们要适应世界安全形势的现实变化和未来趋势,积极参与国际安全平衡机制,完成国际国内两个任务。一要在参与国际安全平衡机制过程中,借多重力量,化解多重矛盾,有效维护我们国家的安全;二要在参与国际安全平衡机制中,承担起相应的维护世界安全的责任,为世界安全作出应有贡献。

2.国际多种力量与多元利益的平衡

(1)找到多种势力的平衡点。"现代化进程的落后和经验的缺乏严重制约着中国参与安全机制的水平。另外,冷战后,一些安全机制的作用领域和范围明显扩大,增强了自身定位的模糊性和影响的多面性,这同时在认知上和实践上对中国提出了严重挑战,尤其需要中国迅速提高应对复杂局面和解决复杂安全问题的能力,在多种力量的汇集和利益的碰撞中寻找平衡。"[7] 我们要对国际安全范围从传统国家安全利益扩大到经济利益、金融利益和文化利益等多种安全利益的现实,清醒地认识到世界各地区、各种力量的消长,提高我们对当今国际多种势力、复杂安全问题的应变力。

(2)找到多元利益的平衡结合点。要能够从多元利益的关系中,把握势力平衡和利益平衡态势,正确选择和预设我国各种利益的平衡支点,做到我国在多种安全领域的应对能力,争取主动,从根本上提高我国对世界复杂的安全局面的平衡调节能力,从而确保我国经济、政治、文化等其他多种利益安全的平衡,使我国立于不败之地,发挥一个大国在世界安全中的应有作用。

3.实现多领域综合平衡

"维护国家安全,不仅要在多领域取得平衡,而且要信赖国家内外诸多因素的复杂平衡与互动。如果将实力集中运用到某一点,就会造成手段的单一和利益的失衡,难免陷入被动的局面。"[8]一是国力与外交的平衡。国家安全的维护,关键要做好两个方面的工作,一方面是自身国力的增强;另一方面要有灵活的外交平衡策略,争取实现世界多个安全领域关系的平衡。二是利用相生相克平衡。要争取在国际多领域获得应有的地位,发挥相应的作用,有效地利用相互之间的对抗与制约的作用,要在多重关系中利用好相生相克。三是保持我国与国际各方关系的平衡态。要及时消除自身与其他国家在经济领域、政治领域和文化领域等环节中存在的不和谐、不平衡问题，及时妥善解决国际各方面相互存在的分歧和矛盾，始终保持自身处于多领域和各方的平衡协调状态之中。

4.维护主权与强化国际安全的平衡

"参与国际安全机制，为中国比较深入融入国际安全机制提供了一个有效的途径，问题的关键是在维护主权与强化国际安全之间找到有效平衡。"[9]一是在参与中实现维护主权与强化国际安全的平衡。对于世界所有发展中国家来说，最优选的办法就是尽可能多地参与国际安全机制，在参与中求安全、求保护和求发展。对于中国这样处于弱势地位的大国来说，重在参与这一点尤其重要。二是在融入中实现维护主权与强化国际安全的平衡。我国要尽快融入到联合国集体安全机制和其他一些地区的安全机制，使我国在融入中给自己准确定位，在融入中找到自己的安全，在融入中提高安全保护能力，在融入中开展国际合作，在融入中尽到国际义务。

5.1.3.2 国家经济利益的"平衡型防范"策略

宋国友《平衡社会利益和国家安全——政府对外贸易战略选择》一书中，论述了中国经济利益的"平衡型防范"策略，这是我们社会利益和国家安全的最佳平衡战略。第一，合作与互利的平衡。在经济全球化条件下，经济、政治和安全三者联系密切，国家的安全利益与国际贸易中的经济利益，相互交织在一起，可能引起国际经济贸易三种后果，一是可以增进国与国之间的合作和友谊；二是有可能引发相互之间的经济矛盾纠纷；三是如果处理不好，可能转移到政治领域或国家安全领域。为此，我们必须在社会利益和国家安全之间找到结合点——互利共赢。第二，安全利益与经济利益的平衡。"比如国家不仅和潜在的对手贸易，而且让其在贸易中获得更多的相对利益，即使政府知道这样长远来说会损害国家安全，但是也只能如此，因为以利益最大化为导向的社会也在另一方面对政府形成巨大的压力。政府必须在国家和社会——也就是在安全和福利——之间寻求一定的平衡。"[10]现今安全的范围不断扩大，经济安全包括金融安全、信息安全、产业安全、资源与能源安全、粮食安全、环境生态安全等。所以，我们必须采取综合防范措施。第三，"平衡型防范"对策。宋国友的"平衡型防范"不但是国家对显性安全的有效防范，而且能在隐性安全的情况下起到有效防范的作用。"平衡型防范"对策："所谓平衡，是指在国家安全和社会福利之间，政府短期无法判断和取舍，所以在两者之间寻求平衡，在确保显性的国家安全的同时，与对手进行贸易以满足社会行为体的要求。所谓防范，是指对于一些直接影响国家安全的技术和产品进行控制，即使这些贸易产品能够极大改善和提高本国贸易条件，也将其排除在可贸易的商品名单之外，而对于和国家安全无直接关联的产品贸易，则不加限制。"[11]总之，我们要在经济利益和国家安全之间寻找到结合点，既要实现经济利益，又要确保国家安全利益，努力实现二者的平衡和统一。

参考文献

[1][美]摩根索.国家间政治:权力斗争与和平.徐昕,郝望,李保平,译.北京:北京大学出版社,2006:224.

[2]江金权.论科学发展观的理论体系.北京:人民出版社,2007:78.

[3]吴德隆,谷迎春.中国城市社区建设.北京:知识出版社,1996:26.

[4]王明志.运输供给与运输需求平衡论.北京:人民交通出版社,1996:27.

[5]皇甫晓涛.开放中国与新发展.大连:大连理工大学出版社,1997:32.

[6]江金权.论科学发展观的理论体系.北京:人民出版社,2007:78.

[7]唐永胜,徐弃郁.寻求复杂的平衡.世界知识出版社,2004:7.

[8]唐永胜,徐弃郁.寻求复杂的平衡.世界知识出版社,2004:7.

[9]唐永胜,徐弃郁.寻求复杂的平衡.世界知识出版社,2004:7.

[10]宋国友.平衡社会利益和国家安全——政府对外贸易战略选择.北京:时事出版社,2007:32.

[11]宋国友.平衡社会利益和国家安全——政府对外贸易战略选择.北京:时事出版社,2007:32.

5.2 经济动态平衡发展

引证:

"需求、供给、平衡、增长"是经济学最重要、最核心的八个字,也是经济学永恒的主题。[1]

——张金水《可计算非线性动态投入产出模型》

5.2.1 我国经济反制衡发展战略——实现社会总目标

——反制衡发展的目的是实现我国社会总目标。我国实施的反制衡(不平衡)发展战略有三个显著特点,特点一:实施不平衡政策。在政策制定上实行向东部沿海地区倾斜。特点二:实施不平衡资源配置。实行资源配置向经济特区、部分城市倾斜,投资重点是发达地区、部门和城市,集中人力、物力和财力促进经济条件好、实力强、地理条件优越、发展前景好、技术人才强等地区和城市优先发展。特点三:实施不平衡发展。反制衡发展战略的好处是把优势发挥到极致,做到投资低、见效快、效益高,以最快的速度发展经济,从而确保我国社会总目标的实现。"不平衡发展是社会发展的一种主要形式,这一点不以人们的意志为转。……从原则上讲,在市场经济条件下,主体的地位及其机会理应平等，国家应该为各地方政府及各种经济实体创造同等的竞争机会，使之在市场上处于平等竞争的地位，但是由于各地区经济实力和地理位置上的差异，国家为了实现社会总体目标，在特定时期常常不得不牺牲某些局部地区的利益，在政策的制定和分配上出现某种倾斜。"[2]

——反制衡发展战略选择的目的是实现经济的高速发展。经济发展方式有两种，一种是平衡发展（制衡），另一种是不平衡发展（反制衡），这是两种不同的发展战略，又是相互之间平衡互补的两种战略。我国在改革开放过程中，根据我国自然条件和经济发展水平，实行了一条反制衡发展战略。三十多年改革开放的实践和所取得的经济社会跨越式发展的巨大成就，充分证明了这是我国的一个正确选择。

——反制衡发展的目的是与经济全球化趋势接轨。"……这些地区大多资金雄厚、工农业基础较好，尤其在技术、人才、管理、交通等方面具有明显的优势，在我国对外开放、对内搞活的总格局中具有举足轻重的作用，一旦获得特殊政策，便可能居于全社会发展的领先地位，形成经济极点以带动周围地区的经济发展。"[3]这种反制衡发展的战略意义，在于我国与世界金融接轨、与经济全球化接轨，带动我国整体经济的平衡发展，保持与世界同步，尽快改变我国与发达国家的不平衡现状。

——反制衡发展的目的是发挥东部沿海地区对落后地区的示范带动作用。一是从不平衡走向平衡。东部高速发展可以与经济落后地区连接起来，起到示范和带动作用，同时在周边和更大范围起到辐射作用。二是从局部平衡走向整体平衡。在东部带动和国家扶持的结合下，促进落后地区尽快赶上发达地区，推动我国整体平衡发展。"与上述注重于经济发展的倾斜政策相对应，我国对'老、少、边、穷'地区大力扶植和援助，除组织沿海、内地较发达省、市实行对口支援边境和培训发展少数民族干部、各种专业人才和技术工人等外，在自治权、税收、计划生育等方面放宽政策。"[4]

5.2.2 我国经济发展与经济全球化趋势平衡

5.2.2.1 我国经济发展与经济全球化的平衡

1.我国经济发展与经济全球化趋势的平衡

"经济全球化，是历史发展大趋势，我国必须参与经济全球化，平衡地同世界各国享有经济全球化带来的利益。目前，中国经济发展与发达国家存在差距，是非常不平衡的，要在参与经济全球化的过程中，利用'后发优势'迎头赶上发达国家，实现中国经济发展与经济全球化趋势平衡。"[5]第一，在参与中化解不平衡因素。一是在前进中解决前进中的不平衡问题。经济全球化，不但是世界经济发展的必然趋势，同时也把世界各国经济发展联系起来。世界上任何国家经济的发展，都不可能是孤立进行的，谁不参与经济全球化，谁就会更加落后。二是在参与中消化不平衡差异。我国在20世纪丢掉了与世界平衡发展的机会，造成我国现在与发达国家仍然存在不平衡差距，这种不平衡必须在参与经济全球化的过程中发挥后发优势，消化不平衡矛盾，解决不平衡问题，通过参与过程发展我国经济，从而实现我国经济与经济全球化趋势的平衡，如果怕风险而不参与则只能永远落后。第二，在参与中实现平衡发展。参与经济全球化的过程中，要始终坚持以“一低一高”和“五保”实现平衡发展。“一低一高”。一要把我国经济发展风险下降到最低；二要把我国经济效益水平提升到最高。“五保”：①保安全促平衡。正确分析判断，把握原则，讲究策略，尽量趋利避害，发挥积极效应，确保经济利益、安全利益的实现。②保发展促平衡。合理引进外资，科学引导外资投向，调整外资结构，利用外资要做到惠及自己、发展自己。③保金融促平衡。逐步稳妥开放我国的金融市场，采取积极措施，有效防范金融风险。④保民族经济促平衡。扶持我国企业发展，增强国际竞争力，保护好我国的民族经济。⑤保增值促平衡。努力培植大型国有企业集团，推进跨国、跨地区经营，利用好国外资源，保证国有资产保值增值，为发展壮大我国经济作贡献。

2.经济政策转型与经济全球化平衡

(1)以外需为导向推动平衡发展。我国必须大力调整产业结构。现在，西方国家特别是欧美已经开始压缩进口劳动密集型产品，把产品出口目标放在不断增加高科技含量和高附加值产品上，而我国现在与他们恰恰相反，大量生产和出口劳动密集型产品。因此，我国必须以国际市场为导向，大力调整产业结构，尽快适应国际市场新形成的供求格局，满足外需，实现国际收支平衡。

(2)以紧跟世界经济发展趋势实现平衡发展。我国必须加快经济发展方式的转变。2010年以来，世界经济由于受国际金融危机影响，造成资源性产品大幅度涨价，而我国又是一个资源短缺问题非常突出的国家，这就必然要增加经济发展的投入、加大经济发展成本，这个形势逼迫我们必须加快发展方式由低级向高级的转变，特别是要大力发展低碳经济，开展绿色贸易，适应未来经济贸易发展趋势，始终保持与世界经济发展趋势平衡。

(3)以变应变实现平衡发展。目前，个别发达国家推行了国际贸易保护主义政策，干涉人民币汇率，我国必须以变应变，采取相应对策，适应国际市场变化，加快经济政策转型，稳定货币，把目前的经济损失减少到最低限度。

5.2.2.2 努力实现国际贸易收支平衡

“这种国际收支上的不平衡，本质上反映了国际资本廉价地利用我国劳动力和资源。……对此，美国不仅不做深刻的自我检讨，反而将全球不平衡责任推向中国，迟迟不承认中国市场经济国家地位。”[6]为此，我们要采取有力措施予以应对，变被动为主动。同时要改变目前出口现状，实现国际贸易的进一步发展，弥补所造成的经济损失。

——以实施绿色贸易战略来消除贸易不平衡因素。贸易的可持续发展不但体现在贸易总量，还体现在资源、环境和经济社会平衡发展上，我们必须采取综合性措施，消除贸易不平衡。第一，要在产业上与外贸保持平衡，就要大力调整产业结构。我国必须彻底改变劳动密集型、高消耗和高投入的旧模式，大力促进我国加工贸易的转型、优化和升级。第二,要在产品上与外贸保持平衡,就要大力调整出口产品结构。一要认真研究国际市场,并以国际市场为导向,生产出口适销对路的产品;二要走科技含量高、污染小的产品生产之路。第三,在出口方式上与外贸保持平衡,措施一:出口产品与发展趋势的平衡。要大力发展绿色产业,转变传统的"高碳经济"外贸出口的旧方式,研制和引进先进低碳技术。措施二:生产与出口标准的平衡。减少污染物对出口产品的质量影响,按照国际化绿色产品要求的标准进行严格生产、严格检验、严格包装,真正实现管理规范化、标准化和制度化。措施三:素质与业务的平衡。经济外贸相关人员要尽可能多地了解、学习和掌握国际贸易新规则、新常识和相关新要求,改变贸易工作的被动局面。

——以实施灵活的货币政策战略来消除不平衡因素。我们的货币政策要根据国际国内形势的变化而变化,尽快适应国际变化完善我国的货币政策,适应经济全球化发展的要求,特别是要增强我国货币政策的针对性、灵活性和稳定性。

5.2.3 三大产业的平衡发展

"平衡这一概念同样也应用于社会科学,如经济学领域中。经济学中的平衡反映经济体系中不同因素之间的关系,如储蓄与投资、出口与进口、供应与需求、成本与价格各对概念之间的关系。"[7]这些关系就是平衡关系。

——产业的多相平衡。经济体系中产业平衡关系,是经济平衡的关键。领导者要做好经济工作,必须要把握好经济中的多相平衡:一是在产业平衡方面,如工业与农业之间的平衡,轻工业与重工业之间的平衡,交通运输业与生产生活、科研之间的平衡等;二是在流通业平衡方面,如市场供给与需求之间关系的平衡、积累与消费之间的平衡、内需与外需的平衡等;三是在能量平衡方面,如能源与消耗之间的平衡、国家能和企业能的平衡、开发利用与资源保护之间的平衡等。

——一、二、三产业平衡。在改革开放中,我国为了实现经济内部一、二、三产业平衡发展,近几年重点解决三大产业中不平衡发展的问题:第一,在农业平衡发展方面,突出解决农业基础薄弱、农业"靠天吃饭"和耕作落后的问题。我国近两年,大力加强农业基础地位,认真解决好"三农"问题;加快科技进步,注重设施建设和服务体系建设;加强对农民的技术培训,实现农民素质的提高,推动农业机械化、现代化发展。第二,在工业平衡发展方面,突出解决"工业多而弱、大而不强"的问题,缺乏自主知识产权、缺乏核心技术、缺乏世界知名品牌、缺乏消耗低和污染小的技术等诸多问题,努力提高工业技术水平,尽快实现工业由大变强。第三,在商业平衡发展方面,突出解决服务业发展落后于一、二产业的问题,商业增加值水平低下和现代服务业滞后、数量和质量不能满足需求的问题。从而,使我国经济增长由依靠第二产业带动向依靠第一和第三产业带动的转变,从而实现我国经济内部一、二、三产业的动态平衡发展。

5.2.4 经济宏观综合平衡

5.2.4.1 宏观经济“五个平衡”

“实现社会总供求平衡的基本途径：在不同的社会制度中，MPS 体系中的物质产品总供求平衡式、SNA 体系中的 GNP(或 NNP)恒等式以及 MV=PY 恒等式都是适用的。任何社会经济，除了要求供求总量相等外，还要求供求结构平衡。通常所说的宏观经济均衡，或者总供求平衡，既包括总量平衡，又包括结构平衡。”[8]一是“五个平衡”作用大。我国在宏观经济管理方面，创造了“五个平衡”的方法，在历史上发挥了巨大的作用，现在还应当继续把它运用好、发挥好。这“五个平衡”是财政平衡、信贷平衡、物资平衡、外汇收支平衡和现金收支平衡。长期以来，我国运用这“五个平衡”的方法加强对国民经济的管理，在计划经济时期发挥了重要的作用，成为我国经济工作的一条宝贵的经验。二是要运用好“五个平衡”。现阶段，在市场经济条件下“五个平衡”的方法，同样具有广泛的应用价值，仍然是实现宏观经济平衡的行之有效的好方法，各级领导者应当掌握和运用好这个方法，为经济发展服务。

5.2.4.2 现代综合平衡

“经济平衡就是国民经济综合平衡。它是对一定时期内社会再生产总体的计划协调，是国民经济总体、全局的宏观总量的平衡。国民经济综合平衡的目的是，根据计划期间经济、社会发展的战略目标，正确地安排国民经济中的主要比例关系，使社会生产与社会需要相适应，防止比例失调。”[9]其一，传统综合平衡的现实价值。综合平衡是国家通过宏观经济总量的管理而实现的。综合平衡曾经长期主导我国的宏观经济管理，实践证明具有重要的历史价值。我国在市场经济条件下宏观经济管理仍然离不开国家计划，离不开国家宏观调控，也就离不开国家的宏观经济综合平衡。因此，综合平衡在新世纪仍然具有重要的现实的实用价值。其二，现代综合平衡的特点。现代综合平衡是在传统综合平衡基础上对具体内容和操作方法进行创新，使之更加适合新的市场经济发展的需求而形成的新方法。一是国家的平衡兼顾。现代综合平衡是政府根据国内外经济形势和发展趋势，从经济社会平衡协调发展的高度，进行有效的平衡干预，从宏观上统筹安排部署，确保各领域、各部门和各产业之间相互关系的平衡协调运行。二是管、控、调的平衡兼顾。从上到下形成有效的宏观平衡调节系统、管理体系和控制体系，保证社会生产与社会需要之间保持大致平衡。三是“五个平衡运筹的重点”，即实现总量平衡、结构平衡、时间平衡、制度平衡和地区平衡的统筹兼顾。其三，努力实现国民经济“八大平衡”。在国民经济管理中，保持主要比例关系协调，确保社会生产与社会需要相适应，防止比例失调，必须做到“八大平衡”：“物质资料再生产之间的平衡，包括社会再生产两大部类平衡，农业、轻工业和重工业之间的平衡，以及内部各种主要产品或各大类产品之间的平衡。物质生产和非物质生产部门之间的平衡。非物质生产部门之间的平衡。生产和建设之间的平衡。人口再生产和物质资料再生产之间的平衡。财政、信贷、外汇、物资之间的平衡。社会总产品的生产、补偿、消费和积累的平衡或者国民收入的生产、分配和最终使用之间的平衡。社会总供给和总需求之间的平衡。”[10]总之,经济平衡发展是协调经济多重关系、实现平衡发展的有效方法,辜胜阻、武兢在《经济“两难”需要宏观调控“平衡术”》一文中说:“未来我国经济需要在平衡多重关系的基础上实现进一步发展,宏观调控需要把握好时机、方式和力度,实现有机协调、互补平衡。”[11]

参考文献

[1]张金水.可计算非线性动态投入产出模型.北京:清华大学出版社,2000:1.

[2]林喆.权力腐败与权力制约.北京:法律出版社,1997:34-35.

[3]林喆.权力腐败与权力制约.北京:法律出版社,1997:34-35.

[4]林喆.权力腐败与权力制约.北京:法律出版社,1997:34-35.

[5]中国人民银行成人教育教材编审委员会.社会主义初级阶段经济理论问题.北京:人民出版社,[1995]:251-252.

[6]十一届全国人大三次会议《政府工作报告》学习参考编写组.十一届全国人大三次会议《政府工作报告》学习参考.北京:人民出版社,2010:41.

[7][美]摩根索.国家间政治:权力斗争与和平.徐昕,郝望,李保平,译.北京:北京大学出版社,2006:223.

[8]张成廉.中国宏观经济管理概论.北京:中国计划出版社,1991:126.

[9]鲁明中,王沅,张彭年,等.生态经济学概论.乌鲁木齐:新疆科技卫生出版社,1992:164.

[10]朱其训.和谐经济论.北京:人民出版社,2007:407.

[11]辜胜阻,武兢.经济“两难”需要宏观调控“平衡术”.光明日报,2011-1-28.

5.3　政治动态平衡发展

引证:

政治改革可能破坏现状,但破坏现状不意味着社会的不安定。一种新政治平衡状态可能更有利于经济的发展。20年前,邓小平同志勇敢地冲破“两个凡是”的束缚,这应当被看做是一次用动态的平衡取代静止的平衡的范例。[1]

——董郁玉、施滨海《政治中国》

5.3.1　政治平衡与政治稳定

“视稳定为平衡,即事物之间、事物内部各元素之间,保持着一种均衡态的运动。”[2]

政治平衡就是政治系统内各子系统和各要素之间处于均衡状态；政治稳定就是政治领域呈现有序的动态平衡发展状态。政治平衡包括政治稳定,但不限于政治稳定。

在不同的社会制度下,有不同的政治平衡。一是我国古代的所谓政治平衡。在我国古代封建王朝,他们则采取统治阶级内部“相互制约”的政治平衡方法而实现国家的政治稳定。上述方法虽然都是实现了政治稳定,但性质是不同的。例如,清朝顺治皇帝,去世前确定年幼的康熙继位,选拔了相互牵制的索尼、鳌拜、遏必隆、苏克萨哈四个顾命大臣辅政,从而实现了政局稳定。二是西方的所谓政治平衡。“任何社会,任何经济形态,只要存在着,就有一定的平衡。政治平衡的基础是经济平衡。”[3]在西方国家,他们采取的是“三权分立”制度,是他们所谓的国家政治权力的平衡,这是西方国家通过资产阶级内部政治权力平衡,避免国家政治不稳定和出现政治危机的方法。

社会主义国家的政治平衡。在我们社会主义国家,政治平衡是建立在政治目标和政治利益根本一致的基础之上的,不存在根本利害冲突,从根本上说本身就是平衡的。但政治平衡并非没有一点问题和矛盾,只不过是这些问题和矛盾,都是可以通过协调就能够解决而达到新的平衡的。同时,这种政治平衡是民主与集中统一的平衡,不是静止的平衡,是动态的平衡,是在不断地调节中而不断实现的动态平衡,因而是经得起震荡考验的。

5.3.2 政治平衡是政治家的领导艺术

政治平衡体现国家的政治稳定,也体现政治家的领导艺术。第一,政治平衡具有多元性。不同社会制度、不同阶级和不同政党有不同的政治平衡。我国的政治平衡必然具有社会主义制度性质和政治文明建设目标。要求必须有坚定正确的政治方向,必须以马克思主义意识形态为主导,建立和健全反映意识形态的各项政治制度和运行机制,不断完善党的领导方式和执政方式,充分发挥在国际国内事务和内政外交中的平衡作用,完成各个阶段执政兴国的历史使命。第二,政治平衡的复杂性。“就拿一个国家的领导者来说,他需要掌握的有几种平衡呢？第一种平衡是政治平衡。这是一个大的平衡,细分的话还有诸多方面:保持各个政党和各个政治派别之间的平衡;保持党派内与政府内元老派与少壮派之间力量的平衡;意识形态分歧间的平衡;保持各类种族、各个民族政治上民主平等，政策上统一和谐的平衡；保持地区间与国际间的某种结盟关系与战略伙伴关系,以巩固国际上政治力量的平衡。”[4]第三,政治平衡具有艺术性。当今世界政要和各个国家的领导人,大都是运用政治平衡艺术的专家。从革命导师马克思列宁到现在的世界政要,从伟人毛泽东等老一辈革命家到现在的国家领导人胡锦涛,都把政治平衡作为自己的工作方法和领导艺术加以广泛运用。国家领导人和执政党高端领袖,都具有对各党派、各团体和各阶层的制衡的作用。一个国家的社会政治稳定,无不体现在领袖集团的平衡艺术的高超水平。

5.3.3 执政能力与历史使命的平衡

中国政党制度的特征,决定了执政的中国共产党肩负着重大的“治国理政,振兴中华”的历史使命,也就必然要求执政党的历史使命与执政能力的平衡:

——自身党建能力与使命的平衡。一是把提高执政党组织的战斗力作为执政兴国的保证。中国共产党要始终坚持和发展自身特有的指导思想和执政理念,维护自己的意识形态,坚信自己的理想信念,坚持执政党的宗旨,始终保持党组织的战斗力和党员队伍的先进性,才能领导中国人民早日奔向全面小康社会。二是把加强政党制度建设作为不断巩固党的执政地位的基础。在政治方面要不断完善共产党领导的多党合作和政治协商制度,充分发挥合作的多党的作用,加强社会主义民主政治建设,完善民主权利保障制度。在经济方面重点要努力规范公共财政制度和改进社会收入分配制度。

——执政能力与使命的平衡。执政党的历史使命要求不断提高执政党的执政能力和执政水平,不断提高管理国家的能力,不断改进党的执政方式和领导方式,领导中国人民完成现代化建设的任务和实现中华民族伟大复兴的使命,发挥执政党在我国应有的和不可替代的作用。

——现代化建设的领导能力与使命的平衡。根据当前面临的内政外交的新形势、新任务和新要求,执政的中国共产党重点要有效运用宪法赋予的权力,贯彻落实依法执政方略,提高驾驭经济、政治、社会发展的能力,带领各族人民进行现代化建设,不断增强国家的综合实力和国际竞争力,不断提高人民的物质文化生活水平。

——领导经济工作能力与使命的平衡。根据经济全球化发展趋势和市场经济的内在要求,不断建立和完善党领导经济工作的体制和机制,提高党领导经济工作的实际水平,转变党领导经济工作的方式方法,从根本上提高驾驭市场经济的能力。

——构建主流文化的能力与使命的平衡。要提高建设社会主义先进文化的能力,加强党对意识形态工作的领导,强化对中国先进文化的主导权,这些都关系到马克思主义在意识形态领域的指导地位的巩固,关系到党的指导思想的信仰,关系到对党的政治路线的认同。

——知识更新能力与使命的平衡。根据世情、国情、党情的不断发展变化的趋势,执政党与合作的党都必须把各级党组织建设成为学习型党组织,提高执政能力和参政能力,用中国特色社会主义核心价值体系武装全党,使党的组织在理论上不断有新提高,在实践上不断有新突破,在工作上不断有创新,使党始终走在时代前列,引领中国不断发展进步。

5.3.4 参政能力与执政能力的平衡

“互相监督、肝胆相照、荣辱与共,都有‘相与’关系,矛盾体双方失去任何一方或缺乏相应的平衡(包括执政能力水平和参政能力水平)都会无法维持下去。”[5]中国政党制度具有自身的显著特征,这就是中国共产党领导的多党合作和政治协商制度。这个制度必然要求执政能力与参政能力相互之间要保持相对平衡。

——参政能力与执政能力的平衡。“执政党固然需要一定的执政能力和水平，参政党也需要与此相适应的参政能力和水平。”[6]一是领导党与合作党使命的平衡。在新的时期，党中央高度重视多党合作和政治协商制度，非常注重发挥合作多党的参政议政的作用。在这种情况下，合作的多党要不辜负党和人民的众望，与执政党合作好、发挥好自己的作用，要在进行参政议政、共商国是的工作中显示出自己的能力和水平，出好谋、划好策，要合作出好效果、合作出高水平、合作出先进性。二是合作党与执政党的能力相对平衡。合作的重任要求合作的多党要具备相应的参政能力和水平，而且要与执政党的执政能力相适应、相平衡，并在参政的实践中表现出来，才能体现出多党合作和政治协商制度的重要性、必要性，也才能显示中国政党制度的先进性、优越性。

——合作与执政的互补平衡。一是相互匹配(平衡)。在我国，合作的8个民主党所具备的合作能力，要与执政的中国共产党的执政能力相平衡、相匹配，才能发挥中国政党制度的特有的执政方式、领导方式、领导作用。二是防止合作不平衡。多党合作制度要求合作的8个民主党都要与时俱进，要不断缩小合作能力与执政能力之间存在的差距，防止合作不平衡。三是执政与参政的作用要互补平衡。合作的多党要努力提高合作能力与合作水平，才能发挥合作与执政之间的搭配优势、配合优势、相互促进作用和互补平衡的效果。

——参政的历史使命与参政效果的平衡。8个民主党肩负与执政党同样的振兴中华的历史使命，参政党的参政工作效果好坏、贡献大小决定着治理国家的水平高低，也决定中华民族的复兴和现代化建设的速度快慢和运作成败。中华复兴的重大历史使命要求8个民主党要不断提高参政主动性、积极性和创造性，不断适应新世纪新阶段的参政新要求，提高参政的实际效果，否则就会无法合作或难以继续合作下去。

——民主党派之间参政水平的平衡。方法一：以加强思想建设保持平衡。在一定意义上说，8个民主党与执政党之间合作的水平，关系到中国的命运，因此加强8个民主党的思想建设、提高思想政治素质显得格外重要，各个民主党派之间参政能力与参政水平要保持相对平衡，差距也不能太悬殊，才能做到各党派相互参政水平的平衡。方法二：以加强组织建设保持平衡。8个民主党肩负着参政和议政的共同责任，都有一个组织建设的提高再提高的问题。各党派都要不断保持各党派组织的生机和活力，这是因为参政能力和参政水平高低是动态的、不断变化的，合作水平也要与时俱进，要适应不断发展变化的国际国内形势，这是时代对各民主党派的期望。方法三：以加强作风建设保持平衡。各民主党派都要把加强自身作风建设放在重要位置，为高水平参政议政、共商国是奠定基础。

5.3.5 政党制度与社会生态的平衡

5.3.5.1 中国政党制度系统的产生与社会生态环境系统的平衡

一是政党制度在平衡中产生。“中国政党制度的社会生态分析一方面关注这种政党制度何以形成,另一方面则关注这种政党制度何以适应社会的不断变动而得以发展,这两个方面的问题虽然可能处于不同历史时期,却都表明政党制度与社会生态环境之间相互达到平衡的必要性。”[7]王邦佐认为,中国共产党领导的多党合作制度的产生,有深刻的社会根源、思想文化根源和历史的必然性。就是说,中国政党制度从产生就与社会生态是平衡的。二是社会生态在平衡中选择。这个政党制度是执政的中国共产党和参政的8个民主党派,适应了当时国际上的共产主义运动和国内的政治环境、经济环境、社会环境和文化环境,历史地作出的选择,说明了中国政党制度系统与社会生态环境系统之间,从开始与国情、民情就是相互平衡的。分析历史是为了指导现实,就是说只要始终保持中国政党制度系统与社会生态环境系统的平衡,就会永远保持政党制度强大的生命力。

5.3.5.2 中国政党制度系统的生存发展与社会生态环境系统的平衡共生

“政党制度与社会生态环境之间的系统平衡永远处于变动之中,这种变动往往首先来自环境系统,环境系统的变化要求政党系统随之作出相应调整,从而实现生态系统的平衡。”[8]中国共产党走过了九十多年的光辉历程,党员达八千多万,中国政党制度的成长和发展,这些充分说明了中国政党制度系统与社会生态环境系统始终是相互平衡、协同共生的。平衡共生的原因之一:在自我平衡适应中求生存。一是增强平衡适应能力。政党系统与社会生态环境系统的平衡与不平衡是不断循环转化的,其转化的主要矛盾方面是社会环境系统,政党系统要从自身入手及时适应环境,不断提高适应社会环境系统的能力。二是消除内外不平衡因素。如果社会环境系统中产生了不平衡因素,必须采取有针对性的改善措施和加强党的领导,保持党的先进性和纯洁性,并采取有力措施消除社会的不平衡因素,维持社会的稳定,增强中国政党制度的生命力。平衡共生的原因之二:在自我平衡调节中求发展。一是在进行适应性变革中保持平衡。“由于环境的变化永无止息,因而政党制度与环境之间的系统平衡也不是一劳永逸的,它是一种动态的平衡。正是在这一平衡的动态实现过程中,政党制度通过不断的适应性变革获得了自身生命的延续而得以发展。”[9]党的历史就是不断变革、不断更新的历史。二是在公开纠正错误中保持平衡。公开及时纠正自身失误,这是一个显著的特点。中国共产党在长期执政过程中,做到了不断自我整顿、政策调整,不断加强自身建设、提高执政能力,不断公开纠正自身的错误和不足之处,不断改进领导方法、工作方法,保持了与国际国内、与生态环境的平衡。因此,“在国内政治系统中,各种社会政治力量之间平衡起着维系国内稳定的作用”。[10]

参考文献

[1]董郁玉,施滨海.政治中国.北京:今日中国出版社,1998:49.

[2]邓伟志.变革社会中的政治稳定.上海:上海人民出版社,1997:20.

[3]胡传机.非平衡系统经济学.石家庄:河北人民出版社,1987:144.

[4]王颖.动态平衡论.北京:中国青年出版社,1998:90.

[5]王荣华,童世骏.多学科视野中的和谐社会.上海:学林出版社,2006:93.

[6]王荣华,童世骏.多学科视野中的和谐社会.上海:学林出版社,2006:93.

[7]王邦佐.中国政党制度的社会生态分析.上海:上海人民出版社,1999:15.

[8]董郁玉,施滨海.政治中国.北京:今日中国出版社,1998:49.

[9][美]摩根索.国家间的政治.北京:商务印书馆,1993:197.

[10][美]摩根索.国家间的政治:权力斗争与和平.徐昕,郝望,李保平,译.北京:北京大学出版社,2006:15.

5.4 社会动态平衡发展

引证:

社会平衡:指社会体系维持其已形成的某种均衡或稳定状况。每一社会体系在遭受不超过一定限度的压力时,都有一种内在力量使它回复平衡状态。社会平衡其实是在一定的环境中社会体系各部分功能上的相互关联,其结果是各部分之间相互牵制,各自变化的范围受到限制。[1]

——新编思想政治工作辞典编辑委员会《新编思想政治工作辞典》

5.4.1 社会在平衡与不平衡转化中进化发展

"任何事物的发展,包括经济发展不是单纯由不平衡推动的,而是由不平衡状态和平衡状态在相互交替的转化中不断推动演化的。"[2]所谓社会平衡,是指社会系统呈现均衡、稳定与和谐运行状态。

——社会在平衡与不平衡转化中进化。①社会平衡具有动态性。"人类历史的数千年中,在氏族与氏族之间,部落与部落之间,国家与国家之间,总是发生由不平衡状态引起的战争,然后经过战争,恢复到某种平衡状态;接着,平衡状态又遭到破坏,走向了新的不平衡,以此周而复始,螺旋式上升。"[3]可见,社会平衡具有动态性。人类社会是从原始社会的低水平平衡到社会主义社会的高水平平衡不断进化发展的,各种社会形态更替无不遵循"平衡(和平)—不平衡(战争)—平衡(和平)"相互交替的转化,螺旋式发展进步。②社会平衡具有层次性。我国从诸子百家开始研究社会的乱和治、兴和衰,探索出种种治国、平天下的方法,目的是掌握社会发展的规律,如孔子的"仁治"、韩非子的"法治"等。其实社会发展与自然界一样也具有自我平衡的规律,社会在不受外力作用的情况下,如果在一定范围内出现不平衡,社会自身能自发恢复到平衡状态,在这个范围内自身不会发生"质变",这种状态就是低层次"社会平衡";如果社会系统的各个要素的配合合理,能够维持社会领域较长时间稳定,这就是高层次社会平衡,或者叫做"太平盛世"。例如,我国汉朝的"文景之治",唐朝的"贞观之治"等,就是我国古代高层次社会平衡的范例。对于我们现代人类来说,真正高层次平衡的社会是共产主义社会。

——平衡与不平衡的斗争是社会发展的推动力。一是社会平衡与不平衡斗争是社会发展的动力。生产力与生产关系、经济基础与上层建筑两对社会基本矛盾的平衡与不平衡的斗争和转化,推动社会由低级形态向高级形态不断发展和进步。一个国家的新旧社会形态和社会制度的更替和改变, 都是在社会两对基本矛盾的平衡与不平衡的相互斗争转化中实现平衡的,所以新的社会制度必然比旧的社会制度优越、进步。二是社会平衡有利于解放生产力。新的社会制度的产生,必然实现生产关系适应生产力、上层建筑适应经济基础,符合历史发展潮流和趋势,符合大多数人的根本利益,就会最大限度地解放社会生产力,推动社会的进一步发展。三是人民群众是社会平衡的主力军。历史唯物主义认为,人民群众是历史的创造者和历史前进的推动者,是推动社会前进的主力军,特别是在社会不同历史时期人民群众发挥着巨大作用。因此,当今世界非常重视人的作用,坚持"以人为中心",有了人的发展才有社会的发展,社会发展了又能促进人的发展。

5.4.2 社会平衡运行的特点和结合点

"平衡概念也适用于整个社会。'对于社会平衡的机制最为精彩,而简洁的描述,莫过于《联邦党人文集》中的有关论文了。'"[4]社会平衡是国内外社会学家关注和研究的问题。

5.4.2.1 社会平衡运行的特点——社会要素运行的整体性

一是整体平衡发展。社会系统的要素,是由经济、文化、意识形态、人口和自然环境等构成的,这些要素不是孤立的,是相互联系、相互促进和相互制约的,是协同共生的社会有机整体,它们在相互配合中协同发展。例如,实现经济的高速增长,就需要有社会政治的精神动力、科技文化的智力支持和稳定的社会政治环境保障等。二是防止不平衡畸形发展。良性协调的社会运行,就是社会各个构成要素的动态平衡运行,如果只强调其中某一要素异常高速发展或某一要素的严重滞后发展, 都会造成社会不平衡、畸形运行,影响整体良性发展。

5.4.2.2 社会平衡运行的结合点——公平、法治和民生

根据摩根索《国家间政治:权力斗争与和平》一书提出的社会发展的观点,现提出社会平衡运行"三个结合点":其一,社会平衡的结合点——公平。摩根索的"纳什均衡"找到社会平衡的这个结合点:公平。"纳什均衡"即"非合作博弈均衡"。因此公平才能社会

平衡，在社会平衡状态下，竞争环境是平衡的，竞争过程是平衡的，竞争结果是平衡的。公平竞争是实现社会平衡发展的法则。其二，社会平衡的结合点——法治。法是维护社会平衡运行的工具。一方面要以法律作为社会运行的轨道和社会活动的准绳，依法规范社会行为、依法经营管理，依法社会活动；另一方面法的制定和实施，也必须要体现公平、正义。其三，社会平衡的结合点——民生。古今中外研究社会平衡都不会离开民生，我国古代的"人本"思想，现代的"以人为中心"，都是关注民生。党的十七大报告提出的"加快推进以改善民生为重点的社会建设"，就是实现社会平衡发展的关键。

5.4.3 社会宏观平衡与微观有序不平衡的统一

5.4.3.1 社会宏观平衡

"在社会学上，社会稳定是指一种社会的良性运行与协调发展状态，即社会结构诸要素之间都要按照一定的顺序，构成相对稳定的网络体系，它往往是与社会结构、社会秩序、社会规范、社会平衡、社会整合、社会控制等概念相联系的。"[5]社会系统网络体系构成系统整体，它们之间是相互作用、相互促进和相互制约的关系，因此要实现社会平衡运行，就要实现社会宏观平衡与微观不平衡之间的平衡和统一。

1.社会发展与经济发展的平衡

一是经济为社会平衡发展而发展。社会发展离不开经济发展，经济发展是社会发展的物质基础，社会发展是经济发展的环境保证。单纯追求经济发展而忽视社会发展，就会造成社会不稳定，反过来又会影响经济发展。所以，必须做到经济与社会平衡发展。二是经济为人的平衡发展而发展。我国在发展经济的同时重视人素质的全面建设，坚持"以人为本"，不断改善人的物质文化生活条件，加大城乡社会公共事业的投入，推行城乡的低保、医保，加速经济适用房、廉租房的建设，对农村"三农"发放各种国家补助等都是为人而发展经济。三是经济、社会、人的动态平衡发展。社会发展推动经济发展，经济发展促进了社会发展，社会发展促进人的发展、改善了人民的生活、提高了福利，又会反过来成为推动经济社会发展的重要动力。因此，三者要实现动态平衡发展。

2.社会发展与科技教育的平衡

①科技、教育与社会发展的平衡。科技、教育是经济社会发展的基础和智力支持，社会发展是科技文化教育发展的保证，二者是相互作用、相互促进的。在新的时期，我国实施科教兴国、科教兴企战略，不断加大科技教育的投入，大力发展我国科技教育事业，就是为社会发展创造条件。②兴国与兴教的平衡。现在我国科教和社会发展仍然比较落后，文盲和半文盲的数量还比较多，这是我国社会发展的制约因素。特别是我国农村经济社会发展缓慢制约了整体发展水平。日本战后经济社会发展快，其原因就是以兴教实现兴国的方略，我们要借鉴日本的经验，把教育科技发展作为社会发展的重中之重切实抓好，努力实现二者的平衡发展。

3.社会发展与人口、资源与环境发展的平衡

我国是世界上人口最多的国家,我国耕地少,人口多,资源少,存在着"先天性资源不平衡",这就是我们的国情。我国经济社会发展落后与人口多、人均资源少和消耗量大有直接关系。在世界上的经济不发达国家中,落后的原因也都与人口多密切相关。人口多对经济增长和社会发展产生巨大的阻碍作用,延缓经济社会的持续发展。因此,做好计划生育工作,控制人口数量,促进人口与资源、环境、社会发展的平衡,是国家长期坚持的基本国策。

5.4.3.2 社会微观平衡

一是社会微观要始终处于平衡状态。社会宏观平衡与微观平衡是相对而言的,社会微观平衡概念包括的范围也是很广的。例如,"平衡概念也适用于整个社会。于是我们便寻求一种不同地区之间适度的平衡,如东部与西部、南部与北部的平衡;不同类型活动之间的平衡,如农业与工业、重工业与轻工业、大型商业与小本经营、生产与消费、经理与工人的平衡;不同职能集团之间的平衡,如城市与乡村、中老年与青年、经济领域与政治领域、中产阶级与上层和下层阶级的平衡等"。[6]二是社会微观平衡是社会宏观平衡的基础。从社会体系看,追求宏观平衡与微观有序不平衡,这是社会发展辩证的统一,体现社会宏观与微观的互补平衡的关系,从社会宏观上讲不能强求微观整齐划一,步调一致。但是,从微观上讲,各个局部、各社会组织、各个单位和各个家庭等社会细胞,都必须追求自身系统的平衡发展,保持各要素始终处于平衡状态。如果社会微观系统不平衡,则呈现社会的无序和混乱,就会动摇整体社会平衡的基础。

参考文献

[1]新编思想政治工作辞典编辑委员会.新编思想政治工作辞典.北京:中国经济出版社,1987:246.

[2]王明志.运输供给与运输需求平衡论.北京:人民交通出版社,1996:39.

[3]王明志.运输供给与运输需求平衡论.北京:人民交通出版社,1996:39.

[4][美]摩根索.国家间政治:权力斗争与和平.徐昕,郝望,李保平,译.北京:北京大学出版社,2006:222.

[5]邓伟志.变革社会中的政治稳定.上海:上海人民出版社,1997:21.

[6][美]摩根索.国家间的政治.北京:商务印书馆,1993:223.

5.5 军事动态平衡发展

引证:

平衡,不管是军事平衡还是其他的平衡,是一种极其微妙的力学关系所维持着的。

我们就单项的军事平衡而言,这里面指的是综合军事实力的平衡,这个综合实力,不仅包括军队的数量,还包括军队的质量,不仅包括飞机、坦克、舰艇、火炮的数量,也包括这些武器的先进程度。[1]

——王颖《动态平衡论》

5.5.1 我国军事上的不平衡现象

在新世纪新阶段,我国国防和军队建设有历史性发展,军事斗争准备效果显著,军队的现代化水平大大提升,信息化条件下的防卫作战能力大大提高。但是,我军现代化水平、军事能力同世界新形势、新任务和新要求相比还存在着不平衡的差距。①与世界军事发展趋势不平衡。我军海陆空现代化水平与世界军事发展趋势存在差距,同打赢信息化条件下的各种战争的要求不相适应。②与世界新军事变革不平衡。我军对研究和运用当今世界新军事变革、新军事技术革命、新军事管理革命等方面很不够,现行的军队体制、编制、制度不完全适应现代化、信息化战争的需要。③与发达国家军事发展不平衡。我国军事科研同发达国家相比存在一定差距,武器和装备、军事训练方法等存在差距。④与海洋防御战争发展不平衡。我国的海岸线长,防御能力存在薄弱环节,也是我国整体安全的瓶颈。⑤与西部防御战争不平衡。我国西部与 11 个国家接壤,经济发展落后,运输保障能力小,防御体系相对脆弱。上述差距与我军履行新世纪、新阶段历史使命的要求不相适应,亟待加强。

5.5.2 军事力量与军事使命的平衡

——军事平衡的重大意义。军事平衡概括地说就是国防、军队建设与国家安全相适应,对内能治乱平天下,对外能御敌于国门之外。军事平衡表现在多个方面,如国家间、地区间的战略平衡,国际军事牵制力、对抗力和震慑力的平衡,同时也包括国家间政治和军事的伙伴关系、盟友关系等综合力量的平衡。①与维护世界和平义务的平衡。我国是联合国安理会常任理事国,军队具有维护世界和平的重大责任,我军要通过自身军事的发展,为维护世界和平作出贡献。②与国际地位的平衡。像我们这样一个发展中的大国,如果不注重加强军队和国防建设,增强综合军事实力,就不可能获得应有的国际地位和作用,而且还会在国际政治、经济和外交等各个方面受制于他人,处处受别人牵制、失去自主。③与国家安全责任的平衡。国防和军队建设,主要责任是维护国家的安全,有效保障本国的经济建设成果,有效维护人民群众的根本利益,确保国泰民安。

——军事力量平衡具有综合性。"'力量平衡'是许多门学科中都普遍使用的概念,它表示由一定数量的自主力量组成的系统中的稳定状态。"[2]力量平衡,在军事上就是军事的制衡力、牵制力和对抗力呈现暂时平衡稳定状态,力量平衡具有综合性。其一,军事力量的综合平衡。军事平衡不仅仅是军事系统的作战能力、装备能力和后勤保障能力的平衡,而是包括国家系统的综合实力,包括国家的经济力量、政治力量、科技力量等国家力量都是军事力量的后盾,进而生成的综合力量系统,才是一个国家的综合军事实力。

因此可以说，军事力量的竞争，实际上就是综合国力的竞争；军事对抗，就是综合国力的对抗。其二，军事力量的内部与外部关系的平衡，就是本国的军事力量与国际体系中军事力量之间关系的平衡。这个平衡除了军事力量，还包括政治、外交等在内。例如，在本国力量与敌国不平衡情况下，要搞好平衡外交，发展对外友好关系，尽可能不对抗相关结盟，还可以与敌国有利害冲突的国家建立伙伴关系，实现力量的互补平衡，形成与敌国力量的抗衡格局，以防范外来威胁。

——军事力量与安内攘外的平衡。我们必须有一支与我国地位相称、与我国发展利益相适应的军事力量，有一个坚强而巩固的国防。①养兵与用兵的平衡。现阶段我国的安全形势面对综合性、复杂性和多变性，要求军队必须纠正“养兵千日用兵一时”的旧观念，抓紧做好军事斗争准备，确保随时有效遏制战争、打赢战争，把维护国家安全利益、经济利益、发展利益放在首位。“养兵千日，用兵千日”，要时刻准备打大仗、打恶仗、打硬仗，为我国现代化建设创造良好的环境。②备战与实战演习训练的平衡。21 世纪前期，世界趋于和平发展，是我国发展军事工业、军事科技，增强军事实力的重要战略机遇期。一要做好打仗准备。抓紧推进新军事变革，落实新时期军事战略方针；二要抓紧经常性战备训练和实战演习；三要健全现代后勤保障体系。要把打赢机械化、信息化条件下的战争，建立在可靠的保障基础之上。③科技、人才与强军的平衡。要把军队战斗力生成模式转变到科技进步、科技兴训上来，坚持不拘一格选用人才，走科技强军、人才强军、文化强军之路。例如，被世人誉为法国军事灵魂的拿破仑，他的奥秘就是不拘一格择人才。再如美国前总统林肯在“南北战争”屡战屡败后大胆使用了有军事指挥才能但“有缺点”的南军将领而一举取胜。

5.5.3 军事平衡谋略

军事是一门科学，作战时不仅要有科学态度，而且要有灵活的战略战术。军事力量的平衡谋略是动态性的，是要通过不断的调整调动和指战员的运动来实现的。下面以李炳彦、孙兢《军事谋略学》中的军事平衡谋略相关内容为论点进行简要论述。

5.5.3.1 军力平衡谋略

“平衡与协调密切相连，没有力量的协调，也就谈不上力量的平衡；反过来说，力量失去了协调，也就丧失了平衡。”“活力对抗中，就力量的结构和对抗过程来说，常表现为平衡与不平衡的状态。极力保持自己力量的平衡，打破敌方力量的平衡，是赢得对抗的原则。而促使对抗双方在力量上保持平衡，则是稳定格局，抑制对抗发展的原则。”[3]军事力量的平衡，必须通过战场指挥员进行力量的调节才能实现。①在调节我方军力中实现双方力量平衡。在敌方占优势的情况下，我方要通过各种方法和手段，准确摸清对方相关军事力量状况、战场兵力部署和参战单位之间的相互配合关系的情况。在此基础上，有针对性地调整和调动我方战斗部队的兵力部署，从而达到我方力量与对方力量的平衡，形成对抗平衡的格局。②在反制衡中实现双方军力平衡。如果敌方巧妙而严密地利用地形和地物,军事部署对我方形成了巨大威胁。这时,我方可以运用反制衡的方法消除对方对我方的压力,用打破常规的方法变控制为反控制,实现我方力量与敌方趋向平衡状态。例如,运用虚实、阴阳和真假战法,来实现反制衡。③在破坏对方平衡中实现双方军事力量平衡。在敌强我弱、力量对比悬殊的情况下,可以采取游击战、声东击西等各种方式方法和手段,破坏对方力量的平衡。例如,毛泽东的"运动战"就是在敌强我弱的情况下,利用运动调节的方法,在运动中实现双方力量的平衡,甚至由敌强我弱转化为我强敌弱,从而取得胜利。

5.5.3.2 对抗平衡谋略

一是军力对抗平衡。"对当平衡是指系统内部矛盾的诸因素在正、反方向上的作用力抵消、中和、相等时所形成的一种相对静止的状态。或者诸因素在量上保持的代数和为零,而使诸因素的比例关系在总体上表现为静止、均衡、均势时,这时的系统就处于对当平衡。"[4]事物比例值不变时平衡态就不会变,一个物体受到两边力量相等时静止态也不会变,军事上运用这个规律,可以取得力量平衡。二是核对抗平衡。二战中美国向日本投了两个原子弹,证实了核威力是巨大的。二战结束后核战争的威胁是极为严重的,后来苏联、英国、法国和中国都有了核武器。这时,谁也不敢放第一枪,世界反而更安全了。这就是核对抗平衡与核威胁平衡,也就是说世界呈现了美苏对抗平衡与多国核力量平衡,从而维持了"两极"平衡的格局。因此,我们人类社会也就避免了第三次世界大战,这就是对抗平衡的伟大作用。

5.5.3.3 调节平衡谋略

一是在调节中实现平衡。在战场上交战,如何使对立双方的不平衡格局转化为平衡格局,如同下中国象棋,每走一个棋子,都要有利于强与弱的转化,变不平衡态为平衡态。"转化平衡,是指系统内部诸因素、诸方面在一定的条件下相互间发生的转化,使诸因素、诸方面之间的或比例在量上达到某一特定值或是值阈时,诸因素、诸方面之间的关系表现出均匀、均衡或一致,这时的物质系统就处于转化平衡。这一类平衡除了包括正反方面和正方因素外,还往往包括多种因素和各个方面,其特点是在发生转化之后才能造成平衡。"[5]二是在调动中实现平衡。要有利于打破不平衡的格局,可以在双方交战的运动中调动我方部队,或在我方部队的运动中改变局部进攻方向,增强或缩小我方正面攻击力或纵深攻击力,或采取我方假撤退、真转移等多种方法实现从不平衡向平衡的转化,化不利为有利、变被动为主动。

5.5.3.4 协同平衡谋略

一是在动态中协同平衡。"协调平衡,是指在系统内部矛盾诸因素相互作用以及系统和环境相互作用中,诸因素按一定比例而相互形成协调、和谐、适应的关系,从而使系统整体形成一种有序结构的稳定状态。"[6]协同平衡要从系统整体功能和综合平衡出发,系统要素要协同配合整体目标的实现,各战场相关兵力相互协同呼应,使各部分军事力量保持动态平衡态势,同时破坏对方的平衡态势。二是在整体上协同平衡。毛泽东在解放战争中,最善于运用协同平衡的方法,指挥作战时从整体大战役出发,整合各战场力量,相互策应衔接,在用兵方向、战略攻击的选择上,都以全局作战的总设计、总企图和总目标为出发点和落脚点。

5.5.3.5 动态平衡谋略

一是从不平衡走向平衡。军事指挥要以动制静,在动态中取胜。"古代东方六国以'合纵'抗击西秦的例子中可以看出,'合纵'把六国构成了一个整体,秦国用'连横'分裂六国,使六国各自孤立起来,打破对方的协调与平衡。战场上力量的平衡,指挥员应当像一个善挑者,在调整重心的过程中,把握战场力量的动态平衡。'动'本身并不是平衡,恰恰是一种不平衡。然而,只有通过不平衡的方式,才能达到平衡的目的。"[7]二是在变化中达到平衡。事物是不断发展变化的,军事也一样,"兵无常势,水无常形"。两军对抗系统的平衡与不平衡随时随地发生变化,如同拔河比赛的拉锯战,存在随机因素。上述"六国战略"讲的是你用"合纵"联合,我就用"连横"分裂。可见,军事才能大小,关键是把握和运用动态平衡的才能,随时根据需要促进平衡态的转化,为我所利用。

5.5.3.6 维持原有平衡谋略

一是维持多方平衡态的稳定。在战争中维持平衡态也是一种战术。"在激烈竞争的局面中,自己尚不强大,最好的策略是促成和保持多极化的局面,从相对的平衡与均势中,稳定局势。"[8]二是稳定双方平衡态不发展。在军事对抗中,如果自己备战不充分,或弱小而暂时不敌对手,或军事部署相对力量薄弱的情况下,立即开战对自己不利,需要维持原有平衡。这时,就要尽可能不破坏目前的平衡状态,赢得更多备战时间,让战争爆发延期,甚至可以创造条件达到对抗双方的平衡状态。三是不破坏多系统对抗平衡态。在对抗中,要根据我方需要而维持或打破平衡态,如"对那些实力较弱的系统,维持多系统间对抗的平衡对它的生存、安全与发展是极为必要,一旦平衡破坏,对抗的巨大能量释放出来,就会造成灾难性的后果。各种战争与社会动荡可以说都是平衡的破坏造成的"。[9]

参考文献

[1]王颖.动态平衡论.北京:中国青年出版社,1998:172.

[2]〔美〕摩根索.国家间政治:权力斗争与和平.徐昕,郝望,李保平,译.北京:北京大学出版社,2006:15.

[3]李炳彦,孙兢.军事谋略学.北京:解放军出版社,1989:244.

[4]李炳彦,孙兢.军事谋略学.北京:解放军出版社,1989:244.

[5]李炳彦,孙兢.军事谋略学.北京:解放军出版社,1989:249.

[6]李炳彦,孙兢.军事谋略学.北京:解放军出版社,1989:243.

[7]〔美〕摩根索.国家间政治:权力斗争与和平.徐昕,郝望,李保平,译.北京:北京大

学出版社,2006:15.

[8]李炳彦,孙兢.军事谋略学.北京:解放军出版社,1989:150.

[9]飞飞,苦艾.《三国演义》智谋荟萃.北京:作家出版社,1992:76.

5.6 外交动态平衡发展

引证:

另外,在贸易、金融、政治、环境等非安全事务领域中,平衡外交得到了运用的新天地。[1]

——俞正梁等《大国战略研究:未来世界的美、俄、日、欧(盟)和中国》

5.6.1 中国古代的平衡外交

"在北方是以晋为首的结盟国家,在南方是以楚为首的结盟国家。它们形成了一种军事和政治力量的平衡,前面我们已经对'均衡'作了某种分析,它实际上是一种暂时的和平,而不均衡则意味着战争。因此任何政治家对国家间实力的平衡和不平衡是敏感的。"[2]我国古人,非常重视平衡外交,如古人的"协和万邦",就是倡导国与国之间的关系要平衡和谐。拥有五千年文明的中国,曾经为人类平衡外交作出了重大贡献。

——我国古人倡导平衡外交。一是古人平衡外交的壮举。西汉外交家张骞两次出使西域,开通了中国与西域的"丝绸之路",他的平衡外交壮举开创了中国与亚、非、欧各国经济文化交流之路;明初郑和7次出使西洋进行平衡外交,为中国同亚、非各国友好关系写下了新篇章。二是古人的内政与外交的平衡。我国古代周王室的平衡外交术,表现在晋国、郑国和楚国各中原诸侯为平息周王室内部矛盾而多次聚会商定结盟,他们把平衡运用于内政与外交,寻求维护自身的安全和稳定,达到了本国生存和发展的目的。

——我国古人反对不平衡外交。"弱国无外交",就是对国与国之间不平衡外交的描述。例如,自1840年鸦片战争后,中国沦为半殖民地半封建社会,清政府腐败无能、封闭落后,中国的发展与西方列强存在较大差距,受制于西方列强,只能实行不平衡的"屈辱外交"。因此,没有经济基础和军事力量做后盾,就不会有平衡外交。所以,实施平衡外交战略,必须加速经济社会发展,提升国家的综合实力。

——我国古人对平衡外交的运用。最为典型的是三国时期,诸葛亮的"诚如是,则霸业可成,汉室可兴矣"的策划就是如此,在《隆中对》中,诸葛亮给刘备设计了以平衡外交创业的立国蓝图,并以平衡外交守成的大政方针,策划了刘备怎么样立足、怎么样巩固、怎么样发展、联合谁、打击谁。蜀国从建立到发展直到政权巩固,就是成功运用了平衡外交谋略的效应。

5.6.2　新中国成立后从"一边倒"的非平衡外交到平衡外交

5.6.2.1　新中国成立初实行"一边倒"的非平衡外交

政治"一边倒"决定了"一边倒"非平衡外交。中国共产党的理论基础是马克思列宁主义，这个指导思想决定了中国必然选择社会主义的社会制度，走苏联式的社会主义道路，也必然成为以苏联为首的社会主义阵营中的一员，自然与美国为首的资本主义阵营相对立。所以，我国的对外政策也必然采取"一边倒"的非平衡外交政策，在当时世情、国情、党情条件下，这个选择具有必然性，国际形势要求我国只能同以苏联为首的社会主义国家建立外交关系，并结成友好同盟。

"一边倒"非平衡外交是明智之举。1949 年新中国建立初期，当时美国驻兵台湾、韩国和南越，侵略朝鲜和越南，并配合蒋介石反攻大陆，形成了对中国的月牙式的包围圈，威胁着中国新生政权的安全，造成我国与美国严重对立，于是我国不得不紧紧关闭对以美国为首的西方国家的外交大门，不同他们进行任何交往，用关门自卫的方法维护国家安全，在当时也不失为一个明智的政策。中国虽然后来的外交政策有所松动，但还是把周边睦邻友好和团结亚非拉作为基本外交政策，只同他们进行经济文化合作，目的是为了打破西方的封锁。

5.6.2.2　我国从不平衡外交到均势(平衡)外交

"均势外交。当国家的自身实力不足以实现本国的对外政策目标，平衡策略是一国可以采取的一种附加手段。当国家间存在着利益冲突时，一国灵活运用平衡策略，通过借用和本国具有共同或相似利益的国家的力量，可以抵消对本国威胁最大或对本国利益的实现妨碍最大的国家的优势，进而改变本国在特定议程领域中的不利地位，或增强原有的优势地位。"[3]一是政治变化引起非平衡外交的变化。20 世纪中叶，由于在重大政见和路线上的严重分歧，造成我国与前苏联的政治关系破裂，政治上的变化引起了外交政策和外交路线变化，我国外交策略慢慢有所转变，开始由不平衡向平衡转变，打开了对外来往的大门。二是从非平衡外交到均势(平衡)外交的转变。20 世纪 70 年代后中国外交战略有了重大突破，实现了从不平衡到平衡的彻底转变，即由"一边倒"的非平衡外交路线真正转变为均势外交的路线。这时，我国实行东西方平等相待、互利合作的外交政策，也打开了同周边国家互利合作的新局面。三是均势(平衡)外交的定位。当我国实现了均势外交转变时，联合国恢复了中国在联合国的合法席位，中美、中日相继建交，这是中国国际战略和外交政策史上的一个大飞跃。可见，均势外交曾经在我国发挥了巨大作用。

5.6.2.3　我国奉行平衡外交路线

第一，我国平衡外交政策的全面实施。改革开放以来，中国彻底转变了封闭自守观念，更新了外交意识，实施了在和平共处五项原则的基础上同所有国家建立外交关系的政策，完全打开了通向世界的中国外交大门，古老的中国同世界真正联系在一起，实施了同一切国家友好往来的政策。特别是20世纪90年代后,中国进一步开创了新时期的外交新局面,在经济、政治、党际、文化等各个方面实行了一条平衡外交的路线。第二,我国平衡外交政策的特点是"三个平衡":①本国与他国的平衡。坚持奉行独立自主的外交政策,既维护自身独立自主的权利,也尊重别国人民的独立自主的权利,不搞民族利己主义。②和平与发展的平衡。坚持遵守国际关系准则,致力于维护世界和平,努力促进人类的进步事业,这是我国对外政策的主要目标。③五项原则的平衡。坚持和平共处五项原则,这是我国处理同一切国家关系的基本原则,也是我国实现发展利益和安全利益相平衡的根本保证。

5.6.3 我国的新型平衡外交战略

5.6.3.1 新型平衡外交的提出

一是新型平衡外交的灵活性。"1982年,中国提出了独立自主的外交政策,排除了和其他国家或国家集团结成固定联盟的任何可能性,为中国执行灵活的新型平衡外交准备了活动的自由。"[4]我国的新型平衡外交是以20世纪80年代提出"独立自主的外交政策"为开端,使我国的外交呈现自律、自主、自由的"三自特点"。二是新型平衡外交的广泛性。改革开放后,我国的外交走向了同国际政治、经济、文化等各领域、各党派的广泛来往、广交伙伴、互利合作的新阶段,特别是在新世纪我国又采取了一系列更加自由灵活的外交策略,使我国的朋友遍天下。三是新型平衡外交的综合性。为了确保我国经济利益、发展利益、政治利益和安全利益等多元利益的平衡,我国在坚持新型的平衡外交不变的基础上,注重多元利益综合平衡的外交策略。

5.6.3.2 新型平衡外交的思想基础和理论基础

新型平衡外交的思想根源。在新的时期,邓小平对国际形势作出新判断:一是世界大战是可以避免的;二是和平发展是当代世界的两大主题;三是世界政治正朝多极化方向发展;四是霸权主义、强权政治是和平发展的主要障碍。上述判断就是我国新时期的外交指导思想,实际上就是为实现我国发展利益和安全利益的平衡,为我国新型平衡外交奠定了思想基础。

新型平衡外交的理论基础。新型平衡外交的12字特征:独立自主、维护和平、互利合作。这12个字,体现了新型平衡外交的基本特征。独立自主:就是把国家主权和国家利益放在首位,不和其他国家或国家集团结盟,坚持反对干涉国家内政和反对霸权主义。维护和平:就是我国坚持和平共处五项原则,通过和平、对话和协商的方式解决国与国之间存在的各种分歧和争端,反对各种形式的冲突和战争,积极主张建立国际政治经济新秩序。互利合作:就是在互利的基础上同世界各国广泛开展经济、政治、政党和文化交流与合作。

5.6.3.3 新型平衡外交的物质基础

一是新型平衡外交的后盾——经济发展。邓小平的"先把自己的事情做好"体现了实力外交思想,是我国内政外交的大政方针。一个国家的社会稳定和国力的强盛是国家安全的基础,特别是把经济工作做好,奠定雄厚的物质基础,增强综合国力,才能在国际事务中拥有应有的地位, 就会为做好外交工作创造有利条件。二是新型平衡外交的基石——改革开放。我国外交战略的实现,最根本的保障是改革开放与发展,这也是改革开放与发展的迫切需要,我们要充分利用世界和平与发展的大好时机,抓紧时间同国际广泛交往,广交朋友,学习先进管理经验和科学技术,发展我国的经济、科技事业,不断增强我国的综合国力。

5.6.3.4 新型平衡外交是我国统一大业的舆论基础

我国改革开放以来,对外实施了统筹兼顾的平衡外交战略,在保障国家领土完整、主权不受侵犯、周边环境稳定的前提下,兼顾主权利益、经济利益、政治利益和发展利益的基础上,对涉台、涉藏和涉疆问题,进行广泛的国际协调,争取世界舆论支持,为实现国家的完全统一和台湾回归祖国做好国际舆论等各方面的准备工作。例如,众多国家形成了“只承认一个中国”的共识,这对我国统一大业是十分有利的。

5.6.4 国际非安全领域和安全领域的新型平衡外交

5.6.4.1 经济贸易领域的新型平衡外交

在当今世界,外交向多领域扩展,俞正梁等《大国战略研究:未来世界的美、俄、日、欧(盟)和中国》一书中讲述了新型平衡外交在非安全领域和安全领域都发挥着巨大作用。

1.新型平衡外交是国际非安全事务领域的迫切需要

“旧式的均势策略主要在安全领域中运用。”[5]贸易、政治、金融、环境等非安全事务领域中,新型平衡外交有了广泛运用的新天地。这是因为当今世界,非安全事务领域中的政治与经济贸易交织一起,与金融和环境等诸多领域交织在一起,呈现政治问题经济化,经济问题政治化现象。因此,新型平衡外交在非安全事务领域大有用武之地。

2.新型平衡外交是我国现代化建设的迫切需要

当今世界是开放的世界,中国的发展离不开世界,因此在经济、政治、文化等各领域也必然离不开新型平衡外交。特别是我国在现代化建设中,迫切需要学习借鉴发达国家先进管理经验、引进先进科学技术和国外资金,只有运用平衡外交,争取各方的支持,克服我国资金短缺、技术落后、管理知识不足等困难。如果闭关自守,把自己孤立起来,现代化建设就无法实现。

3.新型平衡外交是我国实现“三个平衡发展”的迫切需要

我国要在平衡外交中吸收世界文明成果,发挥后发的优势,在较高的基础上发展经济,尽快缩小与发达国家在经济技术、发展程度上的差距。一是内需与外需平衡发展的需要。积极推进加工贸易转型升级和先进技术设备的进口,促进进出口贸易平衡发展。二是利用外资和对外投资平衡发展的需要。既要“走出去”办企业,又要“请进来”办企业,把“引资”和“引智”结合起来。三是我国与发达国家平衡发展的需要。我国要利用后发优势,就必须深化多边双边经贸合作,同发达国家和发展中国家广泛开展科技交流学习、经贸互利合作,从而加快我国的发展,缩小我国同发达国家的差距。

5.6.4.2 国家安全事务领域的新型平衡外交

1.平衡外交的安全观——和平共处

①重视平衡外交的“平衡因素”。“尽管如此,在冷战后的世界里,均势外交对中国这样的大国而言,仍具有使用价值。”[6]这个外交观点是非常正确的,但是,在外交中要强调正确运用平衡因素,“如同自然法则一样,国家关系中的平衡永远是相对的。用得好,平衡因素是推进关系的坚实基础;用不好,平衡因素有可能成为阻碍前进的绊脚石”。[7]②重视平衡外交的“和谐因素”。中国早在20世纪中叶就提出和平共处五项原则,进入新世纪中国又在世界上高高举起“构建和谐世界”的大旗,这就从根本上说明中国和平共处的安全观,展现了中华文明的价值取向和中国的平等、互利、合作的外交风范,展现了中国同世界各国和平共处的愿望,展现了中国人民与世界人民和谐相处的实际行动。也向全世界表明,占世界五分之一人口的中国的发展、和谐与稳定,是对建立世界政治经济新秩序、新氛围的贡献。

2.新型平衡外交的新理念——和平发展

中国的新型平衡外交的核心是“和平发展”,体现了中国是维护世界和平、促进世界和平发展的一支重要力量。实施平衡外交策略的归宿,是更好地遵循国际关系准则和国际关系民主化处理国际事务,目的是更好地尊重国家之间的主权和领土完整、互不侵犯、互不干涉内政、维护世界和平稳定和促进人类进步事业的发展。例如,2011年中国《和平发展白皮书》的发布就是最有力的证明,半个多世纪的实践也说明中国是世界和平发展的倡导者和实践者。

参考文献

[1]俞正梁,任晓,臧志军.大国战略研究:未来世界的美、俄、日、欧(盟)和中国.北京:中央编译出版社,1998:337.

[2]刘靖华.合纵还是连横.武汉:武汉出版社,1998:11.

[3]俞正梁,任晓,臧志军.大国战略研究:未来世界的美、俄、日、欧(盟)和中国.北京:中央编译出版社,1998:338.

[4]俞正梁,任晓,臧志军.大国战略研究:未来世界的美、俄、日、欧(盟)和中国.北京:中央编译出版社,1998:338.

[5]俞正梁,任晓,臧志军.大国战略研究:未来世界的美、俄、日、欧(盟)和中国.北京:中央编译出版社,1998:338.

[6]俞正梁,任晓,臧志军.大国战略研究:未来世界的美、俄、日、欧(盟)和中国.北

京:中央编译出版社,1998:337.

[7]钟声.不要滥用中美关系中的平衡因素.人民日报,2011-8-12.

5.7 科学技术动态平衡发展

引证:

科技计划管理的任务,就在于根据科技计划的要求,经常地、自觉地研究产生不平衡现象的原因,采取有效措施,解决出现的不平衡问题、建立起新的平衡,以促使科技工作在新的基础上正常进行。[1]

——程绍钦《科技计划管理》

5.7.1 科技的失衡与反思

——科技的失衡。世界科学技术的飞速发展,推动了人类社会文明进步的进程。但是,由于人类对科技的不当利用,造成了科技成为利与弊、福与祸集于一身的一把“双刃剑”,从而造成了现代文明的失衡。①科技具有平衡的一面,即有利的一面。科技推动了经济社会的快速发展,提高了人们的物质文化生活水平,给人们带来工作、学习和生活上的便捷、丰裕、舒适和愉悦,是人类的“福星”,是经济社会发展的强大动力。②科技具有失衡的一面,即不利的一面。由于人类对科技不适当的使用,造成一系列消极作用。例如,由于不当利用科技造成对人类健康的显性和隐性的危害、对自然资源的破坏、对生态环境的污染,还有的人利用高科技盗窃财物、情报、窃听和牟取暴利等。③科技集平衡与失衡于一身。有的新技术成果,具有双重性,有利有弊,既给人类带来好处,也可给人类生存带来灾难。例如,农药DDT,大量用于农田,具有灭害的作用,但长期使用对人和生物会造成毒性危害,威胁人类和生物的生存。再如,塑料在生产和生活中被广泛使用,但它非常难以分解,造成了严重的“白色污染”。又如开发利用核能,兴建核电站等,为人类提供强大能源,但如果管理失控,危害无穷。切尔诺贝利和日本福岛核电站的核事故等,对人类的危害是不可估量的。

——对科技平衡与失衡的反思。①研发与研制的平衡。当今由于科技发展速度之快,人们对其负面作用是预防不及的,有的还存在未知的危害,所以必须做到研发与研制的同步。这是因为在历史长河中,经历了工业革命时代、电气时代、电子时代、信息时代,现在一年一个大变化,一年一个大飞跃。我们在赞美科技高速发展的同时,也受到负面作用的极大危害。解决这个问题的办法就是科研人员在项目研究时同步研究其危害及其防控措施,把危害消灭在研发之中、应用之前。②用平衡方法解决失衡问题。今后我们要运用新兴的科学学的理论和观点,在对科学自身进行“反思”、“反省”的同时,还要对科技的利用进行“检讨”,认真研究科学技术自身发展的一般规律,加强对科技的管理和控制,兴利除弊,消除科技的失衡现象和负面效应,充分利用科技的积极效应,发挥科学技术对推动经济社会平衡发展和人的健康的巨大作用,努力为人类造福。

5.7.2 我国科技的平衡与不平衡发展

——我国古代科技与文明古国平衡发展。我国科技在古代处于世界领先地位,为人类的发展进步作出了巨大贡献。例如,弩机,手拉织机,冶金鼓风机,铸铁,车轮,造纸术,瓷器,火药,指南针,活字印刷等,都是中国人的发明创造。再如《周易》早就找到了阴阳不平衡是造成地震的原因,而且古人用平衡方法预测预报地震。“人们还认为,气化运动中阴阳的平衡是常态,不平衡就会出现反常现象。例如用阴阳的不平衡,来解释地震、陨石、日月亏盈等自然变化。”[2]但是,在近代,由于封建统治者腐败无能和封闭保守、列强侵略和掠夺等种种原因,我国科技发展落后于世界,而且差距越来越大。

——在当代我国科学技术发展很不平衡。我国科技发展有的项目虽然具有世界先进水平,但在总体上仍然大大落后于世界先进国家,发展很不平衡。据报载:我国数学家华罗庚与王元用代数数论方法研究多重积分近似计算,被国际称为“华—王方法”。我国作物育种专家王绶培育的“三三二”号大豆品种,被国外称“南京大豆”;他培育的大麦品种被美国定为“王氏大麦”。我国数学家夏道行研究的解析函数成果,被称为“夏道行函数”,他在泛函积分和拟不变测度论,被称为“夏不等式”等。我国攻克“哥德巴赫猜想”获得重大成果,我国数学家王元证明了 2+3,数学家陈景润证明了 1+2,他所发表的成果被称为“陈氏定理”。

——在新时期我国国内科技发展处于不平衡状态。一是区域发展不平衡。据科技部地方战略研究课题组 20 世纪末的统计报告,中西部市、县级财政科技拨款预算,170 个县市科技投入为 0;800 个县科技总投入不及东部的一个县。2003 年东、西部地区科技投入相差 6 倍。同期县市财政拨款西部 12 亿元,中部 16 亿元,东部 71 亿元。因此,促进东西部科技平衡发展迫在眉睫。二是投入与资源不平衡。2003 年国家投入分配在科技人员每人 14 万元,但其中科研成果达标者很少,造成了科技资源效率低下。

5.7.3 科技的平衡管理

科技发展的历史证明,科技管理的水平,决定着科技的发展速度和水平。科技工作与其他工作具有不同的、固有的特点,这就是创造性、探索性和不确定性。因此,科技的平衡管理是解决这一难题的有效方法。

“不断处理平衡与不平衡的矛盾。研究设计工作,客观上存在着一定的比例关系,要求相对平衡。”[3]程绍钦《科技计划管理》一书有专门论述,是我们必须学习借鉴的。国际上有一句流行的话:“只有科技管理的现代化,才有科学技术的现代化。”说明加强科技管理的重要性。第一,计划管理与思想认识的平衡。要认真学习中外科技平衡管理的理论知识和管理方法,特别是要运用新兴的科学学的理论和方法,充分认识科技计划平衡管理对协调和促进科技发展的巨大作用,有针对性地研究和解决科技计划的平衡管理问题。第二,计划管理与方式方法的平衡。要努力探索科技计划的制订、执行、检查、考核和奖励的平衡方法,找到科技计划平衡管理科学化的途径和方法。在制订年度科技综合计划时,重点在于综合平衡、留有余地,经过努力能够实现并为今后科技工作奠定基础。第三,把握科技管理中的"四大平衡"。一是计划平衡:实现年度综合计划与科技发展规划之间的平衡,指令性计划、指导性计划和市场调节之间的平衡等。二是任务平衡:实现目标与能力的平衡,任务与资源的平衡,目标任务与经费的平衡等。三是科技工作平衡:实现各研究部门之间工作量的平衡,研究、攻关、技术设计之间的平衡,研究设计与试制、试验之间的平衡。四是利益平衡:实现研究设计的技术活动与经济效益、国家利益与科技单位利益之间的平衡。

5.7.4 科技发展与经济社会、环境发展的平衡

5.7.4.1 科技水平与社会形态的平衡

1.科技水平与社会形态的平衡

人类社会发展进步的历史证明,科技发展水平与社会形态的变更是保持平衡的,有什么样的科技水平,就有什么样的社会形态。石器与原始社会相平衡、青铜器与奴隶社会相平衡、铁器与封建社会相平衡、蒸汽机与资本主义社会相平衡,而现代社会与电力、电子信息技术相平衡等。从五种社会结构形态的进化发展考察看,科学技术对社会发展的重要地位和巨大作用是不可估量的、是决定性的。

2.科技发展与社会发展的平衡

伟人邓小平说过"科技是第一生产力",这是千真万确的。科学技术是社会进化的基础,是社会发展的杠杆,也是社会进步的标志。科学技术的进步必然带来社会进步,而社会进步又会推动科学技术进步,二者是相互促进的;社会的良性稳定运行又为科技的发展提供了良好环境。由此可见,科学技术只有服务于经济社会,促进经济建设和社会发展,才有广阔的天地,才能大有作为。

5.7.4.2 科技发展与经济发展的平衡

——科技与经济平衡发展。科技与经济是相互作用、相互促进、相互制约的关系,二者平衡发展就能发挥相互促进的作用。一是科技发达与国家发达的平衡。科技的大发展必将促进生产力的大提高,推动经济建设的大发展。发达国家的发展靠的就是科技发展推动经济发展,世界上发达的国家就是建立在科技的发达之上的,而落后国家就是落后在科技上。因此,科技兴国是一条成功经验。二是科技发展与经济实力的平衡。科技的发展离不开经济的支持, 科技发展的基础是经济力量, 没有经济力量就没有科技的发展。一个国家的高新技术研究成果都是建立在费用巨大消耗的基础上。科技必须依靠经济实力的强大支持,离开物质力量的支撑,科技就成了无源之水、无本之木。

——科技与现代化建设的平衡。科技是现代化建设的强大动力,科学技术与经济社会一体化发展、与生产一体化发展,才能把科技的优势转化为竞争的优势。所以,科技工

作的战略重点一定要转向现代化建设的主战场,扩大科技的用武之地。

——科技与企业发展的平衡。科技兴企,这是当今最时兴的战略。一是建立起市场配置资源的科技发展机制。二是建立起技术市场的转化机制。三是建立起产、学、研一体化的企业科技开发机制。从而,推动科技、经济、生产动态平衡发展。

5.7.4.3 科技发展与资源环境的平衡

一是科技发展与自然生态的平衡。"科技为人类提供摆脱与大自然在敌对状态中濒于互相毁灭的困境的途径,使人类与自然在新的关系基础上重新实现积极平衡,以维护经济赖以发展的生态、资源、环境,为人与自然的积极平衡提供技术支撑,实现人和自然的全面协调可持续发展。"[4]要发挥高科技在节能减排和污染治理上的技术支撑作用,确保自然生态的可持续发展。二是科技发展与清洁能源的平衡。联合国哥本哈根气候大会上有专家说:"领导21世纪全球经济的是清洁能源经济。"可见,环保在现代国际上的地位、作用和极端重要性。发展清洁能源、开展节能减排和进行能源创新都要依靠科学技术来实现。例如,大力发展太阳能、风能和绿色家电等。三是科技发展与低碳经济的平衡。低碳经济将成为世界的新兴大产业,将是未来世界经济发展的大方向,而且将成为全球经济新的支柱产业之一。所以,今后产业和产品的开发发展、技术和设备的引进一定要坚持低碳、低耗和高效,具体要做到"六个标准"的平衡兼顾:清洁生产标准、环保标准、综合利用标准、节能标准、低成本标准、高附加值标准。正如齐芳所说的:"就科学技术,很难判断对错。我们是在找一个平衡点,既能应对潜在威胁,又促进发展。"[5]

5.7.4.4 科技与教育、生产的平衡

在当代,一个国家经济社会的发展取决于科学技术的进步,这是被实践一再证明了的真理。第一,科技教育与国力的平衡。一是从世界历史上看科技与国力的平衡。二战后有的国家在财力不足或者财政十分紧张的情况下,大力缩减其他费用开支也要保证科技发展的需要,目的是使国家走向发达之路,从发达国家看,无一不是如此。二是从世界未来发展看科技与竞争的平衡。科技依然是国家发展的动力,未来世界上的国家实力较量,实质上是科学技术的较量。谁不重视发展科技事业,谁就会在新的国际竞争中败北、落后。第二,教育与国家发展后劲的平衡。教育作为形成人力资本的投人,能够大大提高社会的劳动生产率,能够大大加快国民经济的增长。因此二战后各国都大大增加了教育投资,就是为国家科技的未来高速发展奠定基础。

5.7.4.5 科技、人才与国家振兴的平衡

世界上发达国家的科技发展,都与重视人才培养和积极引进人才资源密切相关。例如,二战刚结束,美国政府指派格罗夫斯将军搜罗德国物理学家、诺贝尔奖获得者海森堡。这位将军说,获得一个海森堡,等于俘虏德国十个师。新中国成立后,美国被迫同意钱学森回国。之后,美国海军部副部长金波尔痛骂说,钱学森能顶中国五个师。可见,"生产决定今天,科技决定明天,教育决定后天"是有深刻道理的。

参考文献

[1]程绍钦.科技计划管理.北京:中国宇航出版社,1989:9.

[2]元文玮.医学辩证法.北京:人民出版社,2001:194.

[3]程绍钦.科技计划管理.北京:中国宇航出版社,1989:9.

[4]王岗峰.社会和谐发展论.北京:社会科学文献出版社,2007:238.

[5]齐芳.生物技术,寻找安全平衡点.光明日报,2010-10-2.

5.8 教育动态平衡发展

引证:

近年来,教育均衡发展这一现代教育理念已经在我国许多地区付诸实践。教育资源配置均衡的核心是教师资源配置均衡。[1]

——《十一届全国人大三次会议〈政府工作报告〉学习参考》

5.8.1 兴教与兴国的平衡

教育关系到民族的兴衰,关系到国家发展的快慢。从世界主要发达国家的发展路径分析,不难看出兴教与兴国之间具有巨大平衡效应。英国的发达是根源于航海技术和人才资源,日本的发达直接靠教育兴国,美国的发达靠的是从国外吸收引进各领域的高端人才。这些发达国家"兴国"的方式虽然不尽相同,但有一条内在的东西是相同的,这就是"兴教"。当今世界上,出现了一种"头脑的进口和头脑的出口"的说法,这对于我们是一个有益的启示,这就是说头脑价值与国家兴衰是平衡的。

——"头脑进口"与国家发达的平衡。"头脑进口",就是引进人才。以美国为例,美国政府在二战前后所采取的兴国"高招"和"捷径"就是"头脑进口"。①美国政坛谋略与进口政治家的平衡。闻名世界的政治家、外交家亨利·基辛格博士是犹太人,美国著名的大政治家布热津斯基是波兰人。②美国军事强势与进口军事人才的平衡。二战时期美国研制成功雷达、火箭、原子弹等世界最尖端、杀伤力最强大的军事武器和装备的人,基本上都是外国专家。费米、爱因斯坦等十多位著名科学家是提出原子弹研制计划的人。③美国科研水平与进口科学家的平衡。获得诺贝尔奖的美国人中,有一部分是欧洲移民。④美国航天先进与进口人才的平衡。美国的"阿波罗"登月计划,参与其中的科学家绝大多数不是美国人,也有炎黄子孙。⑤在多领域人才引进方面,1946—1974年,美国从国外进口高级科学家、工程师、医生等超过24万人,从而促进了美国多领域的发展。

——"头脑出口"与国家落后的平衡。"头脑出口",就是国家的人才外流现象。一是头脑出口导致发达国家与发展中国家的不平衡发展。世界上的发展中国家、落后地区,从20世纪开始,出现大量人才外流问题,其流向是发达国家,被人们称为"头脑出口"。据资料介绍,1953—1969年16年的不完全记载,从发展中国家流入美国的科学家、工程师等有10多万人,美国因此节省教育投资150亿美元,从而使他们更加先进。二是头脑出口造成发展中国家与发达国家的不平衡差距继续拉大。发展中国家的人才外流的教训是深刻的,也是这些国家现在仍然面临的一大严重问题,不仅导致国家过去发展慢、落后,而且影响今后国家的发展速度,落后面貌难以改变,使之更加落后。在我国,同样存在人才失衡流动,东部沿海“进口头脑”、中西部地区“出口头脑”,有人称之为“一江春水向东流”和“孔雀东南飞”。

——兴国与兴教的平衡。世界各国的发展,特别是发达国家的发展,一条共同的经验,就是人才数量的多少与一个国家发展的快慢是平衡的。第一,强国与人才资源的平衡。国内外无数事例充分说明,靠兴教实现兴国才是根本,兴国必须兴教,没有发达的教育,就没有发达的国家。各级领导者要把人才兴国、人才兴市、人才兴企放在首位,努力把我国建设成为人力资源强国。第二,培养与使用的平衡。我们要实现现代化,实现中华民族的伟大复兴,就要采取相应的政策措施,大力发展教育,树立“教育兴国”理念。一要自己培养各行各业的经济政治和现代化建设的高端人才;二要采取有效措施保住所培养的人才,如开发建设西部一方面西部要自己培养人才,另一方面要采取措施留住人才;三要在自己培养人才的基础上以引进外部人才作为补充;四要把培养与使用结合起来,为人才创造施展才能的条件,发挥他们的作用。

5.8.2 教育总供给与总需求的动态平衡

5.8.2.1 输出量与目标量的平衡

“教育作为劳动力再生产的系统,其功能就是再生产社会经济系统所需的各种劳动力。因此,教育系统的宏观调控就是要促使教育系统的输出量与目标量相等,消除总供给与总需求不平衡的矛盾,实现系统运行目标。”[2]第一,总供给与总需求不平衡的化解。要实现教育系统的培养教育目标与实际产出的平衡,就要做到总量和结构的平衡,教育系统要把最大限度地满足经济社会系统对教育劳动力的需求作为宏观目标,不断进行有效调节,化解供需矛盾。一是解决输出量与目标量的不平衡。要有针对性地调节教育系统的输出量与目标量之间的不平衡,从源头上解决教育系统培养教育目标与经济社会需求之间的不平衡现象,才能消除总供给不足的不平衡矛盾。二是解决各种类型人才的不平衡矛盾。要有效地配置教育系统的生产要素,确保教育系统各种类型人才的实际产出,要重视非正规教育多种类型人才的产出,在规模效益上各种类型人才要适当大于需求,从而满足社会多种类型人才的需求。第二,总量之间、结构之间的平衡。“教育总供给与教育总需求的平衡包括两个层次:一是总量之间的平衡;二是结构之间的平衡。”[3]在教育层次上,基础教育要重质量提高,高等教育要重人才培养。在教育结构上,师范教育重在提高师资队伍的综合素质,普通教育重在提高知识与能力。在教育事业的规模上,要在重质量的前提下,尽可能实现质量和数量的平衡。

5.8.2.2 未来教育发展路径的平衡

"宏观调控目标的主要功能在于对教育运行进行总体性的状态引导，而教育运行的总体状态在教育总供给与教育总需求的矛盾关系中能得到最集中、最概括的反映，所以，宏观教育调控目标，就是在教育资源最优配置的基础上，实现教育总供给与教育总需求之间的动态平衡。"[4]未来教育体系建设，一定要在不断深化教育改革中符合中国的国情。①做到"三个平衡"：一是各科教育之间的教育质量平衡；二是要实现接受教育者具体的、现实的公平和平衡；三是努力实现教育的规模、结构、城乡和区域布局的相对平衡。②未来教育发展路径的平衡："一个阶段进化到下一个阶段，教育模式也相应地进化。这一过程正是'平衡—非平衡—平衡'的过程。"[5]就是说教育系统各要素的平衡是动态的，是在教育运行中通过对不平衡的调节而始终保持平衡的。

5.8.3 教育系统动态平衡发展

5.8.3.1 义务教育的平衡

"2009年底召开的全国推进义务教育均衡发展现场经验交流会提出，推进义务教育均衡发展是当前教育改革发展的战略性任务，要把均衡发展作为义务教育的重中之重，努力实现义务教育2012年区域内初步均衡、2020年区域内基本均衡的目标。"[6]党和政府十分重视教育"均衡"的目标的实现，这是国民素质提高的起点，是人才强国的基石。①资源平衡。各级教育部门要努力缩小区域、城乡、校际之间资源配置的不平衡矛盾，缩小区域、城乡和校际之间教育经费、办学条件和师资队伍水平不平衡的差距。②师资平衡。一要教师平衡配置，不能存在大的倾斜，这是义务教育平衡的核心所在，只有师资平衡才能做到国家教育平衡。二要打破校际壁垒，在区域、城乡、校际之间师资资源统一配置，同时要大力开展城乡教师和校长的相互交流。三是教师待遇实行城乡平衡，并给乡村适当补助。③制度平衡。加强教育部门、学校的制度建设，通过制度和政策，促进教育公平的真正实现。④教育平衡。均衡发展是义务教育的重中之重，是我国教育改革的战略性任务，我国教育部门将要努力实现义务教育平衡的目标：2012年区域内初步均衡、2020年区域内基本均衡。

5.8.3.2 受教育者的德育、智育、体育、美育的平衡

一是受教育者全平衡发展。"毛泽东同志曾指出：'我们的教育方针，应该使受教育者在德育、智育、体育、美育几个方面都得到发展，成为有社会主义觉悟的有文化的劳动者。'"[7]换言之，就是我国的教育方针要求受教育者全面发展，必须要实现德育、智育、体育、美育几个方面的平衡发展，纠正学生从小就不平衡的、畸形的发展。二是受教育者智与德、知与能的平衡。使受教育者的精神道德素质、专业技术素质和身体素质的平衡，这样才能实现党的教育方针所规定的总方向和总目标，也就是要求人的平衡发展，使我国所培养出的人都不缺"腿"、不失衡，使受教育者的知识、智力、体力和个性方面都得到平衡发展，这样才能成为合格的红与专、智与德、知与能平衡的中国特色社会主义的接班人和建设者。

5.8.3.3 正规教育与非正规教育的互补平衡

①两种教育的互补平衡。"教育系统运行的调控过程,实质上就是运用适当的调控机制或手段,平衡或校正教育运行与目标的偏差,使教育在变化着的外部环境中,按预期目标实现系统协调地运行。"[8]为了适应社会的需求,国家采取正规教育与非正规教育相结合的两条腿走路的方针,实现了两种教育的互补平衡,促进了我国教育事业的大发展。②正规教育的平衡发展,即普通高等教育、大中专院校教育。2006 年高等教育总规模达 2500 万人,居世界第一;中等教育每年有 500 万中专毕业生进入市场。③非正规教育的平衡发展,如各种半工半读、电大、函大、夜大、自考和职业教育。改革开放以来非正规教育发展很快,这是对正规教育的补充,既利国又利民,特别是对高考落榜的人、在职的人和没有学习机会的人增添了学习深造的机会。现在,国家又大力发展远程开放教育,并把它作为我国人力资源开发和资源共享的助推器。

5.8.3.4 学校功能平衡论

两种功能之间关系的平衡。一是两种取向平衡是学校的本真。劳凯声的学校功能平衡论揭示了学校的本真。"在现代社会中,学校通过两种不同取向的功能实现其本真:对个人发展的促进功能,学校的选拔功能。在现代社会中,学校的这两种功能是缺一不可的。社会发展的不同时期对学校功能的发挥提出的要求不是要哪一个不要哪一个的问题,而是如何在两种功能之间取得一种适度平衡。"[9]二是两种功能平衡是学校工作的结合点。学校的本质特征,是培养人的生产、生活技能和个体社会化的社会场所,也就是说学校要实现对个人技能提高的功能和国家输送人才功能的平衡。

学校功能平衡论。劳凯声《素质教育挑战现代学校功能》的"三论":①学校功能的协调——"平衡论"。我们能做的就是如何在个人发展的促进功能和学校的选拔功能之间取得适度的平衡,使学校最大限度地发挥它的社会作用。②学校功能的发挥——"弱势控制论"。应使强者扶助弱者从而使弱者变强,教育在这方面负有不可推卸的责任。③学校功能的选择——"代价论"。要求我们必须小心地对选择的后果作出客观和审慎的评估,照顾到不同人群在改革中所获得的利益和为此所付出的代价之间的平衡。上述"三论"与实现"学校对个人发展的促进功能和学校的选拔功能的平衡"统一,这才是学校的"本真",是每一个教育工作者应该认真研究的。

参考文献

[1]十一届全国人大三次会议《政府工作报告》学习参考编写组.十一届全国人大三次会议《政府工作报告》学习参考.北京:人民日报出版社,2010:156.

[2]于光远.教育系统论.郑州:河南教育出版社,1991:131.

[3]颜泽贤,张铁明.教育系统论.郑州:河南教育出版社,1991:132.

[4]颜泽贤,张铁明.教育系统论.郑州:河南教育出版社,1991:132.

[5]查有梁.系统科学与教育.人民教育出版社,1991:287.

[6]十一届全国人大三次会议《政府工作报告》学习参考编写组.十一届全国人大三次会议《政府工作报告》学习参考.北京:人民日报出版社,2010:153.

[7]哈尔滨工业大学党委研究室编.政工干部实用手册.哈尔滨:哈尔滨工业大学出版社,1985:560.

[8]颜泽贤,张铁明.教育系统论.郑州:河南教育出版社,1991:132.

[9]劳凯声.素质教育挑战现代学校功能.中国教育报,2005-12-17.

5.9 文化动态平衡发展

引证:

追求文化平衡才是实事求是的选择。文化平衡的实现既有赖于多种文化在社会群体中的分布各得其所,也有赖于共同的超越意识形态的文化成为社会的基础。[1]

——童庆炳等《文化评论——中国当代文化战略》

5.9.1 中国传统文化是平衡和谐文化

5.9.1.1 中国传统文化形态——平衡和谐

"由于中国古代的物质生产主要是个体的农业生产,对大自然的过分依赖使得中国先民过分偏爱'天人合一',所以他们在运思过程中更多地强调整体的和谐与统一,主张以和解、平衡的方式解决事物的矛盾,而不赞成矛盾的激荡转化;更多地强调量变,而不强调质变;强调渐变,而不强调骤变,总想通过有限的矛盾转化来恢复原有的平衡和谐状态。这种整体思维方式和圆圈式的平面循环发展观,归根结底还是体现了中国传统文化的和谐精神。"[2]杜道明的观点值得我们借鉴:一是平衡和谐是中国哲学和先哲们追求的目标。我国先哲们崇尚的平衡和谐精神:在人与人关系方面强调和谐,在世态方面强调"情理合一",在认知方面强调"知行合一",在人与自然方面强调"天人合一",这正是中国先哲们的道德观、价值观和自然观中体现出来的平衡和谐精神。二是平衡和谐是中国传统文化追求的目标。古代文学作品、舞蹈、音乐、绘画和书法都追求着平衡和谐、和解、圆满、大团圆、皆大欢喜结局,不强调失衡、离散、争斗与不和谐。三是平衡和谐是古代政治思想追求的目标。中国传统文化在社会关系、社会心理、政治思想、从政为官、为人处世、人际交往和人与自然的关系都是倡导和追求着平衡和谐,强调仁政、仁义、慈善与人和等,反对暴政、不善等。四是平衡和谐是建筑艺术追求的目标。我国古代大小建筑群都体现封建秩序、"天下一统"、皇权至上的平衡和谐思想,如方正、对称、均匀、平衡的众多寺院,方正的京城和方正的皇宫等的平衡协调结构,无不体现中华民族文化的精髓——平衡和谐的文化精神。

5.9.1.2 中华文化永不消失的原因——平衡和谐

1.平衡和谐文化精神——世界上唯一永不消失的文化

——强大的生命力来自平衡和谐效应。我国传统文化经过漫长历史演化的考验和经受多种外来文化的冲击,仍然保留至今,成为世界上唯一没有中断的、连续的文化,也是世界上唯一永不消失的文化和最有生命力的文化。世界几千年间,先后创造了形形色色的文明民族的文化,但随着时间的推移大都时过境迁了,有的消失得无影无踪,唯有东亚大陆的中华文化保存下来,成为世界上独一无二的"连续性文化",原因就是中华民族心理对平衡和谐文化的认同。

——经得起多种文化冲突和整合的原因是平衡和谐效应。"中国文化进入多元平衡的形态。这一形态一直持续到清末,在这期间,基督教文化于明代传入,但是始终未能打破已有的文化平衡,在社会上无足轻重。"[3]一是平衡和谐精神的普适性。平衡和谐的中国文化虽然经过一次又一次外来文化的冲击,也经过内部各种文化之间的冲突和整合,但基本上保持了儒、墨、法为主导的多元文化平衡发展的格局,原因就是平衡和谐的普适性。二是平衡和谐精神的普同性。中国文化在漫长的历史长河中,始终经受着亚太地区众多国家和民族的政治思想之间的矛盾、哲学思想之间的矛盾和多元文化之间的矛盾的影响,没有被周边国家文化改变和同化,究其原因也是平衡和谐的普同性效应。

2.平衡和谐文化精神——中华民族之魂

一是对人与人平衡和谐精神的认同。平衡和谐体现了中华民族心理和性格特征。中华民族追求平衡和谐的特征,形成了平衡和谐文化的内核,也体现了民族共同性格。如和谐文化、忠孝文化、诚信文化、仁义文化和礼仪文化等。二是对人与自然平衡和谐精神的认同。中国文化崇尚"天时地利人和"。中国两千年的"农牧文化",培养了追求"天人合一",形成了追求整体平衡和谐的共同社会心理模式。三是对以平衡和谐为核心的多元文化的认同。中国文化以汉文明为主,融合了各个少数民族的文化而形成,呈现以平衡和谐为核心的多元文化形态,因此具有强大的吸引力。四是对以平衡和谐为纽带的开放包容精神的认同。中国文化在形成过程中不但学习吸收外国文化的精髓,而且吸收了外国传入的宗教文化的成分,因此具有普适性和辐射性强的特点,周边地区、国家学习运用中国文化,并形成"东北亚、南亚文化圈",中国成为东亚、南亚文化圈的中心,究其原因就是中华民族之魂——平衡和谐精神的伟大作用。

5.9.2 多元文化的平衡发展

5.9.2.1 多元文化平衡形态

"中国传统的文化平衡在清末发生转向。这一时期,资本主义文化在社会上逐渐得势,与传统的儒释道发生剧烈的冲突,中国文化又转向多元并存的形态。"[4]当今,中国文化是以社会主义文化为主导的多元文化平衡形态。这种多元文化平衡形态的演化过程,是中国社会政治变革和发展的必然结果。根据童庆炳等《文化评论——中国当代文化战略》的论述,发展轨迹可归纳为四个阶段,第一阶段:多元文化平衡形态格局。俄国革命的一声炮响,传来了马克思主义,从此中国产生了社会主义文化,逐渐发展成为中国文化的主流,但中国文化仍然是多元文化平衡形态的格局。“在上世纪40年代末,社会主义文化在意识形态上取代了资本主义文化,占主导地位。但是,中国文化仍是多元并存的形态。”[5]第二阶段:一元文化平衡形态格局。从1949年新中国成立初期到1978年改革开放初期,这个时期经历了社会主义一元文化的大整合、大革命,对封建主义文化、资本主义文化和宗教文化进行“大扫除”、大清理,我国实现了社会主义文化占领全部思想文化阵地的局面,呈现社会主义一元文化平衡形态格局。第三阶段:多元文化平衡形态格局。20世纪80年代后,随着改革的深入、开放的扩大、经济体制的改革和对外文化交流的广泛,在社会转型中外来文化大量传入,加之对中国传统文化的弘扬和继承,中国文化又呈现出多元文化平衡形态。第四阶段:形成多元文化平衡形态发展大格局。改革开放的30年,是中国多元文化冲突、融合和变革的30年,也是多元文化并存、平衡发展的30年。当代中国包括港台在内的文化形态是以社会主义文化为主导的,中国传统的儒家文化、资本主义文化、民族宗教文化等平衡发展的大格局——多元文化平衡形态。

5.9.2.2 多元文化供需平衡

“顺应群众文化需求上升的趋势,大力构建公共文化服务体系,实现文化利益的平衡与共享。”[6]文化供给和文化需求的平衡,就是多元文化供需在量上相互平衡。第一,保护与开发的平衡。要把对文化遗产的保护和开发有机地结合起来,做到二者平衡兼顾。“如何才能既为后代留下宝贵的文化遗产,又让今人更多地领略文化遗产的魅力,在开发与保护中寻找到平衡点才是关键。”[7]例如,一年一度的山东省潍坊国际风筝会,“文化搭台、经济唱戏”,大大促进了当地乃至山东全省的经济社会的发展。第二,主流文化与非主流文化的平衡发展。一是与传统文化的平衡。我国古代传统文化非常丰富,对现代社会具有极大的教育引导的积极作用,可以促进社会和谐,改善人际关系,化解社会矛盾,增强民族凝聚力,为现代化建设服务。二是与大众文化的平衡。大众文化市场已经成为广大人民群众的休闲娱乐的场所,加之文化市场的产业化,推动了我国文化生产和文化消费的不断发展,这就要求我们必须要加强文化市场的产业化、市场化管理,引导大众文化健康发展,为社会主义精神文明建设服务。三是与民俗文化的平衡。我国城乡有大量优秀的民俗文化遗产,具有地方性和民族性的优势,我们要大力开发民俗文化旅游资源,利用民俗文化为经济社会发展服务。

5.9.3 文化中的不平衡及其调节

5.9.3.1 传统文化与现代化建设之间的不平衡改造

一是农业文化与工业化的不平衡。中国传统文化是在农业文明、牧业文明的基础上产生的,又是在农牧文明的环境中成长、发展起来的,因而传统文化存在着与生俱来的弱点,如小农意识、目光短浅、缺乏竞争和封闭保守等消极负面因素,与我国改革开放、向工业化发展、向城市化迈进和进行现代化建设等不相适应,并具有一定的消极负面影响制约作用。二是通过更新改造实现农业文化与工业化、现代化建设的平衡。我国进行现代化建设必然要向工业化社会、城市化过渡,还要向后工业化社会迈进,但是中国农牧文化的负面因素将产生障碍作用, 我们必须在继承和发挥传统文化积极因素的基础上,要对传统文化进行“现代化改造”,把农牧文化更新为“工业文化”,向中国传统文化赋予竞争意识、创新意识、开放意识等,使之成为我国现代化建设和向工业化社会迈进的强大智力支持和精神动力。

5.9.3.2 对文化商品的平衡调节

我国一些地方的现代文化存在着供给与需求的不平衡、文化商品的社会效益与经济效益不平衡等现象,直接影响我国的精神文明建设水平,我们必须认真加以调节。“平衡调节三法”:①价格高低平衡调节法。政府主管部门采取干预调节价格高低的办法,对文化市场进行有效的平衡调节。这个方法是由文化市场经济运行规律——价格与供求相互作用下实现从不平衡到平衡的循环运动决定的。②税收高低平衡调节法。政府有关部门要对价值高的和公益性好的实行低税、减税或免税,对营业性、娱乐性和价值不高的实行高税收。③资助补贴高低平衡调节法。一种是政府直接财政拨款进行资补的方法;另一种是间接的、多渠道、多方式的资助补贴方法进行平衡调节。

参考文献

[1]童庆炳,王宁,桑思奋,等.文化评论——中国当代文化战略.北京:中华工商联合出版社,1995:63-64.

[2]杜道明.通向和谐之路——中国的和谐文化与和谐美学.北京:国防大学出版社,2000:15.

[3]童庆炳,王宁,桑思奋,等.文化评论——中国当代文化战略.北京:中华工商联合出版社,1995:59.

[4]童庆炳,王宁,桑思奋,等.文化评论——中国当代文化战略.北京:中华工商联合出版社,1995:59-60.

[5]童庆炳,王宁,桑思奋,等.文化评论——中国当代文化战略.北京:中华工商联合出版社,1995:59-60.

[6]聂辰席.建立健全利益平衡机制的若干思考.光明日报,2010-9-29.

[7]陆敏.在保护和开发中找到平衡点.经济日报,2011-7-24.

5.10 医疗卫生事业动态平衡发展

引证：

精神卫生问题不仅是医疗卫生、公共卫生问题，更是社会问题，涉及公民的基本权利乃至尊严，因而，精神卫生立法应平衡患者和公众的利益。[1]

——马力《精神卫生法应平衡患者和公众的利益》

5.10.1 医疗卫生事业中的不平衡

医疗卫生与经济社会发展不平衡。我国医疗卫生事业的发展滞后于经济、社会和文化事业的发展，出现了相互不匹配问题。例如，由于人口结构变化、疾病发生方式和种类增多等原因，造成社会对医疗卫生服务需求持续上升，加上工业化、城镇化的建设进程加快、城乡流动人口剧增、环境污染危害严重、意外伤害事故不断增加，社会中职业病、流行病等重大疾病的防治问题越来越突出，因此医疗卫生事业出现供给不足现象。

医疗卫生与新健康需求不平衡。随着经济快速增长，城乡居民生活质量提高，随之而来的是人们对躯体和心理健康、体检和保健等问题的需求不断升高，造成目前医疗卫生服务与人民日益增长的健康需求不平衡。例如，城乡看病就医难、医疗保障制度不落实、边疆农村卫生健康服务急需加强。

医疗卫生资源配置不平衡。我国医疗卫生资源配置不合理，应用现代化医疗设备和现代医疗技术等都存在供给与需求的较大差距，区域、城乡医疗卫生服务不均衡，特别是西北、边疆地区和广大农村资源配置和医疗卫生服务薄弱，供需矛盾比较突出，而且从发展趋势看，城乡间、地区间的医疗卫生资源配置差距还在不断拉大。

医疗卫生监督管理不平衡。我国医药卫生法规、制度不健全，药品研制、生产、采购、流通等环节监督管理不严，医院和药店存在药品价格虚高，特别是有的中成药价格贵；医院计费不规范；社会上存在药品广告的虚假宣传等。同时，在医药卫生管理监督工作方面存在着城市有人管而有的乡村无人管的现象。

5.10.2 医疗卫生事业的平衡发展

5.10.2.1 医疗卫生事业的平衡管理

1.医疗卫生“五大体系”的平衡运行

一是五个体系间的平衡兼顾。国家把公共卫生服务体系、医疗服务体系、医疗保障体系、药品供应保障体系和医疗卫生监督体系五大体系作为医疗卫生事业的重点，狠抓落实，目前基本实现了五大体系平衡运行的局面。二是五个体系均衡(平衡)覆盖。近几年，各级相关部门把加强城乡五大体系建设作为民生工程来抓，目前这五大体系基本上均衡覆盖了我国区域和城乡，惠及了广大城乡居民。三是通过平衡调节实现五个体系的平衡运行。我国为了确保五大体系平衡运行，城乡普遍注重对五大体系中存在的不平衡问题的调节;在公共卫生服务体系方面突出抓防疫的平衡调节;在医疗服务体系方面突出抓机构建设的平衡调节;在医疗保障体系方面突出抓农村医疗保障制度建设的平衡调节;在药品供应保障体系方面突出抓老少边贫地区的平衡调节;在医疗卫生监督体系方面突出抓城市社区规范服务的平衡调节。从而,实现五大体系平衡发展。

2.医疗卫生的平衡管理

为了纠正医疗卫生管理中的失衡现象,实施医药动态平衡管理。一是以补助保平衡。政府实行补助政策,重点向公共卫生、农村卫生和城市社区卫生倾斜。二是以多重管理保平衡。在医院实行属地化和全行业管理相结合的基础上,有的省市区又专门成立了医院管理机构,强化管理。三是以改革保平衡。改革公立医院现行运行机制。强化非营利性质,医药分开,规范医院收支管理,实现收支平衡。四是以政府调控保平衡。医疗服务和药品价格以政府调控为主,以市场机制为辅。五是以监督管理保平衡。健全医疗卫生监督管理体系,实行全程监督管理,把管理与服务结合起来。六是以制度保平衡。加强医德医风建设,提高医疗服务质量;不断完善医疗卫生政策法规的制定和实施。

5.10.2.2 医疗、基本公共卫生服务平衡

医疗卫生服务部门,要切实做好经常性的疾病防治的宣传教育工作,始终坚持预防为主、防治结合的方针,为城乡提供全方位服务。第一,基本医疗卫生服务均等化(平衡化)。一是城乡均等化(平衡化)。政府高度重视城乡、区域医疗和基本公共卫生服务的均等化,对城市社区、农村基本医疗卫生服务机构实行财政补助,并向农村倾斜,确保农村的基本医疗卫生服务公平,特别是以农村为重点,解决农村缺医少药的问题。二是人与人的均等化(平衡化)。要坚决贯彻落实国家"人人享有基本医疗卫生服务"的要求,坚持公益性质,坚持均等化,加强对农村和社区全科医生、医务人员的培训和机构队伍建设,尽快实现基本医疗卫生服务人人均等。第二,疾病预防与医疗服务的平衡。要根据各地经济和社会发展水平的高低,制定出切实可行的本地本单位公共卫生服务范围和措施,加大传染病、地方病等重大疾病的防控力度。例如,我国在防治"非典"、"甲肝"工作中做到财政支持,全民协同,措施得力,取得了良好效果。

5.10.3 中医与西医的平衡发展

"应该说平衡观不但有助于中医理论的发展,也同样有助于西医的发展。"[4]我国医疗卫生事业的发展趋势,就是要走中西医平衡发展的道路。

中医与西医平衡发展。一是中西医并重(平衡)符合国情。毛泽东最早提出"中西医结合"的思想和"中西医并重"的方针,我们要继续做好中西医结合的理论研究和实践,提高中西医结合的服务能力,不断扩大服务范围,发挥中西医结合在重大疾病防治、突发公共卫生事件处置方面的重要作用。二是中西医结合(平衡)符合民情。"早在上个世纪之交,中西医汇通派就进行了宝贵的尝试;20 世纪 50 年代以来,在毛泽东主席的倡导下开辟了中西医结合的研究道路,我国医学界为这项事业付出了几代人的努力。"[5]我们

要在实现中西医、中西药的平衡发展的基础上，发挥中医与西医各自的优势和结合的优势，中医与西医在我国平衡发展是符合中国国情和民情的。

西医与中医的互补平衡。一是中西医互补平衡。“应该说平衡观不但有助于中医理论的发展，也同样有助于西医的发展。因为当我们想到西医的发展前途时，倒并不更多地担心它能否充分运用现代的科学技术，而是有一种紧迫的感觉，就是西医应该并也需要借鉴中医的思维方法，汲取中医整体平衡观的精华。”[6]中医重在辨证，西医重在辨病，中西医结合的关键就在于辨证与辨病的相结合，做到扬长避短，优势互补平衡。二是中西医结合的平衡点。从事西医的人要借鉴中医的整体思维方法，汲取中医整体平衡观的精华，把医学平衡观作为中西医结合的平衡点和结合点，这就是要坚持辨证与辨治的平衡，“中西医所研究的对象都是人这样一个特定的机体，它们有着共同的思想基础，即医学的平衡观。……医学的平衡观是联系中西医的纽带……”[7]

参考文献

[1]马力.精神卫生法应平衡患者和公众的利益.光明日报，2011-6-23.

[2]林竹三，林绿冬.中医平衡奥秘.北京：北京科学技术出版社，1993：193.

[3]何慕陶.医用行为学.成都，四川科学技术出版社，1987：4.

[4]林竹三，林绿冬.中医平衡奥秘.北京：北京科学技术出版社，1993：193.

[5]祝世讷.中西医学差异与交融.北京：人民卫生出版社，2000：18.

[6]林竹三，林绿冬.中医平衡奥秘.北京：北京科学技术出版社，1993：193.

[7]林竹三，林绿冬.中医平衡奥秘.北京：北京科学技术出版社，1993：206.

5.11 工业动态平衡发展

引证：

毛泽东《论十大关系》中提出：“平衡工业发展的布局”、努力“使工业布局逐步平衡”。“沿海的工业基地必须充分利用，但是，为了平衡工业发展的布局，内地工业必须大力发展。”“新的工业大部分应当摆在内地，使工业布局逐步平衡，并且利于战备，这是毫无疑义的。”毛泽东一贯倡导经济工作上保持农业、轻重工业协调发展意义上的“平衡”。[1]

——王明志《运输供给与运输需求平衡论》

5.11.1 工业化的失衡

从瓦特发明蒸汽机和英国兴起的工业革命开始，人类社会步入了工业文明时代。3个世纪以来，工业靠科学技术，为人类创造了巨大的灿烂和辉煌，人类的生产和生活发生了翻天覆地的变化。工业化社会是发达国家的标志，是发展中国家今后为之奋斗的方向，而后工业化社会则是发达国家和发展中国家共同为之奋斗的目标。由此可见，工业化对经济社会的发展起着决定性的作用。但是，由于过去近300年的失当、失衡的工业化进程，也给人类带来巨大的负面效应。第一，工业化造成资源失衡。一方面，人类对自然资源不合理开发利用，盲目开采、破坏性开采，甚至大大超过了自然资源再生的限度。另一方面，能源利用率低下，浪费极其严重。据公布的资料显示，以一年平均为例，我国国民生产总值中每万美元产值的能耗为16.67吨标准煤，而日本为7.07吨标准煤，德国为5.77吨标准煤。第二，工业化造成生态环境失衡。一是投入与产出失衡。我国工业技术落后，高投入、低产出，高消耗、高排放，浪费大、污染大。二是污染与治理失衡。企业控制污染的科学技术水平低，在生产过程中缺乏改造资金投入，源头“三废”量大，综合利用率低，加之治理不力，造成严重污染，土地、空气与河流湖泊受到危害，直接影响人的健康，也危害其他生物的生存。三是环保意识与开发利用失衡。人们的环境保护意识淡薄，乱砍滥伐树木，破坏植被，对森林重采轻营，导致生态失衡，现在地球气候变化无常，自然灾害多发，与环境的破坏有一定关系。第三，工业化造成经济效益与生态效益失衡。有不少企业设备陈旧，工艺落后，缺乏投入，不重视经济结构的调整升级，资源和原料大量流失，有不少企业的发展以破坏环境资源为代价，不重视节能减排，重利用、轻改造，相当数量的企业只重视经济效益不重视生态效益，对节能减排的重要意义认识不足，环境保护工作措施不力。

5.11.2 工业部门结构平衡

5.11.2.1 总量平衡

在市场化、工业化发展到一定阶段之后，结构矛盾必然影响宏观经济稳定和国民经济的持续发展。一是地区平衡。要解决这个矛盾，主要是调整社会总供给和总需求中的具体产品、行业和区域布局的不平衡问题，调整有的行业生产能力不够而有的行业产品过剩、同一产品有的地区不足而有的地区过剩的不平衡问题，加大对区域间、产业和产品流通结构的调整力度，促进平衡流动。二是产品平衡。我国在改革开放前，社会总供给和总需求之间在总量上表现为供不应求，产品太少，国家通过改革开放，放开搞活，增加投资，调整结构，产品供给规模不断扩大，从而实现了产品的供求平衡。三是内外需平衡。进入新世纪又出现了新的不平衡。一方面，产品积压。有的产品过剩，供给增长超过消费，造成有的产品生产过多；另一方面，生产能力闲置。企业产品没有销路，生产能力利用率低，有的企业停产或半停产。于是，国家通过打入国际市场，利用出口，解决多余的产品出路问题。以外需促销售，又满足了外需。

5.11.2.2 结构平衡

只有把产业结构、技术结构、生产组织结构和产品结构调整合理平衡了，才能有效利用人力、物力、财力和自然资源，从而实现工业的平衡发展。①通过调整趋向平衡。以国内外市场为导向进行结构调整,根据市场的需求,压缩没有市场的产品的生产能力,新上有市场潜力、有足够需求量的产品项目,形成新的生产能力和新的经济增长点。②通过兴办跨国公司趋向平衡。利用国际市场的资源和需求,走出去在国外办企业,进行跨国、跨地区生产经营。③通过扬长避短趋向平衡。一是要发挥本企业、本地区的优势,突出自己的特长,利用资源、地理区位条件和人才优势积极参与竞争。二是要注重工业部门之间的比例关系,逐步建立起有区域性特色的工业体系。④通过产业转移趋向平衡。结构调整重点要调整生产能力,优化资产结构,做好产业地区之间的转移和行业之间的转移,从根本上解决结构性矛盾。

5.11.3 工业企业的综合平衡管理

"什么叫综合平衡法?就是研究处理企业生产经营活动中各方面之间的矛盾,根据企业扩大再生产比例关系的要求,生产要素,各专业计划,各环节之间的计划互相衔接和协调起来,互相促进达到计划目标的平衡方法。"[2]工业企业管理,要学习和运用综合平衡法,切实加强工业企业的生产经营管理,让管理出效益,让管理提升竞争力。

——产供销关系的平衡。"综合平衡主要抓供、产、销平衡,平衡本身不是目的,它是为了保证按客观规律有计划按比例地发展生产。不平衡是绝对的,要不断根据客观规律的发展组织新的平衡。"[3]供、产、销平衡是年度计划综合平衡的中心工作,必须实现以生产任务为核心的"四个平衡",即生产任务与物资采购和供应的平衡,与动力和运输力的平衡,与人力、物力、财力以及技术力量的平衡。同时,还要做到生产计划与产品销售的平衡等。

——产量、质量、品种和消耗的"四个平衡"。一是企业要正确认识和解决"四个平衡"之间的矛盾。"同一时期内各项计划指标衔接平衡:企业的生产要以销售指标为依据,以生产指标为中心,以利润目标来衡量。因而产量、质量、品种、消耗等各项指标必须统筹兼顾,综合平衡。"[4]二是"四个平衡"的实现。要抓住产品质量这个主要矛盾,坚持在质量第一的前提下,做到产量、质量、品种和消耗的统筹兼顾、综合平衡,杜绝顾此失彼现象的发生。

——短安排与长计划关系的平衡。企业在制订计划时,要充分发动群众献计献策,征求相关专业人员的意见,把短安排与长计划、月安排与年计划、年计划与长远规划有机结合起来,以长远规划作为制订计划的基础,以完成年计划作为实现规划的前提,做到长计划指导短安排,短安排体现长计划。

——工业计划综合平衡。"所谓工业计划的综合平衡,就是合理分配工业中的人力、物力和财力等资源,正确安排工业生产与社会需要之间的平衡。"[5]要做到工业生产与社会需要之间的平衡,就必须做到"四大平衡":①工业部门的平衡。要保持轻工业与重工业、原料工业与加工工业、能源工业与其他工业之间等各个部门的平衡、协调关系,如果相互失衡则会造成工业生产与社会需求的失衡。②人财物的平衡。要合理分配各个工业部门之间的人力、物力和财力资源,确保工业产品的正常生产、均衡生产,做到经济社会、科技文化和军队国防供求之间的平衡。③原材料供需平衡。要保持生产原材料供应和工业企业需求的平衡关系，确保社会所需产品生产的产量和质量。④相互比例的平衡。随着工业各部门的发展和时间的推移,要不断消除新出现的比例不平衡问题。“包括生产与需要,数量与质量,生产各要素、各环节、各部门之间的平衡,使它们上下左右互相促进。所以综合平衡过程就是揭露矛盾解决矛盾达到比例(数字)协调的过程。”[6]毛泽东非常重视工业的布局平衡，他说:“为了平衡工业发展的布局，内地工业必须大力发展。”[7]

5.11.4　工业能平衡

5.11.4.1　能源平衡

①供需平衡。要通过国家能、企业能的平衡调节,实现能源需求、能源生产、能源运输、能源消费等环节之间的平衡,确保能源与国民经济发展之间的供需平衡。②价值平衡。国民经济发展中所消费的能源,要保持能源内部使用价值的平衡。③地区平衡。要根据地区生产力布局和能源生产、能源消费、能源分布、交通运输等综合因素进行地区平衡。④行业平衡。要处理好社会消费和居民个人消费的关系、农工商运建等各行各业的供需关系。⑤企业能平衡。一要根据能源安排企业需求;二要挖掘资源潜力;三要节约能源;四是综合利用。

5.11.4.2　热设备能平衡

第一,热能平衡。一是工业企业直接使用的烘干、蒸煮、采暖、熔化等热能平衡。二是把热能转变为机械能或电能的平衡:一类是热工设备,即交换器。另一类是热力设备,即热动力设备。第二,输入输出平衡。对热设备企业要定期检查、定期测试,保持总输入能量与总输出能量在数量上的平衡。第三,能源利用平衡,要找出热能的流失量,及时进行设备改造,提高能源的利用率,并为加强能源管理和节能降耗提供科学依据。

参考文献

[1]王明志.运输供给与运输需求平衡论.北京:人民交通出版社,1996:3.

[2]郝觐桓.工业企业管理.天津:天津科学技术出版社,1983:156－157.

[3]郝觐桓.工业企业管理.天津:天津科学技术出版社,1983:156－157.

[4]郝觐桓.工业企业管理.天津:天津科学技术出版社,1983:157－158.

[5]陈朝宝.工业经济管理.南京:南京大学出版社,1988:104.

[6]郝觐桓.工业企业管理.天津:天津科学技术出版社,1983:157.

[7]王明志.运输供给与运输需求平衡论.北京:人民交通出版社,1996:3.

5.12 农业动态平衡发展

引证：

农业也要综合平衡，农业包括农、林、牧、副、渔五个方面。[1]

——毛泽东

5.12.1 农林牧副渔业的平衡发展

5.12.1.1 农业生态与农业经济之间的平衡发展

①生态与经济的平衡。“农业生态与经济之间的平衡，不是静态的平衡，而是动态的平衡，是农业生态与经济的协调发展和协同进化。因此它是发展中的平衡，平衡中的发展，是在不断的新的平衡中实现系统的可持续的发展。平衡是可持续发展的前提，平衡是新一轮发展的基础。”[2]一是资金补助与技术指导的平衡。我国各级政府大力支持和鼓励发展农业循环经济，采取从资金上补助、从技术上指导等有效措施促进农业生态与经济的协调发展。二是“种养加”平衡。在农村建立和推广家庭式“种植、养殖、加工”的循环经济模式，提倡家庭低碳经济和综合利用，推行庭院绿化，利用太阳能、沼气等立体式循环经济发展的新模式，把厕所改造为沼气池，将秸秆气化，取代家庭照明和生活燃料，这是一举多得的“种养加”好模式。②两种生态经济的平衡和统一。“农业生态经济平衡可分为宏观生态经济平衡和微观生态经济平衡。现实中的农业生态经济平衡是这两种生态经济平衡的统一。”[3]发展我国农业生产，必须做到农业宏观生态经济平衡和微观生态经济平衡二者的有机统一，充分发挥二者之间的相互促进的作用，确保经济系统与生态系统之间的物质、能量交换，保证农业生产的持续稳产高产。

5.12.1.2 工农业、城乡的平衡发展

第一，工农业之间和城乡之间的不平衡。我国工业与农业、城市与乡村之间不平衡的问题有历史的和现实的原因，实现相互平衡需要一个过程。不平衡原因之一：历史和地理环境的不同、农村产业结构不合理、产业发展不协调等因素造成了城乡差别和工农差别。不平衡原因之二：由于我国大部分农村主要是以小生产为基本特征的传统农业生产管理模式，而我国的城市则是主要以社会化大生产为基本特征的现代工业生产管理模式，所以造成了工农和城乡差别。第二，工农业和城乡的平衡发展。一是以转变发展方式实现平衡发展。我国的农业必须学习借鉴工业的生产经营管理理念和城市社会化生产的经验，从根本上改造农业发展方式，特别是要提升现代化、机械化农业发展水平。二是以一体化建设实现平衡发展。优化城乡之间的产业布局，形成城乡产业联动体，把城乡一体化和新农村建设结合起来，形成工农、城乡的平衡发展格局。三是以龙头企业带动实现平衡发展。要重点发挥农业龙头企业的带动作用，实现产供销、农科教等多种形式的一体化经营，形成城乡产业链，增加附加值。

5.12.1.3 林业与种植业的平衡发展

①农林业的不平衡现象。长期以来,由于我国对林木保护不力,林业面积减少,造成水土流失、沙化和沙尘暴严重;气候变化异常,洪涝、干旱和泥石流以及山体滑坡等自然灾害频发,直接影响了农林业的发展。改革开放以来,我国高度重视加强农林业设施建设和新品种的培育,为农林业创造了平衡发展的环境。②农林业的平衡发展。一是用综合治理促进平衡。大力实施西部的种树种草、退耕还林、退牧还草和圈养牛羊等多项综合治理措施。二是用制度促进平衡。完善林法、明确制度、规范林权,强化对林地和草地建设和保护工作。三是用造林护林促进平衡。国家在北部开展的三北防护林和京津防护林建设、在南部长江上游和在西南地区的天然林的保护工程的建设等,为农业生产构建了风沙保护屏障,为促进林业与种植业的平衡发展奠定了基础。

5.12.2 粮食供求平衡

"实行粮食地区平衡和省长负责制, 是 1995 年 2 月中央农村工作会议决定付诸实施的一项重大政策举措。"[4]国务院研究室课题组《粮食地区平衡与省长负责制》一书,根据世界粮食生产形势和各国粮食供需现状,为了确保我国的粮食安全,介绍粮食地区平衡和省长负责制的重大政策举措,该书观点归纳为"五个平衡"。

5.12.2.1 总量平衡

"民以食为天",吃饭问题是最大的民生问题。一是两个积极性的平衡。20 世纪末,我国为了实现全国粮食总量平衡与粮食地区平衡,实施了党中央领导下的省长负责制,形成了中央应负责任与省长负责制相互补充的重大政策举措。有效调动了中央和地方两个积极性。二是各省供求平衡。1995 年 2 月中央农村工作会议明确规定:实行各省自产和自销、外购和外销的方法,实现各省供求平衡。三是总量平衡。粮食生产必须实现全国总量平衡,要在确保口粮供给的前提下,重视解决饲料用粮和工业用粮不平衡问题。

5.12.2.2 利益的平衡

第一,"五个利益"关系不平衡的表现。"前面说过,目前的粮食形势还是好的,各方面的利益关系还相对平衡。但是不平衡、不协调的迹象已经出现,应该作必要的调整。"[5]粮食生产、流通等诸多环节中,存在着复杂的利益关系,特别是存在着中央、地方、生产者、经营者和消费者之间的"五个利益"关系不平衡的问题,直接影响粮食生产。第二,"五个利益"平衡兼顾的方法。一是利益平衡调整。全国要实现粮食供给与需求的平衡,必须要加大对中央、地方、生产者、经营者和消费者之间的"五个利益"关系的调整力度,做到五者之间利益关系的平衡。二是政策平衡调整。国家和各省要针对目前种子、地膜、农药、柴油和化肥涨价、种地成本上升问题,要认真从政策上予以调整。三是补贴平衡调整。对种粮的农民进行必要弥补的基础上,适当对补贴予以调整,从而调动农民的粮食生产积极性,确保粮食逐年增产,为我国的粮食安全奠定基础。

5.12.2.3 耕地占补平衡

一是用地的平衡机制。“不能保证一定的粮食播种面积，也就不能保证一定的产量。国土资源部提出的耕地要占补平衡的政策，是一种补救措施，有一定的作用。”[6]粮食播种面积是粮食生产的保证，要坚决实行耕地占补平衡政策，完善用地平衡机制。二是面积与产量的平衡。国土资源部规定把我国18亿亩耕地作为不得占用的一条“红线”，无论是城市、村镇和商用地，还是农民住宅建设用地，都不能占用耕地，只有保证一定面积才能保证一定产量。三是“占补”平衡。国家强调各地农村对耕地都要明确产权和承包经营权，把耕地“占补”平衡政策坚决落到实处，确保国家的粮食安全。我国30多年保持了粮食供应的平衡，这个成绩的取得与我国实行土地资源“建设‘占补’动态平衡”、节约用地的机制有直接关系。

5.12.2.4 地区平衡

“所谓粮食地区平衡，是相对全国粮食总量平衡而言，所谓省长负责制，是相对中共中央应负责任而言的。”[7]一是“省长地区平衡负责制”。粮食地区平衡就不能地区供应失衡，省长负责制就要省长负起平衡的责任。新世纪以来，虽然我国实现了连续多年农业增产，但是粮食供给与需求平衡问题仍然是各地方领导者和相关部门工作的重点，粮食地区平衡的工作，在任何时候都不得有半点松懈。二是粮产弱省要确保供求平衡。我国有的省是粮食生产能力不高的弱省，这些地区粮食供求安全有一定难度，要求领导人要做好基础性、长期性工作，坚持不懈地确保粮食供求平衡。三是粮产强省要为总量平衡作贡献。有的省是粮食生产能力好的强省，但也要从整体出发，从长远着眼，依然把省长负责制和粮食地区平衡当做战略性任务，争取多产粮食，为国家粮食总量平衡作贡献。

5.12.2.5 供需平衡的方法

第一，粮食生产中的不平衡。截至2010年我国人口总量上升到13.7亿，而农业自然资源却在继续下降，据统计2005年人均耕地1.4亩，是世界的40%，人均水资源是世界的28%，农户平均耕地7.3亩，是美国的1/400，是日本的1/10。粮食生产中存在的这些不平衡问题，说明粮食安全形势依然严峻。第二，粮食供需平衡的方法：一要靠科技兴农，依靠单产提高总产。二要加大投入，增强产粮能力。三要保护粮产区和农民种粮两个积极性。四要注重产粮基地建设和规模型粮食生产。五要国家统一粮食定价。六要坚持耕地“红线”，稳定粮播面积和总产。

5.12.3 种植业的平衡方法

5.12.3.1 平衡施肥法

①不平衡施肥的危害。我国农村普遍存在施肥不平衡现象，表现是“三重三轻”，即重化肥轻有机肥，重氮肥轻磷、钾及微量元素肥，重基肥轻追肥的现象，不但严重影响粮食产量，而且严重浪费肥料。为此，国家农业部提出在全国重点推广平衡施肥技术，平衡施肥能使作物营养成分达到平衡。陕西省周至县农业局推广的平衡施肥技术(本文讲述

的平衡施肥)值得借鉴,他们推广平衡施肥技术取得了大幅度增产的效果。②平衡施肥的重要性:一是根据土壤肥力高低即多因子(直接因子、间接因子、外来因子)进行配方施肥。二是有机肥和化肥相结合。化肥作用大,但偏施化肥容易使土壤次生盐渍化、退化和沙化等。三是在植物营养、施肥理论方面要按照德国化学家李比希的"养分归还学说"及肥料的同等重要律、不可替代律、最小养分律、报酬递减律三大定律施肥。③平衡施肥方法:一是地力分级法。通过测定,划分出高产田、中产田、低产田的等级。按级别确定施肥量。二是补差施肥法。根据作物需肥量和土壤供应量之差计算计划产量的施肥量。陕西周至农业局的工作人员说:"平衡施肥新概念,养分平衡保增产。"

5.12.3.2 土壤养分平衡法

农作物养分普遍失衡。据有关专家试验证实,从我国广大农村目前施肥状况看,农田土壤中氮、磷、钾三要素严重失衡。一是钾素收支不平衡。专家对全国氮、磷、钾三要素的地力平衡分析,发现主要是钾素收支不平衡,肥力亏损严重。江浙、长三角地带土壤中要素含量较为平衡,但也存在低度缺钾的不平衡状态,全国其他地区缺钾问题则严重失衡。二是养分平衡的重要性。种植业养分三要素平衡是必须重视的,但从目前全国施肥中养分收支分析看,大部分地区虽然氮素有余,但仍大量施氮肥造成浪费;有的地区磷素保持基本平衡,但也大量施磷肥,也造成浪费。

作物营养元素的平衡。一是养分平衡。广大农民要想获得粮食增产,一定要掌握农作物营养平衡的方法,就是在土壤供给的基础上再进行补充农作物所需要的各种营养元素的供给量,缺啥补啥,缺多少补多少。二是土壤养分平衡的方法:休耕恢复地力法;种植豆科法;农家肥与化肥结合施肥法。

5.12.3.3 耕地热量平衡、辐射平衡

一是耕地热量平衡法。为了获得农业丰收,农技人员要加强对农田能量交换的研究,掌握当地农田辐射的年度热量变化,有针对性地采用有效的农作物热量辐射平衡法和保持热量平衡耕作法,达到耕地的热量辐射平衡。二是农作物辐射平衡法:①间作;②矮品种;③扩大作物光照面;④延长光照时间;⑤有机质还田施肥耕作;⑥增施厩肥、堆肥和绿肥等有机肥。

5.12.3.4 水分平衡

第一,降水量的失衡。我国西北部,特别是陕甘宁青部分地方降水量失衡,不但每年降水量少,而且季节分配很不平衡,特别是在正当冬小麦作物生育过程中急需要水分时节,降水量反而减少,造成年年减产。第二,作物与降水量平衡的方法。一是以播种春小麦保持与降水量平衡。在我国西北陕甘宁青的干旱地带,要彻底改变过去冬小麦种植的旧习惯,调整为春播作物生产。二是以种植秋作物保持与降水量平衡。秋作物如玉米可以利用7—9月雨水多的特点,发挥秋作物生长的优势。第三,保持土壤水分平衡的方法,如采取弥补水分的春耕、伏耕、秋耕等保持水分的方法和措施。

5.12.3.5　日光温室的热平衡法

①热平衡与作物生长关系。白天太阳光照进入温室,温室内得到的热量与支出的热量相等叫日光温室的热平衡。热平衡与作物生长有直接关系,决定产量的高低。如在35度黄瓜植株处于平衡状态,利于生长;8~10度西葫芦处于平衡,利于生长;35~40度西红柿失去平衡,不利于生长。②热平衡规律的利用。一要保持温室热平衡。温室建造应尽量减少缝隙防止散热,平日注意密封保温,维持适当温度有利于作物生长。二要进行热平衡测定。按照相关专家对日光温室的热平衡测定,掌握作物与温度的平衡关系,实行科学种田,从而获得增产增收的效果。

5.12.4　畜牧业的平衡管理

5.12.4.1　畜草平衡

畜草平衡是指牲畜的数量与饲草量相适应、相匹配。建立畜草平衡,是保证畜牧业生产正常发展的重要基础和条件。在畜草平衡方面,要学习借鉴国外畜草循环平衡的先进经验,提高我国的草原生态平衡水平。①利用与保护的平衡。一方面,要加强畜牧业管理,保护牧草资源,充分利用和保护好天然草场;另一方面,要提倡圈养新法,建立人工生态系统。②牧草失衡的改良。一方面,要开展牧业科研和开发,大力进行牧草改良,扭转天然草场退化现象;另一方面,要选择适宜的和优质的草种,广泛发动牧民群众进行人工种草。③畜草平衡的方法。一方面,要控制载畜量,防止盲目扩大,做到以草定畜;另一方面,要保持牧草能量,减少冬畜,达到科学贮草、减少牧草消耗的目的。

5.12.4.2　平衡饲养

20世纪50年代,欧美国家用电子计算机把若干种类的原料,加以科学配制,形成既经济又有效的配合饲料,达到科学饲养家禽家畜的目的。①平衡日粮。畜禽饲养要实行"平衡日粮"的饲养方法,在畜禽饲养中根据不同生产方向、不同畜禽年龄和生理状态的牛、猪、羊、鸡、鸭等,都可采用配合饲料的饲养方法,这种方法既能满足畜禽生长营养又能节约饲料。②平衡营养。采取平衡饲养的目的就是做到各种营养素之间的比例适宜,满足动物的氨基酸等营养素的需要量,使饲料营养成分适度、合理,保证各种营养素的平衡。平衡饲养方法不但促进动物平衡生长,而且防止饲料浪费。

5.12.4.3　平衡管理

要加强畜禽生产的平衡管理,就要做到多管齐下。其一,饲料平衡管理。配合饲料的优点是合理搭配调节蛋白质、无机盐和维生素的用量,确保畜禽基本营养素的合理摄入。其二,体液平衡管理。确保畜禽水的充分供给,不能间断,最好是畜禽自由饮用。同时,要保持畜禽的酸碱平衡和电解质平衡,这是畜禽养殖工作的关键。其三,体热平衡管理。冬季舍内要保持适当温度,夏季舍内要降低湿度,加强通风。其四,平衡管理试验。为了充分发挥生产潜力,合理地选择和利用饲料,这就需要用试验掌握各类饲料所具有的营养价值。例如,物质平衡试验、氮平衡试验、碳平衡试验和能量平衡试验等。

参考文献

[1]毛泽东文集:第8卷.北京:人民出版社,1999:73.

[2]张淑焕.中国农业生态经济与可持续发展.北京:社会科学文献出版社,2000:150.

[3]十一届全国人大三次会议《政府工作报告》学习参考编写组.十一届全国人大三次会议《政府工作报告》学习参考.北京:人民日报出版社,2010:114.

[4]国务院研究室课题组.粮食地区平衡与省长负责制.北京:中国言实出版社,1996:73.

[5]十一届全国人大三次会议《政府工作报告》学习参考编写组.十一届全国人大三次会议《政府工作报告》学习参考.北京:人民日报出版社,2010:108.

[6]十一届全国人大三次会议《政府工作报告》学习参考编写组.十一届全国人大三次会议《政府工作报告》学习参考.北京:人民日报出版社,2010:107.

[7]国务院研究室课题组.粮食地区平衡与省长负责制.北京:中国言实出版社,1996:72.

5.13 商贸流通业的动态平衡发展

引证:

流通的平衡和实现从根本上来说,是一致的。即流通的平衡实际上就是流通的实现,而流通的实现也是以流通的平衡为条件的。[1]

——左宪棠《流通经济学》

5.13.1 商贸流通的失衡现象

——商品经济意识的失衡。中国商业起源早,曾经在世界上独领风骚。我国商业萌芽于商周,发展于秦汉,鼎盛于唐宋,衰退于明清,落后于近代,现在仍然发展缓慢,与世界上发达国家相比存在很大差距。落后的主要原因有两个方面:第一,统治者"抑商"造成失衡。我国历朝历代都是在开国后为了维护本阶级的统治和利益,开始大力发展商业和贸易,一旦政权巩固,就恐商怕乱而抑商抑贸。第二,"贱商"文化造成失衡。儒教文化具有轻商贱商的负面作用,导致人们形成"无商不奸"意识,行商地位低下,口碑不好。第三,"封关自守"造成失衡。由于西方列强多次入侵和掠夺,造成中国闭关自卫,关上了与世界交往的大门。因而,造成我国商品经济不发达,商业贸易流通落后于世界。

——统与放的失衡。一是新中国的商业基础不平衡。新中国成立后商业基础薄弱,加之在对资本主义工商业改造时,有的地方客观上抑制了商贸业的发展,后来又长期实行限制个体商贩、自由市场和集市贸易的政策,把商业流通管死了。二是国有垄断造成不平衡。长期以来,割资本主义“尾巴”,实行清一色国有垄断,除国营商业别无“分店”,官商风气严重,缺乏竞争。三是统一购销造成不平衡。实行指令性计划和调拨运行,销售好坏不负经济责任,不能调动积极性。四是流通不平衡。过去物资缺乏,没有议价市场,不能自由贸易,市场十分萧条,物资流通不畅。

——区域间商品流通失衡。一是东、中、西部不平衡。我国区域间商品流通规模发展很不平衡,东、中、西三大地区差距悬殊。东部地区人口占全国的38%左右,商品流通量占全国60%以上;中西部人口占全国的53%左右,流通量占10%。二是省地市之间不平衡。随着改革开放的深入,对我国中央财政统收统支政策进行了改革,转变为各个省区市分灶吃饭。在这种情况下,各个省区市为了维护自身利益,纷纷各自采取经济手段和行政手段,设置省区市之间的关卡,造成省区市之间的商品流通大大受阻。

——外贸出口模式失衡。过去我国采取的是“劳动密集型”和“高碳经济”的传统外贸出口模式。“我国传统对外贸易发展模式是出口导向型,出口商品以劳动密集型为主,具有‘高投入、高消耗、低效益’的特点。”[2]我国的出口产品,能源消耗和污染大于进口产品,很不适应当今世界低碳经济贸易发展的趋势,必须尽快转变外贸出口发展方式。

5.13.2 商业流通的平衡

5.13.2.1 内需与外需的平衡发展

胡锦涛强调:“继续坚持内外平衡发展。”“中国将坚持把促进国际收支平衡作为保持宏观经济稳定的重要任务,统筹利用国际国内两个市场、两种资源。”[3]一是两个市场平衡发展。改革开放以来,从树立商品交换观念入手,改革流通体制,强化管理,规范市场,建立市场经济运行秩序,努力同世界经济接轨,把商业流通工作的结合点放在内外需的兼顾上,充分利用国际国内两个市场、两种资源,纠正重国际市场轻国内市场的倾向,努力实现内外需平衡增长。二是供求平衡。在国内统筹生产和流通,确保实现商品供给量与商品需求量的平衡。供求平衡的关键是流通平衡,流通平衡的重点要做好价值的平衡、实物的平衡、价值与实物之间的平衡。三是生产、流通的相对平衡。流通平衡不是绝对平衡,而是供给略大于需求的平衡,内需与外需都要如此,在现阶段,流通工作要适应国内消费水平不断提高的需要,扩大流通,满足不断增长的物质文化需求,保持和促进生产不断发展。

5.13.2.2 流通与生产的平衡

①生产资料生产和消费资料生产的平衡。流通由生产决定,生产为流通提供物质基础和条件。流通是平衡还是不平衡,直接受到生产的制约和影响。在生产供给方面,如农业、轻工业和重工业的发展比例关系如何,直接影响流通的平衡状况。所以,流通是否平衡,取决于生产资料生产和消费资料生产是否平衡。②商贸流通业与实体产业的平衡。我们在商贸流通工作中,要重视和沟通生产企业之间的产与销、供与需的平衡,畅通产供销的流通渠道,确保企业生产资料的生产和消费资料的生产的实现,推动流通业的动

态平衡发展。

5.13.2.3 消费与流通的平衡

一是消费与流通之间的平衡关系。流通由消费决定,消费是流通业生存的基础和发展的条件,也是流通业全部工作的目的所在。流通是否平衡受到消费影响和制约的规律告诉我们消费者才是商贸流通业的上帝。二是消费与流通平衡的动态性。消费与流通之间关系是不断发展变化的,因此二者的平衡是动态的平衡,不是静态的平衡。我国近几年连续提薪、增加退休金、原料和商品涨价、政府增加各种补贴等,从而提高人们的消费水平和扩大了流通,其结果必然要增加工业投资、增加商品生产,这样反过来又有可能形成流通的不平衡。因此,各级相关管理部门要在变化中做好调节平衡工作,发挥市场自发调节平衡的基础上,用人为干预调节的手段实现消费与流通二者之间的平衡不断出现。

5.13.3 社会供求关系的平衡调节

5.13.3.1 市场自发调节平衡

市场自发调节平衡,是由价值规律自发地调节生产和流通平衡的客观现象。第一,商品供需平衡与不平衡的规律。商品供给与商品需求之间的矛盾运动,遵循“不平衡—平衡—不平衡—平衡”循环运行。商品市场,时时刻刻都在自我进行着平衡调节,推动市场从不平衡走向平衡状态再打破平衡状态的循环运动,这种现象有人称为“看不见的手”操纵着、左右着市场。商品市场自发调节是通过商品销售快慢和价格高低而自发调节实现的。第二,市场自发调节平衡。一是生产者为了追求效益,商品市场上什么样的货物热销,什么多赚钱,生产者就会组织生产什么而趋向平衡。二是生产者由于追求利益而放弃生产滞销、销售不畅和“赔钱货”的产品而趋向平衡。三是市场上产品过剩了就降价,降价了就减产;减产了就又涨价,涨价了就会又增产,从而趋向平衡。市场就是这样,在商品价格的下浮和上涨中,自觉调节着市场的动态平衡。

5.13.3.2 人为计划调节平衡

市场发展变化的规律性,是可以被人们认识和利用的。第一,宏观不能离开人为干预平衡。人为调节就是利用市场发展变化规律进行人的有意识干预,使之符合人们的意志。宏观领域必须人为干预,不能完全依赖市场自发调节,政府必须及时加以干预,提倡有利的,限制不利的,使市场始终保持平衡状态。第二,人为干预调节要做到“三性”:①以“计划性”干预平衡。人为计划调节是按照价值规律,人为地运用计划手段和经济杠杆,有计划地调节国民经济各部门的关系,促进有计划按比例协调发展,使社会生产与社会需要之间保持平衡。②以“公平性”干预平衡。在商品经济条件下,市场竞争非常激烈,特别是在商业贸易这个竞争性行业中最容易出现不公平竞争。为了实现在利益上的公平,政府建立商业管理部门、商业协会等组织并进行有效干预活动,确保公平竞争和利益关系平衡。③以“综合性”干预平衡。我国市场上的工农业产品有千百万种之多,消费结构和消费需求不断变化，在不同地点、不同时间和市场有千差万别，所以国家相关部门和行业协会不可能都把它管起来，于是产生了综合的方法：一方面，在微观上发挥自发调节作用；另一方面，在宏观上运用自发调节与人为调节相结合的方法。例如，2011年，国家和各级政府管理部门，按照国家的意志和大多数人的利益，从宏观上对房价过快上涨进行调控、干预，就是采取把自发调节与人为调节结合起来的综合方法。

5.13.4 商品储存平衡

商品储存平衡，是商品流通的重要环节，它能使整个商品流通过程平衡协调起来。第一，储存平衡计划的制订。商品储存计划由购销业务部门制订，制订储存计划的依据有两个：一是商品流转有关项目；二是商品流转之间的平衡关系。购销业务部门的商品储存计划，是制订仓储部门商品储存计划的基础。在此基础上，仓储部门结合自身储存能力和储存条件进行综合平衡，制订出仓储部门的计划。第二，商品储存的"三个平衡"。根据罗勋才、潘在清主编《商业经济管理学》一书中提出的仓储方法，归纳为"三个平衡"：一是储存数量与仓储能力的平衡。仓储部门要把存储货物需要与仓库存储能力合理平衡。货源不足时广开门路，联系新货源；库容量不足时，新增简易设施，保证仓储需要。二是商品储存条件和仓库储存条件的平衡。根据所存货物的防潮、易燃、有毒和化学品等不同性质，分类管理，确保仓库安全和商品完好。三是商品出库与入库之间的平衡。为不浪费库房，要保持出入库平衡，按现有储存商品的数量、提货时间和预期存货时间、数量做好相互衔接的计划，使仓位始终没有空闲浪费，同时要避免新货入不了库的问题。

5.13.5 国际贸易平衡

5.13.5.1 进出口的平衡发展

①政策和策略的平衡。"促进进出口平衡发展，重点扩大先进技术装备、关键零部件和国内紧缺物资进口，稳定各项进口促进政策和便利化措施，敦促发达国家放宽高新技术产品出口限额。"[4]为了进入国际市场，我国制定了一整套政策措施。如2009年，我国出台一系列稳定外需的政策措施，采取符合国际惯例的方式支持出口企业发展，安排出口信用保险承保900亿美元和巨额出口融资保险。②进口与出口平衡。一方面，我国始终坚持进出口平衡的方针，在指导思想上要把重点放在进口先进技术装备、关键零部件和国内紧缺物资上；另一方面，鼓励增加进口，2009年利用外商直接投资900亿美元，进出口总额2.2万亿美元，成为世界贸易大国。③贸易结构平衡。我国为了推动经济贸易的进一步发展，就必须紧紧跟上世界绿色贸易的发展趋势，转变贸易出口增长方式，加快出口产业结构的调整和优化，大力发展绿色产业，减少污染，推进环保，促进我国低碳经济贸易的可持续发展。

5.13.5.2 积极参与国际贸易平衡机制

一是在参与中共享经济平衡发展成果。我们要抓住经济全球化的机遇，把我国经济融入世界经济的大潮之中，与世界各国共同享有经济全球化发展的成果。我国要积极参加国际贸易组织，参与经济贸易金融合作，参与国际宏观经济政策对话，不断深化多边双边经贸合作。“积极参与多哈回合谈判，推动早日达成更加合理、平衡的谈判结果。”[5]二是在参与国际性活动中实现平衡发展。我们要充分利用奥运会、亚运会和2010年上海世博会、广交会等各种世界性活动的成功举办的效应，大力开展我国与世界各国的交流合作，推动我国经济贸易的大发展。

5.13.5.3 国际收支平衡途径

①贸易结构平衡。一是产业结构与贸易结构的平衡。我国要在转变经济发展方式和贸易方式上取得成效，推动产业结构平衡和贸易结构平衡的调整，大力发展低碳贸易经济，提高外贸发展的质量和效益，使外贸发展由粗放型转变为集约型。二是外贸管理的平衡。努力完善我国市场机制和管理体制，适应国际低碳贸易发展趋势，与世界经济贸易发展平衡。②人民币汇率平衡。要预防国际资本流动的影响，健全外汇管理体制、机制和法规体系，进一步加强金融机构外汇业务的监管，严防风险，保持人民币汇率在合理、平衡水平上的基本稳定。③国际收支平衡。我国仍然要坚持国际收支基本平衡、略有结余的方针，保持资本项目、金融交易和经常性项目等的基本平衡。

参考文献

[1]左宪棠.流通经济学.北京：中国商业出版社，1987:291.

[2]十一届全国人大三次会议《政府工作报告》学习参考编写组.十一届全国人大三次会议《政府工作报告》学习参考.北京：人民日报出版社，2010:65.

[3]胡锦涛主席在二十国集团领导人第五次峰会和亚太经合组织第十八次领导人非正式会议上的讲话.北京：人民出版社，2010:18.

[4]罗勛才，潘在清.商业经济管理学.北京：中国经济出版社，1989:31.

[5]十一届全国人大三次会议《政府工作报告》学习参考编写组.十一届全国人大三次会议《政府工作报告》学习参考.北京：人民日报出版社，2010:27.

5.14 交通运输业动态平衡发展

引证：

搞社会主义建设，很重要的一个问题是综合平衡。……工业、农业、商业、交通事业都可能碰到。[1]

——毛泽东

5.14.1 交通运输业中的失衡

交通运输业，包括水路运输、陆路运输、空中运输和管道运输四种方式，其中陆路又有铁路和公路之分。这些运输方式,在国民经济建设和人民生活中发挥着巨大作用。第一,供求失衡。20世纪中期,我国交通运输供给与运输需求严重失衡,表现为交通运输业向经济社会的供给不足,特别是国民经济发展对交通运输提出的需求不能满足,经常性出现货运和客运的积压,在一定程度上影响了国民经济建设和人民正常的工作和生活。第二,供求失衡的表现。一是货运失衡。过去货物多,物流不畅通,货物运输需要排序、长时间等待,不能按时发运,到货时间拖延,直接影响社会主义建设。二是客运失衡。公交车、火车需求大于供给,车少人多,人流不畅通。三是旅行失衡。出行乘车买票难,上车难,车上拥挤,旅行非常艰难。四是时间失衡。坐火车经常晚点,不能按时到站。改革开放以来,我国大力发展交通运输业,客运和货运状况大大改善,基本实现了运输需求与运输供给平衡。

5.14.2 交通运输业平衡发展的重要性

保持交通运输业发展与经济社会发展的平衡,是我国现代化建设和工业化进程的基础。第一,交通运输业与国民经济发展平衡的重要性。"正确处理好交通运输与国民经济发展的关系,有利于搞好交通运输发展水平与国民经济发展速度之间的综合平衡,有利于搞好交通运输业内部五种运输方式之间有效运输需求和运输供给的平衡以及资源利用方面的布局平衡,有利于搞好每种运输方式内部各种经济关系的平衡。"[2]王明志讲的"四个平衡",充分说明交通运输业与国民经济发展的关系是相互促进、相互制约的关系,保持二者关系的平衡,才能促进国民经济和交通运输业的动态平衡发展。第二,交通运输业与经济工作平衡的重要性。交通运输业是国民经济发展的血液,是国民经济建设的基础产业,是经济社会运行的载体,是经济工作、政治活动、科学研究、军事安全的桥梁和纽带,交通运输业在宏观上是一个国家社会进步和经济发展的条件,也是一个国家发达程度的重要标志。第三,交通运输业与社会生活平衡的重要性。交通运输业在微观上关系人民群众的经济生活、社会生活和个人家庭生活的正常运行,其地位和意义是十分重大的。正如农民常说的一句话"要致富,先修路",说明了交通运输业与广大农村发展的关系。

5.14.3 运输需求与运输供给的平衡

5.14.3.1 运输力与运输量的平衡

一是运输力与运输量失衡的危害。交通运输业与经济社会在运输布局以及运输方式和供给、需要上失去平衡,就如同人的血脉不通,将对国民经济发展、综合国力增强和民生改善等产生严重影响,就会出现各领域、各部门和各行各业连锁反应与恶性循环后果,甚至于阻碍整个国民经济的正常运转和健康发展。二是运输力与运输量的平衡。我国的交通运输业在近30年中发展速度之快是前所未有的。特别是在新的世纪,多种运输方式竞相发展,基本实现了运输力与运输量的平衡。2009年,各种运输方式都有较快发展,新建铁路投入运营5557公里,高速公路新建通车4719公里,新建、改建和扩建民用机场35个。特别是京沪、武深高铁的开通运营，大大推动了国民经济的发展和社会进步。

5.14.3.2 区域、城乡交通运输的平衡

一是人流物流与城市的平衡。现在城市市区、市际和农村已经形成交通网络，实现了城市和农村人流和物流的基本平衡，并做到了舒适、安全和快捷。特别是县域以上城市的市区和郊区的人和物的流入、流出基本实现了平衡。二是区域、城乡交通的平衡。大多数一线城市都实现了立体交通网，水陆空并用，把区域间、大城市间和广大农村紧密地连在一起，大大缩短了区域、城市和乡村之间的距离。三是多种运输方式的平衡。我国一级路、高速路、地铁、高架路和轨道交通等多途径、多手段和多方式解决人流和物流的交通运输问题，在城乡各式各样的交通工具供人们自由选择，人们出差、通勤、上学、购物和旅游等既方便又快捷，既安全又舒适。

5.14.4 多种运输方式的平衡发展

5.14.4.1 多种运输方式的平衡发展

①交通运输的整体平衡。“五支生力军(注：铁路、公路、水运、管道、民航)，共居于交通运输统一体中，相互联系，相互补充，相互竞争，相互争夺。”[3]铁路、水路、公路、航运和管道等运输方式的平衡发展，对我国交通运输需求与运输供给发挥着不可替代的作用，各种运输方式之间各有所长，各有所短，做到了扬长避短，各自发挥优势，相互弥补弱点，形成相互促进的有机平衡的整体。②运输的结构平衡。进入新的世纪，多种运输方式不断进行结构调整，实现了自我完善和自我发展，化解了过去存在的布局不合理和运输结构性不平衡矛盾，基本上实现了运输的结构性平衡发展。③运输的综合平衡。近几年发挥网络的作用，铁路、公路、水路、航空和管道等运输方式实现联营、联运和联合，各种方式相互之间协同配合，形成动态平衡的运输体，相互之间发挥了联动的优势。不但提高了我国综合运输能力和运输效益，而且为现代化建设和社会生活提供了高效服务。

5.14.4.2 多种运输方式的互补平衡

“对于国民经济总体来说，交通运输是一个子系统，在这个子系统内部，又存在着铁路、公路、水运、管道、民航五种为社会公认的运输方式以及已经萌生尚未形成规模的太空运输和海底运输。”[4]经济社会的快速发展，客观上要求水陆空运输要做到扬长避短和互补平衡：①河运、海运的运量和速度的平衡。一方面要发挥运量大成本低的优势；另一方面要解决运速慢的劣势。同时要实行海运与河运的联运，提高经济效益。②铁路运输的高速与高铁安全的平衡。一方面要发挥运速快、运量大和成本低的优势；另一方面要解决高铁的安全问题。同时，“铁路经常需要通过计划综合平衡调节路内外各方面的发展比例”[5]，从而，确保铁运动态平衡。③公路运输的小型与便捷的平衡。一方面要发挥灵活便捷的优势；另一方面要解决安全的劣势。④民用航空的运量与成本的平衡。一方面要发挥速度快的优势；另一方面要解决运量小的劣势。⑤管道运输的数量、质量与安全

的平衡。一方面要发挥运量大的优势;另一方面要解决安全的劣势。我国的管道运输发展很快,2009 年四川到上海的天然气的通气运营、国家西气东输全线实现供气运营,标志着我国管道运输业有了新发展。

参考文献

[1]毛泽东文集:第8卷.北京:人民出版社,1999:73.

[2]王明志.运输供给与运输需求平衡论.北京:人民交通出版社,1996:49.

[3]王明志.运输供给与运输需求平衡论.北京:人民交通出版社,1996:105.

[4]王明志.运输供给与运输需求平衡论.北京:人民交通出版社,1996:105.

[5]《当代中国》丛书编辑委员会.当代中国的铁道事业(下).北京:中国社会科学出版社,1990:223.

5.15 环境资源动态平衡发展

引证:

人与自然的和谐关系是一种动态的平衡。发展需要不断打破旧的平衡,建立新平衡。[1]

——李焰《环境科学导论》

5.15.1 环境资源和生态不平衡的原因

——资源开发利用与再生不平衡的原因。一是失衡的思想认识。有的企业对环境保护认识淡薄,只开发不保护生态环境,只图经济效益不讲生态效益。例如,草原过度放牧,不进行轮荐再生,使生态受到破坏,影响畜牧业的持续发展。二是失衡的开发利用。有些微型国有企业、乡镇企业和非公有制企业,对矿产自然资源进行掠夺式(过度性)、破坏式(非科学)开发利用,造成对资源浪费和生态环境系统的破坏。当我们对自然资源的开发活动超过自然生态的自我恢复平衡的能力时,就会产生破坏作用。例如,渔业只打捞不安排休渔期,就会破坏渔业资源。

——经济社会发展与生态环境不平衡的原因。第一,农业生产中的不平衡。我国虽然有环保区划、环保目标,但有的地方没有认真执行,造成生态不平衡。一是土地不合理开垦问题比较严重,造成水土流失加剧;二是农药、化肥的不当使用对土壤、水污染仍然在继续。第二,工业生产中的不平衡。一是有的工业区、开发区的定点、布局不合理,新老污染交织;二是微型民企和国有企业生产过程中有的无防治污染措施,有的防治费用没有用于污染防治上;三是一些乡镇工业和微型私有企业,缺乏规划,盲目发展,只顾经济效益,不顾资源浪费和环境污染。第三,城市建设中的不平衡。有的一线和二线城市中建设项目规模失控,基础设施投资不足,建设质量差,控制污染措施无力。

——先进的资源开发利用技术与落后的污染防治技术之间不平衡的原因。一是开发利用技术的失衡。在科学技术的发展上,普遍都高度重视生产技术的提高和开发利用自然资源技术的提高,而忽视环境保护、低耗、低碳和综合利用技术的同步提高,没有把节能减排与生产、效益放在同等位置,对低废、无废技术开发很少。二是防治措施的失衡。对现在已经造成的资源破坏、环境污染和生态环境的破坏,缺乏得力的、有效的防治技术和恢复平衡的措施,严重存在着治污、防毒、防公害、防噪音等技术相对低下的问题。因而,导致开发利用技术高与污染防治技术低的"一高一低"的不平衡矛盾。

5.15.2 自然生态系统的动态平衡发展

5.15.2.1 自然生态系统原本就是和谐、协调的动态平衡系统

一是自然界原本永恒地呈现动态平衡状态。"生态系统平衡或称生态平衡,是指生态系统中生物种群之间(生存竞争)及其非生物环境之间(适应)的相互关系,达到和谐、协调,即达到了动态平衡的状态。"[2]地球大自然系统与生俱来的具有维持生态平衡循环的本能,本来就是一个生态系统动态平衡的大体系。二是结构、功能和物质的平衡。"生态系统的平衡主要表现在三个方面,即生态系统结构上的平衡(它包括生物因子之间、生物与非生物之间平衡);功能上的平衡及输入物质与输出物质数量上的平衡等。"[3]只要生态系统的结构平衡、功能平衡、输入和输出物质的数量平衡不被破坏,生态系统就会永恒地呈现和谐、协调的动态平衡状态。三是人类在自然界平衡与不平衡中的作用。人类是生态系统中最活跃、最积极的因素,人的活动在生态平衡中起着重要的作用,既能破坏平衡也能维护平衡。但只要人类不破坏自然生态系统中的生物种群之间的生存生物链关系和非生物环境之间的适应关系,生态系统就会维持和谐、协调的动态平衡状态。

5.15.2.2 生物圈具有平衡协调发展的机制

一是自然界具有自我平衡的机制。"整个自然界(我们的地球)原本是一个由种种相互作用交织构成的和谐平衡的系统,其中生物圈的'生产者—消费者—还原者'机制,是保持自然在'循环中达到平衡协调发展的重要机制'。"[4]之所以自然界在循环中保持自然生态的平衡,就是因为地球生物圈存在自发地平衡协调发展的机制,人类只能利用而不能破坏这个机制。二是人与自然之间的平衡循环机制。人类与各种生物赖以生存的阳光、空气、水、土壤等自然要素就是人的生态环境,人类从中得到生存物质,得到能量,同时又在物质不灭的作用下最终回到大自然中,从而保持人与自然平衡共生和相互之间的神圣平衡,实现人类与环境在动态平衡中协同进化发展。

5.15.3 我国历来重视生态平衡

5.15.3.1 我国古人重视生态平衡

一是天地人平衡和谐观念。我国古人早就认识到人离不开自然环境,所以历来最重视人与自然的和谐相处。《黄帝内经》:"阴阳四时者,万物之终始也,死生之本也。逆之则灾害生,顺之则奇疾不起。是谓得道。"二是"天人相应"的平衡关系。我国古代先人们早

就认识到“天人相应”的关系，早就提出了人与大自然要和谐相处，早就提出了人应当尊重自然规律，把天地当“神”供，以此来协调人与自然之间的关系。这种观念的形成与中华“农耕文明”靠天吃饭、靠地生存密切相关，所以崇敬天地也就成了我们民族的传统。

5.15.3.2 我国20世纪开始重视生态平衡

一是以实行目标管理做好生态平衡工作。从20世纪70年代中期开始，我国开始重视环境保护工作，提出“5年控制，10年解决”的节能减排的目标。二是以观念转变做好生态平衡工作。“六五”期间，加大全民环保宣传教育力度。全国工业污染治理效果显著，特别是使环境保护意识深入人心。三是以实施“三同步”战略做好生态平衡工作。1984年初，我国把环境保护列为一项基本国策，制定了“经济建设、城市建设、环境建设同步规划、同步实施、同步发展”的战略方针。四是以“四效益”相统一做好生态平衡工作。20世纪末，确定和坚持企业“经济效益、社会效益、生态效益和能量效益相统一”的平衡发展原则。

5.15.3.3 我国新世纪生态平衡工作效果明显

一是用创新促进生态平衡工作。我国从“十一五”规划开始，大力开展能源技术和减排技术的创新、产业结构和企业制度创新，大力减少温室气体排放，改变传统的经济增长方式，引导企业按照循环、清洁、绿色要求改进产品生态设计、生产工艺和生产过程，推动企业的管理标准化、规范化和国际化。二是用政策促进生态平衡工作。通过财政、税收、信贷优惠政策和技术支持措施，鼓励企业加强生态化建设，倡导发展循环经济模式，努力创造经济可持续发展的环境。三是用引进技术促进生态平衡工作。我国加强同发达国家的技术合作，以发展低碳经济为突破口，引进技术，突破节能减排和污染防治的技术难关，提高污染防治水平。四是用转变发展方式促进生态平衡工作。为了适应低碳要求，加快转变经济发展方式，调整经济结构，由粗放型增长到集约型增长，从低级经济结构到高级、优化的经济结构，从单纯的经济增长到全面协调可持续的经济发展的转变。从宏观社会总需求结构、分配结构、产业结构、区域经济结构的调整，到微观的企业组织结构、产品结构等进行多方面的调整，以适应低碳经济时代的要求。

5.15.4 环境资源动态平衡发展的途径

5.15.4.1 资源开发利用与维持再生之间关系的平衡

1.资源开发利用与自然再生能力的平衡

一是开发资源要平衡兼顾。在开发利用自然资源中，要特别注意保持资源开发利用与自然再生能力的适当比例。例如，森林资源的开发利用，要坚持“以营林为基础，采育结合、造管并举、造多于伐和综合利用”的方针，才能使林地不断更新，永远取之不尽，用之不竭。我国每年为了推动全国大规模植树造林活动，中央领导人带头栽种树木，起到极大的鼓舞作用。2009年全国造林588万公顷，全国森林覆盖率达提高到20.36%。二是利用资源要平衡兼顾。利用资源要注重经济效益、社会效益和生态效益的平衡。克服“先污染、后治理”的弊端，做到利用和治理的平衡。同时，要做到综合利用。

2.重视做好设备能平衡的工作

我国人均能源资源量只有世界人均数的50%，存在能源短缺的问题，同时也存在能源利用率低下、浪费严重问题。因此，从1978开始在全国开展设备能平衡、企业能平衡和国家能平衡的工作，这是一项重大的决策而且取得了重大成效。例如，近几年每年都要大量淘汰一批低产能的企业。

5.15.4.2 经济社会发展不能以生态失衡为代价

一是“三早”与“三同步”的平衡。任何企业和单位都不能以破坏自然环境为代价来换取高效益和经济的高增长率，对工业、农业、交通运输业、城市、乡镇和农村的建设，都要做到环境保护的早计划、早投资、早治理的“三早”平衡和实施经济建设、城乡建设、环境建设“三同步”的方针。二是职与责平衡。把防治工作落实到基层，做到责任到人。对乡镇企业和民营私有企业的生产，要加强管理，坚决关闭生产有毒、有害、严重污染的产品的企业。三是城与乡平衡。要把大中城市的环境保护和治理作为重点，要下大工夫使噪声、烟尘、有害气体的污染有所好转。要适当增加建立污水、垃圾处理厂。同时，要加强对农村污染的防治设施建设和防治工作。四是奖与惩关系平衡。对排污、排气治理好的要奖励，对差的要收费，将费用用于治理污染。五是产能与能耗平衡。我国坚持“上大压小”，加大淘汰落后产能的工作力度，发展规模生产。2009年全国淘汰落后炼铁产能1691万吨，炼钢产能2113万吨，关停小火电机组2617万千瓦。

5.15.4.3 开发权利、污染责任与治理义务的平衡

一是开发与保护的平衡。严格按照“谁污染、谁治理、谁开发、谁保护”的原则，凡是造成破坏、污染、危害的单位，都要承担治理、保护和补偿的责任和义务；新建立的单位，要提前制定防治污染的措施。二是利用与治理的平衡。要对自然资源进行统筹安排，综合利用。如在开发水资源时，要从整个流域出发，统一安排好上下游取用水、工农林牧用水的平衡。三是综合利用平衡。开发矿产资源中，要注意元素的多样性和共生矿，实行综合开发，避免资源浪费。如在工业污染物中绝大部分是未能得到充分利用的资源，必须一开始就开展综合利用，不仅可以不造成污染，而且可以充分利用工业污染物为我所用，变废为宝，化害为利。“从现在起，逐步达到资源和能源消耗速率的零增长，即实现土地资源的动态平衡、森林资源的采育平衡、水资源的消耗率成为常量、能源的消耗速率成为常量、矿产资源的消耗速率成为常量。”[5]

参考文献

[1]李焰.环境科学导论.北京：中国电力出版社，2000：36.

[2]李焰.环境科学导论.北京：中国电力出版社，2000：74.

[3]曾健，张一方.社会协同学.北京：科学出版社，2000：7.

[4][美]罗启义.企业生理学——企业活力探源.北京:新华出版社,2001:202.

[5]迟维韵.生态经济理论与方法.北京:中国环境科学出版社,1990:31.

5.16 法学动态平衡发展

引证:

法的平衡发展是指一国内的法律制度和法律体系在创制、操作的规模、速度、效力等方面呈现暂时的、相对的、一致的一种运动状态。[1]

——林喆《权力腐败与权力制约》

5.16.1 法的平衡发展与不平衡发展

"法的发展有两个基本形式:平衡与不平衡发展。……因此,所谓法的平衡发展或不平衡发展的区别,只是就法的发展过程中何种形式居于主导方面而言的。"[2]那么,在法的发展过程中平衡发展的形式居于主导地位时,则为法的平衡发展形式;不平衡发展形式居于主导地位时,则为法的不平衡发展形式。林喆在《权力腐败与权力制约》一书中论述了三个重点:①法的平衡发展。"随着新兴的生产关系的稳定发展和进入成熟阶段,生产、分配、交换和消费等环节内在运行机制的形成及其协调,上层建筑的各个领域逐步建立起与这种生产关系相协调的组织机构和规范体系,此时,法的平衡发展开始居于发展的主导方面。"[3]一是法的平衡发展体现社会基本矛盾的适应性。法的平衡发展是与生产关系和上层建筑相适应、相协调的。二是法的平衡发展体现法的制度的协调性,指法律制度、法律体系的建制、运作和效力等处于相对协调状态,法的相适应、相平衡起着决定和支配的作用。三是法的平衡发展具有相对性。法的平衡发展是相对的,是指相对于法的不平衡发展不起决定性作用而言的。②法的不平衡发展。"法的不平衡发展是指一国内的法律制度和法律体系中的各部门法或各地方法规体系之间,在法的创制和实施的成效乃至操作方式等方面所呈现出明显差异的一种运动状态。"[4]一是法的不平衡发展表现为法的差异性,由于法的形成和应用存在一定差异,而呈现的不平衡状态。法的不平衡发展,表现为一个国家内部的部门法、地方法规相互之间存在着不平衡,在制定、效果和操作方法上相互之间也存在差异和不平衡现象。二是法的不平衡发展具有绝对性。法的差异和不平衡在任何时候都是不可能完全消除的,这正反映了法的不平衡发展的绝对性。③法由不平衡发展到平衡发展。"法的发展由不平衡到平衡经历了一个漫长的时期,这是一个国家的法律制度、法律体系由不成熟到成熟的过程。"[5]一是法的不平衡发展阶段表现为不完全成熟期,存在自身的差异和比较差异;法的平衡发展阶段,则是法律制度和法律体系的相对成熟期,是法的发展和法的进步。二是法从不平衡发展到平衡发展。从法的发展趋势看,是由不平衡发展到平衡发展、由不成熟到成熟发展,这是法的发展所遵循的必然规律。

5.16.2 法律、制度的平衡原则

"公平作为人与人、人与社会之间利益关系的'相称'或平衡关系，尽管不同的人对这种'相称'关系程度作出不同的反映或评价，但这种'相称'关系本身是客观存在的，不是纯粹的主观感受。""我们认为，从人学的意义上来理解，所谓公平，就是指一种'相称'或平衡关系"。[6]林喆《权力腐败与权力制约》阐述了法的功能和原则，他认为，我国近几年制定的法律与制度无不体现平衡的功能和原则。①平衡(公平)原则——不倾斜的"天平"。国家和地方建立、健全和完善各种法律与制度，是实现全体公民之间关系平衡的工具，又是维护国家政权巩固和社会稳定的工具，是全体公民的需要，也是国家管理者的需要。对一国公民来说，法律和制度能维护社会公平公正，实现人与人、人与社会、人与自然相互关系平衡的作用，保护公民之间人权、财权、物权的平衡和不受侵犯的作用，体现了法是不倾斜的"天平"。②平衡(正义)原则——平衡调节器。对一个国家来说，法律与制度对国内发生的叛乱、危害国家安全、公共安全和社会秩序的事件，可以运用法律的武器巩固政权，平定叛乱，维护稳定，保障全体公民安居乐业，二者是一致的，体现了法是正义的平衡调节器。③平衡(平等)原则——真正的"奥林匹克精神"。在制定国家法律、地方性法规和制度时，都必须以我国根本大法《宪法》为根据，体现"中华人民共和国公民在法律面前一律平等"的原则。在制度方面也必须体现公平、平等原则，必须体现不偏不倚、人与人平衡的"奥林匹克精神"。例如，我国制定的社会养老保险、社会医疗保险、社会失业保险等制度，就是人人都平等享有的社会保障制度。

5.16.3 法律的平衡功能

5.16.3.1 法——治国方式的平衡

法治是世界大多数国家的选择，也是我国的选择。一是法治与文明进步的平衡。在我国历史上，早在2000年前春秋战国时期就开始探讨"仁治"和"法治"的问题，古人们有倾向于孔圣人的"仁治"，也有倾向于韩非子的"法治"；在20世纪中叶，我国又进行了全国性的"人治"与"法治"问题的大讨论。在人治与法治的选择上，我国最终选择了法治，坚持走依法治国之路。法治是人类文明和进步的重要成果，法治已经替代了过去的人治，成为我们国家成功的治国方式。二是法制化与依法治国的平衡。目前我国现行有效法律220多部，国务院行政法规600余件。一个以宪法为统帅的部门齐全的法律体系在我国基本形成，国家和社会生活做到了有法可依。新世纪以来，我国的法制建设取得了突破性进展，法治体系、执政方式进一步完善，我国目前在经济、政治、文化、社会生活等方面实现了法制化。三是法治与依法执政的平衡。党的执政方式从过去主要依靠政策执政，向依靠法律管理国家转变，向科学执政、民主执政、依法执政、依法治国转变，实现了依法处理内政外交问题。

5.16.3.2 法——利益关系的平衡

"既要保障市场主体的权利与自由,又要保障社会公共利益,这给国家权力的宏观调控提出了难题,因而,中国法律所面临的任务是演绎一个现代政治经济学的大课题——如何使国家权力在个人利益和社会利益之间进行平衡。"[7]根据孙笑侠《法的现象与观念》的相关观点进行分析:法律表现为立法者的意志,也体现国家意志。依法治国,就是国家权力在个人利益和社会利益之间关系的平衡和统一。第一,法律是利益关系平衡的实现者。社会发展根本动力是利益关系,社会矛盾的根本原因也是利益关系,人与人、人与社会、人与自然的不平衡也是利益关系。法律就是对利益矛盾冲突的平衡和利益关系平衡实现的工具和武器。例如,我国的知识产权法不但体现了智力创造者利益平衡,而且充分体现了社会公共利益和社会公众的利益平衡。第二,法律的政策性平衡和功能性的平衡。利益关系的平衡包括两个平衡:一是功能性平衡。"在建设社会主义市场经济的今天,所谓我国法律体系的'完善'的内涵应当包括法律体系内在功能根据社会需要进行有机的合理的配置与合作,形成功能平衡的法律体系。"[8]就是说,根据社会需要而形成的法律的平衡作用。二是政策性平衡。"法律的政策性平衡不是以简单的主张为特点的,而是以折中和妥协的平衡态度为特征的。"[9]政策性和功能性的平衡都是对个人利益之间、个人利益与社会利益之间的折中和平衡,不但是为了适应社会需要,也体现国家意志和人与人相互之间权利关系的平衡。

5.16.3.3 法——权力与权利关系的平衡

法学平衡,体现在每一个公民平等享受应有的权利。人权入宪,一方面是权利的保护,另一方面是权力的约束,实际上就是权力与权利关系的平衡。一是法的平衡功能和平衡目标。"为了实现法律对权力的控制,我们的法律体系在观念上应当调整为:民商法及其程序法以确保经济主体的权利、自由和平等为主要目标;行政法及其程序法以制约行政权力为基本职能;经济法以社会公共利益为出发点,对国家和各经济主体之间的关系进行平衡。"[10]二是保障权利与制衡权力的平衡。我国的根本法宪法是以保障公民基本权利为目标,众多不同部门法有不同的平衡功能和平衡目标,但实质上都是要做到保障权利与制衡权力为目的。三是法是权力、权利和义务平衡的武器。诸多部门法律有一个共同点,这就是不但体现了权力和权利的平衡,还体现在享有平等权利的同时又承担相应责任和义务的平衡。例如,宪法对每个人一生都提供权利保障,孩童时有权受父母养育,成人时有权做各种社会工作和参与国家管理,老年时有权受到子女赡养和国家养老保障等权益,但也要承担一个公民如纳税、服兵役等相应的责任和义务。就其关系而言,都是平衡的。

5.16.4 平衡论是现代行政法的理论基础

沈岿《平衡论:一种行政法认知模式》介绍说 20 世纪 90 年代,我国有专家学者提出把平衡论引入行政法的建议,这是一个创新性想法,其方法论基础就是平衡学说的理论。①用平衡论规范行政法。"'平衡论'对当代中国行政法治理论规范,可以在许多领域、从多个角度、基于不同深度进行广泛论证。"[11]沈岿主张现代行政法必须追求公共利益和个人利益之间的平衡关系,也就是说现代行政法的目标是行政权力与公民权利关系的平衡。②平衡论是现代行政法的理论基础。罗豪才提出现代行政法的理论基础是平衡论,行政法在调整特定社会关系过程中,应追求行政权与相对人权利、公共利益和个人利益、行政效率与社会公正、对行政权的保障与法律控制关系之间的平衡,而不能走上其中任何一个极端。③平衡论对行政法制建设具有极端重要性。平衡论是把握行政法的本质、全面、充分和系统地理解行政现象的基点,平衡论对行政法制建设具有重要意义。"因而,在公共利益和个人利益之间进行平衡的思维路径,对于认识并建构现代行政法具有相当重大的意义。"[12]④政府机关的权力与公民权利的平衡。以平衡论的基本原理为方法,实现法制环节之间的平衡、权力与权利的平衡和权利与义务的平衡。"只有根据平衡论的基本原理,既准确地把握每个法制环节的重心和平衡,也准确把握各个法制环节之间的制约和平衡,才能从整体上实现行政机关与相对一方权利义务的平衡,从而保证行政法制的健康和协调发展。"[13]⑤构建行政法的平衡机制,关于行政法的平衡机制,沈岿指出三点:第一,行政主导和社会自治、民主参与相融合的机制是构建行政法平衡机制的首要内容。第二,行政优先和法律监督、权利救济有机结合的机制,这是三个密切联系、相互作用的目标方向。第三,国家权力分立和制衡的机制,在不同制度下有不同特色。

参考文献

[1]林喆.权力腐败与权力制约.北京:法律出版社,1997:33.

[2]林喆.权力腐败与权力制约.北京:法律出版社,1997:31-32.

[3]林喆.权力腐败与权力制约.北京:法律出版社,1997:30.

[4]林喆.权力腐败与权力制约.北京:法律出版社,1997:28.

[5]林喆.权力腐败与权力制约.北京:法律出版社,1997:35.

[6]王博冰,满丽.刑法浅解与适用.兰州:兰州大学出版社,1997:1-2.

[7]孙笑侠.法的现象与观念.北京:群众出版社,1995:66-67.

[8]孙笑侠.法的现象与观念.北京:群众出版社,1995:89.

[9]孙笑侠.法的现象与观念.北京:群众出版社,1995:103.

[10]孙笑侠.法的现象与观念.北京:群众出版社,1995:87.

[11]沈岿.平衡论:一种行政法认知模式.北京:北京大学出版社,1999:59.

[12]沈岿.平衡论:一种行政法认知模式.北京:北京大学出版社,1999:59.

[13]沈岿.平衡论:一种行政法认知模式.北京:北京大学出版社,1999:59.

5.17　体育事业动态平衡发展

引证：

体育运动与社会的协调发展，不仅有利于自身的存在和再生，也有利于社会的安定和平衡。这里讲的协调发展，是指体育运动与社会环境之间，物质、能量、信息交换中的平衡互动达到最佳状态。[1]

——卢元镇《中国体育社会学》

5.17.1　体育的不平衡现象

现今世界的体育运动，包括竞技体育，与社会环境之间既有平衡的一面，也有不平衡的一面。不平衡表现在：①体育发展与经济发展不平衡。有的国家为运动员竞技和国家举办世界性运动会大量消耗人力、物力、财力、能源和资源，设施赛后利用不好，造成巨大浪费。②体育竞技与社会进步不平衡。体坛行受贿丑闻、滥用兴奋剂、打假球、吹黑哨和体育场上的暴力事件等在世界体坛上不断出现。③体育竞技与政治目标不平衡。世界上因为体育而引发多起纠纷和事端，直接影响一个国家的政治形象。在世界体坛历史上，因为体育曾经引起过民族分裂和国与国之间的战争冲突。④体育竞技中的社会心理不平衡。体育竞赛中不断出现不公平现象和运动员不平等待遇，导致人们心理不平衡，有的还造成相互矛盾纠纷和冲突。⑤塔尖与塔基不平衡。表现在体育竞技与群众体育运动发展不平衡。由于竞争过于偏颇，导致急功近利，注重塔尖忽视塔基，忽视运动员的全面发展，而且与开展群众性体育运动和提高民族素质失衡。⑥体育运动宗旨与竞技追求目标不平衡。体育训练和竞技中，如果不注意引导，就会助长拜金主义。

5.17.2　体育运动与环境的平衡

5.17.2.1　体育与经济环境的平衡

1.体育与经济环境的平衡

“中国的医学、体育、气功都从不同的角度追求平衡与和谐。”[2]一是体育运动与经济实力的平衡。体育与经济平衡发展不但有利于体育自身的生存和发展，也有利于经济的发展。当今世上，一个国家的体育运动水平，是一个国家经济实力、综合国力的体现，也是树立一个国家形象的机会。因此，世界各国政府都高度重视，千方百计发展本国的体育事业，希望在国际体坛上予以充分展示。二是体育发展与经济发展的平衡。体育运动是推动经济繁荣发展的助推器，而经济又是体育运动的物质保证。因此我们要重视体育运动的开展，做到资金到位、设施到位和人员到位，实现体育与经济相互促进、协调平衡发展。三是体育训练与经济力量的平衡。根据我国经济力量薄弱的国情，体育运动要以最小化的人力、物力和财力，高速优质地完成场地和设施建设、训练任务和各项体育管理工作。每一位体育运动员，都要树立正确的竞技观，条件好与条件差都要刻苦训练，都要在比赛中取得好成绩,全力为国争光。

2.体育与社会环境的平衡

开展体育运动的好与不好,直接体现着社会文化发展水平的高低,而且二者能起到相互促进的作用。第一,体育运动与社会安定的平衡。“体育运动是社会文化活动的重要组成部分,也是维护社会稳定的基本因素之一。体育运动与社会的协调发展,不仅有利于自身的存在和再生,也有利于社会的安定和平衡。”[3]开展广泛的体育运动,有利于社会稳定,能够起到人与人、单位与单位之间平衡和谐的桥梁作用,能够加强各民族间的团结和感情融合。第二,体育发展与社会发展的平衡。一是与社会发展不能失衡。一个国家,不能只强调经济增长速度,而忽视社会这个大系统中的各个子系统社会文化活动的协调发展,包括体育运动的平衡发展,否则就会影响社会和人的全面发展和进步。二是与人的全面发展保持平衡。社会的发展特别是体育事业的发展,是功在当代、利在千秋的大事,是提高全民健康水平的大事,是关系民族的未来和社会文明进步的大事,其重要地位和作用是不可低估的。第三,与社会保持平衡有利于体育自身的发展。对于体育自身来讲是离不开社会的,与社会环境保持平衡,可以取得社会的支持和帮助,有利于维持体育事业的生存和可持续发展。

5.17.2.2 体育与政治环境的平衡

现在,世界各国都非常重视体育运动在国际事务中的作用,发挥体育为国家外交政策服务、为政治经济服务的作用。第一,体育运动与国家间政治关系的平衡。一是体育活动与政治活动的平衡。体育与国际外交关系联系密切,相互进行体育竞赛和体育交流,可以成为国家间经济、政治、文化交流和国与国、民族与民族之间的合作,特别是成为国家进行政治、政党之间交往的桥梁和纽带。二是体育活动与外交活动的平衡。国与国之间的体育竞赛、体育交流,为相互的外交活动创造条件。我国20世纪的“乒乓球外交”,后来举办的奥运会、亚运会等,都为我国同世界建立国家间外交关系,对国与国政治和政党之间的友好往来,对经济社会和文化的发展,起到了不可忽视的重要作用。第二,体育运动与民族团结的平衡。一是体育运动具有推动国家政治统一,增强民族团结,促进民族文化交流,振奋民族精神的作用。例如,在我国,举办少数民族运动会,大大增进了各民族的团结,在国家团结统一方面发挥了积极作用。二是体育运动开展的广度和深度,是一个国家的政治制度优越性、政治文明程度和民族之间团结融合水平的体现,也是民族素质高低和民族强盛的体现。

5.17.3 体育运动中的平衡

5.17.3.1 气功平衡阴阳

一是平衡阴阳效应。“古老的气功是中国的特产,它是一种意念和吐纳相结合的健身术,包括吐纳、导引、坐禅、行气等种类。气功有时看起来很神秘,其实它主要是用意念调整呼吸和姿势,以达到促进气运、调和气血、平衡阴阳的目的,亦即通过意念的作用达到身心的自然放松与和谐。”[4]二是身心平衡效应。中国传统气功中的吐纳术、导引术、坐禅术和行气术等，都强调平衡的效应。许多健身强体的运动方式，都是通过心、气调整呼吸，从而达到身心放松，平衡人体阴阳、平衡身心的目的。三是心理平衡效应。古代和现代保健概念都认为，保健中的心理平衡特别强调通过意念的作用来实现。例如，在打太极拳时，要求“以一念代万念”，就是要达到身心同练、平衡心理的效果。

5.17.3.2 人体的动态平衡调节

其一，体内平衡调控功能，是指人体本身通过神经自我调节功能、体液自我调节功能和脏器自我调节功能等内在本能，实现人体动态平衡。其二，体外平衡调控功能，是指通过营养平衡调节法、休息平衡调节法、安神平衡调节法、补给平衡调节法、医疗平衡调节法和运动平衡调节法等有意识的方法，实现人体动态平衡。其三，综合平衡调节，即体外功能和体内功能结合调节。人能在钢丝上和平衡木上保持平衡、人的站立和走路保持身体平衡，这就是体外功能和体内功能的综合平衡调节的作用。其四，内耳平衡调控功能。人的内耳对人体具有平衡功能。人的头部位置、方向的变化，可以通过内耳传到大脑神经进行身体平衡校正，使人在不平衡的动作和不平衡的姿势的状态下保持人体平衡。例如，单双杠、平衡木和吊环的落地动作，如果落地不平衡大脑就会指挥双腿移动进行调节而保持身体平衡。再如美尼尔氏综合征，具有平衡功能的内耳生病，人体就会产生天旋地转的失衡之感。

5.17.3.3 围棋中的平衡术

围棋是我国一项历史悠久的文化体育活动，棋势多变，方法多样，下棋如同在战场上带兵打仗，要有高超的谋略，其中最精要的就是平衡术的运用，一招失衡，全盘皆输；一步平衡，全盘皆活。一是布局平衡。布局时保持棋子和局面的平衡，这是取胜十分重要而稳妥的一环。围棋二人对局，不可能让一人占领所有好点。所以，要和对手首先取得平衡格局，在平衡格局中打破对方平衡而取胜。二是维持全局平衡。围棋不但要注意全局平衡，而且要善于保持平衡局面。围棋高手们所讲的“高路平衡”和“低路平衡”的二者兼顾就是如此，既不能姿势过低，又要防止姿势过高，要维持平衡态势。三是追求势力平衡。棋势一定要展开充分，逐步扩大势力，占据强势。四是在全局平衡中追求最后的不平衡点。要求在实战中站得越高，看得越宽，谋得越远，在全局平衡格局中抢占不平衡终结点而最终制胜。

5.17.4 太极拳是身心平衡之功

“体育教育这一分支的作用和地位首先取决于，形成任何的运动动作都是在形成不同程度稳定姿势的条件下开始的，而完善运动活动的基本形式本质上取决于在姿势中的最佳平衡。”[5]马虹的《陈式太极拳拳理阐微》一书认为，太极拳就是锻炼和提高人体的平衡能力的功夫，现归纳如下：①内与外平衡。太极拳运动是对人体内外都起调节作用的运动，是身与心同练的好功夫。一是练内，就是精神锻炼，使人的心、气、神三个方面得到锻炼。二是练外，就是肌体锻炼，能强身、健身、养身。三是防卫，在特殊情况下还能起到护身作用。四是身心平衡。练好内功和外功，就能使自己体健、气顺、神清，真正做到精神与体力的平衡。②上与下平衡。现代生活引起部分人的体型变化，上半部和下半部严重失衡，有关人士叫做“现代上盛下虚症”。患此病的原因有二：一是“坐”出来的病。现在很多工作是坐着，如按电钮、打电脑、把方向盘等，整天坐着不动，造成身体不平衡发展。二是“吃”出来的病。由于物质生活提高，吃得好，营养过剩，运动量过小，耗散少，收支不平衡，出现肥胖、高血脂、高血压、脂肪肝、冠心病、脑血栓等“现代文明病”。如果只吃药，不进行运动，是难于治疗痊愈的。太极拳运动，是对人体起调节作用的运动，对现代文明病有一定疗效。③阴与阳平衡。太极拳强调阴阳互济、阴阳和谐、阴阳平衡，打拳的动作中处处体现虚实平衡、左右平衡、快慢平衡、刚柔平衡等阴阳互济，有节奏，有韵律，通过打拳使身心、气血得到调整。④虚与实平衡。太极拳要求手上升，身下沉，保持重心稳定，达到虚实平衡，如“金鸡独立”等。做到虚实协调，轻沉兼备，利于技击和健身。⑤快与慢平衡。太极拳快慢相间，忽隐忽现，波浪起伏；节奏鲜明，快如浪头，慢如浪尾，后浪推前浪；蓄劲慢，发力快，有刚有柔，刚柔相济。⑥动与静平衡。在打拳时，要求“以一念代万念”，大脑要平静、身体要放松、肢体要运动，要求身动而脑静。⑦随遇平衡。通过打太极拳锻炼，人能掌握虚实互换，重心灵活交替，把人两只脚的两个重心变成一个重心，如同一个“球”，使自己如同不倒翁，具有锻炼“随遇平衡”的功能。⑧身、心、气的平衡。太极拳既练身，又健脑（心），还能练气，促使身体血脉流通，新陈代谢作用加快，身心得到全面锻炼。

参考文献

[1]卢元镇.中国体育社会学.北京：北京体育大学出版社，2000：38.

[2]杜道明.通向和谐之路.北京：国防大学出版社，2000：56.

[3]卢元镇.中国体育社会学.北京：北京体育大学出版社，2000：38.

[4]杜道明.通向和谐之路.北京：国防大学出版社，2000：57.

[5]〔前苏联〕列·巴·马特维也夫.体育理论与方法.北京：北京体育大学出版社，1994：158.

6.微观系统动态平衡发展方式

所谓平衡,就是矛盾的暂时相对的统一。①

——毛泽东

引　言

微观系统动态平衡发展为部门分论之三,主要是指相对于宏观、中观的小系统的协调、稳定运行,从三个方面论述:单位动态平衡发展、领导工作动态平衡发展和个人家庭动态平衡发展。微观系统的平衡发展是宏观和中观系统平衡发展的基础,只有微观系统平衡发展才能实现宏观和中观系统的平衡发展。

6.1　单位动态平衡发展方式

单位动态平衡发展,是指在机关、团体和企事业等社会组织运行过程中,用动态平衡方式调节和实现各种资源、要素的协调平衡运行,并消除单位内外环境中的不平衡负面消极因素,使动态平衡发展状态不断出现。

6.1.1　行政企事业机关动态平衡发展

引证:

行政改革和其他任何改革一样,意味着打破旧的平衡状态,进入或建立新的平衡状态,这一过程必然会引起一定程度的社会波动,因此,它并不是在任何情况下都非要进行不可的。[1]

——彭和平《公共行政管理》

①《毛泽东选集》第五卷,第375页。

6.1.1.1 机关管理体制改革与运作管理的平衡

1.机关改革的上下平衡

第一,行政改革的上下平衡兼顾。一是我国的政治体制改革上头成效显著,但下头的改革需要进一步展开,县级、乡镇的改革与中央、省上的改革相比,具有不同的特点,上头的改革不能替代下头的改革。二是行政改革应当分中央与地方两个层次进行,对县以下层次要进行有针对性的改革。“地方政权机构设置过多。从县级政权来看,其政治、行政系统有五套领导班子,党委、政府、人大、政协、纪委,与省级和中央上层的设置完全相同。”[2]有必要通过改革增强基层工作的适应性,提高工作效率。第二,上下改革的平衡效应。一是互补平衡效应。推进下头改革有利于保证上头政治体制改革的深入发展,并产生上下改革的互动效应,起到相互促进、推动的作用。二是整体性平衡推进效应。下头政治体制改革取得突破性进展和实际效果,就能够实现上下衔接,提高政治体制改革的整体推进效应和总体改革效果。三是基层参与效应。下头的政治体制改革取得效果时,基层群众看得见、摸得着,就会在社会上产生理解、支持和参与改革的积极效应,从而有利于上下改革的相互促进。

2.机构改革与运作管理的平衡

①改革与机构精简平衡推进。“我国行政管理体制改革已经进入了一个新的阶段。推进改革的深化,有三个问题值得深入思考:改革动力机制的创新;如何认识市场化改革方向;改革侧重点的选择与平衡。”[3]为了适应“小政府大社会”的要求,要把改革与机构精简、运作管理结合起来,这么做随时可以见到效果,增强改革的动力。②改革与管理的平衡推进。“……起码应该做到机构改革与运作管理双管齐下、合理平衡。”[4]该书作者在《改革侧重点的选择与平衡》小节中认为,我国在运作管理方面存在差距和薄弱环节,基本上仍处于粗放式管理阶段。第一,理念和政策缺乏技术支持。第二,机构改革与运作管理的平衡。管理缺乏系统思维。第三,政策配套措施不到位。第四,严肃的政策规划与疲软的监督落实。就是说,要处理好二者的平衡关系,我国行政管理体制改革要针对存在的问题一边改革,一边强化管理,要做到统筹兼顾,互不影响,相互促进,要在改革中强化运作管理,在运作管理中深化改革,做到机构改革和运作管理工作动态平衡发展。

6.1.1.2 机关用人与奖励的平衡机制

本文所讲的机关,不仅包括基层党委、行政办事机构,而且包括企业、事业、群众团体等管理行政事务的机构。行政机关的管理工作千头万绪,但只要掌握平衡艺术,就会呈现井然有序的状态。机关是人才集中的地方,竞争比较激烈。因此,用人和奖励是机关敏感的问题。一是用人、奖励失衡的危害。“只有竞争才能打破论资排辈、平衡照顾,实现优胜劣汰,使优秀人才脱颖而出。”[5]机关最忌用庸人奖庸人,如果用庸人不用能人、奖励那些工作表现平平的人而不奖励那些成绩突出的人,大家就会产生心理不平衡,挫伤机关工作人员的积极性。二是建立用人与奖励的平衡机制。无论是用人还是奖励,都要有制度、有标准、有程序，纠正在用人和奖励问题上的任意性和个人说了算。特别是要建立健全选人用人的考察程序和任用程序的平衡机制，用人管理监督机制和用人竞争择优、民主公开机制。在用人上要坚持以德为先的标准；在奖励上要坚持以绩为先的标准。三是用人、奖励管理与改革的平衡。“当然，各国国情不同，仅国际比较不足以得出我国改革重点需要合理平衡的结论，需要从机构改革与运作管理改革的关系方面作进一步的讨论。”[6]在机构改革中，必须加强职能部门和智力部门，与之相适应地削减权力机构和专业机构，努力实现政府小，功能大、效率高的作用。用人和奖励既是管理的内容，又是改革的内容，做到四者的合理平衡，相互促进，提高用人和奖励的水平。

6.1.1.3 行政管理的平衡方法

1.权力与权利的平衡

一是权力与权利的平衡。“市场经济体制下不需要‘万能’的政府，而需要相对‘无为’的政府；需要理性化的政府，而不是主观随意性的政府。‘控权’和‘平衡’应作为行政立法的理论基石。‘控权’即将行政机关置于法律和立法机关的严格控制之下，保证依法行政。‘平衡’即将行政机关与相对方权利与义务平衡。不论哪方侵犯对方合法权益，都应依法纠正。”[7]从而，真正做到权力与权利的平衡。二是权力、权利、义务之间关系的平衡。依法行政，就是要做到行政机关与相对方权力与权利、权利与义务的平衡，对于行政机关来说要强调维护公众的权利，不侵害公众的权利；对于公众来说要尊重和服从行政机关的权力，相互之间实现权力与权利的平衡，这是做好行政管理工作的基础。

2.职权与职责的平衡

一是职权与职责的平衡。职权、职责二者要对等，权与责要一致，有权必有责，有多大权力就要承担多大的责任。在确定各个部门职权的同时，必须明确相应的职责。二是奖励与责任追究关系的平衡。要建立和健全行政奖励制和问责制，进行定期评价考核和责任审计，把奖励和责任追究结合起来。三是职权与制度的平衡。要健全决策权、执行权和监督权之间既相互制约又相互平衡的权力结构和运行机制，确保执行正确和贯彻畅通。

3.管理与服务的平衡

当前要加快行政管理体制改革，建设服务型政府，尽快实现向服务型政府转变。①资源使用上的平衡。要强化公共服务，完善服务体系，提高公共服务的能力和水平。②管理方式上的平衡。要推行政务公开，简化办事程序，遵循公正、公平、平等的原则。③公共政策体系建设上的平衡。要为全社会成员创造平等参与、平等发展、全面发展的机会、条件和环境。④行政机关与国企关系的平衡，行政机关对企业要变管理式为服务式，把服务方向的重点转移到为企业创造良好的发展环境上。

6.1.1.4 社会基本公共服务的综合平衡

“在推进基本公共服务均等化的过程中，分散使用、平均使用公共资源绝不是一个好的策略。而应该适当集中、避免分散,还应以统筹兼顾、综合平衡为前提。"[8]中央反复强调要继续推进基本公共服务均等化(平衡化),这不但是区域平衡、城乡平衡发展的需要,而且是以人为本、亲民为民的需要。其一,资源配置平衡。①改变城乡之间的不平衡现象,可以适当集中,但要增加农村公共服务资源的配置;②改变区域之间不平衡现象,增加中西部地区公共服务资源的配置,努力实现统筹兼顾、综合平衡;③改变不同社会群体之间不平衡现象,增加流动人口和弱势群体的公共服务资源的配置。其二,公民之间生存与发展的平衡。在公民基本的生存、发展所需求的水、电、气、暖、交通、通讯等城乡公共设施,以及社会就业、社会保障、公共安全和教育、文化、环境保护、医疗卫生、群众体育等公共事业方面,要在政府财力承受得起的范围内提供平衡服务,实现全民平衡受益、共享发展成果。其三,政府管理与服务的平衡。"十二五"期间政府将要加大对教育、卫生、文化、生态环境保护、公共基础设施的建设投入和管理力度,努力提高公共服务总量,形成服务公平公正、布局结构合理、惠及全民的现代化公益服务体系。

6.1.1.5 机关公文写作的平衡

行政企事业机关、群众团体的行政管理部门,为了推动工作的开展,都需要作出文字的决定、指示、工作安排等,形成正式文件上报下发,同时要形成交流工作、总结工作、请示汇报工作的文件,做到上情下达、下情上达,这些工作都需要公文写作。作为机关干部应该在具有一定领导能力、工作能力和一般写作能力的基础上,还要具备机关公文平衡写作的能力,掌握平衡写作的方法、特点和规律。第一,公文的平衡性。平衡性的公文就是机关发出的上行文和下行文都符合辩证法、合乎逻辑、具有思辨性,文字表达客观全面,杜绝片面性,做到用词恰如其分,提法妥当,防止所写问题失衡和言辞使用失衡而导致公文失衡。第二,平衡性公文的写作方法:①文字表达的平衡性。写出的公文必须做到文字表达不带个人感情色彩,客观公正,既有利于党和政府的领导、管理和控制,树立政府权威和形象,又要符合公民利益,反映公民的声音,做到二者的平衡兼顾。②思维的平衡性。一是写作者要有严肃的态度,严谨的思考,并把平衡思维和平衡表达结合起来;二是坚持唯物辩证法,用一分为二观点分析人和事,反对绝对化、极端化,纠正讲优点时十全十美,讲缺点时全盘否定;纠正讲先进时无限夸大,讲后进时一无是处等。写公文千万不能讲过头话,不要讲"一边倒"的话,批评的话也不要说死了、说绝了,讲正面观点时不要忘记可能存在有对立面的观点,要注意分寸。③公文内容的平衡性。公文的内容要公正、客观、全面,忌片面性,写出的文章能够做到各方面平衡兼顾,无可挑剔、无懈可击,更不能无意识地引起不平衡纷争,不能无意制造或激化矛盾。公文内容要实事求是,不能夸张或缩小,有一说一,有二说二,不能合理想象或合理推理。对待成绩和不足,都要讲得适度,不实之词、夸大之词是公文的大忌,最容易挫伤相关单位和相关人的工作积极性,甚至引发矛盾。

参考文献

[1]彭和平.公共行政管理.北京:中国人民大学出版社,1994:353.

[2]十一届全国人大三次会议《政府工作报告》学习参考编写组.十一届全国人大三次会议《政府工作报告》学习参考.北京:人民日报出版社,2010:257.

[3]十一届全国人大三次会议《政府工作报告》学习参考编写组.十一届全国人大三次会议《政府工作报告》学习参考.北京:人民日报出版社,2010:231.

[4]十一届全国人大三次会议《政府工作报告》学习参考编写组.十一届全国人大三次会议《政府工作报告》学习参考.北京:人民日报出版社,2010:231.

[5]十一届全国人大三次会议《政府工作报告》学习参考编写组.十一届全国人大三次会议《政府工作报告》学习参考.北京:人民日报出版社,2010:216.

[6]十一届全国人大三次会议《政府工作报告》学习参考编写组.十一届全国人大三次会议《政府工作报告》学习参考.北京:人民日报出版社,2010:242.

[7]董郁玉,施滨海.政治中国.中国出版社,1998:105.

[8]十一届全国人大三次会议《政府工作报告》学习参考编写组.十一届全国人大三次会议《政府工作报告》学习参考.北京:人民日报出版社,2010:280.

6.1.2 城市动态平衡发展

引证:

中国传统医学认为,人的生命过程是一个动态平衡过程,即人体的五脏六腑、组织器官及其功能活动的协调吻合。在各种动态平衡中,有两种最为重要,一是人体与大自然及周围环境间的相互作用,一是人体各部分之间的相互作用。一旦两种平衡出现问题,那么人体健康肯定就会出问题。……城市的肌体也是一样。一座健康的城市,同样离不开这两种平衡:它必须是与周围环境相协调的,它必须保持自身结构、组织、功能的协调。一旦走偏,运转失衡,定会生出各种毛病来,也就是人们常说的城市病。[1]

——赵蓓蓓《失衡的城市》

6.1.2.1 城市规划、建设、管理和保护的平衡机制

城市是各级政府机关的所在地、地域性经济政治文化的中心、人口流动的聚集地、商品集散地和商品交换场所,城市的地位和作用是显而易见的。如果城市规划、建设、管理和保护中的任何一个环节不到位就会失衡失序。因此,必须要做到规划、建设、管理和保护的平衡。

1.规划的平衡

第一,城市规划的整体平衡。一是规划平衡。要建立城市整体规划的平衡机制,城市

整体规划要以改善城市经济社会、政治文化、人居生态等综合平衡状态为目的，要求达到城市资源、土地合理利用和实施综合管理控制之间的平衡。二是“系统平衡”。城市规划与管理是一个系统工程，要把“系统平衡”作为城市规划的理念，城市的经济、社会、文化、生态等各系统都要平衡兼顾。三是利益平衡。要协调好在土地利用过程中的个人利益、集体利益与公共利益关系平衡。第二，城市规划与世界城市发展趋势的平衡。城市规划要与时俱进，要有现代意识和超前观念，要学习借鉴先进城市的经验，特别是要有向工业化社会方向迈进的新思路，重点建设高新技术产业和所处区域、国家中先进的制造业和发展商业、服务业，后者也是一个城市体现工业化社会发展水平的标志。

2.建设的平衡

①城市建设的总体协调平衡。各项建设要有一个专门的平衡协调机构，作为系统工程统一平衡管理的结合点，不同部门之间、不同工作之间要有明确的分工负责制、协调配合机制和规范的办事程序，城建的全部工作做到当前利益和长远利益的平衡、目前效应和发展效应的平衡、上代人与下代人的平衡。②城市建设的平衡结合点。一个城市无论大小，都要把平衡支点预设和选择在交通运输、水电气、通讯信息、工程质量、垃圾处理和预防自然灾害等基础建设的统筹兼顾上。③速度与质量的平衡。要从源头上杜绝建筑工程追求速度、忽视质量或偷工减料的现象，各种设施都要追求“百年大计”，杜绝项目建设单位和负责人有关资料丢失现象。④城市建设与可变因素平衡。城市建设要有发展眼光，不能忽视人口增加、城市扩容、外来人口扩大、市民物质文化生活水平提高等方方面面的可变因素，适应经济社会不断发展的需求，适应城市现代化、工业化发展趋势的要求。

3.管理的平衡

第一，城管的综合调节平衡。一是统管与分管的平衡。在城市的管理中，要理顺条块之间、上下之间、统管与分管之间的关系，要对现存的交叉、重复、没人管的问题，统一归口管理，不留空挡。二是建设与管理平衡。树立城市管理的整体意识，做到在建设中管理，在管理中建设，把建设和管理有机结合起来。三是民主听证与集中统一的平衡。城市管理要采取民主听证的办法征求意见，并与集中制相结合，让市民群众参与城市管理，有关民生的问题必须通过听证会解决，真正做到“人民城市人民管，管好城市为人民”。第二，城市管理的“三大平衡”。①基础设施与高效能运行的平衡：确保通讯信息、交通运输、水电气、排污系统、垃圾处理、商业服务业等基础设施实现高效能、良好运行。②管理工作与有序运行的平衡：做到城市的规划建设、城市管理、社会治安、防灾防病、公共服务、人口控制、医疗卫生和劳动就业等管理工作的高效、有序运作。③物质文明与精神文明的平衡：重视城市科技教育、文化艺术、新闻出版、广播电视和体育事业等项目的建设和发展，通过各种方式提高市民的综合素质，为建设城市高度精神文明而奋斗。

4.保护的平衡

现代城市的舒适、便捷和宜居,包括城市的形象塑造,是一个城市发展进步的基础。一是建设与保护的平衡。城市的形象和设施、卫生和外貌的优美,都必须“一靠建设、二靠保护”;保护要靠大家,大家要靠教育,教育要靠领导。二是保护与制度的平衡。城市保护的关键是要把“城市保护制度工作”健全作为重点,把制定制度的工作做在前面,增强全体市民的城市保护意识,培养公民爱护城市一草一木、爱护城市水电气基础设施、通讯设施、公交设施、文化设施和公共绿化草地等的完好,避免人为毁坏和人为污染。三是城市美与人美的平衡。要通过长期培养提高市民素质,使每一位市民都成为城市设施完好、卫生整洁、形象优美的爱护者、管理者和实践者。从而,做到城市规划、建设、管理和保护工作的综合平衡。

6.1.2.2 城市传统文化与现代文化的平衡

文化是城市发展的灵魂,是城市的形象和品位的体现,文化产业是城市经济发展的新增长点,因此一定要把文化作为城市建设的重中之重。第一,中华文化与本市文化的平衡。我国是世界四大文明古国之一,每个城市都是在经历了漫长历史一步一步地发展而形成的,大小城市都有自己的传奇故事和传统文化特色,我们要非常重视我国几千年的中华文化的继承和发展,特别是把本城市的文化遗产传承下来,千万不能丢失自己城市的文化特色。第二,文化传统继承与文化创新的平衡。现代城市的发展离不开传统文化的底蕴,但不能搞文化复古主义,要批判地继承传统文化、发展传统文化,在传承中创新,在创新中发展。要在传承的基础上重塑本市文化特色,形成本城市独树一帜的现代文化,从而提升城市的品牌形象和国内外的竞争实力。第三,城市多元文化的平衡。一是城市文化建设的指导思想不能离开我国的主流意识形态和核心价值观体系,但也要大力发展大众文化产业,把经济效益与社会效益结合起来,体现本市多形式、多类型、多层次和丰富多彩的多元文化平衡发展的路子。二是城市文化建设不能封闭自守,要不断有所进步和发展,要学习吸收我国发达城市、发达国家城市的新鲜的、优秀文化,从而繁荣本市的文化。

6.1.2.3 城市交通运输的平衡

“而城市交通进入成熟平衡期的这个特征,与原始平衡期的人与物空间运动流量的基本平衡特征尽管内涵并不完全一样,却有着惊人的一致性。”[2]“从这个角度也说明,城市交通的发展按螺旋式周期性方式发展是有一定规律的。”[3]曹钟勇的《城市交通论》值得借鉴:①“向内运动”与“向外运动”的动态平衡。一是双向式市区交通平衡。城市交通建设的范围,除了实现市区内流动平衡,杜绝阻塞外,还包括与中心城、卫星城和周边乡村联系在一起的完善的城乡交通网络体系,使中心城、卫星城和乡村成为一个向内运动和向外运动运行的有机动态平衡体。二是开放式市际交通平衡。城市应当是开放式的,要基本形成水陆空立体交通格局,市内、市际和乡村直至延伸到与外地城市的流入与流出的畅通无阻,做到城市交通运输量大于流入量与流出量,才能实现动态平衡运行。②交通发展趋势与未来人流、物流的动态平衡。一是多种交通方式的平衡。城市交通运输业的发展适应我国现代化建设的要求和本城市发展趋势的要求，城市交通建设要根据经济能力和市情采取多手段和多形式如高速路、高铁、地铁、高架路和公交等,做到相互补充,确保城市交通的快速、安全、节能和舒适,实现城乡出差、通勤、上学、购物和旅游方便快速。二是常态与非常态下交通的平衡。要做到城市交通在城市扩容、未来发展、举办重大活动、应对自然灾害等特殊情况下人流和物流的畅通无阻。城市要体现出内外流量的平衡,“……人针对城市的向心和离心空间运动流量平衡，物针对城市的向心和离心空间运动流量趋向平衡的特征”。[4]

6.1.2.4　城市的生态平衡

“城市生态空间的构建,首先表现在城市生态的协调平衡上。”[5]随着城市人口的增加、工业化程度的提升,城市生态环境失衡问题逐渐凸现,这是城市管理者高度重视的问题。一是城市生态的失衡现象。随着经济社会的发展和城市的扩大,我国大多数城市的水和空气污染、垃圾增多、噪声污染、化学危害、人口膨胀、交通拥挤、设施不健全、水电气紧张等,直接影响居民的生活质量,这是急需解决的问题。二是城市的生态平衡趋向。联合国“人与生物圈”计划已把城市生态平衡,列入人类共同的重点研究项目之一,号召专家学者研究和探索,目的是找到和解决世界城市的生态平衡的途径,使城市不但发挥巨大的经济社会发展的示范、带动作用,同时要保持城市有一个良好的工作、健康的生活环境。三是创建“生态平衡城市”。曹钟勇在《城市交通论》一书中介绍了20世纪80年代,联合国教科文组织推广前苏联一位生态学家提出的“生态城市”的理论,就是应用生态学原理,建立物质循环良好、能量流动畅通的城市生态系统。一是完善城市平衡调节机制。城市要建立“生产链—消费链—还原链”的平衡调节机制。二是提高城市平衡调节能力。城市要建立长效的平衡调节机制,形成“输入—产出—处理”的平衡调节能力。三是制定和实施低碳经济与低碳消费平衡目标。城市要实现“经济社会发展目标—生态环境平衡指标—综合发展目标”的动态平衡状态。以城市生态平衡为目标,大力发展城市低碳经济,倡导城市居民低碳消费。

参考文献

[1]赵蓓蓓.失衡的城市.人民日报,2011-8-16.

[2]曹钟勇.城市交通论.北京:中国铁道出版社,1996:223.

[3]曹钟勇.城市交通论.北京:中国铁道出版社,1996:223.

[4]曹钟勇.城市交通论.北京:中国铁道出版社,1996:222.

[5]王荣华,童世骏.多学科视野中的和谐社会.上海:学林出版社,2006:380.

6.1.3 企业动态平衡发展

引证：

对于企业而言，只有各经营要素的均衡发展，才能保证企业经营成果的最大化。[1]

——刘欣《持衡定律》

6.1.3.1 企业的制衡体制和机制

1.企业责、权、利平衡的领导体制

①企业责、权、利关系的失衡。从平衡论角度讲，现代企业制度要求建立责、权、利平衡的企业领导体制，但是在企业改革前是不平衡的。一是国有企业存在着政企不分、产权不清、职责不明的状况；二是存在着责、权、利相互失衡的现象，表现为责大、权小、利少的弊端。责、权、利不平衡的问题，影响了企业领导人工作的积极性和创造性的发挥，阻碍了企业的发展。②企业责、权、利关系的平衡。在企业改革中，无论是企业或事业单位，都建立了责、权、利关系平衡的机制，做到权力、责任和利益的平衡，形成有什么权力，就有什么责任，也就有什么利益。企业建立了责、权、利平衡的领导体制后，领导者普遍增强了责任心，极大地调动了领导者的工作积极性。③企业内外主体的平衡。郑海航有关"内外主体平衡论"的理论文章，从多方面阐述了内外主体平衡，提出国有独资公司内外两大类不同利益主体之间要保持平衡，并通过外部治理与内部控制实现内外主体的平衡，这是我们建立企业的制衡体制的依据。

2.企业的分权制衡机制

一是"三权"分离制衡。国有企业的"三权"：资产管理(所有)权、经营(生产)权、调控(宏观)权。实行"三权"分离后，国企经营大政方针由国家资产管理部门派出管理人员与国企领导者、国企职工组成的董事会负责；国企日常生产经营活动由董事会聘任经理负责；政府经济部门和行业组织强化对国企的管理作用。二是"三权"分离制衡的好处：国企财产关系明确，消除"条块"分割，有利于政企分开，使国企真正成为商品生产者和经营者。国有企业按照《公司法》的要求，建立现代企业制度和法人治理结构，实行股份制，把工人的命运与企业的命运捆绑在一起，充分调动工人的积极性。三是法人治理平衡机制。国有公司治理机制是对经营者作用的体现，也就是对经营结果、决策和执行行为的督导，制衡关系包括股东大会的监督机制、董事会的监督机制和监事会的监督机制。同时，要处理好治理机构之间的协同关系和相互制衡关系。

6.1.3.2 企业管理中的平衡

1."仿生式"企业管理平衡

"人体：新陈代谢平衡是基本的生命需求。企业：只有管理才能确保企业内部的平衡。"[2]企业管理平衡，在国外已经有所研究，并取得了明显成效。罗启义运用人体器官功能和作用研究企业管理问题，引起了世界和我国的广泛关注。其重点有三：一是人体与企业外环境关系的平衡。人体要在来自社会的挑战环境下生存，而企业要在社会的、商界的挑战市场下竞争，二者具有相似性。管理系统仿生的方法，就是对20世纪产生的仿生学方法在企业管理中的运用，以生物为原型，来改善和创新企业管理。“从生命中得到启示：人体是一门生理的科学，也是一门创造的艺术，商业是一门资本的科学，也是一门人与人之间交流的艺术。”[3]二是人体与企业内环境的平衡。在内环境方面企业的九个部门类似人体的九个器官系统。例如，董事会和首席执行官——大脑；财务部门——血液循环系统；信息部门——神经系统；库存和供给——肠道系统等。三是人体与企业的自然社会环境的平衡。在外环境方面人类与各种生物赖以生存的阳光、空气、水、土壤等自然要素是一时也不能缺少的；而企业同样离不开自然环境和社会环境，无论人体或者是企业都要保持同环境的动态平衡。

2.“同步式”企业管理平衡

陈荣耀非常注重“同步式”企业管理平衡：一是管理的“同步式”平衡。“比如在管理中，必须对物重视和对人重视的同时把握；对精神因素和物质因素的同时关注；对企业效益和社会效益的同时考虑；对眼前利益和长远利益的同时关心；对价值和使用价值的同样重视；对严格管理和尊重职工自主精神的同样关注；对计划规范性和市场应变性的同时把握；对权力的授予与收回的及时调整；对每个下属的长处和短处的同时掌握，等等。”[4]上述成双成对的“同时关注”和“同时把握”，实际上就是强调企业管理要实现二者之间关系的平衡。二是“同步式”(平衡)管理方法。如人与物的平衡、精神与物质的平衡、企业效益和社会效益的平衡、眼前利益和长远利益的平衡、价值和使用价值的平衡、严格管理和尊重职工自主精神的平衡等。这种管理方法，能够消除顾此失彼，实现统筹兼顾，达到企业各种资源要素动态平衡发展。

3.追求工作目标与关怀员工之间的平衡

企业领导者要想实现效益最大化，就必须关怀员工、调动员工的积极因素。一是企业目标与关怀员工的平衡。“要实现宏大目标，移转层次的思考模式需要在专注目标与关怀他人之间取得平衡。这是一种领导才华，当你把价值观传送给周围的人——你的团队、组织、客户时，你就变成一根导管，将好处带给大家，而你是过程里的赢家。”[5]如果企业领导者只是关心完成任务，一个心思赚钱，唯利是图，不关心员工的生活，员工就会产生离心力，企业就会失去向心力，员工与企业之间关系就会失衡。二是领导者与员工关系的平衡。“我们必须求取感同身受(关怀员工)和专注(任务目标)之间的平衡，才能达到最大的功效。这种平衡关系适用于各式各样的组织，从大至小、营利或非营利组织的经理人。”[6]企业领导者既要重视企业利润目标的完成，又要重视关心员工和理解员工的苦衷，解决工作和生活中的困难，使企业与员工形成命运共同体，激励员工为实现任务目标而奋斗，这样才能最大限度地调动员工的积极性和创造性，才能把企业目标任务的完成建立在坚实可靠的基础之上。

4.生产经营的综合平衡

(1)“七位一体”平衡法。一个企业是一个系统,“七位一体”就是构成企业系统的“七要素”——生产、营销、服务、资金、管理、人力和环境等动态平衡发展,七要素平衡发展才能实现经营成果的最大化。就是说,一切从系统整体效益出发,整合各种要素力量、集成要素合力、实现要素之间相互配合、相互促进,使经营要素、资源要素动态平衡配置,达到资源应用最优化,实现同步性与异步性的平衡和统一。如同“木桶效应”,企业管理必须实现企业中各要素的综合平衡,不断消除制约因素和“短板”,把物质文明与精神文明建设动态平衡推进,企业才能持续发展。

(2)“四个平衡”运筹法。①“四个平衡”运筹法的内容:国家、企业、员工、消费者四者是国有企业的利益交点。利益关系的矛盾,是任何企业不可回避的问题。企业不但在本系统内部有厂长与职工、职工与职工的利益关系,同时在外部还有与国家的利益关系、与消费者的利益关系。因此,必须正确处理国家、企业、员工、消费者之间的四个利益关系,实现四个方面的平衡与兼顾,这是企业生存发展的关节点,处理不好就会造成相互失衡,发生企业危机,必须引起领导者高度重视。②企业“四个平衡”运筹法的实施:一是在企业内部要体现利益公平、公正,利益的天平任何时候都不能倾斜,这样才能形成内聚力和相互之间的合力,才能不断提高工作效率和企业效益;二是在外部与客户、消费者要保持相互利益关系的平衡,坚守诚信、公平和热情服务,建立良好的关系,从长远利益看,这比企业暂时从客户、消费者身上获得一些好处和利润更为重要、更有价值。③企业与社会利益的平衡运筹。企业要尽到社会责任,发挥社会稳定器和缓冲的作用。正如潘跃所说:“社会组织的存在,承担着劳动者、居民、公民与政府和社会的联系和纽带的功能和作用,承担着劳动者与企业单位的平衡权益的功能和作用,起着社会稳定器和缓冲的作用,其作用和功能是政府组织无法替代的。”[7]

6.1.3.3 企业能与低碳经济趋势的平衡

1.产能与能耗的平衡

现今世界,一个低碳经济时代即将到来,低碳经济将领导未来的经济全球化。一是产能与能耗平衡的必要性。我国有相当数量的企业不适应世界趋向低碳经济时代的要求,亟待脱胎换骨、转变发展方式,优化经济发展结构,淘汰低产能和高能耗企业,尽快实现产能与能耗的平衡。二是我国企业能与经济全球化趋势的平衡。我国企业要在关键环节上下工夫,狠抓三个重点:①节能、降耗和减排是我国适应经济全球化大趋势的需要,也是企业生存发展的需要;②消除高投人、高能耗、高污染的“三高”企业是我国和企业近期的艰巨任务;③提高企业技术含量,建立资源节约型、环境友好型企业,从单纯的经济增长转变到适应低碳经济时代的平衡增长,是我国和企业界转变发展方式的关键。三是产能与能耗平衡的方法。转变企业经济效益的增长方式——高产能、低消耗。这就要求企业要从组织结构、产业结构、产品结构和分配结构等多方面着手进行大调整,采用高科技方法节能减排,从根本上把"三高"变为"三低"才能适应世界低碳经济时代的要求,进而推动企业的可持续发展。

2.企业能量平衡

企业能量平衡工作,不但是新世纪世界关注的问题,也是我国企业面临的生存发展的大问题。①企业能平衡的基本做法:一是企业能量平衡是考察一个企业的输入能量、有效利用能量和损失能量相互之间的平衡关系。二是企业能平衡工作是我国加强能源科学管理、提高能源利用水平、降低能源消耗、实现节约能源的重大举措。三是我国对企业能的消耗、利用和损失之间进行综合平衡。②企业能平衡的目的:一是掌握企业能耗情况;二是掌握产品的用能情况;三是掌握设备的热效率和企业的能源、能量利用情况;四是掌握余热回收情况;五是掌握能量损失的原因,找到节能途径和方法。③企业能平衡的效应:企业能平衡可以有效纠正由于对能源管理不善而造成的能源浪费,制定节能降耗的措施,达到企业对能源科学管理的目的。例如,企业长期存在能耗无定额,设备空运转、厂区长明灯、车间长流水等现象,有必要增强全员的节能意识和节约用能、合理用能的自觉性。

参考文献

[1]刘欣.持衡定律.北京:机械工业出版社,2006:18.

[2]〔美〕罗启义.企业生理学——企业活力探源.北京:新华出版社,2001:145.

[3]〔美〕罗启义.企业生理学——企业活力探源.北京:新华出版社,2001:88.

[4]陈荣耀.追求和谐——东方管理探微.上海,上海社会科学院出版社,1995:286.

[5]〔美〕亚特·宏恩.领导力:平衡工作关系与目标.北京:经济管理出版社,2001:32.

[6]〔美〕亚特·宏恩.领导力:平衡工作关系与目标.北京:经济管理出版社,2001:32.

[7]潘跃.让"稳定器"发挥更大作用.人民日报,2011-10-16.

6.1.4 乡镇动态平衡发展

引证:

当前,在我国领导科学界,关于领导活动要素问题的一个公认的观点,就是"三要素说",认为领导活动是由领导者、被领导者和它们共同作用的对象即环境相互结合、相互作用的动态平衡过程。[1]

——孙占奎等《领导协调论》

6.1.4.1 乡镇存在的不平衡现象

30多年来,我国广大农村经济体制改革深入发展,农村建设面貌焕然一新,农民生产、生活条件大大改善,物质文化生活有较大提高,低保、医疗、养老有了根本保障,人民群众安居乐业,"三农"建设取得了举世瞩目的成绩。但是,当前农村还存在着诸多不平衡的现象,影响农村小康社会建设步伐。一是经济与社会发展存在不平衡。乡镇的经济增长了,但社会建设滞后。二是物质与精神文明存在不平衡。乡镇的精神文明相对物质文明建设存在滞后,乡镇的文化事业、医疗卫生事业相对比较落后。三是一、二、三产业存在不平衡发展。村镇的工业和商业服务业落后于农业,有的乡镇基本没有工业。四是存在贫与富不平衡,而且农村贫富的差距仍在继续拉大。五是存在劳动力资源不平衡。剩余劳动力的就业存在出路问题。六是生态环境存在不平衡,耕地面积被非农用占用,水土流失、水利设施长期失修的现象等。

6.1.4.2 乡镇干部要成为上头与下头的平衡支点

1.上头与下头平衡

乡镇是落实党和国家各项方针政策的基础,乡镇干部是党和国家各项方针政策在基层的宣传者、贯彻者,更是实践者、实现者。一是与上头平衡。从中央、省地县到乡镇,上面千根线,下面一根针,上头的方针、政策和路线最终要在基层贯彻落实,乡镇干部工作多、任务重,责任如山,一定要与上头保持平衡。二是与下头平衡。乡镇又面对着千家万户,生产的管理、生活的服务、民心的理顺、矛盾纠纷的解决等关系民生的问题,都要做好。三是乡镇干部要成为下头与上头关系的平衡支点。乡镇处于上头与下头的中间,应当是上下两头的平衡支点。乡镇干部一肩挑两副担,要向两头负责。乡镇干部工作千头万绪,这就要求乡镇干部要做好上头与下头的平衡工作,不能倾斜和失衡,既要把上头的方针政策贯彻到基层,又要确保农村经济社会的稳定和发展。要充分认识为上头党和政府工作和为下头人民群众工作具有一致性,是没有矛盾的,要努力实现二者的平衡。有人形象地说:乡镇干部是上头与下头的“平衡调节器”,这句话不但有一定的道理,而且是对乡镇干部平衡艺术的总结。

2.经济社会平衡发展

一是工作任务与能力的平衡。乡镇干部中心工作就是全面、正确地把党和国家各项方针政策贯彻落实到千家万户,带领广大群众把上头的精神化为兴农富民的实际行动。乡镇干部要按照提高党的执政能力的要求,努力提高自己的领导能力、工作能力,特别是要提高落实科学发展观和构建和谐社会的能力、建设农村小康社会的能力。二是经济发展与社会发展的平衡。在社会工作方面乡镇干部要在加强新农村建设、城镇化建设和社会化公共服务上下工夫,在经济工作方面要转变经济发展方式,大力发展农村循环经济、低碳经济模式,提高综合利用效益,不断提高乡镇“三农”工作水平,实现农、林、牧、副、渔业动态平衡发展。

3.综合平衡发展

乡镇要坚持以农村经济建设为中心,努力实现农村经济社会的可持续发展,这也是从根本上解决农村出现各种社会矛盾和各种不平衡问题的有效途径。第一,管理平衡。乡镇干部要坚持和规范村镇民主管理制度,充分发挥所辖各个村委会的作用,发挥村民代表的作用，发挥村民理财小组的作用。第二，结构平衡。要继续调整产业结构，发挥本地的产业优势；加大二、三产业的发展力度，把本地特色产业的优势作为龙头，带动农村整体经济的发展；要提高农业生产专业化程度和机械化水平；要提高乡镇企业产品的科技含量，以工补农，以工促农，加速农村经济发展步伐。第三，利益平衡。搞好农村经营体制改革，调整农村利益分配格局，调整资产所有权和经营权，有条件的乡镇可以对集体资产进行股份制改造，增加农民资产分红收入。

6.1.4.3　物质文明与精神文明建设的平衡

乡镇工作要面对从中央到基层的多头领导和多个部门安排的工作，每个工作都要在基层贯彻落实。因此，乡镇领导者必须掌握平衡的工作艺术，这就是要把上头和下头的全部工作都纳入两个文明建设平衡兼顾，实行两手抓、双肩挑的平衡推进和两个轮子一起转动的方法，实现两个文明同步推进，两个成果一起收获，防止工作忙乱和顾此失彼。①用动态平衡的方式加强农村双文明建设。一是双轮驱动、平衡推进。广大农村由于经济快速发展，物质生活水平有了很大提高，但相应的精神文明建设水平需要再提高。要教育和培养农民现代大农业意识和新一代农民的新思想、新观念；要把构建和谐社会当做重中之重的工作，定期研究部署和总结提高，不断把农村科学发展、和谐发展工作引向深入。二是主流文化、民俗文化平衡发展。要广泛开展农村文化、体育、娱乐活动，活跃农村文化生活，推动先进的主流文化和当地民俗文化动态平衡发展，反对封建迷信、反对赌博，改变落后习俗，改变不卫生、不文明的生活方式，提倡文明、进步的生活方式。三是干群关系平衡(平等)。乡镇干部要尊重农民的创造精神，增强民主和平等意识，树立廉洁、勤政、亲民、爱民的思想，主动接受百姓的监督和批评，使领导工作让农民兄弟满意。②用动态平衡的方式做好农村困难、弱势群体的工作。要强化扶持和救助农村困难群体、弱势群体的力度，共享改革和发展成果。一是通过帮扶实现平衡。村镇要采取多管齐下的办法，引导低收入群体广开增加收入的门路，帮助他们合法脱贫致富，从根本上减少低收入人群数量。二是通过调节实现平衡。村镇对困难农民可采取救助、减免费用等方法帮助解决困难，体现社会主义优越性、党的关怀和社会温暖。三是通过社保全覆盖实现平衡。做好农村的社会保障工作，解决农民的后顾之忧，理顺农村社会心理和农民情绪，维护农村稳定。③用动态平衡的方式解决农村社会矛盾。一改过去的旧方法，要变过激、对立和“左”的方法为协调、和谐和团结的方法解决农村矛盾。现阶段，农村出现这样或那样的纠纷、矛盾和不平衡问题是正常现象，但要及时消化矛盾，防止矛盾扩大化。要怀着对农民兄弟的浓厚感情，采用引导、疏通、协调、化解矛盾，坚持说服教育，耐心做好思想政治工作，不挫伤农民的积极性，把团结更多的人进行农业现代化建设作为乡镇干部工作的出发点和落脚点。

参考文献

[1]孙占奎,王安平,郭晓华,等.领导协调论.北京:煤炭工业出版社,1990:71.

6.1.5 社区动态平衡发展

引证:

把这种"弹钢琴"的艺术应用到社区建设的工作方法之中,一方面,使我们时刻注意要处理好中心工作和其他各项之间的关系,既抓住社区建设各个时期的重点,以重点带动一般;另一方面,又要注意社区建设各个方面的有机配合,平衡协调。[1]

——吴德隆、谷迎春《中国城市社区建设》

6.1.5.1 小社会与大社会关系的平衡

"他指出(引者注:指巴纳德)管理者的职能是在组织的需要和雇员的需要之间保持动态平衡,从而强调了行政协调的重要作用。"[2]改革开放以来,我国从计划经济转变为市场经济,经济社会等各领域都有很大变化,社会组织也随之变化,社区组织形式就是适应了在市场经济条件下由"团队人、群体人"变为"社会人"而发展起来。社区的出现,这是一种社会进步的表现。

1.政府领导与公众参与的平衡

一是在政府领导下实现社区工作的平衡发展。社区处于人民群众与党和政府之间,上头是政府,下头是社会人,社区就是二者的平衡点,发挥着承上启下的作用,一方面体现着党和政府的形象,另一方面又代表居民群众的心声,工作十分重要。社区要把党和政府的方针政策作为做好群众工作的指导思想和依据,按照党和政府的要求做好社区管理和服务的各项具体工作。二是在居民参与中实现工作的平衡发展。社区要把居民参与作为工作基础和根本保证,这是因为社区的各项工作都与大众相关,必须要求公众参与、密切配合,才能把工作做好。社区只有依靠本社区范围内的广大群众和社区自身的力量,组织动员群众支持和参与社区的各项活动,才能完成上级交给的任务。如果缺少政府领导或缺少群众参与,社区的工作就无法开展。因此,社区自身建设、公共建设、公共管理和公共服务等工作都离不开政府指导与公众参与。

2.小社会与大社会关系的平衡

"居民自治是社区的基础和本质。"[3]自治是社区的本质,是工作的基础,这就决定了社区工作内容的广泛性,其特点是整个大社会的小缩影,地盘小、工作多。①管理与服务关系的平衡。社区要统筹做好整个辖区内的各项社会化工作,包括辖区内的社会管理和社会服务、企业事业等单位、团体的共建和联建等工作。辖区内各单位也要支持社区管理工作,帮助和扶持社区建设和社区发展。②小社会与大社会关系的平衡。要加强社区内部的"和谐社区"建设,要与外部社会发展和进步保持平衡,这是因为每一个社区都是构成整个社会的一个组成部分,社区和谐是大社会和谐的基础,一定要把社区和谐工作抓紧抓好抓出成效。③社区与公众关系的平衡。社区要发挥党和政府了解民情民意的前沿哨所和上下相互联系的纽带和桥梁的作用,要成为群众利益的直接体现者、联系群众的实践者、群众呼声的反映者。社区成员要保持与人民群众的密切联系、沟通和对话,广泛倾听群众呼声,当好老百姓的代言人,为人民群众生活质量的提高,发挥社区在政府与公众之间的平衡作用。

6.1.5.2　社区的平衡管理

“从均衡发展理论来看,社区建设及发展是一个综合性的社会变迁过程。在这个多因素的社会发展与运行过程中,它必须保持参与变迁过程中诸因素之间的平衡,其中就包括了经济发展与社会发展的平衡。”[4]第一,社区管理的平衡。社区平衡管理是社区的第一大功能。社区是经济社会的基本单元,是社会管理的基础。社区全部工作要从社区管理入手,把社区管理当做一切工作的切入点。一是提高平衡管理的能力。社区管理的关键是加强社区党组织建设,社区党建的重点是提高基层党组织的战斗堡垒作用和党员的先锋模范带头作用。社区领导班子的领导能力和管理能力,实际上就是平衡管理的能力,要不断适应新形势,改进工作方法,转变领导方式,提高管理效果。二是提高民主(平衡)管理的能力。切实加强社区的民主管理,实行决策民主化,管理民主化,倾听居民的意见和建议,畅通居民言路和渠道。三是提高双文明平衡管理的能力。把精神文明建设作为社区建设的突破口,从根本上改善人与人、人与社会、人与自然环境的平衡和谐相处的关系。第二,社区经济发展与社会发展的平衡。“经济发展是社会发展的基础和手段,社会发展是经济发展的目的。由此可以看出,社区经济是社区建设的基本内容,是社会均衡发展的客观要求。”[5]社区平衡发展要求必须发展经济,而社区经济发展是社区建设的重要一环。社区要实现平衡发展,就要走非行政化和非市场化之路,大力发展社区经济,要充分利用本社区各种资源、优势产业和服务业,增加社区收入,取之于民用之于民。社区经济的发展是社区生存和发展的基础和条件,没有一定物质基础,所有工作都无法开展。

6.1.5.3　社区服务的平衡化

“社区主要由感情和情操联结在一起,而组织则由‘理智的’考虑来维系。”[6]第一,社区服务均衡化(平衡)是社区的第二大功能。社区服务要坚持以无偿为主、有偿为辅。社区服务的功能要坚持群众参与原则和利益共享原则的平衡,社区服务的凝聚功能和稳定功能的平衡,把社区建设成为人们生活、情感的共同体,成为“社会人”重要的活动场所、共同生活的空间、合作的桥梁和交往的载体。第二,社区服务均衡化(平衡)的途径:①助民性与公益性的平衡。在助民服务方面,社区要形成多功能服务项目,开展多种形式的便民服务、助民服务。在公益性服务方面,要为人民群众开展“无边界”服务,如开展招工用工、招商信息公布等服务,开展困难救助、弱者帮扶等活动。②关注民生与尊老爱幼的平衡。在关注民生服务方面,采取多种方法关心居民生活,如建立社区卫生服务站,方便老幼就地看病,随时治疗。在尊老爱幼服务方面,如建立托儿所、社区养老机构,完善基本养老设施,形成多种形式的养老方式。

参考文献

[1]吴德隆,谷迎春.中国城市社区建设.北京:知识出版社,1996:173.

[2]彭和平.公共行政管理.北京:中国人民大学出版社,1994:40.

[3]李培林.和谐社会十讲.北京:社会科学文献出版社,2006:251.

[4]吴德隆,谷迎春.中国城市社区建设.北京:知识出版社,1996:26.

[5]〔美〕R.E.安德森,I.卡特.社会环境中的人类行为.北京:国际文化出版公司,1988:83.

[6]吴德隆,谷迎春.中国城市社区建设.北京:知识出版社,1996:26.

6.1.6 群体的动态平衡发展

引证:

群体的平衡或稳定状态在研究中受到极大重视。人们已经对作为系统的群体,特别是群体的平衡或稳定状态作了许多研究,写出大量论著……[1]

——〔美〕安德森、卡特《社会环境中的人类行为》

6.1.6.1 群体与个人的关系平衡

"其实作为一个群体中的领导者,讲到底应当是一个掌握平衡的专家,他应当在各种各样的关系面前进行调控,进行协调,进行磨合。"[2]①个人与群体的关系平衡。群体是由一个一个单独的个体的人相结合而形成的组织。群体的特征:利益的平衡性、目标的平衡性和组织关系的平衡性。一个人加入群体的目的和动机是物质生活需要和精神生活需求的平衡。群体的类型:营利性、非营利性和公益性的群体。个人与群体之间的关系是平衡的关系。②个人角色与群体的平衡。每个人在群体中都扮演着不同的角色,有家庭群体中的不同角色和社会群体中的不同角色，但个人所扮演的角色与群体是平衡的关系。例如,个人与家庭小群体关系的平衡:一是未成年人,是家庭的一个子女角色,通过家庭小群体中的生活,学习和掌握生存能力,培养和确立人生目标,形成个性、兴趣和爱好,家庭的影响起到重要的甚至是决定的作用。二是成年人,在家庭群体中扮演着一定的家庭成员的角色,形成家庭角色的权利、责任和义务的平衡关系。如在家庭具有丈夫角色的权利,相适应的就要担当起丈夫的责任和义务。三是社会人,一个人在社会群体中扮演着一定的社会角色,不但要保持个人与所在群体关系相适应、相平衡,还要做到个人在群体中所担当的如领导者、员工等角色并保持相应的权利、责任和义务的平衡。

6.1.6.2 群体内部相互之间关系平衡

“要实现宏大目标，移转层次的思考模式需要在专注目标与关怀他人之间取得平衡。”[3]一个人在群体中担当不同角色，就有不同的关系。例如，工作人员之间关系和上下级关系等。实现内部相互之间关系平衡，对个人和群体都是至关重要的。

工作人员之间关系的平衡。群体中最重要的是工作的关系。有专家研究证明，人的一生与工作相处的时间超过家人，与同事之间关系和谐，可以增寿5年，否则减寿5年。实现工作人员之间关系平衡，主要应杜绝“三个失衡”：一是杜绝心理失衡。群体中相互之间存在利益和竞争关系，最容易产生嫉妒心理，这是一种失衡心理，是群体内部人与人之间关系和谐的大敌。群体成员都应具有平衡的心理素质，对同事(平级)的工作成绩、增薪和提职，或下级做了自己的上级，或同事薪金从比自己低到比自己高，都应该平衡思维，为同事的进步而感到高兴，并在工作上积极支持配合。如果存在不平衡心理，不但危害自己的心理健康，严重时还可能给自己引来麻烦。如果自己在群体中具有良好的、平衡的心态，可能使自己在群体中进步不比别人慢。二是杜绝远近关系失衡。群体中相互之间的关系有远有近是正常现象，但对关系比较近的来往要光明磊落，建立正常的同事加朋友的关系，不搞歪门邪道，反对不正常的拉帮结派，影响群体的正常运行。三是杜绝平等关系失衡。工作人员之间是平等的关系，要平等相处，互相尊重；在工作上要相互配合，分工不分家；在生活上要互相关心，帮助同事排忧解难；对同事的失误和过错，要诚心批评，善意帮助改正，互相鼓励，协同前进。

领导与被领导关系的平衡。①完成任务与关心职工的平衡。作为上级既要考虑群体组织工作任务的完成和目标的实现，又要关心下级的工作、学习和生活，经常想到下属的需要和利益，多办实事，解决实际困难，要把下级反映最强烈的问题作为自己工作的重点，能满足的应满足，不能满足或暂时不能满足的要耐心予以解释，做好思想政治工作。但是，作为下级，也要平衡思维，要站在领导者的角度对待所分配的任务，纠正自己不正确的想法，理解上级有上级的考虑。②上下级关系的平衡。一是平等(平衡)。领导与被领导之间在政治上、人格上都是平等的，只是分工的不同。当群体发生工作上的各式各样的问题时，作为领导者不能文过饰非、把问题推卸给下级，要主动承担自己的领导责任，对下级要宽容、理解。二是平衡思维。当上下级发生矛盾冲突时，上级要平等相待，不仗势欺人，以权压制，上级要严于律己，多作自我批评。作为下级要通情达理，主动认识自己的缺点和不足，勇于接受批评，积极改正错误。③领导与被领导之间的平衡思维。上下级都要养成换位思考的习惯，作为上级要站在下级的角度思考问题，在群体中上级与下级都要感同身受，无论是上级还是下级都要相互谅解、相互理解，作为上级，在分配工作和下达任务时，要从下属的角度分析，尽量做到合理、公平和适度。但是，作为下级也要有主人翁态度，坚决执行，勇于接受工作分配，坚决完成任务。

6.1.6.3 群体与社会的关系平衡

1.群体与社会的关系平衡

社会是由大大小小的群体构成的,群体的生存和发展离不开社会。第一,群体与社会平衡的重要性。在社会上,群体与群体、群体与社会之间不是孤立的,必然要进行物质、信息等各式各样的交流往来活动,这样才有助于相互之间的学习和提高,达到共同发展的目的。群体之间在交往中学习先进经验,交流技术,沟通各方面信息,相互取长补短,相互开展多种形式的协作、资源共享、合作共赢。如果把自己封闭起来,群体生命就会停止。第二,"内功"与"外功"的平衡。群体既要重视内部练好内功,又要重视外部塑造社会形象,二者要实现平衡。一是要提高内在的素质,要把工夫下在群体的思想建设、各项制度建设上,树立正确的经营理念、提高全体成员的技术素质,增强内聚力。二是要关注群体的"外名",塑造群体外部社会形象,提高服务品位,提高社会知名度和公众美誉度,取得社会的广泛支持,这样做有利于经营性群体的经营活动的开展和市场竞争,也有利于非营利性和公益性群体的发展。第三,竞争与合作的平衡。竞争与合作、诚信与"道义",是关系群体生存发展密切的两对概念,是群体的利益、功利、形象和信誉的价值取向,二者要实现有机统一,既追求物质利益,又追求诚信和道义,坚持公平营销,互利互惠,把群体之间、群体与社会之间的发展统一起来。诚信有利于公平竞争与长期合作,竞争推动群体发展,合作促进群体进步。群体在经营活动中,既要有竞争,也要有合作;既要讲诚信,又要讲道义,这是群体与社会协同发展的理性选择。

2.群体社会心理平衡

第一,群体社会心理平衡的意义。群体社会心理平衡,就是群体内部成员相互结合的整体的内聚力与合力,体现在工作效率、经济效益和社会效益上,这是维持群体生存和发展的根本保证。群体组织中成员向心力高,相互勇于投入感情和心血;成员工作热情高,必然提高工作效率、经济效益和社会效益。因此,实现群体心理的平衡,增强群体成员的心理归属感,这是群体生存和发展的关键。第二,群体组织社会心理平衡的方法:方法一,外部心理的平衡。一是要将本群体的规模、商标、产品、效益、成就、发展前景,向本群体成员和外部社会公众大力宣传, 形成有利于群体发展壮大的内部群体心理和外部社会心理。二是群体要有鲜明的、响亮的和有代表性的群体宗旨、理念、歌曲、徽章和制服等,通过这些形式和手段,达到员工心理上的统一和社会心理上的认同。三是群体要积极参加捐献、救灾、公益等各式各样的社会性活动,提高群体的知名度,提升社会的支持度。方法二,内部心理的平衡。一要在群体内部采取多种形式、举办各种活动,广泛宣传群体对社会所作的成就和贡献,提高群体内部成员的自豪感和向心力。二要定期召开群体成员家属、亲朋好友、调离本群体的人员和离退休人员的现场座谈会,现场参观、看发展、谈观感、展望前景,从而取得他们对群体的支持和合作。三要适度加大工作环境和生活环境的投入,不断改善群体的工作环境和工作条件,不断提高群体成员的薪金待遇，改善成员生活条件，增强向心力。

参考文献

[1]〔美〕R.E.安德森，I.卡特.社会环境中的人类行为.北京：国际文化出版公司，1988：159.

[2]王颖.动态平衡论.北京：中国青年出版社，1998：99.

[3]〔美〕亚特·宏恩.领导力：平衡工作关系与目标.北京：经济管理出版社，2001：93.

6.1.7 组织平衡

引证：

在组织管理方面，形成"A管理模式"的互相制约、互相控制，实现组织的平衡。[1]

——刘光起《A管理模式》

6.1.7.1 组织中付出与回报的平衡

本节主要以被称为管理之父的巴纳德的组织平衡理论为根据进行阐述。第一，组织与环境的平衡。"组织的存在取决于协作系统平衡的维持。这种平衡开始时是组织内部的，是各种要素之间的比例，但最终和基本的是协作系统同其整个外界环境的平衡。"[2]社会上各种组织的生成和生存，证明了其内部是平衡的，它与社会环境和自然环境是平衡的，否则是不会在地球上存在的。他强调个人加盟各种组织的动机就是"牺牲"与"诱因"的平衡。第二，组织平衡的方法。巴纳德认为，产业组织、政治组织、宗教组织、行业组织、行政组织和其他各种组织都有自己独特的平衡的方法，否则就无法生存和发展。①产业组织的平衡。例如企业生产物质产品获得效益，支付对成员的物质报酬，以此来实现组织平衡。②政治组织的平衡。政治组织用成员缴纳的组织费、会费或规定费用等办法，来维持组织平衡。③宗教组织的平衡。宗教组织以信仰和精神支柱支撑，加之组织的活动，从而实现组织平衡。④行政组织的平衡。通过国家税收来保持组织的平衡。⑤其他组织。如协会和学会组织等以管理费保持平衡。第三，付出与回报的平衡。巴纳德认为每一个人加盟某一组织，为他的组织付出了脑力或体力劳动，即"牺牲"了个人的东西，而作为组织，要为个人付出报酬，即吸引参加者的"诱因"，各种组织才能生存和发展，否则组织就会解体。因此，组织管理的所有活动，都离不开巴纳德的"牺牲"与"诱因"之间关系的平衡。

6.1.7.2 组织系统的平衡

1.劳动与贡献的平衡

"组织理论的模式有四种，我们增加了第五种——系统模式。"[3]一个组织就是一个系统，系统运行必须平衡。各种组织系统内部的人与人、人与物等相互关系中起决定作用的内因是相互之间的利益关系，即诱因。巴纳德思想对诱因和贡献平衡的表达公式：

贡献≤诱因→组织存续和发展。其一，以物质达到平衡。组织的对内平衡分配诱因非常重要，做到每个成员的诱因与贡献的平衡，才能保持成员之间工作的积极性。例如，按劳分配、奖勤罚懒等。其二，以精神达到平衡。在组织管理中，提供诱因有经济诱因和非经济诱因两种。当组织中经济的、物质的刺激诱因供给不足时，可采用精神鼓励与说服教育的方法来增加诱因，从而确保诱因和贡献的平衡。其三，以合理差异实现平衡。为了保持组织的对内平衡，还必须采用差别诱因方法，成本相对较低，但要求必须是合理的、公正的向各个成员分配诱因，做到按贡献大小决定诱因高低，从而保持相互心理平衡。

2.外环境与内环境的平衡

外环境是指各种社会组织与社会公众、相关单位等外部的关系的协调，这是各种组织通过外部条件实现自身生存和发展的外因。一是与外环境的平衡。巴纳德认为组织要保持对外平衡，就必须改变观念，随时根据外界环境的变化，不断调整自己的方针、政策和目标，以适应外界环境的变化，促进组织的对外平衡。二是内环境平衡。巴纳德的组织平衡理论非常强调内部平衡和谐，充分调动内部成员的积极性，生产出优良的产品，提高工作效率和经济效益。同时组织内部环境要不断与外部环境保持平衡，做到以变应变，不断进行适应性变革。三是内外环境关系平衡的结合点。各种组织求生存、图发展，既要靠内部正常运行，又要靠外部条件的支持，要把二者有机地结合起来。

6.1.7.3　组织系统的平衡方法

“A管理模式强调对人员素质恰当使用，针对各自不同利益要求合理使用，使他们互相制约、互相控制，以期达到最终平衡。”[4]巴纳德的组织平衡理论提出组织平衡的方法，是值得我们借鉴的。

1.组织内部心理平衡

一是组织心理平衡状态。领导者要及时了解和把握组织内部成员个体心理与行为的现状和趋势，及时掌握组织内部共同的心理状态和行为状态、组织凝聚力的程度、员工的工作热情及其组织成员的需求，为做好组织平衡工作奠定基础。二是个体心理平衡调节。领导者要有针对性地对组织内部成员的心理平衡进行引导、调节和转化，实现内部各部门之间、员工之间的组织心理平衡、组织行为的一致，及时消除部门间、员工相互间的心理隔阂、误解与冲突，从而实现本组织内部成员心理的平衡协调与组织行为的合力。

2.物质与精神平衡

一是以提高经济效益而达到平衡。产业组织要创造一定的经济效益，才能支付组织成员的报酬，所以组织管理人要通过各种教育引导的方式，使成员充分认识物质报酬与经济效益的关系，诱导成员为效益和报酬的平衡而奋斗。二是以精神弥补物质不足而达到平衡。当产业组织效益低下和其他原因不能满足成员一定的物质报酬时，可以通过细致的思想教育工作，以精神弥补物质上的不满足。同时，引导组织成员努力创造效益才能满足物质报酬。

3.相互利益关系平衡

一是吸引力——利益公平(平衡)。组织内部平衡,主要是组织的吸引力,而吸引力是多方面的,但主要是利益原则。组织内部利益分配要公平、公正,这是最好的组织平衡和最大的吸引力。二是凝聚力——劳与酬的平衡。在组织内部实行各尽其能、按劳分配原则,各种组织对成员付给劳动报酬时,一定要做到按贡献取酬,多劳多得,不搞平均主义,不吃"大锅饭",做到报酬与贡献平衡。只有这样,才能真正发挥激励作用,才能最大限度地调动成员的积极因素,为组织兴旺发达争作贡献。

参考文献

[1]〔美〕R.E.安德森,I.卡特.社会环境中的人类行为.北京:国际文化出版公司,1988:121.

[2]〔美〕R.E.安德森,I.卡特.社会环境中的人类行为.北京:国际文化出版公司,1988:121.

[3]〔美〕R.E.安德森,I.卡特.社会环境中的人类行为.北京:国际文化出版公司,1988:121.

[4]刘光起.A管理模式.北京:企业管理出版社,1999:10.

6.1.8 结构平衡

引证:

智力有其结构,这一结构是稳定的,可以预见的。它是系统的、有序的。在任何特定时间里,它都维护着一种变化着的平衡,即维持着一种稳定状态。[1]

——〔美〕安德森、卡特《社会环境的人类行为》

6.1.8.1 市场结构平衡

"市场秩序和市场结构是相互影响的。良好的秩序有利于市场实现结构平衡,完善的结构有利于造就市场秩序。"[2]近两年,结构矛盾对我国的宏观经济稳定和国民经济持续发展影响较大,通过调整逐渐趋于平衡。第一,总量平衡。一是总量矛盾和结构矛盾是造成宏观经济稳定发展和国民经济持续发展的主要原因,不解决这两个矛盾,社会总供给和总需求之间在总量上的不平衡现象就不能消除,供不应求和供过于求两个不平衡问题也不能解决。二是社会总供给和总需求之间在总量上的平衡,必须把重点放在结构平衡上,在调整产业结构和产品结构的基础上,努力实现总量平衡,并统筹和调节各个地区、城市之间的供求关系,在调节中实现总量平衡。第二,市场结构平衡。市场结构平衡的实现,主要做好以下几个重点工作:一是产业结构、产品结构的平衡。要实现市场结构平衡就必须在产业结构平衡上下工夫,调整地区性产业结构不平衡问题。完善地区产品结构，完善不同产品的企业规模结构，强化区域间产品供求流通，确保市场结构平衡。二是国内和国外的平衡。要充分利用国际和国内两个市场和两种资源，以国内外需求为导向进行结构调整，解决产品过剩的结构矛盾，要重视对内需的投资和国内市场的结构调整，加大存量结构调整力度，进行行业之间和地区之间的产业转移和优化，为市场结构平衡奠定基础。

6.1.8.2 领导班子智力结构平衡

领导班子智力结构平衡的重要性。“任何只从单向目标思考问题，都会造成结构失调，并成为日后动荡的祸根。还必须注意，任何一个合理的智力结构必然是自适应、自控制、自调整的，并不是一次成功、永恒不变的。必须在不断运动中，逐步求得平衡和合理。因此，干部左右上下流动和实行任期制是十分重要的。”[3]为了发挥领导功能，选拔一定数量的、不同智力的干部进行合理搭配，组成一个有机的领导班子集体，从而实现领导班子智力结构平衡。领导班子是高级的智力劳动，首先需要个体优秀，其次需要最优化的组合，才能构成领导集体的最佳的智力结构。

领导班子智力结构平衡的方法。一是年龄结构的平衡。一个领导班子应当有科学的年龄结构，组合成为老、中、青相结合的动态平衡有机体。“一般而言，一个完整的年龄结构，应由‘老马识途’的老年，‘中流砥柱’的中年，‘奋发有为’的青年，构成一个具有合理比例的综合体，并处于不断发展的动态平衡之中，只有这样的年龄结构，才能按照人的心理特征与智力水平，发挥其各自的最优效能。”[4]二是能力结构的平衡。在配备领导班子时要做好不同能力的组合，要重视实际工作能力和有丰富实践经验的行家里手和专家的作用，特别是在工作实践中要有求真务实的实干家。三是专业结构的平衡。配备班子要按一定比例配备不同专业、不同专长的人进入领导班子，发挥各自的长处，这是不可或缺的。四是知识结构平衡。知识结构是指领导班子要由有一定的学历、职称和实际科学文化知识水平的人组成，其中有懂科技的人、有懂马列党务的人、有懂经济管理的人、有懂社会管理的人，把他们搭配起来，分工协作，形成一个功能完整的班子。“总之，一个合理的知识结构，必须由初级、中级、高级知识水平的人，按一定的比例构成一个合理的结构，并随着经济和科学的发展以及社会需要，不断予以调整。只有这样，才能使具有不同知识水平的人，各尽所能，相互配合，构成一个动态平衡的有机体。”[5]

6.1.8.3 经济结构平衡

经济结构平衡，就是通过国家的调整，实现经济结构的合理化、高级化，使其适应并促进生产力的发展。经济结构平衡与不平衡，直接关系到经济增长的速度和经济发展的质量，所以，经济结构平衡是经济发展方式转变的重要内容和必要条件。

经济结构平衡的方法：一是比例平衡。经济结构优化。对国民经济系统中各个组成部分的相互比例关系进行平衡协调，使之趋于科学化和合理化。二是创新和进步平衡。经济结构升级，依靠科学技术的创新和进步，实现经济结构的高度化、高级化。

经济结构平衡的途径:①“进出口”拉动平衡。在经济全球化条件下,我国要适应国外需求,把发展外向型经济、谋求对外贸易的发展与谋求对内需求的发展相结合,改变过去单纯依靠投资、对外出口拉动经济增长的状况,转变为依靠国内消费、国内投资和对外出口的方法多方向平衡拉动。②“三产”带动平衡。大力调整三个产业结构,改变过去单纯依靠第二产业带动的状况,转变为依靠第一、二、三产业的平衡带动的格局。③以“三个依靠”推动平衡。调整产业内部结构,改变过去单纯依靠增加物资消耗的状况,转变为依靠科学技术的进步、依靠劳动者素质的提高和依靠经济管理创新的方法而实现平衡推动。④生态保护与经济发展相结合保证平衡。现阶段,在低碳经济时代的背景下,我国必须转变出口增长方式,加强出口产业结构的调整和优化,调整我国“三低”出口产业结构(技术含量低、环保标准低和附加值低),建设“两高两少”(科技含量高、利润高、消耗少、污染少)的新型工业,从而保持出口贸易不断增长。⑤经济结构的动态平衡调整。结构调整不是一劳永逸的,要根据国际国内两个市场的发展变化,随时进行动态调整,谁抢先,谁就获得强势。2010年以来,根据世情和国情,我国不断调整和优化经济结构,对重点产业、新兴产业、中小企业和服务行业的调整从来没有间断,目的就是在不断调整中实现不断动态平衡发展。

参考文献

[1]〔美〕R.E.安德森,I.卡特.社会环境中的人类行为.北京:国际文化出版公司,1988:263.

[2]袁礼斌.市场秩序论.北京:经济科学出版社,1999:242.

[3]夏禹龙,刘吉,冯之浚,等.领导科学基础.南宁:广西人民出版社,1983:281.

[4]夏禹龙,刘吉,冯之浚,等.领导科学基础.南宁:广西人民出版社,1983:266.

[5]夏禹龙,刘吉,冯之浚,等.领导科学基础.南宁:广西人民出版社,1983:270.

6.1.9 传媒动态平衡发展

引证:

总之,各国对广播电视业所采取的保护和限制措施,同整个新闻业整体一样,总是试图在尽可能的范围内解决政府、公众和媒介之间的矛盾关系,在冲突中寻求最佳的平衡方式,要求广播电视业能在以公众利益为最高目标的前提下自由表达和发展。[1]

——林琳《冲突、协调与发展——当代西方国家广播电视体制与管理》

6.1.9.1 传媒与政府、公众之间关系的平衡

1.我国媒体的引导、教育和监督的平衡

传媒产业系统包括报纸、期刊、网络、广播、电视、广告等经营单位,是社会信息传播系统的重要组成部分,具有相当巨大的影响力。第一,媒体与政府关系的平衡。一是报

纸、电视等媒体与我国政府的关系是平衡的。我国党和政府非常重视和支持传媒界的工作,把大众传媒作为党和政府的内政外交、执政兴国的有力工具,充分发挥大众传媒在现代化建设中的宣传引导、教育和舆论监督的作用。二是大众传媒系统与我国意识形态的平衡。大众传媒系统坚持社会主义方向,维护和宣传社会主义的主流意识形态和核心价值观,坚持把为社会总目标服务作为传媒自身工作的总任务,维护经济社会有序、稳定和可持续发展,为党和政府的内政外交、执政兴国服务。第二,媒体与公众关系的平衡。我国的传媒业通过自身的报纸杂志、广播电视等工具的活动,把大量信息传播给大众,发挥了巨大的引导作用、教育作用、监督作用和娱乐作用。公众对我国传媒的依赖度、满意度很高,成为公众工作、生活不可或缺的朋友。第三,引导教育和舆论监督的平衡。大众传媒的舆论监督,是自然生成的功能,是传媒业发展规律的体现。我国做到了传媒业新闻报道的平衡,既有正面的宣传报道,也有反面的批评报道;既发挥引导、教育的作用,又发挥舆论监督的作用,例如,中央电视台的《焦点访谈》栏目,做到了提倡与反对的平衡,表扬与批评的平衡。

2.西方政府、媒体和公众的关系从不平衡趋向平衡发展

一是西方媒体与政府、公众的不平衡的关系。“从法的角度出发,来把握政府、媒体(本文为广播电视等电子媒介)、公众三者的关系,试图以静态的成文的法律、法规来理解这三者间关系的冲突与已取得的平衡,从旧法规的修正和新法规的订立的动态变化中把握三者固有平衡关系的打破和再建立,从而得到对媒介管理的宏观认识。”[2]西方的政府、媒体、公众三者的关系,从根本上分析是相互冲突的、不平衡的关系。西方有人一直把政府、媒体和公众之间的关系宣称为平衡的关系,这只是一种愿望。二是西方媒体与政府、公众从不平衡趋向平衡发展。西方传媒业界在三者的平衡关系方面作出了巨大努力,通过西方传媒业界的艰苦工作和多方争取,不但实现了自身的生存和发展,也使政府、媒体和公众三者的关系从不平衡向平衡发展,特别是21世纪以来相互关系有一定改善。

6.1.9.2 传媒业的政治属性、经济属性、社会属性和人民属性的平衡

政治属性、经济属性、社会属性和人民属性的平衡,是关系到传媒业生存和发展的大问题。

“四个属性”失衡的危害。传媒业的四个属性存在着矛盾,但又相互联系,缺一则失衡,就会制约相对属性,削弱相对属性,就会导致传媒业不平衡、不健康发展,造成媒体与政府、公众关系的失衡,就会造成严重的不良后果,不但影响传媒业自身的生存和发展,而且影响经济社会的发展和现代化建设的健康发展。一是经济属性失衡的不良后果。从传媒业角度说,如果只是单纯强调传媒业的政治属性,传媒业就有可能背离社会主义国家传媒业生成和发展的土壤而畸形发展,党和政府就会丧失传媒业这个执政资源和最有力的执政工具和强有力武器,就会丧失对我国社会宏观管理教育引导的巨大

作用,就会丧失对经济工作指导调控的有力宣传工具。二是政治属性失衡的不良后果。从传媒业角度说,如果只是单纯强调传媒业的经济属性,就会失去我国传媒的权威性,就会丢掉灵魂和生命线,造成大方向缺失,没有奋斗目标,必然导致拜金主义和唯利是图的泥坑,就会大大丢失目标读者群、观众群和听者群,就会对公众的吸引力大大降低。三是社会属性失衡的不良后果。传媒业是社会发展到一定阶段的产物,因此是社会发展和人的全面而自由发展不可或缺的媒介,如果传媒业的社会属性失衡就将失去生存和发展的土壤。四是人民属性失衡的不良后果。传媒业失去人民,就失去目标读者、听者和观者,就将失去赖以生存和发展的土壤,如同鱼儿离开了水。

"四个属性"平衡的作用。一是发挥政治属性的平衡功能。政治功能可以使传媒业占领社会主义先进文化阵地和主流意识形态的阵地,充当党的执政舆论宣传的有力工具和喉舌,尽最大努力发挥执政资源的作用,为党和政府的中心任务、近期工作和长远目标的实现而鼓与呼,做好宣传舆论的导向和引领工作;发挥政治优势,鼓舞士气,振奋精神,调动人民大众的积极性,为现代化建设而奋斗,也为传媒自身发展获得广阔的天地。二是发挥经济属性的平衡功能。传媒业利用政治功能获得的权威性和广阔阵地做好经济报道、经济宣传经验介绍,为推动经济社会的不断发展贡献力量。三是发挥社会属性的平衡功能。运用传媒的优势进行社会宣传和社会报道,弘扬优良社会风尚,批评社会阴暗现象,不断推动社会和谐发展,加速社会文明进步发展进程。四是发挥人民属性的平衡功能。传媒业要不断增强传媒的生动性、趣味性和知识性,多方吸引、娱乐读者和视听者,增强吸引力,获得政府、企业的支持,方能促使传媒业不断发展壮大。

6.1.9.3 传媒业的生态环境平衡

我国传媒业必须在政府、公众、市场三者之间寻求平衡点、结合点,这是传媒业生存、发展的基础,即找到传媒业系统赖以生存和发展的"生态环境系统"——政府、公众、市场之间保持平衡。

生态环境平衡之一——传媒业与政府的关系平衡。一是管理与服务的平衡。媒体在接受党和政府部门的管理的同时,要为党和政府执政兴国服务,为党和政府传达和发布路线、方针和政策,当好党和政府的喉舌,为落实党和政府的大政方针鼓与呼,完成自身的政治职能,推动党和政府各项工作顺利开展和政策措施的实施。二是"四者"关系的平衡。传媒业可以从政府那里获取各种权威信息、资源和资助,可以提高传媒业的地位和作用,传媒业通过公务服务增强在公众中的良好形象、影响力和公信力,提高媒体的权威性和认可度,提高媒体的价值和工作的意义。

生态环境平衡之二——传媒业与公众关系的平衡,即读者、听众和观众对媒体的满意度,是传媒传播效果的体现,也是媒体存在的意义,如果媒体能维护公平正义,保护公众的利益,坚持真理,反映公众的声音,受到公众的好评,媒体就会有良好的生存、发展基础和条件,也就实现了媒体业系统与生态环境系统的平衡。

生态环境平衡之三——传媒业与市场的平衡。媒体业与政府、公众平衡就会形成巨大的影响力，为各种广告节目宣传创造了有利条件，这是媒体业生存和发展的物质基础。媒体的读者、听众和观众多，有影响力，市场大，广告就多，收入也就多，企业物质支持也会更大，就越有利于媒体的发展。否则，就会失去市场和客户，媒体系统与自己的生态环境系统就要失衡，就无法维系媒体的生存和发展。

6.1.9.4　新闻报道的平衡

1.新闻报道思想与新闻事实的平衡兼顾

第一，报道事实、报道对象和接受者的平衡。新闻报道的平衡是由万事万物无不遵循从平衡到不平衡再到平衡的运动变化的法则决定的，也是由客观世界一切事物不断发展变化的规律决定的。一是与客观事实本身的平衡。反映客观事物的新闻报道事实和被报道对象是不断发展变化的，所以新闻报道要客观分析新闻事实，准确判断，全面考虑，纠正新闻报道人员思想上的主观片面性、倾向性。二是与受者心理的平衡。要考虑到对接受者的宣传效果，防止读者或听众产生不实、虚假和反感心理效应。第二，历史、现实和未来发展的平衡。采写人员要全面掌握和吃透采写对象和新闻事实，纠正采访上的以偏概全和写作上的表达失衡现象，实现新闻事实在发展时间上的同时把握，增强辩证性，做到新闻报道对过去情况、现在状况和未来发展的平衡兼顾。

2.采访与写作的平衡兼顾

新闻报道平衡要求新闻记者和媒体通讯员要用辩证的方法采写新闻稿件。第一，素材平衡。对报道对象的采访搜集要全面，坚持一分为二，既要了解成绩和优点的素材，也要了解缺点和不足的素材；既看过去，也看现在，又看将来。在采访搜集素材时，要力求广泛采集，既了解正面观点，又了解侧面观点和反面观点，既了解领导人的观点，又了解群众的观点。采访笔记搜集记录要全面，要包括采访对象自身缺点和对立面的反面意见，不能只记录优点不记录缺点；即使是采访批评报道的素材，也不能只记录缺点不记录优点。第二，思维平衡。在写作时要平衡构思，采取正反双向思维，将所使用的素材客观地、全面地分析，不忽视相关对立观点和相反的材料，新闻写作不能存在“一边倒”思维的倾向。第三，表达平衡。写作中要尊重客观事实，在事实中提炼观点，内容表达不走极端，文字表述平衡兼顾，真正做到主客观的统一。写作批评报道时，也要客观报道，不能夸大缺点，不能全盘否定。如果有必要，还可以在文尾点到优点、好的方面和有针对性的鼓励。

3.报道对象、报道事实和报道效果的平衡兼顾

一是事实与报道的平衡。新闻报道宣传先进人物时不但不能拔高，反而要在宣传事迹上留有余地；新闻报道在讲述某一成绩和贡献时还要注意顺便点出其他数字，特别是可变因素的数字，防止顾此失彼。二是采写者与报道对象的平衡。采写者要给自己留一个回旋余地，预防引起被报道单位和对立面有不同反映，避免所谓“失真”和“虚假”问题

的发生。三是报道效果的平衡。行文陈述可以采取补充平衡的方法,达到宣传效果的平衡。新闻报道要在充分宣传先进人物事迹的基础上,如果有必要可以在全文结尾时,简明扼要提到被报道对象的不足之处和努力方向。这样做既尊重事实, 又杜绝不平衡效应,实现行文全面、天衣无缝、无懈可击。

参考文献

[1]林琳.冲突、协调与发展——当代西方国家广播电视体制与管理.上海:复旦大学出版社,2000:71.

[2]林琳.冲突、协调与发展——当代西方国家广播电视体制与管理.上海:复旦大学出版社,2000:12.

6.1.10 财政平衡

引证:

从政府预算平衡来看,财政收支是恒定的;从各国的财政实践来看,财政收支正好相等是偶然的。财政赤字是财政收支未能实现平衡的一种表现,是一种世界性的财政现象。[1]

——王柏玲、李慧《财政学》

6.1.10.1 财政收支平衡的意义

财政是经济范畴和政治范畴的平衡与统一。第一,财政平衡的作用。财政平衡工作,是国家和各级政府的一项重要职能。建立稳固、平衡的国家财政和财税政策是国家宏观调控的重要手段。《党的十五大报告》指出:"集中财力,振兴国家财政,建立稳固、平衡的国家财政。""财政政策运用得当,就可以促进国民经济持续、高速、健康发展;财政政策运用失当,就会引起国民经济的失衡和波动。"[2]第二,财政平衡概念。"财政收支平衡是一个与对比关系联系在一起的概念。所谓财政收支平衡,是指在一定时期内(通常为一个财政年度)财政收入与财政支出基本持平的状态。""财政收支对比有三种情况:财政收入大于财政支出,出现财政盈余;财政收入小于财政支出,出现财政赤字;财政收入相等。"[3]第三,财政收入与支出之间的平衡关系。财政收入与财政支出两者之间的平衡是对立统一的关系,如何正确认识财政收支之间的平衡关系?国家的财政收支平衡是国民经济综合平衡和财政收支一种综合性、相对性、周期性和动态性的平衡,看待方法要用"六个观点":①用宏观的观点看待财政平衡。在一定限度内,从宏观方面有一定盈余或赤字都按照平衡状态看待。②用动态的观点看待财政平衡。看待财政平衡要树立周期的、运动的、发展变化的观点。③用整体的观点看待财政平衡。要从国民经济全局、整体上看待财政平衡问题。财政收支的总量关系的平衡,是一个国家在经济发展过程中必须处理好的问题,是财政工作的重要一环。④用辩证的观点看待财政平衡。财政收入与支出二者之间的关系,既是对立的,又是统一的。财政收入与支出的统一性决定了财政收支平衡的客观必然性。⑤用以收为支的观点看待财政平衡。在我们社会主义国家里,财政以收为支,以支为收,收入与支出是平衡的,支出是为了强国和富民。⑥用转化的观点看待财政平衡。财政收支是一对矛盾,但二者的矛盾是可以相互转化的,财政收支不平衡可以转化为财政收支平衡。

6.1.10.2 财政收支不平衡的原因和解决的方法

"从理论上讲,财政收支平衡是可以成立的,但在实际经济生活中,财政收支相等的情况几乎不存在,财政收入与支出在总量上的平衡,只有在编制预算时才能存在。"[4]但是,在实际经济生活中,我们要尽可能执行编制预算,尽可能缩小财政收入与支出在总量上的不平衡差额,尽可能向财政收支平衡的方向努力。

财政收入与支出不平衡的产生。在实际经济工作中,财政收支不平衡具有客观性,出现财政收入与支出不平衡的现象具有必然性,形成这种状况的"五个原因":原因之一——决策脱离实际。一方面引起财政收支矛盾是由于财政计划不符合经济工作的实际而造成不平衡现象;另一方面是相关领导者对财政的错误决策而造成不平衡现象。原因之二——经济发展速度缓慢。相关领导者的财政管理水平低,加上经济发展速度缓慢而造成不平衡现象。原因之三——收入少支出多。当年国家和地方财政收入减少,财政支出增多而造成不平衡现象。原因之四——自然灾害。国家和地方遭受不可预料的自然灾害等事件而造成的不平衡现象。原因之五——管理失误。国家和地方信贷、借支和财政自身管理方面出现失误等问题而造成不平衡现象。

财政收入与支出不平衡解决的"两个方法"。国家和地方在宏观上或地区性出现财政收支不平衡的时候解决方法有二:方法一——平衡调账。可以采取暂时性措施,先用临时办法调节,以财政的收入和支出进行调整的方法,从而解决财政收支不平衡现象。方法二——宏观经济平衡调控。当国家和地方在进行国民经济综合平衡时,发现出现了严重不平衡现象时,相关领导者就要高度重视,认真分析原因,寻找和抓住症结,采取有针对性的、强有力的措施,从根本上消除不平衡问题,从而实现国民经济的综合平衡。

6.1.10.3 财政平衡的途径

1.衡量财税工作的平衡标准和平衡原则

(1)评价财政、税务工作优劣的"四个平衡发展"标准。标准一:要看是否有利于经济平衡发展;标准二:要看是否有利于国家政治平衡发展;标准三:要看是否有利于人的平衡发展;标准四:要看是否有利于社会平衡发展。

(2)财政、税务工作的"三个平衡"原则。原则之一——"五算"原则。财政、税务工作必须始终坚持经济账、政治账、社会账、能耗账和环保账"五个平衡"来算,纠正单纯只算经济账的倾向。原则之二——"四保"原则。财政、税务工作必须始终坚持"一保民生、二保建设、三保生态、四保能源"的平衡兼顾原则。原则之三——"16字"原则。财政、税务工作必须始终坚持“统筹兼顾、量力而行、量入为出、科学计划”的“16字”统筹平衡原则，坚持既开源，又节流；既办大事，又节约的原则，坚持有所为和有所不为的原则。

2.财政周期平衡

“财政平衡不应只局限于一个财政年度内的收支对比状况，更要考虑年度之间的联系和相互衔接，研究未来财政年度收支的发展趋势，研究经济周期对财政的影响及财政对经济周期的调节作用，以求得一个时期的内在平衡。”[5]为了实现一个时期内的财政收支平衡和未来收支发展趋势的平衡，这就要发挥财政在一个年度之间对经济周期平衡的调节作用。财政周期平衡调节“三法”：①以盈补亏调节平衡法。以盈补亏就是国家不以出现了财政赤字的年度的平衡与不平衡作为标准，而采取两个或三个年度以盈补亏、相互抵消的手段来实现周期平衡。②削减费用支出调节平衡法。这个方法就是通过财政压缩开支的方法而实现的资金来抵消所欠债务，从而实现财政收支的周期平衡。③财政的自调平衡法。就是发挥和利用财政自身的平衡调节手段的巨大作用，促使经济发展从不平衡趋于平衡，达到财政收入与支出的平衡。

3.财政动态平衡

要充分用财政收支的动态平衡规律，来促进经济增长。①以调节资源促平衡。政府通过从宏观方面大力进行财政调整和资源相互整合，实现社会资源配置平衡化，从而促进经济发展。②以调节分配促平衡。政府进行收入分配平衡调节，达到财政收支的平衡，从而促进经济增长。③以保重点促平衡。政府对资金的安排要保重点，“天平”要向社会基础性设施建设和大建设项目倾斜。④以节约促平衡。在资金使用上要坚持节约、高效的原则，尽可能避免高碳、高能耗、高消费性投入。⑤以增收促平衡。要用加大税收力度扩大财源，增收节支，防止税收的“跑、冒、滴、漏”，来偿还所欠债务。⑥以发债促平衡。要使用好公债，把所得收益，用来偿还债务，实现财政平衡。

4.财政整体平衡

(1)运用财政新模式实现整体平衡。一要改变目前财政支出“三太”现象：范围太大、标准太宽、管理太松；二要学习借鉴国外财政新的平衡管理模式、先进平衡管理方法；三要建立具有中国特色的新的平衡管理模式——“以收为支、以支为收”的公共财政平衡管理模式。

(2)运用扩大收入范围实现整体平衡。①加大税务征收力度。②加大流动资金管理力度。③加大增收减支的力度。从而，有效化解财政支出不平衡矛盾。

5.财政综合平衡

(1)传统“四平”方法是好经验。新中国成立后，我国经过长期摸索，形成了在计划经济条件下的具有鲜明特色的“四平”理论，即财政收支平衡、信贷收支平衡、外汇收支平衡和物资供求之间的综合平衡理论。“四平”方法是传统的、有效的好经验，曾经发挥巨大作用。

(2)传统"四平"方法的现实意义。一是传统"四平"方法在市场经济条件下仍然具有借鉴的价值和应用意义;二是传统"四平"方法能有效调节财政、信贷、物资、外汇之间的平衡关系,达到综合平衡的目的;三是传统"四平"方法在市场经济条件下能有效地为实现经济综合平衡服务。

(3)财政平衡公式。"从2000年开始,我国将债务利息支出列入中央财政总支出中,这使得财政平衡公式进一步演变为:财政盈余或赤字=经常性收入-(经常性支出+投资支出+公债利息支出)。经过此次修改,我国的财政平衡公式已经与国际通行做法接轨。"[6]

参考文献

[1]王柏玲,李慧.财政学.北京:清华大学出版社,北京交通大学出版社,2008:285.
[2]王柏玲,李慧.财政学.北京:清华大学出版社,北京交通大学出版社,2008:285.
[3]王柏玲,李慧.财政学.北京:清华大学出版社,北京交通大学出版社,2008:285.
[4]王柏玲,李慧.财政学.北京:清华大学出版社,北京交通大学出版社,2008:285.
[5]王柏玲,李慧.财政学.北京:清华大学出版社,北京交通大学出版社,2008:286.
[6]王柏玲,李慧.财政学.北京:清华大学出版社,北京交通大学出版社,2008:287.

6.1.11 计划、规划的平衡

引证:

计划的编制是互相依存的、综合平衡的,所以编制各项计划的基本方法就是综合平衡法。[1]

——郝觐桓《工业企业管理》

6.1.11.1 计划平衡法

所谓计划,是指工作之前预先拟定的工作内容和步骤;所谓规划,是指全面而长远的发展计划;所谓计划平衡法,则是指工作内容和步骤相互之间的平衡兼顾。第一,计划平衡法的作用。"……根据企业扩大再生产比例关系的要求,生产要素,各专业计划,各环节之间的计划互相衔接和协调起来,互相促进达到计划目标的平衡方法。"[2]计划平衡方法注重平衡兼顾,既要考虑全面,又要考虑长远;既要考虑可行性,又要考虑可操作性;既要以一个年度的工作目标和措施为主要内容,又要以长远规划作为基础。计划平衡法,是制定各领域、各部门、各企事业单位长远规划和年度计划的基本方法,也是领导者指导工作的重要方法。第二,计划平衡法的好处。一是有利于核算平衡。运用计划平衡法对经济工作中的人力、物力、财力等资源的需要量进行平衡核算,领导者能够准确掌握情况,有利于决策。二是有利于指标平衡。运用计划平衡法对国民经济各个部门、各行业指标或本单位各子系统的相互比较和对照,做到相互之间目标、任务和考评中相互关系的协调平衡。三是有利于调控平衡。运用计划平衡法检查执行情况,有利于信息反馈和有效控制,及时进行调整,纠正偏差。四是有利于综合平衡。运用计划平衡法对计划中的量化指标进行综合检验和全面总结,为今后制订计划提供经验。

6.1.11.2 计划平衡

1.工矿企业的计划平衡

工矿企业的计划平衡,包括各生产要素平衡和产、供、销计划平衡等。①年度计划平衡。年度计划平衡是达到相互比例协调的方法,做到生产与需要的平衡,数量与质量的平衡,生产各要素之间的平衡,各环节、各部门之间的工作量达到平衡。一是产、供、销的平衡。年度计划要做到各生产指标、生产设备能力、物资供应、劳动力、资金和销售之间的平衡等。二是成本、数量与质量的平衡。在同一条件、同一时期提高产量指标,而产品的品种和质量指标不能受到影响;品种增加和质量提高,不能影响产量的提高和成本的降低。②生产平衡。一是从抓生产作业入手,以计划指导生产;二是计划要有措施配合,保证计划的实现;三是严格统计反馈,掌握信息,及时控制。③物资平衡。库存物资计划订购量与保证企业生产经营活动的需要量的平衡,加强计划运量、计划库存的控制。这样做既可以加速流动资金的周转,节约资金占用,又使库存成本保持最低水平,从而提高整体经济效益。

2.商业流通的计划平衡

①流通计划的平衡。"商品流通计划的制订是建立在商品(包括物资和消费品)供求平衡的基础上的。商品平衡不仅是供求总量的平衡,还包括商品供求构成的平衡、地区的平衡。"[3]为了促进商业流通平衡,流通部门要制订科学的商品流通计划,实现供求总量的平衡。②生产与需求的平衡。引导企业以市场为导向,决定生产发展的方向并安排生产,做到生产结构与需求结构相适应、相平衡,促进商品供求之间关系的平衡。③生产与消费的平衡。一方面要控制产品价格,另一方面要提高劳动生产率,确保流通平衡的实现。④财政和信贷的平衡。要控制信贷规模,防止市场总需求的膨胀。

3.渔业的计划平衡

巴拉诺夫发表的《关于渔业变动的问题》的报告为我们提供了宝贵的计划平衡的经验。①渔业种群数量与外界环境的平衡。一是生态平衡期:由于第一次世界大战的战乱影响,北海的渔业在此期间中断了捕捞,一战后北海最初几年的捕捞数量是战前的两倍到三倍以上。二是生态失衡期:战后大量捕捞 3~4 年后,渔获量却大大减少,渔获量与一战前的水平差不多。②渔获量与增加量的平衡。为什么渔获量差异这么大,经巴拉诺夫长期研究,最后得出的结论是:一是由于一战期间中断了渔业捕捞,使种群繁殖机会增多,导致鱼类种群数量大大增加;二是由于二战后 3~4 年的过度捕捞而造成鱼类种群数量大大减少。巴拉诺夫从这个变化中寻找到了渔业资源变化的一条规律,建立了他的合理渔业捕捞的基本理论,为渔业计划捕捞——"休渔期"提供了的宝贵论据——平衡捕捞。如果我们要使渔业始终处于平衡发展状态，就必须保持渔获量与增加量的平衡，即要有"繁殖期"。③"休渔期"——恢复平衡期。一是种群数量的平衡。生物种群数量的增加与减少，是随着时间的变化、外界环境的变动而相应地改变的。二是种群数量平衡具有动态性。种群的数量在常态下，是维持在一定的动态平衡的水平上。也就是说，种群数量的保持与外界条件是平衡的。④渔获量的计划平衡。人们可以利用这种特性，采取有计划地组织捕捞。当种群数量减少或繁殖期时，采取"休渔期"或限定捕捞，即合理计划捕捞，做到平衡渔获量，以自然增长来补偿，从而始终保持渔业动态平衡发展。

6.1.11.3 规划平衡

规划，是比较全面的、长远的发展计划。规划平衡，如同计划一样要做到相对全面，避免片面性，规划的奋斗目标是经过努力可以实现的目标。例如，我国的五年规划，就是未来五年的长远的发展计划，不但要统筹国际和国内发展趋势，而且要实现经济、社会、文化、人口、资源和环境等各领域、各部门的动态平衡发展。在这里，我们以开发利用某地的自然资源，规划建设旅游地来说明具体规划的平衡问题。此地，具有良好的自然环境，风景优美，具备旅游开发的基本条件。旅游地的规划，也要做到规划平衡。

景观、设施与交通的平衡。旅游开发项目的建设，首先要做好论证和可行性研究，与有关部门沟通，共同做好规划。第一，决策平衡。领导者在论证、决策过程中，要进行细致的考察和研究，对旅游地的景点特色与文化价值、名胜古迹与现代风格、人文资源与风土人情、乡土文化与民俗文化等要统一设计规划、综合利用。第二，综合平衡。一是负责规划的专家要对景点的选址、道路、设施、环境建设和投入使用后的各种影响，考虑周到，统筹兼顾，精心规划。二是对餐饮、住宿、购物、休闲娱乐、用水用电、垃圾处理、交通运输、旅游线路等问题同步规划和同步建设，形成设施配套、功能完善、服务全面和管理科学的旅游地。

经济效益、社会效益与生态效益的平衡。一是旅游与生产生活的平衡。旅游开发建设项目，要遵守国家有关环保政策和规定，该报批的报批，该补偿的补偿，处理好经济发展与环境保护的关系，兼顾周边地区工农业发展，提高人民生活水平和推动本地的经济社会发展。二是生态环境平衡。在规划中，要将旅游地景点开发与生态保护有机结合，推行生态旅游，减少对自然环境平衡的破坏，科学合理地解决旅游开发中的经济建设与环境保护的矛盾，实现旅游地的长期动态平衡状态。

参考文献

[1]郝觐桓.工业企业管理.天津：天津科学技术出版社，1983:156.

[2]郝觐桓.工业企业管理.天津：天津科学技术出版社，1983:156.

[3]罗勋才，潘在清.商业经济管理学.北京：中国经济出版社，1989:83.

6.1.12 建筑业动态平衡发展

引证：

造园家对中国传统文化的和谐精神每每有着深刻而独到的领悟与理解，他们通过对众多要素的置陈与布局，构建出精巧、复杂的矛盾平衡体。他们手下的园林作品尽管千变万化、各不相同，但无一例外地都体现了平衡与和谐的文化精神。[1]

——杜道明《通向和谐之路》

6.1.12.1 建筑平衡

1.建筑中的整体平衡美

恩格斯在《家庭私有制和国家的起源》一书中说，在原始社会末期，已经有了"作为艺术的建筑术的萌芽了"。现代建筑艺术追求平衡美越来越受到重视。一是建筑的平衡艺术美。建筑是人类创造的卓越文明成果，各类建筑物千姿百态、各式各样，但都保持了建筑平衡，体现了建筑的平衡艺术美。古今中外各式各样的建筑物，如建房、架桥等建筑物的构建都没有离开平衡艺术，建筑专家在研究建筑艺术中也都不会忽视建筑中普遍存在的或隐或露的平衡现象。任何建筑物平衡才会稳固，才不会倒塌，才有实用功能，平衡的建筑物才能给人以美感。建筑被人们称为空间艺术和造型艺术，但起码应当具备平衡的条件。二是不平衡的建筑是不美的。建筑物不平衡，不但违反力学原理，而且背离了人的正常视觉和心理。一座建筑严重失衡，就不会在地球上存在，也就失去了它的功能和价值，因此不平衡的建筑物就是不美的。在现代楼房和桥梁的建筑中，无论楼层和桥梁有多么高大、外形多么怪异、结构多么复杂、形状多么奇特、颜色多么华丽，都是可以千变万化、任意设计建造的。但是，有一条不能变，这就是建筑物不能失衡或是在变化中失去平衡。

2.建筑的形式平衡美

中国古代各类建筑群体，最大特征是讲究平衡法则——对称与均衡。建筑群体讲究对称、方整和平衡线、平衡轴，个体建筑也讲究对称、平衡。这种风格体现了封建统治秩序、社会等级和伦理等理念。中国建筑在世界上独树一帜，非常注重形式平衡美。①建筑风格与环境气氛平衡。峨眉、青城和武当等建筑，风格一致，整齐划一，建筑群都坐落在青山环抱、绿树掩映、苍松翠竹之中，保持建筑群红墙绿瓦与自然环境的平衡，给人以协调和谐之美。②建筑布局平衡。北京故宫是标准的平衡式群体布局，北京古城和西安古城都是完整统一的平衡结构，显示整体平衡。③建筑造型平衡。古代个体建筑讲究造型平衡，北京天坛的圆形祈年殿与皇穹宇等构成整体平衡和局部平衡的统一。

3.建筑的对称平衡美

在古代建筑中，最常见的是对称平衡。我国南北、城乡的民宅建筑都有一条平衡线而形成一组平衡，两边的建筑左与右、上与下都是均等的，如同一个人的两眼、两手、两腿、两足都是对称平衡的一样。对称平衡具有庄重、安全、稳固的特性，对称平衡能衬托和突出中心。例如，“中国普通的民居，从一砖一墙，一房一檐，到整套住宅，都讲究对称与和谐。庭庭院院，都有阴有阳，有前有后，既错落有致，又相互对称。如北京的四合院，北面为正房，与之相对的是下房，东西两面是厢房或配房，其他如大门、二门、影壁、回廊等，均与房屋相配合，形成一组平衡、对称而又和谐的建筑群落”[2]。我国大部分农村人家的建房，总是三间，中间是堂屋，两边是睡房，相互对称平衡，家家户户如此，形式和风格，南北差异不大。

6.1.12.2 古建筑的平衡和谐文化精神

杜道明对我国古代园林建筑有深刻的研究，找到了千年古建筑之魂。例如，颐和园、避暑山庄、苏州园林等，其古建筑之魂就是建筑所体现出的中国传统文化的平衡和谐的精神。杜道明在《通向和谐之路》一书中，对中国建筑体现的平衡与和谐的文化精神的论述很精彩：“中国传统的建筑艺术也是中国文化和谐精神的活标本。在北京、西安、大同这些历史上做过都城的城市，至今仍然保留着和谐、对称的城市格局。北京的故宫是目前世界上保存最完整、规模也最大的古建筑群，仅此一例即可略见一斑。位于中轴线上的建筑，从南到北依次有正阳门(前门)、天安门、端门、午门、太和门、太和殿、中和殿、保和殿、乾清门、乾清宫、交泰殿、坤宁宫、神武门等。在皇宫的正门天安门两侧，东有太庙，西有社稷坛，形成对称的平衡结构；天安门、端门和午门等，本身就是对称的、平衡的；太和殿前面的东西两侧，分别是文华殿和武英殿，在巨大的空间场地上遥遥相对；至于后宫，则东六宫和西六宫形成对称之势，就连御花园也恪守中轴线对称原则，如‘养性斋’与‘降雪轩’的对称，千秋亭与万春亭的对称等，而且严格保持了与整座故宫的协调，使得各个建筑群的结构布局给人一种宏大、严整、对称、和谐的感觉。”[3]中国古建筑群、古城、古寺和古宅表现的就是平衡和谐文化精神，有的衬托神权至高，有的衬托皇权至上，有的体现封建秩序，有的体现封建等级森严，但同时都体现了平衡和谐之美。

6.1.12.3 现代建筑外环境与内环境的平衡

现代建筑和现代装饰，要在继承我国古代建筑平衡艺术与和谐文化精神的传统基础上，学习借鉴国内外现代建筑的研究成果和先进经验，结合本地特点进行平衡艺术的创新，特别是广大农村住宅的建筑，必须注重外环境与内环境的平衡。

——外环境的平衡。建筑外环境平衡是指农村自建住宅，一定要保持与外部自然环境的能量、信息和物质的平衡协调状态。住宅平衡对人体健康水准、对人的生存质量至关重要。①生态平衡。一是安全性能好：房屋建造合理，坚固安全，挡风避雨，这是最起码的居住条件。二是环境好：选择和修建个人家庭住宅、众人群居的村镇小区，都要做到空气流通，冷、热交换好；向阳，坐北朝南。三是“三防”好：防污染，水清净，周围最好没有工厂污染源；防辐射，附近没有电磁波发射塔等；防噪声，周边没有公路汽车噪音影响。②“风水”平衡。古人讲“风水宝地”，今人讲“景观优美”；视域宽，地形开阔，进出方便；无遮挡，周边环境通风。③供需平衡。一是距离学校、医院、社会公共服务场所近；二是附近有日用百货、菜市场等商业网点。

——内环境的平衡。建筑内环境平衡即住宅内部居住环境呈现平衡状态。内环境平衡对人的生理、心理健康十分重要。因此,居室的装饰要讲平衡艺术。家居装饰平衡,一般要与个人的工作、生活环境、文化修养、生活习惯、性格志趣相平衡,并按照平衡的规律,进行居室的装饰装修。①视觉平衡协调。视野要宽,环境视域不一定奇异但要有变化,常看常新。②心理平衡协调。居室小而房内阳光充足,房间不大而空气流通,有利于天、地、人平衡交换和生理、心理平衡调节。③装潢平衡协调。一是居室装饰,要大方、透气、防水、隔潮等,保持与生活平衡。④布置平衡协调。居室的布置要做到明亮、舒适。客厅宽敞,卧室安静,餐厅、厨房洁净,少年儿童卧室要有童话色彩、老人居室要有安静稳定之感。从而,实现功能与人的生活平衡。

参考文献

[1]杜道明.通向和谐之路.北京:国防大学出版社,2000:55.

[2]杜道明.通向和谐之路.北京:国防大学出版社,2000:55-56.

[3]杜道明.通向和谐之路.北京:国防大学出版社,2000:55.

6.1.13 中医药动态平衡发展

引证:

应用平衡医学理论调节人体,让身体达到平衡,最有效地维护人体健康。[1]

——纪康宝《人体平衡养生手册》

6.1.13.1 平衡学说是中医学的理论基础与核心

整体平衡观是中医的基础理论。中医平衡学说从疾病诊断、治疗到用药,完全符合人的机体的平衡机制。①平衡观是中医基础理论的核心。“在唯物辩证的基础上所形成的整体的平衡观,是中医基础理论的核心。中医在宏观思维的认识方法上仍属于先进的,也正是西医所缺欠的。”[2]之所以中医理论的基础与核心是平衡观,是因为平衡是大千世界的普遍现象,自然也包括人的生命体的生存和发展规律。在中医理论研究和中医临床医疗实践中,运用平衡学说对人的生理、心理和病理研究和探索,把丰富的感性认识,上升为理性认识,形成了中医理论体系——中医平衡理论。②中医平衡学说的传承。“中医的平衡学说,是我们祖国医学和哲学的一份宝贵财富。”[3]中医药是我国古代传统医学的精髓,有的是书面传承,有的是祖辈一代接一代流传,这其中有大量精华失传,但总体上保留下来,这是一个奇迹。新中国成立前,我国中医药队伍靠家传、师传和自学传承;新中国成立后,中医事业得到迅速发展,从正规中医学院毕业的人员与祖传人员相结合,大大提高了中医药队伍的医疗水平。③中医平衡理论是我国宝贵财富。最古老、最完整的中医学理论著作《黄帝内经》的五行学说,强调阴阳平衡、阴阳五行、相生相克、疾病治疗平衡和用药平衡等。东汉时期的张仲景在中医临床著作《伤寒杂病论》、《金匮要略》，约成书于东汉以前的《难经》、清代唐容川的《血证论》都包含着丰富的平衡学说思想。"正因为他(古医张景岳)掌握了医学哲学中平衡论的思想精髓，所以能得心应手，运用自如。"[4]中医的治疗机理以辨证论治，从整体入手，综合治疗，改善症状，平衡阴阳，达到标本兼治之目的，实现人体从不平衡状态恢复到平衡状态。

6.1.13.2 中医诊病、治疗和用药的平衡

1.中医诊病——人体平衡态被破坏

"该书叙述中医理论的平衡是相对的平衡，如对人与自然、社会之间的平衡，脏腑平衡，气血津液的平衡，阴阳五行的平衡，处方用药的平衡等等，确是学有擅长，对中医平衡学说理论有所发挥和开拓。"[5]中医平衡学说在长期实践中经受了检验，显示出真理的光芒和强大的生命力，成为人们普遍接受的学说。①平衡观——辨病的根据。平衡观认为恢复被破坏了的人的身心阴阳平衡是中医诊断和治疗疾病的根本方法和最终目的，因此精神心理不平衡的致病因素成了中医平衡观诊断和治疗疾病的突出特点。例如，一个人长期受到精神刺激和不良情绪影响，就会导致精神心理不平衡，进而造成人体生理上的不平衡，产生病理变化，造成气血失衡，伤害肝、肺和肾等，就会破坏人体内脏的平衡状态。因此，平衡观在辨证、施治和用药中发挥着决定性作用。②平衡观——认识病理的根据。"要把平衡观作为认识病理变化的依据。"[6]中医诊治人的疾病时重视环境的关系，中医认为人体生病就是人体与天地的失衡，治病就是恢复人体与天地的平衡，所以把外界环境因素作为认识病理变化的依据。例如，中医认为环境是人的身心的百病之源：一是人与自然环境失衡就会患病。因为自然环境中气候的冷热变化因素，会导致人体各种各样的疾病。二是人与社会环境失衡就会患病。因为社会动荡不安、战乱等因素，会造成人的心理不平衡，同样会影响人体生理和心理健康。三是环境因素决定了中医诊治疾病的整体平衡观。中医平衡观就是诊治疾病的整体观，从内外环境整体入手，从人的生理和心理全面诊断，辨明病因，进行辨证施治，有针对性地配药。

2.中医治病——恢复人体平衡态

中医给人治疗疾病，就是恢复人体平衡态。①患病——人躯体和心理破坏了平衡态。中医认为，人的机体患各种各样的疾病，包括躯体的疾病，也包括精神心理的疾病，都是对人体平衡态的破坏，就是说人患病是身体从平衡态转化为不平衡态。②治病——恢复人身心的平衡态。"治病的目的就是从总体上恢复平衡态。"[7]中医认为，治疗疾病就是使人体生理和心理从不平衡恢复到平衡状态，这是中医治疗疾病的出发点和落脚点。在治疗疾病的过程中，无论采取何种治疗方法，诊断和治疗均以平衡态为目标，做到平衡诊病和平衡治疗，从而达到恢复人的机体和心理的平衡为目的。③平衡——治疗百病的原则。中医平衡学说，是中医辨证施治的方法论基础、指导思想和原则。例如，人体外部受到风寒而患病，中医则用温热的方法驱寒，以热攻寒本身就是平衡疗法，疾病被治

愈了，人体恢复了健康，也就实现了人的生理平衡态或心理平衡态。

3.中医用药——平衡配伍

“平衡学说是中医理论的核心。”[8]中医用药的核心是平衡配伍。一是西医处方——平衡剂量。西医对症开具成品药处方，药品与疾病类型相平衡，剂量与年龄段相平衡。二是中药药方——平衡配方。在平衡思想指导下，按个体平衡配伍，实现饮片之间、与病人之间相生相克、相辅相成和相互平衡的原则，即以病体平衡态破坏程度而决定饮片种类、数量比例，进行平衡搭配，保持与疾病轻重相匹配、相平衡。

6.1.13.3 学习借鉴与创新的平衡

1.西方新医学模式与中医平衡观一脉相承

“说到底就是不容忽视医学哲学思想的运用，而医学平衡观应该是它的中心内容。”[9] 20 世纪，西方医学领域展开了一场革命，出现了新医学模式。实际上这个模式与中医平衡观具有一致性。第一，西方新医学模式与中医平衡观的观点是不矛盾的。一是机体与环境的平衡。人的机体与其所生活的环境关系密切，纪康宝介绍了西方新医学模式的观点：在医务人员中建立“社会—心理—生物医学”的新医学模式，“这种新的医学模式体现了把机体与其所生活的环境统一起来，从多因素去阐明病因、发病机制，从社会、心理因素去部署对疾病的预防和治疗”，这与中医是完全一致的。二是中医平衡观具有先进性。西方新医学模式要求把环境作为致病因素，而中医诊断治疗疾病早在古代就注重人的精神心理因素、自然环境因素和社会环境因素。第二，医生与病人的平衡。西方新医学模式的特点是“三个要求”：①医患关系平衡。要求医生不能用生物医学观点对待人类，纠正把人当做动物细胞的组合的思想，忽视自然环境、社会环境和心理因素，反而给病人造成种种心理、精神、医源和药源的疾病的发生。②医患人格平衡。要求医生要掌握行为医学，把病人当做是生了病的人而不是其他动物，要把人作为有思想有感情的人对待和治疗。③医患感情平衡。要求医生要培养同病人的感情，诊病、治疗时重视心理因素、生活方式因素和自然、社会环境因素。

2.中医药与民族医药的平衡发展

第一，少数民族医药之间的平衡发展。我国中医药以汉民族为主体，在少数民族中也有丰富的医药宝库，藏医、蒙医、维吾尔医、傣医都有悠久的历史，相互之间平衡发展，对各民族治疗疾病、维护健康发挥了不可替代的作用。一是蒙医药，从公元 13 世纪后逐步形成和发展起来，据统计，蒙药有 2000 多种，常用方剂 500 多个。二是傣医学，傣医有 1000 多年历史，有 100 多种傣医药著名方剂，《西双版纳傣药志》3 册共载傣药 300 多种。第二，中医药与少数民族医药的平衡发展。我国的医疗卫生事业要有一个大的发展，不但要开展中医药、中医与西医结合的科学研究和运用的工作，还必须开展民族医药的科研和运用的工作，高度重视民族医药事业的发展和推广应用，推动中医药与少数民族医药平衡发展，为人民大众的健康服务。

6.1.13.4 中医平衡养生保健法

1.四季平衡养生

“养生的宗旨是维系生命的阴阳平衡。”[10]“四季平衡养生。”[11]春、夏、秋、冬季节不同,有不同的平衡养生和不同的疾病防治方法,有人总结说“冬吃萝卜夏吃姜,不请医生也健康”、“春‘捂’秋‘冻’”等就是最好的保健方法。①春季平衡养生:春季应当“捂”(迟减衣,防疾病),室内通风,多户外运动健身,重视室内外卫生等。②夏季平衡养生:夏季多吃姜,要多饮水,保证睡眠,防中暑,防腹泻,防感染等。③秋季平衡养生:秋季要适当“冻”(迟加衣,增强抵抗力),适度体育锻炼,防肠胃病、防受风等。④冬季平衡养生:冬季要多吃萝卜,饮食要补(补充营养防寒),注意保暖,早睡晚起,勤运动健身,坚持泡脚,定期监测心脑血管疾病等。

2.药疗与食疗的平衡

我国流行的一句话:“药食同源”,也就是药食平衡,说明了食物和药物之间的平衡关系。中医在治病过程中,药疗和食疗相结合、相平衡,这是中医的一大特色。民间的药膳疗法在中国源远流长,效果显著,它把阴阳平衡治疗融入饮食之中,把吃出来的病用吃治疗,实现人体从不平衡到平衡的转化。食疗治病,最受患者欢迎,不但无毒副作用,而且方便实用。

3.中医平衡保健法

中医平衡保健法,对人体具有全方位的治疗和保健作用,在中医平衡保健方面,书籍上多有记载,民间多有秘诀,现在也出现了专著,为人们提供了平衡养生和平衡保健的各种各样的好方法。例如,颈椎平衡疗法、腰椎平衡针灸疗法等。又如,现代保健操就是综合运用我国医学中的推拿、穴位按摩等方法而编制的一种平衡健身运动。再如,眼睛保健操,是预防近视眼的措施,它通过按摩穴位,刺激经络,增强眼部血液循环,改善神经营养,消除眼疲劳。

6.1.13.5 中医的阴阳平衡观

阴阳平衡学说不但揭示了宇宙总法则,而且是中医诊治疾病的方法论基础。①阴阳平衡是中医的总纲。“阴阳学说贯穿着整个中医理论系统来说明人体组织结构、生理、病理、诊断、治法、药物、针灸、气功、养生、预防疾病等各个方面。”[12]阴阳平衡就是阴阳双方的统一和同一,如同矛盾双方处于势均力敌的均势状态之中。这种情况,在人体中的表现,就是人体体内阴阳二气的平衡。阴阳平衡是中国医学的总纲领,认为生命机能正常,就是阴阳平衡。②阴阳失衡危害健康。人身阴阳失衡,就会使人体生理功能发生病变。人体患了病就是对阴阳平衡状态的破坏,也就是五脏六腑的阴阳不平衡。③中医阴阳平衡学说的治病功能。中医治病的主要手段,就是调理人体阴阳平衡。中医平衡观应用阴阳学说,科学地阐述了人体组织结构、功能作用,阐述了人的机体的生理、病理变化,并运用阴阳平衡思想指导疾病的预防、治疗和养生保健。

6.1.13.6 中医经络学说的平衡思想

我国医学理论的核心是平衡思想,而经络学说的核心也是平衡思想。一是经络运行平衡思想的意义。经络连贯全身的脏腑和四肢,与机体构成有机的整体,运行全身气血。气血运行功能正常,则生理平衡,身体健康;气或血不足,则导致气或血两虚,生理平衡则被破坏,就会影响身体健康,但通过经络调节可以恢复经络平衡运行。二是经络自发平衡调节机制和功能。经络系统具有生理自发调节平衡机制和功能,当身体经络系统出现不平衡时,自发平衡调节的机制和本性就会产生作用,可以在一定限度内通过自身调节达到经络平衡运行,以此实现机体生理、心理平衡和对各种疾病治疗的目的。三是人为调节经络平衡运行。医生的针灸治疗,就是人为调节经络气血,恢复经络功能的平衡运行,对防病、治病有重要意义。例如,针灸调衡,针灸治病,针灸是我国的宝贵遗产,目前我国正在申报世界非物质文化遗产。运用人体生理的平衡系统进行外因刺激,将信号传导给大脑中枢神经系统,中枢神经系统调动体内能量物质输送给病变部位,进行对症应激性调整,释放能量物质,增强机体代谢、消炎、镇痛和免疫功能,对失衡的机体病态、紊乱的代谢进行修复,促进机体自我恢复达到平衡状态。

参考文献

[1]纪康宝.人体平衡养生手册.武汉:长江文艺出版社,2008.41.

[2]林竹三,林绿冬.中医平衡奥秘.北京:北京科学出版社,1993:153.

[3]林竹三,林绿冬.中医平衡奥秘.北京:北京科学出版社,1993:193.

[4]林竹三,林绿冬.中医平衡奥秘.北京:北京科学出版社,1993:193.

[5]林竹三,林绿冬.中医平衡奥秘.北京:北京科学出版社,1993:153.

[6]林竹三,林绿冬.中医平衡奥秘.北京:北京科学出版社,1993:153.

[7]林竹三,林绿冬.中医平衡奥秘.北京:北京科学出版社,1993:49.

[8]林竹三,林绿冬.中医平衡奥秘.北京:北京科学出版社,1993:153.

[9]林竹三,林绿冬.中医平衡奥秘.北京:北京科学出版社,1993:153.

[10]纪康宝.人体平衡养生手册.武汉:长江文艺出版社,2008:217.

[11]刘炳权,苏祥.八卦与时间医学.广州:广东科技出版社,1995:8.

[12]刘炳权,苏祥.八卦与时间医学.广州:广东科技出版社,1995:8.

6.2 领导工作动态平衡发展方式

领导工作平衡,是指领导者的职责所担当的各项工作之间关系的平衡。领导工作动态平衡发展就是领导者运用平衡与不平衡的方法,对所做工作进行平衡调节和运筹,使之实现各项工作的动态平衡发展状态。

6.2.1 领导工作平衡

引证：

领导者要保证组织协调稳定的发展，必须处理好各种关系，而要如此，就需具有平衡关系的能力。[1]

——孙占奎等《领导协调论》

6.2.1.1 领导工作就是平衡人事关系和工作关系

祁光华《平衡——构建和谐领导力》一书的封底上写道："领导沟通——平衡上下级关系的砝码。""领导形象——内在与外在魅力的平衡。""领导用人——忠诚与贤能的平衡。""领导决策——多元价值的平衡。"可见，领导者的工作，就是平衡关系。作为一个单位的领导人要面对内部与外部、上级与下级和同级之间等复杂的工作关系和人事关系，掌握和运用平衡的方法和艺术，则是领导者的最大任务和最大本领。

1.领导者的人际平衡

领导者是一个单位的带头人，首要的是要保持人际关系和谐，实现与上级、同级、下级和外部社会之间关系的平衡，才有利于领导工作的开展。其一，领导者与上司关系的平衡。要做到尊重上司领导、服从上司领导；向上司多请示汇报工作；有不同意见要当面提出来，如果没有被采纳时可以保留意见，仍然要坚决执行上司的安排。但是，要坚持真理，克服盲从。其二，领导者与平级关系的平衡。在班子内部，要做到分工明确，责任清楚，分工不分家，相互支持配合；与平级之间发生工作上的矛盾和分歧是正常现象，要多作自我批评，及时沟通思想，化解矛盾，团结共事。其三，领导者与下属关系的平衡。领导要做到公正廉明，干群平等，处处带头，以身作则；对下属既要严格要求，又要爱护帮助，还要关心下属的工作和生活，才能充分调动下属工作的主动性、积极性和创造性。从而，形成上下一心，带领广大群众进行改革和建设，出色完成本单位的各项任务。

2.领导者用人平衡

人才兴邦，人才兴企，领导者用人公平公正，是事业发展的基础。一是领导人的平衡用人艺术。人力资源关系到一个组织内部工作关系、劳动关系、运行机制和内外环境等多相平衡的问题，是各级领导人必须高度重视的大问题。领导者的本领最重要的就是平衡用人艺术。领导者用人要出于公心，择优录用。"用好一个人，致富一方人"，配好一个班子就会做好一个单位的工作。如果不用有贡献的能人，而是启用无能的庸人就会导致人心不平衡，挫伤大家的工作积极性。二是德与才的平衡。用人要德才兼备，以德为先，按个人的德才和工作表现安排职位，扬长避短，不求全责备。三是能力与岗位平衡。要合理用人、择优上岗，以岗位选择最适合的人上岗，纠正以人配岗，做到人力资源合理配置，所有上岗的人的能力与岗位都相适应、相匹配，既为组织所用，又发挥个人特长。四是班子智力结构平衡。在配备下级领导班子时，要做到班子的智力结构互补平衡，各种专业人才、各种能力的人才、各种年龄的人和各种性格的人平衡搭配，发挥各类人才的各种不同的作用，使所配备的班子都成为动态平衡的有机整体。

3.领导者权力平衡

无论大小单位都必须以党政领导分权制衡，由党政一把手负责党政全盘工作，若干副职分权分管，各负其责。一是分权与合作的平衡。党委和行政一把手要在党政全面负责的基础上，把各种领导权力分别授予同级副职，既要做到不能放权过度，又不能揽权过度，做到“大权独揽”、“小权分散”。一个高明的领导者要掌握权力的平衡，责任共负，风险共担，分工负责，相互配合，分工不分家；权力的分与合要恰到好处，既能发挥班子成员大家的作用，形成战斗堡垒作用，又有利于事业的发展。二是职务与权利的平衡。一个单位的领导班子中所有领导人都要有相应分工，都要有事做，不能有职务没具体工作，而且要做到分权与能力相适应，使全部领导者有相应职务就有相应的权力，做到有职有位、有职有权、有责有利，各尽其能，各司其职，各负其责，各得其所。三是分管与工作的平衡。领导分工一定要覆盖本单位的全部工作，没有空挡，不留死角，达到与本单位的实际工作平衡，做到领导者分权均匀、责任均衡。

6.2.1.2 领导者的多元利益平衡

1.内部利益关系的平衡

①人人发展利益均等(平衡)。“领导者要处理好组织各部门之间、个人之间的利益关系，不能离开了公平这个最高原则，否则不可能有真正意义上的利益关系的平衡。在各种利益关系中，最大的公平是机会均等。所以，领导者平衡各种利益关系，最主要的，就是要为人们各展所能创造均等的机会。”[2]领导者要给所有的人发挥作用、施展本领的“机会均等”，使每一个人都有机会平等竞争、平衡发展，都有发挥自己的作用、施展自己才能的天地。这对本人、对单位、对社会都是有利的。②人人物质利益公平(平衡)。公平是处理组织内部领导之间、部门之间、个人之间物质利益关系的原则，领导者的提薪、奖励等物质利益的天平在任何时候都不能倾斜，必须做到贡献与报酬的平衡、付出与受益的平衡。③人人政治利益公平(平衡)。公平原则也是处理政治利益的标准，在政治上提职晋升、入党入团和评选先进劳模等利益问题、政治荣誉问题，都要讲思想政治素质、讲工作表现和贡献，更要掌握公平公正原则，做到荣誉与成绩相平衡。

2.国家、集体和个人利益关系的平衡

一是“三者”利益关系的平衡。国家、集体、个人三者之间利益关系是对立统一的关系，要用“三兼顾”的方法处理好三者之间的利益关系。既不能因片面追求个人利益和集体利益而损害国家的利益，又不能只顾国家、集体利益，而忽视个人利益。二是个人利益失衡的危害。任何单位间、组织间相互都是开放的、可比较的，如果个人利益长期得不到适当的满足，或低于别人和外单位，人的心理就会失去平衡，就会影响人们的工作积极性，单位、组织就会产生存在和发展的危机。三是付出与受益的平衡。当国家、集体和个人利益三者关系发生矛盾冲突时，个人利益要服从集体和国家利益，集体利益要服从国家利益，这就是“大河无水小河干，大河有水小河满”的道理。暂时“牺牲”个人利益，维护国家和集体利益，最终个人将是国家和集体利益的最大受益者。

3.领导者的亲朋好友与员工利益关系的平衡

一是员工与领导者亲朋好友之间利益的平衡。领导者的亲属、朋友在同一个单位中工作当员工时，这就需要领导者在经济利益和政治利益面前，要把单位员工与亲属、朋友一律平等对待，公平分配，保持相互平衡的利益关系，特别是两者之间利益关系发生矛盾冲突时更要掌握平衡。领导者要做到在利益上一视同仁，一碗水端平，同等对待。二是亲者与疏者之间利益的平衡。领导者在本单位人际关系不可能都是等距离的，必然存在有远有近，但不能搞亲疏和利益上的特权和照顾，更不能拉帮结派获得不当的利益，或把利益向关系比较近的人倾斜。领导者一定要公事公办，不徇私情，自律自严。如果领导者对自己关系近的人更严，对其他员工较宽，就更能得到广大员工的信任和拥戴，在群众中的威性也就会更高。

6.2.1.3 领导者的平衡能力

“作为一个集团一个系统的领导者，他的最大的一个任务，是搞好平衡工作；他的最大的一个本领，就是调节各个方面的平衡。”[3]领导能力就是平衡的能力，领导艺术就是平衡艺术，平衡能力和艺术是一个领导者工作能力的试金石。

1.领导者的平衡整合能力

第一，力与力之间的平衡。领导者应该是本组织、本部门各种力量的“协调中心”和对不同力量不断进行整合的“平衡调节器”。“要想使组织的活动获得成功，并使组织健康地发展，就必须保持各种力之间必要的平衡。所谓保持平衡，就是使各种力保持一定的比例关系，从而使事物处于最利于自身存在和发展的最佳平衡状态。从这个角度讲，协调就是搞平衡，就是使各种力之间有一个适当的比例。”[4]第二，各种力与组织目标的平衡。一是心与心的平衡。领导者要做好本组织、本部门成员的思想统一和力量集中的工作，克服在思想认识上的不平衡而导致的作用力分散，消除内耗的负效应，把离心力变为向心力，分散的力变为集中的力，使全体成员拧成一股绳，形成一股劲，都为一个共同目标的实现而奋斗。二是决策与力量的平衡。一个组织有了正确的、好的发展决策，还必须通过有效的思想教育活动，动员大家齐心协力，实现内部“应力集中”，才能把各种力量凝聚到实现决策上来，否则再好的决策都是空谈。

2.领导者的综合平衡能力

一是宏观平衡运筹法。领导人的工作能力，主要表现在工作方法上。领导者要从整体出发，总揽全局，充分利用地利、天时与人和做好平衡转化工作，对人、财、物进行平衡调节，实现各个因素都平衡运行。二是失衡向平衡转化法。“动态平衡作为事物运动发展的过程，就其运动形态而言，表现为不断交替出现的平衡与失衡两大环节。从总体上说，领导协调是使事物保持平衡或促进失衡向平衡转化的因素和力量。”[5]对任何一个环节滞后,都要及时做好促进工作,消除限制因素,引导后进者迎头赶上。否则,一个小小环节的不平衡现象,将会阻碍整体和全局正常运行。三是“双文明”平衡兼顾法。作为一个领导者,要掌握和运用综合平衡的方法,具备一定的综合平衡能力和驾驭全局的能力,这就要求把自己所要做的一切工作都纳入物质文明和精神文明整体平衡来推进,树立一盘棋意识,统一安排,统筹实施,做到“双文明”双轮驱动,坚持“两手抓”和“两肩挑”,防止顾此失彼。

3.领导者解决矛盾的平衡能力

领导工作的能力,关键在于领导者处理各种不平衡矛盾的能力,也就是对相互之间差异的平衡本领和矛盾的化解本领。①领导与被领导之间矛盾的平衡方法。领导者处理自己与下属发生矛盾冲突的平衡方法:一要平等(平衡)。抛开个人私念,宽容大量,公正对待,尊重对方,不以权势压人。二要公平(平衡)。勇于自我批评,承认错误,承担自己的责任,不推责。三要方法平衡。善于做好思想教育工作,以理服人,使对方接受批评和帮助。②群众与群众之间矛盾的平衡方法。下级相互之间发生矛盾冲突,作为领导人就要用平衡的方法解决不平衡的矛盾问题,恢复双方的平衡状态。一是“快”平衡。要在第一时间出现在矛盾冲突双方的面前,及时化解,杜绝矛盾升级和外部化。二是“早”平衡。及早解决,趁热打铁,早解决,早团结。三是“迟”平衡。对不宜急于解决的要冷处理,防止激化,等待时机,彻底解决。四是“补”平衡。调和折中,平衡互补,达到双方满意。③内部与外部矛盾的平衡方法。要以动态平衡的方式解决内部与外部的矛盾。原则是动态平衡调节,要严内宽外、内外有别,但要公平正义,要分清责任但不激化矛盾,要批评错误但不引发冲突,要同错误斗争但不破裂,要团结但要坚持原则性。

参考文献

[1]孙占奎,王安平,郭晓华,等.领导协调论.北京:煤炭工业出版社,1990:191-192.

[2]孙占奎,王安平,郭晓华,等.领导协调论.北京:煤炭工业出版社,1990:193.

[3]王颖.动态平衡论.中国青年出版社,1998:90.

[4]孙占奎,王安平,郭晓华,等.领导协调论.北京:煤炭工业出版社,1990:192.

[5]孙占奎,王安平,郭晓华,等.领导协调论.北京:煤炭工业出版社,1990:17.

6.2.2 管理平衡

引证:

平衡不单单是中国传统智慧的精髓,同时它也是西方现代管理与领导的核心理念。[1]

——祁光华《平衡——构建和谐领导力》

6.2.2.1 管理平衡术

“古与今”管理平衡术。①古人中庸(平衡)管理术。“在管理学中,中庸完全可以成为东方管理的基本要术。中庸,按照孔子的解释,是‘执其两端,用其中于民’,即所谓的‘执两用中’。在矛盾对立的两极,采取既不‘过之’又无‘不及的‘中道’,从而使矛盾不致于激化。所以,中庸即‘中行’,‘过犹不及’的思想。”[2]中庸、中道、中行是中国古代的哲学重要思想,也是东方管理的基本要术。现代管理继承中庸(平衡)管理术已经成为社会组织管理者的追求,这是因为二者的管理目标具有一致性——平衡和谐。②对平衡管理术的运用。平衡和谐管理强调古为今用,继承与创新结合,遵循管理中的对立统一规律,运用中庸思想,结合现代的系统思维与和谐思维,重点强调矛盾的统一和同一,不主张相互对立和斗争,从根本上实现经济社会的平衡和谐。这是因为中庸管理与现代管理思想是相通的,管理方法和手段是一致的。把二者有机结合起来,在继承的同时进行创新,更能有效调动一切可以调动的积极因素,使管理出效益、出效率。

“洋与中”管理平衡术。陈荣耀在《追求和谐——东方管理探微》中全面介绍了美国管理学家唐纳的管理术:①国外综合管理平衡术。平衡管理,是西方现代管理与领导工作的核心理念。管理的本质,在于放大所管理系统的功效;管理的目的,在于千方百计提高被管理系统的放大倍率;管理的手段,在于机构、法、人和信息;管理者的艺术,就是运用平衡的艺术;管理者的工作能力,就是平衡能力;管理者的任务,就是协调内部的平衡和外部的平衡。②管理思想平衡术。在学习外国先进经济管理时,要坚持“洋为中用”的原则,在继承和借鉴的基础上进行管理理论和管理方法的创新,形成符合我国国情的、中国化的管理理念和方法。③管理组织平衡术。管理组织要进行新变革,吸收西方先进管理经验时,要重建适应现代管理水平的组织形式和运行机制,从根本上提高我国各个行业的管理水平和核心竞争能力。④管理方法平衡术。要重视突出自己的特色,在认真研究学习国内外先进管理方法时,要致力于方法创新,创造出中国特色的、可操作的管理方法。⑤管理手段平衡术。管理手段要融入现代新兴手段,运用系统论方法、信息论方法和控制论方法做好管理,以优化结构,合理配置各种资源要素,实现整体功能的最大化、管理的科学化为目标。

6.2.2.2 平衡和谐的管理意义

中国传统文化中有丰富的治国、治家的宝贵财富,我国历代社会管理、经济管理和家庭管理经验的精华——平衡和谐管理,对现代社会管理、群体管理和家庭管理都具有极端重要的学习借鉴意义。

平衡和谐管理的核心——消除内耗。儒家的平衡和谐管理思想,在现代管理中仍然具有实用价值。如果我们把孔子提倡的平衡和谐管理思想运用于现代管理,就会有效消除各组织、各单位内部的各种内耗因素,化解相互之间的矛盾,减少相互冲突,形成团结的氛围与相互分工协作的局面。

经济的平衡和谐管理——相互促进。现在,我们国家的经济活动中存在着一些经济发展不和谐现象,非常有必要对经济各领域、各部门和各产业之间加强平衡和谐调节管理,做好企业生产、供应、营销、管理活动中的平衡和谐工作,推动经济平衡和谐发展。

社会的平衡和谐管理——良性运行。社会运行中存在不和谐的内耗现象,必然影响社会和谐与稳定,我国提出构建和谐社会,就是要加强社会的平衡和谐管理。

家庭的平衡和谐管理——和睦相处。家庭是社会的细胞,家庭和谐关系到社会和谐,也关系到千家万户的生活质量和幸福指数,所以家庭也必须加强平衡和谐管理。

6.2.2.3 重大活动的动态平衡管理

"社会生活中的秩序、稳定、和谐似乎是一种静态平衡,其实并不然。在这种表面的静态平衡的背后,潜藏着复杂的矛盾与冲突。只不过是矛盾各方势均力敌,而呈现出的一种稳定、和谐状态。"[3]矛盾的普遍性决定了平衡管理的复杂性,特别是对重大活动的管理,管理者必须及时掌握重大活动的发展变化,随时调节控制活动中出现的不平衡状态,始终保持重大活动的动态平衡发展。

事前平衡管理。"兵马未动,粮草先行。"事前平衡就是提前做好平衡协调工作,是管理者的超前性,也是全程工作平衡运行的保证。一是以领导先行确保平衡。管理者要有前沿思维和意识,在某项重大活动还没有开始之前,就要对某项工作进行全盘预测和安排,做到有步骤、有计划地完成某项工作,人员、组织和设备的准备工作都要提前到位。二是以基础工作先行确保平衡。研究和制订初期、中期和末期工作的计划,集中做好初期准备工作,并预测中期和后期工作的开展,对中期、末期任务统筹考虑,使前期工作具有预见性。三是以"思想"先行确保平衡。对参与人员要充分做好思想动员,做好心理准备工作,克服重物质轻思想的倾向,做到思想工作和物质工作同步计划、同步实施,确保有一个良好的开端。

事中平衡管理。一是以中途鼓励加油实现平衡。事中平衡管理工作是在时间过半、任务过半时进行检查指导的工作,也可以是在某项活动正在进行之中的加油鼓励工作,以推动工作的进展。二是以中途解难实现平衡。在完成工作任务的中途,如遇到不利因素,碰到障碍,影响工作目标的实现。这时就需要领导化解矛盾、解决困难和问题,达到中途从不平衡到平衡发展。三是以中途互帮实现平衡。下属单位中有的可能完成阶段性目标很好,工作进展顺利;有的单位则可能中间遇到了困难,完不成工作目标。这时需要管理者及时帮助解决困难,引导后进赶先进、先进帮后进等工作,确保工作顺利进行,并为后期工作打下坚实的基础。

事后平衡管理。事后平衡是某项工作完成之后的善后工作,主要是总结经验教训、表彰奖励先进等工作。事后管理主要回顾这个重大活动的准备、计划、实施、任务完成等阶段的工作,进行全程管理工作的总结,把总结过程,变为提高的过程,既总结成功的经验,又总结失败的教训,总结过去工作的目的是指导今后的管理工作,从而不断提高平衡管理水平,为迎接下一步工作任务和做好今后的平衡管理工作打下坚实的基础。

参考文献

[1]祁光华.平衡——构建和谐领导力.北京:人民出版社,2007:21.

[2]陈荣耀.追求和谐——东方管理探微.上海:上海社会科学院出版社,1995:286.

[3]孙占奎,王安平,郭晓华,等.领导协调论.北京:煤炭工业出版社,1990:17.

6.2.3 改革开放的平衡

引证:

一般而言,一国对外经济开放都要经历3个时期:倾斜式开放起步期、从倾斜式开放到平衡式开放转型期,以及平衡式开放成熟期。倾斜式开放既是各国对外经济开放的必然过程,又是适合中国国情的必然产物。[1]

——李海舰《走向平衡式开放——中国对外经济开放结构研究》

6.2.3.1 改革与发展的平衡

1.变革与图强的平衡

人类社会总是在不断变革中进化发展的。古往今来社会的发展和进步的事实一再证明,改革是社会前进的强大动力。在我国历史上之所以出现多次改革,就是因为当时国家发展出现了严重的不平衡现象,影响到政权的巩固和国家的生存,许多著名的变革,大多都是要消除危机、维护统治,实现强国的效果,有的改革在客观上人民也得到了好处。一是改革与国家统一的平衡。如商鞅变法,使秦国"拱手而取西河之外",为秦始皇"天下一统"创造了条件。二是改革与除旧布新的平衡。如赵武灵王破旧习、顶逆流,革故鼎新,使国势日盛。三是改革与民族融合的平衡。如孝文帝改革,发展了农业,加强了民族的融合。三是改革与增强国力的平衡。如王安石变法。推动了社会生产力的发展,增强了国力和军力。王安石被革命导师列宁誉为"中国11世纪的大改革家"。历史上通过改革变法,促进了当时经济社会的平衡发展,在一定程度上增强了国力和军力。

2.改革与发展进步的平衡

(1)以改革促进同世界平衡发展。一是不改革就会与世界发展失衡。现今世界,各个国家先后兴起了一个又一个改革大潮。联合国为了平衡发展也在研究改革问题,而且已经出台了改革方案。国际上许多国家为了同世界平衡发展而顺应了改革的潮流,改革已经成为当今世界发展的动力和重大事件。二是改革才能与世界平衡发展。前苏联的政治体制改革和经济体制改革,匈牙利的政治体制改革,波兰、南斯拉夫、保加利亚的政治和经济体制改革,罗马尼亚等东欧几个国家也都进行了改革,跨国公司的改革、国际财团的改革,包括我国的改革开放,目的都是为了自我发展进步,实现同世界的平衡发展。

(2)以改革促进经济社会的平衡发展。在各国的改革中,有成功了的,也有失败了的。他们的改革都是对旧的发展方式的否定,对新的发展方式的探索。世界上的改革大潮,创造了正反两个方面的经验和教训,我国学习借鉴了成功的改革开放经验,汲取了失败的教训,使我国的改革顺利进行,并不断提升我国的改革开放的水平,从而实现我国经济社会的平衡发展。

3.改革开放与国富民强的平衡

"只有改革开放才能发展社会主义。"这是我国30年改革开放的经验总结。第一,改革打破了我国低水平的平衡状态。一是打破平衡态。从1978年起,我国的经济体制改革和对外开放拉开了序幕,打破了我国低水平的平衡状态走向不平衡状态,向高度集中的"一大二公"的经济模式开刀,改革计划经济体制,改革农村经济体制,改革国有企业体制等。在改革中我国建立了社会主义市场经济体制,极大地解放了生产力,促进了经济的发展。二是追求不平衡态。在改革中,不断加大国有企业改革力度,改革了政企不分、职责不明、职工吃企业"大锅饭"、企业吃国家的"大锅饭"的状况,从而调动国企职工的积极性,推动了企业的发展。第二,改革从不平衡发展到平衡发展。一是倾斜式改革开放。我国的改革开放经历了一个从倾斜式到平衡式的过渡。改革开放之初,从农村经济承包责任制到东部沿海地区的倾斜式改革开放,再到社会改革、政治体制和文化改革全面推开,使我国的改革开放经历了从初期的不平衡发展到后期的平衡发展的进程。二是平衡式改革开放。回顾总结我国改革开放的路径:初期打破低水平平衡发展状态—中期实施不平衡改革开放战略—后期由先发带动后发实现整体平衡发展。我国通过改革开放,大大增强了综合国力,大大提高了人民的物质文化生活水平。

6.2.3.2 改革与开放的平衡推进

国际国内"两个市场"的平衡。一是我国经济与经济全球化的平衡。在改革开放中,我国广泛开展国际合作和国际交流,范围之广,包含诸多国家、地区和各个领域,努力实现我国的经济发展与全球化经济发展趋势的平衡。二是内需与外需的平衡。我国采取打入国际市场的方法,广泛开展经济贸易活动,以进养出,增加出口,利用国际国内两个市场和两种资源,适应国际国内两个需求,努力实现内外需的平衡。

"引进来"与"走出去"的平衡。我国开放最显著的特点,就是把"引进来"和"走出去"有机地结合起来。①"引进技术"的"三个平衡",即大力引进国外先进设备、先进科学技术和先进管理经验的平衡,尽快武装自己。②"利用"外资的"三个平衡":通过合资、合作、独资等多种方式利用外资的平衡兼顾,加速发展自己。③"请进来"的"两个平衡"。进行技术合作和土地对外租让等的平衡兼顾,努力发挥自己的优势,同时,出国投资办企业,进行跨国经营。从而,打开了我国对外经济合作的新局面,实现了我国的经济发展与经济全球化发展趋势的平衡。

国内开放与国外开放的平衡。我国的开放,实现了国内开放与国外开放、国内地区之间的开放等都保持了相对平衡发展的关系。"在开放国家,最大限度扩大对发展中国家的开放；在开放地区上，最大限度扩大中、西部地区的开放；在开放客体上，最大限度扩大生产要素的开放；在开放流向上，最大限度提高外扩型开放的比重。……我们能够做到的是，在既定的客观条件下，把平衡式开放的程度提高到最大限度。"[2]

6.2.3.3 走向平衡式开放

新世纪以来，我国的改革开放进入了一个崭新的阶段，即有目的地从不平衡改革开放向平衡式改革开放转型，并顺利实现了这个转型。正如李海舰在《走向平衡式开放——中国对外经济开放结构研究》一书中指出的那样："中国对外开放的国内外环境发生了一系列深刻变化，应当积极创造条件，有意识地、适时地引导倾斜式开放向平衡式开放转型。就开放国别结构而言，今后在保持和进一步扩大对发达国家开放的基础上，加速推进对广大发展中国家的开放，实现中国对外经济开放中外部区域构成的基本平衡；就开放地区结构而言，今后在深化和进一步扩大东部经济地带对外开放的基础上，加速推进中、西部经济地带的对外开放，实现中国对外经济开放内部区域构成的基本平衡……"[3]我国的改革开放无论从国内到国际、从结构到范围、从广度到深度都是前所未有的，效果也是极其明显的，原因就是：从倾斜式开放走向平衡式开放。这是一条正确的道路，已经取得了巨大成就，还将取得更大的胜利。当前，我国改革开放正致力于区域平衡、城乡平衡和社会利益平衡发展。"当前随着改革开放日益深入，经济发展方式加快转变，解决好利益平衡问题已成为实现科学发展、和谐发展的一个重大课题。"[4]

参考文献

[1]李海舰.走向平衡式开放——中国对外经济开放结构研究.北京：社会科学文献出版社，1999：271.

[2]李海舰.走向平衡式开放——中国对外经济开放结构研究.北京：社会科学文献出版社，1999：282.

[3]李海舰.走向平衡式开放——中国对外经济开放结构研究.北京：社会科学文献出版社，1999：312.

[4]聂辰席.建立健全利益平衡机制的若干思考.光明日报，2010-9-29.

6.2.4 公共关系平衡

引证：

平衡理论原则的内容：公共关系沟通的平衡理论原则，是指信息的发出者利用"相似性"的人际吸引、中介，通过沟通，与接受者产生认同，达到协调的原则。[1]

——熊源伟《全国通用教材——公共关系学》

6.2.4.1 公共关系的平衡理论原则

"人与人之间的不平衡状态是客观存在的，也正因为如此，使得沟通不仅是可能的，而且是必要的。沟通的过程是由不平衡走向平衡的过程,而选择途径的原则,就是平衡理论的核心思想——最小努力原理。换言之,就是选择一条不必花费很大力量去平衡关系的途径。途径的选择,应根据不同的沟通目的而决定。"[2]本节内容以熊源伟主编《全国通用教材——公共关系学》一书中提出公共关系沟通的平衡理论原则的内容、目的、要素和沟通方式等为内容,讲述公关的动态平衡理论和方法。

1.公关平衡理论原则的内容——沟通

①平衡理论的原则。平衡理论原则的内容,核心是沟通。②组织与公众关系的平衡。社会组织为了塑造和树立自身在公众中的形象,利用报纸、广播电台、电视台等媒体中介的宣传、进行人际关系的吸引等手段,对社会组织进行广泛传播和沟通,达到社会公众的接受和认可的目的,从而树立起自己的良好形象,扩大社会影响和知名度,达到组织与公众相互关系平衡的目的。

2.公关平衡理论原则的目的——协调相互关系

贯彻公共关系平衡理论原则的目的:一是在信息传播中达到平衡理论原则的目的。媒介传播的目的就是使所传递的信息产生效果,即社会组织与公众关系的协调。例如,"演讲者的成功,在于他的观点不变,而劝导听众改变观点,双方达成共识,进而保持平衡"[3]。二是在修正思想认识中达到平衡理论原则的目的。如果用命令手段、行政手段或者暴力手段,但都只能改变双方的肢体冲突行为,而无法改变双方思想认识和内心态度,只能是口服心不服。"而贯彻平衡理论原则,冲突双方必须在沟通中共同寻找解决途径,其中有一方必须作出必要的修正,或让步或改变原先的态度,以此来消除紧张关系,协调好关系。从公共关系的角度看,作为社会组织应以满足公众利益为出发点,自觉改善不平衡的状态,增强彼此沟通的机会,使关系和谐化。"[4]三是在观点不断更新中达到平衡理论原则的目的。通过传播者不断传递的信息,最终使接受者不断改变原来的旧观念,接受传播者的最新观点,从而使社会组织与客体或公众的关系达到平衡协调。

3.平衡理论原则公共关系三大要素——社会组织、传播和公众优化组合

①平衡理论原则——三大要素的优化组合。社会组织,即主体,就是有一定的奋斗目标的社会组织,公共关系的目标就是为实现社会组织的目标而制定的公关目标;传播,即媒介,是群体与公众之间通过媒介传播信息,塑造自身的最佳形象;公众,即客体,客体对主体具有巨大的影响和制约作用。②公共关系最优状态——三大要素的平衡。"一切公共关系活动所追求的都是这三大要素的最优状态和优化组合。……公共关系从业人员的职责是使之尽量趋向协调。"[5]熊源伟认为,公共关系三大构成要素中,社会组织,具有对自身的"上帝"公众的公关主导作用,它的公关活动的力度,通过传播决定对公众影响的强度和反响。传播具有通过宣传提高社会组织的知名度和美誉度的效能。公众是社会组织的"上帝",其支持的程度具有对社会组织财富和成功的决定作用。③公关人员的职责——以三大要素平衡为工作目标。公共关系三大构成要素中的社会组织、传

播、公众之间关系保持统一协调,实现三大构成要素平衡,也就是三者的优化组合,公共关系的奋斗目标和从事公关工作的人员的职责,就是促使三者趋于平衡协调状态,从而实现公关的目的。

4.平衡理论原则沟通方式——"AA"式

①平衡理论原则的模式。"平衡理论也叫'A—B—X'模式。"[6]熊源伟介绍了美国纽科姆提出的这个方式:A是一个认识主体,B是另一个认识主体,X是一个对象、一种观念或一则信息。A与B是否协调,不仅决定于他们之间相互的认识程度和吸引程度,而且与他们对X的态度是否一致密切联系着,不一致就会引起不协调,而沟通能改变他们的态度,使不协调消除,求得平衡协调。②沟通的平等(平衡)原则。在实施中,A—A式平行沟通方式,沟通双方是平等(平衡)的,因此,沟通会继续。"沟通方式是非A式交错沟通,沟通双方的关系由非预料中的回答而引起对抗,气氛较为紧张,沟通无法继续。这种沟通方式,违背了平衡理论原则,是公共关系沟通中的大忌。"[7]③平衡式沟通的作用。平衡理论原则的沟通是"AA"式、平衡式的沟通方式,这种方式能够杜绝非A式的对抗,达到沟通的理想效果。

5.平衡理论原则的人际吸引——相似性

①相似性——人际平衡的桥梁。相似性是相互关系平衡的重要因素。"'相似性'的人际吸引,是使沟通双方保持平衡关系的重要因素。传者的相似性与沟通效果之间的联系以人际吸引——喜爱为中介,喜欢他,就倾向于接受他的观点。"[8]相似性的人际吸引,是人与人、组织与组织相互沟通的桥梁。②相似性——心理平衡的情缘。同国际、同乡、同部队、同学校等与接受者有联系的内在的情缘因素,这就反映和体现了接受者的一种心理情结,使自己与传播者产生心理上的同感,并做出与传播者所希望的喜爱之感和亲密之感,从而达到公共关系和谐平衡的目的。③相似性——公关与效益平衡的纽带。通过相似性进行人际吸引,达到关系协调,其作用不可估量。如果这个主体是企事业,那么就可能获得最佳经济效益,如果这个主体是学校、医院,那么就可能获得好的社会效益。

6.平衡理论原则的主要思想——情感的互动

①以情感认同实现平衡。"平衡理论的主要思想之一就是在沟通中诉诸情感,增进情感的互动和思想的交流,彼此发出认同,从而产生亲密感,达到关系的平衡。"[9]在实践中我们要真情对待相关人和事,以情感为纽带,实现横的、纵的等方方面面公共关系的平衡、相互支持与合作,从而达到社会组织的各自的不同奋斗目标。②以情感保持与合作者的关系平衡。如企业与合作者的情感平衡,包括上下之间关系的情感平衡,企业员工之间情感的平衡,股东之间情感的平衡,顾客之间情感的平衡等,这些都需要诉诸情感,以情沟通。

7.平衡理论原则的部门之间沟通——协调型沟通。

第一,平行(平衡)沟通。"横向沟通:指在同级的不同部门之间进行的沟通,也称平行沟通。它是一种协调型沟通,以会谈、商洽为主。它的存在,有助于组织与公众之间的平衡、合作。"[10]企业、事业、矿业和工厂等单位的党群、行政、财务、供应、销售等部门之间要经常沟通,通过交谈、商量达到协调。第二,协调(平衡)沟通。一是与社会公众之间的关系和谐要从根本上融洽,主要是抓住企业管理、产品质量、产品销售、售后服务的根本问题。二是要对外树立企业形象,承担社会责任。如果内部不同部门之间或与公众产生矛盾纠纷,就要采用协调型沟通进行商谈,实现关系的平衡和谐。例如,我国的跨国企业要做好公关活动,帮助东道国排忧解难,尽到社会责任,从而形成良好的发展环境。

参考文献

[1]熊源伟.全国通用教材——公共关系学.合肥:安徽人民出版社,1990:164.

[2]熊源伟.全国通用教材——公共关系学.合肥:安徽人民出版社,1990:165.

[3]熊源伟.全国通用教材——公共关系学.合肥:安徽人民出版社,1990:166.

[4]熊源伟.全国通用教材——公共关系学.合肥:安徽人民出版社,1990:166.

[5]熊源伟.全国通用教材——公共关系学.合肥:安徽人民出版社,1990:21.

[6]熊源伟.全国通用教材——公共关系学.合肥:安徽人民出版社,1990:164.

[7]熊源伟.全国通用教材——公共关系学.合肥:安徽人民出版社,1990:167.

[8]熊源伟.全国通用教材——公共关系学.合肥:安徽人民出版社,1990:166.

[9]熊源伟.全国通用教材——公共关系学.合肥:安徽人民出版社,1990:168.

[10]熊源伟.全国通用教材——公共关系学.合肥:安徽人民出版社,1990:170.

6.2.5 权力与权利的平衡

引证:

权力与权利由对立走向平衡和统一,是民主政治发展的必然结果。[1]

——万光侠《效率与公平——法律价值的人学分析》

6.2.5.1 权力与权利的失衡

1.西方"政治平衡器"不平衡

①分权制衡的作用。"资本主义政治秩序发展的历史表明,议会制和三权分立制秩序是调节、平衡资产阶级内部矛盾纷争的有效的政治平衡器。"[2]西方的分权制衡,是西方所谓现代民主制的权力分解、制约。西方的议会制与三权分立制,具有对资产阶级内部矛盾、冲突与纷争的缓和作用,也具有资产阶级权力平衡与利益均衡的调和作用,能够避免国家由政治斗争而导致国家的政治危机。②"政治平衡器"的不平衡。归根到底西方"三权平衡态",实际上处于不平衡态。"在资本主义国家的权力运行过程中,实践常常与分权制衡秩序模式相背离,不仅三大权力机关相互摩擦、掣肘和'打架',行政权还以它特有的优势不可遏制地冲破三权平衡态,僭越于立法权与司法权之上,导致分权制衡

秩序的异化与自我否定。"[3]③公众权力和权利的失衡。如果说在西方资产主义制度下,资产阶级拥有权力和权利,那么相对比之下,最广大的底层平民百姓的权力和权利,则是失衡的。

2.古代改朝换代原因是权力之间、权利之间的失衡

①权力与权利的失衡。"终明一代,政权各种权力、国家与社会之间的利益以及社会各种利益之间,基本上处于不平衡的状态,而且愈演愈烈,以致无力回天。"[4]在我国古代,历代社会动乱和朝代更替过程中,国家政权中各种权力之间、各种利益之间,都处于不平衡状态,统治阶级、统治集团内部权力与权利严重对立,统治者与劳苦大众的权力与权利严重对抗。当人民群众无法维持生存的时候,就会揭竿而起,掀起推翻统治者的浪潮。秦末农民起义、明末农民起义和清朝时期的起义革命等都是如此。②权力与权利的平衡。"保持权力之间、权利之间的平衡,使各种利益各得其所,才能实现良好的治理。那么,怎样保证这种平衡?从明代政府运作的情况看,我们可以得出这样的结论:只有权力和权利的独立,才有权力之间、权利之间的平衡。"[5]要做到权力与权利的平衡,就必须实现权力和权利的独立。权力要受到约束,才能不危害权利。③历史上权力与权利的失衡的危害。明代权力与权利失衡的原因:一是政府权力失衡。明代内阁制和科道制约政府行政权和政务无法贯彻执行而失衡。二是特权阶层与平民利益失衡。明代礼制特权严重影响了平民利益。三是平民权利与义务的失衡。黄册制度和宗藩制度造成人民只有义务没有利益。四是平民百姓生存权利失衡。由于明代中后期老百姓的生存权受到严重威胁,百姓流离失所,国家产生了生存危机,进而加速明朝的终结。

6.2.5.2　权力与权利的平衡

权力是为保障权利而产生,权力是为维护权利而行使,这就是权力和权利的平衡关系。①权力与权利的平衡——靠权力保障。"权利离开权力的保障是难以实现的和不可思议的,而权力也不能因此而成为独立于甚至是超越于权利的一种力量,在现代社会,权力与权利的平衡正是通过法治来实现的。"[6]在现代社会权力与权利的平衡和统一,是民主政治的体现。没有权力的监督约束,没有权力的保障,权利就无法实现。②权力与权利的平衡——靠法治。现代社会的法治是实现权力与权利平衡的有效途径,就是说必须通过法治才能达到平衡,离开了法治的权利是没有保障的。新的时期,我国制定了各项法律、法规和政策,是各团体、各阶层、各组织内部和相互之间权力和权利平衡的保障。

6.2.5.3　国有企业权力与权利的平衡

国有企业只有实现权力与权利的平衡,才有生存和发展的保证。一是企业管理权力与权利的平衡。我国国有企业必须遵循《公司法》办企业,建立现代企业制度,实行国有企业法人治理结构,实行所有者依法监督约束出资人,出资人依法监督约束董事会,董事会依法监督约束经理层,只有这样才能实现权力与权利的平衡。二是企业领导人权力与权利的平衡。企业领导人的权力、责任、利益的平衡,就是有多大的权力,就要承担多

大的责任,也就获得多大的利益,从而达到权力与权利的平衡。三是企业职工权力与权利的平衡。企业领导者要尊重员工的政治的、物质的和人身的权利,保护员工的合法权益。作为企业领导者和员工,都要克服只要权力或者只要利益,不承担责任,或不尽义务的倾向,更不能造成权、责、利的失衡。

6.2.5.4 政府权力和公民权利的平衡

"法律权利保障、促进社会公平的实现实质上也就是政府权力和公民权利之间利益的合理平衡,而要使政府权力和公民权利之间的关系达到均衡状态,必须使之法治化。"[7] ①政府权力与公民权利关系的平衡。一是国家权力是公民权利平衡的"保护神"。国家权力是实现个人权利的保证,国家权力是保护个人权利的最可靠的、最公正的和最有效的"保护神",失去了国家权力的保障,也就失去了个人权利。二是有背靠的"大树"才有利的平衡。我国的《宪法》是维护公民权利的根本大法,公民的权利必须要有《宪法》的权威来保护,《宪法》是保护公民权利的"乘凉大树",没有《宪法》的保护就谈不上个人权利。所以,我们一定要维护《宪法》和国家权力的权威性。②政府权力与公民权利的平衡。法治是政府权力与公民权利的平衡支点,离开了法治这个平衡支点政府权力与公民权利二者都是不能实现的,因此,权力与权利的平衡必须通过法治来实现。一是靠法治实现平衡。用法治的约束力来平衡政府权力与公民权利的关系。二是靠政策制度实现平衡。政策和制度限制政府权力行使的合法范围。三是靠控制实现平衡。控制政府权力行使的合法方式方法。只有实现法治化,才能真正实现权力与权利关系的平衡。③权力与权利的天平不能向任何一面倾斜。一是权利与权力要相互制衡。"总之,法律对权力与权利的平衡,所欲创设出的是一种权利与权力能互为制约的权力结构,而不是权力支配权利的倾斜权力关系。"[8]要维护公民的权利,保护公民的自由,必须有效防止政府的天平向权力倾斜,对公民权利的侵犯,要保持二者的相互制约的关系。二是政府的天平任何时候都要平衡。在权力与权利的问题上,政府是矛盾的主要方面,政府要坚决依照法律规定的范围、方法、程序和合法方式进行权力的行使,对于法律没有明确赋予的权力、法律没有明确授予的范围和法律没有明确授予的方式,一律不得越权行使。否则,权力与权利的天平就会失衡,政府与公民的关系就会失去平衡。作为公民,要正确处理与政府的关系,尊重和配合政府对权力的正确行使。

参考文献

[1]万光侠.效率与公平——法律价值的人学分析.北京:人民出版社,2006:354.
[2]邢建国,汪青松,吴鹏森.秩序论.北京:人民出版社,1993:174.
[3]邢建国,汪青松,吴鹏森.秩序论.北京:人民出版社,1993:172.
[4]唐克军.不平衡的治理——明代政府运行研究.武汉:武汉出版社,2004:71.
[5]唐克军.不平衡的治理——明代政府运行研究.武汉:武汉出版社,2004:71.

[6]万光侠.效率与公平——法律价值的人学分析.北京:人民出版社,2006:340.

[7]万光侠.效率与公平——法律价值的人学分析.北京:人民出版社,2006:335.

[8]万光侠.效率与公平——法律价值的人学分析.北京:人民出版社,2006:344-345.

6.2.6 思想政治工作的平衡

引证:

思想政治工作可以借鉴平衡理论的观点,要改变思想工作对象的不正确认识时,应加强与之交往;取得一致认识的重要条件是首先要与工作对象建立良好的情感关系,以情感人。[1]

——敬永和《现代思想政治工作辞典》

6.2.6.1 思政学的平衡承负场际空间效应和思想政治工作者的使命

思政学的平衡承负场际空间效应,存在着不利的一面,也存在着有利的一面。我们要兴利除弊,发挥积极效应,努力做好思想政治工作。

要避免平衡承负场际空间的消极效应、发挥积极效应。"虽然平衡承负场际空间只是一种理想情况,现实中很少存在,但就是这种理想情况也既有有利的一面又有不利的一面。就其有利的一面来说,起码在平衡承负场际空间里社会供求平衡,人民乐业安居;就其不利的一面来说,又很容易产生安于现状,不思进取的社会定势,从而滞碍社会发展。"[2]思想政治工作要消除平衡承负场际空间的不利效应,纠正安于现状、不思进取的低水平平衡意识,要通过思想政治工作化消极因素为积极因素,动员大家积极投入到现代化建设中来。要发挥平衡承负场际空间的积极效应,充分利用平衡承负场际空间的有利效应,更新思维,积极向上,勇于创新,把人的积极性、创造性和能动性调动起来,向理想的高水平平衡状态奋斗。

思想政治工作者的能力素质与肩负使命的平衡。①使命与思想政治素质的平衡。一是在新世纪新阶段,思想政治工作要与时俱进,适应社会发展和进步的需要;二是每个从事政治思想工作的人员都要努力做一个新时期合格的政治工作者,要树立自己肩负党的政治工作重任的自豪感,做到忠诚党的事业,忠诚于人民,当好人民群众的灵魂工程师。②使命与理论素质的平衡。一是思想政治工作者要懂得马克思主义的一般原理和建设中国特色社会主义理论,懂得党的方针政策,有综合分析事物的能力,能分辨大是大非,在任何情况下都能坚定立场和信仰;二是加强理论修养,具备广博的知识和学问,适应新时期思想工作的需要。③使命与业务素质的平衡。要掌握思想政治工作的基本功和方式方法,不断适应本职工作;学会运用道理说服人和教育人的方法、运用疏通引导的方法、运用以身作则和为人楷模的方法、掌握本单位和本地区的实际情况的方法、掌握国际国内政治经济形势和各个阶段党的中心任务的方法等,从而不断提高思想政治工作水平和效果。

6.2.6.2 思想政治工作借鉴平衡理论的观点

思想政治工作可以借鉴平衡理论的观点—— 教者与受者政治平等(平衡)。敬永和主编《现代思想政治工作辞典》一书中提出:"思想政治工作可以借鉴平衡理论的观点,要改变思想工作对象的不正确认识时,应加强与之交往;取得一致认识的重要条件是首先要与工作对象建立良好的情感关系,以情感人。"一是政治上、人格上平等(平衡)。教者与受者在政治上、人格上都是完全平等的。教育者要同被教育者交朋友、交流沟通思想,在做思想工作时要动之以情,晓之以理,从而增强教育效果。二是教育者心态平衡。提倡思想政治工作者要改变对待工作对象的态度,怀着深厚的感情,进行耐心细致的说服教育工作,在做思想转化工作时要克服简单粗暴的作风。三是领导者与群众的平衡。领导者应该是思想上的引路人,工作上的带头人,要做到干群一致,同甘共苦,工作中发挥表率作用,吃苦在前,享受在后,以自己的实际行动带领群众完成各个时期党的中心任务。

思想政治工作可以借鉴平衡理论的观点——教者与受者的关系平衡。主要是实现教育者与被教育者的相互关系的平等、民主和公平。①讲平等(平衡性):一是教育者要做到尊重、理解和关心群众,虚心向群众学习,教育者要先受教育,先当学生后当先生。二是干部与群众是平等的,不得有特权,要平等待人,倾听群众呼声,反映群众意志。三是坚持疏导方针,用民主的方法、讨论的方法教育人,用真理说服人,耐心说服教育工作对象,不能强制、压服。教育者要做群众的朋友和向导,改变居高临下和当"救世主"的做法,要启发群众觉悟,坚持平等对话和双向交流,达到思想沟通的目的。②讲民主(平衡性):教育者要有民主作风,不能我说教你汇报,我命令你服从,我说你听,要做到民主交流、恳谈,克服粗暴简单,不以教育者自居,不盛气凌人;不能板起面孔训人,允许批评和反批评。③讲公平(平衡性):领导要关心爱护每一个群众,做到思想上关心、生活上帮助、工作上支持、心理上引导,在利益、荣誉上要讲公平公正、一视同仁。

6.2.6.3 思政学继承与创新的平衡

思政学继承和创新相互关系的平衡。一是继承与创新的平衡。思政学继承和创新是辩证统一的、平衡的关系,没有继承,创新就失去了前提和思想基础;有继承没有创新,优良传统就会失去活力。我们一定要正确理解处理继承和创新之间的平衡关系。要在继承中创新,在创新中继承,实现二者平衡和有机结合,才能在新形势下实现新发展。二是地位和作用的平衡。思想政治工作的优良传统、地位和作用在新时期没有变、本质没有变,只有继承优良传统,才能把新时期的思想政治工作做得更好。三是方式方法的平衡。在继承优良传统的基础上创新,如传统的尊重人、关心人、理解人的方法,尊重工作对象的主人翁地位和维护群众的民主权利的方法,尊重工作对象的人格、志向、爱好和个性发展等方法,要发挥这些传统方法在构建和谐社会和现代化建设中的重要作用。

思政学创新与改革的平衡。一是思政学创新与新形势的平衡。思想政治工作要与时俱进,创新与改革是新时期政治工作人员的历史责任,是经济社会发展和改革开放新形势的需要,是我们现在从事思想政治工作人员的新课题。不改革创新,思想政治工作就不能发展、不能前进,优良传统也不可能得到继承。二是思政学创新与新任务的平衡。新的历史时期,我们面临着深化改革扩大开放和建设中国特色社会主义这一伟大而艰巨的任务,这个新任务要求我们从事思想政治工作的干部要继承优良传统、创新方式方法,要根据新任务的要求进行思想政治工作的改革和创新工作,发挥思想政治工作在新形势下的政治优势,把广大群众中蕴藏的社会主义积极性、创造性充分发挥出来,成为推动改革开放和现代化建设的强大动力。三是思政学创新与新变革、新观念的平衡。在思想政治工作创新过程中要与经济社会、政治文化的大变革结合起来,要重视吸收国内外相关学科研究的新成果,要学习借鉴国外成功经验,不断改进和提高思想政治工作的水平。例如,某公司给员工制定三个人生平衡目标,即家庭目标、生活目标和财务目标三者之间关系的平衡。虽然他们的做法不是我们所讲的思想政治工作,但值得思想政治工作者学习和借鉴。

6.2.6.4 思想政治工作的平衡支点

思想政治工作的平衡支点非常重要,找到了支点,也就实现了平衡。①经常性的思想政治工作是平衡支点。思想政治工作者通过作报告、演讲、举办讲习班、宣讲国内外政治经济形势和开展经常性的教育活动,用新思想、新成就和新任务教育群众,解决被教育者各种思想认识问题,统一思想认识和行动。②齐抓共管是思想政治工作的平衡支点。各级党组织是做思想工作的主体,书记和政工部门要专门做、专职做。但是,思想政治工作不能单纯依赖少数专职人员,要实行专职与兼职相结合,党委、行政、工会、团组织都要做,行政领导也要做,其他部门领导也要做,一般党员、团员都要做。思想政治工作是各方面工作干部的共同任务,不能只靠少数人做,要靠大多数人来做,做到党政配合、分工不分家,党、政、工、团齐抓共管,并要从各自的角度对各自所拥有的群众分别做好思想政治工作。如团组织和工会组织要从青年角度和工人角度分别做好思想工作,行政干部要把思想政治工作与经济工作、业务工作结合在一起来做。同时,相关领导和部门要从人、财、物方面,大力支持思想政治工作的开展。③务虚与务实相结合是思想政治工作的平衡支点。教育者要虚功实做,把软指标硬化,变软任务为硬任务,实行思想政治工作目标化管理,把思想政治工作指标与经济指标同时下达、同时考核、同时管理、同时推进,实现两个文明建设平衡发展。④人民群众当家做主的意识是思想政治工作的平衡支点。思想政治工作者要树立人民当家做主的意识,自己是人民的公仆,与自己的工作对象之间关系是平衡的,要与工作对象交朋友,用平等、引导、劝说的方式,提高人的思想觉悟,调动人的积极性。

参考文献

[1]敬永和.现代思想政治工作辞典.上海:上海人民出版社,1990:148.

[2]及海龙.思政学基础:修订版.北京:中国工人出版社,2000:29.

6.2.7 权利与义务的平衡

引证:

要维护区域集团协议和多边贸易体制的权利与义务平衡，首先是确保其每一成员的权利与义务平衡,因为各成员的权利与义务平衡的总和,就是区域集团协议和多边贸易体制的权利与义务平衡框架。如果在一区域集团协议中,某一成员未能或部分遵循了协议规定,而其他成员都严格按协议行事,那么该成员在协议中所享受的权利大于其承担的义务,权利与义务失去了平衡。[1]

——刘光溪《互补性竞争论》

6.2.7.1 权利与义务的平衡与失衡

权利与义务的平衡概念。托马斯·雅诺斯基著《公民与文明社会》一书中说:“如果说公民身份有什么意义,那就是它意味着大家分享和接受的一包‘好处’和‘负担’。”[2]他的这段话,通过恰当的比喻,准确地说明了权利与义务概念的含义,也阐述了权利与义务的关系就是好处与负担的平衡。可以这样解释:得到了一定的权利,就应负有相应的责任和义务,二者的关系是平衡的关系。

权利与义务的失衡。权利与义务失衡的三种表现:①权利大于义务。例如,18、19世纪,欧洲、美洲的资产阶级、贵族,他们的权利大于义务或者说只有权力没有义务,他们可以把农民赶出家园搞“圈地运动”,强迫人们在工场劳动。农民不但失去了土地权,也失去了人身自由权。②权利小于义务。在封建社会制度下农民没有任何权利可言,一切权利都是贵族的,农民只有劳动的义务。“公民权利先属于贵族,以后是资产阶级,对工人和农民来说,公民权利仍然是可望而不可即的。”[3]在资本主义社会里,权利归资产阶级,工人、农民的权利小于义务。③只有义务,而没有权利。例如,在资本主义社会前中期,资产阶级把好处得尽,而把负担推给穷人;在奴隶社会制度下,奴隶主只有权利而没有义务,奴隶只有义务而没有权利。“若指望单个公民(农民和工人)和群体(工会和教会)的权利和义务很平衡,那就未免荒唐可笑。”[4]

权利与义务的平衡。一是得到权利与应尽义务的平衡,权利与义务的对等,这就是权利和义务的平衡。权利与义务之间关系的平衡，是中外古今人们所追求的公理和目标。公平地说,世界上没有无义务的权利,也没有无权利的义务,二者必须是平衡的。二是得与失的平衡,也就是“好处”与“负担”的平衡。一个人得到权利或者“好处”的同时,要承担相应的义务或者“负担”,这才是天经地义的。一个人得到了多大的权利,就应该承担多大的责任和义务,这就是权利与义务之间的公理。例如,我国公民具有宪法赋予公民的一切权利,同时也应承担宪法所规定公民的一切义务,这就是权利与义务之间关系的平衡。

6.2.7.2 政治权利和政治义务平衡

坚持权利与义务相平衡、相统一的原则,是政治上的一个原则。在政治上,任何人都要做到政治权利和政治义务的平衡,享受一定政治权利,就必须承担相应的政治责任和义务。例如,党员和国家公务员的权利与义务就是平衡的。

共产党党员的权利与义务平衡。党员必须按党章的规定行使权利,并在宪法和法律的范围内活动,同时必须履行党章规定的义务。党章规定,党员享有八项权利,也必须履行八项义务,体现了权利和义务的平衡关系。党员享有的权利越广泛,就越能使广大党员亲身感受到党组织的光荣。同时,广大党员积极地履行学习政治、提高思想觉悟的义务,也就为更好地享受权利创造了条件。加强新时期党的建设,就是要坚持权利和义务相平衡、相统一的原则,坚决反对特权思想,反对个人主义,这两种倾向,都是把权利和义务割裂开来,自己只享有权利而不想履行义务。

国家公务员的权利与义务的平衡。《国家公务员暂行条例》规定了国家公务员必须履行八条义务,也规定了国家公务员享有八条权利,体现了权利和义务的对应关系与平衡关系。公务员履行职责,执行公务,必须具有一定的法定权利,但相应地必须履行一定的义务,承担一定的责任。义务和权利是相互对应的,享有权利必须履行义务。如公务员可以获得职责所应有的权力,同时又不得滥用职权谋取私利;公务员执行公务,既要有职有权,同时又要依法行政。公务员履行义务和行使权利的目的,都是为了管理好行政事务,推动国家经济、政治、社会、文化等事业的发展。

法律上的权利与义务的平衡。第一,立法的平衡性。“立法的民主化,要求立法应当保持权利和义务的一致性、对权利和义务的分配应当体现平等性。立法内容的平等性,还要求保持权力与权利的平衡性。”[5]全国人民代表大会及其常务委员会就是我国的立法机关,在制定法律时始终坚持一项基本原则,就是立法的“三性”:统一性、平等性和平衡性。我国为了实现“三性”,提高科学性,强化了监督和制约机制。第二,立法的平衡监督。在我国,立法监督是指各级人民代表大会及其常务委员会对国家行政机关及其工作人员的行政管理活动实施的监督。第三,权力、权利和义务的平衡。立法行为监督和制约的主要内容,一方面是权力与权利的一致性、平衡性;另一方面是权利与义务的一致性和平衡性。

6.2.7.3 社会权利与社会义务的平衡

社会权利与义务的平衡,是当今社会管理、社会控制和社会运行的内在作用机制。①社会权利与社会义务的平衡的意义。“任何一个公民,有权利就有义务,行使权利就要履行义务。从法理上说,权利和义务是一对相互对应的法律规范,它们的关系十分密切。""由于权利、义务是统一的,一方面享受权利,一方面就要承担义务,或者双方既享受权利又承担义务,这样就建立了联系。"[6]权利与义务的平衡,是一种社会的公平、公正和正义,标志着人类社会的文明和进步。社会权利与义务是否平衡,是社会制度优越与否的分水岭和标志。②社会权利与义务的平衡是社会进步的要求。我国社会权利与义务平衡的体现,是最为充分的,因为我国实行的是社会主义制度,是人民的国家,人民当家做主,人民是国家的主人,人民在根本大法《宪法》和法律范围内享有广泛的权利,它包括政治、经济和文化等各个方面的权利。③社会权利与义务平衡的社会才是公平的社会。凡具有中华人民共和国国籍的人都是中华人民共和国的公民。任何公民依法实现权利与义务的平衡:一是年满18周岁的中国公民,享有选举权和被选举权;二是公民有人身自由、人格尊严和住宅不受侵犯的权利;三是公民有劳动、休息、受教育的权利等;四是在享有公民权的同时,要承担相应的社会义务,遵守宪法和法律、遵守公共秩序、依法纳税和服兵役的义务等。

6.2.7.4 经济上的权利与义务平衡

当今世界，在经济全球化大趋势的情况下，经济上的权利与义务平衡是不可或缺的。第一,经济权利与义务的平衡机制。"所以说要维护政府间协议的权利与义务平衡,主要靠该协议成员政府的'自律'。该协议自身所具备的维护权利与义务的平衡机制更多的是依靠磋商、斡旋和调停以及审议和谈判为基础的争端解决机制,也就是以和平手段为主,法律手段为辅。"[7]经济上的权利与义务平衡以要求各国严格自我约束来实现,如果发生不平衡问题则通过谈判和法治的平衡机制来实现,杜绝武力冲突方式。第二,贸易中的权利与义务的平衡。世贸组织中不同成员之间在经济贸易中的权利与义务是平衡的,该组织的基本宗旨和职能,就是协调成员国之间在国际贸易中的平衡关系,所有成员都要在享受权利的同时必须承担相应的义务。第三,贸易自律与他律的平衡。在经济贸易中,都要严格自律和接受他律,才能真正实现权利与义务的平衡。我国一贯按照权利与义务平衡的原则而开展经济商务活动，始终坚持在享受多边贸易体系权利的同时,自觉履行相应的义务,受到各国的好评。第四,贸易利益的综合平衡。世贸组织是以综合平衡为目标,相互的权利与义务的平衡不是以同一时间、同一协议的均衡和相等来实现,而是以多个协议、长时间交易和一揽子利益的总体平衡。第五,国内经济活动权利与义务平衡。国内的经济活动、商业流通活动,同样要做到权利与义务的平衡,在经济领域从事各种经济活动的单位和个人，都要通过自律手段确保在经济活动中实现相互权利与义务的平衡,形成我国经济活动公平竞争的机制,确保我国经济建设和经济工作的健康发展。

参考文献

[1]刘光溪.互补性竞争论.北京:经济日报出版社,1996:320.

[2][美]托马斯·雅诺斯基.公民与文明社会.柯雄,译.沈阳:辽宁教育出版社,2000:130.

[3][美]托马斯·雅诺斯基.公民与文明社会.柯雄,译.沈阳:辽宁教育出版社,2000:133.

[4][美]托马斯·雅诺斯基.公民与文明社会.柯雄,译.沈阳:辽宁教育出版社,2000:133.

[5]周旺生.立法学.北京:法律出版社,2000:9.

[6]张友渔.公民的基本权利和义务.天津:天津人民出版社,1994:73.

[7]刘光溪.互补性竞争论.北京:经济日报出版社,1996:320.

6.2.8 利益平衡

引证:

从社会经济条件出发承认并且认识社会利益动荡和社会利益均衡问题,尽可能地调整好利益体系的内部矛盾关系,把利益冲突减少到最低限度,尽可能地保持利益体系的稳定和利益格局的平衡,是有益于整个社会的稳定和发展的。[1]

——王伟光《利益论》

6.2.8.1 社会利益的平衡与不平衡

利益问题是关系到构建和谐社会的问题,是社会中既敏感又现实的问题,人们追求利益的相对平衡状态,这是无可厚非的。因此,促进社会利益从不平衡走向平衡这是我们的最大任务。

利益不平衡的原因。我国在改革开放期间,出现居民收入在国民收入分配中的比重下降,收入分配秩序不规范,居民之间的收入差距扩大等问题,究其原因主要有两个,第一个不平衡原因:新旧机制转型引起不平衡。“特别是在当今社会主义改革开放的新时期,新旧体制、新旧机制正处于转轨的关键时期。原有的利益体系和利益格局被打破了,有了很大的调整,动摇了原有利益体系和利益格局的平衡,产生一定的动荡,这是体制转变过程中的动荡。对此,关键是尽可能地减少动荡,缩短动荡时间,实现平稳过渡。”[2]在我国经济转型、社会转型和各领域利益关系的变革时期,在新的利益平衡体系和利益平衡格局尚未建立起来的时候,必然会呈现社会成员之间利益不平衡的现象。第二个不平衡原因:过渡时期形成的不平衡。一是世界上任何国家的利益体系,都会有不平衡状态的存在,不可能是绝对平衡的。二是我国目前还处在社会主义初级阶段向高级阶段过渡的时期,虽然实行以公有制为主体的制度,但由于初级阶段多种所有制形式并存,必然存在多元利益体系和分配形式,不可避免地存在着各个利益群体之间不平衡的现象。三是我国与西方国家利益不平衡矛盾的性质不同, 我国的不平衡现象是在根本利益一致基础上存在的利益关系不平衡的差异,只要通过改革的深入和开放的扩大,加之国家采取有针对的调节措施，是能够逐步完善与合理解决的。

利益平衡的方法。“因此，协调多元利益矛盾是提出建设和谐社会的出发点，均衡利益则是建设和谐社会的关键所在。”[3]第一，利益平衡要在继续改革中实现。一是要解决利益不平衡问题需要在继续深化改革和扩大开放的过程中，通过建立新的利益分配体系和新的利益格局来实现、来完善，过去诸多利益不平衡的问题也会自然缩小。二是利益体系从不平衡走向平衡是随着改革的深入和开放的扩大而完善的，这个过程可以概括为：“改革打破旧的低水平利益平衡的体制和格局，走向利益不平衡格局，通过继续改革建立新的高水平利益平衡的体制和格局”。第二，利益平衡“四法”：一是改革发展平衡法。从全盘考虑调整收入分配格局的结构，从整体改革发展入手解决收入分配平衡的问题。二是国资调整平衡法。从改革垄断行业的分配不平衡问题入手，调整国有资本的配置。三是社会公共服务平衡法。从加大公共服务支出和社会公共服务均等化入手，调整财政、税务结构。四是综合平衡法。从综合调节入手，调整农村、城乡和区域的利益分配机制，健全收入分配调节监督体系，缩小工农、城乡和区域的收入差别。

6.2.8.2 国与国多元利益的平衡

“为了更好地维护自身的利益，一个国家就不可能像过去那样过于注重单一领域的共同性或差异性，新的形势需要各国更加强调政治、经济、军事力量的紧密联系，并在区域合作、国际协调的背景下，谋求微妙而复杂的国家利益关系的平衡。”[4]其一，世界利益分配关系的失衡。近 300 年以来，世界上存在着暴力、侵略和掠夺，不公平的利益分配关系至今难以消除和抹平。世界分配不公平目前仍然是一个世界性问题。20 世纪中叶以来，这种现象有了较大的改变，但仍需世界社会共同努力才能解决世界利益关系不平衡(不公平)问题。其二，以竞争与合作实现国家间利益关系平衡。从 20 世纪中叶开始，世界彻底改变了以侵略掠夺他国的方式实现国家利益，当今世界趋于有序化、制度化和法治化，国际利益的取得只能靠公平竞争与经济合作才能实现。这是世界发展的趋势，是世界的文明和进步。其三，以政治与经济联动实现国家利益关系平衡。现在世界正处在和平发展的大背景下，国际社会中经济与政治相互渗透、相互作用和相互制约。因此，国家间寻求利益的方式和手段必然呈现多样化，只有采取经济方式、政治方式和文化方式相结合、三相联动才能取得好效果。其四，以综合战略实现国家多元利益平衡。21 世纪以前国家间只存在单纯的军事安全利益，而现在世界上的利益呈现多元化，政治利益、经济利益、文化利益与安全利益相互交织在一起，这种利益关系的多元性，要求我们必须采取多管齐下的方法和综合的战略来实现自身多元利益的平衡。

6.2.8.3 利益关系的平衡方法

多元利益关系的平衡方法。第一，多元利益之间要选择一个平衡点。“在出现利益矛盾时，不能仅由国家自上而下地单独判定是非，而是要在官民之间、各社会利益群体之间通过民主的方式，反复地进行对话和沟通，通过广泛的谈判、协商、探讨、争论使矛盾的症结趋于明朗,然后以公正、公平的态度和合作、妥协的精神,找出各种利益关系的平衡点、结合点,根据法制,订立契约,依此来解决各种利益矛盾,维护社会的和谐和稳定。"[5]由于利益都存在利己与利他的双重性,这就决定了利益关系的平衡性和选择多元利益关系平衡点的必要性,如采取多元利益均等、利益让步和利益补偿等方法合理解决多元利益平衡问题。第二,个人与他人之间把利益的平衡点放在双方互利上。要引导人们在利他人可能损害自己与利自己可能损害他人的矛盾面前进行平衡,把平衡点放在既有利于他人也有利于自己的双赢格局上。倡导在不能双赢的情况下,一方或双方作适度让步或暂时牺牲一方利益,相对方以其他合作和让利方式予以补偿,从而实现平衡。第三,个人与国家之间把利益的平衡点放在国家上。作为个人在二者利益发生矛盾时原则上以国家利益为重;但作为国家要关心和解决好个人利益,国家积累不能过高,不能影响个人利益。第四,个人与群体之间把利益的平衡点放在群体上。引导人们当个人利益与群体利益发生矛盾时,要顾全大局,暂时牺牲个人利益服从群体利益;作为群体也必须顾及个人利益,可以采取循环互补的方法实现平衡。

领导工作中的利益平衡方法。一是利益关系平衡是领导者的艺术。"有人认为,领导者协调各种利益冲突的艺术在于搞'平衡'。这话虽然带有某种贬义,但却不乏其深刻的哲理。因为人与人之间利益矛盾或冲突的存在和发展,必然引起原有利益平衡关系的解体。在这种情况下,领导协调艺术,就集中体现在迅速调节各方矛盾,重新建立利益平衡关系。"[6]可见,利益关系的平衡是领导者的一大本领。二是利益关系的动态平衡调节。利益关系平衡是相对的、动态的,是不断发展变化的,领导者要根据事业的发展、内部和外部环境的变化,对现有利益关系体系及时加以调节,建立新的利益关系格局,使利益关系不断从不平衡趋于平衡状态。

物质、精神利益平衡方法。第一,物质与精神利益关系的平衡。领导者在平衡下级相互之间的利益矛盾时,必须尽力找到造成人与人之间利益不平衡的差异,找到人与人利益不平衡的心理原因和物质原因,把结合点放在心理平衡上,采取物质平衡调节和思想教育引导相结合的方法入手,在物质上采取大家都能接受的平衡兼顾的办法解决,但仍然要把心理平衡协调的工作贯彻到利益关系平衡调节的始终。否则,增加了收入增加不了心理的平衡。第二,利益关系的补充平衡。在一个群体里,有的人的利益得到实现,有的人的利益没有实现或部分实现,出现了不平衡现象。这时,作为领导者就要从整体出发认真考虑,分析利益分配的公正性与合理性,然后研究对确实存在的不公平现象予以纠正,并采取从别的方面给予适当补偿的方法,达到相对平衡。但要补偿得公平合理,要补出心理的平衡和工作的积极性,更不能引发新的不平衡。

社会利益公平分配的综合平衡方法。①政策平衡。"通过政策,平衡社会财富。"[7]"以利益的政策平衡为机制来实现个人利益与社会利益兼顾。纵观当代世界各国法律,它是通过以下不同层次的途径来平衡个人与国家的权利义务关系,平衡个人与社会的利益关系,保障社会公共利益。"[8]运用政府政策进行平衡调控,这是最有效的方法。②综合平衡。利益的综合平衡方法,就是根据利益关系的实际情况,采取多种方法调节实现利益关系的平衡。一是运用价值规律的方法进行平衡调节,发挥政府职能对利益关系进行平衡调节的作用;二是运用法律的方法保障相互利益的平衡;三是运用道德的方法进行规范约束、引导而实现利益关系的平衡;四是运用行政的方法协调各方面利益关系的平衡;五是运用税收调节分配的方法实现平衡;六是运用捐献、赠与和扶贫方法进行利益调节平衡;七是利益关系是动态的平衡。"未来十年是全面建设小康社会、实现人民共同富裕的攻坚阶段,我们必须及时有效地处理好利益平衡问题。""我们所讲的利益平衡应当是一种整体的、动态的平衡,是有利发展的和谐状态,而不是搞平均主义。""新条例取消了行政强拆,规定由政府'依法申请法院强制执行',保证了双方力量的平衡性。"[9]

参考文献

[1]王伟光.利益论.北京:人民出版社,2001:210.

[2]王伟光.利益论.北京:人民出版社,2001:211.

[3]谢舜.和谐社会:理论与经验.北京:社会科学文献出版社,2006:375.

[4]唐永胜.角逐:谁能占有先机.北京:中国青年出版社,1999:5.

[5]王荣华,童世骏.多学科视野中的和谐社会.上海:学林出版社,2006:112.

[6]孙占奎,王安平,郭晓华,等.领导协调论.北京:煤炭工业出版社,1990:168-169.

[7]王荣华,童世骏.多学科视野中的和谐社会.上海:学林出版社,2006:93.

[8]孙笑侠.法的现象与观念.北京:群众出版社,1995:98.

[9]范正伟.平衡利益才能和谐发展.人民日报,2011-1-22.

6.2.9 物质文明与精神文明的平衡

引证:

……彻底扬弃了人统治自然的狭隘观点,追求自然—人—科学技术—社会之间的和谐和统一以及物质和精神之间的平衡和协调,试图建立一个人在其中能获得全面发展的、幸福向上的自然和社会环境。[1]

——殷登祥《时代的呼唤——科学技术与社会导论》

6.2.9.1 我国古代物质和精神文明平衡发展

我国是世界四大文明古国之一。从世界范围看,我国古代创造了物质文明的辉煌和精神文明的灿烂,在历史长河中物质与精神文明平衡发展,为中华文明的长盛不衰奠定了基础。一是物质与精神动态平衡发展。在世界历史上,很多民族的文明有的中断了、有的消失了,而中华文明却不间断地、完整地保存了下来,而且是五千年连续至今,原因就是中华文明的"三个特质":整体性、和谐性和平衡性,物质文明与精神文明相互协调,始终处于动态平衡发展状态。二是低水平物质与精神文明平衡状态。我国古代创造了极大的物质与精神文明——农牧文明。农牧文明追求物质与精神的平衡和谐，在人的身体和精神上反对神(精神)与形(躯体)分离，在人与自然的关系上强调整体观，在人与人的关系上追求平衡和谐。因此，中华民族的经济和文化都曾经高度发达，在世界上一直处于领先水平。但是，从近代以来，由于封建统治者无能、腐败、盲目自大、闭关自守，加之列强侵略和掠夺，造成中国的衰落，形成我国百年落后挨打的境地。三是以精神文明促进物质文明而实现平衡发展。我国古代有丰富的优秀精神文明遗产，表现在古人非常注重人的精神文明塑造，以精神文明促进物质文明，物质文明保障精神文明，实现二者平衡发展。在这里，仅仅以心灵美为例："心灵美在我国确实源远流长。有'老骥伏枥、志在千里，烈士暮年，壮心不已'的进取精神美；有'老吾老以及人之老，幼吾幼以及人之幼'的尊老爱幼的善良品德美；有'一箪食，一瓢饮，居陋巷，人不堪其忧，回也不改其乐'的贫贱不移的人格美；有'先天下之忧而忧，后天下之乐而乐'的忧国忧民的伟大抱负之美；有'人生自古谁无死，留取丹心照汗青'的视死如归的爱国主义之美；有'路漫漫其修远兮，吾将上下而求索'的理想美……"[2]我们要学习和继承中国古代优秀文化遗产，加强新时代的精神文明建设，促进物质文明建设的高度效应。

6.2.9.2　物质文明和精神文明的平衡效应

物质文明的平衡效应。一是以物质文明为基础实现两个文明平衡发展。物质文明是经济社会发展的物质基础和条件，经济建设上不去，就难以建设高度的精神文明。我们必须以经济建设为中心，把经济建设作为我们的全部工作，社会的各阶层、各团体和各个方面都要把经济建设作为一切工作的重点，努力促进经济的繁荣与发展，建设高度的社会主义物质文明，为建设高度的精神文明做后盾。二是以精神文明为导向实现两个文明平衡发展。物质文明必须接受精神文明的引领和指导，否则物质文明建设就要走弯路，就要迷失方向。例如，工农业产品中的伪劣品、药品中的假冒品、文化中的盗版等问题的出现，就是背离了两个文明平衡发展的规律。

精神文明的平衡效应。一是以精神文明为灵魂引领两个文明平衡发展。精神文明是经济社会发展的灵魂、保证和动力。经济建设需要精神文明为发展新生产力鸣锣开道，为经济建设铺平道路，形成有利于经济建设的舆论力量、价值观念、文化条件和社会环境。二是以精神文明为动力促进两个文明平衡发展。我们的社会需要建设以共产主义思想为核心的道德和纪律，并作为调节和实现人与人之间、个人与社会之间、人与自然之间平衡和谐的途径，用纪律来规范和实现社会、组织和各群体的秩序和行为的平衡和谐。为了保证我们的现代化建设事业沿着正确的轨道前进，就必须教育和培养新一代具有科学文化知识和道德素质的工人、农民和知识分子，否则现代化建设就要走弯路，物质文明建设也要走弯路。

6.2.9.3 两个文明平衡发展

两个文明平衡发展是我们的追求,也是社会主义社会的标志。第一,两个文明失衡就是社会畸形发展。社会发展进步的程度表现为物质文明和精神文明的平衡发展的水平,单纯追求一个文明必然导致社会发展、企业发展的畸形。两个文明具有相互促进和相互制约的作用,缺一则影响正常发展。①社会发展要杜绝两个文明失衡。我们必须发挥两个文明相互促进的作用,物质文明为精神文明的发展提供物质条件和实践经验;精神文明为物质文明的发展提供精神动力和智力支持,指导物质文明的正确发展方向,为物质文明提供有力的思想保证,杜绝社会、企业的畸形发展。②两个文明失衡就不是社会主义。历史证明,两个文明中任何一个文明都不是社会主义。物质贫困不是社会主义,同样精神贫困也不是社会主义,物质和精神平衡发展才是社会主义。因此,我国的现代化建设,也同样需要两个文明平衡推进、缺一不可。第二,两个文明双轮联动平衡运转是现代化建设的动力。物质文明与精神文明是推动我国现代化建设的两大驱动之轮,这是因为经济文化、社会政治是一个有机的整体,社会政治稳定是经济文化繁荣的前提,经济发展是社会政治文化发展的物质基础, 由此决定了我国现代化建设必须实现物质文明与精神文明平衡发展。第三,两个文明互补平衡。在一定历史发展阶段,可能出现两个文明发展不平衡问题,我们就必须做到二者的互补平衡。当物质文明发展滞后时,可以强化精神文明建设,发挥补偿平衡的作用;当精神文明发展滞后时,就会直接阻碍物质文明的正常发展。所以,我们坚决贯彻两个文明同步发展的战略方针。

6.2.9.4 两种生产、两种效益关系的平衡

两种生产、两种效益的平衡性。“适当提高经济效益高的产品的税率,即在两个效益之间实行差价税率,并将适当的税金补贴到社会效益的产品的生产中去,从而使经济收益在两种生产中适当平衡、使精神产品的生产品种在社会上达到平衡, 这种双平衡原理,就是两个效益社会总平衡的一般原理。”[3]两种生产,即物质生产与精神生产;两种效益,即经济效益与社会效益。我们要努力实现两种生产和两种效益动态平衡发展,这是社会主义制度的性质所决定的,也是社会主义国家特征的体现,是建设经济强国和文化强国的必由之路。所以,要发挥两种生产相互配合、相互促进的积极作用,实现两种生产和两种效益的动态平衡发展。现阶段,这两种生产、两种效益怎样才能平衡呢?这些要运用社会总平衡原理。

两种生产关系的平衡性。一是物质与精神两种生产关系的平衡。物质生产与精神生产既存在着差异、对立和矛盾的方面,也存在着平衡、统一和同一的方面,两者之间的关系是既对立又统一的辩证关系,二者具有平衡性,不能割裂,也不能对立,要做到两种生产同步推进、同步提高。二是两种生产动态平衡发展。在现代化建设过程中,物质产品与精神产品相互之间要尽可能发挥内在的统一性、平衡性的作用。利用两种产品的互补性、协调性和统一性的协同作用,相互配合、相互促进,推动两种产品的动态平衡发展。

两个效益关系的平衡性。在实践中,我们不能片面地、单纯地强调经济成果的增长,忽视精神成果的增长。我们要做到物质效益与精神效益一起提高,两个成果一起要,两个效益共同增长,这是党和国家一贯的方针,我们要坚定不移地贯彻执行。在当前,特别要努力实现精神产品的社会效益与经济效益的社会总平衡,充分发挥二者综合平衡效应的作用。正如许柏林所说的:"这种双平衡原理,就是两个效益社会总平衡的一般原理。"[4]

参考文献

[1]殷登祥.时代的呼唤——科学技术与社会导论.西安:陕西人民出版社,1996:287.

[2]梁育天,梁恒月.作文论据手册.南宁:广西民族出版社,1991:221.

[3]许柏林.现代精神生产方式与管理导论.北京:文化艺术出版社,1991:129.

[4]许柏林.现代精神生产方式与管理导论.北京:文化艺术出版社,1991:128.

6.2.10 奖与罚关系的平衡

引证:

这样,在用人和奖惩上,就存在着两种平衡,一种是领导者在用人上奖励上的公平(平衡)原则,让每个人的"付出"等于"所得";另一种是个人对于接受领导奖励时的自我平衡,即看待自己"所得"与别人"所得"时心理上的平衡。[1]

——王颖《动态平衡论》

6.2.10.1 奖与罚关系的平衡是重要的领导方法

每个社会组织和领导者,无论群体组织是大还是小,要图生存求发展,都必须建立健全本组织的奖与惩关系平衡的制度,这是一切组织不可或缺的,也是领导者重要的领导方法。

坚持奖惩公平(平衡)原则。一是人与人之间奖罚关系不能失衡。奖励和惩戒必须坚持人人公平(平衡),做到合情、合理与合规;对待所有的人坚持一视同仁,一碗水端平;奖励时要讲成绩,讲贡献;惩戒时要讲实据,讲分寸。二是奖惩标准不能失衡。在奖惩上,都要克服领导者凭印象、凭感觉和凭关系的不公平(不平衡)现象;要严格按照奖惩条件、标准进行奖励,不能在实践中走样,改变标准、条件,纠正在奖罚问题上的随意性和不严肃性。三是奖惩程序不能失衡。要严格按奖惩程序办,杜绝领导者个人说了算,不能存在奖惩盲目性,奖和惩都不能减少所规定的程序。任何奖惩都要在相应的会议上研究决定,该向上级组织报批的一定要报上级批准,不能违背奖励和惩戒的章程。

奖励与惩戒关系的平衡。①奖与罚两个制度关系的平衡。这里讲的平衡并非奖励几个人也要惩戒几个人,而是指奖与罚之间关系平衡。就是说,作为领导者不能只奖不罚,也不能只罚不奖,要做到奖罚关系平衡才能发挥鼓励先进、鞭策后进和纠正错误的作用。在一个单位要奖惩并用，该奖的奖，该惩的惩，奖惩分明，这样既具有激发鼓励的效果，又具有引导教育的效果，才能发挥奖惩应有的作用。②奖惩与思想教育的平衡。要纠正“重奖罚，轻教育”的倾向。一是惩戒与教育的平衡。以教育为先，惩戒为后，惩戒要配合教育，奖励也要配合教育，特别是惩戒要把教育放在第一位，惩戒不是目的，目的是教育人、爱护人；要始终坚持惩前毖后、治病救人的原则。二是奖励与教育的平衡。如果奖励的思想教育跟不上，可能达不到奖励的目的，也有可能产生负作用。

奖与罚中的心理平衡。奖与罚关系到一个组织的人心向背，奖励和惩戒做得好，群众心理服气，否则就会引起群众心理不平衡，就会挫伤人的积极性。一是付出与奖励的平衡。在奖励中，要做到个人的工作付出、工作贡献同他所得的报酬、奖励之间要平衡。如果不公平，人们就会产生期望平衡的心理，就会产生不满情绪和心态不平衡问题。同样的贡献者，报酬高低不能悬殊太大，做到相对公平。世界上不存在绝对的公平，但我们强调的是必须做到相对的公平，让每个人的“付出”大致等于“所得”。二是惩戒大小与过错大小的平衡。要以严肃的态度对待惩戒，惩戒有错误的和失责者时同样要讲公平正义，要慎之又慎，以事实为依据，有多大错误就追究多大责任，不夸大，不缩小，做到实事求是。惩戒后要做好善后引导工作，鼓励继续前进、争作新贡献。

6.2.10.2 奖励（用人）的平衡

领导者平衡用人也是奖励。①用人与绩效的平衡。“掌握平衡的用人艺术，用最优化的人事平衡策略打造人才优势。”[2]一个组织的选拔用人和职务的提拔升级，实际上也是对优者的奖励，这更是人们最敏感的奖励问题。一个组织，重用了谁，给谁升了职，就意味着谁工作能力强，业绩优秀，或效益突出。如果领导者任用了庸者、劣者、政绩平平者，人们心理就会不平衡，就会挫伤大家工作的积极性。②两个“最合适”的平衡。现代管理学中有一条黄金法则，即“管理者应把最合适的人放在最合适的岗位上，做到这两个‘合适’也就做到了才适其位，位合其才”，不但发挥本人的聪明才智，也对组织的发展有利。③特长和与岗位的平衡。奖什么人、用什么人，这不仅只是一门工作艺术，而且是领导人对待是非曲直的态度，是领导人支持什么、反对什么的大问题。刘欣在《持衡定律》中指出：“平衡的用人需要领导者根据个人特长领域，按照特长委派工作，使得人的特长和工作领域相匹配。”[3]④贤与能的平衡。领导者在用人上不能有私心杂念，要出于公心，任人唯贤，做到能者上庸者下。如果任人唯亲，把小人和庸人提拔到了领导岗位上来，这样就会造成广大群众心理上的不平衡，就会增加组织内部的离心力。

平衡搭配领导班子也是奖励。一是平衡搭配“班子”是一种奖励。“平衡用人是领导者攀登事业巅峰必备的拐杖。”“一个领导者各方面的才能并不一定都要高于下属，但人事平衡方面的用人才能却要出类拔萃。知人善任，做到活用人、用活人、激活人、奖活人、用好每一个人，这是领导者成功的一个关键因素。”[4]要做到一个班子搭配合理得当，就必须选拔德才兼备的人，既能相互配合，又能发挥各自长处，合理组合、平衡搭配，在工作中能相互取长补短,实现互补平衡。二是平衡配置后备人才资源是一种奖励。领导者要有识别“千里马”的本领,而且要掌握后备干部中每个人之长、每个人之短,在搭配班子时能用其所长,避其所短,平衡互补,发挥每个成员的作用,不浪费人才资源,合理配置人才资源要素,实现“配好一班人,带动一厂人”的目的。“人力资源涉及平衡和协调企业内外部环境、劳动关系、运作机制等多方面的问题。”[5]所以,领导人一定要掌握人事平衡的本领。

6.2.10.3 物质鼓励与精神鼓励的平衡

如何调动人们的社会主义积极性,这是领导者长期探讨的问题。正确的回答是:物质鼓励和精神鼓励的平衡。①物质鼓励和精神鼓励的平衡。一是二者要互补平衡。领导者要把物质鼓励和精神鼓励平衡运用,不能夸大一面,否定另一面,任何失衡倾向都会给事业带来损害,二者都不是万能的,而是相辅相成的,不能偏废。在实践中,我们要把物质鼓励和精神鼓励有机结合起来,发挥它们相互补充的作用。二是与不同人的平衡。在运用物质鼓励与精神鼓励的方法时,要根据不同职业、不同性格和不同爱好的人运用不同的鼓励方式,才能获得更好效果。②物质奖励与思想教育的平衡。在社会主义制度下运用社会主义物质利益原则,即在生产发展的基础上,在按劳分配的前提下,运用物质鼓励的方式,调动人们的社会主义积极性,这是有效的工作方法。但是,如果单纯靠物质鼓励如奖金、奖品等方法,有可能产生“金钱万能”,“拜金主义”的唯利是图倾向。所以,在进行物质鼓励时要配合思想政治教育和精神文明教育,使物质奖励达到思想素质和觉悟提高的效果。③精神鼓励与思想教育的平衡。精神鼓励如奖章、奖状、记功、评先进劳模等方法,可以激发人的荣誉感和进取心,是调动人的积极性的好方法。但是,如果单纯靠精神鼓励,也会造成心理失衡倾向,同样挫伤人们的积极性。所以,在进行精神鼓励时要配合思想政治教育,使精神奖励真正起到提高精神境界的效果。

6.2.10.4 表扬和批评的平衡艺术

表扬的平衡艺术。①表扬的平衡效应。同样是表扬,既可以产生积极效应,也可以引起消极效应,还可以引发矛盾。掌握表扬人的平衡艺术,就能使表扬起到激励作用,还可以收到后进学习先进,化消极因素为积极因素的效果。②表扬与人的进步的平衡。领导者对后进者要平衡思维,要把着眼点放在一分为二上,不要光看到后进者的缺点和短处,看不到进步。作为领导人只要后进者有了一点点微小的进步,就要及时发现和及时表扬,使之发扬光大。③大会表扬与个别表扬的平衡。表扬一般以一年一度专门召开总结表彰大会的方式,对好人好事进行表扬奖励,这是常用的好形式。但同时,也要采取灵活的多种方式在多种场合下进行表扬,或者小会,或者现场,或者当家属面表扬,或者背后表扬,都能收到好效果。④表扬与成绩的平衡。领导者的表扬要恰如其分,不言过其实,这样才能真正起到表扬的作用。如果说了过头的表扬话,反而给受表扬者增加心理负担。

批评的平衡艺术。①批评与表扬方法的平衡。表扬是一种肯定，批评是一种否定，但对一个人不能全盘否定。所以，在批评的同时，要适当给予肯定，这是符合一分为二辨证法的，也是符合每个人的实际情况的。例如，先表扬优点后批评缺点，先肯定成绩再批评不足之处；在特殊情况下，对待特殊的人，可以表扬十句、批评两句，这样做不但是一分为二地、辩证地和全面地看待一个人，而且这样的批评最容易被人接受。②批评轻重与缺点大小的平衡。领导者对批评的问题要经过深入调查研究和分析，做到准确无误，批评不能扩大化，而是要恰如其分，做到批评与所批评的问题相平衡，否则会产生相反的结果。③批评者与被批评者人格的平衡。领导者与被批评者是平等的，领导者要先作自我批评，检查自己应负的领导责任和教育责任，然后再批评别人，这样做有利于提高批评教育工作的效果。④批评与善后工作的平衡。批评一般都会引起被批评者心理不平衡，领导者要关心被批评的对象，批评过后要主动找被批评对象谈话，交流思想认识，做好思想政治工作，化解被批评者心理的不平衡，使之不背包袱愉快投入工作。

参考文献

[1]王颖.动态平衡论.中国青年出版社，1998:97-99.

[2]刘欣.持衡定律.北京：机械工业出版社，2006:7.

[3]刘欣.持衡定律.北京：机械工业出版社，2006:19.

[4]刘欣.持衡定律.北京：机械工业出版社，2006:58.

[5]刘欣.持衡定律.北京：机械工业出版社，2006:58.

6.2.11 协调平衡发展

引证：

所谓协调发展，通常是指城乡之间、区域之间、经济社会与人的发展之间的协调共进，经济社会与人口、资源、环境的协调平衡，生产力和生产关系、经济基础和上层建筑的协调适应。[1]

江金权《论科学发展观的理论体系》

6.2.11.1 社会协调平衡发展

“在哲学上，协调是表述事物的一种平衡状态和实现这种状态的方法。”[2]艾丰在《关于改革方法的思维——中介论》一书中，用“协调”表述平衡状态，他讲的“‘协调’是实现平衡状态的方法”是非常科学的。

协调平衡发展是20世纪国际共产主义社会发展的有效方法。前苏联在社会稳定和社会发展的实践中，遇到了严重的不协调、不平衡问题，列宁运用协调平衡发展的方法消除了各式各样的矛盾和问题，实现了社会的协调平衡发展。列宁对俄国社会主义社会协调发展的探索，经历了从战时共产主义到打破新经济政策再到不断变革的曲折过程，实现了社会的平衡发展，并在协调中形成了"列宁的社会协调观"理论，这个方法曾经对我国社会发展发挥了重要作用。

社会主义社会是协调平衡发展的社会。协调平衡发展，是社会发展的有效方法。我国就是运用协调平衡的方法，解决了社会主义社会基本矛盾。"共产主义（又分为低级阶段和高级阶段）的生产力和生产关系、经济基础和上层建筑在本质上是非对抗性的，它可以通过不断改革和自我完善来保持相互协调。"[3]一是基本矛盾的平衡协调。这是因为社会主义社会本身就是协调平衡发展的社会，社会主义阶段的两对基本矛盾，生产力与生产关系、经济基础与上层建筑的矛盾，都可以通过协调平衡得到妥善解决，实现相互关系的平衡、适应。二是人民内部矛盾的平衡协调。社会主义阶段人与人的矛盾、经济利益矛盾通过协调都能妥善解决。

协调平衡发展是新时期我国经济社会平衡发展的有效途径。一是平衡协调与改革开放。平衡协调的方法，也为我们解决今天深化改革、扩大开放中的各种问题，保持协调发展提供了理论依据和有效方法。我国在改革开放中，不断运用平衡协调方法消除各种阻力，实现经济社会平衡发展。二是平衡协调与科学发展。江金权在《论科学发展观的理论体系》一书中说："我们党的三代领导核心根据马克思主义基本原理，并结合不同历史时期的建设实践，提出了协调发展的思想。"[4]在新世纪新阶段，中央明确提出全面协调可持续发展的科学发展观，实际上涵盖了平衡协调发展方法。科学发展观就是从世情、国情和民情出发，实现经济社会、环境资源和人口等社会系统平衡协调发展。三是平衡协调与和谐发展。和谐发展包含了平衡协调发展，协调平衡发展的目的是和谐发展。

6.2.11.2 协调平衡发展方法具有广泛实用性

"协调发展主要是指经济社会发展要协调，城乡发展要协调，区域发展要协调，其实质就是在发展的非平衡中努力做到相对平衡。"[5]显而易见，协调发展就是各领域、各体系通过平衡协调，从不平衡发展走向平衡发展。

"四大体系"的协调平衡发展方法。①国际上提倡协调平衡发展。联合国的《21 世纪议程》和中国的《中国 21 世纪议程》都把经济、社会、人口、科技、资源、环境等作为协同共生的、不可缺一的整体，促进相互协调、平衡发展。这是人类社会历史经验的总结，也是经济社会发展客观规律的必然要求。联合国总结了 20 世纪亚洲、非洲、南美洲的个别不发达国家片面追求经济增长，结果造成社会分配不公和贫富悬殊的教训而提出研究发展观理论，倡导社会平衡协调发展。②我国提倡"四大体系"的协调平衡发展。"协调发展是以实现人的全面发展为目标，通过人口、社会、经济、科技、环境、资源间的相互协作、相互配合和相互促进而形成的具有良性循环态势的社会发展，它是一个客观存在的社会发展系统。"[6]王维国在《协调发展的理论与方法研究》一书中提出运用系统论原理，把经济、政治、思想文化、社会生活"四大体系"作为一个系统——协调发展系统，来研究探索社会系统的结构、层次、网络、功能和性质等基本理论问题，以"四大体系"协调发展的方法实现社会系统的协调发展。

“三大领域”的协调平衡发展方法。经济、政治和社会三大领域都离不开协调平衡发展的方法。在工作中，我们要遵照毛泽东同志《论十大关系》和党中央提出的“全面协调可持续的经济社会发展观”的理论做好各行各业的协调平衡发展的工作。经济领域的协调平衡发展，目标是城乡的平衡协调发展和区域的平衡协调发展，而区域平衡协调发展又是经济领域的重中之重，主要是做好产业关系和布局的协调，解决不同地区之间发展的不平衡矛盾，通过统筹兼顾和优劣互补的办法来协调平衡。例如，西部地区，资源比较丰富，但资金、技术、人才短缺，而东部沿海地区，资金、技术、人才、信息方面占有优势，但资源短缺。这就要求我们要做好东西部优势互补的协调平衡发展工作。

“三大矛盾”协调平衡的解决方法。应用协调平衡的方法推动各项工作的开展，主要从整体、宏观的角度出发，寻找和分析不协调、不平衡现象产生的原因，有针对性地运用协调平衡方法消除矛盾，达到平衡发展的目的。①利益矛盾的协调平衡。要坚持社会主义利益原则，合情合理、公平公正地在多元利益矛盾中寻找平衡支点——统筹兼顾的方法来解决利益矛盾的协调平衡。②人民内部矛盾的平衡协调。新时期，我国主要的、大量的是人民内部矛盾，是非对抗性的矛盾，要遵照毛泽东同志《关于正确处理人民内部矛盾问题》的方法、协调平衡的方法解决，实现各领域、各阶层和各部门之间关系的协调。③党内矛盾的协调平衡。对党内的不同意见、分歧和矛盾，主要靠协调平衡的方法、批评教育的方法、党内民主生活会的方法等方法化解，实现相互关系的协调平衡。

参考文献

[1]江金权.论科学发展观的理论体系.北京:人民出版社,2007:156.
[2]江金权.论科学发展观的理论体系.北京:人民出版社,2007:156.
[3]王维国.协调发展的理论与方法研究.北京:中国财政经济出版社,2000:21.
[4]江金权.论科学发展观的理论体系.北京:人民出版社,2007:42.
[5]江金权.论科学发展观的理论体系.北京:人民出版社,2007:47.
[6]徐宝德.科学发展观概论.兰州:甘肃人民出版社,2006:147.

6.3 个人家庭动态平衡发展方式

个人家庭动态平衡发展方式，就是个人和家庭要保持与社会环境的平衡、与自然环境的平衡、与事业的平衡和与生理心理的平衡，同时要转变旧的生活方式，倡导低碳生活和低碳消费的文明健康的生活方式。

6.3.1 人生平衡方式

人生平衡方式，涉及内容很广，这里主要介绍几种人生平衡方法，指导和帮助人们掌握人生平衡，做到少年学习有成、中年事业有成、老年余热有成。“每个人都可以依照它根据自己情况创造出自己的‘平衡法则’，找到自己的平衡秘诀。”[1]

6.3.1.1 人生平衡

引证：

变化不是一个永无休止的变动过程，要有相对平衡的人生内容才能使我们在较高的起点上稳住人生阵脚。这就是每一个卓越人生、非凡人物的平衡轮。[2]

——皇甫晓涛《开放中国与新发展》

1.人生中的不平衡

平衡的人生不一定是美好的人生，美好的人生一定是平衡的人生。平衡人生中，存在富裕的平衡，也存在贫穷的平衡；也可以是在不平衡状态下过着平衡生活，还可以是在平衡状态下过着不平衡生活。

人生不平衡表现在方方面面，但核心在于自己的心态。①需要的不平衡。需要的平衡是指人的基本需要的平衡。基本需要即人的本能需要和理性的需要的实现。过高的需要，永远不能实现平衡；合理的、适度的需要是可以实现平衡的。这其中包含对需要的自我克制，克制中有平衡，平衡中有克制。如宗教活动中教徒有克制、有平衡、有自豪感；先进人物在为正义事业献身时，其中有克制、有平衡，也有自豪感。人的适度欲望是合理的，欲望应该有一定范围、有一定限度，过高的目标无法实现，会导致无尽的不平衡痛苦。生活是一个统一的有机整体，一种满足要有助于另一种满足，有时相互不是冲突的，有时是冲突的，但都是相互联系的，一定要确保相互之间关系的平衡。②拥有的不平衡。有的人已经拥有了对自己有价值、很珍贵的东西，但并不感到其价值和珍贵，而当失去后才会认识其价值和珍贵。满足拥有也是相对的，看你用什么态度对待，当你满意它、欣赏它，就是愉快的。满足现在拥有的，尽管不一定是十全十美、完全满意的，因为任何事物的平衡态都是相对的。③幸福的不平衡。幸福是在与不幸福的比较中获得幸福，比较也有一个方法问题，方法得当就是幸福的，否则就是不幸福的。例如，“人家坐车我骑骡后面还有挑担的”，在这里是比前者还是比后者，向前比不满足，没有幸福感；向后比就满足了，就会觉得幸福。④机遇的不平衡。“人的成功是天才加机遇。”人生的确是有一个机会问题，有的人得到了机会，有的人一次又一次失去了机会。有的人总说自己机遇不好，心理极不平衡。其实，机会不是天上掉下来的，或顺手拈来的，要通过努力才能得到，个人要发展、取得成绩，就要善于抓住机会。因为人的工作、生活中的机会是没有标志的，要自己去辨别。

2.人生平衡的调适

“中国的传统文化历来强调互补和平衡，从身体平衡、人生平衡到宇宙平衡、人与自然的平衡。"[3]一个人的一生中,如何实现平衡的人生,这就要求我们一方面要不断自我调节人生中的不平衡状态,使人生中的平衡状态不断出现;另一方面还要在不断自我否定、自我完善的过程中不断实现自己发展自己,才能实现人生平衡。①用做人调节人生平衡。一个人的人生中要实现做人、做事、做官的心态平衡,不能只讲做事不讲做人,也不能做了大事、做了大官就忘记做人。这不是大道理,而是大实话。一是在生活上可以适度低标准,工作上要高标准,做事要顾及他人、他事和后果。二是人的一生,要坚持利己不损人,还要为大家做一点好事,为社会做一点奉献,为人类做一点贡献。三是为官要出于公心,公而忘私,清正廉洁。努力做到为官一届,造福一方。有句名言"为官者要常修为政之德,常思贪欲之害,常怀律己之心"应当成为为官者的座右铭。有成绩要让荣誉,有政绩不争位,做了好事善事不图回报。四是以社会规范为指南,把握善、德、法三个底线,确保人生平衡、平安。②用时间调节人生平衡。人生是一天一天过的,所以要实现天天平衡生活,做到"吾日三审吾身"。昨天,是成功还是失败,都让它过去,成功和失败是相互转化的,昨天一贫如洗,明天可能成为百万富翁。明天有机遇、有挑战,我们要永不歇脚,走向个人平衡的未来,实现人生的价值。③用相互沟通交流调节人生平衡。某广告语:"与人交换一个苹果,你的财产没有多大变化;与人交换一种思想,你将多一种看问题的角度。"人生中不能封闭自守,要多与人交流思想认识和对问题的看法,不断提高自己认识问题和处理问题的能力,尽可能避免人生道路上的不应有的弯路和挫折。④用理智调节人生平衡。有时人心理不平衡引起不理智冲动行为不是偶然的,其实是心态不平衡导致的必然结果。人的各种行为的原动力是心理,是由于长期思绪的结果。理智就是在不平衡中找到平衡,它可以控制或改变人的行为。"理智也决定着人们的行为,它可以大大控制或改变需要的表现。它的功能就是帮助人得到比他平常冲动的行为本身更充分、更实在的满足。"[4]

3.个人理想与社会需要的平衡

人是社会的人,社会是人的社会,个人理想与社会需要应该保持平衡。①个人理想与社会需要的平衡。人生是一个过程,在这个过程中人的生存一刻也离不开他人、他事、他物,也就是说离不开社会、自然环境。由此决定了人生的意义不在于一切为自己,还在于为他人、为人类社会的需要作出自己应有的贡献。因此,个人的理想、个人的追求都要与社会的需要保持平衡,这样不但能实现个人理想和追求,而且能为社会作出自己应有的贡献。否则,个人理想也就无法实现。例如,科学家华罗庚曾拒绝了美国一家大学聘请他为终身教授而回到北京,实现了个人追求与社会需要的平衡,也实现了个人的人生价值和报效祖国的平衡。②个人贡献与社会回报的平衡。一个人只有依赖社会和依靠大家的给予才能生存,所以个人有责任为社会、为人类做出有益的工作。当然,社会也会为每个人价值的实现提供条件和机会,为每个人的发展提供工作和生活的保障,社会也会按贡献回报每个人。因此,社会价值和个人价值是平衡统一的,对社会的贡献和社会对自己合理需要的满足也是平衡统一的。③个人追求与社会需要失衡对人生不利。一个人的人生理想、追求和奋斗目标,同时代需要、社会需要和人民大众的需要不适应、不平衡,或者相背离,将是永远不能实现的,无论理想多么宏大,都是无法实现的空想,有可能既不利于自己又不利于社会。

4.人生中的心态平衡

(1)人生心态平衡的结合点

人的一生中,特别是在前进的道路上,会遇到与自己相关的许许多多、形形色色的问题,需要我们正确地处理,但只要我们找到人生心态平衡的结合点、平衡点,都会迎刃而解。①年龄段与心态平衡。每一个人都要根据不同生理年龄与不同心理年龄,预设自己不同年龄阶段的事业和生活的平衡支点。人的一生从儿童、青少年、中年到老年四个阶段,这是人无法回避的自然过程,儿童渴望快快长大,老年感到衰老的不愉快,这是不同年龄段的心态。如何掌握人生不同阶段的生理特点,发挥不同年龄段特有的心理与生理优势,不虚度生命中每一阶段,使每一个年龄段都在平凡中闪光。例如青少年勤学苦练、学习知识和技能,迎接时代的重任;中年立业报国、奉献社会,保持奋斗精神和快出成果的紧迫感;老年人要人老心不老,老当益壮,老有所为,发挥余热,回报社会。这样一来,最后都不会因虚度年华而悔恨。②苦与乐的心态平衡。苦乐两者是互补的,有苦才能衬托出乐,有乐才能衬托出苦,两者是互相转化的。人生价值取向不同,苦乐感受也大有不同,清廉的人可以在清贫中感受到快乐和幸福,心贪者在百万财富中却感到不如意。在苦乐观上要效仿"知足常乐"、"忧人之忧,乐人之乐",要始终保持心态平衡。③得与失的心态平衡。人生要理性对待得与失,有得必有失,有舍必有得,得失是互相转化的。我们不能光想着得而不想失,"得于不当得则隐患丛生","不有所舍, 必无所成","让一可得百,争十却失九","种瓜得瓜,种豆得豆"等。这些话看来语不惊人,但富有人生哲理。

(2)人生成功与心态的平衡

第一,平衡的心态是成功的基石。"成功者拥有平衡健全的心态,即可以在决策时运筹帷幄,看得比别人更远,想得更周到,在别人还没有醒悟时,就已经正确地预见了未来。"[5]一个人的人生能否成功,取决于他是否具有完善的心态,这是决定人生成功的关键。巴甫洛夫经过研究认为人和动物的差异在于高级神经活动的心态、平衡、智能等生理基础。可见,心态平衡的重要性,如世界富豪李嘉诚、汽车大王福特、电脑精英乔布斯和微软巨人盖茨等,他们都以平衡的心态对待和处理事业、人际和生活中的纷繁复杂的问题,为他们事业的成功奠定了基石。第二,心态平衡与事业成功的模型。"众多著名的学者,在研究了全球近百位富有传奇式的'商战'新宠儿后,提出了一个测试心态与事业成功的模型,即真正在'商战'中获得成功的人所具备的12种条件:有积极进取的人生态度;有强健的体魄;有大无畏的精神;对未来的成就充满希望;享有良好的人际关系;有信心和懂得运用信心;愿意与他人分享自己的成就;愿意以博爱的精神去工作；胸襟阔大，能容人容物；有良好的自律性；有了解他人和世事的智慧与能力；享有经济充裕的生活。在以上12个成功人士必备的条件中，除2、12两条外，其余10条均是从个性心态和人格的角度而确立的。”[6]

(3)人生幸福与心态平衡

第一，心态平衡是幸福的关键。“平衡的心态，是快乐幸福的关键。人生中既有狂风暴雨，也有漫天大雪。只要在你心里的天空中，经常有一轮‘平衡心态’的太阳，幸福之光便会永远照耀你。一种平衡的心态，比十服良药更能解除内心的疲惫和痛楚。”[7]一是人生态度与幸福的平衡。幸福还是不幸福，取决于自身的思维、心理和判断。选择积极的人生态度和生活态度，随时随地都能找到生活中幸福的因素。二是工作生活与幸福的平衡在面对困难、挫折和压力时，也都可以从中寻找到极大的快乐。如果有正确的价值取舍，任何事物都没有人生中愉快的工作和愉快的生活更珍贵。三是用平衡心态看世界就是幸福。一个人要想有一个幸福的人生，就要以平衡心态看人、看己、看事、看世界，无论人生道路多么曲折，都是幸福的，因为理智对待人生道路的曲折和战胜工作生活中的挫折的过程，本身就是最大的成功和幸福。四是心态平衡就是最现实的幸福。有人说“胜也雄，败也雄，要看奋斗的过程，结果并不重要”，所以幸福的关键是心态平衡，心态不平衡，就没有幸福可言。第二，心态平衡钱多钱少都幸福。一是有钱与幸福不平衡。有钱未必幸福。例如，巴尔扎克小说《守财奴》中的人物葛朗台，是个有钱人，拥有大量金币，但他心理总是不平衡，损害了很多人的利益，最终没有一点幸福可言。这就说明，物质并不是幸福的唯一因素。二是无钱与幸福平衡。没有钱未必不幸福。马克思说：“能使大多数人幸福的人，他自己本身也是幸福的。”[8]马克思一生贫困，但他幸福地度过了一生，为人类创造了巨大财富——马克思主义。第三，心理平衡总是幸福的。“生活像镜子，你笑它也笑，你哭它也哭。”这句话说明了心理平衡才有幸福，心理不平衡本来幸福也会变成不幸福。第四，幸福与心理感受的平衡。快乐和幸福是一种内心的体验，主观的自我感受。例如，有部电影中一个角色对幸福的认识：在挨饿时看到有人吃肉包子就认为他是最幸福的人，在受冻时看到有人穿着羽绒服就认为他是最幸福的人，这就说明，幸福与心理感受是平衡的。(见图6-1)

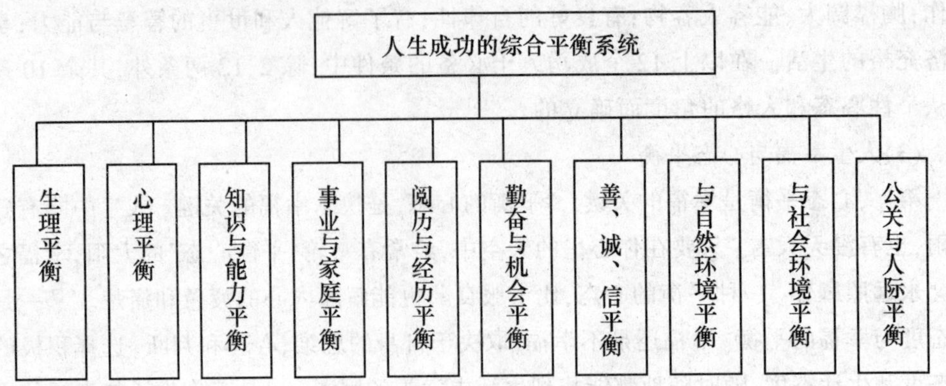

图 6-1　人生成功的综合平衡系统图

参考文献

[1]〔美〕保罗·J.索吉.身心的七种平衡:健康身心的自然疗法.北京:中国妇女出版社,2007:86.

[2]皇甫晓涛.开放中国与新发展.大连:大连理工大学出版社,1997.41.

[3]曾健,张一方.社会协同学.北京:科学出版社,2000:23.

[4]〔美〕文德尔·怀特.生存中的心理平衡.田守铭,译.于硕,校.北京:群众出版社,1998:322.

[5]庆裕.黄金心态69法则.呼和浩特:内蒙古大学出版社,2000:6.

[6]庆裕.黄金心态 69 法则.呼和浩特:内蒙古大学出版社,2000:4－5.

[7]庆裕.黄金心态 69 法则.呼和浩特:内蒙古大学出版社,2000:255.

[8]关春芳.登上健康快车——讲课经典·健康行动.北京:北京出版社,2002:48.

6.3.1.2　个人与社会的平衡

引证:

社会因素,如政治、经济、文化、教育、恋爱、婚姻、家庭、职业、社会福利、社会意识等种种因素,都可能导致七情的过度而失去平衡,引起疾病。[1]

——林竹三、林绿冬《中医平衡奥秘》

1.社会人与生物人的平衡

(1)社会平衡与个人关系密切。一是生物人与社会人的平衡。“作用于人体的周围环境因素,还包括社会环境因素,因为人既是一个生物的人,又是一个社会的人。社会经济条件、劳动条件、卫生居住条件、生活方式等社会环境因素,直接地或间接地影响着人体的生理功能活动状态。”[2]作为生物人要受到自然因素影响,作为社会人要受到社会因素影响,社会因素包括:政治、经济、文化、教育、职业、医疗、福利、意识和环境等,这些因素对每个人的健康具有深刻的影响，这是行为医学的重要观点，已经被人们广泛接受。二是社会环境与个人心理的平衡。人生活在一定的社会环境之中，必然要进行一定的社会活动，社会外环境也就必然影响到人的机体内环境的平衡状态，它给人的心理状态、精神面貌、情绪变化以及对疾病的发生发展和预后都有重大的影响，而且直接造成一个人的疾病恶化和寿命的缩短。例如，两次世界大战期间，极大地缩短了相关国家和地区两代人的寿命。

(2)社会平衡有利人体健康。第一，社会平衡人才能幸福。社会平衡是指良好的社会环境或社会文明，包括物质文明、政治文明、精神文明。人们所处的社会环境呈现良性稳定运行，经济不断发展，人民安居乐业，人与人和谐相处，大家心情愉快，这样的社会环境就是社会平衡。这种社会平衡的环境，是人民的健康素质提高的保证，就会呈现人人幸福生活，个个健康长寿。历史证明，优越的社会政治经济制度是人们安定、和谐和健康的保证。第二，社会平衡是人健康的保证。社会主义和谐社会，必然是有利于人的健康长寿的社会。“我们要充分把握建设‘和谐社会’的历史机遇，切实改变单纯追求发展速度的传统发展观，从平衡人与环境、经济与社会、人与社会的关系着手，转变经济增长方式，防止‘两极’分化，重视人和社会的协调发展，处理好加速发展与社会承受力的关系，构建包括区际和谐、区内和谐、人际和谐、人群和谐等在内的和谐社会。”[3]例如，我国社会不断发展，人的寿命普遍提高，现在平均寿命由过去的50多岁提高到70多岁，已经进入老龄化社会。

(3)社会不平衡缩短人的寿命。“人体与自然失衡、人体与社会失衡，就会衰老、疾病、死亡。”[4]①外界因素导致心理不平衡。来自外界环境中意外事故和自然灾害的不利影响、外界环境的不良刺激，加之个体又不能正确看待，就会导致各种疾病。②自身因素导致心理不平衡。行为医学认为，个体自身的心理不平衡、精神心理状况不好、身体疾病多和体质较差，加之个体工作和生活事件的压力，而又不能自觉地与社会环境保持平衡，就会造成个人心理不平衡，由心理不平衡导致生理不平衡而致病。③政治因素导致人的心理不平衡。政治制度对人体疾病的影响非常大，特别是精神和心因性疾病发病率高。我国目前的政治制度是优越的，但“文化大革命”期间的动乱，也导致了人的心理不平衡。④经济因素导致人的心理不平衡。经济制度和经济兴衰状况对人体健康影响很大。例如，经济贫困、营养不良，可以导致结核病的蔓延和多种营养不良疾病；长期居住在狭小拥挤、冬季阴暗寒冷、夏季潮湿闷热的房屋里，会降低人体免疫功能；环境饮水不卫生，就会增加胃肠道传染病的发病率。⑤社会因素导致人的社会心理不平衡。社会因素影响人们的心理正常活动，暴政、腐败、政治斗争、人与人的争斗，造成心理上的压抑，引起或诱发多种疾病。在历史上，社会混乱，动荡不安，军阀混战，政局不稳和暴力兵役等，造成人的心理不平衡和刺激人的七情，就会损害人的健康，造成各种疾病，影响人的生理平衡。

2.个人与社会的平衡

(1)在适应中保持与社会平衡。①以与时俱进保持与社会平衡。这里说的不是让社会和大多数人适应你,而是要你学会自己如何去适应社会和大多数人。在社会发生变化的时候,特别是在社会变革转型的时期,自己就要与时俱进适应变化了的社会环境和新的人际关系。生活在社会这个大环境里,环境变化是正常现象,每个社会成员都要有面临不断适应社会的问题,不适应就会影响心理平衡。例如,某博物院一位工作人员受到个别人的政治迫害被开除了,他在绝望中想到三条路:自尽、同归于尽和尽到保护文物的责任。因为他的心理与社会是平衡的、适应的,不但杜绝了坏念头,还选择了寻找战乱流失的文物,为保护文物作出了贡献。②以心理适应保持与社会平衡。适应社会就是适应社会各项变革和大环境小环境的各种变化,正视现实,更新观念,增强自身的心理应变力和承受力。自己要在工作学习、人际交往和各项社会活动中进行适应性调节,才能适应和扮演好自己在社会工作和生活中的各种各样的角色。③以更新观念保持与社会平衡。社会变革和社会转折必然带来价值观念、新旧道德观念的转变,面对社会压力和社会影响,要求人们要跟上时代潮流,更新观念,做到心理适应和工作适应,善于接受新事物。如果思想僵化,对现实认识不清或者误解,就会产生心理不平衡和精神压力。例如,有的人不适应现代社会的快节奏和激烈竞争,过度精神紧张,心态失衡,诱发高血压、神经官能症等疾病。

(2)在改造中实现与社会平衡。①以改造社会环境实现平衡。"我们研究探讨人类在社会生态系统中的地位和作用,就是为了使整个社会生态系统保持一种平衡发展的趋势,使人类长期地保持最适宜的生活环境,而不是企求社会生态系统回复到其原始的平衡状态。"[5]虽然人类要受到社会环境的影响和制约,但人类不仅能适应社会环境,而且人类还能够改造和控制社会环境。改造社会环境的目的,是要使人更好地适应社会环境。我们党领导中国人民推翻压在头上的三座大山,夺取政权,建立新中国,使人民当家做主。这就是对不平衡的社会制度的改造。新中国成立后,进行一系列社会主义革命和建设,包括改革开放、构建和谐社会等,都是为了改造社会环境,使人更加适应社会,生活过得更美好。②以改造工作环境实现平衡。如果人们不适应所处的工作环境,社会风气不好、社会安全没有保障、居住地域生活条件差、文化教育医疗条件不足、工作单位和工作条件不好,人们就可以有针对性地对上述环境进行改造和控制,并对工作环境和地域环境等进行改造,使之适应人们的工作。③以改造生活环境实现平衡。有关专家研究发现,凡是有明确生活目标,对婚姻、家庭和工作都满意的人大都是健康的,而那些没有正确的生活态度、婚姻失败、家庭不幸福、对工作和事业失望的人则是最容易染病的人。因此,我们要有针对性地改变不平衡的生活环境,营造平衡和谐的家庭生活环境。

3.个体与社会交往有利于人与社会平衡

随着我国的经济发展和社会进步,人们的社会交往呈现出丰富多彩的局面。一是社交有利于个人与社会平衡。现在人们的各种业余往来频繁,交往方式也越来越多,社交范围越来越广,如亲属关系、同事关系、朋友关系和邻居关系等交往活动,教育、卫生、村镇和街道等社交往来,各种文体活动、公益活动等的积极参与,不但提高个人的为人处世能力,而且有利于个人与社会关系的平衡。二是社交可以实现个人物质与精神需求的平衡。个体通过各式各样的社会交往,交流学习生活方法、工作技能和生活本领,不但满足人们的物质、精神需求,而且对健全人格和保持与社会平衡都大有益处。三是社交失衡不利身心健康。正常社会交往,有利于人的生理和心理健康。如果一个人把自己封闭起来,中断社会交往,人际关系失衡,就会产生不良情绪,紊乱正常生理活动;如果不与外界来往,就会孤陋寡闻,改变人的性格,降低人的能力,还可能积郁致病,出现焦虑烦躁,甚至导致身心疾病。

参考文献

[1]林竹三,林绿冬.中医平衡奥秘.北京:北京科学出版社,1993:38.

[2]元文玮.医学辩证法.北京:人民出版社,1982:79.

[3]王荣华,童世骏.多学科视野中的和谐社会.上海:学林出版社,2006:305.

[4]张敦熔.现代平衡健身法.北京:金盾出版社,2004:46.

[5]王冰.社会深层的人口效应与人口老龄化的社会影响.武汉:武汉大学出版社,2000:83.

6.3.1.3 人际关系平衡

引证:

人际关系平衡是由认识所产生的态度构成的人际关系的和谐状态。人与人之间人际关系的建立往往是通过某事物或某人物为中介而达到的。[1]

——《全国企业管理干部培训系列教材——管理心理学》

1.人际关系平衡的重要性

人际关系平衡,对任何人都是重要的,工作、学习和生活都离不开它。一是人际关系与健康的平衡。世界卫生组织1990年提出健康的四个方面:“躯体健康、心理健康、社会适应良好、道德健康”。这里讲的“社会适应良好”,也就是讲的人际关系平衡。就是说人的健康也表现在人际交往方面,人际关系平衡和谐才算是人的全面健康,而且人际关系平衡和谐也有利于一个人的身心平衡健康。二是人际关系与社会和谐的平衡。人际关系平衡的重要性如同鱼与水的关系,一个人一时也离不开社会交往,社会和谐需要人际关系的平衡,人际关系的平衡是社会平衡和谐的基础。“人的社会交往,可以说是个体认识自我,认识社会,发展和形成健全的人格,从而更好地适应环境、适应社会生活的基本途径。”[2]三是人际关系与工作、学习和生活的平衡。人们所处的社会是一个整体,人与人是相互依赖、互为生存条件的，人与人之间谁都离不开谁，在工作学习生活中，必然产生物质文化的相互交往。一个人建立了良好的人际关系，不但是一个人工作、学习和生活的需要，也是个人适应社会生活的需要，而且是对正确认识自己、发展自己和完善自己的有效途径。

2.运用人际关系平衡与改变理论实现人际和谐

“应用人际关系的平衡与改变理论，来改善人际关系。”[3]《全国企业管理干部培训系列教材——管理心理学》提出如何运用人际关系的平衡与改变理论来改善人际关系，归纳如下：一是平等（平衡）待人。在人际交往中要像尊重自己一样尊重别人，处处体现自己的公平、平等的心态，克服以自我为中心、高人一等和轻视对方的心态。二是交往的心理平衡。人际交往要做到人与人的关系正常化，自己就要有平衡的心态，会换位思考，理解对方，不强加主观臆想给对方，要坚持宽人严己、容人之短。三是人与人关系的平衡。人与人相处要讲协同与合作，在生活中相互帮助不求回报，在工作中相互支持不争荣誉，在合作中以友谊至上，要尽可能实现互利双赢。四是位优与位劣的平衡。要相互理解，为对方着想，遵守“普世伦理”的“己所不欲，勿施于人”。与强者交往不卑不亢、平等来往，与弱者交往，位优先让，帮助不图报答。五是人际平衡的作用。在我们社会主义国家里，共同理想和共同利益把人与人之间的关系提高到新的高度，这就是相互建立起纯洁和真挚的友谊的基础，在工作上互相帮助，在学习上互相促进，在生活上互相关怀。要像马克思和恩格斯那样建立终生相互尊重和信任的友谊，恩格斯从事商业就是为了帮助马克思的理论研究。因此，纯洁和真挚的友谊才是伟大的。

3.社交的平衡艺术

（1）社会交往的平衡。①社交心理的平衡艺术。“所谓社交，其实就是人与人之间的相互结识、相互理解、相互作用。它是人的思想、观念、兴趣、情感和态度的相互交流过程，其目的在于沟通、协调和建立起良好的人际关系。”[4]社交的平衡艺术，是每个人都要具备的，首先要做到相互心理和情感上真诚地沟通交流，这是建立良好的人际关系的基础，有了这个基础在实际交往中才能做到相互理解和支持，交往才能继续。②社交形象的平衡艺术。在社会交往中，要注意自己的外在形象美。一是服饰与自己的身份、职业平衡；二是语言平和、谦逊、温良和亲切，与自己的文化修养平衡。三是行为举止自然大方，平等待人，尊重对方，不拘谨，不刻板，不卑不亢，与自己的气质平衡。③社交礼节的平衡艺术。中华民族是礼仪之邦，注重礼义平衡是社交成功的保证。一方面要尊重对方的宗教信仰、尊重少数民族特有的风俗，另一方面要尊重不同地区和不同人的习惯。

（2）与工友、商友、战友和同事关系平衡。第一，与工友、商友、战友和同事关系平衡是有利的。有专家研究说，人生中与工友、商友、战友和同事相处的时间要比家人还要长，关系融洽能使人增寿，关系恶劣可能导致减寿。但是，同事之间也最容易发生矛盾和冲突，常常会给我们的工作、生活造成各式各样的不平衡，所以保持与工友、商友、战友和同事关系平衡显得十分重要，其重要程度不次于家庭关系。第二，与工友、商友、战友和同事相处讲平等(平衡)。同事相处的关系是平等的，在各种利益面前也是平等的。发生物质利益矛盾时，不能斤斤计较，可以相互让步或将来通过别的方式补偿解决等。要平衡思维。与同事相处过程中不要事事处处只打自己的“小算盘”，不考虑对方的利益；要热情帮助同事，但不是完全放弃自己的利益，要实现二者兼顾，杜绝失衡。第三，与工友、商友、战友和同事化解矛盾讲平衡。一是让步与退步的平衡。工友、商友、战友和同事之间产生一些矛盾纠纷是正常的不能太在意，不要激化矛盾，要就事论事解决。在解决同事之间矛盾纠纷时，自己要主动作一些让步，同事也要自觉作一些退步。二是严己与宽人的平衡。要牢记同事的友情、同事之善，忘记同事之过；要主动检查自己的失误，同事也要认识自己的不足之处，双方都要承担自己应负的责任，双方都要原谅对方，自己做到严于律己、宽以待人。第四，批评工友、商友、战友和同事讲平衡。一是批评与反批评的平衡。工友、商友、战友和同事间关系是平衡的，没有高低之分，所以二者要做到既有批评，又有反批评，二者要结合起来。二是批评与自我批评的平衡。批评同事前，要先检查自己，作自我批评，承担相应责任。三是批评与事实的平衡。批评要讲事实，不乱批评；批评要诚恳善意，尊重对方，语气和蔼，既摆出缺点，又指明危害，还要找到根源，帮助同事认识和改正错误。四是批评与鼓励的平衡。批评是反向帮助，鼓励是正向帮助。所以批评后要进行一番肯定和鼓励，有利于对方接受意见和改正错误，巩固双方关系。

4.朋友之间交往的平衡

“请你切记，平衡总是相对的，不平衡往往是绝对的，存在各种不平衡尽管会给人带来麻烦，但它的出现是正常的。”[5]朋友之间交往经常会产生一些不平衡现象，影响相互关系的和谐，所以要讲究朋友交往的平衡艺术。

(1)朋友关系平衡的艺术。一是心与心的平衡。“君子之交淡如水”，交友关键在于要交心，心心相印，交友要交流感情，说心理感受，谈经验教训，并非物质往来，这样做有利于双方生理和心理的健全和健康，双方在交往中能够增长知识，交流认识，扩大思维，增强辨别正误和分清是非的能力。二是帮与促的平衡。交友要在工作学习上相互促进、生活上互相帮助、事业上相互支持，这样有利于工作能力和生活能力的提高。三是悲与欢的平衡。在特殊的情况下，双方要相互安慰，相互鼓励，帮助朋友减轻思想负担和压力；交友要共勉，相互激励，携手合作，悲欢与共。当对方产生缺点或错误，要诚心帮助，鼓励改正，共同前进，不能袖手旁观。

(2)朋友交往的平衡方法。第一，信任和宽容的平衡。①对朋友要宽容，要大度，自己胸怀要宽广，要原谅朋友的不足之处和失误；②在利益、名誉和成绩面前要做到不争不抢，先朋友后自己；③朋友有了困难要主动帮助、排忧解难；④对朋友要理解信任，淡化朋友之间的矛盾，不断增进彼此间的友谊。第二，适应与妥协的平衡。一是交友要相互适应，相互理解，双方发生冲突不必过分计较，但要相互克制、相互妥协，求大同、存小异，双方诚恳地交换意见，沟通思想，避免误会，达成共识。二是要尊重朋友的爱好，支持和理解朋友的志趣。第三，长处与短处的互补平衡。朋友间各有长短，要向自己的朋友请教学习，倾听朋友对问题的看法和意见，可以提高和完善自己的认识。并且要以对方的长处，弥补自己的短处，从而不断完善自己、提高自己和发展自己。

参考文献

[1]全国企业管理干部学历教育(大专)教材编审委员会.全国企业管理干部培训系列教材——管理心理学.天津:天津科学技术出版社,1996:275.

[2]胡建平,夏国美,金剑民.人际关系协调能力.上海:上海文化出版社,1995:2.

[3]胡昕.新宇宙观概论——开放、平衡与对称.上海:上海科技教育出版社,2000:36.

[4]胡建平,夏国美,金剑民.人际关系协调能力.上海:上海文化出版社,1995:2.

[5]何伟,李晓戈.生活是一条路.北京:农村读物出版社,1991:95.

6.3.1.4 个人随遇平衡

引证：

钢筋水泥筑成的墙壁，可以用强大的推土机推倒，但再大的力量，也推不倒一个球(指圆形太极图)。为什么？因为圆体更于保持“随遇平衡”。[1]

——马虹《陈式太极拳拳理阐微》

1.随遇平衡与动态平衡

随遇平衡是一个动态的平衡，随遇平衡反映了天地万物运动变化的动态平衡规律。第一，随遇平衡与太极图。“中国的阴阳鱼太极图，阴阳之间是一条互补的曲线，而且阳中有阴核，阴中有阳核，正是对立面互相依存、互相补充、互相消长的动态平衡的形象表达。”[2]马虹在《陈式太极拳拳理阐微》一书中提出，圆形太极图就是随遇平衡的形象化解释。我国古代的太极图，是圆体、球形构图，像一个不倒翁，给人以牢固、不倒的动态平衡之感。太极图揭示了宇宙间天地万物动态平衡的总法则。第二，随遇平衡与圆球物体。随遇平衡是指移动静止的物体时，它的重心的高度不改变，这种物体在任何位置上都可以保持平衡。圆球和平放的圆柱体都属于这种平衡。强大的原子弹冲击波能冲倒一个钢筋水泥建筑的城堡，但冲不倒一个小小的圆形物体，这是因为圆体物件能做到动态平衡。第三，随遇平衡与人的适应性。随遇平衡比喻人的最大适应性，能适应自然、社会、工作和生活等各种不同环境，能做到动态平衡，即随遇而安，就是在任何环境下都能满足、乐观和安心，这是保持自己心理、生理平衡的重要方法。随遇平衡是一个人在所处的顺境和逆境等各种情况下，都能做到心理平衡和适应，这就是人的一种动态平衡的本领。例如，历史名人郑板桥，朝廷对他的官职一贬再贬，但他自己对升官与贬官心态表现平衡如常，在多次贬官中他都能随遇平衡，而且都能愉快地上任、快乐地工作、安宁地生活，照常为民办好事，造福一方。有人对他的评价，就是他能做到随遇平衡。

2.随遇平衡的方法

(1)竞争胜败的随遇平衡

自然界和人类社会都存在着激烈的竞争，竞争在任何社会都是无处不在的。但在不同的社会制度下，竞争的目的、性质、范围和手段不同，经济竞争、政治竞争、文化竞争和体育竞争的方法也是不同的。竞争是为了满足竞争者各式各样的物质和精神的需要，如理想、荣誉和金钱等，包括有为祖国、人民大众利益而竞争的。第一，参与竞争要有随遇平衡心态。如果要参与竞争，就要有随遇平衡心态，要有胜败两种思想准备，竞争的双方必有一胜一败，不可能都是胜家，而且不可能次次都是胜家，永远不失败。所以，要正确对待参与竞争。古人说"胜败乃兵家常识"，世界上是没有常胜将军的。所以，参与竞争就要树立胜不骄、败不馁的精神，胜败心态都不能失衡。第二，竞争胜利要随遇平衡。在竞争胜利面前也要做到随遇平衡。不能被胜利冲昏头脑，要不骄傲、不自满。例如，有人因打扑克胜利过度高兴而当场脑中风；范进中举后因激动而疯。第三，竞争失败要随遇平衡。一是在竞争失败的情况下要保持心态平衡，既败则安，消除心理不平衡压力，不能一蹶不振、从此衰落，伟人毛泽东讲"失败是成功之母"，不要惧怕失败，把屡战屡败转变为屡败屡战，想办法再次参与竞争，以今后竞争的胜利果实，弥补过去竞争的失败。二是竞争失败要采取积极的平衡方法，敢于否定自己、进行自我整合、变革创新、自己完善和发展自己，用自己的实力打破竞争的平衡，从而使自己居于竞争的有利、优势的地位。三是竞争失败后行为不能失衡。不能因为过去的失败而心理失衡，产生不平衡心态，采取消极竞争的方法，通过破坏对方、贬低对方等手段打破平衡，使自己得到相对提高，从而使对方居于不利的、劣势的地位。这样做从长远看非常不利于自己，也不利于社会，是不可取的。

(2)挫折消除的随遇平衡

受到挫折后，不同的人所采取的方法也不同，也会产生截然不同的后果。一个人在遭遇挫折后，尽可能用随遇平衡的方法，尽快消除不平衡心理，走出困境，变被动为主动。①对人生道路挫折的随遇平衡。在人生道路上遇到各种挫折是正常的，人不可能一帆风顺，要正确对待，既已如此不吃后悔药，不增加心理负担，总结教训，"在错误的道路上站住就是进步"，"从哪里摔倒就从哪里爬起来"就是好样的。②对工作挫折的随遇平衡。对待工作上的挫折，要认真总结经验，找到失误的根源，以此为戒，更加努力工作，把损失的时间和效率补回来。③对经营亏本挫折的随遇平衡。经营亏本不过分自责，原因是多方面的，只要吸取教训，以利再战，想办法，开新路，再挣钱，就一定会以盈补亏。④对生活挫折的随遇平衡。如亲人病故或自己突然身患大病或意外伤害时，要认识到既来之则安之，天无绝人之路，既已如此，正视现实，随遇而安，坚持治疗，争取早日康复，愉快工作和生活。⑤ 对高考落榜的随遇平衡。考不上不服输、不悲观、再奋斗，下年再考；

同时要认识上大学并非是人生中唯一的路，许多条道路就在自己脚下，“条条大路通罗马”。

(3)冲突缓解的随遇平衡

冲突表现为情绪敌对和意见对立。冲突的直接原因很复杂,但主要的还是不能随遇平衡而造成的。第一,冲突与随遇平衡。无论有多少理由而发生冲突都是不合算的,因为解决问题的方式方法并非只有冲突方式一种。在各种冲突中如经济冲突、政治冲突、思想冲突、文化冲突、宗教冲突、人与人冲突和家庭冲突都是利益对立的反映,原因大多是不能随遇平衡。第二,用随遇平衡区别积极和消极冲突。冲突的性质各有不同,有积极和消极之分。例如新旧文化冲突、社会发展的冲突、新旧思想冲突也有积极的一面,这些冲突能促进人和社会的进步发展,但要尽量减少震荡和损失。在实践中,我们要尽最大努力,支持正义的,反对非正义的;弘扬积极的,控制消极作用。第三,冲突消除的随遇平衡方法。用随遇平衡的方法,调适双方关系,控制事态发展,化解矛盾,消除隔阂,杜绝矛盾转化和激化。一是随遇平衡的方法主要从心理化解入手,不造成人的心理负担,并要通过积极调节的方法,实现人与人、群体与群体之间的随遇平衡。二是要引导双方通过随遇平衡思维,明确“四个认识”:明确认识双方冲突只有两败俱伤,谁都无便宜可得;明确认识双方如果再继续冲突、反复较量,谁也不服谁,无胜无负,斗而无果;明确认识双方自己斗不过,斗不起,但躲得起;明确认识国与国双方用和平谈判的方法代替冲突、暴力和战争所要达到的目的是双方最合算的方式。

3. 人的生理本性——随遇平衡机制的仿生学价值

人体是通过新陈代谢和神经调节的方式自我实现与环境随遇平衡的。第一,人的生理本性——随遇平衡机制。“人是一个开放系统,通过新陈代谢,保持人和环境的动态平衡。”[3]人的机体本身能够适应在一定范围内的各种情况的变化,如在受到外界自然环境冷热变化和社会环境刺激的情况下，能够通过新陈代谢和神经调节而维持生理的动态平衡,这就是生理的随遇平衡的本性。第二,人体的内调功能——随遇平衡机制。人的机体,本身就是一个结构与功能有机平衡体,而且是一个通过新陈代谢和神经调节的随遇平衡体。例如,人体能适应白天和黑夜的光亮度、夏天和冬天的气候温度变化和社会动荡、变动和刺激。人体的血压波动、体温波动、体液波动,就是自身在进行着动态平衡调节,实现生理的随遇平衡。第三,人体的内外结合调节功能——随遇平衡机制。在体操、单杠、双杠、吊环、平衡木等项目的运动中,特别是最为典型的结束落地动作,就要做到人的体液、神经和四肢的随遇平衡综合调节,才能保持平衡。又如,人体的站立、坐姿、行走也是生理和心理的随遇平衡。第四,生理随遇平衡的价值。随遇平衡最能充分发挥机体器官功能的潜力,如患有恶性肿瘤的病人,如果能保持随遇平衡,保持既来之则安之的心态,精神心理没有负担,坚持治养结合,还是可以痊愈或带病延年的。如果不能随遇平衡,心理惧怕、精神负担过重,反而会加重病情。

参考文献

[1]马虹.陈式太极拳拳理阐微.北京:北京体育大学出版社,2001:63-64.

[2]杜道明.通向和谐之路——中国的和谐文化与和谐美学.北京:国防大学出版社,2000:9.

[3]颜成文.医学辩证法.北京:人民军医出版社,1988:143.

6.3.1.5 过去与现实的平衡

引证:

这就是过去与现实的平衡。通过回顾和总结过去的经历,使现实的生活达到平衡。[1]

——〔美〕保罗·J.索吉《身心的七种平衡:健康身心的自然疗法》

1.过去与现实的失衡

"平衡来自内在。理解了大脑神经系统的平衡机制,并且在日常生活中不断调整自己,每个人都可以生活得充实且平衡。"[2]保罗·J.索吉在《身心的七种平衡:健康身心的自然疗法》一书中认为,大脑的平衡机制:"个人工具箱"。"个人工具"就是自己过去经历的总结,可以在回顾和使用"个人工具"的过程中实现自己过去与现实的平衡。本节运用保罗·J.索吉的观点,论述过去与现在的平衡不断适应情况的变化,不断进行调节,实现自己从现实的不平衡状态向平衡状态转化,纠正过去与现实的失衡状态。

(1)心理——过去与现实失衡。有相当一部分人的现实生活总是失衡的,原因就是自己过去与现实不平衡。第一,过去与现实失衡就会认为"今不如昔"。有的人本来现在过着幸福的生活,但却不觉得比过去生活幸福,反而认为现在不如过去;有的人由于现实心理不平衡,本来自己现在的身体比过去健康,但却总是认为自己现在患上了多种疾病,身体浑身不好受,一年不如一年,比过去差得远。常言道"身在福中不知福",总认为自己的工作、生活、身体都是"今不如昔",这就是一个人过去与现实的失衡。第二,过去与现实平衡就会成为"今胜昔"。有人说得好:"心理平衡能把过去的坏事变成今天的好事","心理平衡能把过去的苦闷变成现在的快乐"。一个人在心理解决了过去与现实平衡的问题,就会过去与现在两重天,苦变乐、愁变喜、坏变好,"今不如昔"就会成为"今胜昔"。

(2)行为——过去与现实失衡。在行动上过去与现实失衡的问题古今中外有很多事例,有政治的、经济的和科学技术的。例如,有的过去有重大贡献的科学家而晚节不保,就是过去与现在没有保持平衡。失衡事例之一:从过去享誉世界的科学发明家到后来反对科学发明的失衡行为。英国科学家瓦特,过去刻苦研究,进行发明创造,发明了蒸汽机,被誉为蒸汽大王,享誉世界。但是,他的晚年不但自己放弃科研,还反对别人发明和应用"双筒蒸汽机"和"高压蒸汽机"。他晚年的这些行为是他过去与现实的失衡。失衡事例之二:从过去世界大科学家到后来进行神学研究的失衡行为。科学家牛顿,过去进行重大科学研究，发现了牛顿三大定律、万有引力定律，在数学和物理学方面，作出巨大贡献。但是，他的晚年却从事神学研究，为神学著书立说。这些名人晚年的行为，说明他们没有认真回顾和总结过去的经历和经验，并以此指导现实，实现过去与现实的平衡。

2.历史与现实的平衡

(1)历史与现实的平衡——大脑储存的历史记录。历史与现实的平衡是保罗·J.索吉研究的过去与现在平衡的方法，是我们走好人生路的指南。一是大脑储存的历史记录——平衡现实人和事的工具。“也就是说，大脑通过储存的历史记录来平衡当前的情况。”[3]历史与现实的平衡方法，就是对过去所走过的路进行自我回顾，自己通过总结过去的经历，包括成功的经验和失败的教训，包括自己大脑的学习记录、所见所闻的记录和不同时期的思维记录，形成指导现实的正确而成熟的思考、模式和习惯，使自己始终保持现实与过去的平衡。二是“个人工具箱”—— 平衡突发事件的工具。“个人工具”，就是自己的历史经历在大脑储存的言行思维。人的现实言行，都是从“个人工具箱”里拿出来的。无论是常态下的选择，还是非常态下的选择都是如此。例如，在突然发生火灾时，一个人在他的“个人工具箱”中选择了储存在大脑里的“用湿毛巾捂鼻出逃的应急措施”，而另一个人却在这种情况下用手捂鼻出逃。因为后者的“个人工具箱”里没有储存任何火灾紧急应对的记录。

(2)大脑的平衡机制——“工具箱”的运用。人的大脑通过储存的历史记录，来处理当前的情况，并与现实获得平衡。①运用大脑的平衡机制——“个人工具箱”。保罗·J.索吉说：“每个人都有他的行为模式和生活习惯。我们称这些行为和习惯为‘个人的工具’，大脑的基本功能之一就是‘工具箱’装满了‘个人工具’。”[4]也就是说，自己大脑通过储存的历史记录，来指导、认识和解决当前自己面临的各种各样的现实问题。②正确运用“个人工具箱”平衡现实工作和生活。一个人随着生理和心理的成熟，开始有意识或无意识地使用这些“个人工具箱”，用大脑储存的历史记录来应对当前遇到的问题，但一定要正确选择和使用“个人工具”，使之与正在发生的事情取得平衡。③不能下意识或无意识选择“工具箱”来平衡当前的事情。使用不同“行为工具”会出现不同的结果。这就要求要理智地选择“工具箱”，要使我们成熟地、稳重地在过去经验教训的基础上处理来自现实的种种问题，实现二者的平衡。

(3)“个人工具箱”与现实的平衡。①摒弃无效、失衡的“个人工具”。利用和回顾自己成功与失败的过去，对自己的“工具箱”进行整合，淘汰其中无效的和具有负效应的东西。②更新失衡的“个人工具”。“个人工具箱”也要更新。现代生活不断打破过去的平衡，不断重建新的平衡。“如果人们不能随之调整自己，就会出现不平衡状况。在你的工作、生活中都可能出现这样的不平衡。”[5]因为生存的法则已经改变，储存在大脑的历史记录也要更新，才能使“工具箱”常用常新。

3.过去、现在与将来关系的平衡

实现过去、现在与将来关系的平衡,就要善于总结经验、牢记教训。一是在经验总结中做到过去、现在与将来关系的平衡。在前进的道路上,要不断总结自己的历史经验和教训,把自己过去做得对的和错的、好的和不好的、成功的和失败的都要认真总结,总结历史是为了指导现实,特别是对比较重大的经验和教训要牢牢地记在脑海里,其目的是为了指导自己当前和将来的工作、学习和生活不走弯路、不再重复错误,从而使自己的事业成功、学习进步和生活幸福建立在可靠的基础之上。二是要找到过去、现在与将来的平衡结合点。过去、现在与将来各人有各自不同的平衡结合点,要根据自己的优点和缺点、长处和短处,并要针对自身不同的需要和追求,来正确进行当前的选择和对未来的预见。如果把个人人际关系平衡、工作关系平衡的共同平衡结合点选择为“诚信”的话,就要遇事用“诚信”处理现实和当前的一切人和事,正确指导自己的言语和行为,从而始终保持自己处于过去与现在的平衡状态,并作为与将来平衡的结合点。例如,在我国历史上,历代都有白发参加科考者,他们把参加科考作为过去、现在和将来的平衡结合点,实现了一个奋斗过程的平衡,他们对科考的成与败并不十分注重,只求证明自己找到了平衡结合点——奋斗:少年时的十年寒窗,中年时的不懈求索,年老时的壮心不已。

参考文献

[1]〔美〕保罗·J.索吉.身心的七种平衡:健康身心的自然疗法.北京:中国妇女出版社,2007:69.

[2]〔美〕保罗·J.索吉.身心的七种平衡:健康身心的自然疗法.北京:中国妇女出版社,2007:69.

[3]〔美〕保罗·J.索吉.身心的七种平衡:健康身心的自然疗法.北京:中国妇女出版社,2007:5.

[4]〔美〕保罗·J.索吉.身心的七种平衡:健康身心的自然疗法.北京:中国妇女出版社,2007:5.

[5]〔美〕保罗·J.索吉.身心的七种平衡:健康身心的自然疗法.北京:中国妇女出版社,2007:5.

6.3.2 生理平衡方式

生理平衡方式,就是转变旧的不科学的生活方式,建立新的、动态的和科学的平衡生活方式,并通过不断平衡调节,使人的机体适应社会环境、自然环境的变化,保持机体各系统和各器官功能动态平衡运行。

6.3.2.1 生理平衡

引证：

生理学研究了人的许多平衡现象和机制，提出了生理学的"平衡"概念。主要涉及两方面的内容：一是机体与环境的平衡；二是机体内部生理活动的平衡。[1]

——祝世讷《中西医学差异与交融》

1.生理失衡及其危害

人体生理失衡，其表现主要是两个方面：一方面人的机体与自然环境与社会环境的失衡；另一方面人的生理受到外界干扰或机体病变，造成机体内部生理功能的失衡。

(1)人体生理失衡。第一，生理不平衡——人体功能活动异常。"生理失衡就是人体十大系统的功能活动异常。因此，生理失衡就是衰老、疾病与死亡。"[2]生理失衡就是器官的结构改变、功能活动不正常。人体任何一个系统器官的结构改变即器质性病变或功能性改变，表现为功能降低或失调。如人的体液环境的pH值、血压高低、营养状况、心态如何等都要保持动态平衡，否则都是病态的表现。第二，生理不平衡——能量输入输出失衡。在正常情况下不同年龄有不同的能量平衡状态和失衡状态。一是未成年人生理失衡。少年儿童身体输入能量大于输出能量，呈现正平衡状态。大于的能量供少年儿童肌体生长发育。但如果各种营养素跟不上就会失衡，直接影响正常发育，还会患病。二是成年人生理失衡。成年人能量的摄入与消耗保持相等，呈现平衡状态。假若摄入多，消耗少，长此下去，肌体生理就会呈现失衡状态，人的身体就要生病，可能会患高血脂、脂肪肝或肥胖病等。三是老年人生理失衡。老年人则是输出大于输入，呈现负平衡状态，本身就是失衡状态。则需要增加营养、维生素和矿物质，否则就会入不敷出，容易导致患病、营养不良等。如果违背了上述规律，就会造成生理失衡，就会导致不良后果。

(2)生理失衡的原因。"失衡是导致疾病的最根本原因。"[3]个体失衡的"六个原因"：①个人原因造成生理失衡。一是不平衡的生活方式。如不良饮食习惯，收多支少，久坐不动等。二是不良心态，心理不平衡，如不能正视现实，精神压力大等。三是不当的工作、劳动、学习方式，如不当的劳动姿势、不当用力等。②气候和环境的原因造成生理失衡。如严寒、高温、污染、噪声、辐射等。③遗传基因原因造成生理失衡。如家传疾病。④医疗和保健条件原因造成生理失衡。如偏远山区无处就医。⑤疾病原因造成生理失衡。⑥人体力学原因造成生理失衡。"人体力学不平衡是疾病之源。"(文摘报)如日本专家研究证实，人体70%的疾病都是由人体力学不平衡造成的。因此，人的寿命长短，是由社会环境、自然环境、生活环境、生活水平、医疗卫生、健康素质和生活方式等因素决定的，也是人的机体失衡的根本原因。

(3)生理失衡的危害："平衡则寿，失衡则亡。"[4]人的机体不平衡就会导致机体病变，危害健康。"平衡就像是一只无形的手，在操控着生命体的正常运转。"[5]人的机体失衡的危害极大：一是个人遭受种种痛苦，生活质量低下。二是家庭负担重，一人生病，全家受损，有的倾家荡产。三是个人、家庭和国家的医药费支出增高，造成整体物质文化生活水平下降。据报道，中国人均寿命为71.8岁，健康寿命为62.3岁，现在我国60岁以上的老人已超1.8亿。由此可见，我国人均寿命不算短，但健康寿命不算长。在现实生活中，大多数老人都是带着不同的疾病生活着。例如，痴呆、癌症、半瘫等，虽然有的老人长寿，但生存质量不高。我们的理想是健康的长寿，不是带病的长寿；要健康地活着，享受生活的幸福。这就说明，重视生理平衡的极端重要性。

2.名人、专家论生理平衡

(1)麦侬最早提出健康的平衡概念。一是突出或不足就是失衡。“公元前5世纪中期，意大利医生阿克·麦侬就提出了健康本质上是一种平衡概念：‘健康是体内的各种成分之间的适当平衡，如果任何一项机能特别突出或不足，破坏了和谐，便会造成疾病。’”[6]可见，平衡就是人体健康，高了或者低了都会造成失衡，造成生病或死亡。二是生理机能的平衡。人体生理的平衡同大自然平衡、社会平衡非常相似，同地球上生存的一切生物一样表现为结构与功能的平衡，人体中的各个部位、器官构造、生理机能都是一个有机动态平衡体，相互之间要保持适当平衡。

(2)林竹三和林绿冬提出人体是平衡体。第一，人体结构和功能的平衡。“生物和人体是一种存在的平衡体。”[7]“一个人从出生到死亡，这个人是具有人的身体结构和功能活动的，他具有作为一个人生命的稳定形式而存在，他的五脏六腑、骨骼、皮肉、五官、经络等组成一个相互协调、相互补充、相互适应的整体。这就是一个平衡体，也就是结构和功能的平衡。”[8]第二，人的机体是一个动态平衡有机体。一方面，表现在人的机体能量输入与输出系统的平衡；另一方面，表现在人的机体细胞的生成与死亡的平衡：一是从胎儿到成年之前，机体细胞是生多死少，为正平衡状态；二是成年之后，机体细胞的生与死基本持平，为平衡状态；三是老年期机体细胞，则是死得多生得少，为负平衡状态。

(3)恩格斯提出人体是“平衡的活的统一”。恩格斯说：“在活的机体中我们看到一切最小的部分和较大器官的继续不断地运动，这种运动在正常的生活时期是以整个机体的持续平衡为其结果，然而又经常处在运动之中，这是运动和平衡的活的统一。”[9]例如，人体是形态结构与功能活动的生理动态平衡和统一，局部与整体的相互之间动态平衡和统一，人体与自然环境、社会环境相互之间的动态平衡和统一等，都是对恩格斯提出的人体是对“平衡的活的统一”的有力证明。

(4)张敦熔说生命规律就是平衡。第一，“人类生命规律就是平衡”[10]。近几年来，生命科学的传统平衡观受到中医界的普遍高度重视，理论研究和实践不断提高，已经受到国际西医界的关注，特别是平衡是人的生命规律问题。第二，机体的“七大平衡”：一是水的摄入与排泄的平衡；二是人体物质的消耗与摄取、积蓄的平衡；三是细胞内外阴阳离子的平衡；四是血液中的酸碱平衡；五是体位调节的肌群协调平衡作用；六是神经系统、内分泌系统、免疫机制系统等的双向平衡调节作用；七是肠胃内细菌数量比例的相对平衡等。

(5)王明志说人体“经常性地在平衡和不平衡之间不断变动”。一是机体平衡的动态性。“人体是一个非常完善的相对独立的系统,人体本身具有很强的自动调节机制,人体中许多器官具有相当完善的系统调节功能。尽管如此,人体细胞的活动,生命的维持,也需要经常和外界发生信息和物资交流,人体内部结构中的各种数量指标也是经常性地在平衡和不平衡之间不断变动。”[11]二是机体在动态中与自然、社会环境保持平衡。人体是一个动态平衡的有机整体,每时每刻都在同外界进行能量、信息、物质交换,通过不断交换保持平衡,维持机体生存和正常运行。如中医的“经络系统平衡”的观点,就是人体在平衡和不平衡之间不断变动的过程中适应自然、社会环境。

(6)摩根索说“人体中也同样存在着平衡”。一是人体中存在平衡。平衡的概念指的是一个体系的稳定,而这个体系又是由各种能动力量所构成的。外部力量的作用,体系内任何组成部分的变化,都能干扰体系的平衡。平衡一旦遭到破坏,失去平衡的体系总倾向于恢复原来的平衡或者重建一种新的平衡。人体中也同样存在着平衡。[12]二是机体自趋平衡。人体具有在一定限度内保持和恢复原来平衡的能力,机体的七大系统相互之间具有一定限度内自趋平衡的本性,这是人体生理的一种本能。但是,超出一定范围就会失调,就必须通过人为外力的治疗恢复人体平衡或重建人体平衡。

(7)元文玮指出“平衡表现在人体的各个层次”。“人在劳动时,人体的代谢率可以比平时增高10~20倍,但在神经和体液的调节下,使糖的消化与吸收、肝脏中的糖原异生和糖的氧化与利用、肝糖原的分解保持相对平衡,血糖的含量也就保持相对的稳定。”[13]元文玮认为,通过神经和体液系统调节体内各种机能活动,以保持内环境稳定,这种稳定、平衡表现在人体的各个层次:一是从分子水平看,人体的血糖、血脂、血浆蛋白、血钠、血钾以及血液的酸碱度等都必须保持在一定生理范围内的平衡;二是从细胞水平看,红细胞、血小板的数量和心、肝、肺、肾、脑等细胞数量也都要保持平衡;三是从器官水平看,各器官的功能活动,如心率、血压、肾功能、肺功能等,也都保持着平衡;四是从整体来看,人的机体、躯体和外部形象也是平衡的、恒定的。

3.生理平衡的调节

(1)内调节法和外调节法的平衡。人体患病后,用平衡调节法,恢复机体被破坏了的平衡状态,必须要实现内调节和外调节的平衡。一是外平衡调节。通过药物、手术等治疗,即外部调节方法,这只是人体各系统恢复平衡状态的外因和条件。二是内平衡调节。发挥人体各子系统内部的协同调节和自趋平衡的本能作用,即内部调节方法。“中医注重整体性的辨证治疗,就是强调人体的协同功能。如果人体的各子系统的联系和协调出现紊乱,就是人体得病,药物和治疗的作用在于恢复子系统间的平衡和谐。”[14]但是,恢复人体各系统的平衡最终是内调节起作用。

(2)人体内调节与外调节的综合平衡运用。“生理平衡就是人体七大系统的功能活动正常。因此,生理平衡就是人的生命、健康与长寿。”[15]通过内外综合平衡调节手段预选和实施,实现人体七大系统的平衡运行。可供选择的有:一是神经调节法、体液调节法、脏器调节法;二是补充调节法,营养、休息、安神等;三是医疗调节法,药物、治疗、手术、理疗和针灸等;四是运动调节法,有氧运动、快步行和运动器械等。

(3)平衡养生与平衡保健的综合运用。“‘天行有常’,平衡,是宇宙万物正常运转的自然规律。人作为自然的一员,要健康生存,同样离不开平衡。”[16]①饮食平衡调节法。平衡饮食。做到每天400克主食、500克蔬菜水果、100克肉、1个蛋、50克黄豆、300克牛奶。体液平衡。适当多饮水,全天饮水量1500毫升左右。②休息平衡调节法。睡眠时间,成人每天睡眠8小时。睡眠环境,右侧卧,床铺硬中带软,枕头要舒适。③运动平衡调节法。世界上最好的运动是步行。每天步行3000米、30分钟,保持一定速度,持之以恒。坚持每天散步、自我按摩和深呼吸法健身。④情绪调节平衡法。乐观是健康的良药。正确对待挫折,变悲为喜,保持心理平衡。遇到不快的事不急躁、不冲动,保持理智转移。⑤医疗平衡调节法。疾病预防与治疗。对各种疾病要早预防、早发现、早治疗,治则彻底。疾病监测。保持健康从体检开始,无病每年一次体检,有病三个月、半年或定期体检。⑥自然平衡调节法。要经常到室外去,到大自然中去,接受阳光和新鲜空气,保持与自然环境平衡。

参考文献

[1]祝世讷.中西医学差异与交融.北京:人民卫生出版社,200:452-453.
[2]纪康宝.人体平衡养生手册.武汉:长江文艺出版社,2008:3.
[3]纪康宝.人体平衡养生手册.武汉:长江文艺出版社,2008:3.
[4]纪康宝.人体平衡养生手册.武汉:长江文艺出版社,2008:159.
[5]纪康宝.人体平衡养生手册.武汉:长江文艺出版社,2008:2.
[6]纪康宝.人体平衡养生手册.武汉:长江文艺出版社,2008:2.
[7]林竹三,林绿冬.中医平衡奥秘.北京:北京科学出版社,1993:32.
[8]林竹三,林绿冬.中医平衡奥秘.北京:北京科学出版社,1993:4.
[9]林竹三,林绿冬.中医平衡奥秘.北京:北京科学出版社,1993:32.
[10]张敦熔.现代平衡健身法.北京:金盾出版社,2004:46.
[11]王明志.运输供给与运输需求平衡论.北京:人民交通出版社,1996:41-42.
[12][美]汉斯·J.摩根索.国家间的政治.北京:商务印书馆,1993:223.
[13]元文玮.医学辩证法.北京:人民出版社,2001:83.
[14]曾健,张一方.社会协同学.北京:科学出版社,2000:28.
[15]张敦熔.现代平衡健身法.北京:金盾出版社,2004:119.
[16]纪康宝.人体平衡养生手册.武汉:长江文艺出版社,2008:159.

6.3.2.2 身与心的平衡

引证：

除了加强体育锻炼之外，还要注意精神锻炼，注意养性功夫，保持大脑的健康，做到身心平衡，性命双修，才是永葆青春的大道。[1]

——马虹《陈式太极拳拳理阐微》

1.身心平衡是中国的传统

(1)平衡养生——身与心的平衡

“平衡养生，是近些年来我国医学专家在总结我国古代养生和传统医学的基础上，结合现代医学，提出的保健新理论。”[2]中国古代儒、释、道都主张把内心宁静作为人生修养和追求的目标，其实质就是追求平衡养生，达到身与心的平衡状态。①心平衡。即心理平衡和健康。一个人在社会生活中表现为适应、内心安宁、平静和稳定，就是心理平衡和健康。如果心里感到工作、学习和生活不适应、有压力、不如意或痛苦，就是心理不平衡，进而导致身与心相互影响，就会造成心理上、精神上和躯体上的疾病逐渐形成和加重。②身平衡，即躯体健康。中医理论最讲究躯体平衡，认为人体的七大系统和各器官之间维持平衡状态，才能标志一个人机体的健康，否则就是亚健康或不健康，身体可能患有种种疾病；如果各系统和各器官严重不平衡就是患了重大疾病或导致人的死亡。③身心平衡相互作用。人的身与心处于平衡状态，既表现为人的躯体健康，又表现为心理平衡，生理和心理二者是相互作用、相互影响的关系，二者不协调就是身与心的不健康、不平衡，而且互为因果，表现为患有身心疾病。④身心平衡养生。平衡养生能直接促进人的身体由不平衡向平衡转化，实现躯体和精神的双健康。中国古人十分重视身心平衡养生，因此身心关系是儒家人学里的重要内容，儒家主张的是“身心合一，心为主宰”。这是非常科学的论断。所以，我们要从内健全人格，重视陶冶人的情操，始终保持心理平衡，从外重视锻炼身体，保持躯体健康。

(2)性命双修——炼体与修性的平衡

“太极拳的创编者，还主张性命双修，既炼体又修性，以达到身心平衡。”“太极拳要求身体在动中有静，动中求静，动静结合，内外兼炼，既炼身，又炼气，既炼脑，又增力，是身心并重的运动形式之一。”[3]一个人的健康长寿必须性命双修，既炼体，又修性，才能做到身心平衡，达到外部体质和内在精神的两个健康。①修炼躯体——机体平衡。太极拳是一把强健躯体的金钥匙，它能开启身体健康之锁，能把健身和技击有机结合起来，把健体艺术表演有机结合起来，达到疏通血脉、加速代谢，使人的整体素质得到提高。②修脑健神——心理平衡。太极拳是今古养心健脑的好功夫，运动要求在心理平衡、安静、放松和专心的状态下进行，精神和肌体融为一体，放弃一切杂念和不快，“以一念代万念”，身、气、神平衡运行，能够畅通全身的血液循环，加速人的机体的新陈代谢，实现健身防病、壮体健脑的双重目的。

2.养身与养心的平衡

(1)身与心平衡的结合点

“人保持健康,关键就在于找出矛盾的平衡点。”[4]平衡养生,就是锻炼和提高人的躯体和大脑的两个平衡能力。①把“机体基础”作为身心平衡的结合点。人的躯体和精神是一个有机平衡的整体,二者之间是相互联系、相互作用和相互制约的,但机体是二者的基础,所以一个人一定要把机体基础打好。一要做到营养平衡。现代的人不缺营养,但不能过高,要做到摄入与支出的平衡。二要做到元素平衡。食品摄入要多品种、少数量,元素才有保证。三要做到动与静平衡。把工作、劳动、运动与休息、睡眠结合起来。四要做到生活平衡。做到事业、学习和健康的平衡运筹。②把“养心健脑”作为提高平衡能力的结合点。这是因为精神和心理因素是多种生理疾病的致病主因。要做到心理平衡,核心是养“心”健脑,要把养“心”放在养生之首,重视心理、大脑、精神的保养。例如,在学习上,要经常更换学习科目和合理安排课间休息;在思维上,做到思维兴奋中心的交替运用,注意护脑养脑;在工作上,要注意作息时间的平衡安排和工间休息;在生活上,要注意大脑的休息和补充大脑营养,保持忧不愁、喜不惊。

(2)身心平衡的整体观

身心平衡的整体观,是养生健身的根本方法。一要重建新的平衡生活方式。我国在改革开放进入社会大变革时期,由于经济社会的快速发展,现代生活给人们带来无尽的新鲜和享乐,也打破人们原有的、整体的平衡生活方式,人们心理有一个适应的过程。有的人不适应变革而产生失衡心理,感到精神空虚;有的人工作和生活失衡,直接影响了身心健康。这就需要及时进行整体调节,从整体上重建人们新的平衡生活方式,来适应现代生活。二要整体平衡养生。“总之,养生之道要综合治理,健身之法要持整体观。”[5]调节的方法就是树立人的健康的整体观,从外体到内心的整体出发,全面养生保健,进行身心双修,实现身心双促,达到身心平衡。三要综合平衡调理。身心平衡的调节要综合治理,要讲方式方法的科学性,一定要选择最适合自身实际情况的身心平衡方法,要求在实践中进行自我探索,寻找符合自身特点的多管齐下的调理方法,并做到坚持不懈、持之以恒,从而重塑自己体魄和心灵、重塑自己的平衡生活。下面用公式表示“身心平衡健康”,分子表明与身心平衡健康成正比因素;分母表明与身心平衡健康成反比因素。

身心平衡公式:

$$\text{身心平衡=健康长寿}\ \frac{\text{合理膳食+适量运动+心理平衡+与自然社会环境平衡}}{\text{胡吃海喝、久坐不动、不适应自然或社会环境}}$$

(3)身心平衡要从青少年做起

“健康与其他任何事物一样,是多个矛盾的统一体,如果偏离平衡,偏重于某一方,就会激化矛盾,轻则陷入亚健康,重则导致疾病。”[6]现在有一种倾向,青年人忽视健康现象比较严重。第一,身心失衡向青年人逼近。我们要清醒地看到,现在许多中老年性疾病都有向年轻化方向发展的趋势,原因很多。一是不少年轻人不关心自己的身体健康,许多年轻人患有多种疾病,相当数量的年轻人陷入亚健康状态。二是老年机体失衡与年轻保健相关。一个人的各种疾病不是短时间形成的,“冰冻三尺非一日之寒”,有的老年病就是年轻时造成的。所以,要提倡从年轻时代就开始进行身心保健和身体锻炼,不能等到老了和病了才开始养生保健和身体锻炼。第二,身心平衡要从青少年做起。为了我们中华民族的复兴,一定要从青少年的平衡养生和保健做起,打好青少年身心健康的基础,这才是提高整个民族身体素质的重要途径。世界卫生组织非常注重人的身与心的平衡,提出“躯体心理”的健康概念,缺一则不能称为健康。我国青年人中心理平衡和躯体健康问题比较突出,我们要提高青年人的综合素质,走出疾病向青年人发展的怪圈。

参考文献

[1]马虹.陈式太极拳拳理阐微.北京:北京体育大学出版社,2001:313.

[2]纪康宝.人体平衡养生手册.武汉:长江文艺出版社,2008:97.

[3]马虹.陈式太极拳拳理阐微.北京:北京体育大学出版社,2001:179.

[4]纪康宝.人体平衡养生手册.武汉:长江文艺出版社,2008:57.

[5]马虹.陈式太极拳拳理阐微.北京:北京体育大学出版社,2001:313.

[6]纪康宝.人体平衡养生手册.武汉:长江文艺出版社,2008:57.

6.3.2.3 动与静的平衡

引证:

四大平衡健康标准:就是膳食平衡、动静平衡、心理平衡、生理平衡的健康标准。[1]

——张敦熔《现代平衡健身法》

1.动静失衡——动少静多和动多静少

“动和静,是物质运动的两个方面或两种不同表现形式。中国传统观点认为,人体本身就是一个阴阳平衡体,人的生命活动过程,就是体内阴阳双方在矛盾运动中不断取得相对统一动态平衡的过程。”[2]一动一静,是人类生生不息的生命循环运动。以动养身,以静养心,才能身心平衡健康。

(1)动少静多(失衡)——“现代文明病”

现代生活方式,是一把“双刃剑”,给人带来舒适的同时,又带来身心失衡。当今从事脑力劳动的大多数人,特别是白领阶层,动少静多,身体处于亚健康状态。其一,心理不平衡。激烈竞争和快节奏,造成人的心理压力、精神紧张和心态失衡,神经系统功能失调,内分泌紊乱,进而引发心理和生理方面的各种疾病。其二,动与静不平衡。现代久坐不动的人多,坐办公室、打电脑、转方向盘等,工作时间多了,活动时间少了,引起“办公综合征”,形成身与心失衡。其三,收与支不平衡。物质生活水平的提高,摄入多,运动消耗少,造成生命的凝聚与耗散(收支)的不平衡。有的人营养过剩,运动量过小,带来高血脂、高血压、肥胖、神经衰弱等“现代文明病”。由此可见,现代人迫切需要躯体和心理的整体调整,使之收支合理、精神放松、身心平衡。其四,身与心不平衡。现今亚健康的人多,据统计,世界75%的人处于亚健康状态。例如,我国患高血压、高血糖、高血脂、动脉硬化等症的人逐渐增多,而且渐渐向中年人和青年人逼近。

(2)静少动多(失衡)——“过劳死”

现代人在工作、学习和生活中,存在作息不平衡现象,有的人动多静少,违背人的作息平衡规律;动多静少,透支身体健康。①作息安排失衡。有的工商界人士一天休息很少,早出晚归工作,下班回家还要谈生意;有的白领是“工作狂”,休息时间很少,在中年白领中有的人已经过劳死,有的人在病态下工作,有的人为了终日忙工作,没时间看病、运动和娱乐,工作和劳动无度。②运动量失衡。有的人运动量过大,逞强好胜,在运动场上长时间奔跑,累倒在地;有的在体育器材上过度用力而受伤;有的由于大强度锻炼,导致劳损等。③时间分配失衡。有的老年人运动时间过长,长时间爬山,损伤膝关节;有的老年人是“锻炼狂”,他们退休后生怕患病,体育运动无度;还有的人无节制地打扑克、玩麻将等,造成长期疲劳,对健康十分不利。④运动、休息和睡眠的失衡。现在多数人认识了运动健身的好处,但运动也因人而异,有疾病的人、高龄老年人,不能根据自己的年龄、体质等情况,科学安排体育活动,特别是有的人不能做到运动、休息和睡眠三者关系的平衡。

2.动的平衡方式——运动、工作和劳动

动的方式,包括体育运动、工作和劳动。适度的体育运动、正常的工作与合理的劳动对人体健康都是有益的。

(1)“三步走”平衡运动法

运动要做到“三步走”平衡运动法交替运用。①快步走平衡运动法。世界卫生组织1992年提出:“世界上最好的运动是步行。”快步走可以使血脂、血压下降,动脉硬化斑块部分消退,可以预防冠心病等多种疾病。运动量:每天一次快步走3公里,坚持30分钟,每分钟100步,一周不少于5次。②慢步走平衡运动法。国内外相关专家说,慢步走更能锻炼肌肉,认为慢步走与小量运动消耗的热量是一样的,但慢步走更有利于肌肉锻炼。③散步走平衡运动法。要坚持工间、课间和晚间活动的散步走习惯,如果只静不动,血脉不畅,代谢不好,人的各种功能就会退化,危害健康。不活动人体就会收大于支,容易患上高血压、高血糖、高血脂、肥胖症等疾病。例如,野兔寿命15年,家兔寿命5年,原因是家兔活动少。

(2)“度、量、恒三字”平衡运动法

①以“度”平衡健身。“生命在于有氧运动。”这是一句至理名言。一是有氧运动必须做到有序、有度,才能达到健身的目的。二是进行有氧运动时注意自测身体反应和心率,

公式是:心率=170-年龄。有氧运动心率高了损害身体,低了达不到运动的目的。②以“量”平衡健身:量力而行。一是要根据身体情况,拟订锻炼方案,把握好运动的量,不要过量,要科学合理。二是要循序渐进,锻炼前要热身,运动量要由小到大,以免伤身。③以“恒”平衡健身:运动要持之以恒,保持连续性,不要中断。运动中既要始终保持前次运动效果不消失,又要提高后一次运动的效果。只有长期坚持不懈运动,才能收到好效果。

(3)“古今”平衡运动法

一是继承学习古代平衡健身方法。“太极拳更微妙的一点是打拳强调动静平衡。”[3]太极拳是一种动静平衡的锻炼方式。我们要运用传统的运动方法锻炼身体,如推手、太极剑、爬山和游泳等增强体质。二是运用现代的体育运动方法平衡强身健体。如去健身房使用体育器械和跳集体舞等。古代和现代的运动项目很多,要根据自己的身体情况,选择适合自身特点的锻炼项目,科学地确定运动量,并要在饭后30分钟到1小时后再进行运动,以免伤胃肠。

(4)“六字劳动”平衡运动法

劳动健身=良药+适量+合理。①良药——劳动平衡健身法的适用性:体力劳动是身心健康的良药。现代医学科学证明:“体力劳动是身心健康的良药。”一是体力劳动能促进肌肉发达、关节灵活、食欲增加、精神愉快。二是体力劳动能使心脏收缩力大大提高,肺活量大大增加,血流量大大加快,机体免疫功能大大增强,②适量——劳动平衡健身法的科学性:体力劳动要适量。劳动要适度,不能过量,要量力而行,一定要把握好劳动的度,否则,会造成人体器官受损、失调,引发各种疾病。③合理——劳动平衡健身法的计划性:体力劳动要合理。在日常生活中,要有计划、合理地安排力所能及的体力劳动。例如,到农田干农活、到工厂做工、种菜养花、做家务事等,从而提高对疲劳的耐受性。老年人在坚持有氧运动的同时,也可以结合自身实际,参加一些轻度劳动,但绝对不能超时、大动作、过度劳累。

3.静的平衡方式——休息和睡眠

“睡眠是生命的一种生理现象,是健康长寿的天然‘补药’。”“睡眠质量不好或睡眠时间不足,损害健康长寿,人若不睡眠,是活不了的。”[4]“生命在于运动”和“生命在于静养”是从不同角度说的,都是正确的。但为了防止理解上的片面性,把两句合在一起就全面了,这就是动静平衡养生。静的方式方法也很多,除睡眠和休息外,还包括看电影电视、听音乐、看书读报、绘画书法等。

(1)睡眠——身心平衡的天然“补药”

静,指休息和睡眠。睡眠能恢复体力、补充能量。①睡眠时间的平衡:人要每天保持8小时左右睡眠,如果夜里睡眠不好,可加半小时午休。②睡眠与环境的平衡:睡眠要做到床高低适中、铺垫硬中带软、枕头变枕脖等,还要注意冬南夏北朝向。地球有磁力,人体也有磁力,地球磁力对人体磁力发生作用,影响健康。③睡眠的质与量平衡:睡眠要讲究质量,对失眠要进行调理。预防失眠的方法:一是先找病因,根除病因;二是改变不良生活方式,生活学习工作要有规律性;三是营造良好的睡眠环境,光度、温度等适宜睡眠;四是睡前活动15分钟、泡脚和听轻松的音乐等。

(2)休息——身心平衡的"回春剂"

要做到作息平衡,劳动的人要注意工间休息。一是作息平衡法。工作、劳动和体育锻炼之后要休息、静养,把养心和养体两个方面结合起来,达到恢复体力和脑力的目的。二是动静平衡法。上班工作、劳动的人,要做到办公、劳动一两个小时后,活动10分钟或休息一会儿再继续工作、劳动。三是休息平衡法有静坐、静卧、闭目养神、听音乐等。四是休整平衡法。运动后通过放松、休整、调节,消除肌肉和神经的紧张疲劳,恢复人体各个器官的正常功能。

(3)"劳"与"逸"交替——身心平衡的"调节器"

一要"动"前平衡。增强对"文武之道,一张一弛"的认识,古今养生都提倡健康长寿既要劳也要逸。通过"劳"与"逸"不断交替循环,对身体不断进行整理,使身心不断趋向平衡。二要"动"中平衡。把工作、劳动和体育运动的"动"与休息的"静"二者结合起来,也就是把"劳"与"逸"有机结合,科学合理运用"劳"与"逸"的不同作用,进行身心调整。三要"动"后平衡。在劳动和运动后,使用保健器具振动、人工和器具按摩、自己拍打全身、泡脚、洗浴、热敷、吸氧等,消除肌肉、神经、内脏的疲劳,恢复正常功能。

4.动静平衡——健康长寿之道

(1)纠正"五久"确保平衡养生

"动静结合才是长寿之道。"[5]一是"五久"是身体失衡之源。我国传统观点认为人的机体是阴阳平衡体,生命运动就是体内阴阳的动态平衡运动,《黄帝内经》"久视伤血,久卧伤气,久坐伤肉,久立伤骨,久行伤筋",意思是说,人体存在着各种疲劳状态,这是正常的生理现象,人的生存离不开这"五种状态",但时间长了就要影响健康。二是"五不"是保障平衡之举。要遵照先人古训,纠正"五久",做到不久视、不久卧、不久坐、不久立、不久行,做到工作、劳动、运动与休息、睡眠、静养的平衡,把握作息适度、动静相宜。

(2)"八仙过海"平衡养生

一是"适度"才是平衡。"只运动无静养,或运动过多静养过少,都损害健康长寿,相反,运动与静养适度,做到了相对的动静平衡,就能达到健康长寿的目的。"[6]二是"适应"才是平衡。运动健身一定要与个人的身体素质、喜好和环境条件相平衡。三是用"八仙过海各显神通"实现平衡。中外伟人、名人都非常注重选择与自己爱好和体质相适应、相平衡的运动健身方式,他们把身体作为革命的本钱,精心呵护,即采取各自独特的运动进行健身。伟大革命导师马克思在穷困中进行写作,还每天坚持练剑。科学家居里夫人节假日骑自行车郊游。伟人毛泽东在繁忙工作之余爱游泳,曾畅游过长江和十三陵水库。美国的总统也都有自己独特的健身之道:杜鲁门喜欢散步,艾森豪威尔酷爱打高尔夫,肯尼迪喜爱水上运动,约翰逊喜爱坐车兜风,尼克松常游泳,福特是一个全面运动健将,卡特喜欢跑步,里根喜欢砍柴也爱骑马。

参考文献

[1]张敦熔.现代平衡健身法.北京:金盾出版社,2004:4.

[2]宋爱莉,孙建光.平衡决定健康:健康是平的.青岛:青岛出版社,2009:130.

[3]马虹.陈式太极拳拳理阐微.北京:北京体育大学出版社,2001:25.

[4]张敦熔.现代平衡健身法.北京:金盾出版社,2004:97.

[5]杨兆麟.动静结合才是长寿之道.红土地,2006(9):46.

[6]张敦熔.现代平衡健身法.北京:金盾出版社,2004:84.

6.3.2.4 人与自然平衡

引证:

人们对自然环境和社会环境若有高度的适应能力,就是人体内环境与自然环境和社会环境的平衡。人体与自然平衡、人体与社会平衡,就会健康长寿。[1]

——张敦熔《现代平衡健身法》

1.人与自然平衡的重大意义

(1)人与自然平衡才能生存。“环境中的各种无机和有机因素对人的影响是很大的。人和环境因素也保持一定的动态平衡,这种平衡如遭破坏就将对人有很大危害。”[2]其一,大气圈生态平衡与人的生存。大气圈平衡地球上才有人类生存的生态平衡环境,才能风调雨顺,才有适合人类生存的阳光、雨、雪、风、气温和湿度,大地才能呈现万物生长的景象,人类才能健康长寿。但是,人类的各种工业废气、烟尘等可以严重影响大气层的平衡状态,导致气候异常,反过来影响人类的正常生存和生活。其二,地球生物圈生态平衡与人的生存。地球上的人、动物、植物和微生物之间是相互依存的,共同把失衡的地球改造为现在的适合人类生存的生态平衡的地球,地球又为人类进化和发展提供了条件,形成人与自然的神圣平衡。如果具有主导作用的智能人类不破坏人与自然的这个神圣平衡,人类就会有享用不尽的大自然的奉献,地球将永远是人类的天堂,否则将是不可想象的。其三,地球微生态平衡与人的生存。一是微生态平衡人才能生存。微生态中有对人体有益的微生物,也有对人体有害的微生物。如果微生态平衡,有害微生物、细菌、支原体、衣原体和螺旋体等就会受到抑制,人就会健康生存。二是微生态失衡危害人的生存。如果微生物相互之间失衡,危害人的微生物大量繁殖,就会使人患病、死亡或无法生存。

(2)人与自然平衡才能进化发展。“人是一个开放系统,通过新陈代谢,保持人和环境的动态平衡。所谓自然环境,是指存在于人类周围的客观物质世界。”[3]①在依赖中实现平衡。自然是人体生命活动的基础和条件,人的生命依赖自然才能生存。一是进行物质与能量的交换和代谢;二是进行物质的合成分解;三是进行能量的产生与耗费。因此,没有物质世界,就没有人的生命活动;没有生态平衡,就没有人的进化发展。②在适应中实现平衡。人必须适应自然环境,因为自然环境对人体既有有利于生存的一面,又有危害人体健康的一面,人有适应的一面,也有不适应的一面。人要随着环境条件的不同进行人体功能性自发调节和人为的有意识的适应性调节,从而保持人体与外界环境变化的平衡。③在改造中实现平衡。人的机体对自然有不适应的一面,需要人对周围客观环境中不适应的那些部分进行有针对性的改造,使人体适应环境。例如,人体不适应地球的昼夜、四季气候变化就需要修筑房屋,或采取其他的冬季保温和夏季防暑等措施来改造周围环境和更好地适应环境。

2.人与物理环境、生物环境的平衡

"他(唐太仆令王冰注释'黄帝内经')强调了人必须要适应自然四时变化的规律,要根据寒暑的条件变化而采取防暑或保暖措施,以求得人与自然界的平衡,以免发生疾病。"[4]人类要在精心呵护物理和生物环境生态平衡中生存发展。①人与物理环境的平衡。物理环境包括两大类:第一大类是天然物理环境,如阳光、土壤、水、空气等;第二大类是人为物理环境,如建筑物和交通设备等人类制造的产品。如果人与天然物理环境不平衡,人就要作出选择,要么人适应环境,要么人为改变物理环境,二者必居其一。如果人无法适应就必须进行改造,如盖房、修桥等实现人与自然的平衡。②人与生物环境的平衡。地球上除了人类自身之外,全部生物系统包括动物、植物和微生物都是人类的生物环境。因此,人类应当有意识地保护和有目的地改变生物环境,尽量减少对生物环境的破坏,使之有利于人类生存和发展。如果人类大肆消灭动物、大肆砍伐植物、大肆施用农药,最终将断送人类后代的生路。

3.机环平衡

"人体为了适应外界环境的不断变化,也逐渐在改变着自身,形成了机体与环境的相对平衡。"[5]机环平衡就是增强机体适应外部环境的能力,是人的机体内部环境与所处的外部自然环境、工作环境、居住环境和社会环境等相适应。"机环平衡,就是机体自身应与外部环境包括自然环境、工作环境、居住环境和社会环境等保持平衡。"[6]

(1)通过"三个改造"实现"三个平衡"

"如,以春、夏、秋、冬四季气候变化而言,冬着棉装,夏穿单衣,就是为了与环境取得平衡,否则就会引起失衡、患病。"[7]一是在改造中保持与生态大环境平衡。"一切健康长寿的生命体,都必须与环境保持平衡,不仅要保持好适宜人类生活的大环境,还要创造并管好自己的小环境,以开拓出一个无污染、无公害、优美、舒适、安全的纯'绿色'生活空间。"[8]例如,把农村家院改造成为绿色、低碳、循环经济的农家庭园,既达到人与环境平衡状态,又使人的机体更加适应环境。在城市对现有的居室进行低碳改造,既低碳消费又提高生活质量。二是在改造中保持与外部中环境平衡。外部环境改造的范围包括自然环境改造:工作环境、居住环境、生活环境、地域环境和社会环境等都要通过改造,使人与环境维持相应平衡。三是在改造中保持与内部小环境平衡。内部改造范围包括居室环境改造、室内装修改造、室内布置改造、室内设备改造等都要保持与人的身心相适应、平衡。例如,室内布置,要讲究感觉平衡,才有利于心理健康。

(2)通过"三个调节"实现"三个平衡"

①调节非常态气候环境下的温度平衡。"人类历史,就是一个人在自然中不断地达到自觉的过程,觉悟人与自然的关系,在人与自然之间寻求一种平衡而和谐的'必要的张力'。"[9]人们生活的大气温度每时每刻都在影响人们的生活、工作、学习和一切活动,所以我们要不断地调节自身的温度,适时采取保温或降温措施保持与身体的平衡,并运用保持热量摄取与热量消耗的方法来实现平衡。②调节高温环境下的体温平衡。一是高温排汗多,肾排水分少,就会损害肾功能,必须增加饮水。二是高温破坏神经活动的平衡协调性,必须采取降温措施。三是夏季人体要注意热量、维生素、食盐的摄取量的平衡。③调节低温环境下的热量平衡。一是低温环境会消耗体内细胞,造成人体组织不可逆转损害,必须加强保温。二是气温过低容易造成老人血管破裂而导致生命危险。三是冬季人们热量消耗很大,应多吃高蛋白的动物型食物及豆类食品,适当增加热量。

(3)通过"六防"实现综合平衡

"人与自然的和谐关系是一种动态的平衡。发展需要不断打破旧平衡,建立新平衡。"[10]当今,天上地下都存在生态失衡现象,现代生活必须高度重视自我防护。否则,就会在不知不觉中受到种种危害,影响生理平衡和心理平衡,必须加强平日自我平衡保护,做到"六防":一是防空气污染;二是防噪声污染;三是防食品污染;四是防室内装修污染;五是防辐射污染;六是防孩子铅中毒等,从而实现总体的、综合的防护平衡。例如,蔬菜残留农药,对人体危害极大。食用时一定要去毒、去虫,方法一是浸泡水洗法,即水洗3~6遍,盐水浸泡20分仲。二是碱水洗浸法,即1斤水5克碱,浸洗10分钟。三是开水烫菜法,即用沸水烫菜2~5分钟。

参考文献

[1]张敦熔.现代平衡健身法.北京:金盾出版社,2004:45.

[2]洪黎民,黄正一.生物学教学基础.上海:上海科学技术出版社,1986:21.

[3]颜成文.医学辩证法.北京:人民军医出版社,1988:143.

[4]林竹三,林绿冬.中医平衡奥秘.北京:北京科学出版社,1993:73.

[5]林竹三,林绿冬.中医平衡奥秘.北京:北京科学出版社,1993:32.

[6]宋爱莉,孙建光.平衡决定健康:健康是平的.青岛:青岛出版社,2009:256.

[7]宋爱莉,孙建光.平衡决定健康:健康是平的.青岛:青岛出版社,2009:256.

[8]张敦熔.现代平衡健身法.北京:金盾出版社,2004:43.
[9]李海峰.科学:一把双刃剑.长春:长春出版社,1998:137.
[10]曾健,张一方.社会协同论.北京:科学出版社,2000:247.

6.3.2.5 元素平衡

引证;

元素平衡——人体健康天平上最重要的砝码。[1]

——纪康宝《人体平衡养生手册》

1.元素平衡的重要性

(1)为什么人体的元素最容易失衡

所谓元素,是指化学元素。人体内有多种元素,人体主要化合物有4种:水、糖、蛋白质、脂肪。从少年儿童发育成长到中老年维持正常生存,都是不能缺少所必须的元素的,而且又不能超过所需要的量,元素高了或低了都将造成失衡,导致不同类型的各种疾病。

人为什么要重视元素平衡,这是因为人体元素最容易失衡,元素失衡的五个原因:①元素分布不均匀而造成失衡。地球不同区域元素的分布很不均匀,欧洲的各种元素比较丰富,其他地区和我国分布不均匀。②重金属元素影响而造成失衡。据医学研究证明,重金属元素的危害极大,它直接影响人的机体的元素平衡。③主食精加工损失元素而造成失衡。我国饮食习惯对食品中有益元素损失较多,特别是主食白面和大米精加工损失元素最多。④副食高温烹调损失元素而造成失衡。高温烹调的方法,可损失蔬菜中的多种元素。⑤吸收元素的差异性而造成失衡。人与人体质不同,吸收元素相互之间有差异,有的人吸收较好,有的人吸收较差。因此,每个人都必须高度重视人体的元素平衡。

(2)元素平衡关系人体健康

“元素平衡——健康长寿之源。”[2]第一,四大主要化合物平衡。人体主要四大化合物:一是水,二是碳水化合物,三是蛋白质,四是脂肪,这些化合物都是人的生命不可或缺的。第二,宏量与微量元素平衡。人体内还需宏量元素和微量元素。这些元素在人体中的作用,都是不可替代的。第三,人体元素失衡的危害。如果人体元素失衡,就会造成许多慢性病,对人体健康危害极大。例如,缺钙容易患骨质疏松症,缺碘容易导致甲状腺功能减退。“有三种营养素钾、钠和氯我们每日需要量很大。”“在任何时候,钾量都必须适当,而钠和钾又必须保持平衡。”“没有十分容易做到的办法去维持钠钾之间必需的平衡,而这种平衡确实是极端重要的。”[3]

2.营养元素的平衡

(1)以膳食平衡确保元素平衡

一是七类营养素的平衡才能元素平衡。人的机体必须平衡摄取七类营养素。这七类营养素是：糖类(碳水化合物)、蛋白质、脂肪、维生素、微量元素、水与纤维素。七类营养素其中哪一种都不能缺少，而且必须维持平衡。二是平衡膳食才能元素平衡。人体只有通过进食、进水获得营养素，才能维持正常的生命活动。所以人的饮和食就要做到合理，平衡膳食才能保证基本营养素齐全。这是我们在膳食中一定要掌握的。

(2)以饮食数量确保元素平衡

①有数量才有元素平衡。一是要求每天摄入多种类饮食，才能保证身体对各种元素的需要。二是人体只有摄入主、副食品的定量，才能保证人体需要各种元素的平衡。②以基本元素保平衡。一是尽可能确保饮食的质量，多吃含基本元素的主副食物，并以多食含氨基酸高的食物作为根本，如肉蛋类的动物蛋白质和深海鱼、植物类蛋白如黄豆等，二是调料要限量。从而，为人的整体元素平衡奠定基础。

3.进食多样化才能确保元素的平衡

人是杂食者，进食要尽可能多样化，才能确保元素平衡。一是吃多样化食品实现元素平衡。要实现元素平衡，关键是要做到进食多样化，少量多品种。这是因为，不同食物有不同的营养素，所以要提倡一天最好能进食多个品种。二是吃东西“不偏食”实现元素平衡。偏食是元素平衡的大忌，如果偏食，则导致营养素缺乏或元素不平衡。人要对动物性食物、植物性食物以及含各种元素的食物、粗粮、细粮、杂粮等全面摄取，坚持不偏食，才能满足人体的各种元素的需求。三是吃“杂食”实现元素平衡。古人说：“杂食者，美食也！”人必须要以杂食为生，营养学家一再提倡人们要杂食，要吃多种杂粮、多种杂菜和多种杂果，因为这样营养素才均衡。四是吃东西要“三多三少”实现元素平衡。对于幼儿和老年人则要做到既保证营养平衡，又保证元素平衡，还要确保不会“病从口入——吃出来的病”，这就要求一定要做到“‘三多三少’，即蛋白质多，维生素多，纤维素多；糖类少，脂肪少，食盐少。这是老年人平衡膳食的基本要求”。[4]

4.体液平衡

(1)水摄入量与水排出量的平衡

第一，水与机体代谢的平衡。“人体需要的水，主要是通过饮水、食物等进行补充。由于代谢、呼吸等，使部分水液排出，保持体液的平衡，成为生命科学的重要课题。”[5]水是七类营养素之一，是其他六类营养素在体内代谢的条件。第二，水与健康的平衡。一是能促进人体的代谢。二是能调节人体的温度。三是分布全身，比重占60%左右。四是一旦水代谢失调，人体其他主要代谢环节都不能正常运行，后果是可想而知的。一个正常人，不吃食物只饮水，能活几十天之久；若不饮水，只能生存几日。第三，摄入与排出的平衡。正常人每日摄入量：饮水1200毫升左右、食物中的水1000毫升、代谢水300毫升，总计2500毫升。每日排出量：呼吸和皮肤蒸发850毫升，排泄1650毫升，总计2500毫升，从而实现摄入与排出量平衡。

(2)水、电解质和酸碱平衡

"纳和钾的适当比例对保持体液的平衡起重大作用。""整个来讲,水的摄入量应当等于排出量,这就是水的平衡。""如水肿,通常先是四肢发肿,然后才涉及全身。这是水分潴留在人体组织中的结果。这种情况表示盐失去了平衡,有时也表示蛋白质失去了平衡,长期下去是极其危险的。"[6]许多疾病在其发生、发展的过程中,常伴发水、电解质和酸碱平衡失调。所以,我们必须在保持水平衡的基础上确保电解质和酸碱平衡等相关元素的平衡,为身体健康奠定基础。

参考文献

[1]纪康宝.人体平衡养生手册.武汉:长江文艺出版社,2008:54.

[2]纪康宝.人体平衡养生手册.武汉:长江文艺出版社,2008:54.

[3]〔美〕A.戴维斯.饮食营养与长寿.北京:社会科学文献出版社,1990:15.

[4]刘英婷.老年健康万事通.北京:蓝天出版社,2003:98.

[5]〔美〕海伦·格思里.营养学初步.北京:北京出版社,1987:23.

[6]〔美〕海伦·格思里.营养学初步.北京:北京出版社,1987:23.

6.3.2.6 酸碱平衡

引证:

在调整食物营养时,仅从营养素平衡的角度上考虑食品选择是不全面的,还应考虑到食物的酸碱性,以维持体内的酸碱平衡。[1]

——李静《人体营养与社会营养学》

1.人体酸碱平衡

(1)酸碱平衡疗法是中外流行的保健方法

酸碱平衡疗法的概念。"酸碱平衡疗法的核心就是提倡一种科学、自然的生活方式,即保持体内酸碱平衡,促进健康,预防疾病,追求长寿。"[2]人体的酸碱平衡疗法,对各种年龄阶段的人都是十分必要的。中外应用的实践证明,对高血压、高血脂和高血糖等"现代文明病"治疗的效果是明显的。酸碱平衡疗法的方法,最主要的就是转变现代生活方式,确保人的体内酸碱不失衡。

第一,酸碱平衡疗法在我国。一是酸碱平衡疗法的形成。在我国,酸碱平衡疗法主要思想源于古老的中医整体观和平衡观理论。我国历代王朝帝王将相,寻求长生不老的灵丹妙药,其中也采用了简易的人体的酸碱平衡的养生疗法,取得比较好的疗效。二是酸碱平衡疗法的继承。随着当今经济社会的发展、科技的不断进步和人民物质生活水平的不断提高,"现代文明病"日益增多,人们对平衡养生保健越来越重视,特别是继承我国中医平衡学说,把酸碱平衡疗法作为平衡养生保健中重要的方法之一,广泛应用于人们的养生保健、防病和强身各个方面。现在,酸碱平衡疗法已经成为流行的保健方法。

第二,酸碱平衡疗法在国外。在西方,进入21世纪酸碱平衡的自然疗法受到人们的重视,把它作为一种时尚的保健方法。在世界上这个方法兴起于西方,现在已经风靡许多国家。西方早在20世纪就开始讲究营养结构,注重酸碱平衡疗法保健身体,他们根据人体内环境中的各个器官的运行,从改变食品结构、营养结构和各种营养素摄入数量和质量入手,调节体内酸与碱的平衡,减少各种疾病的发生,从而达到健身强体的目的。

(2)用酸碱平衡治疗疾病

用酸碱平衡治疗疾病,已经成为人们的共识。①酸碱失衡危害健康。一是酸碱平衡之所以引起医疗卫生行业更多人的重视,是因为它可以导致人体疾病丛生。人体酸碱平衡就能保持人体内体液酸碱值的相对稳定。酸碱不平衡容易导致肥胖症、结石症、骨质疏松症、心脑血管疾病、糖尿病等各种疾病。二是酸碱平衡问题的研究既能进行对人致病原因的研究,也能进行人体治病方法的研究。因此,我们要充分认识人体酸碱平衡的巨大作用,利用酸碱平衡保健、防病和治病。②酸性体质是人体失衡之源。一是注重人体酸碱平衡。在2010年国家召开的中西医结合学术大会上,专家们提出了"注重人体酸碱平衡,预防酸性体质发生"的健康新理念,结论是:"酸性体质是百病之源"。二是酸性与碱性的平衡。多项研究证实,人体属弱碱性的体质,但随着长期不平衡生活方式可能导致成为酸性体质。人所发生的许多慢性病、癌症等都与酸性体质有关。相关专家提示,酸性体质是大量食用肉蛋类等酸性食物而形成的一种不健康体质, 治疗的方法就是恢复人体的偏碱性体质的本性。③转变失衡的生活方式。我们必须改变不良的生活方式和不当的膳食习惯,多食杂粮、蔬菜水果等碱性食物,加强体育运动,保持人体内环境与外环境的平衡。例如,老年人更要注意,少吃肉类等酸性食物,多吃蔬菜水果等碱性食物。这符合人体天生偏碱性的特征,所以人多食碱性食品才符合人的天性,才有利健康。

2.酸碱平衡的重要性

(1)酸碱平衡关系人的健康

"所以说体内的酸碱平衡掌管着我们的健康。"[3]①酸碱失衡就失去健康。如果一个人患了代谢性疾病,或不当饮食,或不当使用药物,或水和电解质失衡紊乱,都会导致血液pH值不能维持在正常范围之内,人体就会发生酸碱失衡,导致各种疾病的产生,危害人的健康。②机体具有自调酸碱平衡的作用。人的机体,可以通过本身强大的代偿作用和本身强大的代谢作用,在体内随时随地调节着机体的酸碱度,使人体各个部位保持相对恒定的pH值。③充分发挥机体自调酸碱平衡的功能。人的机体内环境中,酸碱平衡系统对机体的调节功能是:血液系统调节,肺脏调节,肾脏调节,细胞调节。在正常情况下,人体内环境维持在一个比较恒定的酸碱度之内,一方面是人体通过肺脏和肾脏器官调节;另一方面是人体通过摄取与排泄的代谢调节,使人的机体内环境的酸碱度处于与外环境的平衡状态。④人为调节减轻机体自调酸碱平衡的负担。因为这些器官的调节功能也不是无限度的,仅仅在一定限度之内发挥调节作用。所以,我们要采取平衡饮食、适量运动、保持心理平衡和戒烟限酒的有效方法,减轻自发调节负担,充分发挥自调功能的作用。

(2)酸碱平衡是生命的基础

"占人体重70%的体液有一定的酸碱度,并在较窄的范围内保持稳定,这种酸碱平衡是维持人体生命活动的重要基础。"[4]酸碱平衡,掌管和保护着人的机体内环境的平衡和外环境的相互适应,维持人体健康。一是酸碱平衡像"保镖"保卫人体与外环境的平衡。酸碱平衡调节人体与自然界春夏秋冬四季气候变化的平衡关系,使人体适应千变万化的外环境,避免人体受到外界的各种侵扰和危害,像"保镖"那样,护卫着安全。二是酸碱平衡还是人体的"平衡调节器"管理体内的平衡运行。酸碱平衡像"平衡调节器"那样管理着人体内部各脏腑之间相互调节、相互作用、相互制约的关系,形成肌体内部各脏腑之间相生相克、协调相互关系,避免各脏腑相互之间受到侵害,确保各系统和各器官动态平衡运行。

(3)酸碱失衡危害和预防

人体酸碱平衡紊乱,会对人体的健康造成严重的后果。第一,酸碱失衡"四大危害"。危害之一:代谢性酸中毒。危害之二:呼吸性酸中毒。危害之三:代谢性碱中毒。危害之四:呼吸性碱中毒。酸碱失衡对人体危害非常之大,必须引起我们高度重视。第二,酸碱失衡的预防。目前人们在对酸碱平衡的认识上,还存在着诸多的误区,也存在不同观点。但是,我们只要按照1992年世界卫生组织的《维多利亚宣言》提出的健康四大基石,转变生活方式,掌握膳食多样化、动静合理化、心理平衡化这个最简单的、有效的平衡方法,就能预防酸碱失衡,实现健康。

参考文献

[1]李静.人体营养与社会营养学.北京:中国轻工业出版社,1993:13.

[2]宋爱莉,孙建光.平衡决定健康:健康是平的.青岛:青岛出版社,2009:109.

[3]宋爱莉,孙建光.平衡决定健康:健康是平的.青岛:青岛出版社,2009:109.

[4]宋爱莉,孙建光.平衡决定健康:健康是平的.青岛:青岛出版社,2009:109.

6.3.3 生活平衡方式

随着经济社会和科技文化的飞速发展,改变着人们传统的、旧的思维方式和生活方式,新的科学的生活方式引起人们的普遍重视。例如,适应现代社会发展要求的低碳消费和低碳生活方式受到青睐。

6.3.3.1 生活平衡

引证:

平衡生活:社交、精神、健康、家庭、金钱、职业、社区活动、心理。[1]

——〔美〕丹尼斯·韦特莱《成功十法则》

1.生活整体的平衡

英国王储查尔斯在《生活的艺术就是制造平衡》中说:“当我们带着所有的希望和恐惧进入新的千年,我祈祷我们会慢慢意识到,生活是一个奇怪的悖论,生活的艺术就是制造平衡,在对立面中创造和谐是一件圣事。”[2]“生活需要平衡,劳逸结合,张弛有度,健康才不至于透支。”[3]生活的艺术就是制造平衡,我们要运用平衡效应找到和弥补生活中自己存在的“短板”,使自己生活总体上保持平衡。

(1)保持生活的整体平衡

第一,生活是一个有机平衡整体。“生活是一个整体,事业、家庭、休闲、健康、物质、精神等各个领域都是紧密关联在一起的,如果我们把它们当成彼此孤立的部分来看,生活就容易陷入彼此冲突中,失去原有的平衡。”[4]如何做到生活整体平衡,就是把一个人的事业、家庭、休闲、健康、物质、精神等多领域有机结合起来,统筹兼顾,同步推进,实现在生活整体上不顾此失彼。第二,工作与生活的平衡。一是工作、劳动是一个人生活中最重要的组成部分。劳动创造社会物质财富和社会精神财富,工作、劳动是伟大的,要始终为自己工作着、劳动着而感到幸福。二是工作也是生活,工作与生活是不能分开的,但工作不能代替生活,不因工作而忘记享受生活。三是工作与生活要实现二者兼顾,一个成功的人应当实现工作与生活在整体上的平衡,达到相互促进、实现双丰收。第三,学习与生活的平衡。一是学习也是生活,学习是重要的生活,是人一生整体生活中的重要环节。一个人要活到老学到老,这是生活的需要,学习新生活所需要的新知识,才能不断提高现代生活能力和生活质量。生活中缺少读书学习这个环节,生活就会暗淡而无味。二是学习是工作的需要和事业发展的需要,时代在发展,社会在进步,知识在不断更新,人的一生要不断适应变化了的新形势和新情况,就必须把读书学习作为工作的重要内容,不断提高自己的工作能力,努力获得事业的成功。鲁迅在生活中爱书,爱读书,把读书作为最愉快的生活;毛泽东日理万机,还要抽时间到北京图书馆借书阅读;马克思一生的爱好就是博览群书。

(2)生活要整体动态平衡

“‘我给成功下的定义’,她写道,‘包括过上平衡的生活。”[5]一是生活平衡的整体性。美国吉姆·安德伍德在《卓越背后的力量》一书中提出生活平衡轮概念:“在你的八个生活项目之下描出八个点并连接起来,测出你‘幸运之轮’是否圆?将如何在生命的道路上转动?”“你希望多花时间发展生活中的哪一项目?例如,你是否太过强调职业与金钱,因而忽略了健康与家庭生活。”[6]二是生活平衡的循环性。吉姆·安德伍德强调实现事业、家庭、婚姻、经济等各个方面都要像车轮那样转动,循环交替、平衡运转,才能算是生活整体平衡。三是生活平衡的动态性。事业与经济,工作与娱乐,心理与生理,家庭与婚姻,交际与环境,能力与常识,上述生活项目中两两互相对应,形成生活的一个圆,如同轮子循环转动,如果某一对有缺位或不到位,就形不成圆而生活之轮就无法正常转动。

2.不同年龄段的生活平衡

“人可以有幼儿、童年、少年、青年、壮年和老年的不同时期,从不同的阶段讲,又有不同的质的规定性,又可划分为不同的平衡时期,形成了不同时期的生理特点和心理特点,也就形成了不同阶段的平衡状态。”[7]一个人在一生中,一定要努力做到各个年龄阶段的生活平衡,才能确保一生的生活平衡。

(1)青年期的生活平衡

“成年期的情绪问题,主要以人格与社会适应的问题为转移。”[8]青年人如何平衡生活,一个至关重要的问题是人格与社会适应。①自知与自导的平衡。要清楚地知道自己的生理心理状况、优点和缺点,才能有针对性地设计自己,有利于塑造自己、导演自己和发展自己。②自适与自调的平衡。个人与社会环境相适应,个人的理想、信念、目标、心理和行为等都要能够跟上时代的发展,并与社会需要相符合。在此基础上确定自己切实可行的理想和生活目标,既不自我消沉,又不好高骛远。③自尊与自律的平衡。尊重自己,也尊重别人,乐于和人交往,与周围人保持良好的人际关系,多与人沟通交流思想,扬长避短,主动接受别人批评帮助,主动改正缺点,完善自己的人格,并且使自己的言行规范化、社会化。

(2)中年期的生活平衡

中年期是人的一生中时间最长的、出成果的时期,也是一个人各式各样问题和矛盾凸现的时期。例如,事业问题、家庭问题、健康问题和人际关系问题等,因此中年人平衡生活就显得格外突出。①人际关系的平衡。中年期的人际关系最为复杂,面临单位的、社会的和家庭的多重关系,处理不好就会产生连锁反应,相互影响。在单位要用平衡的艺术处理好在工作中与上级、与下属和与同事之间的关系。②智力与体力的平衡。无论是在工作还是在生活中,都存在人的智力与体力的差异问题,需要运用平衡的方法解决。当在工作和生活中体力不适应时要发挥智力的作用,以智力优势替代体力劣势;当能力与水平不适应工作时以勤劳来补偿,实现二者相互弥补,从而获得成功。③个人与家庭的平衡。一个人要在尽到工作角色责任的同时不忘记尽到家庭角色的责任,对子女要尽到父母角色的责任,并要掌握与伴侣、父母和子女之间的关系的平衡调节方法,实现家庭和谐。

(3)老年期的生活平衡

对于退出社会大潮的老年人,最重要是正视自己的现实,以积极乐观的人生态度直面人生,平衡心理,重建新生活,焕发第二青春,奉献余热,努力提高生存质量,实现健康长寿。①心理平衡。心理平衡是身心健康的保证,要正确看待现实的社会变革,能良好地适应社会环境和自然环境。要调节好心态,乐观豁达,始终保持心态平衡,因为心态平衡能使人体增强免疫力,预防疾病的感染。老年人要人老心不老,才能越活越年轻。“心老才是真老。”②生理平衡。老年人的生理平衡是健康的基础,一方面老年人要做到无病早防、有病早治，另一方面正如人们常说的要“锻炼加补钙”，努力使晚年生活过得有滋有味，才能做到老而不衰。③生活平衡。老年人要不断地进行自我生活调节，在调节中实现每一天的快乐生活，做到每一天不忘修身养性。坚持每天的有氧运动。寻找到每天都要做的事，不能闲着。

(4)代与代之间生活平衡

由于社会的不断变革，经济的不断发展，人们的观念不断更新，现代生活方式的不断变化，代与代之间在生活上的原有平衡和有序被打破，又处在新的代际关系、生活方式尚未形成的情况下，代与代之间的生活差异调适就显得格外重要。当代与代之间发生生活矛盾冲突时，就要用平衡的方法妥善处理。一要用回避不平衡的方法实现平衡。代际双方发生冲突时，双方都可以用放弃主题、改变目标、转移话题的方法，予以回避消除。二要双方平衡思维。代与代之间发生冲突，要根据对方的心态，运用角色互换的平衡思维方法，从换位思考中理解宽容对方。三要老中青平衡。青年人要学习中老年人处理问题时的稳重、成熟和务实的长处，中老年人要学习青年人办事无条条框框、思想解放、不保守等长处。三者之间要互相学习，取长补短。四要热与冷平衡。父母与子女、老年人与年轻人之间发生冲突不利于代与代之间的感情和谐，代际的一方有意识地进行理智调节和控制，将“热情绪”，进行“冷处理”，待冷静后再处理。五要乐与忧关系的平衡。当双方由喜变忧时，使用幽默的语言变忧为喜，缓和矛盾，可以平息和化解代际冲突。六要进与退平衡。在家庭或代际间消除不平衡的最好战术是“撤退”。

3.生活方式与时代的平衡

生活方式与时代平衡，就需要转变旧的生活方式，建立现代生活方式。①营造现代式平衡生活。“平衡的生活和健康的身体息息相关，但是生活的平衡不会从天而降的，它需要人们有意识地去营造。”[9]生活方式是在一定的生产关系下决定的，现代的家庭生活方式、人际交往方式、休闲娱乐方式和消费方式等是在现代社会因素影响和制约下而形成的，所以我们必须要努力营造平衡的生活。要转变旧的生活方式，建立现代生活方式，才能实现生活平衡。②传统生活方式与时代平衡。在新世纪新阶段，我们要传承中华民族生活上艰苦奋斗的优良传统美德。但是，随着经济社会的发展进步和人民的物质文化生活的提高，人们的生活方式发生了根本性转变。我们要改变过去的人际交往方式、休闲娱乐方式和消费方式，提高家庭现代化，吃穿住行现代化，改变过分讲究积累，甚至过着影响本人健康的艰苦生活的做法。例如，要学会家庭固定资产投资、子女教育投资、保险投资，合理安排旅游等，把生活安排得丰富多彩。

4.生活中的时间平衡

“所以，珍惜时间，不等于无休止地开夜车，不等于白天一点儿都不休息，不等于不涉足社交活动。相反，聪明人在安排时间上非常注意生活的整体平衡。”[10]有一位外国学者，对人的生命进行测算后，提出：一个人的生命过程，从婴儿出生到 80 岁高龄，在地球上生活才只有29200天。如果从中减去小孩子时期的无知和老弱病体的无能为力,真正一个人生活的天数就更少了。它启示我们,要珍惜生命的每一天,珍惜生活时间的每一时刻。①时间使用的整体平衡。要做到时间使用的整体平衡,就要掌握平衡时间的艺术,给自己制定工作、学习和家庭生活的时间平衡使用目标:短期要努力实现事业、家庭、休闲、健康之间的时间平衡;长期要做到少年发奋、青年奋起、中年奋进、老年奋斗,确保一生中的时间平衡使用。②时间集中与分散的平衡。要做到一生中的任何时间都有计划、有定额、有检查、有调节;学会在百忙中挤时间处理完应办的事情,而且要在一生中集中时间办一两件大事。③时间的管理平衡。要管理好生活,必须首先从管理自己的时间入手。一是要落实工作和生活的长计划和短安排,并努力落实。二是学会节约时间,建立正常的生活、工作秩序。每件事干到什么程度,什么时间做完,都要心中有数;白天抓紧工作,当天任务当天完成,尽可能不加班开夜车;用好每一个时期的分散时间,安排自己的学习和陪伴家人,做到学习、家庭与事业的平衡。

参考文献

[1]〔美〕丹尼斯·韦特莱.成功十法则.北京:中国国际广播出版社,1988:197.

[2]顾玉清,吴绮敏.世界政要说千年.北京:人民日报出版社,2000:204－205.

[3]纪康宝.人体平衡养生手册.武汉:长江文艺出版社,2008:1.

[4]纪康宝.人体平衡养生手册.武汉:长江文艺出版社,2008:158.

[5]玫琳·凯.你能拥有一切.北京:昆仑出版社,1998:133.

[6]〔美〕吉姆·安德伍德.卓越背后的力量.北京:中信出版社,2004:47.

[7]林竹三,林绿冬.中医平衡奥秘.北京:北京科学出版社,1993:4.

[8]何慕陶.医用行为学.成都:四川科学技术出版社,1987:66.

[9]纪康宝.人体平衡养生手册.武汉:长江文艺出版社,2008:179.

[10]李光伟.时间管理的艺术.兰州:甘肃人民出版社,1987:352.

6.3.3.2 营养平衡

引证:

现代营养学认为平衡膳食是指四个方面的平衡,即氨基酸之间的平衡、生热营养素之间的平衡、各种其他营养素之间的平衡以及酸碱平衡。[1]

——关春芳《登上健康快车——首席专家健康领跑》

1.营养平衡与失衡

“中国营养学会应用‘木桶理论’来解释平衡营养与人体健康的关系:就像木桶的盛水量一样,人的健康状态不在于某一种营养的多少,而是取决于营养的一步平衡度。”[2]但是,人们对营养平衡的认识是很不足的,重视程度也是很不够的。

(1)营养失衡的危害。营养过高是失衡，营养过低也是失衡，都不利于身体健康，营养平衡才能身体健康。①能量热量失衡。人体的能量热量摄入过高或过低都不利于健康，有的人则是营养过量，收大于支。他们大吃大喝又懒于活动，热能大于支出，有可能引起多种疾病，如肥胖、高血压、冠心病、脂肪肝、糖尿病、胆结石和痛风等。②营养素失衡。“人们越来越认识到，矿物质的平衡是保持健康的重要因素。”[3]但是相当多的人认识模糊。一是有的人没有认识到它的严格要求，特别是对人体所需各种营养素、各种元素摄入高了低了都是失衡认识不清，总认为高了比低了好。二是现在我们每天吃的食物种类太少，缺乏多种营养素、维生素、矿物质等，导致失衡而患多种疾病。三是没有吃平衡的饮食。“这种膳食必须有足够的热量和各种营养素，才能达到合理的营养。合理的营养就是每天必须吃平衡的膳食。”[4]吃不够一定量的食物就会导致营养素失衡。③收支失衡。有的人怕生病、减肥和追求苗条而减少进食造成机体呈现营养负平衡，收少支多，造成营养不良，导致消瘦、贫血、精神萎靡、抵抗力下降、体重减轻。“如何保持热能的收支平衡，已成为主要问题。热能若长期不平衡，首先反映到体重的变化，继而发展到影响健康，甚至引起疾病，缩短人的寿命。”[5]

(2)营养平衡的原则。一是营养平衡原则。饮与食合理。就是主副食合理配比，食品多样化，基本营养素齐全，可以充分满足人体健康和工作能量需要之间关系的平衡。二是营养平衡必须平衡膳食。营养平衡与膳食密切相关，也就是饮和食两个方面要合理，即吃与喝都要保持平衡。一般采取每日三餐制，满足机体营养的需要，避免可能发生的生理机能紊乱，能维持体内与分解的平衡，维持生理机能的平衡，保持机体正常运行。三是营养平衡要有区别。不同年龄阶段和不同劳动强度的人，有不同的营养平衡。成年人劳动强度大和消耗体力多、幼年成长营养需要量大、老年营养缺失量大、患病手术者和生育者需要营养补充，他们都需要在正常膳食的基础上增加营养，才能保证营养平衡，而对于营养过剩而又不愿运动者、肥胖症患者等就需要相应减少能量热量摄入，才是营养平衡。

(3)膳食平衡的标准。1989年10月24日，中国营养学会通过了我国的膳食指南。城乡居民如果按照这个指南去做，一定能大大提高广大居民的健康水平。《中国居民膳食指南(2007)》提出的一般膳食指南：食物多样，谷类为主，粗细搭配；多吃蔬菜水果和薯类；每天吃奶类、大豆或其制品；常吃适量的鱼、禽、蛋和瘦肉；减少烹调油用量，吃清淡少盐膳食；食不过量，天天运动，保持健康体重；三餐分配要合理，零食要适当；每天足量饮水，合理选择饮料；饮酒应限量；吃新鲜卫生的食物。“指南”的十条标准，是根据营养学原理和营养学专家深入研究而提出来的，是非常科学合理的，主要目的是减少人们由于膳食不平衡而形成的营养失调现象，避免各种疾病的发生，维持居民的健康，而制定出的一日三餐的调配和“每日膳食营养素供给量”的要求。

2.平衡膳食才能营养平衡

“所谓平衡膳食是一个相对的动态过程，它是在进食的实际过程中实现的。为了切合实际，平衡膳食以‘周’作为时间单位来衡量与估量。”[6]平衡膳食是营养平衡的基础和保证。①以平衡膳食确保营养平衡。世界卫生组织《维多利亚宣言》中把“合理膳食”，作为“健康四大基石”中第一项，说明它的重要性。同时，世界卫生组织推荐的“地中海式饮食”，美国推行的“食物指南金字塔”，中国营养学会专家提出的是“平衡膳食宝塔”，这些标准各有不同，要求也有差异，都是根据本国的国情和民情提出来的，都是非常科学的。归纳起来就是“八个字”：“倡导人人平衡膳食”。我们只要按照平衡膳食去做，不但能吃出健康，而且能把吃出来的病用吃治疗好。②以摄取与消耗确保营养平衡。营养学专家提出饮和食上的黄金率即0.618比例，就是吃六分粗粮四分精粮、主食四分副食六分、人体动四分静六分等。这些标准是最科学、最适宜健康的量。饮食中的热能、营养素与人体需求量要平衡，也就是身体摄入食品量与工作、劳动和体育活动的平衡，才能保持适宜体重和体格健康。③以科学合理进食确保营养平衡。吃饭也要讲究平衡膳食，这是因为自古到今，有不少人因为吃饭而导致种种疾病，而且科学进食有利于消化、吸收和健康，所以也要讲平衡性和科学性。如专家关春芳提出就餐速度快与慢的平衡，就餐时间、饥与饱的平衡，就餐前静与餐后动的平衡，进食前后情绪的平衡，进食量与体力活动的平衡等。

3.营养平衡的“加减法”

“营养平衡就是合理营养，膳食提供的营养素之间比例恰当，摄入量与机体需要保持平衡，既不过量也不缺乏。”[7]平衡膳食的途径和方法，是多种多样的，要根据自己的实际情况而定。这里介绍“八加八减”平衡膳食方法：①加品种减数量保平衡。人体需要多种营养素，每人每天需要吃多种食物，每个品种的数量可少一点，才能达到营养素平衡的目的。②加餐减量保平衡。一定要合理安排一日三餐，做到“晨吃好、午吃饱、晚吃少”，不要暴饮暴食，要坚持“少食多餐”的新的、合理制度。少儿和老人每日要多餐少吃，老年人要吃七八分饱，做到饥饱适度，避免身体超重或消瘦。③加蔬菜减油脂保平衡。动物性脂肪和动物油不要多吃，避免血脂胆固醇增高，引发心血管疾病，提倡食用植物油，但也要少食。要多吃富含维生素的蔬菜，多吃有益健康。④加粗粮减细粮保平衡。要多吃粗粮，粗粮中含维生素丰富，能增加肠道蠕动，减少便秘，能有效预防结肠癌。细粮中维生素等其他元素损失多。⑤加醋减盐保平衡。食盐要尽量少些再少些，一日量要少于6克，多吃容易患高血压病。醋有助消化，多吃有降脂作用。⑥加水果减糖类保平衡。水果维生素丰富，能有效预防便秘等多种疾病。糖要少吃，危害牙齿，降低食入量，对健康不利。⑦加饮水减饮酒保平衡。水和酒都含营养素，但饮酒要节制再节制，过多饮酒将有可能造成酒精性肝硬化，危害身体健康。⑧加动减静保平衡。动与静直接关系到健康，餐前宜静，餐后宜动，餐后一小时运动有助于提高消化功能，平常多运动有利于营养收支平衡。

4.膳食的“平衡八法”

在我国,一直以中国传统的饮食文化而骄傲,骄傲的是烹调技艺的创造发明。孔子曾说“食不厌精,脍不厌细”。《韩诗外传》“食方丈于前,所甘不过一肉”。在“五行学说”中,也对饮食文化进行了阐述。朱子治家格言:“饮食约而精,园蔬愈珍馐”,倡导合理、科学的饮食文化。现代营养学家提出了大量的平衡膳食方法,为了人们便于应用,现将《登上健康快车——首席专家健康领跑》一书中的膳食平衡要点归纳为“平衡八法”。①主副平衡法——主食每天应保持300~500克,副食每天蔬果500克,肉蛋100克,黄豆及其制品50克,食油25克。②热凉平衡法——热性食物如生姜、羊肉、狗肉有散寒、补阳、暖胃等功效。寒性食物如绿豆、梨、西瓜、鸭肉等有清热、解暑、止渴的作用。③甜咸平衡法——味道平衡。甜食能补气血和解毒。酸味能开胃,增强肝功能;苦能除湿,利尿,益肝肾;咸味能散结、润下,但过量都会造成疾病。黑白平衡法——颜色平衡。食物七种颜色红、黄、黑、白、青、蓝、紫的食物营养素不一样。吃多种颜色的食物才能保持营养素的平衡。⑤生熟平衡法——有的食物必须热吃、熟吃,有的食物要生食,生食可以保留营养素。⑥粗细平衡法——粗食营养丰富,细食营养丧失较多,应做到粗细搭配,保证人体对各种营养的需求。⑦饥饱平衡法——每日三餐按时吃饭。老年人要少食多餐,过量伤胃。⑧出入平衡法——机体摄入与消耗要平衡,入得多出得少就要肥胖,反之则要消瘦。要坚持入与出的平衡,才能稳定正常体重。[9]

参考文献

[1]关春芳.登上健康快车——首席专家健康领跑(第二辑).北京:北京出版社,2003:65.

[2]纪康宝.人体平衡养生手册.武汉:长江文艺出版社,2008:15.

[3]纪康宝.人体平衡养生手册.武汉:长江文艺出版社,2008:14.

[4]〔美〕海伦·格思里.营养学初步.北京:北京出版社,1987:7.

[5]索颖.饮食营养与常见病的饮食治疗.北京:轻工业出版社,1982:102.

[6]朱相远.生命首先在于营养——营养学基础.北京:北京师范大学出版社,1990:9.

[7]刘英婷.老年健康万事通.北京:蓝天出版社,2003:98.

[8]顾奎琴.家庭营养大全.北京:中国人民大学出版社,1991:39-40.

[9]关春芳.登上健康快车——首席专家健康领跑(第二辑).北京:北京出版社,2003:65.

6.3.3.3 工作、生活、学习与健康的平衡

引证:

当然,在工作与生活中寻求平衡绝非易事,但应该试试看。你不妨引用下面这句名

言:“从来未曾听说有人的临终遗言:我只恨自己没有工作得更加卖力。”[1]

——庆裕《黄金心态69法则》

1.工作、学习、生活与运动之间的失衡

(1)失衡之一——工作、生活和健康的多米诺骨牌效应。一要杜绝1+1=>1的失衡。“在玩多米诺骨牌时,轻轻碰倒第一枚骨牌,其余的骨牌就会产生连锁反应,依次倒下。人体的各种平衡,就像多米诺骨牌,也是连锁的,一旦有一种平衡被打破,其他相关平衡也会紧跟着打破。”[2]多米诺骨牌效应,是指多米诺骨牌一张一张地倒下,每张在倒下的时候,像是导管,又像是接力棒,都有一种作用力的传导。一张与一张倒下的过程,就是力与力的传导过程;每张就是一个增力加油站,即1+1=>1;因此,多米诺骨牌倒下的传承速度越来越快,力量的传导就会越加越大。二要杜绝工作、生活与健康的关系像骨牌的失衡。有的人不懂得这个道理,认为工作、生活、学习与健康无法平衡。其实这是一个误区,举例说明,如果一个人的身体因工作积劳成疾,像多米诺骨牌那样开始打破人体生理、心理的平衡时,工作、生活、学习和运动无法正常进行,到那时再去寻找平衡,付出的代价就太大了。

(2)失衡之二——工作的“机器人”。“‘工作’所得的回报,而并非‘工作狂’所带来的。而且即使你让工作在生活中的比重更平衡一些,也不会影响到这些快乐,工作狂当然也并非一无所获,但他们的所得往往为过度工作的恶性循环所淹没。”[3]一是“四者失衡”。工作、学习、生活与健康四者关系十分密切,既相互促进又相互制约,工作与生活状况是相互联系的,直接影响到工作、学习和生活,不当的工作影响生活,生活又会直接影响到工作,最终四者都受到影响。二是“突出”与“不足”的失衡。工作、学习、生活与运动的失衡表现在某一项突出和某项不足的不平衡上,就会成为对整体平衡发展的限制和约束因子。精力向工作倾斜和突出是无可厚非的,但不提倡工作上做“机器人”和“工作狂”,不应当工作到透支健康、扰乱生活的安定和身体受到损害的程度,这样反而影响工作,还有可能造成过劳死。因此,只有确保身心健康,才能在学习上取得好成绩、事业上获得成功。

(3)失衡之三——工作替代全部生活。工作是生活的一部分,但不是全部。庆裕在《黄金心态69法则》一书中反对“认为平衡家庭和工作,是女性的责任”;有人还认为,工作忙,顾不上关照父母,顾不上做家务,顾不上子女教育,这都是借口,这是以工作替代了全部生活。有的人忙碌工作忘记家庭,没有尽到作为丈夫、父亲的责任,这是不应提倡的一种失衡的生活,到头来工作必然受到更大影响。

(4)失衡之四——工作忙没时间学习、运动和看病。常言道“磨刀不误砍柴工”,学习科学文化知识不但不会影响工作,反而有利于工作,能提高工作效率。第一,工作与学习不能失衡。学习技术能提高技术水平,学习管理能增强管理水平,学习业务能提高工作效率和生产效益。如果只工作不学习,知识就会老化,不适应时代要求,工作效率降低,甚至有可能造成盲目蛮干，导致工作损失。第二，工作与锻炼不能失衡。健康的身体是工作的本钱。一是有健康的身体才能更好地工作，所以要在百忙中，抽时间锻炼身体，进行养生保健；二是坚持工间、课间活动，节假日要外出锻炼身体；三是要定期到医院检查身体的健康情况，有病早治，无病早防。

(5)失衡之五——作息混乱。不会休息的人就不会工作。有的人工作与休息无序，工作起来经常连轴转不回家，有的人休闲娱乐经常昼夜不睡觉，这些都是过劳、过逸的无序混乱的生活方式。《孔子家语》说"劳逸过度者，疾共杀之"，他提醒人们要劳逸结合，过劳无益于健康，过逸更不利健康。作息有序对中老年人尤其重要。生命在于运动，人不能闲着，没事就会闲出事、闲出病，要找事做，找活干，还要抽时间锻炼身体和进行业余休闲活动，做到作息平衡才有利健康。

2.工作、学习、生活与健康的动态平衡

"养生就好比投资，只要理解了'平衡就是健康'的道理，时时注意将失衡的健康还原到平衡状态，那么你就是最成功的生意人。"[4]第一，个人事业追求与个人健康的动态平衡。心理学家认为，完美不但是不可能做到的，也是不可取的。一是忌过分追求"完美"而造成失衡。一个人对工作和生活不要过分追求完美或过分高"指标"，要与自身的健康、体能和智能相平衡，不要为了让"完美"的虚荣心毁灭了自己人际关系的和谐、家庭的美满和健康的身心，到头来是极不划算的，因为你把自己赖以发展的基础和工作生活的"本钱"都搭进去了，再也没有翻身的"资本"了。二是忌过分追求"能力强效率高"而造成失衡。经验提示我们，努力工作是为了让自己有能力、有权利享受人生的美好生活，二者是没有矛盾的，因此不会生活的人，也是不会工作的人。一个会生活的人，他的时间应该分三份，劳动(工作)、休息和运动的动态平衡，不能因为获得领导表扬"能力强效率高"而终年超负荷加班加点工作。第二，工作、生活与健康的动态平衡。"不管是遇不遇到问题，经理人都应该先问自己：我在平衡生活和工作方面做得好吗？"[5]应该把工作、学习和运动都融入生活，让生活充满创造力。工作主要看成绩，工作的过程是次要的，只要达到既定目标，可以适当灵活分配时间，处理一下个人的、家庭的和亲朋好友之间的私事，再工作起来也就没有后顾之忧，工作效率也会更高。

3.找到工作、学习、生活与运动的平衡结合点

"只要你愿意多花一点心思，在工作与生活之间，你就一定能找到一个平衡点，像摩根一样，一手握鱼一手捧熊掌，实现'快乐工作、精彩生活'的愿望。"[6]第一，平衡结合点——时间的平衡运筹：一个人要想鱼和熊掌兼得，就必须把工作、学习、生活和运动作为一个整体，在它们之间寻找和选择一个平衡结合点，以此统筹兼顾。时间分配要做到相对的、动态的平衡，只有做到"四者"兼顾，才能实现"四者"兼得。这就要求我们无论工作多繁忙、生活琐事多杂乱，都不能顾此失彼，占去或丢掉相应的其他方面的时间。第二，平衡结合点——"四者"的平衡运筹。一是要做到"四者"循环转动，要在总体上保持

自己工作、学习、生活与运动始终处于动态平衡运行状态。二是平衡结合点的选择或预设，要根据自己的实际情况而定，但必须落实到行动上。三是我们要学习中外名人伟人，统筹安排工作、学习、生活和运动的做法。恩格斯在工间练习骑马；毛泽东日理万机还常常不忘练书法。

参考文献

[1]庆裕.黄金心态69法则.呼和浩特：内蒙古大学出版社，2000:201.

[2]纪康宝.人体平衡养生手册.武汉：长江文艺出版社，2008:3.

[3]金海豚第四医学工作室.公务员完全健康手册.呼和浩特：内蒙古科学技术出版社，2003.

[4]纪康宝.人体平衡养生手册.武汉：长江文艺出版社，2008:1.

[5]庆裕.黄金心态69法则.呼和浩特：内蒙古大学出版社，2000:194.

[6]纪康宝.人体平衡养生手册.武汉：长江文艺出版社，2008:161.

6.3.4 心理平衡方式

一个人的身体健康，不仅包括躯体健康，还包括心理健康。心理平衡，即一个人的心理健康，也称心理卫生。心理平衡，直接影响一个人的躯体健康、生活质量和工作效率，特别是处在社会变革和转型期，则显得格外重要。

6.3.4.1 古今中外都关注心理平衡

引证：

心理平衡是从一定生活欲望或理想出发，自我调节心态的产物。人们为了更好适应外界生活环境，时而斗争，时而让步或和解，精神状态需作不断相应调整，从而维持在某个相对稳定的水准上。[1]

——金德初、汤毓华《现代社会与心理平衡》

1.我国古人非常重视心理平衡

在我国古代，先人们非常注重人的心理平衡，高度重视心理平衡对人体健康的重大作用。参考资料为马虹《陈氏太极拳拳理阐微》。①“形”与“神”的平衡。早在公元前200年，我国医学宝典《黄帝内经》就已经明确地提出了“形神若一”的思想。“形”指人的躯体，“神”指人的心理，古代先人们以“形”与“神”相互联系的思想研究人的机体疾病发生的原因，探索它们对人体健康的关系，为我们提供了宝贵经验——心理失衡是百病之源。②“体”与“心”的平衡。古代先人研究的结论就是身与心、形与神是不能分离的。这个观点，也就是现代人所讲的“身”和“心”的辩证统一，二者是相互依存、相互联系、相互作用和互为因果的平衡关系。③心、气、神与形的平衡。一是人的养生，要把保形与养神结合起来。《黄帝内经》还说：“百病生于气也。怒则气上，喜则气缓，悲则气结，惊则气乱，劳则气耗……”这个观点告诉我们百病生于心理失衡。心、气、神与形之间密切相关，是治病和养生保健的关键。二是古人为我们指明了心理平衡的方法：医病先医“心”，养生先养“神”，保心才能保形，保形先保心。就是说，治百病先治心理失衡。

2.中外专家关注心理平衡

一是心理失衡是一个世界性问题。当今世界，人的心理健康问题表现非常突出，是21世纪世界上最严重的问题之一，已经引起联合国和各国的高度重视，更是各国心理学专家和学者专门研究的重要课题，并已经取得了重要成果。我国的心理学专家和学者从20世纪中期也把心理平衡作为重要课题进行研究，在深度和广度上都有突破性进展。二是心理平衡的钥匙在自己手里。专家说：“心理平衡，它是我们保健最主要的措施，心理平衡的作用超过一切保健作用的总合。如果我们别的不太注意，但一定要注意心理平衡。注意到心理平衡，就是掌握了健康的钥匙。”[2]在当代，我们每个人都要拿起这把金钥匙，巧用这把金钥匙，打开自己心理平衡健康的大门，确保自己心理长久处于平衡状态。

3.心理不平衡的危害

一是心理不平衡导致健康失去平衡。现代医学科学发现心理不平衡导致疾病丛生，如心理不平衡而发怒，大脑就会分泌出毒性荷尔蒙，从而引发多种疾病。现代医学科学还证明，人的心理不平衡最容易突发心脑血管疾病而危及生命，还可以导致其他多种多样的疾病发生，例如神经功能紊乱、精神失常、骨质密度降低、乳癌、胃癌和动脉硬化症等。二是导致人际关系失去平衡。由于心理不平衡内心压力大，造成情绪变化无常，容易失去理智，言语和行为失去控制，最易破坏人与人之间的正常关系和往来，造成人们敬而远之。三是导致情绪失去平衡。心理不平衡就会情绪不稳定，精力不集中，容易导致意外事故和意外伤害。例如，心理不平衡时开车注意力不集中，情绪失常，发生事故的概率较高。四是导致精神失去平衡。心理不平衡最容易造成失态、失范和失去自律和自控，钻牛角尖出不来，容易出现过激、发泄行为，严重者容易造成暴力等极端行为，危害自己、他人和社会。

6.3.4.2 心理平衡的健康价值

1.心理平衡才算身体健康

①心理不平衡致病范围非常大。一是心理不平衡能致病。现代医学科学发现，全人类65%~90%的疾病，都与人的心理因素有关。二是心理不平衡降低免疫力。紧张、愤怒、焦虑和郁闷等情绪极大地降低人体免疫能力，最容易使人患上心脑血管疾病，如高血压、冠心病和动脉硬化等疾病，有的则危及生命。三是心理不平衡致病人群广。心理不平衡对各个年龄段的人的健康都有极大的危害，对老、中、青三个阶段的人的生理健康都是十分重要的。②心理平衡才是体魄健全。世界卫生组织的成立宪章(1948年)把健康定义为：“健康不仅是没有疾病，而且是一种人体在躯体上、精神上、社会上的完全安宁状态。”可见，人的健康不仅是体质，还包括心理健康。有的人认为身体各器官功能正常就

是健康,这是不全面的。现代人们所讲的"身体健康"应该包括躯体和心理两个方面,一般地把心理平衡包括在身体健康之中。人的躯体和心理都健康,才是真正的健康。心和身是相互联系、相互依赖和相互影响的不可分割的整体。

2.心理平衡的健康价值

研究证明,心理平衡具有极大的健康价值。一是心理平衡能预防疾病。心理不平衡是导致多种疾病的根源,有人说心理不平衡是"百病之源"。但是,心理平衡也能够预防多种疾病的发生,例如人格障碍、神经症、精神病等多种心因性疾病,都是可以通过心理调节来预防控制的。二是心理平衡能治疗疾病。如果人的心理平衡,心情舒畅,大脑就会分泌出有益性荷尔蒙,从而有益于人的身体健康。因此,心理平衡可以减轻、缓解和治疗身体的多种疾病,能够使人健康长寿。三是心理平衡有利于生理平衡。历史的实践证明,在古今人们的生活中,能够注重修炼、养心、修身、平气、制怒和节欢的人,都是在事业上有成就、体魄上延年益寿的人,充分说明心理平衡能使人延年益寿。四是心理平衡对生老病死具有制约作用。"只有身体和心理都健康,才算是具有良好的身体素质,也就是通常所说的'体魄健全',精神是依附于身体的。""生老病死,健康与疾病,不仅要受生理因素的影响,而且受精神制约。"[3]因此,我们要用心理平衡的方法预防和控制疾病的发生,达到健康长寿的目的。

6.3.4.3 心理不平衡的调适

1.心理失衡的预防

"不同的社会人群,客观上受制于一定文化模式,主观上基于不同的认知和修养状况,使心理平衡各具特色。心理平衡有质有量。质是指质量的优劣,标准是能取得多少个人与社会效益。量是指心理平衡维持时间的长短。"[4]第一,心理失衡要及时调适。在社会大变革中,社会心理、组织心理和个人心理有的表现为平衡、适应,有的表现为不平衡、不适应,不平衡就会成为前进的阻力,就要及时加以调适。为什么有的人心态保持良好,原因就是善于调适自己的主观认知和适应性修养,掌握和运用心理不平衡到平衡的调节转化规律,在不断的心理调节转化中始终处于心理平衡状态。第二,心理失衡的预防方法。一要加强学习,提高对新变革的认识,转变陈旧观念,增强辨别能力,深刻理解变革的进步性,保持与社会平衡。二要适应社会的发展和进步,紧紧跟上时代的潮流和形势,保持自身与时代脉搏同时跳动,保持与时代发展平衡。三要思维与时俱进,要与时代经济政治、社会文化等方针政策的发展变化保持平衡。四要积极主动优化和改造自己所处的周围社会环境和自然环境,使之与自己的心理相适应、相平衡,预防造成心理失衡。

2.失衡情绪的改善

当自己产生了不良情绪时,要采取积极的调节方法及时予以改善,否则将导致心理失衡和身心疾病。不平衡情绪的改善方法:① "意念"平衡法,即"一念代万念"。一个心思工作,一个念头学习,全身心地投入到工作、劳动和生活中来,把工作和生活时间安排得满满的，把心理忧虑从头脑里排挤出去，杜绝再挤进来。②"找事干"平衡法。自己要千方百计找事干，下地劳动、干家务活、做对公共有益的事情，要在时间安排上不能出现空闲，使忧虑挤不进脑海。离退休老人要有目标地学习、锻炼、旅游和娱乐，使自己没有时间去焦虑、忧愁，把烦心事赶走，不留时间和空间。③"不留余地"平衡法。上班工作的人，上班要一心一意工作，不留其他思维空隙，下了班后要有丰富的业余生活，安排好健康的业余体育文化娱乐活动，不留胡思乱想的余地。④"踢皮球"平衡法。在脑海里要随时随地阻断不良情绪的出现，当自己产生了焦虑情绪、忧愁心情、烦恼紧张的时候，立即采取各式各样的办法打断，然后进行转移，如同打排球、踢足球那样，把忧愁心情踢出脑海、推出体外。

3.心理危机"平衡七法"

个体遭受打击后，是否出现心理不平衡症状，取决于个体心理平衡的差异。有的人能妥善应对，能避免出现心理不平衡症状；有的人不能应对，就会出现心理不平衡症状。心理不平衡症状的出现，在不同个体又有轻重之分，有的人可以从危机中走出来，有的人不能渡过危机。如果对严重的心理危机不进行干预，可能造成不良后果。因此，心理不平衡的调节是十分必要的。①"自躲"平衡法，即赶快在第一时间离开造成自己不平衡事件发源地，以最快的速度自我消除、清洗心理不平衡"污染"。②"自愈"平衡法。受挫后，冷静分析，恢复理智，提高自救、自解和自修复能力，不断增强精神心理免疫力。③"自控"平衡法。受挫后，要管理和自控自己的情绪，如命令自己转变思维、限制思维范围等，并尽可能早地找到适合自己特点的控制心理不平衡的办法。④"自助"平衡法。自己要扩大与亲友和社会的交往、交流沟通认识，主动接受帮助。⑤"自减压"平衡法。采取多方法、多渠道转移不良心情和压力之感，以工作、劳动、娱乐等方式转换思维中心。⑥"自找出路"平衡法。如更换工作单位和住所等多条出路从不平衡中走出来。⑦"自信"平衡法。要自信自己是一个强者，有文化、有素质、有能力战胜心理不平衡危机。

4.受挫折心理不平衡的克服

"人遇到挫折以后，会产生一系列的心理变化，并将采取一系列的行为方式克服障碍，来寻求心理平衡，既有理智的积极行为，又有非理智的消极行为。"[5]一个人遇到挫折以后，要采取积极的态度和方法消除心理不平衡。一是以改变既定目标实现心理平衡。当原目标受阻不能实现，可以调整目标，改变方向，采取曲线实现的方式，直到最后达到既定目标。二是化挫折为动力实现心理平衡。个体遭受挫折以后，将焦虑、悲哀转化为积极心理和行为，把挫折作为动力，化悲哀为力量，使自己的心理和行为出现质的飞跃。三是以弥补挫折损失实现心理平衡的新方法，用新的成功弥补挫折所造成的物质、精神和时间损失，从而获得心理上的平衡。

5.心理伤害"七自"平衡疗法

①自纠平衡疗法。要以不断学习的方法扩大知识面，克服孤陋寡闻，纠正对那些自

己不应该忧郁焦虑和不应该管的事物而杞人忧天。要辩证看问题,改变不良认知,矫正不良思维。②自控平衡疗法。利用自语、自导和自演的方法,控制自己的不良心理活动,自我调整,达到放松的目的。③自学平衡疗法。学习新鲜的、科学的新知识,以建立新的健康的心理行为,摆脱迷信、封闭心理,重建新人格。④自述平衡疗法。将自己的心理失衡向亲人说出来、找好友倾诉出来,同时还要"听人劝吃饱饭"。⑤自消平衡疗法。发怒时,可采取听音乐、练书法和看报等方法制怒;悲伤时,转移到娱乐上去或逗小孩子玩耍等方法化解。⑥自忘平衡疗法。遇到挫折和不幸时逛公园、锻炼身体,打破"钻牛角尖"的封闭思维,使不快排除思维之外。⑦自补平衡疗法。当外在物质需求得不到满足时,要以精神价值来取代物质价值,从物质与精神的置换中补偿,达到心理平衡。

参考文献

[1]金德初,汤毓华.现代社会与心理平衡.福州:福建科学技术出版社1988:7.

[2]洪昭光.新概念健康手册.西安:陕西人民出版社,2002:89.

[3]金海豚第四医学工作室.公务员完全健康手册.呼和浩特:内蒙古科学技术出版社,2003:21.

[4]李勇锋.变革中的文化心态.北京:国际文化出版公司,1988:66.

[5]全国企业管理干部学历教育(大专)教材编审委员会.全国企业管理干部培训系列教材——管理心理学.天津:天津科学技术出版社,1996:154.

6.3.5 欲望与能量的平衡方式

引证:

当一个人的某种欲望失去平衡时,其他的欲望也容易失去平衡。因为不同欲望是由同一大脑部位支配的。[1]

——保罗·J.索吉《身心的七种平衡:健康身心的自然疗法》

6.3.5.1 能力与目标的平衡

保罗·J.索吉《身心的七种平衡:健康身心的自然疗法》中,重点强调"欲望与能量的平衡"。①能力与目标平衡的重要性。能力与目标平衡的重要性,在于有能力把目标变成现实,不会让目标化为泡影。所谓能力,由两个方面所决定:一方面是自己的生理、心理、道德和政治素质等因素;另一方面必须有环境、物质和人际等条件因素的配合。一个人能力的大小、强弱,表现在活动的效率和社会价值上。所谓目标,一般说动机只有一个,而目标可以是多个。目标是人的思维活动和实际行为的预期目的和结果的平衡和统一。人的思维活动和实际行为是由动机引起的,并直接指向为之奋斗的目标。②能力与目标的平衡。自己的奋斗理想、目标和愿望要与自己的能量、能力保持基本平衡。但是,在实践中,能力可以大于和小于目标。能力大于目标的实现较为轻松,但有大材小用之感。能力小于目标但经过努力是可以实现的目标，这才是合理的目标，也就是二者之间的平衡。③能力与目标的失衡。不要把目标定得太大，不着边际，与自己的能力差距太悬殊，太不靠谱，经过努力也是根本无法实现的目标，这就是二者的失衡。制定目标要与自己的能量、能力和主客观条件相平衡、相适应和相匹配。一个人的目标和志向都要切合实际，要把目标和志向建立在经过自己的努力和别人的帮助下能够实现的基础之上。

6.3.5.2 理想与主客观条件的平衡

目标的实现，一方面，目标要建立在内因与外因、主观与客观基本平衡的基础之上，另一方面，目标既定，就需要有不达目的誓不休的决心，勇于拼搏，克服重重困难，战胜种种阻力，经过不懈努力，目标就一定能够达到。

1.以"充电"实现平衡

当能量不足以实现目标时，就需要提高能力、增加能量，方法有两个方面：一方面要给自己"充电"，努力学习相关科学文化知识，提高技能，增强能力；另一方面要加强实践锻炼，提高实际工作能力，从而实现欲望与能量之间的平衡。如何学会学习，这是提高自己能力和能量的关键。一是知识与时代发展的平衡。在校所学的知识，不是一劳永逸的，科学技术发展很快，知识也需要更新。不学习就不能获得新知识，不能更新老化落后的知识，也不能巩固所学的有用的知识，也就不能适应时代的要求和不能实现欲望与能力的平衡。二是知识结构与理想的平衡。要建立与自己理想目标相适应的知识结构，也就是自己的知识水平与人生目标和理想相匹配，为理想和目标的实现奠定基础。例如，马克思的《资本论》和曹雪芹的《红楼梦》，都是"大百科全书"，如果知识面狭窄是写不出来的。三是学习方法与效果的平衡。学习科学文化知识，必须掌握科学的学习方法，在学习过程中要选择适合自己的最佳学习方法，才能取得事半功倍的学习效果，达到自己的学习目的。例如，科学家培根的学习方法——"酿蜜法"：不应像蚂蚁单只收集，也不应像蜘蛛光会抽丝，而应像蜜蜂采百花酿甜蜜。

2.以降低欲望实现平衡

"适应生存而产生的欲望会发生弹性变化，它会同环境的改变相适应。"[2]如果欲望与主观、客观条件不相适应、不平衡，就不能盲目行动，先要从实际出发，找到实现目标的有效方法。①欲望与能量的平衡才能实施。有学者总结说"成才=天才+勤奋+机遇"，这就说明实现成才的目标，必须具备三条，缺一不可。同理，如果目标与能力是不平衡的，缺少必要的条件，那么就是无法实现的空想。正确的方法应当是有多大的需要和欲望，就应该具有多大的能力和能量，一定要把欲望与能力建立在相互平衡的基础上。②用降低欲望实现平衡。当需要和欲望无法实现的时候，一个有效的办法就是降低需要和欲望，降低的目的是为了更好地去实现目标。中国传统文化中有许多名言，如"没有金刚钻，不揽瓷器活"，就说明了这个道理。人的能力是有限的，欲望也应当是有限的，不能脱离实际，不能好高骛远。例如，在一次周末论坛上一位教授，讲一位大学毕业的青年人，树立了许多目标,几年后一事无成。他找智者倾诉烦恼,智者要他先帮烧壶开水。他先到外面拾了一些柴,灌满一壶水,但柴烧完了,水还没开。他又出去拾柴,回来壶里水凉了。这时,智者对他说:"柴不够烧一壶水,可以倒掉壶里一些水或者先准备足够的柴,这样就会很快把水烧开。你树立的目标太多,如同壶里装水太多,柴少就烧不开。"这位青年人恍然大悟。

6.3.5.3 欲望的合理性与实现欲望手段的合理性的平衡

"当欲望中枢感到饿时,它就会变得活跃,并刺激大脑的高级中枢,不仅仅要补充能量,还要采取一定的行为。这也就是欲望是如何平衡的:欲望的能量同行动相平衡。对于大脑来说,节制就是计划、行动、解决问题。"[3]一是欲望、需要与合理性的平衡。欲望和需要有合理与不合理之分,合理的欲望和需要迟早是能够实现的,不合理的欲望和需要在任何时候都是不能够实现的。一个人的欲望和需要能否实现,主要取决于这个人的欲望和需要是否合理。因此,一个人应该自觉消除自己产生的不合理的个人欲望和需要,提倡为合理的欲望和需要而努力奋斗。二是欲望的合理性与实现欲望手段的合理性的平衡。就是说,欲望和需要即使是合理的,但也必须通过合理的手段来实现。如果采取不合理的手段,即使实现了也必将失去。例如,不公平竞争获得的东西最终是保不住的。

参考文献

[1]〔美〕保罗·J.索吉.身心的七种平衡:健康身心的自然疗法.北京:中国妇女出版社,2007:56.

[2]〔美〕保罗·J.索吉.身心的七种平衡:健康身心的自然疗法.北京:中国妇女出版社,2007:56.

[3]庆裕.黄金心态69法则.呼和浩特:内蒙古大学出版社,2000:3.

6.3.5.4 挫折的平衡方法

引证:

人生的许多挫折都是由于不能处理好各种矛盾和冲突,造成不平衡而引起的。为此,有必要掌握由不平衡到平衡的基本方法。[1]

——何伟、李晓戈《生活是一条路》

1.受挫折后的积极心理平衡

(1)受挫后的"11 条心理平衡要诀"。当不愉快的事情发生以后,要采取积极有效的心理平衡方式加以消除。"为了保持心理健康,每个人都应加强心理修养,提高自己的挫折容忍力,同时应选择应用积极的心理平衡方法。"[2]岳桂林在《心灵快餐》一书中介绍了美国心理卫生协会提出的"11 条心理平衡要诀":①不对自己过分苛求。把抱负和目标定在自己力所能及的范围,要学会欣赏自己取得的成果。②对他人期望不要太高。很多人把希望寄托在他人身上,如达不到要求便会大失所望,如妻子依赖丈夫,父母望子成龙等。其实每个人都有自己的特点,不必强求。③疏导自己的愤怒情绪。与其事后后悔不如事先加以自控,采取合理的分散转移,必要时不妨来点阿Q精神。④偶然也可屈服。大事清楚,小事糊涂,在大前提不受影响时在小问题上有时亦无须过分坚持,以减少不必要的烦恼。⑤暂时逃避。在受到挫折或打击时暂时逃避去做喜欢的事,等到心情平静时再重新面对难题。⑥找人倾诉烦恼。把所有的不快埋藏在心里只会让自己郁郁寡欢,如把内心的烦恼告诉你的知己或好友,会顿感心情舒畅。⑦为别人做点事。帮助别人不单使自己忘却烦恼,而且可以重新确定自己存在的价值,并获得珍贵的友谊,何乐而不为。⑧在一段时间内只做一件事。不应同时进行一件以上的事,以免弄得心力俱疲。⑨不要处处与人竞争。人之相处应以和为贵,只要你不把人家看成是对手,别人也不一定非要与你为敌。⑩对人表示善意。在适当的时候表现自己的善意,多交朋友,少树敌人,心境自然会变得平静。⑪娱乐。娱乐的方式并不太重要,最重要的是要令人心情舒畅。我们要学习借鉴上述积极的心理平衡要诀,消除受到挫后的不平衡心理。

(2)受挫后的"四忌"积极平衡方法。在一般情况下,当一个人受到挫折后都会导致心理失衡,但失衡的表现不尽相同。有的人会失去理智,有的人产生消极的心理防卫,有的人则采取对外封闭的态度,有的人钻牛角尖出不来,有的人则找借口掩盖等。正确的方法就是采取积极平衡的方法,及时消除遭受挫折所造成的心理失衡影响,尽快恢复心理平衡状态。①忌怨天尤人的平衡方法。一个人受到挫折后心理会产生不平衡变化,但不要怨天、怨地和怨他人,要多从自身方面找原因查根源,正视现实,积极应对,用积极的平衡方法去进行心理调整,特别是要找到符合自己特点的、有效的平衡方法。②忌非理智的平衡方法。受到挫折后要用积极平衡的方法,反对用非理智的、消极的和冲动的平衡的方法。非理智的方法将会造成更大的挫折。例如,越王勾践亡国后,采取了理智的卧薪尝胆方法,不是非理智地去马上拼命,而是经过十年积蓄人力和物力,训练军队,最终实现了复国的志向。③忌伤害别人和社会的平衡方法。当受到挫折后,为了实现心理平衡寻求发泄,这种发泄对个人的身心健康是有好处的,但发泄的对象和方式方法要正确,不能伤害别人和伤害社会,可以采用精神发泄法,也可以找最好的亲朋好友一吐为快。④忌追求绝对平衡的方法。一个人在生活中不受到一点挫折是不可能的,受挫后心理出现不平衡现象也是正常的。况且,平衡现象是相对的,不平衡现象是绝对的,世界上绝对平衡的东西是没有的,决不能过分忧虑,不能去追求绝对平衡。"在尽可能调整的同时,一方面不可追求绝对的平衡,另一方面也不必为某种不平衡而过分苦恼"。[3]

2.用平衡的方法消除挫折影响

(1)用转移目标的方法消除不平衡。"人在遭遇到挫折打击或意外不幸时从潜意识中迸发出的应激反应,这种在无形中反射出来的自我保护方式在心理学中也称为心理防卫机制。一个心理正常而健康的人采取的是积极有效且恰到好处的心理防卫方式,如升华、补偿、幽默等。”[4]我们要学习运用岳桂林介绍的这些方法。①以补偿和升华的方法达到平衡的目的。“补偿:人体机能缺陷时具有生理补偿和心理补偿两种功能。据说拿破仑因生来身体矮小所以立志在军事上取得辉煌,苏格拉底、伏尔泰自惭奇丑而在思想上痛下工夫而大放光芒,这都是心理补偿的结果。升华:将不为社会认可的动机或欲望加以改变,以符合社会标准的行为表现出来。如孔子厄运而写作《春秋》屈原放逐乃赋《离骚》,左丘失明厥有《国语》,孙子膑脚而论《兵法》等,皆为发愤之作。”[5]②以另辟蹊径的办法达到平衡的目的。挫折发生后,由于自己所追求的奋斗目标不能实现,便采取另辟蹊径的办法实现别的奋斗目标,为实现新的目标而奋斗。例如,天才音乐家贝多芬,创作了誉满全世界的《英雄》、《命运》交响曲以及钢琴奏鸣曲、弦乐四重奏等,就是对失母、失明和失恋之后心理目标的转移。

(2)用言语调节消除不平衡。如果别人给自己制造了难堪或相互之间发生了误解而产生挫折的时候,就要及时加以消除,否则就会造成心理失衡,不利于健康。①澄清误解实现平衡。一是澄清误解,当受到误解后,可以直接在当场向对方说“灯不拨不明,话不说不清”,然后一五一十地讲明实情,消除误解。二是对有些不便于当众公开说明白的误解,可以直接向对方和众人说:“你不会让我在这个场合明说吧!”这时沉默或是离开现场,等待以后找适当时机再解释清楚。三是有些误解,没有必要说清楚,到时间一切都清楚了,时间不到是讲不清楚的。这时可以直接向对方说:“路遥知马力,日久见人心。”②解脱难堪实现平衡。一是有时别人不一定是有意识给自己制造难堪,是自己过敏。自己意识到后要马上在心里对自己说“我太敏感了”,及时进行自我解脱。二是对于别人有意识给自己制造难堪,可直接当场说“我保持沉默,不想扫兴大家”。三是反击别人给自己制造难堪,可以当众直接说“聪明反被聪明误,众人是心明眼亮的”来积极应对。

参考文献

[1]何伟,李晓戈.生活是一条路.北京:农村读物出版社,1991:95.

[2]岳桂林.心灵快餐.北京:新华出版社,2000:7-8.

[3]何伟,李晓戈.生活是一条路.北京:农村读物出版社,1991:95.

[4]岳桂林.心灵快餐.北京:新华出版社,2000:6-7.

[5]岳桂林.心灵快餐.北京:新华出版社,2000:6.

6.3.6 家庭平衡方式

家庭是一个小群体,是社会的细胞,是人们的避风港。但是,家庭关系圈也不是风平浪静的。这里提供家庭两种平衡方式,一方面要在家庭关系上做到角色与责任的平衡;另一方面要在事业与家庭关系上做到同步性与异步性的平衡和统一。

6.3.5.1 家庭关系的平衡

引证：

随着社会的现代化，男女在家庭中的角色地位正在由传统的“互补模式”向现代的“平衡模式”发展。[1]

——马广海《应用社会心理学》

1.家庭小群体整体关系平衡

(1)用传统家庭文化调节平衡。家庭群体不大，关系不少，问题较多，要实现家庭关系平衡，就要从传统家庭文化调节入手，达到家庭小群体的整体平衡效应，形成家庭小群体的平衡和谐的文化氛围。①家庭文化的核心——平衡和谐。一是中国传统文化精神是平衡和谐，所以也就形成了平衡和谐的家庭文化核心，这是历代调适家庭关系平衡和谐的传世之宝。家庭文化是中华民族在历史上形成的一种家庭优良传统，是我国古代先人们在长期的家庭生活实践中创造的物质财富和精神财富的结晶。二是家庭平衡和谐文化的内容很广，包括家庭伦理道德、家庭价值观念、家庭生活方式、家庭人际关系、家风家规和家庭小群体成员关系的思维和行为方式等。上述传统的家庭文化是我们经营家庭、实现平衡和谐的准则。②家庭关系的调适——平衡和谐。一是家庭生活的平衡，即在家庭小群体长期生活的实践中所形成的家庭衣、食、住、行的特有的习惯的相互平衡；二是家庭规范的平衡，即在中国传统文化影响下形成的家风和家规的平衡；三是家庭意识的平衡，即在我国传统文化影响和民族地域自然生成的家庭伦理、道德、娱乐、艺术等的平衡思想，也就是家庭美德和家庭文明。中国传统文化是家庭文化形成的基础，家庭文化是我国传统文化的反映，都是维持家庭小群体关系平衡和谐的依据。

(2)用现代家庭“五个互相”调节整体平衡。①以互相信任调节平衡。家庭中夫妻、孩子、父母、兄妹、姑嫂等多重关系，其中有血缘关系，也有非血缘关系，有新成员，也有老成员，在一起共同生活，非常有必须要用平衡的方法调节相互之间存在的生活习惯、心理思维和行为方式的差异，这就需要以相互信任作为基础，达到家庭生活、行为和思维方式的相互理解、适应和统一，特别是儿媳妇在全家人心里的信任、接纳和融合至关重要，在思想上不能把她当做“外人”对待，这是家庭形成动态平衡的有机整体的前提和基础。②以互相宽容调节平衡。人非圣贤孰能无过。家庭成员中越是勤劳和多管事的人可能产生错误的概率就越多，所以一定要宽容家庭成员的不足之处和失误，并积极协同弥补所造成的影响和损失，支持和鼓励为家庭操持和勤劳的人。对家庭成员中产生不团结问题同样需要宽容，要及时化解，不能积重难返，导致家庭不和谐。③以互相理解调节平衡。家庭小群体中要经常相互谈心，增进心理交流了解，才能相互理解，做到在事业上支持，精神上鼓励，生活上帮助，提高家庭成员干事业、兴家业的动力和信心。同时，办事情要一碗水端平，不能顾此失彼，以换位思考的方法看问题和看待家庭每个成员所做的每件事情。④以互相沟通调节平衡。家庭关系的平衡协调重点是心理的融洽。生活中会产生各种烦恼和心理隔阂,家庭成员要每周抽时间以正式或非正式的方式坐在一起交谈,沟通思想,增进感情,消除隔阂,达到和谐相处的目的。⑤以互相尊重调节平衡。家庭成员之间要民主、平等,无论长幼都要认真耐心听取对方说话和发表意见,让对方把心里话讲完,一般情况下都要尊重对方的意志和意愿,特殊情况下违背对方意愿时要耐心解释清楚。

2.夫妻关系的平衡。

(1)夫妻关系的三种平衡模式。

平衡模式之一:夫妻“传统的互补平衡”模式。这种模式是我国古代自然生成的夫妻关系模式,在现代社会仍然有相当多的家庭沿用“传统的互补平衡”模式。其特点是,男主外女主内、男耕女织,夫妻在劳动、工作、家务、子女教育方面相互补充、取长补短,从而实现家庭平衡和谐运转等。平衡模式之二:夫妻“现代式平衡”模式。随着经济社会的发展和进步,夫妻双方在家庭中的角色和地位发生了较大的变化,由历代的“传统的互补平衡”模式向当今的“现代式平衡”模式发展变化。当今,夫妻在家庭中的地位是平等的,作用是一样的,夫妻在社会上都有工作和事业,都有经济收入来源,加之社会进步和妇女地位的提高,所以夫妻要做到经济上一起维持家庭生活,重大问题双方商定,子女一起养育,家庭担子一起挑,家务劳动一起做,夫妻共同营造现代式平衡家庭,做到夫妻关系的真正平衡和谐。平衡模式之三:传统夫妻模式与现代夫妻模式的融合。这种模式,既部分保留了夫妻传统的互补平衡模式,又融入了夫妻“现代式平衡”模式,这种模式可称为“混合型夫妻平衡”模式。

(2)夫妻关系的平衡。

①“角色”的平衡。一是责任的平衡。新家庭建立后,夫妻双方要明确各自在家庭中充当的角色,明确“应知应做”,知道自己承担的责任,清楚自己应尽的义务,懂得自己角色的规范。双方要在不断相互学习、调适和磨合中,尽快成为称职的丈夫、妻子,称职的父亲、母亲。二是与角色平衡。夫妻要扮演好各自的角色,做到角色到位,任何一方都不能扮演“长不大的孩子”的角色,也不能扮演“上级、领导”的角色。如果扮演了别的角色,夫妻之间关系就要失去平衡,就会出现不和谐的问题。

②心与心的平衡。双方要多沟通交流,了解和摸透对方的“内心世界”,要当好对方的“心理医生”,有问题能做到心病用“心药”治,目的是要从心里相互适应对方的个性、习惯和情趣,相互接纳包容,相互接受制约。当双方出现某些不协调时,要针对对方的喜爱和需求、苦恼和欢乐,采取生活上帮助、精神上安慰和尽量满足对方的需要。只有这样,才能对一些问题的看法和处理方法上,做到知心知意,久而久之,就会“夫唱妇随”,使夫妻之间的关系尽快达到默契。

③权利与义务的平衡。要以丈夫与妻子的不同角色方式,加强多方面亲密交往和情感沟通,建立新型夫妻和谐关系。经常共谈想法、看法和愿望,沟通对方心理信息,实现

夫妻想法一致,达到夫妻心理互动、步调一致。要在相处中纠正自己的不足之处,摆正自己与对方的关系,摆正工作与家庭的关系,摆正父母与子女之间的关系,承担夫妻各自的权利与义务,真正成为称职的、能够担当起责任的丈夫和妻子、父亲和母亲。

④长效动态平衡调节。夫妇发生矛盾冲突后,要运用双方自我调节为主的方法,从自己方面找原因,严于律己,宽以对方,主动自我化解对立情绪,不计较对方的错误和过失,不纠缠历史老账,要记住对方的优点和好处,善于忘记对方的缺点和不足,面向未来,把维护夫妇和睦放在首位,保持自己克制和冷静的同时,诱导对方恢复平静。同时,要改变说话方式,变指责为关怀,变生硬为和蔼,从而缓和情绪,求得和解与和谐。同时,夫妻关系的和谐与不和谐是动态的、发展变化的,不是一劳永逸的,双方要形成平衡调节的长效心理,在不断地自我调适中,实现平衡状态的不断出现。

3.婆媳关系的平衡

"婆媳和,全家和",这句话变个角度说,"婆媳不和,全家不和"。从正反两方面看,说明了一个问题,这就是中国家庭内部人际关系中婆媳关系至关重要,也说明婆婆和媳妇的关系是难以处理好的。但是,无数事实证明这是一个能够解决好的问题,只要方法得当是可以实现婆媳和谐的。①婆婆包容接纳平衡法。婆婆与媳妇过去生活的家庭不同,没有血缘关系,思维方式、生活习惯也会不同,又有年龄、心理代沟,要在一起生活,双方都有不平衡心理的问题,要经受一个相互磨合、调适、包容和接纳的过程,这个阶段婆婆是矛盾的主要方面,要主动接纳儿媳妇,包容儿媳妇,不能把儿媳妇当外人对待。②儿子"平衡支点"法。儿子处于婆媳中间,一定要做二者平衡的"支点",维持二者不失衡,做婆媳心理沟通和感情交流的桥梁和纽带。对母亲的好事让妻子做, 对媳妇的好事让婆婆做。当婆婆和媳妇发生矛盾时,儿子做平衡调节器,要运用平衡调节的方法化解矛盾,消除隔阂,创造"母慈媳孝"的氛围。③婆婆"家庭退养"平衡法。婆婆要正视自己的人生,主动让位,进行角色互换,自己"家庭退养"享清福,把家庭事务管理权、经济支配权交给儿媳妇,把儿媳妇扶上马,再送一程,放手让媳妇去干,促进儿媳妇成长进步。 ④"ABC"平衡法。《尚书大传·大战篇》:"爱人者,兼其屋上之乌。"这里比喻如果 A 喜爱 B,而连带地喜爱跟 B 有关系的 C。婆婆和媳妇都要做到"爱屋及乌"的动态平衡。婆婆(A)既然爱儿子(B)就应当喜爱自己的儿媳妇(C),因为儿媳妇是自己喜爱的儿子最喜爱的人,所以也是自己最喜爱的人;媳妇(A)既然喜爱自己的丈夫(B)就应当喜爱自己的婆婆(C),因为婆婆是自己喜爱的丈夫最喜爱的人, 所以也是自己最喜爱的人。⑤婆媳换位思维平衡法。婆婆和媳妇双方都要有平衡的心态,遇事换位思考,将心比心,感同身受,设身处地为对方着想。婆婆要平衡思维:"如果我是媳妇",这个问题应该怎么办才是最合理、最佳的选择?媳妇的平衡思维:"如果我是婆婆",这个问题应该怎么办才是最恰当、最好的方法?这样双方就会理解、谅解对方,实现相互心理平衡。⑥婆婆、媳妇和儿子"周会"平衡法。儿子、婆婆和媳妇定期一周坐在一起共商家事、沟通思想。由于相互都具有独立人格，相互的关系是平等(平衡)的，所以作为婆婆要当开明婆婆，兴民主家风，公平(平衡)待人，家事共商，婆婆要尊重和采纳具有现代意识的儿媳妇的正确意见；作为儿媳妇要尊重经验丰富的婆婆，多征求、听取婆婆的意见，双方都不要自作主张。⑦"内外有别"平衡法。"家丑不外扬"、不外部化，尽量内部化解，不要向邻居、同事、朋友随意讲述互相产生的不平衡、不和谐的意见和分歧，也不要轻易让外人插手解决。家事不到万不得已，不找外面人处理，自家的事情，靠自家平衡调节。家事家了，自己和解，是解决家庭矛盾的第一选择。⑧婆媳以心换心平衡法。"人心都是肉长的。"婆婆和媳妇只要心态平衡，真情对待对方，一定会感化对方，实现和谐相处的。婆婆把儿媳妇从心底当亲女儿对待，媳妇从思想上把婆婆当亲母亲对待，相互关心、相互体贴、相互尊重，一定能和谐相处。

4.家庭关系网的平衡

家庭关系网，是指以夫妻关系、婆媳关系、子女关系为纽带的家庭人际关系圈。由此产生出兄弟、姐妹、姑嫂、婆媳和祖孙及其相互形成的外围亲戚关系等的关系网络。家庭关系网与家庭内部成员之间关系的好坏有密切关系，直接或间接地影响到家庭内部的人际关系的平衡与不平衡，是牵一发而动全身的联动关系。第一，多重关系的平衡和谐。一是父母与子女关系的平衡。作为父母要尽到养育子女的义务之情，作为子女要不忘父母的养育之恩，对父母要尽到赡养义务，要提倡父母子女平等相处和尊长爱幼新风尚。二是兄弟姐妹关系的平衡。兄弟姐妹是"姊妹情深"、"兄弟般情谊"的关系，遇事互相帮助，做到尊兄姐、爱弟妹，永远保持同胞之情。三是公婆儿媳关系的平衡。要相互包容，特别是全家老小都要从思想上接纳儿媳妇。四是与叔伯妯娌关系的平衡。对叔伯要尊敬，妯娌之间要和睦相处。五是岳婿关系的平衡。处理好岳婿及其相关亲戚网、人际圈的关系，是处理好家庭关系的重要一环。六是与旁系网关系的平衡。第二，以"一碗水端平"保持平衡。丈夫与妻子对双方家庭的亲戚关系网都要一视同仁、不偏不向，在请客送礼、慰问拜访、经济扶持和物质帮助方面都要做到一碗水端平、相对平衡，尽量不要过分倾斜或失衡，防止因为"偏心眼"、不公平而造成家庭人际关系网不平衡，进而影响家庭内部关系的不平衡、不和谐。

参考文献

[1]马广海.应用社会心理学.济南：山东人民出版社，1992:34.

6.3.6.2 事业与家庭关系的平衡

引证：

出色的机构能够实现信仰、家庭和事业之间的平衡。[1]

——〔美〕吉姆·安德伍德《卓越背后的力量》

1.事业与家庭关系平衡的重要性

(1)事业与家庭关系的动态平衡。①事业与家庭关系平衡的重要性。常言道“家事如天”、“家和万事兴”都说明其重要性。一是美国总统的事业与家庭关系平衡的启示。克林顿在当美国总统时说:“如果说20世纪是自由获得胜利的世纪,21世纪又将如何?让自由的权利在这个世纪为一个尊重彼此差异,更推崇共同人性的世界带来和平。这个胜利需要我们作出艰辛的努力,需要我们面对仇恨和偏见、恐怖和毁灭的力量,需要我们继续繁荣、减轻贫困,更好地平衡工作和家庭两者的需要,为社会中的每一个成员服务。”[2]克林顿作为美国总统,日理万机,但仍想到“更好地平衡工作和家庭两者的需要”,这就充分说明事业与家庭平衡的极端重要性。二是事业和家庭的平衡。家庭与事业奋斗目标是一致的,而且是相互促进、相互制约的,家庭和谐则工作进步、事业兴旺;家庭不和谐则工作难以做好、事业难以成功。②事业与家庭在心里分量上的相互平衡。一要家庭与事业的天平在心里不能失衡。处理好家庭、事业的关系的关键是心理这杆秤的平衡,核心是思想认识的平衡,这是实现二者关系平衡的结合点。家庭、事业关系的平衡,要求每一个人都要把事业与家庭在心里所占分量做到大致平衡,不能使二者的天平过分倾斜。二要在实践中做到二者在总体上的动态平衡。家庭、事业关系的平衡是动态的,并非要求一个人在时间上和力量投入上做到二者一比一,而是灵活的和大致的平衡。此时的心思工作投入多,彼时的心思可以工作投入少;这一阶段做的家事多,另一阶段做的家事可以少,但要在整体关系上保持大致平衡,或不影响家庭和事业二者平衡态为标准。

(2)家庭和事业的整体平衡。第一,事业追求与家庭目标的平衡。《卓越背后的力量》一书写道:“玫琳·凯的商业理念是黄金法则以及一套明确的优先顺序:信仰第一;家庭第二;事业第三。”[3]一是以家庭为轴心、以事业为圆周的平衡运转。人人都有度过一个美好而又有意义人生的愿望,这就必然要实现以家庭为轴心的家庭与事业的平衡联动,因为人生不只是挣钱、图名和升官,事业只是家庭生活为轴心的平衡运转的一环,并不是家庭生活的全部内容和目的。二是平衡事业和家庭这是任何人尽可能都要做到的。每个人在百忙中不要忽略自己的家人、子女教育和自己的天伦之乐,不要忘记属于自己的时间、自身的健康和自己的爱好,要尽量享受人生的美好和乐趣。三是人生必须要做到家庭和事业的综合平衡。人生旅程短暂,当你回首往事时,就会知道自己单一的不平衡的追求而获得的东西,最终证明这并不是自己需要的全部,而淡化的却是不应淡化的最宝贵的东西——与父母、伴侣和子女的亲情。因此,始终保持工作、家人、休闲、健康和爱好的总体平衡,这才是人生平衡的真正意义所在。第二,事业与家庭中多角色的平衡。一是“两对角色”的平衡。从家庭和事业两个角度看,夫和妻各自有两个角色,并非是一个角色。夫和妻除了各自扮演工作上的角色外,还有家庭的角色,要表演到位、成功,就必须运用平衡艺术,做到双兼顾、双平衡,才能实现双得意。二是多角色关系的平衡。在工作单位要做到与上级、与下级、与同事三个不同角色之间关系的平衡;在家庭中也有三对不同的角色关系的平衡。对家庭老人来说是为子、为女的角色;对夫妻双方来说是为夫、为妻的角色;对子女来说是为父、为母的角色。每个人都要准确把握在事业和家庭中自己的不同角色关系的相互平衡,分别做到权利、责任和义务的平衡。

2.事业与家庭的关系平衡

(1)动态平衡方式是事业与家庭平衡和谐的有效方法。①平衡事业、家庭这碗“水”。“不管是遇不遇到问题,经理人都应该先问自己:‘我在平衡生活和工作方面做得好吗?’‘家庭和工作的次序如何?’‘我在生活的不同层面中扮演什么角色?’等,尤其要认真思索‘假使我要在其中一方面取得成绩,另一方面要牺牲什么’和‘有没有经常检讨工作的形式’这两个问题,因为端平工作和生活这碗‘水’是需要一定技巧的。”[4]端平事业、家庭这碗“水”的技巧就是动态平衡方式。上至总统下到平民百姓都应当摆平这碗“水”,否则两方面相互影响和制约,任何一方面都会失去平衡的支点和依托。②平衡工作与生活这架“天平”。在现实中,有的人的事业与家庭是失衡的,无非是没有造成对和谐的破坏。失衡的原因是多方面的:第一方面,单位工作失衡。有的人在工作单位超负荷工作,精神过度紧张,工作压力大,心理不平衡,没有时间关心家庭。第二方面,个人身体失衡。有的人坐办公室多,活动少;在家时间少,生活不规律;工作效率低下,常常加班,根本顾不上家庭生活和子女教育。第三方面,工作与生活失衡相互影响。事业不如意问题和家庭不和谐问题相互作用和影响,两方面都受到损失,造成在事业上不是一个成功者,在家庭生活上也不是一个成功者,特别是淡化亲情、爱情、友情和自己的爱好,这是非常不合算的。

(2)家庭、事业和健康三者动态平衡运转。“不管衣食住用行等生活目标如何变化,也不管生活过程如何跌宕起伏,人的生活必须始终处于一个动态的平衡状态中,否则就将走进混乱的误区,致使人身心健康受损,生活质量下降。”[5]家庭、事业和健康三者应当并重,也就是要保持三者动态平衡运转。①要做到事业、家庭和健康始终处于动态平衡运转之中。事业、家庭和健康三者兼顾、三者并重和三者平衡运筹,应当是每个人的追求。但是,三者的关系不是绝对的,是动态平衡运转的。例如,身体是工作、家庭成功的本钱,家庭是身体健康和工作的基础,工作是身体健康和家庭生活的保证。所以,必须在动态中实现平衡。②事业、家庭、健康中任何一个方面都不能失衡。一是工作与生活不失衡、要到位。在工作单位要抓紧时间完成任务,尽可能不在单位加班加点,要按时回家,料理家事,教育孩子,同家人和孩子一起吃晚饭和晚间散步,指导孩子做作业。二是工作与家庭不失衡、不越位。在家里不要把工作单位的文件带回家写,也不要在家中召开单位工作上的小会,要把二者分开来做。三是工作与家人不失衡、不错位。不要让家人出面处理自己工作单位的矛盾纠纷,也不要把工作单位的不良情绪带回家、在家庭发泄在单位的愤怒、在家人身上出气而寻找自己心理平衡、伤害家人相互之间的感情。

参考文献

[1]〔美〕吉姆·安德伍德.卓越背后的力量.北京:中信出版社,2004:46.

[2]顾玉清,吴绮敏.世界政要说千年.北京:人民日报出版社,2000:230.

[3]〔美〕吉姆·安德伍德.卓越背后的力量.北京:中信出版社,2004:47.

[4]庆裕.黄金心态69法则.呼和浩特:内蒙古大学出版社,2000:194.

[5]纪康宝.人体平衡养生手册.武汉:长江文艺出版社,2008:157.

图书在版编目(CIP)数据

转变发展方式的新视域:论动态平衡发展方式:全2册/刘成斗,刘一,刘甲编著.—兰州:兰州大学出版社,2012.7

ISBN 978-7-311-03942-4

Ⅰ.①转… Ⅱ.①刘… ②刘…③刘… Ⅲ.①中国经济—经济发展模式—研究 Ⅳ.①F120.3

中国版本图书馆CIP数据核字(2012)第175888号

策划编辑 梁建萍
责任编辑 马继萌
封面设计 管军伟

书　　名 转变发展方式的新视域——论动态平衡发展方式(上)
作　　者 刘成斗　刘一　刘甲
出版发行 兰州大学出版社　(地址:兰州市天水南路222号　730000)
电　　话 0931-8912613(总编办公室)　0931-8617156(营销中心)
　　　　 0931-8914298(读者服务部)
网　　址 http://www.onbook.com.cn
电子信箱 press@lzu.edu.cn
印　　刷 兰州万易印务有限责任公司
开　　本 787 mm×1092 mm　1/16
印　　张 25.75(插页4)
字　　数 513千
版　　次 2012年8月第1版
印　　次 2012年8月第1次印刷
书　　号 ISBN 978-7-311-03942-4
定　　价 80.00元(全2册)

(图书若有破损、缺页、掉页可随时与本社联系)